DIREITO FINANCEIRO E ECONÔMICO

HISTÓRICO DA OBRA

- 1.ª edição: jan./2015
- 2.ª edição: jul./2017
- 3.ª edição: abr./2018
- 4.ª edição: mar./2021
- 5.ª edição: mar./2023
- 6.ª edição: mar./2024
- 7.ª edição: fev./2025

Carlos Alberto de Moraes Ramos Filho

Doutor em Direito Tributário pela PUC-SP, Mestre em Direito pela UFPE e pela UFSC, Professor da Faculdade de Direito da UFAM e Procurador do Estado do Amazonas

DIREITO FINANCEIRO E ECONÔMICO

7.ª edição
2025

Inclui **MATERIAL SUPLEMENTAR**
- Questões de concursos

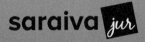

- O autor deste livro e a editora empenharam seus melhores esforços para assegurar que as informações e os procedimentos apresentados no texto estejam em acordo com os padrões aceitos à época da publicação, *e todos os dados foram atualizados até a data de fechamento do livro.* Entretanto, tendo em conta a evolução das ciências, as atualizações legislativas, as mudanças regulamentares governamentais e o constante fluxo de novas informações sobre os temas que constam do livro, recomendamos enfaticamente que os leitores consultem sempre outras fontes fidedignas, de modo a se certificarem de que as informações contidas no texto estão corretas e de que não houve alterações nas recomendações ou na legislação regulamentadora.

- Data do fechamento do livro: 23/12/2024

- O autor e a editora se empenharam para citar adequadamente e dar o devido crédito a todos os detentores de direitos autorais de qualquer material utilizado neste livro, dispondo-se a possíveis acertos posteriores caso, inadvertida e involuntariamente, a identificação de algum deles tenha sido omitida.

- Direitos exclusivos para a língua portuguesa
  Copyright ©2025 by
  Saraiva Jur, um selo da SRV Editora Ltda.
  Uma editora integrante do GEN | Grupo Editorial Nacional
  Travessa do Ouvidor, 11
  Rio de Janeiro – RJ – 20040-040

- **Atendimento ao cliente: https://www.editoradodireito.com.br/contato**

- Reservados todos os direitos. É proibida a duplicação ou reprodução deste volume, no todo ou em parte, em quaisquer formas ou por quaisquer meios (eletrônico, mecânico, gravação, fotocópia, distribuição pela Internet ou outros), sem permissão, por escrito, da **SRV Editora Ltda.**

- Capa: Lais Soriano
  Diagramação: Adriana Aguiar

- **DADOS INTERNACIONAIS DE CATALOGAÇÃO NA PUBLICAÇÃO (CIP)**
  VAGNER RODOLFO DA SILVA – CRB-8/9410

G635c   Ramos Filho, Carlos Alberto de Moraes
Direito financeiro e econômico / Carlos Alberto de Moraes Ramos Filho ; coordenado
    por Pedro Lenza. – 7. ed. – São Paulo : Saraiva Jur, 2025.   (Coleção
    Esquematizado®)
928 p.

ISBN 978-85-5362-410-2 (Impresso)

1. Direito. 2. Direito financeiro. 3. Direito financeiro e econômico I. Lenza, Pedro.
II. Título. III. Série.

	CDD 343.8103
2024-4166	CDU 351.72

Índices para catálogo sistemático:
1. Direito financeiro   343.8103
2. Direito financeiro   351.72

Este livro é dedicado, com muito amor,
à Andrea, esposa querida, fonte de toda inspiração,
e aos nossos meninos, Pedro e João,
filhos amados que alegram nossos dias.

AGRADECIMENTOS

Agradeço, nesta oportunidade:

A Deus, por tudo — pois sem Ele nada é possível;

Aos meus pais, Carlos Alberto (*in memoriam*) e Nilce, que sempre proporcionaram aos filhos as melhores condições de estudo e, acima de tudo, ensinaram-nos a trilhar o caminho do bem;

À minha avó Raimunda (*in memoriam*), que colaborou, com dedicação e carinho, na minha criação e na de minhas irmãs;

Às minhas irmãs, Nilce Elaine e Nancy, pela amizade e companheirismo;

Aos meus sobrinhos Davi, Thiago, Samuel, Gabriel (*in memoriam*) e Luísa, pela alegria que trouxeram à nossa família;

Aos meus alunos, que me estimulam a cada dia a prosseguir na carreira do magistério;

Ao professor Pedro Lenza, pelo convite para integrar, com esta obra, sua **Coleção Esquematizado®**, principal marca destinada ao segmento de concursos públicos em nosso País;

À Saraiva Jur, maior editora jurídica do Brasil, e sua competente e dedicada equipe.

Muito obrigado!

METODOLOGIA ESQUEMATIZADO

Durante o ano de **1999**, portanto, **há 25 anos**, pensando, naquele primeiro momento, nos alunos que prestariam o exame da OAB, resolvemos criar uma **metodologia de estudo** que tivesse linguagem "fácil" e, ao mesmo tempo, oferecesse o conteúdo necessário à preparação para provas e concursos.

O trabalho, por sugestão de **Ada Pellegrini Grinover**, foi batizado como *Direito constitucional esquematizado*. Em nosso sentir, surgia ali uma **metodologia pioneira**, idealizada com base em nossa experiência no magistério e buscando, sempre, otimizar a preparação dos alunos.

A metodologia se materializou nos seguintes "pilares" iniciais:

- **Esquematizado:** verdadeiro método de ensino, rapidamente conquistou a preferência nacional por sua estrutura revolucionária e por utilizar uma linguagem clara, direta e objetiva.
- **Superatualizado:** doutrina, legislação e jurisprudência, em sintonia com os concursos públicos de todo o País.
- **Linguagem clara:** fácil e direta, proporciona a sensação de que o autor está "conversando" com o leitor.
- **Palavras-chave (*keywords*):** a utilização do negrito possibilita uma leitura "panorâmica" da página, facilitando a recordação e a fixação dos principais conceitos.
- **Formato:** leitura mais dinâmica e estimulante.
- **Recursos gráficos:** auxiliam o estudo e a memorização dos principais temas.
- **Provas e concursos:** ao final de cada capítulo, os assuntos são ilustrados com a apresentação de questões de provas de concursos ou elaboradas pelo próprio autor, facilitando a percepção das matérias mais cobradas, a fixação dos temas e a autoavaliação do aprendizado.

Depois de muitos anos de **aprimoramento**, o trabalho passou a atingir tanto os candidatos ao **Exame de Ordem** quanto todos aqueles que enfrentam os **concursos em geral**, sejam das **áreas jurídica** ou **não jurídica**, de **nível superior** ou mesmo os de **nível médio**, assim como **alunos de graduação** e demais **operadores do direito**, como poderosa ferramenta para o desempenho de suas atividades profissionais cotidianas.

Ada Pellegrini Grinover, sem dúvida, anteviu, naquele tempo, a evolução do *Esquematizado*. Segundo a Professora escreveu em **1999**, "a obra destina-se, declaradamente, aos candidatos às provas de concursos públicos e aos alunos de graduação, e, por isso mesmo, após cada capítulo, o autor insere questões para aplicação da parte teórica. Mas será útil também aos operadores do direito mais experientes, como fonte de consulta rápida e imediata, por oferecer grande número de informações buscadas em diversos autores, apontando as posições predominantes na doutrina, sem eximir-se de criticar algumas delas e de trazer sua própria contribuição. Da leitura amena surge um livro 'fácil', sem ser reducionista, mas que revela, ao contrário, um grande poder de síntese, difícil de encontrar mesmo em obras de autores mais maduros, sobretudo no campo do direito".

Atendendo ao apelo de "concurseiros" de todo o País, sempre com o apoio incondicional da Saraiva Jur, convidamos professores das principais matérias exigidas nos concursos públicos das **áreas jurídica** e **não jurídica** para compor a **Coleção Esquematizado®**.

Metodologia pioneira, vitoriosa, consagrada, testada e aprovada. **Professores** com larga experiência na área dos concursos públicos e com brilhante carreira profissional. Estrutura, apoio, profissionalismo e *know-how* da **Saraiva Jur**. Sem dúvida, ingredientes indispensáveis para o sucesso da nossa empreitada!

O resultado foi tão expressivo que a **Coleção Esquematizado®** se tornou **preferência nacional**, extrapolando positivamente os seus objetivos iniciais.

Para o **direito financeiro** e o **direito econômico**, tivemos a honra de contar com o extraordinário trabalho de **Carlos Alberto de Moraes Ramos Filho**, que soube, com qualidade, aplicar a **metodologia "Esquematizado"** à sua vasta e reconhecida experiência profissional como professor, Procurador do Estado do Amazonas e advogado.

Em 2012, ao participar do *Seminário Comemorativo dos 40 anos da PGE/AM*, realizado na cidade de Manaus, conheci o professor Carlos Alberto, que me presenteou com o seu livro de direito financeiro, editado pela Saraiva. Na volta para São Paulo, impressionado com a qualidade da obra, não via o momento de desembarcar para, imediatamente, convidá-lo a integrar a nossa Coleção Esquematizado®. O estudo foi adaptado à metodologia Esquematizado e ampliado, tornando-se, sem dúvida, o melhor sobre o assunto no mercado.

Doutor em direito tributário pela Pontifícia Universidade Católica de São Paulo — PUC-SP, o autor possui dois mestrados em direito (Universidade Federal de Pernambuco — UFPE e Universidade Federal de Santa Catarina — UFSC), é professor de direito constitucional e de direito financeiro na Universidade Federal do Amazonas — UFAM, onde é adorado por seus alunos, além de lecionar na Escola Superior da Magistratura do Amazonas.

Estamos certos de que este livro será um valioso aliado para "encurtar" o caminho do ilustre e "guerreiro" concurseiro na busca do "sonho dourado", além de ser uma **ferramenta indispensável** para estudantes de Direito e profissionais em suas atividades diárias.

Esperamos que a **Coleção Esquematizado®** cumpra plenamente o seu propósito. Seguimos juntos nessa **parceria contínua** e estamos abertos às suas críticas e sugestões, essenciais para o nosso constante e necessário aprimoramento.

Sucesso a todos!

Pedro Lenza
Mestre e Doutor pela USP
Visiting Scholar pela Boston College Law School

✉ pedrolenza8@gmail.com
🐦 https://twitter.com/pedrolenza
📷 http://instagram.com/pedrolenza
▶ https://www.youtube.com/pedrolenza
f https://www.facebook.com/pedrolenza

saraiva *jur* https://www.editoradodireito.com.br/colecao-esquematizado

NOTA DO AUTOR À 7.ª EDIÇÃO

Este livro foi concebido com o intuito de ser, essencialmente, didático.

Cabe, portanto, a advertência prévia de que ele foi elaborado com o propósito de servir, precipuamente, como roteiro de estudo aos alunos dos cursos de bacharelado em Direito e também aos que desejam submeter-se a concursos públicos que exijam conhecimentos gerais do Direito Financeiro e do Direito Econômico.

Embora voltada primordialmente ao público referido, acreditamos que, tendo em vista o seu conteúdo técnico e o rigor científico com o qual procuramos conduzir a exposição dos assuntos tratados nesta obra, nela também encontrarão utilidade os profissionais das diversas carreiras jurídicas que fazem do Direito Financeiro e do Direito Econômico as matérias de sua preferência.

Todos os temas analisados neste livro foram examinados à luz da Constituição Federal e da legislação infraconstitucional que disciplina a matéria, tendo sido incluídas, em notas de rodapé ou no próprio corpo do texto, referências à jurisprudência do Supremo Tribunal Federal (STF) e do Superior Tribunal de Justiça (STJ) acerca de cada um dos temas estudados.

Esperamos que esta nova edição possa continuar contribuindo para os estudos daqueles que debruçam suas atenções sobre os relevantes temas da regulação jurídica das finanças públicas e da intervenção do Estado no domínio econômico.

Críticas e sugestões serão bem recebidas.

Boa leitura!

Carlos Alberto de Moraes Ramos Filho

✉ prof.calberto@hotmail.com

⬛ http://instagram.com/professor_carlos_alberto

f https://www.facebook.com/carlosalbertomramosfilho

NOTA DO AUTOR À 7.ª EDIÇÃO

Este livro foi concebido com o intuito de ser, essencialmente, didático.

Cabe, portanto, a advertência prévia de que ele foi elaborado com o propósito de servir, precipuamente, como roteiro de estudo aos alunos dos cursos de bacharelado em Direito e também aos que desejam submeter-se a concursos públicos que exijam conhecimentos gerais do Direito Financeiro e do Direito Econômico.

Embora voltada primordialmente ao público referido, acreditamos que, tendo em vista o seu conteúdo técnico e o rigor científico com o qual procuramos conduzir a exposição dos assuntos tratados nesta obra, nela também encontrarão utilidade os profissionais das diversas carreiras jurídicas que fazem do Direito Financeiro e do Direito Econômico as matérias de sua preferência.

Todos os temas analisados neste livro foram examinados à luz da Constituição Federal e da legislação infraconstitucional que disciplina a matéria, tendo sido incluídas, em notas de rodapé ou no próprio corpo do texto, referências à jurisprudência do Supremo Tribunal Federal (STF) e do Superior Tribunal de Justiça (STJ) acerca de cada um dos temas estudados.

Esperamos que esta nova edição possa continuar contribuindo para os estudos daqueles que debruçam suas atenções sobre os relevantes temas da regulação jurídica das finanças públicas e da intervenção do Estado no domínio econômico.

Críticas e sugestões serão bem recebidas.

Boa leitura!

Carlos Alberto de Moraes Ramos Filho

✉ prof.calberto@hotmail.com

⊡ http://instagram.com/professor_carlos_alberto

f https://www.facebook.com/carlosalbertomramosfilho

ABREVIATURAS E SIGLAS UTILIZADAS

AC-MC-REF	—	Referendo na Medida Cautelar na Ação Cautelar
ACO	—	Ação Cível Originária
ADC-MC	—	Medida Cautelar em Ação Declaratória de Constitucionalidade
ADCT	—	Ato das Disposições Constitucionais Transitórias
ADI	—	Ação Direta de Inconstitucionalidade
ADI-MC	—	Medida Cautelar em Ação Direta de Inconstitucionalidade
ADI-MC-QO	—	Questão de Ordem em Medida Cautelar em Ação Direta de Inconstitucionalidade
ADI-MC-REF	—	Referendo na Medida Cautelar na Ação Direta de Inconstitucionalidade
ADI-QO	—	Questão de Ordem em Ação Direta de Inconstitucionalidade
Ag.	—	Agravo
AgRg	—	Agravo Regimental
AI-AgR	—	Agravo Regimental no Agravo de Instrumento
AIR	—	Análise de Impacto Regulatório
AIRR	—	Agravo de Instrumento
ANS	—	Agência Nacional de Saúde Suplementar
AP	—	Ação Penal
Ap. Cív.	—	Apelação Cível
Apn	—	Ação penal
art.	—	artigo
arts.	—	artigos
c/c	—	combinado com
CF	—	Constituição da República Federativa do Brasil
CGU	—	Controladoria-Geral da União
cit.	—	citado(a)
CMN	—	Conselho Monetário Nacional
CMO	—	Comissão Mista de Planos, Orçamentos Públicos e Fiscalização
CN	—	Congresso Nacional
COSIT	—	Coordenação-Geral de Tributação
CPC	—	Código de Processo Civil (Lei n. 13.105, de 16.03.2015)
CTN	—	Código Tributário Nacional (Lei n. 5.172, de 25.10.1966)
DBGG	—	Dívida Bruta do Governo Geral
DEJT	—	Diário Eletrônico da Justiça do Trabalho
Des.	—	Desembargador(a)

DF	—	Distrito Federal
DJ	—	*Diário de Justiça (da União)*
DJE	—	*Diário de Justiça Estadual*
DJe	—	*Diário da Justiça (da União) eletrônico*
DOU	—	*Diário Oficial da União*
DL	—	Decreto-Lei
EC	—	Emenda Constitucional
ed.	—	edição
Ed.	—	Editora
EDcl	—	Embargos Declaratórios
EM	—	Exposição de Motivos
EREsp	—	Embargos de Divergência em Recurso Especial
FARF	—	Fundo das Agências Regionais de Fomento
FPM	—	Fundo de Participação dos Municípios
FUNDEB	—	Fundo de Manutenção e Desenvolvimento da Educação Básica e de Valorização dos Profissionais da Educação
FUNDEF	—	Fundo de Desenvolvimento do Ensino Fundamental e de Valorização do Magistério
FPE	—	Fundo de Participação dos Estados
FPM	—	Fundo de Participação dos Municípios
ICMS	—	Imposto sobre Operações relativas à Circulação de Mercadorias e sobre Prestação de Serviços de Transporte Interestadual e Intermunicipal e de Comunicação
IF	—	Intervenção Federal
IF-AgR	—	Agravo Regimental na Intervenção Federal
INCRA	—	Instituto Nacional de Colonização e Reforma Agrária
Inq	—	Inquérito
IPI	—	Imposto sobre Produtos Industrializados
IR	—	Impostos sobre a Renda e Proventos de Qualquer Natureza
ISS	—	Imposto sobre Serviços de Qualquer Natureza
j.	—	julgado(a)
LC	—	Lei Complementar
LDO	—	Lei de Diretrizes Orçamentárias
LGPD	—	Lei Geral de Proteção de Dados Pessoais
LINDB	—	Lei de Introdução às Normas do Direito Brasileiro (Decreto-Lei n. 4.657, de 04.09.1942)
LOA	—	Lei Orçamentária Anual
LRF	—	Lei de Responsabilidade Fiscal (Lei Complementar n. 101, de 04.05.2000)
Min.	—	Ministro(a)
MP	—	Medida Provisória

Abreviaturas e Siglas Utilizadas

MS	— Mandado de Segurança
MS-AgR-QO	— Questão de Ordem em Agravo Regimental em Mandado de Segurança
n.	— número
ob. cit.	— obra citada
p.	— página(s)
PAS	— Processo Administrativo Sancionador
PASEP	— Programa de Formação do Patrimônio do Servidor Público
PEC	— Proposta de Emenda à Constituição
p. ex.	— por exemplo
Pet	— Petição
PIB	— Produto Interno Bruto
PIS	— Programa de Integração Social
PPA	— Plano Plurianual
Rcl	— Reclamação
RCL	— Receita Corrente Líquida
Rcl-AgR	— Agravo Regimental na Reclamação
RE	— Recurso Extraordinário
RE-AgR	— Agravo Regimental em Recurso Extraordinário
RE-ED	— Embargos Declaratórios em Recurso Extraordinário
Rel.	— Relator(a)
REsp	— Recurso Especial
REsp-AgR	— Agravo Regimental em Recurso Especial
Rev.	— Revisor(a)
RHC	— Recurso em *Habeas Corpus*
RMS	— Recurso Ordinário em Mandado de Segurança
Rp	— Representação
RR	— Recurso de Revista
RTJ	— *Revista Trimestral de Jurisprudência do Supremo Tribunal Federal*
s/d	— sem data (data não presente na publicação)
s/n	— sem número
SBDC	— Sistema Brasileiro de Defesa da Concorrência
SEBRAE	— Serviço Brasileiro de Apoio às Micro e Pequenas Empresas
SL-AgR	— Agravo Regimental na Suspensão de Liminar
SS-AgR	— Agravo Regimental na Suspensão de Segurança
STA-AgR	— Agravo Regimental na Suspensão de Tutela Antecipada
STF	— Supremo Tribunal Federal
STJ	— Superior Tribunal de Justiça
t.	— tomo
TJ-GO	— Tribunal de Justiça do Estado de Goiás

TJ-SP	—	Tribunal de Justiça do Estado de São Paulo
TRF	—	Tribunal Regional Federal
UF	—	União Federal
v.	—	volume
ZFM	—	Zona Franca de Manaus

SUMÁRIO

Agradecimentos VII

Metodologia esquematizado.. IX

Nota do autor à 7.ª edição XI

Abreviaturas e siglas utilizadas XIII

PRIMEIRA PARTE — DIREITO FINANCEIRO 1

1. ATIVIDADE FINANCEIRA DO ESTADO 3

   1.1. Estado 3

   1.2. Necessidades públicas 6

   1.3. Atividade financeira do Estado 10

   1.4. Ciências que estudam a atividade financeira do Estado 16

      1.4.1. Ciência das finanças.. 17

      1.4.2. Direito financeiro... 18

      1.4.3. Direito tributário 20

   1.5. Finanças públicas.. 22

   1.6. Estado de direito: a ordenação jurídica das finanças públicas................ 23

   1.7. Questões.. online

2. DIREITO FINANCEIRO 27

   2.1. Direito financeiro: definição 27

   2.2. Conteúdo das normas de direito financeiro 29

      2.2.1. Abrangência do campo do direito financeiro 29

      2.2.2. Destinação das receitas tributárias 30

      2.2.3. Sistema financeiro nacional 32

   2.3. Relação do direito financeiro com outros ramos do direito.................... 33

   2.4. Competência legislativa em matéria de direito financeiro...................... 35

   2.5. Questões.. online

3. FONTES DO DIREITO FINANCEIRO 43

   3.1. Fontes do direito: definição.. 43

   3.2. Constituição.. 43

   3.3. Leis complementares... 44

      3.3.1. Normas gerais de direito financeiro 47

   3.4. Leis ordinárias.. 49

   3.5. Leis delegadas... 50

   3.6. Medidas provisórias 51

   3.7. Resoluções do Senado 52

   3.8. Decretos.. 52

   3.9. Questões.. online

4. LEI DE RESPONSABILIDADE FISCAL 53

4.1. A LRF no contexto das finanças públicas.. 53

4.2. Fundamento político-econômico da LRF 54

    4.2.1. Influências externas 54

    4.2.2. Influências internas.. 55

4.3. Fundamento constitucional da LRF 56

4.4. Pontos principais da LRF 58

4.5. Alcance da LRF 59

    4.5.1. Entes da Federação.. 60

        4.5.1.1. Disposições especiais para pequenos municípios........................... 60

    4.5.2. Tribunais de Contas.. 61

    4.5.3. Administração direta... 63

    4.5.4. Administração indireta 64

4.6. Responsabilidade na gestão fiscal: pressupostos 66

4.7. Receita corrente líquida.. 67

    4.7.1. Noções gerais 67

    4.7.2. Definição.. 68

    4.7.3. Composição 68

    4.7.4. Apuração 70

4.8. Restrições especiais para fim de mandato 70

4.9. As sanções jurídicas pelo descumprimento da LRF... 71

    4.9.1. Sanções institucionais 71

    4.9.2. Sanções pessoais 71

        4.9.2.1. Sanções penais: crimes comuns.. 72

        4.9.2.2. Sanções políticas: crimes de responsabilidade 73

        4.9.2.3. Sanções administrativas.. 75

        4.9.2.4. Sanções civis: improbidade administrativa 76

        4.9.2.5. Outras penalidades.. 79

4.10. Questões.. *online*

5. TEORIA GERAL DAS DESPESAS PÚBLICAS 81

5.1. Despesas públicas: definição.. 81

5.2. Despesas públicas e despesas privadas: distinção... 82

5.3. Classificação.. 86

    5.3.1. Classificações doutrinárias 86

        5.3.1.1. Quanto à periodicidade 86

        5.3.1.2. Quanto à competência.. 88

        5.3.1.3. Quanto à extensão 88

        5.3.1.4. Quanto ao aspecto econômico 89

    5.3.2. Classificação legal.. 90

        5.3.2.1. Despesas correntes 90

        5.3.2.2. Despesas de capital 91

5.4. Princípios das despesas públicas.. 93

5.5. Ajuste fiscal para controle das despesas correntes 94

5.6. Regime fiscal sustentável ("novo arcabouço fiscal")... 96

    5.6.1. Fundamento constitucional 96

    5.6.2. Poderes, instituições e órgãos da União abrangidos.. 97

    5.6.3. Limites.. 98

Sumário   XIX

5.6.4. Elementos que não integram a base de cálculo nem os limites do "regime fiscal sustentável" 98

5.6.5. Encaminhamento do projeto de LOA 99

5.6.6. Resultado primário do Governo Central.. 99

5.6.7. Vinculação de receitas a despesas... 99

5.7. Regime de Recuperação Fiscal (RRF)... 100

5.8. Questões... *online*

6. EXECUÇÃO DAS DESPESAS PÚBLICAS... 101

6.1. Estágios das despesas públicas... 101

    6.1.1. Fixação 101

    6.1.2. Realização 102

        6.1.2.1. Programação 103

        6.1.2.2. Licitação... 104

        6.1.2.3. Empenho 105

        6.1.2.4. Liquidação... 110

        6.1.2.5. Ordem de pagamento 112

        6.1.2.6. Suprimento 112

        6.1.2.7. Pagamento 112

6.2. O regime de adiantamento 113

    6.2.1. Definição... 113

    6.2.2. Restrições 113

6.3. Despesas decorrentes de condenações judiciais 114

    6.3.1. O regime dos precatórios 116

        6.3.1.1. Débitos de natureza alimentícia.. 126

        6.3.1.2. Regime especial transitório de pagamento de precatórios em mora..... 129

    6.3.2. O regime das Requisições de Pequeno Valor (RPV)............................... 134

        6.3.2.1. Definição legal de obrigações de pequeno valor 135

    6.3.3. Comprometimento da Receita Corrente Líquida com o pagamento de precatórios e obrigações de pequeno valor.. 138

    6.3.4. Novo regime transitório de pagamentos de precatórios 139

6.4. Questões... *online*

7. AS DESPESAS PÚBLICAS SEGUNDO A LEI DE RESPONSABILIDADE FISCAL... 141

7.1. Considerações iniciais 141

7.2. Despesas obrigatórias de caráter continuado... 144

    7.2.1. Definição... 144

    7.2.2. Requisitos para efetivação... 144

7.3. Despesas com pessoal 146

    7.3.1. Fundamentos constitucionais 146

    7.3.2. Definição... 148

    7.3.3. Apuração da despesa total com pessoal.. 148

    7.3.4. Limites legais 149

        7.3.4.1. Limites estipulados para a União.. 151

        7.3.4.2. Limites estipulados para os Estados 152

        7.3.4.3. Limites estipulados para o Distrito Federal............................... 152

        7.3.4.4. Limites estipulados para os Municípios 153

    7.3.5. Os gastos com pessoal e a terceirização de mão de obra 154

7.3.6.	Requisitos para efetivação	155
7.3.7.	Controle das despesas com pessoal	158
7.3.8.	Mecanismos de correção de desvios	159
7.4.	Despesas com a seguridade social	162
7.4.1.	Noções gerais	162
7.4.2.	Requisitos para efetivação	163
7.5.	Transferências voluntárias	164
7.5.1.	Noções gerais	164
7.5.2.	Requisitos para efetivação	165
7.5.3.	Destinação dos recursos recebidos	167
7.5.4.	Suspensão de transferências voluntárias	168
7.5.5.	Inscrição de ente federado em cadastros de inadimplentes: necessidade de prévia tomada de contas especial	170
7.5.6.	Suspensão da restrição para transferência de recursos federais destinados à execução de ações sociais e ações em faixa de fronteira	173
7.6.	Destinação de recursos públicos para o setor privado	176
7.6.1.	Noções gerais	176
7.6.2.	Requisitos para efetivação	177
7.6.3.	Concessão de crédito	177
7.6.4.	O Sistema Financeiro Nacional	178
7.7.	Questões	*online*

8. TEORIA GERAL DAS RECEITAS PÚBLICAS 181

8.1.	Receitas públicas: definição	181
8.2.	Classificação	183
8.2.1.	Classificações doutrinárias	183
8.2.1.1.	Quanto à periodicidade	183
8.2.1.2.	Quanto à origem	184
8.2.1.3.	Quanto à aplicação	190
8.2.2.	Classificação legal	192
8.2.2.1.	Receitas correntes	192
8.2.2.2.	Receitas de capital	193
8.3.	Estágios	195
8.3.1.	Previsão	197
8.3.1.1.	Noções gerais	197
8.3.1.2.	A previsão da receita segundo a LRF	198
8.3.2.	Realização	199
8.3.2.1.	Lançamento	199
8.3.2.2.	Arrecadação	200
8.3.2.3.	Recolhimento	201
8.4.	Dívida ativa	202
8.4.1.	Finalidade da inscrição em dívida ativa	202
8.4.2.	Definição de dívida ativa	202
8.4.3.	Pressupostos da inscrição em dívida ativa	204
8.4.4.	Termo de Inscrição de Dívida Ativa	206
8.4.5.	Certidão de Dívida Ativa (CDA)	206
8.4.6.	Protesto das certidões de dívida ativa	207
8.4.7.	Execução judicial da dívida ativa	208

Sumário   XIX

5.6.4. Elementos que não integram a base de cálculo nem os limites do "regime fiscal sustentável"	98
5.6.5. Encaminhamento do projeto de LOA	99
5.6.6. Resultado primário do Governo Central	99
5.6.7. Vinculação de receitas a despesas	99
5.7. Regime de Recuperação Fiscal (RRF)	100
5.8. Questões	online

6. EXECUÇÃO DAS DESPESAS PÚBLICAS — **101**

6.1. Estágios das despesas públicas	101
6.1.1. Fixação	101
6.1.2. Realização	102
6.1.2.1. Programação	103
6.1.2.2. Licitação	104
6.1.2.3. Empenho	105
6.1.2.4. Liquidação	110
6.1.2.5. Ordem de pagamento	112
6.1.2.6. Suprimento	112
6.1.2.7. Pagamento	112
6.2. O regime de adiantamento	113
6.2.1. Definição	113
6.2.2. Restrições	113
6.3. Despesas decorrentes de condenações judiciais	114
6.3.1. O regime dos precatórios	116
6.3.1.1. Débitos de natureza alimentícia	126
6.3.1.2. Regime especial transitório de pagamento de precatórios em mora	129
6.3.2. O regime das Requisições de Pequeno Valor (RPV)	134
6.3.2.1. Definição legal de obrigações de pequeno valor	135
6.3.3. Comprometimento da Receita Corrente Líquida com o pagamento de precatórios e obrigações de pequeno valor	138
6.3.4. Novo regime transitório de pagamentos de precatórios	139
6.4. Questões	online

7. AS DESPESAS PÚBLICAS SEGUNDO A LEI DE RESPONSABILIDADE FISCAL — **141**

7.1. Considerações iniciais	141
7.2. Despesas obrigatórias de caráter continuado	144
7.2.1. Definição	144
7.2.2. Requisitos para efetivação	144
7.3. Despesas com pessoal	146
7.3.1. Fundamentos constitucionais	146
7.3.2. Definição	148
7.3.3. Apuração da despesa total com pessoal	148
7.3.4. Limites legais	149
7.3.4.1. Limites estipulados para a União	151
7.3.4.2. Limites estipulados para os Estados	152
7.3.4.3. Limites estipulados para o Distrito Federal	152
7.3.4.4. Limites estipulados para os Municípios	153
7.3.5. Os gastos com pessoal e a terceirização de mão de obra	154

7.3.6. Requisitos para efetivação	155
7.3.7. Controle das despesas com pessoal	158
7.3.8. Mecanismos de correção de desvios	159
7.4. Despesas com a seguridade social	162
7.4.1. Noções gerais	162
7.4.2. Requisitos para efetivação	163
7.5. Transferências voluntárias	164
7.5.1. Noções gerais	164
7.5.2. Requisitos para efetivação	165
7.5.3. Destinação dos recursos recebidos	167
7.5.4. Suspensão de transferências voluntárias	168
7.5.5. Inscrição de ente federado em cadastros de inadimplentes: necessidade de prévia tomada de contas especial	170
7.5.6. Suspensão da restrição para transferência de recursos federais destinados à execução de ações sociais e ações em faixa de fronteira	173
7.6. Destinação de recursos públicos para o setor privado	176
7.6.1. Noções gerais	176
7.6.2. Requisitos para efetivação	177
7.6.3. Concessão de crédito	177
7.6.4. O Sistema Financeiro Nacional	178
7.7. Questões	*online*

8. TEORIA GERAL DAS RECEITAS PÚBLICAS **181**

8.1. Receitas públicas: definição	181
8.2. Classificação	183
8.2.1. Classificações doutrinárias	183
8.2.1.1. Quanto à periodicidade	183
8.2.1.2. Quanto à origem	184
8.2.1.3. Quanto à aplicação	190
8.2.2. Classificação legal	192
8.2.2.1. Receitas correntes	192
8.2.2.2. Receitas de capital	193
8.3. Estágios	195
8.3.1. Previsão	197
8.3.1.1. Noções gerais	197
8.3.1.2. A previsão da receita segundo a LRF	198
8.3.2. Realização	199
8.3.2.1. Lançamento	199
8.3.2.2. Arrecadação	200
8.3.2.3. Recolhimento	201
8.4. Dívida ativa	202
8.4.1. Finalidade da inscrição em dívida ativa	202
8.4.2. Definição de dívida ativa	202
8.4.3. Pressupostos da inscrição em dívida ativa	204
8.4.4. Termo de Inscrição de Dívida Ativa	206
8.4.5. Certidão de Dívida Ativa (CDA)	206
8.4.6. Protesto das certidões de dívida ativa	207
8.4.7. Execução judicial da dívida ativa	208

Sumário

8.4.8. Prazo prescricional da dívida ativa não tributária	210
8.4.8.1. Suspensão da prescrição da dívida ativa não tributária	213
8.5. As receitas públicas segundo a LRF	214
8.5.1. Noções gerais	214
8.5.2. A LRF e o princípio da anualidade tributária	216
8.6. Fundos especiais	220
8.6.1. Definição	220
8.6.2. Criação de fundos	221
8.6.3. Receitas dos fundos	222
8.6.4. Desnecessidade de inscrever os fundos no CNPJ	222
8.6.5. Prestação de contas	223
8.7. Disponibilidade de caixa	223
8.8. Cessão de direitos creditórios	225
8.9. Questões	*online*

9. RECEITAS TRIBUTÁRIAS ... **229**

9.1. Tributo: definição	229
9.2. As espécies tributárias no direito brasileiro	233
9.3. Impostos	235
9.4. Taxas	236
9.5. Contribuição de melhoria	243
9.6. Contribuições especiais	245
9.7. Empréstimos compulsórios	249
9.8. Os tributos e o financiamento da educação	250
9.9. Os tributos e o financiamento da saúde	251
9.10. Desvinculação das receitas	255
9.10.1. Desvinculação das Receitas da União (DRU)	255
9.10.2. Desvinculação de receitas dos Estados e do Distrito Federal	259
9.10.3. Desvinculação de receitas dos Municípios	259
9.11. Questões	*online*

10. RENÚNCIA DE RECEITA ... **261**

10.1. Noções gerais	261
10.2. Incentivos fiscais e financeiros	262
10.3. Modalidades	262
10.3.1. Isenção	264
10.3.1.1. Isenção em caráter não geral	265
10.3.1.2. Isenções heterônomas	267
10.3.2. Redução de base de cálculo	268
10.3.3. Redução de alíquota	268
10.3.4. Anistia	269
10.3.5. Remissão	271
10.3.6. Crédito presumido	273
10.3.7. Diferimento	275
10.3.8. Subsídio	275
10.3.9. Suspensão	276
10.3.10. Restituição de tributo	276

10.4. Renúncia de receita: reserva constitucional de lei em sentido formal 277

10.5. A renúncia de receita em matéria de ICMS e a "guerra fiscal" 280

    10.5.1. Instrumento hábil para veicular o consenso intergovernamental necessário ao legítimo exercício da competência exonerativa referente ao ICMS: o convênio .. 283

    10.5.2. A função dos convênios interestaduais no contexto do exercício da competência exonerativa em matéria de ICMS: autorizativos ou impositivos? 288

10.6. A renúncia de receita segundo a LRF 294

10.7. Previsão da receita tributária e da renúncia fiscal na LDO e na LOA 296

10.8. Redução de benefícios tributários 298

10.9. Questões .... *online*

11. REPARTIÇÃO DAS RECEITAS TRIBUTÁRIAS **301**

11.1. A discriminação de rendas tributárias 301

11.2. Repartição de receitas: definição 303

11.3. Critérios de repartição das receitas tributárias 304

    11.3.1. Partilha direta em favor dos Estados e do Distrito Federal 305

    11.3.2. Partilha direta em favor dos Municípios 307

        11.3.2.1. Titularidade da receita do IR/Fonte incidente sobre valores pagos pelos Estados, pelo Distrito Federal, pelos Municípios, suas autarquias e fundações a pessoas físicas ou jurídicas contratadas para fornecimento de bens ou prestação de serviços 313

    11.3.3. Partilha indireta em favor dos Estados, do Distrito Federal e dos Municípios... 314

11.4. Proibição de retenção e restrições quanto à repartição constitucional de receitas tributárias 317

11.5. Repartição de receitas tributárias e a concessão de benefícios fiscais 318

11.6. Questões .... *online*

12. TEORIA GERAL DO ORÇAMENTO PÚBLICO **325**

12.1. Orçamento público: definição 325

12.2. Princípios orçamentários 327

    12.2.1. Legalidade 327

    12.2.2. Exclusividade 327

    12.2.3. Universalidade 330

    12.2.4. Especialização 331

    12.2.5. Programação 331

    12.2.6. Anterioridade 332

    12.2.7. Anualidade 333

    12.2.8. Unidade 335

    12.2.9. Não afetação 336

    12.2.10. Transparência 340

12.3. Leis orçamentárias 344

    12.3.1. Plano Plurianual 345

        12.3.1.1. Noções gerais 345

        12.3.1.2. O PPA segundo a LRF 347

    12.3.2. Lei de Diretrizes Orçamentárias 348

        12.3.2.1. Noções gerais 348

        12.3.2.2. A LDO segundo a LRF 350

            12.3.2.2.1. Anexo de metas fiscais 352

Sumário XXIII

12.3.2.2.2. Anexo de riscos fiscais	354
12.3.2.3. Participação dos Poderes, do Ministério Público e da Defensoria Pública na elaboração do projeto de LDO	355
12.3.3. Lei Orçamentária Anual	356
12.3.3.1. Noções gerais	356
12.3.3.2. A LOA segundo a LRF	358
12.4. Orçamento público: autorizativo ou impositivo?	359
12.5. Controle de constitucionalidade das leis orçamentárias	363
12.6. Vedações constitucionais em matéria orçamentária	365
12.7 Estado de calamidade pública de âmbito nacional: regime extraordinário fiscal, financeiro e de contratações	368
12.8. Entrega dos recursos dos Poderes Legislativo e Judiciário, do Ministério Público e da Defensoria Pública	371
12.9. O orçamento público e a "reserva do possível"	374
12.10. Questões	online
13. CICLO ORÇAMENTÁRIO	**379**
13.1. Definição	379
13.2. Elaboração da proposta orçamentária	380
13.2.1. Elaboração das propostas orçamentárias parciais	381
13.2.2. Estrutura da proposta orçamentária	386
13.3. Elaboração da lei orçamentária: processo legislativo orçamentário	387
13.3.1. Iniciativa	388
13.3.2. Exame prévio dos projetos	392
13.3.3. Mensagem aditiva	395
13.3.4. Emendas	396
13.3.4.1. Emendas ao projeto de lei do Plano Plurianual	398
13.3.4.2. Emendas ao projeto de Lei de Diretrizes Orçamentárias	398
13.3.4.3. Emendas ao projeto de Lei Orçamentária Anual	398
13.3.4.3.1. Emendas individuais impositivas e transferências financeiras	400
13.3.4.3.2. Emendas de Relator-Geral ("orçamento secreto")	401
13.3.4.4. Apreciação pela Comissão Mista das emendas aos projetos de leis orçamentárias	402
13.3.5. Discussão e votação	402
13.3.6. Sanção ou veto	405
13.3.7. Promulgação e publicação	406
13.4. O problema da falta de orçamento	406
13.5. Execução orçamentária	412
13.5.1. Programação financeira e cronograma de desembolso	413
13.5.2. Verificação do cumprimento das metas e limitação de empenho	414
13.5.3. Demonstração e avaliação do cumprimento das metas fiscais e da trajetória da dívida	417
13.5.4. Relatório Resumido da Execução Orçamentária (RREO)	417
13.5.5. Relatório de Gestão Fiscal (RGF)	419
13.5.6. Investimentos do Governo Federal em infraestrutura	420
13.6. Questões	online

14. CRÉDITOS ADICIONAIS.. **423**
14.1. Ajustes orçamentários 423
14.2. Acepções da palavra "crédito" 423
14.3. Créditos adicionais: definição 425
14.4. Espécies 426
    14.4.1. Créditos suplementares.. 426
        14.4.1.1. Definição 426
        14.4.1.2. Características 426
        14.4.1.3. Vigência... 428
    14.4.2. Créditos especiais 428
        14.4.2.1. Definição 428
        14.4.2.2. Características 429
        14.4.2.3. Vigência... 429
    14.4.3. Créditos extraordinários 430
        14.4.3.1. Definição 430
        14.4.3.2. Características 431
        14.4.3.3. Vigência... 434
14.5. Processo legislativo dos créditos adicionais... 434
    14.5.1. Apreciação pela Comissão Mista dos projetos de lei de créditos adicionais..... 435
    14.5.2. Emendas aos projetos de lei de créditos adicionais.................... 435
    14.5.3. Apreciação de medida provisória que abra crédito extraordinário.................. 436
14.6. Questões... *online*

15. TEORIA GERAL DO CRÉDITO PÚBLICO... **439**
15.1. Crédito público: definição 439
15.2. Natureza jurídica 440
15.3. Técnicas da captação do empréstimo 441
15.4. Classificação.. 442
    15.4.1. Quanto à pessoa jurídica que obtém o crédito 442
    15.4.2. Quanto à origem territorial da dívida... 442
    15.4.3. Quanto aos prazos de duração.. 443
    15.4.4. Classificação constitucional 444
15.5. Princípios dos empréstimos públicos 444
15.6. Regime constitucional do crédito público... 445
15.7. O crédito público, a dívida pública e a Lei de Responsabilidade Fiscal........... 446
    15.7.1. Noções gerais.. 446
    15.7.2. Definições legais... 447
    15.7.3. Limites da dívida pública e das operações de crédito................. 447
    15.7.4. Recondução da dívida aos limites 449
    15.7.5. Operações de crédito 450
        15.7.5.1. Condições para efetivação... 450
        15.7.5.2. Vedações legais 454
    15.7.6. Operações de crédito por antecipação de receita orçamentária...................... 455
        15.7.6.1. Definição 455
        15.7.6.2. Condições para efetivação... 455
        15.7.6.3. Vedações legais 456
    15.7.7. Concessão de garantias... 456
    15.7.8. A LRF e os "restos a pagar" 459

Sumário XXV

15.8. Crédito público sem autorização legislativa.. 460
15.9. Crédito público estadual, distrital e municipal 461
15.10. Limites e condições fixados pelo Senado para as operações de crédito 461
15.11. Limites fixados pelo Senado para o montante da dívida consolidada e mobiliária 463
15.12. Sustentabilidade da dívida... 463
15.13. Questões.. *online*

16. FISCALIZAÇÃO E CONTROLE **465**
16.1. Noções gerais... 465
16.2. Fundamento constitucional 465
16.3. Controle interno... 467
    16.3.1. Definição.. 467
    16.3.2. Finalidades... 467
    16.3.3. Função de apoio ao controle externo... 468
    16.3.4. Comunicação ao Tribunal de Contas.. 469
    16.3.5. Pronunciamento sobre as contas e o parecer do controle interno...... 469
    16.3.6. Controle interno do Poder Executivo 469
    16.3.7. Controle interno do Poder Judiciário... 471
16.4. Controle externo 472
    16.4.1. Definição.. 472
    16.4.2. Tribunais de Contas 473
    16.4.3. Tribunais de Contas: autonomia administrativa e financeira 474
    16.4.4. O Tribunal de Contas da União (TCU) 475
        16.4.4.1. Natureza... 475
        16.4.4.2. Competências 475
        16.4.4.3. Jurisdição.. 482
        16.4.4.4. Ministros 485
        16.4.4.5. Auditores 487
        16.4.4.6. Ministério Público junto ao TCU...................................... 488
        16.4.4.7. Atuação do TCU: julgamento de contas 491
            16.4.4.7.1. Tomada e prestação de contas............................ 491
            16.4.4.7.2. Tomada de Contas Especial............................... 496
            16.4.4.7.3. Decisões em processo de tomada ou prestação de contas... 497
            16.4.4.7.4. Recursos... 499
            16.4.4.7.5. Julgamento das contas relativas à Administração do Ministério Público 500
        16.4.4.8. Fiscalização a cargo do TCU 500
            16.4.4.8.1. Fiscalização exercida por iniciativa do Congresso Nacional 500
            16.4.4.8.2. Fiscalização de atos e contratos........................ 501
        16.4.4.9. Denúncia.. 504
        16.4.4.10. Sanções.. 504
        16.4.4.11. Destinação das multas aplicadas pelo TCU..................... 505
        16.4.4.12. Controle do TCU pelo Congresso Nacional..................... 507
    16.4.5. Os Tribunais de Contas dos Estados 508
    16.4.6. Tribunais e Conselhos de Contas dos Municípios............................. 511
    16.4.7. Controle das contas do Governo de Território Federal 513
16.5. Fiscalização do cumprimento da LRF 514
16.6. Questões... *online*

XXVI Direito Financeiro e Econômico Esquematizado   *Carlos Alberto de Moraes Ramos Filho*

SEGUNDA PARTE — DIREITO ECONÔMICO... **517**

1. INTERVENÇÃO DO ESTADO NO DOMÍNIO ECONÔMICO **519**
  1.1. Acepções da palavra "economia"... 519
  1.2. Política econômica.. 521
  1.3. Atividades do Estado e atividades dos particulares... 523
  1.4. Serviço público e atividade econômica.. 525
  1.5. Definição de intervenção estatal na economia... 528
  1.6. Histórico do intervencionismo estatal na economia 531
    1.6.1. Antiguidade... 531
    1.6.2. Estado Absolutista... 531
    1.6.3. Estado Liberal 533
    1.6.4. A crise do Estado Liberal: o Estado Social 537
    1.6.5. A constitucionalização da ordem econômica: a "constituição econômica"........ 539
    1.6.6. Estado Neoliberal.. 542
  1.7. Ordem jurídico-econômica brasileira: evolução histórica................................. 544
    1.7.1. Primeiros passos.. 544
    1.7.2. Constituição de 1934 545
    1.7.3. Constituição de 1937 546
    1.7.4. Constituição de 1946 546
    1.7.5. Constituição de 1967 e Emenda Constitucional n. 1/69 548
    1.7.6. Constituição de 1988 550
  1.8. Modalidades de intervenção do Estado no domínio econômico 552
  1.9. Limites constitucionais à intervenção estatal no domínio econômico 554
  1.10. Questões... *online*

2. DIREITO ECONÔMICO.. **557**
  2.1. Definição 557
  2.2. Divisão do direito econômico... 561
  2.3. Relação do direito econômico com outros ramos do direito.............................. 561
  2.4. Competência legislativa em matéria de direito econômico................................ 563
  2.5. Princípios constitucionais da ordem econômica 565
    2.5.1. Valorização do trabalho humano 566
    2.5.2. Livre-iniciativa.. 567
    2.5.3. Existência digna 575
    2.5.4. Justiça social... 575
    2.5.5. Soberania nacional 576
    2.5.6. Propriedade privada 577
    2.5.7. Função social da propriedade 577
    2.5.8. Livre concorrência 578
    2.5.9. Defesa do consumidor... 580
    2.5.10. Defesa do meio ambiente.. 581
    2.5.11. Redução das desigualdades regionais e sociais....................................... 583
    2.5.12. Busca do pleno emprego 585
    2.5.13. Tratamento favorecido para as empresas de pequeno porte constituídas sob as leis brasileiras e que tenham sua sede e administração no Brasil...................... 586
  2.6. Questões... *online*

Sumário

3. INTERVENÇÃO DIRETA DO ESTADO NO DOMÍNIO ECONÔMICO **589**

3.1. Definição 589

3.2. Empresas estatais 590

    3.2.1. Empresas públicas 592

    3.2.2. Sociedades de economia mista 594

    3.2.3. As "subsidiárias" das empresas estatais 596

    3.2.4. Forma societária das empresas estatais 597

    3.2.5. Dirigentes 600

    3.2.6. Regime de pessoal 601

    3.2.7. Participação minoritária do Estado em sociedades privadas 603

3.3. Intervenção direta por participação 605

    3.3.1. Definição 605

    3.3.2. Princípio da subsidiariedade 605

    3.3.3. Sentido e alcance do *caput* do art. 173 da CF 608

    3.3.4. Fundamentos da intervenção direta por participação 609

        3.3.4.1. Segurança nacional 609

        3.3.4.2. Relevante interesse coletivo 611

        3.3.4.3. Definição legal dos pressupostos da intervenção direta por participação .. 611

    3.3.5. Limites à intervenção direta por participação 614

3.4. Intervenção direta por absorção 615

    3.4.1. Definição 615

    3.4.2. Monopólio público e serviço público 616

    3.4.3. Hipóteses constitucionais de monopólios estatais 619

        3.4.3.1. Monopólios da União 620

            3.4.3.1.1.   Atividades em regime de monopólio 620

            3.4.3.1.2.   Realização das atividades monopolizadas 621

            3.4.3.1.3.   Monopólio de minérios e minerais nucleares e seus derivados .. 623

        3.4.3.2. Monopólio dos Estados 623

    3.4.4. Instituição infraconstitucional de monopólios estatais 625

3.5. Regime jurídico das empresas estatais que exploram atividade econômica ... 629

    3.5.1. Influxo de normas publicísticas 632

    3.5.2. Inaplicabilidade do "regime jurídico próprio das empresas privadas" à intervenção por absorção (monopólios públicos) 634

    3.5.3. Imunidade tributária recíproca: inaplicabilidade às estatais exploradoras de atividade econômica 637

    3.5.4. Prazo prescricional aplicável às estatais exploradoras de atividade econômica .. 639

3.6. Questões .... *online*

4. INTERVENÇÃO INDIRETA DO ESTADO NO DOMÍNIO ECONÔMICO **643**

4.1. Definição 643

4.2. Intervenção indireta por indução 645

    4.2.1. Extrafiscalidade 648

    4.2.2. Incentivos financeiros-fiscais 652

    4.2.3. Planejamento 655

    4.2.4. "Endorregulação": a utilização de empresas estatais para fins regulatórios 662

4.3. Intervenção indireta por direção 663

    4.3.1. Controle de preços (tabelamento) 666

4.3.1.1. Responsabilidade do Estado por danos decorrentes de tabelamento de preços 671

4.3.2. Controle do abastecimento 675

4.3.3. Liquidação extrajudicial de instituições financeiras 677

4.4. Questões .... *online*

5. AGÊNCIAS REGULADORAS **681**

5.1. Considerações iniciais 681

5.2. Autarquias 681

    5.2.1. Definição 682

    5.2.2. Natureza jurídica 682

    5.2.3. Características 682

    5.2.4. Classificação 683

5.3. Agências reguladoras 684

    5.3.1. Definição 684

    5.3.2. Agências reguladoras existentes 685

    5.3.3. Legislação 687

    5.3.4. Natureza jurídica 687

    5.3.5. Atividades reguladas 688

    5.3.6. Autonomia administrativa 689

    5.3.7. Dirigentes 689

    5.3.8. Estrutura organizacional 693

    5.3.9. Autonomia financeira 693

5.4. Poder normativo 694

    5.4.1. Análise de Impacto Regulatório (AIR) 696

5.5. O "dever de deferência" do Poder Judiciário às decisões técnicas adotadas pelas agências reguladoras 697

5.6. Articulação das agências reguladoras com outras entidades e órgãos 701

5.7. Questões .... *online*

6. DEFESA DA CONCORRÊNCIA: O SISTEMA BRASILEIRO **703**

6.1. Introdução 703

6.2. Histórico da legislação brasileira antitruste 706

6.3. A atual lei brasileira de defesa da concorrência 708

6.4. Vigência no espaço: territorialidade 713

6.5. Sistema Brasileiro de Defesa da Concorrência 713

6.6. Conselho Administrativo de Defesa Econômica — CADE 715

    6.6.1. Natureza e funções 715

    6.6.2. Estrutura organizacional 717

    6.6.3. Tribunal Administrativo de Defesa Econômica 718

        6.6.3.1. Composição 718

        6.6.3.2. Perda do mandato 719

        6.6.3.3. Vedações 720

        6.6.3.4. Competência do Plenário do Tribunal 720

        6.6.3.5. Competência do Presidente do Tribunal 721

        6.6.3.6. Competência dos Conselheiros do Tribunal 722

    6.6.4. Superintendência-Geral 722

6.6.4.1. Composição		722
6.6.4.2. Competência		723
6.6.4.3. Competência do Superintendente-Geral		725

6.6.5. Departamento de Estudos Econômicos 725
6.6.6. Procuradoria Federal Especializada junto ao CADE 725

      6.6.6.1. Competência 725
      6.6.6.2. Chefia da Procuradoria Federal 726

6.6.7. Ministério Público Federal perante o CADE 727

6.7. Subsecretaria de Acompanhamento Econômico e Regulação 728

6.7.1. Natureza e funções 728
6.7.2. Competência 729
6.7.3. Prerrogativas 730

6.8. O "dever de deferência" do Poder Judiciário às decisões do CADE 730
6.9. Antitruste em setores regulados: interação operacional entre o Sistema Brasileiro de Defesa da Concorrência e as Agências Reguladoras 733

6.9.1. Regulação e concorrência: a atuação das Agências Reguladoras em matéria concorrencial 733
6.9.2. A Lei n. 13.848/2019 737

6.10. Antitruste no sistema financeiro: interação operacional entre o Sistema Brasileiro de Defesa da Concorrência e o Banco Central do Brasil 739
6.11. Questões .... *online*

7. DEFESA DA CONCORRÊNCIA: REPRESSÃO ÀS INFRAÇÕES DA ORDEM ECONÔMICA **743**

7.1. Defesa da concorrência mediante "controle de condutas": definição 743
7.2. Definição de infração da ordem econômica 744
7.3. Condutas que configuram infrações da ordem econômica 747
7.4. Responsabilidade por infrações à ordem econômica 750
7.5. Procedimentos administrativos instaurados para apuração e repressão de infrações à ordem econômica 751

7.5.1. Procedimento preparatório de inquérito administrativo para apuração de infrações à ordem econômica 752
7.5.2. Inquérito administrativo para apuração de infrações à ordem econômica 753
7.5.3. Processo administrativo para imposição de sanções administrativas por infrações à ordem econômica 754

      7.5.3.1. Tramitação na Superintendência-Geral 755
      7.5.3.2. Tramitação no Tribunal Administrativo de Defesa Econômica 757

7.5.4. Medida preventiva 758
7.5.5. Compromisso de cessação de prática 759
7.5.6. Acordo de leniência 761

7.6. Penas 765

7.6.1. Pena de multa 765
7.6.2. Outras espécies de penas 766
7.6.3. Multa diária 768
7.6.4. Aplicação das penas 768

7.7. Prescrição 769
7.8. Execução judicial das decisões do CADE 771

XXX Direito Financeiro e Econômico Esquematizado   *Carlos Alberto de Moraes Ramos Filho*

7.9. Direito de ação 772
7.10. Direito penal econômico: os crimes contra a ordem econômica 777
    7.10.1. A concorrência como bem jurídico-penal 777
    7.10.2. Tipos penais 777
    7.10.3. Pena 778
    7.10.4. Concurso de pessoas 778
    7.10.5. Ação penal 778
    7.10.6. Competência 779
    7.10.7. Prescrição 780
    7.10.8. Efeitos penais do acordo de leniência 780
7.11. Questões .... *online*

8. DEFESA DA CONCORRÊNCIA: O CONTROLE DE ATOS DE CONCENTRAÇÃO ECONÔMICA **783**

8.1. Defesa da concorrência mediante "controle de estruturas": definição 783
8.2. Atos de concentração 785
8.3. Processo administrativo para análise de ato de concentração econômica 790
    8.3.1. Processo administrativo na Superintendência-Geral 790
    8.3.2. Recurso contra decisão de aprovação do ato pela Superintendência-Geral 792
    8.3.3. Ato avocatório 793
    8.3.4. Processo administrativo no Tribunal 793
    8.3.5. Acordo em controle de concentrações 795
8.4. Revisão da aprovação do ato de concentração econômica 797
8.5. Procedimento administrativo para apuração de ato de concentração econômica (APAC) .. 798
8.6. Questões .... *online*

9. TEORIA GERAL DAS CONTRIBUIÇÕES DE INTERVENÇÃO NO DOMÍNIO ECONÔMICO **799**

9.1. Introdução 799
9.2. Previsão constitucional das contribuições interventivas 800
9.3. Natureza jurídica das CIDE 801
    9.3.1. CIDE: espécie tributária 801
    9.3.2. As CIDE no quadro geral das espécies tributárias: determinação de sua natureza jurídica específica 802
9.4. Competência para instituir contribuições interventivas 803
9.5. As contribuições interventivas e a lei complementar de normas gerais em matéria tributária 803
9.6. Instrumento normativo hábil para o exercício da competência tributária relativa às contribuições interventivas 806
9.7. Finalidade das contribuições interventivas: relação das CIDE com a intervenção no domínio econômico 808
9.8. Afetação do produto da arrecadação das contribuições interventivas: modalidades de intervenção estatal que justificam a instituição das contribuições 816
9.9. Materialidade das contribuições interventivas 822
9.10. Sujeito ativo 824
9.11. Sujeito passivo 824
9.12. Base de cálculo e alíquota 827
9.13. Questões .... *online*

■ Sumário   XXXI

10. CONTRIBUIÇÕES INTERVENTIVAS EM ESPÉCIE... **831**

10.1. Considerações iniciais... 831

10.2. Contribuição de intervenção no domínio econômico incidente sobre importação/comer-
cialização de petróleo e seus derivados, gás natural e seus derivados e álcool etílico
combustível — "CIDE-combustíveis" 832

    10.2.1. Destinação do produto da arrecadação 834

        10.2.1.1. Projetos ambientais relacionados com a indústria do petróleo e do gás.. 835

        10.2.1.2. Programas de infraestrutura de transportes............................... 836

    10.2.2. Repartição da receita 836

10.3. Adicional ao Frete para Renovação da Marinha Mercante — AFRMM 837

10.4. Contribuição destinada ao Instituto Nacional de Colonização e Reforma Agrária —
INCRA.. 838

    10.4.1. Histórico 838

    10.4.2. A contribuição ao INCRA no vigente sistema constitucional 841

    10.4.3. A contribuição ao INCRA e a folha de salários............................ 843

    10.4.4. Fiscalização, arrecadação, cobrança e recolhimento...................... 844

10.5. Contribuição para a pesquisa e desenvolvimento do setor elétrico e para programas de
eficiência energética no uso final 845

10.6. Contribuição para o Fundo de Universalização dos Serviços de Telecomunicações —
FUST.. 845

10.7. Contribuição para o Fundo para o Desenvolvimento Tecnológico das Telecomunicações — FUNTTEL.. 846

10.8. Contribuição para o financiamento do programa de estímulo à interação universidade-
-empresa para apoio à inovação 847

10.9. Contribuição para o desenvolvimento da indústria cinematográfica nacional —
CONDECINE 850

10.10. Contribuição ao Serviço Brasileiro de Apoio às Micro e Pequenas Empresas —
SEBRAE... 852

    10.10.1. Fiscalização, arrecadação, cobrança e recolhimento..................... 853

    10.10.2. Inaplicabilidade da imunidade 853

10.11. Contribuição à Agência de Promoção de Exportações do Brasil — Apex-Brasil........... 853

    10.11.1. Fiscalização, arrecadação, cobrança e recolhimento..................... 855

    10.11.2. Inaplicabilidade da imunidade 855

10.12. Contribuição à Agência Brasileira de Desenvolvimento Industrial — ABDI............... 855

    10.12.1. Fiscalização, arrecadação, cobrança e recolhimento..................... 856

    10.12.2. Inaplicabilidade da imunidade 857

10.13. Contribuição para o fomento da radiodifusão pública.................................... 857

10.14. Questões... *online*

Referências 859

PRIMEIRA PARTE

DIREITO FINANCEIRO

1

ATIVIDADE FINANCEIRA DO ESTADO

1.1. ESTADO

Considerando que o Direito Financeiro regula a **estrutura e o exercício da atividade financeira estatal**, e sendo esta um instrumento para o atingimento das finalidades do Estado[1], resta evidenciado que o modo de ser e atuar do Estado e seus valores repercutem na configuração dos conceitos e institutos daquele ramo jurídico.

Assim, é inadmissível "estudar o fenômeno financeiro do Estado sem antes firmar noções específicas sobre o próprio Estado, para que as conclusões guardem estrita sintonia com as premissas em que se assentam"[2]. Isto porque, "a atividade financeira do Estado se constitui em uma questão central na discussão mesmo do próprio Estado"[3].

É impossível, no entanto, encontrar um conceito único de Estado que seja totalmente aceito por parte dos doutrinadores. Isto porque o Estado é um organismo social muito complexo, e os conceitos, por sua vez, são pontos de vista específicos, embora geralmente formais, de cada autor.

O conceito de Estado varia, de fato, segundo o ângulo em que é considerado, consoante ressalta Recaséns Siches: "Es correcto considerar que en el Estado hay realidades sociológicas, pero también esencialmente dimensiones normativas, especialmente jurídicas"[4].

Todavia, apesar da dificuldade em conceituar com precisão o Estado, observa-se nos conceitos e juízos de diversos autores alguns elementos que são fundamentais para a estruturação de um conceito básico de Estado, quais sejam:

- uma sociedade permanente de pessoas;
- um território determinado;
- um governo independente; e
- uma finalidade específica, que é a busca do bem comum.

---

[1] GRIZIOTTI, Benvenuto. *Principios de ciencia de las finanzas*, p. 71.

[2] OLIVEIRA, Régis Fernandes de. *Receitas públicas originárias*, p. 59.

[3] FEITOSA, Raymundo Juliano Rêgo. A constituição financeira como questão crucial do direito constitucional, p. 131.

[4] SICHES, Luis Recaséns. *Introducción al estudio del derecho*, p. 265.

Considerando-se esses elementos, teremos chegado a uma visão global e abrangente do processo de conceituação do Estado, visto que se ajusta às opiniões da grande maioria dos doutrinadores.

Podemos, assim, conceituar o Estado como a **pessoa jurídica soberana, constituída de um povo organizado sobre determinado território, sob o comando de um governo, para fins de alcançar o bem comum daquele povo**[5].

Com algumas poucas exceções, concorda a maioria dos autores serem três os elementos essenciais do Estado, embora divirjam quanto à sua identificação. São esses elementos de **ordem material** e de **ordem formal**.

Os elementos materiais são a **população** e o **território**, porque se erigem em fatores concretos, sensíveis. O elemento formal é identificado com o **poder político** — ou alguma de suas expressões, como **autoridade, governo** ou **soberania** —, o qual é o vínculo que agrega o grupo humano[6].

Entendemos, com outra parcela da doutrina[7], que deva ser acrescentada, entre os elementos formadores do Estado, a **finalidade**, que é o seu elemento **espiritual** (ou **final** ou **teleológico**, como preferem alguns), sem o qual não haveria justificativa para a existência do Estado[8].

Com efeito, consoante leciona Gilberto Bercovici, "uma definição puramente formal do Estado, que prescinde da ideia de fim, omite uma das características essenciais do fenômeno estatal"[9]. Portanto, é preciso ressaltar, como bem o faz Paulo Napoleão

---

[5] Semelhante é o conceito formulado por Pablo Lucas Verdu: "Entendemos por *Estado, la sociedad territorial jurídicamente organizada, con poder soberano, que persigue el bienestar general*" (destaque no original) (*Curso de derecho político*, v. II, p. 49). No mesmo sentido é a lição de Arturo Pellet Lastra: "Estado es una sociedad conformada por un grupo humano que vive en comunidad sobre un territorio determinado, cuya estructura de poder está ocupada por una clase dirigente y reglada por normas constitucionales. Tiene por finalidad lograr el bien común y proyectarse con identidad propia en la comunidad internacional" (*Teoría del Estado*, p. 24).

[6] Nesse sentido: DUGUIT, Léon. *Fundamentos do direito*, p. 53; VERDU, Pablo Lucas. *Curso de derecho político*, v. II, p. 94-115; MENEZES, Aderson de. *Teoria geral do Estado*, p. 130; CAETANO, Marcello. *Manual de ciência política e direito constitucional*, p. 122; MIRANDA, Jorge. *Teoria do Estado e da Constituição*, p. 91; PAUPÉRIO, A. Machado. *Teoria geral do Estado*: direito político, p. 132.

[7] LIMA, Antônio Sebastião de. *Teoria do Estado e da Constituição*: fundamentos do direito positivo, p. 35 e 48-50; DALLARI, Dalmo de Abreu. *Elementos de teoria geral do Estado*, p. 87-92; FILOMENO, José Geraldo Brito. *Manual de teoria geral do Estado e ciência política*, p. 67 e 84; TORELLY, Paulo Peretti. *O direito e a síntese entre o público e o privado*, p. 105-106.

[8] "(...) a finalidade do Estado há de merecer o devido destaque, vez que justificadora mesmo da instituição. (...) Sem essa configuração teleológica, o Estado não se justificaria" (JARDIM, Afranio Silva. *Da publicização do processo civil*, p. 27).

[9] BERCOVICI, Gilberto. *Constituição econômica e desenvolvimento*: uma leitura a partir da Constituição de 1988, p. 105. E prossegue o autor citado: "O Estado, como toda instituição humana, tem uma função objetiva que nem sempre está de acordo com os fins subjetivos de cada um dos homens que o formam. A determinação do sentido do Estado é de crucial importância para a sua compreensão. Sem uma referência ao sentido do Estado, os conceitos da Teoria do Estado, segundo Heller, seriam vazios de significado, não sendo possível diferenciá-lo de outras organizações

Nogueira da Silva, "que, segundo as mais objetivas e racionais concepções da atualidade, a única justificativa para a existência do Estado é a **promoção do bem comum**, cuja consecução se torna a cada dia mais complexa em virtude, sobretudo, da explosão demográfica a nível mundial. Não fora essa necessidade, embora se torne culturalmente difícil conceber um mundo sem Estados, não haveria justificativa lógica para a sua existência" (destaque nosso)[10].

Assim, é impossível que se tenha uma noção completa de Estado, sem ter consciência de sua finalidade, que é alcançar o **bem comum** de certo povo, situado em determinado território. Sem esse elemento teleológico, inexistiria o próprio Estado.

Bem comum, nas palavras de José Geraldo Brito Filomeno, é "a realização global do ser humano, quer do ponto de vista biológico, quer do psíquico, o que deve ser propiciado pelo Estado mediante criação de condições de cunho **político** (mantendo as seguranças interna e externa), **jurídico** (buscando o Estado de direito mediante a criação, execução e aplicação do ordenamento jurídico) e **social** (proporcionando à população em geral, e à sua faixa mais carente, em especial, condições de superação de sua insuficiência e necessidades de cunho educacional, de saúde, saneamento básico, lazer etc.)" (destaque no original)[11].

Uma sociedade de natureza política como o Estado **não tem um fim em si mesma**. O fim do Estado, sociedade política que é, consiste em fornecer condições para os homens que a compõem (e que nela possuem direitos e deveres), inseridos noutros grupos que a integram — verdadeiras sociedades menores —, alcançarem os seus fins[12].

Os autores que não consideram a finalidade como elemento essencial do Estado sustentam que já está implícita na ideia de sociedade. De fato, toda sociedade, qualquer que seja a sua natureza (cultural, comercial, política, partidária), pressupõe uma reunião de indivíduos para fins comuns[13]. Cumpre destacar, no entanto, que existe uma diferença fundamental que qualifica a finalidade do Estado: este busca o **bem comum** de certo povo, situado em determinado território. Há, portanto, uma finalidade própria do Estado, que lhe dá um caráter muito peculiar[14].

---

sociais. A atribuição de fins ao Estado significa, praticamente, sua justificação, sua legitimação material. De acordo com Jellinek, os fins do Estado não servem para determinar o que acontecerá, mas para determinar o que não deve ser feito" (Ob. cit., p. 106).

[10] SILVA, Paulo Napoleão Nogueira da. *Curso de direito constitucional*, p. 35.

[11] FILOMENO, José Geraldo Brito. *Manual de teoria geral do Estado e ciência política*, p. 84. "Bem comum", como observa Diogo Freitas do Amaral, é terminologia que vem desde São Tomás de Aquino, que o definia como "aquilo que é necessário para que os homens não apenas vivam, mas vivam bem" (*Curso de direito administrativo*, vol. II. p. 44).

[12] POLETTI, Ronaldo. *Introdução ao direito*, p. 66.

[13] CAVALCANTI, Themistocles Brandão. *Princípios gerais de direito público*, p. 22. Sobre a inclusão da **finalidade** como elemento constitutivo do Estado, leciona Aderson de Menezes: "Quanto ao fim estatal, traduzido pelo bem público, não há como inovar, pois essa finalidade coexiste no Estado, ao qual é co-essencial, identificando-se inteira e justamente com os três elementos constitutivos: população, território e govêrno (...)" (*Teoria geral do Estado*, p. 130).

[14] POLETTI, Ronaldo. *Introdução ao direito*, p. 66.

Para atingir sua finalidade, como adiante se verá, o Estado emprega diversos meios, que variam conforme as épocas, os povos, os costumes e a cultura. Seu objetivo, todavia, é sempre o mesmo[15] e não se confunde com o de nenhuma outra instituição[16].

O Estado não deve ser confundido, portanto, nem com as sociedades em particular, nem com a sociedade em geral.

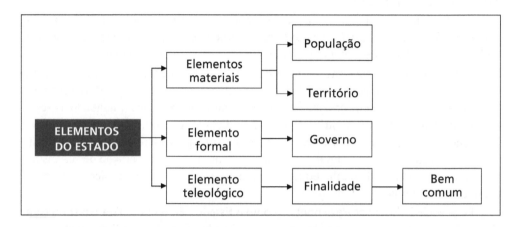

1.2. NECESSIDADES PÚBLICAS

Segundo Dalmo de Abreu Dallari, os agrupamentos humanos caracterizam-se como sociedades quando têm uma finalidade, um fim próprio a atingir[17].

Entre as sociedades políticas, há uma que se destaca das demais por possuir um poder direto sobre o indivíduo, bem como por sua amplitude: o Estado. Na lição de Egas Rosa Sampaio, "o poder do Governo é o que distingue o Estado de todas as outras sociedades organizadas"[18].

Todas as demais sociedades têm a organização e a atividade reguladas pelo Estado, que pode suprimi-las ou favorecê-las. Com efeito, e consoante observa José Geraldo Brito Filomeno, os ordenamentos jurídicos de quaisquer outros tipos de sociedades (por exemplo, os estatutos ou contratos sociais constitutivos) "ficam condicionados ao do Estado, que poderá estabelecer limites à sua própria constituição como pessoas jurídicas"[19].

---

[15] "(...) os fins estatais são permanentes, não se modificam nunca. O que varia são os processos de atividade, os meios usados, as espécies de ação através das quais o Estado busca e consegue a realização dos seus fins. A atividade desenvolvida, por via de diferentes meios empregados, é que caracteriza a competência estatal. Então, enquanto os fins do Estado, condensados no bem público, ficam inalteráveis, a competência do Estado é variável, de conformidade com a época e o lugar" (MENEZES, Aderson de. *Teoria geral do Estado*, p. 67).

[16] AZAMBUJA, Darcy. *Teoria geral do Estado*, p. 5.

[17] DALLARI, Dalmo de Abreu. *Elementos de teoria geral do Estado*, p. 21.

[18] SAMPAIO, Egas Rosa. *Instituições de ciência das finanças*: uma abordagem econômico-financeira, p. 41.

[19] FILOMENO, José Geraldo Brito. *Manual de teoria geral do Estado e ciência política*, p. 81.

1 ▪ Atividade Financeira do Estado

O que justifica a existência do Estado são as **necessidades humanas**. Estas, no dizer de Walter Paldes Valério, são as "sensações de carência ou *deficit* de algo próprio à conservação de sua existência individual ou social, que as pessoas experimentam, conjugadas aos impulsos para fazê-las desaparecer"[20]. Na lição do autor referido, as necessidades humanas para cuja satisfação a busca dos meios adequados a suprimi-las oferece certo limite ou escassez tomam a designação de **necessidades econômicas**[21]. **Bem econômico**, por seu turno, é tudo aquilo que tem a qualidade de ser capaz de satisfazer as necessidades humanas, existindo em quantidade limitada[22].

Reconhecendo a escassez dos bens econômicos, confira-se o seguinte julgado do Superior Tribunal de Justiça:

> "O entendimento de que o Poder Público ostenta a condição de satisfazer todas as necessidades da coletividade ilimitadamente, seja na saúde ou em qualquer outro segmento, é utópico; pois o aparelhamento do Estado, ainda que satisfatório aos anseios da coletividade, não será capaz de suprir as infindáveis necessidades de todos os cidadãos" (**RMS 28.962/MG**, Rel. Min. Benedito Gonçalves, 1.ª Turma, j. em 25.08.2009, *DJe* 03.09.2009).

Não são, entretanto, todas as necessidades humanas que justificam a existência do Estado, pois as **individuais** são aquelas que as pessoas experimentam singularmente, independentemente de suas relações com a sociedade ou com o Estado, e que, justamente por isso, devem ser satisfeitas pelo próprio indivíduo, por seu próprio esforço e custo, podendo a forma de satisfação variar de pessoa para pessoa, de acordo com a capacidade econômica de cada uma[23]. É o caso das necessidades de vestuário, alimentação, habitação etc.

Também não age o Estado no atendimento das **necessidades coletivas**, como tais consideradas aquelas que pertencem a determinados grupos ou setores bem definidos. É o caso dos interesses de um condomínio, de um clube, de uma associação etc. Tal espécie de necessidades humanas é sentida pelas pessoas como integrantes do grupo social específico a que pertencem[24] e deve ser satisfeita pelo esforço da referida coletividade, considerada esta como a soma de seus indivíduos.

Há, todavia, certas necessidades que não podem ser satisfeitas pelo esforço do indivíduo nem mesmo pelo esforço coordenado dos integrantes de determinada coletividade, pois são do interesse de todos os segmentos da sociedade[25]. São as chamadas **necessidades coletivas públicas** ou, mais resumidamente, **necessidades públicas**, cuja

---

[20] VALÉRIO, Walter Paldes. *Programa de direito financeiro e finanças*, p. 15. No mesmo sentido: "Entende-se por necessidade humana a sensação de falta de alguma coisa unida ao desejo de satisfazê-la" (PASSOS, Carlos Roberto Martins; NOGAMI, Otto. *Princípios de economia*, p. 9).

[21] VALÉRIO, Walter Paldes. *Programa de direito financeiro e finanças*, p. 15.

[22] NAPOLEONI, Claudio. *Curso de economia política*, p. 26. Ao contrário dos bens econômicos, que são escassos, os chamados **bens livres** (ou **gratuitos**) existem em quantidade **ilimitada**. Nessa categoria estão, por exemplo, a luz solar, o ar, o mar etc. (PASSOS, Carlos Roberto Martins; NOGAMI, Otto. *Princípios de economia*, p. 10-11).

[23] GRIZIOTTI, Benvenuto. *Principios de ciencia de las finanzas*, p. 17.

[24] VALÉRIO, Walter Paldes. *Programa de direito financeiro e finanças*, p. 17.

[25] BALTHAZAR, Ubaldo Cesar. *Manual de direito tributário*, livro 1, p. 15.

satisfação o Estado assumiu ou cometeu a outras entidades de direito público, e que são atendidas, basicamente, pelo processo do serviço público[26]. Dito de outro modo, consideram-se públicas as necessidades coletivas atendidas pelo Estado[27].

Percebe-se, do exposto, que toda necessidade pública é, em princípio, coletiva, consoante leciona Celso Ribeiro Bastos: "O Estado não deixa de ser uma grande associação. Enquanto tal, existe para o atingimento de certos fins que dizem respeito aos interesses da própria coletividade"[28].

A recíproca, contudo, não é verdadeira, pois existem necessidades coletivas que não são necessidades públicas[29]. É o caso, por exemplo, dos interesses de um condomínio ou de um clube. O que caracteriza as necessidades públicas é, precisamente, a forma de necessário atendimento pelos chamados serviços públicos.

Em sentido lato, pode-se conceituar necessidade pública como tudo aquilo que incumbe ao Estado (ou a outras entidades a ele submetidas) satisfazer, em decorrência de uma **decisão política** inserida em norma jurídica, seja de nível constitucional, seja de nível infraconstitucional[30].

São **escolhas políticas**, consoante exposto, que definem uma necessidade como pública e, por consequência, delimitam o raio de atuação do Estado, conforme esclarece Celso Ribeiro Bastos: "É a atividade política que determina a escolha dos objetivos que devem ser perseguidos prioritariamente, visto que não é possível querer-se atingi-los, a todos, simultaneamente"[31].

Tais escolhas políticas, como salienta José Souto Maior Borges, "traduzem preferências eventuais dos detentores do poder político ou das maiorias congressuais"[32]. No mesmo sentido, é a doutrina de Luiz Emygdio F. da Rosa Júnior, ao asseverar que "a eleição das necessidades coletivas a serem satisfeitas pelo Estado deve atender a critérios eminentemente políticos"[33].

Inexiste, de fato, no estágio atual do conhecimento científico, como acentua José Souto Maior Borges, "um critério válido, universalmente aceito, para revelar quais as necessidades a serem providas pelo Estado e quais as que deverão ser satisfeitas pelos particulares"[34].

---

[26] BALEEIRO, Aliomar. *Uma introdução à ciência das finanças*, p. 2; SAMPAIO, Egas Rosa. *Instituições de ciência das finanças:* uma abordagem econômico-financeira, p. 78-79.

[27] FERREIRA, José Ribamar Gaspar. *Curso de direito financeiro*, p. 5.

[28] BASTOS, Celso Ribeiro. *Curso de direito financeiro e de direito tributário*, p. 1.

[29] BALEEIRO, Aliomar. *Uma introdução à ciência das finanças*, p. 2; MARTINS, Cláudio. *Compêndio de finanças públicas*, p. 5; ROSA JÚNIOR, Luiz Emygdio F. da. *Manual de direito financeiro e direito tributário*, p. 10.

[30] HARADA, Kiyoshi. *Direito financeiro e tributário*, p. 24; OLIVEIRA, Régis Fernandes de; HORVATH, Estevão. *Manual de direito financeiro*, p. 17.

[31] BASTOS, Celso Ribeiro. *Curso de direito financeiro e de direito tributário*, p. 1.

[32] BORGES, José Souto Maior. *Introdução ao direito financeiro*, p. 14. No mesmo sentido: RIBEIRO, José Joaquim Teixeira. *Lições de finanças públicas*, p. 28.

[33] ROSA JÚNIOR, Luiz Emygdio F. da. *Manual de direito financeiro e direito tributário*, p. 9.

[34] BORGES, José Souto Maior. *Introdução ao direito financeiro*, p. 14.

Em sentido estrito, necessidades públicas são aquelas que interessam aos cidadãos indistintamente, sem que se possa determinar o grau de interesse que cada um tenha na existência do serviço ou da atividade pública de que se trate.

Ressalte-se que a definição de necessidades públicas (em sentido amplo) depende das circunstâncias **de tempo** e **de lugar**[35], e nisto consiste, precisamente, a sua **relatividade histórica**[36].

São, de fato, variáveis **no tempo** os fins visados pela atividade estatal: nas sociedades políticas primitivas, as necessidades consideradas públicas eram extremamente reduzidas; limitavam-se, em geral, a defesa contra a agressão externa, segurança interna e distribuição da justiça. Hoje, as necessidades públicas abrangem desde a assistência ao nascituro, prolongando-se à infância, à adolescência e à velhice desamparada, até à recreação pública. No quadro vasto e diversificado, situam-se, também, a educação, a saúde, a habitação, o fomento à produção etc.

Também são variáveis **no espaço** as necessidades públicas: na mesma época, apresentam-se de modo desigual entre os vários países, em virtude de suas peculiaridades geográficas, culturais e políticas.

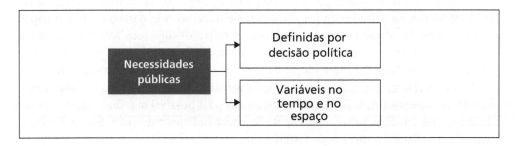

Advirta-se, ainda, que as necessidades gerais (públicas), cuja satisfação busca a atividade estatal, não são, simplesmente, a soma dos interesses individuais[37], mesmo porque aquelas vão além dos interesses das pessoas que, em dado momento, constituem o Estado.

> **Observação:** Em sentido contrário, é a lição de Alf Ross, que assim a expõe: "A ideia de que a comunidade é uma entidade independente, com necessidades e interesses próprios, deve ser rejeitada como ilusória. Todas as necessidades humanas são experimentadas pelo indivíduo e o bem-estar da comunidade é o mesmo que o de seus membros (...)"[38]. E conclui o autor, noutra passagem da mesma obra: "Os interesses são experimentados por pessoas

---

[35] MORAES, Bernardo Ribeiro de. *Compêndio de direito tributário*, v. 1, p. 290; DOMINGUES, José Marcos. Atividade financeira e direitos sociais, p. 122.
[36] BORGES, José Souto Maior. *Introdução ao direito financeiro*, p. 14.
[37] "Não podemos confundir os interesses privados com o bem comum. O fim do Estado é o bem comum. O Estado é mesmo superior ao bem privado, individual. O bem público não é a soma dos bens particulares. Bem público é alguma coisa que favorece a eclosão dos bens individuais. É uma atmosfera" (PAUPÉRIO, A. Machado. *Teoria geral do Estado*: direito político, p. 189).
[38] ROSS, Alf. *Direito e justiça*, p. 341.

> — não conhecemos outros centros de experiência — e, neste sentido, são individuais. Falar de interesses coletivos ou comunitários, no sentido de que é o grupo ou a comunidade que experimenta ou tem os interesses, carece de sentido"[39].

1.3. ATIVIDADE FINANCEIRA DO ESTADO

O Estado, para atingir sua finalidade, desenvolve uma série de atividades: presta serviços públicos, exerce poder de polícia, constrói obras públicas etc. Essas atuações constituem a chamada **atividade administrativa** do Estado, que, em suma, visa o atendimento das necessidades consideradas públicas (interesses relevantes que o Estado, por meio de decisão política, encampa). A atividade administrativa é, por isso, considerada a **atividade-fim** do Estado, eis que constitui o fim, a finalidade para a qual o Estado foi criado[40].

O Estado-Administração, todavia, não poderia manter-se nem cumprir suas finalidades se não dispusesse de uma massa adequada de meios econômicos, que se "alimenta" de rendas patrimoniais do próprio Estado (e de atividades comerciais ou industriais por ele exercidas) ou é obtida, por meio do poder de império, da riqueza dos cidadãos. Na Idade Média, as entradas da primeira espécie (receitas originárias) tinham o papel preponderante. No Estado moderno, todavia, os referidos ingressos foram perdendo a importância e, hoje, a segunda modalidade (receitas derivadas) é a que, em maior proporção, preenche, pelo recolhimento de tributos, as necessidades do erário público[41].

Vê-se, portanto, que, para poder desenvolver sua "atividade-fim", o Estado necessita carrear recursos financeiros, sem os quais não seria possível movimentar a máquina administrativa em direção ao atendimento das necessidades públicas[42]. Surge, então, a chamada **atividade financeira do Estado**.

Num quadro sinótico, as diferenças entre as atividades administrativa e financeira do Estado ficam assim destacadas:

ATIVIDADE ESTATAL	NATUREZA	FINALIDADE
ATIVIDADE ADMINISTRATIVA	▪ Atividade-fim do Estado (atividade substantiva)	▪ Satisfazer às necessidades da coletividade e realizar seus fins (prestação de serviços públicos, construção de obras públicas etc.).
ATIVIDADE FINANCEIRA	▪ Atividade-meio do Estado (natureza instrumental)	▪ Obter, criar, gerir e despender os meios patrimoniais que possibilitem ao Estado o desempenho daquelas outras atividades que se referem à realização de seus fins.

---

[39] ROSS, Alf. *Direito e justiça*, p. 411.

[40] BENEMANN, Saul Nichele. *Compêndio de direito tributário e ciência das finanças*, p. 31.

[41] MICHELI, Gian Antonio. *Curso de direito tributário*, p. 5.

[42] SILVA, De Plácido e. *Noções de finanças e direito fiscal*, p. 21; DOMINGUES, José Marcos. Atividade financeira e direitos sociais, p. 122.

1 ■ Atividade Financeira do Estado

Ressalte-se que a atividade financeira do Estado não se restringe à mera arrecadação dos meios indispensáveis à satisfação das necessidades públicas[43].

De fato, as finanças públicas (nas quais se coordenam elementos econômicos, políticos e jurídicos[44]) estão constituídas pelos gastos (**despesas públicas**) e seu financiamento (**receitas públicas**) no contexto do **orçamento** do Estado[45].

Esta é a conclusão a que se chega após a leitura da definição proposta por Rubens Gomes de Sousa, que entende a atividade financeira do Estado como a que visa "a **obtenção**, a **administração** e o **emprego** de meios patrimoniais que lhe possibilitem o desempenho daquelas outras atividades que se referem à realização de seus fins" (destaque nosso)[46].

Desse conceito não se afasta Carlos Mersán, que leciona: "Na atividade financeira estatal envolvemos o conjunto dos atos de um governo tendentes à obtenção dos **ingressos** e à realização dos **egressos**, compreendendo-se também as **gestões** necessárias para estes e aqueles" (destaque nosso)[47].

Segundo Geraldo Ataliba, a atividade financeira do Estado "consiste no **levantamento**, **gestão** e **despesa** dos dinheiros públicos" (destaque nosso)[48].

José Marcos Domingues define a atividade financeira estatal como "o conjunto organizado de atos praticados pelo Estado para a **obtenção**, **gestão** e **dispêndio** dos recursos públicos, pecuniários ou financeiros, atividade essa que é exercida nos termos da Lei, com a finalidade de suprir os meios necessários à satisfação das necessidades públicas, qualificadas superiormente pela atenção especial aos direitos fundamentais da pessoa humana" (destaque nosso)[49].

No mesmo sentido é a lição de Ruy Barbosa Nogueira, segundo a qual atividade financeira estatal consiste "em toda ação que o Estado desenvolve para **obter**, **gerir** e **aplicar** os meios necessários para satisfazer às necessidades da coletividade e realizar seus fins" (destaque nosso)[50].

Da análise dos conceitos propostos pelos autores supracitados, percebe-se que, na concepção deles, a atividade financeira do Estado desenvolve-se, basicamente, em três campos afins:

---

[43] Na definição formulada por Francisco Régis Frota Araújo, a atividade financeira do Estado parece limitar-se à obtenção de receitas, posto que a concebe como "todo o conjunto de operações, públicas e regradas, desenvolvidas pelo aparelho estatal no sentido de suprir-se de recursos ou receitas" (*Direito constitucional econômico e tributário*, p. 133).

[44] PEREIRA, José Matias. *Finanças públicas:* a política orçamentária no Brasil, p. 35; VALÉRIO, Walter Paldes. *Programa de direito financeiro e finanças*, p. 34.

[45] FEITOSA, Raymundo Juliano Rêgo. A ordenação da atividade financeira e tributária do Estado, p. 216.

[46] SOUSA, Rubens Gomes de. *Compêndio de legislação tributária*, p. 31.

[47] MERSÁN, Carlos. *Direito tributário*, p. 4.

[48] ATALIBA, Geraldo. *Apontamentos de ciência das finanças, direito financeiro e tributário*, p. 25.

[49] DOMINGUES, José Marcos. Atividade financeira e direitos sociais, p. 102.

[50] NOGUEIRA, Ruy Barbosa. *Curso de direito tributário*, p. 3. No mesmo sentido: GOMES, Carlos Roberto de Miranda. *Manual de direito financeiro e finanças*, p. 48-49; MACHADO, Hugo de Brito. *Curso de direito tributário*, p. 35.

- na **receita**, que é a obtenção dos meios patrimoniais necessários à realização dos fins visados pelo Estado;
- na **gestão**, que consiste na administração e na conservação do patrimônio público;
- na **despesa**, que é o emprego (utilização, aplicação), pelo Estado, dos recursos patrimoniais disponíveis para a realização dos fins a que se destinam[51].

> **Observação:** Há quem entenda descaber no âmbito do Direito Financeiro o estudo das despesas públicas, por constituírem fatos ligados à prestação dos serviços públicos, que é assunto regulado pelo Direito Administrativo. Tal assertiva, contudo, como adiante será demonstrado, não tem procedência.

Registre-se, entretanto, a existência de concepção doutrinária ligeiramente diversa, a qual acrescenta aos verbos **obter**, **despender** e **gerir**, já mencionados, o verbo **criar**, que seria representativo do **crédito público**, assim entendido o procedimento do Estado para, por meio de operações de empréstimos, captar recursos monetários e aplicá-los aos gastos públicos, tanto para custear investimentos como para antecipar receita, quando desequilibrado o orçamento.

Na esteira desse raciocínio, Aliomar Baleeiro leciona consistir a atividade financeira do Estado "em **obter**, **criar**, **gerir** e **despender** o dinheiro indispensável às necessidades, cuja satisfação o Estado assumiu ou cometeu àqueloutras pessoas de direito público" (destaque nosso)[52].

Filia-se, igualmente, a esta corrente doutrinária José Souto Maior Borges, que assevera: "Internamente, as várias manifestações da atividade financeira do Estado se exercem mediante operações de: a) **receita tributária**, ou seja, a proveniente da arrecadação de impostos, taxas e contribuições, e **receita patrimonial**; b) **despesa**; c) **orçamentação**; d) **crédito**, e.g., os empréstimos públicos internos voluntários" (destaque nosso)[53].

---

[51] Nesse sentido: MORAES, Bernardo Ribeiro de. *Compêndio de direito tributário*, v. 1, p. 292-294; CAMPOS, Dejalma de. *Direito financeiro e orçamentário*, p. 22; SAMPAIO, Egas Rosa. *Instituições de ciência das finanças:* uma abordagem econômico-financeira, p. 43-44; ROSA JÚNIOR, Luiz Emygdio F. da. *Manual de direito financeiro e direito tributário*, p. 11; VALÉRIO, Walter Paldes. *Programa de direito financeiro e finanças*, p. 33.

[52] BALEEIRO, Aliomar. *Uma introdução à ciência das finanças*, p. 2.

[53] BORGES, José Souto Maior. *Introdução ao direito financeiro*, p. 67. Filiam-se, também, à referida corrente: DEODATO, Alberto. *Manual de ciência das finanças*, p. 17; MARTINS, Cláudio. *Compêndio de finanças públicas*, p. 31-32 e 39; CARVALHO, José Carlos Oliveira de. *Orçamento público*, p. 2; PEREIRA, José Matias. *Finanças públicas:* a política orçamentária no Brasil, p. 35; SILVA, Lino Martins da. *Contabilidade governamental:* um enfoque administrativo, p. 22; BARROS, Luiz Celso de. *Ciência das finanças*, p. 39; DIFINI, Luiz Felipe Silveira. *Manual de direito tributário*, p. 3; FERREIRA, Pinto. *Comentários à Constituição brasileira*, v. 6, p. 2; JUND, Sergio. *Direito financeiro e orçamento público*, p. 7-8. No mesmo sentido: ANDRADE, Sudá de. *Apontamentos de ciência das finanças*, p. 9. Este último autor, contudo, em outra passagem de sua obra, leciona que a atividade financeira do Estado "desenvolve-se fundamentalmente em três campos diferentes: o da receita, o da gestão e o da despesa" (ANDRADE, Sudá de. *Apontamentos de ciência das finanças*, p. 81).

1 ▣ Atividade Financeira do Estado

Num quadro sinótico, os campos em que se desenvolve a atividade financeira do Estado ficam assim:

AÇÃO	CAMPO	FINALIDADE
OBTER	▣ Receitas públicas	▣ Obtenção dos recursos necessários à realização dos fins visados pelo Estado (atendimento das necessidades públicas).
DESPENDER	▣ Despesas públicas	▣ Emprego (utilização, aplicação), pelo Estado, dos recursos disponíveis para a realização de seus fins.
GERIR	▣ Orçamento público	▣ Administração e conservação do patrimônio público.
CRIAR	▣ Crédito público	▣ Captação de recursos monetários, por meio de operações de empréstimos, para aplicá-los aos gastos públicos, tanto para custear investimentos quanto para antecipar receita. É uma forma de dispor de capital alheio, mediante promessa de reembolso, como forma supletiva de receitas.

Na ideologia do liberalismo econômico — que será estudado na parte deste livro dedicada ao Direito Econômico —, a atividade financeira do Estado era quase sempre **neutra** — pois não influenciava no contexto social ou na conjuntura econômica[54] —, tendo, a princípio, natureza **adjetiva** e caráter meramente **instrumental** —; daí ser tradicionalmente conhecida como **atividade-meio**[55] (ou **de segundo grau**). As atividades instrumentais ou adjetivas (**"atividades-meio"**) do Estado são as que, embora não atendendo diretamente a comunidade, atuam como um instrumento ou meio para a execução das outras atividades, pelas quais se realizam diretamente as políticas executivas dos governos (**"atividades-fim"**)[56]. Isto significa que, na concepção do liberalismo, a atividade financeira não está incluída entre os fins do Estado, não se esgotando, pois, em si mesma.

Nessa perspectiva meramente fiscal, a atividade financeira do Estado não visa a direta satisfação das necessidades públicas, mas representa um instrumento fundamental, cujo regular funcionamento constitui condição indispensável para o desempenho das chamadas **atividades substantivas, materiais** ou **atividades-fim**, assim entendidas as atribuições específicas do Estado que — estas, sim — visam diretamente o atendimento das necessidades públicas (necessidades priorizadas institucionalmente)[57]. O objetivo da atividade financeira estatal, nessa perspectiva, "é ser um meio para o Estado atingir seu fim"[58].

É nesse sentido a visão de Fernando Leme Weiss: "É preciso não perder de vista que tributos e despesas orçamentárias são apenas meios para atingir as finalidades

---

[54] GOMES, Carlos Roberto de Miranda; CASTRO, Adilson Gurgel de. *Curso de direito tributário*: parte geral e especial, p. 29.

[55] BALTHAZAR, Ubaldo Cesar. *Manual de direito tributário*, livro 1, p. 14.

[56] BORGES, José Souto Maior. *Introdução ao direito financeiro*, p. 39; NÓBREGA, Livânia Tavares. *Direito financeiro*, p. 15; PERES, Lázaro Borges et al. *Contabilidade pública*, p. 16-17.

[57] ROYO, Fernando Pérez. *Derecho financiero y tributário*: parte general, p. 33-34; MICHELI, Gian Antonio. *Curso de direito tributário*, p. 4; VILLEGAS, Héctor B. *Curso de finanzas, derecho financiero y tributario*, p. 14; LAPATZA, José Juan Ferreiro. *Curso de derecho financiero español*, p. 17.

[58] NOGUEIRA, Roberto Wagner Lima. *Direito financeiro e justiça tributária*, p. 10.

públicas, como a garantia de acesso à educação, saúde, segurança e um meio ambiente saudável. São estas que representam os valores e grandes anseios sociais"[59].

Não era permitido, segundo tal doutrina, que os tributos alterassem as regras do mercado, intervindo na livre-iniciativa e na livre-competição, "o que se eivaria de insanável equívoco, na opinião dos prosélitos da fiscalidade estrita"[60].

Com o advento do Estado Social — que será analisado quando adentrarmos no estudo do Direito Econômico — surgiu ao lado do fim meramente fiscal (função adjetiva) da atividade financeira do Estado, a possibilidade de intervenção governamental na sociedade por meio das finanças públicas, o que evidenciaria a existência de um fim **extrafiscal** da atividade financeira estatal[61]. Esta se distingue da simples fiscalidade porque não se limita a retirar do patrimônio dos particulares recursos pecuniários para a satisfação de necessidades públicas: trata-se, no dizer de José Souto Maior Borges, de **"função tipicamente intervencionista e redistributiva"** (destaque no original)[62].

Se, no Estado liberal, as finanças públicas eram quase sempre **neutras**, atendendo ao objetivo de financiar o mínimo "gendarme"[63], no Estado moderno, intervencionista, são concebidas como instrumento de política fiscal dos mais poderosos[64]. Trata-se das chamadas **finanças funcionais**, que se caracterizam por serem orientadas no sentido de influir sobre a conjuntura econômica.

As finanças públicas modernas, portanto, passaram a se caracterizar precisamente pelas manifestações extrafiscais da atividade financeira do Estado. As finanças públicas, em sua **função extrafiscal**, tendem a influir no contexto social ou na conjuntura econômica, regulando-os ou modificando neles certos ângulos estruturais[65].

O Estado atua, nessa perspectiva intervencionista, editando normas de conteúdo financeiro ou fiscal, por meio das quais impulsiona medidas de **fomento** ou de **dissuasão** (por exemplo, quando concede benefícios fiscais ou impõe cargas tributárias mais ou menos pesadas), estimulando (incentivando) determinadas atividades econômicas ou desestimulando (coibindo) outras[66]. O objetivo estatal, em tais casos, é a realização de outros valores (sociais, políticos ou econômicos) constitucionalmente assegurados, que prevalecem sobre finalidades meramente arrecadatórias de recursos monetários[67].

---

[59] WEISS, Fernando Leme. *A inflação constitucional brasileira*: estudo sobre a exagerada dimensão dos sistemas tributário e orçamentário na Constituição de 1988, p. 21.

[60] FALCÃO, Raimundo Bezerra. *Tributação e mudança social*, p. 43.

[61] GRIZIOTTI, Benvenuto. *Principios de ciencia de las finanzas*, p. 4.

[62] BORGES, José Souto Maior. *Introdução ao direito financeiro*, p. 39-40. Afirma, na mesma obra, o citado autor que: "As finanças públicas desenvolvem-se não apenas para suprir necessidades estatais, mas também para a consecução de objetivos de dirigismo e ordenação econômica" (BORGES, José Souto Maior. *Introdução ao direito financeiro*, p. 52).

[63] VIDIGAL, Geraldo de Camargo. *Fundamentos do direito financeiro*, p. 39.

[64] DEODATO, Alberto. *Manual de ciência das finanças*, p. 36.

[65] MARTINS, Cláudio. *Compêndio de finanças públicas*, p. 14; GOMES, Carlos Roberto de Miranda; CASTRO, Adilson Gurgel de. *Curso de direito tributário*: parte geral e especial, p. 29.

[66] FONSECA, João Bosco Leopoldino da. *Direito econômico*, p. 242.

[67] CARVALHO, Paulo de Barros. *Curso de direito tributário*, p. 153.

1 ▪ Atividade Financeira do Estado

15

É o caso, por exemplo, da majoração do **Imposto de Importação (II)** pelo Poder Executivo (art. 153, § 1.º, CF), com o fim de obstaculizar as operações de importação, que visa satisfazer diretamente o interesse público de proteção à indústria nacional.

Assim, nas finanças com caráter **fiscal**, a atividade financeira estatal é um **instrumento indireto (ou de segundo grau)** em relação aos fins do Estado (pois se apresenta apenas como meio para cobrir os gastos públicos e estes, por sua vez, é que satisfazem às necessidades públicas)[68]. Já a atividade financeira com caráter **extrafiscal** serve, ela própria, para atingir a finalidade imediata do Estado, aparecendo, pois, como um **instrumento direto (ou de primeiro grau)** para a consecução dos fins públicos[69].

Em verdade, os fins (fiscais ou extrafiscais) da atividade financeira do Estado são, em certa medida, aqueles delineados em um **modelo de Estado** definido no texto da Constituição Federal[70].

Leciona, nesse sentido, Benvenuto Griziotti que "devem ser sempre considerados como pontos de referência das finanças os **fins do Estado**, concebidos unitariamente no tempo e no espaço, isto é, de acordo com as tradições históricas, as forças do presente e as tendências para o futuro" (tradução livre; destaque no original)[71].

No mesmo sentido é a percepção de Fábio Leopoldo de Oliveira, que, discorrendo sobre as características da atividade financeira do Estado Moderno, destaca: "O Estado elege os meios e fins, através de critérios políticos vinculados à sua própria organização e às ideias econômicas dominantes"[72].

A cada modelo de Estado (liberal ou intervencionista), as atividades financeiras estatais "se amoldam como um corolário da teoria política dominante", apresentando-se "como um meio auxiliar, um instrumento de execução das doutrinas e dos postulados políticos vigentes e caracterizadores do tipo estatal"[73].

É, portanto, a **concepção das finalidades do Estado** que, em última análise, determinará os contornos e definirá o conteúdo das finanças públicas[74]. Nesse sentido é a lição de Celso Ribeiro Bastos, que, com propriedade, assevera: "sendo a atividade

---

[68] "Nesta sua atividade ordinária, o Estado, tendo buscado determinados recursos mediante os **impostos** (e, excepcionalmente, mediante a dívida pública), realiza uma **despesa**, dirigida a fornecer à coletividade certos serviços (administração da justiça, defesa nacional, educação, obras públicas etc.)" (destaque no original) (NAPOLEONI, Claudio. *Curso de economia política*, p. 353).

[69] GRIZIOTTI, Benvenuto. *Principios de ciencia de las finanzas*, p. 6; VILLEGAS, Héctor B. *Curso de finanzas, derecho financiero y tributario*, p. 15.

[70] FEITOSA, Raymundo Juliano Rêgo. A constituição financeira como questão crucial do direito constitucional, p. 131.

[71] GRIZIOTTI, Benvenuto. *Principios de ciencia de las finanzas*, p. 10. No original: "deben considerarse siempre como puntos de referencia de las finanzas los **fines del Estado**, concebidos unitariamente en el tiempo y en el especio, o sea según las tradiciones históricas, las fuerzas de lo presente y las tendencias para lo porvenir" (destaque no original).

[72] OLIVEIRA, Fábio Leopoldo de. *Curso expositivo de direito tributário*, p. 5.

[73] FARIA, Sylvio Santos. *Iniciação financeira*, p. 12. É por essa razão que, no entender do referido doutrinador, por meio "do conhecimento da teoria política justificadora de cada forma de Estado, pode-se explicar a existência das instituições financeiras durante as várias épocas da civilização" (FARIA, Sylvio Santos. *Iniciação financeira*, p. 12).

[74] JARACH, Dino. *Finanzas públicas y derecho tributario*, p. 45.

financeira uma parcela da atuação do Estado, só destacável para fins de conhecimento, mas não isolável das demais funções na concreta atuação do ente estatal, parece claro que o papel que as finanças públicas devem cumprir dentro dessas organizações políticas é condicionado pela própria concepção que se tenha dessas entidades"[75].

1.4. CIÊNCIAS QUE ESTUDAM A ATIVIDADE FINANCEIRA DO ESTADO

Ciência é o conjunto de conhecimentos coordenados relativamente a determinado **objeto**.

Extrai-se do conceito *supra* que cada ciência tem um objeto próprio de estudo, o qual, por sua vez, somente adquire significado por se colocar num **sistema de referência**, que pode ser definido como o modelo (corte metodológico) por intermédio do qual o objeto do conhecimento pode ser estudado pelo ser cognoscente[76].

O objeto da ciência, como leciona Ruy Barbosa Nogueira, pode ser tomado no sentido **material** ou no sentido **formal**: "No sentido material, objeto significa o próprio assunto estudado. No sentido formal, significa o aspecto ou método pelo qual a respectiva ciência estuda o conteúdo ou matéria"[77].

Assim, consoante o citado autor, "várias ciências podem ter como objeto material de estudo o mesmo assunto, desde que cada uma aprecie ou trate este sob aspectos ou prismas diferentes, isto é, de forma peculiar. As ciências que têm por objeto material de estudo o mesmo assunto são ciências afins, mas diferenciadas pela forma que cada uma estuda a matéria"[78].

É o que ocorre com a atividade financeira do Estado, que "pode ser estudada sob aspectos diferentes, conforme o ângulo ou ponto de vista em que se situar o estudioso"[79].

Com efeito, a atividade financeira do Estado é objeto material de estudo de três disciplinas distintas, mas afins: a Ciência das Finanças, o Direito Financeiro e o Direito Tributário. Vejamos, separadamente, cada uma das referidas disciplinas.

> **Observação:** Alguns autores citam, ainda, outras ciências que também se preocupariam com a atividade financeira do Estado, tais como a **Economia Financeira**, a **Política Financeira** e a **Técnica Financeira**[80]. Dentre eles, há os que parecem distinguir entre a Economia Financeira e a Ciência das Finanças[81]. Outros autores, contudo, tomam ambas como

---

[75] BASTOS, Celso Ribeiro. *Curso de direito financeiro e de direito tributário*, p. 9.

[76] CARVALHO, Paulo de Barros. *Direito tributário, linguagem e método*, p. 6. Consoante ressalta o autor citado, a ideia de sistema de referência tem posição dominadora em todo o conhecimento humano: sem sistema de referência, o conhecimento é desconhecimento (CARVALHO, Paulo de Barros. *Direito tributário:* fundamentos jurídicos da incidência, p. 2).

[77] NOGUEIRA, Ruy Barbosa. *Curso de direito tributário*, p. 2. No mesmo sentido: SOUZA, Hamilton Dias de. Conceito e conteúdo do direito tributário e sistema tributário nacional, p. 11; FONSECA, João Bosco Leopoldino da. *Direito econômico*, p. 109.

[78] NOGUEIRA, Ruy Barbosa. *Curso de direito tributário*, p. 2.

[79] MARTINS, Cláudio. *Compêndio de finanças públicas*, p. 17.

[80] SOUSA, Rubens Gomes de. *Compêndio de legislação tributária*, p. 31-33; BORGES, José Souto Maior. *Introdução ao direito financeiro*, p. 29.

[81] BORGES, José Souto Maior. *Introdução ao direito financeiro*, p. 29.

denominações diversas para a mesma disciplina[82]. Já na concepção de Amílcar de Araújo Falcão, a Economia Financeira, a Política Financeira e a Técnica Financeira integrariam a Ciência das Finanças como disciplinas que estudam a atividade financeira estatal de modo especulativo[83].

Observação: O Direito Financeiro e o Direito Tributário podem ser considerados **ramos do direito positivo** ou **ciências**: no primeiro caso, são tidos como conjuntos de **proposições jurídico-normativas** que **regulam** a atividade financeira do Estado; no segundo, como conjuntos de **proposições científicas** que **descrevem** as proposições jurídico-normativas reguladoras da atividade financeira do Estado.

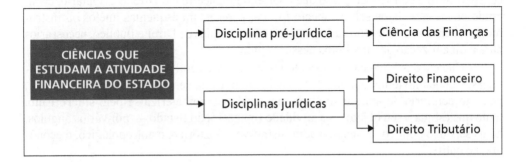

1.4.1. CIÊNCIA DAS FINANÇAS

No dizer de Aliomar Baleeiro, a Ciência das Finanças "é a disciplina que, pela investigação dos fatos, procura explicar os fenômenos ligados à obtenção e **dispêndio do dinheiro necessário ao funcionamento dos serviços a cargo do Estado, ou de outras pessoas de direito público, assim como os efeitos outros resultantes dessa atividade governamental**" (destaque no original)[84].

Procurando definir tal disciplina, Geraldo Ataliba assim leciona: "A ciência das finanças estuda os princípios políticos, econômicos e administrativos que orientam o poder público no exercício de sua atividade financeira e os processos desta ação"[85].

A Ciência das Finanças, conforme a lição dos autores citados, estuda a atividade financeira do Estado como **observadora** dos fenômenos ocorridos na Administração Pública, no que toca à despesa, à receita, ao orçamento e ao crédito públicos: observa os fenômenos financeiros, mas não regula nada; apenas indaga quais são, como são e por que são tais fenômenos[86], indica soluções compatíveis com a satisfação das necessidades

---

[82] Nesse sentido: ROSA JÚNIOR, Luiz Emygdio F. da. *Manual de direito financeiro e direito tributário*, p. 13; VALÉRIO, Walter Paldes. *Programa de direito financeiro e finanças*, p. 37.
[83] FALCÃO, Amílcar de Araújo. *Introdução ao direito tributário*, p. 2.
[84] BALEEIRO, Aliomar. *Uma introdução à ciência das finanças*, p. 6.
[85] ATALIBA, Geraldo. *Apontamentos de ciência das finanças, direito financeiro e tributário*, p. 25.
[86] SOUZA, Hamilton Dias de. Conceito e conteúdo do direito tributário e sistema tributário nacional, p. 11.

resultantes da realidade socioeconômica[87] e dá informações, orientações e subsídios para o Direito Financeiro e o Tributário normatizarem aquela atividade[88]. A Ciência das Finanças caracteriza-se, assim, por ser **pré-jurídica** ou **pré-legislativa**[89], pois objetiva prestar um auxílio ao ente político, fornecendo dados econômicos, políticos, administrativos etc., para que o legislador formule sua decisão política[90], enquanto o Direito Financeiro (bem como o Tributário) trabalha com a norma já editada[91].

A Ciência das Finanças, leciona Goffredo Telles Júnior, "informa de como deve o Governo agir para obter e para aplicar o dinheiro necessário à consecução de seus objetivos"[92], constituindo-se, pois, no pressuposto informativo e orientador para as normas jurídicas que regulam as finanças públicas[93].

Em outras palavras, a Ciência das Finanças trabalha com fatos do mundo econômico, financeiro e político, ao passo que o Direito Financeiro e o Direito Tributário, encarando os mesmos fatos sob o aspecto formal, apresentam esquemas, meios ou instrumentos, bem como os estruturam com base em princípios de Direito Público, necessários para a dinamização dos institutos desses campos[94].

A Ciência das Finanças representou o marco inaugural do estudo das finanças públicas. Conquanto tenha o nome de "ciência", não revela verdadeira natureza científica, pois, ao contrário de abrigar unidade metodológica, caracteriza-se pelo **sincretismo**, tanto que estuda o seu objeto — a atividade financeira do Estado — por vários ângulos, quais sejam, o político, o social, o administrativo, o histórico, o antropológico, o econômico e outros[95].

A Ciência das Finanças é, portanto, disciplina metajurídica, eis que **destituída de traço de juridicidade**, não se inscrevendo entre os ramos do Direito, mas no quadro das ciências políticas[96].

1.4.2. DIREITO FINANCEIRO

Estudando o mesmo objeto, isto é, a atividade financeira do Estado, a Ciência das Finanças e o Direito Financeiro são disciplinas materialmente afins, relacionadas, mas

---

[87] OLIVEIRA, Fábio Leopoldo de. *Curso expositivo de direito tributário*, p. 7.

[88] GOMES, Carlos Roberto de Miranda. *Manual de direito financeiro e finanças*, p. 54; ATALIBA, Geraldo. *Hipótese de incidência tributária*, p. 172; BARROS, Luiz Celso de. *Ciência das finanças*, p. 78.

[89] ATALIBA, Geraldo. *Hipótese de incidência tributária*, p. 172; DIFINI, Luiz Felipe Silveira. *Manual de direito tributário*, p. 3.

[90] OLIVEIRA, Régis Fernandes de; HORVATH, Estevão. *Manual de direito financeiro*, p. 20.

[91] ALVES, Benedito Antônio; GOMES, Sebastião Edilson Rodrigues. *Curso de direito financeiro*, p. 18.

[92] TELLES JÚNIOR, Goffredo. *Iniciação na ciência do direito*, p. 234.

[93] FERREIRA, José Ribamar Gaspar. *Curso de direito financeiro*, p. 7; ABRAHAM, Marcus. *Curso de direito financeiro brasileiro*, p. 25.

[94] CRETELLA JÚNIOR, José. *Curso de direito tributário constitucional*, p. 7.

[95] JARDIM, Eduardo Marcial Ferreira. *Manual de direito financeiro e tributário*, p. 17.

[96] DEODATO, Alberto. *Manual de ciência das finanças*, p. 18; MORAES, Bernardo Ribeiro de. *Compêndio de direito tributário*, v. 1, p. 294.

1 ◘ Atividade Financeira do Estado

distintas por seu objeto formal, isto é, pela forma diferente com que cada uma delas trata o mesmo fenômeno[97].

A Ciência das Finanças examina a atividade financeira estatal do **ponto de vista teórico, especulativo** (*speculari*, observar), isto é, analisa essa matéria pelo prisma da pesquisa e da elaboração de princípios diretores, de sistematização científica, para orientar a melhor forma de desenvolvimento da atividade financeira do Estado[98]. Em outras palavras, estuda essa atividade somente para conhecê-la e nada mais.

Já o Direito Financeiro é constituído pelas **normas** que disciplinam (regulam) a atividade financeira estatal[99]. É, no dizer de Eduardo Marcial Ferreira Jardim, o ramo do direito público composto pelo plexo de normas que disciplinam uma parcela da atividade financeira do Estado, no caso os campos despesa pública, receita pública e orçamento público, observando que a receita pública retrocitada diz respeito à destinação das receitas tributárias, podendo dispor, outrossim, sobre todos os aspectos no tocante às demais receitas[100].

Na lição de Ariosto Rocha, é na existência das leis escritas que está a separação entre a Ciência das Finanças e o Direito Financeiro: enquanto aquela é constituída de "normas" abstratas, este o é por normas concretas, positivas, escritas, emanadas do Governo[101].

De fato, a Ciência das Finanças "estuda as leis inflexíveis que governam os fenômenos financeiros, na sua manifestação espontânea, sem traçar normas coercitivas"[102]. As soluções propostas pela Ciência das Finanças, todavia, seriam puramente abstratas se o Direito Financeiro (ou o Tributário, como adiante veremos) não interviesse para normatizá-las. Assim, o Direito assume o fenômeno socioeconômico que constitui o objeto da Ciência das Finanças e o **torna jurídico**, isto é, manda ser cumprido o que a Ciência das Finanças entendeu de interesse para a Nação[103].

---

[97] BALEEIRO, Aliomar. *Uma introdução à ciência das finanças*, p. 33; SOUZA, Hamilton Dias de. Conceito e conteúdo do direito tributário e sistema tributário nacional, p. 11.

[98] MACHADO, Hugo de Brito. *Curso de direito tributário*, p. 55-57; NOGUEIRA, Ruy Barbosa. *Curso de direito tributário*, p. 3.

[99] ATALIBA, Geraldo. *Apontamentos de ciência das finanças, direito financeiro e tributário*, p. 34; ROCHA, Ariosto de Rezende. *Elementos de direito financeiro e finanças*, v. 1, p. 74-75; TORRES, Ricardo Lobo. *Curso de direito financeiro e tributário*, p. 12. Como bem observa Geraldo Ataliba, a expressão *direito financeiro* pode se referir ao *direito financeiro objetivo* (conjunto de normas jurídicas que rege a atividade financeira do Estado) e à *ciência do direito financeiro* (ramo da ciência jurídica que estuda, isto é, que tem por objeto o direito financeiro objetivo) (ATALIBA, Geraldo. *Apontamentos de ciência das finanças, direito financeiro e tributário*, p. 34).

[100] JARDIM, Eduardo Marcial Ferreira. *Manual de direito financeiro e tributário*, p. 7. Este autor, contudo, formula um conceito de Direito Financeiro mais conciso: "conjunto de normas que regulam o orçamento público". Ressalta o doutrinador referido, justificando o conceito exposto, que "o orçamento já pressupõe as receitas e despesas públicas que constituem a sua própria materialidade" (JARDIM, Eduardo Marcial Ferreira. *Manual de direito financeiro e tributário*, p. 7).

[101] ROCHA, Ariosto de Rezende. *Elementos de direito financeiro e finanças*, v. 1, p. 69-70.

[102] SILVA, De Plácido e. *Noções de finanças e direito fiscal*, p. 30.

[103] OLIVEIRA, Fábio Leopoldo de. *Curso expositivo de direito tributário*, p. 6; FLÓRIDO, Luiz Augusto Irineu. *Direito financeiro resumido*, p. 13. José Paciulli leciona que "a Ciência das Finanças

O estudioso do Direito Financeiro, como ressalta Amílcar de Araújo Falcão, "não mais se preocupa, pelo menos necessariamente, com os meios financeiros de que, em tese, é possível dispor, nem com a prática que seja preferível adotar, para atingir determinadas finalidades. Tudo vem determinado de modo coercitivo e obrigatório, de forma que a tarefa que se enseja é a de promover, quando a oportunidade se apresente, a incidência e a atuação da norma legal"[104].

1.4.3. DIREITO TRIBUTÁRIO

O Direito Tributário descendeu do Direito Financeiro. Foi concebido como um sub-ramo deste, mas acabou por adquirir foros de disciplina própria, apresentando maior desenvolvimento doutrinário e maior riqueza de diplomas no direito positivo[105] de vários países, inclusive no brasileiro.

A autonomia científica do Direito Tributário em face do Direito Financeiro decorreu do fato de, na vida econômica do Estado moderno, as receitas públicas serem preponderantemente de origem tributária (obtidas, pois, por meio do poder de império, da riqueza dos cidadãos), já que as rendas patrimoniais do próprio Estado não se mostram suficientes para arcar com os custos das atividades institucionais necessárias à consecução das finalidades que a entidade pública se propõe a alcançar. Daí a razão do surgimento de uma disciplina jurídica didaticamente autônoma, destacada do Direito Financeiro, para regular o fenômeno tributário[106].

Segundo Rubens Gomes de Souza, o Direito Tributário é "o ramo do Direito Público que rege as relações jurídicas entre o **Estado e os particulares, decorrentes da atividade financeira do Estado no que se refere à obtenção de receitas que correspondam ao conceito de tributos**" (destaque no original)[107].

Tal conceito, no entanto, ao restringir o objeto do Direito Tributário às relações entre o Estado (como credor) e os particulares (como devedores)[108], não considera que

---

é uma ciência pura, especulativa. O Direito Financeiro traduz os fatos observados por ela em norma jurídica perfeita, com a obrigatoriedade do seu atendimento por todos" (*Direito financeiro*, p. 15).

[104] FALCÃO, Amílcar de Araújo. *Introdução ao direito tributário*, p. 3.

[105] A expressão "direito positivo" designa o conjunto de normas produzidas pelo Estado, ou produzidas por atos de vontade dos indivíduos ou de associações não estatais, desde que admitidas pelo ordenamento estatal. Entende-se, pois, como direito positivo o ordenamento jurídico do Estado. Nesse sentido: MACHADO, Hugo de Brito. *Uma introdução ao estudo do direito*, p. 18.

[106] MICHELI, Gian Antonio. *Curso de direito tributário*, p. 5 e 13.

[107] SOUSA, Rubens Gomes de. *Compêndio de legislação tributária*, p. 40. Semelhante é a concepção de Ronaldo Poletti, para quem o Direito Tributário cuida "dos princípios e das normas relativas à imposição e à arrecadação dos tributos, analisando a relação jurídica (tributária), em que são partes os entes públicos e os contribuintes, e o fato jurídico (gerador) dos tributos" (*Introdução ao direito*, p. 271). Mais sintético é o conceito formulado por Luciano Amaro: "o direito tributário é a disciplina jurídica dos tributos" (*Direito tributário brasileiro*, p. 2). Com isso, leciona o autor, abrange-se "todo o conjunto de princípios e normas reguladores da criação, fiscalização e arrecadação das prestações de natureza tributária" (AMARO, Luciano. *Direito tributário brasileiro*, p. 2).

[108] Nesse sentido é a definição formulada por Hamilton Dias de Souza, que entende o Direito Tributário como o "conjunto de normas jurídicas que disciplinam as relações entre o Estado, na qualidade

1 ◼ Atividade Financeira do Estado

21

nem sempre é o Estado que figura no polo ativo da relação jurídica (pois há os tributos **parafiscais**, que podem ser arrecadados por entidades **não estatais** a quem a lei atribui a capacidade de figurar como credor da obrigação) e que, em contrapartida, em algumas ocasiões, não são particulares os ocupantes do polo passivo de obrigações tributárias (como no caso das entidades públicas imunes, que não se eximem da condição de responsáveis por tributos que lhes caibam reter na fonte — art. 9.º, § 1.º, CTN)[109].

O referido conceito, entretanto, tem a virtude de indicar que o Direito Financeiro e o Tributário têm atribuição em comum: ambos visam disciplinar, normativamente, a atividade financeira do Estado.

Todavia, enquanto o Direito Financeiro cuida da atividade financeira do Estado **em sua totalidade**, abrangendo receita, despesa, orçamento e crédito públicos[110], o Direito Tributário regula **um item** apenas da atividade financeira do Estado: o campo restrito da **obtenção** das receitas derivadas provenientes dos **tributos** (receitas tributárias)[111].

Nesse sentido é a definição formulada por Paulo de Barros Carvalho: "o direito tributário positivo é o ramo didaticamente autônomo do direito, integrado pelo conjunto das proposições jurídico-normativas que correspondam, direta ou indiretamente, à instituição, arrecadação e fiscalização de tributos"[112].

O Direito Tributário, portanto, está para o Direito Financeiro, como a parte está para o todo: este, abrangendo do ponto de vista jurídico **toda** a atividade financeira desenvolvida pelo Estado; e aquele, alcançando unicamente **a parte** da mesma atividade que se refere à obtenção das receitas de natureza tributária[113].

---

de Fisco, e os particulares, na qualidade de contribuintes" (Conceito e conteúdo do direito tributário e sistema tributário nacional, p. 12).

[109] AMARO, Luciano. *Direito tributário brasileiro*, p. 2-3.

[110] NOGUEIRA, Roberto Wagner Lima. *Direito financeiro e justiça tributária*, p. 9. No dizer de Alberto Deodato, o Direito Financeiro é "o ordenamento jurídico total das atividades financeiras do Estado" (*Manual de ciência das finanças*, p. 25). Semelhante é a definição extraída das lições de Walter Paldes Valério: "O Direito Financeiro estuda o ordenamento jurídico total das finanças públicas e as relações jurídicas nascidas do desempenho desse setor de atividade do Estado" (*Programa de direito financeiro e finanças*, p. 62). No mesmo sentido: AFTALIÓN, Enrique R.; VILANOVA, José; RAFFO, Julio. *Introducción ao derecho*, p. 887.

[111] Segundo o STJ, a atualização monetária (reajuste pecuniário) de crédito tributário é matéria de **Direito Financeiro** e não de Direito Tributário: AgRg no Ag 41.901/RS, Rel. Min. Antônio de Pádua Ribeiro, 2.ª Turma, j. em 02.02.1994, *DJ* 28.02.1994, p. 2885; AgRg no Ag 42.550/RS, Rel. Min. Antônio de Pádua Ribeiro, 2.ª Turma, j. em 02.02.1994, *DJ* 28.02.1994, p. 288; AgRg no Ag 45.980/RS, Rel. Min. Antônio de Pádua Ribeiro, 2.ª Turma, j. em 02.03.1994, *DJ* 21.03.1994, p. 5479; AgRg no Ag 45.886/RS, Rel. Min. Antônio de Pádua Ribeiro, 2.ª Turma, j. em 02.03.1994, *DJ* 21.03.1994, p. 5479; REsp 43.747/RS, Rel. Min. Antônio de Pádua Ribeiro, 2.ª Turma, j. em 17.10.1994, *DJ* 31.10.1994, p. 29487; REsp 56.249/RS, Rel. Min. Humberto Gomes de Barros, 1.ª Turma, j. em 14.12.1994, *DJ* 06.03.1995, p. 4325; REsp 58.473/RS, Rel. Min. Humberto Gomes de Barros, 1.ª Turma, j. em 08.02.1995, *DJ* 03.04.1995, p. 8118.

[112] CARVALHO, Paulo de Barros. *Curso de direito tributário*, p. 12.

[113] Nesse sentido: MERSÁN, Carlos. *Direito tributário*, p. 4-5; ATALIBA, Geraldo. *Sistema constitucional tributário brasileiro*, p. 217-218; FERREIRA, José Ribamar Gaspar. *Curso de direito financeiro*, p. 8; BORGES, José Souto Maior. *Introdução ao direito financeiro*, p. 118; PAES, P.

Cotejando os referidos ramos do direito positivo, destaca Fernando Facury Scaff: "O Direito Tributário limita a arrecadação; o Direito Financeiro busca a melhor utilização dos recursos arrecadados em prol do bem comum. Um é vinculado a uma ideia individual, de retirada de dinheiro do bolso privado; o outro é vinculado a uma ideia de bem público, de satisfação das necessidades públicas"[114]. E conclui o autor citado: "Imagina-se uma forte separação entre esses dois âmbitos, mas ela não existe, pois se trata das duas faces da mesma moeda. Sem um não existe o outro. São antitéticos e complementares, devendo resultar em um equilíbrio que permita a convivência em sociedade"[115].

Podemos dizer, então, que o Direito Tributário, assim como o Financeiro, cuida da atividade financeira do Estado, em virtude de a receita tributária estar no bojo dessa atividade.

1.5. FINANÇAS PÚBLICAS

A expressão **"finanças públicas"** — derivada do francês *finance*, que, por sua vez, forma-se do antigo verbo *finer* (conseguir um fim) —, segundo Cláudio Martins, "é usada não só para traduzir os **recursos** do Estado, senão também a **administração** e o **emprego** destes" (destaque nosso)[116].

Semelhante é a definição formulada por Carlos Valder do Nascimento: "Sob o ponto de vista conceitual, as finanças públicas, de modo tradicional, dizem respeito às operações voltadas para a **obtenção, distribuição** e **utilização** de dinheiro indispensável à satisfação das necessidades públicas" (destaque nosso)[117].

No mesmo sentido, é a lição de André Ramos Tavares: "As finanças públicas compreendem a **arrecadação** dos tributos e outras verbas, constituindo os recursos públicos, e sua correspondente **destinação e aplicação**, com o necessário **planejamento**" (destaque nosso)[118].

Dos conceitos transcritos, vê-se que a expressão "finanças públicas" é comumente empregada para designar a própria atividade financeira do Estado. É nesse sentido que a referida expressão é empregada no inciso I do art. 163 da CF.

Por vezes, a expressão **Finanças Públicas** — principalmente quando grafada com iniciais maiúsculas — é utilizada para designar não a atividade financeira estatal em si, mas o estudo que tem por objeto essa mesma atividade, caso em que é usualmente tomada como sinônima de **Ciência das Finanças**.

É nesse segundo sentido que José Maurício Conti emprega a referida expressão, consoante se depreende de suas lições: "A expressão 'finanças públicas' designa a

---

R. Tavares. *Comentários ao Código Tributário Nacional*, p. 65; BENEMANN, Saul Nichele. *Compêndio de direito tributário e ciência das finanças*, p. 109.

[114] SCAFF, Fernando Facury. *O jardim e a praça ou a dignidade da pessoa humana e o direito tributário e financeiro*, p. 547.

[115] SCAFF, Fernando Facury. *O jardim e a praça ou a dignidade da pessoa humana e o direito tributário e financeiro*, p. 549-550.

[116] MARTINS, Cláudio. *Compêndio de finanças públicas*, p. 3.

[117] NASCIMENTO, Carlos Valder do. *Curso de direito financeiro*, p. 21.

[118] TAVARES, André Ramos. *Curso de direito constitucional*, p. 886.

1 □ Atividade Financeira do Estado

ciência que estuda todos os aspectos relacionados à atividade financeira do Estado, incluindo as formas de ingressos de recursos, realização de despesas, orçamento, crédito e outras correlatas"[119].

Semelhante é a concepção de Fábio Leopoldo de Oliveira, que leciona: "A denominação 'Finanças' é compreensiva de várias disciplinas que têm por objeto comum o estudo da atividade financeira do Estado"[120].

Em nossa concepção, as finanças públicas não constituem ciência alguma, mas, isto sim, **objeto** do conhecimento de várias ciências (dentre as quais, consoante anteriormente exposto, a Ciência das Finanças, o Direito Financeiro e o Direito Tributário). Por conseguinte, nesta obra, a expressão **finanças públicas** é empregada como sinônima de **atividade financeira do Estado**.

1.6. ESTADO DE DIREITO: A ORDENAÇÃO JURÍDICA DAS FINANÇAS PÚBLICAS

Antes de adentrar o estudo de cada um dos campos em que se desenvolve a atividade financeira do Estado — estudo que, advirta-se desde já, será realizado sob o ângulo essencialmente jurídico —, enfatizar-se-á, nas linhas seguintes, a relevância da noção de Estado de Direito para o surgimento e a evolução da disciplina jurídica das finanças públicas.

Como é sabido, o poder do Estado somente se caracteriza como **poder jurídico** quando organizado e exercido segundo princípios e regras de Direito. Assim, quando submetido o Estado ao império da lei (princípio da legalidade), surge o que se convencionou denominar **Estado de Direito**[121].

> **Observação:** A locução **Estado de Direito**, consoante destaca Manoel Gonçalves Ferreira Filho, foi cunhada na Alemanha: é o *Rechtsstaat*, que aparece num livro de Welcker, publicado em 1813[122]. Segundo Pablo Lucas Verdu, a referida expressão teria sido cunhada por Robert von Mohl, em meados do século XIX[123].

Como bem observa Celso Antônio Bandeira de Mello, "enquanto o princípio da supremacia do interesse público sobre o interesse privado é da essência de **qualquer Estado**, de qualquer sociedade juridicamente organizada com fins políticos, o da legalidade é **específico do Estado de Direito**, é justamente aquele que o qualifica e que lhe dá a identidade própria" (destaque no original)[124].

Somente com o advento do Estado de Direito, que nasceu das Revoluções que acabaram com o velho regime absolutista da Idade Média, cogitou-se de normas

---

[119] CONTI, José Maurício. *Direito financeiro na Constituição de 1988*, p. 70.

[120] OLIVEIRA, Fábio Leopoldo de. *Curso expositivo de direito tributário*, p. 5.

[121] A expressão Estado de Direito, na lição de Manoel Gonçalves Ferreira Filho, "significa que o Poder Político está preso e subordinado a um Direito Objetivo, que exprime o justo" (*Direitos humanos fundamentais*, p. 2).

[122] FERREIRA FILHO, Manoel Gonçalves. *Estado de direito e constituição*, p. 5.

[123] VERDU, Pablo Lucas. *Curso de derecho político*, v. II, p. 238.

[124] MELLO, Celso Antônio Bandeira de. *Curso de direito administrativo*, p. 71.

delimitadoras da ação do Estado-poder[125], estabelecendo balizas às prerrogativas dos governantes, nas suas relações recíprocas e, outrossim, nas relações com os governados, consoante leciona Gustav Radbruch: "No Estado absolutista, um compromisso legal da administração não era exequível se alcançasse a cabeça da administração: pois o soberano absolutista, que na qualidade de cabeça da administração não poderia desviar-se do direito, como sujeito da legislação poderia a qualquer tempo modificar o direito para aquele caso isolado, e o ato, inadmissível como ato administrativo, como ato legislativo poderia afirmar sua validade".

E prossegue Radbruch: "Somente quando o **Estado constitucional**, com base na doutrina da divisão dos poderes, retira do senhor feudal — cabeça da administração — o exercício exclusivo do poder legislativo, torna-se viável um comprometimento dos órgãos administrativos pelos órgãos legisladores, um comprometimento do Estado administrador por intermédio do Estado legislador, um 'autocomprometimento do Estado', 'a legalidade da administração', e, como sua consequência, direito dos súditos contra o Estado como tal, 'direitos subjetivos, públicos', e limites legais à administração" (destaque no original)[126].

Os pilares do Estado de Direito resumem-se, pois, em quatro, consoante lição de Carlos Ari Sundfeld[127]:

- ☐ a supremacia da Constituição ante o poder legislativo ordinário[128];
- ☐ a separação dos Poderes[129];
- ☐ a superioridade da lei;
- ☐ a garantia dos direitos individuais[130].

Resta justificado, destarte, o que inicialmente dissemos: que a ideia de regulação jurídica das finanças públicas surgiu justamente com o advento do Estado de Direito, sendo dele uma consequência. De fato, a concepção de Estado de Direito apresenta-se

---

[125] O Estado de direito, consoante leciona José Luiz de Anhaia Mello, implica a **limitação jurídica do poder político**, pois é "aquêle onde tôda a atividade dos órgãos públicos deve se exercitar atendendo-se a normas jurídicas preestabelecidas" (*Da separação de poderes à guarda da Constituição*: as côrtes constitucionais, p. 67).

[126] RADBRUCH, Gustav. *Introdução à ciência do direito*, p. 167.

[127] SUNDFELD, Carlos Ari. *Fundamentos de direito público*, p. 40. Tais elementos correspondem, de certa forma, aos postulados apontados por Pablo Lucas Verdu (*Curso de derecho político*, v. II, p. 238). Para Manoel Gonçalves Ferreira Filho, são três os princípios do Estado de Direito: a) o da *legalidade*; b) o da *igualdade*; e c) o da *justicialidade* (*Estado de direito e constituição*, p. 23).

[128] O reconhecimento da supremacia da Constituição sobre as demais regras jurídicas era essencial para que o Estado não readquirisse, pela via do legislador ordinário, os poderes que perdera com a derrocada do Absolutismo.

[129] A divisão funcional do poder, consoante leciona Manoel Gonçalves Ferreira Filho, "impede o arbítrio, ou ao menos o dificulta sobremodo, porque só pode ocorrer se se der o improvável conluio de autoridades independentes. Ela estabelece, pois, um *sistema de freios e contrapesos*, sob o qual pode vicejar a liberdade individual" (destaque no original) (*Curso de direito constitucional*, p. 116).

[130] Na lição de Paulo Nader, o "fundamental à caracterização do Estado de Direito é a proteção efetiva aos chamados *direitos humanos*" (*Introdução ao estudo do direito*, p. 162).

1 ■ Atividade Financeira do Estado 25

como um dos pressupostos fundamentais da existência do Direito Público, justamente porque este — em que estão inseridos o Direito Financeiro e o Tributário — estabelece normas para as atividades do Estado, e é evidente que somente com base no pressuposto da submissão da atividade pública a uma ordenação jurídica (fundamento do Estado de Direito) seria possível conceber um Direito Financeiro fixando preceitos para disciplinar a gestão dos recursos públicos, limitando, destarte, o poder das autoridades[131].

Leciona, a respeito, José Ribamar Gaspar Ferreira: "Há quem afirme que 'A atividade financeira tem constituído uma realidade social inclusive nas comunidades antigas, e por isso parece razoável admitir que sempre tenha existido uma ordem jurídica dessa atividade, i.e., um Direito Financeiro mais ou menos elaborado' (Calvo Ortega). Mas, como o conceituamos, **o Direito Financeiro se vincula à formação e desenvolvimento do estado de direito**, entendendo-se este como aquela organização política da sociedade humana que limita seu próprio poder em regras sistematizadas ou não" (destaque nosso)[132].

Em suma: o Estado, em um primeiro momento, cria o ordenamento jurídico-positivo pela legislação (constitucional ou infraconstitucional) e, num segundo momento, quando no exercício de suas atividades em geral — e das atividades financeiras em particular —, submete-se ao seu império (**princípio da legalidade**)[133].

Consoante leciona António L. de Sousa Franco, a sujeição do Estado ao Direito determina o predomínio de critérios de **legalidade** e **regularidade** na atividade financeira estatal[134].

A atividade financeira do Estado é, assim, uma **atividade jurídica**, porquanto, independentemente dos seus fins (fiscais ou extrafiscais), é patente sua submissão, em qualquer hipótese, às normas jurídicas vigentes[135]. No Estado de Direito (liberal ou social), não há atividade financeira sem lei[136].

O caráter jurídico da atividade financeira estatal é bem acentuado por Róbison de Castro, que expõe: "Nos Estados modernos, regidos pelo Direito, toda atividade por eles exercida rege-se por normas de comportamento, isto é, pelo próprio Direito. Possuindo o Estado uma atividade financeira (obter, despender, gerir e criar), para que o Estado a

---

[131] NABAIS, José Casalta. *Direito fiscal*, p. 3.

[132] FERREIRA, José Ribamar Gaspar. *Curso de direito financeiro*, p. 6.

[133] BORGES, José Souto Maior. *Introdução ao direito financeiro*, p. 19 e 24; CAMPOS, Dejalma de. *Direito financeiro e orçamentário*, p. 19. Como bem expõe Celso Ribeiro Bastos, "o próprio fundamento que em última análise confere ao Estado a prerrogativa de exercer o poder — que é a sua capacidade de impor a ordem — impede que ele deixe de sujeitar-se às leis destinadas a ordenar a própria sociedade" (*Curso de direito constitucional*, p. 23).

[134] FRANCO, António L. de Sousa. *Finanças públicas e direito financeiro*, v. I, p. 77.

[135] ROYO, Fernando Pérez. *Derecho financiero y tributário:* parte general, p. 34. No mesmo sentido é a lição de José Marcos Domingues: "A atividade financeira se reveste de juridicidade, porquanto exercida com subordinação ao Direito" (*Atividade financeira e direitos sociais*, p. 102). Enfatiza Ernst Blumenstein que a atividade financeira estatal é regida pelo princípio fundamental do moderno Estado de Direito, pelo qual toda manifestação do Poder Público se submete a um ordenamento jurídico (*apud* BORGES, José Souto Maior. *Introdução ao direito financeiro*, p. 19).

[136] VILLEGAS, Héctor B. *Curso de finanzas, derecho financiero y tributario*, p. 93.

exerça, deverá estar ela circunscrita às normas jurídicas, para atender às finalidades da própria existência do Estado". E conclui o precitado autor: "O Estado, embora tenha que exercer sua atividade financeira, somente poderá atendê-la se a mesma for regrada por normas jurídicas que imponham uma conduta onde, a partir daí, o próprio Estado se amoldará às leis por ele expedidas"[137].

É justamente a circunstância da vontade do Estado ser necessariamente **regulada pela lei** que permite que o conhecimento jurídico seja empregado nos estudos dos problemas que resultam da normatização da atividade financeira estatal[138].

1.7. QUESTÕES

---

[137] CASTRO, Róbison de. *Administração e direito financeiro e orçamentário*, p. 12.
[138] FEITOSA, Raymundo Juliano Rêgo. A ordenação da atividade financeira e tributária do Estado, p. 218. Leciona, em conclusão, o referido autor: "Fazendo um juízo global sobre as possibilidades de apreensão científica desta atividade pelos distintos ramos do conhecimento, terminantemente não se pode negar a legitimação do Direito para tê-la como objeto de conhecimento, pois este se impõe, pelo menos, como ordenação jurídica de tal atividade" (FEITOSA, Raymundo Juliano Rêgo. A ordenação da atividade financeira e tributária do Estado, p. 242).

2

DIREITO FINANCEIRO

2.1. DIREITO FINANCEIRO: DEFINIÇÃO

Cada doutrinador tem um modo particular de definir o Direito Financeiro. Apresentamos, aqui, algumas dessas definições para, em seguida, oferecer aquela que nos parece mais apropriada.

Segundo Paulo Nader, o Direito Financeiro "é o ramo do Direito Público que disciplina a receita e a despesa pública"[1].

Para Aliomar Baleeiro, o Direito Financeiro é o "conjunto das normas que regulam a atividade financeira"[2]. Tal atividade financeira, no caso, é aquela desenvolvida pelo Estado.

A definição de Direito Financeiro proposta por Aliomar Baleeiro é criticada por Geraldo de Camargo Vidigal: "A declaração tautológica de que o Direito Financeiro se ocupa da ordenação da atividade financeira do Estado nada acrescentará ao nosso conhecimento: a presença, no corpo da definição, de palavra que integra a expressão a definir, mantém viva a indagação anterior e irrevelada a estrutura e a natureza do campo financeiro"[3].

Geraldo de Camargo Vidigal critica, ainda, as definições que procedem por enumeração dos institutos contidos na atividade financeira estatal (despesa, receita, orçamento e crédito públicos): "A declaração empírica que descreve os diferentes compartimentos integrados no todo jurídico-financeiro não parece suficiente, pois não indica o denominador comum que relaciona os compartimentos e que confere ao todo a dignidade da autonomia científica"[4]. Por tais motivos, propõe a seguinte definição de Direito Financeiro: "ramo do Direito Público Interno que disciplina a utilização dos instrumentos de troca, no âmbito do Estado"[5].

Walter Paldes Valério concebe o Direito Financeiro como a "disciplina que se preocupa com a regulamentação jurídica da atividade financeira do Estado, tanto em sua

---

[1] NADER, Paulo. *Introdução ao estudo do direito*, p. 411.

[2] BALEEIRO, Aliomar. *Uma introdução à ciência das finanças*, p. 29.

[3] VIDIGAL, Geraldo de Camargo. *Fundamentos do direito financeiro*, p. 56.

[4] VIDIGAL, Geraldo de Camargo. *Fundamentos do direito financeiro*, p. 56-57.

[5] VIDIGAL, Geraldo de Camargo. *Fundamentos do direito financeiro*, p. 59.

feição estática, quanto em sua feição dinâmica"[6]. E esclarece o citado autor os termos de sua definição: "No aspecto estático, trata da conceituação dos institutos financeiros que compõem a atividade financeira do Estado e, no aspecto dinâmico, refere-se às **relações jurídicas** que se estabelecem entre o Poder Público e outros titulares de direitos, que são os indivíduos submetidos ao impacto da Administração no desempenho dessa atividade" (destaque no original)[7].

Para Souto Maior Borges, o Direito Financeiro "é a parte do Direito objetivo que regula a atividade financeira do Estado e entes públicos descentralizados"[8].

Semelhante é o conceito formulado por José Ribamar Gaspar Ferreira: "Direito Financeiro é o conjunto dos princípios e normas jurídicas que regem a atividade financeira do Estado e entes públicos menores"[9].

O Direito Financeiro, em nossa percepção, pode ser definido como **o ramo didaticamente autônomo do direito, formado pelo conjunto harmônico das proposições jurídico-normativas que disciplinam as relações jurídicas decorrentes do desempenho da atividade financeira do Estado, exceto o que se refira à obtenção de receitas que correspondam ao conceito de tributos**[10].

Tal definição destaca que a autonomia do Direito Financeiro, como de qualquer outro ramo do direito, é exclusivamente **didática**, pois, embora destacado para efeito de estudo, relaciona-se com os demais ramos jurídicos[11].

A definição proposta ressalta, também, que o objeto do Direito Financeiro, como de qualquer outro ramo do direito, são **relações jurídicas**. Não quaisquer relações, mas somente as que surgem em consequência da atividade financeira estatal.

A referida definição **exclui**, no entanto, do campo do Direito Financeiro tudo quanto se refira à **obtenção** de receitas que correspondam ao conceito de **tributos** (art. 3.º, CTN), a fim de afastá-lo do campo próprio do Direito Tributário.

Ressalte-se que o conceito anteriormente exposto é o do Direito Financeiro enquanto ramo do direito positivo. Tomado, contudo, como ramo da Ciência Jurídica, o Direito Financeiro pode ser definido como o conjunto de proposições científicas que se voltam para a descrição das normas jurídicas.

---

[6]   VALÉRIO, Walter Paldes. *Programa de direito financeiro e finanças*, p. 55.

[7]   VALÉRIO, Walter Paldes. *Programa de direito financeiro e finanças*, p. 55.

[8]   BORGES, José Souto Maior. *Introdução ao direito financeiro*, p. 97.

[9]   FERREIRA, José Ribamar Gaspar. *Curso de direito financeiro*, p. 6.

[10] Formulamos tal conceituação a partir da definição cunhada por Rubens Gomes de Sousa para o Direito Tributário: "ramo do Direito Público que rege as relações jurídicas entre o *Estado e os particulares, decorrentes da atividade financeira do Estado no que se refere à obtenção de receitas que correspondam ao conceito de tributos*" (destaque no original) (*Compêndio de legislação tributária*, p. 40).

[11] O STJ reconhece a "autonomia do Direito Financeiro, escorada na existência de princípios jurídicos que lhe são próprios, não extensíveis a outros ramos da ciência jurídica, e consagrada no art. 24, I, da Constituição da República" (RMS 51.370/MS, Rel. Min. Regina Helena Costa, 1ª Turma, j. em 12.06.2018, *DJe* 18.06.2018).

2.2. CONTEÚDO DAS NORMAS DE DIREITO FINANCEIRO

2.2.1. ABRANGÊNCIA DO CAMPO DO DIREITO FINANCEIRO

Como um conjunto de normas jurídicas, o âmbito de incidência do Direito Financeiro, como visto, abrange um setor particular do complexo universo das atividades estatais: a **atividade financeira**.

O plexo de normas do Direito Financeiro disciplina, pois, os campos:

- das despesas públicas;
- das receitas públicas (entre as quais se incluem as receitas tributárias);
- do orçamento público;
- do crédito público[12].

No que tange à despesa pública, ao orçamento e ao crédito público, ocupa-se o Direito Financeiro de todos os aspectos a eles inerentes.

Relativamente à receita pública, impende destacar que o regramento do Direito Financeiro diz respeito a todos os aspectos (**instituição, arrecadação** e **destinação**) das **receitas não tributárias**. Já no tocante às receitas tributárias, cuida o Direito Financeiro apenas do aspecto da **destinação** delas.

Com efeito, apesar de o Direito Tributário, como visto, regular o campo da atividade financeira do Estado relativo às receitas provenientes dos tributos (receitas tributárias), é imperioso ressaltar que o referido ramo do Direito cuida do aspecto da **obtenção** das mencionadas receitas, abrangendo, portanto, a atividade principal do Estado na matéria, que é referente à cobrança (**instituição** e **arrecadação**) de tributos, incluída também a atividade acessória ou complementar, que é aquela referente às medidas destinadas a garantir aquela cobrança, ou seja, à **fiscalização** dos tributos[13], ao passo que o campo da **destinação** das receitas tributárias é normatizado pelo Direito Financeiro[14].

---

[12] Concepção diversa é a de Luiz Felipe Silveira Difini, que, em posição isolada na doutrina, define o Direito Financeiro como "o conjunto de regras jurídicas que disciplinam a despesa pública" (*Manual de direito tributário*, p. 9). O citado autor, consoante se infere de sua conceituação, restringe o campo do Direito Financeiro ao da normatização **da despesa pública** (*Manual de direito tributário*, p. 12), isto é, ao da "aplicação (destinação) dos recursos obtidos pelo Estado (independente de sua origem tributária ou não tributária)" (*Manual de direito tributário*, p. 4). Para Difini, a arrecadação de recursos não tributários é matéria de *Direito Administrativo* (*Manual de direito tributário*, p. 4, nota de rodapé n. 9).

[13] SOUSA, Rubens Gomes de. *Compêndio de legislação tributária*, p. 41. Nesse sentido é a lição de Luiz Emygdio da Rosa Júnior, que define o Direito Tributário como o "ramo do direito público que disciplina as relações jurídicas decorrentes da atividade financeira do Estado, que ocorrem entre o Estado e o particular no que se refere à **imposição, fiscalização, cobrança e arrecadação** dos tributos" (destaque nosso) (*Manual de direito financeiro e direito tributário*, p. 18).

[14] JARDIM, Eduardo Marcial Ferreira. *Manual de direito financeiro e tributário*, p. 16; DIFINI, Luiz Felipe Silveira. *Manual de direito tributário*, p. 4.

É que o Direito Tributário, como frisa Paulo de Barros Carvalho, "não se ocupa de momentos ulteriores à extinção do liame fiscal"[15]. Uma vez efetuado o pagamento do tributo (ou ocorrida qualquer outra causa extintiva do crédito tributário), a relação jurídica tributária se extingue. O que acontece **depois** com o bem que dava consistência material ao tributo, acontece em momento **posterior** e em **outra** relação jurídica, consoante expõe Alfredo Augusto Becker[16]. A regra jurídica que disciplinar a utilização da receita arrecadada por meio da tributação é regra de Direito Financeiro[17].

2.2.2. DESTINAÇÃO DAS RECEITAS TRIBUTÁRIAS

Foi dito anteriormente que o tema da destinação das receitas tributárias não interessaria ao Direito Tributário, mas pertenceria ao campo de especulação do Direito Financeiro. Tal afirmação, apesar de correta, necessita de um esclarecimento complementar.

É que, apesar de a destinação do produto da arrecadação do tributo ser, a princípio, irrelevante para o Direito Tributário (consoante dispõe o inciso II do art. 4.º do CTN, segundo o qual a destinação do produto da arrecadação do tributo é irrelevante para a determinação de sua natureza jurídica específica[18]), o ordenamento jurídico brasileiro, como adiante veremos, também confere natureza tributária aos **empréstimos compulsórios** (art. 148, CF) e às **contribuições especiais** (art. 149, CF), sendo determinante, para a definição da natureza jurídica específica de tais tributos, a destinação do produto da arrecadação das receitas. Cabem, nesse passo, as palavras de Eduardo Marcial Ferreira Jardim, que leciona: "Cumpre frisar, em alto e bom som, que a destinação do produto da arrecadação é relevante para determinar a espécie tributária, **desde que contemplada no regime jurídico tributário**, a exemplo do quanto ocorre na messe do empréstimo compulsório e das contribuições sociais, interventivas e corporativas. O que não é relevante para o regime jurídico tributário *é a destinação atribuída às receitas tributárias na órbita do direito financeiro*" (destaque nosso)[19].

Relativamente à aplicação do produto da arrecadação do tributo, o autor referido distingue entre a **destinação legal** (assim entendida aquela a que se refere o art. 4.º, inciso II, do CTN) e a **destinação efetiva** (ou **destinação financeira**): a primeira é relevante para determinar a espécie tributária quanto aos chamados **tributos finalísticos** (empréstimo compulsório e contribuições especiais), ao passo que a última não afetaria a natureza jurídica específica do tributo. No mesmo sentido é a percepção de Eurico Marcos Diniz de Santi, que assinala: "É inadmissível confundir **destinação legal** com

---

[15] CARVALHO, Paulo de Barros. *Curso de direito tributário*, p. 25.

[16] BECKER, Alfredo Augusto. *Teoria geral do direito tributário*, p. 261.

[17] Não é por outra razão que a doutrina pátria leciona pertencer o tema da "repartição das receitas tributárias" (arts. 157 a 162, CF) ao campo de especulação do Direito Financeiro.

[18] A norma do inciso II do art. 4.º do CTN faz sentido no universo vislumbrado pelo citado diploma legal, no qual somente existiriam as três espécies tributárias mencionadas em seu art. 5.º: impostos, taxas e contribuição de melhoria. De fato, quanto a tais categorias, o fato gerador e sua correspondente base de cálculo são suficientes para distingui-las umas das outras.

[19] JARDIM, Eduardo Marcial Ferreira. *Manual de direito financeiro e tributário*, p. 96.

2 ◘ Direito Financeiro

destinação financeira, deveras esta é eficácia jurídica daquela e, portanto, totalmente irrelevante no esboço da tipologia tributária" (destaque no original)[20].

Quanto à **destinação efetiva** do produto da arrecadação (não quanto à **destinação legal**), é pertinente a lição de Alfredo Augusto Becker, anteriormente referida: o que acontecer, depois do pagamento, com o bem que dava consistência material ao tributo acontece em momento posterior à extinção da obrigação e, pois, não interessa ao Direito Tributário, mas ao Direito Financeiro. Transcreve-se, a respeito, exemplo fornecido por Eduardo Marcial Ferreira Jardim: "a CPMF exemplifica o alegado, tanto que o regime jurídico configurador de contribuição encontra lastro no art. 149 do Texto Excelso, vale dizer, trata-se da tributação de uma dada conduta com receitas afetadas, na estrita observância ao regime jurídico tributário imerso no aludido comando constitucional. Por outro lado, **a efetiva aplicação dos recursos arrecadados na área da saúde é matéria de direito financeiro** e, por isso mesmo, depara-se irrelevante para o regime tributário, tanto que na hipótese de o governo federal atribuir destinação diversa às receitas respectivas, ainda assim, o referido tributo não perderia a natureza de contribuição social" (destaque nosso)[21].

Procurando estabelecer a distinção entre a **destinação legal** e a **destinação efetiva** do produto da arrecadação dos tributos, Flávia Sousa Dantas Pinto leciona: "ao falarmos em vinculação da destinação, há que se distinguir entre a **vinculação normativa** e a **destinação efetiva** da quantia arrecadada aos fins que justificaram a criação da exação. No primeiro caso (vinculação normativa), o que se observa é se a norma que veicula uma determinada contribuição prevê tal finalidade, sob pena de, em havendo tal omissão, ser a referida norma considerada inválida. Por sua vez, a destinação efetiva do *quantum* arrecadado ao arrepio do que fora previsto no plano normativo é análise fática da atuação do Poder Público, de modo que o desvio da quantia arrecadada a título de contribuição para finalidade outra, diversa da que foi prevista constitucional e legalmente, implica sanções administrativas para o gestor da coisa pública, mas jamais a invalidade da norma jurídica, a qual, para todos os fins de direito, foi concebida em estrita conformidade material e formal para com a Carta Magna" (destaque nosso)[22].

Conclui-se, pelo exposto, que a **destinação legal** (ou **vinculação normativa**, na terminologia adotada por Flávia Sousa Dantas Pinto) do tributo interessa ao Direito Tributário (em razão dos chamados **tributos finalísticos** — empréstimo compulsório e contribuições especiais), ao passo que a **destinação efetiva** (ou **destinação financeira**, na terminologia adotada por Eurico Marcos Diniz de Santi) das receitas tributárias interessa ao Direito Financeiro.

---

[20] SANTI, Eurico Marcos Diniz de. As classificações no sistema tributário brasileiro, p. 138, nota de rodapé n. 51.

[21] JARDIM, Eduardo Marcial Ferreira. *Manual de direito financeiro e tributário*, p. 97.

[22] PINTO, Flávia Sousa Dantas. Regra-matriz das contribuições: uma proposta, p. 222. No mesmo sentido: MELO, José Eduardo Soares de. *Contribuições sociais no sistema tributário*, p. 36; TROMBINI JÚNIOR, Nelson. *As espécies tributárias na Constituição Federal de 1988*, p. 98.

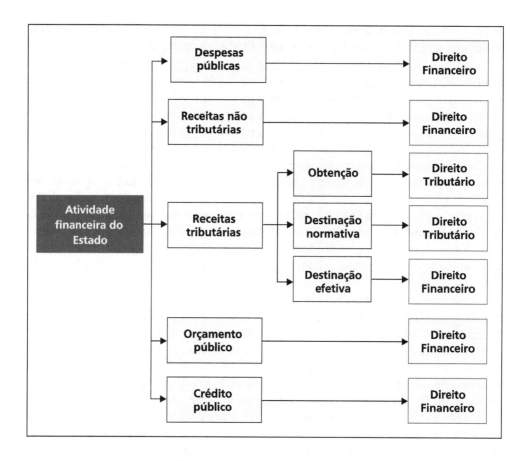

2.2.3. SISTEMA FINANCEIRO NACIONAL

Ainda com o fim de traçar os contornos do campo do Direito Financeiro (também chamado **Direito Financeiro Público**), convém ressaltar que tal ramo do Direito volta-se para as finanças somente no âmbito dos **interesses do Estado**, não abrangendo, por conseguinte, as chamadas "Finanças Privadas", que envolvem a captação, pela iniciativa privada, de recursos financeiros voluntariamente oferecidos, bem como a destinação destes para o desenvolvimento e a execução das atividades privadas, inclusive por intermédio dos mercados financeiro e de capitais e das entidades que deles participam — os bancos, os corretores, as distribuidoras e as bolsas[23].

Nesse sentido é o entendimento de Celso Ribeiro Bastos, que aduz: "Embora o nome 'Direito Financeiro' possa prestar-se a confusões e chegar-se mesmo a entender que ele cuida do **sistema financeiro**, na verdade tal não acontece. As operações de natureza financeira levadas a efeito pelos particulares obedecem a regras do direito privado, enquanto o Direito Financeiro, ramo do direito público, rege exclusivamente as **finanças públicas**" (destaque nosso)[24]. Por tal razão, José Casalta Nabais recomenda o

---

[23] ROYO, Fernando Pérez. *Derecho financiero y tributário:* parte general, p. 33.
[24] BASTOS, Celso Ribeiro. *Curso de direito financeiro e de direito tributário*, p. 17.

2 ◼ Direito Financeiro

33

emprego da denominação **direito financeiro público**, "pois não podemos esquecer a importância crescente que vem assumindo o chamado direito financeiro privado ou direito das finanças privadas relativo à disciplina dos múltiplos e variados instrumentos do mercado financeiro"[25].

As normas (constitucionais e infraconstitucionais) sobre as Finanças Privadas brasileiras constituem o objeto material do chamado **"Direito Financeiro Privado"**. Na Constituição em vigor, as normas sobre Finanças Privadas são reunidas em capítulo específico, denominado "Sistema Financeiro Nacional" (Capítulo IV, do Título VII). Tal sistema, na terminologia adotada por José Afonso da Silva, é considerado **parapúblico**, consoante expõe: "Há dois sistemas financeiros regulados na Constituição: o **público**, que envolve os problemas das finanças públicas e os orçamentos públicos, constantes dos arts. 163 a 169; o **parapúblico**, que ela denomina de **sistema financeiro nacional**, que cuida das instituições financeiras creditícias, públicas ou privadas, de seguro, previdência (privada) e capitalização, todas sob estrito controle do Poder Público (art. 192). O Banco Central, que é instituição financeira[26], constitui, em verdade, um elo entre as duas ordens financeiras (arts. 164 e 192)" (destaque no original)[27].

2.3. RELAÇÃO DO DIREITO FINANCEIRO COM OUTROS RAMOS DO DIREITO

Há quem defenda gozar o Direito Financeiro de autonomia científica, porque possui certo número de institutos, princípios e regras diretivas próprios e específicos, com características diversas das existentes nos demais ramos do Direito, sendo, portanto, ciência autônoma[28]. A própria Constituição Federal de 1988 o destaca com nome próprio e específico (art. 24, inciso I).

A autonomia de qualquer ramo do Direito — inclusive o Financeiro —, todavia, é, como visto, **relativa**, pois será sempre e exclusivamente **didática**[29]: o Direito Financeiro,

---

[25] NABAIS, José Casalta. *Direito fiscal*, p. 4, nota de rodapé n. 3.

[26] "O Banco Central do Brasil é uma autarquia de direito público, que exerce serviço público, desempenhando parcela do poder de polícia da União, no setor financeiro" (STF, ADI 449/DF, Rel. Min. Carlos Velloso, Pleno, j. em 29.08.1996, *DJ* 22.11.1996, p. 45683).

[27] SILVA, José Afonso da. *Curso de direito constitucional positivo*, p. 798. No mesmo sentido: BASTOS, Celso Ribeiro; MARTINS, Ives Gandra da Silva. *Comentários à Constituição do Brasil*: promulgada em 5 de outubro de 1988, v. 7, p. 351; FERREIRA, Pinto. *Comentários à Constituição brasileira*, v. 6, p. 530-531. Pelo exposto, entendemos não haver razão para discorrer acerca do "Sistema Financeiro Nacional" (art. 192, CF) numa obra de Direito Financeiro, como fazem os seguintes autores: CASTRO, Alexandre Barros. *Manual de direito financeiro e tributário*, p. 319-332; GOMES, Carlos Roberto de Miranda. *Manual de direito financeiro e finanças*, p. 241-247.

[28] Nesse sentido: ROSA JÚNIOR, Luiz Emygdio F. da. *Manual de direito financeiro e direito tributário*, p. 18; VALÉRIO, Walter Paldes. *Programa de direito financeiro e finanças*, p. 57. No mesmo sentido: ALVES, Benedito Antônio; GOMES, Sebastião Edilson Rodrigues. *Curso de direito financeiro*, p. 26. Os dois últimos autores citados, contudo, acabam por reconhecer que a autonomia do Direito Financeiro é apenas didática, tendo em vista a unicidade do Direito (*Curso de direito financeiro*, p. 27).

[29] "Ramos do direito não são resultado de rigorosa classificação científica, mas de puro uso cultural, ligado à história da legislação, da política, da jurisprudência, do ensino e das práticas profissionais" (SUNDFELD, Carlos Ari. *Direito público e regulação no Brasil*, p. 128). Amílcar de Araújo

embora destacado para efeito de estudo, mantém afinidades com as demais disciplinas jurídicas, com elas se relacionando, eis que todas derivam de um tronco comum[30]. Em verdade, mesmo a dita autonomia didática, em termos absolutos, inexiste, pois não é possível pretender estudar as disposições do Direito Financeiro abstraindo-se suas conexões com preceitos integrantes de outros ramos do Direito[31].

Íntima é, por exemplo, a relação do Direito Financeiro com o **Direito Constitucional**, pois é na Constituição que se encontra plasmado o sistema financeiro público. Há, na Constituição Brasileira de 1988, um capítulo exclusivo dedicado às "Finanças Públicas" (Capítulo II do Título VI), além de outros dispositivos pertinentes ao tema (como os arts. 48, inciso I; 52, incisos V, VI, VII, VIII, IX; 57, § 2.º; 70 a 75; 84, incisos XXIII e XXIV; 157 a 162; dentre outros). Tais normas — constitucionais pela forma e financeiras pelo conteúdo — formam o chamado **Direito Constitucional Financeiro**[32].

Com o **Direito Administrativo**, ramo do qual descendeu o Direito Financeiro[33], o vínculo reside nos princípios informadores daquele, que a este se aplicam, tanto no processo de realização das receitas como no das despesas públicas. De fato, os atos atinentes à execução do orçamento são, na linguagem consagrada pela doutrina, atos administrativos[34] e, como tais, sujeitam-se aos princípios da legalidade, impessoalidade, moralidade, publicidade e eficiência (art. 37, *caput*, CF). Como observa Carlos Valder do Nascimento, a "própria organização dos serviços públicos no campo

---

Falcão parece admitir a autonomia científica de certos ramos do Direito — por exemplo, do Direito Tributário (*Introdução ao direito tributário*, p. 13-20) —, mas não reconhece tal característica no Direito Financeiro, "dada a diversidade de institutos jurídicos que constituem seu objeto e que, de um modo sistemático, devem ser classificados no direito privado, no direito constitucional e administrativo, na contabilidade pública, ou, por fim, numa disciplina específica autônoma, como é o caso do direito tributário" (*Introdução ao direito tributário*, p. 6-7). Isto tudo, entretanto, não impediu o citado autor de reconhecer a autonomia, **para fins didáticos**, do Direito Financeiro (*Introdução ao direito tributário*, p. 7). Posição semelhante é a de Hamilton Dias de Souza, que defende ser o Direito Tributário ramo jurídico autônomo, mas nega autonomia científica ao Direito Financeiro "pela ausência de homogeneidade estrutural que lhe permita ter conceitos e princípios gerais aplicáveis a todas as situações e relações por ele reguladas" (Conceito e conteúdo do direito tributário e sistema tributário nacional, p. 13).

[30] Nesse sentido é a lição de Régis Fernandes de Oliveira e Estevão Horvath: "Embora didaticamente possa separar-se o Direito Financeiro para ser estudado, tem ele relação com todos os outros ramos do Direito" (*Manual de direito financeiro*, p. 30).

[31] Nesse sentido é a percepção de Roberto Wagner Lima Nogueira, que, apoiado nos ensinamentos de Edgar Morin, destaca a fragilidade da noção de autonomia, ainda que didática, do Direito Financeiro, porquanto "os ramos do direito embora estudados separadamente, hão que ser reunidos para uma compreensão total do direito, e por sua vez, o direito deve dialogar com outras ciências para que só assim possamos recompor o todo, o complexo, de modo que a complexidade é a união entre a unidade e a multiplicidade" (*Direito financeiro e justiça tributária*, p. 14). No mesmo sentido, referindo-se, no entanto, à autonomia didática do Direito Tributário: AMARO, Luciano. *Direito tributário brasileiro*, p. 8.

[32] ATALIBA, Geraldo. *Apontamentos de ciência das finanças, direito financeiro e tributário*, p. 52.

[33] O Direito Financeiro é inserido por Geraldo Ataliba no Direito Administrativo, do qual aquele seria parte integrante (*Apontamentos de ciência das finanças, direito financeiro e tributário*, p. 35-36).

[34] VALÉRIO, Walter Paldes. *Programa de direito financeiro e finanças*, p. 176.

2 ◼ Direito Financeiro

financeiro é objeto do direito administrativo. Dessa forma, os órgãos que cuidam das atividades orçamentárias e financeiras têm seu funcionamento baseado em regras de administração pública. Assim, sua estrutura, atribuições e orientações normativas são emanadas do direito administrativo"[35]. Ademais, a relação entre o Direito Financeiro e o Direito Administrativo é bastante estreita, tendo em vista que é a atividade financeira do Estado (atividade-meio, objeto do Direito Financeiro) que possibilita a realização de sua atividade administrativa (atividade-fim do Estado, objeto do Direito Administrativo).

Com o **Direito Tributário**, que descendeu do Direito Financeiro, o ponto de intersecção é evidente e diz respeito às receitas tributárias[36], objeto de especulação do primeiro, mas que tem sido igualmente tratado pela doutrina do Direito Financeiro. Ambos, como vimos, cuidam de normatizar a atividade financeira do Estado, em virtude de a receita tributária estar no bojo dessa atividade.

Com o **Direito Penal**, a relação do Direito Financeiro reside na tipificação pelo primeiro das infrações contra a ordem financeira pública.

Com o **Direito Processual Civil**, o vínculo reside nos títulos que se formam em decorrência de atividade financeira e que têm presunção de liquidez e certeza, constituindo-se em títulos executivos extrajudiciais[37].

O Direito Financeiro relaciona-se com o **Direito Internacional Público** nas hipóteses em que convenções e tratados ditam regras de finanças públicas internacionais, podendo ser destacadas as regras internacionais relativas à dívida pública externa[38].

Também com os ramos do Direito Privado relaciona-se o Direito Financeiro. Com o **Direito Civil**, por exemplo, quando o Estado, por meio de institutos como a locação, explora o seu próprio patrimônio para obter correspondente receita originária[39].

2.4. COMPETÊNCIA LEGISLATIVA EM MATÉRIA DE DIREITO FINANCEIRO

A competência para legislar sobre matérias de Direito Financeiro é **concorrente** (art. 24, inciso I, CF), isto é, sobre elas podem legislar a **União, os Estados, o Distrito Federal e os Municípios**, cada um no âmbito de sua atuação.

> **Observação:** O inciso II do art. 24 da CF dispõe que também é concorrente a competência legislativa sobre "**orçamento**". Entendemos que tal disposição é desnecessária, pois a matéria concernente às leis orçamentárias integra o campo do **Direito Financeiro**[40], estando, pois, já compreendida no inciso I do mesmo artigo.

---

[35] NASCIMENTO, Carlos Valder do. *Curso de direito financeiro*, p. 16.

[36] ALVIM, Tatiana Araújo. *Contribuições sociais:* desvio de finalidade e seus reflexos no direito financeiro e no direito tributário, p. 29.

[37] OLIVEIRA, Régis Fernandes de; HORVATH, Estevão. *Manual de direito financeiro*, p. 30.

[38] ALVES, Benedito Antônio; GOMES, Sebastião Edilson Rodrigues. *Curso de direito financeiro*, p. 34.

[39] BARROS, Luiz Celso de. *Ciência das finanças*, p. 154.

[40] Em seu voto na ADI 2.421/SP, o Ministro Gilmar Mendes observou que "toda matéria atinente aos orçamentos públicos, às diretrizes orçamentárias ou ao plano plurianual também é matéria financeira" (ADI 2.421/SP, Rel. Min. Gilmar Mendes, Pleno, j. em 20.12.2019, *DJe*-035 19.02.2020).

A Constituição da República, nos casos de competência concorrente (CF, art. 24), estabeleceu verdadeira situação de "condomínio legislativo" entre as pessoas políticas, daí resultando clara repartição vertical de competências normativas entre essas pessoas estatais[41].

Ressalte-se que o art. 24 da CF não menciona os **Municípios**. Por tal razão, há quem, baseando-se exclusivamente na leitura do referido dispositivo constitucional, lecione faltar aos municípios competência para legislar sobre Direito Financeiro[42]. Entendemos, no entanto, que o fato de o art. 24 da CF não se referir expressamente aos Municípios não retira destes o poder de dispor sobre matéria de Direito Financeiro. É que o inciso II do art. 30 da CF confere às entidades políticas locais o poder de "suplementar a legislação federal e estadual no que couber", e essa suplementação se dá justamente no campo da competência concorrente[43].

> **Observação:** Este parece ser o entendimento do STF, que assim decidiu: "compete à União a edição de normas gerais sobre direito financeiro, cabendo aos Estados e Municípios tão somente as suplementar" (ADI 3.889/RO, Rel. Min. Roberto Barroso, Pleno, j. em 04.07.2023, *DJe* 12.07.2023).

No âmbito da legislação concorrente, dispõe o § 1.º do art. 24 da CF, que "a competência da União limitar-se-á a estabelecer normas gerais".

Entendemos ser inadequado o emprego, no referido contexto, da expressão "limitar-se-á", pois enseja a errônea interpretação de que, na seara da competência legislativa concorrente (art. 24, CF), o único papel atribuído à União seria o de estabelecer normas gerais.

> **Observação:** Com efeito, em matéria de Direito Financeiro, temos, por exemplo, a **Lei Complementar n. 200, de 30.08.2023**, que instituiu regime fiscal sustentável para a **União** (art. 1.º, § 1.º, inciso I, e § 2.º), não se apresentando, pois, como lei de normas gerais.

Em verdade, como bem observa Geraldo Ataliba, em matéria de Direito Financeiro, ao Congresso Nacional são conferidas as atribuições de editar as normas gerais e a lei simplesmente federal nesta matéria, por reunir o Congresso a dupla qualidade de **Legislativo federal** e **Legislativo nacional**[44]. Assim, por exemplo, por ocasião da

---

[41] STF, ADI 2.903/PB, Rel. Min. Celso de Mello, Pleno, j. em 01.12.2005, *DJe*-177 19.09.2008.

[42] Nesse sentido: NOGUEIRA, Roberto Wagner Lima. *Direito financeiro e justiça tributária*, p. 16; FERREIRA FILHO, Manoel Gonçalves. *Comentários à Constituição brasileira de 1988*, v. 3, p. 136.

[43] Nesse sentido: JARDIM, Eduardo Marcial Ferreira. *Manual de direito financeiro e tributário*, p. 23; HARADA, Kiyoshi. *Direito financeiro e tributário*, p. 34; CARVALHO, Deusvaldo. *Orçamento e contabilidade pública*, p. 6; LLAGUNO, Elaine Guadanucci. *Direito financeiro*, p. 29; PETTER, Lafayete Josué. *Direito financeiro*, p. 20; NÓBREGA, Livânia Tavares. *Direito financeiro*, p. 28 e 34.

[44] ATALIBA, Geraldo. Regime constitucional e leis nacionais e federais, p. 62. Leciona o citado autor: "O Congresso Nacional, no nosso sistema, é concomitantemente órgão do Estado Federal brasileiro e da União. O produto de sua atividade legiferante, porém será lei nacional ou simplesmente federal, conforme ele atue nesta ou naquela qualidade" (Regime constitucional e leis nacionais e federais, p. 63).

2 ▣ Direito Financeiro

aprovação da Lei Complementar n. 101, de 04.05.2000 (Lei de Responsabilidade Fiscal), cumpriu o Congresso seu papel de Legislativo nacional, tendo em vista que a referida lei, como será adiante explicado, estabelece normas gerais de Direito Financeiro. Entretanto, quando aprova, a cada novo exercício financeiro, a Lei Orçamentária Anual (LOA) correspondente ao exercício, está o Congresso exercendo sua função de Legislativo federal, pois a citada lei é circunscrita ao âmbito de determinada pessoa política (no caso, a União).

A competência da União para legislar sobre normas gerais (art. 24, § 1.º, CF) não exclui a **competência suplementar** dos demais entes federativos (art. 24, § 2.º, c/c art. 30, inciso II, CF), isto é, deixa-se aos Estados-membros, ao Distrito Federal e aos Municípios o vasto campo da legislação específica, delimitado pelas normas gerais estabelecidas pela União[45].

> **Observação:** Os parágrafos do art. 24 da CF não mencionam o Distrito Federal. Todavia, interpretando-se o disposto no *caput* do referido artigo com o disposto no art. 32, § 1.º, da CF ("Ao Distrito Federal são atribuídas as competências legislativas reservadas aos Estados e Municípios"), há que se concluir que o DF possui, em termos de legislação concorrente, as mesmas competências dos Estados-membros. A omissão nos parágrafos do art. 24 deve-se à imprecisa técnica legislativa[46].

Não existe um conceito único e claro sobre o significado do que seja uma "norma geral"[47]. Em primoroso desenvolvimento desse tema, Fernanda Dias Menezes de Almeida acentua: "O grande problema que se coloca, a propósito, é o da formulação de um conceito de normas gerais que permita reconhecê-las, na prática, com razoável segurança, já que a separação entre normas gerais e normas que não tenham esse caráter é fundamental. De fato, no campo da competência concorrente limitada, em que há definição prévia do campo de atuação legislativa de cada centro de poder em relação a uma mesma matéria, cada um deles, dentro dos limites definidos, deverá exercer a sua competência com exclusividade, sem subordinação hierárquica. Com a consequência de que a invasão do espaço legislativo de um centro de poder por outro gera a inconstitucionalidade da lei editada pelo invasor"[48].

Esclareça-se ter sido justamente no círculo dos cultores do Direito Financeiro que a discussão sobre a conceituação das normas gerais se travou inicialmente.

Com efeito, as normas gerais, que já apareciam na Constituição de 1934[49], só passaram a ser objeto de maior consideração pela doutrina a partir da previsão da

---

[45] STF, RE-AgR 172.615/SP, Rel. Min. Maurício Corrêa, 2.ª Turma, j. em 08.08.1995, *DJ* 06.10.1995, p. 33140.

[46] Nesse sentido: PASCOAL, Valdecir Fernandes. *Direito financeiro e controle externo*, p. 10.

[47] ROSA JÚNIOR, Luiz Emygdio F. da. *Manual de direito financeiro e direito tributário*, p. 19.

[48] ALMEIDA, Fernanda Dias Menezes de. *Competências na Constituição de 1988*, p. 146.

[49] Observa José de Mesquita Lara que na Constituição de 1934, apesar de não constar a expressão "normas gerais", já havia "menção a 'normas fundamentais' e a outras regras que, sem denominação própria, tinham algum atributo de norma geral, tal como contemporaneamente conceituada" (As normas gerais de direito financeiro e de direito tributário, sua natureza e função, p. 137).

competência da União para editar "normas gerais de direito financeiro" no art. 5.º, inciso XV, alínea *b*, da Constituição de 1946.

> **Observação:** A proposta de se conferir à União competência para editar normas gerais de Direito Financeiro partiu do então deputado Aliomar Baleeiro. "A opinião oposta era sufragada pelo deputado Mário Masagão, professor de Direito administrativo em São Paulo, para quem não havia razão alguma capaz de justificar a competência que se queria dar à União para legislar sobre Direito financeiro, visto como a seu ver se tratava de mero capítulo do Direito administrativo, relativamente ao qual a União e os Estados tinham competência concorrente"[50]. No plenário, contudo, prevaleceu o ponto de vista de Baleeiro, autor da emenda que se converteu no art. 5.º, inciso XV, alínea *b*, da Carta de 1946, enunciação que, contudo, como noticia Fábio Fanucchi, "não passou de simples reconhecimento de uma situação já concretizada. Antes daquela Constituição, a União já legislava sobre orçamentos públicos, sobre tributos em geral, inclusive atribuindo-lhes características por espécie"[51].

Tal autorização constitucional se manteve inalterada na histórica reforma procedida pela Emenda Constitucional n. 18, de 01.12.1965. Na Constituição de 1967 (inclusive com a redação que lhe foi dada pela Emenda Constitucional n. 1, de 17.10.1969), o sentido da autorização evoluiu para conceder à União, além da competência legislativa sobre normas gerais de Direito Financeiro (art. 8.º, inciso XVII, alínea *c*), a competência legislativa específica sobre normas gerais **de Direito Tributário** (art. 18, § 1.º).

A partir daquela disposição da Constituição de 1946, houve uma significativa produção bibliográfica, que até hoje continua, a respeito do que sejam "normas gerais".

De fato, existem, a propósito, conceituações diversas, construídas a partir da tentativa ora de identificar os elementos constitutivos das normas gerais, ora de caracterizá-las negativamente, dizendo o que elas não são ou não podem conter[52].

Na prática, contudo, como observa Fernanda Dias Menezes de Almeida, não há como evitar "certa dose de subjetivismo na identificação das normas gerais, o que sempre acabará suscitando conflitos de competência"[53].

A função das normas gerais é assim delineada por Paulo de Barros Carvalho: "Tais formulações normativas gerais mostram-se presentes no ato de aplicação do direito, quando, no curso do processo de positivação das estruturas individuais e concretas são verificadas todas as regras superiores que lhe dão fundamento de validade. É pela aplicação que se constrói o direito em cadeias sucessivas de regras, a contar da norma fundamental, axioma básico da existência do direito enquanto sistema, passando pelas normas gerais, até chegar àquelas particulares, não passíveis de ulteriores desdobramentos, e que funcionam como pontos terminais do processo derivativo de produção do direito. Nesses entremeios, **as normas gerais vão tecendo a estrutura das outras regras, pelo direito positivadas**, não sendo possível que se faça a construção de norma individual e

---

[50] NOGUEIRA, Rubem. *Curso de introdução ao estudo do direito*, p. 268-269.

[51] FANUCCHI, Fábio. *Curso de direito tributário brasileiro*, v. 1, p. 19.

[52] ALMEIDA, Fernanda Dias Menezes de. *Competências na Constituição de 1988*, p. 147.

[53] ALMEIDA, Fernanda Dias Menezes de. *Competências na Constituição de 1988*, p. 151.

concreta nenhuma sem que se passe pelos limites normativos impostos pelas normas gerais de direito" (destaque nosso)[54].

As normas gerais estabelecem princípios fundamentais, não podendo, contudo, ser exaustivas, isto é, não podem especificar situações que, por sua natureza, são campo reservado aos Estados-membros, ao Distrito Federal e aos Municípios. A finalidade das normas gerais (fixação de pressupostos, uniformização, coordenação e harmonização) define seus limites intrínsecos[55]. Transpostos esses limites, as normas gerais serão inconstitucionais, por violação à autonomia dos entes componentes da Federação[56].

Se é certo, de um lado, que, nas hipóteses referidas no art. 24 da Constituição, a União Federal não dispõe de poderes ilimitados que lhe permitam transpor o âmbito das normas gerais, para, assim, invadir, de modo inconstitucional, a esfera de competência normativa dos Estados-membros, não é menos exato, de outro, que as demais pessoas políticas, em existindo normas gerais veiculadas em leis nacionais, não podem ultrapassar os limites da competência meramente suplementar, pois, se tal ocorrer, o diploma legislativo local incidirá, diretamente, no vício da inconstitucionalidade[57]. Assim, a edição, por determinado Estado-membro, de lei que contrarie, frontalmente, critérios mínimos legitimamente veiculados pela União, em sede de normas gerais, ofende, de modo direto, o texto da Carta Política[58]. Isto porque, da legislação editada no exercício da competência suplementar (arts. 24, § 2.º, e 30, inciso II, CF), é esperado que preencha os vazios deixados pela legislação editada pela União, não que disponha em diametral objeção a esta[59].

Se não houver lei nacional de normas gerais editada pela União, os Estados e o Distrito Federal exercerão a competência legislativa plena para atender a suas peculiaridades (art. 24, § 3.º, CF).

---

[54] CARVALHO, Paulo de Barros. *Direito tributário, linguagem e método*, p. 360.

[55] HARADA, Kiyoshi. *Direito financeiro e tributário*, p. 34-35.

[56] ATALIBA, Geraldo. *Sistema constitucional tributário brasileiro*, p. 101.

[57] "Embora os Estados possuam competência concorrente para legislar sobre direito financeiro (art. 24, I, da CF), estão os mesmos obrigados a exercê-la de forma compatível com o próprio texto constitucional e com a legislação nacional editada pela União a título de legislar sobre normas gerais de Direito Financeiro (art. 24, inciso I e § 1.º, c/c art. 163, I, e 169, *caput*, da CF), em especial a Lei de Responsabilidade Fiscal, Lei Complementar 101/2001, limitação que também alcança o exercício da autonomia e poder de auto organização do ente político (art. 25 da CF)" (STF, ADI-MC 6.129/GO, Rel. p/ acórdão Min. Alexandre de Moraes, Pleno, j. em 11.09.2019, *DJe*-071 25.03.2020).

[58] "Os Estados-membros e o Distrito Federal não podem, mediante legislação autônoma, agindo '*ultra vires*', transgredir a legislação fundamental ou de princípios que a União Federal fez editar no desempenho legítimo de sua competência constitucional, e de cujo exercício deriva o poder de fixar, validamente, diretrizes e bases gerais pertinentes a determinada matéria ou a certa Instituição (...). — É inconstitucional lei complementar estadual, que (...) não observa as normas de caráter geral, institutivas da legislação fundamental ou de princípios, prévia e validamente estipuladas em lei complementar nacional que a União Federal fez editar com apoio no legítimo exercício de sua competência concorrente" (STF, ADI 2.903/PB, Rel. Min. Celso de Mello, Pleno, j. em 01.12.2005, *DJe*-177 19.09.2008).

[59] STF, ADI-MC 2.396/MS, Rel. Min. Ellen Gracie, Pleno, j. em 26.09.2001, *DJ* 14.12.2001, p. 23.

> **Observação:** Ressalte-se que o § 3.º do art. 24 da CF fala impropriamente em "lei **federal** sobre normas gerais" (destaque nosso). Ocorre que as **normas gerais**, como bem destaca Roberto Wagner Lima Nogueira, "são aquelas veiculadas por *leis nacionais*, ou seja, leis expedidas pelo Congresso Nacional cujo âmbito de validade especial atinge todo o território nacional, alcançando todos os entes da federação", ao passo que "as *leis federais*, conquanto que editadas também pelo Congresso Nacional, possuem campo de validade especial e pessoal mais restrito, alcançando apenas as pessoas vinculadas à União" (destaque no original)[60]. Nesse sentido é a lição de Paulo de Barros Carvalho: "A Carta Magna, ao estruturar a República brasileira como sistema federativo de governo, (...) atribuiu função dúplice ao Presidente da República e ao Congresso Nacional: representar a União e, simultaneamente, a República Federativa do Brasil. Essa é a razão pela qual a distinção dos atos normativos federais e nacionais não se faz por meio do exame da autoridade que os expediu, mas pelo seu conteúdo: se de interesse da pessoa política de direito interno denominada União, trata-se de 'norma federal'; se relevante para todo o País, está-se diante de 'norma nacional'. Quanto aos efeitos, diferenciam-se pelo fato de que a norma federal vincula apenas o aparelho administrativo da União, ao passo que a nacional, não obstante editada pela mesma autoridade, atinge também os Estados, Distrito Federal e Municípios"[61].

Nesse caso, no âmbito dos Estados, competirá a cada Município suplementar a legislação estadual, segundo suas peculiaridades (art. 30, inciso II, CF)[62].

Os Estados-membros e o Distrito Federal podem, assim, legislar, independentemente da existência de normas gerais, sobre as matérias de Direito Financeiro. O exercício da **competência legislativa plena** pelos Estados-membros e pelo Distrito Federal (disciplinando toda a matéria, sem limites de pressupostos) presume a **inexistência de normas gerais**.

Contudo, o advento de normas gerais implicará a imediata suspensão da eficácia da legislação estadual ou distrital que com elas seja incompatível ou cumulativa (art. 24,

---

[60] NOGUEIRA, Roberto Wagner Lima. *Direito financeiro e justiça tributária*, p. 16.

[61] CARVALHO, Paulo de Barros. *Direito tributário, linguagem e método*, p. 687. No mesmo sentido: ATALIBA, Geraldo. Regime constitucional e leis nacionais e federais, p. 61-62.

[62] Confira-se, a respeito, o seguinte julgado: "Trata-se de Disposição Transitória de Lei Orgânica Municipal que estabelece prazo para aprovação da Lei de Diretrizes Orçamentárias, ante a ausência da lei complementar federal prevista no § 9.º do art. 165, da Constituição da República. Ainda inexistente a lei complementar federal que disponha sobre normas gerais em matéria orçamentária, nada impede que o município estabeleça regramento legal indispensável à elaboração dos instrumentos necessários para viabilizar, na órbita local, o sistema orçamentário estabelecido na Carta Magna. O art. 24, incisos I e II, da Lei Maior prevê a competência concorrente entre a União, os Estados e o Distrito Federal para legislar sobre direito financeiro e matéria orçamentária. E aos Municípios foi outorgada competência para suplementar a legislação federal e estadual no que couber (art. 30, II, da Constituição da República). Ora, a Constituição instituiu um sistema orçamentário. Nele insere-se a lei de diretrizes orçamentárias compreendendo as metas e prioridades da Administração Pública, consoante previsto no § 2.º do art. 165. No âmbito local, essa lei é de competência de cada Município, conforme previsão em sua Lei Orgânica, sujeitas às normas gerais de direito financeiro e de orçamento previstas na Carta Magna e na lei complementar federal. Ante a inexistência desta última, é lícito ao Município exercer sua competência legislativa suplementar, ou seja, suprimindo a lacuna, preenchendo a sua falta" (TJ-SP, ADI 15.766-0, Pleno, j. 04.11.1992, *JTJ* 143/250).

§ 4.º, CF), em virtude do caráter necessariamente secundário e transitório da regra suplementar que fixou seus próprios pressupostos, mercê da inexistência das normas gerais. Convém ressaltar que, em tal hipótese, o dispositivo estadual ou distrital **não será revogado**, ficando apenas com sua **eficácia suspensa**. Por conseguinte, diante de alteração (ou revogação) da lei federal que elimine o conflito, o dispositivo da lei estadual ou distrital voltará a ter eficácia[63].

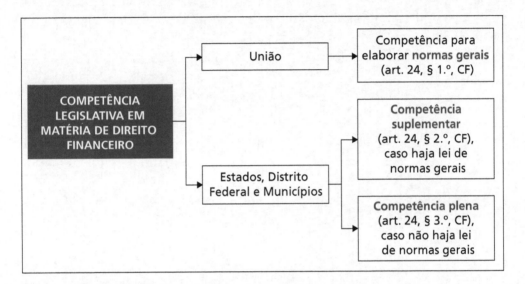

2.5. QUESTÕES

---

[63] Nesse sentido: PASCOAL, Valdecir Fernandes. *Direito financeiro e controle externo*, p. 9; LLAGUNO, Elaine Guadanucci. *Direito financeiro*, p. 29-30.

3

FONTES DO DIREITO FINANCEIRO

3.1. FONTES DO DIREITO: DEFINIÇÃO

As fontes do Direito Financeiro são os instrumentos normativos que veiculam os enunciados jurídicos que disciplinam a atividade financeira do Estado.

> **Observação:** Consoante destaca João Maurício Adeodato, uma das características de uma sociedade juridicamente moderna é a **crescente importância das fontes estatais** em detrimento das fontes espontâneas e extraestatais do direito, que só valem à medida que constituem fontes complementares, subsidiárias às regras estatais[1]. Isso não significa, contudo, como ressalta o autor citado, que o Estado moderno crie todo o direito (isto é, que produza todas as normas jurídicas), mas sim que é direito aquilo que ele produz ou tolera que seja produzido por outras fontes[2]. O Estado moderno caracteriza-se, pois, pelo fenômeno da **positivação do direito**, isto é, o fenômeno de as normas jurídicas serem estabelecidas por decisão legal e também por decisão legal serem substituídas, institucionalizando-se a mutabilidade do direito[3].

Vejamos, separadamente, cada uma das fontes do Direito Financeiro.

3.2. CONSTITUIÇÃO

É na Constituição que encontramos os fundamentos do sistema financeiro público em nosso ordenamento, formando o que se denomina "Constituição Financeira"[4]. Há, na Constituição de 1988, um capítulo exclusivo dedicado às finanças públicas (arts. 163 a 169), além de outros tantos dispositivos dispersos pelo seu texto, dentre os quais se destacam os seguintes:

- arts. 21, 23 e 30, pertinentes à discriminação da despesa pública;
- art. 31, relativo à fiscalização dos Municípios;

---

[1] ADEODATO, João Maurício. *Ética e retórica:* para uma teoria da dogmática jurídica, p. 208-209.

[2] ADEODATO, João Maurício. *Ética e retórica:* para uma teoria da dogmática jurídica, p. 207.

[3] ADEODATO, João Maurício. *Ética e retórica:* para uma teoria da dogmática jurídica, p. 115.

[4] Sobre a formulação de um conceito de "Constituição Financeira" e definição de seu conteúdo concreto, ver: FEITOSA, Raymundo Juliano Rêgo. A constituição financeira como questão crucial do direito constitucional, p. 122-132. Para esse autor, a chamada Constituição Financeira constitui, em síntese, a "expressão básica do pacto político social sobre a configuração da receita e dos gastos públicos" (A constituição financeira como questão crucial do direito constitucional, p. 131).

- arts. 70 a 75, concernentes à fiscalização orçamentária;
- art. 99, sobre o orçamento do Poder Judiciário;
- art. 127, sobre o orçamento do Ministério Público;
- art. 134, § 2.º, sobre o orçamento da Defensoria Pública;
- art. 100, concernente às despesas públicas decorrentes de condenação judicial.

Ante o tratamento minucioso dispensado pela Constituição Federal no que tange à regulação das finanças públicas, Alexandre Barros Castro observa que "os textos constitucionais dos Estados-membros perderam grande parte de sua importância, pois seu campo de disciplinamento em muito teve de se limitar, em face da grande amplidão dos assuntos financeiros versados pelo Texto Fundamental"[5].

3.3. LEIS COMPLEMENTARES

Em sentido restritivo — decorrente do sistema da Constituição de 1988 (conceito jurídico-positivo-formal) —, lei complementar é a espécie normativa autônoma prevista pela Constituição Federal que versa sobre matéria subtraída ao campo de atuação das demais espécies normativas do nosso direito positivo, demandando, para a sua aprovação, o *quorum* especial de **maioria absoluta** (art. 69, CF).

A lei complementar, de competência da União, tem grande relevância para o Direito Financeiro, por ser o instrumento veiculador de suas **normas gerais** (art. 24, inciso I e § 1.º, c/c art. 163, inciso I, ambos da CF).

Com efeito, dispõe o art. 163 da CF que: "Lei complementar disporá sobre: I — finanças públicas". Considerando ter sido empregada a expressão "finanças públicas" para designar a "atividade financeira do Estado", tal como definida anteriormente, conclui-se que o conteúdo normativo mínimo da lei complementar referida no inciso I do art. 163 da CF deve abranger normas atinentes a orçamento, receitas e despesas públicas e crédito público[6].

Em Direito Financeiro, também é exigida **lei complementar** para dispor sobre demais temas arrolados nos incisos do art. 163 da CF, a saber:

- dívida pública externa e interna, incluída a das autarquias, fundações e demais entidades controladas pelo Poder Público;

---

[5] CASTRO, Alexandre Barros. *Manual de direito financeiro e tributário*, p. 29. Ao concluir primoroso estudo acerca das Constituições dos Estados-membros, Sérgio Ferrari assevera que "as constituições estaduais atuais têm hoje reduzidíssima importância no direito e na práxis constitucional. Seja do ponto de vista da ciência jurídica (poder constituinte, Estado federal, norma jurídica), seja do ponto de vista do cidadão (sentimento constitucional), ou ainda do ponto de vista do profissional (importância da constituição estadual na aplicação do Direito), não se vê motivo para valorizar a constituição estadual" (*Constituição estadual e federação*, p. 270). Nesse sentido também é a percepção de André Luiz Borges Netto, que expõe: "verificando os inúmeros limites impostos à tarefa de edição das Constituições dos Estados-membros (haja vista a *autonomia relativa* de que os mesmos estão dotados), muito pouco parece restar, em termos de inovação jurídica, para os que exerçam o Poder Constituinte Decorrente" (*Competências legislativas dos Estados-membros*, p. 108).

[6] NASCIMENTO, Tupinambá Miguel Castro do. *Da tributação e do orçamento e a nova Constituição*, p. 194.

3 ◘ Fontes do Direito Financeiro

◙ concessão de garantias pelas entidades públicas;

◙ emissão e resgate de títulos da dívida pública;

◙ fiscalização financeira da administração pública direta e indireta[7];

◙ operações de câmbio realizadas por órgãos e entidades da União, dos Estados, do Distrito Federal e dos Municípios;

◙ compatibilização das funções das instituições oficiais de crédito da União, resguardadas as características e condições operacionais plenas das voltadas ao desenvolvimento regional;

◙ sustentabilidade da dívida, especificando[8]:

a) indicadores de sua apuração;

b) níveis de compatibilidade dos resultados fiscais com a trajetória da dívida;

c) trajetória de convergência do montante da dívida com os limites definidos em legislação;

d) medidas de ajuste, suspensões e vedações;

e) planejamento de alienação de ativos com vistas à redução do montante da dívida.

◙ condições e limites para concessão, ampliação ou prorrogação de incentivo ou benefício de natureza tributária[9].

Em verdade, não haveria necessidade dos incisos II a VIII do art. 163 da Constituição, uma vez que o inciso I abrange todas as demais hipóteses, consoante leciona Ives Gandra da Silva Martins: "O que causa espécie é que finanças públicas é gênero e diz respeito a tudo o que pertine às receitas e despesas públicas, razão pela qual não se justifica apareça como gênero no capítulo 'Das Finanças Públicas' e como espécie na regulação por lei complementar, compondo o seu inc. I".

E conclui o referido autor: "Em verdade, os demais itens (...) (dívida pública, garantias, fiscalização etc.), são também matéria pertinente às finanças públicas, razão pela qual o inc. I não deveria ter sido indicado em idêntico nível às demais matérias, também encampadas pelas finanças públicas"[10].

---

[7] Tal disposição está no inciso V do art. 163 da CF, com a redação que lhe foi dada pela Emenda Constitucional n. 40, de 29.05.2003. A redação original do referido dispositivo, que mencionava a "fiscalização das instituições financeiras", destoava dos demais incisos do mesmo artigo, pois, enquanto estes tratam de aspectos inerentes às finanças públicas, aquele versava sobre as finanças privadas, que são reguladas em capítulo específico, denominado "Sistema Financeiro Nacional" (Capítulo IV do Título VII).

[8] Tal disposição está no inciso VIII do art. 163 da CF, acrescentado pela Emenda Constitucional n. 109, de 15.03.2021. A lei complementar de que trata o mencionado inciso pode autorizar a aplicação das vedações previstas no art. 167-A da CF (também introduzido pela EC n. 109/2021).

[9] Tal disposição está no inciso IX do art. 163 da CF, acrescentado pela Emenda Constitucional n. 135, de 20.12.2024. Anteriormente à citada emenda, referida matéria já era disciplinada pela Lei Complementar n. 101, de 04.05.2000 (Lei de Responsabilidade Fiscal – LRF), cujo art. 14, contudo, somente mencionava a "**concessão** ou **ampliação** de incentivo ou benefício de natureza tributária", mas não a **prorrogação** dos incentivos, como o fez a EC n. 135/2024 (destaques nossos).

[10] BASTOS, Celso Ribeiro; MARTINS, Ives Gandra da Silva. *Comentários à Constituição do Brasil*, v. 6, t. II, p. 122.

Em idêntico sentido é a lição de José Maurício Conti, que assevera: "a lei complementar a que se refere o inciso I do artigo 163, na verdade, deve tratar de todas as matérias elencadas nos demais incisos, haja vista serem atividades que integram o conjunto das finanças públicas"[11].

No entender de Ives Gandra Martins, preferível teria sido o constituinte ter adotado a seguinte redação: "Art. 163. As finanças públicas serão reguladas por lei complementar, que disporá sobre: I — dívida pública..."[12].

Pelas mesmas razões, o autor citado entende que a lei complementar referida no § 9.º do art. 165 da CF apenas repete a necessidade de explicitação, por tal veículo, da matéria já encampada pelo inciso I do art. 163 da CF, "posto que aquilo que é exigido no § 9.º já deveria, por força do inciso I do art. 163, estar contido em lei complementar"[13].

De acordo com o STF, por abranger assuntos de natureza diversa, pode-se regulamentar o art. 163 da CF de forma fragmentada, isto é, por meio de mais de uma lei complementar (**ADI-MC 2.238/DF**, Rel. Min. Ilmar Galvão, Pleno, j. em 09.08.2007, *DJe*-172 12.09.2008).

> **Observação:** O STF não reconheceu a inconstitucionalidade formal por ofensa ao inciso I do art. 163 da CF da Lei (ordinária) federal n. 9.755, de 16.12.1998, que autoriza o Tribunal de Contas da União a criar sítio eletrônico denominado "Contas Públicas" para a divulgação de dados tributários e financeiros dos entes federados (**ADI 2.198/PB**, Rel. Min. Dias Toffoli, Pleno, j. em 11.04.2013, *DJe*-161 19.08.2013).

Em matéria de Direito Financeiro, é, ainda, exigida a edição de **lei complementar** para:

- ◼ dispor sobre o exercício financeiro, a vigência, os prazos, a elaboração e a organização do Plano Plurianual[14], da Lei de Diretrizes Orçamentárias e da Lei Orçamentária Anual (art. 165, § 9.º, inciso I, CF);
- ◼ dispor sobre o envio, pelo Presidente da República, ao Congresso Nacional dos projetos de lei do Plano Plurianual, das Diretrizes Orçamentárias e do Orçamento Anual (art. 166, § 6.º, CF);
- ◼ dispor sobre a entrega dos recursos destinados aos órgãos dos Poderes Legislativo e Judiciário, do Ministério Público e da Defensoria Pública (art. 168, CF);
- ◼ estabelecer normas de gestão financeira e patrimonial da administração direta e indireta (art. 165, § 9.º, inciso II, CF);

---

[11] CONTI, José Maurício. *Direito financeiro na Constituição de 1988*, p. 70.

[12] BASTOS, Celso Ribeiro; MARTINS, Ives Gandra da Silva. *Comentários à Constituição do Brasil*, v. 6, t. II, p. 122.

[13] BASTOS, Celso Ribeiro; MARTINS, Ives Gandra da Silva. *Comentários à Constituição do Brasil*, v. 6, t. II, p. 250.

[14] "A Constituição Federal de 1988 é expressa em seu art. 165, § 9.º, inciso I, no sentido de que cabe à lei complementar de âmbito nacional dispor sobre a elaboração do plano plurianual, de modo que é incabível ao Tribunal de Contas de Estado-membro tratar da matéria por meio de ato infralegal" (ADI 4.081/RO, Rel. Min. Edson Fachin, Pleno, j. em 25.11.2015, *DJe*-245 04.12.2015). Por assim entender, o STF, no referido julgado, declarou a **inconstitucionalidade** de dispositivos de instrução normativa do Tribunal de Contas do Estado de Rondônia que versavam sobre elaboração e fiscalização do PPA nos âmbitos estadual e municipal.

3 ▪ Fontes do Direito Financeiro

47

▪ estabelecer condições para a instituição e funcionamento de fundos (art. 165, § 9.º, inciso II, CF);

▪ dispor sobre critérios para a execução equitativa, além de procedimentos que serão adotados quando houver impedimentos legais e técnicos, cumprimento de restos a pagar e limitação das programações de caráter obrigatório para a realização do disposto nos §§ 11 e 12 do art. 165 da CF (art. 165, § 9.º, inciso III, CF)[15];

▪ estabelecer limites para a despesa com pessoal ativo e inativo da União, dos Estados, do Distrito Federal e dos Municípios (art. 169, *caput*, CF).

3.3.1. NORMAS GERAIS DE DIREITO FINANCEIRO

Consoante exposto, a lei complementar é o instrumento veiculador das normas gerais de Direito Financeiro expedidas pela União (art. 24, inciso I e § 1.º, c/c art. 163, inciso I, ambos da CF).

Atualmente, as normas gerais sobre finanças públicas, que constituem os fundamentos para a elaboração dos outros instrumentos normativos do sistema orçamentário (PPA, LDO e LOA), devem ser buscadas na **Lei n. 4.320, de 17.03.1964**, e na **Lei Complementar n. 101, de 04.05.2000** (Lei de Responsabilidade Fiscal)[16]. Tais normas têm característica de "leis sobre as leis do sistema", já que as leis orçamentárias (PPA, LDO e LOA), que são de caráter temporário (isto é, de vigência transitória), naquelas deverão fundamentar-se[17].

A Lei n. 4.320/64, consoante dispõe seu art. 1.º, estatui normas gerais de direito financeiro para elaboração e controle dos orçamentos e balanços da União, dos Estados, dos Municípios e do Distrito Federal, que continuam a vigorar no que não contrariem a Constituição de 1988[18].

Observação: O Ministro Gilmar Mendes, em seu voto na ADI 2.124/RO, assim manifestou-se: "A Lei Federal n. 4.320/64 disciplina normas gerais sobre matéria orçamentária e financeira para controle dos orçamentos e balanços da União, Estados, Municípios e Distrito Federal, de modo que neste caso não mais se permite a edição pelo Estado de normas de caráter geral sobre a matéria" (STF, **ADI 2.124/RO**, Rel. Min. Gilmar Mendes, Pleno, j. em 19.11.2014, *DJe*-026 09.02.2015)[19].

---

[15] Inciso com redação dada pela Emenda Constitucional n. 100, de 26.06.2019. O disposto no inciso III do § 9.º do art. 165 da CF aplica-se exclusivamente aos orçamentos **fiscal** e da **seguridade social** da **União** (art. 165, § 13, CF, incluído pela Emenda Constitucional n. 102, de 26.09.2019).

[16] ABRAHAM, Marcus. *Curso de direito financeiro brasileiro*, p. 51.

[17] WEISS, Fernando Leme. *Princípios tributários e financeiros*, p. 245.

[18] HARADA, Kiyoshi. *Direito financeiro e tributário*, p. 74. Nagib Slaibi Filho considera a Lei n. 4.320/64 como o "Código de Direito Financeiro" (*Anotações à Constituição de 1988:* aspectos fundamentais, p. 364). Para Marcus Abraham, referido diploma é o **"Estatuto das Finanças Públicas"** (A nova dimensão do direito financeiro para as finanças públicas no Brasil, p. 267).

[19] Por assim entender, o STF, no mencionado julgado, declarou a inconstitucionalidade formal do inciso I do art. 189 da Constituição do Estado de Rondônia (inserido pela Emenda Constitucional estadual n. 17, de 19.11.1999), que estabelecia que "são considerados como integrantes da receita aplicada nos termos deste artigo as despesas empenhadas, liquidadas e pagas no exercício financeiro", matéria reservada à legislação da União.

A referida lei, originariamente uma lei ordinária, embora editada sob a vigência da Carta de 1946, foi recepcionada, em sua maior parte, pela CF/67 e pela atual Constituição, ganhando *status* de **lei complementar**. Com efeito, o Supremo Tribunal Federal já reconheceu que a Lei n. 4.320/64 foi "recepcionada pela Constituição com *status* de lei complementar" (**ADI-MC 1.726/DF**, Rel. Min. Maurício Corrêa, Pleno, j. em 16.09.1998, *DJ* 30.04.2004, p. 27)[20]. Por conseguinte, só poderá ser revogada ou alterada por meio de outra lei complementar.

Observação: Diverso — e isolado — é o pensamento de José de Mesquita Lara, para quem a exigência constitucional de lei complementar para a matéria de norma geral de Direito Financeiro não transmuta a Lei n. 4.320/64 em lei complementar. No entender do citado autor, como provimento de normas gerais, a Lei n. 4.320/64 "se impõe por seu conteúdo, independentemente de sua forma", só podendo ser alterada ou revogada "por emenda constitucional ou pelo ato indicado na Constituição, devendo ser afastada a ilusão de sua transmutação em outro tipo normativo pelo simples fato de a lei complementar ser a forma predominante das normas gerais, ao lado das resoluções do Senado Federal"[21].

Observação: A **Ordem dos Advogados do Brasil (OAB)**, consoante decidiu o STJ, não está submetida às normas da Lei n. 4.320/64 (**EREsp 503.252/SC**, Rel. Min. Castro Meira, 1.ª Seção, j. em 25.08.2004, *DJ* 18.10.2004, p. 181).

Já a Lei de Responsabilidade Fiscal, como ficou conhecida a Lei Complementar n. 101/2000, fixa normas gerais direcionadas à **organização e ao equilíbrio das contas públicas**. As linhas gerais da referida lei complementar serão objeto de estudo no próximo capítulo.

É de se ressaltar que a Lei n. 4.320/64 **não foi revogada** pela Lei Complementar n. 101/2000[22]. Os objetivos das referidas leis são distintos: enquanto aquela estabelece normas gerais para elaboração e controle dos orçamentos e balanços, esta fixa normas gerais de finanças públicas voltadas para a responsabilidade na gestão fiscal[23].

---

[20] No mesmo sentido, na doutrina: PASCOAL, Valdecir Fernandes. *Direito financeiro e controle externo*, p. 10; GAMA JÚNIOR, Fernando Lima. *Fundamentos de orçamento público e direito financeiro*, p. 8-9; NÓBREGA, Livânia Tavares. *Direito financeiro*, p. 36-37; SANTOS JÚNIOR, Francisco Alves dos. *Curso de direito financeiro*, p. 34; JUND, Sergio. *Direito financeiro e orçamento público*, p. 16-17; CARVALHO, Deusvaldo. *Orçamento e contabilidade pública*, p. 6; ABRAHAM, Marcus. *A nova dimensão do direito financeiro para as finanças públicas no Brasil*, p. 266.

[21] LARA, José de Mesquita. As normas gerais de direito financeiro e de direito tributário, sua natureza e função, p. 146.

[22] A LRF (art. 75) revogou expressamente apenas a Lei Complementar n. 96, de 31.05.1999 — conhecida como "Lei Camata II" —, que estabelecia limites com gastos de pessoal. Atualmente, os limites de gastos públicos, inclusive com pessoal, são os contidos na LRF.

[23] NASCIMENTO, Edson Ronaldo; DEBUS, Ilvo. *Gestão fiscal responsável:* teoria e prática da Lei Complementar n. 101 — Lei de Responsabilidade Fiscal, p. 13.

3 ■ Fontes do Direito Financeiro 49

Não obstante essa distinção de objetivos, estão intrinsecamente ligadas, aplicando--se até hoje, **no que couber**, a Lei n. 4.320/64, mesmo após o advento da LRF[24]. Existindo, todavia, algum dispositivo conflitante entre as duas leis complementares, **deve prevalecer o contido na Lei de Responsabilidade Fiscal**, que é a mais recente[25].

3.4. LEIS ORDINÁRIAS

Leis ordinárias, como a denominação bem o diz, são os atos legislativos **comuns**, típicos[26]. São as prescrições jurídicas produzidas pelo Poder Legislativo, no desempenho de sua atividade típica.

Sua aprovação depende da **maioria simples** do Congresso Nacional, de acordo com o art. 47 da CF.

As leis ordinárias cabem nos casos em que não há no texto constitucional exigência expressa de lei complementar. Também **não são** suscetíveis de tratamento por lei ordinária as matérias de competência exclusiva do Congresso Nacional (art. 49, CF), bem como as privativas da Câmara dos Deputados e do Senado Federal (arts. 51 e 52, CF), pertencentes ao âmbito dos decretos legislativos e das resoluções[27]. É por exclusão, pois, que se alcança o âmbito material da lei ordinária.

Em matéria de Direito Financeiro, o Texto Constitucional prevê diversas situações em que é cabível a edição de lei ordinária. Por exemplo, para:

■ prever os casos excepcionais em que as disponibilidades de caixa dos Estados, do Distrito Federal, dos Municípios e dos órgãos ou entidades do Poder Público e das empresas por ele controladas **não serão** depositadas em instituições financeiras oficiais (art. 163, § 3.º);

■ autorizar previamente a abertura de crédito suplementar ou especial (art. 167, inciso V);

> **Observação:** Há um caso, todavia, em que os créditos suplementares ou especiais devem ser aprovados pelo Poder Legislativo **por maioria absoluta**: para o fim de autorizar a realização de operações de créditos que excedam o montante das despesas de capital (art. 167, inciso III, CF).

■ autorizar a transposição, o remanejamento ou a transferência de recursos de uma categoria de programação para outra ou de um órgão para outro (art. 167, inciso VI);

---

[24] MOTTA, Carlos Pinto Coelho et al. *Responsabilidade fiscal*, p. 303. Observa Marcus Abraham: "Apesar da vetusta Lei n. 4.320/64 ser diuturnamente utilizada — e sem maiores esforços exegéticos —, ela precisa sser aplicada em conjunto com a Lei de Responsabilidade Fiscal e com a Constituição de 1988 para ter efetividade" (*A nova dimensão do direito financeiro para as finanças públicas no Brasil*, p. 270).

[25] KHAIR, Amir Antônio. *Lei de Responsabilidade Fiscal:* guia de orientação para as prefeituras, p. 24; PASCOAL, Valdecir Fernandes. *Direito financeiro e controle externo*, p. 11.

[26] FERREIRA FILHO, Manoel Gonçalves. *Curso de direito constitucional*, p. 162.

[27] BASTOS, Celso Ribeiro. *Curso de direito constitucional*, p. 585.

- autorizar a utilização de recursos dos orçamentos fiscal e da seguridade social para suprir necessidade ou cobrir déficit de empresas, fundações e fundos (art. 167, inciso VIII);

- autorizar a instituição de fundos de qualquer natureza (art. 167, inciso IX);

- autorizar a inclusão no Plano Plurianual (PPA) de investimento cuja execução ultrapasse um exercício financeiro (art. 167, § 1.º);

- dispor sobre as normas gerais a serem obedecidas na exoneração de servidores estáveis com o fim de reduzir despesas com pessoal (art. 169, § 7.º);

- autorizar previamente a utilização (mediante créditos especiais ou suplementares, conforme o caso) dos recursos que, em decorrência de veto, emenda ou rejeição do projeto de Lei Orçamentária Anual, ficarem sem despesas correspondentes (art. 166, § 8.º);

- prever as sanções a serem aplicadas pelo órgão de controle externo aos responsáveis, em caso de ilegalidade de despesa ou irregularidade de contas (art. 71, inciso VIII);

- disciplinar a denúncia de irregularidades ou ilegalidades perante o Tribunal de Contas da União (art. 74, § 2.º).

3.5. LEIS DELEGADAS

As leis delegadas são espécie normativa com idêntica força hierárquica das leis comuns (ordinárias). A diferença entre elas reside, tão somente, na autoridade que as elabora e promulga[28]. A lei delegada é editada **pelo Presidente da República**, em virtude de autorização prévia do Congresso Nacional (art. 68, *caput*, CF), expedida mediante **resolução**, bem como dentro dos limites nela traçados (art. 68, § 2.º, CF).

As leis delegadas não constituem fonte relevante do Direito Financeiro, pois **não podem versar sobre matéria reservada a lei complementar** (art. 68, § 1.º, CF) **nem sobre planos plurianuais, diretrizes orçamentárias e orçamentos** (art. 68, § 1.º, inciso III, CF). A razão desta última proibição, consoante adverte José Paciulli, é "o princípio histórico da manifestação do povo, através de seus representantes nas Casas das Leis, aprovando ou não as medidas propostas pelo seu Governo"[29].

Percebe-se, a partir do exposto, a intenção do constituinte em vedar ao Executivo o poder de legislar sobre matéria orçamentária, já que é o Poder Executivo o responsável por gerenciar a maior parte dos recursos públicos, como bem destaca Alexandre Barros Castro: "Rigor do legislador constitucional em vedar a delegação no que tange à questão financeira, demonstra o rigor e a preocupação do Texto Maior, em coibir excessos e disparates, prestigiando em decorrência a célebre tripartição da função estatal, consagrada por Montesquieu: legislativa, executiva e judiciária; no que, a rigor, bem andou o legislador maior"[30].

---

[28] BASTOS, Celso Ribeiro. *Curso de direito constitucional*, p. 591.

[29] PACIULLI, José. *Direito financeiro*, p. 17.

[30] CASTRO, Alexandre Barros. *Manual de direito financeiro e tributário*, p. 35.

3 ▪ Fontes do Direito Financeiro

3.6. MEDIDAS PROVISÓRIAS

As medidas provisórias constituem inovação da Constituição Federal de 1988, tendo sido introduzidas em nosso ordenamento em substituição aos antigos decretos-leis.

São atos normativos com força de lei que podem ser baixados pelo Presidente da República em casos de **relevância** e **urgência** (art. 62, CF).

Tais medidas devem ser submetidas de imediato ao Congresso Nacional (art. 62, *caput*, CF), que deverá apreciá-las no prazo de 60 (sessenta) dias, prorrogável uma vez por igual período. Se não convertida em lei nesse prazo, a medida provisória perde a eficácia desde a sua edição.

A vedação constante do art. 62, § 1.º, inciso I, alínea *d*, da CF (com redação dada pela EC n. 32/2001) — que **proíbe a edição de medidas provisórias sobre matéria relativa a planos plurianuais, diretrizes orçamentárias, orçamento e créditos adicionais** (ressalvado o previsto no art. 167, § 3.º, da CF)[31] — leva-nos a concluir não ser a medida provisória fonte relevante do Direito Financeiro.

Com efeito, a própria exigência constitucional (art. 165) de que o plano plurianual, as diretrizes orçamentárias e o orçamento anual sejam tratados em **lei** (cujo espectro não se confunde com medida provisória) significa que o Poder Legislativo deve, necessariamente, controlar as receitas e despesas públicas, com o que se pretende impedir que o Presidente da República disponha delas livremente, já que, como é sabido, é o Poder Executivo o responsável por gerenciar a maior parte dos recursos públicos[32]. Evidencia-se, uma vez mais, o propósito constitucional de vedar ao Executivo o poder de editar normas sobre matéria orçamentária.

Em matéria de Direito Financeiro, a utilização de medidas provisórias restringe-se à abertura de **créditos extraordinários** (art. 167, § 3.º, *in fine*, CF), que podem ser definidos como autorizações de despesas urgentes e imprevisíveis, como nos casos de guerra, comoção interna ou calamidade pública (art. 41, inciso III, Lei n. 4.320/64).

Observação: Na ordem constitucional anterior, era permitido ao Presidente da República, em casos de urgência ou de interesse público relevante, expedir decretos-leis sobre finanças públicas, desde que tal medida não implicasse aumento de despesa (art. 55, inciso II, CF/67, com redação determinada pela Emenda Constitucional n. 1/69). Na vigência da Constituição de 1998, mas antes da redação dada ao art. 62 pela EC n. 32/2001, foram editadas algumas medidas provisórias sobre matéria orçamentária, como a MP n. 1.677-55, de 29.07.1998, que organizava e disciplinava os Sistemas de Planejamento e Orçamento Federal e de Controle Interno do Poder Executivo e dava outras providências.

---

[31] O art. 62, § 1.º, inciso I, *d*, da CF refere-se, impropriamente, a "créditos adicionais e suplementares". Trata-se, contudo, de inegável equívoco, pois os créditos suplementares (art. 41, inciso I, Lei n. 4.320/64) são espécie do gênero créditos adicionais (art. 40, Lei n. 4.320/64).

[32] NIEBUHR, Joel de Menezes. *O novo regime constitucional da medida provisória*, p. 105.

3.7. RESOLUÇÕES DO SENADO

Resolução (art. 59, inciso VII, CF) é a deliberação tomada por uma das Casas do Poder Legislativo da União (Senado Federal e Câmara dos Deputados), ou pelo próprio Congresso Nacional, fora do processo de elaboração das leis e sem ser lei.

As resoluções, especialmente as do Senado Federal, têm grande importância para o Direito Financeiro.

Com efeito, em matéria de Direito Financeiro, de acordo com o Texto Constitucional, cabe às Resoluções do Senado:

- autorizar operações financeiras externas de interesse da União, dos Estados, do Distrito Federal, dos Territórios e dos Municípios (art. 52, inciso V);
- fixar, por proposta do Presidente da República, limites globais para o montante da dívida consolidada da União, dos Estados, do Distrito Federal e dos Municípios (art. 52, inciso VI);
- dispor sobre limites globais e condições para as operações de crédito externo e interno da União, dos Estados, do Distrito Federal e dos Municípios, de suas autarquias e demais entidades controladas pelo Poder Público federal (art. 52, inciso VII);
- dispor sobre limites e condições para a concessão de garantia da União em operações de crédito externo e interno (art. 52, inciso VIII);
- estabelecer limites globais e condições para o montante da dívida mobiliária dos Estados, do Distrito Federal e dos Municípios (art. 52, inciso IX).

3.8. DECRETOS

Os decretos são atos infralegais, de natureza administrativa, cuja competência é privativa do chefe do Poder Executivo. Podem ser **regulamentares**, quando editados para a fiel execução das leis (art. 84, inciso IV, *in fine*, da CF) — sendo, pois, a estas subordinados —, ou **singulares**, quando regulam uma determinada situação concreta (p. ex., nomeação, aposentadoria etc.), caso em que também podem ser chamados de **autônomos**, por existirem independentemente de lei anterior.

No Direito Financeiro, os decretos são utilizados, basicamente, para a **abertura de créditos suplementares e especiais** (art. 42 da Lei n. 4.320/64), podendo, ainda, ser eventualmente empregados para a **abertura de créditos extraordinários** (art. 44 da Lei n. 4.320/64) nos casos dos entes em que não seja possível a edição de medidas provisórias.

3.9. QUESTÕES

4

LEI DE RESPONSABILIDADE FISCAL

4.1. A LRF NO CONTEXTO DAS FINANÇAS PÚBLICAS

A Lei de Responsabilidade Fiscal — LRF, como ficou conhecida a **Lei Complementar n. 101, de 04.05.2000**[1], representou uma mudança estrutural do regime fiscal nacional, ao fixar normas direcionadas à organização e ao equilíbrio das contas públicas. Trata-se, pois, na sua essência, de um verdadeiro **código regulamentador** da conduta gerencial dos administradores públicos de todo o País[2].

O intuito declarado da referida lei complementar é estabelecer um regime de "responsabilidade na gestão fiscal" (art. 1.º, *caput*), a qual pressupõe "a ação **planejada** e **transparente**, em que se previnem riscos e corrigem desvios capazes de afetar o **equilíbrio das contas públicas**" (art. 1.º, § 1.º) (destaque nosso). Objetiva, em síntese, melhorar a administração das contas públicas no Brasil.

Em razão da referida lei, todos os governantes, ordenadores de despesas, bem como os agentes públicos em geral, passaram a obedecer a **normas e limites** para administrar as finanças públicas, comprometendo-se a atingir **metas**, que devem ser apresentadas e aprovadas pelo respectivo Poder Legislativo, e prestando contas sobre quanto e como gastam os recursos da sociedade.

Nas palavras do Senador Jefferson Péres, relator do projeto que deu origem à LRF na Comissão de Assuntos Econômicos do Senado, esse **novo regime de gestão fiscal** "implica a instituição de mecanismos de controle do endividamento e das despesas públicas, particularmente das despesas ditas obrigatórias de caráter continuado, assim como a implementação de política fiscal calcada em estratégias e metas previamente definidas. Alicerçando esse regime, há, de um lado, normas coercitivas e de correção de desvios fiscais e, de outro, previsão de um novo sistema de informações, estruturado a partir de demonstrativos e relatórios relacionados ao trabalho de condução das finanças públicas. Os entes da Federação a essas normas se submetem indistintamente, abrangidos, em todos eles, os órgãos e as entidades que lhes integram o complexo administrativo"[3].

A LRF visa, a um só tempo, assegurar a austeridade fiscal necessária e promover as ações indispensáveis ao desenvolvimento sustentado, no marco de um **novo padrão**

---

[1] Publicada no *Diário Oficial da União* de 05.05.2000.

[2] MILESKI, Helio Saul. Novas regras para a gestão e a transparência fiscal — Lei de Responsabilidade Fiscal, p. 46.

[3] PÉRES, Jefferson. *Responsabilidade fiscal:* o governo a serviço do cidadão, p. 72.

de atuação do setor público. Estabelece a referida lei complementar **limites e regras** de ajuste para os principais componentes do gasto público, além de normas e princípios gerais, em benefício da prudência e da transparência na gestão das finanças públicas.

A relevância da Lei Complementar n. 101/2000 é ressaltada por Ives Gandra da Silva Martins: "Estou convencido de que, apesar do período tormentoso — e que, infelizmente, acarretará o aumento da carga tributária para todos os brasileiros — de sua implantação, a LRF é, talvez, a mais importante lei promulgada neste país para tornar a Federação Brasileira eficiente e moral, com reais perspectivas de servir a nação, nas próximas gerações"[4].

No conjunto, a LRF e a **Lei de Crimes de Responsabilidade Fiscal (Lei ordinária n. 10.028, de 19.10.2000)** "constituem em inequívoca contribuição das instâncias legislativas da União para a elevação do patamar de eficiência e moralidade das políticas e práticas de gestão pública nos campos patrimonial, orçamentário e financeiro, conferindo-se à atuação dos agentes públicos o grau de transparência e responsabilidade exigido pelos princípios republicano e democrático"[5].

4.2. FUNDAMENTO POLÍTICO-ECONÔMICO DA LRF

A elaboração da LRF brasileira sofreu influências de natureza interna e externa, consoante noticia a doutrina que tem se debruçado sobre o tema.

4.2.1. INFLUÊNCIAS EXTERNAS

No aspecto externo, houve quatro grandes influências:

- ◼ do Fundo Monetário Internacional (FMI);
- ◼ da Comunidade Europeia;
- ◼ dos Estados Unidos; e
- ◼ da Nova Zelândia.

O **FMI** forneceu todo o instrumental teórico sobre a experiência acumulada no acompanhamento de reformas fiscais em diversas partes do globo (em países como Nova Zelândia, Austrália, Islândia, Reino Unido, Estados Unidos, Suécia, Holanda, Argentina e México, entre outros)[6]. Nas linhas mestras da LRF brasileira, é perceptível a influência daquele modelo apoiado pelo FMI.

Há, todavia, quem analise a "contribuição" do FMI sob uma perspectiva crítica. É o caso de Flávio Régis Xavier de Moura e Castro, que apregoa ter sido a LRF uma exigência daquele fundo, uma condição imposta pelos credores externos.

---

[4] MARTINS, Ives Gandra da Silva. Os fundamentos constitucionais da Lei de Responsabilidade Fiscal n. 101/2000, p. 174-175.

[5] PÉRES, Jefferson. *Responsabilidade fiscal*: o governo a serviço do cidadão, p. 95.

[6] FIGUEIREDO, Carlos Maurício Cabral et al. *Comentários à Lei de Responsabilidade Fiscal*, p. 18.

4 ▫ Lei de Responsabilidade Fiscal

São suas as seguintes palavras: "Em síntese, tenho dito que o principal, senão o único objetivo do governo federal com a aprovação dessa lei fiscal penal, é arrecadar recursos para pagar a dívida externa brasileira". E prossegue: "Para atender às exigências oriundas do FMI, do Banco Mundial e dos Estados Unidos da América, a União Federal apresentou o Projeto de Lei Complementar 18/99 — atual Lei Complementar 101/2000 —, incluindo-o em seus objetivos de reforma de caráter estrutural previstos no programa em curso de estabilidade fiscal e macroeconômica". Conclui o autor: "Aliás, se compararmos algumas normas da referida lei com o Código de Boas Práticas para a Transparência Fiscal — Declaração de Princípios (disponível no site oficial do FMI na Internet) —, chegaremos à inequívoca conclusão de que vários conceitos e regras ali estabelecidas são mesmo para atender às condições impostas pelo FMI e assegurar o que o Comitê Interino denomina 'boa governança'"[7].

Além da influência do FMI, três experiências internacionais bem-sucedidas foram marcantes para a elaboração da LRF brasileira. Com efeito, a legislação citada é inspirada em regras adotadas pelos **Estados Unidos** (*Budget Enforcement Act*, de 1990)[8], pela **União Europeia** (Tratado de Maastricht, de 1992) e pela **Nova Zelândia** (*Fiscal Responsibility Act*, de 1994). A legislação da Nova Zelândia, que instituiu a chamada "administração sem riscos fiscais", é particularmente importante para o Brasil, por ter servido como modelo para o Projeto de Lei Complementar n. 18/99, que, posteriormente, com as alterações introduzidas pelo substitutivo do Deputado Pedro Novais, viria a se transformar na Lei Complementar n. 101/2000[9].

4.2.2. INFLUÊNCIAS INTERNAS

Quanto ao aspecto interno, nos termos da Mensagem Presidencial n. 485/99, que remeteu o projeto original da LRF à Câmara dos Deputados, a legislação em questão "integra o conjunto de medidas do **Programa de Estabilidade Fiscal — PEF**, apresentado à sociedade brasileira precisamente no dia 28 de outubro de 1998, e que tem como objetivo a drástica e veloz redução do déficit público e a estabilização do montante da dívida pública em relação ao PIB da economia".

O PEF anunciado pelo Governo Federal introduzia uma prática de **compromissos com resultados fiscais** até então inédita na história do Brasil, buscando a aceleração do processo de ajuste fiscal e a mudança no rumo das contas públicas do País.

No âmbito do PEF, apresentou-se um amplo conjunto de medidas de impacto mais imediato sobre as contas públicas para viabilizar o pretendido ajuste fiscal e garantir o cumprimento das metas de superávit primário estabelecidas para o triênio 1999-2001.

Também integrantes do processo, destacam-se as medidas de caráter estrutural, como a regulamentação da **reforma da previdência** (Emenda Constitucional n. 20, de

---

[7] CASTRO, Flávio Régis Xavier de Moura e. Lei de Responsabilidade Fiscal, p. 17.

[8] O *Budget Enforcement Act* dos Estados Unidos possui regras severas, pelas quais o Congresso fixa antecipadamente metas de superávit e mecanismos de controle de gastos, como o *sequestration* e o *pay as you go*.

[9] O *Fiscal Responsibility Act* Neozelandês dá prioridade aos critérios de transparência, possibilitando que a própria população exerça o controle fiscalizador.

15.12.1998), além da regulamentação da **reforma administrativa** (Emenda Constitucional n. 19, de 04.06.1998), indispensável — segundo preconizado pelo Governo Federal — à modernização gerencial do Estado.

As medidas de impacto mais imediato, segundo o Governo Federal, "eram indispensáveis, dado que as reformas estruturais não seriam suficientes para promover impacto expressivo nas contas públicas com a magnitude e velocidade necessárias"[10].

A ênfase, contudo, foi mantida nas reformas estruturais. Implementá-las, na concepção do Governo Federal, "era fundamental para que o ajuste decorrente das medidas de curto prazo fosse percebido como permanente e, desse modo, produzisse os efeitos pretendidos na evolução do quadro macroeconômico"[11].

Dentre os avanços obtidos na vertente estrutural do ajuste das contas públicas, destaca-se a promulgação da Lei Complementar n. 101/2000 (LRF), que se propunha a ser o marco inicial de um **novo regime fiscal** no Brasil. A LRF, aliás, é parte integrante do supramencionado processo de **reforma do Estado** como instrumento de implementação da **administração pública gerencial** no que tange à necessidade de redução drástica do déficit público e como ferramenta de controle orçamentário e da qualidade da gestão dos recursos públicos[12].

> **Observação:** A expressão **reforma do Estado** designa a tendência de reformar o aparelho estatal, em especial o aparelhamento administrativo, representado pela Administração Pública em sentido amplo. Tal tendência surgiu em virtude de a ampliação e a complexidade das funções estatais estarem abalando, dia a dia, os fundamentos da Administração clássica, exigindo-se, assim, novas formas e meios de prestação dos serviços afetos ao Estado.

4.3. FUNDAMENTO CONSTITUCIONAL DA LRF

Além dos fatores acima enumerados, a Lei de Responsabilidade Fiscal foi editada para cumprir o disposto no **art. 30 da Emenda Constitucional n. 19, de 04.06.1998**, que fixou o prazo de 180 (cento e oitenta) dias, contados da sua promulgação, para o Poder Executivo apresentar ao Congresso Nacional o projeto de lei complementar referido no **art. 163 da CF/88**. A determinação foi cumprida dentro do limite estabelecido no texto constitucional, dando origem à LRF, na medida em que esta regulamenta justamente aquele dispositivo constitucional.

Com efeito, segundo o disposto em seu art. 1.º, a LRF "estabelece normas de finanças públicas voltadas para a responsabilidade na gestão fiscal, com amparo no Capítulo II do Título VI da Constituição".

---

[10] Brasil, Presidência da República, *Mensagem ao Congresso Nacional:* abertura da 2.ª sessão legislativa ordinária da 51.ª legislatura, p. 13.

[11] Brasil, Presidência da República, *Mensagem ao Congresso Nacional:* abertura da 2.ª sessão legislativa ordinária da 51.ª legislatura, p. 14.

[12] Tribunal de Contas do Estado do Rio Grande do Sul. *Manual de procedimentos para a aplicação da Lei de Responsabilidade Fiscal,* p. 29.

4 ◼ Lei de Responsabilidade Fiscal   57

O Capítulo II do Título VI da Constituição de 1988 — que trata, por seu turno, "Da Tributação e do Orçamento" — é denominado "Das finanças públicas", dele merecendo destaque o disposto no art. 163, *in verbis*:

> **Art. 163.** Lei complementar disporá sobre:
>
> I — finanças públicas;
>
> (...)

É, pois, no dispositivo retrotranscrito que busca fundamento de validade (constitucionalidade) a Lei Complementar n. 101/2000.

Cabe, neste passo, lembrar que a expressão "finanças públicas", empregada no inciso I do art. 163 da CF, é sinônima da chamada "atividade financeira do Estado", devidamente analisada no primeiro capítulo desta obra. Portanto, o conteúdo normativo mínimo da lei complementar referida no art. 163 da CF, como indica Tupinambá Miguel Castro do Nascimento, "deve abranger normas atinentes a orçamento, a receitas e despesas públicas e crédito público"[13].

Delimitado, assim, o conceito de "finanças públicas", resta evidenciado que as normas da LRF, vistas sob um aspecto geral, amoldam-se perfeitamente à determinação do art. 163 da Lei Maior. É nesse sentido o entender de Márcio Novaes Cavalcanti, para quem a instituição da LRF "está em harmonia com os permissivos constitucionais contidos nos arts. 24 e 163, sendo que o seu texto não colide com os artigos 165 a 169 da Constituição de 1988"[14]. No mesmo diapasão é a lição de Yara Darcy Police Monteiro, que expõe: "A leitura do diploma evidencia a fidelidade ao texto do art. 163 do estatuto político, na medida em que disciplina os diversos aspectos relacionados à matéria orçamentária e financeira, enunciados nos seus sete incisos"[15].

Com efeito, os arts. 4.º a 10 da LRF versam sobre as **leis orçamentárias**; os arts. 11 a 14 tratam das **receitas públicas**; sobre as **despesas públicas** é o disposto nos arts. 15 a 28 e 42; e, finalmente, o **crédito público** (abrangida a dívida pública) é regulado nos arts. 29 a 40 da sobredita lei complementar.

Foram igualmente reguladas pela LRF as matérias indicadas nos incisos II a IV do art. 163 da Constituição, a saber: dívida pública, concessão de garantias pelas entidades públicas e emissão e resgate de títulos da dívida pública.

Além do citado art. 163, outros dispositivos constitucionais restaram regulados pela LRF, como o § 9.º do art. 165[16] e o art. 169, este último exigindo a edição de lei complementar para fixar limites com gastos de pessoal.

---

[13] NASCIMENTO, Tupinambá Miguel Castro do. *Da tributação e do orçamento e a nova Constituição*, p. 194.

[14] CAVALCANTI, Márcio Novaes. *Fundamentos da Lei de Responsabilidade Fiscal*, p. 85.

[15] MONTEIRO, Yara Darcy Police. Breves anotações sobre disposições da Lei Complementar n. 101, de 4.5.00, p. 312.

[16] A LRF atende, mais precisamente, ao comando do inciso II do § 9.º do art. 165 da CF, que dispõe caber à lei complementar "estabelecer normas de gestão financeira e patrimonial da administração direta e indireta, bem como condições para a instituição e funcionamento de fundos".

A LRF também atendeu, com seu art. 68, à prescrição do **art. 250 da CF/88**, que determina, *verbis*: "Com o objetivo de assegurar recursos para o pagamento dos benefícios concedidos pelo regime geral de previdência social, em adição aos recursos de sua arrecadação, a União poderá constituir fundo integrado por bens, direitos e ativos de qualquer natureza, mediante lei, que disporá sobre a natureza e administração desse fundo".

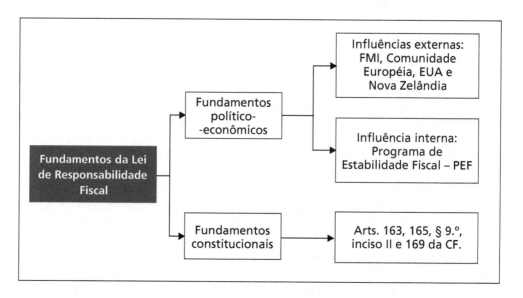

4.4. PONTOS PRINCIPAIS DA LRF

Consoante ressaltam os estudiosos do tema[17], a Lei de Responsabilidade Fiscal brasileira se apoia em quatro eixos: **planejamento**[18], **transparência**, **controle** e **responsabilização**.

▪ O **planejamento** é aprimorado pela criação de novas informações, metas, limites e condições para a renúncia e arrecadação de receitas, geração de despesas, operações de créditos e concessão de garantias.

▪ A **transparência**, por sua vez, exige a divulgação ampla, inclusive pela internet, do planejamento e dos resultados da gestão pública; cria novas peças destinadas a esse fim, como o anexo de metas fiscais, o anexo de riscos fiscais, o Relatório Resumido da Execução Orçamentária (RREO) e o Relatório de Gestão Fiscal (RGF), que permitem identificar as receitas e despesas, bem como preveem a participação popular na elaboração orçamentária e na fiscalização de sua execução.

---

[17] KHAIR, Amir Antônio. *Lei de Responsabilidade Fiscal*: guia de orientação para as prefeituras, p. 15; CASTRO, Flávio Régis Xavier de Moura e. Lei de Responsabilidade Fiscal, p. 21; CASTRO, José Nilo de. *Responsabilidade fiscal nos municípios*, p. 31.

[18] O planejamento governamental é definido pela Lei n. 12.593, de 18.01.2012 (que institui o Plano Plurianual da União para o período de 2012 a 2015), como "a atividade que, a partir de diagnósticos e estudos prospectivos, orienta as escolhas de políticas públicas" (art. 2.º).

☐ O **controle** foi aprimorado, por mais transparência e qualidade das informações, impondo um efetivo e rigoroso controle da arrecadação e dos gastos públicos e ampliando a ação de fiscalização dos Tribunais de Contas[19].

☐ A **responsabilização**, por seu turno, ocorrerá sempre que houver o descumprimento das regras de gestão fiscal, punindo o ente federado com a suspensão das transferências voluntárias, garantias e contratação de operações de crédito, inclusive por Antecipação de Receita Orçamentária (ARO). Os responsáveis sofrerão, ainda, as sanções pessoais introduzidas no ordenamento brasileiro pela Lei de Crimes de Responsabilidade Fiscal (Lei n. 10.028, de 19.10.2000).

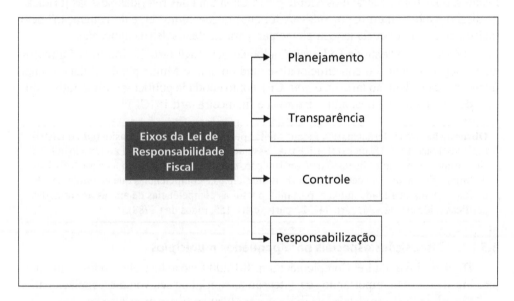

Em conjunto, como observa o Senador Jefferson Péres, as normas que compõem a LRF "estão desenhadas no sentido de garantir a produção de resultados fiscais mais favoráveis ou positivos, estimulando o gradual crescimento do patrimônio líquido estatal, a concomitante redução do endividamento, o equilíbrio do fluxo de caixa e a diminuição do ímpeto de criação de encargos para o Estado". Agindo precipuamente sobre as operações passivas e as despesas, as medidas previstas na LRF "visam estabilizar ou, mesmo, reduzir o peso do Estado em relação ao restante da economia do País"[20].

4.5. ALCANCE DA LRF

Propondo um novo modelo de gestão fiscal, a LRF abrange todas as entidades que, direta ou indiretamente, utilizam dinheiro público.

---

[19] KHAIR, Amir Antônio. *Lei de Responsabilidade Fiscal*: guia de orientação para as prefeituras, p. 15.

[20] PÉRES, Jefferson. *Responsabilidade fiscal*: o governo a serviço do cidadão, p. 72.

A ela estão sujeitos os três Poderes — Executivo, Judiciário e Legislativo, neste incluídos os Tribunais de Contas — nas três esferas de governo (federal, estadual e municipal), além do Ministério Público (art. 1.º, § 3.º, inciso I, alínea *a*, LRF).

Vale ressaltar que as referências às pessoas políticas, feitas ao longo do texto da LRF, compreendem as respectivas Administrações diretas, fundos, autarquias, fundações e empresas estatais dependentes (art. 1.º, § 3.º, inciso I, alínea *b*).

4.5.1. ENTES DA FEDERAÇÃO

O § 2.º de seu art. 1.º esclarece que as disposições da LRF "obrigam a União, os Estados, o Distrito Federal e os Municípios". Cada uma das referidas pessoas jurídicas de direito público interno, por sua vez, foi qualificada como "ente da Federação" pelo inciso I do art. 2.º daquela lei complementar, para os efeitos de sua aplicação.

O conceito de "ente da Federação" adotado pela LRF (art. 2.º, inciso I) é a reafirmação legal do conceito constitucional segundo o qual o Município é entidade estatal integrante da Federação (art. 1.º, *caput*, CF), como entidade político-administrativa, dotada de autonomia política, administrativa e financeira (art. 18, CF)[21].

> **Observação:** Nas referências aos Estados feitas pela LRF, entende-se considerado o Distrito Federal (art. 1.º, § 3.º, inciso II, LRF). Ao assemelhar o Distrito Federal ao Estado, a LRF simplesmente repetiu o disposto na Constituição, sem lhe retirar também as características de Município, no que concerne aos serviços municipais e competências que acumula. O DF, de fato, ostenta qualidade dupla e, portanto, possui as competências de ambas as entidades políticas (vide art. 32, § 1.º, art. 147, 2.ª parte, e art. 155, todos da CF/88).

4.5.1.1. Disposições especiais para pequenos municípios

Os dispositivos da Lei Complementar n. 101/2000 são aplicáveis a todos os municípios brasileiros, não importando sua extensão territorial ou seu volume populacional.

Em relação aos municípios com menos de 50.000 (cinquenta mil) habitantes, o que ocorre, nos termos do art. 63 da LRF, é que a periodicidade com que são apresentados alguns relatórios é maior, assim como o prazo em que se tornam legalmente exigíveis.

Segundo o referido dispositivo, é facultado aos municípios com população inferior a 50.000 habitantes optar por:

- ▪ verificar o cumprimento dos limites estabelecidos nos arts. 19 e 20 da LRF (despesas com pessoal) e apurar o montante da dívida consolidada (§ 4.º do art. 30), para fins de verificação do atendimento do limite, ao final do semestre;
- ▪ divulgar semestralmente o Relatório de Gestão Fiscal e os demonstrativos de que trata o art. 53 da LRF.

Para fins do art. 63 da LRF, a divulgação dos relatórios e demonstrativos deverá ser realizada em até 30 (trinta) dias após o encerramento do semestre (art. 63, § 1.º, LRF).

---

[21] SILVA, Edson Jacinto da. *O município na Lei de Responsabilidade Fiscal*, p. 21.

4 ◻ Lei de Responsabilidade Fiscal   61

Se ultrapassados os limites relativos à despesa total com pessoal ou concernentes à dívida consolidada, o Município, enquanto perdurar essa situação, ficará sujeito aos mesmos prazos de verificação e de retorno ao limite definidos para os demais entes (art. 63, § 2.º, LRF).

> **Observação:** O inciso III do art. 63 da LRF também facultava aos municípios com população inferior a 50.000 habitantes elaborar o Anexo de Metas Fiscais, o Anexo de Riscos Fiscais da Lei de Diretrizes Orçamentárias e o anexo de que trata o inciso I do art. 5.º (demonstrativo da compatibilidade da programação dos orçamentos com os objetivos e metas constantes do Anexo de Metas Fiscais), a partir do quinto exercício seguinte ao da publicação da LRF, ou seja, a partir do ano de 2005. **Atualmente, pois, todos os entes da Federação devem elaborar tais anexos.**
>
> Ressalte-se que o inciso III do art. 63 da LRF também facultava aos municípios com população inferior a 50.000 habitantes apresentar, a partir do quinto exercício seguinte ao da publicação da referida lei, o **Anexo de Políticas Fiscais do Plano Plurianual**. Entendemos, todavia, que a referência a tal anexo há que ser desconsiderada, porquanto o dispositivo da LRF que mencionava a obrigatoriedade de um Anexo de Política Fiscal ao PPA (§ 1.º do art. 3.º) foi vetado pelo Presidente da República, inexistindo, pois, tal obrigatoriedade, mesmo para os municípios cujas populações ultrapassam o mencionado limite.

4.5.2. TRIBUNAIS DE CONTAS

As disposições da LRF também obrigam os Tribunais de Contas, referidos pela mencionada Lei como integrantes do Poder Legislativo (art. 1.º, § 3.º, inciso I, alínea *a*, LRF).

No tocante às referências aos Tribunais de Contas, feitas ao longo do texto da LRF, estão incluídos o Tribunal de Contas da União (TCU), Tribunal de Contas dos Estados e, "quando houver, Tribunal de Contas dos Municípios e Tribunal de Contas do Município" (art. 1.º, § 3.º, inciso III).

Esclareça-se que a LRF não cometeu equívoco ao mencionar por duas vezes o Tribunal de Contas para os Municípios. Cabe, a propósito, uma observação a respeito da distinção — que decorre do § 1.º do art. 31 da CF/88 — entre Tribunal de Contas **dos Municípios** — no plural — e Tribunal de Contas **do Município** — no singular: este fiscaliza **apenas um Município** e é órgão **municipal**, enquanto aquele fiscaliza **todos os municípios de um Estado**, sendo, por isso mesmo, órgão **estadual**[22].

O Texto Constitucional veda "a criação de Tribunais, Conselhos ou órgãos de Contas Municipais" (art. 31, § 4.º). Tal vedação só impede a criação de órgão, Tribunal ou Conselho de Contas, **pelos Municípios**, inserido na estrutura destes, mas não proíbe a instituição de órgão, Tribunal ou Conselho, **pelos Estados**, com "jurisdição" sobre as contas municipais.

---

[22] FERNANDES, Jorge Ulisses Jacoby. *Responsabilidade fiscal*: na função do ordenador de despesa; na terceirização da mão de obra; na função do controle administrativo, p. 183; CRUZ, Flávio da (coord.) et al. *Lei de Responsabilidade Fiscal comentada*, p. 20.

62 Direito Financeiro e Econômico Esquematizado — *Carlos Alberto de Moraes Ramos Filho*

Com efeito, a CF/88 autoriza expressamente a criação de Conselhos ou Tribunais de Contas **dos Municípios** — no plural (art. 31, § 1.º, parte final)[23]. Confira-se, a respeito, o seguinte julgado do STF:

> **Ementa:** (...) MUNICÍPIOS E TRIBUNAIS DE CONTAS. — A Constituição da República impede que os Municípios criem os seus próprios Tribunais, Conselhos ou órgãos de contas municipais (CF, art. 31, § 4.º), mas permite que os Estados-membros, mediante autônoma deliberação, instituam órgão estadual denominado Conselho ou Tribunal de Contas dos Municípios (*RTJ* 135/457, Rel. Min. OCTAVIO GALLOTTI — ADI 445/DF, Rel. Min. NÉRI DA SILVEIRA), incumbido de auxiliar as Câmaras Municipais no exercício de seu poder de controle externo (CF, art. 31, § 1.º). — Esses Conselhos ou Tribunais de Contas dos Municípios — embora qualificados como órgãos estaduais (CF, art. 31, § 1.º) — atuam, onde tenham sido instituídos, como órgãos auxiliares e de cooperação **técnica das Câmaras de Vereadores. (...) (ADI 687/PA**, Rel. Min. Celso de Mello, Pleno, j. em 02.02.1995, *DJ* 10.02.2006, p. 5).

Registre-se que, apesar de proibir que os Municípios criem os seus próprios Tribunais, Conselhos ou órgãos de contas municipais (art. 31, § 4.º), a CF admite a existência de Tribunal de Contas do Município (art. 31, § 1.º) naqueles municípios que já haviam instituído tais órgãos **anteriormente à promulgação** do novo Texto Constitucional[24]. Dito de outro modo, o § 4.º do art. 31 da CF vedou a criação, pelos Municípios, de órgãos de contas municipais a **partir de 1988**.

> **Observação:** O STF já decidiu que durante os dez primeiros anos da criação de um Estado não é possível a criação de tribunal de contas dos municípios (**ADI 445/DF**, Rel. Min. Néri da Silveira, Pleno, j. em 02.06.1993, *DJ* 25.03.1994, p. 06011). Isto porque o art. 235 da CF, que define normas básicas para a organização e o funcionamento dos novos Estados durante os dez primeiros anos de sua criação, prevê, em seu inciso III, a existência de um Tribunal de Contas no Estado, com três membros, não se fazendo qualquer remissão ao art. 31 e seus parágrafos da mesma Carta Magna. Assim, com supedâneo no art. 235, inciso III, da CF, decidiu o STF que o auxílio às câmaras municipais, para o controle externo, nesse primeiro decênio, há de fazer-se por intermédio do tribunal de contas do Estado, sendo inviável a criação de tribunal de contas dos municípios[25].

---

[23] Assim decidiu o STF, ao reconhecer, especificamente, a constitucionalidade das normas que instituíram o Conselho Estadual de Contas dos Municípios do Estado do Rio de Janeiro (ADI 154/RJ, Rel. Min. Octavio Gallotti, Pleno, j. em 18.04.1990, *DJ* 11.10.1991, p. 14247). No mesmo sentido: ADI 596/RJ, Rel. Min. Moreira Alves, Pleno, j. em 05.03.1993, *DJ* 07.05.1993, p. 8326; ADI 445/DF, Rel. Min. Néri da Silveira, Pleno, j. em 02.06.1993, *DJ* 25.03.1994, p. 6011; ADI 867/MA, Rel. Min. Marco Aurélio, Pleno, j. em 10.10.1994, *DJ* 03.03.1995, p. 4103.

[24] Apenas os Municípios de São Paulo e Rio de Janeiro possuem Tribunal de Contas do Município.

[25] Na ADI 445/DF, que tinha por objeto as normas instituidoras do Tribunal de Contas dos Municípios do Estado do Tocantins, o STF observou, ainda, que o art. 13 do ADCT, ao dispor especificamente sobre o Estado do Tocantins, não previu nenhuma ressalva a autorizar a invocação do art. 31 e parágrafos da CF/88, para a fiscalização das contas dos municípios, durante os dez primeiros anos da existência daquele Estado.

4 ■ Lei de Responsabilidade Fiscal

4.5.3. ADMINISTRAÇÃO DIRETA

O § 2.º do art. 1.º da LRF declara ser esta legislação aplicável a todos os entes da Federação, compreendidas em tal referência, por força do § 3.º, inciso I, alínea *b*, do mesmo artigo, "as respectivas administrações diretas".

A Administração Pública — tomada a expressão em sua acepção subjetiva — é o conjunto de órgãos e entidades por intermédio dos quais o Estado exerce sua função administrativa.

Com o Decreto-Lei n. 200, de 25.02.1967, que tratou da organização da Administração Federal, consolidou-se, no Direito Público pátrio, a divisão da Administração Pública em **direta** e **indireta** (art. 4.º, incisos I e II)[26]. Essa formulação, inicialmente adotada no plano federal, com o tempo se generalizou para os demais âmbitos político--administrativos (Estados, Distrito Federal e Municípios), encontrando, inclusive, consagração em nível constitucional[27].

Administração direta (ou centralizada) pode ser definida como "o conjunto de órgãos que integram as pessoas federativas, aos quais foi atribuída a competência para o exercício, de forma centralizada, das atividades administrativas do Estado"[28]. É, em outras palavras, o conjunto de órgãos integrados na estrutura da chefia do Poder Executivo (presidência, governadoria etc.) e na estrutura organizacional de auxílio mediato e imediato a essa chefia (ministérios e secretarias). O Decreto-Lei n. 200/67 denominou esse grupamento de órgãos de **administração direta** (art. 4.º, inciso I) porque o Estado, na função de administrar, **assumirá diretamente seus encargos**.

Na esfera federal, a Administração direta se compõe basicamente da Presidência da República — que enfeixa as mais importantes atribuições do Executivo da União[29] — e dos Ministérios[30], conforme disposto no art. 76 da Constituição Federal. A Presidência e os Ministérios, por sua vez, compõem-se, cada qual, de vários órgãos.

No âmbito dos Estados-membros da Federação brasileira, vem se adotando o mesmo modelo organizacional, em atenção ao mandamento constitucional de observância, pelos Estados federados, dos princípios estabelecidos na Constituição da República (arts. 25 a 28)[31]: o chefe do Executivo ocupa o topo da pirâmide, tendo como auxiliares imediatos os chamados Secretários de Estado. Em geral, as Constituições estaduais já

---

[26] Com o advento da Constituição de 1988, alguns autores entenderam que a Administração Pública passou a ser dividida em administração *direta, indireta* e *fundacional*.

[27] Vale destacar que a sistematização da estrutura administrativa preconizada pelo Decreto-Lei n. 200/67 se propagou para os níveis estadual e municipal, por si mesma, e também em virtude de dispositivo do Ato Institucional n. 8/69, que determinava a observância dos princípios adotados para a esfera federal na reforma administrativa dos Estados, Distrito Federal e Municípios (com mais de 200 mil habitantes).

[28] CARVALHO FILHO, José dos Santos. *Manual de direito administrativo*, p. 323.

[29] Além da direção política do País, o Presidente da República exerce a direção superior da Administração federal, com o auxílio dos Ministros de Estado (art. 84, inciso II, CF).

[30] Aos Ministros de Estado compete, além de outras atribuições, a orientação, coordenação e supervisão dos órgãos e entidades federais na área de sua competência (art. 87, parágrafo único, inciso I, CF).

[31] MEIRELLES, Hely Lopes. *Direito administrativo brasileiro*, p. 664.

estabelecem o arcabouço fundamental da Administração direta, deixando às leis a incumbência de tratar de forma mais pormenorizada dos detalhes da organização administrativa que o ente federativo adotará no exercício de sua autonomia gerencial. Aqui se instituem os diversos órgãos e pastas específicas que comporão determinada Administração. Tais são as Secretarias (*v.g.*, da Educação, da Saúde, da Fazenda, da Segurança etc.), as quais, como órgãos desconcentrados, podem ainda se subdividir em unidades administrativas menores (assessorias, departamentos, sessões, diretorias etc.). O mesmo, *mutatis mutandis*, pode ocorrer no âmbito municipal.

4.5.4. ADMINISTRAÇÃO INDIRETA

Quando se diz que a Administração desempenha "atividade indireta", isto significa que sua atuação se faz "por interposta pessoa", isto é, por pessoa distinta das entidades formadoras da Federação, ainda quando sejam criaturas suas e, por isso mesmo, constituam-se em parcelas personalizadas da totalidade do aparelho administrativo estatal[32].

Administração indireta é, assim, o conjunto de pessoas administrativas que, vinculadas à respectiva Administração direta, têm o objetivo de desempenhar as atividades administrativas de forma descentralizada, sob o controle e a fiscalização do ente titular[33].

Na Administração indireta, o Poder Público (União, Estados, Distrito Federal ou Município) cria uma pessoa jurídica de direito público (autarquia, fundação pública) ou privado (empresa pública, sociedade de economia mista), distinta da Administração Pública central, e a ela atribui a atividade administrativa (titularidade e execução) ou apenas a sua execução, para que a realize[34].

No Brasil, são entes integrantes da Administração indireta: as **autarquias**, as **empresas públicas**, as **sociedades de economia mista** e as **fundações públicas**, tal como estabelece o art. 4.º, inciso II, do Decreto-Lei n. 200/67. Tais entidades, públicas ou privadas, criadas pela pessoa política, não se confundem com a pessoa política criadora. Na dicção do Decreto-Lei n. 200/67, as entidades referidas "vinculam-se ao Ministério em cuja área de competência estiver enquadrada sua principal atividade" (art. 4.º, parágrafo único)[35].

Movimentando recursos públicos, as entidades da Administração indireta, do mesmo modo que os órgãos da Administração direta, estão sujeitas aos comandos da LRF, que, no § 3.º de seu art. 1.º, estende seu raio de ação de modo a alcançar as "autarquias, fundações e empresas estatais dependentes" de todas as esferas de governo (federal, estadual, distrital e municipal).

E não poderia ser de outro modo, porquanto o modelo de gestão fiscal proposto pela LRF abrange todas as entidades que, direta ou indiretamente, utilizam dinheiro público. É o caso das entidades integrantes da Administração descentralizada, as quais,

---

[32] MELLO, Celso Antônio Bandeira de. *Curso de direito administrativo*, p. 124.

[33] CARVALHO FILHO, José dos Santos. *Manual de direito administrativo*, p. 326.

[34] GASPARINI, Diogenes. *Direito administrativo*, p. 267-168.

[35] MEIRELLES, Hely Lopes. *Direito administrativo brasileiro*, p. 630. O mesmo princípio, *mutatis mutandis*, aplica-se no âmbito estadual e municipal.

4 ◻ Lei de Responsabilidade Fiscal

diga-se de passagem, encontram-se submetidas a uma rigorosa fiscalização contábil, financeira, orçamentária, operacional e patrimonial, no que concerne não só à legalidade, mas também à legitimidade e à economicidade no trato com dinheiro, bens e valores públicos (art. 70, *caput* e § 1.º, CF), incorrendo, assim, no controle exercido pelo Tribunal de Contas[36].

A LRF, contudo, não alcança todas as entidades da Administração indireta, porquanto destas estão excluídas as empresas estatais que **não dependem** do Tesouro do ente ao qual se vinculam.

Com efeito, nem todas as empresas estatais se sujeitam aos comandos da LRF, mas apenas aquelas qualificadas pela LRF como **dependentes**, consoante se depreende da leitura do art. 1.º, § 3.º, inciso II, alínea *b*, da referida lei complementar.

Cabe, nesse ponto, ressaltar a distinção entre **empresa controlada** e **empresa estatal dependente**.

Para os efeitos da LRF, entende-se como empresa controlada **a sociedade cuja maioria do capital social com direito a voto pertença, direta ou indiretamente, a ente da Federação** (art. 2.º, inciso II)[37]. Já empresa estatal dependente seria a **empresa controlada que receba do ente controlador recursos financeiros para pagamento de despesas com pessoal ou de custeio em geral ou de capital, excluídos, no último caso, aqueles provenientes de aumento de participação acionária** (art. 2.º, III).

Infere-se das normas legais transcritas serem as seguintes as condições para que uma empresa estatal possa qualificar-se como **dependente**:

◼ a maioria do seu capital social com direito a voto deve pertencer, direta ou indiretamente, a ente da Federação (art. 2.º, inciso II, LRF);

◼ deve receber do ente controlador, por hábito ou circunstância, recursos financeiros para pagamento de (art. 2.º, inciso III, LRF):

a) despesas com pessoal;

b) despesas de custeio, assim entendidas as dotações para manutenção de serviços anteriormente criados, inclusive as destinadas a atender a obras de conservação e adaptação de bens imóveis (art. 12, § 1.º, Lei n. 4.320/64);

c) despesas de capital não classificável como aumento de participação de capital acionário de entidades e empresas.

A contrario sensu, e com base no art. 12 da Lei n. 4.320/64, considera-se **dependente** uma empresa que receba do ente controlador recursos financeiros para: execução de obras; aquisição de instalações, equipamentos e material permanente; aquisição de imóveis ou de bens de capital já em utilização; aquisição de títulos representativos do capital de empresas ou entidades de qualquer espécie, já constituídas, quando a operação não importe aumento do capital.

---

[36] PESSOA, Robertônio. *Curso de direito administrativo moderno*, p. 117.

[37] Para os efeitos da LRF, entende-se como ente da Federação a União, cada Estado, o Distrito Federal e cada Município (art. 2.º, inciso I, LRF).

Toda empresa dependente é, portanto, uma empresa controlada; a recíproca, contudo, não é verdadeira.

De fato, as empresas controladas que **não dependam** do Tesouro do ente ao qual se vinculam não se apresentam como dependentes, estando excluídas, pois, da incidência da LRF. Escapa do alcance da LRF, por exemplo, uma empresa estatal que obtenha, ela mesma, recursos necessários ao seu próprio custeio, mesmo que, para tanto, venda mercadorias ou preste serviços à Prefeitura ou ao Estado. A condição de dependência só ocorre pela transferência a título de subvenção ou subsídio.

A condição de dependência, como leciona José Nilo de Castro, "não significa dizer que a estatal **só vive** de transferências de recursos financeiros de seu controlador; não, ela tem vida própria, recursos **também próprios**. Se forem viver permanentemente dependentes, não se justificaria nunca a criação de estatais" (destaque nosso)[38].

Assim, para não se enquadrar no conceito de "empresa estatal dependente", escapando, pois, da incidência da LRF, a empresa controlada **não deverá** estar incluída no Orçamento como recebendo subvenção ou subsídio, nem tendo dotação específica que a contemple em quaisquer dos entes federativos, mesmo que **também** possua recursos próprios.

Ressalte-se, finalmente, que o conceito de empresa controlada — e, por conseguinte, de empresa estatal dependente —, para os efeitos da LRF, não distingue empresa pública ou sociedade de economia mista: "Tanto as empresas públicas, como as sociedades de economia mista, instrumentalizam ações governamentais, como pessoas auxiliares do Estado, compondo a denominada Administração Indireta (...). As marcantes diferenças entre os dois tipos de sociedade não foram consideradas relevantes no contexto da LRF"[39].

As empresas estatais dependentes continuarão sendo regidas pela Lei n. 6.404, de 15.12.1976, apesar de suas receitas comporem a base de cálculo da RCL dos entes que as financiarem. Considerando que as transferências para pagamento de pessoal dessas empresas entrarão nos limites de pessoal do Executivo, nada mais justo que as suas receitas façam parte da base de cálculo da RCL[40].

4.6. RESPONSABILIDADE NA GESTÃO FISCAL: PRESSUPOSTOS

A Lei Complementar n. 101/2000, como visto, "estabelece normas de finanças públicas" (art. 1.º, *caput*). Este é o seu **objeto** único: a disciplina jurídica da atividade financeira do Estado.

Suas normas, consoante o disposto no *caput* do art. 1.º, são "voltadas para a responsabilidade na gestão fiscal". Este é o **objetivo** da LRF: estabelecer um regime de

---

[38] CASTRO, José Nilo de. *Responsabilidade fiscal nos municípios*, p. 21.

[39] MOTTA, Carlos Pinto Coelho et al. *Responsabilidade fiscal*, p. 312. No mesmo sentido: ALVES, Benedito Antônio et al. *Lei de responsabilidade fiscal comentada e anotada*, p. 17; LINO, Pedro. *Comentários à Lei de Responsabilidade Fiscal*, p. 22; TOLEDO JR., Flávio C. de; ROSSI, Sérgio Ciquera. *Lei de responsabilidade fiscal:* comentada artigo por artigo, p. 14 e 207-208.

[40] NASCIMENTO, Edson Ronaldo; DEBUS, Ilvo. *Gestão fiscal responsável:* teoria e prática da Lei Complementar n. 101 — Lei de Responsabilidade Fiscal, p. 18.

4 ◾ Lei de Responsabilidade Fiscal

administração responsável das finanças públicas, o qual, contudo, não encontra uma conceituação formal expressa em nenhum dos dispositivos da referida lei complementar.

Considerada em sua totalidade, no entanto, a LRF desenha nitidamente os contornos da gestão fiscal responsável, cuja definição é demarcada pelas extremas postas por todo o plexo normativo daquela legislação e, em especial, pelo § 1.º de seu art. 1.º, que, traduzindo a essência da LRF, qualifica como responsável a gestão fiscal assentada nos seguintes princípios:

- ☐ ação **planejada**, que, no dizer de Edson Ronaldo Nascimento e Ilvo Debus, "nada mais é do que aquela baseada em planos previamente traçados e, nos regimes democráticos, sujeitos à apreciação e aprovação da instância legislativa"[41];
- ☐ ação **transparente**;
- ☐ **prevenção de riscos e corretiva de desvios** capazes de afetar o equilíbrio das contas públicas;
- ☐ cumprimento de **metas de resultados** entre receitas e despesas;
- ☐ obediência a **limites e condições** no que tange a:
  a) renúncia de receita (art. 14, LRF);
  b) geração de despesas com pessoal (arts. 18 a 21, LRF), seguridade social (art. 24, LRF) e outras (arts. 15 e 16 — despesas em geral, e 17 — despesa obrigatória de caráter continuado);
  c) dívida consolidada (art. 30, inciso I, LRF) e mobiliária (art. 30, inciso II, LRF);
  d) operações de crédito (arts. 32 a 37, LRF) (inclusive por antecipação de receita orçamentária — art. 38, LRF);
  e) concessão de garantia (art. 40, LRF); e
  f) inscrição em restos a pagar (art. 42, LRF).

4.7. RECEITA CORRENTE LÍQUIDA

4.7.1. NOÇÕES GERAIS

A Receita Corrente Líquida (RCL), referida pela LC n. 101/2000 em vários de seus dispositivos, é a principal unidade de medida na aferição dos limites estabelecidos pela LRF para:

- ☐ despesas com pessoal (arts. 19 e 20);
- ☐ serviços de terceiros (art. 72); e
- ☐ endividamento público (art. 30, § 3.º).

Cumpre destacar a íntima relação existente entre a RCL e o limite das despesas que estão a ela referenciadas: aquela é **diretamente proporcional** ao valor destas, de modo que, quanto mais cresce aquela, mais se expande o valor destas. Assim, por exemplo, o Município que consegue desenvolver receita própria, além de contar com mais recursos,

---

[41] NASCIMENTO, Edson Ronaldo; DEBUS, Ilvo. *Gestão fiscal responsável:* teoria e prática da Lei Complementar n. 101 — Lei de Responsabilidade Fiscal, p. 12.

terá "mais folga" em seus limites de despesas com pessoal, serviço de terceiros e de endividamento[42]. De fato, se um Município está com uma despesa de pessoal acima do limite estabelecido pela LRF e não consegue reduzi-la, pode, entretanto, conseguir ampliar sua RCL, de modo a ficar dentro do limite de 60% da RCL para sua despesa de pessoal.

Também é com base na RCL que a lei orçamentária anual definirá a reserva de contingência destinada ao atendimento de passivos contingentes e outros gastos imprevistos (art. 5.º, inciso III, alínea *b*, LRF).

4.7.2. DEFINIÇÃO

Segundo a definição fornecida pela LRF (art. 2.º, inciso IV), a Receita Corrente Líquida (RCL) é o somatório das receitas tributárias, de contribuições, patrimoniais, industriais, agropecuárias, de serviços, transferências correntes e outras receitas também correntes, deduzidos:

■ na União, os valores transferidos aos Estados e Municípios, por determinação constitucional ou legal, e as contribuições mencionadas na alínea *a* do inciso I e no inciso II do art. 195, bem como no art. 239, ambos da CF;

■ nos Estados, as parcelas entregues aos Municípios por determinação constitucional;

■ na União, nos Estados e nos Municípios, a contribuição dos servidores para o custeio do seu sistema de previdência social e as receitas provenientes da compensação financeira citada no § 9.º do art. 201 da CF.

O conceito legal de RCL baseia-se na definição de **receitas correntes** constante do § 1.º do art. 11 da Lei n. 4.320/64, que, com a redação que lhe foi dada pelo Decreto-Lei n. 1.939, de 20.05.1982, assim dispõe: "São Receitas Correntes as receitas tributária, de contribuições, patrimonial, agropecuária, industrial, de serviços e outras e, ainda, as provenientes de recursos financeiros recebidos de outras pessoas de direito público ou privado, quando destinadas a atender despesas classificáveis em Despesas Correntes".

Deduzindo da receita corrente os valores arrolados nas alíneas do inciso IV do art. 2.º da LRF, chega-se à RCL.

4.7.3. COMPOSIÇÃO

Consoante exposto, a RCL é a receita corrente, deduzidos:

■ os valores referentes à contribuição previdenciária dos servidores públicos[43] (art. 40, *caput*[44], e art. 149, § 1.º[45], ambos da CF); e

■ as receitas da compensação financeira da contagem recíproca do tempo de contribuição para aposentadoria na Administração Pública e na atividade privada de que trata o § 9.º do art. 201 da CF.

---

[42] KHAIR, Amir Antônio. *Lei de Responsabilidade Fiscal:* guia de orientação para as prefeituras, p. 20.

[43] *Vide* Lei n. 9.783/99 (Contribuição para o custeio da previdência social dos servidores públicos).

[44] Artigo com redação determinada pela Emenda Constitucional n. 20/98.

[45] Artigo com redação determinada pela Emenda Constitucional n. 33/2001.

Também **não integram** a RCL:

◼ na União, os valores transferidos aos Estados e Municípios, por determinação constitucional ou legal, e as contribuições mencionadas na alínea *a* do inciso I e no inciso II do art. 195, bem como no art. 239, ambos da Constituição[46] (art. 2.º, inciso IV, alínea *a*, LRF);

◼ nos Estados, as parcelas entregues aos Municípios por determinação constitucional (art. 2.º, inciso IV, alínea *b*, LRF)[47].

Ressalte-se que na União são deduzidos os valores transferidos por determinação "constitucional ou legal", enquanto nos Estados são deduzidas apenas as parcelas entregues aos Municípios por determinação "constitucional".

Observação: O conceito de RCL previsto no art. 2.º, inciso IV e alíneas *b* e *c*, da LRF **não exclui** o imposto de renda retido na fonte incidente sobre a folha de pagamento de servidores do Estado e dos Municípios. Assim, é **inconstitucional** norma estadual, distrital ou municipal que exclua o IR retido na fonte, incidente sobre a folha de pagamento dos servidores, da RCL, em contrariedade aos mencionados dispositivos da LRF (**ADI 3.889/RO**, Rel. Min. Roberto Barroso, Pleno, j. em 04.07.2023, *DJe* 12.07.2023).

Estão compreendidas na RCL as transferências regidas pela **Lei Complementar n. 87, de 13.09.1996**, popularmente conhecida como "Lei Kandir", que dispõe sobre o imposto sobre operações relativas à circulação de mercadorias e sobre serviços de transporte interestadual e intermunicipal e de comunicação — ICMS, nos termos do art. 155, § 2.º, inciso XII, da CF (art. 2.º, § 1.º, LRF).

De acordo com o § 1.º do art. 2.º da LRF, devem ser computados no cálculo da RCL os valores pagos e recebidos em decorrência "do fundo previsto pelo art. 60 do Ato das Disposições Constitucionais Transitórias".

O mencionado dispositivo do ADCT, com a redação que lhe foi dada pela Emenda Constitucional n. 14, de 12.09.1996, previa a criação do **Fundo de Manutenção e Desenvolvimento do Ensino Fundamental e de Valorização do Magistério (FUNDEF)**, que vigorou de 1998 a 2006, tendo sido substituído pelo **Fundo de Manutenção e Desenvolvimento da Educação Básica e de Valorização dos Profissionais da Educação (FUNDEB)**, criado pela Emenda Constitucional n. 53, de 19.12.2006 (art. 60, inciso I, ADCT, com a redação determinada pela citada emenda) e regulamentado pela Lei n. 11.494, de 20.06.2007, e pelo Decreto n. 6.253, de 13.11.2007[48].

---

[46] O art. 239 da CF trata das contribuições para o Programa de Integração Social (PIS), criado pela Lei Complementar n. 7, de 7 de setembro de 1970, e para o Programa de Formação do Patrimônio do Servidor Público (PASEP), criado pela Lei Complementar n. 8, de 3 de dezembro de 1970.

[47] Consoante determina o § 2.º do art. 2.º da LRF, nos Estados do Amapá e de Roraima e no Distrito Federal, também não serão considerados na RCL os recursos recebidos da União para o atendimento das despesas com pessoal, ligados às áreas de segurança, saúde e educação (cf. incisos XIII e XIV do art. 21 da Constituição), bem como os integrantes do quadro em extinção da administração federal naqueles Estados (cf. art. 31 da Emenda Constitucional n. 19).

[48] A vigência do FUNDEB era estabelecida para o período 2007-2020, conforme dispunha o art. 48 da Lei n. 11.494/2007.

O art. 212-A da CF (incluído pela Emenda Constitucional n. 108, de 26.08.2020) passou a disciplinar o FUNDEB, que foi regulamentado pela Lei n. 14.113, de 25.12.2020, que revogou quase integralmente a Lei n. 11.494/2007[49].

4.7.4. APURAÇÃO

A RCL de cada ente da Federação será apurada considerando-se, sempre, o período de **12 (doze) meses**: deverão ser somadas as receitas arrecadadas no mês em referência e nos 11 anteriores, **excluídas as duplicidades** (art. 2.º, § 3.º, LRF).

Ocorre duplicidade quando se conta duas ou mais vezes os mesmos repasses. Seria o caso, por exemplo, de um repasse da Prefeitura para uma autarquia municipal ser considerado uma vez como receita geral da Prefeitura e outra como receita transferida da autarquia.

4.8. RESTRIÇÕES ESPECIAIS PARA FIM DE MANDATO

Objetivando disciplinar a utilização de recursos públicos no último ano de mandato, a LRF estabeleceu uma série de restrições especiais a vigorar em tal período. São elas as seguintes:

■ serão considerados nulos os atos de que resultem aumento das despesas de pessoal a partir de 1.º de julho do último ano do mandato do titular de cada Poder (art. 21, parágrafo único)[50];

■ não será concedido, no último ano do mandato, o prazo de adaptação de 8 meses (art. 23, *caput*) para o Poder ajustar-se aos limites da despesa de pessoal, aplicando-se de imediato as penalidades cabíveis (art. 23, § 4.º);

■ é vedada, no último ano de mandato, a contratação de Operação de Crédito por Antecipação de Receita Orçamentária (ARO) (art. 38, inciso IV, alínea *b*);

■ é vedada, nos últimos 8 meses de mandato, a assunção de compromisso que não possa ser cumprido integralmente dentro dele, ou que tenha parcelas a serem pagas no exercício seguinte, sem que haja suficiente disponibilidade de caixa para esse fim (art. 42, *caput*)[51];

■ não será concedido, no último ano do mandato, o prazo de 12 meses (art. 31, *caput*) para o ente se ajustar aos limites da dívida consolidada, aplicando-se **de imediato** as penalidades cabíveis (art. 31, § 3.º).

---

[49] Somente não foi revogado o *caput* do art. 12 da Lei n. 11.494/2007, tendo sido mantidos seus efeitos financeiros no que se refere à execução dos Fundos relativa ao exercício de 2020 (art. 53 da Lei n. 14.113/2020, com redação dada pela Lei n. 14.276, de 27.12.2021).

[50] Além de configurarem crime contra as finanças públicas passível de pena de 1 (um) a 4 (quatro) anos de reclusão (art. 359-G do Código Penal Brasileiro, acrescentado pela Lei n. 10.028, de 19 de outubro de 2000).

[51] A ordenação ou a autorização de assunção de obrigação, nos dois últimos quadrimestres do último ano do mandato ou legislatura, que não atendam ao disposto no art. 42 da LRF, configuram crime contra as finanças públicas passível de pena de 1 (um) a 4 (quatro) anos de reclusão (art. 359-C do Código Penal Brasileiro, acrescentado pela Lei n. 10.028/2000).

4 ▪ Lei de Responsabilidade Fiscal

Pretende-se, com tais medidas, conter os excessos no trato com o dinheiro público ao longo dos anos em que se realizam as eleições.

4.9. AS SANÇÕES JURÍDICAS PELO DESCUMPRIMENTO DA LRF

O agente público que não atender aos comandos da LRF estará sujeito a sanções de duas espécies:

- ▪ as **institucionais**, previstas na própria LRF; e
- ▪ as **pessoais**, previstas na lei ordinária que trata dos Crimes de Responsabilidade Fiscal e noutros diplomas.

4.9.1. SANÇÕES INSTITUCIONAIS

As sanções institucionais[52] são aquelas dirigidas **aos Poderes, entes da Federação ou órgãos** que não cumpram as regras estabelecidas na Lei de Responsabilidade Fiscal, e não aos seus dirigentes.

As sanções institucionais pelo descumprimento dos preceitos da LRF estão previstas em seu próprio texto, mas não foram inseridas num único ponto dele, encontrando-se distribuídas por vários de seus dispositivos.

Da leitura da LRF, percebe-se serem três as principais espécies de sanções institucionais previstas para o não cumprimento de suas regras:

- ▪ proibição de recebimento de transferências voluntárias;
- ▪ proibição de contratação de operações de crédito;
- ▪ proibição de obtenção de garantias para a contratação de operações de crédito.

Ressalte-se que, para fins de aplicação das sanções de suspensão de transferências voluntárias, **excetuam-se aquelas relativas a ações de educação, saúde e assistência social** (art. 25, § 3.º, LRF). Assim, fica protegida a população do ente público caso incorra este nas sanções previstas na LRF, à exceção do não cumprimento dos limites de despesas com pessoal (art. 23, *caput* e § 3.º, LRF), quando **todos** os repasses de verbas serão suspensos, inclusive os relativos a ações na área social (art. 169, § 2.º, CF).

4.9.2. SANÇÕES PESSOAIS

Além das sanções institucionais, previstas na própria Lei de Responsabilidade Fiscal, existe outra categoria de penalidades aplicáveis às infrações contra as finanças públicas: são as **sanções pessoais**, isto é, aplicadas à pessoa física que praticou o ilícito — as quais, todavia, não estão contidas no texto da LRF. Limitou-se esta, a respeito, a estatuir em seu art. 73 que as infrações de seus dispositivos seriam punidas segundo o **Decreto-Lei n. 2.848, de 07.12.1940 (Código Penal)**; pela **Lei n. 1.079, de 10.04.1950**;

---

[52] Jair Eduardo Santana denomina tais sanções de "estruturais" (*Os crimes de responsabilidade fiscal tipificados pela Lei 10.028/2000 e a responsabilidade pessoal do administrador público*, p. 13).

pelo **Decreto-Lei n. 201, de 27.02.1967**; pela **Lei n. 8.429, de 02.06.1992 (Lei de Improbidade Administrativa)**; e demais normas da legislação pertinente.

Complementando a LRF, e buscando conferir-lhe efetividade, a maioria das sanções pessoais atualmente existentes foi introduzida em nosso ordenamento jurídico por meio de uma lei ordinária chamada **Lei de Crimes de Responsabilidade Fiscal (Lei n. 10.028, de 19.10.2000)**.

Referida lei alterou a redação do Código Penal, da Lei n. 1.079/50 e do Decreto-Lei n. 201/67, para tipificar os crimes de responsabilidade fiscal e definir as penas para os infratores.

As sanções pessoais podem ser de quatro ordens:

- ▣ penais;
- ▣ políticas;
- ▣ administrativas;
- ▣ civis.

4.9.2.1. Sanções penais: crimes comuns

As **sanções penais** pela prática de crimes contra as finanças públicas foram introduzidas no direito pátrio pela Lei n. 10.028/2000, alterando a redação do Título XI do Código Penal brasileiro (Decreto-Lei n. 2.848/40), o qual trata dos crimes contra a administração pública e passou a vigorar acrescido do Capítulo IV ("Dos Crimes Contra as Finanças Públicas"), com oito novos artigos.

Como bem observado por Luiz Flávio Gomes e Alice Bianchini, o legislador, quando acrescentou um capítulo inteiro ao Código Penal, buscando dar efetividade à LRF, tutela, de forma preponderante, o **equilíbrio das contas públicas** (arts. 359-B, 359-E, 359-F, 359-G) e, em um segundo plano, o **controle legislativo do orçamento e das contas públicas** (arts. 359-A, 359-D e 359-H)[53].

É de se notar que todas as condutas incluídas no Código Penal pelo art. 2.º da Lei 10.028/2000 exigem, como elemento subjetivo, o dolo, não existindo previsão da modalidade culposa. Em razão disso, como bem observa Marcelo Leonardo, "a alegação de ter dado causa ao fato por negligência na gestão pública pode ser uma espécie de alegação futura de defesa dos acusados por estas infrações"[54].

A **tentativa** dos referidos delitos é punível. Assim, se, iniciada a execução de qualquer dos crimes introduzidos pela Lei 10.028/2000, este não chegar a se consumar por circunstâncias alheias à vontade do agente (art. 14, inciso II, CP), o fato cometido pelo agente público será punido com a pena correspondente ao crime consumado, diminuída de um a dois terços (art. 14, parágrafo único, CP).

---

[53] GOMES, Luiz Flávio; BIANCHINI, Alice. *Crimes de responsabilidade fiscal:* Lei n. 10.028/2000, p. 36.

[54] LEONARDO, Marcelo. *Crimes de responsabilidade fiscal:* crimes contra as finanças públicas; crimes nas licitações; crimes de responsabilidade de prefeitos, p. 20.

4 ▪ Lei de Responsabilidade Fiscal

73

Todos os delitos referidos admitem, em tese, a suspensão condicional do processo prevista na Lei n. 9.099, de 26.09.1995 (art. 89), desde que satisfeitos os demais requisitos, porquanto suas penas mínimas não ultrapassam o limite de 1 (um) ano.

Igualmente possível é a aplicação substitutiva das penas alternativas previstas nos arts. 43 e seguintes do CP (com redação dada pela Lei n. 9.714/98). Em se tratando de delitos **dolosos** — única modalidade admitida pelos tipos penais introduzidos no CP pela Lei 10.028/2000 —, o legislador impôs **duas restrições**:

- ▪ que o crime não tenha sido cometido com violência ou grave ameaça à pessoa, o que, obviamente, não é o caso dos delitos contra as finanças públicas;
- ▪ que a pena aplicada não exceda a 4 (quatro) anos.

Portanto, se a pena aplicada não exceder a quatro anos, é possível a substituição da pena de prisão pelas penas restritivas ou multa, desde que preenchidos os demais requisitos subjetivos[55].

4.9.2.2. Sanções políticas: crimes de responsabilidade

Além de promover alterações no Código Penal, a Lei n. 10.028/2000 também acrescentou novos dispositivos à Lei n. 1.079/59, que define os crimes de responsabilidade[56] do Presidente da República, Ministros de Estado, Governadores e Secretários de Estado e regula o respectivo processo e julgamento.

> **Ementa:** (...) A definição das condutas típicas configuradoras do crime de responsabilidade e o estabelecimento de regras que disciplinem o processo e julgamento das agentes políticos federais, estaduais ou municipais envolvidos são da competência legislativa privativa da União e devem ser tratados em lei nacional especial (art. 85 da Constituição da República) (STF, **ADI 2.220/SP**, Rel. Min. Cármen Lúcia, Pleno, j. em 16.11.2011, *DJe*-232 de 07.12.2011).

Com as modificações introduzidas pela Lei n. 10.028/2000, o art. 10 da Lei n. 1.079/50 passou a descrever novas condutas como crime de responsabilidade do Presidente da República, Ministros de Estado, Governadores e Secretários de Estado contra a lei orçamentária.

Os crimes de responsabilidade arrolados na Lei n. 1.079/50 são passíveis da pena de perda do cargo, com inabilitação, por 8 (oito) anos, para o exercício de função pública, sem prejuízo das demais sanções judiciais cabíveis (art. 52, parágrafo único, CF).

---

[55] GOMES, Luiz Flávio; BIANCHINI, Alice. *Crimes de responsabilidade fiscal*: Lei n. 10.028/2000, p. 40; BITENCOURT, Cezar Roberto. *Crimes contra as finanças públicas e crimes de responsabilidade de prefeitos*, p. 28; LEONARDO, Marcelo. *Crimes de responsabilidade fiscal*: crimes contra as finanças públicas; crimes nas licitações; crimes de responsabilidade de prefeitos, p. 20.

[56] Entre nós, a expressão "crime de responsabilidade" apareceu pela primeira vez no Código Criminal de 1830 (art. 308). Anteriormente, a Carta Constitucional do Império, de 1824, falava da atribuição exclusiva do Senado para conhecer "da responsabilidade dos secretários e conselheiros de Estado" (art. 47, § 2.º).

As sanções previstas aos agentes mencionados, por prática de quaisquer dos ilícitos tipificados no art. 10 da Lei n. 1.079/50, como bem observam Luiz Flávio Gomes e Alice Bianchini, "não possuem caráter penal, ainda que tenha o legislador se valido da locução *crimes de responsabilidade*, causando com isso certa confusão acerca do seu verdadeiro significado. Vê-se, assim, que, apesar da existência do vocábulo *crime*, muitos são os casos em que a conduta não se encontra descrita em nenhuma norma penal, caracterizando-se, exclusivamente, um ilícito político-administrativo" (destaques no original)[57]. Resulta, daí, que a imposição das penas previstas no art. 2.º da Lei n. 1.079/50 não exclui o processo e o julgamento do acusado por crime comum, na justiça ordinária (art. 3.º da Lei n. 1.079/50), observando-se, de acordo com o caso, as regras de competência originárias dos Tribunais, conforme a pessoa do acusado.

Além de promover alterações na Lei n. 1.079/59, a Lei n. 10.028/2000 acrescentou dispositivos ao Decreto-Lei n. 201/67, que dispõe sobre a responsabilidade dos prefeitos e vereadores e dá outras providências.

Em decorrência das alterações introduzidas pela Lei n. 10.028/2000, o Decreto-Lei n. 201/67 passou a definir como crime de responsabilidade de Prefeitos as condutas descritas em seu art. 1.º.

Em verdade, as condutas acrescentadas à Lei n. 1.079/50 constam, agora, também no rol de crimes de responsabilidade previstos no art. 1.º do Decreto-Lei n. 201/67.

Sujeito ativo de tais infrações é o Prefeito, em razão do exercício do cargo, ou quem lhe faça as vezes, temporária ou definitivamente, isto é, quem, em virtude de substituição, sucessão, nomeação ou indicação, esteja no exercício das funções de chefe do Executivo municipal[58].

O ex-prefeito não pode ser considerado sujeito ativo de crimes de responsabilidade. Isto porque o Decreto-Lei n. 201/67 não admite o crime de responsabilidade se o acusado já deixou o cargo ou mandato em caráter definitivo, consoante orientação firmada pelo Supremo Tribunal Federal (**AP 212/SP**, Rel. Min. Oswaldo Trigueiro, Pleno, j. em 17.11.1971, *DJ* 13.12.1971, p. 7096)[59].

Ressalte-se que o Decreto-Lei n. 201/67, em seu art. 3.º, determina que "o Vice-Prefeito, ou quem vier a substituir o Prefeito, fica sujeito ao mesmo processo do substituído, **ainda que tenha cessado a substituição**" (destaque nosso). Conclui-se, portanto, ser possível a persecução do fraudador, tanto do titular como do Vice. Também quanto a este, se adotarmos o entendimento esposado pelo STF, uma vez terminado o mandato restará afastada a possibilidade de processar-se o ex-Vice-Prefeito por crime de responsabilidade[60].

---

[57] GOMES, Luiz Flávio; BIANCHINI, Alice. *Crimes de responsabilidade fiscal*: Lei n. 10.028/2000, p. 22. Nesse sentido: PAZZAGLINI FILHO, Marino. *Crimes de responsabilidade fiscal*: atos de improbidade administrativa por violação da LRF, p. 97.

[58] COSTA, Tito. *Responsabilidade de prefeitos e vereadores*, p. 38; GOMES, Luiz Flávio; BIANCHINI, Alice. *Crimes de responsabilidade fiscal*: Lei n. 10.028/2000, p. 60.

[59] No mesmo sentido: STF, RHC 50.443/SP, Rel. Min. Oswaldo Trigueiro, 1.ª Turma, j. em 17.10.1972, *DJ* 20.11.1972, p. 7668; STF, RHC 50.442/BA, Rel. Min. Djaci Falcão, 1.ª Turma, j. em 31.10.1972, *DJ* 21.12.1972, p. 8771.

[60] Nesse sentido: COSTA, Tito. *Responsabilidade de prefeitos e vereadores*, p. 142.

4 ◻ Lei de Responsabilidade Fiscal   75

O STF, no entanto, já decidiu que, após o término do mandato, o ex-Prefeito (ou quem lhe tenha feito as vezes) pode responder por outros crimes praticados como Prefeito, perante a Justiça ordinária e por meio de processo comum, desde que a conduta tida por delituosa seja tipificável nos preceitos da legislação penal comum[61].

Os Vereadores, por sua vez, não se sujeitam ao processo criminal, por "crime de responsabilidade", tal como definidos no art. 1.º do Decreto-Lei n. 201/67. Nem o Presidente da Câmara pode ser sujeito ativo de crime de responsabilidade, a não ser quando estiver no exercício do cargo de Prefeito, como seu substituto ou sucessor eventual[62].

4.9.2.3. Sanções administrativas

A Lei n. 10.028/2000 não trouxe apenas sanções penais (para os crimes comuns) e políticas (para os crimes de responsabilidade) no que se refere aos ilícitos praticados contra as finanças públicas. Em seu art. 5.º, também indicou certas condutas que são qualificadas como **infrações administrativas** contra as leis de finanças públicas. São elas:

- ◼ deixar de divulgar ou de enviar ao Poder Legislativo e ao Tribunal de Contas o Relatório de Gestão Fiscal, nos prazos e condições estabelecidos em lei[63];
- ◼ propor Lei de Diretrizes Orçamentárias que não contenha as metas fiscais na forma da lei[64];
- ◼ deixar de expedir ato determinando limitação de empenho e movimentação financeira, nos casos e condições estabelecidos em lei[65];

---

[61] STF, AP 212/SP, Rel. Min. Oswaldo Trigueiro, Pleno, j. em 17.11.1971, *DJ* 13.12.1971, p. 7096. No mesmo sentido: STF, RHC 51.878/SP, Rel. Min. Luiz Gallotti, 1.ª Turma, j. em 12.02.1974, *DJ* 15.03.1974, p. 1386; STF, HC 51.598/SP, Rel. Min. Aliomar Baleeiro, Pleno, j. em 05.12.1973, *DJ* 31.05.1974, p. 3735; STF, RHC 52.274/SP, Rel. Min. Rodrigues Alckmin, 1.ª Turma, j. em 26.04.1974, *DJ* 31.05.1974, p. 3735.

[62] COSTA, Tito. *Responsabilidade de prefeitos e vereadores*, p. 23. Daí apontar esse autor "a impropriedade da ementa dessa lei, nessa parte" (*Responsabilidade de prefeitos e vereadores*, p. 23). Com a devida vênia, não vislumbramos a apontada impropriedade na ementa do Decreto-Lei n. 201/67. Esta, com efeito, fala em "**responsabilidade** dos prefeitos e vereadores" (destaque nosso), e não em "crimes de responsabilidade". Relativamente aos Vereadores, o referido diploma, de fato, como bem destacou o autor citado, não comina penalidades pela prática de "crimes de responsabilidade" (estes, como exposto, somente podem vir a ser praticados pelo Prefeito Municipal — art. 1.º), mas dispõe sobre os casos em que poderá ocorrer a cassação do mandato (art. 7.º). Podemos dizer, então, que o DL 201/67 dispôs, sim, sobre a *responsabilidade* dos membros do Legislativo Municipal. Note-se que, mesmo quanto aos Prefeitos, o referido diploma não se limitou a apontar condutas tipificadas como crimes de responsabilidade (art. 1.º), mas também indicou certos comportamentos que caracterizam infrações político-administrativas, sujeitas ao julgamento pela Câmara dos Vereadores e sancionadas com a cassação do mandato (art. 4.º).

[63] Dispositivos correlatos da LRF: arts. 48; 54; 55, § 2.º; e 63, inciso III, alínea *b*.

[64] Dispositivo correlato da LRF: art. 4.º.

[65] Dispositivo correlato da LRF: art. 9.º.

■ deixar de ordenar ou de promover, na forma e nos prazos da lei, a execução de medida para a redução do montante da despesa total com pessoal que houver excedido a repartição por Poder do limite máximo[66].

Tais infrações são punidas com **multa** de 35% (trinta por cento) dos vencimentos anuais do agente que lhe der causa, sendo o pagamento da multa de sua responsabilidade pessoal (art. 5.º, § 1.º). Caso a referida sanção administrativa não seja honrada, deverá ser inscrita em dívida ativa e executada nos termos da Lei n. 6.830, de 22.09.1980, que dispõe sobre a cobrança judicial da dívida ativa da fazenda pública[67].

O processo de julgamento nesses casos é atribuição do Tribunal de Contas a que competir a fiscalização contábil, financeira e orçamentária da pessoa jurídica de direito público envolvida (art. 5.º, § 2.º), o que evidencia a natureza administrativa de tais infrações (e respectivas sanções) — se tivessem natureza penal (criminal), o processo de julgamento seria de competência do Poder Judiciário.

Assinale-se que a existência das referidas infrações administrativas contra as leis de finanças públicas não impede a configuração sobre os mesmos fatos que elas descrevem de atos de improbidade administrativa previstos na Lei n. 8.429, de 02.06.1992. Em tais casos, como destaca Marino Pazzaglini Filho, não ocorre *bis in idem*, "pois são esferas de instrução e de julgamento separadas e diferentes. As responsabilidades são autônomas e, na hipótese de procedência da imputação, implicam sanções distintas"[68].

4.9.2.4. Sanções civis: improbidade administrativa

Consoante estatuído pelo art. 73 da LRF, as infrações dos seus dispositivos também serão punidas segundo a Lei n. 8.429/92, que, substancialmente alterada pela Lei n. 14.230, de 25.10.2021, dispõe sobre as sanções aplicáveis aos agentes públicos, servidores ou não, pela prática de atos de **improbidade administrativa** (art. 37, § 4.º, CF)[69], como tais considerados aqueles definidos pela lei em questão.

> **Observação:** Conforme decidido pelo STF, **excetuada a hipótese de atos de improbidade praticados pelo Presidente da República** (art. 85, inciso V, CF), cujo julgamento se dá em regime especial pelo Senado Federal (art. 52, inciso I c/c art. 86, *caput*, CF), os demais agentes políticos encontram-se sujeitos a um **duplo regime sancionatório**, de modo que se submetem tanto à responsabilização civil pelos atos de improbidade administrativa, quanto à

---

[66] Dispositivo correlato da LRF: art. 23.

[67] GOMES, Luiz Flávio; BIANCHINI, Alice. *Crimes de responsabilidade fiscal*: Lei n. 10.028/00, p. 33; PELICIOLI, Ângela Cristina; MOURA, Cláudio Zoch de. *Comentários aos tipos penais previstos na Lei 10.028, de 19 de outubro de 2000*, p. 54.

[68] PAZZAGLINI FILHO, Marino. *Crimes de responsabilidade fiscal*: atos de improbidade administrativa por violação da LRF, p. 101.

[69] De acordo com a disposição do § 4.º do art. 37 da CF, os "atos de improbidade administrativa importarão a suspensão dos direitos políticos, a perda da função pública, a indisponibilidade dos bens e o ressarcimento ao erário, na forma e gradação previstas em lei, sem prejuízo da ação penal cabível". Também merece registro a disposição do art. 15 da CF: "Art. 15. É vedada a cassação de direitos políticos, cuja perda ou suspensão só se dará nos casos de: (...) V — improbidade administrativa, nos termos do art. 37, § 4.º".

4 ◫ Lei de Responsabilidade Fiscal   77

> responsabilização político-administrativa por crimes de responsabilidade (**Pet-AgR 3.240/DF**, Rel. p/ Acórdão Min. Roberto Barroso, Pleno, j. em 10.05.2018, *DJe*-171 22.08.2018)[70].

O sentido de probidade, ensina Hamilton Rangel Júnior, está contido na noção de **moralidade**, podendo aquele ser definido, nas palavras do mencionado autor, como "o instituto de moralidade institucional público-administrativa reparável política, funcional, civil e criminalmente"[71].

Os atos de improbidade, como bem observa Marcelo Figueiredo[72], comportam diversos "graus", com diferentes consequências jurídicas (sanções)[73]. De fato, nos termos da Lei n. 8.429/92, podem os atos de improbidade administrativa ser de três espécies.

Há, inicialmente, os atos de improbidade que importam **enriquecimento ilícito**, que estão definidos no art. 9.º[74] e são punidos na forma do inciso I do art. 12 do citado diploma legal.

A segunda categoria dos atos de improbidade é composta pelos que causam **prejuízo ao erário**, que estão caracterizados no art. 10 e são punidos em conformidade com o inciso II do art. 12 da Lei n. 8.429/92.

Finalmente, há os atos de improbidade que **atentam contra os princípios da Administração Pública**, descritos no art. 11 da Lei n. 8.429/1992 e que são punidos nos termos do inciso III da mencionada lei[75].

---

[70] Já era no mesmo sentido a jurisprudência firmada pela Corte Especial do STJ: Rcl 2.790/SC, Rel. Min. Teori Albino Zavascki, Corte Especial, j. em 02.12.2009, *DJe* 04.03.2010; AIA 30/AM, Rel. Min. Teori Albino Zavascki, Corte Especial, j. em 21.09.2011, *DJe* 28.09.2011.

[71] RANGEL JÚNIOR, Hamilton. *Princípio da modalidade institucional*: conceito, aplicabilidade e controle na Constituição de 1988, p. 96. No mesmo sentido é a lição de Marcelo Figueiredo: "A probidade, no contexto constitucional, é a forma qualificada de moralidade administrativa" (*O controle da moralidade na Constituição*, p. 47). Sobre o tema, confira-se o seguinte trecho de ementa de julgado do STF: "A probidade administrativa é o mais importante conteúdo do princípio da moralidade pública. Donde o modo particularmente severo com que o Magno Texto reage à sua violação (§ 6.º do art. 37 da CF/88)" (AP 409/CE, Rel. Min. Ayres Britto, Rev. Min. Joaquim Barbosa, Pleno, j. em 13.05.2010, *DJe*-120 01.07.2010).

[72] FIGUEIREDO, Marcelo. *Probidade administrativa*: comentários à Lei 8.429/92 e legislação complementar, p. 24.

[73] O art. 12 da Lei n. 8.429/92 prevê a gradação das diversas sanções constitucionalmente admitidas (art. 37, § 4.º, CF) para os atos de improbidade administrativa, tendo o STF declarado a constitucionalidade da referida disposição legal: "As sanções civis impostas pelo artigo 12 da Lei n. 8.429/92 aos atos de improbidade administrativa estão em sintonia com os princípios constitucionais que regem a Administração Pública" (STF, RE-AgR 598.588/RJ, Rel. Min. Eros Grau, 2.ª Turma, j. em 15.12.2009, *DJe*-035 26.02.2010).

[74] Enriquecimento ilícito, no dizer de Marcelo Figueiredo, é o acréscimo de bens ou valores que ocorre no patrimônio do agente público ou de terceiros a ele vinculados, por ação ou omissão, mediante condutas ilícitas, em detrimento da Administração Pública nas suas mais variadas manifestações (*Probidade administrativa*: comentários à Lei 8.429/92 e legislação complementar, p. 47-48).

[75] Havia, ainda, uma quarta categoria de atos de improbidade administrativa: os decorrentes de **concessão, aplicação ou manutenção indevida de benefício financeiro ou tributário**, que eram previstos no art. 10-A da Lei n. 8.429/92, acrescentado pela Lei Complementar n. 157, de 29.12.2016.

Os atos de improbidade podem ser praticados tanto por agentes públicos (**improbidade própria**)[76] quanto por particular — pessoa física ou jurídica — que induzir, concorrer ou se beneficiar do ato (**improbidade imprópria**)[77]. O servidor público será o **autor** do ato de improbidade, enquanto o particular será o **partícipe**.

Nos termos do art. 1.º da Lei n. 8.429/92, com a redação dada pela Lei n. 14.230/2021, o sistema de responsabilização por atos de improbidade administrativa visa "assegurar a integridade do patrimônio público e social"[78]. Pode-se concluir, pois, que o verdadeiro sujeito passivo do ato de improbidade é a **coletividade**[79].

Antes do advento da Lei n. 14.230/2021, a natureza da ação de improbidade administrativa era controvertida: de um lado, havia os que defendiam tratar-se de espécie de ação civil pública[80]; de outro, havia quem defendesse serem distintas as finalidades e, pois, as naturezas das referidas ações[81].

Todavia, com as alterações trazidas pelo mencionado diploma legal ao texto da Lei n. 8.429/92, ficou evidenciado que a ação por improbidade administrativa "**não constitui ação civil**, vedado seu ajuizamento para o controle de legalidade de políticas públicas e para a proteção do patrimônio público e social, do meio ambiente e de outros interesses difusos, coletivos e individuais homogêneos" (art. 17-D, *caput*, da Lei n. 8.429/92, acrescentado pela Lei n. 14.230/2021) (destaque nosso). De acordo com o parágrafo único do referido artigo, as ações para as finalidades mencionadas no trecho legal transcrito "submetem-se aos termos da Lei n. 7.347, de 24 de julho de 1985", isto é, devem ser

---

Tal dispositivo, contudo, foi expressamente revogado pela Lei n. 14.230/2021, que incluiu tal modalidade de atos de improbidade no rol daqueles que causam prejuízo ao erário (art. 10, inciso XXII).

[76] Para os efeitos da Lei n. 8.429/92, nos termos do *caput* de seu art. 2.º, com a redação determinada pela Lei n. 14.230/2021, "consideram-se agente público o agente político, o servidor público e todo aquele que exerce, ainda que transitoriamente ou sem remuneração, por eleição, nomeação, designação, contratação ou qualquer outra forma de investidura ou vínculo, mandato, cargo, emprego ou função nas entidades referidas no art. 1.º desta Lei".

[77] STF, AO 1.833/AC, Rel. Min. Alexandre de Moraes, 1.ª Turma, j. em 10.04.2018, *DJe*-088 08.05.2018; AI-AgR-ED 868.408/RJ, Rel. Min. Alexandre de Moraes, 1.ª Turma, j. em 30.11.2020, *DJe*-287 07.12.2020.

[78] O § 5.º do art. 1.º da Lei n. 8.429/92, com a redação dada pela Lei n. 14.230/2021, assim dispõe: "Os atos de improbidade violam a probidade na organização do Estado e no exercício de suas funções e a integridade do patrimônio público e social dos Poderes Executivo, Legislativo e Judiciário, bem como da administração direta e indireta, no âmbito da União, dos Estados, dos Municípios e do Distrito Federal".

[79] OLIVEIRA, Marcio Berto Alexandrino de; MALTA, Allan Dias Toledo; PEREIRA, Layon Nicolas Dias. *A defesa do agente público na ação de improbidade administrativa*, p. 77.

[80] Nesse sentido: MEDEIROS, Sérgio Monteiro. *Lei de improbidade administrativa*: comentários e anotações jurisprudenciais, p. 3-6.

[81] Nesse sentido: OLIVEIRA, Marcio Berto Alexandrino de; MALTA, Allan Dias Toledo; PEREIRA, Layon Nicolas Dias. *A defesa do agente público na ação de improbidade administrativa*, p. 78-79.

buscadas em sede de **ação civil pública**. Reconheceu-se, pois, que a ação de improbidade administrativa **não pode ser considerada como ação civil pública**.

As sanções previstas no art. 12 da Lei n. 8.429/92 não são de necessária aplicação cumulativa, podendo o Poder Judiciário, levando em conta a conduta do agente e considerando o princípio da individualização da pena (art. 5.º, inciso XLVI, CF), optar pela aplicação de todas as sanções ou somente por algumas delas[82], de modo que a pena atinja suas finalidades de prevenção e repressão[83].

Considerando que a LRF dispõe sobre a gestão fiscal, ato **privativo** de autoridades públicas, dificilmente o particular será alcançado pela Lei de Improbidade Administrativa, salvo se "induza ou concorra dolosamente para a prática do ato de improbidade" (art. 3.º, Lei n. 8.429/92, com a redação dada pela Lei n. 14.230/2021)[84].

4.9.2.5. Outras penalidades

As infrações dos dispositivos da LRF não estão sujeitas apenas às penalidades impostas pelo Código Penal, pela Lei n. 1.079/50, pelo Decreto-Lei n. 201/67 e pela Lei de Improbidade Administrativa.

Com efeito, o art. 73 da Lei Complementar n. 101/2000 permite, ainda, a aplicação das penalidades previstas nas "demais normas da legislação pertinente", o que autoriza o emprego de outras disposições, como, por exemplo, a **Lei Complementar n. 64, de 18.05.1990** (Lei das Inelegibilidades), segundo a qual a rejeição das contas prestadas gera a inelegibilidade[85].

---

[82] O STJ já decidiu que as sanções previstas na Lei n. 8.429/92 "podem ser cumulativas ou não, de acordo com as peculiaridades do caso concreto e à luz dos princípios da proporcionalidade e da razoabilidade" (AREsp 1.546.193/SP, Rel. Min. Herman Benjamin, 2.ª Turma, j. em 04.02.2020, *DJe* 27.02.2020). Em sentido contrário, na doutrina, é o entendimento de José Guilherme Giacomuzzi, para quem, "configurado o ilícito de improbidade, as sanções devam ser aplicadas em bloco" (*A moralidade administrativa e a boa-fé da administração pública*: o conteúdo dogmático da moralidade administrativa, p. 303).

[83] Decidiu o STF que, em casos nos quais haja vários agentes, ainda que se admita a solidariedade no tocante à efetiva reparação do dano, a multa aplicada aos beneficiários dos atos ímprobos, por sua natureza, deve ser tomada como obrigação individual e divisível entre os envolvidos, inexistindo responsabilidade solidária a justificar sua aplicação (AO 1.833/AC, Rel. Min. Alexandre de Moraes, 1.ª Turma, j. em 10.04.2018, *DJe*-088 08.05.2018). Dito de outro modo, a sanção civil pecuniária tem como base de cálculo a vantagem pecuniária obtida individualmente, o que a torna incompatível com a natureza das obrigações solidárias.

[84] Nesse sentido: FIGUEIREDO, Marcelo. A Lei de Responsabilidade Fiscal — Notas essenciais e alguns aspectos da improbidade administrativa, p. 120. Esse autor, contudo, ressalta que há algumas figuras em que o particular pode muito bem ser alcançado pela prática de ato de improbidade, notadamente no caso de repasse de verbas, doações ou transferências havidas por intermédio de programas, convênios (entre entidades da federação ou para entidades de capital misto ou privadas, notadamente assistenciais) (A Lei de Responsabilidade Fiscal — Notas essenciais e alguns aspectos da improbidade administrativa, p. 120, nota 63).

[85] SANTANA, Jair Eduardo. *Os crimes de responsabilidade fiscal tipificados pela Lei 10.028/2000 e a responsabilidade pessoal do administrador público*, p. 64.

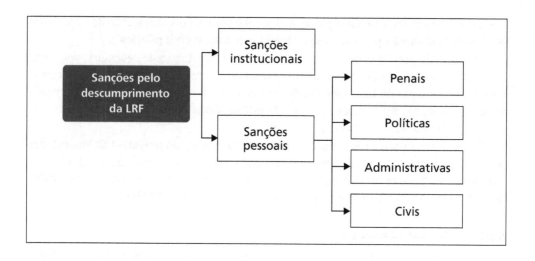

4.10. QUESTÕES

5

TEORIA GERAL DAS DESPESAS PÚBLICAS

5.1. DESPESAS PÚBLICAS: DEFINIÇÃO

A expressão **"despesas públicas"**, segundo conhecida definição de Aliomar Baleeiro, designa o conjunto dos dispêndios do Estado, ou de outra pessoa de direito público, para o funcionamento dos serviços públicos[1].

Definição semelhante é fornecida por Hely Lopes Meirelles: *"Despesa* é todo dispêndio que a Administração faz para custeio de seus serviços, remuneração dos servidores, aquisição de bens, execução de obras e serviços e outros empreendimentos necessários à consecução de seus fins"[2].

O conceito formulado por José Paciulli é o seguinte: "Despesa Pública é o *gasto da riqueza pública, autorizado pelo Poder competente, com o fim de ocorrer a uma necessidade pública* (coletiva)" (destaque no original)[3].

Nesse sentido[4], a despesa é vista como **parte do orçamento**, ou seja, aquela em que se encontram classificadas todas as autorizações para gastos com as várias atribuições e funções governamentais. Forma, por outras palavras, o complexo da distribuição e emprego das receitas para custeio dos diferentes setores da administração[5].

Em outro conceito, consoante leciona Aliomar Baleeiro, despesa pública é a aplicação de certa quantia, em dinheiro, por parte da autoridade ou agente público competente, dentro de uma autorização legislativa, para execução de um fim a cargo do governo[6]. Nesse sentido[7], a despesa é vista sob a **perspectiva infralegal**, ou seja, no plano em que a autoridade administrativa deve efetivar a execução dos dispêndios contidos na lei orçamentária[8].

---

[1] BALEEIRO, Aliomar. *Uma introdução à ciência das finanças*, p. 65.

[2] MEIRELLES, Hely Lopes. *Finanças municipais*, p. 176.

[3] PACIULLI, José. *Direito financeiro*, p. 16.

[4] O referido sentido é denominado por Sudá de Andrade de "acepção geral" do termo despesa (*Apontamentos de ciência das finanças*, p. 87).

[5] PEREIRA, José Matias. *Finanças públicas*: a política orçamentária no Brasil, p. 37.

[6] BALEEIRO, Aliomar. *Uma introdução à ciência das finanças*, p. 65.

[7] O referido sentido é denominado por Sudá de Andrade de "acepção particular" do termo despesa (*Apontamentos de ciência das finanças*, p. 87).

[8] JARDIM, Eduardo Marcial Ferreira. *Manual de direito financeiro e tributário*, p. 41.

Como se vê, a despesa pública é conceituada por Aliomar Baleeiro sob duas perspectivas:

PERSPECTIVA LEGAL	◪ A despesa é vista como parte da lei orçamentária.	◪ A despesa pública é definida como o conjunto dos dispêndios do Estado, ou de outra pessoa de direito público, para o custeio dos diferentes setores da administração.
PERSPECTIVA INFRALEGAL	◪ A despesa é considerada no plano da execução orçamentária.	◪ A despesa pública é definida como a aplicação de certo valor (em dinheiro) para execução de um fim a cargo do governo.

Sem discrepar da lição de Baleeiro, que dá ênfase a caracteres de fundo (aspectos metajurídicos) dos gastos públicos, a exemplo da realização do interesse público, Eduardo Marcial Ferreira Jardim opta por definição que considera estritamente jurídica, qualificando como despesa pública "todo dispêndio previsto no orçamento", por considerar que ela não pode ter finalidade estranha ao interesse público[9]. Tal conceituação, a despeito do mérito de procurar traduzir o significado jurídico do tema examinado, tem os inconvenientes de:

■ usar a expressão "previsto", quando o correto, em verdade, seria "fixado", pois, como adiante veremos, em matéria de despesas públicas — ao contrário das receitas públicas —, as autorizações contidas na lei orçamentária possuem um caráter **limitativo**, proibindo a realização de gastos além dos créditos concedidos (art. 167, inciso II, CF); e

■ não tomar em consideração as chamadas **despesas públicas extraordinárias**, as quais, como adiante veremos, por seu caráter eventual e esporádico, costumam não aparecer nos orçamentos e, mesmo assim, podem realizar-se[10].

Há quem entenda descaber no âmbito da Ciência do Direito Financeiro o estudo da despesa pública, por constituir ela fato ligado à prestação dos serviços públicos, que seria assunto regulado pelo Direito Administrativo. Em verdade, o Direito Financeiro se ocupa dos gastos públicos unicamente no que diz respeito aos **mecanismos formais** que envolvem desde a previsão até o desembolso (execução) deles. Já a análise dos serviços que ensejam as despesas (ou seja, das atividades estatais para as quais são direcionados os recursos públicos — por exemplo, serviços públicos relacionados à saúde, educação, segurança etc.) pertence ao campo de especulação de outras disciplinas, geralmente do Direito Administrativo, que é o âmbito apropriado para a teoria do serviço público[11].

5.2. DESPESAS PÚBLICAS E DESPESAS PRIVADAS: DISTINÇÃO

Dentre os critérios que caracterizam a despesa pública e a diferenciam de uma despesa privada (ou particular), podemos apontar os seguintes:

---

[9] JARDIM, Eduardo Marcial Ferreira. *Manual de direito financeiro e tributário*, p. 40-41.

[10] VIDIGAL, Geraldo de Camargo. *Fundamentos do direito financeiro*, p. 267.

[11] ROYO, Fernando Pérez. *Derecho financiero y tributário: parte general*, p. 36-37.

5 ◼ Teoria Geral das Despesas Públicas 83

◼ **quanto à necessidade:** a despesa pública, ao contrário do gasto privado, busca atender à necessidade pública: enquanto o Estado exercita sua atividade financeira visando realizar **fins políticos** (isto é, visando satisfazer o "bem comum"), o indivíduo, com a despesa privada, busca satisfazer interesses particulares[12]. Nesse sentido, leciona Rubens Gomes de Souza: "enquanto que para o particular a riqueza constitui um fim em si, para o Estado ela é apenas um meio de realizar as finalidades que lhe são próprias, e que se resumem na organização, preservação e aperfeiçoamento da vida humana em sociedade: o que se pode sintetizar dizendo que a finalidade essencial do Estado é a realização do interesse público"[13]. No mesmo sentido é a conclusão de Carlos Roberto de Miranda Gomes, que transcrevemos: "Por isso, os campos de atuação entre as *finanças públicas* e as *finanças privadas* se nos apresentam com matizes distintos. Naquelas preside a racionalidade em direção ao bem-estar. Nestas, os interesses de valorização, de especulação" (destaque no original)[14];

◼ **quanto ao modo como se realiza:** a despesa privada não obedece a nenhuma formalidade para sua efetivação, ao passo que a despesa pública deve seguir os trâmites e as formalidades impostos pela Constituição[15], pela Lei n. 4.320/64, pela Lei n. 14.133, de 01.04.2021 (Lei de Licitações e Contratos Administrativos), e pela Lei Complementar n. 101/2000 (Lei de Responsabilidade Fiscal);

◼ **quanto à conexão com a receita:** para alguns estudiosos, nas finanças privadas o fundamento da despesa é a receita, enquanto nas finanças públicas ocorre o inverso, sendo a despesa o fator principal, pois é ela que determina a receita que será necessária ao cumprimento de suas metas. Dito de outro modo, segundo tal teoria, o Estado apresenta **inicialmente as despesas** a serem executadas, acompanhadas de seu orçamento provável, cuidando da receita necessária **apenas num segundo momento**; o mesmo não acontece com o particular, que, em primeiro lugar, verifica seus rendimentos, para apenas depois estudar as despesas que pode efetuar. Para tal concepção, enquanto as finanças privadas começam com determinada **renda**, sendo esta a estrutura dentro da qual os gastos devem ser planejados, as finanças

---

[12] VILLEGAS, Héctor B. *Curso de finanzas, derecho financiero y tributario*, p. 48; RIBEIRO, José Joaquim Teixeira. *Lições de finanças públicas*, p. 39.

[13] SOUSA, Rubens Gomes de. *Compêndio de legislação tributária*, p. 31.

[14] GOMES, Carlos Roberto de Miranda. *Manual de direito financeiro e finanças*, p. 41.

[15] A Emenda Constitucional n. 128, de 22.12.2022, acrescentou o § 7.º ao art. 167 da CF, para proibir a **imposição** e a **transferência**, por lei, de qualquer **encargo financeiro** decorrente da prestação de serviço público para a União, os Estados, o Distrito Federal e os Municípios. Referido dispositivo encontra-se assim redigido: "A lei não imporá nem transferirá qualquer encargo financeiro decorrente da prestação de serviço público, inclusive despesas de pessoal e seus encargos, para a União, os Estados, o Distrito Federal ou os Municípios, sem a previsão de fonte orçamentária e financeira necessária à realização da despesa ou sem a previsão da correspondente transferência de recursos financeiros necessários ao seu custeio, ressalvadas as obrigações assumidas espontaneamente pelos entes federados e aquelas decorrentes da fixação do salário mínimo, na forma do inciso IV do *caput* do art. 7.º desta Constituição".

públicas iniciam-se com determinado plano de **despesa**, ajustando as autoridades suas receitas, a fim de satisfazer aquele plano[16].

Deste último critério, no entanto, diverge outra parte da doutrina[17], à qual se filia Geraldo de Camargo Vidigal. Esse autor entende que o referido critério de distinção entre os gastos públicos e os privados não corresponde à realidade das empresas privadas nem tem aplicação ao Estado de nossos dias, assim justificando seu posicionamento: "É exato que nas finanças domésticas se torna indispensável partir das receitas para as opções de despesa: mas o empresário deve necessariamente partir do exame do mercado para conjuntos de decisões solidárias de despesa e de previsão de receita. Embora seja verdadeiro que a empresa, ao iniciar sua operação, deverá realizar despesas dentro dos limites de suas receitas de capital e de crédito inicial, é também verdade que a própria realização do capital é necessariamente precedida por estudos ou visão do mercado e por expectativa de ser a empresa capaz de criar receitas suficientes para cobertura de seus custos. Busca a empresa reduzir ao mínimo seus custos e procura obter os melhores preços. Seu ponto de referência é o mercado: e não tem sentido dizer-se que tenta adaptar despesas a receitas. De certo ângulo, se suas receitas (preços) não se adaptarem a suas despesas (custos), a empresa perece. E os mercados de capitais e serviços, de um lado, e de produtos acabados, de outro, definirão a possibilidade do ajuste, sob a ação administrativa e inovadora do empresário"[18]. Significa dizer que, de certo modo, o indivíduo — da mesma forma que o Estado — também ajusta suas receitas a seus gastos.

---

[16] Nesse sentido: HICKS, Ursula K. *Finanças públicas*, p. 36-37; GOMES, Carlos Roberto de Miranda. *Manual de direito financeiro e finanças*, p. 40; MARTINS, Cláudio. *Compêndio de finanças públicas*, p. 7; LLAGUNO, Elaine Guadanucci. *Direito financeiro*, p. 32 e 121; ROSA JÚNIOR, Luiz Emygdio F. da. *Manual de direito financeiro e direito tributário*, p. 23-24; BENEMANN, Saul Nichele. *Compêndio de direito tributário e ciência das finanças*, p. 39-40; VALÉRIO, Walter Paldes. *Programa de direito financeiro e finanças*, p. 72. É por essa razão que, segundo Luiz Emygdio da Rosa Júnior, o exame da despesa pública deve *anteceder* o estudo da receita pública (*Manual de direito financeiro e direito tributário*, p. 23).

[17] Nesse sentido: DALTON, Hugh. *Principios de finanzas públicas*, p. 19-20; RIBEIRO, José Joaquim Teixeira. *Lições de finanças públicas*, p. 37. Também Benvenuto Griziotti critica tal critério de distinção entre os gastos públicos e os privados, por entender que não é razoável em termos absolutos: "Tanto para los entes públicos como para los privados, existen límites mínimos y máximos que no se puedem traspasar. Los límites mínimos están determinados por las necesidades de la existência, que no se pueden contraer ulteriormente sin daño, por lo cual deben crearse nuevos recursos para evitarlo. Los límites máximos están determinados por las posibilidades presentes o futuras de tener ingresos, con los cuales proveer al pago de los gatos" (*Principios de ciencia de las finanzas*, p. 54-55). No mesmo sentido é a lição de *Héctor B. Villegas, que, criticando a premissa de que o Estado conhece primeiro seus gastos e depois ajusta a eles seus recursos, aduz que: "tanto los gastos como los ingresos encuentran un límite en la renta de la Nación. Ninguna finalidad seria tendría una selección de gastos si no tuviese presente un cálculo por lo menos preventivo de los ingresos"* (*Curso de finanzas, derecho financiero y tributário*, p. 49). Ainda no mesmo sentido é a percepção de Dino Jarach, que assevera: "la elección de los recursos, o sea de los procedimientos para la obtención del poder de compra para efectuar los gastos, no constituye um paso posterior, lógica ni cronológicamente, a la determinación de los gastos" (*Finanzas públicas y derecho tributario*, p. 55).

[18] VIDIGAL, Geraldo de Camargo. *Fundamentos do direito financeiro*, p. 37-38.

5 ■ Teoria Geral das Despesas Públicas
85

Ao casar-se, por exemplo, os gastos considerados necessários vão se elevar e, então, terá de aumentar suas receitas, trabalhando mais e sacrificando horas de repouso. Pelo contrário, quando seus filhos puderem satisfazer as próprias necessidades, a estimação de seus gastos tenderá a diminuir, permitindo que se decida a trabalhar com menos afinco ou a proporcionar-se mais descanso[19].

Em contrapartida, leciona Geraldo de Camargo Vidigal, "a versão de que o Estado adapta suas receitas às despesas só seria verdadeira sob as suposições da doutrina clássica. Para os clássicos da Finança, ante suas teses do Estado improdutivo e encarado como um mal necessário, as despesas deveriam ser tão pequenas quanto possíveis e as receitas apenas as necessárias para cobrir a despesa: adaptar-se-iam, pois, as receitas às despesas inarredáveis". No Estado moderno, porém, enfatiza Geraldo Vidigal, "os ideais de desenvolvimento e bem-estar e o conhecimento dos mecanismos financeiros ditam quadros inteiramente diversos de necessidades financeiras públicas. O Estado não limitará suas despesas ao mínimo do conceito 'gendarme', mas procurará, pelo contrário, dimensioná-las de maneira a que satisfações sociais, sob as gestões combinadas do poder público e da empresa, possam atingir o ponto ótimo. E, ao realizar suas receitas, não se deverá preocupar apenas com o financiamento das satisfações geridas pelo poder público, mas também com a perda de poder de compra e gestão que as receitas públicas acarretam ao setor privado"[20]. Significa dizer que, de certo modo, o Estado — da mesma forma que o indivíduo — também ajusta suas despesas ao cálculo de suas prováveis receitas. Em tempos ruins, quando o montante da arrecadação cai, é provável que se reduzam os gastos públicos; em tempos bons, quando a arrecadação aumenta, é provável que, de igual modo, aumentem-se os gastos públicos[21].

De qualquer modo, é indubitável que, em ambos os casos (finanças públicas e privadas), há uma **simetria entre despesa e receita**, sobretudo nos períodos de escassez, em que o Estado restringe suas despesas para amoldá-las às suas receitas, diminuindo assim, ou, melhor dizendo, selecionando as prioridades de suas realizações, enquanto nas épocas de abundância incrementa políticas de desenvolvimento mais agressivas[22].

Como bem observa Raymundo Juliano Rêgo Feitosa, a conexão **receita pública- -gasto público** se coloca como eixo central da atividade financeira do Estado "e elemento fundamental para concretizar as opções políticas e sociais estabelecidas no ordenamento jurídico-positivo"[23]. Assim, considerando a **interpenetração entre despesa e receita**, registramos a advertência feita por Eduardo Manuel Hintze da Paz Ferreira de que "apenas a análise conjunta dos dois aspectos permite uma apreciação adequada das opções financeiras"[24].

---

[19] DALTON, Hugh. *Principios de finanzas públicas*, p. 19.

[20] VIDIGAL, Geraldo de Camargo. *Fundamentos do direito financeiro*, p. 38-39.

[21] DALTON, Hugh. *Principios de finanzas públicas*, p. 19-20.

[22] GOMES, Carlos Roberto de Miranda. *Manual de direito financeiro e finanças*, p. 40.

[23] FEITOSA, Raymundo Juliano Rêgo. A constituição financeira como questão crucial do direito constitucional, p. 131.

[24] FERREIRA, Eduardo Manuel Hintze da Paz. *Ensinar finanças públicas numa faculdade de direito*, p. 172.

Esquematizando os critérios diferenciadores das despesas públicas relativamente às despesas privadas, temos o seguinte quadro:

CRITÉRIOS	DESPESA PÚBLICA	DESPESA PRIVADA
QUANTO À NECESSIDADE QUE BUSCA ATENDER	▪ Busca atender à necessidade pública, isto é, satisfazer o "bem comum".	▪ Busca a satisfação de necessidade individual.
QUANTO À CONEXÃO COM A RECEITA	▪ É a despesa que determina a receita, isto é, o Estado apresenta primeiramente as despesas a serem executadas, acompanhadas de seu orçamento provável, cuidando da receita indispensável apenas num segundo momento.	▪ É a receita que determina a despesa, isto é, o particular, em primeiro lugar, verifica seus rendimentos, para apenas depois estudar as despesas que pode efetuar.
QUANTO AO MODO COMO SE REALIZA	▪ Deve seguir as formalidades determinadas pela Lei n. 4.320/64 e pela Lei Complementar n. 101/2000.	▪ Não obedece a nenhuma formalidade para sua efetivação.

5.3. CLASSIFICAÇÃO

Em relação ao gênero "despesas públicas", há que se fazer distinção entre as classificações **doutrinárias**, que são as formuladas pelos estudiosos da matéria, e a **classificação legal**, que é a adotada pelo direito positivo brasileiro.

5.3.1. CLASSIFICAÇÕES DOUTRINÁRIAS

Os autores classificam as despesas públicas de maneiras diversas, de acordo com o aspecto (critério) pelo qual as consideram. Aludiremos às principais dessas classificações.

5.3.1.1. Quanto à periodicidade

Quanto à periodicidade (regularidade) das despesas públicas, temos as seguintes espécies:

▪ **despesas ordinárias:** são as que normalmente constituem a **rotina** dos serviços públicos e, destarte, renovam-se todos os anos e extinguem-se no curso de cada exercício financeiro[25]. No dizer de Ariosto de Rezende Rocha, ordinárias "são as despesas autorizadas no Orçamento e que têm caráter contínuo permanente, correspondendo às necessidades da manutenção dos serviços públicos, qualquer que seja a sua modalidade"[26]. Exs.: despesas com pessoal (folha de pagamento dos servidores), aquisição de material de expediente e conservação de prédios públicos;

▪ **despesas extraordinárias:** são aquelas de caráter esporádico, provocadas por circunstâncias de caráter eventual, acidental, excepcional, e que, justamente por

---

[25] GRIZIOTTI, Benvenuto. *Principios de ciencia de las finanzas*, p. 62; SOUZA, Ruy de. *Ciência das finanças:* parte geral, t. I, p. 134.

[26] ROCHA, Ariosto de Rezende. *Elementos de direito financeiro e finanças*, v. 1, p. 87.

isso, costumam não aparecer nos orçamentos com dotação própria[27]. Satisfazem necessidade pública **imprevisível** e **urgente**, sendo realizadas pelo Estado mesmo que nos orçamentos não figurem verbas destinadas à sua efetivação[28]. Para sua realização, é necessária a abertura de créditos extraordinários (art. 167, § 3.º, CF). Exs.: despesas de guerra ou decorrentes de calamidade pública (inundações, epidemias etc.);

▪ **despesas especiais:** são aquelas que decorrem de fato **previsível**, mas que o Estado não sabe **quando** ocorrerá, ou seja, o Estado tem certeza de sua realização, só não tendo condições de prever o real momento de sua execução[29]. A despesa especial, no dizer de Carlos Roberto de Miranda Gomes, é "aquela realizada para atender necessidades novas surgidas no correr do exercício financeiro que, embora possa até ser previsível, não é estimável *a priori*"[30]. Exs.: pagamentos oriundos de sentenças judiciais, indenizações e desapropriações.

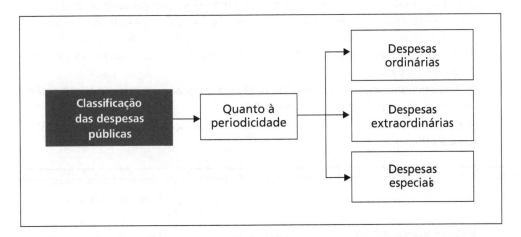

Observação: Alguns autores, ao classificar as despesas públicas pelo critério da periodicidade, distinguem apenas as despesas **ordinárias** das **extraordinárias**, não mencionando a existência de uma terceira categoria, que corresponderia às despesas **especiais**[31].

---

[27] MORSELLI, Manuel. *Compendio de ciencia de las finanzas*, p. 39; DEODATO, Alberto. *Manual de ciência das finanças*, p. 32; ANDRADE, Sudá de. *Apontamentos de ciência das finanças*, p. 90.
[28] SILVA, De Plácido e. *Noções de finanças e direito fiscal*, p. 100.
[29] CASTRO, Alexandre Barros. *Manual de direito financeiro e tributário*, p. 244; ALVES, Benedito Antônio; GOMES, Sebastião Edilson Rodrigues. *Curso de direito financeiro*, p. 100; CAMPOS, Dejalma de. *Direito financeiro e orçamentário*, p. 47.
[30] GOMES, Carlos Roberto de Miranda. *Manual de direito financeiro e finanças*, p. 70.
[31] Nesse sentido: BALEEIRO, Aliomar. *Uma introdução à ciência das finanças*, p. 91; SAMPAIO, Egas Rosa. *Instituições de ciência das finanças:* uma abordagem econômico-financeira, p. 106; LLAGUNO, Elaine Guadanucci. *Direito financeiro*, p. 49; HARADA, Kiyoshi. *Direito financeiro e tributário*, p. 38; JUND, Sergio. *Direito financeiro e orçamento público*, p. 112.

Apesar de a classificação exposta não corresponder à adotada pelo direito positivo brasileiro (que, como adiante veremos, divide as despesas públicas em **correntes** e **de capital**), a Constituição Federal a ela faz referência, ao autorizar a criação, pela União, de empréstimo compulsório "para atender a **despesas extraordinárias**, decorrentes de calamidade pública, de guerra externa ou sua iminência" (art. 148, inciso I, CF) (destaque nosso).

5.3.1.2. Quanto à competência

Quanto à competência constitucional de cada pessoa política, consoante a organização do Estado brasileiro, temos:

■ **despesas federais:** são aquelas destinadas à realização dos fins e serviços que competem à União;

■ **despesas estaduais:** são as despesas não entregues à competência federal ou que não representam o "interesse local" (art. 30, inciso I, CF), porque aos Estados se reservam todos os poderes que, implícita ou explicitamente, não sejam reservados, pela Constituição Federal, à União ou aos Municípios, na forma da prescrição do § 1.º do art. 25 da CF;

■ **despesas municipais:** são aquelas relacionadas com o exercício das competências municipais, previstas no art. 30 da CF;

■ **despesas distritais:** são as relativas aos fins e serviços que competem ao Distrito Federal.

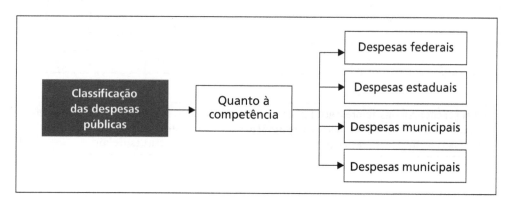

5.3.1.3. Quanto à extensão

Quanto à sua extensão (ou lugar[32]), temos as seguintes categorias de despesas públicas:

■ **despesa interna:** que, no dizer de Alberto Deodato[33], é a "efetuada para ocorrer às necessidades de ordem interna do país e paga em moeda brasileira, dentro do

---

[32] SILVA, De Plácido e. *Noções de finanças e direito fiscal*, p. 100.
[33] DEODATO, Alberto. *Manual de ciência das finanças*, p. 32.

território nacional". Em outra definição, mais abrangente, despesa interna seria a efetuada dentro do território da entidade de direito que a realiza[34];

■ **despesa externa:** é a efetuada fora do país e paga em moeda estrangeira[35]. Noutra acepção, mais elástica, despesa externa seria a efetuada fora do território da entidade de direito que a realiza[36].

A despesa de um Município efetuada a empresa sediada **em outro Município, dentro do território nacional**, pode, assim, ser classificada como despesa **interna** ou **externa**, dependendo da concepção adotada: se se considerar como critério diferenciador entre as despesas o fato de serem realizadas dentro ou fora do país, então a despesa em questão será **interna**; porém, se for tomada como critério diferenciador a circunstância de serem realizadas dentro ou fora do território da entidade de direito que as realiza, a despesa em questão será **externa**.

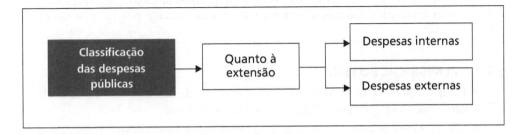

5.3.1.4. Quanto ao aspecto econômico

Existe, ainda, a chamada classificação quanto ao aspecto econômico — ou, simplesmente, classificação econômica —, dentro da qual temos:

■ **despesa-compra:** é a realizada para aquisição de produtos e/ou serviços[37] para satisfação das necessidades públicas, caracterizando-se, pois, pela existência de contraprestação[38]. Exs.: aquisição de bens de consumo, folha de pagamento do funcionalismo etc.;

■ **despesa-transferência** (*transfer expenditure*)**:** é a que não corresponde à aplicação governamental para compra de produtos e serviços, limitando-se a criar rendimentos para outras pessoas sem qualquer contraprestação por parte destas[39].

---

[34] CAMPOS, Dejalma de. *Direito financeiro e orçamentário*, p. 47.
[35] DEODATO, Alberto. *Manual de ciência das finanças*, p. 32.
[36] CAMPOS, Dejalma de. *Direito financeiro e orçamentário*, p. 47.
[37] RIBEIRO, José Joaquim Teixeira. *Lições de finanças públicas*, p. 143.
[38] HARADA, Kiyoshi. *Direito financeiro e tributário*, p. 39. Luiz Emygdio da Rosa Júnior denomina tais despesas de *reais* ou *de serviços* (*Manual de direito financeiro e direito tributário*, p. 33). Também empregam tal denominação: CASTRO, Alexandre Barros. *Manual de direito financeiro e tributário*, p. 240; GOMES, Carlos Roberto de Miranda. *Manual de direito financeiro e finanças*, p. 71; VALÉRIO, Walter Paldes. *Programa de direito financeiro e finanças*, p. 77.
[39] DALTON, Hugh. *Principios de finanzas públicas*, p. 226.

Exs.: juros da dívida pública, pensões, aposentadorias, subvenções sem encargos etc.[40]

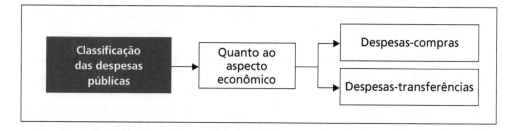

> **Observação:** Ressalte-se que alguns doutrinadores utilizam a denominação **classificação econômica** para designar a classificação de despesas adotada pela Lei n. 4.320/64[41]. Preferimos denominar a classificação legal das despesas públicas de classificação **conforme a categoria econômica**, até porque esta é a terminologia adotada pela Lei n. 4.320/64 (arts. 12 e 13).

5.3.2. CLASSIFICAÇÃO LEGAL

A Lei n. 4.320/64 trata da conceituação das espécies de despesa, bem como as classifica **conforme a categoria econômica** a que elas se aplicam.

As despesas públicas são classificadas na Lei n. 4.320/64 em **despesas correntes** e **despesas de capital** (art. 12). Esta, aliás, é a única classificação que importa para fins de elaboração da lei orçamentária (art. 2.º, § 1.º, inciso II, Lei n. 4.320/64).

5.3.2.1. Despesas correntes

A Lei n. 4.320/64 não fornece uma definição de "despesas correntes", tendo apenas delineado o conceito de cada uma de suas espécies ("despesas de custeio" e "transferências correntes" — art. 12, §§ 1.º e 2.º).

No entanto, tomando por base o disposto nos referidos parágrafos, conclui-se que **despesas correntes** são os gastos de recursos com a manutenção de serviços já criados, ou recursos que se transferem para outras entidades, nelas constituindo receita corrente[42].

As despesas correntes são aquelas consideradas rotineiras, repetidas a cada ano. São tidas como **economicamente improdutivas**[43], tendo em vista que não produzem qualquer acréscimo de capital.

Despesas correntes são, pois, os dispêndios que **não contribuem diretamente para a formação ou aquisição de um bem de capital**.

---

[40] BALEEIRO, Aliomar. *Cinco aulas de finanças e política fiscal*, p. 27.
[41] Nesse sentido: KOHAMA, Heilio. *Contabilidade pública:* teoria e prática, p. 103.
[42] Lei n. 4.320/64, art. 11, § 1.º: "São Receitas Correntes (...) as provenientes de recursos financeiros recebidos de outras pessoas de direito público ou privado, quando destinadas a atender despesas classificáveis em Despesas Correntes".
[43] GOMES, Carlos Roberto de Miranda. *Manual de direito financeiro e finanças*, p. 71.

5 ■ Teoria Geral das Despesas Públicas

Consoante dispõe o *caput* do art. 12 da Lei n. 4.320/64, as despesas correntes dividem-se em dois grupos:

■ **despesas de custeio;**
■ **transferências correntes.**

Colocadas as espécies de despesas correntes num quadro sinótico, temos:

ESPÉCIES DE DESPESAS CORRENTES	
DESPESAS DE CUSTEIO	■ Despesas realizadas pela administração, na manutenção e operação de serviços internos e externos **já criados e instalados**, inclusive aquelas que dizem respeito a obras de **conservação e adaptação de bens imóveis** (art. 12, § 1.º, Lei n. 4.320/64). Exs.: pessoal civil e militar, material de consumo (art. 13, Lei n. 4.320/64).
TRANSFERÊNCIAS CORRENTES	■ Despesas às quais não corresponda uma contraprestação direta e imediata em bens ou serviços (como os pagamentos de **inativos** e **pensionistas** — art. 13, Lei n. 4.320/64), inclusive para contribuições e **subvenções** destinadas a atender outras entidades de direito público ou privado (art. 12, § 2.º, Lei n. 4.320/64).

Dentre as transferências correntes, destacam-se as **subvenções**, como tais consideradas, para os efeitos orçamentários, as transferências destinadas a cobrir despesas de custeio das entidades beneficiadas (art. 12, § 3.º, Lei n. 4.320/64), distinguindo-se duas espécies:

■ **subvenções sociais;** e
■ **subvenções econômicas.**

Colocadas as espécies de subvenções num quadro sinótico, temos:

ESPÉCIES DE SUBVENÇÕES	
SUBVENÇÕES SOCIAIS	■ Destinadas a instituições públicas ou privadas de caráter assistencial ou cultural, **sem finalidade lucrativa.**
SUBVENÇÕES ECONÔMICAS	■ Destinadas a empresas públicas ou privadas de caráter industrial, comercial, agrícola ou pastoril.

5.3.2.2. Despesas de capital

A Lei n. 4.320/64 não apresenta uma definição de "despesas de capital", limitando-se a definir cada uma de suas espécies ("investimentos", "inversões financeiras" e "transferências de capital" — art. 12, §§ 4.º, 5.º e 6.º).

No entanto, apesar do exposto, é possível definir **despesas de capital** como os dispêndios que determinam como contrapartida alterações compensatórias no ativo ou passivo, ou recursos que se transferem para outras entidades, aí constituindo receita de capital[44].

---

[44] Lei n. 4.320/64, art. 11, § 2.º: "São Receitas de Capital (...) os recursos recebidos de outras pessoas de direito público ou privado, destinados a atender despesas classificáveis em Despesas de Capital (...)".

São consideradas as despesas de capital como **economicamente produtivas**, tendo em vista que produzem acréscimo ou mutação patrimonial[45].

Despesas de capital são, pois, os dispêndios que **contribuem diretamente para a formação ou aquisição de um bem de capital**.

Nos termos do *caput* do art. 12 da Lei n. 4.320/64, as despesas de capital dividem-se em três grupos:

- ▪ **investimentos**;
- ▪ **inversões financeiras**; e
- ▪ **transferências de capital**.

Colocadas as espécies de despesas de capital num quadro sinótico, temos:

ESPÉCIES DE DESPESAS DE CAPITAL	
INVESTIMENTOS	▪ Dotações para (art. 12, § 4.º, Lei n. 4.320/64): **a)** o planejamento e a execução de **obras** públicas, inclusive as destinadas à aquisição de imóveis considerados necessários à realização das referidas obras; **b)** os programas especiais de trabalho (serviços em regime de programação especial); **c)** aquisição de instalações, equipamentos e material permanente; e **d)** participação em constituição ou aumento de capital de empresas ou entidades **industriais** ou **agrícolas**.
INVERSÕES FINANCEIRAS	▪ Dotações destinadas a (art. 12, § 5.º, Lei n. 4.320/64): **a)** aquisição de imóveis, ou de bens de capital **já em utilização**; **b)** aquisição de títulos representativos de capital de empresas ou entidades de qualquer espécie, já constituídas e em funcionamento, quando a operação não importe aumento do capital; **c)** participação em constituição ou aumento do capital de empresas ou entidades **comerciais** ou **financeiras**, inclusive bancárias ou de seguros. ▪ De acordo com o art. 13 da Lei n. 4.320/64, são também inversões financeiras: **a)** constituição de fundos rotativos; **b)** concessão de empréstimos; **c)** diversas inversões financeiras.
TRANSFERÊNCIAS DE CAPITAL	▪ Dotações para (art. 12, § 6.º, Lei n. 4.320/64): **a)** investimentos ou inversões financeiras que outras pessoas de direito público ou privado devam realizar, independentemente de contraprestação direta em bens ou serviços, constituindo essas transferências **auxílios** ou **contribuições**, segundo derivem diretamente da Lei de Orçamento (LOA) ou de lei especialmente anterior. Exs: auxílios para obras públicas; auxílios para equipamentos e instalações; auxílios para inversões financeiras; outras contribuições; **b)** amortização da dívida pública.

> **Observação:** A aquisição de imóveis necessários à realização de obras públicas qualifica-se como **investimento**, mas a aquisição de imóveis **para uso** da Administração entra no grupo das **inversões financeiras**.

---

[45] GOMES, Carlos Roberto de Miranda. *Manual de direito financeiro e finanças*, p. 72.

5 ◘ Teoria Geral das Despesas Públicas

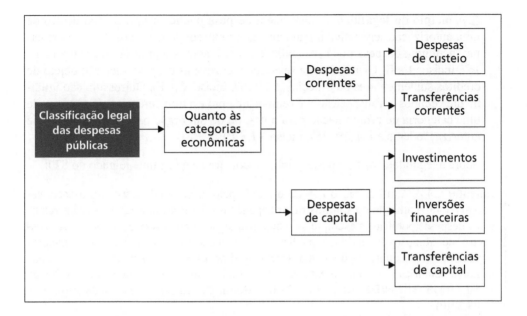

5.4. PRINCÍPIOS DAS DESPESAS PÚBLICAS

Consoante leciona Dejalma de Campos[46], as despesas públicas devem atentar para os seguintes princípios, dentre outros:

◘ **princípio da utilidade:** o administrador deve efetuar as despesas para satisfazer o maior número de pessoas, evitando, assim, a realização de despesas improdutivas ou que atendam um número reduzido de pessoas[47];

> **Observação:** À utilidade da despesa, Alberto Deodato acrescenta o requisito da **oportunidade** da despesa, que "aconselha à administração desprezar os serviços supérfluos, que representem luxo ou excessivo conforto, nos momentos de crise financeira e quando despesas úteis são exigíveis"[48].

◘ **princípio da discussão pública:** consiste em manter o caráter **público** da despesa, de modo que passe pelo crivo do Poder Legislativo (discussões parlamentares, pelos Tribunais de Contas) e pela publicação na imprensa, com o fim de esclarecer a opinião pública e possibilitar sua fiscalização[49];

---

[46] CAMPOS, Dejalma de. *Direito financeiro e orçamentário*, p. 48-49.

[47] No mesmo sentido: DEODATO, Alberto. *Manual de ciência das finanças*, p. 35; SILVA, Jair Cândido da; VASCONCELOS, Edilson Felipe. *Manual de execução orçamentária e contabilidade pública*, p. 327; VALÉRIO, Walter Paldes. *Programa de direito financeiro e finanças*, p. 74.

[48] DEODATO, Alberto. *Manual de ciência das finanças*, p. 36. O referido autor qualifica como **legítima** a despesa que reúne os requisitos de utilidade e oportunidade (*Manual de ciência das finanças*, p. 36).

[49] No mesmo sentido: DEODATO, Alberto. *Manual de ciência das finanças*, p. 36; CASTRO, Alexandre Barros. *Manual de direito financeiro e tributário*, p. 238.

■ **princípio da legalidade:** exige que a despesa pública seja realizada dentro de uma autorização legislativa (orçamentária ou extraorçamentária). Por esse princípio, nenhuma despesa pode ser realizada sem que exista previsão legislativa (art. 167, incisos I e II, CF). Tal regra se aplica inclusive às despesas que são objeto de créditos suplementares ou especiais (art. 167, inciso V, CF). Outrossim, são igualmente vedados a transposição[50], o remanejamento e a transferência[51] de recursos de uma categoria de programação para outra, ou de um órgão para outro, sem prévia autorização legislativa (art. 167, inciso VI, CF)[52].

Sobre a legalidade das despesas públicas, confira-se o seguinte julgado do STJ:

> **Ementa:** (...) A Administração Pública é regida pelo princípio da estrita legalidade, segundo o qual a atuação do administrador depende de autorização legal. Nos casos relativos a despesas públicas, a exemplo da concessão de aumento a servidores públicos, o espectro de atuação da entidade pública ainda encontra-se submetido aos princípios orçamentários, os quais impõem uma série de limitações, como a previsão dos gastos nas leis orçamentárias e o cumprimento dos percentuais contidos na lei de responsabilidade fiscal (**RMS 31.759/DF**, Rel. Min. Castro Meira, 2.ª Turma, j. em 10.08.2010, *DJe* 19.08.2010).

5.5. AJUSTE FISCAL PARA CONTROLE DAS DESPESAS CORRENTES

A Emenda Constitucional n. 109, de 15.03.2021, introduziu na CF o art. 167-A, que dispõe sobre o **controle das despesas correntes**.

Assim, de acordo com o *caput* do referido dispositivo, apurado que, no período de 12 (doze) meses, a relação entre despesas correntes e receitas correntes **supera 95% (noventa e cinco por cento)**, no âmbito dos Estados, do Distrito Federal e dos Municípios, é **facultado** aos Poderes Executivo, Legislativo e Judiciário, ao Ministério Público, ao Tribunal de Contas e à Defensoria Pública do ente, enquanto permanecer a situação, aplicar o mecanismo de **ajuste fiscal** de vedação da:

■ concessão, a qualquer título, de vantagem, aumento, reajuste ou adequação de remuneração de membros de Poder ou de órgão, de servidores e empregados públicos e de militares, exceto dos derivados de sentença judicial transitada em julgado ou de determinação legal anterior ao início da aplicação das medidas de que trata este artigo;

■ criação de cargo, emprego ou função que implique aumento de despesa;

---

[50] **Transposições**, no dizer de Lino Martins da Silva, "são os movimentos de recursos entre projetos e atividades de um mesmo programa ou entre programas diferentes de uma mesma unidade, quando se apresentarem completamente executados ou quando forem cancelados" (*Contabilidade governamental:* um enfoque administrativo, p. 74).

[51] **Transferências**, consoante leciona Lino Martins da Silva, são os "movimentos de recursos de um item ou de um elemento de despesa de uma mesma categoria econômica, ou entre categorias econômicas diferentes de uma mesma unidade, quando consideradas necessárias pela administração" (*Contabilidade governamental:* um enfoque administrativo, p. 75).

[52] ROSA JÚNIOR, Luiz Emygdio F. da. *Manual de direito financeiro e direito tributário*, p. 38-39.

5 ◼ Teoria Geral das Despesas Públicas

◻ alteração de estrutura de carreira que implique aumento de despesa;

◻ admissão ou contratação de pessoal, a qualquer título, ressalvadas:

a) as reposições de cargos de chefia e de direção que não acarretem aumento de despesa;

b) as reposições decorrentes de vacâncias de cargos efetivos ou vitalícios;

c) as contratações temporárias de que trata o inciso IX do art. 37 da CF; e

d) as reposições de temporários para prestação de serviço militar e de alunos de órgãos de formação de militares;

◻ realização de concurso público, exceto para as reposições de vacâncias anteriormente mencionadas;

◻ criação ou majoração de auxílios, vantagens, bônus, abonos, verbas de representação ou benefícios de qualquer natureza, inclusive os de cunho indenizatório, em favor de membros de Poder, do Ministério Público ou da Defensoria Pública e de servidores e empregados públicos e de militares, ou ainda de seus dependentes, exceto quando derivados de sentença judicial transitada em julgado ou de determinação legal anterior ao início da aplicação das medidas de que o art. 167-A da CF;

◻ criação de despesa obrigatória;

◻ adoção de medida que implique reajuste de despesa obrigatória acima da variação da inflação, observada a preservação do poder aquisitivo referida no inciso IV do art. 7.º da CF;

◻ criação ou expansão de programas e linhas de financiamento, bem como remissão, renegociação ou refinanciamento de dívidas que impliquem ampliação das despesas com subsídios e subvenções;

◻ concessão ou ampliação de incentivo ou benefício de natureza tributária.

Ocorrendo a hipótese de que trata o *caput* do art. 167-A da CF — isto é, a despesa corrente **superar 95% (noventa e cinco por cento)** da receita corrente —, até que **todas** as medidas de ajuste fiscal anteriormente mencionadas tenham sido adotadas por todos os Poderes e órgãos, de acordo com declaração do respectivo Tribunal de Contas, são **vedadas** (art. 167-A, § 6.º, CF):

◻ a concessão, por qualquer outro ente da Federação, de garantias ao ente envolvido;

◻ a tomada de operação de crédito por parte do ente envolvido com outro ente da Federação, diretamente ou por intermédio de seus fundos, autarquias, fundações ou empresas estatais dependentes, ainda que sob a forma de novação, refinanciamento ou postergação de dívida contraída anteriormente, ressalvados os financiamentos destinados a projetos específicos celebrados na forma de operações típicas das agências financeiras oficiais de fomento.

Apurado que a despesa corrente **supera 85% (oitenta e cinco por cento)** da receita corrente, **sem exceder 95% (noventa e cinco por cento)**, as medidas de ajuste fiscal anteriormente mencionadas podem ser, no todo ou em parte, implementadas por ato do

Chefe do Poder Executivo **com vigência imediata**, facultado aos demais Poderes e órgãos autônomos implementá-las em seus respectivos âmbitos (art. 167-A, § 1.º, CF). Tal ato deve ser submetido, em **regime de urgência**, à apreciação do Poder Legislativo (art. 167-A, § 2.º, CF).

O ato perde a eficácia, reconhecida a validade dos atos praticados na sua vigência, quando (art. 167-A, § 3.º, CF):

■ rejeitado pelo Poder Legislativo;

■ transcorrido o prazo de 180 (cento e oitenta) dias sem que se ultime a sua apreciação; ou

■ apurado que não mais se verifica a hipótese prevista no § 1.º deste artigo, mesmo após a sua aprovação pelo Poder Legislativo.

A apuração referida no art. 167-A da CF deve ser realizada **bimestralmente**, conforme determina seu § 4.º.

As disposições de que trata o art. 167-A da CF, nos termos de seu § 5.º:

■ não constituem obrigação de pagamento futuro pelo ente da Federação ou direitos de outrem sobre o erário;

■ não revogam, dispensam ou suspendem o cumprimento de dispositivos constitucionais e legais que disponham sobre metas fiscais ou limites máximos de despesas.

5.6. REGIME FISCAL SUSTENTÁVEL ("NOVO ARCABOUÇO FISCAL")

5.6.1. FUNDAMENTO CONSTITUCIONAL

A **Emenda Constitucional n. 95, de 15.12.2016**, alterou o Ato das Disposições Constitucionais Transitórias (ADCT) para nele inserir os arts. 106 a 114, que instituíram o denominado **"Novo Regime Fiscal"** — também conhecido como "teto de gastos" — no âmbito dos Orçamentos Fiscal e da Seguridade Social da União com o intuito de reverter, em médio e longo prazo, o quadro de desequilíbrio fiscal do Governo Federal.

Tal regime estabelecia, pelo prazo de **20 (vinte) anos** (art. 106, ADCT) e para cada exercício financeiro, **limites individualizados** para as **despesas primárias** de diversos Poderes, órgãos e Instituições (art. 107, ADCT).

Posteriormente, a **Emenda Constitucional n. 126, de 21.12.2022**, em seu art. 6.º, impôs ao Presidente da República o dever de encaminhar ao Congresso Nacional, até 31.08.2023, projeto de **lei complementar** com o objetivo de instituir **regime fiscal sustentável** para garantir a estabilidade macroeconômica do País e criar as condições adequadas ao crescimento socioeconômico, inclusive quanto à regra estabelecida no inciso III do *caput* do art. 167 da CF — que veda, ressalvadas as hipóteses nele previstas, a realização de operações de créditos que excedam o montante das despesas de capital.

Em atendimento à referida disposição constitucional, o Poder Executivo, em 18.04.2023, submeteu à apreciação do Congresso Nacional o texto do Projeto de Lei Complementar (PLP) n. 93/2023, que se transformou na **Lei Complementar n. 200, de**

30.08.2023[53], que instituiu o chamado **"regime fiscal sustentável"** — também conhecido como **"novo arcabouço fiscal"**.

> **Observação:** Nos termos do art. 9.º da EC n. 126/2022, com a sanção da Lei Complementar n. 200/2023, foram **revogados** os arts. 106, 107, 109, 110, 111, 111-A, 112 e 114 do ADCT[54]. Portanto, **o regime fiscal sustentável substituiu o Novo Regime Fiscal.**

O regime fiscal sustentável (art. 1.º, § 1.º, LC n. 200/2023):

- ◼ aplica-se às **receitas primárias** e às **despesas primárias** dos orçamentos fiscal e da seguridade social da União;
- ◼ não afasta as limitações e as condicionantes para geração de despesa e de renúncia de receita estabelecidas na LRF, observadas as disposições da LDO, inclusive em relação aos efeitos das renúncias de receita sobre a sustentabilidade do regime fiscal instituído na LC n. 200/2023.

A política fiscal da União deve ser conduzida de modo a manter a dívida pública em **níveis sustentáveis**, prevenindo riscos e promovendo medidas de ajuste fiscal em caso de desvios, garantindo a solvência e a sustentabilidade intertemporal das contas públicas (art. 1.º, § 2.º, LC n. 200/2023).

Integram o conjunto de medidas de ajuste fiscal (art. 1.º, § 3.º, LC n. 200/2023):

- ◼ a obtenção de resultados fiscais compatíveis com a sustentabilidade da dívida;
- ◼ a adoção de limites ao crescimento da despesa;
- ◼ a aplicação das vedações previstas nos incisos I a X do *caput* do art. 167-A da CF; e
- ◼ a recuperação e a gestão de receitas públicas.

5.6.2. PODERES, INSTITUIÇÕES E ÓRGÃOS DA UNIÃO ABRANGIDOS

Uma importante característica do "regime fiscal sustentável" instituído pela Lei Complementar n. 200/2023 é que o limite para o montante global das dotações orçamentárias relativas a despesas primárias é **individualizado**, isto é, estabelecido para cada um dos Poderes e para os órgãos com autonomia administrativa e financeira[55].

---

[53] Ressalte-se que a ementa e o *caput* do art. 1.º da Lei Complementar n. 200/2023 citam como fundamento de sua edição não apenas o art. 6.º da EC n. 126/2022, mas também o inciso VIII do *caput* e o parágrafo único do art. 163 da CF, que, incluídos pela EC n. 109/2021, atribuíram à lei complementar a função de dispor sobre a **sustentabilidade da dívida**.

[54] Com a sanção da Lei Complementar n. 200/2023, **não** foi revogado o **art. 107-A** do ADCT, que, inserido pela EC n. 114/2021, estabeleceu um regime especial de pagamentos de precatórios até o fim de 2026. Também **não** foi revogado o **art. 113** do ADCT, que impõe à proposição legislativa que crie ou altere despesa obrigatória ou renúncia de receita estar acompanhada da estimativa do seu impacto orçamentário e financeiro.

[55] Assim já era na vigência do "Novo Regime Fiscal" (art. 107, ADCT).

Nos termos do art. 3.º da Lei Complementar n. 200/2023, os limites estabelecidos pelo "regime fiscal sustentável" alcançam as despesas primárias dos seguintes Poderes, órgãos e Instituições:

☐ do Poder Executivo federal;

☐ no âmbito do Poder Judiciário: do Supremo Tribunal Federal (STF), do Superior Tribunal de Justiça (STJ), do Conselho Nacional de Justiça (CNJ), da Justiça do Trabalho, da Justiça Federal, da Justiça Militar da União, da Justiça Eleitoral e da Justiça do Distrito Federal e dos Territórios;

☐ no âmbito do Poder Legislativo: do Senado Federal, da Câmara dos Deputados e do Tribunal de Contas da União (TCU);

☐ do Ministério Público da União (MPU)e do Conselho Nacional do Ministério Público; e

☐ da Defensoria Pública da União (DPU).

5.6.3. LIMITES

Nos termos do § 1.º do art. 3.º da Lei Complementar n. 200/2023, os **limites individualizados** para as despesas primárias, a que se refere o *caput* do referido artigo, serão equivalentes ao valor do limite referente ao exercício imediatamente anterior, corrigido nos termos dos arts. 4.º e 5.º da Lei Complementar n. 200/2023, observado que as alterações nas dotações orçamentárias realizadas para atender à situação prevista no *caput* do art. 9.º do referido diploma não deverão ser incluídas para a definição do limite do exercício subsequente.

> **Observação:** Tais limites individualizados serão **corrigidos a cada exercício**, conforme os arts. 4.º e 5.º da Lei Complementar n. 200/2023.

5.6.4. ELEMENTOS QUE NÃO INTEGRAM A BASE DE CÁLCULO NEM OS LIMITES DO "REGIME FISCAL SUSTENTÁVEL"

De acordo com o § 2.º do art. 3.º da Lei Complementar n. 200/2023, não se incluem na base de cálculo e nos limites estabelecidos naquele artigo:

☐ as transferências estabelecidas no § 1.º do art. 20, no inciso III do parágrafo único do art. 146, no § 5.º do art. 153, no art. 157, nos incisos I e II do *caput* do art. 158, no art. 159 e no § 6.º do art. 212, todos da CF;

☐ as despesas referentes ao inciso XIV do *caput* do art. 21 da CF;

☐ as complementações de que tratam os incisos IV e V do *caput* do art. 212-A da CF;

☐ os créditos extraordinários;

☐ as despesas nos valores custeados com recursos de doações ou com recursos decorrentes de acordos judiciais ou extrajudiciais firmados para reparação de danos em decorrência de desastre;

☐ as despesas das universidades públicas federais, das empresas públicas da União prestadoras de serviços para hospitais universitários federais, das instituições federais de educação, ciência e tecnologia vinculadas ao Ministério da Educação, dos estabelecimentos de ensino militares federais e das demais instituições científicas, tecnológicas e de inovação, nos valores custeados com receitas próprias, ou de convênios, contratos ou instrumentos congêneres, celebrados com os demais entes federativos ou entidades privadas;

■ as despesas nos valores custeados com recursos oriundos de transferências dos demais entes federativos para a União destinados à execução direta de obras e serviços de engenharia;

■ as despesas para cumprimento do disposto:

a) nos §§ 11, 20 e 21 do art. 100 da CF;
b) no § 3.º do art. 107-A do ADCT;

■ as despesas não recorrentes da Justiça Eleitoral com a realização de eleições;
■ as transferências legais estabelecidas:

a) nas alíneas *a* e *b* do inciso II do *caput* do art. 39 da Lei n. 11.284, de 02.03.2006;
b) no art. 17 da Lei n. 13.240, de 30.12.2015.

5.6.5. ENCAMINHAMENTO DO PROJETO DE LOA

Conforme determina o § 4.º do art. 3.º da Lei Complementar n. 200/2023, a mensagem que encaminhar o projeto de LOA da União deverá demonstrar os valores máximos de programação compatíveis com os limites individualizados calculados na forma prevista no § 1.º do mencionado artigo.

As despesas primárias autorizadas na LOA e os respectivos créditos suplementares e especiais, inclusive reabertos, sujeitos aos limites de que trata o art. 3.º da Lei Complementar n. 200/2023, não poderão exceder os valores máximos demonstrados na mensagem que encaminhar o projeto de LOA da União (art. 3.º, § 5.º, LC n. 200/2023).

5.6.6. RESULTADO PRIMÁRIO DO GOVERNO CENTRAL

Caso o resultado primário do Governo Central apurado, relativo ao exercício anterior, seja **menor que o limite inferior** do intervalo de tolerância da meta, de que trata o inciso IV do § 5.º do art. 4.º da LRF, deverá ser observado o disposto no art. 6.º da Lei Complementar n. 200/2023.

Se o resultado primário do Governo Central apurado exceder o limite superior do intervalo de tolerância, o Poder Executivo federal poderá ampliar as dotações orçamentárias, na forma do art. 9.º da Lei Complementar n. 200/2023.

5.6.7. VINCULAÇÃO DE RECEITAS A DESPESAS

Até 2032, qualquer criação, alteração ou prorrogação de vinculação legal ou constitucional de receitas a despesas — inclusive na hipótese de aplicação mínima de montante de recursos — **não** poderá resultar em **crescimento anual da respectiva despesa primária superior à variação do limite de despesas primárias**, na forma prevista na Lei Complementar n. 200/2023 (art. 138, ADCT, acrescentado pela Emenda Constitucional n. 135, de 20.12.2024).

5.7. REGIME DE RECUPERAÇÃO FISCAL (RRF)

Também orientada pelos princípios da sustentabilidade econômico-financeira e da equidade intergeracional[56], a **Lei Complementar n. 159, de 19.05.2017**, instituiu o **Regime de Recuperação Fiscal (RRF)** dos Estados e do Distrito Federal[57], que tem por objetivo corrigir os desvios que afetaram o equilíbrio das contas públicas dos referidos entes.

Considera-se habilitado para aderir ao RRF o ente que atender, cumulativamente, aos requisitos dispostos no art. 3.º da referida lei, devendo, ainda, implementar as **medidas** previstas no art. 2.º do mesmo diploma.

Deferido o pedido de adesão ao RFF, será elaborado **Plano de Recuperação Fiscal** (art. 4.º-A, inciso I, alínea *a*, Lei Complementar n. 159/2017), que, após manifestação favorável do Ministro da Economia, será homologado por ato do Presidente da República, que estabelecerá a vigência do RFF (art. 5.º, *caput*, Lei Complementar n. 159/2017).

Durante a vigência do RFF o ente sujeita-se às **vedações** estabelecidas no art. 8.º da Lei Complementar n. 159/2017, dentre as quais, por exemplo, a proibição de conceder, prorrogar, renovar ou a ampliar benefício de natureza tributária da qual decorra renúncia de receita, ressalvados os de ICMS que tenham sido autorizados por convênio interestadual, nos termos do art. 155, § 2.º, inciso XII, alínea *g*, da CF.

Nos termos do § 6.º do art. 2.º da Lei Complementar n. 159/2017, o prazo de vigência do RRF será de até 9 (nove) exercícios financeiros, observadas as hipóteses de **encerramento** do art. 12 e de **extinção** do art. 13, ambos da referida lei.

5.8. QUESTÕES

---

[56] Afirmou o Ministro Edson Fachin, em seu voto no RE 587.982/RS, do qual foi relator: "Ao fim e ao cabo, há um compromisso geracional a ser honrado, quando se fala em uma gestão responsável das finanças públicas" (RE 587.982/RS, Pleno, j. em 27.03.2019, *DJe*-076 12.04.2019) (destaque nosso). Sobre o tema, assevera Heleno Taveira Torres: "Não se pode perder de vista que o dever de isonomia entre presentes, em matéria financeira, também se estende aos **ausentes**, não dos que foram, **mas daqueles que virão**. E por **garantia dos direitos das gerações futuras** é que se afirma o dever de conservação do Estado, segundo os valores republicanos de responsabilidade, legalidade e democracia, que se combinam na Constituição do Estado Democrático de Direito, dos quais defluem os fins e valores tipicamente de natureza financeira, na integração com as Constituições Econômica, Político-Federativa e Social" (*Direito constitucional financeiro*: teoria da constituição financeira, p. 89) (destaques nossos).

[57] Os Municípios não estão habilitados a aderir ao RRF.

6

EXECUÇÃO DAS DESPESAS PÚBLICAS

6.1. ESTÁGIOS DAS DESPESAS PÚBLICAS

São dois os estágios (fases) pelos quais deve passar uma despesa pública:

■ **fixação** (ou **instituição**); e
■ **realização**.

Vejamos, separadamente, cada um deles.

6.1.1. FIXAÇÃO

A fixação da despesa pública, no dizer de Ariosto Rocha, é o "estabelecimento da sua causa jurídica"[1]. Ocorre quando a despesa é inserida no orçamento, com correspondente dotação (art. 165, § 8.º, CF).

Dotação orçamentária (ou **crédito orçamentário**[2]), por sua vez, é a verba consignada no orçamento anual, inscrita na coluna "despesas públicas", para atender à execução de certas atividades governamentais[3]. No dizer de Francisco D'Auria, crédito orçamentário é "faculdade e direito do administrador de utilizar disponibilidades para realizar serviços previamente criados por lei, até os limites das dotações fixadas nas leis de orçamento"[4].

Como bem observa Sergio Jund, "crédito orçamentário não é dinheiro, e sim uma autorização para gastar". E conclui o autor citado: "Na técnica orçamentária, normalmente se distinguem as palavras crédito e recursos. Reserva-se o termo 'crédito' para designar o lado orçamentário, e 'recursos', para o lado financeiro. (...) O crédito é orçamentário, dotação ou autorização de gasto ou sua descentralização, e recurso é financeiro, portanto, dinheiro ou saldo bancário"[5].

---

[1] ROCHA, Ariosto de Rezende. *Elementos de direito financeiro e finanças*, v. 1, p. 85.

[2] As expressões **dotação orçamentária** e **crédito orçamentário**, consoante leciona Roberto Wagner Lima Nogueira, podem ser empregadas como sinônimas (*Direito financeiro e justiça tributária*, p. 74-75).

[3] Dotação, em sentido amplo, consoante leciona Hely Lopes Meirelles, "é o recurso fixado no orçamento para atender às necessidades de determinado órgão, fundo ou despesa" (*Finanças municipais*, p. 183).

[4] D'AURIA, Francisco. *Ciência das finanças:* teoria e prática, p. 295.

[5] JUND, Sergio. *Direito financeiro e orçamento público*, p. 153-154.

Demonstrada a existência de prévia dotação orçamentária, não há afronta ao princípio da legalidade da despesa pública[6]. Entretanto, a ausência de dotação orçamentária prévia não autoriza a declaração de inconstitucionalidade da lei instituidora da despesa pública, impedindo tão somente a sua aplicação naquele exercício financeiro, mas não no subsequente[7].

Deve-se notar, no § 8.º do art. 165 da CF, o uso do verbo "fixar" com referência às despesas e do verbo "prever" relativamente às receitas. Isto porque, em matéria de despesa pública, ao contrário do que ocorre com a receita pública, as autorizações contidas no orçamento — sejam as iniciais (originais) ou as incorporadas a ele em virtude de créditos adicionais abertos durante o exercício — possuem um caráter **limitativo** e **imperativo**, inibindo e proibindo a administração de efetuar gastos além dos créditos concedidos[8]. Pode o governo, porém, gastar **menos** do que está fixado no orçamento (desde que sejam obtidos os resultados da política pública), já que este é meramente autorizativo[9].

A fixação da despesa pública é precedida por uma gama de procedimentos, que vão desde a elaboração das propostas orçamentárias, a mensagem do Poder Executivo, o projeto de lei e a discussão pelo Poder Legislativo até a consequente aprovação e promulgação, transformando-a em Lei Orçamentária, que, em última análise, constitui o estágio da fixação da despesa[10].

A fase de fixação das despesas públicas, por compreender a elaboração da proposta orçamentária e a conversão da proposta em orçamento público (ato legislativo), será estudada com mais aprofundamento teórico no capítulo deste livro reservado ao **ciclo orçamentário**.

6.1.2. REALIZAÇÃO

É nesse segundo estágio que a despesa passa a ser efetivada, quando, então, são tomadas as providências necessárias à saída do dinheiro dos cofres públicos[11].

---

[6] STF, RMS 26.947/DF, Rel. Min. Cármen Lúcia, 1.ª Turma, j. em 10.03.2009, *DJe*-071 17.04.2009; RMS 27.357/DF, Rel. Min. Cármen Lúcia, 1.ª Turma, j. em 25.05.2010, *DJe*-145 06.08.2010; RMS 26.899/DF, Rel. Min. Cármen Lúcia, 1.ª Turma, j. em 25.05.2010, *DJe*-145 06.08.2010.

[7] Nesse sentido é a jurisprudência do STF: ADI-MC 1.243/MT, Rel. Min. Sydney Sanches, Pleno, j. em 17.08.1995, *DJ* 27.10.1995, p. 36331; ADI-MC 1.428/SC, Rel. Min. Maurício Corrêa, Pleno, j. em 01.04.1996, *DJ* 10.05.1996, p. 15131; ADI 1.585/DF, Rel. Min. Sepúlveda Pertence, Pleno, j. em 19.12.1997, *DJ* 03.04.1998, p. 1; ADI 3.599/DF, Rel. Min. Gilmar Mendes, Pleno, j. em 21.05.2007, *DJ* 14.09.2007, p. 30.

[8] SILVA, Lino Martins da. *Contabilidade governamental:* um enfoque administrativo, p. 39.

[9] RIBEIRO, José Joaquim Teixeira. *Lições de finanças públicas*, p. 58; GIAMBIAGI, Fabio; ALÉM, Ana Cláudia. *Finanças públicas:* teoria e prática no Brasil, p. 366; MACHADO JÚNIOR, J. Teixeira. *Administração orçamentária comparada:* Brasil-Estados Unidos, p. 77.

[10] KOHAMA, Heilio. *Contabilidade pública:* teoria e prática, p. 129.

[11] Decreto-Lei n. 200, de 25.02.1967, art. 70: "Publicados a lei orçamentária ou os decretos de abertura de créditos adicionais, as unidades orçamentárias, os órgãos administrativos, os de contabilização e os de fiscalização financeira ficam, desde logo, habilitados a tomar as providências cabíveis para o desempenho das suas tarefas".

6 ■ Execução das Despesas Públicas

São os seguintes os estágios da realização (execução) da despesa pública:

- programação;
- licitação;
- empenho;
- liquidação;
- ordem de pagamento;
- suprimento;
- pagamento.

Vejamos, separadamente, cada um deles[12].

6.1.2.1. Programação

É o estágio da despesa no qual o Poder Executivo, imediatamente após a promulgação da Lei Orçamentária Anual e com base nos limites nela fixados, aprovará um **quadro de cotas periódicas** da despesa que cada unidade orçamentária[13] fica autorizada a utilizar (art. 47, Lei n. 4.320/64)[14].

Nesse estágio, o Poder Executivo, por meio de um documento chamado **cronograma de desembolso**, traça um programa de utilização dos créditos orçamentários aprovados para o período.

A previsão da Lei n. 4.320/64 (art. 47) era de programação financeira **trimestral**. Atualmente, porém, exige a Lei Complementar n. 101/2000 (Lei de Responsabilidade Fiscal) periodicidade **mensal** (art. 8.º)[15].

A programação financeira é instrumento de grande valia para o administrador, possibilitando-lhe executar uma boa administração dos recursos financeiros disponíveis, evitando que recorra a empréstimos onerosos.

---

[12] Cumpre observar que o art. 227 do Decreto n. 15.783 (Regulamento Geral de Contabilidade Pública), de 08.11.1922, menciona apenas três estágios: *empenho, liquidação* e *pagamento*. Nesse sentido: NASCIMENTO, Edson Ronaldo. *Finanças públicas — União, Estados e Municípios*, p. 86.

[13] Entende-se por unidade orçamentária "o agrupamento de serviços subordinados ao mesmo órgão ou repartição a que serão consignadas dotações próprias" (SILVA, Jair Cândido da; VASCONCELOS, Edilson Felipe. *Manual de execução orçamentária e contabilidade pública*, p. 334).

[14] A programação da despesa é considerada por Lino Martins da Silva como integrante do estágio de *fixação* da despesa pública, ao lado da organização das estimativas que servirão de base às parcelas indicadas na proposta orçamentária e da conversão da proposta em orçamento público (*Contabilidade governamental:* um enfoque administrativo, p. 122).

[15] Por essa razão, considera-se que o art. 47 da Lei n. 4.320/64 foi revogado pela LRF. Nesse sentido: WEISS, Fernando Leme. *Princípios tributários e financeiros*, p. 253. Para Nagib Slaibi Filho, o art. 47 da Lei n. 4.320/64 teria sido revogado pelo art. 168 da CF, que determina que os recursos dos Poderers Legislativo e Judiciário, bem como do Ministério Público e da Defensoria Público, devam ser entregues até o dia 20 de cada mês, em duodécimos (*Anotações à Constituição de 1988:* aspectos fundamentais, p. 372, nota de rodapé n. 21).

6.1.2.2. Licitação

A Constituição Federal, em seu art. 37, inciso XXI, estabelece que, "ressalvados os casos especificados na legislação, as obras, serviços, compras e alienações serão contratados mediante processo de licitação pública que assegure igualdade de condições a todos os concorrentes, com cláusulas que estabeleçam obrigações de pagamento, mantidas as condições efetivas da proposta, nos termos da lei, o qual somente permitirá as exigências de qualificação técnica e econômica indispensáveis à garantia do cumprimento das obrigações"[16].

Como se vê, a regra geral é que a celebração dos contratos administrativos exige **licitação** prévia — que só será dispensável ou inexigível nos casos expressamente previstos em lei (art. 37, inciso XXI, CF) — e que constitui uma de suas peculiaridades, de caráter externo[17].

Assim, a licitação pode ser definida como o **procedimento administrativo formal**, realizado sob o regime de direito público, prévio a uma contratação, pelo qual a Administração seleciona com quem contratar e define as condições de direito e de fato que regularão essa relação jurídica futura[18].

Nos termos do art. 22, inciso XXVII, da Constituição Federal (com redação dada pela Emenda Constitucional n. 19, de 04.06.1998), compete privativamente à **União** legislar sobre **normas gerais de licitação e contratação**, em todas as modalidades, para as administrações públicas diretas, autárquicas e fundacionais da União, Estados, Distrito Federal e Municípios, obedecido o disposto no art. 37, inciso XXI, da CF, e para as empresas públicas e sociedades de economia mista, nos termos do art. 173, § 1.º, inciso III, da CF.

O art. 37, inciso XXI, da CF, está atualmente regulamentado pela **Lei n. 14.133, de 01.04.2021**, que, nos termos de seu art. 1.º, "estabelece normas gerais de licitação e contratação para as Administrações Públicas diretas, autárquicas e fundacionais da União, dos Estados, do Distrito Federal e dos Municípios"[19].

---

[16] Nesse sentido, já dispunha o art. 70 da Lei n. 4.320/64, *in verbis*: "A aquisição de material, o fornecimento e a adjudicação de obras e serviços serão regulados em lei, respeitado o princípio da concorrência".

[17] O dever de licitar também está previsto no *caput* do art. 175 da CF/88, que assim estabelece: "Art. 175. Incumbe ao Poder Público, na forma da lei, diretamente ou sob regime de concessão ou permissão, sempre através de **licitação**, a prestação de serviços públicos" (destaque nosso).

[18] JUSTEN FILHO, Marçal. *Comentários à lei de licitações e contratos administrativos*, p. 40.

[19] Além da Lei n. 14.133/2021, há outros diplomas que versam sobre licitações, como, por exemplo, a Lei n. 8.987, de 13.02.1995, que dispõe sobre a licitação na **concessão** e **permissão** de serviço público (regulamentando, assim, o *caput* do art. 175 da CF/88); a Lei n. 11.079, de 30.12.2004, que institui normas gerais para licitação e contratação de **parceria público-privada** no âmbito da administração pública; e a Lei n. 12.232, de 29.04.2010, que estabelece normas gerais para licitação e contratação pela administração pública de **serviços de publicidade** prestados por intermédio de agências de propaganda. Tais leis não foram revogadas pela Lei n. 14.133/2021, cujas disposições são aplicáveis **subsidiariamente** àquelas, nos termos de seu art. 185.

6 ■ Execução das Despesas Públicas

> **Observação:** As **empresas públicas, sociedades de economia mista e suas subsidiárias** também se submetem ao dever de licitar (art. 22, inciso XXVII c/c art. 173, § 1.º, inciso III, CF), mas não são regidas pela Lei n. 14.133/2021, e sim pela **Lei n. 13.303, de 30.06.2016** (Lei das Estatais), conforme dispõe o § 1.º do art. 1.º daquela.

Pela licitação, a Administração Pública seleciona a proposta **mais vantajosa** para a execução de objeto de seu interesse, entendendo-se por **objeto** "a compra, a obra, o serviço, a alienação, bem como toda e qualquer relação jurídica que possa ser objeto de contratação pela Administração"[20].

> **Observação:** A CF/88 permite que a legislação infraconstitucional especifique os casos que configuram exceções à regra geral do dever de licitar. Admite-se, assim, a chamada **contratação direta** (art. 72, Lei n. 14.133/2021), que compreende os casos de **inexigibilidade** e de **dispensa** de licitação (arts. 74 e 75, Lei n. 14.133/2021)[21].

6.1.2.3. Empenho

Além de constar genericamente da Lei Orçamentária Anual (LOA), todo pagamento de despesa pública precisa ser autorizado pela autoridade competente, que verificará se a categoria da despesa em questão consta do orçamento e se há dotação para ela. Em caso positivo, ocorrerá o **empenho da despesa**, que, no dizer de José Afonso da Silva, consiste "na reserva de recursos na dotação inicial ou no saldo existente para garantir a fornecedores, executores de obras ou prestadores de serviço pelo fornecimento de materiais, execução de obras ou prestação de serviços"[22].

Segundo o art. 58 da Lei n. 4.320/64, o empenho da despesa "é o ato emanado de autoridade competente que cria para o Estado obrigação de pagamento pendente ou não de implemento de condição".

Ao contrário do que afirma o dispositivo legal citado, o empenho, por si só, não gera àquele que se diz credor um "direito adquirido" de receber, nem cria para a Administração um dever de pagar, podendo ser cancelado unilateralmente se não houver a realização da prestação empenhada, isto é, se o credor não cumprir com a contraprestação devida[23]. Em verdade, como bem observa José Afonso da Silva, o empenho da despesa não passa "de ato meramente formal, que não cria, nem extingue, nem modifica nada; simplesmente *registra, certifica, faz constar, verifica*, e especialmente *reserva* recurso comprometido por ajustes, que o precedem ou, no máximo, lhe são concomitantes" (destaque no original)[24]. Como adiante veremos,

---

[20] FRADE, Elzamir Muniz. *Manual sobre licitações e contratos administrativos*, p. 3.

[21] Admitir, possibilitar ou dar causa à contratação direta fora das hipóteses previstas em lei constitui crime sujeito a pena de reclusão, de 4 (quatro) a 8 (oito) anos, e multa, nos termos do art. 337-E do Código Penal, acrescentado pela Lei n. 14.133/2021.

[22] SILVA, José Afonso da. *Orçamento-programa no Brasil*, p. 337.

[23] NASCIMENTO, Edson Ronaldo. *Princípios de finanças públicas*, p. 188.

[24] SILVA, José Afonso da. *Orçamento-programa no Brasil*, p. 339. Nesse sentido: NASCIMENTO, Carlos Valder do. *Curso de direito financeiro*, p. 129; BASTOS, Celso Ribeiro. *Curso de direito financeiro e de direito tributário*, p. 33; HARADA, Kiyoshi. *Direito financeiro e tributário*, p. 40.

somente após a verificação na fase de liquidação surge **formalmente** para o Estado a obrigação de pagamento[25].

O empenho, como bem observa Ariosto de Rezende Rocha, "é o ato administrativo consistente na reserva de fundos destinados a certa espécie de despesa, de uma parcela determinada, para o efeito de liquidação de encargo daquela referida espécie"[26].

> **Observação:** Consoante decidido pelo STJ, "as despesas públicas têm seus pagamentos realizados por via de empenho (Lei 4.320/64, arts. 58 e seguintes), exigindo formalidades que não admitem transmissão de cheques de terceiro contribuinte por via de simples endosso" (**REsp 701.381/MT**, Rel. Min. Raul Araújo, 4.ª Turma, j. em 17.04.2012, *DJe* 02.05.2012).

Consoante determina o art. 59 da Lei n. 4.320/64, o empenho da despesa não poderá exceder o limite dos créditos concedidos. Essa determinação legal — que decorre de exigência constitucional (art. 167, inciso II, CF)[27] — é, até certo ponto, óbvia, pois, como bem observa Heilio Kohama, "sendo o empenho um valor deduzido da dotação

---

Diversamente entende De Plácido e Silva, que, em conformidade com a definição legal, conceitua o empenho como "o ato pelo qual a autoridade competente, autorizando a despesa, cria a obrigação que deve ser cumprida pelo Estado" (*Noções de finanças e direito fiscal*, p. 107). Nesse sentido é também o pensar de Afonso Gomes Aguiar, que, seguindo a definição legal, conceitua o empenho da despesa como o *ato jurídico, em regra bilateral, que cria para o Poder Público uma obrigação de pagamento, que por ela se responsabilizará* (*Direito financeiro:* a Lei 4.320 comentada ao alcance de todos, p. 193). O ato jurídico de empenho é qualificado pelo referido autor como *bilateral*, "pois cria direitos e obrigações para as partes por ele envolvidas" (*Direito financeiro:* a Lei 4.320 comentada ao alcance de todos, p. 193).

[25] Nesse sentido, confira-se o seguinte julgado do STJ: "(...) 4. A despesa pública deve ser sempre antecedida de empenho (art. 60 da Lei 4.320/1964), que é o ato contábil-financeiro pelo qual se destaca uma parcela ou a totalidade da disponibilidade orçamentária para atender à despesa que se pretende realizar. 5. Após o empenho, a Administração firma o contrato de aquisição de serviço ou de fornecimento de bens. 6. O empenho, por si, não cria obrigação de pagamento. O Estado não pode pagar por serviço não prestado ou por mercadoria não entregue apenas porque houve empenho da despesa. (...) 8. Ao cumprir o contrato (entrega da mercadoria ou prestação do serviço), o servidor responsável atesta a correta realização da despesa e procede à liquidação, prevista no art. 63 da Lei 4.320/1964. Em princípio, a partir da liquidação, o interessado pode exigir o pagamento na forma do contrato firmado" (REsp 1.022.818/RR, Rel. Min. Herman Benjamin, 2.ª Turma, j. em 26.05.2009, *DJe* 21.08.2009). Em verdade, como bem observa José Afonso da Silva (*Orçamento-programa no Brasil*, p. 342), consistindo a liquidação da despesa na verificação do cumprimento de cláusulas contratuais, claro está que não passa de ato de verificação de algo que a precede. Esse "algo", ressalte-se, não é, contudo, o empenho, mas o **cumprimento** dos termos do contrato celebrado com a Administração. Nesse sentido: "O empenho é a etapa em que o governo reserva o dinheiro que será pago **quando o bem for entregue ou o serviço concluído**" (STJ, AgInt no REsp 2.054.262/RJ, Rel. Min. Regina Helena Costa, 1.ª Turma, j. em 21.08.2023, *DJe* 23.08.2023) (destaque nosso).

[26] ROCHA, Ariosto de Rezende. *Elementos de direito financeiro e finanças*, v. 1, p. 85.

[27] Art. 167: "São vedados: (...) II — a realização de despesas ou a assunção de obrigações diretas que excedam os créditos orçamentários ou adicionais". No mesmo sentido é o disposto no *caput* do art. 73 do Decreto-Lei n. 200, de 25.02.1967: "Nenhuma despesa poderá ser realizada sem a existência de crédito que a comporte ou quando imputada a dotação imprópria, vedada expressamente qualquer atribuição de fornecimento ou prestação de serviços cujo custo exceda aos limites previamente fixados em lei".

6 ■ Execução das Despesas Públicas

orçamentária, ou seja, do crédito fixado, caso o valor a ser empenhado seja maior do que a dotação ou crédito fixado, não haverá condição para que seja efetuado"[28].

Com efeito, constitui o crédito (orçamentário ou adicional) uma autorização de despesa e expressa o limite máximo dos recursos que poderão ser aplicados pela Administração para determinado fim. O empenho é a reserva, dentro desse crédito[29], de quantia necessária a satisfazer o encargo assumido, de acordo com o cronograma de desembolso, o que permitirá à unidade orçamentária (agrupamento de serviços com dotações próprias) o acompanhamento constante da execução orçamentária, não só evitando as anulações por falta de verba, como também possibilitando o reforço oportuno de determinada dotação, antes do vencimento da dívida[30].

Ao comprometer parcela de dotação orçamentária disponível, o empenho funciona como garantia ao credor do ente público de que existe o crédito necessário para o pagamento do compromisso assumido[31].

O empenho produz, portanto, dois efeitos jurídicos, consoante a lição de Ariosto Rocha[32]:

■ autoriza a disponibilidade da soma empenhada com o encargo registrado;

■ torna essa soma indisponível para outros fins ou espécie de encargos.

É, assim, o empenho um **instrumento de autolimitação** da Administração Pública: a sua finalidade é evitar que, pela dedução da parcela legalmente comprometida, a Administração venha a ultrapassar as dotações orçamentárias ou os créditos adicionais[33], com o que se garante ao fornecedor de bens ou prestador de serviço que a parcela referente a seu contrato foi bloqueada para honrar os compromissos assumidos[34]. O empenho é uma **garantia** de que o fornecimento ou serviço contratado pela Administração Pública será pago, desde que observadas as cláusulas contratuais pertinentes[35].

---

[28] KOHAMA, Heilio. *Contabilidade pública:* teoria e prática, p. 131.

[29] Dispõe, a respeito, o art. 92 da Lei n. 14.133/2021: "São necessárias em todo contrato cláusulas que estabeleçam: (...) VIII — **o crédito pelo qual correrá a despesa**, com a indicação da classificação funcional programática e da categoria econômica;" (destaque nosso). Nesse sentido já dispunha a Lei n. 8.666/93 (art. 55, inciso V).

[30] HARADA, Kiyoshi. *Direito financeiro e tributário*, p. 40.

[31] Nesse sentido é o disposto no art. 3.º do Decreto n. 64.752, de 27.06.1969: "O empenho da despesa importa deduzir do saldo de determinada dotação a parcela necessária à execução de projetos ou atividades". No mesmo sentido é o disposto no *caput* do art. 25 do Decreto n. 93.872, de 23.12.1986: "O empenho importa deduzir seu valor de dotação adequada à despesa a realizar, por força do compromisso assumido".

[32] ROCHA, Ariosto de Rezende. *Elementos de direito financeiro e finanças*, v. 1, p. 85.

[33] MEIRELLES, Hely Lopes. *Finanças municipais*, p. 179.

[34] LIMA, Diana Vaz de; CASTRO, Róbison Gonçalves de. *Contabilidade pública:* integrando União, Estados e Municípios (Siafi e Siafem), p. 26.

[35] ALVES, Benedito Antônio; GOMES, Sebastião Edilson Rodrigues. *Curso de direito financeiro*, p. 96. Confira-se o seguinte julgado do STJ: "Inexigível empenho prévio para a execução de nota promissória, formalmente perfeita, contra a Fazenda Pública" (REsp 34.265/PA, Rel. p/ Acórdão Min. Cláudio Santos, 3.ª Turma, j. em 25.04.1994, *DJ* 23.05.1994, p. 12603).

Somente o administrador principal da instituição, denominado **ordenador de despesas**, pode autorizar os empenhos. De acordo com o Decreto-Lei n. 200, de 25.02.1967, ordenador de despesas é toda e qualquer autoridade de cujos atos resultarem emissão de empenho, autorização ou liquidação de pagamento, suprimento ou dispêndio de recurso do Erário público (art. 80, § 1.º)[36].

> **Observação:** Ordenador de despesas não é um cargo, mas uma **função**, que pode ser atribuída a vários cargos, desde que tal função seja compatível com o conjunto de funções previamente definidas para o cargo e guarde equivalência com o nível de dificuldade e complexidade com as outras funções do mesmo cargo[37].

Para cada empenho será extraído um documento denominado **nota de empenho**, que, nos termos do art. 61 da Lei n. 4.320/64, indicará:

- ◼ o nome do credor;
- ◼ a representação e a importância da despesa; e
- ◼ a dedução da despesa do saldo da dotação própria.

Segundo o STJ, a "nota de empenho emitida por agente público é título executivo extrajudicial por ser dotada dos requisitos da liquidez, certeza e exigibilidade"[38]. Entendemos ser equivocado tal posicionamento, pois o empenho, **por si, não cria obrigação, para o Estado, de pagamento**, como, aliás, já reconheceu o STF, ao decidir que as notas de empenho de despesa, "quando desacompanhadas da comprovação de sua liquidação, não são documentos hábeis para demonstrar ter havido efetivo pagamento da dívida"[39].

> **Observação:** Segundo a jurisprudência do STJ, o mandado de segurança é meio processual inadequado para satisfação de crédito decorrente do inadimplemento contratual por parte da Administração que deixou de efetuar o pagamento de parte do valor contratado (**RMS 17.167/MT**, Rel. Min. Teori Albino Zavascki, 1.ª Turma, j. em 21.09.2004, *DJ* 04.10.2004, p. 211; **REsp 1.072.083/PR**, Rel. Min. Castro Meira, 2.ª Turma, j. em 17.02.2009, *DJe* 31.03.2009. Incide, na hipótese, a Súmula 269/STF, assim redigida: "O mandado de segurança não é substitutivo de ação de cobrança".

---

[36] Em direito financeiro, cabe ao ordenador de despesas provar que não é responsável pelas infrações que lhe são imputadas na aplicação do dinheiro público (STF, MS 20.335/DF, Rel. Min. Moreira Alves, Pleno, j. em 13.10.1982, *DJ* 25.02.1983, p. 1537).

[37] FERNANDES, Jorge Ulisses Jacoby. *Manual do ordenador de despesas:* à luz do novo regime fiscal, p. 22-23.

[38] STJ, REsp 894.726/RJ, Rel. Min. Castro Meira, 2.ª Turma, j. em 20.10.2009, *DJe* 29.10.2009. No mesmo sentido: REsp 1.072.083/PR, Rel. Min. Castro Meira, 2.ª Turma, j. em 17.02.2009, *DJe* 31.03.2009; REsp 942.727/PR, Rel. Min. Eliana Calmon, 2.ª Turma, j. em 18.11.2008, *DJe* 16.12.2008; REsp 801.632/AC, Rel. Min. Luiz Fux, 1.ª Turma, j. em 17.05.2007, *DJ* 04.06.2007, p. 312; REsp 793.969/RJ, Rel. p/ Acórdão Min. José Delgado, 1.ª Turma, j. em 21.02.2006, *DJ* 26.06.2006, p. 125; REsp 704.382/AC, Rel. Min. Eliana Calmon, 2.ª Turma, j. em 06.12.2005, *DJ* 19.12.2005, p. 352; REsp 401.346/AC, Rel. Min. Eliana Calmon, 2.ª Turma, j. em 10.09.2002, *DJ* 07.10.2002, p. 240; REsp 331.199/GO, Rel. Min. Luiz Fux, 1.ª Turma, j. em 07.02.2002, *DJ* 25.03.2002, p. 191; REsp 203.962/AC, Rel. Min. Garcia Vieira, 1.ª Turma, j. em 06.05.1999, *DJ* 21.06.1999, p. 96.

[39] STF, ACO 534/CE, Rel. Min. Cármen Lúcia, Pleno, j. em 06.03.2008, *DJe*-070 18.04.2008.

6 ■ Execução das Despesas Públicas 109

Vale destacar que é **vedada a realização de despesa sem prévio empenho** (art. 60, *caput*, Lei n. 4.320/64), acarretando a nulidade do ato a inobservância dessa formalidade legal (art. 59, § 4.º)[40].

> **Observação:** A realização de pagamento de despesa sem prévio empenho, **por si só** — isto é, sem que tenha havido efetivo prejuízo ao erário e atuação dolosa do agente —, **não configura improbidade administrativa**, estando "inserida no campo da mera irregularidade administrativa" (STJ, **REsp 1.322.353/PR**, Rel. Min. Benedito Gonçalves, 1.ª Turma, j. em 21.08.2012, *DJe* 27.08.2012).

Em casos especiais previstos na legislação específica, poderá ser **dispensada a emissão de nota de empenho** (art. 60, § 1.º, Lei n. 4.320/64).

> **Observação:** Ressalte-se que o **empenho** jamais pode ser dispensado (art. 60, *caput*, Lei n. 4.320/64), mas apenas **a nota de empenho** (art. 60, § 1.º, Lei n. 4.320/64). A dispensa da emissão **da nota de empenho** não dispensa o **empenho**, ou seja, a dedução da importância para a realização da despesa devidamente autorizada, na dotação orçamentária própria, mas somente o documento que consubstancia esse registro, em virtude de uma situação especial[41].

Há três **espécies de empenho**: ordinário, por estimativa e global (art. 4.º do Decreto n. 64.752, de 27.06.1969):

■ **empenho ordinário** é o que atende despesas cujo valor exato se conhece e cuja liquidação e pagamento devam ocorrer **de uma só vez**. É o caso, por exemplo, da compra de um imóvel;

■ **empenho por estimativa** é o que se destina a despesas cujo montante exato a ser pago não se possa determinar previamente (art. 60, § 2.º, da Lei n. 4.320/64). É o que se dá, por exemplo, com as contas de água, luz e combustível;

■ **empenho global** é o relativo a despesas cujo valor é conhecido, mas cuja liquidação e pagamento devam ocorrer **em parcelas** (art. 60, § 3.º, da Lei n. 4.320/64). É o que se dá, por exemplo, nos casos de aluguel e de pagamento de parcela de obra pública.

---

[40] Nesse sentido, confira-se o seguinte julgado do STJ: "(...) 4. Por outro lado, o contrato em exame não atende às normas de Direito Financeiro previstas na Lei n. 4.320/1964, especificamente a exigência de prévio empenho para realização de despesa pública (art. 60) e a emissão da 'nota de empenho' que indicará o nome do credor, a importância da despesa e a dedução desta do saldo da dotação própria (art. 61). A inobservância dessa forma legal gera a nulidade do ato (art. 59, § 4.º). 5. Por todas essas razões, o contrato administrativo verbal de prestação de serviços de transporte não precedido de licitação e prévio empenho é nulo, pois vai de encontro às regras e princípios constitucionais, notadamente a legalidade, a moralidade, a impessoalidade, a publicidade, além de macular a finalidade da licitação, deixando de concretizar, em última análise, o interesse público. 6. No regime jurídico dos contratos administrativos nulos, a declaração de nulidade opera eficácia *ex tunc*, ou seja, retroativamente, não exonerando, porém, a Administração do dever de indenizar o contratado (Lei 8.666/93, art. 59, parágrafo único), o que, todavia, deve ser buscado na via judicial adequada. 7. Recurso especial provido" (REsp 545.471/PR, Rel. Min. Denise Arruda, 1.ª Turma, j. em 23.08.2005, *DJ* 19.09.2005, p. 187).

[41] KOHAMA, Heilio. *Contabilidade pública:* teoria e prática, p. 131.

O empenho poderá ser **anulado (cancelado)**, total ou parcialmente, nas seguintes hipóteses[42]:

- [ ] quando o valor empenhado exceder ao montante da despesa realizada;
- [ ] quando o serviço contratado não tenha sido prestado;
- [ ] quando não ocorrer a entrega, no todo ou em parte, do material encomendado;
- [ ] quando a obra não for executada;
- [ ] se tiver sido emitido incorretamente.

O valor do empenho anulado reverte ao crédito correspondente, tornando-se disponível para novo empenho.

6.1.2.4. Liquidação

O pagamento da despesa só será efetuado quando ordenado após sua regular liquidação (art. 62, Lei n. 4.320/64).

A liquidação da despesa consiste na **verificação do direito** adquirido pelo credor, tendo por base os títulos e documentos comprobatórios do respectivo crédito (art. 63, Lei n. 4.320/64)[43]. No dizer de Alberto Deodato, a liquidação "é a verificação da legitimidade da despesa empenhada"[44]. Em suma, consiste a liquidação em conferir se o objeto contratual foi cumprido a contento e, assim, se a despesa está em condições de ser paga[45].

Essa verificação tem por fim apurar:

- [ ] a origem e o objeto do que se deve pagar;
- [ ] a importância exata a pagar;
- [ ] a quem se deve pagar a importância, para extinguir a obrigação.

A liquidação da despesa por fornecimentos feitos ou serviços prestados terá por base:

- [ ] o contrato, ajuste ou acordo respectivo;
- [ ] a nota de empenho; e
- [ ] os comprovantes da entrega de material ou da prestação efetiva do serviço.

---

[42] NASCIMENTO, Edson Ronaldo. *Finanças públicas — União, Estados e Municípios*, p. 88; SILVA, Jair Cândido da; VASCONCELOS, Edilson Felipe. *Manual de execução orçamentária e contabilidade pública*, p. 54.

[43] A denominação "liquidação" recebe críticas de Eduardo Marcial Ferreira Jardim "pela sua desconformidade relativamente ao seu significado, pois a locução confunde o exame formal que lhe compete com a fase do pagamento, que representa o termo final do processo da despesa pública" (*Manual de direito financeiro e tributário*, p. 74). A mesma crítica é formulada por Luiz Emygdio da Rosa Júnior, que leciona: "Deveria esta fase do processo da despesa pública ter outra denominação para não se confundir com o pagamento, que, na realidade, é o ato que liquida a despesa" (*Manual de direito financeiro e direito tributário*, p. 100).

[44] DEODATO, Alberto. *Manual de ciência das finanças*, p. 415.

[45] PERES, Lázaro Borges et al. *Contabilidade pública*, p. 66.

6 ▣ Execução das Despesas Públicas

Se, no estágio de liquidação, a Administração verificar que o objeto contratual não foi cumprido a contento, o empenho será cancelado. Caso contrário, será exarada a **ordem de pagamento**.

Ressalte-se que, se o contratado pelo Estado cumpriu o objeto contratual, **não obstante a invalidade do contrato**, então tem direito de receber os valores referentes aos materiais fornecidos ou ao serviço prestado. Portanto, **ainda que reconhecida a nulidade do contrato administrativo**, a omissão em proceder à liquidação é ilegal, consoante decidiu o STJ:

> (...)
> 2. A ninguém é dado beneficiar-se da própria torpeza. O Direito não pode servir de proteção àquele que após empenhar uma despesa, e firmar o contrato de aquisição de serviço, e receber a devida e integral prestação deste, deixa de atestar a correta realização da despesa e proceder à liquidação para finalmente efetuar o pagamento, sobretudo diante da proteção da confiança dos administrados, da presunção da legitimidade das contratações administrativas, do princípio da moralidade, do parágrafo único do artigo 59 da Lei n. 8.666/1993 (segundo o qual a nulidade do contrato administrativo "não exonera a Administração do dever de indenizar o contratado pelo que este houver executado até a data em que ela for declarada e por outros prejuízos regularmente comprovados, contato que não lhe seja imputável")[46] e dos artigos 36 a 38 da Lei n. 4.320/64, que nunca instituíram o enriquecimento indevido.
> 3. Tal inadimplemento também fere o princípio da vedação do locupletamento ilícito, a proteção à propriedade privada e a vedação ao confisco, uma vez que a Administração, que teve um incremento patrimonial sem justa causa, deixará de pagar ao contratado pelos serviços regularmente prestados e pela mercadoria devidamente entregue. Precedentes.
> 4. A nulidade do contrato administrativo, quando sequer se pôs em questão a boa-fé do particular, pode até autorizar a responsabilidade por ato de improbidade administrativa, mas não permite deixar a descoberto o adimplente quanto às despesas realizadas, com o cancelamento da nota de empenho.
> (...)
> (REsp 1.366.694/MG, Rel. Min. Mauro Campbell Marques, 2.ª Turma, j. em 11.04.2013, *DJe* 17.04.2013)[47].

Ressalte-se que, consistindo a liquidação da despesa na verificação, dentre outros aspectos, do cumprimento de cláusulas contratuais, claro está que, assim como o empenho, não cria nada, não passando de ato de verificação de algo que a precede[48]. A

---

[46] No mesmo sentido é o disposto no art. 149 da atual lei de licitações e contratações públicas (Lei n. 14.133/2021): "A nulidade não exonerará a Administração do dever de indenizar o contratado pelo que houver executado até a data em que for declarada ou tornada eficaz, bem como por outros prejuízos regularmente comprovados, desde que não lhe seja imputável, e será promovida a responsabilização de quem lhe tenha dado causa".

[47] No mesmo sentido: REsp 1.314.047/MG, Rel. Min. Mauro Campbell Marques, 2.ª Turma, j. em 04.06.2013, *DJe* 10.06.2013.

[48] Nesse sentido asseverou em seu voto o Ministro Gurgel de Faria, relator do AgInt no AREsp 1.097.066/SP (1.ª Turma, j. em 04.10.2018, *DJe* 06.11.2018): "em se tratando de contrato adminis-

liquidação, pois, no dizer de José Afonso da Silva, apenas verifica "se a obrigação nasceu efetivamente com o cumprimento das cláusulas contratuais, que são a fonte da obrigação e do direito que se verifica se foi adquirido"[49].

6.1.2.5. Ordem de pagamento

Após a apuração do direito adquirido do credor, tendo por base os documentos comprobatórios do respectivo crédito, a Administração determinará o imediato pagamento da despesa.

A ordem de pagamento é o despacho exarado por autoridade competente, **determinando que a despesa seja paga** (art. 64, *caput*, Lei n. 4.320/64).

A ordem de pagamento só poderá ser exarada em documentos processados pelos serviços de contabilidade (art. 64, parágrafo único, Lei n. 4.320/64).

6.1.2.6. Suprimento

É a entrega pelo tesouro público aos agentes pagadores dos meios de pagamentos para liquidação (quitação) dos débitos marcados para determinado período[50].

O suprimento, estágio do processo de realização das despesas públicas, não se confunde com o chamado "suprimento de fundos", denominação que se dá, no âmbito federal, ao **adiantamento**, regime especial de realização de despesas públicas, o qual consiste na entrega de numerário a servidor, sob a inteira responsabilidade do ordenador de despesas, para o fim de realizar dispêndios que não possam subordinar-se ao processo normal de atendimento (arts. 65 e 68, Lei n. 4.320/64).

6.1.2.7. Pagamento

A realização da despesa encerra-se com o pagamento, ou seja, com o "efetivo desembolso do recurso público"[51]. O pagamento, como seu próprio nome indica, é a entrega ao credor da importância devida pelo Estado, implicando a **extinção do débito**.

O pagamento deve ser efetuado por tesouraria ou pagadoria regularmente instituídas, por estabelecimentos bancários credenciados (agentes pagadores) e, em casos excepcionais, por meio de adiantamento (art. 65, Lei n. 4.320/64). Atualmente, as agências bancárias são utilizadas tanto na arrecadação das receitas públicas quanto no pagamento das despesas.

---

trativo, tanto a liquidação do empenho quanto o pagamento da despesa **dependem do adimplemento prévio** da obrigação pelo contratado" (destaque nosso).

[49] SILVA, José Afonso da. *Orçamento-programa no Brasil*, p. 342.

[50] LEMES, Fábio Nogueira. *Orçamentos municipais e procedimentos legislativos:* orçamentos, procedimentos, legislação, p. 86.

[51] TOLEDO JR., Flávio C. de; ROSSI, Sérgio Ciquera. *A Lei 4.320 no contexto da lei de responsabilidade fiscal*, p. 173.

6 ◘ Execução das Despesas Públicas

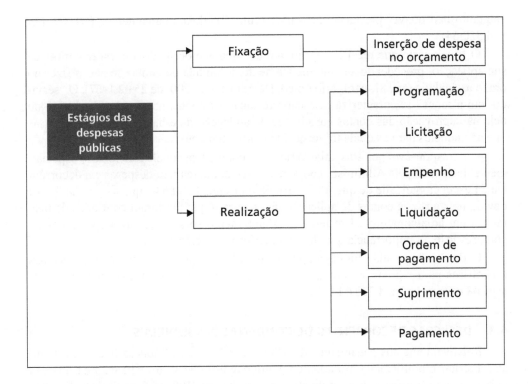

6.2. O REGIME DE ADIANTAMENTO

6.2.1. DEFINIÇÃO

Dispõe o art. 65 da Lei n. 4.320/64 que o pagamento da despesa será efetuado, em casos excepcionais, por meio de **adiantamento**[52].

O regime de adiantamento (também conhecido como **suprimento de fundos**) é aplicável aos casos de despesas **expressamente definidos em lei** e consiste na entrega de numerário a servidor, a critério do ordenador de despesas e sob a sua inteira responsabilidade, **sempre precedida de empenho** na dotação própria, para o fim de realizar despesas que não possam subordinar-se ao processo normal de atendimento (art. 68, Lei n. 4.320/64).

A natureza do adiantamento é, portanto, a de **modalidade simplificada** de execução (pagamento) de despesa pública.

6.2.2. RESTRIÇÕES

Não se fará adiantamento a servidor em alcance[53], nem a responsável por dois adiantamentos ao mesmo tempo, enquanto perdurar o alcance ou, no segundo caso,

---

[52] No mesmo sentido é o disposto no art. 74, § 3.º, do Decreto-Lei n. 200, de 25.02.1967.

[53] O alcance, consoante leciona Carlos Valder do Nascimento, é decorrente da utilização indevida ou irregular de recursos financeiros em poder do administrado e que não lhe pertencem, mas sim aos

enquanto não houver prestação de conta de um dos dois adiantamentos (art. 69, Lei n. 4.320/64).

O funcionário que receber suprimento de fundos é obrigado a **prestar contas** de sua aplicação, procedendo-se, automaticamente, à tomada de contas se não o fizer no prazo assinalado (art. 81, parágrafo único, Decreto-Lei n. 200, de 25.02.1967). O "servidor em alcance" se caracteriza pela não prestação de contas no prazo estabelecido ou pela não aprovação das contas em virtude de aplicação do adiantamento em despesas que não aquelas para as quais foi fornecido o adiantamento[54].

Por "responsável por dois adiantamentos", entende-se aquele funcionário especialmente designado pela Administração para em seu nome realizar despesas em decorrência da excepcionalidade de que trata o art. 68 da Lei n. 4.320/64 e que não tenha feito a devida prestação de contas da aplicação dos recursos que lhe foram confiados de pelo menos um adiantamento[55]. Um terceiro adiantamento só seria possível após a devida comprovação da importância que lhe foi anteriormente entregue.

Cada Estado e cada Município, por meio da legislação local, deverá editar normas específicas para regular as rotinas para adiantamentos, obedecidos os princípios dos arts. 68 e 69 da Lei n. 4.320/64[56].

6.3. DESPESAS DECORRENTES DE CONDENAÇÕES JUDICIAIS

Relativamente aos pagamentos de débitos das Fazendas Públicas (federal, estaduais, distrital e municipais) oriundos de **condenação** judicial, a realização da despesa pública deve observar o procedimento previsto no art. 100 da Constituição Federal. Com efeito, o entendimento do Supremo Tribunal Federal é no sentido de que os pagamentos de débitos da Fazenda Pública, decorrentes de **decisões judiciais**, são regidos exclusivamente pela sistemática do art. 100 e parágrafos da CF[57].

> **Observação:** O STF já decidiu que as execuções contra a Fazenda Pública podem ser ajuizadas com base em **título executivo extrajudicial**, o que não viola o disposto no art. 100 da CF[58].

---

cofres públicos: "Trata-se de desfalque em dinheiro confiado a determinada pessoa que, usando-o de modo irregular, incide em um comportamento ilícito" (*Curso de direito financeiro*, p. 109).

[54] LIMA, Diana Vaz de; CASTRO, Róbison Gonçalves de. *Contabilidade pública:* integrando União, Estados e Municípios (Siafi e Siafem), p. 31-32; MACHADO JÚNIOR, J. Teixeira; REIS, Heraldo da Costa. *A Lei 4.320 comentada*, p. 126.

[55] MACHADO JÚNIOR, J. Teixeira; REIS, Heraldo da Costa. *A Lei 4.320 comentada*, p. 126; CASTRO, Róbison de. *Administração e direito financeiro e orçamentário*, p. 97-98.

[56] Nesse sentido: SILVA, Jair Cândido da; VASCONCELOS, Edilson Felipe. *Manual de execução orçamentária e contabilidade pública*, p. 58; MACHADO JÚNIOR, J. Teixeira; REIS, Heraldo da Costa. *A Lei 4.320 comentada*, p. 126.

[57] STF, AI-AgR 492.810/SP, Rel. Min. Carlos Velloso, 2.ª Turma, j. em 06.09.2005, *DJ* 30.09.2005, p. 40; AI-ED 495.180/SP, Rel. Min. Carlos Velloso, 2.ª Turma, j. em 20.09.2005, *DJ* 14.10.2005, p. 26.

[58] RE-AgR 488.858/AC, Rel. Min. Cezar Peluso, 2.ª Turma, j. 18.09.2007, *DJ* 11.10.2007, p. 50; RE-AgR 400.319/PE, Rel. Min. Gilmar Mendes, 2.ª Turma, j. em 19.02.2008, *DJe*-047 14.03.2008; RE-AgR 588.382/BA, Rel. Min. Eros Grau, 2.ª Turma, j. em 02.09.2008, *DJe*-182

Em sua redação original, o citado dispositivo constitucional previa sistemática única para o pagamento de tais débitos: o regime dos chamados **precatórios** (art. 100, *caput*, CF).

No entanto, em sua atual configuração, o referido artigo prevê, ainda, outra sistemática, específica para os pagamentos de **obrigações de pequeno valor** que as Fazendas referidas devam fazer em virtude de sentença judicial transitada em julgado (art. 100, § 3.º, CF)[59].

Tais sistemáticas de pagamento podem ser assim esquematizadas:

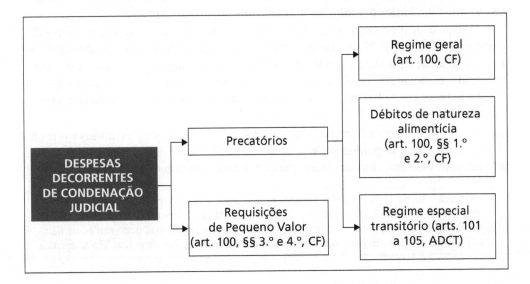

Vejamos, separadamente, cada um dos mencionados regimes de pagamentos.

> **Observação:** A Emenda Constitucional n. 62, de 09.12.2009, introduziu no art. 100 da CF o § 15, com a seguinte redação: "Sem prejuízo do disposto neste artigo, lei complementar a esta Constituição Federal poderá estabelecer **regime especial** para pagamento de crédito de precatórios de Estados, Distrito Federal e Municípios, dispondo sobre vinculações à receita corrente líquida e forma e prazo de liquidação" (destaque nosso). A EC n. 62/2009 acrescentou ao ADCT o art. 97, que estabelecia disposição transitória aplicável até que fosse editada a lei complementar referida no § 15 do art. 100 da CF.
>
> O STF, contudo, declarou a **inconstitucionalidade** de tais disposições, por entender que tal regime "especial" de pagamento de precatórios, ao veicular nova **moratória** na quitação dos débitos judiciais da Fazenda Pública e ao impor o contingenciamento de recursos para esse

---

26.09.2008; AI-AgR 504.771/AL, Rel. Min. Ellen Gracie, 2.ª Turma, j. em 15.09.2009, *DJe*-191 09.10.2009; RE-AgR 574.573/AC, Rel. Min. Ayres Britto, 2.ª Turma, j. em 06.12.2011, *DJe*-035 17.02.2012.

[59] A referida sistemática para pagamento de débitos de pequeno valor passou a ser constitucionalmente prevista com a inclusão do § 3.º no art. 100 da CF pela Emenda Constitucional n. 20, de 15.12.1998, tendo permanecido nas redações dadas ao citado parágrafo pelas Emendas Constitucionais n. 30, de 13.09.2000, e n. 62, de 09.12.2009.

> fim, viola a cláusula constitucional do Estado de Direito (art. 1.º, *caput*, CF), o princípio da separação de poderes (art. 2.º, CF), o postulado da isonomia (art. 5.º, CF), a garantia do acesso à justiça e a efetividade da tutela jurisdicional (art. 5.º, inciso XXXV, CF), o direito adquirido e à coisa julgada (art. 5.º, inciso XXXV, CF)[60].

6.3.1. O REGIME DOS PRECATÓRIOS

De acordo com o *caput* do art. 100 da CF[61], os pagamentos devidos pela Fazenda Pública em virtude de sentença judiciária far-se-ão exclusivamente na ordem cronológica de apresentação dos **precatórios** e à conta dos créditos respectivos.

O sistema de precatórios é garantia constitucional do cumprimento de decisão judicial contra a Fazenda Pública, que se define em regras de natureza processual conducentes à efetividade da sentença condenatória transitada em julgado por quantia certa contra entidades de direito público. Tal sistema, segundo o STF, além de homenagear o direito de propriedade (art. 5.º, inciso XXII, CF), prestigia o acesso à jurisdição e à coisa julgada (art. 5.º, incisos XXXV e XXXVI, CF)[62].

A execução contra a Fazenda Pública segue a sistemática dos precatórios em razão de seus bens serem **impenhoráveis**. O regime constitucional de precatórios estende-se a todas as pessoas jurídicas de direito público interno, consoante decidiu o STF[63].

> **Observação:** Os bens das **empresas públicas** prestadoras de **serviço público** são impenhoráveis, porque elas integram o conceito de Fazenda Pública, devendo ser observado, quanto àquelas entidades, o sistema de pagamento por precatório de dívidas decorrentes de decisões judiciais[64]. Por outro lado, **não** podem se beneficiar do regime de precatório as estatais

---

[60] ADI 4.357/DF, Rel. p/ acórdão Min. Luiz Fux, Pleno, j. em 14.03.2013, *DJe*-188 26.09.2014; ADI 4.425/DF, Rel. p/ acórdão Min. Luiz Fux, Pleno, j. em 14.03.2013, *DJe*-251 19.12.2013.

[61] No mesmo sentido é o teor do art. 67 da Lei n. 4.320/64.

[62] STF, ADI-MC 2.356/DF, Rel. p/ Acórdão Min. Ayres Britto, Pleno, j. em 25.11.2010, *DJe*-094 19.05.2011.

[63] STF, SS-AgR 2.961/MA, Rel. Min. Ellen Gracie, Pleno, j. em 10.03.2008, *DJe*-074 25.04.2008; AP 503/PR, Rel. Min. Celso de Mello, Rev. Min. Marco Aurélio, Pleno, j. em 20.05.2010, *DJe*-022 01.02.2013.

[64] Nesse sentido decidiu o STF ao analisar a situação da Empresa Brasileira de Correios e Telégrafos (cuja impenhorabilidade dos bens encontra-se expressamente prevista no art. 12 do Decreto-lei n. 509, de 20.03.1969): RE 229.444/CE, Rel. Min. Carlos Velloso, 2.ª Turma, j. em 19.06.2001, *DJ* 31.08.2001, p. 64; RE 225.011/MG, Rel. p/ Acórdão Min. Maurício Corrêa, Pleno, j. em 16.11.2000, *DJ* 19.12.2002, p. 73; RE 220.906/DF, Rel. Min. Maurício Corrêa, Pleno, j. em 16.11.2000, *DJ* 14.11.2002, p. 15; RE 229.696/PE, Rel. p/ Acórdão Min. Maurício Corrêa, 1.ª Turma, j. em 16.11.2000, *DJ* 19.12.2002, p. 73; RE 230.051/SP, Rel. p/ Acórdão Min. Maurício Corrêa, Pleno, j. em 16.11.2000, *DJ* 19.12.2002, p. 73; RE 230.072/RS, Rel. p/ Acórdão Min. Maurício Corrêa, Pleno, j. em 16.11.2000, *DJ* 19.12.2002, p. 73. Confira-se, a respeito, o seguinte julgado do STJ: "Não é o simples fato de a empresa pública contemplar, dentre suas atividades, a prestação de serviço público que lhe garante, por si só, o tratamento dado à Fazenda. Tal equiparação pode ocorrer quando a estatal presta serviço exclusivamente público, que não possa ser exercido em regime de concorrência com os empreendedores privados e desde que haja previsão legal expressa conferindo essa prerrogativa" (REsp 1.422.811/DF, Rel. Min. Og Fernandes, 2.ª Turma, j. em 23.09.2014, *DJe* 18.11.2014).

6 ▣ Execução das Despesas Públicas

que executam atividades **em regime de concorrência** ou que tenham como objetivo **distribuir lucros** aos seus acionistas[65].

Observação: As **autarquias** submetem-se ao regime dos precatórios[66]. No entanto, o Plenário do STF decidiu que os **conselhos de fiscalização profissional**, apesar de possuírem natureza jurídica de autarquia[67], não estão sujeitos ao referido regime para pagamentos de dívidas decorrentes de decisão judicial. Tal conclusão foi firmada no julgamento do **RE 938.837**, com repercussão geral reconhecida.

Restou vencido o relator do processo, Ministro Edson Fachin, que sustentava que os conselhos, por terem natureza jurídica de autarquia, estariam abrangidos pelo conceito de Fazenda Pública e deveriam, portanto, submeter-se ao regime de precatórios.

Prevaleceu o entendimento do Ministro Marco Aurélio, segundo o qual os conselhos de fiscalização profissional são **autarquias especiais** que, **por não terem orçamento ou receberem aportes da União**, não estão submetidos às regras constitucionais do capítulo sobre finanças públicas (arts. 163 a 169 da CF), o que inviabiliza sua submissão ao regime de precatórios. Segundo o Ministro Marco Aurélio, a inexistência de orçamento inviabiliza o cumprimento de uma série de regras dos precatórios, como a exigência de dotações orçamentárias específicas para esse fim ou a consignação direta de créditos ao Poder Judiciário[68].

---

[65] STF, RE 599.628/DF, Rel. p/ acórdão Min. Joaquim Barbosa, Pleno, j. em 25.05.2011, *DJe*-199 17.10.2011. No referido julgado foi fixada a seguinte Tese de repercussão geral (**Tema 253**): "Sociedades de economia mista que desenvolvem atividade econômica em regime concorrencial não se beneficiam do regime de precatórios, previsto no art. 100 da Constituição da República".

[66] São, neste sentido, os seguintes julgados, todos do STF: SS-AgR 741/CE, Rel. Min. Octavio Gallotti, Pleno, j. em 07.04.1995, *DJ* 09.06.1995, p. 17235; RE 234.443/RS, Rel. Min. Ilmar Galvão, 1.ª Turma, j. em 14.11.2000, *DJ* 02.02.2001, p. 142; RE 356.711/PR, Rel. Min. Gilmar Mendes, 2.ª Turma, j. em 06.12.2005, *DJ* 07.04.2006, p. 57; AI-AgR 436.883/PR, Rel. Min. Gilmar Mendes, 2.ª Turma, j. em 04.04.2006, *DJ* 09.06.2006, p. 27; RE-AgR 355.796/PR, Rel. Min. Gilmar Mendes, 2.ª Turma, j. em 23.05.2006, *DJ* 16.06.2006, p. 24; RE-AgR 356.201/PR, Rel. Min. Gilmar Mendes, 2.ª Turma, j. em 23.05.2006, *DJ* 16.06.2006, p. 24; RE-AgR 421.102/PR, Rel. Min. Gilmar Mendes, 2.ª Turma, j. em 23.05.2006, *DJ* 09.06.2006, p. 36; RE-AgR 380.939/PR, Rel. Min. Eros Grau, 2.ª Turma, j. em 09.10.2007, *DJ* 30.11.2007, p. 108; RE-AgR 553.369/PR, Rel. Min. Cármen Lúcia, 1.ª Turma, j. em 27.10.2009, *DJe*-223 27.11.2009; RE-AgR 334.225/PR, Rel. Min. Marco Aurélio, 1.ª Turma, j. em 18.03.2014, *DJe*-068 07.04.2014; RE-AgR 272.221/PR, Rel. Min. Marco Aurélio, 1.ª Turma, j. em 18.03.2014, *DJe*-073 14.04.2014; RE-ED 842.996/DF, Rel. Min. Cármen Lúcia, 2.ª Turma, j. 16.12.2014, *DJe*-250 19.12.2014; RE-AgR 851.692/DF, Rel. Min. Cármen Lúcia, 2.ª Turma, j. 03.02.2015, *DJe*-030 13.02.2015.

[67] Nesse sentido é a jurisprudência do STF: MS 10.272/DF, Rel. Min. Victor Nunes, Pleno, j. em 08.05.1963, *DJ* 11.07.1963, p. 2112; MS 22.643/SC, Rel. Min. Moreira Alves, Pleno, j. em 06.08.1998, *DJ* 04.12.1998, p. 13; MS 21.797/RJ, Rel. Min. Carlos Velloso, Pleno, j. em 09.03.2000, *DJ* 18.05.2001, p. 434. No mesmo sentido é a jurisprudência do STJ: AgRg no REsp 314.237/DF, Rel. Min. Humberto Gomes de Barros, 1.ª Turma, j. em 06.05.2003, *DJ* 09.06.2003, p. 174; AgRg no REsp 479.025/DF, Rel. Min. Francisco Falcão, 1.ª Turma, j. em 04.09.2003, *DJ* 20.10.2003, p. 189; REsp 820.696/RJ, Rel. Min. Arnaldo Esteves Lima, 5.ª Turma, j. em 02.09.2008, *DJe* 17.11.2008.

[68] STF, RE 938.837/SP, Rel. p/ Acórdão Min. Marco Aurélio, Pleno, j. em 19.04.2017 2017, *DJe*-216 25.09.2017. O Tribunal, por maioria, vencido o Ministro Edson Fachin (Relator), deu provimento ao recurso e fixou a seguinte tese de repercussão geral (**Tema 877**): "Os pagamentos devidos, em razão de pronunciamento judicial, pelos Conselhos de Fiscalização não se submetem ao regime de precatórios".

118 Direito Financeiro e Econômico Esquematizado   *Carlos Alberto de Moraes Ramos Filho*

A norma consubstanciada no art. 100 da CF/88 — cuja gênese reside, em seus aspectos essenciais, na CF/34 (art. 182) —, consoante reconhece o STF, "traduz um dos mais expressivos postulados realizadores do princípio da **igualdade**, pois busca conferir, na concreção do seu alcance, efetividade à exigência constitucional de tratamento isonômico dos credores do Estado" (destaque nosso)[69].

Assim, transitada em julgado sentença condenando a Fazenda Pública a pagamento, deverá a parte vencedora requerer a expedição do **precatório** e apresentá-lo à autoridade competente.

> **Observação:** Consoante já reconheceu o STF, **não é coberta pela coisa julgada material** e, como tal, pode ser corrigida a qualquer tempo, a disposição da sentença que, por erro, dispensando expedição de precatório em execução contra a Fazenda Pública, determina outro procedimento ou rito por adotar no processo executivo (**RE 470.480/CE**, Rel. Min. Cezar Peluso, 2.ª Turma, j. em 28.11.2006, *DJ* 15.06.2007, p. 46).

Precatório é o documento pelo qual a autoridade judicial competente (Presidente do Tribunal que proferiu a decisão exequenda), após ouvir o Ministério Público e obter parecer favorável, determina à autoridade administrativa competente a saída da verba para o pagamento da dívida objeto da condenação da Fazenda Pública[70].

O verbo **precatar** significa colocar de sobreaviso, prevenir, acautelar. No caso, "o Poder Judiciário roga ao Poder Executivo que se precate orçamentariamente para o pagamento de execução de ordem judicial, transitada em julgado e impossibilitada de ser modificada por recurso"[71].

> **Observação:** O STF assentou que, nas **desapropriações** por interesses sociais, o pagamento das **indenizações pelas benfeitorias** integrantes de imóvel sujeito à desapropriação **deve ser efetuado por meio de precatório**, tendo reconhecido a inconstitucionalidade de dispositivos legais que autorizem o pagamento de benfeitorias úteis e necessárias fora da regra do precatório (**ADI-MC 1.187/DF**, Rel. Min. Ilmar Galvão, Pleno, j. em 09.02.1995, *DJ* 16.02.1996, p. 2997[72]; **RE 247.866/CE**, Rel. Min. Ilmar Galvão, Pleno, j. em 09.08.2000, *DJ* 24.11.2000, p. 105; **RE-AgR 382.544/MT**, Rel. Min. Cármen Lúcia, 1.ª Turma, j. em

---

[69] STF, ADI-MC 584/PR, Rel. Min. Celso de Mello, Pleno, j. em 26.03.1992, *DJ* 22.05.1992, p. 7213. Por assim entender, o STF, na referida ADI, suspendeu a eficácia da regra inscrita no art. 245 da Constituição do Estado do Paraná, que prescreve que os créditos estaduais decorrentes do recebimento de indenizações ou de pagamento de débitos federais deverão custear, respectivamente, o pagamento de indenizações ou de débitos do Estado para com terceiros, sempre que oriundos de condenações judiciais: "A vinculação exclusiva das importâncias federais recebidas pelo Estado--membro, para o efeito específico referido na regra normativa questionada, parece acarretar o descumprimento de quanto dispõe do art. 100 da Constituição Federal, pois, independentemente da ordem de precedência cronológica de apresentação dos precatórios, institui, com aparente desprezo ao princípio da igualdade, uma preferência absoluta em favor do pagamento de 'determinadas' condenações judiciais".

[70] ROSA JÚNIOR, Luiz Emygdio F. da. *Manual de direito financeiro e direito tributário*, p. 101.

[71] MACHADO, Rubens Approbato. *O Brasil cidadão*, p. 55.

[72] Referida ADI, contudo, não chegou a ser conhecida, ficando, em consequência, cassada a medida liminar.

6 ◼ Execução das Despesas Públicas 119

> 05.09.2006, *DJ* 06.11.2006, p. 36; **RE-AgR 504.210/CE**, Rel. Min. Cármen Lúcia, 1.ª Turma, j. em 09.11.2010, *DJe*-233 02.12.2010). De acordo com o STF, o precatório está compreendido nas exceções versadas na cláusula final do inciso XXIV do art. 5.º da CF[73] (**RE 427.761/CE**, Rel. Min. Marco Aurélio, 1.ª Turma, j. em 25.03.2008, *DJe*-097 30.05.2008).

Ressalte-se que a ordem judicial de pagamento (art. 100, § 6.º, CF) e os demais atos necessários a tal finalidade concernem ao campo administrativo, e não jurisdicional[74]. Portanto, os atos do Presidente de Tribunal concernentes ao processamento e ao pagamento de precatórios ostentam **natureza administrativa**, consoante reconhecido pelo STF: "A atividade desenvolvida pelo Presidente do Tribunal no processamento dos precatórios decorre do exercício, por ele, de função eminentemente administrativa, não exercendo, em consequência, nesse estrito contexto procedimental, qualquer parcela de poder jurisdicional"[75].

---

[73] O inciso XXIV do art. 5.º da CF tem a seguinte redação: "a lei estabelecerá o procedimento para desapropriação por necessidade ou utilidade pública, ou por interesse social, mediante justa e prévia indenização em dinheiro, ressalvados os casos previstos nesta Constituição".

[74] STF, ADI 1.098/SP, Rel. Min. Marco Aurélio, Pleno, j. em 11.09.1996, *DJ* 25.10.1996, p. 41026. Também é administrativa a decisão do Tribunal tomada em agravo regimental interposto contra despacho do Presidente na mencionada atividade (STF, RE-AgR 213.696/SP, Rel. Min. Carlos Velloso, Pleno, j. em 26.11.1997, *DJ* 06.02.1998, p. 73; RE 230.502/SC, Rel. Min. Moreira Alves, 1.ª Turma, j. em 18.09.2001, *DJ* 26.20.2001, p. 63).

[75] STF, AP 503/PR, Rel. Min. Celso de Mello, Rev. Min. Marco Aurélio, Pleno, j. em 20.05.2010, *DJe*-022 01.02.2013. No âmbito do STJ, tal entendimento restou cristalizado na Súmula 311 daquele Tribunal, com a seguinte redação: "Os atos do presidente do tribunal que disponham sobre processamento e pagamento de precatório não têm caráter jurisdicional". Por tal razão, não cabe recurso extraordinário contra decisão proferida no processamento de precatórios (Súmula 733 do STF). É que o recurso extraordinário pressupõe a existência de causa decidida em única ou última instância por órgão do Poder Judiciário (art. 102, inciso III, CF). A locução "causa", por sua vez, designa "todo e qualquer procedimento em cujo âmbito o Poder Judiciário, desempenhando sua **função institucional típica**, pratica atos de conteúdo **estritamente jurisdicional**" (destaque nosso) (STF, RE-AgR 164.458/DF, Rel. Min. Celso de Mello, Pleno, j. em 27.04.1995, *DJ* 02.06.1995, p. 16241). No mesmo sentido: STF, RE-AgR 213.696/SP, Rel. Min. Carlos Velloso, Pleno, j. em 26.11.1997, *DJ* 06.02.1998, p. 73. Ressalte-se que, segundo o STJ, a natureza não jurisdicional do ato de Presidente do Tribunal que resolve questões incidentes relativas ao pagamento de precatórios torna, por um lado, o referido ato impassível de ser desafiado por recurso previsto nas leis processuais e confere, por outro, adequação ao Mandado de Segurança, ação autônoma voltada contra atos materialmente administrativos, ainda que subjetivamente judicial (RMS 21.651/SP, Rel. Min. Luiz Fux, 1.ª Turma, j. em 04.11.2008, *DJe* 01.12.2008; RMS 28.426/MT, Rel. Min. Herman Benjamin, 2.ª Turma, j. em 26.05.2009, *DJe* 21.08.2009). Tendo reconhecido que a ordem de inclusão de precatório no orçamento público, embora seja decisão emanada do Poder Judiciário, não se reveste de conteúdo jurisdicional, o STF assim decidiu: "O preceito primário de incriminação, tal como definido no inciso XIV do art. 1.º do Decreto-lei n. 201/67, supõe, para aperfeiçoar-se, a existência de decisão judicial impregnada de conteúdo jurisdicional. (...) Não basta, para efeito da caracterização típica do delito definido no inciso XIV do art. 1.º do Decreto-lei n. 201/67 ('deixar de cumprir ordem judicial'), que exista determinação emanada de autoridade judicial, pois se mostra igualmente necessário que o magistrado tenha proferido decisão em procedimento revestido de natureza jurisdicional" (AP 503/PR, Rel. Min. Celso de Mello, Rev. Min. Marco Aurélio, Pleno, j. em 20.05.2010, *DJe*-022 01.02.2013).

É obrigatória a inclusão no orçamento das entidades de direito público de verba necessária ao pagamento de seus débitos oriundos de sentenças transitadas em julgado, constantes de precatórios judiciários[76], apresentados até **2 de abril**, fazendo-se o pagamento **até o final do exercício seguinte**, quando terão seus valores atualizados monetariamente (art. 100, § 5.º, CF, com redação determinada pela Emenda Constitucional n. 114, de 16.12.2021)[77].

O pagamento de precatórios, como se vê, fica condicionado a sua inclusão na Lei Orçamentária[78]. Note-se que o prazo fixado pela Constituição (2 de abril) é anterior ao da remessa anual da proposta orçamentária para a apreciação do Poder Legislativo.

Uma vez requisitada a verba relativa à condenação junto à Fazenda Pública, opera-se a respectiva inclusão do valor na lei orçamentária, tudo com os devidos acréscimos legais. As dotações orçamentárias e os créditos abertos serão consignados diretamente ao Poder Judiciário, cabendo ao Presidente do Tribunal que proferir a decisão exequenda determinar o pagamento integral (art. 100, § 6.º, CF, com redação determinada pela EC n. 62/2009).

---

[76] O STJ já decidiu que, nas execuções contra a Fazenda Pública, é possível a expedição de precatório relativamente à parte incontroversa da dívida, a despeito da existência de embargos parciais à execução, pendentes de julgamento: "A orientação que tem sido adotada no âmbito desta Superior Corte de Justiça é no sentido de que a impugnação parcial da dívida, por intermédio dos embargos à execução, torna incontroversa a parte que não foi objeto de contestação, havendo, em relação a ela, o efetivo trânsito em julgado, requisito indispensável para a expedição do competente precatório, a teor do disposto no art. 100, § 1.º, da Constituição Federal, com a redação dada pela EC n. 30/2000, exigência que normalmente é repetida, com algumas alterações, nas leis orçamentárias" (REsp 644.603/RS, Rel. Min. Denise Arruda, 1.ª Turma, j. em 04.04.2006, *DJ* 24.04.2006, p. 361).

[77] Caso haja precatório com valor superior a 15% (quinze por cento) do montante dos precatórios apresentados nos termos do § 5.º do art. 100 da CF, 15% (quinze por cento) do valor deste precatório deverão ser pagos até o final do exercício seguinte e o restante em parcelas iguais nos cinco exercícios subsequentes, acrescidas de juros de mora e correção monetária, ou mediante acordos diretos, perante Juízos Auxiliares de Conciliação de Precatórios, com redução máxima de 40% (quarenta por cento) do valor do crédito atualizado, desde que em relação ao crédito não penda recurso ou defesa judicial e que sejam observados os requisitos definidos na regulamentação editada pelo ente federado (art. 100, § 20, CF, acrescentado pela Emenda Constitucional n. 94, de 15.12.2016).

[78] Confira-se, a respeito, o seguinte julgado do STF: "EMENTA: AÇÃO DIRETA DE INCONSTITUCIONALIDADE. EXECUÇÃO JUDICIAL CONTRA A FAZENDA PÚBLICA. § 5.º, art. 98, da Constituição do Estado do Paraná. Precatórios judiciais. Créditos de natureza alimentar. EXECUÇÃO JUDICIAL CONTRA A FAZENDA PÚBLICA. CRÉDITOS DE NATUREZA ALIMENTÍCIA. Pagamento. Prazo de trinta dias da apresentação do precatório. Inconstitucionalidade por ofensa aos parágrafos 1.º e 2.º, do art. 100, da CF. Necessidade de inclusão no orçamento. Os precatórios judiciais, apresentados até 1.º de julho e nesta data atualizados, devem ser incluídos na proposta orçamentária que, submetida ao crivo do Poder Legislativo (art. 48, II, e 166 da CF), transformar-se-á na lei orçamentária do exercício seguinte. Somente se nela estiverem previstas dotações orçamentárias para tal fim é que os requisitórios poderão ser pagos; pois é vedada a realização de qualquer despesa sem que haja previsão no orçamento (art. 167, II, CF). Ação direta julgada procedente para declarar inconstitucional a norma impugnada" (ADI 225/PR, Rel. Min. Paulo Brossard, Pleno, j. em 31.08.1994, *DJ* 25.05.2001, p. 9). A data citada (1.º de julho) era a determinada pela Constituição anteriormente à Emenda Constitucional n. 114/2021. Com a redação dada pela referida emenda ao § 5.º do art. 100 da CF, a data passou a ser **2 de abril**.

6 ▣ Execução das Despesas Públicas

Ressalte-se que o STF declarou a inconstitucionalidade de disposição legal (art. 19 da Lei nacional n. 11.033, de 21.12.2004) que impunha condições para o levantamento dos valores do precatório devido pela Fazenda Pública:

> **Ementa:** (...) 2. A norma infraconstitucional estatuiu condição para a satisfação do direito do jurisdicionado — constitucionalmente garantido — que não se contém na norma fundamental da República. 3. A matéria relativa a precatórios não chama a atuação do legislador infraconstitucional, menos ainda para impor restrições que não se coadunam com o direito à efetividade da jurisdição e o respeito à coisa julgada. 4. O condicionamento do levantamento do que é devido por força de decisão judicial ou de autorização para o depósito em conta bancária de valores decorrentes de precatório judicial, estabelecido pela norma questionada, agrava o que vem estatuído como dever da Fazenda Pública em face de obrigação que se tenha reconhecido judicialmente em razão e nas condições estabelecidas pelo Poder Judiciário, não se mesclando, confundindo ou, menos ainda, frustrando pela existência paralela de débitos de outra fonte e natureza que, eventualmente, o jurisdicionado tenha com a Fazenda Pública. 5. Entendimento contrário avilta o princípio da separação de poderes e, a um só tempo, restringe o vigor e a eficácia das decisões judiciais ou da satisfação a elas devida. 6. Os requisitos definidos para a satisfação dos precatórios somente podem ser fixados pela Constituição, a saber: a requisição do pagamento pelo Presidente do Tribunal que tenha proferido a decisão; a inclusão, no orçamento das entidades políticas, das verbas necessárias ao pagamento de precatórios apresentados até 1.º de julho de cada ano; o pagamento atualizado até o final do exercício seguinte ao da apresentação dos precatórios, observada a ordem cronológica de sua apresentação. 7. A determinação de condicionantes e requisitos para o levantamento ou a autorização para depósito em conta bancária de valores decorrentes de precatórios judiciais, que não aqueles constantes de norma constitucional, ofende os princípios da garantia da jurisdição efetiva (art. 5.º, inc. XXXVI) e o art. 100 e seus incisos, não podendo ser tida como válida a norma que, ao fixar novos requisitos, embaraça o levantamento dos precatórios. 8. Ação Direta de Inconstitucionalidade julgada procedente (**ADI 3.453/DF**, Rel. Min. Cármen Lúcia, Pleno, j. em 30.11.2006, *DJ* 16.03.2007, p. 20)[79].

O processamento dos precatórios e o consequente pagamento devem observar rigorosamente a **ordem cronológica** de apresentação junto à Secretaria do Tribunal e far-se-ão exclusivamente à conta dos créditos respectivos, sendo proibida a designação de casos ou de pessoas nas dotações orçamentárias e nos créditos adicionais abertos para esse fim[80]. Tal procedimento, ao evitar privilégios, atua como corolário do princípio da **impessoalidade** (art. 37, *caput*, CF), pois assegura ao credor o direito de receber na

---

[79] A data citada (1.º de julho) era a determinada pela Constituição anteriormente à Emenda Constitucional n. 114/2021. Com a redação dada pela referida emenda ao § 5.º do art. 100 da CF, a data passou a ser **2 de abril**.

[80] LRF, art. 10: "A execução orçamentária e financeira identificará os beneficiários de pagamento de sentenças judiciais, por meio de sistema de contabilidade e administração financeira, para fins de observância da ordem cronológica determinada no art. 100 da Constituição". Vale destacar que o § 7.º do art. 30 da Lei de Responsabilidade Fiscal (LRF) determinou que precatórios não pagos durante a execução do orçamento que integravam devam ser incluídos no âmbito da **dívida consolidada**, para fins de cálculo dos limites legais de endividamento.

exata cronologia do precatório, e não em razão de eventual prestígio pessoal do interessado ou de seu patrono.

Portanto, a exigência constitucional de expedição do precatório, com a consequente obrigação imposta ao Estado de estrita observância da **ordem cronológica** de apresentação daquele instrumento de requisição judicial de pagamento, tem por finalidade impedir favorecimentos pessoais indevidos e frustrar injustas perseguições ditadas por razões de caráter político-administrativo. A regra inscrita no art. 100 da Constituição Federal objetiva viabilizar, na concreção de seu alcance normativo, a submissão incondicional do Poder Público ao dever de respeitar o princípio que confere **preferência jurídica** a quem disponha de precedência cronológica (*prior in tempore, potior in jure*)[81].

> **Observação:** O STF declarou a inconstitucionalidade do art. 245 da Constituição do Estado do Paraná (que vinculava receitas obtidas judicialmente da União ao pagamento de débitos judiciais do Estado), por ofensa ao regramento constitucional dos precatórios. Entendeu o STF que tal preceito criava **forma transversa de quebra da ordem de precedência dos precatórios** ao efetivar a vinculação das receitas obtidas com indenizações ou créditos pagos ao Estado pela União ao pagamento de débitos de idêntica natureza. Segundo o STF, tal previsão não encontra amparo constitucional, "porquanto seria instalada, inevitavelmente, uma ordem paralela de satisfação dos créditos, em detrimento da ordem cronológica" (**ADI 584/PR**, Rel. Min. Dias Toffoli, Pleno, j. em 19.03.2014, *DJe*-070 09.04.2014).

O comportamento da pessoa jurídica de direito público que desrespeita a ordem de precedência cronológica de apresentação dos precatórios sujeita-se às graves **sanções** definidas pelo ordenamento positivo.

Assim, no caso de inobservância da ordem cronológica de pagamento dos precatórios, caberá ao credor que teve preterido seu direito de precedência requerer ao Presidente do Tribunal (que proferiu a decisão exequenda) o **sequestro** da quantia necessária à satisfação do débito injustamente preterido (art. 100, § 6.º, CF, com redação determinada pela EC n. 62/2009)[82].

---

[81] STF, AP 503/PR, Rel. Min. Celso de Mello, Rev. Min. Marco Aurélio, Pleno, j. em 20.05.2010, *DJe*-022 01.02.2013.

[82] Confira-se, a respeito, o seguinte julgado do STJ: "1. A preterição na ordem cronológica de pagamento de precatórios, para efeito de se autorizar o sequestro de rendas ou receitas públicas, não exige que no precatório paradigma as parcelas nele contidas estejam todas liquidadas. Caso contrário, seria admissível que várias parcelas de inúmeros precatórios mais recentes fossem pagas, sem que a parte pudesse alegar preterição de seu crédito, em afronta à norma constitucional. 2. 'A preterição de pagamento de crédito anterior e já vencido, constante de precatório submetido ao regime de parcelamento de que trata o art. 33 do ADCT, em benefício de créditos posteriores, incluídos no parcelamento instituído pela EC n. 30/2000 (art. 78 do ADCT), configura hipótese de quebra da ordem cronológica imposta pelo art. 100 da Constituição Federal, autorizando o sequestro da quantia correspondente (CF, art. 100, § 2.º)' (RMS 28.288/SP, Rel. Min. Eliana Calmon, *DJe* de 24.09.09). 3. Seria um desrespeito à regra do art. 100, § 2.º, da CF/88, que consagra o direito de preferência do credor com precatório inscrito há mais tempo, se a observância na ordem de pagamento pudesse ser quebrada pelo simples fato de dois precatórios estarem sujeitos a regras de moratória distintas. 4. Caso prevaleça a tese do recorrente — de que não há preterição na ordem de pagamento quando o precatório paradigma não está quitado — estará aberta porta larga para desmandos do Poder Público, que poderá pagar diversas parcelas de precatório

6 ▫ Execução das Despesas Públicas

Na versão original do art. 100 da CF, bem como na redação dada ao § 2.º do citado artigo pela Emenda Constitucional n. 30, de 13.09.2000, somente era autorizado o sequestro de verbas públicas para a satisfação de precatórios para o caso de preterição do direito de precedência do credor[83].

Com a redação dada ao § 6.º do art. 100 da CF pela Emenda Constitucional n. 62/2009, permitiu-se ao credor requerer a mesma providência no caso de **não alocação orçamentária** do valor necessário à satisfação do seu crédito. Assim, a não inclusão no orçamento das verbas relativas a precatórios foi equiparada ao preterimento do direito de precedência, criando-se nova hipótese autorizadora de sequestro.

> **Observação:** Os atos dos Presidentes de Tribunais relativos aos pedidos de sequestro de verbas públicas para a satisfação de precatórios têm natureza administrativa, razão pela qual se admite a impugnação por meio de Mandado de Segurança (STJ, **RMS 28.426/MT**, Rel. Min. Herman Benjamin, 2.ª Turma, j. em 26.05.2009, *DJe* 21.08.2009).

Registre-se que o desrespeito à ordem cronológica de apresentação dos precatórios configura **crime de responsabilidade**, enquadrando-se nos preceitos incriminadores constantes do inciso V do art. 1.º do Decreto-Lei n. 201/67 ("ordenar ou efetuar despesas não autorizadas por lei, ou realizá-las em desacordo com as normas financeiras pertinentes")[84] e do item 1 do art. 11 da Lei n. 1.079/50 ("ordenar despesas não autorizadas por lei ou sem observância das prescrições legais relativas às mesmas").

O § 12 do art. 100 da CF, incluído pela EC n. 62/2009, assim dispunha: "A partir da promulgação desta Emenda Constitucional, a atualização de valores de requisitórios, após sua expedição, até o efetivo pagamento, independentemente de sua natureza, será feita pelo índice oficial de remuneração básica da caderneta de poupança, e, para fins de compensação da mora, incidirão juros simples no mesmo percentual de juros incidentes sobre a caderneta de poupança, ficando excluída a incidência de juros compensatórios".

Em relação ao referido dispositivo, o STF declarou a **inconstitucionalidade** da expressão "índice oficial de remuneração básica da caderneta de poupança", pois entendeu que tal disposição violaria o direito fundamental de propriedade (CF, art. 5.º, inciso XXII), "na medida em que é manifestamente incapaz de preservar o valor real do

---

mais recente até o adimplemento do mais antigo. 5. Recurso ordinário não provido" (RMS 31.261/SP, Rel. Min. Castro Meira, 2.ª Turma, j. em 11.05.2010, *DJe* 21.05.2010).

[83] A jurisprudência do STF, levando em conta a redação do art. 100 da CF vigente à época, firmou entendimento de que a única hipótese autorizadora de sequestro de bens públicos era a da ocorrência de quebra da ordem cronológica no pagamento de precatórios, à qual não se equipararia a ausência de inclusão das verbas relativas ao precatório no orçamento: ADI 1.662/SP, Rel. Min. Maurício Corrêa, Pleno, j. em 30.08.2001, *DJ* 19.09.2003, p. 14; Rcl 1.864/SP, Rel. Min. Maurício Corrêa, Pleno, j. em 15.10.2003, *DJ* 02.04.2004, p. 11; Rcl 2.848/CE, Rel. Min. Joaquim Barbosa, Pleno, j. em 27.10.2005, *DJ* 24.02.2006, p. 7; Rcl 743/ES, Rel. p/ Acórdão Min. Joaquim Barbosa, Pleno, j. em 04.02.2010, *DJe*-066 07.04.2011; AI-AgR 598.790/RS, Rel. Min. Cármen Lúcia, 1.ª Turma, j. em 09.11.2010, *DJe*-226 25.11.2010.

[84] STF, AP 503/PR, Rel. Min. Celso de Mello, Rev. Min. Marco Aurélio, Pleno, j. em 20.05.2010, *DJe*-022 01.02.2013.

124 Direito Financeiro e Econômico Esquematizado   *Carlos Alberto de Moraes Ramos Filho*

crédito de que é titular o cidadão. A inflação, fenômeno tipicamente econômico-mone-tário, mostra-se insuscetível de captação apriorística (*ex ante*), de modo que o meio es-colhido pelo legislador constituinte (remuneração da caderneta de poupança) é inidôneo a promover o fim a que se destina (traduzir a inflação do período)" (**ADI 4.425/DF**, Rel. p/ acórdão Min. Luiz Fux, Pleno, j. em 14.03.2013, *DJe*-251 19.12.2013). No mesmo sentido: **ADI 4.357/DF**, Rel. p/ acórdão Min. Luiz Fux, Pleno, j. em 14.03.2013, *DJe*-188 26.09.2014.

> **Observação:** Quanto à correção monetária, o STF, em decisão tomada em questão de ordem nas Ações Diretas de Inconstitucionalidade (ADIs) 4.357 e 4.425[85], **modulou os efeitos** da declaração de inconstitucionalidade[86] proferida no julgamento das ADIs relativas à EC n. 62/2009, para considerar válido o índice básico da caderneta de poupança (TR) para a cor-reção dos precatórios, **até 25.03.2015**, e estabeleceu sua substituição pelo Índice de Preços ao Consumidor Amplo Especial (IPCA-E). Os precatórios federais seguirão regidos pelo disposto na Lei de Diretrizes Orçamentárias (LDO) quanto aos anos de 2014 e 2015, caso em que já foi fixado o IPCA-E como índice de correção.

Nas ADIs 4.357 e 4.425, o STF também declarou a inconstitucionalidade parcial, sem redução da expressão "independentemente de sua natureza", contida no art. 100, § 12, da CF, para determinar que, quanto aos precatórios de natureza tributária, sejam aplicados os mesmos juros de mora incidentes sobre todo e qualquer crédito tributário". No entender daquele Tribunal, a "quantificação dos juros moratórios relativos a débi-tos fazendários inscritos em precatórios segundo o índice de remuneração da cader-neta de poupança vulnera o princípio constitucional da isonomia (CF, art. 5.º, *caput*) ao incidir sobre débitos estatais de natureza tributária, pela discriminação em detri-mento da parte processual privada que, salvo expressa determinação em contrário, responde pelos juros da mora tributária à taxa de 1% ao mês em favor do Estado (*ex vi* do art. 161, § 1.º, CTN)".

Nas discussões e nas condenações que envolvam a Fazenda Pública, independente-mente de sua natureza e para fins de atualização monetária, de remuneração do capital e de compensação da mora, inclusive do precatório, haverá a incidência, uma única vez, até o efetivo pagamento, do índice da taxa referencial do Sistema Especial de Liquida-ção e de Custódia (Selic), acumulado mensalmente (art. 3.º, EC n. 113/2021).

O Presidente do Tribunal competente que, por ato comissivo ou omissivo, retardar ou tentar frustrar a liquidação regular de precatório incorrerá em **crime de responsabi-lidade** e responderá, também, perante o Conselho Nacional de Justiça — CNJ (art. 100, § 7.º, CF, incluído pela EC n. 62/2009).

---

[85] ADI-QO 4.425/DF, Rel. Min. Luiz Fux, Pleno, j. em 25.03.2015, *DJe*-152 04.08.2015; ADI-QO 4.357/DF, Rel. Min. Luiz Fux, Pleno, j. em 25.03.2015, *DJe*-154 06.08.2015.

[86] A técnica da modulação temporal dos efeitos da declaração de inconstitucionalidade é prevista no art. 27 da Lei n. 9.868, de 10.11.1999, assim redigido: "**Ao declarar a inconstitucionalidade de lei ou ato normativo**, e tendo em vista razões de segurança jurídica ou de excepcional interesse social, poderá o Supremo Tribunal Federal, por maioria de dois terços de seus membros, **restringir os efeitos daquela declaração ou decidir que ela só tenha eficácia a partir de seu trânsito em julgado ou de outro momento que venha a ser fixado**" (destaques nossos).

6 ◼ Execução das Despesas Públicas   125

Sem que haja interrupção no pagamento do precatório e mediante comunicação da Fazenda Pública ao Tribunal, o valor correspondente aos eventuais débitos inscritos em **dívida ativa** contra o credor do requisitório e seus substituídos deverá ser **depositado à conta do juízo** responsável pela ação de cobrança, que decidirá pelo seu destino definitivo (art. 100, § 9.º, CF, com redação dada pela Emenda Constitucional n. 113, de 08.12.20214)[87].

> **Observação:** Os §§ 9.º (em sua redação original) e 10 do art. 100 da CF, incluídos pela EC n. 62/2009, previam uma compensação compulsória entre o valor de precatórios e o valor de débitos líquidos e certos, inscritos ou não em dívida ativa e constituídos contra o credor original pela Fazenda Pública devedora. Tais parágrafos, contudo, tiveram sua **inconstitucionalidade** declarada pelo STF, que entendeu que o regime de compensação neles previsto "embaraça a efetividade da jurisdição (CF, art. 5.º, XXXV), desrespeita a coisa julgada material (CF, art. 5.º, XXXVI), vulnera a Separação dos Poderes (CF, art. 2.º) e ofende a isonomia entre o Poder Público e o particular (CF, art. 5.º, *caput*), cânone essencial do Estado Democrático de Direito (CF, art. 1.º, *caput*)" (**ADI 4.425/DF**, Rel. p/ acórdão Min. Luiz Fux, Pleno, j. em 14.03.2013, *DJe*-251 19.12.2013). No mesmo sentido: **ADI 4.357/DF**, Rel. p/ acórdão Min. Luiz Fux, Pleno, j. em 14.03.2013, *DJe*-188 26.09.2014. A violação à isonomia, no entender do STF, decorria do fato de os referidos dispositivos não trazerem previsão de compensação compulsória no sentido contrário, isto é, da Fazenda Pública para com o particular.

Registre-se que, nos termos do § 8.º do art. 100 da CF, incluído pela EC n. 62/2009, é **vedada** a expedição de precatórios complementares ou suplementares de valor pago.

O § 11 do art. 100 da CF, com a redação dada pela EC n. 113/2021, faculta ao credor a **oferta** de créditos líquidos e certos que originalmente lhe são próprios ou adquiridos de terceiros reconhecidos pelo ente federativo ou por decisão judicial transitada em julgado para:

- ◼ quitação de débitos parcelados ou débitos inscritos em **dívida ativa** do ente federativo devedor, inclusive em transação resolutiva de litígio, e, subsidiariamente, débitos com a administração autárquica e fundacional do mesmo ente;
- ◼ compra de imóveis públicos de propriedade do mesmo ente disponibilizados para venda;[88]
- ◼ pagamento de outorga de delegações de serviços públicos e demais espécies de concessão negocial promovidas pelo mesmo ente;
- ◼ aquisição, inclusive minoritária, de participação societária, disponibilizada para venda, do respectivo ente federativo; ou
- ◼ compra de direitos, disponibilizados para cessão, do respectivo ente federativo, inclusive, no caso da União, da antecipação de valores a serem recebidos a título do excedente em óleo em contratos de partilha de petróleo.

---

[87] As alterações trazidas pela EC n. 113/2021 relativas ao regime de pagamento dos precatórios aplicam-se a todos os **requisitórios já expedidos**, inclusive no orçamento fiscal e da seguridade social do exercício de **2022** (art. 5.º, EC n. 113/2021).

[88] Tal possibilidade já constava da redação original do § 11 do art. 100 da CF, incluído pela EC n. 62/2009.

> **Observação:** A disposição do § 11 do art. 100 da CF, consoante ela mesmo esclarece, tem **aplicação imediata** para a União, dependendo, **para os demais casos**, da edição de **lei** por parte do ente federativo devedor.

O § 13 do art. 100 da CF, incluído pela EC n. 62/2009, autoriza a **cessão**, total ou parcial, de precatórios a terceiros, independentemente da concordância do devedor. A cessão, observado o disposto no § 9.º do art. 100 da CF, somente produzirá efeitos após comunicação, por meio de petição protocolizada, ao Tribunal de origem e ao ente federativo devedor (art. 100, § 14, CF, com redação dada pela EC n. 113/2021).

> **Observação:** De acordo com o § 13 do art. 100 da CF, não se aplicam ao cessionário o disposto nos §§ 2.º e 3.º daquele artigo, que versam, respectivamente, sobre casos de "superpreferência" a determinados credores de verbas alimentícias e sobre obrigações de pequeno valor.

A União poderá, a seu critério exclusivo e na forma de lei, **assumir débitos**, oriundos de precatórios, de Estados, Distrito Federal e Municípios, **refinanciando-os diretamente** (art. 100, § 16, incluído pela EC n. 62/2009).

O § 21 do art. 100 da CF, incluído pela EC n. 113/2021, autorizou a União e os demais entes federativos, nos montantes que lhes são próprios, desde que aceito por ambas as partes, a utilizar valores objeto de sentenças transitadas em julgado devidos a pessoa jurídica de direito público para **amortização** de dívidas, **vencidas**[89] ou **vincendas**[90], nos seguintes casos:

- ☐ contratos de refinanciamento cujos créditos sejam detidos pelo ente federativo que figure como devedor na sentença;
- ☐ contratos em que houve prestação de garantia a outro ente federativo;
- ☐ parcelamentos de tributos (inclusive de contribuições sociais); e
- ☐ obrigações decorrentes do descumprimento de prestação de contas ou de desvio de recursos.

6.3.1.1. Débitos de natureza alimentícia

O art. 100 da CF, ao disciplinar o regime dos precatórios, dedica especial atenção aos chamados **"débitos de natureza alimentícia"**.

De acordo com o § 1.º do referido artigo (com a redação dada pela Emenda Constitucional n. 62, de 09.12.2009), os débitos de natureza alimentícia compreendem aqueles decorrentes de salários, vencimentos, proventos, pensões e suas complementações, benefícios previdenciários e indenizações por morte ou por invalidez, fundadas em responsabilidade civil, em virtude de sentença judicial transitada em julgado[91].

---

[89] Nas obrigações **vencidas**, a amortização será imputada primeiramente às parcelas mais antigas (art. 100, § 22, inciso I, CF, incluído pela EC n. 113/2021).

[90] Nas obrigações **vincendas**, a amortização reduzirá uniformemente o valor de cada parcela devida, mantida a duração original do respectivo contrato ou parcelamento (art. 100, § 22, inciso II, CF, incluído pela EC n. 113/2021).

[91] O STF considera os créditos indenizatórios, por **acidente do trabalho** ou **moléstia profissional**, como de natureza alimentícia, inclusive para os fins do art. 100 da CF. Nesse sentido: RE 156.421/

6 ◼ Execução das Despesas Públicas 127

> **Observação:** Consoante decidiu o STJ, os benefícios previdenciários, **incluídos os acidentários,** são de natureza reconhecidamente alimentar (**REsp 713.090/SP**, Rel. Min. Gilson Dipp, 5.ª Turma, j. em 03.03.2005, *DJ* 28.03.2005, p. 314).

Ainda de acordo com o citado parágrafo, os débitos de natureza alimentícia serão pagos com **preferência** sobre **todos** os demais débitos, **exceto sobre aqueles referidos no § 2.º do mesmo artigo.** Tal enunciado **não exclui** os débitos de natureza alimentícia da sistemática dos precatórios[92]. Com efeito, o STF já firmou a orientação de que o art. 100 da CF não dispensa o precatório, na execução contra a Fazenda Pública, ainda quando se trate de créditos de natureza alimentícia. Nesse sentido é o teor da **Súmula 655 do STF**, assim redigida: "A exceção prevista no art. 100, *caput*, da Constituição, em favor dos créditos de natureza alimentícia, não dispensa a expedição de precatório, limitando--se a isentá-los da observância da ordem cronológica dos precatórios decorrentes de condenações de outra natureza".

Portanto, mesmo no caso de crédito alimentício, há a **obrigatoriedade** da observância do regime de precatórios para o pagamento do débito fazendário[93].

> **Observação:** Consoante já decidiu o STF, o simples fato de o débito de caráter alimentar ser proveniente de sentença concessiva de mandado de segurança não o exclui do sistema de precatórios estabelecido na CF[94].

SP, Rel. Min. Néri da Silveira, 2.ª Turma, j. em 22.11.1994, *DJ* 18.08.1995, p. 25026; RE 153.641/SP, Rel. Min. Sydney Sanches, 1.ª Turma, j. em 06.12.1994, *DJ* 18.08.1995, p. 24918; RE 195.043/SP, Rel. Min. Moreira Alves, 1.ª Turma, j. em 02.04.1996, *DJ* 17.05.1996, p. 16348; RE 206.094/SP, Rel. Min. Marco Aurélio, 2.ª Turma, j. em 13.10.1997, *DJ* 12.12.1997, p. 65585.

[92] A redação original do *caput* do art. 100 da CF/88 parecia excluir os débitos de natureza alimentícia do regime dos precatórios, ao assim dispor: "Art. 100. **À exceção dos créditos de natureza alimentícia,** os pagamentos devidos pela Fazenda Federal, Estadual ou Municipal, em virtude de sentença judiciária, far-se-ão exclusivamente na ordem cronológica de apresentação dos precatórios e à conta dos créditos respectivos, proibida a designação de casos ou de pessoas nas dotações orçamentárias e nos créditos adicionais abertos para este fim" (destaque nosso).

[93] Nesse sentido: STF, ADI-MC 571/DF, Rel. p/ Acórdão Min. Néri da Silveira, Pleno, j. em 28.11.1991, *DJ* 26.02.1993, p. 2355; ADI 47/SP, Rel. Min. Octavio Gallotti, Pleno, j. em 22.10.1992, *DJ* 13.06.1997, p. 26688; RE 134.166/PR, Rel. Min. Octavio Gallotti, 1.ª Turma, j. em 03.11.1992, *DJ* 18.12.1992, p. 24380; RE 156.111/PE, Rel. Min. Moreira Alves, 1.ª Turma, j. em 02.03.1993, *DJ* 26.03.1993, p. 5008; RE 162.358/SP, Rel. Min. Moreira Alves, 1.ª Turma, j. em 15.09.1995, *DJ* 03.11.1995, p. 37248; AI--AgR 171.924/PR, Rel. Min. Maurício Corrêa, 2.ª Turma, j. em 27.10.1995, *DJ* 02.02.1996, p. 865; SS-AgR 2.961/MA, Rel. Min. Ellen Gracie, Pleno, j. em 10.03.2008, *DJe*-074 25.04.2008; AI-AgR 768.479/RJ, Rel. Min. Ellen Gracie, 2.ª Turma, j. em 13.04.2010, *DJe*-081 07.05.2010; RE-AgR 597.835/RJ, Rel. Min. Ricardo Lewandowski, 1.ª Turma, j. em 09.11.2010, *DJe*-226 25.11.2010; RE--AgR 602.184/SP, Rel. Min. Luiz Fux, 1.ª Turma, j. em 14.02.2012, *DJe*-050 09.03.2012; RE-AgR-ED 602.184/SP, Rel. Min. Luiz Fux, 1.ª Turma, j. em 07.08.2012, *DJe*-164 21.08.2012.

[94] STF, RE 334.279/PA, Rel. Min. Sepúlveda Pertence, 1.ª Turma, j. em 15.06.2004, *DJ* 20.08.2004, p. 50; AI-AgR 712.216/SP, Rel. Min. Ricardo Lewandowski, 1.ª Turma, j. em 25.08.2009, *DJe*-176 18.09.2009; RE-AgR 602.184/SP, Rel. Min. Luiz Fux, 1.ª Turma, j. em 14.02.2012, *DJe*-050 09.03.2012.

Conclui-se, pois, que o § 1.º do art. 100 da CF se limita a isentar os precatórios dos créditos de natureza alimentícia da observância da ordem cronológica **em relação aos precatórios de outra natureza**. Dito de outro modo, aos créditos de natureza alimentícia foi assegurada **ordem cronológica própria e específica**, consoante decidiu o STF:

> **Ementa:** (...) A jurisprudência do Supremo Tribunal Federal, ao interpretar o disposto no *caput* do art. 100 da Constituição da República, firmou-se no sentido de submeter, mesmo as prestações de caráter alimentar, ao regime constitucional dos precatórios, ainda que reconhecendo a possibilidade jurídica de se estabelecerem duas ordens distintas de precatórios, com preferência absoluta dos créditos de natureza alimentícia (ordem especial) sobre aqueles de caráter meramente comum (ordem geral) (**STA-AgR 90/PI**, Rel. Min. Ellen Gracie, Pleno, j. em 13.09.2007, *DJ* 26.10.2007, p. 29)[95].

Registre-se que a Súmula 655 do STF refere-se apenas aos créditos de natureza alimentícia, nada dispondo sobre créditos de pequeno valor.

Assim, poder-se-ia questionar, então, sobre qual a solução para o caso de crédito que, além de ter natureza alimentar, também é de pequeno valor.

O STF, a respeito, já decidiu que a referida Súmula 655 não se aplica aos créditos **alimentícios de pequeno valor**, os quais não estão sujeitos à expedição de precatórios[96].

Consoante exposto, a regra segundo a qual os pagamentos de débitos de natureza alimentícia têm preferência sobre todos os demais pagamentos devidos pelas Fazendas Públicas admite uma **exceção**: os débitos referidos no § 2.º do art. 100 da CF, que, alterado pela Emenda Constitucional n. 94, de 15.12.2016, versa sobre os débitos de natureza alimentícia cujos titulares, originários ou por sucessão hereditária:

- ■ tenham **60 (sessenta) anos de idade**[97]; ou
- ■ sejam portadores de **doença grave**, definidos na forma da lei; ou
- ■ sejam pessoas **com deficiência**, assim definidas na forma da lei.

---

[95] No mesmo sentido: RE 167.051/SP, Rel. Min. Ilmar Galvão, 1.ª Turma, j. em 31.08.1993, *DJ* 08.10.1993, p. 21018; RE 170.924/RJ, Rel. Min. Ilmar Galvão, 1.ª Turma, j. em 03.12.1993, *DJ* 03.06.1994, p. 13852; RE 188.414/SP, Rel. Min. Ilmar Galvão, 1.ª Turma, j. em 02.05.1995, *DJ* 08.09.1995, p. 28419; RE 172.561/SP, Rel. Min. Néri da Silveira, 1.ª Turma, j. em 05.06.1995, *DJ* 28.05.1999, p. 21; RE 188.156/SP, Rel. Min. Sepúlveda Pertence, 1.ª Turma, j. em 23.03.1999, *DJ* 07.05.1999, p. 13; AC-MC-REF 2.193/SP, Rel. Min. Cármen Lúcia, 1.ª Turma, j. em 23.03.2010, *DJe*-071 23.04.2010. No mesmo sentido é a jurisprudência do STJ: RMS 3.536/SP, Rel. Min. Pedro Acioli, 6.ª Turma, j. em 11.10.1994, *DJ* 31.10.1994, p. 29525.

[96] STF, AI-AgR 641.431/SP, Rel. Min. Ellen Gracie, 2.ª Turma, j. em 08.06.2010, *DJe*-116 25.06.2010.

[97] Ressalte-se que o Estatuto do Idoso (instituído pela Lei n. 10.741, de 01.10.2003), em seu art. 71, assegura prioridade na tramitação dos processos e procedimentos e na execução dos atos e diligências judiciais em que figure como parte ou interveniente pessoa com idade igual ou superior a 60 (sessenta) anos, em qualquer instância.

6 ■ Execução das Despesas Públicas 129

Pode-se dizer, pois, que a disposição do § 2.º do art. 100 da CF (com a redação dada pela EC n. 62/2009) consagrou casos de **"superpreferência"** aos credores de verbas alimentícias ali descritos, tendo o STF reconhecido a **constitucionalidade** da referida sistemática em respeito à **dignidade da pessoa humana** e à **proporcionalidade** (**ADI 4.425/DF**, Rel. p/ Acórdão Min. Luiz Fux, Pleno, j. em 14.03.2013, *DJe*-251 19.12.2013); (**ADI 4.357/DF**, Rel. p/ Acórdão Min. Luiz Fux, Pleno, j. em 14.03.2013, *DJe*-188 26.09.2014).

Ressalte-se que a redação do § 2.º do art. 100 da CF anterior à EC n. 94/2016 exigia que o credor idoso tivesse 60 (sessenta) anos de idade ou mais **"na data de expedição do precatório"**. O STF, contudo, declarou a **inconstitucionalidade** de tal expressão, tendo reconhecido a invalidade jurídico-constitucional da citada limitação da preferência, por entendê-la arbitrária e violadora da isonomia:

> **Ementa:** (...) A expressão "na data de expedição do precatório", contida no art. 100, § 2.º, da CF, com redação dada pela EC n. 62/09, enquanto baliza temporal para a aplicação da preferência no pagamento de idosos, ultraja a isonomia (CF, art. 5.º, *caput*) entre os cidadãos credores da Fazenda Pública, na medida em que discrimina, sem qualquer fundamento, aqueles que venham a alcançar a idade de sessenta anos não na data da expedição do precatório, mas sim posteriormente, enquanto pendente este e ainda não ocorrido o pagamento (**ADI 4.425/DF**, Rel. p/ Acórdão Min. Luiz Fux, Pleno, j. em 14.03.2013, *DJe*-251 19.12.2013)[98].

Em razão do referido julgamento, a EC n. 94/2016 alterou o § 2.º do art. 100 da CF para dele retirar a mencionada baliza temporal da preferência do pagamento de idosos. Por conseguinte, conclui-se que tal preferência alcança as pessoas que venham a atingir 60 anos **enquanto não ocorrido o pagamento do débito** constante do precatório.

Nos casos descritos no § 2.º do art. 100 da CF (com a redação dada pela EC n. 94/2016), o referido dispositivo estabelece que os pagamentos devem ser realizados com preferência sobre **todos** os demais débitos, até o valor equivalente ao triplo do fixado em lei para os fins do disposto no § 3.º do art. 100 da CF (que, como será adiante analisado, versa sobre os pagamentos de obrigações definidas como de pequeno valor), admitido o fracionamento para essa finalidade, sendo o **restante** pago na ordem cronológica de apresentação do precatório.

6.3.1.2. Regime especial transitório de pagamento de precatórios em mora

A **Emenda Constitucional n. 94, de 15.12.2016**, acrescentou os arts. 101 a 105 ao Ato das Disposições Constitucionais Transitórias, instituindo regime especial de pagamento para os casos de precatórios em mora. Tais dispositivos sofreram pontuais alterações pelas **Emendas Constitucionais n. 99, de 14.12.2017, e n. 109, de 15.03.2021**.

De acordo com o art. 101 do ADCT (com a redação dada pela EC n. 109/2021), os Estados, o Distrito Federal e os Municípios que, em 25 de março de 2015, se encontravam em mora com o pagamento de seus precatórios deverão quitar **até 31 de dezembro**

---

[98] No mesmo sentido: **ADI 4.357/DF**, Rel. p/ Acórdão Min. Luiz Fux, Pleno, j. em 14.03.2013, *DJe*-188 26.09.2014.

de 2029 seus débitos vencidos e os que vencerão dentro desse período, atualizados pelo Índice Nacional de Preços ao Consumidor Amplo Especial (IPCA-E), ou por outro índice que venha a substituí-lo[99].

Os entes que se encontrem na situação descrita deverão depositar, mensalmente, em conta especial do Tribunal de Justiça local, sob única e exclusiva administração deste, **1/12 (um doze avos)** do valor calculado percentualmente sobre as respectivas **receitas correntes líquidas**, apuradas no segundo mês anterior ao mês de pagamento, em percentual suficiente para a quitação de seus débitos e, ainda que variável, nunca inferior, em cada exercício, ao percentual praticado na data da entrada em vigor do regime especial a que se refere o art. 101 do ADCT, em conformidade com plano de pagamento a ser anualmente apresentado ao Tribunal de Justiça local (art. 101, *caput*, ADCT, com a redação dada pela EC n. 109/2021).

Conforme definição constante do § 1.º do art. 101 do ADCT, entende-se como **receita corrente líquida**, para os fins do regime especial em questão, o somatório das receitas tributárias, patrimoniais, industriais, agropecuárias, de contribuições e de serviços, de transferências correntes e outras receitas correntes, incluindo as oriundas do § 1.º do art. 20 da CF, verificado no período compreendido pelo segundo mês imediatamente anterior ao de referência e os 11 (onze) meses precedentes, excluídas as duplicidades, e deduzidas:

■ nos Estados, as parcelas entregues aos Municípios por determinação constitucional;

■ nos Estados, no Distrito Federal e nos Municípios, a contribuição dos servidores para custeio de seu sistema de previdência e assistência social e as receitas provenientes da compensação financeira referida no § 9.º do art. 201 da CF.

Os **recursos a serem utilizados para o pagamento de débito de precatórios** na sistemática do regime especial instituído pelo art. 101 do ADCT são aqueles mencionados no § 2.º do referido artigo, que, com a redação dada pela EC n. 99/2017, assim dispõe:

> **Art. 101. (...)**
>
> § 2.º O débito de precatórios será pago com recursos orçamentários próprios provenientes das fontes de receita corrente líquida referidas no § 1.º deste artigo e, adicionalmente, poderão ser utilizados recursos dos seguintes instrumentos:
>
> I — até 75% (setenta e cinco por cento) dos depósitos judiciais e dos depósitos administrativos em dinheiro referentes a processos judiciais ou administrativos, tributários ou não tributários, nos quais sejam parte os Estados, o Distrito Federal ou os Municípios, e as respectivas autarquias, fundações e empresas estatais dependentes, mediante a instituição de fundo garantidor em montante equivalente a 1/3 (um terço) dos recursos levantados, constituído pela parcela restante dos depósitos judiciais e remunerado pela taxa referencial do Sistema Especial de Liquidação e de Custódia (Selic) para títulos federais, nunca inferior aos índices e critérios aplicados aos depósitos levantados;

---

[99] Anteriormente à EC n. 99/2017, o art. 101 do ADCT não dispunha sobre o índice que deveria ser utilizado para a atualização dos referidos valores.

6 ▪ Execução das Despesas Públicas 131

II — até 30% (trinta por cento) dos demais depósitos judiciais da localidade sob jurisdição do respectivo Tribunal de Justiça, mediante a instituição de fundo garantidor em montante equivalente aos recursos levantados, constituído pela parcela restante dos depósitos judiciais e remunerado pela taxa referencial do Sistema Especial de Liquidação e de Custódia (Selic) para títulos federais, nunca inferior aos índices e critérios aplicados aos depósitos levantados, destinando-se:

a) no caso do Distrito Federal, 100% (cem por cento) desses recursos ao próprio Distrito Federal;

b) no caso dos Estados, 50% (cinquenta por cento) desses recursos ao próprio Estado e 50% (cinquenta por cento) aos respectivos Municípios, conforme a circunscrição judiciária onde estão depositados os recursos, e, se houver mais de um Município na mesma circunscrição judiciária, os recursos serão rateados entre os Municípios concorrentes, proporcionalmente às respectivas populações, utilizado como referência o último levantamento censitário ou a mais recente estimativa populacional da Fundação Instituto Brasileiro de Geografia e Estatística (IBGE);

III — empréstimos, excetuados para esse fim os limites de endividamento de que tratam os incisos VI e VII do *caput* do art. 52 da Constituição Federal e quaisquer outros limites de endividamento previstos em lei, não se aplicando a esses empréstimos a vedação de vinculação de receita prevista no inciso IV do *caput* do art. 167 da Constituição Federal[100];

IV — a totalidade dos depósitos em precatórios e requisições diretas de pagamento de obrigações de pequeno valor efetuados até 31 de dezembro de 2009 e ainda não levantados, com o cancelamento dos respectivos requisitórios e a baixa das obrigações, assegurada a revalidação dos requisitórios pelos juízos dos processos perante os Tribunais, a requerimento dos credores e após a oitiva da entidade devedora, mantidas a posição de ordem cronológica original e a remuneração de todo o período.

Observação: De acordo com o § 3.º do art. 101 do ADCT (incluído pela EC n. 99/2017), os recursos adicionais previstos nos incisos I, II e IV do § 2.º devem ser transferidos diretamente pela instituição financeira depositária para a conta especial referida no *caput* do mencionado artigo, sob única e exclusiva administração do Tribunal de Justiça local[101].

Observação: O Procurador-Geral da República ajuizou no STF a **Ação Direta de Inconstitucionalidade (ADI) 5.679**, com pedido de liminar, contra o art. 2.º da EC n. 94/2016, na parte em que insere o art. 101, § 2.º, incisos I e II, no ADCT da CF, que permitem a utilização de depósitos judiciais para pagamento de precatórios, inclusive nos casos em que o Poder

---

[100] Tais empréstimos poderão ser destinados, por meio de ato do Poder Executivo, **exclusivamente** ao pagamento de precatórios por **acordo direto** com os credores, na forma do disposto no inciso III do § 8.º do art. 97 do ADCT (art. 101, § 5.º, ADCT, incluído pela EC n. 113/2021).

[101] De acordo com o § 3.º do art. 101 do ADCT, a transferência dos referidos recursos adicionais deveria ser realizada **em até 60 (sessenta) dias** contados a partir da entrada em vigor do mencionado parágrafo, sob pena de **responsabilização pessoal** do dirigente da instituição financeira por **improbidade**. A EC n. 99/2017, conforme determinou seu art. 5.º, entrou em vigor na data de sua publicação, o que se deu em 15.12.2017.

Público não está presente na relação jurídica processual. Para o autor da ADI, destinar "recursos de terceiros, depositados em conta à disposição do Judiciário, à revelia deles, para custeio de despesas ordinárias do Executivo e para pagamento de dívidas da Fazenda Pública estadual com outras pessoas constitui apropriação do patrimônio alheio, com interferência na relação jurídica civil do depósito e no direito fundamental de propriedade dos titulares dos valores depositados". Segundo o Procurador-Geral, tal medida violaria cláusulas pétreas, dentre outras as relativas aos direitos e garantias individuais, como os incisos XXXV e LXXVIII do art. 5.º da CF, que asseguram o direito à prestação jurisdicional razoável e célere: "Tal garantia seria meramente formal se não incluísse os atos executivos para satisfação do direito da parte. O direito fundamental de acesso à justiça não assegura apenas que o estado encerre o litígio, mas impõe que materialize com a brevidade possível os direitos reconhecidos pela sentença proferida". O autor da ADI também alegou violação ao princípio da proporcionalidade, em seu aspecto de proibição à proteção insuficiente, pois o dispositivo atacado, em seu entender, cria situação inusitada à parte processual em favor de quem tenha sido expedida autorização judicial, que, ao dirigir-se à instituição financeira para buscar os valores depositados, não terá garantia de obter disponibilidade deles, porquanto dependerá da condição de efetiva liquidez do fundo de reserva.

A cautelar foi **parcialmente deferida**, em 07.06.2017, por meio de decisão monocrática do Relator, Ministro Luís Roberto Barroso, para o fim de **manter os efeitos da EC n. 94/2016**, mas conferir-lhe **interpretação conforme**, a fim de "explicitar, com efeitos vinculantes e gerais, que a utilização dos recursos pelos Estados deve observar as seguintes condições: (i) prévia constituição do fundo de reserva, (ii) destinação exclusiva para quitação de precatórios em atraso até 25.3.2015, e (iii) exigência de que os pertinentes valores sejam transpostos das contas de depósito diretamente para contas vinculadas ao pagamento de precatórios, sob a administração do Tribunal competente, afastando-se o trânsito de tais recursos pelas contas dos Tesouros estaduais e municipais" (**ADI-MC 5.679/DF**, Rel. Min. Roberto Barroso, decisão monocrática, j. em 07.06.2017, *DJe*-121 09.06.2017).

Enquanto estiver em vigor o regime especial previsto no art. 101 do ADCT, pelo menos 50% (cinquenta por cento) dos recursos que, nos termos do referido artigo, forem destinados ao pagamento dos precatórios em mora serão utilizados no pagamento segundo a ordem cronológica de apresentação, respeitadas as preferências dos créditos alimentares, e, nestas, as relativas à idade, ao estado de saúde e à deficiência, nos termos do § 2.º do art. 100 da CF, sobre todos os demais créditos de todos os anos (art. 102, *caput*, ADCT).

A aplicação dos recursos remanescentes, por opção dos Estados, do Distrito Federal e dos Municípios[102], observada a ordem de preferência dos credores, poderá ser destinada ao pagamento mediante acordos diretos, perante Juízos Auxiliares de Conciliação de Precatórios, com **redução máxima de 40% (quarenta por cento)** do valor do crédito atualizado, desde que em relação ao crédito não penda recurso ou defesa judicial e que sejam observados os requisitos definidos na regulamentação editada pelo ente federado (art. 102, § 1.º, ADCT).

Na vigência do regime especial previsto no art. 101 do ADCT, as preferências relativas à idade, ao estado de saúde e à deficiência serão atendidas até o valor equivalente

---

[102] A opção a ser exercida pelos mencionados entes políticos será consubstanciada por ato do respectivo Poder Executivo.

6 ■ Execução das Despesas Públicas 133

ao quíntuplo fixado em lei para os fins do disposto no § 3.º do art. 100 da CF, **admitido o fracionamento para essa finalidade**, e o restante será pago em ordem cronológica de apresentação do precatório (art. 102, § 2.º, ADCT, incluído pela EC n. 99/2017).

Enquanto os Estados, o Distrito Federal e os Municípios estiverem efetuando o pagamento da parcela mensal devida como previsto no *caput* do art. 101 do ADCT, nem eles, nem as respectivas autarquias, fundações e empresas estatais dependentes poderão sofrer sequestro de valores, exceto no caso de não liberação tempestiva dos recursos (art. 103, *caput*, ADCT).

Durante o período de vigência do regime especial previsto no art. 101 do ADCT, **ficam vedadas desapropriações** pelos Estados, pelo Distrito Federal e pelos Municípios, cujos estoques de precatórios ainda pendentes de pagamento, incluídos os precatórios a pagar de suas entidades da administração indireta, **sejam superiores a 70% (setenta por cento)** das respectivas receitas correntes líquidas, excetuadas as desapropriações para fins de necessidade pública nas áreas de saúde, educação, segurança pública, transporte público, saneamento básico e habitação de interesse social (art. 103, parágrafo único, ADCT, incluído pela EC n. 99/2017).

Se os recursos referidos no art. 101 do ADCT para o pagamento de precatórios não forem tempestivamente liberados, no todo ou em parte (art. 104, ADCT):

■ o Presidente do Tribunal de Justiça local determinará o sequestro, até o limite do valor não liberado, das contas do ente federado inadimplente;

■ o Chefe do Poder Executivo do ente federado inadimplente responderá, na forma da legislação de responsabilidade fiscal e de improbidade administrativa;

■ a União reterá os recursos referentes aos repasses ao Fundo de Participação dos Estados e do Distrito Federal e ao Fundo de Participação dos Municípios e os depositará na conta especial referida no art. 101 do ADCT, para utilização como nele previsto;

■ os Estados reterão os repasses previstos no parágrafo único do art. 158 da CF e os depositarão na conta especial referida no art. 101 do ADCT, para utilização como nele previsto.

Enquanto perdurar a omissão em liberar os recursos mencionados no art. 101 do ADCT para o pagamento de precatórios, o ente federado omisso não poderá contrair empréstimo externo ou interno, exceto para os fins previstos no § 2.º do art. 101 do ADCT, e ficará impedido de receber transferências voluntárias (art. 104, parágrafo único, ADCT).

Enquanto viger o regime de pagamento de precatórios previsto no art. 101 do ADCT, é facultada aos credores de precatórios, próprios ou de terceiros, a **compensação** com débitos de natureza tributária ou de outra natureza que até 25 de março de 2015 tenham sido inscritos na dívida ativa dos Estados, do Distrito Federal ou dos Municípios, **observados os requisitos definidos em lei própria do ente federado** (art. 105, *caput*, ADCT).

> **Observação:** Os Estados, o Distrito Federal e os Municípios deverão regulamentar nas respectivas leis a compensação de que trata o *caput* do art. 105 do ADCT em até **120 (cento e vinte) dias** a partir de 1.º de janeiro de 2018 (art. 105, § 2.º, ADCT, incluído pela EC n. 99/2017). Decorrido tal prazo sem que tenha sido providenciada a regulamentação anteriormente referida, ficam os credores de precatórios autorizados a exercer tal faculdade **independentemente de regulamentação** (art. 105, § 3.º, ADCT, incluído pela EC n. 99/2017).

Não se aplica às compensações mencionadas no art. 105 do ADCT qualquer tipo de vinculação, como as transferências a outros entes e as destinadas à educação, à saúde e a outras finalidades (art. 105, § 1.º, ADCT).

6.3.2. O REGIME DAS REQUISIÇÕES DE PEQUENO VALOR (RPV)

De acordo com o § 3.º do art. 100 da CF (com redação dada pela Emenda Constitucional n. 62/2009), o disposto no *caput* do mesmo artigo relativamente à expedição de precatórios não se aplica aos pagamentos de obrigações definidas **em lei** como de **pequeno valor** que a Fazenda Pública deva fazer em virtude de sentença judicial transitada em julgado. Assim, em tais casos, o pagamento das dívidas judiciais do Poder Público será realizado à margem do regime de precatórios.

Dito de outro modo: os créditos contra a Fazenda Pública decorrentes de decisões judiciais transitadas em julgado e considerados de pequeno valor **não estão sujeitos ao regime de precatórios**.

Ressalte-se que somente **a lei** pode definir o que sejam obrigações de pequeno valor, para os efeitos do disposto no art. 100 da CF[103].

Para definição das referidas "obrigações de pequeno valor", poderão ser fixados, **por leis próprias**, valores distintos às entidades de direito público, segundo as diferentes capacidades econômicas, tendo a EC n. 62/2009 estabelecido como **limite mínimo o valor do maior benefício do regime geral da previdência social** (art. 100, § 4.º, CF, com a redação dada pela EC n. 62/2009).

É **vedado** o **fracionamento**, a **repartição** ou a **quebra do valor da execução** para fins de enquadramento de parcela do total ao que dispõe o § 3.º do art. 100 da CF, nos termos do § 8.º do mesmo artigo (inserido pela EC n. 62/2009).

> **Observação:** No julgamento do RE 568.645, com repercussão geral reconhecida, o Plenário do STF decidiu que a **execução ou o pagamento singularizado** dos valores devidos a partes integrantes de **litisconsórcio facultativo** simples não contrariam o § 8.º do art. 100 da CF. No caso, a forma de pagamento — por requisição de pequeno valor ou precatório — dependerá dos valores isoladamente considerados (**RE 568.645/SP**, Rel. Min. Cármen Lúcia, Pleno, j. em 24.09.2014, *DJe*-223 13.11.2014)[104].

---

[103] Por tal razão, o STF, em sede cautelar, suspendeu a eficácia de normas constantes de Provimento de Tribunal Regional do Trabalho que definiam obrigações de pequeno valor, para os efeitos do art. 100 da CF (ADI-MC 3.057/RN, Rel. Min. Cezar Peluso, Pleno, j. em 19.02.2004, *DJ* 19.03.2004, p. 16).

[104] O Tribunal, decidindo o tema 148 da repercussão geral, fixou a seguinte tese: "A interpretação do § 4.º do art. 100, alterado e hoje § 8.º do art. 100 da Constituição da República, permite o pagamento dos débitos em execução nos casos de litisconsórcio facultativo".

6 ◼ Execução das Despesas Públicas

Observação: Interpretando o § 8.º do art. 100 da CF, o STF, ao decidir o tema 18 da repercussão geral ("Fracionamento de execução contra a Fazenda Pública para pagamento de honorários advocatícios"), fixou a seguinte tese: "Os honorários advocatícios incluídos na condenação ou destacados do montante principal devido ao credor consubstanciam verba de natureza alimentar cuja satisfação ocorrerá com a expedição de precatório ou requisição de pequeno valor, observada ordem especial restrita aos créditos dessa natureza" (**RE 564.132/ RS**, Rel. p/ acórdão Min. Cármen Lúcia, Pleno, j. em 30.10.2014, *DJe*-027 10.02.2015).

Observação: O STF decidiu que, por possuírem a mesma natureza, não há diferenciação entre precatório e Requisição de Pequeno Valor (RPV), quanto à incidência de juros de mora (**AI-AgR 618.770/RS**, Rel. Min. Gilmar Mendes, 2.ª Turma, j. em 12.02.2008, *DJe*-041 07.03.2008).

Observação: No julgamento do RE 579.431, com repercussão geral reconhecida, o Plenário do STF decidiu que incidem juros de mora no período compreendido entre a data de elaboração de cálculos e a expedição da Requisição de Pequeno Valor (RPV) ou do precatório (**RE 579.431/RS**, Rel. Min. Marco Aurélio, Pleno, j. em 19.04.2017, *DJe*-79 20.04.2017)[105].

6.3.2.1. Definição legal de obrigações de pequeno valor

No âmbito da **União**, a definição de obrigação de pequeno valor, para os fins do § 3.º do art. 100 da CF, consta da **Lei n. 10.259, de 12.07.2001**, que dispõe sobre a instituição dos Juizados Especiais Cíveis e Criminais na esfera da Justiça Federal[106]. O art. 17 do referido diploma legal assim estabeleceu:

Art. 17. Tratando-se de obrigação de pagar quantia certa, após o trânsito em julgado da decisão, o pagamento será efetuado no prazo de sessenta dias, contados da entrega da requisição, por ordem do Juiz, à autoridade citada para a causa, na agência mais próxima da Caixa Econômica Federal ou do Banco do Brasil, independentemente de precatório.

§ 1.º Para os efeitos do § 3.º do art. 100 da Constituição Federal, as obrigações ali definidas como de pequeno valor, a serem pagas independentemente de precatório, terão como limite o **mesmo valor estabelecido nesta Lei para a competência do Juizado Especial Federal Cível** (art. 3.º, *caput*) (destaque nosso).

O art. 3.º do mesmo diploma legal, por sua vez, assim dispõe:

Art. 3.º Compete ao Juizado Especial Federal Cível processar, conciliar e julgar causas de competência da Justiça Federal até o valor de **sessenta salários mínimos**, bem como executar as suas sentenças (destaque nosso).

---

[105] Por unanimidade, o Tribunal negou provimento ao recurso e, por maioria, fixou a seguinte tese de repercussão geral: "Incidem os juros da mora no período compreendido entre a data da realização dos cálculos e a da requisição ou do precatório", vencido, em parte, na redação da tese, o Ministro Dias Toffoli.

[106] Ressalte-se que, anteriormente à Lei n. 10.259/2001, foi promulgada a **Lei n. 10.099, de 19.12.2000**, que alterou o art. 128 da Lei n. 8.213, de 24.06.1991, para definir obrigações de pequeno valor para a Previdência Social.

Conclui-se, pois, que, para a União, considera-se obrigação de pequeno valor o crédito que **não exceda 60 (sessenta) salários mínimos**.

Para os Estados, o Distrito Federal e os Municípios, a **Emenda Constitucional n. 37, de 12.06.2002**, acrescentou ao Ato de Disposições Constitucionais Transitórias o art. 87, com a seguinte redação:

> **Art. 87.** Para efeito do que dispõem o § 3.º do art. 100 da Constituição Federal e o art. 78 deste Ato das Disposições Constitucionais Transitórias serão considerados de pequeno valor, até que se dê a publicação oficial das respectivas leis definidoras pelos entes da Federação, observado o disposto no § 4.º do art. 100 da Constituição Federal, os débitos ou obrigações consignados em precatório judiciário, que tenham valor igual ou inferior a:
>
> I — **quarenta salários mínimos**, perante a Fazenda dos Estados e do Distrito Federal;
>
> II — **trinta salários mínimos**, perante a Fazenda dos Municípios.
>
> Parágrafo único. (...) (destaques nossos).

Como se vê, a norma trazida pela EC n. 37/2002 pretendeu regular provisoriamente a matéria, estabelecendo parâmetros a serem seguidos enquanto não fossem editadas pelos Estados, pelo Distrito Federal e pelos Municípios as leis definidoras de obrigações de pequeno valor.

Cabe mencionar, a respeito, que o Estado do Piauí editou a Lei n. 5.250, de 02.07.2002, determinando que, para aquela unidade da Federação, a obrigação considerada de pequeno valor seria de até 5 (cinco) salários mínimos. Ajuizou-se, contra o referido diploma, a **Ação Direta de Inconstitucionalidade (ADI) 2.868**, tendo o STF julgado improcedente a referida ação, em julgado que assim restou ementado:

> **Ementa:** AÇÃO DIRETA DE INCONSTITUCIONALIDADE. LEI 5.250/2002 DO ESTADO DO PIAUÍ. PRECATÓRIOS. OBRIGAÇÕES DE PEQUENO VALOR. CF, ART. 100, § 3.º. ADCT, ART. 87. Possibilidade de fixação, pelos estados-membros, de valor referencial inferior ao do art. 87 do ADCT, com a redação dada pela Emenda Constitucional 37/2002. Ação direta julgada improcedente (**ADI 2.868/PI**, Rel. p/ Acórdão Min. Joaquim Barbosa, Pleno, j. em 02.06.2004, *DJ* 12.11.2004, p. 5)

Portanto, reconheceu o STF que cada ente federativo teria autonomia para definir o que é obrigação de pequeno valor — para fins de definição da modalidade em que será processada a execução, se por meio de precatório ou por RPV —, podendo, inclusive, fixar valores inferiores aos estabelecidos no art. 87 do ADCT.

A **Emenda Constitucional n. 62, de 09.12.2009**, embora tenha mantido a competência de cada ente político para estabelecer a definição de obrigação de pequeno valor, alterou a redação do § 4.º do art. 100 da CF para obrigar tais entes a observar, como **limite mínimo**, o valor do maior benefício do regime geral da previdência social.

Além da referida modificação, a EC n. 62/2009 acrescentou o art. 97 no ADCT, cujo § 12 apresenta a seguinte redação:

> **Art. 97.** (...)
>
> § 12. Se a lei a que se refere o § 4.º do art. 100 não estiver publicada em até 180 (cento e oitenta) dias, contados da data de publicação desta Emenda Constitucional, será con-

6 ■ Execução das Despesas Públicas   137

> siderado, para os fins referidos, em relação a Estados, Distrito Federal e Municípios devedores, omissos na regulamentação, o valor de:
>
> I — **40 (quarenta) salários mínimos** para Estados e para o Distrito Federal;
>
> II — **30 (trinta) salários mínimos** para Municípios (destaques nossos).

Verifica-se que os valores provisórios estabelecidos pela EC n. 37/2002 mantiveram--se os mesmos na sistemática estabelecida pela EC n. 62/2009. Esta, contudo, passou a estipular um prazo — **180 (cento e oitenta) dias** — para que os Estados, o Distrito Federal e os Municípios elaborassem suas leis definidoras de obrigações de pequeno valor.

A estipulação de tal prazo gerou, contudo, uma polêmica: teria o referido dispositivo estabelecido que, expirados os 180 dias, não poderiam mais os Estados, o Distrito Federal e os Municípios editar lei disciplinando o valor para requisições de pequeno valor, devendo, nesse caso, prevalecer para tal finalidade os valores constantes dos incisos do § 12 do art. 97 do ADCT?

O Tribunal de Justiça do Estado da Paraíba proferiu decisão no sentido de que os entes federados podem legislar sobre as Requisições de Pequeno Valor mesmo após o transcurso do prazo previsto no § 12 do art. 97 do ADCT:

> **Ementa:** APELAÇÃO CÍVEL. EMBARGOS À EXECUÇÃO. ARGUIÇÃO INCIDENTAL DE INCONSTITUCIONALIDADE. LEI N. 081/2012 DO MUNICÍPIO DE ESPERANÇA. FIXAÇÃO DO LIMITE PARA REQUISIÇÃO DE PEQUENO VALOR. ALEGAÇÃO DE QUE A NORMA FOI EDITADA POSTERIORMENTE AO PRAZO DE 180 DIAS PREVISTO NO ART. 97, § 12, DO ADCT. PRAZO QUE NÃO TEM NATUREZA EXTINTIVA DA ATIVIDADE LEGIFERANTE EM RELAÇÃO AO ENTE FEDERADO QUE PRETENDA REGULAMENTAR AS REQUISIÇÕES DE PEQUENO VALOR. REJEIÇÃO. APLICAÇÃO DO ART. 211, § 1.º, DO REGIMENTO INTERNO DO TRIBUNAL DE JUSTIÇA DA PARAÍBA. PROSSEGUIMENTO DO JULGAMENTO DO APELO. — O prazo de 180 (cento e oitenta) dias previsto no art. 97, § 12, do ADCT (...) **não tem natureza de prazo extintivo da atividade legiferante em relação ao ente federado que pretenda regulamentar as Requisições de Pequeno Valor**. Possui tão somente o objetivo de provocar a rápida prestação legislativa para fins de adequação às modificações introduzidas pela Emenda Constitucional n. 62/2009. (...) (TJPB — Acórdão do Processo n. 00025462120148150171, 2.ª Câmara Especializada Cível, Rel. Des. Oswaldo Trigueiro do Valle Filho, j. em 01.09.2015, publ. em 01.09.2015) (destaque nosso).

Por outro lado, no Tribunal Superior do Trabalho (TST) prevalece o entendimento de que à falta de edição da lei local no prazo estabelecido pela EC n. 62/2009 deve prevalecer a norma prevista no ADCT:

> **Ementa:** RECURSO DE REVISTA INTERPOSTO NA VIGÊNCIA DA LEI N. 13.015/2014. EXECUÇÃO. MUNICÍPIO DE ROSANA. LEI MUNICIPAL N. 1.387/2013 EM QUE SE FIXOU LIMITE PARA DÉBITO DE PEQUENO VALOR. PUBLICAÇÃO FORA DO PRAZO DE 180 (CENTO E OITENTA) DIAS PREVISTO NO ARTIGO 97, § 12, DO ADCT. Esta Corte firmou o entendimento de que, se a lei municipal a que se refere o artigo 100, § 4.º, da Constituição Federal não foi publicada no prazo de 180 dias, conforme previsto no artigo 97, § 12, II, da ADCT, contados da data de publicação da

Emenda Constitucional n. 62/2009, deverá ser aplicado o limite de 30 (trinta) salários mínimos para a configuração das dívidas de pequeno valor. No caso dos autos, infere-se do acórdão recorrido que o crédito devido é inferior a 30 (trinta) salários mínimos. Entretanto, o Regional concluiu que deve prevalecer o teto máximo para expedição da RPV previsto na Lei Municipal n. 1.387/2013, qual seja, R$ 5.000,00 (cinco mil reais), uma vez que "o fato de o Município ter editado a lei definidora do débito de pequeno valor depois de decorrido o prazo de 180 dias da publicação da Emenda Constitucional n. 62, de 09 de dezembro de 2009, em descompasso com o § 12, do artigo 97, do Ato de Disposições Constitucionais Transitórias — ADCT, não a torna inconstitucional por preclusão temporal". Precedentes. Se o dispositivo constitucional citado estabelece de forma literal e expressa um prazo de 180 (cento e oitenta) dias para a edição, pelo ente público interessado, da lei local fixando os limites próprios para a definição, em seu âmbito, do que seja débito de pequeno valor que deverá ser pago por meio das RPVs, e não por precatórios, é elementar que o descumprimento desse prazo peremptório não tornará essa norma municipal tardiamente editada "inconstitucional por preclusão temporal", mas, sim, simplesmente inválida, por ter sido promulgada fora do prazo autorizativo para tanto estabelecido pelo ADCT. Recurso de revista conhecido e provido para, afastando-se a incidência da Lei Municipal n. 1.387/2013, determinar que a execução seja procedida por meio de Requisição de Pequeno Valor — RPV, tendo como limite o valor de 30 (trinta) salários mínimos, nos termos do artigo 97, § 12, inciso II, do ADCT (RR 522-75.2012.5.15.0127, Rel. Min. José Roberto Freire Pimenta, 2.ª Turma, j. em 22.03.2017, *DEJT* 24.03.2017)[107].

Entendemos que a interpretação adotada pelo TST é a mais adequada, pois admitir que os entes federados possam elaborar suas leis definindo obrigações de pequeno valor após o transcurso do prazo previsto no § 12 do art. 97 do ADCT é simplesmente tornar letra morta a referida disposição constitucional.

Tivesse sido esta a intenção da EC n. 62/2009, teria ela empregado a mesma redação do art. 87 do ADCT, conforme a EC n. 37/2002.

Registre-se que o Supremo Tribunal Federal não se pronunciou sobre tal questão até o presente momento.

6.3.3. COMPROMETIMENTO DA RECEITA CORRENTE LÍQUIDA COM O PAGAMENTO DE PRECATÓRIOS E OBRIGAÇÕES DE PEQUENO VALOR

A Emenda Constitucional n. 94, de 15.12.2016, acrescentou ao art. 100 da CF o § 17, que obriga a União, os Estados, o Distrito Federal e os Municípios a **aferirem mensalmente**, em base anual, o **comprometimento de suas respectivas receitas correntes líquidas** com o pagamento de precatórios e obrigações de pequeno valor.

---

[107] No mesmo sentido são os seguintes julgados, todos do TST: RR 762-30.2013.5.15.0127, Rel. Min. Alberto Luiz Bresciani de Fontan Pereira, 3.ª Turma, j. em 15.03.2017, publ. em *DEJT* 17.03.2017; AIRR 963-60.2013.5.23.0107, Rel. Min. Guilherme Augusto Caputo Bastos, 5.ª Turma, j. em 22.03.2017, publ. em *DEJT* 24.03.2017; AIRR 127-28.2014.5.20.0013, Rel. Min. Antonio José de Barros Levenhagen, 5.ª Turma, j. em 22.03.2017, publ. em *DEJT* 24.03.2017.

6 ◘ Execução das Despesas Públicas   139

Nos termos do § 18 do art. 100 da CF (acrescentado pela EC n. 94/2016), entende-se como receita corrente líquida, para os fins da aferição mensal de comprometimento anteriormente referida, o somatório das receitas tributárias, patrimoniais, industriais, agropecuárias, de contribuições e de serviços, de transferências correntes e outras receitas correntes, incluindo as oriundas do § 1.º do art. 20 da CF, verificado no período compreendido pelo segundo mês imediatamente anterior ao de referência e os 11 (onze) meses precedentes, excluídas as duplicidades e deduzidas:

◼ na União, as parcelas entregues aos Estados, ao Distrito Federal e aos Municípios por determinação constitucional;

◼ nos Estados, as parcelas entregues aos Municípios por determinação constitucional;

◼ na União, nos Estados, no Distrito Federal e nos Municípios, a contribuição dos servidores para custeio de seu sistema de previdência e assistência social e as receitas provenientes da compensação financeira referida no § 9.º do art. 201 da CF.

Caso o montante total de débitos decorrentes de condenações judiciais em precatórios e obrigações de pequeno valor, em período de 12 (doze) meses, ultrapasse a média do comprometimento percentual da receita corrente líquida nos 5 (cinco) anos imediatamente anteriores, o § 19 do art. 100 da CF (acrescentado pela EC n. 94/2016) permite o **financiamento** da parcela que exceder esse percentual. Sobre tal financiamento, cabe destacar as seguintes peculiaridades:

◼ excetua-se dos limites de endividamento de que tratam os incisos VI e VII do art. 52 da CF e de quaisquer outros limites de endividamento previstos;

◼ a ele não se aplica a vedação de vinculação de receita de impostos prevista no inciso IV do art. 167 da CF.

6.3.4. NOVO REGIME TRANSITÓRIO DE PAGAMENTOS DE PRECATÓRIOS

A Emenda Constitucional n. 114, de 16.12.2021, inseriu no ADCT o art. 107-A, que estabeleceu um **novo regime de pagamentos de precatórios**.

Referido dispositivo estabeleceu até o fim de **2026**, para cada exercício financeiro, **limite** para alocação na proposta orçamentária das despesas com pagamentos em virtude de sentença judiciária de que trata o art. 100 da CF.

Tal limite, nos termos do mencionado artigo (com a redação dada pela EC n. 126/2022), equivale ao valor da despesa paga no exercício de 2016, incluídos os restos a pagar pagos, corrigido pela variação do Índice Nacional de Preços ao Consumidor Amplo (IPCA), publicado pela Fundação Instituto Brasileiro de Geografia e Estatística (IBGE), ou de outro índice que vier a substituí-lo, apurado no exercício anterior a que se refere a LOA.

> **Observação:** Não se incluem no limite estabelecido no art. 107-A do ADCT, a partir de 2022, as despesas para pagamento de precatórios decorrentes de demandas relativas à complementação da União aos Estados e aos Municípios por conta do Fundo de Manutenção e Desenvolvimento do Ensino Fundamental e de Valorização do Magistério — FUNDEF (art. 4.º, parágrafo único, EC n. 114/2021).

O espaço fiscal decorrente da diferença entre o valor dos precatórios expedidos e o respectivo limite deve ser destinado ao programa previsto no parágrafo único do art. 6.º e à seguridade social, nos termos do art. 194, ambos da CF, a ser calculado da seguinte forma, prevista no art. 107-A do ADCT:

▪ no exercício de 2023, pela diferença entre o total de precatórios expedidos entre 02.07.2021 e 02.04.2022 e o limite de que trata o *caput* do art. 107-A do ADCT válido para o exercício de 2023;

> **Observação:** O ministro Gilmar Mendes, do STF, em decisão monocrática proferida em 18.12.2022[108], acolheu petição apresentada no Mandado de Injunção (MI) 7.300/DF, para, conferindo interpretação conforme à Constituição ao inciso II do art. 107-A do ADCT, assentar que, no ano de 2023, o espaço fiscal decorrente da diferença entre o valor dos precatórios expedidos e o limite estabelecido no seu *caput* deverá ser destinado **exclusivamente** ao programa Auxílio Brasil (ou eventual programa social de combate à pobreza e à extrema pobreza que o suceda na qualidade de implemento do disposto no parágrafo único do art. 6.º da CF), tendo determinado que seja mantido o valor de **R$ 600,00 (seiscentos reais)** e autorizada, caso seja necessário, a utilização suplementar de **crédito extraordinário**.

▪ nos exercícios de 2024 a 2026, pela diferença entre o total de precatórios expedidos entre 3 de abril de dois anos anteriores e 2 de abril do ano anterior ao exercício e o limite de que trata o *caput* do mesmo artigo válido para o mesmo exercício.

Não se incluem no limite estabelecido no art. 107-A do ADCT:

▪ as despesas para fins de cumprimento do disposto nos §§ 11, 20 e 21 do art. 100 da CF e no § 3.º do art. 107-A do ADCT, bem como a atualização monetária dos precatórios inscritos no exercício (art. 107-A, § 5.º, ADCT);

▪ as despesas para pagamento de precatórios decorrentes de demandas relativas à complementação da União aos Estados e aos Municípios por conta do Fundo de Manutenção e Desenvolvimento do Ensino Fundamental e de Valorização do Magistério — FUNDEF (art. 4.º, parágrafo único, EC n. 114/2021).

6.4. QUESTÕES

---

[108] Disponível em: <https://www.stf.jus.br/arquivo/cms/noticiaNoticiaStf/anexo/MI7300BolsaFamilia.pdf>. Acesso em: 30.12.2022.

7

AS DESPESAS PÚBLICAS SEGUNDO A LEI DE RESPONSABILIDADE FISCAL

7.1. CONSIDERAÇÕES INICIAIS

A geração de despesa pública ou assunção de obrigação deverão atender ao disposto nos arts. 16 e 17 da Lei de Responsabilidade Fiscal (LRF; LC n. 101/2000).

De acordo com o primeiro desses dispositivos, o ato de criação, expansão ou aperfeiçoamento de ação governamental que acarrete aumento da despesa deverá ser acompanhado de:

■ estimativa do impacto orçamentário-financeiro no exercício em que deva entrar em vigor a despesa e nos dois subsequentes (art. 16, inciso I), a qual será acompanhada das premissas e da metodologia de cálculo utilizadas (art. 16, § 2.º);

■ declaração do ordenador da despesa de que o aumento da despesa (art. 16, inciso II):

a) tem adequação orçamentária e financeira com a Lei Orçamentária Anual (LOA)[1];

b) é compatível com o Plano Plurianual (PPA) e com a Lei de Diretrizes Orçamentárias (LDO)[2].

Observação: São **dispensados** da observância das limitações legais quanto à criação, à expansão ou ao aperfeiçoamento de ação governamental que acarrete aumento de despesa:

■ as proposições legislativas e os atos do Poder Executivo com propósito **exclusivo** de enfrentar **calamidade pública de âmbito nacional**, e suas consequências sociais e econômicas, com vigência e efeitos restritos à sua duração, desde que não impliquem despesa obrigatória de caráter continuado[3] (art. 167-D, CF, incluído pela EC n. 109/2021);

■ os atos editados em **2023** relativos ao **Programa Auxílio Brasil** (art. 2.º, Lei n. 14.284, de 29.12.2021), ou ao programa que vier a substituí-lo, e ao **Programa Auxílio Gás dos**

---

[1] Para os fins da LRF, considera-se adequada com a LOA a despesa objeto de dotação específica e suficiente, ou que esteja abrangida por crédito genérico, de forma que, somadas todas as despesas da mesma espécie, realizadas e a realizar, previstas no programa de trabalho, não sejam ultrapassados os limites estabelecidos para o exercício (art. 16, § 1.º, inciso I, LRF).

[2] Para os fins da LRF, considera-se compatível com o PPA e a LDO a despesa que se conforme com as diretrizes, objetivos, prioridades e metas previstos nesses instrumentos e não infrinja qualquer de suas disposições (art. 16, § 1.º, inciso II, LRF).

[3] Cuja definição é trazida no *caput* do art. 17 da LRF.

> **Brasileiros** (Lei n. 14.237, de 19.11.2021) (art. 4.º, Emenda Constitucional n. 126, de 21.12.2022)[4].

Ressalte-se que o ordenador de despesa será direta e pessoalmente responsabilizado pelas declarações que prestar[5].

Por **ação governamental**, expressão utilizada no art. 16 da LRF, pode ser entendido o conjunto de atividades desenvolvidas com uma só finalidade[6]. Sempre que tais atividades acarretarem o aumento de despesa, deverão atender às formalidades apontadas, as quais somente não serão exigidas quando se tratar de despesas consideradas **irrelevantes,** nos termos em que dispuser a LDO de cada ente (art. 16, § 3.º, LRF)[7].

O atendimento das referidas formalidades constitui condição prévia para (art. 16, § 4.º, LRF):

- ■ empenho e licitação de serviços, fornecimento de bens ou execução de obras;
- ■ desapropriação de imóveis urbanos a que se refere o § 3.º do art. 182 da CF[8].

Assim, se a despesa não for compatível com a LOA, ou seja, se ultrapassar os limites estabelecidos para o exercício com as despesas da mesma espécie, ficará o ente proibido de desapropriar imóveis urbanos[9] e também de empenhar e licitar serviços, fornecimento de bens ou execução de obras.

Verifica-se, portanto, que, além da simples indicação da rubrica orçamentária da qual se originará o recurso para fazer frente à despesa a ser gerada pelo contrato, condição imposta pela Lei n. 14.133, de 01.04.2021 (arts. 6.º, inciso XXIII, alínea *j*; 18, *caput*; 40, inciso V, alínea *c*; 72, inciso IV; 105; 106, incisos II e III; 109 e 150[10]), a LRF exige a juntada aos autos do processo de licitação (ou de contratação direta[11]) da **estimativa**

---

[4] Tal disposição **não se aplica** a atos cujos efeitos financeiros tenham início a partir do exercício de 2024 (art. 4.º, parágrafo único, EC n. 126/2022).

[5] Decreto-Lei n. 200, de 25.02.1967, art. 90: "Responderão pelos prejuízos que causarem à Fazenda Pública o ordenador de despesa e o responsável pela guarda de dinheiros, valores e bens". O ordenador de despesa, salvo conivência, não é responsável por prejuízos causados à Fazenda Nacional decorrentes de atos praticados por agente subordinado que exorbitar das ordens recebidas (art. 80, § 2.º, Decreto-Lei n. 200/67).

[6] FERNANDES, Jorge Ulisses Jacoby. *Responsabilidade fiscal:* na função do ordenador de despesa; na terceirização da mão de obra; na função do controle administrativo, p. 167.

[7] Apesar de a LRF não fornecer parâmetros para a definição de "despesas irrelevantes", entendemos que, como tais, deverão ser consideradas aquelas de valor inferior a certo montante, estipulado pela LDO de cada ente.

[8] CF, art. 182, § 3.º: "As desapropriações de imóveis urbanos serão feitas com prévia e justa indenização em dinheiro".

[9] Estão, obviamente, excluídas de tal proibição as desapropriações de imóvel rural.

[10] Tais condições já eram impostas na Lei n. 8.666/93 (arts. 7.º, § 2.º, inciso III; 14 e 38, *caput*).

[11] Como leciona Marçal Justen Filho, o "princípio do 'devido procedimento licitatório' não é afastado nem eliminado nas situações de 'dispensa' ou 'inexigibilidade' de licitação. Há, apenas, alteração do procedimento a ser seguido. Dispensa e inexigibilidade de licitação significam desnecessi-

7 ◾ As Despesas Públicas Segundo a Lei de Responsabilidade Fiscal 143

do impacto orçamentário-financeiro e da **declaração do ordenador de despesa** anteriormente referidos[12].

Com as mencionadas determinações da LRF, é reforçada a importância da chamada "fase interna" da licitação, com especificações e controles adicionais, pois a análise jurídica prévia dos editais terá maior dimensão, devendo incorporar o exame relativo à abordagem editalícia dos requisitos (a serem abordados detalhadamente em momento oportuno) que a referida lei acrescentou ao processamento das licitações[13].

A geração de despesa ou assunção de obrigação que não atendam ao disposto nos arts. 16 e 17 da LRF serão consideradas irregulares, não autorizadas e lesivas ao patrimônio público (art. 15, LRF)[14], caracterizando-se a ordenação delas como crime contra as finanças públicas, passível de pena de 1 (um) a 4 (quatro) anos de reclusão (art. 359-D do Código Penal Brasileiro, acrescentado pela Lei n. 10.028, de 19.10.2000[15]).

Além de disciplinar a realização das despesas públicas em geral (arts. 16 e 17), a LRF dispõe, de modo particular, sobre três espécies de despesas, a saber:

- ◾ **despesas obrigatórias de caráter continuado;**
- ◾ **despesas com pessoal;** e
- ◾ **despesas com a seguridade social.**

Analisemos, separadamente, cada uma delas.

---

dade de preenchimento de alguns requisitos e determinadas formalidades usualmente obrigatórias" (*Comentários à lei de licitações e contratos administrativos*, p. 113).

[12] FURTADO, Lucas Rocha. A Lei de Responsabilidade Fiscal e as licitações, p. 36.

[13] MOTTA, Carlos Pinto Coelho et al. *Responsabilidade fiscal*, p. 305.

[14] Inexistindo, pois, a estimativa do impacto orçamentário-financeiro a que se refere o inciso I do art. 16 da LRF ou a declaração do ordenador de despesa, referida no inciso II do citado art. 16, a licitação deverá ser anulada — mesmo após o julgamento das propostas. Em tal hipótese, caberá à Administração o dever de indenizar todos os partícipes pelos gastos incorridos no procedimento licitatório. Nesse sentido: JUSTEN FILHO, Marçal. *Comentários à lei de licitações e contratos administrativos*, p. 388. Ressalte-se que o autor citado se refere à hipótese de inexistência de recursos orçamentários para a contratação.

[15] O art. 359-D do CP, segundo o qual é crime "ordenar despesa não autorizada por lei", consiste, no entender do STJ, em norma penal em branco, uma vez que o rol das despesas permitidas e das não autorizadas haverá de constar de outros textos legais: "Requisita, por sem dúvida, o tipo penal norma legal complementar de proibição expressa da despesa, afastando interpretações constitutivas e ampliadoras da tutela penal, que desenganadamente violam o princípio da legalidade, garantia constitucional do direito fundamental à liberdade, enquanto limite intransponível do *ius puniendi* do Estado" (Apn 398/MA, Rel. Min. Hamilton Carvalhido, Corte Especial, j. em 18.10.2006, *DJ* 09.04.2007, p. 218). Segundo o STJ, "quando devidamente explicável a despesa, deslegitima-se a possibilidade de punição da conduta ao menos no âmbito penal. A inexistência de autorização de despesa em lei constitui, tão somente, indício de irregularidade. Para se criminalizar a conduta, é necessária a existência de lesão não justificada ao bem jurídico, isto é, às finanças públicas (...)" (Apn 389/ES, Rel. Min. Nilson Naves, Corte Especial, j. em 15.03.2006, *DJ* 21.08.2006, p. 215).

7.2. DESPESAS OBRIGATÓRIAS DE CARÁTER CONTINUADO

7.2.1. DEFINIÇÃO

Considera-se **despesa obrigatória de caráter continuado**, para os efeitos da LRF, a despesa corrente derivada de lei, medida provisória ou ato administrativo normativo que obrigue o ente a executá-la por um período superior a dois exercícios[16] (art. 17, *caput*, LRF).

Assim, segundo o art. 17 da LRF, despesa obrigatória de caráter continuado é a que se submete a três quesitos:

■ tem natureza **corrente**, vale dizer, é voltada à operação e à manutenção dos serviços existentes;

■ decorre de ato administrativo normativo, medida provisória ou de lei específica, que não seja a de orçamento;

■ prolonga-se por, pelo menos, **dois anos**.

São exemplos dessas despesas — que se repetem continuamente ao longo dos exercícios — as decorrentes de aumentos salariais ao funcionalismo, contratação de funcionários, adequação de planos de cargos e salários etc.

> **Observação:** Por ser despesa corrente, a despesa obrigatória de caráter continuado **não inclui** despesas decorrentes de **obra pública** (**ainda que realizadas por prazo superior a dois exercícios financeiros**), posto que estas se caracterizam como **despesas de capital**.

7.2.2. REQUISITOS PARA EFETIVAÇÃO

A proposição legislativa que crie ou altere **despesa obrigatória** deverá ser acompanhada da **estimativa do seu impacto orçamentário e financeiro** (art. 113, ADCT, incluído pela Emenda Constitucional n. 95/2016)[17].

Além da referida exigência, de ordem constitucional, os atos que criarem ou aumentarem[18] despesa obrigatória de caráter continuado devem atender às disposições da LRF, que exige que tais atos[19]:

---

[16] No direito brasileiro, o exercício financeiro coincide com o ano civil, conforme dispõe o art. 34 da Lei n. 4.320/64: ou seja, tem início no dia 1.º de janeiro e se encerra no dia 31 de dezembro de cada ano.

[17] Tal requisito, por expressar medida indispensável para o equilíbrio da atividade financeira do Estado, estende-se a todos os entes federativos (ADI 5.816/RO, Rel. Min. Alexandre de Moraes, Pleno, j. em 05.11.2019, *DJe*-257 26.11.2019).

[18] Considera-se aumento de despesa a prorrogação daquela criada por prazo determinado (art. 17, § 7.º, LRF).

[19] Consoante o disposto no § 6.º do art. 17 da LRF, tais exigências não se aplicam às despesas destinadas ao serviço da dívida nem ao reajustamento anual de remuneração de pessoal de que trata o inciso X do art. 37 da CF, que estatui: "a remuneração dos servidores públicos e o subsídio de que trata o § 4.º do art. 39 somente poderão ser fixados ou alterados por lei específica, observada a iniciativa privativa em cada caso, assegurada revisão geral anual, sempre na mesma data e sem distinção de índices".

7 ■ As Despesas Públicas Segundo a Lei de Responsabilidade Fiscal   145

■ sejam instruídos com a estimativa de impacto orçamentário-financeiro no exercício em que deva entrar em vigor a despesa e nos 2 subsequentes (art. 17, § 1.º, c/c art. 16, inciso I), com as premissas e a metodologia de cálculo utilizadas (art. 16, § 2.º);

■ demonstrem a origem dos recursos para seu custeio (art. 17, § 1.º);

■ sejam acompanhados de comprovação de que a despesa criada ou aumentada não afetará as metas de resultados fiscais previstas no Anexo de Metas Fiscais, devendo seus efeitos financeiros ser compensados pelo aumento permanente de receita — assim entendido, nos termos do § 3.º do art. 17 da LRF, o proveniente da elevação de alíquotas, ampliação da base de cálculo, majoração ou criação de tributo ou contribuição[20] — ou pela redução permanente de despesa (art. 17, § 2.º).

Apesar de o § 1.º do art. 17 da LRF reportar-se apenas ao inciso I do art. 16 da mesma lei, entendemos que, em razão do caráter geral deste último artigo, os atos que criarem ou acarretarem aumento de despesa obrigatória de caráter continuado também deverão atender à exigência de seu inciso II, devendo ser instruídos com declaração do ordenador da despesa de que o aumento dela tem adequação orçamentária e financeira com a Lei Orçamentária Anual (art. 16, § 1.º, inciso I, LRF) e compatibilidade com o Plano Plurianual e com a Lei de Diretrizes Orçamentárias (art. 16, § 1.º, inciso II, LRF). O exame de compatibilidade da despesa com as normas do PPA e da LOA, aliás, é exigido pela parte final do § 4.º do art. 17 da LRF.

Cumpre destacar, por oportuno, que a comprovação de que trata o § 2.º do art. 17 da LRF não se equipara à declaração do ordenador de despesa (art. 16, inciso II, LRF), não gerando, por conseguinte, nenhuma responsabilidade fiscal ao administrador.

A criação ou o aumento de despesa obrigatória de caráter continuado não serão executados antes do cumprimento das exigências supramencionadas, que deverão integrar o instrumento que a criar ou aumentar (art. 17, § 5.º, LRF)[21].

> **Observação:** Nos termos do § 2.º do art. 2.º da Resolução n. 1/2006-CN, de 22.12.2006, a **Comissão Mista de Planos, Orçamentos Públicos e Fiscalização (CMO)** pode, para fins de observância do disposto no art. 17 da LRF, observados os Regimentos Internos de cada Casa, antes da votação nos respectivos plenários, ser ouvida acerca da estimativa do custo e do impacto fiscal e orçamentário da aprovação de projetos de lei e medidas provisórias em tramitação.

As despesas obrigatórias de caráter continuado que não atendam ao disposto no art. 17 da LRF[22] serão consideradas irregulares, não autorizadas e lesivas ao patrimônio público (art. 15, LRF), caracterizando-se a ordenação delas como crime contra as

---

[20] Percebe-se a semelhança, no caso, com a regra da renúncia de receita (art. 14 da LRF): para contrair nova despesa, deve-se criar novo tributo ou aumentar um já existente, na proporção do valor da despesa que se pretenda realizar.

[21] Os §§ 1.º, 2.º, 3.º, 4.º e 5.º do art. 17 da LRF não se aplicam às despesas obrigatórias instituídas pela Lei Complementar n. 176, de 29.12.2020, conforme dispõe o art. 7.º deste diploma.

[22] O STF declarou a **constitucionalidade** dos §§ 1.º ao 7.º do art. 17 da LRF (ADI 2.238/DF, Rel. Min. Alexandre de Moraes, Pleno, j. em 24.06.2020, *DJe*-228 15.09.2020).

finanças públicas passível de pena de 1 (um) a 4 (quatro) anos de reclusão (art. 359-D do Código Penal Brasileiro, acrescentado pela Lei n. 10.028/2000).

7.3. DESPESAS COM PESSOAL

7.3.1. FUNDAMENTOS CONSTITUCIONAIS

Como bem destacado por Ariosto de Rezende Rocha, já em 1966, a despesa com pessoal "é um dos problemas mais preocupantes das finanças de um país"[23].

Por reconhecerem como verdadeira tal constatação é que as Constituições brasileiras, a partir de 1967, procuraram fixar limites para os referidos gastos.

A Carta de 1967, por exemplo, enquadrava tal matéria no § 4.º de seu art. 66, nestes termos: "As despesas de pessoal da União, Estados ou Municípios não poderá exceder de cinquenta por cento das respectivas receitas correntes".

Com a redação dada pela Emenda Constitucional n. 1, de 1969, a competência para fixar os limites para as despesas de pessoal da União, dos Estados e dos Municípios foi atribuída à lei complementar (art. 64), sistemática essa mantida na vigente Constituição, que, em seu art. 169, assim dispôs: "A despesa com pessoal ativo e inativo da União, dos Estados, do Distrito Federal e dos Municípios não poderá exceder os limites estabelecidos em lei complementar"[24].

Consoante reconheceu o STJ, a norma inserta no art. 169 da CF/88 "integra a categoria das 'normas-objetivo', definitórias de fins a realizar para a implementação de políticas públicas" (**REsp 489.261/RS**, Rel. Min. Hamilton Carvalhido, 6.ª Turma, j. em 28.09.2004, *DJ* 13.12.2004, p. 466).

A respeito do *caput* do art. 169 da CF/88, confira-se o seguinte trecho de ementa de julgado do STF:

> **Ementa:** (...) A expressão 'não poderá exceder', presente no artigo 169 da Constituição Federal, conjugada com o caráter nacional da lei complementar ali mencionada, assentam a noção de marco negativo imposto a todos os membros da Federação, no sentido de que os parâmetros de controle de gastos ali estabelecidos não podem ser ultrapassados, sob pena de se atentar contra o intuito de preservação do equilíbrio orçamentário (receita/despesa) consagrado na norma (**ADI 4.426/CE**, Rel. Min. Dias Toffoli, Pleno, j. em 09.02.2011, *DJe*-093 18.05.2011).

O limitar as despesas com o pessoal ativo e inativo — ensina Tupinambá Castro do Nascimento — justifica-se por si próprio: "A máquina administrativa não pode representar, como despesa, a integralidade, ou um excessivo percentual, da receita pública. É, sem qualquer dúvida, um meio necessário para que o Estado alcance fins e objetivos. Daí, como meio, a máquina administrativa não pode significar o esgotamento do erário

---

[23] ROCHA, Ariosto de Rezende. *Elementos de direito financeiro e finanças*, v. 1, p. 106.

[24] O STF já decidiu que o princípio da autonomia universitária (art. 207, CF) não é irrestrito, mesmo porque não cuida de soberania ou independência, de forma que as universidades submetem-se às normas constitucionais que regem a despesa com pessoal (art. 169, CF) (ADI-MC 1.599/UF, Rel. Min. Maurício Corrêa, Pleno, j. em 26.02.1998, *DJ* 18.05.2001, p. 430).

7 ■ As Despesas Públicas Segundo a Lei de Responsabilidade Fiscal

público, nada sobrando para as despesas de capital, como construção de obra, aquisição de equipamentos, etc."[25].

Os limites para gastos com pessoal encontram-se atualmente dispostos nos arts. 19 e 20 da LRF.

É pacífico na jurisprudência do STJ que os limites orçamentários previstos na LRF, que regulamentou o art. 169 da CF, no que se refere às despesas com pessoal dos entes públicos, **não podem servir de fundamento para o não cumprimento de direitos subjetivos dos servidores**[26], como o de perceber vantagem legitimamente assegurada por **lei** ou por **decisão judicial**[27].

No mesmo sentido pronunciou-se o STF: "O art. 169 da Constituição não é oponível ao direito subjetivo do servidor ou inativo a determinada vantagem: não está na violação de direitos subjetivos o caminho legítimo para reduzir ao limite decorrente daquele preceito as despesas de pessoal do Estado" (**AI-AgR 363.129/PB**, Rel. Min. Sepúlveda Pertence, 1.ª Turma, j. em 08.10.2002, *DJ* 08.11.2002, p. 31)[28].

---

[25] NASCIMENTO, Tupinambá Miguel Castro do. *Da tributação e do orçamento e a nova Constituição*, p. 227.

[26] AgRg no REsp 1.432.061/RN, Rel. Min. Regina Helena Costa, 1.ª Turma, j. em 22.09.2015, *DJe* 28.09.2015.

[27] Nesse sentido, entre outros, são os seguintes julgados: AgRg no Ag 656.438/PB, Rel. Min. Laurita Vaz, 5.ª Turma, j. em 27.09.2005, *DJ* 07.11.2005, p. 349; REsp 935.418/AM, Rel. Min. Arnaldo Esteves Lima, 5.ª Turma, j. em 19.02.2009, *DJe* 16.03.2009; REsp 726.772/PB, Rel. Min. Laurita Vaz, 5.ª Turma, j. em 26.05.2009, *DJe* 15.06.2009; RMS 30.428/RO, Rel. Min. Felix Fischer, 5.ª Turma, j. em 23.02.2010, *DJe* 15.03.2010; AgRg no AgRg no AREsp 86.640/PI, Rel. Min. Benedito Gonçalves, 1.ª Turma, j. em 06.03.2012, *DJe* 09.03.2012; AgRg no RMS 30.359/RO, Rel. Min. Marco Aurélio Bellizze, 5.ª Turma, j. em 04.10.2012, *DJe* 11.10.2012; AgRg no REsp 1407015/RJ, Rel. Min. Napoleão Nunes Maia Filho, 1.ª Turma, j. em 10.11.2015, *DJe* 19.11.2015; AgInt no REsp 1.678.968/RO, Rel. Min. Sérgio Kukina, 1.ª Turma, j. em 20.03.2018, *DJe* 05.04.2018; AgInt no AREsp 1.186.584/DF, Rel. Min. Og Fernandes, 2.ª Turma, j. em 12.06.2018, *DJe* 18.06.2018; AgInt no REsp 1.772.604/DF, Rel. Min. Regina Helena Costa, 1.ª Turma, j. em 15.04.2019, *DJe* 23.04.2019; REsp 1.796.479/RN, Rel. Min. Herman Benjamin, 2.ª Turma, j. em 16.05.2019, *DJe* 30.05.2019; REsp 1.517.625/AL, Rel. Min. Og Fernandes, 2.ª Turma, j. em 01.10.2019, *DJe* 09.10.2019. Ressalte-se que já existiam precedentes do STJ no mesmo sentido, mas se referindo à Lei Complementar n. 82, de 27.03.1995, popularmente denominada "Lei Camata I": REsp 489.261/RS, Rel. Min. Hamilton Carvalhido, 6.ª Turma, j. em 28.09.2004, *DJ* 13.12.2004, p. 466; REsp 770.887/RS, Rel. Ministra Laurita Vaz, 5.ª Turma, j. em 02.02.2006, *DJ* 20.03.2006, p. 347; REsp 598.705/RS, Rel. Ministro Arnaldo Esteves Lima, 5.ª Turma, j. em 25.04.2006, *DJ* 15.05.2006, p. 274. Tais decisões se escoraram em precedentes do STF, que havia se pronunciado no mesmo sentido, também em referência à Lei Complementar n. 82/95 ("Lei Camata I").

[28] No mesmo sentido: "(...) a limitação constitucional com relação aos gastos com o pessoal (...) visa a que o Poder Público tome providências no sentido de não ultrapassar essa limitação como não aumentar o número de servidores e extinguir cargos públicos vagos. Não impede, porém, ela a percepção pelos servidores dos direitos que lhes são assegurados pela lei" (STF, RE 201.866/PR, Rel. Min. Moreira Alves, 1.ª Turma, j. em 03.11.1998, *DJ* 30.04.1999, p. 24). No mesmo sentido: RE 201.499/PE, Rel. Min. Sepúlveda Pertence, 1.ª Turma, j. em 24.04.1998, *DJ* 29.05.1998, p. 13; RE-ED 201.499/PE, Rel. Min. Sepúlveda Pertence, 1.ª Turma, j. em 24.11.1998, *DJ* 05.02.1999, p. 25; RE-AgR 230.464/CE, Rel. Min. Carlos Velloso, 2.ª Turma, j. em 14.12.1998, *DJ* 26.02.1999, p. 14.

7.3.2. DEFINIÇÃO

O art. 18 da LRF descreve a composição da "despesa total com pessoal"[29]. Segundo o referido dispositivo, considera-se como despesa total com pessoal, para os efeitos da LRF, o somatório dos gastos de cada ente da Federação com:

- ativos, inativos e pensionistas;
- mandatos eletivos, cargos, funções e empregos;
- civis, militares e membros dos Poderes;
- vencimentos, vantagens (fixas e variáveis), subsídios, proventos de aposentadoria, reformas, pensões, adicionais, gratificações, horas extras e vantagens pessoais de qualquer natureza, somando-se os encargos sociais e contribuições recolhidas pelo ente às entidades de previdência.

Nas "vantagens pessoais de qualquer natureza", expressão utilizada no art. 18 da LRF, estão compreendidos os tíquetes de refeição e vales-transporte, porquanto representam substitutivos da remuneração, que deveria ser maior para produzir o mesmo efeito caso não existissem as sobreditas vantagens.

7.3.3. APURAÇÃO DA DESPESA TOTAL COM PESSOAL

A apuração da despesa total com pessoal dar-se-á pelo somatório da realizada no mês em referência com os gastos dos 11 (onze) meses imediatamente anteriores, adotando-se o regime de competência, **independentemente de empenho** (art. 18, § 2.º, LRF[30]), excetuando-se as despesas (art. 19, § 1.º, LRF):

- de indenização por demissão de servidores ou empregados;
- relativas a incentivos à demissão voluntária;
- derivadas da aplicação do disposto no inciso II do § 6.º do art. 57 da CF (convocação extraordinária do Congresso Nacional em caso de urgência ou interesse público relevante)[31];
- decorrentes de decisão judicial[32] e da competência de período anterior ao da apuração a que se refere o § 2.º do art. 18 da LRF;

---

[29] O STF, em sede cautelar, suspendeu a eficácia de dispositivo da Constituição do Estado de Goiás, que, "ao determinar a exclusão do limite de despesa de pessoal das despesas com proventos de pensão e dos valores referentes ao Imposto de Renda devido por seus servidores, contraria diretamente o art. 18 da LRF, pelo que incorre em inconstitucionalidade formal" (ADI-MC 6129/GO, Rel. p/ acórdão Min. Alexandre de Moraes, Pleno, j. em 11.09.2019, *DJe*-071 25.03.2020).

[30] Com redação dada pela Lei Complementar n. 178, de 13.01.2021.

[31] Cumpre destacar que tal ressalva não abrange, obviamente, a convocação extraordinária pelo Presidente do Senado Federal, em caso de decretação de estado de defesa ou de intervenção federal, de pedido de autorização para a decretação de estado de sítio e para o compromisso e a posse do Presidente e do Vice-Presidente da República (art. 57, § 6.º, inciso I, CF), porquanto não foi mencionada pela LRF.

[32] O STJ possui orientação firme no sentido de que não incidem as restrições de despesa com pessoal previstas na LRF quando estiver em jogo o cumprimento de decisões judiciais, nos termos do art. 19, § 1.º, inciso IV, da referida lei complementar. Nesse sentido: REsp-AgRg 757.060/PB, Rel.

7 ◼ As Despesas Públicas Segundo a Lei de Responsabilidade Fiscal 149

◼ com pessoal, do Distrito Federal e dos Estados do Amapá e Roraima, custeadas com recursos transferidos pela União na forma dos incisos XIII e XIV do art. 21 da CF e do art. 31 da Emenda Constitucional n. 19/98;

◼ com inativos e pensionistas, ainda que pagas por intermédio de unidade gestora única ou fundo previsto no art. 249 da CF, quanto à parcela custeada por recursos provenientes[33]:

a) da arrecadação de contribuições dos segurados;

b) da compensação financeira de que trata o § 9.º do art. 201 da CF;

c) de transferências destinadas a promover o equilíbrio atuarial do regime de previdência, na forma definida pelo órgão do Poder Executivo federal responsável pela orientação, pela supervisão e pelo acompanhamento dos regimes próprios de previdência social dos servidores públicos[34].

Observação: Na verificação do atendimento dos limites da despesa total com pessoal, é **vedada a dedução** da parcela custeada com recursos aportados para a cobertura do déficit financeiro dos regimes de previdência (art. 19, § 3.º, LRF, incluído pela Lei Complementar n. 178/2021).

Observação: Para a apuração da despesa total com pessoal, será observada a **remuneração bruta** do servidor, isto é, **sem qualquer dedução ou retenção**, ressalvada a redução para atendimento ao disposto no inciso XI do art. 37 da CF (art. 18, § 3.º, LRF, incluído pela Lei Complementar n. 178/2021). Ademais, o § 1.º do art. 19 da LRF prevê um rol **taxativo** de deduções do limite de despesa com pessoal, em que não se insere o imposto de renda retido na fonte incidente sobre a folha de pagamento dos servidores dos entes federativos. Portanto, é **inconstitucional** norma estadual, distrital ou municipal que **exclua** o IR retido na fonte, incidente sobre a folha de pagamento dos servidores, da despesa total com pessoal, em contrariedade aos mencionados dispositivos da LRF (**ADI 3.889/RO**, Rel. Min. Roberto Barroso, Pleno, j. em 04.07.2023, *DJe* 12.07.2023).

7.3.4. LIMITES LEGAIS

Em cumprimento ao art. 169 da Constituição Federal, a LRF estipula limites para as despesas com pessoal, em percentual da Receita Corrente Líquida, de acordo com o

---

Min. Maria Thereza de Assis Moura, 6.ª Turma, j. em 12.06.2008, *DJe* 30.06.2008; REsp 935.418/AM, Rel. Min. Arnaldo Esteves Lima, 5.ª Turma, j. em 19.02.2009, *DJe* 16.03.2009; AgRg no REsp 1.322.968/AL, Rel. Min. Arnaldo Esteves Lima, 1.ª Turma, j. em 07.03.2013, *DJe* 18.03.2013; AgRg no REsp 1.412.173/RN, Rel. Min. Humberto Martins, 2.ª Turma, j. em 18.03.2014, *DJe* 24.03.2014; AgRg no REsp 1.433.550/RN, Rel. Min. Mauro Campbell Marques, 2.ª Turma, j. em 12.08.2014, *DJe* 19.08.2014; AgRg no AREsp 561.051/RN, Rel. Min. Sérgio Kukina, 1.ª Turma, j. em 23.09.2014, *DJe* 30.09.2014; AgRg no REsp 1.467.347/RN, Rel. Min. Herman Benjamin, 2.ª Turma, j. em 14.10.2014, *DJe* 31.10.2014; AgInt no AREsp 969.773/MA, Rel. Min. Napoleão Nunes Maia Filho, 1.ª Turma, j. em 16.02.2017, *DJe* 08.03.2017.

[33] Redação dada pela Lei Complementar n. 178/2021.

[34] Redação dada pela Lei Complementar n. 178/2021.

Poder e ente da Federação (arts. 19 e 20)[35], tendo revogado a anterior legislação que dispunha sobre o tema.

Antes do advento da LRF, os limites para despesa de pessoal estavam previstos na Lei Complementar n. 96, de 31.05.1999, popularmente denominada "Lei Camata II", a qual, no entanto, não se estendia aos Poderes Legislativo e Judiciário, que ficavam fora do alcance da citada lei[36].

Com a LRF, os limites para despesa com pessoal são aplicados a todos os Poderes e às três esferas de governo, consoante disposto no art. 1.º, § 3.º, inciso I, alínea *a*, da lei complementar sob exame.

É interessante observar que os limites da LRF são exatamente iguais aos da revogada Lei Complementar n. 96/99. As diferenças residem no conceito de receita, que mudou, sendo menor na LRF, gerando, portanto, um limite percentual maior.

Ressalte-se que o Presidente da República vetou a possibilidade de se negociar, na LDO, outro nível de repartição diverso dos limites estabelecidos no art. 20 da LRF[37]. Portanto, os limites fixados pela lei complementar em questão são **definitivos**.

Os limites para gastos como pessoal encontram-se definidos nos arts. 19 e 20 da LRF.

No art. 19 encontram-se os **limites globais**[38], que são os traçados para cada **ente da Federação** (União, Estados, Distrito Federal e Municípios). Tais limites valem como referência nacional a ser respeitada por todos os entes federativos, que ficam obrigatoriamente vinculados aos parâmetros máximos de valor previstos na LRF[39].

---

[35] O STF declarou a **constitucionalidade** do art. 20 da LRF: "A definição de um teto de gastos particularizado, segundo os respectivos poderes ou órgãos afetados (art. 20 da LRF), não representa intromissão na autonomia financeira dos Entes subnacionais. Reforça, antes, a autoridade jurídica da norma do art. 169 da CF, no propósito, federativamente legítimo, de afastar dinâmicas de relacionamento predatório entre os Entes componentes da Federação" (ADI 2.238/DF, Rel. Min. Alexandre de Moraes, Pleno, j. em 24.06.2020, *DJe*-228 15.09.2020).

[36] A Lei Complementar n. 96/99, por sua vez, revogou a Lei Complementar n. 82, de 27.03.1995, popularmente denominada "Lei Camata I", que reduziu o comprometimento dos recursos públicos com despesas de pessoal e impôs sanções aos desvios verificados. Anteriormente, o art. 38 do Ato das Disposições Constitucionais Transitórias (ADCT), regulamentando provisoriamente o art. 169 da CF, assim enquadrava a matéria: "Até a promulgação da lei complementar referida no art. 169, a União, os Estados, o Distrito Federal e os Municípios não poderão despender com pessoal mais do que sessenta e cinco por cento do valor das respectivas receitas correntes".

[37] Assim dispunha o texto vetado (§ 6.º do art. 20 da LRF): "Somente será aplicada a repartição dos limites estabelecidos no *caput*, caso a lei de diretrizes orçamentárias não disponha de forma diferente".

[38] O *caput* do art. 20 da LRF refere-se aos percentuais estipulados no art. 19 do mesmo diploma, designando-os "limites globais".

[39] STF, ADI-MC-Ref 5.449/RR, Rel. Min. Teori Zavascki, Pleno, j. em 10.03.2016, *DJe*-077 22.04.2016. Por assim entender, o STF, no mencionado julgado, referendou a concessão parcial da cautelar que suspendeu, até o julgamento final da ação, a eficácia de dispositivo da Lei de Diretrizes Orçamentárias do Estado de Roraima para o exercício de 2016 (Lei n. 1.005/2015), que havia modificado **para maior** os limites de gastos com pessoal do Poder Legislativo previstos na LRF: "Ao contemplar um limite de gastos mais generoso para o Poder Legislativo local, o dispositivo

7 ▪ As Despesas Públicas Segundo a Lei de Responsabilidade Fiscal

Já o art. 20 estabelece os **limites específicos** (também chamados **individuais** ou **setoriais**)[40], que são os fixados para cada um dos **Poderes** e para o **Ministério Público**.

Os Poderes e órgãos devem apurar, de forma segregada para aplicação dos limites de que trata o art. 20 da LRF, a **integralidade das despesas com pessoal** dos respectivos servidores inativos e pensionistas, mesmo que o custeio dessas despesas esteja a cargo de outro Poder ou órgão (art. 20, § 7.º, LRF, incluído pela Lei Complementar n. 178/2021).

7.3.4.1. Limites estipulados para a União

Para a União, os limites máximos para despesas com pessoal (**50% da Receita Corrente Líquida** — art. 19, inciso I, LRF) são assim distribuídos (art. 20, inciso I):

PODER OU INSTITUIÇÃO	PERCENTUAL
▪ Poder Legislativo (incluído o Tribunal de Contas da União)	▪ 2,5% (dois inteiros e cinco décimos por cento)
▪ Poder Judiciário federal	▪ 6% (seis por cento)
▪ Poder Executivo	▪ 40,9% (quarenta inteiros e nove décimos por cento)
▪ Ministério Público da União	▪ 0,6% (seis décimos por cento)

Quanto ao percentual específico destinado ao Poder Executivo federal (40,9%), observa-se o seguinte:

▪ **3% (três por cento)** serão destacados para custeio de despesas do Distrito Federal (art. 21, incisos XIII e XIV, CF) e de ex-territórios (art. 31, Emenda Constitucional n. 19/98);

▪ os **37,9% (trinta e sete inteiros e nove décimos por cento)** restantes serão destinados às demais despesas com pessoal do Executivo da União.

Nos Poderes Legislativo e Judiciário da União, os limites serão repartidos entre seus órgãos de forma proporcional à média das despesas com pessoal, em percentual da Receita Corrente Líquida (RCL), verificadas nos três exercícios financeiros imediatamente anteriores ao da publicação da LRF (art. 20, § 1.º).

Os limites para as despesas com pessoal do Poder Judiciário do Distrito Federal, a cargo da União por força do inciso XIII do art. 21 da CF, também serão estabelecidos mediante aplicação da regra mencionada: serão repartidos entre seus órgãos de forma proporcional à média das despesas com pessoal, em percentual da RCL, verificadas nos três exercícios financeiros imediatamente anteriores ao da publicação da LRF (art. 20, § 3.º).

---

impugnado se indispôs abertamente com os parâmetros normativos da lei de responsabilidade fiscal, e com isso, se sobrepôs à autoridade da União para dispor no tema, pelo que fica caracterizada a lesão ao art. 169, *caput*, da CF". A ADI 5.449/RR, contudo, foi extinta sem resolução de mérito, pois a eficácia da lei impugnada já havia se exaurido.

[40] O STF empregou as designações "limites individuais" e "limites setoriais": AC-MC-REF 2.659/MS, Rel. Min. Celso de Mello, Pleno, j. em 12.08.2010, *DJe*-179 24.09.2010.

7.3.4.2. Limites estipulados para os Estados

Nos Estados, os limites máximos para gastos com pessoal (**60% da Receita Corrente Líquida** — art. 19, inciso II) são assim distribuídos (art. 20, inciso II):

PODER OU INSTITUIÇÃO	PERCENTUAL
◘ Poder Legislativo (incluído o Tribunal de Contas do Estado)	◘ 3% (três por cento)
◘ Poder Judiciário	◘ 6% (seis por cento)
◘ Poder Executivo	◘ 49% (quarenta e nove por cento)
◘ Ministério Público Estadual	◘ 2% (dois por cento)

Ressalte-se que, nos termos do § 4.º do art. 20 da LRF, nos Estados em que houver Tribunal de Contas dos Municípios:

◘ o percentual do respectivo Poder Legislativo será acrescido em 0,4% (quatro décimos por cento);

◘ o percentual do Poder Executivo será reduzido em 0,4% (quatro décimos por cento).

Nos Poderes Legislativo e Judiciário de cada Estado, os limites serão repartidos entre seus órgãos de forma proporcional à média das despesas com pessoal, em percentual da RCL, verificadas nos três exercícios financeiros imediatamente anteriores ao da publicação da LRF (art. 20, § 1.º).

> **Observação:** O STF conferiu **interpretação conforme à Constituição** ao art. 20, inciso II, alínea *a* e § 1.º, da LRF, para permitir, em tese, o remanejamento proporcional da distribuição interna do limite global da RCL para as despesas com pessoal entre a Assembleia Legislativa e o Tribunal de Contas do Estado de Roraima, desde que comprovada a efetiva necessidade decorrente da dificuldade de gastos com pessoal do órgão para o desempenho de suas atribuições, e observados o percentual máximo estabelecido pela LRF e as necessidades orçamentárias dos órgãos envolvidos: "(...) 3. Embora a repartição proporcional à média das despesas com pessoal, em percentual da receita corrente líquida, verificadas nos três exercícios financeiros imediatamente anteriores ao da publicação da Lei de Responsabilidade Fiscal, seja o critério padrão, a ser observado na maioria dos casos, o art. 20, II, 'a', e § 1.º, da LRF, deve ser interpretado em consonância com a conjuntura pretérita e atual dos entes federativos que, recém-criados pela Constituição Federal de 1988, ainda não dispunham de um aparato administrativo consolidado para concretizar suas atribuições quando da edição da Lei Complementar 101/2000. 4. Em situações excepcionais, em que comprovada a efetiva necessidade decorrente da dificuldade de gastos com pessoal para o desempenho de suas atribuições, afigura-se possível o remanejamento dos limites internos impostos aos órgãos do Poder Legislativo Estadual. (...)" (**ADI 6.533/DF**, Rel. Min. Alexandre de Moraes, Pleno, j. em 13.04.2021, *DJe*-078 27.04.2021).

7.3.4.3. Limites estipulados para o Distrito Federal

As mesmas regras legais relativas aos limites máximos para gastos com pessoal dos Estados são aplicáveis ao Distrito Federal, por força do disposto no inciso II do § 3.º do art. 1.º da LRF, assim redigido:

7 ◼ As Despesas Públicas Segundo a Lei de Responsabilidade Fiscal 153

> **Art. 1.º (...)**
>
> § 3.º Nas referências:
>
> (...)
>
> II — a Estados entende-se considerado o Distrito Federal;

O STF reconheceu a **constitucionalidade** dos dispositivos da LRF que versam sobre a aplicação dos limites das despesas com pessoal do Distrito Federal, pois este, conquanto submetido a regime constitucional diferenciado, está bem mais próximo da estruturação dos Estados-membros do que da arquitetura constitucional dos Municípios:

> **Ementa:** (...) 4. A LC n. 101/00 conferiu ao Distrito Federal um tratamento rimado com a sua peculiar e favorecida situação tributário-financeira, porquanto desfruta de fontes cumulativas de receitas tributárias, na medida em que adiciona às arrecadações próprias dos Estados aquelas que timbram o perfil constitucional dos Municípios. 5. Razoável é o critério de que se valeram os dispositivos legais agora questionados. Se irrazoabilidade houvesse, ela estaria em igualar o Distrito Federal aos Municípios, visto que o primeiro é, superlativamente, aquinhoado com receitas tributárias. Ademais, goza do favor constitucional de não custear seus órgãos judiciário e ministerial público, tanto quanto a sua Defensoria Pública, Polícias Civil e Militar e ainda seu Corpo de Bombeiros Militar (**ADI 3.756/DF**, Rel. Min. Carlos Britto, Pleno, j. em 21.06.2007, *DJ* 19.10.2007, p. 27)[41].

7.3.4.4. Limites estipulados para os Municípios

Nos Municípios, os limites máximos para gastos com pessoal (60% da **Receita Corrente Líquida** — art. 19, inciso III) são assim distribuídos (art. 20, inciso III):

PODER OU INSTITUIÇÃO	PERCENTUAL
◼ Poder Legislativo (incluído o Tribunal de Contas do Município, quando houver)	◼ 6% (seis por cento)
◼ Poder Executivo	◼ 54% (cinquenta e quatro por cento)

No Poder Legislativo de Município, os limites serão repartidos entre seus órgãos de forma proporcional à média das despesas com pessoal, em percentual da Receita Corrente Líquida, verificadas nos três exercícios financeiros imediatamente anteriores ao da publicação da LRF (art. 20, § 1.º).

Frise-se que o art. 29-A da CF, introduzido pela Emenda Constitucional n. 25, de 14.02.2000, promulgada antes da LRF, também estabelece limites para as despesas do Poder Legislativo Municipal.

Embora as duas normas tenham em comum o objetivo de evitar o crescimento desordenado das despesas públicas, os seus objetos são bastante distintos: a LRF limita despesas com pessoal, em que se **incluem** os gastos com **ativos, inativos e pensionistas**

---

[41] No mesmo sentido: AC-MC-REF 2.197/DF, Rel. Min. Celso de Mello, Pleno, j. em 13.11.2008, *DJe*-213 13.11.2009.

(art. 18, *caput*), enquanto o art. 29-A da CF limita as despesas em geral, **excluídos os gastos com inativos**[42].

Ademais, quando a Constituição Federal limita as despesas com pessoal ("folha de pagamento", na expressão utilizada pelo referido enunciado) do Poder Legislativo Municipal, somente o faz em relação à **Câmara Municipal** (art. 29-A, § 1.º), ao passo que a LRF inclui, ainda, o **Tribunal de Contas do Município**, quando houver (art. 20, *caput*, inciso III, alínea *a*, e § 2.º, inciso II, alínea *d*)[43].

Portanto, não é possível comparar os limites estabelecidos pelo art. 29-A da CF com os da LRF, posto que os conceitos são essencialmente diferentes.

Também são diferentes as bases sobre as quais são calculados os limites: a LRF utiliza o conceito de **Receita Corrente Líquida** (art. 2.º, inciso IV, c/c art. 19, *caput*), ao passo que o art. 29-A da CF, ao estabelecer limite de gasto da Câmara Municipal com folha de pagamento, dispõe que o percentual de 70% (setenta por cento) é calculado sobre "sua receita" (§ 1.º).

O que deverá, então, fazer a Câmara Municipal?

Cumprir **ambos os limites**, simultaneamente, o que significa que o limite efetivo será sempre o mais restritivo. Respeitado o limite mais rígido, ter-se-á a certeza de que as determinações de ambas as normas serão cumpridas[44].

É, portanto, de concluir-se que, independentemente das diferenças de conceitos apontadas, os limites da LRF e do art. 29-A da CF são compatíveis e complementares, como enfatizado por Jorge Ulisses Jacoby Fernandes: "Desse modo ambas as normas coexistem no mundo jurídico e ambas são limitativas do poder de gasto. Não há conflito porque possuem bases de cálculo diferentes e amplitudes diferentes (...). Em síntese, a despesa do legislativo deve estar abaixo dos dois limites"[45].

7.3.5. OS GASTOS COM PESSOAL E A TERCEIRIZAÇÃO DE MÃO DE OBRA

A situação jurídica das despesas decorrentes de contratos de terceirização diante dos limites impostos aos gastos com pessoal pela LRF está regulada no § 1.º do art. 18 da referida lei complementar, assim redigido: "Os valores dos contratos de terceirização de mão de obra que se referem à substituição de servidores e empregados públicos serão contabilizados como 'Outras Despesas de Pessoal'".

---

[42] A Emenda Constitucional n. 109, de 15.03.2021, alterou o *caput* do art. 29-A da CF, tendo a nova redação **incluído** nos limites do total da despesa do Poder Legislativo Municipal "os demais gastos com pessoal inativo e pensionistas". Tal modificação, contudo, somente entrará em vigor a partir do início da primeira legislatura municipal após a data de publicação da referida Emenda Constitucional (art. 7.º, EC n. 109/2021). Assim, considerando que a atual legislatura municipal teve início em 1.º.01.2021 e termina em 31.12.2024, conclui-se que a redação dada ao *caput* do art. 29-A da CF pela EC n. 109/2021 vigorará a partir de **1.º.01.2025**.

[43] Nas referências feitas pela LRF ao Poder Legislativo estão abrangidos os Tribunais de Contas (art. 1.º, § 3.º, inciso I, alínea *a*).

[44] NASCIMENTO, Edson Ronaldo; DEBUS, Ilvo. *Gestão fiscal responsável*: teoria e prática da Lei Complementar n. 101 — Lei de Responsabilidade Fiscal, p. 47.

[45] FERNANDES, Jorge Ulisses Jacoby. *Responsabilidade fiscal*: na função do ordenador de despesa; na terceirização da mão de obra; na função do controle administrativo, p. 180.

7 ◼ As Despesas Públicas Segundo a Lei de Responsabilidade Fiscal

Portanto, devem ser contabilizados como "outras despesas de pessoal" e, por conseguinte, computados na despesa total com pessoal os gastos com terceirização de mão de obra, destinada à substituição direta de servidores ou empregados públicos, em atividades inerentes à competência legal do órgão ou entidade.

Anteriormente ao advento da LRF, tais valores eram classificados como "Serviços de Terceiros" (rubrica orçamentária 3.1.3.0)[46], não se inserindo, portanto, nas chamadas despesas com "Pessoal" (rubrica 3.1.1.0). Nesta se incluíam, apenas, as despesas com "Pessoal Civil" (rubrica 3.1.1.1) e "Pessoal Militar" (rubrica 3.1.1.2)[47].

A LRF inova quando insere, de forma genérica, a mão de obra terceirizada, substitutiva de servidores, no âmbito dos gastos de pessoal, tendo como causa determinante a preocupação com o crescimento de tal prática, muito em voga no setor público.

O STF declarou a **constitucionalidade** do § 1.º do art. 18 da LRF: "Ao se a referir a contratos de terceirização de mão de obra, o art. 18, § 1.º, da LRF não sugere qualquer burla aos postulados da Licitação e do Concurso Público. Impede apenas expedientes de substituição de servidores via contratação terceirizada em contorno ao teto de gastos com pessoal"[48].

Cumpre destacar que o art. 18 da LRF apenas esclarece que tais valores serão contabilizados como "Outras Despesas de Pessoal", furtando-se, no entanto, de melhor elucidar a natureza da contratação que menciona e "esquecendo-se" de indicar um número de rubrica orçamentária correspondente.

Se entendermos que, em razão de tal omissão, é inaplicável o dispositivo sob análise — continuando, pois, tais valores a ser contabilizados como "Serviços de Terceiros" —, vamos tomá-lo por "letra morta", solução que nos parece inadmissível.

Assim, somos levados a crer que o § 1.º do art. 18 da LRF criou uma rubrica própria, "Outras Despesas de Pessoal", que até então não existia no adendo I da Lei n. 4.320/64, para nela ser empenhado o valor referente ao pagamento do contratado no caso de terceirização de mão de obra, para substituição de servidor ou empregado público na administração pública[49].

7.3.6. REQUISITOS PARA EFETIVAÇÃO

Segundo o art. 21 da LRF, o ato que provoque aumento da despesa com pessoal deverá atender uma série de exigências previstas naquele dispositivo legal[50], sob pena de nulidade.

---

[46] MOTTA, Carlos Pinto Coelho et al. *Responsabilidade fiscal*, p. 360.

[47] Lei n. 4.320/64, art. 13, e seu Anexo n. 4 ("Despesa orçamentária pelas categorias econômicas").

[48] ADI 2.238/DF, Rel. Min. Alexandre de Moraes, Pleno, j. em 24.06.2020, *DJe*-228 15.09.2020.

[49] Nesse sentido: SILVA, Edson Jacinto da. *O município na Lei de Responsabilidade Fiscal*, p. 68-69.

[50] Além de atender às exigências previstas no art. 21 da LRF, a majoração de vencimentos dos servidores públicos depende de lei formal, consoante jurisprudência do STJ: RMS 9.260/RO, Rel. Min. Luiz Vicente Cernicchiaro, 6.ª Turma, j. em 14.04.1998, *DJ* 11.05.1998, p. 158; REsp 74.891/RJ, Rel. Min. Luiz Vicente Cernicchiaro, 6.ª Turma, j. em 28.02.1996, *DJ* 07.04.1997, p. 11176; RMS 6.352/MS, Rel. Min. Luiz Vicente Cernicchiaro, 6.ª Turma, j. em 11.12.1995, *DJ* 13.05.1996, p. 15576; REsp 73.127/RJ, Rel. Min. Luiz Vicente Cernicchiaro, 6.ª Turma, j. em 14.11.1995, *DJ*

Com efeito, de acordo com o art. 21 da LRF (com a redação dada pela Lei Complementar n. 173, de 27.05.2020), é **nulo de pleno direito**:

◼ o ato que provoque aumento da despesa com pessoal[51] e:

a) não esteja instruído com a estimativa do impacto orçamentário-financeiro no exercício em que deva entrar em vigor a despesa e nos dois subsequentes (art. 16, inciso I), a qual será acompanhada das premissas e metodologia de cálculo utilizadas (art. 16, § 2.º);

b) não esteja instruído com declaração do ordenador da despesa[52] de que seu aumento tem adequação orçamentária e financeira com a LOA[53] e compatibilidade com o PPA e com a LDO (art. 16, inciso II)[54];

c) não demonstre a origem dos recursos para seu custeio (art. 17, § 1.º)[55];

d) não esteja acompanhado de comprovação de que a despesa criada ou aumentada não afetará as metas de resultados fiscais previstas no Anexo de Metas Fiscais, devendo seus efeitos financeiros ser compensados pelo aumento permanente de receita[56] ou pela redução permanente de despesa (art. 17, § 2.º);

e) não atenda ao disposto no inciso XIII do art. 37 da CF, que veda a vinculação ou equiparação de quaisquer espécies remuneratórias para o efeito de remuneração de pessoal do serviço público;

f) não atenda ao disposto no § 1.º do art. 169 da CF, que exige dotação orçamentária prévia e suficiente, bem como autorização específica na Lei de Diretrizes Orçamentárias, ressalvadas, relativamente à autorização na LDO, as empresas públicas e as sociedades de economia mista;

15.04.1996, p. 11563; MS 2.757/DF, Rel. Min. Luiz Vicente Cernicchiaro, 3.ª Seção, j. em 16.09.1993, *DJ* 22.11.1993, p. 24871.

[51] Para fins do disposto no art. 21 da LRF, serão considerados atos de nomeação ou de provimento de cargo público aqueles referidos no § 1.º do art. 169 da CF ou aqueles que, de qualquer modo, acarretem a criação ou o aumento de despesa obrigatória (art. 21, § 2.º, LRF, incluído pela Lei Complementar n. 173/2020).

[52] Ordenador de despesas é a "autoridade de cujos atos resultem a emissão de empenho, autorização de pagamento, suprimento ou dispêndio de recursos" (art. 80, § 1.º, Decreto-Lei n. 200/67).

[53] Para os fins da LRF, considera-se adequada com a LOA a despesa que atenda ao disposto no art. 16, § 1.º, inciso I, da referida lei: que seja objeto de dotação específica e suficiente, ou que esteja abrangida por crédito genérico, de forma que, somadas todas as despesas da mesma espécie, realizadas e a realizar, previstas no programa de trabalho, não sejam ultrapassados os limites estabelecidos para o exercício.

[54] Para os fins da LRF, considera-se compatível com o PPA e a LDO a despesa que se conforme com as diretrizes, objetivos, prioridades e metas previstos nesses instrumentos e não infrinja qualquer de suas disposições (art. 16, § 1.º, inciso II).

[55] Tal exigência não se aplica ao reajustamento anual de remuneração de pessoal de que trata o inciso X do art. 37 da CF (art. 17, § 6.º, LRF).

[56] Nos termos do § 3.º do art. 17 da LRF, "considera-se aumento permanente de receita o proveniente da elevação de alíquotas, ampliação da base de cálculo, majoração ou criação de tributo ou contribuição".

7 ◘ As Despesas Públicas Segundo a Lei de Responsabilidade Fiscal   157

> **Observação:** O STF decidiu que a inobservância, por determinada lei, do disposto no § 1.º do art. 169 da CF não induz à sua inconstitucionalidade, impedindo apenas a sua execução no exercício financeiro respectivo[57]. É que, segundo a Corte, é a **execução** da lei que cria ou aumenta despesas com pessoal que está condicionada às restrições previstas no Texto Constitucional, e não o seu processo legislativo[58]. Assim, a falta de previsão orçamentária é obstáculo ao cumprimento da lei no mesmo exercício, mas não no subsequente[59].

g) não atenda ao limite legal de comprometimento aplicado às despesas com pessoal inativo.

> **Observação:** Na redação original do art. 21 da LRF, tal disposição constava do inciso II do referido artigo. O STF, apreciando a ADI 2.238/DF, entendeu que tal enunciado, ao prever sanção para o descumprimento de um limite específico de despesas considerados os servidores inativos, propiciaria ofensa ao *caput* do art. 169 da CF, uma vez que este remete à **lei complementar** a definição de limites de despesa com pessoal ativo e inativo, razão pela qual conferiu **interpretação conforme** ao referido dispositivo legal, no sentido de que se entenda como limite legal o previsto em **lei complementar**[60].

◘ o ato de que resulte aumento da despesa com pessoal nos 180 (cento e oitenta) dias anteriores ao final do mandato do titular de Poder ou órgão referido no art. 20 da LRF[61];

> **Observação:** Ordenar, autorizar ou executar ato que acarrete aumento de despesa total com pessoal, nos 180 (cento e oitenta) dias anteriores ao final do mandato ou da legislatura, configura crime contra as finanças públicas passível de pena de 1 (um) a 4 (quatro) anos de reclusão (art. 359-G do Código Penal, acrescentado pela Lei n. 10.028/2000).

◘ o ato de que resulte aumento da despesa com pessoal que preveja parcelas a serem implementadas em períodos posteriores ao final do mandato do titular de Poder ou órgão referido no art. 20 da LRF[62];

---

[57] STF, ADI 1.585/DF, Rel. Min. Sepúlveda Pertence, Pleno, j. em 19.12.1997, *DJ* 03.04.1998, p. 1.

[58] STF, ADI-MC 1.428/SC, Rel. Min. Maurício Corrêa, Pleno, j. em 01.04.1996, *DJ* 10.05.1996, p. 15131.

[59] STF, ADI-MC 1.243/MT, Rel. Min. Sydney Sanches, Pleno, j. em 17.08.1995, *DJ* 27.10.1995, p. 36331. O agente que dolosamente ordenar ou permitir a realização de despesas com pessoal não autorizadas na LDO praticará ato de improbidade administrativa expressamente previsto no art. 10, inciso IX, da Lei n. 8.429/92.

[60] ADI 2.238/DF, Rel. Min. Alexandre de Moraes, Pleno, j. em 24.06.2020, *DJe*-228 15.09.2020.

[61] Tal restrição: (i) deve ser aplicada inclusive durante o período de recondução ou reeleição para o cargo de titular do Poder ou órgão autônomo; e (ii) aplica-se somente aos titulares ocupantes de cargo eletivo dos Poderes referidos no art. 20 da LRF (art. 21, § 1.º, LRF, incluído pela Lei Complementar n. 173/2020).

[62] Tal restrição: (i) deve ser aplicada inclusive durante o período de recondução ou reeleição para o cargo de titular do Poder ou órgão autônomo; e (ii) aplica-se somente aos titulares ocupantes de cargo eletivo dos Poderes referidos no art. 20 da LRF (art. 21, § 1.º, LRF, incluído pela Lei Complementar n. 173/2020).

■ a aprovação, a edição ou a sanção, por Chefe do Poder Executivo, por Presidente e demais membros da Mesa ou órgão decisório equivalente do Poder Legislativo, por Presidente de Tribunal do Poder Judiciário e pelo Chefe do Ministério Público, da União e dos Estados, de norma legal contendo plano de alteração, reajuste e reestruturação de carreiras do setor público, ou a edição de ato, por esses agentes, para **nomeação** de aprovados em concurso público[63], quando[64]:

a) resultar em aumento da despesa com pessoal nos 180 (cento e oitenta) dias anteriores ao final do mandato do titular do Poder Executivo; ou

b) resultar em aumento da despesa com pessoal que preveja parcelas a serem implementadas em períodos posteriores ao final do mandato do titular do Poder Executivo.

A ordenação de despesa de pessoal sem autorização de lei é tipificada como crime contra as finanças públicas, passível de pena de 1 (um) a 4 (quatro) anos de reclusão (art. 359-D do Código Penal Brasileiro, acrescentado pela Lei n. 10.028/2000).

7.3.7. CONTROLE DAS DESPESAS COM PESSOAL

Além das condições apontadas no art. 21 da LRF, deverão as despesas com pessoal observar os limites estipulados nos arts. 19 e 20 da mesma lei, anteriormente referidos.

A verificação do cumprimento de tais limites de comprometimento deve ser efetuada ao final de cada **4 meses** (art. 22, *caput*, LRF).

Se a despesa total com pessoal ultrapassar **90% (noventa por cento) do limite legal** — o denominado **"limite de alerta"** —, deverão os Tribunais de Contas **alertar** o Poder ou órgão que houver incorrido no excesso (art. 59, § 1.º, II, LRF).

Se a despesa total com pessoal ultrapassar **95% (noventa e cinco por cento) do limite legal** — o chamado **"limite prudencial"** —, ficam vedados ao Poder ou órgão referido que houver incorrido no excesso (art. 22, parágrafo único, LRF):

■ a concessão de qualquer vantagem ou aumento de remuneração, que não esteja prevista em lei ou contrato de trabalho;

■ a revisão, reajuste ou adequação de remuneração;

■ a criação de cargo, emprego ou função;

■ a alteração de estrutura de carreira que implique aumento de despesa;

■ o provimento de cargo público, admissão ou contratação de pessoal a qualquer título, ressalvada a reposição decorrente de aposentadoria ou falecimento de servidores das áreas de educação, saúde e segurança;

---

[63] Para fins do disposto no referido artigo, consideram-se atos de **nomeação** ou de **provimento** de cargo público aqueles referidos no § 1.º do art. 169 da CF/88 ou aqueles que, de qualquer modo, acarretem a criação ou o aumento de despesa obrigatória (art. 21, § 2.º, LRF, incluído pela Lei Complementar n. 173/2020).

[64] Tais restrições: (i) devem ser aplicadas inclusive durante o período de recondução ou reeleição para o cargo de titular do Poder ou órgão autônomo; e (ii) aplicam-se somente aos titulares ocupantes de cargo eletivo dos Poderes referidos no art. 20 da LRF (art. 21, § 1.º, LRF, incluído pela Lei Complementar n. 173/2020).

7 ◘ As Despesas Públicas Segundo a Lei de Responsabilidade Fiscal

◘ a contratação de hora extra, salvo em situações previstas na Lei de Diretrizes Orçamentárias (LDO).

7.3.8. MECANISMOS DE CORREÇÃO DE DESVIOS

Prevendo a possibilidade de não atendimento dos limites das despesas com pessoal nela fixados, a LRF criou certos mecanismos para a correção dos desvios relativos às mencionadas despesas.

Assim, ultrapassado o limite máximo da despesa total com pessoal no quadrimestre, deverá o administrador promover a eliminação do percentual excedente nos 2 quadrimestres seguintes (sendo de, pelo menos, 1/3 no primeiro), consoante o art. 23 da LRF[65].

Para tanto, o *caput* do art. 23 da LRF dispõe que poderão ser adotadas, entre outras, as providências previstas nos §§ 3.º e 4.º do art. 169 da CF/88 (art. 23, *caput*, LRF), a saber:

◘ redução em pelo menos 20% (vinte por cento) dos **cargos em comissão e funções de confiança** (art. 169, § 3.º, inciso I, CF);

◘ exoneração de **servidores não estáveis** (art. 169, § 3.º, inciso II, CF);

◘ exoneração de **servidores estáveis**, desde que ato normativo motivado de cada um dos Poderes especifique a atividade funcional, o órgão ou unidade administrativa objeto da redução de pessoal (art. 169, § 4.º, CF).

Ressalte-se que, nos termos do § 4.º do art. 169 da CF, a exoneração de servidores estáveis por excesso de despesa somente é admitida na hipótese de as outras medidas adotadas (redução dos cargos em comissão e funções de confiança e exoneração de servidores não estáveis) não terem sido suficientes para assegurar o cumprimento dos limites de gastos com pessoal.

O servidor estável que perder o cargo na forma do § 4.º do art. 169 da Constituição fará jus a indenização correspondente a um mês de remuneração por ano de serviço (art. 169, § 5.º, CF)[66].

O § 7.º do art. 169 da CF determina que lei da União disponha "sobre as normas gerais a serem obedecidas na efetivação do disposto no § 4.º"[67].

---

[65] Para os Estados que aderirem ao Regime de Recuperação Fiscal instituído pela Lei Complementar n. 159, de 19.05.2017, o prazo previsto no *caput* do art. 23 da Lei Complementar n. 101/2000 (LRF) **será o mesmo pactuado para o Plano de Recuperação** (art. 10, parágrafo único, Lei Complementar n. 159/2017).

[66] Consoante inteligência do § 5.º do art. 169 da CF, os ocupantes de cargos em comissão e funções de confiança e os servidores não estáveis exonerados por excesso de despesa na forma no § 3.º do citado dispositivo constitucional não fazem jus à referida indenização.

[67] Ressalte-se que o § 7.º do art. 169 da CF fala impropriamente em "lei federal". Tal lei, no entanto, por veicular "normas gerais", de interesse para todo o País, vinculando, por conseguinte, não apenas o aparelho administrativo da União, mas também os dos Estados, Distrito Federal e Municípios, é, em verdade, uma lei *nacional*.

Regulamentando o citado dispositivo constitucional, foi promulgada a **Lei n. 9.801, de 14.06.1999**, estabelecendo as normas gerais para a exoneração de servidor público estável por excesso de despesa.

De acordo com o art. 2.º da referida lei, o ato que realizar essa exoneração deverá adotar um dos seguintes critérios gerais para identificação impessoal do servidor:

- menor tempo de serviço público;
- maior remuneração;
- menor idade.

O critério geral eleito poderá ser combinado com o **critério complementar** do menor número de dependentes para fins de formação de uma listagem de classificação (art. 2.º, § 3.º, Lei n. 9.801/99).

Ressalte-se que o cargo (em comissão ou efetivo) objeto da redução será considerado extinto, sendo vedada a criação de cargo, emprego ou função com atribuições iguais ou assemelhadas pelo prazo de quatro anos (art. 169, § 6.º, CF).

Além das citadas providências para o controle dos gastos com pessoal, o § 1.º do art. 23 da LRF permitia que, no caso do inciso I do § 3.º do art. 169 da CF, o objetivo (de redução dos gastos com pessoal) fosse alcançado tanto pela extinção de cargos e funções "quanto pela redução dos valores a eles atribuídos". Essa parte final autorizava a redução de vencimentos dos servidores públicos, algo não previsto pelo art. 169 da CF. O STF, contudo, declarou a **inconstitucionalidade parcial**, **sem redução de texto**, do § 1.º do art. 23 da LRF, de modo a obstar interpretação segundo a qual é possível reduzir valores de função ou cargo **que estiver provido**[68].

Também pretendendo inovar, o § 2.º do art. 23 da LRF facultava a redução temporária da jornada de trabalho, com a consequente "adequação dos vencimentos à nova carga horária". O STF, na mesma ADI, declarou a **inconstitucionalidade** do referido dispositivo: "Em relação ao parágrafo 2.º do artigo 23 da LRF, é entendimento iterativo do STF considerar a irredutibilidade do estipêndio funcional como garantia constitucional voltada a qualificar prerrogativa de caráter jurídico-social instituída em favor dos agentes públicos"[69].

A omissão em ordenar ou promover, na forma e nos prazos da lei, a execução de medida para a redução do montante da despesa total com pessoal que houver excedido a repartição por Poder do limite máximo configura infração administrativa contra as leis de finanças públicas (art. 5.º, inciso IV, Lei n. 10.028/2000), punida com multa de 30% (trinta por cento) dos vencimentos anuais do agente que lhe der causa, sendo o pagamento da multa de sua responsabilidade pessoal (art. 5.º, § 1.º, Lei n. 10.028/2000).

---

[68] ADI 2.238/DF, Rel. Min. Alexandre de Moraes, Pleno, j. em 24.06.2020, *DJe*-228 15.09.2020.

[69] Na ocasião, reconheceu o STF que a irredutibilidade do estipêndio funcional também alcança àqueles que não possuem vínculo efetivo com a Administração Pública.

7 ◼ As Despesas Públicas Segundo a Lei de Responsabilidade Fiscal 161

Não alcançada a redução da despesa total com pessoal no prazo estabelecido em lei, e enquanto perdurar o excesso, o **Poder ou órgão** referido no art. 20 da LRF não poderá (art. 23, § 3.º, LRF[70]):

◼ receber transferências voluntárias[71];

◼ obter garantia, direta ou indireta, de outro ente[72];

◼ contratar operações de crédito, ressalvadas as destinadas ao pagamento da dívida mobiliária e as que visem a redução das despesas com pessoal[73].

Tais restrições:

◼ aplicam-se imediatamente se a despesa total com pessoal exceder o limite nos primeiros quatro meses do último ano do mandato dos titulares de Poder ou órgão (art. 23, § 4.º, LRF);

◼ não se aplicam ao Município em caso de queda de receita real superior a 10% (dez por cento), em comparação ao correspondente quadrimestre do exercício financeiro anterior, devido a (art. 23, § 5.º, LRF, incluído pela Lei Complementar n. 164, de 18.12.2018)[74]:

---

[70] Parágrafo com redação dada pela Lei Complementar n. 178, de 13.01.2021. A redação original do § 3.º do art. 23 da LRF endereçava as vedações nele dispostas **ao ente** da Federação, relacionando-se, pois, à inobservância dos limites globais referidos no art. 19 do mesmo diploma. A redação atual, ao mencionar **Poder ou órgão**, refere-se aos limites estabelecidos no art. 20 da LRF.
Entendemos que a redação atual do § 3.º do art. 23 da LRF é mais adequada ao espírito da lei, merecendo destaque, a respeito, o seguinte trecho de ementa de julgado do STF: "Só a fixação de **consequências individualizadas** para os desvios perpetrados por cada instância pode tornar o compromisso fiscal efetivo. A LRF estabeleceu modelo de corresponsabilidade entre os Poderes. Ao positivar esse modelo, a LRF violou qualquer disposição constitucional, mas sim prestigiou a prudência fiscal, valor chancelado constitucionalmente" (ADI 2.238/DF, Rel. Min. Alexandre de Moraes, Pleno, j. em 24.06.2020, *DJe*-228 15.09.2020) (destaque nosso). Vale ressaltar que a LRF, ao dispor sobre as restrições aplicáveis na hipótese de extrapolação do limite prudencial (art. 22, parágrafo único), já estabelecia em sua redação original que referidas vedações são dirigidas ao **Poder ou órgão** (e não ao ente federativo).

[71] Para fins de aplicação da sanção de suspensão de transferências voluntárias, **excetuam-se** aquelas relativas a ações de educação, saúde e assistência social (art. 25, § 3.º, LRF).

[72] Em caso no qual houve divergência entre a Secretaria do Tesouro Nacional e o Tribunal de Contas estadual quanto ao cumprimento do limite legal de gastos com pessoal, o STF, por unanimidade, referendou decisão que deferiu tutela de urgência para fins de obtenção de garantia em operações de crédito: "Tutela de urgência visando a ter por suficiente a certidão do Tribunal de Contas do Estado — se divergente da manifestação da Secretaria do Tesouro Nacional — para comprovar o cumprimento, pelo Estado Federado, do limite de gastos com pessoal de que trata a Lei de Responsabilidade Fiscal para fins de obtenção de garantia em operações de crédito. Presentes os requisitos legais para a concessão da tutela de urgência" (ACO-TP-Ref 3.271/DF, Rel. Min. Rosa Weber, Pleno, j. em 16.09.2020, *DJe*-242 05.10.2020).

[73] Redação dada pela Lei Complementar n. 178/2021.

[74] O disposto no § 5.º do art. 23 da LRF só se aplica caso a despesa total com pessoal do quadrimestre vigente não ultrapasse o limite percentual previsto no art. 19 da mesma lei, considerada, para este cálculo, a RCL do quadrimestre correspondente do ano anterior atualizada monetariamente (art. 23, § 6.º, LRF, incluído pela Lei Complementar n. 164/2018).

a) diminuição das transferências recebidas do Fundo de Participação dos Municípios decorrente de concessão de isenções tributárias pela União; e

b) diminuição das receitas recebidas de *royalties* e participações especiais.

Observação: Com base no **princípio da intranscendência** (ou da **personalidade**) das sanções e das medidas restritivas de ordem jurídica, o STF já decidiu que o Poder Executivo estadual não pode sofrer sanções nem expor-se a restrições emanadas da União Federal, em matéria de realização de operações de crédito, nos casos em que o Poder Judiciário, a Assembleia Legislativa, o Tribunal de Contas ou o Ministério Público locais tenham descumprido o limite individual a eles imposto pela LRF (art. 20, inciso II, alíneas *a*, *b* e *d*), "pois o Governo do Estado não tem competência para intervir na esfera orgânica de referidas instituições, que dispõem de plena autonomia institucional a elas outorgada por efeito de expressa determinação constitucional" (**AC-MC-REF 2.659/MS**, Rel. Min. Celso de Mello, Pleno, j. em 12.08.2010, *DJe*-179 24.09.2010)[75]. Utilizando-se do mesmo fundamento, o STF reconheceu a impossibilidade de o Estado-membro sofrer limitações em sua esfera jurídica, motivadas pela só circunstância de, a ele, enquanto ente político maior, acharem-se administrativamente vinculadas as entidades paraestatais, as empresas governamentais ou as sociedades sujeitas ao seu poder de controle alegadamente devedoras e incluídas em cadastro federal de inadimplentes[76].

Observação: A Lei Complementar n. 159, de 19.05.2017 — que instituiu o Regime de Recuperação Fiscal dos Estados e do Distrito Federal —, **suspendeu a aplicação do art. 23 (ressalvado o disposto no inciso I do § 3.º)** da LRF durante a vigência do referido regime (art. 10, inciso I, Lei Complementar n. 159/2017).

7.4. DESPESAS COM A SEGURIDADE SOCIAL

7.4.1. NOÇÕES GERAIS

De acordo com o art. 194 da CF, a **seguridade social** é o conjunto integrado de ações de iniciativa dos poderes públicos e da sociedade, destinadas a assegurar os direitos relativos à **saúde**, à **previdência** e à **assistência social**.

A CF, em seu art. 195, no § 5.º, estabelece que: "Nenhum benefício ou serviço da seguridade social poderá ser criado, majorado ou estendido sem a correspondente fonte de custeio total". A referida proibição objetiva equilibrar as despesas com as receitas da seguridade social, de maneira que **não se crie qualquer benefício que não tenha o respectivo financiamento**. Em outras palavras, o dispositivo foi instituído para evitar déficit público gerado por criação de benefícios ou serviços sem fonte de receita correspondente[77].

---

[75] No mesmo sentido: AC-MC-REF 2.197/DF, Rel. Min. Celso de Mello, Pleno, j. em 13.11.2008, *DJe*-213 13.11.2009; ACO-AgR 1.612/MS, Rel. Min. Celso de Mello, Pleno, j. em 27.11.2014, *DJe*-030 13.02.2015.

[76] AC-QO 266/SP, Rel. Min. Celso de Mello, Pleno, j. em 27.05.2004, *DJ* 28.10.2004, p. 36.

[77] Tal limitação já tinha lugar na Constituição de 1967 (art. 58, inciso XVI), tendo sido mantida na redação dada pela Emenda Constitucional n. 1/69 (art. 165, inciso XVI).

7 ◼ As Despesas Públicas Segundo a Lei de Responsabilidade Fiscal 163

Regulamentando o dispositivo constitucional transcrito, a Lei de Responsabilidade Fiscal (art. 24, *caput*) proíbe que seja criado, majorado ou estendido qualquer benefício ou serviço relativo à seguridade social sem a indicação da correspondente fonte de custeio. Adiciona-se que os atos que criarem ou aumentarem tais despesas deverão obedecer às exigências elencadas no art. 17 da referida legislação[78].

Tal proibição se aplica a benefício ou serviço do INSS na área de saúde, previdência e assistência social, inclusive os destinados aos servidores públicos e militares, ativos e inativos, e aos pensionistas (art. 24, § 2.º, LRF).

7.4.2. REQUISITOS PARA EFETIVAÇÃO

Conjugando o art. 24 da LRF com o art. 17 da mesma lei — cuja observância é determinada pelo primeiro dispositivo —, conclui-se que os atos que criarem ou aumentarem despesas com a seguridade social deverão atender às seguintes exigências:

◼ demonstrar a origem dos recursos para seu custeio total (art. 24, *caput*);

◼ ser instruídos com a estimativa de impacto orçamentário-financeiro no exercício em que deva entrar em vigor a despesa e nos dois subsequentes (art. 17, § 1.º, c/c art. 16, inciso I), com as premissas e metodologia de cálculo utilizadas (art. 16, § 2.º);

◼ ser acompanhados de comprovação de que a despesa criada ou aumentada não afetará as metas de resultados fiscais previstas no Anexo de Metas Fiscais, devendo seus efeitos financeiros ser compensados pelo aumento permanente de receita[79] ou pela redução permanente de despesa (art. 17, § 2.º).

Apesar de o *caput* do art. 24 da LRF não se reportar ao art. 16 da mesma lei, mas tão somente ao art. 17, e não obstante a redação do § 1.º deste último dispositivo referir-se apenas ao inciso I do mencionado art. 16, entendemos, em face do caráter geral de que se reveste este artigo, que os atos que criarem ou acarretarem aumento de despesa com seguridade social deverão atender também ao disposto em seu inciso II, devendo ser instruídos com declaração do ordenador da despesa de que o aumento dela tem

---

[78] O STF declarou a **constitucionalidade** dos arts. 17 e 24 da LRF: "(...) 3.6. Os arts. 17 e 24 representam atenção ao Equilíbrio Fiscal. A rigidez e a permanência das despesas obrigatórias de caráter continuado as tornam fenômeno financeiro público diferenciado, devendo ser consideradas de modo destacado pelos instrumentos de planejamento estatal. 3.7. A internalização de medidas compensatórias, conforme enunciadas pelo art. 17 e 24 da LRF, no processo legislativo é parte de projeto de amadurecimento fiscal do Estado, de superação da cultura do desaviso e da inconsequência fiscal, administrativa e gerencial. A prudência fiscal é um objetivo consagrado pelo art. 165, § 2.º, da Constituição Federal. (...)" (ADI 2.238/DF, Rel. Min. Alexandre de Moraes, Pleno, j. em 24.06.2020, *DJe*-228 15.09.2020).

[79] Nos termos do § 3.º do art. 17 da LRF, "considera-se aumento permanente de receita o proveniente da elevação de alíquotas, ampliação da base de cálculo, majoração ou criação de tributo ou contribuição".

164 Direito Financeiro e Econômico Esquematizado   *Carlos Alberto de Moraes Ramos Filho*

adequação orçamentária e financeira com a LOA, bem como compatibilidade com o PPA e com a LDO (art. 16, inciso II)[80].

Percebe-se, após uma leitura atenta das condições impostas pela LRF à criação ou aumento das despesas com a seguridade social, que o art. 24 da lei em questão vai além do necessário. Com efeito, não se fazia preciso, segundo nos parece, exigir expressamente a "indicação da fonte de custeio total" para as referidas despesas (art. 24, *caput*) quando a simples remissão ao art. 17 — cuja observância determina — supriria tal omissão, tendo em vista que o § 1.º deste último dispositivo exige a demonstração da "origem dos recursos para seu custeio".

Ressalte-se que **todos** os requisitos constantes do art. 17 da LRF devem ser observados para a geração ou o aumento de despesas com a seguridade social, tendo em vista que o *caput* do art. 24 não excluiu nenhum deles. Todavia, da compensação referida no § 2.º do art. 17 será dispensado o aumento da despesa quando decorrer de (art. 24, § 1.º, LRF):

- concessão de benefício a quem de direito, isto é, que satisfaça as condições de habilitação previstas na legislação pertinente;
- aumento do atendimento e dos serviços prestados;
- reajuste de valores dos benefícios ou serviços, a fim de preservar o seu valor real.

Nos casos supracitados, somente será dispensada a compensação dos efeitos financeiros do ato de aumento da despesa, subsistindo, entretanto, o dever de obediência às demais exigências do art. 17 da LRF, às quais nos referimos anteriormente.

A criação, majoração ou expansão de benefício ou serviço relativo à seguridade social que não atendam ao disposto no *caput* do art. 24 e no art. 17, ambos da LRF, serão consideradas irregulares, não autorizadas e lesivas ao patrimônio público (art. 15, LRF), caracterizando-se a ordenação delas como crime contra as finanças públicas passível de pena de 1 (um) a 4 (quatro) anos de reclusão (art. 359-D do Código Penal Brasileiro, acrescentado pela Lei n. 10.028/2000).

7.5. TRANSFERÊNCIAS VOLUNTÁRIAS

7.5.1. NOÇÕES GERAIS

O Capítulo V da Lei de Responsabilidade Fiscal regula o relacionamento entre os entes da Federação no que tange às transferências voluntárias de recursos.

Transferência voluntária, consoante expressa definição legal (art. 25, *caput*, LRF), é a entrega de verbas (recursos correntes ou de capital) **a outro ente da Federação**, a título de cooperação, auxílio ou assistência financeira, que não decorra de determinação constitucional (como o FPE e o FPM), legal, ou destinadas ao Sistema Único de Saúde (SUS).

---

[80] O exame de compatibilidade da despesa com as normas do PPA e da LOA, aliás, é exigido pela parte final do § 4.º do art. 17 da LRF, aplicável às despesas com a seguridade social por força do comando do art. 24 da referida lei complementar.

7 ◼ As Despesas Públicas Segundo a Lei de Responsabilidade Fiscal 165

Não são consideradas, assim, transferências voluntárias as repartições de receitas tributárias reguladas nos arts. 157 a 159 da CF, porquanto nessas hipóteses inexiste voluntariedade na entrega dos recursos, que se dá por força de imperativo constitucional.

As expressões "cooperação, auxílio ou assistência financeira", empregadas no *caput* do art. 25 da LRF, consoante destaca Leila Cuéllar, "vinculam-se à ideia de colaboração, ajuda, ação conjunta para alcançar um fim comum, excluindo objetivos outros que não tenham natureza assistencial ou cooperativa. Os termos devem ser entendidos no sentido de que a transferência voluntária se faz no intuito de colaboração entre os entes da Federação, tendo por escopo a união de esforços, para atingimento dos fins públicos"[81].

Ainda com relação ao conceito de transferência voluntária, vale ressaltar que, para fins de aplicação das disposições da Lei de Responsabilidade Fiscal, considera-se como tal apenas a transação **entre entes da federação**, e não entre estes e particulares, como pretendem alguns[82]. Esta última espécie de transação foi igualmente regulada pela LRF, mas sob denominação diversa, **"destinação de recursos públicos para o setor privado"** (art. 26 e seguintes da LRF), sobre a qual debruçaremos nossas atenções no item 8.6.

7.5.2. REQUISITOS PARA EFETIVAÇÃO

Para a efetivação de uma operação de transferência voluntária, devem ser observadas as condições e exigências dispostas na Lei de Diretrizes Orçamentárias (art. 4.º, inciso I, alínea *f*, LRF)[83].

Adicionalmente, deverão ser atendidos os seguintes requisitos indicados pelo art. 25, § 1.º, da LRF:

◼ existência de dotação orçamentária específica;

◼ observância do disposto no inciso X do art. 167 da Constituição[84], que veda a transferência voluntária para pagamento de despesas com pessoal (ativo, inativo e pensionista);

◼ comprovação, por parte do beneficiário (ente recebedor):

a) de que está em dia com o ente transferidor no tocante ao pagamento de tributos ou empréstimos (ou seja, de que nada deve ao concedente[85]), bem como quanto à prestação de contas de recursos anteriormente dele recebidos;

---

[81] CUÉLLAR, Leila. A Lei de Responsabilidade Fiscal e convênios entre entes da federação, p. 189.

[82] Equivocada é, pois, a concepção adotada por Edson Jacinto da Silva: "As transferências voluntárias podem ser realizadas pelo setor público para o privado, como por exemplo uma empresa privada deficitária que explore serviço de interesse público, ou ainda entre entidades públicas, como por exemplo da União para os Estados" (*O município na Lei de Responsabilidade Fiscal*, p. 82).

[83] LRF, art. 4.º: "A lei de diretrizes orçamentárias atenderá o disposto no § 2.º do art. 165 da Constituição e: I — disporá também sobre: (...) *f)* demais condições e exigências para transferências de recursos a entidades **públicas** e privadas;" (destaque nosso).

[84] O inciso X do art. 167 da CF foi acrescentado pela Emenda Constitucional n. 19, de 04.06.1998.

[85] A jurisprudência do STJ é no sentido de que eventuais pendências de municípios integrantes de **consórcio público** (art. 241, CF) não constituem impedimento à celebração de convênio com a União. É que, segundo o **princípio da intranscendência das sanções**, penalidades e restrições de

b) do cumprimento dos limites constitucionais relativos à educação (art. 212, CF) e à saúde (art. 55, ADCT)[86];

c) da observância dos limites das dívidas, operações de crédito, de inscrição em Restos a Pagar e da Despesa com Pessoal;

d) da previsão orçamentária de contrapartida.

> **Observação:** A Lei Complementar n. 159, de 19.05.2017 — que instituiu o Regime de Recuperação Fiscal dos Estados e do Distrito Federal —, **suspendeu a aplicação das alíneas *a* e *c* do inciso IV do § 1.º do art. 25** da Lei Complementar n. 101/2000 (LRF) — **ressalvada a observância ao disposto no § 3.º do art. 195 da CF**[87] — durante a vigência do referido regime (art. 10, inciso II, Lei Complementar n. 159/2017).

Além dessas condições, várias outras são indicadas pela LRF como indispensáveis para a efetivação de transferências voluntárias. De fato, para que tais operações possam ser realizadas, é imprescindível, ainda, que o ente da Federação interessado em receber os recursos:

- ☐ tenha instituído e previsto os tributos de sua competência e esteja efetivamente os arrecadando (art. 11, parágrafo único);
- ☐ esteja cumprindo os limites legais de despesas com pessoal (art. 23, § 3.º, inciso I) e da dívida consolidada (art. 31, § 2.º);
- ☐ caso tenha contratado operação de crédito com instituição financeira com infração do disposto na LRF, tenha efetuado o cancelamento, amortização ou tenha constituído reserva específica na LOA para o exercício seguinte (art. 33, § 3.º);
- ☐ esteja cumprindo os prazos das iniciativas e ações para a consolidação das Contas nacionais (art. 51, § 2.º);
- ☐ tenha publicado o Relatório de Gestão Fiscal no prazo legal (art. 55, § 3.º).

---

ordem jurídica não podem superar a dimensão estritamente pessoal do infrator. Assim, considerando que a irregularidade de um ente público não pode prejudicar os outros entes, sob pena de violação de tal preceito normativo, decidiu o STJ que um consórcio público pode formalizar contrato de repasse (transferência voluntária) com União, mesmo que alguns de seus municípios figurem como inadimplentes em cadastros ou sistemas de registro de adimplência mantidos por órgãos ou entidades federais. Nesse sentido: REsp 1.463.921/PR, Rel. Min. Humberto Martins, 2.ª Turma, j. em 10.11.2015, *DJe* 15.02.2016; AREsp 1.492.605/PR, Rel. Min. Francisco Falcão, 2.ª Turma, j. em 16.03.2021, *DJe* 07.04.2021.

[86] Confira-se, a respeito, o seguinte julgado do STJ: "O art. 25, § 1.º, IV, da LC n. 101/2000 não ampara a recusa do Estado em transferir verbas públicas a determinado Município cuja administração passada descumpriu o limite constitucional mínimo de aplicação nas áreas de educação e saúde, uma vez que as irregularidades cometidas pelos governantes anteriores não podem causar gravames à nova gestão que buscou efetivamente reverter a situação ilegal e punir os responsáveis, inclusive com o oferecimento de *notitia criminis* ao Ministério Público Estadual" (REsp 1.027.728/ES, Rel. Min. Castro Meira, 2.ª Turma, j. em 19.03.2009, *DJe* 23.04.2009).

[87] CF, art. 195, § 3.º: "A pessoa jurídica em débito com o sistema da seguridade social, como estabelecido em lei, não poderá contratar com o Poder Público nem dele receber benefícios ou incentivos fiscais ou creditícios".

7 ▪ As Despesas Públicas Segundo a Lei de Responsabilidade Fiscal

O atendimento pelo ente das exigências legais para o recebimento de transferências voluntárias é condição para que a União lhe preste garantias em operações de crédito junto a organismo financeiro internacional ou a instituições federais de crédito e fomento para o repasse de recursos externos (art. 40, § 2.º, LRF).

Realizar ou receber transferência voluntária em desacordo com as condições estabelecidas na LRF constitui crime de responsabilidade (item 12 do art. 10 da Lei n. 1.079/50, e inciso XXIII do art. 1.º do DL 201/67, ambos acrescentados pela Lei n. 10.028/2000).

> **Observação: A Lei n. 9.504, de 30.09.1997**, que estabelece normas para as eleições, **veda** a realização, nos **3 (três) meses** que antecedem o pleito, de **transferência voluntária** de recursos da União aos Estados e Municípios, e dos Estados aos Municípios, sob pena de nulidade de pleno direito (art. 73, inciso VI, alínea *a*)[88].
>
> Entendeu o legislador que a realização de tais operações poderia acarretar influências indevidas durante o processo eleitoral e, assim, afetar a igualdade de oportunidades entre candidatos nos pleitos eleitorais.
>
> O dispositivo legal anteriormente mencionado exclui da vedação nele estabelecida as transferências de recursos destinados a:
>
> ▪ cumprir obrigação formal preexistente para execução de obra ou serviço em andamento e com cronograma prefixado; e
>
> ▪ atender situações de emergência e de calamidade pública.

7.5.3. DESTINAÇÃO DOS RECURSOS RECEBIDOS

Quanto à destinação dos recursos transferidos, a LRF estabelece duas regras:

▪ o inciso III do § 1.º do art. 25, ao determinar a observância do disposto no inciso X do art. 167 da Constituição, proíbe que os recursos recebidos sejam utilizados para pagamento de despesas com pessoal (ativo, inativo e pensionista);

▪ o § 2.º do art. 25 proíbe que os recursos recebidos a título de transferência voluntária sejam aplicados em fim diverso do acordado.

Analisando *a contrario sensu* o segundo dos dispositivos legais citados, encontramos outra exigência imposta pela LRF às transferências voluntárias, além daquelas expressamente indicadas pelo art. 25, § 1.º: que decorram de ajuste no qual fique consignado expressamente, de forma minuciosa e exaustiva, o seu objeto, isto é, a finalidade na qual devam ser utilizados os recursos transferidos[89]. Só assim se poderá dar

---

[88] A realização de transferência voluntária em descumprimento à referida norma legal acarretará a suspensão imediata da operação (art. 73, § 4.º, Lei n. 9.504/97). Tal conduta, de acordo com o § 7.º do mencionado artigo, caracterizaria o ato de improbidade administrativa previsto no inciso I do art. 11 da Lei n. 8.429/92, que, no entanto, foi expressamente **revogado** pela Lei n. 14.230/2021.

[89] Nesse sentido: CUÉLLAR, Leila. A Lei de Responsabilidade Fiscal e convênios entre entes da federação, p. 191.

efetividade à norma do § 2.º do art. 25 da LRF, que, aliás, repete a regra constante do parágrafo único do art. 8.º da mesma lei[90].

Quanto à **forma do ajuste**, o inciso II do § 1.º do art. 25 da LRF, vetado pelo Presidente da República, determinava que a transferência voluntária fosse instrumentalizada "por meio de convênio". Justificou o Presidente seu veto à norma referida alegando que o estabelecimento dessa exigência em lei complementar comprometeria importantes programas de responsabilidade do Ministério da Educação, nos quais "a eliminação da figura do convênio proporcionou notável avanço quantitativo e qualitativo". E acrescenta, em suas razões de veto: "a exigência de convênio em lei complementar inviabiliza futuras experiências de simplificação de procedimentos no âmbito da Administração Pública, em programas onde aquele instrumento mostra-se progressivamente dispensável ou substituído por outros mais modernos e eficazes".

Retirando a exigência formal de realização de convênio, o veto presidencial prestou-se a permitir a efetivação de maior número de transferências voluntárias.

Ressalte-se que o veto ao inciso II do § 1.º do art. 25 da LRF não impede que a LDO restabeleça anualmente a exigência de **convênio** para as transferências voluntárias e estabeleça, igualmente, as devidas exceções a tal exigência, consoante inteligência da alínea *f* do inciso I do art. 4.º da LRF.

Embora a LRF não exija expressamente que sejam celebrados convênios para que as transferências voluntárias sejam concretizadas, é evidente, como leciona Leila Cuéllar, "que, havendo transferências voluntárias decorrentes de convênios, estas devem se submeter aos ditames da Lei Complementar n. 101/2000. Não se pode interpretar a desnecessidade do convênio como autorização a transferências incertas e imprecisas. A Lei exige definição exaustiva do objeto"[91]. E conclui a citada autora: "uma vez constatado que a colaboração se enquadra na definição de transferência voluntária, apresentada na Lei de Responsabilidade Fiscal, o repasse voluntário de recursos se submete aos ditames da referida Lei, fazendo-se necessário que sejam observadas as determinações legais previstas em seu art. 25. Pouco importa o nome que se dê ao instrumento de transferência — vale enfrentar sua natureza jurídica, sempre visando a prestigiar ao máximo a Lei Complementar n. 101/2000"[92].

7.5.4. SUSPENSÃO DE TRANSFERÊNCIAS VOLUNTÁRIAS

A suspensão do direito de receber transferências voluntárias é uma das sanções cominadas pela LRF ao ente que deixar de cumprir alguns de seus preceitos (p. ex., art. 11, parágrafo único; art. 23, § 3.º, inciso I; art. 31, § 2.º; art. 33, § 3.º; art. 51, § 2.º; art. 55, § 3.º, todos da LRF).

Vale observar que, para fins de aplicação das sanções de suspensão de transferências voluntárias, **excetuam-se** aquelas relativas a ações de educação, saúde e assistência

---

[90] LRF, art. 8.º, parágrafo único: "Os recursos legalmente vinculados a finalidade específica serão utilizados exclusivamente para atender ao objeto de sua vinculação, ainda que em exercício diverso daquele em que ocorrer o ingresso".

[91] CUÉLLAR, Leila. A Lei de Responsabilidade Fiscal e convênios entre entes da federação, p. 193.

[92] CUÉLLAR, Leila. A Lei de Responsabilidade Fiscal e convênios entre entes da federação, p. 193.

7 ◼ As Despesas Públicas Segundo a Lei de Responsabilidade Fiscal

social (art. 25, § 3.º)[93]. Assim, a população fica protegida caso o ente público incorra nas sanções previstas na LRF, à exceção do não cumprimento dos limites de despesas com pessoal, quando todos os repasses de verbas serão suspensos, inclusive os relativos a ações na área social (art. 169, § 2.º, CF).

Cabe destacar que o STJ já decidiu que, não estando a gestão administrativa antecedente em dia com suas obrigações, não há de ser aplicada a penalidade de suspensão de transferências voluntárias ao novo gestor, que tenta organizar e sanear as finanças públicas tomando todas as providências cabíveis para a regularização da situação. Confira-se, nesse sentido, o seguinte julgado:

Ementa: ADMINISTRATIVO — LEI DE RESPONSABILIDADE FISCAL — TRANSFERÊNCIA VOLUNTÁRIA: EXIGÊNCIAS — INADIMPLEMENTO DE GESTÃO ANTERIOR.

(...) 1. A transferência voluntária, que se caracteriza pelo repasse, a cargo da CEF, das verbas provenientes da União impõe, dentre as inúmeras exigências, estar a municipalidade em dia com as suas obrigações.

2. Inadimplência da gestão administrativa antecedente, com acúmulo dos RESTOS A PAGAR, pelo qual não pode ser penalizada a nova administração, comprovadamente eficiente no conserto 3. Recurso especial improvido (**REsp 580.946/SC**, Rel. Min. Eliana Calmon, 2.ª Turma, j. em 19.12.2003, *DJ* 15.03.2004, p. 258)[94].

Noutro julgado sobre o mesmo tema, assim decidiu o STJ:

---

[93] Confira-se, a respeito, o seguinte julgado do STJ: "A certidão emitida pelo Tribunal de Contas em favor do município não é requisito para a liberação de recursos financeiros relativos a convênio celebrado entre a municipalidade e o Estado com o objetivo de auxiliar financeiramente a manutenção e o desenvolvimento do ensino fundamental público. Inteligência do art. 25, § 3.º, da LC n. 101/2000" (RMS 20.044/PR, Rel. Min. João Otávio de Noronha, 2.ª Turma, j. em 13.09.2005, *DJ* 10.10.2005, p. 270). No mesmo sentido: "A interpretação do art. 25 da LC n. 101/2000, especialmente do § 1.º, incisos e alíneas, permite afirmar que é lícita a exigência de certidões que comprovem a regularidade do ente beneficiado com o repasse da transferência voluntária, entre as quais a pontualidade no pagamento de tributos, empréstimos e financiamentos, bem como em relação à prestação de contas de recursos derivados de convênios anteriores. Entretanto, a própria norma excepciona no § 3.º as sanções de suspensão das transferências voluntárias relacionadas a ações de educação, saúde e assistência social, hipótese configurada nos autos" (STJ, RMS 21.610/PR, Rel. Min. Denise Arruda, 1.ª Turma, j. em 25.11.2008, *DJe* 16.02.2009). Confira-se o seguinte julgado do STJ: "A inscrição do Município no CADIN não constitui óbice à celebração de convênio estadual que tenha por fim a transferência de recursos para atividade de assistência social" (RMS 19.323/RS, Rel. Min. João Otávio de Noronha, 2.ª Turma, j. em 01.09.2005, *DJ* 03.10.2005, p. 157).

[94] No mesmo sentido: STJ, REsp 671.320/CE, Rel. Min. Eliana Calmon, 2.ª Turma, j. em 28.03.2006, *DJ* 30.05.2006, p. 138; REsp 1.027.728/ES, Rel. Min. Castro Meira, 2.ª Turma, j. em 19.03.2009, *DJe* 23.04.2009; AgRg no AREsp 134.472/DF, Rel. Ministro Herman Benjamin, 2.ª Turma, j. em 03.05.2012, *DJe* 22.05.2012; AgRg no AREsp 85.066/MA, Rel. Min. Arnaldo Esteves Lima, 1.ª Turma, j. em 05.03.2013, *DJe* 10.05.2013; AgInt no AREsp 942.301/TO, Rel. Min. Francisco Falcão, 2.ª Turma, j. em 08.06.2017, *DJe* 22.06.2017; REsp 1.676.509/DF, Rel. Min. Herman Benjamin, 2.ª Turma, j. em 26.09.2017, *DJe* 10.10.2017.

Ementa: (...) Para que a entidade municipal, dirigida por outro administrador que não o faltoso, possa ser liberada para receber novas transferências é indispensável que: a) seja "comprovada a instauração da devida tomada de contas especial, com imediata inscrição, pela unidade de contabilidade analítica, do potencial responsável em conta de ativo 'Diversos Responsáveis'" (art. 5.º, § 2.º, IN 01/97) e b) o novo dirigente comprove, "semestralmente ao concedente, o prosseguimento das ações adotadas, sob pena de retorno à situação de inadimplência" (art. 5.º, § 3.º, IN 01/97) (**AgRg no Ag 951.156/DF**, Rel. Min. Herman Benjamin, 2.ª Turma, j. em 11.03.2008, *DJe* 20.04.2009).

Tal entendimento acaba por reconhecer que as exigências para a transferência voluntária de verbas, nos termos do art. 25 da LRF, não são feitas ao ente político inadimplente, mas **pessoalmente ao administrador passado**, a quem será imputada a responsabilidade pelos **restos a pagar**, podendo ser ele alcançado, inclusive, pela Lei de Crimes de Responsabilidade Fiscal[95].

7.5.5. INSCRIÇÃO DE ENTE FEDERADO EM CADASTROS DE INADIMPLENTES: NECESSIDADE DE PRÉVIA TOMADA DE CONTAS ESPECIAL

Celebrado o convênio de transferência voluntária — ou outro instrumento utilizado para o mesmo fim —, sua execução deverá ser acompanhada pelo **concedente**, ou seja, pelo órgão ou entidade da Administração Pública federal, direta ou indireta, responsável pela transferência voluntária de recursos federais, na forma do art. 25, *caput*, da LRF.

Havendo descumprimento de alguma das cláusulas do acordo, a União poderá **inscrever o ente federado convenente em cadastros de inadimplentes** e **suspender o repasse de verbas federais**.

Segundo o STF, não existe, a princípio, nenhuma ilegalidade na atuação da União em proceder à inscrição do órgão ou ente — o qual se mostre inadimplente em relação a débitos ou deveres legais — nos cadastros de restrição[96], desde que seja observado o **devido processo legal**[97], especialmente o **contraditório** e a **ampla defesa**:

---

[95] Nesse sentido: "Inexiste contradição no julgado que reconheceu a existência de direito líquido e certo a proteger pela via mandamental, considerando que a responsabilidade pelos RESTOS A PAGAR deve ser imputada ao gestor passado e não penalizado o Município" (STJ, EDcl no REsp 580.946/SC, Rel. Min. Eliana Calmon, 2.ª Turma, j. em 27.04.2004, *DJ* 21.06.2004, p. 204).

[96] Apesar de não vislumbrar, em princípio, qualquer ilegalidade nos casos de inscrição de entidades estatais, de pessoas administrativas ou de empresas governamentais em cadastros de inadimplentes, organizados e mantidos pela União, o STF, em caráter **excepcional**, tem ordenado a liberação e o repasse de verbas federais (ou, então, determinado o afastamento de restrições impostas à celebração de operações de crédito em geral ou à obtenção de garantias), sempre com o propósito de neutralizar a ocorrência de risco que possa comprometer, de modo grave e/ou irreversível, a continuidade da execução de políticas públicas ou a prestação de serviços essenciais à coletividade. Nesse sentido: ACO-MC-REF 925/RN, Rel. Min. Celso de Mello, Pleno, j. em 18.09.2008, *DJe*-081 30.04.2014; AC-MC-REF 2.971/PI, Rel. Min. Celso de Mello, Pleno, j. em 15.12.2011, *DJe*-064 29.03.2012; AC-MC-Ref 3.142/DF, Rel. Min. Celso de Mello, Pleno, j. em 17.05.2012, *DJe*-031 18.02.2013; ACO-AgR 3.044/AC, Rel. Min. Luiz Fux, 1.ª Turma, j. em 25.10.2019, *DJe*-251 19.11.2019; ACO-AgR 3.227/PR, Rel. Min. Luiz Fux, Pleno, j. em 27.04.2020, *DJe*-134 29.05.2020; ACO-AgR 3.305/ES, Rel. Min. Luiz Fux, Pleno, j. em 31.08.2020, *DJe*-243 06.10.2020.

[97] Nesse sentido: "1. Em razão de expressa determinação constitucional, na medida em que a atuação da Administração Pública é pautada pelo princípio da legalidade (CF, art. 37, *caput*), inexiste, em

7 ◘ As Despesas Públicas Segundo a Lei de Responsabilidade Fiscal 171

Ementa: (...) A QUESTÃO DOS DIREITOS E GARANTIAS CONSTITUCIONAIS, NOTADAMENTE AQUELES DE CARÁTER PROCEDIMENTAL, TITULARIZADOS PELAS PESSOAS JURÍDICAS DE DIREITO PÚBLICO. — A imposição de restrições de ordem jurídica, pelo Estado, quer se concretize na esfera judicial, quer se realize no âmbito estritamente administrativo (**como sucede com a inclusão de supostos devedores em cadastros públicos de inadimplentes**), supõe, para legitimar-se constitucionalmente, o efetivo respeito, pelo Poder Público, da garantia indisponível do "due process of law", assegurada, pela Constituição da República (art. 5.º, LIV), à generalidade das pessoas, inclusive às próprias pessoas jurídicas de direito público, eis que o Estado, em tema de limitação ou supressão de direitos, não pode exercer a sua autoridade de maneira abusiva e arbitrária. Doutrina. Precedentes. LIMITAÇÃO DE DIREITOS E NECESSÁRIA OBSERVÂNCIA, PARA EFEITO DE SUA IMPOSIÇÃO, DA GARANTIA CONSTITUCIONAL DO DEVIDO PROCESSO LEGAL. A Constituição da República estabelece, em seu art. 5.º, incisos LIV e LV, considerada a essencialidade da garantia constitucional da plenitude de defesa e do contraditório, que ninguém pode ser privado de sua liberdade, de seus bens ou de seus direitos sem o devido processo legal, notadamente naqueles casos em que se viabilize a possibilidade de imposição, a determinada pessoa ou entidade, seja ela pública ou privada, de medidas consubstanciadoras de limitação de direitos. A jurisprudência dos Tribunais, notadamente a do Supremo Tribunal Federal, tem reafirmado a essencialidade do princípio da plenitude de defesa, nele reconhecendo uma insuprimível garantia, que, instituída em favor de qualquer pessoa ou entidade, rege e condiciona o exercício, pelo Poder Público, de sua atividade, ainda que em sede materialmente administrativa ou no âmbito político-administrativo, sob pena de nulidade da própria medida restritiva de direitos, revestida, ou não, de caráter punitivo. Doutrina. Precedentes (**AC-QO 2.032/SP**, Rel. Min. Celso de Mello, Pleno, j. em 15.05.2008, *DJe*-053 20.03.2009) (destaque nosso)[98].

---

principio, qualquer ilegalidade na atuação da União em proceder à inscrição do órgão ou ente nos cadastros de restrição. 2. A anotação de ente federado em tais cadastros exige a prévia e efetiva observância do devido processo legal, em suas dimensões material e processual" (STF, ACO-AgR 2.674/AP, Rel. Min. Luiz Fux, 1.ª Turma, j. em 06.10.2017, *DJe*-244 25.10.2017). No mesmo sentido: "O enquadramento do Estado como inadimplente há de observar o devido processo legal, surgindo no campo da excepcionalidade" (STF, AC-MC-REF 2.094/RR, Rel. Min. Marco Aurélio, Pleno, j. em 18.09.2008, *DJe*-241 19.12.2008).

[98] No mesmo sentido são os seguintes julgados da 2.ª Turma, todos de relatoria do Ministro Celso de Mello: AI-AgR 241.201/SC, j. em 27.08.2002, *DJ* 20.09.2002, p. 109; RMS-AgR 28.517/DF, j. em 25.03.2014, *DJe*-082 02.05.2014; MS-AgR 26.358/DF, j. em 02.12.2014, *DJe*-248 17.12.2014. Também no mesmo sentido são os seguintes julgados do Plenário do STF, todos de relatoria do Ministro Celso de Mello: AC-AgR-QO 1.033/DF, j. em 25.05.2006, *DJ* 16.06.2006, p. 4; ACO-QO 1.048/RS, j. em 30.08.2007, *DJ* 31.10.2007, p. 77; ACO-TA-Ref 1.576/MG, j. em 23.06.2010, *DJe*-154 20.08.2010; ACO-TA-Ref 1.674/MT, j. em 25.11.2010, *DJe*-063 31.03.2014; ACO-AgR 1.848/MA, j. em 06.11.2014, *DJe*-025 06.02.2015; ACO-AgR 1.832/PI, j. em 27.11.2014, *DJe*-032 19.02.2015; ACO-AgR 1.372/MA, j. em 27.11.2014, *DJe*-033 20.02.2015; ACO-AgR 1.975/SE, j. em 27.11.2014, *DJe*-033 20.02.2015; ACO-AgR 1.902/DF, j. em 27.11.2014, *DJe*-033 20.02.2015; ACO-AgR 1.600/PI, j. em 27.11.2014, *DJe*-033 20.02.2015; ACO-AgR 2.131/MT, j. em 11.12.2014, *DJe*-033 20.02.2015; ACO-AgR 1.822/PE, j. em 11.12.2014, *DJe*-033 20.02.2015; ACO-AgR 2.032/SC, j. em 18.03.2015, *DJe*-080 30.04.2015; ACO-AgR 1.123/DF, j. em 07.05.2015, *DJe*-155 06.08.2015; ACO-MC-AgR

Ementa: PROCESSO ADMINISTRATIVO — UNIÃO *VERSUS* ESTADO — CADASTRO DE INADIMPLENTES — DIREITO DE DEFESA. Considerada irregularidade verificada na observância de convênio, há de ter-se a instauração de processo administrativo, abrindo-se margem ao Estado interessado, antes do lançamento no cadastro de inadimplentes, de manifestar-se. (...) (**ACO 2.159/MT**, Rel. Min. Marco Aurélio, 1.ª Turma, j. em 10.05.2016, *DJe*-108 27.05.2016)[99].

Consoante destacou o Ministro Luix Fux, em seu voto no Agravo Regimental na Ação Cível Originária 2.674, o devido processo legal "não resta atendido pela mera emissão de ofícios e a comprovação de seu recebimento pelo ente cuja inscrição se efetivará, quando inexiste, no conteúdo desses documentos, qualquer possibilidade de impedir a inscrição do ente estadual diversa do puro e simples adimplemento da obrigação, nos moldes propostos unilateralmente pelo ente convenente"[100].

Assim, em observância ao *"due process of law"* e visando neutralizar a ocorrência de risco que possa comprometer, de modo grave e/ou irreversível, a continuidade da execução de políticas públicas ou a prestação de serviços essenciais à coletividade, exige-se a realização do procedimento de **tomada de contas especial**, a fim de constituir definitivamente o débito apurado pela União, permitindo-se, somente então, a inscrição do ente nos cadastros federais de restrição ao crédito[101].

O STF, ao apreciar o **Tema 327** da repercussão geral, fixou a seguinte tese: "A inscrição de entes federados em cadastro de inadimplentes (ou outro que dê causa à negativa de realização de convênios, acordos, ajustes ou outros instrumentos congêneres que impliquem transferência voluntária de recursos), pressupõe o respeito aos princípios do contraditório, da ampla defesa e do devido processo legal, somente reconhecido: a) após

---

2.443/AC, j. em 07.05.2015, *DJe*-156 10.08.2015; ACO-AgR 1.562/DF, j. em 07.05.2015, *DJe*-156 10.08.2015; ACO-AgR 2.091/DF, j. em 21.05.2015, *DJe*-151 03.08.2015; ACO-AgR 2.177/PI, j. em 21.05.2015, *DJe*-156 10.08.2015; ACO-AgR 2.128/DF, j. em 17.06.2015, *DJe*-180 11.09.2015.

[99] No mesmo sentido: ACO 732/AP, Rel. Min. Marco Aurélio, 1.ª Turma, j. em 10.05.2016, *DJe*-134 21.06.2017.

[100] STF, ACO-AgR 2.674/AP, Rel. Min. Luiz Fux, 1.ª Turma, j. em 06.10.2017, *DJe*-244 25.10.2017.

[101] Nesse sentido são os seguintes julgados da 1.ª Turma do STF, todos de relatoria do Ministro Marco Aurélio: ACO-MC-Ref 2.159/MT, j. em 13.05.2014, *DJe*-105 02.06.2014; ACO-MC-Ref 2.923/DF, j. em 15.08.2017, *DJe*-191 29.08.2017; ACO-MC-Ref 2.874/DF, j. em 15.08.2017, *DJe*-191 29.08.2017; ACO-MC-Ref 2.882/MT, j. em 15.08.2017, *DJe*-190 28.08.2017. No mesmo sentido são os seguintes julgados da 1.ª Turma do STF, todos de relatoria do Ministro Luiz Fux: AC-AgR-segundo 3.038/DF, j. em 29.09.2017, *DJe*-238 19.10.2017; ACO-AgR 2.254/MT, j. em 20.10.2017, *DJe*-252 07.11.2017; AC-AgR 3.976/DF, j. em 16.10.2017, *DJe*-252 07.11.2017; ACO-AgR 2.748/DF, j. em 16.10.2017, *DJe*-252 07.11.2017; ACO-AgR 2.768/DF, j. em 16.10.2017, *DJe*-252 07.11.2017; ACO-AgR 2.750/DF, j. em 16.10.2017, *DJe*-252 07.11.2017; AC-AgR 4.059/MA, j. em 20.10.2017, *DJe*-252 07.11.2017. A jurisprudência do STJ também se firmou no sentido de que a inscrição de município em cadastro de inadimplentes, por atos de gestão anterior, está condicionada à prévia instauração de Tomada de Contas Especial, bem como a sua respectiva conclusão, em respeito às garantias do contraditório e da ampla defesa. Nesse sentido: AgRg no AREsp 283.917/PB, Rel. Min. Humberto Martins, 2.ª Turma, j. em 10.02.2015, *DJe* 19.02.2015; REsp 1.805.835/PE, Rel. Min. Francisco Falcão, 2.ª Turma, j. em 24.11.2020, *DJe* 01.12.2020.

7 ◼ As Despesas Públicas Segundo a Lei de Responsabilidade Fiscal 173

o julgamento de tomada de contas especial ou procedimento análogo perante o Tribunal de Contas, nos casos de descumprimento parcial ou total de convênio, prestação de contas rejeitada, ou existência de débito decorrente de ressarcimento de recursos de natureza contratual (salvo os de conta não prestada) e; b) após a devida notificação do ente faltoso e o decurso do prazo nela previsto (conforme constante em lei, regras infralegais ou em contrato), independentemente de tomada de contas especial, nos casos de não prestação de contas, não fornecimento de informações, débito decorrente de conta não prestada, ou quaisquer outras hipóteses em que incabível a tomada de contas especial"[102].

Registre-se que, nos termos da Lei Orgânica do Tribunal de Contas da União (Lei n. 8.443, de 16.07.1992), a **tomada de contas especial** é cabível, dentre outras hipóteses, diante da **não comprovação da aplicação dos recursos repassados pela União**, na forma prevista no inciso VII do art. 5° da mesma lei[103].

7.5.6. SUSPENSÃO DA RESTRIÇÃO PARA TRANSFERÊNCIA DE RECURSOS FEDERAIS DESTINADOS À EXECUÇÃO DE AÇÕES SOCIAIS E AÇÕES EM FAIXA DE FRONTEIRA

A Lei n. 10.522, de 19.07.2002[104], em seu art. 26, **suspendeu a restrição** para transferência de recursos federais a Estados, Distrito Federal e Municípios destinados à execução de **ações sociais e ações em faixa de fronteira**, em decorrência de inadimplementos objeto de registro no Cadastro Informativo de Créditos não Quitados do Setor Público Federal — CADIN — e no Sistema Integrado de Administração Financeira do Governo Federal — SIAFI[105].

Sobre os propósitos do referido enunciado legal, transcrevemos o seguinte trecho de voto do Ministro Benedito Gonçalves, Relator do **Recurso Especial n. 1.167.834**[106]:

> "(...) é evidente que a intenção do legislador, ao excepcionar os efeitos da inscrição quanto ao repasse de verbas destinadas à execução de ações sociais ou em faixa de fronteira, foi justamente no sentido de preservar aquelas transferências de vital importância para a municipalidade beneficiária, a fim de possibilitar a mantença dos programas sociais e preservar a própria soberania do país.

---

[102] RE 1.067.086/BA, Rel. Min. Rosa Weber, Pleno, j. em 16.09.2020, *DJe*-254 21.10.2020.

[103] O inciso VII do art. 5.° da Lei n. 8.442/92 dispõe que a jurisdição do TCU abrange "os responsáveis pela aplicação de quaisquer recursos repassados pela União, mediante convênio, acordo, ajuste ou outros instrumentos congêneres, a Estado, ao Distrito Federal ou a Município".

[104] Referido diploma resultou da conversão da Medida Provisória n. 2.176-79, de 23.08.2001.

[105] Com a redação dada ao citado dispositivo pela Lei n. 12.810, de 15.05.2013 (que decorreu da conversão da Medida Provisória n. 589, de 13.11.2012), foi mantida a referida suspensão da restrição para transferência de recursos federais. Confira-se, a respeito: STJ, MS 8.440/DF, Rel. Min. Eliana Calmon, 1.ª Seção, j. em 09.04.2003, *DJ* 12.05.2003, p. 205; MS 11.026/DF, Rel. Min. Eliana Calmon, 1.ª Seção, j. em 14.06.2006, *DJ* 01.08.2006, p. 341; AgRg no REsp 960.320/AM, Rel. Min. Eliana Calmon, 2.ª Turma, j. em 04.11.2008, *DJe* 25.11.2008; REsp 1.086.985/RS, Rel. Min. Benedito Gonçalves, 1.ª Turma, j. em 16.06.2009, *DJe* 06.08.2009.

[106] STJ, REsp 1.167.834/AM, Rel. Min. Benedito Gonçalves, 1.ª Seção, j. em 22.05.2013, *DJe* 31.05.2013.

Isso deve ao fato de que, no Brasil, é bastante elevada a quantidade de municípios que praticamente não auferem receitas e, por isso mesmo, dependem quase que exclusivamente dos repasses dos Estados e da União, para que possam fazer frente às suas despesas. Nessas condições, tem-se que a suspensão dos efeitos da inscrição no SIAFI, nos casos de repasses destinados à execução de ações sociais ou em faixa de fronteira, representa verdadeira salvaguarda desses municípios que dependem, praticamente de forma exclusiva, dos repasses do Governo Federal".

Relativamente às **"ações em faixa de fronteira"**, não há dúvidas do que se trate, tendo em vista a definição objetiva constante do § 2.º do art. 20 da CF, que assim dispõe: "A **faixa de até cento e cinquenta quilômetros de largura, ao longo das fronteiras terrestres**, designada como **faixa de fronteira**, é considerada fundamental para defesa do território nacional, e sua ocupação e utilização serão reguladas em lei"[107].

Questionava-se, por outro lado, em que consistiriam as **"ações sociais"** referidas no art. 26 da Lei n. 10.522/2002.

O STJ, a respeito do tema, decidiu:

Ementa: (...)

2. Considerando que a suspensão da restrição para a transferência de recursos federais aos Estados, Distrito Federal e Municípios trata de norma de direito financeiro e é exceção à regra, estando limitada às situações previstas no próprio artigo 26 da Lei n. 10.522/2002 (execuções de ações sociais; ou ações em faixa de fronteira), *a interpretação da expressão* "ações sociais" *não pode ser abrangente a ponto de abarcar situações que o legislador não previu; nessa linha, o conceito da expressão* "ações sociais", *para o fim da Lei n. 10.522/2002, deve ser resultado de uma interpretação restritiva, teleológica e sistemática,* mormente diante do fato de que qualquer ação governamental em prol da sociedade pode ser passível de enquadramento no conceito de ação social.

3. A ação social a que se refere mencionada lei é referente às ações que objetivam atender a direitos sociais assegurados aos cidadãos, cuja realização é obrigatória por parte 193, 194, 196, 201, 203, 205, 215 e 217 (alimentação, moradia, segurança, proteção à do Poder Público, como aquelas mencionadas na Constituição Federal, nos artigos 6.º,

---

[107] A legislação que regula a **faixa de fronteira** é a Lei n. 6.634, de 02.05.1979, regulamentada pelo Decreto n. 85.064, de 26.08.1980. Compete ao Conselho de Defesa Nacional, órgão de consulta do Presidente da República nos assuntos relacionados com a soberania nacional e a defesa do Estado democrático (art. 91, *caput*, CF), propor os critérios e as condições de utilização de áreas indispensáveis à segurança do território nacional e opinar sobre seu efetivo uso, especialmente na **faixa de fronteira** (art. 91, § 1.º, inciso III, CF). Ressalte-se que o terreno localizado em faixa de fronteira, apenas por essa circunstância, não é considerado de domínio público (art. 20, inciso II, CF), sendo ônus do Estado comprovar a titularidade pública do bem, consoante entendimento pacífico do STJ: REsp 674.558/RS, Rel. Min. Luis Felipe Salomão, 4.ª Turma, j. em 13.10.2009, *DJe* 26.10.2009; AgRg no REsp 1.265.229/SC, Rel. Min. Massami Uyeda, 3.ª Turma, j. em 01.03.2012, *DJe* 09.03.2012; AgRg no AREsp 692.824/SC, Rel. Min. Ricardo Villas Bôas Cueva, 3.ª Turma, j. em 15.03.2016, *DJe* 28.03.2016; AgInt no REsp 1.508.890/RS, Rel. Min. Maria Isabel Gallotti, 4.ª Turma, j. em 11.02.2020, *DJe* 18.02.2020.

7 ■ As Despesas Públicas Segundo a Lei de Responsabilidade Fiscal   175

maternidade e à infância, assistência aos desamparados, ordem social, seguridade social, saúde, previdência social, assistência social, educação, cultura e desporto). (...) (**REsp 1.372.942/AL**, Rel. Min. Benedito Gonçalves, 1.ª Turma, j. em 01.04.2014, *DJe* 11.04.2014) (destaque nosso)[108].

Portanto, consoante entendimento adotado pelo STJ, a interpretação da expressão "ações sociais", para o fim do art. 26 da Lei n. 10.522/2002, "não pode ser ampla ao ponto de incluir hipóteses não apontadas pelo legislador, haja vista que, se assim procedesse qualquer atuação governamental em favor da coletividade seria possível de enquadramento nesse conceito" (**AgRg no REsp 1.439.326/PE**, Rel. Min. Mauro Campbell Marques, 2.ª Turma, j. em 24.02.2015, *DJe* 02.03.2015)[109].

Por assim entender, o STJ já decidiu que não se enquadram no conceito de "ação social":

- ■ pavimentação, cascalhamento e drenagem de vias públicas[110];
- ■ obras relativas à melhoria de esgotamento sanitário[111];
- ■ reforma de prédio público[112];
- ■ projeto de sinalização turística[113];
- ■ construção de estradas vicinais[114];

---

[108] No mesmo sentido: AgRg no AgRg no REsp 1.416.470/CE, Rel. Min. Herman Benjamin, 2.ª Turma, j. em 04.11.2014, *DJe* 27.11.2014; REsp 1.527.308/CE, Rel. Min. Herman Benjamin, 2.ª Turma, j. em 16.06.2015, *DJe* 05.08.2015; AgRg no REsp 1.457.430/SE, Rel. Min. Napoleão Nunes Maia Filho, 1.ª Turma, j. em 03.12.2015, *DJe* 15.12.2015.

[109] No mesmo sentido: AgRg no REsp 1.467.948/PE, Rel. Min. Og Fernandes, 2.ª Turma, j. em 17.03.2015, *DJe* 24.03.2015; AgRg no REsp 1.447.188/PE, Rel. Min. Humberto Martins, 2.ª Turma, j. em 17.09.2015, *DJe* 24.09.2015; AgRg no REsp 1.547.543/CE, Rel. Min. Humberto Martins, 2.ª Turma, j. em 13.10.2015, *DJe* 20.10.2015.

[110] "O direito à infraestrutura urbana e aos serviços públicos, os quais abarcam o direito à pavimentação de vias públicas, compõem o rol de direitos que dão significado à garantia do direito a cidades sustentáveis, conforme previsão do art. 2.º da Lei n. 10.257/2001 — Estatuto das Cidades. Nada obstante, a pavimentação de vias públicas não pode ser enquadrada no conceito de ação social previsto no art. 26 da Lei n. 10.522/2002" (REsp 1.372.942/AL, Rel. Min. Benedito Gonçalves, 1.ª Turma, j. em 01.04.2014, *DJe* 11.04.2014). No mesmo sentido: AgRg no AgRg no REsp 1.416.470/CE, Rel. Min. Herman Benjamin, 2.ª Turma, j. em 04.11.2014, *DJe* 27.11.2014; AgRg no REsp 1.490.020/PE, Rel. Min. Herman Benjamin, 2.ª Turma, j. em 05.03.2015, *DJe* 31.03.2015; REsp 1.527.308/CE, Rel. Min. Herman Benjamin, 2.ª Turma, j. em 16.06.2015, *DJe* 05.08.2015; AgRg no REsp 1.457.430/SE, Rel. Min. Napoleão Nunes Maia Filho, 1.ª Turma, j. em 03.12.2015, *DJe* 15.12.2015; AgInt no REsp 1.721.615/BA, Rel. Min. Regina Helena Costa, 1.ª Turma, j. em 17.04.2018, *DJe* 25.04.2018; REsp 1.845.224/GO, Rel. Min. Herman Benjamin, 2.ª Turma, j. em 17.12.2019, *DJe* 12.05.2020; REsp 1.888.748/GO, Rel. Min. Herman Benjamin, 2.ª Turma, j. em 03.11.2020, *DJe* 17.12.2020.

[111] REsp 1.825.627/PE, Rel. Min. Francisco Falcão, 2.ª Turma, j. em 27.04.2021, *DJe* 03.05.2021.

[112] AgRg no REsp 1.439.326/PE, Rel. Min. Mauro Campbell Marques, 2.ª Turma, j. em 24.02.2015, *DJe* 02.03.2015.

[113] REsp 1.656.446/RJ, Rel. Min. Herman Benjamin, 2.ª Turma, j. em 18.04.2017, *DJe* 02.05.2017.

[114] REsp 1.713.127/BA, Rel. Min. Francisco Falcão, 2.ª Turma, j. em 02.02.2021, *DJe* 12.02.2021. Ressalte-se que o STJ, noutro julgado, havia decidido que a recuperação de rodovias vicinais que

- construção de quadra poliesportiva[115];
- projetos de eletrificação e construção de orla sobre açude[116];
- fomento de atividade agropecuária[117];
- aquisição de maquinário agrícola[118].

Por outro lado, decidiu o STJ que se inserem no conceito de "ação social":

- a construção de unidades habitacionais para a população de baixa renda[119];
- recuperação de rodovias vicinais que permitem o escoamento da produção rural do Município[120].

7.6. DESTINAÇÃO DE RECURSOS PÚBLICOS PARA O SETOR PRIVADO

7.6.1. NOÇÕES GERAIS

Enquanto o Capítulo V da LRF regula o relacionamento entre os entes da Federação, o Capítulo VI do referido diploma legal considera o relacionamento entre finanças públicas e privadas. Os dispositivos constantes desse capítulo (arts. 26-28) disciplinam as transferências de recursos públicos para o setor privado.

"Destinação de recursos públicos para o setor privado", consoante o *caput* do art. 26 da LRF, significa a "destinação de recursos para, direta ou indiretamente, cobrir necessidades de pessoas físicas ou déficits de pessoas jurídicas".

A expressão compreende, nos termos do § 2.º do mesmo artigo:

- a concessão de empréstimos, auxílios, subsídios e subvenções; e
- a participação em constituição ou aumento de capital.

---

permitam o escoamento da produção rural do Município estaria compreendida no conceito de "ação social": AgInt no AREsp 1.142.452/PA, Rel. Min. Napoleão Nunes Maia Filho, 1.ª Turma, j. em 23.10.2018, *DJe* 05.11.2018.

[115] REsp 1.713.127/BA, Rel. Min. Francisco Falcão, 2.ª Turma, j. em 02.02.2021, *DJe* 12.02.2021; REsp 1.915.572/BA, Rel. Min. Francisco Falcão, 2.ª Turma, j. em 23.03.2021, *DJe* 07.04.2021.

[116] REsp 1.905.468/RR, Rel. Min. Francisco Falcão, 2.ª Turma, j. em 23.03.2021, *DJe* 07.04.2021.

[117] AgInt no REsp 1.750.796/RS, Rel. Min. Napoleão Nunes Maia Filho, 1.ª Turma, j. em 25.10.2018, *DJe* 22.11.2018.

[118] AgRg no REsp 1.417.069/PE, Rel. Min. Regina Helena Costa, 1.ª Turma, j. em 26.04.2016, *DJe* 11.05.2016.

[119] AgInt no REsp 1.375.826/CE, Rel. Min. Assusete Magalhães, 2.ª Turma, j. em 21.11.2017, *DJe* 28.11.2017.

[120] AgInt no AREsp 1.142.452/PA, Rel. Min. Napoleão Nunes Maia Filho, 1.ª Turma, j. em 23.10.2018, *DJe* 05.11.2018. Noutro caso, o STJ, ao negar provimento a recurso, manteve acórdão que concluíra que a estruturação de serviços de inspeção sanitária dos empreendimentos de agricultura familiar estaria enquadrada no conceito de "ação social" (AgInt no REsp 1.694.323/PB, Rel. Min. Assusete Magalhães, 2.ª Turma, j. em 22.10.2019, *DJe* 29.10.2019).

7 ◼ As Despesas Públicas Segundo a Lei de Responsabilidade Fiscal 177

7.6.2. REQUISITOS PARA EFETIVAÇÃO

Pretendendo um ente ou órgão referido no art. 20 da LRF destinar recursos públicos para o setor privado, deverá atender às seguintes condições, exigidas pelo *caput* do art. 26 daquela lei complementar:

◼ primeiramente, ao elaborar a Lei de Diretrizes Orçamentárias, indicar as condições objetivas para tal procedimento (art. 4.º, inciso I, alínea *f*)[121];

◼ em segundo lugar, observando as exigências estabelecidas na LDO, fazer constar o referido encargo na Lei Orçamentária Anual (LOA) ou em seus créditos adicionais;

◼ por último, elaborar lei (ordinária) específica que autorize a destinação dos recursos.

Segundo entendemos, a "lei específica" exigida pelo art. 26 da LRF é aquela que trate exclusivamente da matéria nele especificada[122]. A norma deve ser de caráter geral, de modo que os eventuais beneficiados terão que atender às regras impostas pela lei. Referida lei é de iniciativa do Poder Executivo e competência de cada esfera de governo.

Tais exigências, segundo o § 1.º do art. 26 da LRF, são aplicáveis a toda a administração indireta, inclusive fundações públicas e empresas estatais, exceto, no exercício de suas atribuições precípuas, as instituições financeiras e o Banco Central do Brasil[123].

A destinação de recursos públicos para o setor privado sem observância das condições exigidas pela LRF caracteriza ato de improbidade administrativa, expressamente previsto no art. 10, inciso III, da Lei n. 8.429, de 02.06.1992.

7.6.3. CONCESSÃO DE CRÉDITO

Nas operações de concessão de crédito por ente da Federação a pessoa física, ou jurídica que não esteja sob seu controle direto ou indireto, os encargos financeiros, comissões e despesas congêneres não serão inferiores aos definidos em lei ou ao custo de captação (art. 27, *caput*, LRF).

As prorrogações e composições de dívidas decorrentes de operações de crédito, bem como a concessão de empréstimos ou financiamentos em desacordo com o *caput*

---

[121] LRF, art. 4.º: "A lei de diretrizes orçamentárias atenderá o disposto no § 2.º do art. 165 da Constituição e: I — disporá também sobre: (...) *f*) demais condições e exigências para transferências de recursos a entidades públicas e **privadas**;" (destaque nosso).

[122] A própria Constituição adota este conceito de "lei específica" no § 6.º do art. 150, cujo teor é o seguinte: "Qualquer subsídio ou isenção, redução de base de cálculo, concessão de crédito presumido, anistia ou remissão, relativo a impostos, taxas ou contribuições, só poderá ser concedido **mediante lei específica, federal, estadual ou municipal, que regule exclusivamente as matérias acima enumeradas ou o correspondente tributo ou contribuição**, sem prejuízo do disposto no art. 155, § 2.º, XII, *g*" (destaque nosso).

[123] O STF declarou a **constitucionalidade** do art. 26, § 1.º, da LRF (ADI 2.238/DF, Rel. Min. Alexandre de Moraes, Pleno, j. em 24.06.2020, *DJe*-228 15.09.2020).

do art. 27 da LRF, dependem de autorização em lei específica, sendo o subsídio correspondente consignado na lei orçamentária (art. 27, parágrafo único).

7.6.4. O SISTEMA FINANCEIRO NACIONAL

As regras da LRF acerca da destinação de recursos públicos para o setor privado são aplicáveis às instituições do Sistema Financeiro Nacional.

Assim, salvo mediante **lei específica**, não poderão ser utilizados recursos públicos, inclusive de operações de crédito, para socorrer instituições do Sistema Financeiro Nacional, ainda que mediante a concessão de empréstimos de recuperação ou financiamentos para mudança de controle acionário (art. 28, *caput*, LRF).

A lei específica referida pelo art. 28 da LRF, como bem observa Cesar A. Guimarães Pereira, "não pode significar apenas a existência de um diploma legal que autorize genericamente as ditas operações (p. ex., estabelecendo que fica o Poder Executivo a fazer especificamente o que o art. 28 veda). Como é evidente, o art. 28 consagra uma regra de transparência na gestão fiscal. Exige-se, em face da experiência recente dos sucessivos e vultosos casos de socorro de instituições financeiras, um controle social e parlamentar efetivo. A *lei específica* exigida neste caso ou deve-se referir a cada operação concreta (ou seja, lei meramente autorizativa) ou deve-se dirigir a uma categoria de operações com grande grau de concreção, possibilitando a realização efetiva dos objetivos da regra"[124].

A prevenção de insolvência e outros riscos ficará a cargo de fundos, e outros mecanismos, constituídos pelas instituições do Sistema Financeiro Nacional, na forma da lei (art. 28, § 1.º, LRF).

O disposto no *caput* do art. 28 da LRF, todavia, não proíbe o Banco Central do Brasil de conceder às instituições financeiras operações de redesconto e de empréstimos de prazo inferior a **360 (trezentos e sessenta) dias** (art. 28, § 2.º)[125].

Criticando esta última disposição, Cid Heráclito de Queiroz anota: "Essa disposição contraria os propósitos da LC n. 101 e é impertinente, pois a lei do Sistema Financeiro Nacional é que poderia dispor sobre a concessão de empréstimos — e nunca de 'socorro' — pelo Banco Central a instituições financeiras insolventes, em função do interesse público na preservação da poupança popular"[126]. No mesmo sentido é a opinião de Diogo de Figueiredo Moreira Neto, que ironiza: "É lamentável que se confunda destinação de recursos orçamentários com concessão de empréstimos bancários, ainda porque têm diferentes sistemas normativos a regê-los"[127].

---

[124] PEREIRA, Cesar A. Guimarães. O endividamento público na Lei de Responsabilidade Fiscal, p. 69.

[125] O STF declarou a **constitucionalidade** do art. 28, § 2.º, da LRF (ADI 2.238/DF, Rel. Min. Alexandre de Moraes, Pleno, j. em 24.06.2020, *DJe*-228 15.09.2020).

[126] QUEIROZ, Cid Heráclito de *apud* MOREIRA NETO, Diogo de Figueiredo. *Considerações sobre a Lei de Responsabilidade Fiscal:* finanças públicas democráticas, p. 200.

[127] MOREIRA NETO, Diogo de Figueiredo. *Considerações sobre a Lei de Responsabilidade Fiscal:* finanças públicas democráticas, p. 201.

7.7. QUESTÕES

8

TEORIA GERAL DAS RECEITAS PÚBLICAS

8.1. RECEITAS PÚBLICAS: DEFINIÇÃO

Receita pública, **em sentido amplo**, é toda e qualquer entrada de recursos (valores ou bens) nos cofres públicos, seja a que título for, isto é, qualquer que seja o evento que lhes dê origem[1].

Em sentido estrito, consoante o magistério de Aliomar Baleeiro, é a entrada de recursos que, integrando-se ao patrimônio público, sem quaisquer reservas, condições ou correspondência no passivo, vem acrescer o seu vulto, como elemento novo e positivo[2]. Nessa acepção — que se situa no plano da Ciência das Finanças —, toda receita pública é uma entrada[3], mas nem toda entrada é uma receita pública, pois somente se qualifica como receita pública a entrada de recursos que se efetive de maneira permanente (definitiva) no patrimônio do Estado, isto é, que não esteja condicionada à sua devolução ou correspondente baixa patrimonial[4].

Seriam, assim, meros "ingressos", "entradas de caixa" ou "movimentos de fundos", pois destituídas de caráter definitivo, as seguintes entradas: as cauções, as fianças e os depósitos recolhidos ao Tesouro e o produto dos empréstimos (internos ou externos) contraídos pelos Estados. A **caução** que se oferece como garantia nas contratações de obras, serviços e fornecimentos[5] deve ser restituída, uma vez superado o objeto da garantia, do mesmo modo que a **fiança** dada para mantença de algum comportamento será restituída tão logo perdido o objeto a que se destinava[6]. Se em determinado pleito há

---

[1] OLIVEIRA, Fábio Leopoldo de. *Curso expositivo de direito tributário*, p. 9.

[2] BALEEIRO, Aliomar. *Uma introdução à ciência das finanças*, p. 116. Semelhante é o conceito de "receita" adotado por Paulo de Barros Carvalho, mas para fins de tributação (*Direito tributário, linguagem e método*, p. 729).

[3] Bernardo Ribeiro de Moraes emprega a expressão "entrada financeira" para designar a generalidade dos recursos recebidos pelo Estado (*Compêndio de direito tributário*, v. 1, p. 296).

[4] PEREIRA, José Matias. *Finanças públicas: a* política orçamentária no Brasil, p. 35; HARADA, Kiyoshi. *Direito financeiro e tributário*, p. 43; VALÉRIO, Walter Paldes. *Programa de direito financeiro e finanças*, p. 86-87; MARTINS, Cláudio. *Compêndio de finanças públicas*, p. 76 e 78. Este último autor, pelas razões expostas, sustenta que nem mesmo o empréstimo compulsório, abrangido na noção de tributo, deve ser incluído no conceito de receita pública (*Compêndio de finanças públicas*, p. 78).

[5] Lei n. 14.133/2021, art. 96, § 1.º, inciso I; Lei n. 8.666/93, art. 56, inciso I.

[6] OLIVEIRA, Régis Fernandes de. *Receitas públicas originárias*, p. 68.

exigência de **depósito**, ingressa ele nos cofres públicos; todavia, vencendo o litigante particular o feito, deverão os valores depositados retornar ao seu patrimônio. Se o Poder Público obtém **empréstimo**, terá que devolvê-lo à instituição financeira[7]. Em todos os casos citados, consoante destacado, o dinheiro ingressa **a título precário e temporariamente**, sem passar a pertencer ao Estado[8]. Dito de outro modo, há entrada, **mas provisória**, pois os recursos ingressam nos cofres públicos, mas neles não permanecem, devendo o Estado restituir seu montante a quem de direito[9].

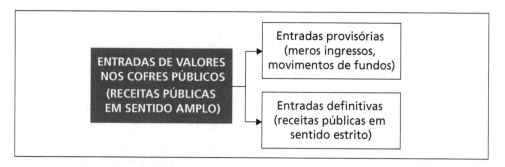

Cumpre notar que o direito positivo brasileiro recepcionou a definição ampla de receita pública. Com efeito, embora não haja uma definição legal expressa acerca de receita pública, as entrelinhas da Lei n. 4.320/64 reconhecem como tal o ingresso de recursos financeiros aos cofres públicos, a qualquer título, **independentemente de acrescer o ativo do patrimônio público**[10]. Essa, aliás, é a dedução lógica que emerge da análise do art. 3.º e do art. 11, §§ 1.º a 4.º, da legislação mencionada: os empréstimos, que para a Ciência das Finanças são meros ingressos, categorizam-se como receitas para o Direito Financeiro[11].

> **Observação:** As entradas **provisórias** de dinheiro nos cofres públicos costumam ser denominadas **"receitas extraorçamentárias"**, por não se enquadrarem no enunciado do *caput* do art. 3.º da Lei n. 4.320/64, assim redigido: "A Lei de Orçamentos compreenderá tôdas as receitas, inclusive as de operações de crédito autorizadas em lei". As receitas extraordinárias estão previstas no parágrafo único do referido artigo, que assim dispõe: "Não se consideram para os fins deste artigo as operações de crédito por antecipação da receita, as emissões de papel-moeda e outras entradas compensatórias, no ativo e passivo financeiros". Em razão de seu caráter provisório (temporário), referidas receitas **não se incorporam ao patrimônio público**, sendo o Estado mero "depositário" de tais recursos.

---

[7] OLIVEIRA, Régis Fernandes de. *Receitas públicas originárias*, p. 65.

[8] ATALIBA, Geraldo. *Apontamentos de ciência das finanças, direito financeiro e tributário*, p. 26.

[9] ANDRADE, Sudá de. *Apontamentos de ciência das finanças*, p. 114; BALTHAZAR, Ubaldo Cesar. *Manual de direito tributário*, livro 1, p. 19.

[10] JARDIM, Eduardo Marcial Ferreira. *Manual de direito financeiro e tributário*, p. 56; ROSA JÚNIOR, Luiz Emygdio F. da. *Manual de direito financeiro e direito tributário*, p. 50; LLAGUNO, Elaine Guadanucci. *Direito financeiro*, p. 92-93.

[11] A Lei Complementar n. 101/2000 (Lei de Responsabilidade Fiscal) também recepcionou a definição ampla de receita pública: ao referir-se às "receitas de operações de crédito" (art. 12, § 2.º), considerou que os empréstimos públicos, mesmo destituídos de caráter definitivo, categorizam-se como receitas.

8 ▫ Teoria Geral das Receitas Públicas   183

Observa Celso Ribeiro Bastos que, na concepção moderna de receitas públicas, o objeto delas há de recair unicamente no **dinheiro**, expressando-se, pois, em **moeda**, tendo em vista que as receitas constituem uma das grandes divisões do orçamento, o qual, por sua vez, exprime-se em unidades monetárias[12]. Segundo tal concepção, os bens *in natura* (adquiridos, por exemplo, mediante expropriação) e os serviços pessoais (por exemplo, o militar), embora integrando o patrimônio do Estado, não se constituem em receitas públicas[13].

Ressalte-se que, enquanto para o particular a riqueza constitui um **fim** em si, para o Estado a receita é apenas um **meio** de realizar as finalidades que lhe são próprias e que se resumem na satisfação do interesse público. A atividade estatal de obtenção de receitas, consoante exposto no início deste livro, não se esgota em si mesma, porquanto o Estado não tem por finalidade adquirir rendas, mas, sim, **por meio dessa atividade**, arrecadar recursos para serem aplicados em nome do "bem comum".

8.2. CLASSIFICAÇÃO

Assim como ocorre com as despesas, as receitas públicas também são classificadas segundo diversos critérios. Temos, destarte, **classificações doutrinárias**, que são concebidas pelos estudiosos da matéria, e a **classificação legal**, que decorre das disposições legais, sendo a adotada, pois, pelo direito positivo brasileiro.

8.2.1. CLASSIFICAÇÕES DOUTRINÁRIAS

Os autores classificam as receitas públicas de maneiras diversas, de acordo com o aspecto pelo qual as consideram. Aludiremos às principais dessas classificações.

8.2.1.1. Quanto à periodicidade

Quanto à regularidade ou periodicidade com que os recursos ingressam nos cofres do Estado, temos:

- ▪ **receita ordinária:** é a que provém de fontes permanentes, caracterizando-se, pois, pela sua regularidade[14] e pelo fato de compor permanentemente o orçamento público[15]. Exs.: arrecadação de ICMS pelo Estado (art. 155, inciso II, CF) ou de ISS pelo Município (art. 156, inciso III, CF);

---

[12] BASTOS, Celso Ribeiro. *Curso de direito financeiro e de direito tributário*, p. 36. No mesmo sentido: TAVARES, André Ramos. *Curso de direito constitucional*, p. 888.

[13] Apesar de conceituar receita pública como a "entrada definitiva de **dinheiro** nos cofres públicos" (destaque nosso), Jozélia Nogueira Broliani cita como exemplo de receitas derivadas o *confisco* (decorrente de contrabando, apreensão de armas de criminosos etc.) (Receitas públicas e receitas tributárias, p. 71-72).

[14] MORSELLI, Manuel. *Compendio de ciencia de las finanzas*, p. 43; MARTINS, Cláudio. *Compêndio de finanças públicas*, p. 84.

[15] BROLIANI, Jozélia Nogueira. Receitas públicas e receitas tributárias, p. 70.

■ **receita extraordinária:** é a que provém de fontes acidentais[16], padecendo, pois, no dizer de Aliomar Baleeiro, "de caráter mais ou menos esporádico, ou, pelo menos, inconstante, e não raro, excepcional"[17]. Exs.: empréstimo compulsório em caso de guerra externa ou calamidade pública (art. 148, inciso I, CF) e impostos extraordinários de guerra (art. 154, inciso II, CF).

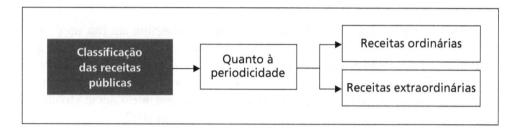

8.2.1.2. Quanto à origem

Quanto à origem (fonte, procedência, proveniência), isto é, levando-se em consideração "a natureza jurídica da relação que se estabelece entre o Estado e a pessoa que entrega o dinheiro aos cofres públicos"[18], temos:

■ **receita originária:** segundo a concepção que prevalece entre os doutrinadores, é assim considerada a receita oriunda da exploração econômica de bens de qualquer natureza pertencentes ao próprio patrimônio público (ou mesmo pela sua disposição), obtida segundo regras de direito privado[19]. Também é denominada "receita do domínio privado" (ou "de economia privada", ou ainda "de direito privado"), pois se origina dos próprios bens ou atividades do Estado, da mesma forma que ocorre com um particular[20].

Do conceito exposto, diverge parcialmente José Dalton Vitorino Leite, "vez que nem toda receita originária é obtida do próprio patrimônio do Estado, posto que as doações feitas pelos particulares ao Estado, em que pese originarem-se do patrimônio dos

---

[16] DEODATO, Alberto. *Manual de ciência das finanças*, p. 41.
[17] BALEEIRO, Aliomar. *Uma introdução à ciência das finanças*, p. 116.
[18] ATALIBA, Geraldo. *Apontamentos de ciência das finanças, direito financeiro e tributário*, p. 26.
[19] VILLEGAS, Héctor B. *Curso de finanzas, derecho financiero y tributario*, p. 65; FALCÃO, Amílcar de Araújo. *Introdução ao direito tributário*, p. 7; ROCHA, Ariosto de Rezende. *Elementos de direito financeiro e finanças*, v. 1, p. 122; BASTOS, Celso Ribeiro. *Curso de direito financeiro e de direito tributário*, p. 38; VEIGA, Clóvis de Andrade. *Direito financeiro aplicado*, p. 140; FERREIRA, José Ribamar Gaspar. *Curso de direito financeiro*, p. 51; OLIVEIRA, Régis Fernandes de; HORVATH, Estevão. *Manual de direito financeiro*, p. 50.
[20] MORSELLI, Manuel. *Compendio de ciencia de las finanzas*, p. 44; BALEEIRO, Aliomar. *Uma introdução à ciência das finanças*, p. 117; ROCHA, Ariosto de Rezende. *Elementos de direito financeiro e finanças*, v. 1, p. 148; MARTINS, Cláudio. *Compêndio de finanças públicas*, p. 83.

8 ◼ Teoria Geral das Receitas Públicas 185

particulares, são consideradas receitas originárias"[21]. Por essa razão, formula o autor citado a seguinte definição de receitas originárias: "são aquelas obtidas, em regra, do próprio patrimônio do Estado, e excepcionalmente, do patrimônio dos particulares, entretanto sempre alicerçadas em relação jurídica de direito privado"[22].

O conceito doutrinário transcrito tem a virtude de destacar que o elemento que efetivamente importa para uma classificação jurídica das receitas públicas é a natureza das relações que se verificam para sua obtenção. Tal conceito, no entanto, tem ainda o inconveniente de fazer referência à origem dos recursos obtidos pelo Estado.

É que alguns autores, como Rubens Gomes de Sousa, entendem que as receitas públicas **são sempre provenientes do patrimônio particular**. Assim se expressa o autor referido: "se encararmos o assunto sob um ponto de vista estritamente financeiro, veremos que os recursos monetários, que constituem materialmente as receitas públicas, são sempre provenientes do patrimônio particular, inclusive quando se trate de receita originária. Assim, no arrendamento de bens dominiais, ou na venda de produtos monopolizados pelo Estado, o dinheiro que entra para os cofres do Tesouro é dinheiro do particular arrendatário ou comprador"[23]. E conclui, então, o citado autor: "Por esta razão, o traço característico que realmente importa para uma classificação jurídica das receitas públicas é a natureza das relações que se verificam, para sua obtenção, entre o Estado que as arrecada e o particular que as fornece, uma vez que a existência de tais relações entre o Estado e o particular é um elemento constante em todas as receitas públicas de qualquer tipo"[24].

Assim, deixando de lado a polêmica a respeito de ser a receita pública originária oriunda, em regra, do próprio patrimônio do Estado e, excepcionalmente, do patrimônio alheio (como sustenta José Dalton Vitorino Leite), ou sempre proveniente do patrimônio dos particulares (como defende Rubens Gomes de Sousa), o que efetivamente importa, consoante se afirmou anteriormente, é a **natureza das relações** verificadas, para sua obtenção, entre o Estado que as arrecada e quem as fornece.

Pode-se, pois, por tudo quanto foi exposto, definir as receitas públicas originárias como as **obtidas em relação jurídica de direito privado**, assim entendidas as regidas por normas de direito privado. Na categoria das receitas originárias, enquadram-se, por exemplo:

◼ a entrada de bens e valores advinda de doações;

◼ a herança vacante;

---

[21] LEITE, José Dalton Vitorino. *Temas de direito público*, p. 53. Em sentido contrário é o entendimento de Bernardo Ribeiro de Moraes, que, em posição isolada na doutrina, concebe os recursos provenientes de doação do particular para o Poder Público como *receita derivada* (*Compêndio de direito tributário*, v. 1, p. 304).

[22] LEITE, José Dalton Vitorino. *Temas de direito público*, p. 53.

[23] SOUSA, Rubens Gomes de. *Compêndio de legislação tributária*, p. 35-36.

[24] SOUSA, Rubens Gomes de. *Compêndio de legislação tributária*, p. 36.

- o preço pago pela utilização de um serviço de natureza econômica[25] ou pela utilização de um bem público[26];
- o preço de vendas realizadas ou o aluguel de imóveis locados pelo Poder Público;
- os juros pela aplicação de dinheiro disponível[27];
- a **compensação financeira** assegurada à União, aos Estados, ao Distrito Federal e aos Municípios pela exploração de petróleo ou gás natural, de recursos hídricos para fins de geração de energia elétrica e de outros recursos minerais no respectivo território, plataforma continental, mar territorial ou zona econômica exclusiva (art. 20, § 1.º, *in fine*, CF)[28].

---

[25] Enquanto as **taxas** (art. 145, inciso II, CF) — espécie de tributo, e, pois, de receita derivada — remuneram serviços públicos prestados sob regime de direito público, os **preços públicos** (ou **tarifas**) remuneram os serviços prestados sob o regime de direito privado, os quais, embora mensuráveis, não são coativamente impostos à aceitação dos particulares, caracterizando-se, pois, pela autonomia da vontade, isto é, pela liberdade de contratar. Exemplos de preços públicos podem ser colhidos no seguinte julgado do STF: "EMENTA: (...) I — Os encargos de capacidade emergencial, de aquisição de energia elétrica emergencial e de energia livre adquirida no MAE, instituídos pela Lei 10.438/02, não possuem natureza tributária. II — Encargos destituídos de compulsoriedade, razão pela qual correspondem a tarifas ou preços públicos. III — Verbas que constituem receita originária e privada, destinada a remunerar concessionárias, permissionárias e autorizadas pelos custos do serviço, incluindo sua manutenção, melhora e expansão, e medidas para prevenir momentos de escassez. IV — O art. 175, III, da CF autoriza a subordinação dos referidos encargos à política tarifária governamental. V — Inocorrência de afronta aos princípios da legalidade, da não afetação, da moralidade, da isonomia, da proporcionalidade e da razoabilidade. IV — Recurso extraordinário conhecido, ao qual se nega provimento" (RE 541.511/RS, Rel. Min. Ricardo Lewandowski, Pleno, j. em 22.04.2009, *DJe*-118 26.06.2009). No mesmo sentido: RE 576.189/RS, Rel. Min. Ricardo Lewandowski, Pleno, j. em 22.04.2009, *DJe*-118 26.06.2009.

[26] Nesse sentido: "EMENTA: — CONSTITUCIONAL. TRIBUTÁRIO: TAXA: CONCEITO. CÓDIGO DE MINERAÇÃO. Lei 9.314, de 14.11.96: REMUNERAÇÃO PELA EXPLORAÇÃO DE RECURSOS MINERAIS: PREÇO PÚBLICO. (...) II. — Lei 9.314, de 14.11.96, art. 20, II e § 1.º, inciso II do § 3.º: não se tem, no caso, taxa, no seu exato sentido jurídico, mas preço público decorrente da exploração, pelo particular, de um bem da União (CF, art. 20, IX, art. 175 e §§)" (STF, ADI 2.586/DF, Rel. Min. Carlos Velloso, Pleno, j. em 16.05.2002, *DJ* 01.08.2003, p. 101).

[27] FERREIRA, José Ribamar Gaspar. *Curso de direito financeiro*, p. 51-52.

[28] O STF firmou jurisprudência no sentido de que a Compensação Financeira pela Exploração de Recursos Minerais (CFEM) possui natureza jurídica de receita **patrimonial** (e, portanto, **originária**): RE 228.800/DF, Rel. Min. Sepúlveda Pertence, 1.ª Turma, j. em 25.09.2001, *DJ* 16.11.2001, p. 21; MS 24.312/DF, Rel. Min. Ellen Gracie, Pleno, j. em 19.02.2003, *DJ* 19.12.2003, p. 50; AI-AgR 453.025/DF, Rel. Min. Gilmar Mendes, 2.ª Turma, j. em 09.05.2006, *DJ* 09.06.2006, p. 28; ADI 4.606/BA, Rel. Min. Alexandre de Moraes, Pleno, j. em 28.02.2019, *DJe*-092 06.05.2019; ADI 6.233/RJ, Rel. Min. Alexandre de Moraes, Pleno, j. em 14.02.2020, *DJe*-047 06.03.2020. No MS 24.312/DF, anteriormente referido, o STF decidiu que **não se aplica** à participação ou compensação prevista no § 1.º do art. 20 da CF, o disposto no inciso VI do art. 71, CF, que se refere, especificamente, ao repasse efetuado pela União — mediante convênio, acordo ou ajuste — de recursos originariamente federais. A **Lei n. 7.990, de 28.12.1989**, instituiu, para os Estados, Distrito Federal e Municípios, **compensação financeira** pelo resultado da exploração de petróleo ou gás natural, de recursos hídricos para fins de geração de energia elétrica, de recursos minerais em seus respectivos territórios, plataformas continental, mar territorial ou zona econômica exclusiva. A **Lei n. 8.001, de 13.03.1990**, define os percentuais da distribuição da referida compensação finan-

8 ◼ Teoria Geral das Receitas Públicas

> **Observação:** Outro exemplo, segundo o STF, é o ressarcimento ao Sistema Único de Saúde (SUS) das despesas com atendimento a beneficiários de planos privados de saúde, previsto no art. 32 da Lei n. 9.656, de 03.06.1998: "A cobrança disciplinada no art. 32 da Lei 9.656/98 ostenta natureza jurídica indenizatória *ex lege* (**receita originária**), sendo inaplicáveis as disposições constitucionais concernentes às limitações estatais ao poder de tributar, entre elas a necessidade de edição de lei complementar" (**RE 597.064/RJ**, com repercussão geral reconhecida, Rel. Min. Gilmar Mendes, Pleno, j. em 07.02.2018, *DJe*-095 16.05.2018) (destaque nosso)[29].

◼ **receita derivada:** é a que o Estado obtém fazendo-a derivar do patrimônio alheio, por ato de imposição[30]. As receitas derivadas podem ser obtidas no setor privado, nada impedindo que sejam propiciadas por pessoas jurídicas de direito público[31] (como no caso das entidades públicas imunes, que não se eximem da cobrança de taxas[32], nem da condição de responsáveis por impostos que lhes caibam reter na fonte — art. 9.º, § 1.º, CTN). As receitas públicas derivadas também são conhecidas como "receitas do domínio público" (ou "de economia pública" ou, ainda, "de direito público"), pois são obtidas graças à autoridade (*jus imperii*) inerente à entidade pública, segundo regras de direito público[33]. Em tal categoria, en-

---

ceira. O STF reconheceu a **constitucionalidade** das Leis n. 7.790/89 e 8.001/90: AI-AgR 708.398/DF, Rel. Min. Cármen Lúcia, 1.ª Turma, j. em 08.02.2011, *DJe*-040 01.03.2011; AI-AgR 755.742/SP, Rel. Min. Cármen Lúcia, 1.ª Turma, j. em 08.02.2011, *DJe*-055 24.03.2011.

[29] O STF reconheceu a constitucionalidade do art. 32 da Lei n. 9.656/98: RE-AgR 558.919/RJ, Rel. Min. Ricardo Lewandowski, 1.ª Turma, j. em 15.12.2009, *DJe*-022 05.02.2010. Segundo decidiu o STF, os valores devidos a título de ressarcimento ao SUS pelas operadoras de planos de saúde não podem ser considerados "preços de serviços públicos" ou "operações financeiras que não envolvam recursos orçamentários", razão pela qual é inaplicável o § 8.º do art. 2.º da Lei n. 10.522, de 19.07.2002, e plenamente possível a inscrição no Cadin (Cadastro Informativo de créditos não quitados do setor público federal) pela inadimplência de tais quantias. Nesse sentido: AI-AgR-ED 804.856/RJ, Rel. Min. Luiz Fux, 1.ª Turma, j. em 05.06.2012, *DJe*-125 27.06.2012. No mesmo sentido decidiu o STJ: AgRg no REsp 670.807/RJ, Rel. p/ acórdão Min. Teori Albino Zavascki, 1.ª Turma, j. em 08.03.2005, *DJ* 04.04.2005, p. 211; REsp 891.532/RJ, Rel. Min. Herman Benjamin, 2.ª Turma, j. em 11.11.2008, *DJe* 13.03.2009; AgRg no REsp 1.013.538/RJ, Rel. Min. Mauro Campbell Marques, 2.ª Turma, j. em 18.12.2008, *DJe* 18.02.2009; AgRg no REsp 841.509/RJ, Rel. Min. Herman Benjamin, 2.ª Turma, j. em 07.05.2009, *DJe* 21.08.2009; AgRg no REsp 1.126.060/RJ, Rel. Min. Benedito Gonçalves, 1.ª Turma, j. em 17.11.2009, *DJe* 25.11.2009; AgRg no REsp 1.075.033/RJ, Rel. Min. Teori Albino Zavascki, 1.ª Turma, j. em 12.04.2011, *DJe* 19.04.2011; AgRg no REsp 1.210.499/RJ, Rel. Min. Napoleão Nunes Maia Filho, 1.ª Turma, j. em 21.06.2012, *DJe* 27.06.2012; AgRg no AREsp 307.233/RJ, Rel. Min. Benedito Gonçalves, 1.ª Turma, j. em 06.06.2013, *DJe* 12.06.2013; AgRg no AREsp 89.711/RJ, Rel. Min. Napoleão Nunes Maia Filho, 1.ª Turma, j. em 15.08.2013, *DJe* 10.09.2013; AgRg no AREsp 329.986/RJ, Rel. Min. Arnaldo Esteves Lima, 1.ª Turma, j. em 04.02.2014, *DJe* 11.02.2014.

[30] AGUIAR, Afonso Gomes. *Direito financeiro:* a Lei 4.320 comentada ao alcance de todos, p. 66; FALCÃO, Raimundo Bezerra. *Tributação e mudança social*, p. 19-20.

[31] MORAES, Bernardo Ribeiro de. *Compêndio de direito tributário*, v. 1, p. 304.

[32] As pessoas políticas (União, Estados, Distrito Federal e Municípios) somente são imunes à cobrança de *impostos*, consoante dispõe o art. 150, inciso VI, alínea *a*, da CF.

[33] MORSELLI, Manuel. *Compendio de ciencia de las finanzas*, p. 44-45.

quadram-se não só os **tributos**, mas também as **multas** ou quaisquer outras receitas decorrentes do poder de império do Estado[34], como as **reparações de guerra**, que envolvem nítida coação do vencedor sobre o vencido, embora sob a forma de convenções e tratados internacionais, além de, habitualmente, virem autorizadas por lei interna[35].

Ressalte-se que, para o fim de qualificação como receitas derivadas, o que efetivamente importa é que os recursos sejam obtidos em virtude do **poder de império** do Estado, sendo secundário o aspecto de serem provenientes do patrimônio de terceiros[36]. É por tal razão que, como visto anteriormente, as doações feitas pelos particulares ao Estado, apesar de oriundas do patrimônio dos particulares, são consideradas receitas originárias, já que são obtidas em relação jurídica de direito privado[37];

■ **receita transferida:** ocorre quando os recursos são arrecadados pela pessoa jurídica competente para tanto, mas a ela não pertencem, devendo ser repassados a outras pessoas jurídicas menores[38]. Pode ser **tributária** ou **não tributária**. Os arts. 157 a 162 da CF cuidam da **repartição das receitas tributárias**, sobre a qual debruçaremos nossas atenções em capítulo próprio. O § 1.º do art. 20 da CF, por sua vez, indica um tipo de receita transferida não tributária: a participação no resultado da exploração de recursos minerais (*royalties*)[39].

---

[34] Alguns autores, contudo, consideram as receitas tributárias como as únicas receitas derivadas possíveis, tomando, então, ambas as expressões como sinônimas. Nesse sentido: OLIVEIRA, Fábio Leopoldo de. *Curso expositivo de direito tributário*, p. 10-11; FERREIRA, José Ribamar Gaspar. *Curso de direito financeiro*, p. 52; BERNARDES, C. de Alvarenga; ALMEIDA FILHO, J. Barbosa de. *Direito financeiro e finanças*, p. 58; CASTRO, Alexandre Barros. *Manual de direito financeiro e tributário*, p. 261; NOGUEIRA, Rubem. *Curso de introdução ao estudo do direito*, p. 271 e 274.

[35] BALEEIRO, Aliomar. *Uma introdução à ciência das finanças*, p. 117. Sobre as reparações de guerra, como categoria de receitas derivadas, assevera Saul Nichele Benemann: "Já pelos dificultosos embaraços de ordem econômica que se antepõem às transferências unilaterais, já pela irritação política que suscitam, as reparações de guerra, segundo parece, estão reduzidas ao papel de categoria histórica sem probabilidades imediatas de reaparecimento no presente ou no futuro próximo" (*Compêndio de direito tributário e ciência das finanças*, p. 64-65).

[36] Apesar de ser classificada como **receita patrimonial** (e, portanto, originária), a compensação financeira pela exploração de recursos minerais (CFEM) é prestação pecuniária **compulsória**, o que, todavia, não a caracteriza como tributo (STF, RE 228.800/DF, Rel. Min. Sepúlveda Pertence, 1.ª Turma, j. em 25.09.2001, *DJ* 16.11.2001, p. 21). Nesse sentido: "O que previsto no artigo 20, § 1.º, da Constituição Federal não consubstancia tributo, estando alcançado pelo gênero indenização" (STF, RE 381.830/DF, Rel. Min. Marco Aurélio, 1.ª Turma, j. em 23.08.2011, *DJe*-177 15.09.2011).

[37] Para Bernardo Ribeiro de Moraes, "a doação de dinheiro do particular para o poder público é uma receita derivada" (*Compêndio de direito tributário*, v. 1, p. 304). Isto porque o citado autor concebe as receitas públicas derivadas como as "oriundas das transferências monetárias que terceiros efetuam, **coercitivamente ou não**, em favor do Estado" (destaque nosso) (*Compêndio de direito tributário*, v. 1, p. 303).

[38] As receitas transferidas são enquadradas por Roberto Wagner Lima Nogueira no âmbito das receitas derivadas (*Direito financeiro e justiça tributária*, p. 99).

[39] CF, art. 20, § 1.º: "É assegurada, nos termos da lei, à União, aos Estados, ao Distrito Federal e aos Municípios, **participação no resultado** da exploração de petróleo ou gás natural, de recur-

Apesar de a classificação das receitas públicas quanto à procedência não corresponder à adotada pelo direito positivo brasileiro (que, como adiante veremos, divide as receitas públicas em **correntes** e **de capital**), a Lei n. 4.320/64 a ela faz referência, já que, ao definir "tributo", qualifica-o como "receita derivada" (art. 9.º).

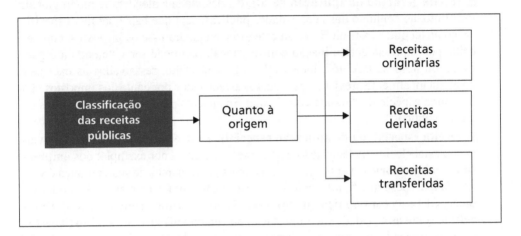

sos hídricos para fins de geração de energia elétrica e de outros recursos minerais no respectivo território, plataforma continental, mar territorial ou zona econômica exclusiva, ou **compensação financeira** por essa exploração" (redação dada pela Emenda Constitucional n. 102, de 26.09.2019) (destaques nossos). Sobre o tema, confira-se o seguinte julgado do STF: "Os *royalties* possuem natureza jurídica de **receita transferida não tributária de cunho originário** emanada da exploração econômica do patrimônio público, afastada sua caracterização seja como tributo, seja como indenização. (...) Os *royalties* são receitas originárias da União, tendo em vista a propriedade federal dos recursos minerais, e obrigatoriamente transferidas aos Estados e Município" (ADI 4.846/ES, Rel. Min. Edson Fachin, Pleno, j. em 09.10.2019, *DJe*-034 18.02.2020). A participação em favor do proprietário do solo em que se dá a exploração mineral é regulamentada pelo art. 52 da Lei n. 9.478, de 06.08.1997, sendo equivalente, consoante o dispositivo referido, a um percentual variável entre 0,5% (cinco décimos por cento) e 1% (um por cento) da produção de petróleo ou gás natural, a critério da Agência Nacional do Petróleo (ANP). Conforme a Portaria n. 143, de 25.09.1998, da ANP, o valor da participação devida aos proprietários da terra será determinado multiplicando-se o equivalente a 1% do volume total da produção de petróleo ou de gás natural do campo apurado durante o mês, pelos seus respectivos preços de referências, definidos e publicados pela ANP conforme o disposto no Capítulo IV do Decreto n. 2.705, de 03.08.1998. O STJ já decidiu que os *royalties* de petróleo ou gás natural estão vinculados à atividade de **exploração** dos referidos bens, razão pela qual o direito ao seu recebimento é dos Municípios onde se localizem as instalações inseridas na **cadeia extrativa**, não se estendendo às que se destinam a distribuir o produto já processado: REsp 1.119.643/RS, Rel. Min. Eliana Calmon, 2.ª Turma, j. em 20.04.2010, *DJe* 29.04.2010; REsp 1.115.194/PE, Rel. Min. Teori Albino Zavascki, 1.ª Turma, j. em 02.06.2011, *DJe* 13.06.2011). Ressalte-se que os recursos decorrentes da **compensação financeira** prevista na parte final do § 1.º do art. 20 da CF (regulamentada, nesse particular, pela Lei n. 7.990, de 28.12.1989) são considerados **receitas originárias**. Nesse sentido: BROLIANI, Jozélia Nogueira. Renúncia de receita e a Lei de Responsabilidade Fiscal, p. 185.

8.2.1.3. Quanto à aplicação

Quanto à aplicação da receita pública, isto é, quanto aos fins a que ela se destina, temos:

◾ **receita geral (ou de aplicação geral):** é a destinada a atender, de modo global, indistinto, ao conjunto das necessidades públicas, sem que haja qualquer especificação na lei que a instituiu[40]. Nessa categoria, enquadram-se os **impostos**, cuja receita, por expressa determinação constitucional, não pode ser vinculada a órgão, fundo ou despesa (art. 167, inciso IV, CF). Com efeito, ressalvadas as exceções constitucionalmente previstas, os recursos arrecadados por conta dos impostos vão para uma espécie de "grande conta", que financia as mais variadas categorias de gastos públicos[41];

◾ **receita especial (ou de aplicação especial):** é a que tem sua destinação previamente estabelecida na legislação pertinente[42]. É o caso, por exemplo: dos **empréstimos compulsórios** (a aplicação dos recursos provenientes de sua cobrança é vinculada à despesa que fundamentou sua instituição, conforme o art. 148, parágrafo único, CF) e da **contribuição de intervenção no domínio econômico (CIDE)** incidente sobre as atividades de importação ou comercialização de **combustíveis** (os recursos arrecadados com sua cobrança somente poderão ser destinados às finalidades expressamente previstas no Texto Constitucional, conforme o art. 177, § 4.º, inciso II, CF[43]).

Também são de aplicação especial as verbas públicas decorrentes da celebração de **convênios**, pois devem ser dirigidas ao equacionamento dos problemas, dificuldades e necessidades que justificaram a celebração do acordo e legitimaram o repasse de tais recursos. Confira-se, a respeito, o seguinte julgado do STF:

> **Ementa:** (...) 1. O acusado firmou, na qualidade de Prefeito do Município de Caucaia/CE, convênio com o Ministério do Meio Ambiente para a construção de açude público. Obra centralmente destinada ao abastecimento de água da população, tendo em vista a sua grande capacidade de armazenamento. As provas judicialmente colhidas demonstraram que a verba federal recebida pela municipalidade foi empregada, em boa verdade, na

---

[40] BERNARDES, C. de Alvarenga; ALMEIDA FILHO, J. Barbosa de. *Direito financeiro e finanças*, p. 55-56; MARTINS, Cláudio. *Compêndio de finanças públicas*, p. 85; VALÉRIO, Walter Paldes. *Programa de direito financeiro e finanças*, p. 103.

[41] GIAMBIAGI, Fabio; ALÉM, Ana Cláudia. *Finanças públicas:* teoria e prática no Brasil, p. 44, nota de rodapé n. 9.

[42] DEODATO, Alberto. *Manual de ciência das finanças*, p. 41; MARTINS, Cláudio. *Compêndio de finanças públicas*, p. 85; VALÉRIO, Walter Paldes. *Programa de direito financeiro e finanças*, p. 103.

[43] O referido § 4.º foi acrescentado ao art. 177 da CF pela Emenda Constitucional n. 33, de 11.12.2001. O STF já reconheceu a impossibilidade de aplicar o produto da arrecadação da CIDE-combustíveis em destinação estranha às previstas nas alíneas *a, b* e *c* do inciso II do § 4.º do art. 177 da CF, que possuem **natureza exaustiva** (**ADI 2.925/DF**, Rel. Min. Marco Aurélio, Pleno, j. em 19.12.2003, *DJ* 04.03.2005, p. 10).

8 ◻ Teoria Geral das Receitas Públicas 191

construção de "passagens molhadas". O que basta para a configuração do delito em causa, até mesmo por se tratar de crime de mera conduta. (...) 7. E o fato é que a conduta imputada ao acusado extrapolou o campo da mera irregularidade administrativa para alcançar a esfera da ilicitude penal. Acusado que deliberadamente lançou mão de recursos públicos para atingir finalidade diversa, movido por sentimento exclusivamente pessoal. É ressaltar: a celebração de convênios tem por finalidade o alcance de metas específicas e o atendimento de necessidades pontuais (tais como as que decorrem da seca na região nordestina). Isto significa o óbvio: anteriormente à celebração de convênios, são realizados estudos de políticas públicas para aferição dos problemas mais sensíveis que atingem cada região. E é a partir de tais análises que são definidos os valores a ser transferidos, seus destinatários e as metas a cumprir, pelo que a verba derivada da celebração de convênios é de natureza essencialmente vinculada, pois deve ser rigidamente dirigida ao equacionamento dos problemas, dificuldades e necessidades que justificaram a avença e legitimaram o repasse dos recursos. 8. Por essa maneira de ver as coisas, a celebração de convênios não implica a emissão de um 'cheque em branco' ao conveniado, pois os valores hão de ser aplicados no equacionamento dos problemas que, identificados em estudos prévios, permaneceriam sem solução adequada se o repasse não fosse efetuado. Daí por que, no caso dos autos, o desvio na aplicação de verbas oriundas de convênio caracteriza crime de responsabilidade, mesmo que revertidos, de outro modo, em favor da comunidade. Pensar em sentido contrário autorizaria que administradores ignorassem os próprios motivos que impulsionaram a celebração dos convênios, para passar a empregar verbas recebidas em políticas públicas outras que, ao seu talante ou vontade pessoal, possam alcançar um maior número de pessoas, gerar uma maior aprovação popular, converter-se num mais adensado apoio eleitoral. O que já implicaria desvio de conduta com propósito secamente eleitoreiro. É dizer: receber verbas de convênio, mas aplicá-las em finalidade diversa da pactuada significa eternizar aqueles específicos problemas que motivaram a celebração do ajuste. Problemas muitas vezes negligenciados pelas administrações locais e que, exatamente por não gerar benefícios eleitorais aos respectivos administradores, não têm recebido a devida prioridade orçamentária. (...) (**AP 409/CE**, Rel. Min. Ayres Britto, Rev. Min. Joaquim Barbosa, Pleno, j. em 13.05.2010, *DJe*-120 01.07.2010).

Ressalte-se que a destinação do produto da arrecadação de certas receitas públicas implica a **vinculação orçamentária** delas, como bem observa Tatiana Araújo Alvim, "não teria sentido a norma jurídica tributária prever uma destinação específica se esta não fosse respeitada pela norma jurídica financeira — lei orçamentária —, porque na prática a finalidade prevista pela Constituição de 1988 não seria atendida"[44].

A respeito das receitas vinculadas, confira-se o julgado do STF de cuja ementa se extrai o trecho a seguir:

Ementa: (...) Os recursos financeiros — obtidos, ou não, mediante empréstimo — devem ser empregados, rigorosamente, de acordo com os planos e a programação orçamentária previamente definidos, pois a sua aplicação em finalidade estranha à sua específica destinação caracteriza transgressão criminosa ao inciso IV do art. 1.º do DL n. 201/67, eis que

---

[44] ALVIM, Tatiana Araújo. *Contribuições sociais:* desvio de finalidade e seus reflexos no direito financeiro e no direito tributário, p. 33.

não compete ao Chefe do Poder Executivo local, fundado em deliberação pessoal e discricionária, utilizá-los para fins completamente diversos daqueles para os quais esses mesmos recursos foram afetados (...) (**AP 503/PR**, Rel. Min. Celso de Mello, Rev. Min. Marco Aurélio, Pleno, j. em 20.05.2010, *DJe*-022 01.02.2013).

Reforçando o entendimento exposto, temos o parágrafo único do art. 8.º da Lei de Responsabilidade Fiscal, impondo que os recursos destinados por lei a finalidade específica devam ser aplicados exclusivamente para atender o objeto de sua vinculação, ainda que em exercício diverso daquele em que ocorra o ingresso[45]. O atendimento desse imperativo legal exigirá que as receitas vinculadas sejam identificadas por código específico de Fonte de Recursos durante todas as etapas de execução do orçamento e na transposição das eventuais sobras para exercícios subsequentes.

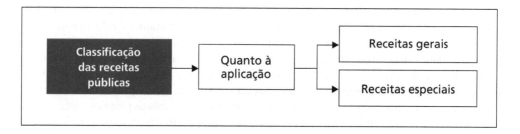

8.2.2. CLASSIFICAÇÃO LEGAL

Baseados em critérios puramente econômicos, os autores da Lei n. 4.320/64 estabeleceram a divisão das receitas públicas em **correntes** e **de capital** (art. 11)[46]. Esta, aliás, é a única classificação que importa para fins de elaboração do orçamento (art. 2.º, § 1.º, inciso II, Lei n. 4.320/64).

Impende destacar que a Lei n. 4.320/64 não fornece os conceitos de receita corrente e de receita de capital, tendo optado por enumerá-las (art. 11, §§ 1.º e 2.º).

8.2.2.1. Receitas correntes

As receitas correntes, no dizer de José Ribamar Gaspar Ferreira, "são as que aumentam a disponibilidade líquida do Tesouro"[47].

Segundo Jair Cândido da Silva, são os recursos que "têm características de continuidade no tempo", relacionando-se, pois, com as receitas ordinárias[48].

---

[45] O agente que emprega irregularmente verbas ou rendas públicas, dando-lhes aplicação diversa da estabelecida em lei, pratica crime punível com detenção, de 1 a 3 meses, ou multa (art. 315, Código Penal).
[46] Consoante noticia Alberto Deodato, anteriormente a 1964 as leis orçamentárias adotavam a divisão das receitas públicas em *ordinárias* e *extraordinárias* (*Manual de ciência das finanças*, p. 397).
[47] FERREIRA, José Ribamar Gaspar. *Curso de direito financeiro*, p. 52.
[48] SILVA, Jair Cândido da. *Lei n. 4.320/64 comentada*: uma contribuição para a elaboração da lei complementar (§ 9.º art. 165 da CF/88), p. 46.

8 ■ Teoria Geral das Receitas Públicas

De acordo com a Lei n. 4.320/64, são correntes as receitas tributárias, de contribuições, patrimoniais, agropecuárias, industriais, de serviços e outras e, ainda, as provenientes de recursos financeiros recebidos de outras pessoas de direito público ou privado, quando destinadas a atender despesas classificáveis em Despesas Correntes (art. 11, § 1.º).

Colocadas as espécies de receitas correntes num quadro sinótico, temos:

ESPÉCIES DE RECEITAS CORRENTES	
RECEITAS TRIBUTÁRIAS	■ Decorrentes da arrecadação de impostos, taxas e contribuições de melhoria, previstos no art. 145 da CF.
RECEITAS DE CONTRIBUIÇÕES	■ Decorrentes da arrecadação das contribuições especiais, como as sociais, as de intervenção no domínio econômico e as de interesse das categorias profissionais ou econômicas, previstas no art. 149 da CF.
RECEITAS PATRIMONIAIS	■ Decorrentes da fruição de patrimônio pertencente ao ente público, tais como as decorrentes de compensações financeiras/*royalties*[49], concessões e permissões, entre outras.
RECEITAS AGROPECUÁRIAS	■ Decorrentes da exploração econômica, por parte do ente público, de atividades agropecuárias, tais como a venda de produtos agrícolas (grãos, tecnologias, insumos etc.), pecuários (semens, técnicas em inseminação, matrizes etc.), para reflorestamentos etc.
RECEITAS INDUSTRIAIS	■ Decorrentes do exercício de atividades industriais pelo ente público, tais como: indústria de extração mineral, de transformação, de construção, entre outras.
RECEITAS DE SERVIÇOS	■ Decorrentes da prestação de serviços por parte do ente público, tais como comércio, transporte, comunicação, serviços hospitalares, armazenagem, serviços recreativos, culturais etc. Tais serviços são remunerados mediante **preço público (tarifa)**.
TRANSFERÊNCIAS CORRENTES	■ Decorrentes do recebimento de recursos financeiros de outras pessoas de direito público ou privado destinados a atender despesas de manutenção ou funcionamento que não impliquem contraprestação direta em bens e serviços a quem efetuou essa transferência[50].
OUTRAS RECEITAS CORRENTES	■ São as receitas cujas características não permitem seu enquadramento nas demais classificações da receita corrente, tais como: multas, juros de mora, indenizações, restituições, receitas da dívida ativa, entre outras.

8.2.2.2. Receitas de capital

As receitas de capital, segundo José Ribamar Gaspar Ferreira, "são aquelas que determinam alterações compensatórias no Ativo e Passivo do Patrimônio do Estado"[51].

---

[49] Tanto as compensações financeiras quanto os *royalties* têm origem na exploração do patrimônio do Estado, constituído por recursos minerais, hídricos, florestais e outros, definidos no ordenamento jurídico. As **compensações financeiras** são forma de recompor financeiramente prejuízos, danos ou o exaurimento do bem porventura causados pela atividade econômica que explora esse patrimônio estatal. Já os *royalties* são forma de participação no resultado econômico que advém da exploração do patrimônio público. O § 1.º do art. 20 da CF assegura que os entes federados terão participação nos recursos auferidos a esses títulos.

[50] A utilização dos recursos recebidos vincula-se à determinação constitucional ou legal, ou ao objeto pactuado.

[51] FERREIRA, José Ribamar Gaspar. *Curso de direito financeiro*, p. 53.

Na definição de Jair Cândido da Silva, são os "recursos que esporadicamente fazem-se presentes na arrecadação", caracterizando-se, pois, pela sua descontinuidade[52]. Nesse sentido é a lição de Fernando Rezende: "as receitas de capital são aquelas cujos fluxos são mais irregulares"[53].

Seria o caso, por exemplo, da receita resultante da venda de um imóvel do Estado ou a proveniente de um empréstimo (operação de crédito) feito ao Estado.

De acordo com a Lei n. 4.320/64, são receitas de capital as provenientes da realização de recursos financeiros oriundos de constituição de dívidas; da conversão, em espécie, de bens e direitos; os recursos recebidos de outras pessoas de direito público ou privado, destinados a atender despesas classificáveis em Despesas de Capital e, ainda, o superávit do Orçamento Corrente (art. 11, § 2.º).

Colocadas as espécies de receitas de capital num quadro sinótico, temos:

ESPÉCIES DE RECEITAS DE CAPITAL	
OPERAÇÕES DE CRÉDITO	◘ Decorrentes da colocação de títulos públicos ou da contratação de empréstimos junto a entidades públicas ou privadas, internas ou externas.
ALIENAÇÃO DE BENS	◘ Decorrentes da alienação de bens móveis ou imóveis de propriedade do ente público[54].
AMORTIZAÇÃO DE EMPRÉSTIMOS	◘ Decorrentes da amortização de financiamentos ou de empréstimos que o ente público haja previamente concedido[55].
TRANSFERÊNCIAS DE CAPITAL	◘ Decorrentes do recebimento de recursos financeiros de outras pessoas de direito público ou privado e destinados a atender despesas com investimentos ou inversões financeiras, independentemente da contraprestação direta a quem efetuou essa transferência[56].
OUTRAS RECEITAS DE CAPITAL	◘ São as receitas cujas características não permitem seu enquadramento nas demais classificações da receita de capital, tais como: Resultado do Banco Central, Remuneração das Disponibilidades do Tesouro Nacional, Integralização do Capital Social, entre outras.

---

[52] SILVA, Jair Cândido da. *Lei n. 4.320/64 comentada:* uma contribuição para a elaboração da lei complementar (§ 9.º art. 165 da CF/88), p. 46.

[53] SILVA, Fernando Antônio Rezende da. *Finanças públicas*, p. 153.

[54] O art. 44 da LRF veda a aplicação da receita de capital decorrente da alienação de bens e direitos que integrem o patrimônio público para financiar despesas correntes, salvo as destinadas por lei ao Regime Geral da Previdência Social (RGPS) ou ao regime próprio do servidor público. A receita de capital decorrente da venda de ativos de que trata o art. 39-A da Lei n. 4.320/64 (acrescentado pela Lei Complementar n. 208/2024), de acordo com seu § 6.º, observará o disposto no art. 44 da LRF, devendo-se destinar pelo menos 50% (cinquenta por cento) desse montante a despesas associadas a regime de previdência social, e o restante, a despesas com investimentos.

[55] Embora a amortização do empréstimo seja origem da categoria econômica Receitas de Capital, os juros recebidos associados ao empréstimo são classificados em Receitas Correntes/de Serviços/Serviços Financeiros, pois os juros representam a remuneração do capital.

[56] A utilização dos recursos recebidos vincula-se ao objeto pactuado.

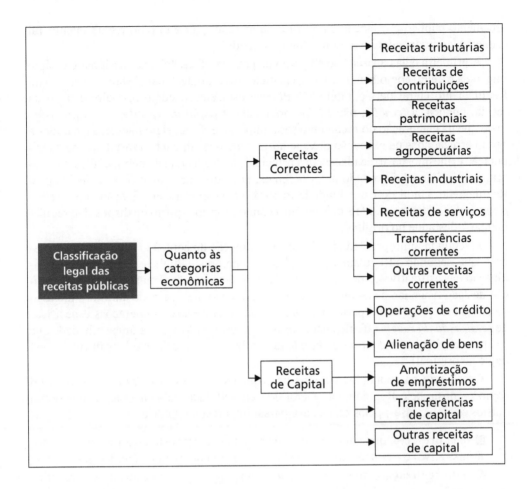

8.3. ESTÁGIOS

Segundo o art. 139 do Regulamento Geral de Contabilidade Pública (Decreto federal n. 15.783, de 08.11.1922), que regulamentou o Código de Contabilidade Pública (Decreto Legislativo n. 4.536, de 28.01.1922), toda receita do Estado percorre três estágios: **a)** fixação; **b)** arrecadação; e **c)** recolhimento.

O estágio de **fixação**, por sua vez, segundo o art. 140 do citado Regulamento Geral, compreende a organização das estimativas e os lançamentos dos impostos diretos, taxas e contribuições individuais, depois de votado o orçamento. Colocando em ordem direta as mencionadas atividades próprias do estágio de fixação, João Angélico aponta como tais as seguintes: **a)** proposta orçamentária; **b)** conversão da proposta em orçamento público; e **c)** lançamento[57].

Seriam três, assim, os estágios das receitas públicas, segundo o esquema proposto pelo Regulamento Geral de Contabilidade Pública: **a)** o de fixação (que compreenderia, por sua vez, três momentos: a proposta orçamentária, a conversão da proposta em

---
[57] ANGÉLICO, João. *Contabilidade pública*, p. 48.

orçamento público e o lançamento); **b)** o da arrecadação; e **c)** o do recolhimento. Tal esquema, contudo, contém algumas impropriedades.

A primeira delas aparece no emprego da palavra "fixação" para designar o estágio inicial da receita, como bem ressalta Benedicto de Andrade: "não obstante o art. 139 do Regulamento Geral de Contabilidade Pública estabelecer, como primeiro estágio da receita pública, a *fixação*, não há, propriamente, *fixação da receita*, e sim *previsão*, visto que na elaboração do orçamento seria impossível fixar, rigidamente, as quantias a serem arrecadadas na execução orçamentária, tendo-se em conta a instabilidade na tributação e, mesmo, na arrecadação, das principais fontes da receita pública" (destaque no original)[58]. E conclui o citado autor: "Temos, pois, que, aceitando o estabelecido pelo Regulamento Geral de Contabilidade Pública, considerar aquela fixação como sendo *fixação das estimativas*, mais consentânea com o próprio espírito do dispositivo regulamentar" (destaque no original)[59].

A segunda impropriedade reside na determinação do conteúdo do estágio de "fixação", que, segundo o Regulamento Geral de Contabilidade Pública, compreende a organização das estimativas, votação do orçamento e lançamento. Transcrevemos aqui a lição de João Angélico a respeito: "A nosso ver, (...) não mais se pode admitir a inclusão de atividades próprias do período *estimação da receita* entre as operações específicas de *realização da receita*. Temos para nós que, do estágio *fixação*, a única atividade que se opera efetivamente dentro do período de realização da receita é o lançamento" (destaque no original)[60].

Corrigindo os apontados defeitos na esquematização dos estágios da receita tal como proposta pelo Regulamento Geral de Contabilidade Pública, entendemos serem dois os estágios (fases) pelos quais deve passar uma receita pública:

■ o da **previsão**, que compreende a elaboração da proposta orçamentária (ato administrativo) e a conversão da proposta em orçamento público (ato legislativo)[61]; e

■ o da **realização**, que compreende o lançamento, a arrecadação e o recolhimento[62].

---

[58] ANDRADE, Benedicto de. *Contabilidade pública*, p. 83.

[59] ANDRADE, Benedicto de. *Contabilidade pública*, p. 83. A respeito do emprego pelo Regulamento Geral de Contabilidade Pública da expressão "fixação", João Angélico apresenta outra possível explicação para tanto: "Talvez a intenção do legislador fosse a de empregar o vocábulo na acepção de *lançamento* que é a individualização do contribuinte, *fixando-lhe* sua obrigação fiscal para o exercício" (destaque no original) (*Contabilidade pública*, p. 48).

[60] ANGÉLICO, João. *Contabilidade pública*, p. 48.

[61] Nesse sentido: SILVA, Lino Martins da. *Contabilidade governamental:* um enfoque administrativo, p. 94.

[62] Nesse sentido, entendendo serem quatro os estágios da receita pública (previsão, lançamento, arrecadação e recolhimento): LEMES, Fábio Nogueira. *Orçamentos municipais e procedimentos legislativos:* orçamentos, procedimentos, legislação, p. 70-71; TÁMEZ, Carlos André Silva; MORAES JÚNIOR, José Jayme. *Finanças públicas*, p. 151. No mesmo sentido: CARVALHO, Deusvaldo. *Orçamento e contabilidade pública*, p. 153-154. O último autor, no entanto, na mesma obra, enquadra o lançamento no estágio de previsão da receita pública (CARVALHO, Deusvaldo. *Orçamento e contabilidade pública*, p. 157).

8 ■ Teoria Geral das Receitas Públicas

197

8.3.1. PREVISÃO

8.3.1.1. Noções gerais

A previsão da receita pública ocorre quando é **inserida no orçamento** (art. 165, § 8.º, CF), representando "a expectativa de realização das receitas estimadas na fase da elaboração do orçamento"[63]. Prever as receitas significa orçar as que possam ser arrecadadas dentro de um período, consoante as suas diferentes origens[64].

A previsão da receita corresponde, assim, aos valores que a lei orçamentária consignar, "pois são estimativas de receitas que se originam de estudos de previsão, antes de comporem o projeto de lei orçamentária"[65]. O estágio da receita pública correspondente à previsão, como destaca Heilio Kohama, "deve ser entendido e configurado com a edição legal do orçamento que, aliás, é o documento originário do início da escrituração contábil da receita do exercício"[66].

Ressalte-se, como dito anteriormente, que as receitas públicas no orçamento são **previstas**, e não **fixadas**, como ocorre com as despesas públicas. Isto porque na elaboração da lei orçamentária é impossível fixar, rigidamente, as receitas a serem arrecadadas, ao passo que a capacidade do Estado para gastar só depende dele[67] e, assim, tem a despesa pública um limite máximo a ser observado.

Dito de outro modo, os valores consignados no Orçamento a título de Despesa não podem ser ultrapassados (ressalvadas as hipóteses de despesas extraordinárias — também conhecidas como **extraorçamentárias**), como deixa claro o inciso II do art. 167 da CF, que assim dispõe:

> **Art. 167.** São vedados:
>
> (...)
>
> II — a realização de despesas ou a assunção de obrigações diretas que excedam os créditos orçamentários ou adicionais; (...)

Relativamente à receita, ao contrário, não fica o Administrador adstrito aos valores constantes do Orçamento, podendo arrecadar menos que o previsto (déficit) ou exceder a previsão (superávit), de vez que as receitas estão apenas estimadas (e não fixadas) na lei orçamentária, tendo-se em conta a instabilidade das principais fontes da receita pública[68].

---

[63] PERES, Lázaro Borges et al. *Contabilidade pública*, p. 57.

[64] SILVA, De Plácido e. *Noções de finanças e direito fiscal*, p. 62.

[65] KOHAMA, Heilio. *Contabilidade pública:* teoria e prática, p. 90. No dizer de Róbison de Castro, a previsão da receita "é a estimativa de quanto se espera arrecadar durante o exercício" (*Administração e direito financeiro e orçamentário*, p. 23).

[66] KOHAMA, Heilio. *Contabilidade pública:* teoria e prática, p. 91.

[67] DEODATO, Alberto. *Manual de ciência das finanças*, p. 39.

[68] MACHADO JÚNIOR, J. Teixeira. *Administração orçamentária comparada:* Brasil-Estados Unidos, p. 76.

Nesse sentido é a lição de Lino Martins da Silva: "Quanto à receita pública, ao estimar as receitas prováveis de cada fonte, o legislador não pretende limitar as faculdades de arrecadação do poder público. O objetivo de cálculo dos recursos é fundamentar o montante dos gastos e, por via de consequência, chegar ao nivelamento entre Receitas e Despesas. Entretanto, ao contrário das Despesas, tal previsão não constitui um limite, chegando ao qual a arrecadação deva ser suspensa"[69].

Esta, aliás, é a conclusão que se extrai da leitura do § 8.º do art. 165 da CF, que dispõe: "A lei orçamentária anual não conterá dispositivo estranho à **previsão da receita** e à **fixação da despesa** (...)" (destaque nosso).

8.3.1.2. A previsão da receita segundo a LRF

De acordo com o *caput* do art. 12 da LRF, as previsões de receita deverão:

◼ observar as normas técnicas e legais aplicáveis;

◼ considerar os efeitos das alterações na legislação, da variação do índice de preços, do crescimento econômico ou de qualquer outro fator relevante;

◼ ser acompanhadas de demonstrativo da evolução das receitas nos últimos 3 (três) anos, da projeção para os 2 (dois) seguintes àquele a que se referirem, e da metodologia de cálculo e premissas utilizadas[70].

Somente será admitida **reestimativa** de receita por parte do Poder Legislativo se restar comprovado **erro** ou **omissão** de ordem **técnica ou legal** (art. 12, § 1.º, LRF).

De acordo com o § 2.º do art. 12 da LRF, o montante previsto para as receitas de operações de crédito não poderá ser superior ao das despesas de capital constantes do projeto de lei orçamentária.

> **Observação:** O STF, apreciando a ADI 2.238/DF, entendeu que o § 2.º do art. 12 da LRF, ao prever limite textualmente diverso da regra do inciso III do art. 167 da CF, poderia ensejar interpretações distorcidas do teto a ser aplicado às receitas decorrentes de operações de crédito, razão pela qual conferiu **interpretação conforme** ao referido dispositivo para o fim de explicitar que a proibição **não abrange** operações de crédito autorizadas mediante créditos suplementares ou especiais com finalidade precisa, aprovados pelo Poder Legislativo, por maioria absoluta[71].

O Poder Executivo de cada ente da Federação deve disponibilizar aos demais Poderes e ao Ministério Público, em 30 (trinta) dias antes do prazo final de encaminhamento de suas propostas orçamentárias, os estudos e as estimativas de receitas para o exercício subsequente, inclusive da receita corrente líquida (RCL), e as respectivas memórias de cálculo (art. 12, § 3.º).

---

[69] SILVA, Lino Martins da. *Contabilidade governamental:* um enfoque administrativo, p. 39.

[70] Já dispunha a respeito a Lei n. 4.320/64, em seu art. 30: "A estimativa da receita terá por base as demonstrações a que se refere o artigo anterior à arrecadação dos três últimos exercícios, pelo menos, bem como as circunstâncias de ordem conjuntural e outras, que possam afetar a produtividade de cada fonte de receita".

[71] ADI 2.238/DF, Rel. Min. Alexandre de Moraes, Pleno, j. em 24.06.2020, *DJe*-228 15.09.2020.

8 ▫ Teoria Geral das Receitas Públicas

O Poder Executivo, no prazo de 30 (trinta) dias após a publicação do orçamento, é obrigado a desdobrar as receitas previstas em **metas bimestrais** de arrecadação para melhor controle da aplicação das receitas (art. 13, LRF). Quando cabível, poderá especificar, em separado:

- as medidas de combate à evasão e à sonegação fiscal;
- a quantidade e os valores de ações ajuizadas para cobrança da dívida ativa (execuções fiscais);
- a evolução do montante dos créditos tributários passíveis de cobrança na via administrativa.

O estudo do processo de previsão das receitas públicas, por envolver a elaboração da proposta orçamentária e a conversão desta em lei orçamentária (ato legislativo), será aprofundado no capítulo reservado ao Orçamento Público.

8.3.2. REALIZAÇÃO

Tal estágio ocorre quando a receita é, então, efetivada, o que se dá com a entrada do dinheiro nos cofres públicos.

São os seguintes os estágios da realização (execução) das receitas públicas:

- **lançamento;**
- **arrecadação;**
- **recolhimento.**

Vejamos, separadamente, cada um deles[72].

8.3.2.1. Lançamento

No dizer de João Angélico, o lançamento "é a individualização e o relacionamento dos contribuintes, discriminando a espécie, o valor e o vencimento do imposto de cada um"[73].

Diferentemente do que o conceito transcrito deixa transparecer, são objeto de lançamento não apenas os tributos, mas, de igual modo, **quaisquer outras rendas (receitas)** com vencimento determinado em lei, regulamento ou contrato (art. 52, Lei n. 4.320/64).

O lançamento da receita pode ser definido, pois, como o ato da repartição competente, que verifica a procedência do crédito fiscal e a pessoa que lhe é devedora e inscreve o débito desta (art. 53, Lei n. 4.320/64).

---

[72] Para José Afonso da Silva, não ocorrem, no caso das receitas públicas não tributárias, salvo para as sanções pecuniárias (multas), as mesmas três etapas de execução. E justifica sua opinião: "Com efeito, não se pode falar em *lançamento* em relação à receita não tributária. No mais das vezes não existirá uma fase de fixação dessa receita. Haverá, é certo, sua *arrecadação*, que é sua percepção efetiva, seu recebimento e guarda, e seu *recolhimento* (...). Rigorosamente só cabe falar em duas fases nessa hipótese". Conclui, assim, o referido autor, que "os arts. 51 a 56 da Lei n. 4.320 sobre o assunto, naquilo que não sofreram modificações pelo Decreto-lei n. 200, só se aplicam às receitas tributárias" (destaque no original) (*Orçamento-programa no Brasil*, p. 333).

[73] ANGÉLICO, João. *Contabilidade pública*, p. 49.

O direito do Estado de receber determinada receita pública não surge com o lançamento, porquanto tal direito é preexistente àquele ato, sendo, pelo lançamento, apenas declarado (reconhecido). O lançamento tem também, entretanto, um efeito constitutivo, porque agrega algo a uma situação preexistente. Com efeito, antes do lançamento existe, para o Estado, um direito a receber um crédito ainda ilíquido e, portanto, inexigível, ao qual o referido ato agrega os atributos da **liquidez** e **exigibilidade** (administrativa). Antes do lançamento, o crédito não era líquido nem exigível, passando a sê-lo depois do ato de lançamento.

> **Observação:** É importante ressaltar que a exigibilidade conferida pelo lançamento ao direito creditório do Estado é **administrativa**, isto é, com o lançamento o sujeito ativo passa a ter o direito de exigir seu crédito na esfera administrativa, **não na judicial**. A exigibilidade judicial do crédito do Estado somente surge com outra formalização específica, que é a inscrição do débito (a que se refira o crédito) **em dívida ativa**[74].

Portanto, embora não sendo constitutivo do direito creditício do Estado (que, como dito, é anterior ao lançamento), é indubitável que o lançamento individualiza esse direito, delineando-o concretamente, ao determinar certos elementos que, de outra forma, ficariam latentes e incapazes de produzir os seus próprios efeitos.

Especificamente em matéria de receitas tributárias, são três as modalidades de lançamento adotadas pelo direito brasileiro:

- **de ofício**;
- **por declaração**; e
- **por homologação**.

Diz-se que o lançamento é **de ofício** quando realizado por iniciativa da autoridade administrativa, sem intervenção do sujeito passivo (art. 149, CTN).

O lançamento é **por declaração** quando efetuado pela autoridade administrativa com base na declaração do sujeito passivo ou de terceiro, isto é, quando um ou outro, na forma da legislação tributária, presta à autoridade administrativa informações sobre matéria de fato, indispensável à sua efetivação (art. 147, CTN).

Já o lançamento **por homologação** ocorre no âmbito daqueles tributos cuja legislação atribua ao sujeito passivo o dever de antecipar o pagamento sem prévio exame da autoridade administrativa, operando-se o lançamento, no caso, pelo ato em que a referida autoridade, tomando conhecimento da atividade assim exercida pelo obrigado, expressamente a homologa (art. 150, CTN).

8.3.2.2. Arrecadação

A arrecadação da receita ocorre no momento em que os devedores comparecem perante os agentes arrecadadores oficiais (repartições públicas) ou autorizados (bancos credenciados, correios etc.), a fim de liquidarem suas obrigações para com o Estado[75].

---

[74] NOGUEIRA, Ruy Barbosa. *Curso de direito tributário*, p. 228.

[75] CARVALHO, José Carlos Oliveira de. *Orçamento público*, p. 26; ANGÉLICO, João. *Contabilidade pública*, p. 49. Relativamente às receitas tributárias, quando a legislação não fixar o tempo do

É que os contribuintes não têm acesso direto ao Tesouro Público, devendo, por conseguinte, liquidar suas prestações perante um órgão intermediário denominado **agente arrecadador** — que, em regra são os bancos autorizados a arrecadar receitas públicas ou as próprias repartições do Governo com aquela atribuição (tesourarias, exatorias, postos fiscais etc.).

Os agentes da arrecadação devem fornecer recibos das importâncias que arrecadarem (art. 55, Lei n. 4.320/64).

8.3.2.3. Recolhimento

O recolhimento da receita é o ato pelo qual os agentes arrecadadores **repassam** (entregam) ao Tesouro Público os valores recebidos, isto é, o produto da arrecadação. Dito de outro modo, é pelo recolhimento que se efetiva a entrada do dinheiro nos cofres públicos[76].

Como bem observa Heilio Kohama, a arrecadação e o recolhimento das receitas são "fases que se complementam, mesmo porque, nos dias atuais, o desenvolvimento experimentado no setor, com o aproveitamento e introdução do processamento de dados, cada vez mais dificulta a compreensão dessas etapas separadamente"[77].

O recolhimento de todas as receitas (tributárias ou não tributárias) far-se-á em estrita observância ao **princípio de unidade de tesouraria**, sendo vedada qualquer fragmentação para criação de caixas especiais (art. 56, Lei n. 4.320/64).

Somente com o recolhimento é que se pode dizer que os recursos estão efetivamente disponíveis para utilização pelo Poder Público[78].

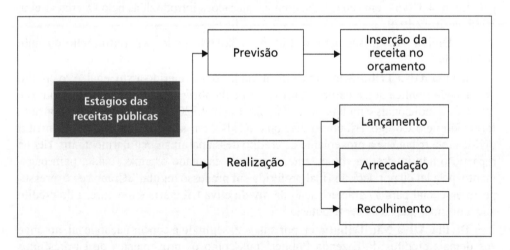

pagamento, o vencimento do crédito ocorre 30 (trinta) dias depois da data em que se considera o sujeito passivo notificado do lançamento (art. 160, *caput*, CTN).

[76] BERNARDES, C. de Alvarenga; ALMEIDA FILHO, J. Barbosa de. *Direito financeiro e finanças*, p. 123; PERES, Lázaro Borges et al. *Contabilidade pública*, p. 59.

[77] KOHAMA, Heilio. *Contabilidade pública:* teoria e prática, p. 93.

[78] PISCITELLI, Roberto Bocaccio et al. *Contabilidade pública:* uma abordagem da administração financeira pública, p. 97.

8.4. DÍVIDA ATIVA

8.4.1. FINALIDADE DA INSCRIÇÃO EM DÍVIDA ATIVA

Tendo sido efetuado o lançamento da receita pública (tributária ou não tributária) e decorrido o prazo para pagamento sem que tenha sido efetuado, o crédito da Fazenda Pública será inscrito como Dívida Ativa (art. 39, *caput* e § 1.º, Lei n. 4.320/64), a fim de **possibilitar sua execução judicial**.

Isto porque, consoante anteriormente exposto, a exigibilidade judicial (ou exequibilidade) do direito creditório da Fazenda Pública somente surge com a inscrição deste em dívida ativa.

A chamada "Dívida Ativa" constitui-se, assim, em um conjunto de direitos e créditos de várias naturezas, em favor da Fazenda Pública, **vencidos e não pagos** pelos devedores, inscritos em registro próprio.

8.4.2. DEFINIÇÃO DE DÍVIDA ATIVA

A **Lei n. 6.830, de 22.09.1980**, conhecida como **Lei de Execuções Fiscais (LEF)**, assim dispõe, em seu art. 2.º, *caput*: "Constitui Dívida Ativa da Fazenda Pública aquela definida como tributária ou não tributária na Lei n. 4.320, de 17.03.1964, com as alterações posteriores, que estatui normas gerais de direito financeiro para elaboração e controle dos orçamentos e balanços da União, dos Estados, dos Municípios e do Distrito Federal".

Como se vê, a definição de "dívida ativa" não é formulada pela Lei n. 6.830/80, mas pela Lei n. 4.320/64, em seu art. 39, com as alterações introduzidas pelo Decreto-Lei n. 1.735, de 20.12.1979.

A Dívida Ativa, segundo a Lei n. 4.320/64, pode ser **tributária** ou **não tributária**[79].

Dívida Ativa Tributária, em conformidade com o referido texto legal, é "o crédito da Fazenda Pública dessa natureza, proveniente da obrigação legal relativa a tributos e respectivos adicionais e multas" (art. 39, § 2.º, Lei n. 4.320/64). Semelhante é o conceito fornecido pelo Código Tributário Nacional (CTN), em seu art. 201, *caput*: "Constitui dívida ativa tributária a proveniente de crédito dessa natureza, regularmente inscrita na repartição administrativa competente, depois de esgotado o prazo fixado, para pagamento, pela lei ou por decisão final proferida em processo regular". Como se vê, pressuposto essencial para a caracterização da dívida ativa tributária é a natureza do crédito que a origina, que há de ser tributário[80].

Dívida Ativa Não Tributária, por sua vez, segundo a conceituação legal, abrange "os demais créditos da Fazenda Pública, tais como os provenientes de empréstimos

---

[79] "Conforme dispõem os arts. 2.º e 3.º da Lei n. 6.830/80, e 39, § 2.º, da Lei n. 4.320/64, o conceito de dívida ativa envolve apenas créditos certos e líquidos. Assim, tanto a dívida ativa tributária como a não tributária requer o preenchimento desses requisitos" (STJ, AgRg no AREsp 34.973/SE, Rel. Min. Humberto Martins, 2.ª Turma, j. em 03.11.2011, *DJe* 11.11.2011). No mesmo sentido: REsp 1.172.126/SC, Rel. Min. Humberto Martins, 2.ª Turma, j. em 21.09.2010, *DJe* 25.10.2010.

[80] MORAES, Bernardo Ribeiro de. *Dívida ativa*, p. 47.

8 ▪ Teoria Geral das Receitas Públicas

compulsórios, contribuições estabelecidas em lei, multas de qualquer origem ou natureza, exceto as tributárias, foros, laudêmios, aluguéis ou taxas de ocupação, custas processuais, preços de serviços prestados por estabelecimentos públicos, indenizações, reposições, restituições, alcances dos responsáveis definitivamente julgados, bem assim os créditos decorrentes de obrigações em moeda estrangeira, de sub-rogação de hipoteca, fiança, aval ou outra garantia, de contratos em geral ou de outras obrigações legais" (art. 39, § 2.º, Lei n. 4.320/64)[81].

> **Observação:** "O conceito de dívida ativa não tributária, embora amplo, não autoriza a Fazenda Pública a tornar-se credora de todo e qualquer débito. A dívida cobrada há de ter relação com a atividade própria da pessoa jurídica de direito público" (STJ, **REsp 414.916/PR**, Rel. Min. José Delgado, 1.ª Turma, j. em 23.04.2002, *DJ* 20.05.2002, p. 111)[82].

A definição legal de dívida ativa tributária não merece maiores considerações. Já a definição de dívida ativa não tributária necessita certos reparos, pois:

- ▪ os empréstimos compulsórios (art. 148, CF), como exposto anteriormente, são tributos e, assim, geram dívida ativa **tributária**[83];

- ▪ as contribuições especiais (art. 149, CF), que são estabelecidas em lei, por serem tributos, geram, quando inscritas na repartição competente, dívida ativa **tributária**;

- ▪ as custas processuais (judiciais) tem natureza jurídica de taxas[84] e, assim, quando inscritas, constituem dívida ativa **tributária**.

---

[81] Confira-se, a respeito, o seguinte julgado do STJ: "O fato de a Lei de Execuções Fiscais (Lei 6.830/91) afirmar que os débitos de natureza não tributária compõem a dívida ativa da Fazenda Pública não faz com que tais débitos passem, apenas em razão de sua inscrição na dívida ativa, a ter natureza tributária. Isso, simplesmente, porque são oriundos de relações outras, diversas daquelas travadas entre o estado, na condição de arrecadador, e o contribuinte, na qualidade de sujeito passivo da obrigação tributária" (REsp 1.073.094/PR, Rel. Min. Benedito Gonçalves, 1.ª Turma, j. em 17.09.2009, *DJe* 23.09.2009).

[82] No mesmo sentido: REsp 439.565/PR, Rel. Min. José Delgado, 1.ª Turma, j. em 15.10.2002, *DJ* 11.11.2002, p. 160; REsp 867.718/PR, Rel. Min. Teori Albino Zavascki, 1.ª Turma, j. em 18.12.2008, *DJe* 04.02.2009.

[83] Nesse sentido: MORAES, Bernardo Ribeiro de. *Dívida ativa*, p. 52, nota 27.

[84] Nesse sentido é a jurisprudência do STF: Rp 1.077/RJ, Rel. Min. Moreira Alves, Pleno, j. em 28.03.1984, *DJ* 28.09.1984, p. 15955; Rp 1.139/BA, Rel. p/ Acórdão Min. Néri da Silveira, Pleno, j. em 09.04.1986, *DJ* 30.10.1992, p. 19514; Rp 1.295/RS, Rel. Min. Moreira Alves, Pleno, j. em 09.09.1987, *DJ* 17.03.1989, p. 3604; ADI-MC 1.378/ES, Rel. Min. Celso de Mello, Pleno, j. em 30.11.1995, *DJ* 30.05.1997, p. 23175; ADI 948/GO, Rel. Min. Francisco Rezek, Pleno, j. em 09.11.1995, *DJ* 17.03.2000, p. 2; ADI-MC 1.772/MG, Rel. Min. Carlos Velloso, Pleno, j. em 15.04.1998, *DJ* 08.09.2000, p. 4; ADI-MC 1.707/MT, Rel. Min. Moreira Alves, Pleno, j. em 01.07.1998, *DJ* 16.10.1998, p. 6; ADI 1.145/PB, Rel. Min. Carlos Velloso, Pleno, j. em 03.10.2002, *DJ* 08.11.2002, p. 20. Também os emolumentos extrajudiciais possuem natureza jurídica de taxas, segundo a jurisprudência do STF: ADI-MC 1.790/DF, Rel. Min. Sepúlveda Pertence, Pleno, j. em 23.04.1998, *DJ* 08.09.2000, p. 4; ADC-MC 5/DF, Rel. Min. Nelson Jobim, Pleno, j. em 17.11.1999, *DJ* 19.09.2003, p. 13; ADI 1.709/MT, Rel. Min. Maurício Corrêa, Pleno, j. em 10.02.2000, *DJ* 31.03.2000, p. 38; ADI-MC 2.129/MS, Rel. Min. Eros Grau, Pleno, j. em 10.05.2000, *DJ* 11.03.2005, p. 6; ADI 1.444/PR,

> **Observação:** Nos termos do § 1.º do art. 2.º da Lei n. 6.830/80, também constitui dívida ativa da Fazenda Pública qualquer valor (entenda-se qualquer crédito) que, por determinação da lei, deva ser cobrado por uma das entidades enumeradas no art. 1.º da citada lei, a saber: a União, os Estados, o Distrito Federal, os Municípios e respectivas autarquias.

Ressalte-se que as **multas** devidas à Fazenda Pública, **conforme a sua origem**, podem enquadrar-se no conceito de dívida ativa tributária ou não tributária: se tais penalidades pecuniárias decorrerem do descumprimento de obrigação tributária (art. 113, CTN), serão inscritas como dívida ativa **tributária**; as demais multas (exceto as tributárias) serão inscritas como dívida ativa **não tributária**[85]. Assim, por exemplo, uma multa aplicada pela Agência Nacional de Saúde Suplementar (ANS) a uma operadora de plano de saúde, em Processo Administrativo Sancionador (PAS), não sendo paga no prazo regulamentar, será inscrita como dívida ativa **não tributária**[86].

8.4.3. PRESSUPOSTOS DA INSCRIÇÃO EM DÍVIDA ATIVA

A inscrição de um crédito da Fazenda Pública em dívida ativa depende da existência de determinados pressupostos, cuja ausência macula a validade do procedimento de inscrição e da cobrança dela decorrente.

São os seguintes os pressupostos da inscrição em dívida ativa:

◼ tratar-se de um crédito da Fazenda Pública ou de pessoa a ela equiparada;

◼ não ter sido pago, espontaneamente, no vencimento;

◼ haver sido objeto de exame, pelo órgão competente, quanto à legitimidade da obrigação — se a lei assim o exigir.

Quanto a este último requisito, cabe ressaltar que o CTN veda a inscrição em dívida ativa de crédito em relação ao qual esteja pendente de decisão alguma impugnação ou recurso interposto pelo sujeito passivo.

Todavia, a jurisprudência do Superior Tribunal de Justiça (STJ) é no sentido de que, em se tratando de tributo sujeito a lançamento por homologação e tendo havido a declaração de débito por parte do contribuinte, não sendo pago dentro do prazo de vencimento, não se faz necessário o lançamento de ofício para constituição do crédito tributário, pois o débito pode, desde logo, ser inscrito em dívida ativa[87]:

Rel. Min. Sydney Sanches, Pleno, j. em 12.02.2003, *DJ* 11.04.2003, p. 25; ADI 1.624/MG, Rel. Min. Carlos Velloso, Pleno, j. em 08.05.2003, *DJ* 13.06.2003, p. 8; ADI 2.653/MT, Rel. Min. Carlos Velloso, Pleno, j. em 08.10.2003, *DJ* 31.10.2003, p. 14; ADI 3.694/AP, Rel. Min. Sepúlveda Pertence, Pleno, j. em 20.09.2006, *DJ* 06.11.2006, p. 30.

[85] Nesse sentido: STJ, REsp 1.248.719/PR, Rel. Min. Herman Benjamin, 2.ª Turma, j. em 24.05.2011, *DJe* 30.05.2011.

[86] STJ, AgInt no AREsp 1.417.876/RJ, Rel. Min. Francisco Falcão, 2.ª Turma, j. em 04.10.2021, *DJe* 07.10.2021.

[87] Nesse sentido: REsp 567.737/SP, Rel. Min. João Otávio de Noronha, 2.ª Turma, j. em 07.11.2006, *DJ* 04.12.2006, p. 279; REsp 644.802/PR, Rel. Min. Eliana Calmon, 2.ª Turma, j. em 27.03.2007, *DJ* 13.04.2007, p. 363; REsp 695.605/PR, Rel. Min. Teori Albino Zavascki, 1.ª Turma, j. em 06.03.2007, *DJ* 26.03.2007, p. 207.

8 ◼ Teoria Geral das Receitas Públicas
205

Nesse sentido também é a jurisprudência do Supremo Tribunal Federal (STF), que não vê transgressão do disposto no inciso LV do art. 5.º da CF/88:

> **Ementa:** TRIBUTO — AUTOLANÇAMENTO — EXIGIBILIDADE. O instituto do autolançamento do tributo, a revelar, em última análise, a confissão do contribuinte, dispensa a notificação para ter-se a exigibilidade — precedentes: Recursos Extraordinários n. 107.741-7/SP, relator ministro Francisco Rezek, com acórdão publicado no *Diário da Justiça* de 4 de abril de 1986; n. 102.059-8/SP, relator ministro Sydney Sanches, com acórdão publicado no *Diário da Justiça* de 1.º de março de 1985; n. 93.039-6/SP, relator ministro Djaci Falcão, com acórdão publicado no *Diário da Justiça* de 12 de abril de 1982; n. 93.036-1/SP, relator ministro Rafael Mayer, com acórdão publicado no *Diário da Justiça* de 17 de outubro de 1980; e n. 87.229/SP, relator ministro Cordeiro Guerra, com acórdão publicado no *Diário da Justiça* de 31 de março de 1978 (**AI-AgR 539.891/RS**, Rel. Min. Marco Aurélio, 1.ª Turma, j. em 22.05.2007, *DJ* 21.09.2007, p. 24)[88].

Entende o STF que, em se tratando de tributo sujeito a lançamento por homologação, o crédito tributário considera-se definitivamente constituído com a apuração feita pelo sujeito passivo da obrigação tributária. Não há, assim, necessidade de instauração de procedimento administrativo para a inscrição e posterior cobrança judicial do débito fiscal, declarado e não pago, cuja liquidez e certeza foram declaradas pelo próprio contribuinte[89].

Como se vê, os Tribunais Superiores entendem que a cobrança será feita a partir da indicação formalizada pelo próprio contribuinte, que equivale à confissão do débito, dispensando, por conseguinte, a instauração de processo administrativo.

Todavia, se o Fisco **não concordar** com o montante apurado e declarado pelo contribuinte, deverá necessariamente proceder ao lançamento suplementar (de ofício),

---

[88] Além das decisões citadas como precedentes na ementa do acórdão proferido no AI-AgR 539.891/RS, podemos citar, ainda, no mesmo sentido, os seguintes julgados do STF: RE 84.995/SP, Rel. Min. Bilac Pinto, 1.ª Turma, j. em 25.03.1977, *DJ* 25.04.1977; RE 113.798/SP, Rel. Min. Djaci Falcão, 2.ª Turma, j. em 08.09.1987, *DJ* 18.12.1987, p. 29145; AI-AgR 144.609/SP, Rel. Min. Maurício Corrêa, 2.ª Turma, j. em 11.04.1995, *DJ* 01.09.1995, p. 27385; AI-AgR 144.301/SP, Rel. Min. Maurício Corrêa, 2.ª Turma, j. em 11.04.1995, *DJ* 29.09.1995 p. 31907; AI-AgR 141.309/SP, Rel. Min. Maurício Corrêa, 2.ª Turma, j. em 05.06.1995, *DJ* 15.09.1995, p. 29514; AI-AgR 767.629/SP, Rel. Min. Cármen Lúcia, 1.ª Turma, j. em 08.02.2011, *DJe*-055 24.03.2011.

[89] Ressalte-se que, com base nos mesmos fundamentos, o STF decidiu pela desnecessidade de prova pericial, na fase de embargos à execução, em se tratando de autolançamento de débito fiscal declarado e não pago: "Ementa: CERCEIO DE DEFESA — INCISO LV DO ARTIGO 5.º DA CONSTITUIÇÃO FEDERAL — TRIBUTO — AUTOLANÇAMENTO — EMBARGOS EM EXECUÇÃO — PERÍCIA. Não configura violência ao inciso LV do rol das garantias constitucionais decisão que, em embargos a execução, resulta no indeferimento de prova pericial, tendo em conta o fato de a cobrança do tributo resultar de autolançamento" (AI-AgR 167.503/SP, Rel. Min. Marco Aurélio, 2.ª Turma, j. em 12.03.1996, *DJ* 26.04.1996 p. 13122). No mesmo sentido: AI-AgR 201.937/SP, Rel. Min. Marco Aurélio, 2.ª Turma, j. em 23.03.1998, *DJ* 30.04.1998 p. 12; RE 90.592/SP, Rel. Min. Cordeiro Guerra, 2.ª Turma, j. em 25.09.1979, *DJ* 15.10.1979, p. 7658; AI-AgR 72.611/SP, Rel. Min. Cordeiro Guerra, 2.ª Turma, j. em 09.05.1978, *DJ* 30.06.1978, p. 4841.

206 Direito Financeiro e Econômico Esquematizado — Carlos Alberto de Moraes Ramos Filho

constituindo regularmente o crédito tributário por meio de procedimento administrativo, não sendo possível, nesse caso, inscrever, de imediato, o débito na dívida ativa[90].

Assim, desde que não haja, por parte do Fisco, discordância quanto ao valor declarado pelo contribuinte e não pago, é possível a inscrição direta do citado débito na Dívida Ativa, sem necessidade de lançamento de ofício e de instauração de processo administrativo.

8.4.4. TERMO DE INSCRIÇÃO DE DÍVIDA ATIVA

Com a inscrição do crédito da Fazenda Pública em dívida ativa, lavra-se o **Termo de Inscrição de Dívida Ativa**, documento que, nos termos do § 5.º do art. 2.º da Lei n. 6.830/80, deverá conter:

☐ o nome do devedor, dos corresponsáveis e, sempre que conhecido, o domicílio ou residência de um e de outros;

☐ o valor originário da dívida, bem como o termo inicial e a forma de calcular os juros de mora e demais encargos previstos em lei ou contrato;

☐ a origem, a natureza e o fundamento legal ou contratual da dívida;

☐ a indicação, se for o caso, de estar a dívida sujeita à atualização monetária, bem como o respectivo fundamento legal e o termo inicial para o cálculo;

☐ a data e o número da inscrição, no Registro de Dívida Ativa; e

☐ o número do processo administrativo ou do auto de infração, se neles estiver apurado o valor da dívida.

8.4.5. CERTIDÃO DE DÍVIDA ATIVA (CDA)

No momento da inscrição do crédito da Fazenda Pública em dívida ativa é expedido, ainda, outro documento, denominado **Certidão de Dívida Ativa (CDA)**, que deve conter os mesmos elementos do Termo de Inscrição (art. 2.º, § 6.º, Lei n. 6.830/80).

A CDA da Fazenda Pública da União, dos Estados, do Distrito Federal e dos Municípios, correspondente aos créditos inscritos na forma da lei, constitui **título executivo extrajudicial** (art. 784, inciso IX, CPC), possibilitando, pois, a execução judicial dele.

> **Observação:** Não se faz necessário que a Fazenda Pública inscreva em dívida ativa título que **já possua força executiva**, como é o caso das decisões condenatórias proferidas pelo Tribunal de Contas da União (TCU), às quais é atribuída eficácia de título executivo (art. 71, § 3.º, CF)[91]. Nesses casos, entende o STJ que é supérflua a submissão à inscrição em dívida ativa: "Inclusive, de se notar que forçar a Fazenda a submeter título que já possui força executiva ao rito da Lei de Execuções Fiscais, demandando, assim, prévia inscrição em dívida ativa — ao invés de simplesmente aplicar-se o rito do Código de Processo Civil para a execução de títulos executivos extrajudiciais —, equivale a impor contra ela mais ônus, quando

---

[90] Nesse sentido: STJ, REsp 770.613/PR, Rel. Min. Eliana Calmon, 2.ª Turma, j. em 12.06.2007, *DJ* 29.06.2007, p. 540.

[91] CF/88: "Art. 71. (...) § 3.º As decisões do Tribunal de que resulte imputação de débito ou multa terão eficácia de título executivo".

8 ◼ Teoria Geral das Receitas Públicas

a proposta da criação de um regime próprio objetivava conferir maior agilidade e efetividade às execuções públicas" (**REsp 1.149.390/DF**, Rel. Min. Mauro Campbell Marques, 2.ª Turma, j. em 22.06.2010, *DJe* 06.08.2010)[92]. Assim, consoante a orientação jurisprudencial predominante no STJ, não se aplica a Lei n. 6.830/80 à execução de decisão condenatória do TCU **quando não houver inscrição em dívida ativa**: "Tais decisões já são títulos executivos extrajudiciais, de modo que prescindem da emissão de Certidão de Dívida Ativa — CDA, o que determina a adoção do rito do CPC **quando o administrador discricionariamente opta pela não inscrição**" (**REsp 1.295.188/DF**, Rel. Min. Mauro Campbell Marques, 2.ª Turma, j. em 14.02.2012, *DJe* 24.02.2012)[93].

8.4.6. PROTESTO DAS CERTIDÕES DE DÍVIDA ATIVA

A Lei n. 9.492, de 10.09.1997, dispõe sobre os serviços concernentes ao **protesto**, como tal considerado, nos termos do art. 1.º do citado diploma, o ato formal e solene pelo qual se provam a inadimplência e o descumprimento de obrigação originada em **títulos e outros documentos de dívida**.

A Lei n. 12.767, de 27.12.2012, incluiu no art. 1.º da Lei n. 9.492/97 o parágrafo único com a seguinte redação: "Incluem-se entre os títulos sujeitos a protesto as **certidões de dívida ativa** da União, dos Estados, do Distrito Federal, dos Municípios e das respectivas autarquias e fundações públicas" (destaque nosso).

O STF reconheceu a **constitucionalidade** do protesto das certidões de dívida ativa. Tal tese, definida no julgamento da Ação Direta de Inconstitucionalidade (ADI) 5.135/DF, foi assim redigida: "O protesto das Certidões de Dívida Ativa constitui mecanismo **constitucional e legítimo**, por não restringir de forma desproporcional quaisquer direitos fundamentais garantidos aos contribuintes e, assim, não constituir sanção política" (destaque nosso)[94].

No referido julgado, decidiu o STF que:

◼ o fato de a execução fiscal ser o instrumento típico para a cobrança judicial da Dívida Ativa não exclui mecanismos extrajudiciais, como o protesto de CDA;

◼ o protesto não impede o devedor de acessar o Poder Judiciário para discutir a validade do crédito;

---

[92] No mesmo sentido: STJ, REsp 1.059.393/RN, Rel. Min. Castro Meira, 2.ª Turma, j. em 23.09.2008, *DJe* 23.10.2008; REsp 1.112.617/PB, Rel. Min. Teori Albino Zavascki, 1.ª Turma, j. em 26.05.2009, *DJe* 03.06.2009; REsp 1.259.704/SE, Rel. Min. Mauro Campbell Marques, 2.ª Turma, j. em 04.08.2011, *DJe* 15.08.2011.

[93] No mesmo sentido: STJ, AgRg no REsp 1.322.774/SE, Rel. Min. Mauro Campbell Marques, 2.ª Turma, j. em 26.06.2012, *DJe* 06.08.2012; REsp 1.390.993/RJ, Rel. Min. Mauro Campbell Marques, 2.ª Turma, j. em 10.09.2013, *DJe* 17.09.2013.

[94] ADI 5.135/DF, Rel. Min. Roberto Barroso, Pleno, j. em 09.11.2016, *DJe*-022 07.02.2018. Em monografia dedicada ao tema, Carlos Rogério de Oliveira Londe destaca que a publicidade que o protesto de títulos possui pode levar a **dificuldades** "de exercício de atividade profissional, mas não ao impedimento de tal atividade". E reitera: "Causar restrição ao nome é muito diferente de impedir o exercício profissional" (*O protesto extrajudicial de certidões de dívida ativa prévio à execução fiscal*, p. 103).

■ a publicidade que é conferida ao débito tributário pelo protesto não representa embaraço à livre-iniciativa e à liberdade profissional, pois não compromete diretamente a organização e a condução das atividades societárias (diferentemente das hipóteses de interdição de estabelecimento[95], apreensão de mercadorias etc.[96,97]);

■ eventual restrição à linha de crédito comercial da empresa seria, quando muito, uma decorrência indireta do instrumento, que, porém, não pode ser imputada ao Fisco, mas aos próprios atores do mercado creditício;

■ o protesto atende ao princípio da proporcionalidade (razoabilidade), por ser medida:

a) adequada, pois confere maior publicidade ao descumprimento das obrigações tributárias e serve como importante mecanismo extrajudicial de cobrança, que estimula a adimplência, incrementa a arrecadação e promove a justiça fiscal;

b) necessária, pois permite alcançar os fins pretendidos de modo menos gravoso para o contribuinte (já que não envolve penhora, custas, honorários etc.) e mais eficiente para a arrecadação tributária em relação ao executivo fiscal (que apresenta alto custo, reduzido índice de recuperação dos créditos públicos e contribui para o congestionamento do Poder Judiciário); e

c) proporcional em sentido estrito, uma vez que os eventuais custos do protesto de CDA (limitações creditícias) são compensados largamente pelos seus benefícios, a saber: (i) a maior eficiência e economicidade na recuperação dos créditos tributários, (ii) a garantia da livre concorrência, evitando-se que agentes possam extrair vantagens competitivas indevidas da sonegação de tributos, e (iii) o alívio da sobrecarga de processos do Judiciário, em prol da razoável duração do processo.

O STJ, por sua vez, no julgamento do Recurso Especial (REsp) 1.686.659/SP, submetido ao rito dos recursos repetitivos, fixou a seguinte tese: "A Fazenda Pública possui interesse e pode efetivar o protesto da CDA, documento de dívida, na forma do art. 1.º, parágrafo único, da Lei n. 9.492/1997, com a redação dada pela Lei n. 12.767/2012"[98].

8.4.7. EXECUÇÃO JUDICIAL DA DÍVIDA ATIVA

A execução judicial da dívida ativa da União, dos Estados, do Distrito Federal, dos Municípios e respectivas autarquias é feita em conformidade com o que dispõe a **Lei n.**

---

[95] Súmula 70, STF: "É inadmissível a interdição de estabelecimento como meio coercitivo para cobrança de tributo".

[96] Súmula 323, STF: "É inadmissível a apreensão de mercadorias como meio coercitivo para pagamento de tributos".

[97] Súmula 547, STF: "Não é lícito à autoridade proibir que o contribuinte em débito adquira estampilhas, despache mercadorias nas alfândegas e exerça suas atividades profissionais".

[98] REsp 1.686.659/SP, Rel. Min. Herman Benjamin, 1.ª Seção, j. em 28.11.2018, *DJe* 11.03.2019. Ressalte-se que o STJ já havia analisado a questão em outra oportunidade, tendo decidido de igual modo: REsp 1.126.515/PR, Rel. Min. Herman Benjamin, 2.ª Turma, j. em 03.12.2013, *DJe* 16.12.2013.

8 ▣ Teoria Geral das Receitas Públicas

6.830/80, aplicando-se apenas subsidiariamente o Código de Processo Civil (CPC, Lei n. 13.105, de 16.03.2015)[99].

> **Observação:** As **contribuições (anuidades)** cobradas pela Ordem dos Advogados do Brasil (OAB) **não seguem** o rito estabelecido pela Lei n. 6.830/80 (STJ, **REsp 497.871/SC**, Rel. Min. Eliana Calmon, 2.ª Turma, j. em 15.05.2003, *DJ* 02.06.2003, p. 292).

O processo de cobrança judicial da dívida ativa é designado **Execução Fiscal**, denominação esta decorrente da peculiaridade do exequente — a Fazenda Pública, o "Fisco" —, não servindo apenas para **créditos tributários**, mas também para a execução da dívida ativa **não tributária**[100].

Ressalte-se, no entanto, que os créditos que integram a dívida ativa não tributária (art. 39, § 2.º, Lei n. 4.320/64) não se submetem às disposições constantes do Código Tributário Nacional, por não se subsumirem ao conceito de tributo previsto em seu art. 3.º[101].

A Dívida Ativa inscrita goza da **presunção de certeza e liquidez** (art. 3.º, *caput*, Lei n. 6.830/80)[102]. Tal presunção, no entanto, é **relativa**, podendo ser derrogada por prova inequívoca, cuja apresentação cabe ao sujeito passivo ou terceiro a que aproveite (art. 3.º, parágrafo único, Lei n. 6.830/80)[103].

Vale destacar que, tratando-se de execução de **honorários** fixados em **sentença judicial**, a Fazenda Pública deve utilizar-se do **rito previsto no CPC**, uma vez que o procedimento da Lei n. 6.830/80 (LEF) destina-se à execução da dívida ativa da União,

---

[99] Lei n. 6.830/80: "Art. 1.º A execução judicial para cobrança da Dívida Ativa da União, dos Estados, do Distrito Federal, dos Municípios e respectivas autarquias será regida por esta Lei e, subsidiariamente, pelo Código de Processo Civil".

[100] Nesse sentido são os seguintes julgados do STJ: REsp 462.823/SC, Rel. Min. Eliana Calmon, 2.ª Turma, j. em 11.05.2004, *DJ* 14.06.2004, p. 194; EREsp 463.258/SC, Rel. Min. Eliana Calmon, 1.ª Seção, j. em 10.12.2003, *DJ* 29.03.2004, p. 167; REsp 497.871/SC, Rel. Min. Eliana Calmon, 2.ª Turma, j. em 15.05.2003, *DJ* 02.06.2003, p. 292; REsp 688.689/SP, Rel. Min. Eliana Calmon, 2.ª Turma, j. em 14.06.2005, *DJ* 15.08.2005, p. 277; REsp 856.272/RS, Rel. Min. Luiz Fux, 1.ª Turma, j. em 16.10.2007, *DJ* 29.11.2007, p. 198; REsp 1.100.578/MS, Rel. Min. Benedito Gonçalves, 1.ª Turma, j. em 15.09.2009, *DJe* 23.09.2009.

[101] Por essa razão, não é aplicável nas execuções fiscais que tenham por objeto débitos de natureza não tributária o art. 185-A do CTN (incluído pela Lei Complementar n. 118, de 09.02.2005), cujo *caput* tem a seguinte redação: "Art. 185-A. Na hipótese de o devedor tributário, devidamente citado, não pagar nem apresentar bens à penhora no prazo legal e não forem encontrados bens penhoráveis, o juiz determinará a indisponibilidade de seus bens e direitos, comunicando a decisão, preferencialmente por meio eletrônico, aos órgãos e entidades que promovem registros de transferência de bens, especialmente ao registro público de imóveis e às autoridades supervisoras do mercado bancário e do mercado de capitais, a fim de que, no âmbito de suas atribuições, façam cumprir a ordem judicial". Nesse sentido já decidiu o STJ: "A leitura do artigo 185-A do CTN evidencia que apenas pode ter a indisponibilidade de seus bens decretada o devedor tributário" (**REsp 1.073.094/PR**, Rel. Min. Benedito Gonçalves, 1.ª Turma, j. em 17.09.2009, *DJe* 23.09.2009).

[102] No mesmo sentido, mas apenas em relação à dívida ativa tributária, é o disposto no *caput* do art. 204 do CTN.

[103] No mesmo sentido, mas apenas em relação à dívida ativa tributária, é o disposto no parágrafo único do art. 204 do CTN.

dos Estados, do Distrito Federal e dos Municípios, definida na forma da Lei n. 4.320/64, na qual não se inclui a cobrança de valores oriundos de **título executivo judicial**[104].

Ainda segundo o STJ, a inscrição dos honorários advocatícios em Dívida Ativa é desnecessária, porquanto é **título executivo judicial**, cuja decisão dispensa o procedimento administrativo que teria a finalidade de conferir certeza, liquidez e exigibilidade ao referido título (**REsp 891.878/PE**, Rel. Min. Luiz Fux, 1.ª Turma, j. em 14.04.2009, *DJe* 06.05.2009).

Sobre os créditos inscritos em dívida ativa, confira-se, ainda, o seguinte julgado do STJ:

> **Ementa:** 1. Ao crédito inscrito em dívida ativa, mesmo que intentada a execução pelo rito do Código de Processo Civil — CPC, aplica-se o art. 29 da Lei n. 6.830/80 — LEF, em razão do regime jurídico próprio da dívida ativa decorrente do ato administrativo de inscrição, afastando-se o art. 18, "a", da Lei n. 6.024/74, que determina a suspensão das execuções contra instituição financeira em procedimento de liquidação extrajudicial.
>
> 2. Uma vez inscrita em dívida ativa obrigação consubstanciada em outro título executivo, deve ser aplicado o regime jurídico próprio da dívida ativa que implica seu controle administrativo, orçamentário e financeiro (emissão de certidões positivas — art. 31, da LEF, parcelamentos, remissões, anistias, programas fiscais em geral, etc.) e agrega ao crédito inscrito a eficácia de não se sujeitar a concurso de credores ou habilitação em falência, concordata, liquidação, inventário ou arrolamento (art. 29, da LEF) e de atribuir a responsabilidade universal do patrimônio do executado (art. 30, da LEF), além de possibilitar a extração da certidão que vai ensejar o rito executivo pela LEF. Esse regime jurídico deriva do próprio ato administrativo de inscrição, e não do rito executivo eleito (CPC ou LEF).
>
> 3. Recurso especial não provido (**REsp 1.247.650/RN**, Rel. Min. Mauro Campbell Marques, 2.ª Turma, j. em 05.12.2013, *DJe* 19.12.2013).

8.4.8. PRAZO PRESCRICIONAL DA DÍVIDA ATIVA NÃO TRIBUTÁRIA

Vimos que, por não se subsumirem à definição de tributo, os créditos que integram a dívida ativa não tributária não se submetem às disposições do Código Tributário Nacional.

Consequentemente, o **prazo prescricional** da execução fiscal em que se pretende a cobrança da dívida ativa **não tributária** não é aquele estabelecido no art. 174 do CTN, que somente rege a prescrição da ação para cobrança de créditos **tributários**[105].

---

[104] Nesse sentido decidiu o STJ: REsp 662.238/SE, Rel. Min. Eliana Calmon, 2.ª Turma, j. em 20.10.2005, *DJ* 14.11.2005, p. 256; REsp 891.878/PE, Rel. Min. Luiz Fux, 1.ª Turma, j. em 14.04.2009, *DJe* 06.05.2009.

[105] O STJ, contudo, chegou a proferir decisão aplicando a disposição do art. 174 do CTN a um caso envolvendo **multa administrativa** aplicada pelo Instituto Brasileiro do Meio Ambiente e dos Recursos Naturais Renováveis — IBAMA por infração à legislação ambiental: "Firmou-se o entendimento jurisprudencial desta Corte segundo o qual, na conformidade do art. 174/CTN prescreve em cinco anos, contados da constituição definitiva do crédito e da citação do devedor, o prazo para ajuizamento da execução inclusive para cobrança de multa administrativa" (REsp 447.237/PR, Rel. Min. Francisco Peçanha Martins, 2.ª Turma, j. em 14.03.2006, *DJ* 10.05.2006, p. 171). A Ministra Eliana Calmon apresentou voto-vista, no qual votou pelo improvimento do recurso, como o Relator,

8 ◾ Teoria Geral das Receitas Públicas

Qual seria, então, o prazo de prescrição aplicável à dívida ativa não tributária?

O Superior Tribunal de Justiça chegou a proferir decisões no sentido de que, em virtude da ausência de previsão legal expressa sobre o assunto, o prazo prescricional para a cobrança de dívida ativa **não tributária** reger-se-ia pelo disposto no **Código Civil**[106], que estabelece o prazo de 10 (dez) anos (art. 205).

Prevalece, contudo, naquela Corte o entendimento de que o prazo prescricional da dívida ativa não tributária seria **quinquenal**, nos termos do art. 1.º do **Decreto n. 20.910, de 06.01.1932**, assim redigido:

> Art. 1.º As dívidas passivas da União, dos Estados e dos Municípios, bem assim todo e qualquer direito ou ação contra a Fazenda federal, estadual ou municipal, seja qual for a sua natureza, **prescrevem em cinco anos** contados da data do ato ou fato do qual se originarem (destaque nosso).

É certo que o referido dispositivo trata da prescrição de **dívidas passivas** dos entes públicos. Entendeu, contudo, o STJ que, à falta de regra específica para regular o prazo prescricional da dívida ativa não tributária, deve o aplicador do direito valer-se da **analogia** (art. 4.º, LINDB), não com o Código Civil — por se tratar de relação de Direito Público —, mas com o art. 1.º do Decreto n. 20.910/1932. Confira-se, nesse sentido, o seguinte acórdão, assim ementado:

> PROCESSO CIVIL E ADMINISTRATIVO — COBRANÇA DE MULTA PELO ESTADO — PRESCRIÇÃO — RELAÇÃO DE DIREITO PÚBLICO — CRÉDITO DE NATUREZA ADMINISTRATIVA — INAPLICABILIDADE DO CC E DO CTN — DECRETO 20.910/32 — PRINCÍPIO DA SIMETRIA.
>
> 1. Se a relação que deu origem ao crédito em cobrança tem assento no Direito Público, não tem aplicação a prescrição constante do Código Civil.

---

mas por fundamento diverso: no caso, o art. 1.º do Decreto n. 20.910, de 06.01.1932. Prosseguindo--se no julgamento, após o mencionado voto-vista, a Turma, por unanimidade, negou provimento ao recurso, nos termos do voto do Ministro Relator.

[106] Nesse sentido é a jurisprudência do STJ: EREsp 690.609/RS, Rel. Min. Eliana Calmon, 1.ª Seção, j. em 26.03.2008, *DJe* 07.04.2008; REsp 945.044/RS, Rel. Min. Eliana Calmon, 2.ª Turma, j. em 20.05.2008, *DJe* 11.06.2008; REsp 890.956/SP, Rel. Min. Carlos Fernando Mathias (Juiz Federal Convocado do TRF 1.ª Região), 2.ª Turma, j. em 10.06.2008, *DJe* 04.08.2008; AgRg nos EDcl no REsp 1.084.240/RS, Rel. Min. Humberto Martins, 2.ª Turma, j. em 07.05.2009, *DJe* 27.05.2009; REsp 928.267/RS, Rel. Min. Teori Albino Zavascki, 1.ª Seção, j. em 12.08.2009, *DJe* 21.08.2009; EREsp 1.011.512/RS, Rel. Min. Castro Meira, 1.ª Seção, j. em 26.08.2009, *DJe* 18.09.2009; EREsp 1.018.060/RS, Rel. Min. Castro Meira, 1.ª Seção, j. em 09.09.2009, *DJe* 18.09.2009; REsp 1.056.228/SP, Rel. Min. Eliana Calmon, 2.ª Turma, j. em 17.09.2009, *DJe* 30.09.2009; REsp 1.117.903/RS, Rel. Min. Luiz Fux, 1.ª Seção, j. em 09.12.2009, *DJe* 01.02.2010; AgRg no REsp 1.155.657/SP, Rel. Min. Benedito Gonçalves, 1.ª Turma, j. em 17.12.2009, *DJe* 02.02.2010; REsp 1.179.478/RS, Rel. Min. Mauro Campbell Marques, 2.ª Turma, j. em 23.11.2010, *DJe* 02.12.2010. Ressalte-se que, segundo o STJ, também a ação de **repetição de indébito** de tarifas (preços públicos) sujeita-se ao prazo prescricional estabelecido no Código Civil. Nesse sentido: REsp 1.113.403/RJ, Rel. Min. Teori Albino Zavascki, 1.ª Seção, j. em 09.09.2009, *DJe* 15.09.2009; AgRg no REsp 1.119.647/RJ, Rel. Min. Herman Benjamin, 2.ª Turma, j. em 23.02.2010, *DJe* 04.03.2010.

2. Uma vez que a exigência dos valores cobrados a título de multa tem nascedouro num vínculo de natureza administrativa, não representando, por isso, a exigência de crédito tributário, afasta-se do tratamento da matéria a disciplina jurídica do CTN.

3. Incidência, na espécie, do **Decreto 20.910/32**, porque à Administração Pública, na cobrança de seus créditos, deve-se impor a mesma restrição aplicada ao administrado no que se refere às dívidas passivas daquela. Aplicação do princípio da igualdade, corolário do princípio da simetria.

3. Recurso especial improvido (REsp 623.023/RJ, Rel. Min. Eliana Calmon, 2.ª Turma, j. em 03.11.2005, *DJ* 14.11.2005, p. 251) (destaque nosso)[107].

Portanto, conclui-se que o prazo de prescrição da dívida ativa não tributária é de **5 (cinco) anos**, por aplicação analógica do art. 1.º do Decreto n. 20.910/1932[108].

---

[107] No mesmo sentido são os seguintes julgados do STJ: REsp 539.187/SC, Rel. Min. Denise Arruda, 1.ª Turma, j. em 21.02.2006, *DJ* 03.04.2006, p. 229; REsp 429.868/SC, Rel. Min. Denise Arruda, 1.ª Turma, j. em 09.03.2006, *DJ* 03.04.2006, p. 227; REsp 714.756/SP, Rel. Min. Eliana Calmon, 2.ª Turma, j. em 07.02.2006, *DJ* 06.03.2006, p. 334; REsp 444.646/RJ, Rel. Min. João Otávio de Noronha, 2.ª Turma, j. em 23.05.2006, *DJ* 02.08.2006, p. 239; REsp 840.368/MG, Rel. Min. Francisco Falcão, 1.ª Turma, j. em 17.08.2006, *DJ* 28.09.2006, p. 227; REsp 860.691/PE, Rel. Min. Humberto Martins, 2.ª Turma, j. em 10.10.2006, *DJ* 20.10.2006, p. 336; AgRg no Ag 842.096/MG, Rel. Min. João Otávio de Noronha, 2.ª Turma, j. em 12.06.2007, *DJ* 25.06.2007, p. 227; REsp 905.932/RS, Rel. Min. José Delgado, 1.ª Turma, j. em 22.05.2007, *DJ* 28.06.2007, p. 884; REsp 775.117/RJ, Rel. Min. Eliana Calmon, 2.ª Turma, j. em 28.08.2007, *DJ* 11.09.2007, p. 213; REsp 946.232/RS, Rel. Min. Castro Meira, 2.ª Turma, j. em 04.09.2007, *DJ* 18.09.2007, p. 292; AgRg no Ag 889.000/SP, Rel. Min. Herman Benjamin, 2.ª Turma, j. em 11.09.2007, *DJ* 24.10.2007, p. 206; AgRg no Ag 957.840/SP, Rel. Min. Eliana Calmon, 2.ª Turma, j. em 06.03.2008, *DJe* 25.03.2008; AgRg no REsp 1.061.001/SP, Rel. Min. Francisco Falcão, 1.ª Turma, j. em 09.09.2008, *DJe* 06.10.2008; REsp 1.063.728/SP, Rel. Min. Eliana Calmon, 2.ª Turma, j. em 28.10.2008, *DJe* 17.11.2008; AgRg no Ag 1.016.459/SP, Rel. Min. Denise Arruda, 1.ª Turma, j. em 04.12.2008, *DJe* 11.02.2009; AgRg no Ag 968.631/SP, Rel. Min. Benedito Gonçalves, 1.ª Turma, j. em 19.02.2009, *DJe* 04.03.2009; AgRg no REsp 1.102.250/RS, Rel. Min. Humberto Martins, 2.ª Turma, j. em 21.05.2009, *DJe* 02.06.2009; REsp 1.105.442/RJ, Rel. Min. Hamilton Carvalhido, 1.ª Seção, j. em 09.12.2009, *DJe* 22.02.2011; REsp 1.197.850/SP, Rel. Min. Castro Meira, 2.ª Turma, j. em 24.08.2010, *DJe* 10.09.2010; AgRg no AREsp 155.680/SP, Rel. Min. Herman Benjamin, 2.ª Turma, j. em 22.05.2012, *DJe* 15.06.2012; AgRg no AREsp 169.252/RS, Rel. Min. Teori Albino Zavascki, 1.ª Turma, j. em 05.06.2012, *DJe* 14.06.2012; REsp 1.273.010/RS, Rel. Min. Benedito Gonçalves, 1.ª Turma, j. em 11.09.2012, *DJe* 17.09.2012; EDcl no AgRg no AREsp 85.659/RJ, Rel. Min. Eliana Calmon, 2.ª Turma, j. em 02.04.2013, *DJe* 09.04.2013. Ressalte-se que, no julgamento do AgRg no Ag 1.045.586/RS (Rel. Min. Castro Meira, 2.ª Turma, j. em 14.10.2008, *DJe* 15.12.2008), o Ministro Mauro Campbell Marques apresentou voto-vista sustentando que o prazo prescricional para cobrança das multas administrativas seria o do Código Civil. Não obstante o exposto, o STJ **não modificou seu entendimento**, como se pode verificar dos precedentes posteriores ao julgado em referência. Especificamente em relação à execução das **multas ambientais**, o posicionamento do STJ encontra-se consolidado na **Súmula 467**: "Prescreve em cinco anos, contados do término do processo administrativo, a pretensão da administração pública de promover a execução da multa por infração ambiental".

[108] Nesse sentido: STJ, AgRg no REsp 952.483/SP, Rel. Min. Mauro Campbell Marques, 2.ª Turma, j. em 10.02.2009, *DJe* 11.03.2009. Há quem sustente, para o caso de **multas**, a aplicação da Lei n. 9.873, de 23.11.1999, cujo art. 1.º assim dispõe: "Art. 1.º Prescreve em cinco anos a ação punitiva da Administração Pública Federal, direta e indireta, no exercício do poder de polícia, objetivando apurar infração à legislação em vigor, contados da data da prática do ato ou, no caso de infração

8 ◼ Teoria Geral das Receitas Públicas   213

No caso de penalidades pecuniárias, o **termo inicial** da prescrição quinquenal deve ser o dia imediato ao vencimento do crédito decorrente da multa aplicada e não a data da própria infração, quando ainda não é exigível a dívida[109].

8.4.8.1. Suspensão da prescrição da dívida ativa não tributária

A Lei n. 6.830/80 dispõe que a inscrição em dívida ativa **suspende a prescrição**, para todos os efeitos de direito, por 180 (cento e oitenta) dias, ou até a distribuição da execução fiscal, se esta ocorrer antes de findo aquele prazo (art. 2.º, § 3.º).

Referida norma, por derivar de **lei ordinária**, aplica-se tão somente às dívidas de natureza **não tributária**[110], porque a prescrição das dívidas tributárias deve ser regulada por **lei complementar**, consoante estabelece o art. 146, inciso III, alínea *b*, da CF[111].

---

permanente ou continuada, do dia em que tiver cessado". Nesse sentido: STJ, REsp 751.832/SC, Rel. Min. Teori Albino Zavascki, Rel. p/ Acórdão Min. Luiz Fux, 1.ª Turma, j. em 07.03.2006, *DJ* 20.03.2006, p. 20775). No mesmo sentido é o seguinte julgado do STJ, que, apesar de fundamentar-se no Decreto n. 20.910/1932, também cita como reforço argumentativo o comando do art. 1.º da Lei n. 9.873/1999: AgRg no Ag 951.568/SP, Rel. Min. Luiz Fux, 1.ª Turma, j. em 22.04.2008, *DJe* 02.06.2008. Também mencionando o referido dispositivo legal: REsp 380.006/RS, Rel. Min. Francisco Peçanha Martins, 1.ª Seção, j. em 10.12.2003, *DJ* 07.03.2005, p. 134. Ressalte-se, contudo, que o prazo previsto no art. 1.º da Lei n. 9.873/1999 não é prescricional da pretensão de executar a multa, mas decadencial do direito de aplicá-la, consoante reconheceu o voto do Min. Castro Meira, relator do REsp 436.960/SC: "De início, cumpre observar a inaplicabilidade do art. 1.º da Lei n. 9.873/99, uma vez que tal dispositivo se refere ao prazo para a Administração Pública impor uma sanção ao administrado. Na realidade, como salientado no aresto recorrido, o dispositivo em referência cuida de prazo decadencial. Esgotado o prazo, perece o direito de punir. No presente caso, a multa já foi imposta. O que se questiona é o lapso temporal à disposição da Fazenda Nacional para cobrá-la" (REsp 436.960/SC, Rel. Min. Castro Meira, 2.ª Turma, j. em 02.02.2006, *DJ* 20.02.2006, p. 265).

[109] Nesse sentido: STJ, REsp 1.112.577/SP, Rel. Min. Castro Meira, 1.ª Seção, j. em 09.12.2009, *DJe* 08.02.2010.

[110] Nesse sentido é a jurisprudência do STJ: REsp 151.598/DF, Rel. Min. Garcia Vieira, 1.ª Turma, j. em 10.03.1998, *DJ* 04.05.1998, p. 94; REsp 233.649/SP, Rel. Min. Garcia Vieira, 1.ª Turma, j. em 16.12.1999, *DJ* 21.02.2000, p. 105; REsp 178.500/SP, Rel. Min. Eliana Calmon, 2.ª Turma, j. em 06.11.2001, *DJ* 18.03.2002, p. 194; AgRg no REsp 189.150/SP, Rel. Min. Francisco Falcão, 1.ª Turma, j. em 17.06.2003, *DJ* 08.09.2003, p. 220; REsp 465.531/SP, Rel. Min. Castro Meira, 2.ª Turma, j. em 18.10.2005, *DJ* 07.11.2005, p. 184; REsp 702.972/SC, Rel. Min. Castro Meira, 2.ª Turma, j. em 25.10.2005, *DJ* 14.11.2005, p. 270; REsp 708.227/PR, Rel. Min. Eliana Calmon, 2.ª Turma, j. em 06.12.2005, *DJ* 19.12.2005, p. 355; REsp 929.558/PR, Rel. Min. Castro Meira, 2.ª Turma, j. em 12.06.2007, *DJ* 28.06.2007, p. 898; REsp 657.536/RJ, Rel. Min. Denise Arruda, 1.ª Turma, j. em 04.09.2007, *DJ* 18.10.2007, p. 266; AgRg no Ag 933.059/SP, Rel. Min. Denise Arruda, 1.ª Turma, j. em 04.12.2007, *DJ* 17.12.2007, p. 140; REsp 975.050/RS, Rel. Min. José Delgado, 1.ª Turma, j. em 18.12.2007, *DJe* 03.03.2008; REsp 881.607/MG, Rel. Min. Eliana Calmon, 2.ª Turma, j. em 10.06.2008, *DJe* 30.06.2008; AgRg no Ag 1.054.859/SP, Rel. Min. Herman Benjamin, 2.ª Turma, j. em 14.10.2008, *DJe* 19.12.2008; AgRg no Ag 1.070.751/RS, Rel. Min. Luiz Fux, 1.ª Turma, j. em 23.04.2009, *DJe* 03.06.2009.

[111] "As normas relativas à prescrição e à decadência tributárias têm natureza de normas gerais de direito tributário, cuja disciplina é reservada a lei complementar, tanto sob a Constituição pretérita (art. 18, § 1.º, da CF de 1967/69) quanto sob a Constituição atual (art. 146, III, *b*, da CF de 1988)" (STF, RE 560.626/RS, Rel. Min. Gilmar Mendes, Pleno, j. em 12.06.2008, *DJe*-232 05.12.2008).

Partindo da mesma premissa, somos levados a concluir que o art. 40 da Lei n. 6.830/1980 também é aplicável **somente** às execuções fiscais relativas à dívida ativa **não tributária**. Referido dispositivo assim está redigido:

> **Art. 40.** O Juiz suspenderá o curso da execução, enquanto não for localizado o devedor ou encontrados bens sobre os quais possa recair a penhora, e, nesses casos, **não correrá o prazo de prescrição.**
>
> § 1.º Suspenso o curso da execução, será aberta vista dos autos ao representante judicial da Fazenda Pública.
>
> § 2.º Decorrido o prazo máximo de 1 (um) ano, sem que seja localizado o devedor ou encontrados bens penhoráveis, o Juiz ordenará o arquivamento dos autos.
>
> § 3.º Encontrados que sejam, a qualquer tempo, o devedor ou os bens, serão desarquivados os autos para prosseguimento da execução.
>
> § 4.º Se da decisão que ordenar o arquivamento tiver decorrido o **prazo prescricional**, o juiz, depois de ouvida a Fazenda Pública, poderá, de ofício, reconhecer a **prescrição intercorrente** e decretá-la de imediato[112] (destaques nossos).
>
> § 5.º A manifestação prévia da Fazenda Pública prevista no § 4.º deste artigo será dispensada no caso de cobranças judiciais cujo valor seja inferior ao mínimo fixado por ato do Ministro de Estado da Fazenda[113].

O dispositivo transcrito[114], porque não originário de lei complementar, mostra-se imprestável para regular a prescrição de créditos da Fazenda Pública de natureza tributária (art. 146, inciso III, alínea *b*, CF)[115].

8.5. AS RECEITAS PÚBLICAS SEGUNDO A LRF

8.5.1. NOÇÕES GERAIS

Segundo o art. 11 da LRF, constituem requisitos essenciais da responsabilidade na gestão fiscal "a instituição, previsão e efetiva arrecadação de todos os tributos da competência constitucional do ente da Federação".

---

[112] Parágrafo acrescentado pela Lei n. 11.051, de 29.12.2004.

[113] Parágrafo acrescentado pela Lei n. 11.960, de 29.06.2009.

[114] O art. 40 da LEF trata de **suspensão da prescrição** (STJ, EDcl no REsp 22.841/SP, Rel. Min. Humberto Gomes de Barros, 1.ª Turma, j. em 23.05.1994, *DJ* 27.06.1994, p. 16895).

[115] Nesse sentido: "Em atenção ao comando do artigo 146, III, *b*, da CRFB, as normas relativas ao instituto da prescrição veiculadas pelo Código Tributário Nacional foram recepcionadas pelo novel ordenamento constitucional com *status* de lei complementar, razão pela qual o artigo 174 do referido código (...) **não sofre as limitações relativas à suspensão do prazo prescricional constantes do artigo 40 e § 4.º da Lei de Execuções Fiscais**" (destaque nosso) (STF, RE 637.650/SC, Rel. Min. Luiz Fux, decisão monocrática, j. em 12.05.2011, *DJe*-094 19.05.2011). No mesmo sentido: STF, RE 636.972/RS, Rel. Min. Luiz Fux, decisão monocrática, j. em 12.05.2011, *DJe*-094 19.05.2011. Também no mesmo sentido: STJ, REsp 208.345/PR, Rel. Min. José Delgado, 1.ª Turma, j. em 08.06.1999, *DJ* 01.07.1999, p. 154; AgRg no Ag 468.999/SP, Rel. Min. Francisco Falcão, 1.ª Turma, j. em 05.12.2002, *DJ* 03.02.2003, p. 297.

8 ▣ Teoria Geral das Receitas Públicas

Infere-se da leitura do dispositivo retrotranscrito que a regra, em matéria de receita pública, é a **arrecadação:** cada esfera de governo deverá explorar adequadamente a sua base tributária e, consequentemente, ter capacidade de estimar qual será a sua receita, o que auxiliará o cumprimento das metas fiscais e a alocação das receitas para as diferentes despesas de sua competência. Desse modo, está em desconformidade com o preceito quem não institui o tributo de sua competência; quem institui, mas não prevê a arrecadação; quem institui, prevê, mas deixa de proceder à efetiva arrecadação, seja pelas isenções que concede, ou pela generosa evasão fiscal que tolera[116].

Destarte, devem ser adotadas todas as medidas administrativas e judiciais necessárias para que cada ente federado arrecade os tributos de sua competência (art. 13, LRF).

Segundo dispõe o parágrafo único do art. 11 da LRF, aos entes públicos que não atenderem à determinação de prever e arrecadar todos os impostos de sua competência será **proibido receber transferências voluntárias**[117]. Dito de outro modo, a LRF estabelece que a instituição, a previsão e a efetiva arrecadação de todos os impostos da competência constitucional do ente da Federação constituem requisito para o recebimento de transferências voluntárias[118].

O art. 11 da LRF, ao impor a **efetiva arrecadação** dos tributos instituídos por cada pessoa política, em nada inovou, tendo em vista que tal obrigatoriedade já constava do Código Tributário Nacional (Lei n. 5.172/66). Com efeito, o art. 3.º do CTN, ao conceituar tributo, estatui que se trata de uma prestação "cobrada mediante atividade administrativa **plenamente vinculada**" (destaque nosso). Tal característica é enfatizada no parágrafo único do art. 142 do mesmo diploma legal, que caracteriza a atividade administrativa de lançamento como "**vinculada e obrigatória**, sob pena de responsabilidade funcional" (destaque nosso).

Ao impor, contudo, "a **instituição** (...) de todos os tributos da competência constitucional do ente da Federação" (destaque nosso), coagindo os Estados e Municípios a exercerem plenamente sua competência tributária, o referido art. 11 da LRF, segundo nos parece, incorre em flagrante inconstitucionalidade.

De fato, como é sabido, o exercício da competência tributária, no Brasil, é **facultativo**. Nada impede que a pessoa política deixe de exercitar, no todo ou em parte, sua competência tributária[119].

---

[116] MOTTA, Carlos Pinto Coelho et al. *Responsabilidade fiscal*, p. 236-237.

[117] O STF declarou a **constitucionalidade** do parágrafo único do art. 11 da LRF: "A mensagem normativa do parágrafo único do art. 11 LRF, de instigação ao exercício pleno das competências impositivas fiscais tributárias dos Entes locais, não conflita com a Constituição Federal, traduzindo-se como fundamento de subsidiariedade, congruente com o Princípio Federativo, e desincentivando dependência de transferências voluntárias" (ADI 2.238/DF, Rel. Min. Alexandre de Moraes, Pleno, j. em 24.06.2020, *DJe*-228 15.09.2020).

[118] Acerca da definição de transferência voluntária, confira-se o teor do *caput* do art. 25 da LRF: "Para efeito desta Lei Complementar, entende-se por transferência voluntária a entrega de recursos correntes ou de capital a outro ente da Federação, a título de cooperação, auxílio ou assistência financeira, que não decorra de determinação constitucional, legal ou os destinados ao Sistema Único de Saúde". Para fins de aplicação da sanção de suspensão de transferências voluntárias, excetuam-se aquelas relativas a ações de educação, saúde e assistência social (art. 25, § 3.º, LRF).

[119] CARRAZZA, Roque Antonio. *Curso de direito constitucional tributário*, p. 432-437.

216 Direito Financeiro e Econômico Esquematizado   *Carlos Alberto de Moraes Ramos Filho*

A opção de criar ou não tributos é uma decisão discricionária dos Poderes Legislativo e Executivo, que não se submete a qualquer espécie de controle, exceto ao da opinião pública. Trata-se, pois, de uma **decisão política**[120].

Sendo uma opção política do legislador do ente federado, a LRF, ao estabelecer restrições ao pleno exercício da competência tributária, anulou obliquamente faculdades legislativas e administrativas atribuídas pela Constituição a Estados e Municípios (art. 18, CF/88), acabando por **invadir**, nesse particular, esfera de autonomia das unidades da Federação. Assim, não se concebe como possa a LRF obrigar direta ou indiretamente determinado ente político a exercer plenamente sua competência tributária[121].

8.5.2. A LRF E O PRINCÍPIO DA ANUALIDADE TRIBUTÁRIA

O art. 11 da LRF, como visto, indica como requisito essencial da responsabilidade na gestão fiscal a "**previsão** (...) de todos os tributos da competência constitucional do ente da Federação" (destaque nosso).

Apesar de não definir o que deve ser entendido por "previsão", parece-nos que o legislador procura exigir que os tributos sejam objeto de prévia autorização na Lei Orçamentária Anual (LOA). Se esta é, efetivamente, a vontade da lei, pergunta-se: teria a LRF ressuscitado o velho princípio da **anualidade tributária**?

Para que possamos nos posicionar acerca de tal questionamento, insta que tracemos, inicialmente, os contornos jurídicos do referido princípio jurídico.

Pelo princípio da anualidade tributária — que existiu no Brasil durante a vigência da Constituição de 1946 (art. 141, § 34[122]) —, nenhum tributo podia ser cobrado, em cada exercício, sem prévia autorização anual, contida na lei orçamentária. Nesse contexto, deu-se a edição do art. 51 da Lei n. 4.320/64, com redação idêntica ao dispositivo constitucional referido[123].

---

[120] GRUPENMACHER, Betina Treiger. Lei de Responsabilidade Fiscal, competência tributária, arrecadação e renúncia, p. 13; MOREIRA NETO, Diogo de Figueiredo. *Considerações sobre a Lei de Responsabilidade Fiscal:* finanças públicas democráticas, p. 143-144.

[121] Nesse sentido: FIGUEIREDO, Marcelo. A Lei de Responsabilidade Fiscal — Notas essenciais e alguns aspectos da improbidade administrativa, p. 117-118; GRUPENMACHER, Betina Treiger. Lei de Responsabilidade Fiscal, competência tributária, arrecadação e renúncia, p. 20; BRITO, Edvaldo. Lei de Responsabilidade Fiscal: competência tributária, arrecadação de tributos e renúncia de receita, p. 119. Em sentido contrário, não vislumbrando inconstitucionalidade no art. 11 da LRF: HORVATH, Estevão. A Constituição e a Lei Complementar n. 101/2000 ("Lei de Responsabilidade Fiscal"). Algumas questões, p. 161; RIVERA, Reinaldo Chaves. Tributos e renúncia fiscal — Lei Complementar 101 — a lei da gestão fiscal responsável, p. 113.

[122] CF/46, art. 141, § 34: "Nenhum tributo será exigido ou aumentado sem que a lei o estabeleça; nenhum será cobrado em cada exercício sem prévia autorização orçamentária, ressalvada, porém, a tarifa aduaneira e o imposto lançado por motivo de guerra".

[123] Ressalte-se que a Emenda Constitucional n. 7, de 22.05.1964, assim dispôs, em seu único artigo: "A vigência do parágrafo 34 do art. 141 da Constituição Federal, na parte em que exige a prévia autorização orçamentária para a cobrança de tributo em cada exercício, fica suspensa até 31 de dezembro de 1964".

8 ▪ Teoria Geral das Receitas Públicas 217

O citado princípio subordinava a eficácia do ato tributário de cobrança à prévia autorização orçamentária. Em outras palavras, a lei material tributária deveria preexistir à lei orçamentária, que funcionava como "ato-condição", na terminologia de Léon Duguit.

Assim, para que fosse criado um tributo, era necessária a existência de lei instituidora (1.ª lei); e, para que fosse possível a sua cobrança, em cada exercício, era necessária a existência de autorização na lei orçamentária (2.ª lei). Essa autorização deveria ser renovada periodicamente, ou seja, todos os anos deveria haver a edição de uma lei — a LOA — que mencionasse quais os tributos que, embora já instituídos, poderiam ser cobrados dos sujeitos passivos[124]. O orçamento, em outras palavras, não instituiria tributo nem revogaria a lei instituidora de tributos: seria somente um **plano** que se estabeleceria para a **exigibilidade** do tributo **já existente**. Limitar-se-ia a lei orçamentária a autorizar o que já **preexistia**[125].

Pelo princípio da anualidade tributária, o Estado não poderia exigir tributos, mesmo os instituídos em lei, senão quando o orçamento incluísse tais tributos na previsão das receitas. Dito de outro modo, nenhum tributo, ainda que constasse de lei de caráter permanente, seria exigível se não fosse objeto de nova autorização legislativa por ocasião da votação do orçamento[126].

Portanto, se uma lei instituidora de um tributo fosse publicada após a aprovação do Orçamento, aquela lei não poderia ser aplicada no exercício financeiro em que vigoraria tal orçamento[127].

Com a Emenda Constitucional n. 18/65 (art. 2.º, inciso II), o princípio da anualidade tributária cedeu lugar ao princípio da **anterioridade**, restrito este, inicialmente, aos impostos incidentes sobre renda e patrimônio, no sentido de impedir a exação no mesmo ano de publicação da lei criadora ou majoradora do tributo[128]. Nesse contexto, deu-se a edição do art. 104 do CTN, de igual teor[129].

Na Constituição de 1967, a anualidade foi restabelecida por seu art. 150, § 29, com redação similar à da Carta de 1946. A Emenda Constitucional n. 1/69, no entanto,

---

[124] BRITO, Daniel Leite. Princípio da anualidade tributária, p. 59; CAMPOS, Patrícia Macedo de. Anotações sobre o princípio constitucional da anterioridade tributária, p. 13.

[125] FALCÃO, Amílcar de Araújo. *Introdução ao direito tributário*, p. 44.

[126] CAMPOS, Francisco. *Direito constitucional*. v. I, p. 302.

[127] A Constituição de 1946 abria exceção à regra geral, permitindo que as tarifas aduaneiras e os denominados "impostos de guerra" pudessem ser instituídos após a aprovação do orçamento, entrando em vigor no mesmo exercício da sua criação.

[128] EC n. 18/65, art. 2.º: "É vedado à União, aos Estados, ao Distrito Federal e aos Municípios: (...) II — cobrar imposto sobre o patrimônio e a renda, com base em lei posterior à data inicial do exercício financeiro a que corresponda".

[129] O STF, com a Súmula 66, assim deixou assentado: "É legítima a cobrança do tributo que houver sido autorizado após o orçamento, mas antes do início do respectivo exercício financeiro".

novamente retirou esse princípio, para a retomada do da anterioridade[130], que foi mantido na Constituição de 1988 (art. 150, inciso III, alínea *b*).

O princípio da anterioridade consiste em estatuir que a lei que cria ou aumenta tributo, ao entrar em vigor, fica com sua eficácia suspensa, até o início do próximo exercício financeiro, quando incidirá.

Infere-se do enunciado *supra* que não é a **vigência** da lei tributária que fica suspensa, mas tão somente sua **eficácia**[131]. Com efeito, a lei instituidora do tributo poderá até entrar em vigor no mesmo exercício financeiro em que publicada, mas não poderá ser aplicada, em virtude da suspensão de sua eficácia, até que se inicie o exercício seguinte[132].

Assim, à luz da Constituição de 1988, a publicação da lei instituidora do tributo poderá ser posterior à votação da lei orçamentária, mas deverá ser anterior ao início do exercício financeiro em que deva iniciar-se a sua aplicação[133], isto é, em que se pretenda começar a exigir aquele tributo (exceção feita aos casos previstos na própria Constituição Federal: art. 150, § 1.º, com redação dada pela EC n. 42/2003; art. 155, § 4.º, inciso IV, alínea *c*; art. 195, § 6.º; art. 177, § 4.º, inciso I, alínea *b*). Contudo, nos exercícios subsequentes a esse primeiro, deverá a receita tributária ser inserida nominalmente (pela referência às leis que a regulam) no orçamento anual (art. 165, § 8.º, CF; art. 2.º, § 1.º, inciso III, art. 3.º e art. 51, Lei n. 4.320/64).

O STF já decidiu que a exigência de autorização orçamentária para arrecadação de tributos ("princípio da anualidade tributária") não mais vigora no ordenamento pátrio[134].

---

[130] CF/67, art. 153, § 29, com a redação determinada pela EC n. 1/69: "Nenhum tributo será exigido ou aumentado sem que a lei o estabeleça, nem cobrado, em cada exercício, sem que a lei que o houver instituído ou aumentado esteja em vigor antes do início do exercício financeiro (...)".

[131] CAMPOS, Patrícia Macedo de. Anotações sobre o princípio constitucional da anterioridade tributária, p. 12.

[132] No direito brasileiro, o exercício financeiro coincide com o ano civil, conforme dispõe o art. 34 da Lei n. 4.320/64: ou seja, tem início no dia 1.º de janeiro e se encerra no dia 31 de dezembro de cada ano.

[133] Há quem sustente que o princípio da anterioridade tributária exige que a **vigência** da lei que cria ou aumenta o tributo se dê no exercício anterior àquele em que se pretenda exigi-lo. Nesse sentido é a lição de Patrícia Macedo de Campos, para quem o referido princípio constitucional exige que a lei tributária "**esteja em vigor** no exercício que anteceder ao da ocorrência do fato imponível tributário" (destaque nosso) (Anotações sobre o princípio constitucional da anterioridade tributária, p. 12). Entendemos, contudo, que tal posicionamento — que, diga-se de passagem, está em consonância com os contornos do princípio da anterioridade traçados pela EC n. 1/69 — é equivocado, porquanto a anterioridade tributária, consoante se depreende da leitura do art. 150, inciso III, alínea *b*, da CF, impõe unicamente que a **publicação** da lei instituidora do tributo se dê no exercício anterior àquele em que se pretenda exigi-lo. Nesse sentido: ROSA JÚNIOR, Luiz Emygdio F. da. *Manual de direito financeiro e direito tributário*, p. 87. Assim, a lei instituidora do tributo poderá até entrar em vigor no mesmo exercício financeiro em que ocorra o fato imponível tributário, mas, para ser cobrada em relação a esse fato, deverá ter sido **publicada** no exercício anterior à sua ocorrência (art. 150, inciso III, alínea *b*, CF). Nesse caso, a lei somente poderá ser aplicada aos fatos imponíveis ocorridos a partir de sua entrada em vigor, por força do princípio da irretroatividade tributária (art. 150, inciso III, alínea *a*, CF).

[134] STF, RE-AgR 414.249/MG, Rel. Min. Joaquim Barbosa, 2.ª Turma, j. em 31.08.2010, *DJe*-218 16.11.2010. No mesmo sentido, reconhecendo a eliminação do princípio da anualidade tributária

8 ▣ Teoria Geral das Receitas Públicas 219

A LRF exige a **previsão** — segundo entendemos, na LOA — de todos os tributos da competência constitucional do ente da Federação (art. 11, *caput*), sob pena de ser proibido de receber transferências voluntárias (art. 11, parágrafo único). A existência de tal norma, contudo, não significa a retomada do princípio da anualidade tributária[135].

Com efeito, o legislador não disse em momento algum que a não previsão do tributo na LOA constituirá empecilho a sua cobrança (como faziam as Constituições de 1946 e de 1967, em sua redação original): estatuiu, apenas, que tal omissão implicará impossibilidade de recebimento de transferências voluntárias. Portanto, se um tributo for instituído após a aprovação do Orçamento, poderá a lei que o instituiu entrar em vigor no exercício financeiro seguinte (ao da sua publicação); o ente que assim proceder, contudo, estará impossibilitado de receber as referidas transferências voluntárias.

Ademais, não poderia a LRF "ressuscitar" o referido princípio, porquanto a Constituição de 1988, ao exigir, tão somente, que a lei instituidora do tributo deva ser publicada no exercício financeiro anterior àquele no qual pretenda incidir (princípio da **anterioridade tributária**), desobrigou que a referida lei fosse publicada anteriormente à lei orçamentária (princípio da **anualidade tributária**). Assim, se a previsão contida no art. 11 da LRF pretendeu significar a retomada do princípio da anualidade tributária, terá o legislador complementar afrontado o Texto Constitucional, na medida em que estabeleceu restrição à prerrogativa constitucional das pessoas políticas de Direito Público, para cobrar tributo que houver sido autorizado após o orçamento, mas antes do início do respectivo exercício financeiro[136].

---

do ordenamento brasileiro e sua substituição pelo princípio da anterioridade tributária: HARADA, Kiyoshi. *Direito financeiro e tributário*, p. 66; TORRES, Ricardo Lobo. *O orçamento na constituição*, p. 202. Em sentido contrário é o entendimento de Daniel Leite Brito, que preleciona: "o princípio da anualidade não foi substituído pelo da anterioridade, mas com este permanece eficaz, consistindo em verdadeira garantia individual do contribuinte" (Princípio da anualidade tributária, p. 77). Esse autor, contudo, reconhece "que a anterioridade somente poderá ser oposta, como norma especial, a excluir a incidência da anualidade, nas hipóteses em que não seja tecnicamente possível a inclusão do novo tributo na lei de orçamento do exercício fiscal seguinte, vale dizer, depois de votada a lei de orçamento respectiva" (Ob. cit., p. 76-77).

[135] Ressalte-se que o princípio da anualidade **financeira** ou **orçamentária** permaneceu em nossa vigente ordem constitucional, como bem observa Elissandra Monteiro Freire de Menezes: "Com a nova ordem constitucional, a anualidade resumiu-se a nortear a atividade financeira do Estado, impondo ao Executivo a apresentação de projeto de lei contendo o programa governamental a ser implantado em dado exercício (art. 84, XXIII, CF). De efeito, permanece no controle de implementação da despesa pública que, como se sabe, requer prévia autorização legislativa" (Garantia de não surpresa tributária: anualidade e anterioridade, p. 41). Ver, a respeito, o item 13.2.6.

[136] Nesse sentido é a lição de Patrícia Macedo de Campos, que, procurando justificar a impossibilidade de os Estados, Municípios e Distrito Federal incluírem o princípio da anualidade tributária em suas Constituições e Leis Orgânicas, dilargando o conteúdo do princípio da anterioridade tributária e beneficiando o contribuinte, assevera: "É que a Constituição Federal, no Brasil, é a lei tributária fundamental, contendo as diretrizes básicas aplicáveis a todos os tributos. Assim, qualquer tentativa de restringir a aplicabilidade de normas constitucionais de eficácia plena ou de dilargar a eficácia de outras, mesmo que em prol do contribuinte, será inconstitucional" (Anotações sobre o princípio constitucional da anterioridade tributária, p. 13).

Impende que destaquemos, como arremate, que, com a edição da Emenda Constitucional n. 42, de 19.12.2003, não basta que a publicação da lei instituidora ou majoradora do tributo se dê no exercício anterior àquele em que se pretenda começar a exigir aquele tributo (princípio da anterioridade tributária "comum"). Exige-se, *também*, que decorram 90 (noventa) dias da data em que haja sido publicada a referida lei ("princípio da anterioridade nonagesimal"[137]), ressalvados, quanto a essa regra, os casos previstos no próprio Texto Constitucional (art. 150, § 1.º, com redação dada pela EC n. 42/2003).

8.6. FUNDOS ESPECIAIS

8.6.1. DEFINIÇÃO

"**Fundo**" (ou "**fundo especial**", na terminologia adotada pela Lei n. 4.320/64) é, consoante definição legal, "o produto de receitas especificadas que, por lei, se vinculam à realização de determinados objetivos ou serviços, facultada a adoção de normas peculiares de aplicação" (art. 71, Lei n. 4.320/64). Os fundos especiais são, na sua essência, **somas de recursos financeiros postas à disposição de determinados objetivos**[138].

O "fundo especial" é considerado exceção ao princípio da unidade de tesouraria, previsto no art. 56 da Lei n. 4.320/64, segundo o qual o recolhimento de todas as receitas das entidades governamentais será centralizado em um só caixa, formando um todo e vedando a utilização de caixa especial para cada espécie de receita e, consequentemente, a sua vinculação a uma despesa[139].

Com efeito, caracteriza-se o fundo especial, justamente, pelas restrições determinadas por lei específica sobre receitas instituídas para a constituição de caixas ou fundos especiais. Essas receitas podem ser originadas das atividades próprias do Fundo, como também provenientes de mandamentos constitucionais, de negociações como os convênios, ou de transferências voluntárias.

Podem ser citados como exemplos de fundos financeiros especiais:

■ o **Fundo de Manutenção e Desenvolvimento da Educação Básica e de Valorização dos Profissionais da Educação (FUNDEB)**, previsto no art. 212-A da CF (incluído pela Emenda Constitucional n. 108/2020) e regulamentado pela Lei n. 14.113, de 25.12.2020, e pelo Decreto n. 10.656, de 22.03.2021[140].

---

[137] Antes do advento da EC n. 42/2003, o denominado "princípio da anterioridade nonagesimal" era aplicado, com exclusividade, às contribuições para o custeio da seguridade social, às quais não se aplicava (como ainda não se aplica), contudo, o princípio da anterioridade "comum" (art. 195, § 6.º, CF).

[138] AGUIAR, Afonso Gomes. *Direito financeiro*: a Lei 4.320 comentada ao alcance de todos, p. 220.

[139] MACHADO JÚNIOR, J. Teixeira; REIS, Heraldo da Costa. *A Lei 4.320 comentada*, p. 159; CRUZ, Flávio da (coord.) et al. *Comentários à Lei n. 4.320*, p. 105. No mesmo sentido: BROLIANI, Jozélia Nogueira. Fundos, p. 31.

[140] O FUNDEB substituiu o Fundo de Manutenção e Desenvolvimento do Ensino Fundamental e de Valorização do Magistério (FUNDEF), instituído pela Emenda Constitucional n. 14, de 12.09.1996, e regulamentado pela Lei n. 9.424, de 24.12.1996, e pelo Decreto n. 2.264, de 27.06.1997. O FUNDEF vigorou de 1998 a 2006.

8 ◻ Teoria Geral das Receitas Públicas

221

◻ o **Fundo de Combate e Erradicação da Pobreza**, da União, previsto nos arts. 79, 80 e 81 do ADCT, incluídos pela Emenda Constitucional n. 31, de 14.12.2000, e regulado pela Lei Complementar n. 111, de 06.07.2001[141];

◻ os **Fundos de Combate à Pobreza**, instituídos pelos Estados, pelo Distrito Federal e pelos Municípios nos termos do art. 82 do ADCT, incluído pela Emenda Constitucional n. 31, de 14.12.2000, e alterado pela Emenda Constitucional n. 42, de 19.12.2003.

8.6.2. CRIAÇÃO DE FUNDOS

Uma das características dos fundos financeiros especiais reside no fato de serem instituídos por **lei**, consoante determina o inciso IX do art. 167 da CF, que veda "a instituição de fundos de qualquer natureza, sem prévia autorização legislativa".

A lei em questão é a **ordinária** (art. 59, inciso III, CF), já que o Texto Constitucional não exigiu, para tanto, lei complementar. Desse modo, as deliberações do Legislativo para o fim de instituição de fundo serão tomadas por maioria simples dos votos, presente a maioria absoluta de seus membros (art. 47, CF).

> **Observação:** Será, contudo, necessária lei complementar nos casos específicos em que a Constituição expressamente exigir tal modalidade de instrumento normativo, como o fez, por exemplo, relativamente ao Fundo de Combate e Erradicação da Pobreza, que, nos termos do *caput* do art. 79 do ADCT, deveria ser "regulado por lei complementar".

> **Observação:** O STF já decidiu que a "exigência de prévia autorização legislativa para a criação de fundos, prevista no art. 167, IX, da Constituição, é suprida pela edição de medida provisória, que tem força de lei, nos termos do seu art. 62" (**ADI-MC 1.726/DF**, Rel. Min. Maurício Corrêa, Pleno, j. em 16.09.1998, *DJ* 30.04.2004, p. 27).

O Texto Constitucional, no entanto, exige **lei complementar** para estabelecer "condições para a instituição e funcionamento de fundos" (art. 165, § 9.º, inciso II, 2.ª parte). A exigência de lei complementar para tal fim decorre do fato de caber à referida espécie normativa dispor sobre finanças públicas (art. 163, inciso I, CF). A lei complementar em questão, ressalte-se, é da **União**, pois a competência para legislar sobre Direito Financeiro é concorrente (art. 24, inciso I, CF) e, no âmbito da referida legislação, é daquele ente político a atribuição de estabelecer **normas gerais** (art. 24, § 1.º, CF).

Atualmente, as normas gerais sobre fundos especiais devem ser buscadas na Lei n. 4.320/64 (arts. 71 a 74). A referida lei, como já mencionado, tem, atualmente, *status* de lei complementar, estando atendida, por conseguinte, a exigência constante do art. 165, § 9.º, inciso II, da CF[142].

---

[141] O Fundo de Combate e Erradicação da Pobreza foi instituído para vigorar até o ano de 2010, conforme a redação do *caput* do art. 79 do ADCT. No entanto, a Emenda Constitucional n. 67, de 22.12.2010, por seu art. 1.º, prorrogou, **por tempo indeterminado**, o prazo de vigência do referido fundo e, igualmente, o prazo de vigência da Lei Complementar n. 111/2001.

[142] Nesse sentido é o entendimento do STF: "A exigência de prévia lei complementar estabelecendo condições gerais para a instituição de fundos, como exige o art. 165, § 9.º, II, da Constituição, está

8.6.3. RECEITAS DOS FUNDOS

Outra característica dos fundos financeiros especiais — talvez sua principal peculiaridade — reside no fato de serem constituídos por **receitas especificadas**, definidas em lei (art. 71, Lei n. 4.320/64). Deve ser ressaltada, no entanto, a impossibilidade de, ressalvados os casos autorizados pelo próprio Texto Constitucional, atribuir ao fundo especial o produto da arrecadação de **impostos**, tendo em vista o disposto no art. 167, inciso IV, da CF, que consagrou o princípio da **não afetação** da receita de impostos "a órgão, **fundo** ou despesa" (destaque nosso).

> **Observação:** Também é **vedada** a transferência a **fundos** de recursos financeiros oriundos dos **repasses duodecimais** de que trata o art. 168 da CF, nos termos do § 1.º do referido artigo.

Impende destacar, ainda, que, de acordo com o art. 72 da Lei n. 4.320/64, a aplicação das receitas orçamentárias vinculadas a fundos especiais "far-se-á através de dotação consignada na Lei de Orçamento ou em crédito adicionais". Assim, na Lei Orçamentária Anual (LOA), deverá ser consignada dotação para a instituição e o funcionamento de fundos, consoante dispõe o art. 165, § 5.º, inciso I, da CF[143].

8.6.4. DESNECESSIDADE DE INSCREVER OS FUNDOS NO CNPJ

Não há necessidade de inscrever os fundos no Cadastro Nacional de Pessoa Jurídica (CNPJ), pois tal obrigatoriedade é dirigida apenas às **pessoas jurídicas**, inclusive às empresas individuais.

Ocorre que o fundo especial **não é pessoa jurídica** nem órgão da Administração, mas tão somente **um tipo de gestão de recursos ou conjunto de recursos financeiros** destinados a serem aplicados em projetos ou atividades vinculados a um programa de trabalho para cumprimento de objetivos específicos em uma área de responsabilidade[144].

---

suprida pela Lei n. 4.320, de 17.03.64, recepcionada pela Constituição com *status* de lei complementar" (ADI-MC 1.726/DF, Rel. Min. Maurício Corrêa, Pleno, j. em 16.09.1998, *DJ* 30.04.2004, p. 27). No mesmo sentido é a jurisprudência do STJ: RMS 20.711/GO, Rel. Min. Teori Albino Zavascki, 1.ª Turma, j. em 13.02.2007, *DJ* 01.03.2007, p. 226.

[143] CF, art. 165, § 5.º: "A lei orçamentária anual compreenderá: I — o orçamento fiscal referente aos Poderes da União, **seus fundos**, órgãos e entidades da administração direta e indireta, inclusive fundações instituídas e mantidas pelo Poder Público" (destaque nosso). Segundo o STF, o art. 165, § 5.º, inciso I, da CF/88, ao determinar que o orçamento deve prever os fundos, só pode referir-se aos fundos existentes, "seja porque a Mensagem presidencial é precedida de dados concretos da Administração Pública, seja porque a criação legal de um fundo deve ocorrer antes da sua consignação no orçamento" (ADI-MC 1.726/DF, Rel. Min. Maurício Corrêa, Pleno, j. em 16.09.1998, *DJ* 30.04.2004, p. 27).

[144] MACHADO JÚNIOR, J. Teixeira; REIS, Heraldo da Costa. *A Lei 4.320 comentada*, p. 161.

8 ■ Teoria Geral das Receitas Públicas

Assim, por não possuírem personalidade jurídica própria[145], os fundos estão desobrigados de inscrever-se no Cadastro Nacional de Pessoa Jurídica, devendo utilizar o CNPJ do órgão a que pertencem[146].

8.6.5. PRESTAÇÃO DE CONTAS

As entidades administradoras dos fundos especiais devem **prestar contas**, aos órgãos fiscalizadores, dos recursos administrados, pertencentes a esses fundos, tendo em vista o disposto no art. 70 da CF (com a redação dada pela EC n. 19/98): "Prestará contas qualquer pessoa física ou jurídica, pública ou privada, que utilize, arrecade, guarde, gerencie ou administre dinheiros, bens e valores públicos ou pelos quais a União responda, ou que, em nome desta, assuma obrigações de natureza pecuniária".

Tal obrigatoriedade decorre, ainda, do art. 93 do Decreto-Lei n. 200, de 25.02.1967, que dispõe: "Quem quer que utilize dinheiros públicos terá de justificar seu bom e regular emprego na conformidade das leis, regulamentos e normas emanados das autoridades administrativas competentes".

Especificamente quanto aos fundos especiais, o dever de prestar contas é explicitado pelo art. 74 da Lei n. 4.320/64, ao dispor que: "A lei que instituir fundo especial poderá determinar normas peculiares de controle, prestação e tomada de contas, sem, de qualquer modo, elidir a competência específica do Tribunal de Contas ou órgão equivalente".

Ressalte-se que o Fundo não é detentor de patrimônio, **porque é o próprio patrimônio**[147]; não é órgão público, mas é **administrado por um**[148]. Assim, o dever de prestar contas não recai sobre o fundo, mas sobre o órgão ao qual é vinculado.

8.7. DISPONIBILIDADE DE CAIXA

Disponibilidade de caixa é a soma dos recursos de que pode dispor o ente público, sem qualquer ofensa à normalidade de seus negócios, isto é, sem acarretar dificuldades financeiras a quem deles dispõe.

A LRF (art. 43, *caput*) determina que as disponibilidades de caixa dos entes da Federação deverão ser depositadas conforme estabelece o § 3.º do art. 164 da CF, ou seja, em **instituições financeiras oficiais.**

De acordo com o referido dispositivo constitucional, as disponibilidades de caixa atenderão ao seguinte:

■ nas da União serão depositadas no Banco Central;

---

[145] Confira-se, a respeito, o seguinte julgado do STF: "Ementa: JUDICIÁRIO — FUNDO ESPECIAL — LEI N. 5.942/99 DO ESTADO DO ESPÍRITO SANTO. Ao primeiro exame, conflita com a Constituição Federal preceito segundo o qual o 'Fundo Especial do Tribunal de Justiça' é dotado de personalidade jurídica (...)" (ADI-MC 2.123/ES, Rel. Min. Marco Aurélio, Pleno, j. em 06.06.2001, *DJ* 31.10.2003, p 13).

[146] Nesse sentido: CRUZ, Flávio da (coord.) et al. *Comentários à Lei n. 4.320*, p. 109-110.

[147] MACHADO JÚNIOR, J. Teixeira; REIS, Heraldo da Costa. *A Lei 4.320 comentada*, p. 161.

[148] AGUIAR, Afonso Gomes. *Direito financeiro: a Lei 4.320 comentada ao alcance de todos*, p. 220.

224 Direito Financeiro e Econômico Esquematizado   *Carlos Alberto de Moraes Ramos Filho*

▣ nas dos Estados, do Distrito Federal, dos Municípios e dos órgãos ou entidades do Poder Público e das empresas por ele controladas serão depositadas em instituições financeiras oficiais, ressalvados os casos previstos em lei[149].

Assim, ressalvados os casos previstos em lei, **não se admite a contratação de instituição financeira privada** para receber disponibilidades financeiras de entes públicos e das empresas por eles controladas, consoante já decidiu o STF:

> **Ementa:** (...) As disponibilidades de caixa dos Estados-membros, dos órgãos ou entidades que os integram e das empresas por eles controladas deverão ser depositadas em instituições financeiras oficiais, cabendo, unicamente, à União Federal, mediante lei de caráter nacional, definir as exceções autorizadas pelo art. 164, § 3.º da Constituição da República.
>
> — O Estado-membro não possui competência normativa, para, mediante ato legislativo próprio, estabelecer ressalvas à incidência da cláusula geral que lhe impõe a compulsória utilização de instituições financeiras oficiais, para os fins referidos no art. 164, § 3.º da Carta Política. O desrespeito, pelo Estado-membro, dessa reserva de competência legislativa, instituída em favor da União Federal, faz instaurar situação de inconstitucionalidade formal, que compromete a validade e a eficácia jurídicas da lei local, que, desviando-se do modelo normativo inscrito no art. 164, § 3.º da Lei Fundamental, vem a permitir que as disponibilidades de caixa do Poder Público estadual sejam depositadas em entidades privadas integrantes do Sistema Financeiro Nacional (**ADI-MC 2.661/MA**, Rel. Min. Celso de Mello, Pleno, j. em 05.06.2002, *DJ* 23.08.2002, p. 70)[150].

> **Observação:** O STF já decidiu que o depósito da folha de pagamento de salário ou de remuneração de servidores públicos em instituição financeira privada não afronta o art. 164, § 3.º, da CF/88, pois não se enquadra no conceito de disponibilidade de caixa (**AI-AgR 837.677/MA**, Rel. Min. Rosa Weber, 1.ª Turma, j. em 03.04.2012, *DJe*-089 08.05.2012)[151].

No que tange às disponibilidades de caixa relativas aos regimes de previdência social (geral e próprio dos servidores públicos), a LRF determina que[152]:

---

[149] Tal lei exceptiva há de ser a **lei ordinária federal**, de caráter nacional, consoante já decidiu o STF, em sede cautelar: ADI-MC 2.600/ES, Rel. Min. Ellen Gracie, Pleno, j. em 24.04.2002, *DJ* 25.10.2002, p. 24; ADI-MC 2.661/MA, Rel. Min. Celso de Mello, Pleno, j. em 05.06.2002, *DJ* 23.08.2002, p. 70.

[150] No mesmo sentido: STF, ADI-MC 2.600/ES, Rel. Min. Ellen Gracie, Pleno, j. em 24.04.2002, *DJ* 25.10.2002, p. 24. As ADI 2.661/MA e 2.600/ES, todavia, foram extintas sem resolução do mérito, restando, pois, insubsistentes as medidas cautelares anteriormente deferidas.

[151] No mesmo sentido: STF, Rcl-AgR 3.872/DF, Rel. p/ Acórdão Min. Carlos Velloso, Pleno, j. em 14.12.2005, *DJ* 12.05.2006, p. 5.

[152] Tais determinações, consoante esclarece o § 1.º do art. 43 da LRF, são aplicáveis, inclusive, às disponibilidades de caixa vinculadas aos fundos específicos a que se referem os arts. 249 e 250 da Constituição (ambos acrescentados pela Emenda Constitucional n. 20, de 15.12.1998). O art. 249 da CF assim está redigido: "Com o objetivo de assegurar recursos para o pagamento de proventos de aposentadoria e pensões concedidas aos respectivos servidores e seus dependentes, em adição aos recursos dos respectivos tesouros, a União, os Estados, o Distrito Federal e os Municípios poderão constituir fundos integrados pelos recursos provenientes de contribuições e por bens, di-

8 ▪ Teoria Geral das Receitas Públicas

- ▪ deverão ficar em conta separada das demais disponibilidades de cada ente (art. 43, § 1.º);
- ▪ serão aplicadas nas condições de mercado (art. 43, § 1.º);
- ▪ não poderão ser aplicadas em títulos da dívida pública estadual e municipal (art. 43, § 2.º, inciso I);
- ▪ não poderão ser aplicadas em ações e outros papéis relativos às empresas controladas pelo respectivo ente da Federação (art. 43, § 2.º, inciso I)[153];
- ▪ não poderão ser aplicadas em empréstimos aos segurados e ao Poder Público, inclusive a suas empresas controladas (art. 43, § 2.º, inciso II).

8.8. CESSÃO DE DIREITOS CREDITÓRIOS

A **Lei Complementar n. 208, de 02.07.2024**, acrescentou à Lei n. 4.320/64 o art. 39-A, permitindo à União, aos Estados, ao Distrito Federal e aos Município a **cessão onerosa de direitos** originados de **créditos tributários e não tributários**, inclusive quando inscritos em dívida ativa:

- ▪ a pessoas jurídicas de direito privado; ou
- ▪ a fundos de investimento regulamentados pela Comissão de Valores Mobiliários (CVM).

Tal cessão, nos termos do referido dispositivo:

- ▪ depende de **autorização** por **lei específica** do ente (art. 39-A, *caput*);
- ▪ preservará a **natureza** do crédito de que se tenha originado o direito cedido, mantendo as **garantias** e os **privilégios** desse crédito (art. 39-A, § 1.º, I);
- ▪ manterá **inalterados** (art. 39-A, § 1.º, II):

a) os critérios de atualização ou correção de valores;

b) os montantes representados pelo principal, os juros e as multas;

c) as condições de pagamento;

d) as datas de vencimento;

e) os prazos; e

f) os demais termos avençados originalmente entre a Fazenda Pública ou o órgão da administração pública e o devedor ou contribuinte;

---

reitos e ativos de qualquer natureza, mediante lei que disporá sobre a natureza e administração desses fundos". Já o art. 250 da CF está colocado nos seguintes termos: "Com o objetivo de assegurar recursos para o pagamento dos benefícios concedidos pelo regime geral de previdência social, em adição aos recursos de sua arrecadação, a União poderá constituir fundo integrado por bens, direitos e ativos de qualquer natureza, mediante lei que disporá sobre a natureza e administração desse fundo".

[153] LRF, art. 2.º: "Para os efeitos desta Lei Complementar, entende-se como: (...) II — empresa controlada: sociedade cuja maioria do capital social com direito a voto pertença, direta ou indiretamente, a ente da Federação".

- deve assegurar à Fazenda Pública ou ao órgão da administração pública a **prerrogativa de cobrança judicial e extrajudicial** dos créditos de que se tenham originado os direitos cedidos (art. 39-A, § 1.º, III);
- realizar-se-á mediante operação **definitiva**, isentando o cedente de responsabilidade, compromisso ou dívida de que decorra obrigação de pagamento perante o cessionário, de modo que a obrigação de pagamento dos direitos creditórios cedidos **permaneça, a todo tempo**, com o devedor ou contribuinte (art. 39-A, § 1.º, IV);
- abrangerá apenas o direito autônomo ao recebimento do crédito (art. 39-A, § 1.º, V);
- recairá somente sobre o produto de créditos **já constituídos e reconhecidos** pelo devedor ou contribuinte, inclusive mediante a formalização de **parcelamento** (art. 39-A, § 1.º, V);
- será **autorizada**, na forma de lei específica do ente, pelo **chefe do Poder Executivo ou por autoridade administrativa** a quem se faça a delegação dessa competência (art. 39-A, § 1.º, VI);
- realizar-se-á até 90 (noventa) dias antes da data de encerramento do mandato do chefe do Poder Executivo, salvo se o integral pagamento pela cessão dos direitos creditórios ocorra após essa data (art. 39-A, § 1.º, VII);
- preservará a base de cálculo das vinculações constitucionais no exercício financeiro em que o contribuinte efetuar o pagamento (art. 39-A, § 2.º);
- não poderá abranger percentuais do crédito que, por força de regras constitucionais, pertençam a outros entes da Federação (art. 39-A, § 3.º);
- é considerada **operação de venda definitiva de patrimônio público**, não se enquadrando nas definições de que tratam os incisos III e IV do art. 29 e o art. 37 da LRF (art. 39-A, § 4.º);
- no caso de direitos creditórios **tributários**, é considerada **atividade da administração tributária**, não se aplicando a vedação constante do inciso IV do art. 167 da CF aos créditos originados de **impostos** (art. 39-A, § 5.º);
- poderá ser realizada por intermédio de **sociedade de propósito específico**, criada para esse fim pelo ente cedente, **dispensada**, nessa hipótese, a **licitação** (art. 39-A, § 7.º).

> **Observação:** As cessões de direitos creditórios realizadas pela União, pelos Estados, pelo Distrito Federal e pelos Municípios em data **anterior à publicação da Lei Complementar n. 208/2024**, nos termos de seu art. 3.º, permanecem regidas pelas respectivas disposições legais e contratuais específicas vigentes à época de sua realização, conforme o princípio *tempus regit actum*, segundo o qual os atos jurídicos se regem pela legislação da época em que ocorreram, o que, por sua vez, decorre da necessidade de se conferir segurança jurídica às relações sociais.

A receita de capital decorrente da venda de ativos de que trata o art. 39-A da Lei n. 4.320/64, de acordo com seu § 6.º, deve observar o disposto no art. 44 da LRF — que veda a aplicação de tal receita para o financiamento de **despesa corrente**, **salvo** se destinada por lei aos regimes de previdência social, geral e próprio dos servidores públicos —, destinando pelo menos 50% (cinquenta por cento) desse montante a despesas associadas a regime de previdência social, e o restante, a despesas com investimentos.

É **vedado** a instituição financeira controlada pelo ente federado cedente (art. 39-A, § 8.º, Lei n. 4.320/64):

- participar de operação de aquisição primária dos direitos creditórios desse ente;
- adquirir ou negociar direitos creditórios desse ente em mercado secundário;
- realizar operação lastreada ou garantida pelos direitos creditórios desse ente.

> **Observação:** Tais vedações legais não impedem a instituição financeira pública de participar da estruturação financeira da operação, atuando como prestadora de serviços (art. 39-A, § 9.º, Lei n. 4.320/64).

A cessão de direitos creditórios originados de **parcelamentos administrativos não inscritos em dívida ativa** é limitada ao estoque de créditos existentes até a data de publicação da respectiva lei federal, estadual, distrital ou municipal que conceder a autorização legislativa para a operação (art. 39-A, § 10).

8.9. QUESTÕES

QUESTÕES DE CONCURSOS
> http://uqr.to/1y4bf

9

RECEITAS TRIBUTÁRIAS

9.1. TRIBUTO: DEFINIÇÃO

Dentre as receitas correntes, destaca-se, pela sua importância, a **receita tributária**, assim considerada a que é obtida em decorrência da instituição e da cobrança de **tributo**.

No dizer de Rubens Gomes de Souza, tributo é "a receita derivada que o Estado arrecada mediante o emprego da sua soberania, nos termos fixados em lei, sem contraprestação diretamente equivalente, e cujo produto se destina ao custeio das finalidades que lhe são próprias"[1].

Não se afastando de tal entendimento, temos a definição constante do art. 9.º da Lei n. 4.320/64: "Tributo é a receita derivada, instituída pelas entidades de direito público, compreendendo os impostos, as taxas e contribuições, nos termos da Constituição e das leis vigentes em matéria financeira, destinando-se o seu produto ao custeio de atividades gerais ou específicas exercidas por essas entidades".

O conceito de tributo constante do dispositivo legal transcrito possui as seguintes virtudes:

- ☐ realça que os tributos são receitas **derivadas**, já que decorrem do poder de império do Estado[2], sendo obtidos, pois, segundo regras de direito público;
- ☐ enfatiza que somente **pessoas jurídicas de direito público** possuem a prerrogativa de instituir (criar) tributos;
- ☐ destaca a **principal** finalidade da instituição dos tributos, que é a de **abastecer** os cofres públicos de recursos que permitam ao Estado desempenhar as atividades, gerais ou específicas, relacionadas à realização de seus fins, isto é, que permitam ao Estado cobrir os gastos necessários à satisfação das necessidades públicas[3].

---

[1] SOUSA, Rubens Gomes de. *Compêndio de legislação tributária*, p. 39 e 161.

[2] VILLEGAS, Héctor B. *Curso de finanzas, derecho financiero y tributario*, p. 152.

[3] ROYO, Fernando Pérez. *Derecho financiero y tributário:* parte general, p. 42. Ressalte-se, contudo, que o fato de possuírem como função *principal* a obtenção de recursos para os cofres públicos não significa que os tributos não possam ser utilizados com outros propósitos, que não sejam meramente arrecadatórios.

Todavia, o referido conceito legal de tributo apresenta as seguintes impropriedades:

☐ o tributo **não é a única** receita derivada existente, já que há receitas derivadas que não possuem natureza tributária (por exemplo, as multas)[4];

☐ não são todas as pessoas jurídicas de direito público que podem **instituir** tributos, já que tal prerrogativa é privativa das denominadas **pessoas políticas** — assim consideradas as pessoas jurídicas de direito público com capacidade política, isto é, poder de legislar (no caso, a União, os Estados, o Distrito Federal e os Municípios) —, não a possuindo as pessoas jurídicas de direito público meramente administrativas (por exemplo, as autarquias e fundações públicas)[5];

☐ o gênero "tributo" não compreende apenas as três espécies indicadas no art. 9.º da Lei n. 4.320/64 (impostos, taxas e contribuições), como adiante veremos;

☐ ao definir o tributo por sua finalidade **primordial** (proporcionar recursos ao Estado), adotou critério insuficiente para distingui-lo das demais espécies de receitas, já que tal característica é comum a todas as receitas públicas, inclusive as não tributárias (preços públicos, prestações contratuais etc.);

☐ ao definir o tributo segundo o fim por ele objetivado, "esqueceu-se" de que existem tributos cujo produto da arrecadação se destina à manutenção de entidades distintas da entidade instituidora da exação[6];

☐ ao definir o tributo segundo o fim por ele objetivado, não incluiu a ressalva de que, além de visar a arrecadação de valores, pode ele também servir a fins **extrafiscais**[7].

O art. 3.º do Código Tributário Nacional (CTN) (Lei n. 5.172, de 25.10.1966), por seu turno, define o tributo nos seguintes termos: "toda prestação pecuniária compulsória, em moeda ou cujo valor nela se possa exprimir, que não constitua sanção de ato ilícito, instituída em lei e cobrada mediante atividade administrativa plenamente vinculada".

Decompondo tal conceito legal — um dos poucos que mereceu elogios da doutrina[8] —, temos as características do tributo como gênero. Passa-se a analisar, nas linhas a seguir, os traços característicos das receitas tributárias.

---

[4] Tal imprecisão é apontada por José Dalton Vitorino Leite (*Temas de direito público*, p. 53).

[5] LEITE, José Dalton Vitorino. *Temas de direito público*, p. 54. As pessoas jurídicas de direito público meramente administrativas podem, contudo, ser detentoras de *capacidade tributária ativa*, assim entendida a aptidão de *cobrar* tributos.

[6] LEITE, José Dalton Vitorino. *Temas de direito público*, p. 55.

[7] Aurélio Pitanga Seixas Filho não vê sentido "em desfigurar a definição do tributo de sua causa ou razão de ser (causalização), que é a de fornecer receita para o Estado, em razão de alguns poucos impostos terem, basicamente, função extrafiscal, já que todos os impostos podem, em maior ou menor medida, serem usados para fins outros que o de arrecadação" (Dimensão jurídica do tributo vinculado, p. 159).

[8] SOUSA, Rubens Gomes de; ATALIBA, Geraldo; CARVALHO, Paulo de Barros. *Comentários ao código tributário nacional:* (parte geral), p. 35; COELHO, Sacha Calmon Navarro. *Curso de direito tributário brasileiro*, p. 113.

9 ▣ Receitas Tributárias

O art. 3.º do CTN diz, inicialmente, ser o tributo uma "prestação". É que o Direito Tributário tem características de direito obrigacional público pela natureza das relações que regula, porquanto envolvem um credor (fisco), um devedor (o contribuinte ou responsável) e uma prestação (o **tributo** pago ao Estado). Por conseguinte, sendo o Direito Tributário eminentemente obrigacional — uma vez que disciplina uma obrigação (a de dar tributo) —, a **prestação** (o tributo em si mesmo considerado) é o **objeto** da obrigação tributária.

O caráter **"pecuniário"** do tributo significa que é prestação **de dinheiro**[9]. A obrigação pecuniária (ou monetária) é uma modalidade de obrigação de dar, que se caracteriza por proporcionar ao credor, por meio do dinheiro que lhe é dado, o valor que as respectivas espécies (de dinheiro) possuam como tais[10].

Apesar de, como visto, o tributo ser prestação em dinheiro, a expressão "ou cujo valor nela se possa exprimir", constante do art. 3.º do CTN, deu a tal prestação mais flexibilidade em relação à sua forma expressional, pois permite a chamada "dação em pagamento", admitindo, pois, que o Estado aceite que o pagamento do tributo seja feito com bens, exigindo-se, apenas, a possibilidade de correspondência em pecúnia[11].

Um dos pontos nucleares da definição legal de tributo consubstanciada na norma do art. 3.º do CTN é o que ressalta a **compulsoriedade** como sua característica essencial, afastando-o, por conseguinte, da noção de receita pública originária. A compulsoriedade do tributo reside no fato de (se constitucional a lei que criou a obrigação tributária, descrevendo hipoteticamente os fatos que lhe podem dar nascimento, e se ocorridos tais fatos) não se poder eximir do pagamento o sujeito passivo[12]. Dito de outro modo, as obrigações tributárias são compulsórias, pois, uma vez realizado o fato previsto na norma jurídica tributária, nasce automaticamente a relação jurídica mediante a qual alguém, independentemente de sua vontade, ficará adstrito ao comportamento obrigatório de uma prestação pecuniária, ainda que contra seu interesse[13].

Ao lado da compulsoriedade, a expressão "que não constitua sanção de ato ilícito" é o outro ponto nuclear da definição legal de tributo constante do art. 3.º do CTN. Realçando não ser o tributo sanção de ato ilícito, o CTN afastou de plano as penalidades

---

[9] O art. 3.º do CTN reforça tal ideia ao estatuir ser o tributo uma prestação "em moeda". A inserção de tal expressão no conceito legal de tributo apresenta-se, em verdade, desnecessária, pois já se inclui na expressão "pecuniária", que, como visto, significa precisamente "prestação traduzida em moeda".

[10] O termo *pecúnia* (= dinheiro) advém, etimologicamente, do vocábulo latino *pecus, pecoris*, que significa gado, animal que, ante sua fácil mobilidade, foi um dos primeiros instrumentos de trocas no comércio jurídico dos povos primitivos.

[11] Com a inclusão do inciso XI no art. 156 do CTN pela Lei Complementar n. 104, de 10.01.2001, somente se admite a dação em pagamento *em bens imóveis*. Divergindo do texto legal, Luciano Amaro sustenta ser possível "que outros bens (títulos públicos, p. ex.) sejam utilizados para esse fim, sempre, obviamente, na forma e condições que a lei estabelecer" (*Direito tributário brasileiro*, p. 378).

[12] ATALIBA, Geraldo. *Estudos e pareceres de direito tributário*, v. 2, p. 211.

[13] CARVALHO, Paulo de Barros. *Curso de direito tributário*, p. 25.

pecuniárias (multas) do conceito de tributo[14]. Sem esta ressalva, a definição constante do art. 3.º do CTN conviria igualmente ao tributo e à multa[15].

Com a expressão "cobrada mediante atividade plenamente vinculada", afastou-se o CTN da orientação, comum entre os doutrinadores, de definir o tributo por sua finalidade (proporcionar receita ao Estado), tendo preferido defini-lo pela natureza da atividade perceptória da receita[16]. Sendo o lançamento (que é a atividade perceptória do tributo, consoante dispõe os arts. 53 da Lei n. 4.320/64[17] e 142, *caput*, do CTN[18]) um ato administrativo **vinculado** (art. 142, parágrafo único, CTN), a lei não permite aos agentes responsáveis pela sua elaboração qualquer margem de liberdade para decidir como agir diante de um caso concreto. Ocorrido, pois, o fato previsto na norma jurídica tributária, a Administração não tem outro comportamento possível senão o de lançar o tributo.

Tendo sido analisados, em linhas gerais, os pontos mais relevantes do conceito legal de tributo, cabe destacar, como o faz Héctor B. Villegas[19], que a caracterização jurídica do tributo é importante por duas razões:

- estabelece as características comuns a todas as espécies tributárias;
- indica as características diferenciadoras do tributo relativamente às demais espécies de receitas públicas.

Assim, para reconhecer uma receita tributária, basta confrontar qualquer caso concreto com o conceito legal de tributo (art. 3.º, CTN): se a receita em questão se adequar ao citado conceito, ter-se-á tributo; caso contrário, tributo não será.

---

[14] Discorda-se, por conseguinte, de julgado do STJ que considerou tributo a multa aplicada pelos Tribunais de Contas: RMS 15.620/PB, Rel. p/ Acórdão Min. José Delgado, 1.ª Turma, j. em 08.06.2004, *DJ* 16.08.2004, p. 133.

[15] Nesse sentido é a lição de Gian Antonio Micheli, que assevera: "O tributo, portanto, distingue-se, nas suas linhas institucionais, (...) das prestações pecuniárias que a lei comina com sanções pela violação de determinadas normas. Nestes últimos casos, o caráter sancionatório da prestação pecuniária, qualquer que seja a sua designação (multa, *ammenda*, pena pecuniária etc.), diferencia (ou qualifica ulteriormente) a coatividade do tributo daquela sanção, a qual postula a restauração da ordem jurídica violada e, portanto, a precedente violação de uma norma" (*Curso de direito tributário*, p. 70). Apesar de distinguir os tributos das penalidades pecuniárias (multas), o CTN, em evidente contradição terminológica, dispõe que o pagamento destas pode ser considerado objeto da denominada "obrigação tributária principal" (art. 113, § 1.º).

[16] No entender de Aurélio Pitanga Seixas Filho, é descartável da definição de tributo a forma de sua arrecadação por atividade administrativa plenamente vinculada (Dimensão jurídica do tributo vinculado, p. 159).

[17] Lei n. 4.320/64, art. 53: "O lançamento da receita é ato da repartição competente, que verifica a procedência do crédito fiscal e a pessoa que lhe é devedora e inscreve o débito desta".

[18] CTN, art. 142, *caput*: "Compete privativamente à autoridade administrativa constituir o crédito tributário pelo lançamento, assim entendido o procedimento administrativo tendente a verificar a ocorrência do fato gerador da obrigação correspondente, determinar a matéria tributável, calcular o montante do tributo devido, identificar o sujeito passivo e, sendo caso, propor a aplicação da penalidade cabível".

[19] VILLEGAS, Héctor B. *Curso de finanzas, derecho financiero y tributario*, p. 152.

9 ◘ Receitas Tributárias   233

9.2. AS ESPÉCIES TRIBUTÁRIAS NO DIREITO BRASILEIRO

Tributo, conforme ressalta a doutrina, representa um gênero, o qual compreende várias espécies e subespécies, sob diferentes denominações, que se distinguem pela diversidade de regimes jurídicos atribuíveis a cada uma delas.

Não há consenso entre os doutrinadores no que se refere ao número das espécies tributárias existentes nem sobre a identificação de tais espécies, sendo possível, entretanto, agrupar as classificações a respeito do tema em quatro correntes:

- ◘ **classificação bipartida**, que admite apenas duas espécies tributárias: **(i)** impostos e **(ii)** taxas[20];
- ◘ **classificação tripartida**, com a existência de três espécies tributárias: **(i)** impostos, **(ii)** taxas e **(iii)** contribuição de melhoria[21]; ou a variante: **(i)** impostos, **(ii)** taxas e **(iii)** contribuições (abrangendo a contribuição de melhoria e demais contribuições, estas últimas com as mais variadas denominações)[22];
- ◘ **classificação quadripartida**, aceitando a existência de quatro espécies tributárias: **(i)** impostos, **(ii)** taxas, **(iii)** contribuições de melhoria e **(iv)** contribuições (com as mais variadas denominações)[23]; ou a variante: **(i)** impostos, **(ii)** taxas, **(iii)** contribuições (abrangendo a contribuição de melhoria e demais contribuições, estas últimas com as mais variadas denominações) e **(iv)** empréstimos compulsórios[24];

---

[20] Nesse sentido: BECKER, Alfredo Augusto. *Teoria geral do direito tributário*, p. 381. Para o autor citado, as demais exações de natureza tributária não constituem espécies autônomas, mas se subsumem, conforme o caso, aos conceitos de imposto ou taxa (*Teoria geral do direito tributário* p. 381).

[21] Nesse sentido: SOUSA, Rubens Gomes de. *Compêndio de legislação tributária*, p. 163; FALCÃO, Amílcar de Araújo. *Fato gerador da obrigação tributária*, p. 77; CARVALHO, Paulo de Barros. *Curso de direito tributário*, p. 26-36; ROCHA, Ariosto de Rezende. *Elementos de direito financeiro e finanças*, v. 1, p. 197; ROSA JÚNIOR, Luiz Emygdio F. da. *Manual de direito financeiro e direito tributário*, p. 205 e 342; ROCHA, Valdir de Oliveira. *Determinação do montante do tributo:* quantificação, fixação e avaliação, p. 74 e 95-96; SILVA, José Afonso da. *Curso de direito constitucional positivo*, p. 684-685. Para a grande maioria dos autores citados, as demais exações de natureza tributária não constituem espécies autônomas, mas se subsumem, conforme o caso, aos conceitos de imposto, taxa ou contribuição de melhoria. Nem todos, contudo, pensam assim: é o caso, por exemplo, de Valdir de Oliveira Rocha, que leciona não possuírem natureza tributária os empréstimos compulsórios e as contribuições parafiscais (denominação que emprega para designar as contribuições especiais) (*Determinação do montante do tributo:* quantificação, fixação e avaliação, p. 74 e 95-96). Cite-se, ainda, a lição de José Afonso da Silva, que não reconhece a natureza tributária do empréstimo compulsório, pois o concebe como "uma forma de contrato de *empréstimo de direito público*" (destaque no original) (*Curso de direito constitucional positivo*, p. 686).

[22] Nesse sentido: ATALIBA, Geraldo. *Hipótese de incidência tributária*, p. 124-125 e 183; MARTINS, Cláudio. *Compêndio de finanças públicas*, p. 81, 92-94 e 139.

[23] Nesse sentido: GRAU, Eros Roberto. *Conceito de tributo e fontes do direito tributário*, p. 6 e 7.

[24] Nesse sentido: TORRES, Ricardo Lobo. *Curso de direito financeiro e tributário*, p. 321. Sustenta o citado autor que as contribuições referidas no art. 149 "devem se amalgamar conceitualmente às contribuições de melhoria mencionadas no art. 145, III, subsumindo-se todas no conceito mais amplo de contribuições especiais" (*Curso de direito financeiro e tributário*, p. 321). Em posição isolada na doutrina, Luciano Amaro também adota classificação quadripartida, mas por englobar a contribuição de melhoria no conceito de taxas (*Direito tributário brasileiro*, p. 81 e 83).

▣ **classificação quinquipartida**, que admite cinco espécies tributárias: **(i)** impostos, **(ii)** taxas, **(iii)** contribuição de melhoria, **(iv)** contribuições (com as mais variadas denominações) e **(v)** empréstimos compulsórios[25].

Por ser o critério aparentemente adotado por nossa legislação tributária (art. 5.º, CTN; art. 9.º, Lei n. 4.320/64; art. 145, CF[26]), goza do prestígio de grande parte da doutrina pátria a classificação tripartida dos tributos, em impostos, taxas e contribuição de melhoria, conforme a situação de fato prevista na norma para ensejar o nascimento da obrigação tributária correspondente.

Somos, todavia, partidários da **classificação quinquipartida** dos tributos, porquanto admitimos a existência de cinco espécies tributárias: impostos, taxas, contribuição de melhoria, contribuições especiais e empréstimos compulsórios. Vejamos, separadamente, cada uma delas.

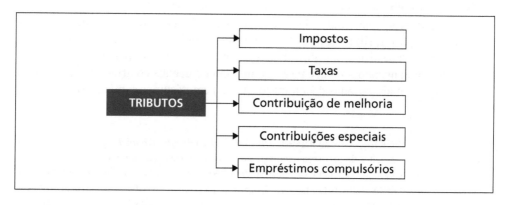

---

[25] Nesse sentido: GOMES, Carlos Roberto de Miranda. *Manual de direito financeiro e finanças*, p. 172; OLIVEIRA, Fábio Leopoldo de. *Curso expositivo de direito tributário*, p. 149; JARDIM, Eduardo Marcial Ferreira. *Manual de direito financeiro e tributário*, p. 94-96; FANUCCHI, Fábio. *Curso de direito tributário brasileiro*, v. 1, p. 32; MACHADO, Hugo de Brito. *Curso de direito tributário*, p. 64; MELO, José Eduardo Soares de. *Curso de direito tributário*, p. 50-83; LEITE, José Dalton Vitorino. *Temas de direito público*, p. 193; HARADA, Kiyoshi. *Direito financeiro e tributário*, p. 194; DIFINI, Luiz Felipe Silveira. *Manual de direito tributário*, p. 25; MARQUES, Márcio Severo. *Classificação constitucional dos tributos*, p. 247-249; NOGUEIRA, Ruy Barbosa. *Curso de direito tributário*, p. 119 e 155; MARTINS, Sergio Pinto. *Manual de direito tributário*, p. 99; BALTHAZAR, Ubaldo Cesar. *Manual de direito tributário*, livro 1, p. 40-41; SPAGNOL, Werther Botelho. *Curso de direito tributário*, p. 53.

[26] A circunstância de as contribuições especiais e os empréstimos compulsórios não figurarem no art. 145 da CF não serve como argumento para negar a natureza tributária de tais exações: a razão de tal omissão (proposital, diga-se de passagem) é o fato de o referido dispositivo constitucional tratar dos tributos que podem sem instituídos por todas as pessoas políticas da Federação, o que não é o caso dos empréstimos compulsórios e das contribuições especiais, cuja competência é exclusiva da União (arts. 148 e 149, *caput*, CF), ressalvadas, quanto às últimas, as contribuições para o custeio do sistema de previdência dos servidores públicos (art. 149, § 1.º, CF) e a contribuição para o custeio, a expansão e a melhoria do serviço de iluminação pública e de sistemas de monitoramento para segurança e preservação de logradouros públicos (art. 149-A, CF).

9 ◼ Receitas Tributárias

> **Observação:** Apesar de filiarmo-nos à corrente que atribui natureza tributária às contribuições especiais e aos empréstimos compulsórios, impende destacar que, **para o Direito Financeiro**, tais receitas **não são classificadas como tributárias**. É que, para efeito de classificação **orçamentária**, devem ser observadas as disposições da Lei n. 4.320/64, que qualifica as contribuições especiais como **receita de contribuições** e os empréstimos compulsórios como receitas de capital (**operações de crédito**)[27].

9.3. IMPOSTOS

Imposto é o tributo que tem por hipótese de incidência a descrição de um fato qualquer não consistente numa atuação estatal específica, referida ao contribuinte (art. 16, CTN), mas numa situação de fato que se refere exclusivamente à pessoa do obrigado e à sua esfera de atividade, que se constitui em objeto da imposição[28], enquanto considerada manifestação direta ou indireta de certa capacidade contributiva (art. 145, § 1.º, CF)[29]. O imposto é, por essa razão, definido como um tributo **não vinculado**, tendo em vista que o Estado não figura na relação jurídica que dará ensejo à obrigação tributária[30].

Sob o prisma do Direito Financeiro, o imposto é o tributo que o Estado percebe a fim de atender de modo global às necessidades públicas **gerais**[31], assim consideradas, consoante leciona Rubens Gomes de Sousa, "todas aquelas que interessam aos cidadãos indistintamente, sem que se possa determinar o grau de interesse que cada um tenha individualmente na existência do serviço ou da atividade pública de que se trate"[32]. Pode-se dizer, por conseguinte, que o imposto, sob a ótica do Direito Financeiro, é o tributo cuja receita não tem destinação predeterminada, isto é, que atende a serviços públicos de natureza **geral** e **indivisível**[33], pois estes, dada a sua natureza, não permitem a arrecadação de entradas particulares[34]. Os impostos, dito de outro modo, procuram cobrir as

---

[27] Nesse sentido: PASCOAL, Valdecir Fernandes. *Direito financeiro e controle externo*, p. 92. No mesmo sentido, mas referindo-se somente às contribuições especiais: SANTOS JÚNIOR, Francisco Alves dos. *Curso de direito financeiro*, p. 106.

[28] MICHELI, Gian Antonio. *Curso de direito tributário*, p. 75.

[29] ATALIBA, Geraldo. *Hipótese de incidência tributária*, p. 137.

[30] Figura, outrossim, o Estado, como sujeito ativo, na relação jurídica que decorre da ocorrência do fato gerador e que consiste na própria obrigação tributária (art. 113, CTN).

[31] ROCHA, Ariosto de Rezende. *Elementos de direito financeiro e finanças*, v. 1, p. 197; BENEMANN, Saul Nichele. *Compêndio de direito tributário e ciência das finanças*, p. 74.

[32] SOUSA, Rubens Gomes de. *Compêndio de legislação tributária*, p. 164. Daí por que, como veremos, a receita de impostos não pode estar vinculada a qualquer item específico do orçamento (art. 167, inciso IV, CF), ressalvadas as exceções constitucionalmente previstas de impostos com destinação determinada.

[33] MORSELLI, Manuel. *Compendio de ciencia de las finanzas*, p. 9.

[34] GRIZIOTTI, Benvenuto. *Principios de ciencia de las finanzas*, p. 32; SOUZA, Ruy de. *Ciência das finanças*: parte geral, t. I, p. 53.

despesas feitas no interesse comum da sociedade, sem ter em conta as vantagens particulares conferidas aos contribuintes[35].

Nos impostos, com efeito, o indivíduo paga ao Estado não porque recebeu diretamente, em razão do que pagou, qualquer vantagem ou contraprestação específica em bens ou serviços, mas sim porque tem o dever de contribuir para as despesas de interesse geral[36]. É beneficiado, sim, como membro da comunidade que recebe os serviços públicos, mas não há nenhuma relação direta entre o que pagou e os serviços que recebeu. A maioria dos pagadores dos impostos, aliás, só tem o benefício **indiretamente**, como bem demonstra Alberto Deodato com o exemplo da segurança pública: "Sua casa nunca foi assaltada. Não teve o serviço policial ou prendeu o assaltante. Mas sabe que terá o serviço e é este que, garantindo a propriedade de todos, garante a sua também"[37].

Em matéria de impostos, portanto, o particular não pode argumentar que os serviços gerais que o Estado presta à coletividade não lhe alcançam ou não lhe beneficiam diretamente, para fundamentar sua negativa ao pagamento do tributo[38].

Nos impostos, a inexistência de uma atuação do Estado, referida ao contribuinte, impede que o fato tributado seja dimensionado mediante a mensuração da despesa que o produto de sua arrecadação visa cobrir (o que se dá nos tributos vinculados, como a taxa e a contribuição de melhoria). Por esse motivo, determina a CF que as referidas espécies tributárias sejam graduadas segundo a **capacidade dos contribuintes** de concorrer com os gastos públicos (art. 145, § 1.º)[39].

9.4. TAXAS

Taxa é o tributo cuja obrigação tem por fato gerador (pressuposto de fato que dá origem à obrigação tributária[40]) o exercício regular do **poder de polícia** ou a utilização efetiva ou potencial de **serviços públicos específicos e divisíveis** prestados ao contribuinte ou postos a sua disposição (art. 145, inciso II, CF)[41].

---

[35] SOUZA, Ruy de. *Ciência das finanças:* parte geral, t. I, p. 180.

[36] DEODATO, Alberto. *Manual de ciência das finanças*, p. 79; BALEEIRO, Aliomar. *Uma introdução à ciência das finanças*, p. 253; SAMPAIO, Egas Rosa. *Instituições de ciência das finanças: uma abordagem econômico-financeira*, p. 159; ROSA JÚNIOR, Luiz Emygdio F. da. *Manual de direito financeiro e direito tributário*, p. 10; ITUASSÚ, Oyama Cesar. *Aspectos do direito*, p. 87; ANDRADE, Sudá de. *Apontamentos de ciência das finanças*, p. 52.

[37] DEODATO, Alberto. *Manual de ciência das finanças*, p. 11. Outro caso emblemático é o da *educação pública*: enquanto uns pagam, por exemplo, o Imposto de Renda (IR), outros usufruem do ensino gratuito nas universidades públicas.

[38] MERSÁN, Carlos. *Direito tributário*, p. 26.

[39] MARQUES, Márcio Severo. *Classificação constitucional dos tributos*, p. 156.

[40] CTN, arts. 113, § 1.º, 114 e 115.

[41] Segundo classificação proposta por José Ribamar Gaspar Ferreira, as taxas dividem-se em *administrativas* e *compensatórias*: as primeiras seriam as exigidas em razão do exercício do poder de polícia, ao passo que as segundas seriam as que remuneram o custo de serviço público (*Curso de direito financeiro*, p. 66-67).

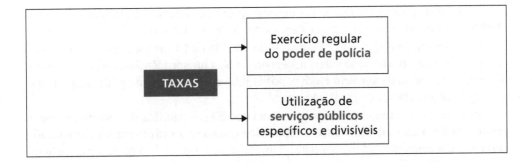

A taxa se apresenta, pois, como um **tributo vinculado**, assim considerado aquele cujo fato gerador seja uma atividade específica do Poder Público (ou uma consequência desta). É, mais precisamente, um tributo vinculado de **referibilidade direta** (ao obrigado), pois a sua hipótese de incidência é a própria atuação estatal (ato de polícia ou serviço público), direta e imediatamente referida ao obrigado[42], e não um benefício que essa atuação possa trazer ao administrado.

Sob o prisma do Direito Financeiro, a distinção entre taxa e imposto (embora ambos sejam processos de repartição dos custos da atividade estatal entre os membros da coletividade) reside no fato de que o imposto opera a divisão dos encargos governamentais por grupos mais dilatados, que tenham capacidade econômica de pagá-los, sem a mínima preocupação de que os indivíduos neles integrados sejam ou não beneficiados; já a taxa, ao contrário, divide a despesa apenas entre os indivíduos componentes do grupo limitado dos beneficiários diretos da atividade estatal (quer usem efetivamente o serviço, quer apenas o tenham à sua disposição)[43].

---

[42] ATALIBA, Geraldo. *Hipótese de incidência tributária*, p. 156.
[43] BENEMANN, Saul Nichele. *Compêndio de direito tributário e ciência das finanças*, p. 72-73. Geraldo Ataliba também se refere a essa distinção: "Sob a perspectiva financeira, o imposto é exigido de todos os participantes dos benefícios sociais criados ou mantidos pelo governo. A taxa é compensação financeira de serviços e atividades prestados individualmente aos usuários". E conclui o saudoso mestre: "Daí o critério financeiro do imposto ser a capacidade contributiva de todos que integram determinada sociedade (em outras palavras: o imposto é instrumento financeiro de repartição de encargos gerais por toda a comunidade). O critério da taxa é o custo da atividade pública, repartido pelos seus diretos destinatários (os usuários dos serviços públicos)" (*Hipótese de incidência tributária*, p. 173). Confira-se, a respeito, o seguinte julgado do STF: "A taxa, enquanto contraprestação a uma atividade do Poder Público, não pode superar a relação de razoável equivalência que deve existir entre o custo real da atuação estatal referida ao contribuinte e o valor que o Estado pode exigir de cada contribuinte, considerados, para esse efeito, os elementos pertinentes às alíquotas e à base de cálculo fixadas em lei. — Se o valor da taxa, no entanto, ultrapassar o custo do serviço prestado ou posto à disposição do contribuinte, dando causa, assim, a uma situação de onerosidade excessiva, que descaracterize essa relação de equivalência entre os fatores referidos (o custo real do serviço, de um lado, e o valor exigido do contribuinte, de outro), configurar-se-á, então, quanto a essa modalidade de tributo, hipótese de ofensa à cláusula vedatória inscrita no art. 150, IV, da Constituição da República" (ADI-MC-QO 2.551/MG, Rel. Min. Celso de Mello, Pleno, j. em 02.04.2003, *DJ* 20.04.2006, p. 5).

O poder de polícia, tipificado como pressuposto constitucional das taxas, requer a **efetividade** de seu exercício, consubstanciado num agir concreto da Administração.

Interpretando a disposição do inciso II do art. 145 da CF, assim como as que a precederam, seja na Constituição anterior, seja no CTN, a jurisprudência do STF firmou-se no sentido de que só o **exercício efetivo**, por órgão administrativo, do poder de polícia é que legitima a cobrança de taxas de polícia[44].

Ressalte-se, contudo, que a jurisprudência do STF é pacífica no sentido de que **a existência de órgão administrativo específico (aparato administrativo fiscalizatório)** é um dos elementos admitidos para se inferir o efetivo exercício do poder de polícia, exigido constitucionalmente, como sobressai do julgado proferido pelo Tribunal Pleno, nos autos do **RE 588.322/RO** (com repercussão geral reconhecida), conforme ementa que segue transcrita:

> **Ementa:** Recurso Extraordinário 1. Repercussão geral reconhecida. 2. Alegação de inconstitucionalidade da taxa de renovação de localização e de funcionamento do Município de Porto Velho. 3. Suposta violação ao artigo 145, inciso II, da Constituição, ao fundamento de não existir comprovação do efetivo exercício do poder de polícia. 4. O texto constitucional diferencia as taxas decorrentes do exercício do poder de polícia daquelas de utilização de serviços específicos e divisíveis, facultando apenas a estas a prestação potencial do serviço público. 5. A regularidade do exercício do poder de polícia é imprescindível para a cobrança da taxa de localização e fiscalização. 6. **À luz da jurisprudência deste Supremo Tribunal Federal, a existência do órgão administrativo não é condição para o reconhecimento da constitucionalidade da cobrança da taxa de localização e fiscalização, mas constitui um dos elementos admitidos para se inferir o efetivo exercício do poder de polícia, exigido constitucionalmente**. Precedentes. 7. O Tribunal de Justiça de Rondônia assentou que o Município de Porto Velho, que criou a taxa objeto do litígio, é dotado de aparato fiscal necessário ao exercício do poder de polícia. 8. Configurada a existência de instrumentos necessários e do efetivo exercício do poder de polícia. 9. É constitucional taxa de renovação de funcionamento e localização municipal, desde que efetivo o exercício do poder de polícia, demonstrado pela existência de órgão e estrutura competentes para o respectivo exercício, tal como verificado na espécie quanto ao Município de Porto Velho/RO. 10. Recurso extraordinário ao qual se nega provimento (**RE 588.322/RO**, Rel. Min. Gilmar Mendes, Pleno, j. em 16.06.2010, *DJe*-164 03.09.2010) (destaque nosso)[45].

---

[44] Nesse sentido: RE 115.983/SP, Rel. Min. Carlos Madeira, 2.ª Turma, j. em 10.05.1988, *DJ* 10.06.1988, p. 14406; RE 140.278/CE, Rel. Min. Sydney Sanches, 1.ª Turma, j. em 27.08.1996, *DJ* 22.11.1996, p. 45703; RE 286.246/SP, Rel. Min. Moreira Alves, 1.ª Turma, j. em 18.06.2002, *DJ* 23.08.2002, p. 93.

[45] No mesmo sentido: RE 80.441/ES, Rel. Min. Moreira Alves, Pleno, j. em 16.03.1978, *DJ* 28.04.1978, p. 2793; RE 115.213/SP, Rel. Min. Ilmar Galvão, 1.ª Turma, j. em 13.08.1991, *DJ* 06.09.1991, p. 12036; RE 198.904/RS, Rel. Min. Ilmar Galvão, 1.ª Turma, j. em 28.05.1996, *DJ* 27.09.1996, p. 36171; RE-ED 588.322/RO, Rel. Min. Gilmar Mendes, Pleno, j. em 23.02.2011, *DJe*-097 24.05.2011; RE-AgR 396.846/MG, Rel. Min. Cezar Peluso, 2.ª Turma, j. em 05.08.2008, *DJe*-162 29.08.2008. No mesmo sentido: "A cobrança da taxa de localização e funcionamento, pelo Município de São Paulo, prescinde da efetiva comprovação da atividade fiscalizadora, diante da notoriedade do exercício do poder de polícia pelo aparato administrativo dessa muni-

9 ■ Receitas Tributárias

O Plenário do STF, quando do julgamento do citado Recurso Extraordinário, fixou algumas balizas, do ponto de vista fático-probatório, a serem observadas na conclusão pela efetividade ou não do exercício do poder de polícia:

■ a taxa de polícia legitima-se pelo **efetivo exercício do poder de polícia** e se identifica pela **imprescindibilidade da atuação fiscalizatória estatal** nesse liame;

■ para configuração do efetivo exercício do poder de polícia, a existência de aparato administrativo fiscalizatório na estrutura municipal é prova hábil a essa efetividade, **sem prejuízo de outras formas que demonstrem a efetiva fiscalização dos sujeitos passivos da exação**, sob pena de se desvirtuar a natureza jurídica das taxas estabelecidas pelo texto constitucional;

■ tal fiscalização, para ensejar a cobrança de taxa de polícia, pode ser realizada tanto de forma **presencial** (*in loco*, "porta a porta"), como de forma **remota**, desde que haja averiguação de regularidade das atividades desempenhadas pelo contribuinte, a partir dos requisitos estabelecidos pelo ente municipal.

Ademais, as taxas de polícia somente devem custear o **poder especial de polícia**, isto é, aquele que consiste num ato concreto e específico da Administração, de modo que somente sejam exigidas da pessoa que é alcançada por um ato de polícia de efeitos individuais. O poder geral de polícia, por ser inerente à função normal do Estado, tem o seu custeio satisfeito pela receita dos impostos[46].

Outra nota a ser destacada acerca do poder de polícia como fato gerador das taxas é que, não obstante ser o poder de polícia uma atividade que pode desenvolver-se preventiva ou repressivamente, apenas aquele que é exercido **preventivamente** dá ao Estado o direito de cobrança de taxas. É que a polícia administrativa **repressiva**, isto é, a que se destina a obstar (paralisar, impedir, reprimir) o desenvolvimento de atividades particulares nocivas aos interesses sociais ou públicos, por atuar após a prática da ilicitude, autoriza, quando muito, a cobrança de **multa**, mas não de tributo, o qual se caracteriza por não ter natureza sancionatória (art. 3.º, CTN).

---

cipalidade" (STF, RE-AgR 222.252/SP, Rel. Min. Ellen Gracie, 1.ª Turma, j. em 17.04.2001, *DJ* 18.05.2001, p. 80). Confira-se, ainda, o seguinte julgado do STF, que **não exige sequer a existência de órgão administrativo fiscalizatório** para se inferir o efetivo exercício do poder de polícia, que seria **presumido**: "I — Constitucionalidade de taxas cobradas em razão do serviço de fiscalização exercido pelos municípios quanto ao atendimento às regras de postura municipais. II — **Presunção a favor da administração pública do efetivo exercício do poder de polícia, que independe da existência ou não de órgão de controle.** Precedentes" (destaque nosso) (AI-AgR 654.292/MG, Rel. Min. Ricardo Lewandowski, 1.ª Turma, j. em 30.06.2009, *DJe*-157 21.08.2009). No mesmo sentido: AI-AgR 699.068/SP, Rel. Min. Ricardo Lewandowski, 1.ª Turma, j. em 17.03.2009, *DJe*-071 17.04.2009; AI-AgR 553.880/MG, Rel. Min. Ricardo Lewandowski, 1.ª Turma, j. em 17.03.2009, *DJe*-071 17.04.2009; AI-AgR 735.114/MG, Rel. Min. Ricardo Lewandowski, 1.ª Turma, j. em 26.05.2009, *DJe*-113 19.06.2009.

46 STF, RE 80.468/MG, Rel. Min. Antonio Neder, 1.ª Turma, j. em 31.03.1981, *DJ* 24.04.1981, p. 3563; RE 73.584/MG, Rel. Min. Antonio Neder, Pleno, j. em 10.04.1981, *DJ* 10.04.1981, p. 3173; RE 100.033/RS, Rel. Min. Francisco Rezek, Pleno, j em 21.09.1983, *DJ* 27.10.1983, p. 16702.

Ressalte-se finalmente que, para fins de tributação, não basta o exercício do poder de polícia, mas o seu **exercício regular**, devendo, pois, ser exercido dentro dos limites estabelecidos em lei (art. 77, c/c art. 78, parágrafo único, ambos do CTN). Se o ato de polícia extravasa os limites da lei, não será considerado como fato gerador da taxa, pois é inadmissível que a Fazenda pratique um ato arbitrário e ainda pretenda cobrar do contribuinte o valor correspondente à despesa que se causou para a produção do referido ato.

Quanto às taxas de serviços, é importante destacar que não é qualquer serviço público que autoriza a instituição e a cobrança de taxa pela sua utilização. A CF somente permite a cobrança de taxa em razão de serviço **específica** e **divisivelmente** prestado ou posto à disposição do contribuinte (art. 145, inciso II).

O serviço público é específico — em relação ao sujeito passivo — quando, embora se encontre mobilizado para servir indistintamente a todos, tem destinatário certo e especificado, sempre que a sua prestação se torna concretamente necessária. O serviço público, para ser qualificado como específico, pressupõe que a Administração Pública o presta sabendo quem são os contribuintes que usufruirão dele[47].

Serviços públicos divisíveis são aqueles de utilização **mensurável**. São os que, embora prestados como um todo, funcionam em condições tais que possam ser individualizados, permitindo que se identifique e se avalie, isoladamente do complexo da atividade, a parcela utilizada individualmente pela pessoa (usuário). A divisibilidade é, assim, critério de medição, de mensuração do aproveitamento (efetivo ou potencial), pelos usuários, do fruto da ação estatal (serviços públicos).

Como exemplo de taxa de serviço, temos aquela referente à **coleta de lixo domiciliar.**

> **Observação:** Cabe destacar que o STF fixou balizas quanto à interpretação dada ao art. 145, II, da CF, no que concerne à cobrança de taxas pelos serviços públicos de limpeza prestados à sociedade. Com efeito, aquela Corte entende como específicos e divisíveis os serviços públicos de coleta, remoção e tratamento ou destinação de lixo ou resíduos provenientes de imóveis, desde que essas atividades sejam **completamente dissociadas** de outros serviços públicos de limpeza realizados em benefício da população em geral (*uti universi*) e de forma indivisível, tais como os de conservação e limpeza de logradouros e bens públicos (praças, calçadas, vias, ruas, bueiros).
>
> Tal entendimento encontra-se consubstanciado na **Súmula Vinculante 19** do STF, assim redigida: "A taxa cobrada exclusivamente em razão dos serviços públicos de coleta, remoção e tratamento ou destinação de lixo ou resíduos provenientes de imóveis não viola o artigo 145, II, da Constituição Federal".
>
> Por outro lado, apresenta-se **inconstitucional** a cobrança de valores tidos como taxa em razão de serviço de conservação e limpeza de logradouros e bens públicos, por ser **universal e indivisível**[48].

---

[47] BALTHAZAR, Ubaldo Cesar. *Manual de direito tributário*, livro 1, p. 57.

[48] STF, RE-AgR 540.951/SP, Rel. Min. Joaquim Barbosa, 2.ª Turma, j. em 28.08.2012, *DJe*-184 19.09.2012.

9 ▪ Receitas Tributárias

241

Diversamente dos serviços de coleta, remoção e tratamento ou destinação de lixo ou resíduos provenientes de imóveis, o serviço de **iluminação pública**, por ser **inespecífico, não mensurável, indivisível e insuscetível de ser referido a determinado contribuinte**[49], não pode ser remunerado mediante taxa[50].

A taxa não se confunde com o **preço público** (ou **tarifa**), que é espécie de **receita originária**[51], pois provém da venda ou da locação de bens de propriedade do Estado, ou ainda do fornecimento de serviços que, embora mensuráveis, são voluntariamente utilizados pelos particulares, isto é, não são coativamente impostos à aceitação dos usuários[52]. Confira-se, nesse sentido, o seguinte julgado do STF:

---

[49] STF, RE 233.332/RJ, Rel. Min. Ilmar Galvão, Pleno, j. em 10.03.1999, *DJ* 14.05.1999, p. 24; RE 231.764/RJ, Rel. Min. Ilmar Galvão, Pleno, j. em 10.03.1999, *DJ* 21.05.1999, p. 25; AI-AgR 231.132/RS, Rel. Min. Carlos Velloso, 2.ª Turma, j. em 25.05.1999, *DJ* 06.08.1999, p. 16.

[50] Súmula Vinculante 41 do STF: "O serviço de iluminação pública não pode ser remunerado mediante taxa". O referido serviço público é custeado por **contribuição**, nos termos do art. 149-A da CF.

[51] As expressões *preço público* e *tarifa* não são tomadas como sinônimas por Roberto Wagner Lima Nogueira. Para o referido autor, apesar de ambas designarem remuneração de serviço público inessencial, o preço público refere-se à remuneração feita à autarquia, sociedade de economia mista e fundação, ao passo que a tarifa seria a remuneração feita ao particular (iniciativa privada), não configurando esta última, pois, espécie de receita originária (*Direito financeiro e justiça tributária*, p. 96).

[52] BERNARDES, C. de Alvarenga; ALMEIDA FILHO, J. Barbosa de. *Direito financeiro e finanças*, p. 68. Apesar de o STF já ter proferido decisão no sentido de que o quantitativo cobrado dos usuários das redes de água e esgoto possui natureza jurídica de taxa (RE 54.194/PE, Rel. Min. Luiz Gallotti, 1.ª Turma, j. em 14.10.1963, *DJ* 28.11.1963, p. 1234), prevaleceu a jurisprudência que o considera como preço público (tarifa). Nesse sentido: RE 54.491/PE, Rel. Min. Hermes Lima, 2.ª Turma, j. em 15.10.1963, *DJ* 17.12.1963, p. 4447; RE 54.996/PE, Rel. Min. Barros Monteiro, 1.ª Turma, j. em 27.05.1968, *DJ* 28.06.1968, p. 2453; RE 77.162/SP, Rel. Min. Leitão de Abreu, 2.ª Turma, j. em 24.05.1977, *DJ* 09.08.1977, p. 5375; RE-ED 447.536/SC, Rel. Min. Carlos Velloso, 2.ª Turma, j. em 28.06.2005, *DJ* 26.08.2005, p. 65; RE-ED 456.048/SC, Rel. Min. Carlos Velloso, 2.ª Turma, j. em 06.09.2005, *DJ* 30.09.2005, p. 54; AI-AgR 516.402/SE, Rel. Min. Gilmar Mendes, 2.ª Turma, j. em 30.09.2008, *DJe*-222 21.11.2008; RE-AgR 544.289/MS, Rel. Min. Ricardo Lewandowski, 1.ª Turma, j. em 26.05.2009, *DJe*-113 19.06.2009; ADI 2.337/SC, Rel. Min. Celso de Mello, Pleno, j. em 05.10.2020, *DJe*-252 19.10.2020. O STJ, que inicialmente consagrou entendimento no sentido de que a cobrança efetuada pelas concessionárias de serviço público de água e esgoto possuía natureza tributária, consistindo em taxa (REsp 167.489/SP, Rel. Min. José Delgado, 1.ª Turma, j. em 02.06.1998, *DJ* 24.08.1998, p. 24; REsp 127.960/RS, Rel. Min. Francisco Falcão, 1.ª Turma, j. em 18.10.2001, *DJ* 01.07.2002, p. 217; REsp 480.692/MS, Rel. Min. Luiz Fux, 1.ª Turma, j. em 10.06.2003, *DJ* 30.06.2003, p. 148; REsp 453.855/MS, Rel. Min. Franciulli Netto, 2.ª Turma, j. em 21.08.2003, *DJ* 03.11.2003, p. 299; EDcl no REsp 530.808/MG, Rel. Min. Luiz Fux, 1.ª Turma, j. em 14.09.2004, *DJ* 30.09.2004, p. 220; REsp 665.738/SC, Rel. Min. José Delgado, 1.ª Turma, j. em 04.11.2004, *DJ* 21.02.2005, p. 114; REsp 690.609/RS, Rel. Min. José Delgado, 1.ª Turma, j. em 28.06.2005, *DJ* 19.12.2005, p. 233; REsp 782.270/MS, Rel. Min. Teori Albino Zavascki, 1.ª Turma, j. em 18.10.2005, *DJ* 07.11.2005, p. 163; REsp 818.649/MS, Rel. Min. José Delgado, 1.ª Turma, j. em 06.04.2006, *DJ* 02.05.2006, p. 273; REsp 830.375/MS, Rel. Min. Teori Albino Zavascki, 1.ª Turma, j. em 20.06.2006, *DJ* 30.06.2006, p. 191; REsp 848.287/RS, Rel. Min. José Delgado, 1.ª Turma, j. em 17.08.2006, *DJ* 14.09.2006, p. 289), acabou encampando o entendimento sedimentado no STF no sentido de que a tal cobrança detém

Ementa: (...) Taxa e preço público diferem quanto à compulsoriedade de seu pagamento. A taxa é cobrada em razão de uma obrigação legal enquanto o preço público é de pagamento facultativo por quem pretende se beneficiar de um serviço prestado (**RE 556.854/ AM**, Rel. Min. Cármen Lúcia, Pleno, j. em 30.06.2011, *DJe*-195 11.10.2011).

A tarifa, ao contrário da taxa, não possui natureza tributária, submetendo-se a **regime de direito privado**.

Nesse sentido é o disposto na Súmula 545 do STF, que estabelece: "Preços de serviços públicos e taxas não se confundem, porque estas, diferentemente daqueles, são compulsórias e têm sua cobrança condicionada à prévia autorização orçamentária, em relação à lei que as instituiu".

Como exemplo de preço público, temos o **pedágio**, previsto no inciso V do art. 150 da CF, que veda:

"limitações ao tráfego de pessoas ou bens, por meio de **tributos** interestaduais ou intermunicipais, **ressalvada** a cobrança de **pedágio** pela utilização de vias conservadas pelo Poder Público." (destaques nossos)

Apesar de entendermos que a redação do mencionado dispositivo constitucional favorece o entendimento de que o pedágio cobrado pela efetiva utilização de rodovias conservadas pelo Poder Público possuiria natureza tributária (de taxa, portanto), o STF decidiu que a referida figura é, em verdade, preço público:

Ementa: TRIBUTÁRIO E CONSTITUCIONAL. PEDÁGIO. NATUREZA JURÍDICA DE PREÇO PÚBLICO. DECRETO 34.417/92, DO ESTADO DO RIO GRANDE DO SUL. CONSTITUCIONALIDADE. 1. O pedágio cobrado pela efetiva utilização de rodovias conservadas pelo Poder Público, cuja cobrança está autorizada pelo inciso V, parte final, do art. 150 da Constituição de 1988, não tem natureza jurídica de taxa, mas sim de preço público, não estando a sua instituição, consequentemente, sujeita ao princípio da legalidade estrita. 2. Ação direta de inconstitucionalidade julgada improcedente (**ADI 800/RS**, Rel. Min. Teori Zavascki, Pleno, j. em 11.06.2014, *DJe*-125 01.07.2014)[53].

Ressalte-se que as taxas **não podem ter base de cálculo própria de impostos** (art. 145, § 2.º, CF; art. 77, parágrafo único, CTN). O STF, contudo, reconhece a constitucionalidade de taxas que, na apuração do montante devido, adotem um ou mais dos

---

natureza jurídica de tarifa ou preço público. Nesse sentido: REsp 337.965/MG, Rel. Min. Eliana Calmon, 2.ª Turma, j. em 02.09.2003, *DJ* 20.10.2003, p. 244; REsp 802.559/MS, Rel. Min. Luiz Fux, 1.ª Turma, j. em 14.08.2007, *DJ* 12.11.2007, p. 162; REsp 887.908/MS, Rel. Min. Luiz Fux, 1.ª Turma, j. em 14.08.2007, *DJ* 20.09.2007, p. 246; REsp 866.479/MS, Rel. Min. Luiz Fux, 1.ª Turma, j. em 09.10.2007, *DJ* 08.11.2007, p. 181; REsp 856.272/RS, Rel. Min. Luiz Fux, 1.ª Turma, j. em 16.10.2007, *DJ* 29.11.2007, p. 198; EREsp 690.609/RS, Rel. Min. Eliana Calmon, 1.ª Seção, j. em 26.03.2008, *DJe* 07.04.2008. Ressalte-se que as tarifas, por não possuírem natureza tributária, não se sujeitam ao regime da estrita legalidade (STJ, REsp 909.894/SE, Rel. Min. Denise Arruda, 1.ª Turma, j. em 03.06.2008, *DJe* 18.06.2008).

[53] Ressalte-se que o STF, em julgados anteriores, já havia se manifestado pela natureza tributária (de taxa) do pedágio: RE 181.475/RS, Rel. Min. Carlos Velloso, 2.ª Turma, j. em 04.05.1999, *DJ* 25.06.1999, p. 28; RE 194.862/RS, Rel. Min. Carlos Velloso, 2.ª Turma, j. em 04.05.1999, *DJ* 25.06.1999, p. 28.

9 ▣ Receitas Tributárias   243

elementos que compõem a base de cálculo própria de determinado imposto, **desde que não se verifique integral identidade entre uma base e a outra**[54]. Tal entendimento encontra-se consolidado no enunciado da **Súmula Vinculante 29 do STF**.

> **Observação:** Considerando que o princípio da não afetação atinge apenas os impostos (art. 167, inciso IV, CF), a jurisprudência do STF admite a vinculação de receita de taxas a órgãos e fundos públicos[55], **mas não a entidades privadas**[56], o que subverteria a finalidade institucional do tributo, além de configurar esse privilegiado tratamento dispensado a simples instituições particulares evidente transgressão estatal ao postulado constitucional da igualdade.

9.5. CONTRIBUIÇÃO DE MELHORIA

Contribuição de melhoria é o tributo que tem por fato gerador a valorização de imóvel particular[57] em decorrência de obra pública (art. 145, inciso III, CF; art. 81, CTN). Tal tributo está disciplinado pelo **Decreto-Lei n. 195, de 24.02.1967**, o qual, segundo o STF, tem força de **norma geral de direito tributário**[58].

É interessante observar que o Texto Constitucional de 1988 (art. 145, inciso III), diversamente do que dispõe o CTN (art. 81), não menciona expressamente a valorização imobiliária como requisito da contribuição de melhoria, fazendo menção apenas à obra pública. O STF, contudo, entende que, apesar da referida omissão constitucional, a valorização imobiliária — requisito ínsito à contribuição de melhoria — persiste como fato gerador dessa espécie tributária[59].

---

[54] STF, RE-QO-RG 576.321/SP, Rel. Min. Ricardo Lewandowski, j. em 04.12.2008, *DJe*-030 13.02.2009. Confira-se, **em sentido contrário**, o seguinte julgado do STF: "Havendo identidade de base de cálculo da taxa com algum dos elementos que compõem a do IPTU, resta vulnerado o art. 145, § 2.º da Constituição Federal" (RE-AgR 216.528/MG, Rel. Min. Maurício Corrêa, 2.ª Turma, j. em 17.11.1997, *DJ* 27.02.1998, p. 9). No mesmo sentido: RE 190.126/SP, Rel. p/ acórdão Min. Octavio Gallotti, 1.ª Turma, j. em 04.02.1997, *DJ* 05.05.2000, p. 37.

[55] Nesse sentido: ADI 3.151/MT, Rel. Min. Carlos Britto, Pleno, j. em 08.06.2005, *DJ* 28.04.2006, p. 4; ADI 2.059/PR, Rel. Min. Eros Grau, Pleno, j. em 26.04.2006, *DJ* 09.06.2006, p. 3; ADI 2.129/MS, Rel. Min. Eros Grau, Pleno, j. em 26.04.2006, *DJ* 16.06.2006, p. 4

[56] Nesse sentido: ADI 1.145/PB, Rel. Min. Carlos Velloso, Pleno, j. em 03.10.2002, *DJ* 08.11.2002, p. 20; ADI 2.982/CE, Rel. Min. Gilmar Mendes, Pleno, j. em 09.06.2004, *DJ* 12.11.2004, p. 5; ADI-QO 2.982/CE, Rel. Min. Gilmar Mendes, Pleno, j. em 17.06.2004, *DJ* 12.11.2004, p. 6; ADI 1.926/PE, Rel. Min. Roberto Barroso, Pleno, j. em 20.04.2020, *DJe*-136 02.06.2020; ADI 3.086/CE, Rel. Min. Dias Toffoli, Pleno, j. em 16.06.2020, *DJe*-235 24.09.2020. Esse já era o entendimento do STF no sistema constitucional anterior: Rp 1.139/BA, Rel. p/ acórdão Min. Néri da Silveira, Pleno, j. em 09.04.1986, *DJ* 30.10.1992, p. 19514; Rp 1.295/RS, Rel. Min. Moreira Alves, Pleno, j. em 09.09.1987, *DJ* 17.03.1989, p. 3604.

[57] Somente a valorização de imóveis *de* **propriedade privada** enseja a cobrança de contribuição de melhoria (arts. 2.º e 3.º, § 3.º, ambos do Decreto-Lei n. 195, de 27.02.1967).

[58] STF, RE 92.186/PR, Rel. Min. Djaci Falcão, 2.ª Turma, j. em 09.05.1980, *DJ* 30.05.1980, p. 3952.

[59] STF, RE 116.147/SP, Rel. Min. Célio Borja, 2.ª Turma, j. em 29.10.1991, *DJ* 08.05.1992, p. 6268; RE 115.863/SP, Rel. Min. Célio Borja, 2.ª Turma, j. em 29.10.1991, *DJ* 08.05.1992, p. 6268; RE 116.148/SP, Rel. Min. Octavio Gallotti, 1.ª Turma, j. em 16.02.1993, *DJ* 21.05.1993, p. 9768; RE 114.069/SP, Rel. Min. Carlos Velloso, 2.ª Turma, j. em 15.04.1994, *DJ* 30.09.1994, p. 26171.

244 Direito Financeiro e Econômico Esquematizado   *Carlos Alberto de Moraes Ramos Filho*

Ao lado da **obra pública** e da **valorização imobiliária**, há, ainda, um terceiro pressuposto, imprescindível, para a cobrança da contribuição de melhoria: a comprovação de um **nexo de causalidade** entre os dois primeiros elementos citados, ou seja, a prova de que a valorização decorreu estritamente da obra levada a efeito pelo ente tributante, a quem compete o ônus da prova[60].

São três, por conseguinte, os pressupostos da cobrança da contribuição de melhoria:

☐ a construção de **obra pública** prevista na lista do art. 2.º do Decreto-Lei n. 195/67;

☐ a **valorização** (acréscimo de valor) de imóvel de particular;

☐ **nexo de causalidade** entre a obra pública e a valorização do imóvel.

A contribuição de melhoria, assim como a taxa, é regida pelo princípio da **retributividade**, segundo o qual é exigida em decorrência de uma contraprestação do Poder Público. Difere das taxas, no entanto, por ser um tributo vinculado de **referibilidade indireta** (ao obrigado), pois a sua hipótese de incidência não é a mera atuação estatal (*in casu*, a obra pública), e sim um benefício que esta possa trazer ao administrado (a valorização imobiliária)[61].

Observação: O STF já decidiu que o chamado **recapeamento asfáltico**, isto é, o recapeamento de via pública já asfaltada, não configura obra pública, mas simples serviço de manutenção e conservação que não acarreta valorização do imóvel, não ensejando a imposição de contribuição de melhoria (**RE 115.863/SP**, Rel. Min. Célio Borja, 2.ª Turma, j. em 29.10.1991, *DJ* 08.05.1992, p. 6268)[62].

A contribuição de melhoria, como a taxa, opera a divisão do custo da atividade estatal específica (construção da obra pública) apenas entre os indivíduos componentes do grupo limitado dos beneficiários daquela atividade (proprietários de imóveis cuja valorização decorreu da obra pública)[63].

A referida exação tem como **limite total** a despesa realizada (custo da obra[64]) e como **limite individual** o acréscimo de valor que da obra resultar para cada imóvel beneficiado (art. 81, CTN). Confira-se, a respeito, o seguinte julgado do STF:

---

[60] Nesse sentido é o entendimento do STF: REsp 647.134/SP, Rel. Min. Luiz Fux, 1.ª Turma, j. em 10.10.2006, *DJ* 01.02.2007, p. 397; AgRg no AREsp 417.697/PR, Rel. Min. Eliana Calmon, 2.ª Turma, j. em 10.12.2013, *DJe* 18.12.2013.

[61] OLIVEIRA, Régis Fernandes de; HORVATH, Estevão. *Manual de direito financeiro*, p. 53. Nesse sentido: STF, RE 140.779/SP, Rel. Min. Ilmar Galvão, Pleno, j. em 02.08.1995, *DJ* 08.09.1995, p. 28360.

[62] No mesmo sentido: STF, RE 116.148/SP, Rel. Min. Octavio Gallotti, 1.ª Turma, j. em 16.02.1993, *DJ* 21.05.1993, p. 9768.

[63] Nesse sentido é o disposto no § 2.º do Decreto-Lei n. 195/67: "A determinação da Contribuição de Melhoria far-se-á rateando, proporcionalmente, o custo parcial ou total das obras, entre todos os imóveis incluídos nas respectivas zonas de influência".

[64] O art. 4.º do Decreto-Lei n. 195/67 explicita o que se deve entender como "custo da obra", esclarecendo que nele se computam "as despesas de estudos, projetos, fiscalização, desapropriações, administração, execução e financiamento".

9 ◼ Receitas Tributárias

Ementa: CONSTITUCIONAL. TRIBUTÁRIO. AGRAVO REGIMENTAL NO AGRA-VO DE INSTRUMENTO. CONTRIBUIÇÃO DE MELHORIA. FATO GERADOR: *QUANTUM* DA VALORIZAÇÃO IMOBILIÁRIA. PRECEDENTES. 1. Esta Corte consolidou o entendimento no sentido de que a contribuição de melhoria incide sobre o *quantum* da valorização imobiliária (**AI-AgR 694.836/SP**, Rel. Min. Ellen Gracie, 2.ª Turma, j. em 24.11.2009, *DJe*-237 18.12.2009).

9.6. CONTRIBUIÇÕES ESPECIAIS

Contribuições especiais são tributos cujo traço que lhes dá peculiaridade é a vinculação da respectiva receita a finalidades predeterminadas, ou seja, a circunstância de o produto obtido com sua arrecadação ser destinado para emprego em fins específicos (art. 149, *caput*, CF[65]), e não para qualquer objetivo[66]. É o caso, por exemplo, das contribuições a que se refere o art. 195 da CF, cobradas de empregados, empregadores e autônomos, com o fim específico de financiar as despesas da seguridade social.

Alguns autores denominam as contribuições especiais de "contribuições parafiscais"[67]. A parafiscalidade significa, juridicamente, a atribuição, mediante lei, da capacidade tributária ativa (capacidade de ser sujeito ativo de tributos) que a pessoa política titular da competência tributária (aptidão para instituir tributos) faz a outra pessoa (pública ou privada), que, por determinação da mesma lei, passa a dispor do produto arrecadado, em benefício de suas próprias finalidades[68]. Para se caracterizar a parafiscalidade, não basta que o tributo seja cobrado por ente diverso daquele que o instituiu, sendo necessário o concurso de outro fator: que a receita assim percebida reverta em proveito da própria entidade que a arrecada[69].

Entendemos, todavia, estar equivocada a doutrina que considera como sinônimas as expressões "contribuições parafiscais" e "contribuições especiais", porquanto estas

---

[65] CF, art. 149, *caput*: "Compete exclusivamente à União instituir contribuições sociais, de intervenção no domínio econômico e de interesse das categorias profissionais ou econômicas, como instrumento de sua atuação nas respectivas áreas, observado o disposto nos arts. 146, III, e 150, I e III, e sem prejuízo do previsto no art. 195, § 6.º, relativamente às contribuições a que alude o dispositivo".

[66] Nesse sentido: JARDIM, Eduardo Marcial Ferreira. *Manual de direito financeiro e tributário*, p. 96; GIAMBIAGI, Fabio; ALÉM, Ana Cláudia. *Finanças públicas:* teoria e prática no Brasil, p. 44, nota de rodapé n. 9; MARQUES, Márcio Severo. *Classificação constitucional dos tributos*, p. 247.

[67] Nesse sentido: FANUCCHI, Fábio. *Curso de direito tributário brasileiro*, v. 1, p. 32; OLIVEIRA, Fábio Leopoldo de. *Curso expositivo de direito tributário*, p. 149 e 171. No mesmo sentido: ROSA JÚNIOR, Luiz Emygdio F. da. *Manual de direito financeiro e direito tributário*, p. 408-415. Este último autor, contudo, também emprega a denominação "contribuições especiais" (*Manual de direito financeiro e direito tributário*, p. 342).

[68] ATALIBA, Geraldo. *Hipótese de incidência tributária*, p. 189; CASTRO, Alexandre Barros. *Manual de direito financeiro e tributário*, p. 345.

[69] OLIVEIRA, Régis Fernandes de; HORVATH, Estevão. *Manual de direito financeiro*, p. 60. Se o produto arrecadado volta para os cofres da pessoa política titular da competência tributária, ocorre o fenômeno jurídico denominado "sujeição ativa auxiliar". O agente arrecadador, nesse caso, como enfatiza Roque Antonio Carrazza, não passa de um substituto *ex lege* do sujeito ativo, atuando em nome e por conta da pessoa tributante (*Curso de direito constitucional tributário*, p. 165-166, nota de rodapé n. 42).

últimas **podem ou não** ser dotadas de parafiscalidade. Com efeito, o Supremo Tribunal Federal, por exemplo, ao julgar o RE 138.284/CE[70], decidiu, por unanimidade, ser irrelevante o fato de a receita da Contribuição Social sobre o Lucro (instituída pela Lei n. 7.689, de 15.12.1988) integrar o orçamento fiscal da União. Vê-se, do exposto, que a referida contribuição não é dotada de parafiscalidade (já que é cobrada pelo próprio ente instituidor da exação), logo inaceitável falar-se, no caso, em contribuição parafiscal. O que importa, segundo o entendimento esposado pelo STF, é que a receita da referida contribuição se destine ao financiamento da seguridade social.

Há aqueles que — talvez procurando evitar polêmica — preferem chamar tais exações, simplesmente, de "contribuições", sem qualquer adjetivo[71]. Tal postura tem, contudo, o inconveniente de não distinguir as contribuições do art. 149 da CF da contribuição de melhoria (art. 145, inciso III, CF), esta também, inegavelmente, uma "contribuição", como seu próprio nome está a indicar[72].

Há, ainda, os que designam as exações do art. 149 da CF de "contribuições sociais"[73]. Nesse diapasão, Hugo de Brito Machado e Sergio Pinto Martins consideram como espécies de "contribuições sociais" as seguintes: **a)** contribuições de intervenção no domínio econômico; **b)** contribuições do interesse de categorias profissionais ou econômicas; **c)** contribuições de seguridade social[74]. Tal classificação, no entanto, não se coaduna com a redação do § 2.º do art. 149 da CF (parágrafo introduzido pela Emenda Constitucional n. 33, de 11.12.2001), que menciona as "contribuições sociais e de intervenção no domínio econômico", **separando, pois, as duas espécies exacionais**[75]. Ora, se as contribuições interventivas fossem espécies de contribuições sociais, tal como

---

[70] STF, RE 138.284/CE, Rel. Min. Carlos Velloso, Pleno, j. em 01.07.1992, *DJ* 28.08.1992, p. 13456.

[71] Nesse sentido: MARQUES, Márcio Severo. *Classificação constitucional dos tributos*, p. 192 e 224-225.

[72] Com o intuito de afastar tal inconveniente, Luiz Felipe Silveira Difini designa as exações do art. 149 da CF como "outras contribuições" (*Manual de direito tributário*, p. 49-50). Já Eduardo Marcial Ferreira Jardim não utiliza denominação alguma para designar um gênero que englobaria as espécies de contribuições referidas no art. 149 da CF, preferindo denominá-las de "contribuições sociais, interventivas e corporativas" (*Manual de direito financeiro e tributário*, p. 95-96).

[73] Nesse sentido: CARVALHO, Paulo de Barros. *Curso de direito tributário*, p. 35-36; DENARI, Zelmo. *Curso de direito tributário*, p. 107-114.

[74] MACHADO, Hugo de Brito. *Curso de direito tributário*, p. 64 e 363-364; MARTINS, Sergio Pinto. *Manual de direito tributário*, p. 122. Das três categorias apontadas pelos autores referidos, a única que, efetivamente, constitui espécie de contribuição social é a das contribuições para o custeio da seguridade social, como, aliás, reconhece expressamente o próprio Texto Constitucional em vigor (art. 195, *caput* e §§ 6.º, 9.º e 11 — §§ 9.º e 11 acrescentados pela Emenda Constitucional n. 20, de 15.12.1998).

[75] Também procede à separação das contribuições sociais e interventivas o art. 76 do ADCT (Ato das Disposições Constitucionais Transitórias), introduzido pela Emenda Constitucional n. 27, de 21.03.2000, cujo *caput*, com a redação determinada pela Emenda Constitucional n. 68, de 21.12.2011, assim dispõe: "Art. 76. São desvinculados de órgão, fundo ou despesa, até 31 de dezembro de 2015, 20% (vinte por cento) da arrecadação da União de impostos, **contribuições sociais e de intervenção no domínio econômico**, já instituídos ou que vierem a ser criados até a referida data, seus adicionais e respectivos acréscimos legais" (destaque nosso).

9 ◼ Receitas Tributárias

lecionam os autores citados, não haveria necessidade de o dispositivo referido mencionar expressamente as últimas, que já estariam abrangidas nas primeiras. Tal classificação possui, ainda, outro inconveniente: as contribuições sociais que não são pertinentes à seguridade social (por exemplo, o salário-educação previsto no § 5.º do art. 212 da CF) não se enquadram em nenhuma das categorias anteriormente apontadas[76].

Assim, conclui-se que a melhor leitura do art. 149 da CF é a que considera como gênero a categoria das "contribuições especiais"[77], que, por seu turno, subdividem-se nas três modalidades referidas naquele dispositivo:

◻ **contribuições sociais;**
◻ **contribuições de intervenção no domínio econômico;** e
◻ **contribuições de interesse de categorias profissionais ou econômicas**[78].

Cabe ressaltar que, de acordo com o voto do Ministro Carlos Velloso no anteriormente citado RE 138.284/CE, as contribuições sociais subdividem-se, por seu turno, em:

◻ **contribuições para financiamento da seguridade social** (art. 195, incisos I, II, III, IV e V, e § 4.º, CF); e
◻ **contribuições sociais gerais**, dentre as quais se destacam o Fundo de Garantia por Tempo de Serviço (FGTS), as contribuições "destinadas às entidades privadas de serviço social e de formação profissional vinculadas ao sistema sindical" (art. 240, CF) e a contribuição do salário-educação (art. 212, § 5.º, CF)[79].

---

[76] Ressalte-se que, no entender de Sergio Pinto Martins, a contribuição do salário-educação é uma contribuição de intervenção no domínio econômico (*Manual de direito tributário*, p. 122). Discordamos de tal posicionamento, até porque o Texto Constitucional é claro ao estatuir que o salário-educação é "contribuição social" (art. 212, § 5.º, CF).

[77] Empregam tal denominação, dentre outros, os seguintes doutrinadores: BALTHAZAR, Ubaldo Cesar. *Manual de direito tributário*, livro 1, p. 79; SPAGNOL, Werther Botelho. *Curso de direito tributário*, p. 67.

[78] Nesse sentido: AMARO, Luciano. *Direito tributário brasileiro*, p. 52; DIFINI, Luiz Felipe Silveira. *Manual de direito tributário*, p. 51; SPAGNOL, Werther Botelho. *Curso de direito tributário*, p. 67. Semelhante é a divisão proposta por Sacha Calmon Navarro Coelho, que, no entanto, restringe o rol das contribuições sociais àquelas que se destinam a custear a seguridade social, ao asseverar que: "No Direito Tributário da Constituição de 1988, as contribuições especiais são três, para financiar os deveres do Estado em três áreas: a da **seguridade social** (previdência, saúde e assistência social), a da **intervenção no domínio econômico e social** (...) e a da **manutenção das entidades representativas das categorias econômicas e de seus órgãos de classe** (contribuições corporativas: sindicatos, OAB etc.)" (destaque nosso) (Contribuições especiais, p. 781).

[79] Na terminologia adotada por Werther Botelho Spagnol, as contribuições sociais específicas para a seguridade social são chamadas de "contribuições sociais *stricto sensu*", enquanto as contribuições sociais gerais são conhecidas como "contribuições sociais *lato sensu*" (*Curso de direito tributário*, p. 67-78). Para José Eduardo Soares de Melo, as contribuições sociais específicas para a seguridade social (art. 195, CF) diferem das contribuições sociais genéricas (art. 149, CF), porque estas implicariam uma "parafiscalidade facultativa" — pois "podem ser arrecadadas diretamente pela União, integrar o seu orçamento fiscal e, depois, pelo mecanismo das transferências, ser repassadas ao

A Emenda Constitucional n. 39, de 19.12.2002, introduziu no Texto Constitucional o art. 149-A, que, com a redação dada pela Emenda Constitucional n. 132, de 20.12.2023, autoriza os Municípios e o Distrito Federal a instituir contribuição para o custeio, a expansão e a melhoria do serviço de iluminação pública e de sistemas de monitoramento para segurança e preservação de logradouros públicos.[80]

Referida contribuição, segundo nos parece, não constitui nova espécie tributária autônoma (que se adicionaria àquelas cinco anteriormente referidas), mas configura subespécie de contribuição especial, posto que, como aquelas, possui como traço característico a **destinação específica da respectiva receita** (que, no caso, é voltada ao custeio, à expansão e à melhoria do serviço de iluminação pública e de sistemas de monitoramento para segurança e preservação de logradouros públicos). Avançando no tema, entendemos que, dentro do universo das contribuições especiais, a contribuição de que trata o art. 149-A da CF não se enquadra em nenhuma daquelas três subespécies mencionadas no *caput* do art. 149 da CF — por não se identificar com os objetivos delas —, mas se constitui em quarta modalidade, posicionando-se ao lado das contribuições sociais, interventivas e corporativas[81].

Percebe-se, pelo exposto, que o conceito de "contribuição especial", embora designe uma espécie do gênero tributo, é também um conceito genérico, no sentido de que o seu conteúdo compreende as várias espécies exacionais anteriormente referidas.

Observação: Apesar da inegável natureza tributária das contribuições especiais, os recursos obtidos com sua arrecadação não se classificam, **para fins orçamentários**, como receitas tributárias, mas como **receitas de contribuições** (art. 11, § 1.º, Lei n. 4.320/64). **Para fins de elaboração das leis orçamentárias**, somente são classificadas como receitas tributárias as provenientes da arrecadação de **impostos, taxas e contribuição de melhoria** (art. 9.º c/c art. 11, § 4.º, Lei n. 4.320/64).

órgão ou pessoa criada para administrar o serviço" —, ao passo que aquelas se sujeitariam a uma "parafiscalidade obrigatória" (*Curso de direito tributário*, p. 69 e 73). Apesar de concordar que as contribuições sociais gerais (assim entendidas as que não se destinam ao custeio da seguridade social) submetem-se a uma "parafiscalidade facultativa" e que as contribuições sociais para o custeio da seguridade social não podem integrar o orçamento fiscal da União, Misabel Abreu Machado Derzi aponta outra diferença entre tais exações: "A grande diferença está em que as contribuições sociais em sentido lato não são objeto de qualquer exceção, sujeitando-se de forma integral ao regime constitucional tributário, mormente ao princípio da anterioridade da lei tributária ao exercício financeiro de sua eficácia, enquanto as contribuições destinadas ao custeio da Seguridade Social submetem-se a regime constitucional próprio" (O PIS, as medidas provisórias e o princípio da não surpresa, p. 202).

[80] Partimos do pressuposto de que a referida contribuição possui natureza tributária.

[81] Nesse sentido: COELHO, Werner Nabiça. Classificação dos tipos tributários, p. 106; Paulo Roberto Lyrio Pimenta. Contribuição para o custeio do serviço de iluminação pública, p. 105. Em sentido contrário é o entendimento de Márcio Maia de Britto, que concebe a contribuição de iluminação pública como espécie de contribuição de intervenção no domínio econômico (Contribuição para o custeio do serviço de iluminação pública — natureza jurídica, p. 75-80).

9.7. EMPRÉSTIMOS COMPULSÓRIOS

Empréstimos compulsórios são tributos que podem ser instituídos pela União, mediante **lei complementar**, em caso de calamidade pública, de guerra externa ou sua iminência (art. 148, inciso I, CF), ou no caso de investimento público de caráter urgente e de relevante interesse nacional (art. 148, inciso II, CF), os quais serão suprimidos, gradativamente, cessadas as causas de sua criação.

Observação: Não foi recepcionada pela Constituição de 1988 a disposição constante do inciso III do art. 15 do CTN, que autorizava a União a instituir empréstimo compulsório diante de "conjuntura que exija a absorção temporária de poder aquisitivo". Tal hipótese não encontra previsão em nenhum dos incisos do art. 148 da CF, daí decorrendo sua revogação.

Caracterizam-se os empréstimos compulsórios pela exigência constitucional de previsão legal de **devolução** do montante do tributo ao contribuinte, ao fim de determinado período[82].

Os empréstimos compulsórios devem ser considerados tributos por satisfazerem as cláusulas constantes da definição legal de tributo estampada no art. 3.º do CTN[83]. Sua denominação é, por esse motivo, até redundante, pois todo tributo é compulsório[84].

Frise-se, por interessar tal aspecto ao Direito Financeiro[85], que a aplicação dos recursos provenientes da cobrança de empréstimos compulsórios é **vinculada** à despesa

---

[82] MARQUES, Márcio Severo. *Classificação constitucional dos tributos*, p. 192.

[83] Para Arthur M. Ferreira Neto, a natureza tributária pode ser atribuída aos empréstimos compulsórios em razão de tais exações "compartilharem as características que formam o conceito constitucional de tributo" (*Classificação constitucional de tributos:* pela perspectiva da justiça, p. 41).

Ademais, o fato de o CTN regular o empréstimo compulsório (art. 15) confirma a sua natureza tributária, pois, como ressalta Aliomar Baleeiro, o "que não é tributo constitui excrescência num código tributário" (*Direito tributário brasileiro*, p. 114). No entender de Arthur M. Ferreira Neto, o simples fato de o art. 148 da CF — que regula os empréstimos compulsórios — estar localizado dentro do capítulo do Sistema Tributário Nacional (critério topográfico) não tem, por si só, força para atribuir a tais exações a natureza tributária (*Classificação constitucional de tributos:* pela perspectiva da justiça, p. 41).

[84] Nesse sentido: SANTI, Eurico Marcos Diniz de. As classificações no sistema tributário brasileiro, p. 142.

[85] O campo da **destinação efetiva** das receitas tributárias, como é sabido, é objeto do interesse do Direito Financeiro.

250 Direito Financeiro e Econômico Esquematizado   *Carlos Alberto de Moraes Ramos Filho*

extraordinária que fundamentou sua instituição, consoante determina o parágrafo único do art. 148 da CF.

A lei complementar que instituir o empréstimo compulsório fixará obrigatoriamente o prazo do empréstimo e as condições de seu resgate (art. 15, parágrafo único, CTN).

9.8. OS TRIBUTOS E O FINANCIAMENTO DA EDUCAÇÃO

A principal fonte de recursos destinados ao financiamento da educação pública no Brasil são os **impostos**[86].

O art. 167 da CF, em seu inciso IV, veda a vinculação de receita de impostos a órgão, fundo ou despesa — o que, *a priori*, impediria que a arrecadação de tais espécies tributárias fosse destinada especificamente ao custeio da educação pública.

Ocorre, contudo, que a mencionada regra é ressalvada pelo próprio dispositivo em questão, que enumera as hipóteses — excepcionais e taxativas — em que a receita de impostos é vinculada a órgão, fundo ou despesa.

Dentre tais hipóteses, destaca-se a destinação de recursos para **manutenção e desenvolvimento do ensino**, tal como determinado pelo *caput* do art. 212 da CF.

Nos termos do mencionado dispositivo constitucional, a União deve aplicar, anualmente, nunca menos de **18% (dezoito por cento)**, e os Estados, o Distrito Federal e os Municípios **25% (vinte e cinco por cento)**, no mínimo, da receita resultante de **impostos**, na manutenção e desenvolvimento do ensino[87].

> **Observação:** O Ministro Luis Roberto Barroso, em seu voto na ADI 2.124/RO, manifestou seu entendimento no sentido de que, "quando a Constituição, no seu artigo 212, estabelece que os Estados e o Distrito Federal deverão aplicar vinte e cinco por cento, no mínimo, da receita resultante de impostos em educação, que não está falando de **empenho**, mas da efetiva **liquidação** dessas despesas" (STF, **ADI 2.124/RO**, Rel. Min. Gilmar Mendes, Pleno, j. em 19.11.2014, *DJe*-026 09.02.2015) (destaques nossos).

> **Observação:** É **vedado** o emprego dos referidos recursos para pagamento de **aposentadorias e de pensões** (art. 212, § 7.º, CF, introduzido pela EC n. 108/2020).

Ressalte-se que, consoante esclarece o *caput* do art. 212 da CF, na expressão "receita resultante de impostos", por ele empregada, está **compreendida a proveniente de transferências**.

---

[86] Além dos impostos, a educação básica pública tem como fonte adicional de financiamento a contribuição social do salário-educação, recolhida pelas empresas na forma da lei (art. 212, § 5.º, CF). É **vedado** o emprego dos recursos da referida contribuição para pagamento de **aposentadorias e de pensões** (art. 212, § 7.º, CF, introduzido pela EC n. 108/2020).

[87] Na hipótese de **extinção** ou de **substituição de impostos**, serão **redefinidos** os referidos percentuais, de modo que resultem recursos vinculados à manutenção e ao desenvolvimento do ensino, em aplicações equivalentes às anteriormente praticadas (art. 212, § 8.º, CF, introduzido pela EC n. 108/2020).

9 ■ Receitas Tributárias

Assim, por exemplo, os Estados não devem levar em consideração, para o fim do mencionado dispositivo constitucional, apenas os valores obtidos com a cobrança de **impostos próprios**, isto é, de sua competência (art. 155, CF), mas **também**, dentre outros, os valores recebidos diretamente da União referentes ao imposto sobre renda e proventos de qualquer natureza (art. 157, inciso I) e aos impostos instituídos no exercício da chamada "competência residual" (art. 157, inciso II), bem como os referentes aos impostos sobre renda e proventos de qualquer natureza e sobre produtos industrializados, que lhe são repassados pela União através do Fundo de Participação dos Estados e do Distrito Federal (FPE) (art. 159, inciso I, alínea *a*, CF).

De igual modo, os Municípios não devem considerar como base de cálculo do seu investimento anual mínimo no ensino (art. 212, *caput*, CF) apenas os impostos próprios (art. 156, CF), mas também os valores oriundos da arrecadação de impostos que lhe são **repassados** pela União (por exemplo: art. 158, incisos I e II; art. 159, inciso I, alíneas *b*, *d* e *e*, CF) e pelo Estado (por exemplo: art. 158, incisos III e IV; art. 159, §§ 3.º e 4.º, CF).

O § 1.º do art. 212 da CF estabelece que a parcela da arrecadação de impostos **transferida** pela União aos Estados, ao Distrito Federal e aos Municípios, ou pelos Estados aos respectivos Municípios, **não é considerada receita do governo que a transferir**, para efeito de incidência do percentual do investimento anual mínimo das pessoas políticas na educação. Isto significa que a parcela da arrecadação de impostos transferida por um ente a outro é considerada **receita do governo que a receber**. Tal informação, em nosso sentir, já decorria do enunciado do *caput* do mesmo artigo.

Os Estados, o Distrito Federal e os Municípios devem destinar **parte** dos recursos a que se refere o *caput* do art. 212 da CF à manutenção e ao desenvolvimento do ensino na **educação básica** e à **remuneração condigna** de seus profissionais, respeitadas as disposições do art. 212-A da CF, incluído pela Emenda Constitucional n. 108/2020[88].

> **Observação:** Ressalte-se que a União pode **intervir** nos Estados e no Distrito Federal para assegurar a observância da aplicação do mínimo exigido da receita resultante de impostos estaduais, compreendida a proveniente de transferências, na manutenção e desenvolvimento do ensino (art. 34, inciso VII, alínea *e*, CF)[89]. De igual modo, pode o Estado **intervir** em seus Municípios e a União nos Municípios localizados em Território Federal quando não tiver sido aplicado o mínimo exigido da receita municipal na manutenção e desenvolvimento do ensino (art. 35, inciso III)[90].

9.9. OS TRIBUTOS E O FINANCIAMENTO DA SAÚDE

Tal como se dá relativamente ao ensino, também no que diz respeito à saúde pública a principal fonte de recursos destinados ao seu financiamento são os **impostos**.

---

[88] Na hipótese de **extinção** ou de **substituição de impostos**, serão **redefinidos** os percentuais referidos no inciso II do *caput* do art. 212-A da CF, de modo que resultem os recursos subvinculados aos fundos de que trata o referido artigo, em aplicações equivalentes às anteriormente praticadas (art. 212, § 8.º, CF, introduzido pela EC n. 108/2020).

[89] Redação dada pela Emenda Constitucional n. 29, de 13.09.2000.

[90] Redação dada pela Emenda Constitucional n. 29, de 13.09.2000.

Ressalte-se que o art. 167 da CF, em seu inciso IV, indica como uma das exceções à vedação da vinculação de receita de impostos a órgão, fundo ou despesa a destinação de recursos para as **ações e serviços públicos de saúde**, tal como determinado pelo § 2.º do art. 198 da CF[91].

O dispositivo referido impõe à União, aos Estados, ao Distrito Federal e aos Municípios a aplicação anual de recursos mínimos em ações e serviços públicos de saúde.

Tais recursos, nos termos do § 2.º do art. 198 da CF, derivam da aplicação de percentuais calculados sobre:

- no caso da **União**, a receita corrente líquida do respectivo exercício financeiro, não podendo ser inferior a 15% (quinze por cento);
- no caso dos **Estados**, o produto da arrecadação dos impostos a que se referem os arts. 155 e 156-A e dos recursos de que tratam os arts. 157 e 159, inciso I, alínea *a*, e inciso II, da CF, deduzidas as parcelas que forem transferidas aos respectivos Municípios;
- no caso dos **Municípios**, o produto da arrecadação dos impostos a que se referem os arts. 156 e 156-A e dos recursos de que tratam os arts. 158 e 159, inciso I, alínea *b*, e § 3.º, da CF;
- no caso do **Distrito Federal**, o produto da arrecadação dos impostos a que se referem os arts. 155, 156 e 156-A e dos recursos de que tratam os arts. 157, 158 e 159, inciso I, alíneas *a* e *b*, inciso II e § 3.º.

> **Observação:** As despesas com ações e serviços públicos de saúde custeados com a parcela da União oriunda da participação no resultado ou da compensação financeira pela exploração de petróleo e gás natural, de que trata o § 1.º do art. 20 da CF, serão computadas para fins de cumprimento do disposto no inciso I do § 2.º do art. 198 da CF (art. 3.º da EC n. 86/2015).

De acordo com o § 3.º do art. 198 da CF[92], **lei complementar**, que será reavaliada pelo menos a cada 5 (cinco) anos, estabelecerá:

- os percentuais de que tratam os incisos II e III do § 2.º do mesmo artigo, isto é, os percentuais de aplicação anual de recursos mínimos em ações e serviços públicos de saúde pelos Estados, pelo Distrito Federal e pelos Municípios;
- os critérios de rateio dos recursos da União vinculados à saúde destinados aos Estados, ao Distrito Federal e aos Municípios, e dos Estados destinados a seus respectivos Municípios, objetivando a progressiva redução das disparidades regionais[93];

---

[91] Parágrafo incluído pela Emenda Constitucional n. 29, de 13.09.2000.

[92] Parágrafo incluído pela Emenda Constitucional n. 29, de 13.09.2000, e alterado pela Emenda Constitucional n. 86, de 17.03.2015.

[93] "Sistema único de saúde: reserva à lei complementar da União do estabelecimento de 'critérios de rateio dos recursos e disparidades regionais' (CF, art. 198, § 3.º, II): consequente plausibilidade da arguição da invalidez de lei estadual que prescreve o repasse mensal aos municípios dos 'recursos

9 ▣ Receitas Tributárias

▣ as normas de fiscalização, avaliação e controle das despesas com saúde nas esferas federal, estadual, distrital e municipal.

Regulamentando o § 3.º do art. 198 da CF, a **Lei Complementar n. 141, de 13.01.2012**, passou a dispor sobre os valores mínimos a serem aplicados anualmente pela União, Estados, Distrito Federal e Municípios em ações e serviços públicos de saúde[94]. Também estabeleceu os **critérios de rateio** dos recursos de transferências para a saúde e as normas de fiscalização, avaliação e controle das despesas com saúde nas três esferas de governo[95].

De acordo com o art. 6.º da mencionada lei complementar, os **Estados e o Distrito Federal** aplicarão, anualmente, em ações e serviços públicos de saúde, no mínimo, **12% (doze por cento)** da arrecadação dos impostos a que se refere o art. 155 da CF e dos recursos de que tratam os arts. 157 e 159, inciso I, alínea *a*, e inciso II, da CF, deduzidas as parcelas que forem transferidas aos respectivos Municípios[96].

Nos termos do art. 7.º da Lei Complementar n. 141/2012, os **Municípios e o Distrito Federal** aplicarão anualmente em ações e serviços públicos de saúde, no mínimo, **15% (quinze por cento)** da arrecadação dos impostos a que se refere o art. 156 da CF e dos recursos de que tratam os arts. 158 e 159, inciso I, alínea *b* e § 3.º, da CF.

O Distrito Federal aplicará, anualmente, em ações e serviços públicos de saúde, no mínimo, **12% (doze por cento)** do produto da arrecadação direta dos impostos que não possam ser segregados em base estadual e em base municipal (art. 8.º, Lei Complementar n. 141/2012).

Está compreendida na base de cálculo dos percentuais dos Estados, do Distrito Federal e dos Municípios qualquer **compensação financeira** proveniente de impostos e

---

mínimos próprios que o Estado deve aplicar em ações e serviços de saúde'; risco de grave comprometimento dos serviços estaduais de saúde: medida cautelar deferida para suspender a vigência da lei questionada" (STF, ADI-MC 2.894/RO, Rel. Min. Sepúlveda Pertence, Pleno, j. em 07.08.2003, *DJ* 17.10.2003, p. 13).

[94] Até o advento da Lei Complementar n. 141/2012, aplicou-se transitoriamente o disposto no art. 77 do ADCT, neste introduzido pela Emenda Constitucional n. 29/2000. Ressalte-se que a Lei Complementar n. 209, de 03.10.2024, alterou a Lei Complementar n. 141/2012 para dispor sobre as despesas de custeio e de investimento com os hospitais universitários federais, para fins de apuração do gasto mínimo constitucional em saúde (arts. 3.º, inciso XIII, 4.º, inciso XI e 12, parágrafo único).

[95] "Desde o advento do art. 4.º, I e III, da LC n. 141/2012, é dever legal do Poder Público não caracterizar para fins orçamentários como ações e serviços em saúde os pagamentos de aposentadorias e pensões, inclusive dos servidores da saúde, e os gastos com assistência à saúde que não atendem ao princípio do acesso universal" (STF, ACO 1.224/PE, Rel. Min. Edson Fachin, Pleno, j. em 20.09.2018, *DJe*-213 05.10.2018).

[96] "A Emenda Constitucional 72/16 do Estado de Santa Catarina, ao estabelecer percentuais que excedem aqueles estatuídos pela Lei Complementar federal 141/2012, no exercício do poder normativo conferido pelo artigo 198, § 3.º, I, da Constituição Federal, instituiu uma vinculação orçamentária não autorizada pela Carta Maior, por isso que a referida vinculação viola os artigos 198, § 3.º, I; 167, IV, e 165 da Constituição Federal" (STF, ADI 5.897/SC, Rel. Min. Luiz Fux, Pleno, j. em 24.04.2019, *DJe*-168 02.08.2019).

transferências constitucionais previstos no § 2.º do art. 198 da CF, já instituída ou que vier a ser criada, bem como a dívida ativa, a multa e os juros de mora decorrentes dos impostos cobrados diretamente ou por meio de processo administrativo ou judicial (art. 9.º, Lei Complementar n. 141/2012).

> **Observação:** O STF decidiu que "não se inclui na base de cálculo do orçamento mínimo o adicional de dois pontos percentuais de ICMS relativos ao Fundo Estadual de Combate e Erradicação da Pobreza, visto a finalidade exclusiva perseguida pelo Constituinte Derivado na EC n. 31/2000. Precedentes: AC-MC 921, Rel. Min. Marco Aurélio, Tribunal Pleno, *DJe* 12.05.2006; e ACO-AgR 1.039, Rel. Min. Gilmar Mendes, Tribunal Pleno, *DJe* 08.09.2017" (**ACO 1.224/PE**, Rel. Min. Edson Fachin, Pleno, j. em 20.09.2018, *DJe*-213 05.10.2018).

Para efeito do cálculo do montante de recursos mínimos que devem ser aplicados anualmente pelos entes políticos, devem ser considerados os recursos decorrentes da dívida ativa, da multa e dos juros de mora provenientes dos impostos e da sua respectiva dívida ativa (art. 10, Lei Complementar n. 141/2012).

> **Observação:** O art. 11 da Lei Complementar n. 141/2012 estabelecia: "Os Estados, o Distrito Federal e os Municípios deverão observar o disposto nas respectivas Constituições ou Leis Orgânicas sempre que os percentuais nelas estabelecidos forem superiores aos fixados nesta Lei Complementar para aplicação em ações e serviços públicos de saúde". O STF, contudo, declarou a **inconstitucionalidade** do referido dispositivo legal: "(...) 10. O artigo 11 da Lei Complementar 141/2012, ao atribuir ao constituinte estadual ou municipal competência legislativa para dispor de conteúdo que lhe foi delegado excepcional e expressamente pela Constituição Federal, usurpou a competência resguardada ao poder constituinte nacional, consubstanciando afronta ao disposto nos artigos 167, IV, e 198, § 3.º, I, da Constituição Federal, mercê de a excepcionalidade vedar uma leitura expansiva dos poderes normativos delegados. Precedente: ADI 6059 MC, Rel. Min. Alexandre de Moraes, *DJe* de 20.02.2019. 11. O caráter irrestrito da possibilidade de aumento dos percentuais mínimos pelos entes federados, autorizada pelo artigo 11 da Lei Complementar 141, atribui às Assembleias Estaduais e Câmaras de Vereadores o poder ilimitado de vincular quaisquer recursos, distorcendo o processo legislativo orçamentário insculpido no artigo 165 da Carta Maior. A alocação de recursos orçamentários em montante superior aos percentuais mínimos instituídos constitucionalmente cabe aos poderes eleitos, nos limites de sua responsabilidade fiscal e em cada exercício (...)" (**ADI 5.897/SC**, Rel. Min. Luiz Fux, Pleno, j. em 24.04.2019, *DJe*-168 02.08.2019).

No julgamento da ACO 1.224/PE[97], o STF decidiu que **não** são computáveis como ações e serviços em saúde para efeitos do mínimo constitucional a ser aplicado na área:

■ gastos da Secretaria Estadual com assistência hospitalar e ambulatorial a policiais, bombeiros, militares e seus dependentes, e de Instituto de Recursos Humanos estadual com atendimento a seus beneficiários, por conta da seletividade dos destinatários, pois, do contrário, haveria ofensa aos princípios da universalidade das

---

[97] ACO 1.224/PE, Rel. Min. Edson Fachin, Pleno, j. em 20.09.2018, *DJe*-213 05.10.2018.

9 ▣ Receitas Tributárias

ações e prestações em saúde, tratamento equânime e acesso igualitário aos serviços públicos (arts. 196, *caput*, da CF, e 7.º, incisos I e IV, da Lei n. 8.080/90)[98];

▣ despesas públicas com as contribuições previdenciária e complementar dos servidores que atuam na área de saúde, pois o custeio do Regime Próprio da Previdência Social não é atribuição do Sistema Único de Saúde e admitir o contrário implicaria negação do caráter constitucional tripartite da Seguridade Social e, por eventualidade, da diferenciação entre Regimes Próprio e Geral (arts. 40, 194, 195 e 201 da CF, 7.º e 15 da Lei n. 8.080/90).

Observação: A União pode **intervir** nos Estados e no Distrito Federal para assegurar a observância da aplicação do mínimo exigido da receita resultante de impostos estaduais, compreendida a proveniente de transferências, nas ações e serviços públicos de saúde (art. 34, inciso VII, alínea *e*, CF)[99]. De igual modo, pode o Estado intervir em seus Municípios e a União nos Municípios localizados em Território Federal quando não tiver sido aplicado o mínimo exigido da receita municipal nas ações e serviços públicos de saúde (art. 35, inciso III)[100].

9.10. DESVINCULAÇÃO DAS RECEITAS

9.10.1. DESVINCULAÇÃO DAS RECEITAS DA UNIÃO (DRU)

A Emenda Constitucional n. 27, de 21.03.2000, incluiu no ADCT o art. 76, que desvinculava de órgão, fundo ou despesa, no período de 2000 a 2003, 20% (vinte por cento) da arrecadação de **impostos e contribuições sociais** da União, já instituídos ou que viessem a ser criados no referido período, seus adicionais e respectivos acréscimos legais.

A justificativa de tal medida, que ficou conhecida como **Desvinculação das Receitas da União (DRU)**, é que na estrutura orçamentária-fiscal brasileira coexistiriam um volume elevado de despesas obrigatórias com um sistema que vincula parcelas expressivas de receitas a finalidades específicas, o que reduzia significativamente o volume de recursos livres do orçamento, os quais seriam essenciais para a consecução de projetos prioritários do Governo[101].

A DRU vigoraria, segundo sua redação original, até o ano de 2003. Tal prazo, contudo, foi prorrogado diversas vezes: a Emenda Constitucional n. 42, de 19.12.2003,

---

[98] Sobre o acesso equânime e universal às ações e serviços para promoção, proteção e recuperação da saúde: STF, RE 581.488/RS, Rel. Min. Dias Toffoli, Pleno, j. em 03.12.2015, *DJe*-065 08.04.2016.

[99] Redação dada pela Emenda Constitucional n. 29, de 13.09.2000.

[100] Redação dada pela Emenda Constitucional n. 29, de 13.09.2000.

[101] As razões sobre as quais se assentam a instituição da DRU e suas sucessivas prorrogações, segundo Débora Ottoni Uébe Mansur, "podem ser resumidas em basicamente duas: (i) a rigidez do orçamento e a consequente dificuldade de financiar despesas obrigatórias sem endividamendo adicional da União e (ii) a necessidade de obter superávits primários para a economia" (*A desvinculação das receitas da União*: elementos e (in)constitucionalidades, p. 7).

256 Direito Financeiro e Econômico Esquematizado   *Carlos Alberto de Moraes Ramos Filho*

postergou o termo final para o ano de 2007; a Emenda Constitucional n. 56, de 20.12.2007, transferiu tal prazo para 31.12.2011; e a Emenda Constitucional n. 68, de 21.12.2011, adiou o prazo para 31.12.2015.

Ressalte-se que a Emenda Constitucional n. 42/2003 estendeu a desvinculação também ao produto da arrecadação das **contribuições de intervenção no domínio econômico (CIDE)**, orientação que foi mantida pelas Emendas Constitucionais n. 56/2007 e 68/2011.

Não tendo havido nova prorrogação antes do término do prazo estabelecido pela Emenda Constitucional n. 68/2011, a DRU deixou de vigorar em 1.º.01.2016.

Sobreveio, então, a **Emenda Constitucional n. 93, de 08.09.2016**, que alterou a redação do art. 76 do ADCT para, segundo sua ementa, "prorrogar a desvinculação de receitas da União", que passou a ter vigência até 31.12.2023.

A rigor, não se tratou propriamente de uma prorrogação, pois esta pressupõe a vigência da norma que se pretende prorrogar, sendo que a DRU **já não mais vigorava** quando da promulgação da Emenda Constitucional n. 93/2016. Esta, em nosso entender, **instituiu novamente** a desvinculação de receitas da União, que foi, portanto, reintroduzida no sistema jurídico brasileiro[102].

Registre-se que a Emenda Constitucional n. 93/2016 **retirou** do alcance da DRU o produto da arrecadação dos **impostos**[103], mas, em contrapartida, **incluiu** a receita decorrente das **taxas**, além de ter ampliado o percentual da desvinculação para **30% (trinta por cento)**, orientações que foram mantidas na redação dada ao *caput* do art. 76 do ADCT pela Emenda Constitucional n. 126, de 21.12.2022.

Atualmente, o *caput* do art. 76 do ADCT ostenta a seguinte redação, determinada pela Emenda Constitucional n. 135, de 20.12.2024: "São desvinculados de órgão, fundo ou despesa, até **31 de dezembro de 2032**, **30% (trinta por cento)** da arrecadação da União relativa às **contribuições sociais**, sem prejuízo do pagamento das despesas do Regime Geral de Previdência Social, às **contribuições de intervenção no domínio econômico**, às **taxas** e às **receitas patrimoniais**, já instituídas ou que vierem a ser criadas até a referida data" (destaques nossos).

Como se vê, a Emenda Constitucional n. 135/2024, além de prorrogar a vigência da DRU, nela incluiu as chamadas "**receitas patrimoniais**", espécie de receitas correntes, previstas no art. 11, § 1.º, da Lei n. 4.320/64.

---

[102] Observe-se, contudo, que o art. 3.º da Emenda Constitucional n. 93/2016 estabeleceu que esta entraria em vigor na data de sua publicação, mas **produzindo efeitos a partir de 1.º.01.2016**.

[103] Na redação anterior (à EC n. 93/2016) do art. 76 do ADCT, era excetuada da DRU a repartição constitucional de receitas de impostos (arts. 153, § 5.º; 157, inciso I; 158, incisos I e II; 159, inciso I, alíneas *a*, *b* e *d*, e inciso II, CF), nos termos do § 1.º da referida disposição transitória. Tal parágrafo, contudo, foi expressamente revogado pela EC n. 93/2016, em razão de a desvinculação não mais abranger as receitas de impostos. Pelo mesmo motivo, a EC n. 93/2016 revogou o § 3.º do art. 76 do ADCT, que, com a redação dada pela EC n. 68/2011, assim dispunha: "Para efeito do cálculo dos recursos para manutenção e desenvolvimento do ensino de que trata o art. 212 da Constituição Federal, o percentual referido no *caput* será nulo". É que as receitas de que trata o art. 212 da CF são as resultantes de **impostos**, as quais, consoante anteriormente exposto, não mais estão mencionadas no *caput* do art. 76 do ADCT.

9 ▣ Receitas Tributárias

EVOLUÇÃO DA DISCIPLINA CONSTITUCIONAL DA DRU (ART. 76, ADCT)			
REDAÇÃO	PERCENTUAL	RECEITAS DESVINVULADAS	VIGÊNCIA
Original	20%	Impostos e contribuições sociais (+ adicionais e acréscimos legais)	2000 a 2003
EC 42/2003	20%	Impostos, contribuições sociais e de intervenção no domínio econômico (+ adicionais e acréscimos legais)	2003 a 2007
EC 56/2007	20%	Impostos, contribuições sociais e de intervenção no domínio econômico (+ adicionais e acréscimos legais)	Até 31.12.2011
EC 68/2011	20%	Impostos, contribuições sociais e de intervenção no domínio econômico (+ adicionais e acréscimos legais	Até 31.12.2015
EC 93/2016	30%	Contribuições sociais, contribuições de intervenção no domínio econômico e taxas	Até 31.12.2023
EC 126/2022	30%	Contribuições sociais, contribuições de intervenção no domínio econômico e taxas	Até 31.12.2024
EC 135/2024	30%	Contribuições sociais, contribuições de intervenção no domínio econômico, taxas e receitas patrimoniais	Até 31.12.2032

> **Observação:** Segundo o STF, o art. 76 do ADCT "não autoriza a dedução do percentual de desvinculação de receitas do montante a ser transferido aos Estados e Municípios em decorrência das normas constitucionais de repartição de receitas" (ADI 5.628/DF, Rel. Min. Alexandre de Moraes, Pleno, j. em 24.08.2020, *DJe*-280 26.11.2020).

Relativamente às contribuições sociais, os que questionavam a constitucionalidade da desvinculação de suas receitas asseveravam que os referidos tributos, por serem vinculados a destinação específica (financiamento da seguridade social), não poderiam ser desafetados, ainda que parcialmente, para destinação diversa daquela estabelecida pela Constituição Federal.

O STF, contudo, ao julgar o RE 537.610/RS, manifestou-se pela **constitucionalidade** da desvinculação de parte da arrecadação de contribuição social, levada a efeito por emenda constitucional[104].

Entendeu o STF que a norma constitucional que determina a vinculação da destinação do produto da arrecadação das contribuições sociais **não assume caráter de cláusula pétrea**, uma vez não contemplada pelo art. 60, § 4.º, da CF. Por conseguinte, nada impede que emenda constitucional estabeleça a desvinculação de receitas[105].

---

[104] STF, RE 537.610/RS, Rel. Min. Cezar Peluso, 2.ª Turma, j. em 01.12.2009, *DJe*-237 18.12.2009. O referido precedente foi reafirmado em algumas decisões monocráticas, dentre as quais: RE 606.569/SC, Rel. Min. Celso de Mello, j. em 26.03.2010, *DJe*-070 22.04.2010; RE 602.367/RS, Rel. Min. Ricardo Lewandowski, j. em 20.04.2010, *DJe*-079 05.05.2010; RE 614.184/RS, Rel. Min. Cármen Lúcia, j. em 27.05.2010, *DJe*-107 15.06.2010.

[105] Nesse sentido: "Em regra a destinação da arrecadação integra a própria regra-matriz da norma impositiva de uma contribuição, todavia, excepcionalmente, é possível a desvinculação com relação ao fim originalmente previsto parte desde que tal desvinculação seja feita diretamente na própria

Tal entendimento foi ratificado pela Corte ao decidir o **tema 277 da Repercussão Geral**, tendo aprovado a seguinte tese: "I — A eventual inconstitucionalidade de desvinculação de receita de contribuições sociais não acarreta a devolução ao contribuinte do montante correspondente ao percentual desvinculado, pois a tributação não seria inconstitucional ou ilegal, única hipótese autorizadora da repetição do indébito tributário; II — Não é inconstitucional a desvinculação, ainda que parcial, do produto da arrecadação das contribuições sociais instituídas pelo art. 76 do ADCT, seja em sua redação original, seja naquela resultante das Emendas Constitucionais 27/2000, 42/2003, 56/2007, 59/2009 e 68/2011"[106].

Segundo o STF, não resta configurada vulneração ao princípio federativo (arts. 1.º, *caput*, e 60, § 4.º, inciso I, da CF) nem fraude à Constituição[107].

O mesmo raciocínio, entendemos, deve ser aplicado à desvinculação constitucional da receita das **contribuições de intervenção no domínio econômico**.

Consoante decidiu o STF, a DRU **não** é assimilável à espécie tributária objeto do inciso I do art. 154 da CF, não se sujeitando, por conseguinte, ao disposto no inciso II do art. 157 da CF:

> (...) 3. Ao desvincular de órgão, fundo ou despesa trinta por cento da arrecadação da União relativa às contribuições sociais, às contribuições de intervenção no domínio econômico e às taxas, o art. 76 do ADCT afasta a incidência de qualquer norma que venha a incidir sobre esses recursos para afetar a sua destinação, expressamente excepcionado, apenas, o salário-educação de que trata o art. 212, § 5.º, da CF. Pela própria definição, seria paradoxal afirmar que as receitas desvinculadas, nos moldes do art. 76 do ADCT, estariam, para os efeitos, do art. 157, II, da CF, vinculadas a norma prescritiva de partilha. Receitas desvinculadas são, justamente, aquelas das quais se afasta a eficácia de normas veiculando comandos de vinculação (...) (**ADPF 523/DF**, Rel. Min. Rosa Weber, Pleno, j. em 08.02.2021, *DJe*-028 17.02.2021).

> **Observação:** O STF já decidiu que a DRU não transforma as contribuições sociais e de intervenção no domínio econômico em impostos, alterando a essência daquelas, ausente qualquer implicação quanto à apuração do Fundo de Participação dos Municípios (**RE-AgR 793.564/PE**, Rel. Min. Marco Aurélio, 1.ª Turma, j. em 12.08.2014, *DJe*-191 01.10.2014)[108].

Constituição" (STF, RE-AgR-segundo 426.484/MG, Rel. Min. Roberto Barroso, 1.ª Turma, j. em 30.09.2016, *DJe*-227 25.10.2016).

[106] STF, RE 566.007/RS, Rel. Min. Cármen Lúcia, Pleno, j. em 13.11.2014, *DJe*-028 11.02.2015.

[107] ADPF 523/DF, Rel. Min. Rosa Weber, Pleno, j. em 08.02.2021, *DJe*-028 17.02.2021.

[108] No mesmo sentido: STF, RE-AgR 793.568/RN, Rel. Min. Marco Aurélio, 1.ª Turma, j. em 09.06.2015, *DJe*-126 30.06.2015; RE-AgR 793.578/CE, Rel. Min. Rosa Weber, 1.ª Turma, j. em 24.02.2015, *DJe*-045 10.03.2015. "A eventual inconstitucionalidade de desvinculação de receita de contribuições sociais não acarreta a devolução ao contribuinte do montante correspondente ao percentual desvinculado" (STF, RE-AgR 1.292.846/AL, Rel. Min. Ricardo Lewandowski, 2.ª Turma, j. em 08.03.2021, *DJe*-046 11.03.2021).

9 ▪ Receitas Tributárias

Excetuam-se da DRU:

▪ as receitas da **contribuição social do salário-educação** a que se refere o § 5.º do art. 212 da CF (art. 76, § 2.º, ADCT, com a redação dada pela Emenda Constitucional n. 68/2011);

▪ as receitas das **contribuições sociais destinadas ao custeio da seguridade social** (art. 76, § 4.º, ADCT, incluído pela Emenda Constitucional n. 103/2019);

▪ os recursos que, por expressa disposição constitucional ou legal, devam ser **transferidos** a Estados, ao Distrito Federal e a Municípios (art. 76, § 5.º, ADCT, incluído pela Emenda Constitucional n. 135/2024);

▪ as receitas destinadas ao **Fundo Social — FS**, criado pelo art. 47 da Lei n. 12.351, de 22.12.2010 (art. 76, § 6.º, ADCT, incluído pela Emenda Constitucional n. 135/2024);

▪ os recursos a que se refere o art. 2.º da Lei n. 12.858, de 09.09.2013 (art. 76, § 6.º, ADCT, incluído pela Emenda Constitucional n. 135/2024).

9.10.2. DESVINCULAÇÃO DE RECEITAS DOS ESTADOS E DO DISTRITO FEDERAL

A Emenda Constitucional n. 93/2016 alterou o ADCT para neste inserir o art. 76-A, que passou a prever a desvinculação de receitas dos Estados e do Distrito Federal (DRE).

De acordo com o *caput* da referida disposição transitória (com a redação dada pela Emenda Constitucional n. 132/2023), são desvinculados de órgão, fundo ou despesa, até 31 de dezembro de 2032, **30% (trinta por cento)** das receitas dos Estados e do Distrito Federal relativas a **impostos, taxas e multas** já instituídos ou que vierem a ser criados até a referida data, seus **adicionais** e respectivos **acréscimos legais**, e **outras receitas correntes**.

Nos termos do parágrafo único do art. 76-A do ADCT, **excetuam-se** da referida desvinculação:

▪ recursos destinados ao financiamento das ações e serviços públicos de saúde (art. 198, § 2.º, incisos II e III, CF) e à manutenção e desenvolvimento do ensino (art. 212, CF);

▪ receitas que pertencem aos Municípios decorrentes de transferências previstas na Constituição Federal;

▪ receitas de contribuições previdenciárias e de assistência à saúde dos servidores;

▪ demais transferências obrigatórias e voluntárias entre entes da Federação com destinação especificada em lei;

▪ fundos instituídos pelo Poder Judiciário, pelos Tribunais de Contas, pelo Ministério Público, pelas Defensorias Públicas e pelas Procuradorias-Gerais dos Estados e do Distrito Federal.

9.10.3. DESVINCULAÇÃO DE RECEITAS DOS MUNICÍPIOS

A Emenda Constitucional n. 93/2016 alterou o ADCT para neste inserir o art. 76-B, que passou a prever a desvinculação de receitas dos Municípios (DRM).

De acordo com o *caput* da referida disposição transitória (com a redação dada pela Emenda Constitucional n. 132/2023), são desvinculados de órgão, fundo ou despesa, até 31 de dezembro de 2032, **30% (trinta por cento)** das receitas dos Municípios relativas a **impostos, taxas e multas**, já instituídos ou que vierem a ser criados até a referida data, seus **adicionais** e respectivos **acréscimos legais**, e **outras receitas correntes**.

Nos termos do parágrafo único do art. 76-B do ADCT, **excetuam-se** da referida desvinculação:

- recursos destinados ao financiamento das ações e serviços públicos de saúde (art. 198, § 2.º, incisos II e III, CF) e à manutenção e desenvolvimento do ensino (art. 212, CF);
- receitas de contribuições previdenciárias e de assistência à saúde dos servidores;
- transferências obrigatórias e voluntárias entre entes da Federação com destinação especificada em lei;
- fundos instituídos pelo Tribunal de Contas do Município.

9.11. QUESTÕES

QUESTÕES DE CONCURSOS
> http://uqr.to/1y4bg

10

RENÚNCIA DE RECEITA

10.1. NOÇÕES GERAIS

Consoante anteriormente exposto, a **regra** em matéria de receita pública é a **arrecadação**, nos termos do que estabelece o art. 11 da Lei de Responsabilidade Fiscal (LRF).

A **renúncia de receita** constitui exceção à sobredita regra e diz respeito à concessão de **benefícios fiscais**, que são instrumentos adotados pelo Estado com a finalidade de criar melhores condições para o desenvolvimento de certas regiões geográficas ou determinados setores da atividade produtiva.

Cabe à **lei complementar** dispor sobre condições e limites para concessão, ampliação ou prorrogação de incentivos ou benefícios de natureza tributária (art. 163, inciso IX, CF)[1].

Tais benefícios são a forma mais usual de o Estado utilizar os tributos com **fins extrafiscais**, isto é, como instrumento para intervenção no domínio econômico ou social, sendo secundária a intenção de simples arrecadação de recursos financeiros[2].

Concedido um incentivo, é evidente que o ente que o concedeu se vê privado da soma daquela receita que renunciou — daí falar o art. 14 da LRF, que disciplina o tema, em **"renúncia de receita"**, porquanto conduz à **diminuição da arrecadação tributária**[3]. Essa evasão de receita, no entanto, é compensada por vários fatores, como o desenvolvimento do parque industrial, a absorção de mão de obra ociosa, a captação de maiores receitas pela renda ou consumo daqueles que passaram a exercer uma atividade profissional etc.[4].

---

[1] Inciso introduzido pela Emenda Constitucional n. 135, de 20.12.2024.

[2] Leciona, a respeito, José Souto Maior Borges: "A atividade financeira do Estado, para os adeptos da extrafiscalidade, é um método pelo qual se exerce a influência da ação estatal sobre a economia (*regulatory effects*); visa atingir escopos extrafiscais de intervencionismo estatal sobre as estruturas sociais" (*Introdução ao direito financeiro*, p. 51). Confira-se, a respeito, o seguinte julgado do STF: "A concessão de isenção em matéria tributária traduz ato discricionário, que, fundado em juízo de conveniência e oportunidade do Poder Público (RE 157.228/SP), destina-se — a partir de critérios racionais, lógicos e impessoais estabelecidos de modo legítimo em norma legal — a implementar objetivos estatais nitidamente qualificados pela nota da extrafiscalidade" (AI-AgR 360.461/MG, Rel. Min. Celso de Mello, 2.ª Turma, j. em 06.12.2005, *DJe*-055 28.03.2008).

[3] FANUCCHI, Fábio. *Curso de direito tributário brasileiro*, v. 1, p. 199.

[4] BARROS, Luiz Celso de. *Ciência das finanças*, p. 64.

> **Observação:** O Estado que se encontrar no **Regime de Recuperação Fiscal (RFF)** de que trata a Lei Complementar n. 159/2017 deve **reduzir pelo menos 20% (vinte por cento) dos benefícios fiscais ou financeiro-fiscais** dos quais decorram renúncias de receitas, ressalvadas as isenções concedidas por prazo certo e em função de determinadas condições (art. 178 do CTN) e os benefícios de ICMS instituídos na forma estabelecida pelo art. 155, § 2.º, inciso XII, alínea *g*, da CF (art. 2.º, § 1.º, III, e § 3.º, inciso I, da Lei Complementar n. 159/2017).

10.2. INCENTIVOS FISCAIS E FINANCEIROS

Importante aspecto a ser aqui delineado é o que diz respeito ao significado do adjetivo **"fiscal"**, que em diversos dispositivos constitucionais (e infraconstitucionais) qualifica os incentivos e benefícios concedidos pelo Poder Público. Cabe, a respeito, traçar a linha que divide os incentivos fiscais dos chamados **"incentivos financeiros"**.

No incentivo fiscal, e justamente em razão dele, o tributo **não é pago** (como no caso da isenção) ou é **pago em quantia inferior** à que seria devida se não houvesse tal benefício (como no caso da mera redução de alíquotas).

Já o incentivo financeiro é aquele que implica **saída de dinheiro** dos cofres públicos em favor do cidadão. Nesse caso, duas situações poderão restar configuradas:

- o dinheiro é entregue, no todo ou em parte, a quem havia pago determinado tributo; ou
- o dinheiro é dado a uma pessoa sem necessária correlação a um pagamento anterior por ela efetuado.

No primeiro caso, temos a chamada **restituição (ou devolução)** de tributo a título de incentivo, ao passo que, na segunda hipótese, temos as chamadas **"subvenções"**, que, nos termos do § 3.º do art. 12 da Lei n. 4.320/64, dividem-se em:

- **subvenções sociais**, quando se destinam a instituições sem finalidade lucrativa; e
- **subvenções econômicas**, quando destinadas a empresas.

Portanto, enquanto os incentivos fiscais operam **na órbita da receita pública**, os incentivos financeiros atuam **no plano das despesas públicas**[5].

Em síntese:

INCENTIVOS FISCAIS	INCENTIVOS FINANCEIROS
Implicam eliminação ou redução do dever de pagar aos cofres públicos.	Implicam saída de dinheiro dos cofres públicos.
Atuam no plano da receita pública.	Operam na órbita das despesas públicas.

10.3. MODALIDADES

Voltando nosso olhar para o *caput* do art. 14 da LRF, percebe-se que não regula todo e qualquer tipo de renúncia de receita, mas apenas aquelas decorrentes da "concessão ou ampliação de incentivo ou benefício **de natureza tributária**" (destaque nosso).

---

[5] CATÃO, Marcos André Vinhas. *Regime jurídico dos incentivos fiscais*, p. 57-58.

10 ◼ Renúncia de Receita 263

E o que seria um incentivo ou benefício **"de natureza tributária"**? A resposta, segundo nos parece, deflui do § 1.º do art. 14 da LRF, assim redigido: "A renúncia compreende anistia, remissão, subsídio, crédito presumido, concessão de isenção em caráter não geral, alteração de alíquota ou modificação de base de cálculo que implique redução discriminada de tributos ou contribuições, **e outros benefícios que correspondam a tratamento diferenciado**" (destaque nosso).

Percebe-se, a partir da leitura, que o dispositivo transcrito procura delimitar a abrangência do conceito de renúncia de receita, sendo facilmente constatado que é exemplificativo, pois esclarece abarcar também, além daqueles instrumentos mencionados expressamente — anistia, remissão, subsídio, crédito presumido, concessão de isenção em caráter não geral, alteração de alíquota ou modificação de base de cálculo que importe em torná-lo menos oneroso —, "outros benefícios que correspondam a tratamento diferenciado"[6].

Assim, para fins do art. 14 da LRF, incentivo de natureza tributária seria aquele que implica **"tratamento diferenciado"**.

Relativamente ao que possa ser considerado "tratamento diferenciado", entendemos que deva ser a referida expressão compreendida **no contexto das relações jurídicas tributárias**, porquanto a norma de cada parágrafo deve ser interpretada em consonância com a regra do *caput* do dispositivo de que trate[7].

Assim, para identificarmos se estamos diante de um incentivo de natureza tributária devemos fazer o seguinte questionamento: determinado benefício está reduzindo (ou eliminando) uma obrigação de conteúdo tributário? Se a resposta for afirmativa — isto é, se o Estado estiver deixando de receber valores a **título de tributo** —, tratar-se-á de incentivo fiscal (e, pois, subordinado às prescrições do art. 14 da LRF); do contrário — isto é, se as obrigações que se beneficiam do desconto ou exclusão não têm natureza tributária por não se enquadrarem no conceito de tributo do art. 3.º do Código Tributário Nacional (Lei n. 5.172, de 25.10.1966)[8] —, não pode o referido benefício, igualmente, ser qualificado como um incentivo fiscal.

Portanto, se não implicar **tratamento diferenciado (em matéria tributária)**, a concessão de determinado benefício não configurará incentivo fiscal (isto é, tributário), escapando, por conseguinte, da incidência do art. 14 da LRF[9].

Vejamos, pois, em apertada síntese, algumas das figuras tributárias que se encontram compreendidas nos atos que importem "renúncia de receita" e que, por

---

[6] É o caso, por exemplo, do instituto da *suspensão*.

[7] BORGES, José Souto Maior. A Lei de Responsabilidade Fiscal (LRF) e sua inaplicabilidade a incentivos financeiros estaduais, p. 96.

[8] CTN, art. 3.º: "Tributo é toda prestação pecuniária compulsória, em moeda ou cujo valor nela se possa exprimir, que não constitua sanção de ato ilícito, instituída em lei e cobrada mediante atividade administrativa plenamente vinculada".

[9] É o que ocorre, por exemplo, com os seguintes incentivos: vendas — ou mesmo doações — de terrenos a preços subsidiados, obras de complemento, construção de portos, participações acionárias etc. Nesse sentido: LINO, Pedro. *Comentários à Lei de Responsabilidade Fiscal:* Lei Complementar n. 101/2000, p. 62.

conseguinte, subordinam-se ao estatuído no art. 14 da LRF[10]. Veremos, de igual forma, certos institutos que não constituem incentivo (diferimento, por exemplo) ou que configuram incentivo, mas não de natureza fiscal (restituição, por exemplo) e que, portanto, devem ser afastados da incidência do retrocitado dispositivo legal.

10.3.1. ISENÇÃO

A isenção é definida pela doutrina clássica com um favor legal concedido pelo Estado, que consistiria em dispensar o pagamento de um tributo devido. Nessa concepção, o fato jurídico (fato gerador) ocorre, nascendo a obrigação tributária, operando-se, no entanto, por força de norma isentiva, a dispensa do débito tributário[11].

Há, por outro lado, concepção doutrinária diversa, que define o fenômeno isentivo como **hipótese de não incidência legal qualificada**, entendendo como não ocorrente o fato gerador da respectiva obrigação[12].

Em verdade, a isenção é uma norma que mutila parcialmente a regra-matriz de incidência tributária, consoante leciona Paulo de Barros Carvalho. O que o preceito de isenção faz, como bem observa o autor citado, é subtrair parcela do campo de abrangência do antecedente ou do consequente da regra-matriz[13].

Se a regra de isenção atinge um dos critérios do antecedente da regra-matriz (critérios material, temporal ou espacial), seu efeito é inibir a incidência da citada regra-matriz sobre os eventos qualificados pela norma isentiva. Se, no entanto, a regra isentiva atingir o consequente da regra-matriz, acaba por comprometer os efeitos prescritivos da conduta, "já que sua eficácia não poderá irradiar-se"[14].

Equivocada é, pois, a ideia de que, na isenção, o fato gerador ocorreria e, num segundo momento, por força da norma de isenção, dar-se-ia a dispensa do pagamento do crédito tributário. Em verdade, se o fato é isento, não que se falar em fato gerador.

A isenção foi considerada pelo CTN como causa de exclusão do crédito tributário (art. 175, inciso I). As chamadas "causas de exclusão do crédito tributário" são hipóteses que **impedem** a constituição do crédito tributário, isto é, que impedem a Fazenda Pública de realizar o lançamento quanto a determinados fatos[15].

---

[10] A definição dada pelo legislador ao termo renúncia de receita (art. 14, LRF) é ampla, abrangendo casos de exclusão (isenção e anistia) e extinção do crédito tributário (remissão).

[11] Nesse sentido: SOUSA, Rubens Gomes de. *Compêndio de legislação tributária*, p. 97; ROSA JÚNIOR, Luiz Emygdio F. da. *Manual de direito financeiro e direito tributário*. p. 611; OLIVEIRA, José Jayme de Macêdo. *Código Tributário Nacional:* comentários, doutrina e jurisprudência. p. 518.

[12] Nesse sentido: DENARI, Zelmo. *Curso de direito tributário*, p. 160; DECOMAIN, Pedro Roberto. *Anotações ao Código Tributário Nacional*, p. 692-693.

[13] CARVALHO, Paulo de Barros. *Direito tributário, linguagem e método*, p. 599.

[14] CARVALHO, Paulo de Barros. *Direito tributário, linguagem e método*, p. 599. Saliente-se, no entanto, como o faz o autor citado, que a regra de isenção "destrói" a regra-matriz de incidência em casos particulares, mas sem aniquilá-la, pois a regra-matriz continua atuando regularmente para outras situações não contempladas na norma isentiva (*Direito tributário, linguagem e método*, p. 599)

[15] Nesse sentido é a percepção de Luiz Felipe Silveira Difini: "Na exclusão do crédito tributário, por força de disposição legal, **este não se constitui**" (destaque nosso) (*Manual de direito tributário*,

10 ■ Renúncia de Receita 265

Nos casos de extinção do crédito tributário, a relação obrigacional chegou a ser constituída por meio da linguagem prevista no ordenamento jurídico, mas deixa de existir a partir do momento em que se realiza algum dos fatos extintivos elencados no art. 156 do CTN. Já nos casos de exclusão do crédito tributário, o laço obrigacional **nem chega a existir**, em razão das causas citadas no art. 175 do CTN (isenção e anistia)[16]. Dito de outro modo, enquanto as causas de **extinção** do crédito tributário operam **após** a constituição deste — afinal, não se pode extinguir o que não chegou a se constituir —, **pondo fim** à relação jurídica tributária, as causas de **exclusão** operam **antes** do lançamento, justamente para impedir a constituição do crédito tributário.

Colocadas tais figuras num quadro sinótico, temos:

EXCLUSÃO DO CRÉDITO TRIBUTÁRIO	EXTINÇÃO DO CRÉDITO TRIBUTÁRIO
■ Opera antes do lançamento.	■ Opera após o lançamento.
■ Impede a constituição do crédito tributário.	■ Põe fim à relação jurídica tributária.

Ressalte-se que, apesar da polêmica em torno do conceito de isenção, a noção exposta de exclusão do crédito tributário — de que este nem chega a existir — é perfeitamente aplicável ao referido instituto, pois a isenção se aplica a **fatos futuros** (em relação à norma instituidora da isenção), que, se e quando ocorrerem, já não estarão sujeitos à constituição do crédito tributário.

10.3.1.1. Isenção em caráter não geral

No que tange às isenções, a leitura deixa claro que o art. 14 da LRF somente se aplica àquelas concedidas **"em caráter não geral"** (art. 14, § 1.º)[17]. É que, à semelhança da moratória (art. 152, CTN) e da anistia (art. 181, CTN), a isenção pode ser concedida em caráter geral ou específico.

E é sobre a noção do que sejam isenções **"em caráter geral"** — conceito a partir do qual, mediante sua negação, o art. 14 da LRF chegou ao de isenções de caráter "não geral" — que passamos a tecer as considerações que se seguem.

---

p. 289). Regina Helena Costa considera imprópria a denominação "exclusão do crédito tributário", pois entende ser ilógica a separação entre crédito e débito e também porque não se daria autêntica "exclusão" (*Curso de direito tributário*: Constituição e Código Tributário Nacional, p. 274). Outro crítico de tal expressão é Ricardo Lobo Torres, que leciona: "A expressão é ambígua no que concerne à isenção (...), eis que tanto pode significar que o crédito se constitui com a ocorrência do fato gerador e tem a sua cobrança excluída, quanto pode expressar que se exclui o próprio nascimento do crédito, pela suspensão da eficácia da norma impositiva" (*Curso de direito financeiro e tributário*, p. 260).

[16] Nesse sentido: DECOMAIN, Pedro Roberto. *Anotações ao Código Tributário Nacional*, p. 690; OLIVEIRA, José Jayme de Macêdo. *Código Tributário Nacional:* comentários, doutrina e jurisprudência, p. 517.

[17] Em sentido contrário é o entendimento de Reinaldo Chaves Rivera, para quem as isenções em caráter geral também devem ser consideradas como renúncia de receita para os efeitos do art. 14 da LRF (Tributos e renúncia fiscal — Lei Complementar 101 — a lei da gestão fiscal responsável, p. 114).

Por não ter, a respeito, formulado a LRF um conceito próprio, exclusivo, entendemos que deva ser aplicada, à hipótese, a definição consagrada pelo Código Tributário Nacional, que, em seu art. 179, assim dispõe, *in verbis*: "A isenção, **quando não concedida em caráter geral**, é efetivada, em cada caso, por despacho da autoridade administrativa, em requerimento com o qual o interessado faça prova do preenchimento das condições e do cumprimento dos requisitos previsto em lei ou contrato para sua concessão" (destaque nosso).

O dispositivo legal retrotranscrito não define o que seja uma isenção concedida "em caráter geral", preferindo, ao contrário, esclarecer como se efetiva uma isenção de caráter "não geral" (ou específico). A doutrina pátria, no entanto, fornece subsídios para uma correta compreensão da matéria sob exame.

Pedro Roberto Decomain ensina: "A isenção pode ser concedida em caráter geral. Nesse caso, o benefício aproveita aos seus destinatários independentemente de qualquer decisão prévia de autoridade administrativa. Se a isenção abrange, por exemplo, o IPI incidente sobre determinado produto industrializado, não há necessidade de que o sujeito passivo requeira à autoridade administrativa o reconhecimento da isenção. Poderá deixar de recolher o tributo a cada operação envolvendo aquele determinado produto. Todavia, se a isenção exigir, para que se opere, o atendimento de determinadas exigências por parte do sujeito passivo (como isenção de imposto de renda ou IPI a quem realize investimentos em tecnologia, por exemplo), o deferimento do benefício poderá ficar condicionado ao prévio exame, pela autoridade administrativa, do adimplemento dessas condições. É exatamente isso o que se acha previsto pelo *caput* do art. 179 do CTN"[18].

Conclui-se, do exposto, que isenção **geral** (ou **"concedida em caráter geral"**, para utilizarmos a terminologia adotada pelo art. 179 do CTN) é aquela que, decorrendo diretamente da lei, beneficia certas pessoas, coisas, atos ou situações[19], sem exigir do interessado em dela usufruir a observância de requisitos particulares. A isenção, nesse caso, é incondicional, efetivando-se sem intervenção de qualquer autoridade administrativa e aproveitando aos seus destinatários independentemente de requerimento dos interessados e de qualquer ato administrativo[20].

---

[18] DECOMAIN, Pedro Roberto. *Anotações ao Código Tributário Nacional*, p. 695-696.

[19] Confira-se o seguinte julgado do STF: "A exigência constitucional de lei formal para a veiculação de isenções em matéria tributária atua como insuperável obstáculo a postulação da parte recorrente, eis que a extensão dos benefícios isencionais, por via jurisdicional, encontra limitação absoluta no dogma da separação de poderes. Os magistrados e Tribunais — que não dispõem de função legislativa — não podem conceder, ainda que sob fundamento de isonomia, o benefício da exclusão do crédito tributário em favor daqueles a quem o legislador, com apoio em critérios impessoais, racionais e objetivos, não quis contemplar com a vantagem da isenção. Entendimento diverso, que reconhecesse aos magistrados essa anômala função jurídica, equivaleria, em última análise, a converter o Poder Judiciário em inadmissível legislador positivo, condição institucional esta que lhe recusou a própria Lei Fundamental do Estado" (STF, AI-AgR 142.348/MG, Rel. Min. Celso de Mello, 1.ª Turma, j. em 02.08.1994, *DJ* 24.03.1995, p. 6807). No mesmo sentido: STF, AI-AgR 138.344/DF, Rel. Min. Celso de Mello, 1.ª Turma, j. em 02.08.1994, *DJ* 12.05.1995, p. 12989; STF, AI-AgR 360.461/MG, Rel. Min. Celso de Mello, 2.ª Turma, j. em 06.12.2005, *DJe*-055 28.03.2008.

[20] PAES, P. R. Tavares. *Comentários ao Código Tributário Nacional*, p. 392.

10 ◻ Renúncia de Receita

Quando concedida **em caráter particular** (ou **"em caráter não geral"**, para utilizarmos a expressão empregada pelo art. 14 da LRF), a isenção é efetivada, em cada caso, mediante despacho da autoridade administrativa, em requerimento do interessado em dela usufruir, com o qual este comprove o preenchimento das condições e requisitos previstos em lei (art. 179, CTN)[21]. A isenção, nesse caso, não tem caráter de generalidade, beneficiando apenas aquelas pessoas que reúnam determinadas características, subordinando o deferimento do favor fiscal ao reconhecimento prévio do atendimento daqueles requisitos por parte da autoridade administrativa competente[22].

Consoante interpretação do § 1.º do art. 14 da LRF, as isenções em caráter geral **não são consideradas como renúncia de receita** para os efeitos do referido artigo.

10.3.1.2. Isenções heterônomas

O art. 14 da LRF, segundo entendemos, não se aplica às **isenções heterônomas**, assim definidas as concedidas pela União relativamente a tributo estadual e/ou municipal, as quais, em princípio, são vedadas pelo Texto Constitucional vigente (art. 151, inciso III, CF), mas que, excepcionalmente, são admitidas no caso do art. 156, § 3.º, inciso II, da Constituição Federal[23]. É que não há, em tal caso, benefício fiscal, no sentido específico da doutrina do Direito Tributário, sentido este empregado pelo art. 14 da LRF.

Com efeito, se considerada a *mens legis* da LRF, notaremos que seu art. 14 só terá aplicação quando o benefício for concedido *pelo próprio ente tributante* e a esta conclusão chegamos ao verificar que o *caput* do referido dispositivo emprega o termo "renúncia de receita". Ora, só pode "renunciar" a algo — no caso, à receita pública — quem figure como "titular" do direito renunciado, e as providências dos incisos I e II do art. 14 da LRF só podem ser tomadas quando o ente cujo tributo é renunciado for o proponente da medida. Assim, conclui-se que o referido art. 14 somente se aplica no âmbito das isenções "autonômicas", assim entendidas aquelas nas quais o ente que isenta é o competente para tributar[24].

---

[21] ROSA JÚNIOR, Luiz Emygdio F. da. *Manual de direito financeiro e direito tributário*, p. 615.

[22] STJ, REsp 13.568/RJ, Rel. Min. Ari Pargendler, 2.ª Turma, j. em 29.11.1995, *DJ* 18.12.1995, p. 44540.

[23] Anteriormente à Emenda Constitucional n. 42, de 19.12.2003, havia mais uma hipótese de isenção heterônoma autorizada pelo Texto Constitucional: era o caso do art. 155, § 2.º, inciso XII, alínea *e*, da CF, que permitia a lei complementar (da União) conceder desoneração completa do ICMS nas operações de exportação, inclusive de bens primários e semielaborados e serviços. Isto porque, anteriormente à EC n. 42/2003, apenas os produtos industrializados eram constitucionalmente imunes, consoante dispunha a redação original do art. 155, § 2.º, inciso X, alínea *a*, da CF. Tal isenção heterônoma — levada a efeito pela LC n. 87/96 (art 3.º, inciso II) — não mais subsiste em nosso ordenamento, pois atualmente possui natureza de *imunidade tributária*, por decorrer diretamente do próprio art. 155, § 2.º, inciso X, alínea *a*, da CF, que, com a redação dada pela EC n. 42/2003, passou a vedar a incidência do imposto estadual "sobre operações que destinem mercadorias para o exterior" e "sobre serviços prestados a destinatários no exterior".

[24] A isenção é, predominantemente, uma atribuição autonômica; autolimitação legislativa do poder tributante (COELHO, Sacha Calmon Navarro. *ICM: competência exonerativa*, p. 52) decorrente do princípio de que o poder competente para isentar é o que detém, antes, a competência para tributar.

10.3.2. REDUÇÃO DE BASE DE CÁLCULO

A redução da base de cálculo do tributo é o incentivo fiscal por meio do qual a lei modifica (para menos) sua base tributável, seja pela aplicação de um percentual de redução, seja mediante a exclusão de qualquer de seus elementos constitutivos.

Considerando a necessária sintonia dos termos do binômio "hipótese de incidência/ base de cálculo"[25], conclui-se que tal modalidade de incentivo tem o inconveniente de descaracterizar a correlação lógica que deve existir entre a base de cálculo do tributo e o critério material da regra-matriz de sua incidência.

A redução de base de cálculo (assim como a de alíquotas) é incentivo que opera no consequente da regra-matriz de incidência tributária, mais precisamente no seu critério quantitativo. Afeta, por conseguinte, o **modo de calcular** o *quantum* de tributo devido, determinando uma forma de pagamento que implica redução do objeto da relação jurídica tributária, comparativamente à generalidade dos contribuintes não amparados pelo citado benefício.

10.3.3. REDUÇÃO DE ALÍQUOTA

A alíquota é o fator (relação percentual) que, aplicada à base de cálculo já convertida em cifra, dará como resultado uma segunda cifra, que corresponde à grandeza da prestação jurídica tributária.

A redução de alíquotas é, pois, a modificação (para menos) do percentual que se aplica sobre a base de cálculo para determinar o *quantum debeatur* da obrigação tributária.

Tanto na redução de alíquota como na de base de cálculo, persiste o dever tributário, mas reduz-se a grandeza da prestação objeto da obrigação tributária.

O incentivo da redução de alíquotas, consoante dispõe o § 1.º do art. 14 da LRF, subordina-se ao atendimento das condições estabelecidas naquele artigo para sua concessão. Nem toda redução de alíquotas, contudo, deve obediência ao art. 14 da LRF.

De fato, a redução das alíquotas do ICMS pelo Senado Federal, em se tratando de operações interestaduais (art. 155, § 2.º, inciso IV, CF), segundo entendemos, não se subordina às disposições do art. 14 da LRF, porquanto não configura benefício fiscal, no sentido empregado pelo citado dispositivo legal, pelos motivos anteriormente delineados.

Assim, tomando-se em consideração que a providências dos incisos I e II do art. 14 da LRF só podem ser cabíveis às pessoas políticas (União, Estados, Distrito Federal e Municípios), conclui-se que o Senado Federal, ao reduzir as alíquotas do ICMS, não está, efetivamente, renunciando à receita, não estando, destarte, subordinado às regras do art. 14 da LRF.

---

[25] A importância de tal sintonia é destacada por Paulo de Barros Carvalho nestes termos: "a base de cálculo há de ter uma correlação lógica e direta com a hipótese de incidência do tributo" (*Direito tributário, linguagem e método*, p. 624).

10 ▪ Renúncia de Receita

10.3.4. ANISTIA

O CTN não apresenta uma definição formal do que seja anistia. A respeito dos contornos conceituais do referido instituto, o mencionado diploma legal apenas fornece dois dados:

▪ trata-se de uma causa de exclusão do crédito tributário (art. 175, inciso II, CTN);
▪ refere-se à prática de infrações, ilícitos (art. 180, *caput*, CTN).

Divide-se a doutrina ao conceituar a anistia: há os que sustentam tratar-se de perdão **da infração** à legislação tributária[26], os que defendem dirigir-se tal perdão à **penalidade** aplicável a tal conduta[27] e os que entendem constituir-se simultaneamente em perdão do ilícito **e também** da penalidade[28].

A anistia, segundo a concebemos, é a exclusão do crédito tributário (art. 175, inciso II, CTN) referente à multa aplicável pelo sujeito ativo ao sujeito passivo, por infrações cometidas por este anteriormente à vigência da lei que a concedeu.

Apesar de o CTN ter disciplinado a anistia e a isenção sob a denominação "exclusão do crédito tributário", são institutos que pouco têm em comum, pois:

▪ enquanto a isenção se refere a **tributos**, a anistia se refere a **penalidades pecuniárias (multas)**;
▪ a isenção se refere a fatos **lícitos** ocorridos **posteriormente** à lei que a institui, ao passo que a anistia se refere a fatos **ilícitos** ocorridos **anteriormente** à lei que a concede (art. 180, CTN).

Produz a anistia, como se vê, efeitos *ex tunc*, pois, de acordo com o *caput* do art. 180 do CTN, "abrange exclusivamente as **infrações** cometidas **anteriormente** à vigência da lei que a concede" (destaque nosso)[29].

A leitura do *caput* do art. 180 do CTN nos permite concluir, *a contrario sensu*, que as infrações cometidas posteriormente ao início da vigência da lei que concede a anistia não são alcançadas pelo benefício. .

Todavia, o referido dispositivo do CTN não traz resposta ao seguinte questionamento: a lei que concede anistia abrange **todas** as infrações cometidas antes de sua vigência ou sua aplicação se restringe àquelas infrações cujas penalidades já tenham sido lançadas (aplicadas)[30]? Dito de outro modo: a anistia abrange apenas os créditos

---

[26] FURLAN, Valéria. *Apontamentos de direito tributário*, p. 411.

[27] Nesse sentido: DIFINI, Luiz Felipe Silveira. *Manual de direito tributário*, p. 296; JARDIM, Eduardo Marcial Ferreira. *Manual de direito financeiro e tributário*, p. 276-277.

[28] Nesse sentido: CARVALHO, Paulo de Barros. *Direito tributário, linguagem e método*, p. 602; COSTA, Regina Helena. *Curso de direito tributário*: Constituição e Código Tributário Nacional, p. 282.

[29] No citado dispositivo é possível vislumbrar as duas principais características que distinguem a anistia da isenção: a) a anistia se refere a *penalidades pecuniárias (multas)*, ao passo que a isenção se refere a *tributos*; b) a anistia se refere a fatos (ilícitos) ocorridos *anteriormente* à lei que a concede, ao passo que a isenção se refere a fatos (lícitos) ocorridos *posteriormente* à lei que a institui.

[30] No presente estudo, considera-se o ato de imposição de multa como lançamento.

correspondentes a penalidades pecuniárias **ainda não lançadas** ou também se aplica às multas **já lançadas**?

Há quem defenda que, apesar de a anistia ter sido qualificada pelo CTN como causa de exclusão do crédito tributário (art. 175, inciso II), também pode corresponder a verdadeira causa extintiva do crédito tributário já existente.

Nesse sentido, leciona Pedro Roberto Decomain que, "concedida a anistia, atinge ela não apenas os créditos tributários, correspondentes a penalidades pecuniárias, já definitivamente constituídos, como também aqueles que poderiam ser chamados de 'créditos tributários em potencial', ou seja, aqueles correspondentes a penalidades pecuniárias ainda não objeto de lançamento, embora a infração já tenha ocorrido"[31].

Na mesma direção é o pensar de Luiz Felipe Silveira Difini, que assevera: "a nosso ver é irrelevante que a multa já tenha sido (ou não) objeto de lançamento. Basta que a infração tributária seja anterior à lei que concede anistia e a penalidade imposta, **lançada ou não**, poderá ser perdoada pela lei de anistia" (destaque nosso)[32].

De acordo com tal posicionamento, no caso em que já ocorreu o lançamento, o crédito tributário já existe e, sobrevindo anistia, não seria adequado dizer que esta excluiria o crédito tributário. Por outro lado, no caso do crédito tributário "em potencial", ou seja, de crédito ainda não lançado, embora já ocorrida a infração tributária, ter-se-ia verdadeiro caso de exclusão do crédito, porque a penalidade pecuniária, alcançada pela anistia, não mais poderá ser objeto de lançamento.

Em sentido contrário é o posicionamento de Hugo de Brito Machado, que não admite a anistia em relação a crédito tributário já lançado: "Pela anistia, o legislador extingue a punibilidade do sujeito passivo, infrator da legislação tributária, impedindo a constituição do crédito. Se já está o crédito constituído, o legislador poderá dispensá-lo pela *remissão*, mas não pela *anistia*. Esta diz respeito exclusivamente a penalidades e há de ser concedida antes da constituição do crédito" (destaques no original)[33].

Nesse sentido também é a lição de Ricardo Lobo Torres, que define a anistia como o "perdão relativamente à infração cometida **e ainda não descoberta, isto é, ainda não punida com a sanção pecuniária**" (destaque nosso)[34].

No mesmo sentido é o entendimento de Fábio Fanucchi, que não admite a anistia relativamente aos créditos já constituídos; para estes, leciona o autor, a lei deveria mencionar a outorga de **remissão**[35].

Segundo entendemos, a anistia fiscal alcança apenas os créditos correspondentes a multas **ainda não lançadas**, em razão de ter sido qualificada pelo CTN como causa de **exclusão** do crédito tributário (art. 175, inciso II), cuja finalidade é evitar o surgimento deste[36], que configura situação diferente daquelas de extinção do crédito (art. 156, CTN).

---

[31] DECOMAIN, Pedro Roberto. *Anotações ao Código Tributário Nacional*, p. 719.

[32] DIFINI, Luiz Felipe Silveira. *Manual de direito tributário*, p. 296.

[33] MACHADO, Hugo de Brito. *Curso de direito tributário*, p. 205.

[34] TORRES, Ricardo Lobo. *Curso de direito financeiro e tributário*, p. 256.

[35] FANUCCHI, Fábio. *Curso de direito tributário brasileiro*. v. 1, p. 196.

[36] ABRÃO, Carlos Henrique. Anistia fiscal, p. 21.

10 ▪ Renúncia de Receita 271

Se, como visto, as causas de exclusão do crédito tributário, diferentemente das de extinção, operam **antes** do lançamento, justamente para impedir a constituição do crédito, conclui-se que **a anistia não abrange penalidades pecuniárias já lançadas**, pois, quanto a estas, estaria operando como causa extintiva do crédito, categoria na qual não se enquadra o instituto da anistia.

10.3.5. REMISSÃO

Remissão vem de remir, perdoar. O vocábulo remissão corresponde, pois, ao termo "perdão".

Em Direito Tributário, remissão é o "perdão que recai sobre o tributo"[37].

Para Ricardo Lobo Torres, remissão "é o perdão do crédito tributário pela Administração, previamente autorizada por lei"[38].

Segundo Luiz Felipe Silveira Difini, remissão "é o perdão do tributo devido"[39].

Apesar de tanto a remissão (art. 172, CTN) quanto a isenção (art. 175, inciso I, CTN) se referirem a tributos, a isenção diz respeito a fatos (lícitos) ocorridos **posteriormente** à lei que a institui, enquanto a remissão se refere a fatos (lícitos) ocorridos **anteriormente** à lei que a concede.

Nesse sentido, leciona Valéria Furlan: "A remissão equivale à dispensa do pagamento do tributo; portanto, **supõe a ocorrência do fato imponível** que dará nascimento à obrigação tributária, para que só então possa ser o contribuinte dispensado do seu cumprimento" (destaque nosso)[40].

Ao contrário da anistia fiscal, que é causa de exclusão da infração tributária, a remissão — que, na terminologia do CTN, é uma causa extintiva do crédito tributário (art. 156, inciso IV) — tem por finalidade liberar o sujeito passivo do pagamento do crédito tributário (tributos, juros de mora, correção monetária e multas)[41]. A remissão, como a anistia, é dirigida ao perdão do débito fiscal, mas a segunda incide diretamente sobre a infração ou sobre a sanção, ao passo que a primeira é dirigida ao pagamento do próprio tributo e seus consectários[42].

A respeito da remissão, há uma aparente contradição entre dois dispositivos do CTN. É que o inciso IV do art. 156 do referido diploma legal qualifica a remissão como causa de **extinção do crédito tributário**, ao passo que o art. 172 da mesma lei esclarece que a remissão pode ser **total ou parcial**.

A questão que se apresenta a respeito é a seguinte: como pode a remissão ser considerada causa de extinção do crédito se admite a modalidade parcial?

---

[37] JARDIM, Eduardo Marcial Ferreira. *Manual de direito financeiro e tributário*, p. 262.

[38] TORRES, Ricardo Lobo. *Curso de direito financeiro e tributário*, p. 256.

[39] DIFINI, Luiz Felipe Silveira. *Manual de direito tributário*, p. 279.

[40] FURLAN, Valéria. *Apontamentos de direito tributário*, p. 389.

[41] OLIVEIRA, José Jayme de Macêdo. *Código Tributário Nacional*: comentários, doutrina e jurisprudência, p. 487.

[42] DECOMAIN, Pedro Roberto. *Anotações ao Código Tributário Nacional*, p. 719.

Uma primeira resposta possível seria afirmar que a remissão total **extinguiria totalmente** o crédito tributário, ao passo que a remissão parcial acarretaria sua **extinção parcial**.

Tal solução não nos parece adequada, pois admite a figura da "extinção parcial", expressão que, em nosso entender, é inadmissível por ser contraditória. Com efeito, se determinada coisa se extingue, é porque **deixa de existir**, não se afigurando lógico admitir a extinção de uma das partes de uma totalidade. Assim se dá com o crédito tributário: **ou ele se extingue por completo** — o pleonasmo, aqui, é apenas para enfatizar nosso pensamento — **ou não se extingue**.

Aliás, o CTN consagra tal entendimento ao estabelecer, em seu art. 161, que o crédito tributário não pago integralmente no vencimento é acrescido de juros, penalidades e quaisquer medidas de garantia previstas em cada legislação específica, evidenciando, pois, que o crédito tributário somente é extinto pelo pagamento integral.

Não há que se falar, pois, em "extinção parcial" de uma coisa ou "extinção de parte de uma coisa". Tal expressão se apresenta contraditória com a mesma intensidade que se apresenta **redundante** empregar a expressão "extinção total".

Evidentemente, nada impede que o Fisco perdoe parte do débito do sujeito passivo. Nesses casos, contudo, não há que se falar em extinção parcial do crédito da Fazenda, mas em sua mera **redução**.

Há, todavia, quem entenda que **apenas a remissão total extinguiria o crédito**, pois desapareceria o direito subjetivo do sujeito ativo de exigir a prestação (relativa a tributo) e o dever jurídico do sujeito passivo de prestá-la[43].

Nesse sentido é a doutrina de Carlos Abrão: "Evidentemente, a remissão total significa a extinção do crédito tributário, mas aquela parcial permite a exigibilidade do valor que remanesce obrigatório"[44].

Tal entendimento não se coaduna com o sistema do direito positivo brasileiro, posto que o CTN, em seu art. 156, inciso IV, não distinguiu a remissão total da parcial, **atribuindo, pois, a ambas o efeito de extinguir o crédito**.

A conclusão a que se pode chegar é que a **remissão total** libera o sujeito passivo do pagamento do crédito tributário em sua integralidade, abrangendo tributos, juros de mora, correção monetária e multas, enquanto a remissão parcial extingue apenas o crédito correspondente a multas **já lançadas**. Ressalte-se que, nessa linha de pensamento, mesmo a remissão parcial extinguiria totalmente — o pleonasmo serve, uma vez mais, para enfatizar nosso entendimento — o crédito referente à multa: o adjetivo parcial decorreria do fato de remanescer o crédito referente ao tributo.

A diferença entre a remissão parcial e a anistia seria, pois, que esta é causa de *exclusão* do crédito (art. 175, inciso II), cuja finalidade é evitar o surgimento deste em relação às penalidades pecuniárias não aplicadas, ao passo que a primeira é aplicável às multas cujos créditos já tenham sido constituídos (pelo ato de aplicação da penalidade), pois, quanto a estes, o perdão estaria operando como causa extintiva do crédito, categoria na qual se enquadra o instituto da remissão (art. 156, CTN).

---

[43] CARVALHO, Paulo de Barros. *Direito tributário, linguagem e método*, p. 485.
[44] ABRÃO, Carlos Henrique. Remissão tributária, p. 20.

10 ◼ Renúncia de Receita

Ressalte-se, no entanto, que, em razão de a remissão apresentar-se como causa de extinção do crédito tributário, há quem entenda que só poderia ocorrer remissão de crédito que tenha sido **constituído** (pelo lançamento ou por norma individual e concreta expedida pelo sujeito passivo)[45].

Nessa linha de pensamento, a remissão abrangeria o tributo e/ou a sanção pecuniária já aplicada, distinguindo-se da anistia porque esta implica o perdão relativamente à infração cometida e **ainda não descoberta pelo Fisco**, isto é, ainda não punida com a aplicação da sanção pecuniária[46].

Leciona, nesse sentido, Carlos Abrão: "a remissão tem seu predicado sustentado na **constituição válida e regular do crédito tributário**, distinguindo-se, pois, da anistia, porque seu alcance se restringe às penalidades de caráter pecuniário, da própria infração, obstando o surgimento do crédito" (destaque nosso)[47].

Com relação à **remissão parcial** (isto é, o perdão de crédito referente a **multas**), é sempre certa, pois, do contrário, estaríamos diante de **anistia**, que, esta, sim, apresenta-se como causa de exclusão do crédito, impedindo a constituição dele.

Quanto à **remissão total** (isto é, o perdão de crédito referente **a tributo e seus consectários**), entendemos que não exige que o crédito tenha sido constituído pelo lançamento[48], pois, do contrário, estaríamos diante da seguinte situação: o Fisco teria que constituir o crédito para, somente então, poder decretar sua extinção pela remissão. Considerando-se o princípio de hermenêutica que rejeita as interpretações que conduzam a absurdos, pode ocorrer remissão de crédito ainda não constituído, operando-se nesse caso a remissão (se referente **a tributo e seus consectários**) como causa de exclusão do crédito tributário.

Ressalte-se que, mesmo nesse caso, a remissão não se confundiria com a isenção, pois esta excluiria o crédito (art. 175, inciso I, CTN) quanto aos fatos ocorridos **posteriormente** à lei que a institui, ao passo que a remissão excluiria o crédito quanto aos fatos ocorridos **anteriormente** à lei que a concede, mas ainda não lançados.

10.3.6. CRÉDITO PRESUMIDO

No campo dos impostos plurifásicos não cumulativos — como é o caso do ICMS —, ocorre, na apuração do *quantum* a pagar, a dedução do tributo devido nas operações e prestações anteriores.

Crédito fiscal presumido (ou simbólico) é aquele, ao contrário dos créditos fiscais reais, não correspondente ao montante do imposto cobrado em operação ou prestação anterior.

Interessante exemplo é o que se dá nas remessas de mercadoria de origem nacional para a Zona Franca de Manaus (ZFM). Tais operações, por serem **equivalentes a uma**

---

[45] Nesse sentido: CARVALHO, Paulo de Barros. *Direito tributário, linguagem e método*, p. 485-486.

[46] TORRES, Ricardo Lobo. *Curso de direito financeiro e tributário*, p. 256.

[47] ABRÃO, Carlos Henrique. Remissão tributária, p. 19.

[48] Nesse sentido é a lição de José Eduardo Soares de Melo: "Não há maior interesse em positivar-se a necessidade de ter sido praticado o lançamento, para ser possível efetivar-se a remissão, em virtude de o preceito legal cogitar de crédito tributário" (*Curso de direito tributário*, p. 232).

274 Direito Financeiro e Econômico Esquematizado   *Carlos Alberto de Moraes Ramos Filho*

exportação brasileira para o exterior (art. 4.º, Decreto-Lei n. 288, de 28.02.1967), são isentas do ICMS[49] e, a rigor, não implicariam crédito para compensação com o montante devido nas operações ou prestações seguintes, conforme o disposto no art. 155, § 2.º, inciso II, *a*, da CF/88, assim redigido:

> **Art. 155.** (...)
>
> § 2.º O imposto previsto no inciso II atenderá ao seguinte:
>
> (...)
>
> II — a isenção ou não incidência, salvo determinação em contrário da legislação:
>
> *a)* não implicará crédito para compensação com o montante devido nas operações ou prestações seguintes;
>
> (...)

Isto porque o princípio da não cumulatividade impõe que seja compensado o que for devido em cada operação relativa à circulação de mercadorias ou prestação de serviços com o **montante cobrado nas anteriores pelo mesmo ou outro Estado ou pelo Distrito Federal**[50]. Ora, se a remessa para a ZFM é isenta do ICMS no Estado de origem, tem-se que não houve cobrança do imposto em tal operação e, por conseguinte, nada haveria que pudesse ser compensado nas operações subsequentes. Assim, tal exportação para a ZFM, a rigor, não geraria créditos fiscais de ICMS.

No entanto, o próprio dispositivo constitucional (art. 155, § 2.º, inciso I, da CF/88) prevê a possibilidade de ser instituída exceção à citada regra, quando emprega a expressão "salvo determinação em contrário da legislação".

No caso da Zona Franca de Manaus, o Decreto-Lei n. 288/67 — recepcionado pelos arts. 40, 92 e 92-A do Ato das Disposições Constitucionais Transitórias (ADCT) da Constituição de 1988[51] — assim estabelece:

> **Art. 49.** As isenções fiscais previstas neste decreto-lei somente entrarão em vigor na data em que for concedida:
>
> I — pelo Estado do Amazonas, crédito do imposto de circulação de mercadorias nas operações comerciais dentro da Zona, igual ao montante que teria sido pago na origem em outros estados da União, se a remessa de mercadorias para a Zona Franca não fosse equivalente a uma exportação brasileira para a estrangeiro;
>
> (...)

---

[49] O Plenário do STF, no julgamento da ADI 310, decidiu, por unanimidade, que as remessas de mercadorias para a ZFM são beneficiadas por verdadeira **imunidade tributária** (ADI 310/AM, Rel. Min. Cármen Lúcia, Pleno, j. em 19.02.2014, *DJe*-174 09.09.2014).

[50] No atual sistema constitucional, tal princípio é previsto no art. 155, § 2.º, inciso I, da CF/88.

[51] CF/88, ADCT: "Art. 40. É mantida a Zona Franca de Manaus, com suas características de área livre de comércio, de exportação e importação, e de incentivos fiscais, pelo prazo de vinte e cinco anos, a partir da promulgação da Constituição. (...)". "Art. 92. São acrescidos dez anos ao prazo fixado no art. 40 deste Ato das Disposições Constitucionais Transitórias" (artigo incluído pela Emenda Constitucional n. 42, de 19.12.2003). "Art. 92-A. São acrescidos 50 (cinquenta) anos ao prazo fixado pelo art. 92 deste Ato das Disposições Constitucionais Transitórias" (artigo incluído pela Emenda Constitucional n. 83, de 05.08.2014).

10 ▢ Renúncia de Receita

E é assim que o Estado do Amazonas, com fundamento no inciso I do art. 49 do Decreto-Lei n. 288/67, concede, em sua legislação[52], crédito presumido do ICMS nas operações comerciais dentro da Zona Franca de Manaus, equivalente ao montante que seria devido no Estado de origem se a remessa de mercadorias para aquela região não fosse equiparada a uma exportação brasileira para o exterior.

10.3.7. DIFERIMENTO

Temos, ainda, o **diferimento**, que é a transferência da responsabilidade de cumprimento das obrigações tributárias para uma fase posterior à ocorrência do fato gerador. A primeira característica do diferimento é a transferência do pagamento da obrigação tributária para um momento posterior àquele em que tal obrigatoriedade surgiria se não tivesse sido deferido tal pagamento.

A rigor, o diferimento não constituiria incentivo fiscal, pois não retiraria as operações anteriores do campo de incidência do tributo, nem reduziria a carga tributária que recai sobre certa situação, mas apenas transferiria para etapa futura o momento do pagamento do tributo[53].

Com efeito, o STF, analisando o caso do ICMS, decidiu que o diferimento seria mero adiamento no recolhimento do valor devido, não implicando qualquer dispensa do pagamento do tributo ou outra forma de benefício fiscal (**ADI 2.056/MS**, Rel. Min. Gilmar Mendes, Pleno, j. em 30.05.2007, *DJ* 17.08.2007, p. 22).

Ressalte-se, todavia, que o STF já decidiu que se o "diferimento" resultar em forma de não pagamento do imposto, e não no simples adiamento, reveste-se de caráter de benefício fiscal (**ADI 3.702/ES**, Rel. Min. Dias Toffoli, Pleno, j. em 01.06.2011, *DJe*-166 30.08.2011).

10.3.8. SUBSÍDIO

O termo subsídio (do latim *subsidium*, auxílio, reforço), no dizer de Carlos Valder Nascimento, "revela todas as ações que buscam socorrer determinadas situações em que o Estado entenda imprescindível ao cumprimento de seus desígnios constitucionais, que é de satisfação das necessidades públicas"[54].

O subsídio é, basicamente, um auxílio de caráter econômico concedido pelo Governo a certa clientela, o qual é tradicionalmente concedido em dinheiro ou sob a forma de benefícios. Em termos orçamentários, os subsídios diretos são viabilizados por intermédio de **subvenções sociais e econômicas** (art. 12, § 3.º, Lei n. 4.320/64).

---

[52] Código Tributário do Estado do Amazonas (Lei Complementar n. 19, de 29.12.1997), art. 18, *caput*.

[53] COELHO, Sacha Calmon Navarro. *Teoria geral do tributo e da exoneração tributária*, p. 230.

[54] MARTINS, Ives Gandra da Silva; NASCIMENTO, Carlos Valder do (coord.) et al. *Comentários à Lei de Responsabilidade Fiscal*, p. 98.

10.3.9. SUSPENSÃO

A **suspensão** ocorre quando a legislação estabelece que a incidência do tributo, isto é, da norma impositiva, depende da concretização de evento futuro e incerto[55]. Note-se que, na hipótese de suspensão do tributo, não se configura espécie de substituição tributária, posto que o sujeito passivo está obrigado a pagar o tributo no exato momento em que a lei considera que a norma impositiva incidiu. Em outras palavras: está pagando o tributo devido por ele próprio.

A suspensão seria, assim, a transferência da obrigação tributária para um momento posterior àquele em que a obrigação normalmente surgiria, **sem alteração, porém, da sujeição passiva**.

Apesar de não se encontrar expressamente mencionada no art. 14 da LRF, a figura da suspensão está, sem qualquer dúvida, compreendida no conceito de "renúncia de receita", pois constitui benefício que corresponde a tratamento diferenciado, já que, adiando a incidência do tributo, acaba reduzindo (ou eliminando) uma obrigação de conteúdo tributário.

10.3.10. RESTITUIÇÃO DE TRIBUTO

Como bem observa Ricardo Lobo Torres, a restituição de tributo a título de incentivo "não é, a rigor, um incentivo tributário ou fiscal, mas um incentivo financeiro, a operar na vertente da despesa e sujeito à prévia inclusão no orçamento. A importância restituída já não é tributo, categoria exclusiva da receita, mas uma prestação de direito público idêntica a qualquer outra obrigação do Estado"[56].

No mesmo diapasão é o entendimento de Sacha Calmon Navarro Coelho, que, traçando um paralelo entre a remissão e a devolução de tributo pago, leciona: "Sob o aspecto jurídico formal, a remissão encontra regulação no campo do Direito Tributário (receita derivada) enquanto a devolução de tributo pago é regida pelo Direito Financeiro (que se ocupa das demais receitas, da *despesa*, do *orçamento* e *do crédito público*)" (destaque no original)[57].

De fato, como bem observam os autores citados, a devolução de tributo a título de incentivo é prática situada na área da **administração da despesa pública**, matéria regulada pelo Direito Financeiro e, pois, estranha ao Direito Tributário, porquanto, no dizer de Sacha Calmon Navarro Coelho[58], "não envolve nenhum elemento estrutural da obrigação tributária, ou se se prefere, porque não envolve qualquer aspecto do tributo, quer da hipótese quer da consequência". Devolver imposto já pago, conclui o citado autor, "não afeta a obrigação que se formou e se extinguiu normalmente com o pagamento".

---

[55] Nesse sentido dispõe o Código Tributário do Estado do Amazonas (Lei Complementar n. 19, de 29.12.1997), art. 11: "Dar-se-á a suspensão do imposto nos casos em que a incidência ficar condicionada a evento futuro, nas hipóteses e condições previstas em regulamento".

[56] TORRES, Ricardo Lobo. *O orçamento na constituição*, p. 201.

[57] COELHO, Sacha Calmon Navarro. *Teoria geral do tributo e da exoneração tributária*, p. 231.

[58] COELHO, Sacha Calmon Navarro. *ICM: competência exonerativa*, p. 74.

10 ▣ Renúncia de Receita 277

Com efeito, com o pagamento do tributo, extingue-se o vínculo obrigacional tributário e rende-se espaço às relações meramente financeiras, de sorte que as relações doravante interpostas entre fisco e contribuinte revestem natureza extratributária[59]. A importância restituída já não é tributo, categoria exclusiva da receita, tendo em vista que, uma vez misturados os recursos recebidos pelo Estado (entidade tributante), já no "Caixa" do Tesouro, perdem o rótulo que lhes conferia a causa jurídica de sua percepção[60]. A partir desse instante, todo gasto é despesa, assunto, como exposto no início desta obra, estranho ao Direito Tributário.

O incentivo financeiro da restituição do tributo pode, assim, ser definido como aquele no qual, **após seu pagamento**, numa **relação financeira** entre o contribuinte e o fisco, há supressão ou redução da exação. Ou seja, haverá o pagamento do tributo e posterior retorno da quantia paga ao particular, no todo ou em parte, devendo ser observado que os recursos saem do Tesouro não como imposto devolvido, mas como despesa do ente tributante[61].

Considerando que o art. 14 da LRF se aplica, segundo seus próprios termos, à "concessão ou ampliação de incentivo ou benefício **de natureza tributária**" (destaque nosso), conclui-se que o citado dispositivo não incide sobre os incentivos de natureza financeira, ainda que tenham origem tributária, como na hipótese da restituição de tributo a título de incentivo[62]. Por não configurar incentivo fiscal — mas financeiro —, escapa a restituição em questão da incidência do art. 14 da LRF.

Na previsão de receitas para inclusão no Orçamento, deverá ser considerado o efeito decorrente do benefício da restituição de tributo, sem, contudo, computá-lo como renúncia de receita.

10.4. RENÚNCIA DE RECEITA: RESERVA CONSTITUCIONAL DE LEI EM SENTIDO FORMAL

O dispositivo constitucional que regula a produção de normas de renúncia de receita tributária é o § 6.º do art. 150, assim redigido:

> **Art. 150.** (...)
>
> § 6.º Qualquer subsídio ou isenção, redução de base de cálculo, concessão de crédito presumido, anistia ou remissão, relativos a impostos, taxas ou contribuições, só pode-

---

[59] BORGES, José Souto Maior. A Lei de Responsabilidade Fiscal (LRF) e sua inaplicabilidade a incentivos financeiros estaduais, p. 84.

[60] COELHO, Sacha Calmon Navarro. *ICM: competência exonerativa*, p. 75.

[61] COELHO, Sacha Calmon Navarro. *ICM: competência exonerativa*, p. 75.

[62] No mesmo sentido: BORGES, José Souto Maior. A Lei de Responsabilidade Fiscal (LRF) e sua inaplicabilidade a incentivos financeiros estaduais, p. 81-99. Em sentido contrário é o entendimento de Tereza Cristina Vidal: "É de hialina transparência a conformação desse favor à renúncia de receita, posto que apesar de haver pagamento de tributo devido, há liberação de receita no montante da exação paga para financiamento da atividade do contribuinte. Dito favor traduz exoneração tributária, ainda que mascarado pela ocorrência do pagamento da exação, sob a modalidade de isenção total ou parcial variável de acordo com a sua correspondência com o valor do tributo pago" (As exonerações fiscais à luz da Lei Complementar n. 101/2000, art. 14, p. 548).

> rá ser concedido mediante lei específica, federal, estadual ou municipal, que regule exclusivamente as matérias acima enumeradas ou o correspondente tributo ou contribuição, sem prejuízo do disposto no art. 155, § 2.º, XII, g^{63}.

Nos termos do que enuncia o dispositivo transcrito, os institutos jurídicos por ele mencionados (subsídio, isenção, redução de base de cálculo, concessão de crédito presumido, anistia ou remissão) somente podem ser concedidos **mediante lei**, e não por atos infralegais. Nesse sentido, confira-se o seguinte julgado do Superior Tribunal de Justiça:

> **Ementa:** (...) 1. A isenção do Imposto sobre Propriedade de Veículos Automotores (IPVA), concedida pelo Decreto Estadual 9.918/2000, revela-se ilegal e inconstitucional, porquanto introduzida, no ordenamento jurídico, por ato normativo secundário, que extrapolou os limites do texto legal regulamentado (qual seja, a Lei Estadual 1.810/97), bem como ante a inobservância do princípio constitucional da legalidade estrita, encartado no artigo 150, § 6.º, da Constituição da República Federativa do Brasil de 1988.
>
> 6. (...) o aludido diploma normativo encontra-se eivado de inconstitucionalidade formal, uma vez que o princípio constitucional da legalidade estrita, além de proscrever a exigência ou aumento de tributo sem lei que o estabeleça, condiciona a concessão de isenção à edição de lei específica (...).
>
> 8. Ademais, o Código Tributário Nacional, em seu artigo 97, determina que somente a lei pode estabelecer as hipóteses de exclusão, suspensão e extinção de créditos tributários, ou de dispensa ou redução de penalidades (inciso VI). (...)
>
> 10. Destarte, a instituição de isenção tributária mediante decreto oriundo do Poder Executivo, além de extrapolar o exercício do poder regulamentar (em flagrante oposição ao princípio da hierarquia das leis), caracteriza violação ao princípio da legalidade tributária estrita, razão pela qual manifesta a ilegalidade/inconstitucionalidade do Decreto Estadual 9.918/2000 (**RMS 21.942/MS**, Rel. Min. Luiz Fux, 1.ª Turma, j. em 15.02.2011, *DJe* 13.04.2011).

Sobre a exigência de lei para a concessão de benefícios fiscais (art. 150, § 6.º, CF/88), o Supremo Tribunal Federal assim deixou assentado: "Trata-se de salvaguarda à atividade legislativa, que poderia ser frustrada na hipótese de assunto de grande relevância ser tratado em texto de estatura ostensivamente menos relevante"[64].

Não é, todavia, qualquer lei que pode instituir as exonerações fiscais. O Texto Constitucional exige, para tanto, **lei específica**[65], a qual, nos termos do dispositivo

---

[63] Parágrafo com redação dada pela Emenda Constitucional n. 3, de 17.03.1993. A redação original era a seguinte: "§ 6.º Qualquer anistia ou remissão, que envolva matéria tributária ou previdenciária, só poderá ser concedida através de lei específica, federal, estadual ou municipal".

[64] STF, RE-AgR 414.249/MG, Rel. Min. Joaquim Barbosa, 2.ª Turma, j. em 31.08.2010, *DJe*-218 16.11.2010.

[65] Entende Gerd Willi Rothmann que a exigência de *lei específica* no art. 150, § 6.º, da CF/88, é supérflua, pois "decorre do princípio da legalidade (contemplado pelos artigos 5.º, II, 37 e 150, I da Constituição) e pelo Art. 7.º da Lei Complementar n. 95, de 26.2.1998, que exige, expressamente, que, excetuadas as codificações, cada lei deverá tratar de um único objeto" (A guerra fiscal dos Estados na (des)ordem tributária e econômica da Federação, p. 474).

10 ◼ Renúncia de Receita

constitucional sob exame, é aquela cujo objeto seja apenas o benefício fiscal (subsídio ou isenção, redução de base de cálculo, concessão de crédito presumido, anistia ou remissão) ou o correspondente tributo. Tal exigência, consoante reconheceu o Supremo Tribunal Federal visa "impedir o exame escamoteado de relevante matéria de impacto orçamentário, em meio à discussão de assunto frívolo ou que não tem qualquer pertinência com matéria tributária ou fiscal"[66].

Sobre a iniciativa para deflagrar o processo de elaboração das leis que veiculem normas de exoneração tributária, ressaltamos que, por não se referir a leis que consubstanciem matéria orçamentária[67], não é privativa do Chefe do Poder Executivo. Nesse sentido é a jurisprudência do Supremo Tribunal Federal:

> **Ementa:** (...) 1. A lei instituidora de incentivo fiscal para as empresas que contratarem apenados e egressos no Estado do Espírito Santo não consubstancia matéria orçamentária. Assim, não subsiste a alegação, do requerente, de que a iniciativa seria reservada ao Chefe do Poder Executivo. (...) (**ADI 3.809/ES**, Rel. Min. Eros Grau, Pleno, j. em 14.06.2007, *DJ* 14.09.2007, p. 30).

> **Ementa:** (...) 1. Não ofende o art. 61, § 1.º, II, *b* da Constituição Federal lei oriunda de projeto elaborado na Assembleia Legislativa estadual que trate sobre matéria tributária, uma vez que a aplicação deste dispositivo está circunscrita às iniciativas privativas do Chefe do Poder Executivo Federal na órbita exclusiva dos territórios federais. Precedentes: ADI n. 2.724, rel. Min. Gilmar Mendes, *DJ* 02.04.04, ADI n. 2.304, rel. Min. Sepúlveda Pertence, *DJ* 15.12.2000 e ADI n. 2.599-MC, rel. Min. Moreira Alves, *DJ* 13.12.02. 2. A reserva de iniciativa prevista no art. 165, II da Carta Magna, por referir-se a normas concernentes às diretrizes orçamentárias, não se aplica a normas que tratam de direito tributário, como são aquelas que concedem benefícios fiscais. Precedentes: ADI n. 724-MC, rel. Min. Celso de Mello, *DJ* 27.04.01 e ADI n. 2.659, rel. Min. Nelson Jobim, *DJ* de 06.02.04. 3. Ação direta de inconstitucionalidade cujo pedido se julga improcedente (**ADI 2.464/AP**, Rel. Min. Ellen Gracie, Pleno, j. em 11.04.2007, *DJ* 25.05.2007, p. 63).

Ora, se a disciplina jurídica do processo de formação das leis tem matriz essencialmente constitucional, pois é no texto da Constituição e nele somente que residem as diretrizes que regem o procedimento de elaboração legislativa — aí incluídas as que concernem à iniciativa das leis[68] —, tem-se que a iniciativa privativa, por implicar limitação ao poder de instauração do processo legislativo, **deve decorrer de expressa disposição constitucional**. Assim, não havendo no Texto Constitucional explícita menção à iniciativa privativa para o processo legislativo das leis tributárias, tem-se que **não se presume**, consoante já reconheceu o Supremo Tribunal Federal:

---

[66] STF, AI-AgR 669.557/MG, Rel. Min. Joaquim Barbosa, 2.ª Turma, j. em 06.04.2010, *DJe*-081 07.05.2010.

[67] No caso das leis orçamentárias (PPA, LDO e LOA), a iniciativa é privativa do Chefe do Poder Executivo (arts. 165, *caput*, e 84, XXIII, ambos da CF/88). Nesse sentido: STF, ADI 103/RO, Rel. Min. Sydney Sanches, Pleno, j. em 03.08.1995, *DJ* 08.09.1995, p. 28353; ADI-MC 1.759/SC, Rel. Min. Néri da Silveira, Pleno, j. em 12.03.1998, *DJ* 06.04.2001, p. 66; ADI 2.808/RS, Rel. Min. Gilmar Mendes, Pleno, j. em 24.08.2006, *DJ* 17.11.2006, p. 47.

[68] STF, MS 22.538/CE, Rel. Min. Celso de Mello, Pleno, j. em 23.04.1997, *DJe*-200 23.10.2009.

Ementa: (...) A Constituição de 1988 admite a iniciativa parlamentar na instauração do processo legislativo em tema de direito tributário. — A iniciativa reservada, por constituir matéria de direito estrito, não se presume e nem comporta interpretação ampliativa, na medida em que — por implicar limitação ao poder de instauração do processo legislativo — deve necessariamente derivar de norma constitucional explícita e inequívoca. — O ato de legislar sobre direito tributário, ainda que para conceder benefícios jurídicos de ordem fiscal, não se equipara — especialmente para os fins de instauração do respectivo processo legislativo — ao ato de legislar sobre o orçamento do Estado (**ADI-MC 724/ RS**, Rel. Min. Celso de Mello, Pleno, j. em 07.05.1992, *DJ* 27.04.2001, p. 56)[69].

Tal entendimento foi reafirmado pelo STF, ao fixar a seguinte tese de repercussão geral (**Tema 682**): "Inexiste, na Constituição Federal de 1988, reserva de iniciativa para leis de natureza tributária, inclusive para as que concedam renúncia fiscal"[70].

Portanto, considerando que no caso das leis tributárias, como são aquelas que concedem incentivos fiscais, a iniciativa para instauração do processo legislativo não é privativa do Chefe do Poder Executivo — ressalvada a hipótese do art. 61, § 1.º, inciso II, *b*, da CF/88, cuja aplicação está circunscrita às iniciativas privativas do Chefe do Poder Executivo Federal na órbita exclusiva dos Territórios Federais[71] —, conclui-se que pode ser definida como **"comum"** ou **"concorrente"**, pois cabe a qualquer das pessoas e órgãos mencionados no *caput* do art. 61 da CF/88[72].

10.5. A RENÚNCIA DE RECEITA EM MATÉRIA DE ICMS E A "GUERRA FISCAL"

O § 6.º do art. 150 da CF/88, logo após estabelecer que a competência exonerativa tributária tem a lei como instrumento hábil para seu exercício, traz o seguinte texto: "sem prejuízo do disposto no art. 155, § 2.º, XII, *g*". Esse dispositivo, por sua vez, assim está redigido:

---

[69] No sentido de que a iniciativa reservada das leis não se presume, mas decorre das hipóteses taxativamente previstas na CF: STF, ADI-MC 776/RS, Rel. Min. Celso de Mello, Pleno, j. em 23.10.1992, *DJ* 15.12.2006, p. 80; ADI-MC 2.364/AL, Rel. Min. Celso de Mello, Pleno, j. em 01.08.2001, *DJ* 14.12.2001, p. 23.

[70] ARE-RG 743.480/MG, Rel. Min. Gilmar Mendes, Pleno, j. em 10.10.2013, *DJe*-228 20.11.2013.

[71] No sentido de que a aplicação do art. 61, § 1.º, inciso II, alínea *b*, da CF/88 é restrita à órbita dos Territórios Federais: STF, ADI 286/RO, Rel. Min. Maurício Corrêa, Pleno, j. em 22.05.2002, *DJ* 30.08.2002, p. 60; ADI 3.205/MS, Rel. Min. Sepúlveda Pertence, Pleno, j. em 19.10.2006, *DJ* 17.11.2006, p. 47; ADI 2.447/MG, Rel. Min. Joaquim Barbosa, Pleno, j. em 04.03.2009, *DJe*-228 04.12.2009.

[72] Nesse sentido: STF, ADI 2.659/SC, Rel. Min. Nelson Jobim, Pleno, j. em 03.12.2003, *DJ* 06.02.2004, p. 22. Ressalte-se que o STF já chegou a se manifestar no sentido de ser de iniciativa do Poder Executivo a proposta de lei estadual que trata de matéria tributária: ADI-MC 2.345/SC, Rel. Min. Sydney Sanches, Pleno, j. em 01.08.2002, *DJ* 28.03.2003, p. 62. Contudo, ao apreciar o mérito da referida ação, o Pretório Excelso reconheceu a inexistência de inconstitucionalidade formal na lei impugnada, pois esta, consoante destacou o Relator, tratava "de matéria tributária (benefício fiscal), a qual, segundo consolidada jurisprudência desta Corte, é de iniciativa comum concorrente, não havendo falar em iniciativa parlamentar reservada ao Chefe do Poder Executivo" (ADI 2.345/SC, Rel. Min. Cezar Peluso, Pleno, j. em 30.06.2011, *DJe*-150 05.08.2011).

10 ▪ Renúncia de Receita

> **Art. 155. (...)**
>
> § 2.º O imposto previsto no inciso II atenderá ao seguinte[73]:
>
> (...)
>
> XII — cabe à lei complementar:
>
> (...)
>
> g) regular a forma como, mediante deliberação dos Estados e do Distrito Federal, isenções, incentivos e benefícios fiscais serão concedidos e revogados[74].

Assim, especificamente no caso do ICMS (art. 155, inciso II, CF/88[75]), além do § 6.º do art. 150 da Constituição, há outro enunciado constitucional que delineia a produção normativa de exoneração tributária e segundo o qual a disciplina de benefício fiscal relativo ao citado imposto pressupõe consenso entre as unidades da Federação[76].

Note-se que a parte final do § 6.º do art. 150 da CF/88 não ressalvou de seu campo de aplicação o disposto no art. 155, § 2.º, inciso XII, alínea g, da CF/88, mas, ao contrário, dispôs que a observância daquele se dará **sem prejuízo** da observância deste. Assim, conclui-se que o fato de o exercício da competência exonerativa em matéria de ICMS possuir uma peculiaridade (a necessidade de deliberação dos Estados e do Distrito Federal) **não a afasta da disposição geral constante da primeira parte do § 6.º do art. 150 da CF**.

Assim, pode-se dizer que os incentivos fiscais relativos ao ICMS estão, sim, subordinados a uma sistemática específica (a dos convênios interestaduais — art. 155, § 2.º, inciso XII, alínea g, CF/88); tal circunstância, todavia, não os subtrai do regramento geral da competência exonerativa, que exige lei específica para a concessão de incentivos (art. 150, § 6.º, CF/88)[77].

Em resumo: a concessão de isenções, incentivos e benefícios fiscais relativos ao ICMS não está dispensada da observância da estrita legalidade em matéria de exoneração tributária, pois deve obedecer ao disposto no art. 155, § 2.º, inciso XII, alínea g, **cumulativamente** ao disposto no § 6.º do art. 150, ambos da CF[78].

---

[73] Parágrafo com redação dada pela Emenda Constitucional n. 3, de 17.03.1993.

[74] No entender de José Souto Maior Borges, a Constituição Federal, no art. 155, § 2.º, inciso XII, alínea g, ao mencionar "incentivos e benefícios fiscais" foi pleonástica, pois "todo 'benefício fiscal' acaba por confundir-se com um 'incentivo'" (Sobre as isenções, incentivos e benefícios fiscais relativos ao ICMS, p. 69).

[75] CF/88: "Art. 155. Compete aos Estados e ao Distrito Federal instituir impostos sobre: (...) II — operações relativas à circulação de mercadorias e sobre prestações de serviços de transporte interestadual e intermunicipal e de comunicação, ainda que as operações e as prestações se iniciem no exterior".

[76] STF, ADI 4.457/PR, Rel. Min. Marco Aurélio, Pleno, j. em 01.06.2011, *DJe*-125 01.07.2011; ADI 3.674/RJ, Rel. Min. Marco Aurélio, Pleno, j. em 01.06.2011, *DJe*-123 29.06.2011.

[77] Incorreto é, por conseguinte, o enunciado constante do *caput* do art. 9.º do Código Tributário do Estado do Amazonas (instituído pela Lei Complementar n. 19, de 29.12.1997), que, referindo-se ao ICMS, assim dispõe: "Art. 9.º As isenções e outros incentivos ou benefícios fiscais poderão ser concedidos através de lei estadual específica ou mediante convênio celebrado nos termos de lei complementar".

[78] Entendemos que a polêmica exposta não teria espaço para existir se, em vez de ter sido empregada no art. 150, § 6.º, da CF, a expressão "sem prejuízo" tivesse sido utilizada no art. 155, § 2.º, inciso

A interpretação conjunta dos referidos enunciados conduz à conclusão de que o Texto Constitucional, visando conter os ânimos das entidades tributantes, proibiu os Estados e o Distrito Federal de conceder (como acontece com os demais tributos) incentivos e benefícios fiscais de ICMS sem submeter previamente tal questão à deliberação das demais unidades da Federação, procedimento que tem ensejado disputas entre estas pela atração de maiores investimentos para suas regiões e que vem sendo denominado "guerra fiscal"[79].

Em verdade, o inibir a chamada "guerra fiscal" entre os Estados-membros é apenas um dos aspectos do principal propósito para o qual o art. 155, § 2.º, inciso XII, alínea *g*, da CF/88 foi concebido, que é o de estabelecer um ICMS uniforme e homogêneo em todo o território nacional[80], visando o equilíbrio horizontal na tributação[81]. É que, apesar de o referido imposto ser de competência dos Estados-membros e do Distrito Federal, tem um caráter nitidamente nacional, pois, consoante frisa Geraldo Ataliba, "as operações mercantis em grande parte se sucedem numa cadeia que começa e termina em diversas unidades da federação"[82]. Assim, as regras constitucionais que impõem um tratamento federativamente uniforme em matéria de ICMS não representam desrespeito à autonomia dos Estados e do Distrito Federal; consoante já reconheceu o Supremo Tribunal Federal, "o próprio artigo constitucional de n. 18, que veicula o princípio da

---

XII, alínea *g*, CF, nestes termos: "XII — cabe à lei complementar: (...) *g)* regular a forma como, mediante deliberação dos Estados e do Distrito Federal, isenções, incentivos e benefícios fiscais serão concedidos e revogados, sem prejuízo do disposto no art. 150, § 6.º".

[79] Nesse sentido é o entendimento do Supremo Tribunal Federal, que já reconheceu que o art. 155, § 2.º, inciso XII, alínea *g*, da CF, "que permite à União Federal fixar padrões normativos uniformes em tema de exoneração tributária pertinente ao ICMS, acha-se teleologicamente vinculado a um objetivo de nítido caráter político-jurídico: impedir a 'guerra tributária' entre os Estados-membros e o Distrito Federal" (STF, ADI-MC 930/MA, Rel. Min. Celso de Mello, Pleno, j. em 25.11.1993, *DJ* 31.10.1997, p. 55540). No mesmo sentido é o seguinte julgado: "A celebração dos convênios interestaduais constitui pressuposto essencial à válida concessão, pelos Estados-membros ou Distrito Federal, de isenções, incentivos ou benefícios fiscais em tema de ICMS. Esses convênios — enquanto instrumentos de exteriorização formal do prévio consenso institucional entre as unidades federadas investidas de competência tributária em matéria de ICMS — destinam-se a compor os conflitos de interesses que necessariamente resultariam, uma vez ausente essa deliberação intergovernamental, da concessão, pelos Estados-membros ou Distrito Federal, de isenções, incentivos e benefícios fiscais pertinentes ao imposto em questão" (ADI-MC 1.247/PA, Rel. Min. Celso de Mello, Pleno, j. em 17.08.1995, *DJ* 08.09.1995, p. 28354).

[80] Nesse sentido: CARVALHO, Paulo de Barros. ICMS — Incentivos — Conflitos entre Estados — Interpretação, p. 100-101.

[81] "O pacto federativo reclama, para a preservação do equilíbrio horizontal na tributação, a prévia deliberação dos Estados-membros para a concessão de benefícios fiscais relativamente ao ICMS, na forma prevista no art. 155, § 2.º, XII, 'g', da Constituição e como disciplinado pela Lei Complementar n. 24/75, recepcionada pela atual ordem constitucional" (STF, ADI 2.663/RS, Rel. Min. Luiz Fux, Pleno, j. em 08.03.2017, *DJe*-112 29.05.2017).

[82] ATALIBA, Geraldo. Eficácia dos convênios para isenção do ICM, p. 122. No mesmo sentido, enfatizando o caráter nacional do imposto estadual em questão: CARVALHO, Paulo de Barros. ICMS — Incentivos — Conflitos entre Estados — Interpretação, p. 97-98; TOMÉ, Fabiana Del Padre. A jurisprudência do STF sobre guerra fiscal, p. 135.

10 ▪ Renúncia de Receita   283

autonomia dos entes da Federação, de logo aclara que esse princípio da autonomia já nasce balizado por ela própria, Constituição"[83].

10.5.1. INSTRUMENTO HÁBIL PARA VEICULAR O CONSENSO INTERGOVERNA-MENTAL NECESSÁRIO AO LEGÍTIMO EXERCÍCIO DA COMPETÊNCIA EXONERATIVA REFERENTE AO ICMS: O CONVÊNIO

Consoante exposto, a concessão de isenções, incentivos e benefícios fiscais relativos ao ICMS depende de prévia "deliberação" dos Estados e do Distrito Federal, **na forma a ser definida em lei complementar**[84], sob pena de afronta ao art. 155, § 2.º, inciso XII, alínea *g*, da CF/88.

No entanto, o referido dispositivo constitucional não menciona expressamente o **instrumento** que consubstanciaria o resultado de tal deliberação[85].

---

[83]   ADI 3.246/PA, Rel. Min. Carlos Britto, Pleno, j. em 19.04.2006, *DJ* 01.09.2006, p. 16. No mesmo sentido: "As normas constitucionais, que impõem disciplina nacional ao ICMS, são preceitos contra os quais não se pode opor a autonomia do Estado, na medida em que são explícitas limitações dela" (STF, ADI-MC 2.352/ES, Rel. Min. Sepúlveda Pertence, Pleno, j. em 19.12.2000, *DJ* 09.03.2001, p. 102). No mesmo sentido: ADI-MC 2.377/MG, Rel. Min. Sepúlveda Pertence, Pleno, j. em 22.02.2001, *DJ* 07.11.2003, p. 81. Ainda no mesmo sentido: "O pacto federativo, sustentando-se na harmonia que deve presidir as relações institucionais entre as comunidades políticas que compõem o Estado Federal, legitima as restrições de ordem constitucional que afetam o exercício, pelos Estados-membros e Distrito Federal, de sua competência normativa em tema de exoneração tributária pertinente ao ICMS" (STF, ADI-MC 1.247/PA, Rel. Min. Celso de Mello, Pleno, j. em 17.08.1995, *DJ* 08.09.1995, p. 28354).

[84]   Note-se que não é a referida lei complementar que concederá os incentivos de ICMS: estes serão concedidos por leis específicas de cada Estado e do Distrito Federal (art. 150, § 6.º, primeira parte, CF/88), as quais deverão ser precedidas da "deliberação" entre tais entes políticos. À lei complementar mencionada no art. 155, § 2.º, inciso XII, da CF/88 caberá tão somente regular **a forma** como tal deliberação será realizada. Nesse sentido já decidiu o Supremo Tribunal Federal: "O art. 155, § 2.º, inciso XII, *g*, da Constituição Federal dispõe competir à lei complementar, mediante deliberação dos Estados-membros e do Distrito Federal, a regulamentação de isenções, incentivos e benefícios fiscais a serem concedidos ou revogados, no que diz respeito ao ICMS. Evidente necessidade de consenso entre os entes federativos, justamente para evitar o deflagramento da perniciosa 'guerra fiscal' entre eles. **À lei complementar restou discricionária apenas a forma pela qual os Estados e o Distrito Federal implementarão o ditame constitucional**" (destaque nosso) (ADI 2.549/DF, Rel. Min. Ricardo Lewandowski, Pleno, j. em 01.06.2011, *DJe*-209 03.11.2011).

[85]   No mesmo sentido, destacando tal circunstância: ARZUA, Heron. A questão da legitimidade dos convênios no ICMS, p. 130. O § 8.º do art. 34 do ADCT menciona expressamente a figura do *convênio*, mas não como instrumento autorizativo para a concessão de incentivos fiscais de ICMS, e sim para regulamentar provisoriamente tal imposto, enquanto não fosse editada a lei complementar necessária ao estabelecimento de normas gerais a ele referentes. Foi com base em tal disposição transitória que foi celebrado o Convênio ICM n. 66/88, que regulou provisoriamente o ICMS até o advento da Lei Complementar n. 87, de 13.09.1996 ("Lei Kandir"). Tal convênio, consoante decidiu o STF, por força do art. 34, § 8.º, do ADCT, "teve hierarquia de lei complementar, até que essa fosse editada, em tudo quanto necessário para tornar eficazes as inovações introduzidas na disciplina constitucional do ICMS pela Constituição de 1988" (RE 273.351/SP, Rel. Min. Sepúlveda Pertence, 1.ª Turma, j. em 27.06.2000, *DJ* 25.08.2000, p. 74).

Diversamente do atual sistema constitucional tributário, a Constituição de 1967, com a redação que lhe foi dada pela Emenda Constitucional n. 1, de 17.10.1969, indicava expressamente o instrumento hábil para veicular o resultado da deliberação entre as unidades da Federação:

> **Art. 23. (...)**
>
> § 6.º As **isenções** do imposto sobre operações relativas à circulação de mercadorias serão concedidas ou revogadas nos termos fixados em **convênios**, celebrados e ratificados pelos Estados, segundo o disposto em lei complementar (destaque nosso)[86].

Regulamentando o citado dispositivo constitucional, tal como determinado pela sua parte final, foi editada a **Lei Complementar n. 24, de 07.01.1975**, que, segundo sua ementa, "[d]ispõe sobre os convênios para a concessão de isenções do imposto sobre operações relativas à circulação de mercadorias, e dá outras providências". Referida lei, ressalte-se, estava em pleno vigor por ocasião da promulgação da Constituição de 1988.

Retomando a análise do tema no plano constitucional, constata-se que há duas diferenças entre o regramento da matéria em questão no sistema constitucional anterior e no atual:

■ enquanto a CF/1967 exigia a deliberação interestadual apenas para a concessão de **isenções** em matéria de ICM, a CF/88 a exige para a concessão de **"isenções, incentivos e benefícios fiscais"** referentes ao ICMS[87];

---

[86] Anteriormente à CF/67, outras normas — mas infraconstitucionais — já apregoavam a utilização dos convênios como forma de uniformização do regramento das exonerações relativas ao ICM. Nesse sentido, por exemplo, o *caput* do art. 213 do Código Tributário Nacional já dispunha: "Os Estados pertencentes a uma mesma região geoeconômica celebrarão entre si convênios para o estabelecimento de alíquota uniforme para o imposto a que se refere o art. 52". Também o Ato Complementar n. 34, de 30.01.1967, dispunha em seu art. 1.º: "Os Estados e Territórios situados em uma mesma região geoeconômica, dentro de 30 (trinta) dias da data da publicação deste Ato, celebrarão convênios estabelecendo uma política comum em matéria de isenções, reduções ou outros favores fiscais, relativamente ao imposto sobre circulação de mercadorias". Justificando tais disposições, asseverava José Souto Maior Borges: "É incompatível com um sistema tributário nacional integrado a concessão desordenada de isenções e reduções do ICM por ato legislativo unilateral dos Estados-membros" (Isenções de ICM por convênio e o art. 23, § 6.º, da Emenda Constitucional n. 1, de 1969, p. 361). O autor citado ratificou seu posicionamento já na vigência da CF/88: "Porque se não houvera o art. 155, § 2.º, XII, *g*, a guerra fiscal estaria instaurada entre os Estados, pelas exonerações unilaterais do ICMS" (Sobre as isenções, incentivos e benefícios fiscais relativos ao ICMS, p. 72).

[87] Ressalte-se que os convênios interestaduais, em matéria tributária, também se prestam a outras duas finalidades: (i) para reconhecer extraterritorialidade, no País, à legislação tributária dos Estados, do Distrito Federal e dos Municípios (art. 102, CTN); (ii) para estabelecer, em caráter geral ou específico, a forma pela qual a Fazenda Pública da União e as dos Estados, do Distrito Federal e dos Municípios se prestarão mutuamente assistência para a fiscalização dos tributos respectivos e permuta de informações (art. 199, CTN). Especificamente quanto ao ICMS, os convênios interestaduais possuem, ainda, as seguintes funções: (i) estabelecer os casos em que as alíquotas internas do imposto poderão ser inferiores às previstas para as operações interestaduais (art. 155, § 2.º, inciso VI, CF); (ii) estabelecer as regras necessárias à aplicação do disposto no § 4.º do art. 155 da CF, que se refere, por sua vez, às hipóteses, definidas em lei complementar, em que o imposto in-

10 ▫ Renúncia de Receita

▫ enquanto a Carta de 1967 mencionava expressamente o **convênio** como o instrumento que fixaria os termos para a edição de tais normas de exoneração, a CF/88 não designa tal instrumento.

Num ponto, contudo, tais disposições se aproximam: tanto o sistema constitucional anterior quanto o atual **exigem a edição de lei complementar** para regular a forma como as deliberações interestaduais serão realizadas.

Ocorre que, após a promulgação da CF/88, não foi editada uma nova lei complementar para regular a matéria em questão. A solução para tal problema encontra-se no próprio Texto Constitucional, mais precisamente no § 5.º do art. 34 do Ato das Disposições Constitucionais Transitórias (ADCT):

> **Art. 34.** O sistema tributário nacional entrará em vigor a partir do primeiro dia do quinto mês seguinte ao da promulgação da Constituição, mantido, até então, o da Constituição de 1967, com a redação dada pela Emenda n. 1, de 1969, e pelas posteriores.
>
> (...)
>
> § 5.º Vigente o novo sistema tributário nacional, **fica assegurada a aplicação da legislação anterior, no que não seja incompatível com ele** e com a legislação referida nos § 3.º e § 4.º.
>
> (...) (destaque nosso).

Como se vê, a CF/88 assegurou a aplicação da legislação infraconstitucional anterior, a partir da vigência no novo Sistema Tributário Nacional, isto é, a partir de 1.º.03.1989, **desde que não incompatível com o referido Sistema.**

O § 5.º do art. 34 do ADCT apenas consagrou expressamente o fenômeno que a doutrina de Direito Constitucional denomina "recepção", pelo qual a nova ordem jurídica "recebe" as normas infraconstitucionais anteriores que não sejam incompatíveis com a nova Constituição.

É que, quando uma nova Constituição instaura um novo ordenamento jurídico[88], este se superpõe a um ordenamento preexistente, o qual, a princípio, desaparece com a promulgação do novo Texto Constitucional.

---

cidirá uma única vez sobre combustíveis e lubrificantes — ICMS monofásico (art. 155, § 2.º, inciso XII, alínea *h*, CF), inclusive as relativas à definição das alíquotas (art. 155, § 4.º, inciso IV, CF) e à apuração e à destinação do imposto (art. 155, § 5.º, CF); (iii) dispor sobre o regime de substituição tributária em operações interestaduais (art. 9.º, *caput*, Lei Complementar n. 87, de 13.09.1996). Quanto a esta última função, cabe salientar que, de acordo com a CF/88, caberia à lei complementar "dispor sobre substituição tributária" em matéria de ICMS (art. 155, § 2.º, inciso XII, alínea *b*). No entanto, em se tratando de operações interestaduais, a Lei Complementar n. 87/96 exigiu, em seu art. 9.º, a celebração de convênio interestadual para disciplinar o tema: "Art. 9.º A adoção do regime de substituição tributária em operações interestaduais dependerá de acordo específico celebrado pelos Estados interessados".

[88] Tal quadro é delineado com precisão por Geraldo Ataliba: "Juridicamente, tudo é novo; a ordem jurídica inteira instaura-se; as instituições inauguram-se, no momento da promulgação da Constituição. A ordem jurídica nova é rigorosamente virgem, intocada, inovadora e novidadeira. Toda a

Todavia, se a legislação infraconstitucional anterior não contrariar a nova Constituição, continuará a ser válida, pertencendo, pois, ao novo sistema de direito positivo inaugurado. Pelo princípio da recepção, como bem observa Robson Maia Lins, evita-se "intensa e árdua movimentação dos órgãos legislativos para o implemento de normas jurídicas que já se encontram prontas e acabadas, irradiando sua eficácia em termos de compatibilidade plena com o teor dos novos preceitos constitucionais"[89].

Nesse caso, as normas infraconstitucionais anteriores à nova Constituição que não contrariem o texto desta perdem o suporte de validade que lhes dava a Carta anterior e, ao mesmo tempo, recebem um novo suporte, **expresso ou tácito**, da nova Constituição[90].

Assim, por não ter sido editada, posteriormente à Constituição de 1988, uma nova lei complementar para regular a matéria em questão, e por ser a Lei Complementar n. 24/75 compatível com o vigente Sistema Tributário Nacional, conclui-se ter sido a referida legislação **recepcionada pelo atual sistema constitucional, permanecendo, pois, em pleno vigor** para regular a concessão ou revogação de incentivos fiscais no âmbito do ICMS[91].

Com efeito, apesar de o tema da recepção de uma norma pela Constituição ser tão polêmico[92] quanto o da revogação tácita de determinado dispositivo, no caso específico da Lei Complementar n. 24/75 tal polêmica inexiste, porquanto o próprio Texto Constitucional de 1988 a menciona expressamente, reconhecendo, assim, de modo explícito a sua recepção, consoante se infere da leitura do § 8.º do art. 34 do ADCT:

---

ordenação jurídica, que emana do Estado, surge nesse momento. O novo Estado, do ponto de vista jurídico, nasce do ato constituinte, com a promulgação da Constituição" (Efeitos da nova Constituição: critério prático para reconhecer, em cada caso, se uma norma continua válida, p. 85).

[89] LINS, Robson Maia. Reforma fiscal: como equacionar o sistema político e o sistema tributário nacional, p. 619. O citado autor prossegue em sua reflexão: "Porventura inexistisse a aplicabilidade de tal princípio e, certamente, o Poder Legislativo não faria outra coisa, durante muito tempo, senão reescrever no seu modo prescritivo regras já conhecidas nos vários setores do convívio social. Este trabalho inócuo e repetitivo é afastado por obra daquela orientação que atende, sobretudo, a outro primado: o da economia legislativa" (Reforma fiscal: como equacionar o sistema político e o sistema tributário nacional, p. 619).

[90] BASTOS, Celso Ribeiro. *Curso de direito constitucional*, p. 120; ATALIBA, Geraldo. Efeitos da nova Constituição: critério prático para reconhecer, em cada caso, se uma norma continua válida, p. 85.

[91] Nesse sentido, na doutrina: ARZUA, Heron. A questão da legitimidade dos convênios no ICMS, p. 130; BORGES, José Souto Maior. Sobre as isenções, incentivos e benefícios fiscais relativos ao ICMS, p. 72-73; CARVALHO, Paulo de Barros. ICMS — Incentivos — Conflitos entre Estados — Interpretação, p. 100 e 107-108; GUSMÃO, Daniela Ribeiro de. *Incentivos fiscais, princípios da igualdade e da legalidade e efeitos no âmbito do ICMS*, p. 43 e 55; ROTHMANN, Gerd Willi. A guerra fiscal dos Estados na (des)ordem tributária e econômica da Federação, p. 478.

[92] "Nem sempre é fácil, porém, demonstrar que determinada regra do Direito revogado pode ser acolhida pela orientação do novo sistema. É quando se multiplicam os recursos retóricos, no empenho de que se dê o convencimento desejado" (CARVALHO, Paulo de Barros. ICMS — Incentivos — Conflitos entre Estados — Interpretação, p. 107). No mesmo sentido é a percepção de Ricardo Lobo Torres, que leciona ser "problema de interpretação" saber se e quais normas infraconstitucionais anteriores a uma Constituição foram por esta recepcionadas (*Curso de direito financeiro e tributário*, p. 46).

10 ▣ Renúncia de Receita

> **Art. 34.** (...)
>
> § 8.º Se, no prazo de sessenta dias contados da promulgação da Constituição, não for editada a lei complementar necessária à instituição do imposto de que trata o art. 155, I, "b", os Estados e o Distrito Federal, mediante convênio celebrado **nos termos da Lei Complementar n. 24, de 7 de janeiro de 1975**, fixarão normas para regular provisoriamente a matéria (destaque nosso)[93].

O próprio Supremo Tribunal Federal (STF) já se manifestou expressamente no sentido de reconhecer a recepção da Lei Complementar n. 24/75 pela CF/88[94].

Assim, por todo o exposto, conclui-se que a CF/88, ao fazer remissão, no seu art. 150, § 6.º, ao art. 155, § 2.º, inciso XII, alínea *g*, manteve o requisito — já exigido no sistema constitucional anterior — de lei complementar para regular a forma como, mediante deliberação dos Estados e do Distrito Federal, isenções, incentivos e benefícios fiscais referentes ao ICMS serão concedidos ou revogados. Tais competências exonerativas, por sua vez, continuam subordinadas às regras fixadas pela Lei Complementar n. 24/75[95], somente podendo ser exercidas por cada unidade da Federação mediante prévia celebração de **convênio**[96].

---

[93] Ressalte-se que o dispositivo constitucional transcrito, diversamente do art. 155, § 2.º, inciso XII, alínea *g*, da CF, menciona expressamente a figura do *convênio*.

[94] ADI-MC 902/SP, Rel. Min. Marco Aurélio, Pleno, j. em 03.03.1994, *DJ* 22.04.1994, p. 8941; ADI-MC 1.179/SP, Rel. Min. Marco Aurélio, Pleno, j. em 29.02.1996, *DJ* 12.04.1996, p. 11071; ADI-MC 2.376/RJ, Rel. Min. Maurício Corrêa, Pleno, j. em 15.03.2001, *DJ* 04.05.2001, p. 3; ADI 1.179/SP, Rel. Min. Carlos Velloso, Pleno, j. em 13.11.2002, *DJ* 19.12.2002, p. 69; ADI 2.663/RS, Rel. Min. Luiz Fux, Pleno, j. em 08.03.2017, *DJe*-112 29.05.2017.

[95] Apesar de não terem como destinatários todos os entes políticos de direito constitucional interno (União, Estados, Distrito Federal e Municípios), as normas da Lei Complementar n. 24/75 apresentam-se como normas gerais por serem voltadas à *totalidade dos entes componentes de uma das esferas de governo* (no caso, todos os Estados — ressalvado o Estado do Amazonas, nos termos do art. 15 da referida lei). Sobre tal aproximação das normas gerais em matéria tributária: MOURA, Frederico Araújo Seabra de. *Funções primária e secundária das normas gerais em matéria tributária*, p. 506.

[96] Nesse sentido: STF, ADI 3.664/RJ, Rel. Min. Cezar Peluso, Pleno, j. em 01.06.2011, *DJe*-181 21.09.2011. O Superior Tribunal de Justiça entendia que os convênios interestaduais em matéria de ICMS, editados pelo CONFAZ nos termos da Lei Complementar n. 24/75, seriam equiparados a "lei federal" para fins de interposição de recurso especial fundado na alínea *a* do inciso III do art. 105 da CF: "Consoante orientação traçada pelo Excelso Pretório, os convênios interestaduais têm força de lei federal; destarte, sua infringência viabiliza a interposição de recurso especial" (REsp 60.658/SP, Rel. Min. Francisco Peçanha Martins, 2.ª Turma, j. em 04.03.1996, *DJ* 21.09.1998, p. 123). O STJ, contudo, alterou a orientação de sua jurisprudência, tendo passado a entender que tais convênios, via de regra, não se incluem no conceito de "lei federal", para fins de interposição de recurso especial, ressalvado o caso do Convênio ICM n. 66/88: "Em regra, convênios de ICMS não se equiparam a lei federal para efeito de cabimento do recurso especial em face da alegação de infringência aos seus dispositivos. Exceção que se faz ao Convênio ICMS n. 66/88, visto que sucedâneo da Lei Complementar prevista no art. 34, § 8.º, do ADCT" (AgRg nos EREsp 505.198/RS, Rel. Min. Francisco Falcão, 1.ª Seção, j. em 11.03.2009, *DJe* 06.04.2009). Tal exceção, segundo o STJ, decorreu da circunstância de o Convênio ICM n. 66/88 ter sua origem na autorização dada pelo art. 34, § 8.º, do Ato das Disposições Constitucionais Transitórias (ADCT) para que os Estados

Tais convênios são celebrados no âmbito de um órgão colegiado denominado **Conselho Nacional de Política Fazendária (CONFAZ)**, composto por representantes de todos os Estados e do Distrito Federal e cujas reuniões são presididas por representante do Governo Federal.

10.5.2. A FUNÇÃO DOS CONVÊNIOS INTERESTADUAIS NO CONTEXTO DO EXERCÍCIO DA COMPETÊNCIA EXONERATIVA EM MATÉRIA DE ICMS: AUTORIZATIVOS OU IMPOSITIVOS?

Como visto nos tópico precedente, a deliberação das unidades da Federação necessária à concessão de isenções, incentivos e benefícios fiscais relativos ao ICMS materializa-se em **convênios interestaduais**[97], celebrados nos termos da Lei Complementar n. 24/75, que foi recepcionada pelo Texto Constitucional em vigor.

Surge, todavia, a respeito dos citados convênios o seguinte questionamento: qual o papel desempenhado por eles no contexto do exercício da competência exonerativa em matéria de ICMS? Perguntando-se de outro modo: qual a função por eles exercida na sistemática de concessão de incentivos fiscais relativos ao mencionado imposto estadual?

Em resposta a tal indagação, há quem classifique os convênios em **impositivos** ou **autorizativos**, conforme obriguem ou não as unidades da Federação a adotar as medidas por eles aprovadas. Tal critério é adotado por Heleno Taveira Torres, que assim expõe seu pensar: "Os convênios tanto podem ser **vinculantes ou dispositivos**, obrigando (modal deôntico 'obrigatório') os Estados a concederem as isenções que tipificam; como podem ser **autorizativos**, hipótese em que teremos apenas a permissão (modal deôntico 'permitido') para que a isenção possa ser criada, podendo o Estado nunca autorizá-la ou, se a houver autorizado, que a revogue quando entender oportuno (...)" (destaque nosso)[98].

---

regulassem provisoriamente o ICMS, nos termos da Lei Complementar n. 24/75, até que o Congresso Nacional editasse a lei complementar desse imposto: "Esse Convênio, até a edição da LC n. 87/96, serviu como regra geral de caráter nacional para o ICMS, extraindo seu fundamento de validade diretamente do Texto Constitucional, o que não se observa relativamente aos demais convênios do CONFAZ" (REsp 1.137.441/MG, Rel. p/ Acórdão Min. Castro Meira, 1.ª Seção, j. em 09.06.2010, *DJe* 17.12.2010). No mesmo sentido: AgRg no REsp 1.009.684/PR, Rel. Min. Herman Benjamin, 2.ª Turma, j. em 07.10.2008, *DJe* 09.03.2009. Ressalte-se que o STJ também admitiu a interposição de Recurso Especial em relação ao Convênio ICM n. 4/89, por ter-lhe reconhecido a natureza de lei complementar: "O convênio ICM 04/89, que dispõe sobre o regime especial na área do ICMS, nas operações de serviços públicos de telecomunicações, conforme previsto no parágrafo 8.º do artigo 34 do ADCT, tem natureza de lei complementar e, como tal, pode viabilizar a interposição de recurso especial" (REsp 649.146/RS, Rel. Min. Francisco Falcão, 1.ª Turma, j. em 14.03.2006, *DJ* 17.04.2006, p. 170). No mesmo sentido: REsp 63.515/RS, Rel. Min. Cesar Asfor Rocha, 1.ª Turma, j. em 02.10.1995, *DJ* 13.11.1995, p. 38642.

[97] O art. 38 do Regimento Interno do Conselho Nacional de Política Fazendária (CONFAZ), aprovado pelo Convênio ICMS n. 133/97, permite que dois ou mais Estados e o Distrito Federal celebrem entre si *Protocolos*, os quais, todavia, "não se prestarão ao estabelecimento de normas que aumentem, reduzam ou revoguem benefícios fiscais", nos termos do parágrafo único do dispositivo anteriormente referido.

[98] Nesse sentido: TORRES, Heleno Taveira. Isenções no ICMS — limites formais e materiais. Aplicação da LC n. 24/75. Constitucionalidade dos chamados "convênios autorizativos", p. 92. O Re-

10 ◼ Renúncia de Receita   289

Nessa percepção, os convênios impositivos seriam identificados por se utilizarem das seguintes expressões: "É concedida isenção às operações (...)" ou "Ficam isentas as operações (...)"[99]. Já os autorizativos seriam aqueles que empregam a seguinte expressão: "Ficam os Estados e o Distrito Federal autorizados a conceder isenções nas operações (...)"[100].

Seguindo tal linha de pensamento, os convênios impositivos concederiam, **eles próprios**, os incentivos fiscais de ICMS, ao passo que os convênios autorizativos apenas atuariam como **condição prévia** para que cada unidade da Federação, por lei própria, concedesse os benefícios[101]. Por conseguinte, nesse diapasão, os incentivos previstos em convênios impositivos não dependeriam de posterior lei estadual, enquanto os incentivos previstos no autorizativos só seriam aplicáveis se fosse editada posteriormente a lei da unidade da Federação interessada em conceder o benefício.

Entendemos, todavia, que tal classificação não se sustenta diante do que dispõe o Texto Constitucional.

Com efeito, apesar de o art. 155, § 2.º, inciso XII, alínea *g*, da CF/88 dispor que as isenções, incentivos e benefícios fiscais do ICMS são concedidos e revogados "**mediante** deliberação dos Estados e do Distrito Federal" (destaque nosso), já foi exposto que tais exonerações, por se submeterem ao que se determina na primeira parte do § 6.º do art. 150 da CF/88, somente são efetivadas **por lei específica, estadual ou distrital**.

Assim, considerando que a competência exonerativa em matéria de ICMS deve observar, **cumulativamente**, ambas as disposições constitucionais citadas, conclui-se

---

gulamento do ICMS do Estado do Amazonas (aprovado pelo Decreto n. 20.686, de 28.12.1999) aceita tal distinção, consoante se infere da leitura dos §§ 1.º e 2.º do seu art. 6.º, assim redigidos: "Art. 6.º (...) § 1.º Os *convênios impositivos* celebrados pelo Estado do Amazonas terão vigência a partir da data da publicação de sua ratificação nacional e eficácia no prazo neles consignados. § 2.º Tratando-se de **convênios autorizativos** somente terão eficácia se incorporados expressamente através de Decreto do Poder Executivo" (destaque nosso).

[99] Seria o caso, por exemplo, do Convênio ICMS n. 3, de 10.03.2010, cuja Cláusula primeira possui a seguinte redação: "**Ficam isentas do ICMS** as prestações internas de serviço de transporte ferroviário de passageiros, em sistema de trens de alta velocidade (TAV), realizadas nos Estados do Rio de Janeiro e de São Paulo, bem como as prestações interestaduais desse serviço realizadas entre essas unidades federadas" (destaque nosso). Pode ser citado, ainda, o Convênio ICMS n. 33, de 26.03.2010, que dispõe em sua Cláusula primeira: "**Ficam isentas do ICMS** as saídas de pneus usados, mesmo que recuperados de abandono, que tenham como objetivo sua reciclagem, tratamento ou disposição final ambientalmente adequada" (destaque nosso).

[100] Seria o caso, por exemplo, do Convênio ICMS n. 8, de 01.04.2011, cuja Cláusula primeira assim dispõe: "**Ficam as unidades federadas autorizadas a conceder** redução de base de cálculo do ICMS às operações com os produtos listados no anexo único, destinados ao tratamento e controle de efluentes industriais e domésticos, mediante o emprego de tecnologia de aceleração da biodegradação, oriundos de empresas licenciadas pelos órgãos competentes estaduais" (destaque nosso).

[101] Se não fosse o veto presidencial ao art. 27 da Lei Complementar n. 87, de 13.09.1996, a mencionada classificação dos convênios sobre ICMS encontraria respaldo no § 4.º do citado dispositivo, que fazia menção aos "convênios de natureza autorizativa": "§ 4.º Os convênios de natureza autorizativa permitem a sua implementação, desistência e reimplementação, a qualquer tempo, independendo de novo convênio".

que o convênio não é, ele próprio, o instrumento concessivo do incentivo fiscal, mas apenas um requisito prévio necessário para que cada unidade de Federação possa, de forma legítima, editar lei específica exonerando do ICMS a operação a que se refira o convênio interestadual[102]. Assim, como bem salientava Geraldo Ataliba, "os sujeitos dos convênios são os Estados e não os destinatários das normas jurídicas isentivas"[103].

Analisando especificamente o tema da concessão de incentivos fiscais em matéria de ICM (atual ICMS), o Supremo Tribunal Federal já reconheceu não ser cabível a distinção entre convênios autorizativos e impositivos:

> **Ementa:** ICM. ISENÇÃO CONCEDIDA POR CONVÊNIO. REVOGAÇÃO PELO DECRETO ESTADUAL N. 1473/80. 1. A Lei Complementar n. 24/75 não admite a distinção entre convênios autorizativos e convênios impositivos. Assim, a revogação de isenção decorrente de convênio não pode fazer-se por meio de decreto estadual, mas tem de observar o disposto no parágrafo 2.º do artigo 2.º da referida lei complementar. 2. Recurso extraordinário conhecido e provido, declarada a inconstitucionalidade da expressão "bacalhau" constante do parágrafo 21 que o Decreto 14737, de 15 de fevereiro de 1980, do Estado de São Paulo acrescentou ao artigo 5.º do Regulamento do Imposto de Circulação de Mercadorias, aprovado pelo Decreto 5.410, de 30 de dezembro de 1974, do mesmo Estado (**RE 96.545/SP**, Rel. Min. Moreira Alves, Pleno, j. em 01.09.1982, *DJ* 04.03.1983, p. 1938).

Poder-se-ia alegar que o art. 7.º da Lei Complementar n. 24/75 admite a figura do convênio impositivo ao assim dispor: "Os convênios ratificados **obrigam todas as Unidades da Federação** inclusive as que, regularmente convocadas, não se tenham feito representar na reunião" (destaque nosso).

É certo que o dispositivo transcrito estabelece que os convênios interestaduais, uma vez ratificados, **obrigam** todos os Estados e o Distrito Federal. Todavia, tal disposição não deve ser entendida como uma imposição às unidades federativas a que concedam os benefícios mencionados no convênio, mas sim no sentido de que nenhum Estado pode determinar a exclusão de incentivo fiscal, prêmio ou estímulo concedido pela unidade da Federação que esteja, no caso, respaldada em prévio convênio.

É nesse sentido que deve ser compreendida a "obrigação" disposta no art. 7.º da Lei Complementar n. 24/75: o convênio regularmente aprovado impõe a todos os Estados-membros o respeito à implementação do benefício fiscal que, no limite do convênio previamente celebrado, cada um deles venha a promover em seu território. Nesse sentido, leciona Sérgio Pyrrho: "Não poderia mesmo ser de outra forma, porque o objetivo de atribuir a cada um dos Estados a mera faculdade (e não a obrigação) de conceder benefício fiscal, é, acima de tudo, um corolário da autonomia político-administrativa dos Estados em relação à União, autonomia essa consagrada pelo art. 18, *caput*, da

---

[102] Trazemos, a respeito, as precisas lições de Geraldo Ataliba, as quais, não obstante se referirem ao sistema constitucional anterior ao atual, são perfeitamente aplicáveis na vigência da CF/88: "(...) é pré-requisito da validade da lei isentiva de ICM a prévia existência de um convênio, mediante o qual os Estados (que concedem essa isenção) concordem antecipadamente em concedê-la" (Convênios interestaduais, p. 56).

[103] ATALIBA, Geraldo. Convênios interestaduais, p. 56.

10 ◻ Renúncia de Receita 291

Constituição da República, e que restaria malferida se o art. 7.º da LC n. 24/75 fosse interpretado em sentido diverso ao ora sustentado"[104].

Ademais, como reforço ao entendimento de que os convênios de ICMS são meramente autorizativos da concessão de incentivos fiscais, cabe destacar que a finalidade do art. 155, § 2.º, inciso XII, alínea *g*, da CF/88 foi a de evitar a chamada "guerra fiscal", e esta somente ocorre quando os Estados concedem benefícios unilateralmente, mas não quando deixam de concedê-los. Com efeito, e como bem observa Robson Maia Lins, a "guerra fiscal" que os convênios visam combater configura-se na concessão do benefício fiscal sem anuência dos demais, e não na hipótese de não concessão do benefício: "Esta, longe de gerar benefícios fiscais, agrava a situação dos contribuintes, o que não resta vedado pela norma inserta no art. 155, § 2.º, XII, 'g' da Constituição Federal"[105].

O Superior Tribunal de Justiça já decidiu que todo convênio, em matéria de incentivos de ICMS, é meramente autorizativo:

> **Ementa:** RECURSO ORDINÁRIO EM MANDADO DE SEGURANÇA. DIREITO CONSTITUCIONAL E TRIBUTÁRIO. ISENÇÃO DE ICMS PREVISTA EM CONVÊNIO DO CONFAZ. NÃO CONCESSÃO POR ESTADO-MEMBRO. POSSIBILIDADE. NATUREZA AUTORIZATIVA DO CONVÊNIO. AUSÊNCIA DE DIREITO LÍQUIDO E CERTO À FRUIÇÃO DO BENEFÍCIO. EXIGIBILIDADE DO TRIBUTO. RECURSO DESPROVIDO.
>
> 1. Para a concessão da isenção de ICMS, é imprescindível que exista um convênio celebrado entre os Estados e o Distrito Federal no qual todos os entes representados concordem com a instituição do benefício e se obriguem a respeitar o que foi acordado. Trata-se de medida imposta com o objetivo de combater a chamada "guerra fiscal" entre as Unidades da federação, isto é, procura-se coibir práticas de desoneração tributária efetivadas com vistas a atrair contribuintes para determinado Estado (ou para o Distrito Federal), prejudicando os demais.
>
> 2. Ao contrário do que defende a ora recorrente, a Lei Complementar 24/75 não determina que todos os entes serão obrigados a conceder o benefício previsto em convênio. A obrigatoriedade a que se refere o art. 7.º é relativa à necessidade de os Estados-membros respeitarem as isenções concedidas com base em convênio realizado, suportando eventuais ônus daí decorrentes.

---

[104] PYRRHO, Sérgio. *Soberania, ICMS e isenções*: os convênios e os tratados internacionais, p. 40. Esta é, aliás, a única interpretação do art. 7.º da Lei Complementar n. 24/75 que torna possível conciliá-lo com a disposição do art. 3.º da mesma lei, segundo o qual os convênios podem dispor que a aplicação de qualquer de suas cláusulas seja limitada a uma ou a algumas unidades da Federação. Assim, ainda que determinado convênio interestadual autorize apenas uma ou algumas unidades da Federação a conceder determinado incentivo fiscal em matéria de ICMS (art. 3.º, Lei Complementar n. 24/75), todos os demais Estados estarão proibidos de negar validade àquele incentivo que tenha sido concedido com respaldo no convênio em questão (art. 7.º, Lei Complementar n. 24/75).

[105] LINS, Robson Maia. A revogação de isenção de ICMS e a desnecessidade de Convênio/Confaz, p. 86. No mesmo sentido: TORRES, Heleno Taveira. Isenções no ICMS — limites formais e materiais. Aplicação da LC n. 24/75. Constitucionalidade dos chamados "convênios autorizativos", p. 91-92.

292 Direito Financeiro e Econômico Esquematizado Carlos Alberto de Moraes Ramos Filho

3. O convênio celebrado pelo Conselho Nacional de Política Fazendária — CONFAZ é um **pressuposto para a concessão da isenção do ICMS**. Por si só, não cria direito ao contribuinte. Trata-se de uma **autorização para a implementação do benefício fiscal pelos Estados e o Distrito Federal, e não de uma imposição**.

(...)

6. No caso concreto, embora prevista em convênio, a isenção de ICMS sobre as operações de remessa de baterias automotivas usadas não foi concedida pelo Estado de Rondônia, de modo que não há direito líquido e certo da impetrante em usufruir do benefício. Assim, não prospera a alegação de ilegalidade do auto de infração lavrado em face do não recolhimento do tributo.

7. Recurso ordinário desprovido (**RMS 26.328/RO**, Rel. Min. Denise Arruda, 1.ª Turma, j. em 18.09.2008, *DJe* 01.10.2008) (destaque nosso)[106].

Portanto, não é o convênio interestadual que concede o incentivo fiscal referente ao ICMS, mas sim as leis específicas que os Estados e o Distrito Federal, devidamente autorizados pelo citado convênio, posteriormente promulgarem[107]. Tal entendimento foi adotado pelo Supremo Tribunal Federal, conforme os seguintes julgados:

Ementa: Agravo regimental no recurso extraordinário. ICMS. Benefício fiscal. Ausência de lei específica internalizando o convênio firmado pelo Confaz. Jurisprudência desta Corte reconhecendo a imprescindibilidade de lei em sentido formal para dispor sobre a matéria. 1. (...). 2. Os convênios são autorizações para que o Estado possa implementar um benefício fiscal. Efetivar o beneplácito no ordenamento interno é mera faculdade, e não obrigação. A participação do Poder Legislativo legitima e confirma a intenção do Estado, além de manter hígido o postulado da separação de poderes concebido pelo constituinte originário. 3. Agravo regimental não provido (**RE-AgR 630.705/MT**, Rel. Min. Dias Toffoli, 1.ª Turma, j. em 11.12.2012, *DJe*-028 13.02.2013).

---

[106] No mesmo sentido, entendendo que os convênios de ICMS têm natureza meramente autorizativa e, por conseguinte, que os Estados e o Distrito Federal têm liberdade para conceder ou não a isenção do ICMS relativamente às situações neles prevista: STJ, REsp 709.216/MG, Rel. Min. Franciulli Netto, 2.ª Turma, j. em 22.02.2005, *DJ* 09.05.2005, p. 379; AgRg no Ag 1.238.918/MG, Rel. Min. Benedito Gonçalves, 1.ª Turma, j. em 05.08.2010, *DJe* 16.08.2010.

[107] No sistema constitucional anterior, tal sistemática já era a exigida, pois a Constituição de 1967 (com a redação dada pela Emenda Constitucional n. 1/69) dispunha que as isenções do ICMS deveriam ser concedidas ou revogadas "**nos termos** fixados em convênios" (art. 23, § 6.º). Nesse sentido era o entendimento de Geraldo Ataliba, que, analisando o dispositivo citado, asseverava: "As isenções de ICM só podem ser concedidas (**pela lei**, é óbvio) 'nos termos fixados em convênios'" (destaque nosso) (Eficácia dos convênios para isenção do ICM, p. 99). Noutra passagem enfatizava: "Antes se realiza o convênio; depois se concede, 'nos seus termos', a isenção" (Eficácia dos convênios para isenção do ICM, p. 108). E concluía: "Assim, os **termos** da lei de isenção serão aqueles antes previstos em convênio" (destaque no original) (Eficácia dos convênios para isenção do ICM, p. 99). O autor citado, contudo, sustentava que a "lei" em questão corresponderia, na verdade, ao **decreto legislativo**, expedido pelas Assembleias Legislativas, o qual seria "lei que não requer sanção", segundo Pontes de Miranda, por ele citado (ATALIBA, Geraldo. Convênios interestaduais, p. 54).

10 ▫ Renúncia de Receita

Ementa: (...) 1. A jurisprudência do Supremo Tribunal Federal consolidou-se no sentido de que a concessão de benefícios fiscais relativos ao Imposto sobre Circulação de Mercadorias e Serviços pressupõe não somente **a autorização por meio de convênio** celebrado entre os Estados e o Distrito Federal, nos termos da Lei Complementar n. 24/1975, mas **também da edição de lei em sentido formal de cada um daqueles entes.** 2. Agravo regimental a que se nega provimento (**RE-AgR 579.630/RN**, Rel. Min. Roberto Barroso, 1.ª Turma, j. em 02.08.2016, *DJe*-207 28.09.2016) (destaques nossos)[108].

Em síntese: o convênio em matéria de incentivos de ICMS é **meramente autorizativo**[109]; não é ele, pois, o instrumento concessivo do incentivo fiscal[110], mas apenas um **pressuposto**, isto é, uma **condição** para que cada unidade da Federação possa, de forma legítima, editar lei específica (art. 150, § 6.º, CF/88), exonerando do ICMS a operação a que se refira o convênio interestadual previamente celebrado[111]. Será a norma editada pelos Estados que, segundo juízo de conveniência e oportunidade, estabelecerão a instituição do favor fiscal, nos termos em que tenham sido autorizados pelo convênio[112].

---

[108] No mesmo sentido: ADI-MC 1.247/PA, Rel. Min. Celso de Mello, Pleno, j. em 17.08.1995, *DJ* 08.09.1995, p. 28354; RE 635688/RS, Rel. Min. Gilmar Mendes, Pleno, j. em 16.10.2014, *DJe*-030 13.02.2015; ADI 5.929/DF, Rel. Min. Edson Fachin, Pleno, j. em 14.02.2020, *DJe*-047 06.03.2020. Neste último julgado, o STF deixou assentado que a exigência de lei específica para veiculação de quaisquer desonerações tributárias evidencia observância não apenas ao princípio da legalidade tributária, "mas também à transparência fiscal que, por sua vez, é pressuposto para o exercício de controle fiscal-orçamentário dos incentivos fiscais de ICMS".

[109] Ressalte-se que, se alguma classificação há para os convênios em matéria de incentivos de ICMS é a que os divide em (i) convênios autorizativos de concessão de incentivos e (ii) convênios que revogam os autorizativos.

[110] No julgado adiante referido, o STF parece ter decidido em sentido contrário ao exposto, pois em sua ementa está escrito que "a norma do art. 155, par. 2., XIII, *g*, da Constituição Federal, a qual, ao reservar a lei complementar a regulamentação da forma como, mediante deliberação dos Estados e do Distrito Federal, isenções, incentivos e benefícios fiscais serão concedidos e revogados, na verdade, consagrou *o convênio*, celebrado pelos Estados e pelo Distrito Federal, previsto na lei complementar em causa, *como o único meio pelo qual poderão ser instituídas a não incidência, a incidência parcial e a isenção do ICMS*" (ADI 84/MG, Rel. Min. Ilmar Galvão, Pleno, j. em 15.02.1996, *DJ* 19.04.1996, p. 12210).

[111] Nesse sentido é o entendimento de Daniela Ribeiro de Gusmão, que enxerga os convênios de ICMS como "condição fundamental para a concessão legal de incentivos fiscais" (*Incentivos fiscais, princípios da igualdade e da legalidade e efeitos no âmbito do ICMS*, p. 55). No mesmo sentido é a lição de Gerd Willi Rothmann, que assevera: "Somente após a ratificação do respectivo convênio, os Estados interessados poderão conceder o incentivo fiscal, por lei ordinária estadual" (A guerra fiscal dos Estados na (des)ordem tributária e econômica da Federação, p. 479). No mesmo sentido: SILVA, Ivan Luiz da. Da inconstitucionalidade dos decretos concessivos de incentivos fiscais em ICMS, p. 231. Errônea é, por conseguinte, a disposição constante do art. 5.º do Regulamento do ICMS do Estado do Amazonas (aprovado pelo Decreto n. 20.686, de 28.12.1999), assim redigido: "Art. 5.º São isentas do imposto as prestações de serviços e saídas de mercadorias, estabelecidas em convênio celebrado com outras unidades da Federação". Tal redação enseja a equivocada interpretação de que, uma vez celebrado o convênio interestadual, estariam automaticamente isentas do ICMS as situações nele previstas.

[112] Enquanto a competência dos Estados e do Distrito Federal para conceder incentivos fiscais de ICMS é **condicionada**, porquanto dependente de autorização, mediante convênio, do Conselho

10.6. A RENÚNCIA DE RECEITA SEGUNDO A LRF

A proposição legislativa que crie ou altere renúncia de receita deverá ser acompanhada da **estimativa do seu impacto orçamentário e financeiro** (art. 113, ADCT, incluído pela Emenda Constitucional n. 95/2016)[113].

Além da referida exigência, de ordem constitucional, o exercício da competência exonerativa em matéria tributária deve atender às disposições da Lei de Responsabilidade Fiscal (Lei Complementar n. 101/2000), que, ao disciplinar o tema da "renúncia de receita" em seu art. 14, exigiu[114] que:

■ esteja acompanhada de estimativa do impacto orçamentário-financeiro no exercício em que deva iniciar sua vigência e nos dois seguintes;

■ atenda ao disposto na Lei de Diretrizes Orçamentárias (LDO) e a **pelo menos uma** das seguintes condições:

a) demonstração pelo proponente de que a renúncia foi **considerada na estimativa de receita** da Lei Orçamentária Anual (LOA) e que **não afetará as metas de resultados fiscais** previstas no anexo próprio da LDO; **OU**

b) demonstração pelo proponente de que essa renúncia de receita será **compensada** por aumento de receita proveniente de elevação de alíquotas, ampliação da base de cálculo, aumento ou criação de tributo ou contribuição, caso em que o ato que implique renúncia só entra em vigor quando estiver assegurada a compensação pelo aumento de receita (art. 14, § 2.º).

> **Observação:** As proposições legislativas e os atos do Poder Executivo com propósito exclusivo de enfrentar **calamidade pública de âmbito nacional**, e suas consequências sociais e econômicas, com vigência e efeitos restritos à sua duração, desde que não impliquem despesa obrigatória de caráter continuado, ficam **dispensados** da observância das limitações legais quanto à concessão ou à ampliação de incentivo ou benefício de natureza tributária da qual decorra renúncia de receita (art. 167-D, CF, incluído pela EC n. 109/2021).

O objetivo principal da regra do art. 14 da LRF, consoante voto do Ministro Gilmar Mendes na ADI 3.796/PR, é afirmar a necessidade de **planejamento** nas contas públicas e conferir **transparência** ao processo legislativo relativo à concessão de benefícios fiscais:

(...)

Nacional de Política Fazendária (CONFAZ), a competência deste é **incondicionada**, pois "pode ser exercida a qualquer tempo, segundo juízo de conveniência e oportunidade feito pelos integrantes do órgão" (GAMA, Tácio Lacerda. Atributos da competência tributária, p. 770).

[113] Tal requisito, por expressar medida indispensável para o equilíbrio da atividade financeira do Estado, estende-se a todos os entes federativos (ADI 5.816/RO, Rel. Min. Alexandre de Moraes, Pleno, j. em 05.11.2019, *DJe*-257 26.11.2019).

[114] Tais exigências, consoante o § 3.º do art. 14 da LRF, não se aplicam (i) às alterações das alíquotas dos impostos previstos nos incisos I, II, IV e V do art. 153 da CF/88, na forma do § 1.º do citado artigo constitucional, nem (ii) ao cancelamento de débito cujo montante seja inferior ao dos respectivos custos de cobrança.

10 ◾ Renúncia de Receita 295

A disposição impõe que o debate legislativo concernente à concessão de incentivos fiscais leve a sério os custos orçamentários envolvidos nos programas de incentivo, isto é, o efeito de renúncia de receita tributária que ensejam para a arrecadação tributária. Trata-se, ao fim e ao cabo, de combater a prática legislativa recorrente no Brasil de relegar a segundo plano o debate quanto aos custos — isto é, os impactos orçamentários — dos programas de incentivo fiscal instituídos e considerar apenas os objetivos visados pelas leis concessivas.

(...)[115]

Há quem sustente a inconstitucionalidade do art. 14 da LRF em razão de uma suposta afronta ao § 6.º do art. 150 da CF/88, que, consoante anteriormente exposto, condiciona a validade da concessão de benefícios fiscais à edição de lei específica pelo ente competente para tais exonerações[116].

Todavia, uma leitura atenta das disposições nele contidas evidencia que o art. 14 da LRF não padece de vício de inconstitucionalidade, porquanto não viola o mencionado artigo da Constituição Federal[117].

Com efeito, a LC n. 101/2000 não proibiu a renúncia de receita nem dispensou a lei como único instrumento hábil à concessão ou ampliação de incentivos ou benefícios fiscais — por ela batizados genericamente de "renúncia de receita" —, mas apenas consagrou novas exigências para tanto[118].

Esses novos requisitos para a concessão de incentivos que importem em renúncia de receita, aliás, devem ser observados **anteriormente** àquele mencionado pela Constituição. Dito de outro modo, **antes da elaboração da lei específica** a que alude o § 6.º do art. 150 da CF/88, deverá ser verificado pelo proponente o atendimento às condições do *caput* e dos incisos I e II do art. 14 da LRF, sem o que restará prejudicada a edição daquela.

---

[115] ADI 3.796/PR, Rel. Min. Gilmar Mendes, Pleno, j. em 08.03.2017, *DJe*-168 01.08.2017.

[116] Roque Antonio Carrazza conclui pela inconstitucionalidade material do art. 14 da LRF, mas "por vulneração do *princípio federativo*" (destaques no original), por entendê-lo atentatório à autonomia dos Estados, dos Municípios e do Distrito Federal, os quais, em seu entender, devem observar apenas "as diretrizes e restrições contidas na própria Carta Magna" (*Curso de direito constitucional tributário*, p. 766-768).

[117] O STF declarou a **constitucionalidade** do inciso II do art. 14 da LRF: "O art. 14 da LRF se destina a organizar estratégia, dentro do processo legislativo, de tal modo que os impactos fiscais de projetos de concessão de benefícios tributários sejam melhor quantificados, avaliados e assimilados em termos orçamentários. A democratização do processo de criação de gastos tributários pelo incremento da transparência constitui forma de reforço do papel de Estados e Municípios e da cidadania fiscal" (ADI 2.238/DF, Rel. Min. Alexandre de Moraes, Pleno, j. em 24.06.2020, *DJe*-228 15.09.2020).

[118] Nesse sentido: LINO, Pedro. *Comentários à Lei de Responsabilidade Fiscal*: lei complementar n. 101/2000, p. 63; RIVERA, Reinaldo Chaves. Tributos e renúncia fiscal — Lei Complementar 101 — a lei da gestão fiscal responsável, p. 115. Em sentido contrário é a lição de Betina Treiger Grupenmacher, que entende ser inoperante o art. 14 da LRF, "pois ao invadir as competências legislativas e administrativas dos Estados e Municípios encerra comando inconstitucional" (Lei de Responsabilidade Fiscal, competência tributária, arrecadação e renúncia, p. 23).

Resta, pois, evidenciada a constitucionalidade do art. 14 da LRF se contrastado com o art. 150, § 6.º, da Carta Maior.

Ressalte-se que a concessão dolosa de benefícios fiscais sem respaldo na LRF não caracteriza delito (no conceito de crime)[119], e sim ato de improbidade administrativa expressamente previsto no art. 10, inciso VII, da Lei n. 8.429, de 02.06.1992[120].

A rigor, como bem observa Marcelo Figueiredo, "não é o agente público, como é curial, que concede benefícios a particulares ou terceiros. É a lei que autoriza a concessão desse ou daquele 'benefício'. Novamente a lei utiliza da linguagem leiga e popular. Ao que parece, procura reforçar a ideia de que somente a lei pode estabelecer condições mais favoráveis a certos fatos e situações, em detrimento de sua generalidade, em prol do desenvolvimento de certo setor econômico ou social". E conclui o citado autor: "O ponto importante, segundo cremos, é ressaltar que a autoridade administrativa — ou agente público, para utilizarmos da expressão legal — deve unicamente verificar se os *requisitos* para concessão desse ou daquele 'benefício' *legal* estão presentes"[121].

Assim, por considerarmos correta a análise desenvolvida pelo autor referido, conclui-se que somente constituirá ato de improbidade administrativa a irregular e dolosa concessão de incentivo fiscal **em caráter não geral**, assim entendido aquele efetivado, em cada caso, por despacho da autoridade administrativa, em requerimento com o qual o interessado faça prova do preenchimento das condições e do cumprimento dos requisitos previsto em lei para sua concessão[122].

10.7. PREVISÃO DA RECEITA TRIBUTÁRIA E DA RENÚNCIA FISCAL NA LDO E NA LOA

Vimos que o atendimento das condições do *caput* e dos incisos I e II do art. 14 da LRF para a concessão de incentivos que importem em renúncia de receita deve ser verificado pelo proponente **anteriormente** à elaboração da lei específica (ou convênio, no

---

[119] No texto da Lei de Crimes de Responsabilidade Fiscal (Lei n. 10.028, de 19 de outubro de 2000) não há sanções penais para quem conceda ou receba benefícios fiscais com inobservância da LRF.

[120] Lei n. 8.429/92, art. 10: "Constitui ato de improbidade administrativa que causa lesão ao erário qualquer ação ou omissão dolosa, que enseje, efetiva e comprovadamente, perda patrimonial, desvio, apropriação, malbaratamento ou dilapidação dos bens ou haveres das entidades referidas no art. 1.º desta Lei, e notadamente: (...) VII — conceder benefício administrativo ou fiscal sem a observância das formalidades legais ou regulamentares aplicáveis à espécie" (*Caput* com redação dada pela Lei n. 14.230/2021).

[121] FIGUEIREDO, Marcelo. *Probidade administrativa:* comentários à Lei 8.429/92 e legislação complementar, p. 89.

[122] Ressalte-se que, relativamente às **isenções**, a leitura deixa claro que o art. 14 da LRF somente se aplica àquelas concedidas "em caráter não geral". Diversa, contudo, é a situação da concessão de **anistia**, que, pelo silêncio do dispositivo referido, deverá atender, em qualquer caso, o disposto no art. 14 da LRF, ainda quando for a anistia concedida em caráter geral (art. 181, inciso I, CTN). Nesta hipótese, todavia, havendo irregularidade, não há como se caracterizar a prática de ato de improbidade administrativa, pois, como exposto, não terá sido o agente público que concedeu o benefício, mas a **lei**.

10 ▣ Renúncia de Receita 297

caso do ICMS) a que alude o § 6.º do art. 150 da CF, sem o que restará prejudicada a edição da lei concessiva[123].

Com efeito, a lei (ou o convênio) concessiva de incentivo fiscal somente terá validade se demonstrado pelo proponente que a renúncia atende ao disposto na Lei de Diretrizes Orçamentárias (LDO) (art. 14, *caput*).

No que tange à previsão da receita tributária e da renúncia fiscal, a Constituição deixa implícita a necessidade de tais conteúdos integrarem a LDO ao estatuir que a referida Lei "disporá sobre as alterações na legislação tributária".

É evidente que a LDO não se presta à previsão do montante da receita que se pretenda arrecadar em cada exercício, porquanto essa função foi constitucionalmente reservada à Lei Orçamentária Anual (LOA) (art. 165, § 8.º, CF). Seu papel será, tão somente, o de dispor de forma genérica sobre os tributos que se pretenda criar ou majorar e sobre os incentivos que se pretenda conceder, sem, no entanto, entrar em detalhes quanto aos valores que serão arrecadados ou dispensados.

Com o advento da LRF, ficou evidenciada a necessidade de a LDO dispor sobre a renúncia de receita, tendo em vista a redação do art. 14, *caput*. Ademais, o inciso I do mesmo artigo exige (como alternativa do inciso II), para a concessão do benefício, a demonstração pelo proponente de que a renúncia não afetará as metas de resultados fiscais previstas "**no anexo próprio** da lei de diretrizes orçamentárias" (destaque nosso). O anexo referido no dispositivo citado é o **"Anexo de Metas Fiscais"**, consoante se depreende da leitura do inciso V do § 2.º do art. 4.º da LRF[124].

Quanto à LOA, é evidente que deverá compreender a previsão da receita que se pretenda arrecadar em cada exercício financeiro, pois esta — ao lado da fixação das despesas — é uma de suas principais — e exclusivas — funções, consoante dispõe o § 8.º do art. 165 da Lei Maior, *in verbis*: "A lei orçamentária anual não conterá dispositivo estranho à previsão da receita e à fixação da despesa, não se incluindo na proibição a autorização para abertura de créditos suplementares e contratação de operações de crédito, ainda que por antecipação de receita, nos termos da lei".

No que tange à "renúncia fiscal", a necessidade de sua previsão na LOA decorre da própria Constituição Federal, que, no § 6.º de seu art. 165, assim dispõe: "O projeto de lei orçamentária será acompanhado de demonstrativo regionalizado do efeito, sobre as receitas e despesas, decorrente de isenções, anistias, remissões, subsídios e benefícios de natureza financeira, tributária e creditícia".

Restou evidenciada, com o advento da LRF, a necessidade de a LOA dispor sobre a renúncia de receita, tendo em vista o inciso I do art. 14 da LRF exigir (como alternativa do inciso II), para a concessão de benefício ou incentivo, "a demonstração pelo proponente de que a renúncia **foi considerada na estimativa de receita da lei orçamentária**, na forma do art. 12" (destaque nosso).

---

[123] Ver item 4.1 deste Capítulo.

[124] LRF, art. 4.º, § 2.º: "O Anexo conterá, ainda: (...) V — demonstrativo da estimativa e compensação da renúncia de receita e da margem de expansão das despesas obrigatórias de caráter continuado".

A Constituição Federal, no art. 70, com o objetivo de promover o equilíbrio financeiro, estabelece que as renúncias de receitas serão objeto de controle interno e externo, tendo em vista que produzem os mesmos resultados econômicos da despesa pública[125].

10.8. REDUÇÃO DE BENEFÍCIOS TRIBUTÁRIOS

A Emenda Constitucional n. 109, de 15.03.2021, em seu art. 4.º, impôs ao Presidente da República o dever de encaminhar ao Congresso Nacional, em até 6 (seis) meses após a sua promulgação, **plano de redução gradual de incentivos e benefícios federais de natureza tributária**[126], acompanhado das correspondentes proposições legislativas e das estimativas dos respectivos impactos orçamentários e financeiros.

As proposições legislativas referidas devem propiciar, em conjunto, redução do montante total dos benefícios fiscais federais (art. 4.º, § 1.º, EC n. 109/2021):

■ para o exercício em que forem encaminhadas, de pelo menos 10% (dez por cento), em termos anualizados, em relação aos benefícios vigentes por ocasião da promulgação da EC n. 109/2021;

■ de modo que esse montante, no prazo de até 8 (oito) anos, não ultrapasse 2% (dois por cento) do produto interno bruto (PIB).

As disposições citadas não se aplicam aos benefícios (art. 4.º, § 1.º, EC n. 109/2021):

■ estabelecidos para as microempresas e empresas de pequeno porte, com fundamento no art. 146, inciso III, alínea *d*, e parágrafo único, da CF;

■ concedidos a entidades sem fins lucrativos com fundamento no art. 150, inciso VI, alínea *c*, e no art. 195, § 7.º, da CF;

■ concedidos aos programas de financiamento ao setor produtivo das Regiões Norte, Nordeste e Centro-Oeste, de que trata o art. 159, inciso I, alínea *c*, da CF;

■ relativos à Zona Franca de Manaus (arts. 40, 92 e 92-A, ADCT), às áreas de livre comércio (ALC) e zonas francas e à política industrial para o setor de tecnologias da informação e comunicação e para o setor de semicondutores, na forma da lei;

■ relacionados aos produtos que compõem a cesta básica; e

■ concedidos aos programas estabelecidos em lei destinados à concessão de bolsas de estudo integrais e parciais para estudantes de cursos superiores em instituições privadas de ensino superior, com ou sem fins lucrativos.

Nos termos do § 4.º do art. 4.º da EC n. 109/2021, **lei complementar** tratará de:

■ critérios objetivos, metas de desempenho e procedimentos para a concessão e a alteração de benefício de natureza tributária, financeira ou creditícia para pessoas jurídicas do qual decorra diminuição de receita ou aumento de despesa;

---

[125] TORRES, Ricardo Lobo. *Curso de direito financeiro e tributário*, p. 165.

[126] Para efeitos do referido plano — que foi considerado "**emergencial**" pelo art. 4.º, § 4.º, inciso III, da EC n. 109/2021 —, considera-se incentivo ou benefício de natureza tributária aquele assim definido na mais recente publicação do demonstrativo a que se refere o § 6.º do art. 165 da CF (art. 4.º, § 3.º, EC n. 109/2021).

■ regras para a avaliação periódica obrigatória dos impactos econômico-sociais dos benefícios mencionados no item anterior, com divulgação irrestrita dos respectivos resultados;

■ redução gradual de incentivos fiscais federais de natureza tributária, sem prejuízo do plano emergencial de que trata o *caput* do art. 4.º da EC n. 109/2021.

10.9. QUESTÕES

QUESTÕES DE CONCURSOS
> http://uqr.to/1y4bh

11

REPARTIÇÃO DAS RECEITAS TRIBUTÁRIAS

11.1. A DISCRIMINAÇÃO DE RENDAS TRIBUTÁRIAS

Os entes políticos, detentores de competência administrativa e legislativa, necessitam de recursos financeiros para dar cumprimento aos deveres que a Carta Magna lhes impõe. Essa atribuição da renda própria a cada unidade federada assegura a **autonomia** dos entes federados no desempenho das obrigações decorrentes do pleno exercício de suas atribuições.

De fato, de nada adiantaria um Estado ou Município possuir autonomia política e administrativa sem a preservação da sua **autonomia financeira**, a qual é garantida pela Constituição de acordo com a **discriminação de rendas** estabelecida.

A discriminação constitucional das rendas tributárias é uma expressão genérica que compreende:

☐ a **atribuição de competência tributária** (também denominada partilha do poder tributário); e

☐ a **repartição de receitas tributárias**[1].

Pela **atribuição de competência**, dividem-se, entre a União, os Estados, o Distrito federal e os Municípios, parcelas do próprio poder de instituir e cobrar tributos. As normas da Constituição que tratam das competências tributárias autorizam os Legislativos das referidas entidades a criarem, *in abstracto*, tributos, bem como a estabelecerem o modo de lançá-los e arrecadá-los, impondo a observância de vários postulados que garantem os direitos dos contribuintes[2]. A CF atribui competência para instituir impostos

---

[1] MACHADO, Hugo de Brito. *Curso de direito tributário*, p. 38. Nesse sentido é a lição de Diogo de Figueiredo Moreira Neto, que divide a discriminação de rendas em **originária** (que se funda no poder impositivo de tributos) e **derivada** (que se baseia no direito à percepção dos produtos) (Repartição das receitas tributárias, p. 346-347). Luiz Emygdio da Rosa Júnior parece restringir a noção de "discriminação de rendas" à técnica da "discriminação por fonte" (atribuição de competência), consoante a seguinte definição, por ele fornecida: "Pode-se conceituar a discriminação de rendas como sendo a distribuição entre as entidades-membros da federação da competência tributária ou impositiva, consistindo, pois, em verdadeira partilha tributária" (*Manual de direito financeiro e direito tributário*, p. 243). Esse autor, contudo, acaba reconhecendo a "discriminação por produto" (repartição de receitas tributárias) como um dos critérios para que se proceda à discriminação de rendas tributárias (*Manual de direito financeiro e direito tributário*, p. 244 e 260).

[2] CARRAZZA, Roque Antonio. *Curso de direito constitucional tributário*, p. 328.

à União (arts. 153 e 154), aos Estados (art. 155), ao Distrito Federal (art. 155, c/c art. 147, 2.ª parte) e aos Municípios (art. 156). Todas as esferas de governo (União, Estados, Distrito Federal e Municípios) têm competência comum para instituir taxas e contribuições de melhoria (art. 145, incisos II e III, CF). Cabem, ainda, à União, os empréstimos compulsórios (art. 148, CF) e as contribuições especiais (art. 149, *caput*, CF).

> **Observação:** Apesar de a competência para instituir contribuições especiais pertencer, em regra, à União (art. 149, *caput*, CF), o próprio Texto Constitucional permite que os demais entes instituam contribuição, cobrada de seus servidores, para o custeio, em benefício destes, de sistema de previdência social (art. 149, § 1.º). O art. 149-A da CF, por sua vez, confere competência aos Municípios e ao Distrito Federal para instituir contribuição para o custeio, a expansão e a melhoria do serviço de iluminação pública e de sistemas de monitoramento para segurança e preservação de logradouros públicos.

A técnica de atribuição de competência tributária[3], apesar da virtude de descentralizar o **poder político**, tem o inconveniente de não se prestar como instrumento para a minimização das desigualdades econômicas entre os Estados e entre os Municípios, pois, como leciona Hugo de Brito Machado, "ao Estado pobre, em cujo território não é produzida, nem circula, riqueza significativa, de nada valeriam todos os tributos do sistema"[4]. Por essa razão é que se faz necessário também o sistema da repartição das receitas tributárias.

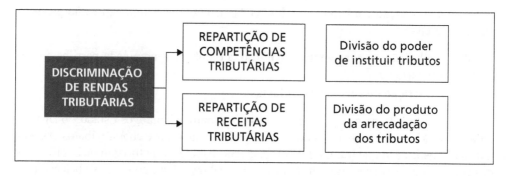

Não analisaremos, neste livro, o fenômeno da atribuição de competências tributárias, por escapar ao campo de especulação do Direito Financeiro, interessando antes ao Direito Tributário[5].

---

[3] Tal mecanismo de discriminação de rendas tributárias é denominado por José Maurício Conti de "repartição das fontes de receita" (*Federalismo fiscal e fundos de participação*, p. 36).

[4] MACHADO, Hugo de Brito. *Curso de direito tributário*, p. 38.

[5] Na terminologia adotada por Eduardo Bottallo, a competência em matéria tributária, sob o ponto de vista técnico, possui duas espécies: a **impositiva**, que "assegura à pessoa de direito público o *direito de instituir* e arrecadar tributos, fiscalizar os contribuintes e utilizar os respectivos resultados"; e a **participativa**, que "assegura à pessoa de direito público o *direito de participar* do produto da arrecadação de tributos instituídos e cobrados por outra" (destaque no original) (*Lições de direito público*, p. 57). O estudo da primeira, consoante leciona o referido autor, é afeto ao Direito Tributário, ao passo que o da segunda, ao Direito Financeiro (*Lições de direito público*, p. 58).

11 ◼ Repartição das Receitas Tributárias 303

Desenvolveremos, nesta obra, apenas o tema da repartição das receitas tributárias, o qual constitui matéria de Direito Financeiro[6] — pois são **relações intergovernamentais**, que de modo algum dizem respeito aos contribuintes[7] —, o qual, contudo, tem sido igualmente tratado pelos tributaristas.

> **Observação:** A insistência dos tributaristas em estudar a repartição das receitas tributárias (participações das pessoas políticas no produto da arrecadação das outras) — matéria sabidamente financeira — talvez decorra da equivocada inclusão do tema no capítulo da Constituição reservado ao Sistema Tributário. Melhor seria se estivesse encartado no Capítulo II do Título VI, que cuida das Finanças Públicas[8]. Ressalte-se que o Código Tributário Nacional (Lei n. 5.172, de 25.10.1966) também cuida da matéria em questão nos arts. 83 a 95, o que pode constituir um dos motivos que levam os tributaristas a insistir em estudar o referido tema.

11.2. REPARTIÇÃO DE RECEITAS: DEFINIÇÃO

Pela **repartição de receitas**, o que se divide entre as entidades federadas não é o poder de instituir e cobrar tributos, mas o **produto da arrecadação** do tributo por uma delas instituído e cobrado[9].

Normalmente, as pessoas políticas que arrecadam tributos ficam com o produto dessa atividade, com o que obtêm os meios econômicos necessários ao cumprimento das tarefas a elas atribuídas em nível constitucional ou infraconstitucional.

Ocorre, porém, que a Constituição, em certos casos, confere a uma ou mais de uma das pessoas políticas o direito de **partilhar** a receita do tributo com aquela que o titulariza e que promoveu a sua arrecadação. Isso permite que cada uma dessas pessoas **participe do produto da arrecadação** de tributo(s) da(s) outra(s), sem que o contribuinte seja incomodado com uma dupla ou tripla cobrança dele[10].

---

[6] Nesse sentido: BASTOS, Celso Ribeiro. *Curso de direito financeiro e de direito tributário*, p. 136; ROSA JÚNIOR, Luiz Emygdio F. da. *Manual de direito financeiro e direito tributário*, p. 260-261; TORRES, Ricardo Lobo. *Curso de direito financeiro e tributário*, p. 316; CARRAZZA, Roque Antonio. *Curso de direito constitucional tributário*, p. 441-442.

[7] BASTOS, Celso Ribeiro; MARTINS, Ives Gandra da Silva. *Comentários à Constituição do Brasil*, v. 6, t. II, p. 2; HARADA, Kiyoshi. *Direito financeiro e tributário*, p. 52. Este último autor, em outra obra, leciona: "O destinatário imediato da norma orçamentária ou de Direito Financeiro não é o particular, mas o agente público, ao passo que o destinatário imediato da norma tributária ou de Direito Tributário é o contribuinte ou o responsável tributário" (*Prática do direito tributário e financeiro: artigos e pareceres*, p. 48).

[8] Nesse sentido: COELHO, Sacha Calmon Navarro. *Comentários à Constituição de 1988:* sistema tributário, p. 410.

[9] Para Ubaldo Cesar Balthazar, o sistema de repartição de receitas constitui o **"federalismo fiscal"**, enquanto o sistema de repartição de competências tributárias configuraria um **"federalismo tributário"**, conceitos que se completam (Federalismo fiscal e suas assimetrias no sistema tributário brasileiro, p. 27).

[10] A técnica de distribuição de receitas (discriminação de rendas *pelo produto* da arrecadação) tem, contudo, o inconveniente de manter os Estados e os Municípios na dependência política do governo federal, a quem cabe fazer a partilha das receitas tributárias mais expressivas. Nesse sentido: MACHADO, Hugo de Brito. *Curso de direito tributário*, p. 38.

Nesse caso, a autonomia financeira da entidade da Federação é assegurada não pela atribuição de fontes próprias de arrecadação, como no sistema da atribuição de competências, mas sim pela garantia da **distribuição de parte do produto arrecadado** por determinada unidade para outra unidade[11].

> **Observação:** A determinação constitucional de repartição das receitas tributárias **não infirma** o pacto federativo, mas, ao contrário, pretende **evitar a hipertrofia** da União em relação aos demais entes e do Estado perante o Município.

O direito de codividir receitas alheias, frise-se, só nasce para a pessoa política "participante" quando aquela que detém a competência para criar o tributo o faz e desde que nascido *in concreto* o tributo, com a ocorrência do fato gerador. Sem a criação *in abstracto* do tributo e seu real nascimento, não existe o direito subjetivo à participação nas receitas tributárias[12].

Da distribuição de receitas tributárias cuidam os arts. 157 a 162 da CF.

11.3. CRITÉRIOS DE REPARTIÇÃO DAS RECEITAS TRIBUTÁRIAS

A participação do ente político no produto da arrecadação de tributos pertencentes a outras esferas de governo acontece de duas maneiras:

- **direta**; e
- **indireta**.

A **partilha direta** é realizada sem intermediação, ou seja, o ente político beneficiado, como agente arrecadador, apropria-se, total ou parcialmente, da receita tributária mediante transferência orçamentária, ou recebe diretamente do ente dotado de competência tributária parte do produto da arrecadação por ele feita[13]. É o que se dá, por exemplo, no caso do IPVA (Imposto sobre a Propriedade de Veículos Automotores), cuja competência impositiva pertence aos Estados (art. 155, inciso III, CF), mas 50% (cinquenta por cento) do produto de sua arrecadação são obrigatoriamente destinados aos Municípios, relativamente aos veículos automotores que forem licenciados em seus territórios (art. 158, inciso III, CF).

A técnica de **partilha indireta** é um pouco mais complexa: são criados **fundos** para os quais são carreadas parcelas de receitas de certos impostos que, posteriormente,

---

[11] CONTI, José Maurício. *Federalismo fiscal e fundos de participação*, p. 37. Na lição de Francisco Régis Frota Araújo, a repartição de receitas tributárias é uma das manifestações do princípio constitucional da solidariedade (*Direito constitucional econômico e tributário*, p. 127).

[12] Nesse sentido: BASTOS, Celso Ribeiro. *Curso de direito financeiro e de direito tributário*, p. 136. De fato, como bem observa Roque Antonio Carrazza, "se não houver o nascimento da relação jurídica tributária (*prius*), não poderá surgir a relação jurídica financeira (*posterius*). Esta é logicamente posterior à relação jurídica tributária (cujo nascimento depende do exercício da competência tributária)" (*Curso de direito constitucional tributário*, p. 439).

[13] ROSA JÚNIOR, Luiz Emygdio F. da. *Manual de direito financeiro e direito tributário*, p. 261; TORRES, Ricardo Lobo. *Curso de direito financeiro e tributário*, p. 316.

são rateados proporcionalmente entres os participantes, segundo critérios previamente estabelecidos na legislação[14].

A Constituição de 1988 adotou ambas as formas de repartição de receitas: a participação direta é regulada basicamente nos arts. 157 e 158, e a indireta, no art. 159[15].

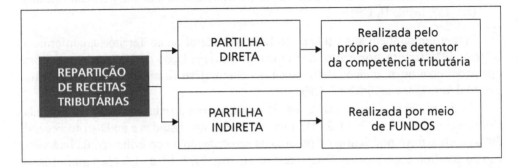

> **Observação:** A repartição das receitas tributárias é sempre **vertical**, ou seja, "de cima para baixo": a União repassa para os Estados e Distrito Federal (arts. 157 e 159, inciso I, alínea *a*) e para os Municípios (art. 159, inciso I, alíneas *b* e *d*); e os Estados repassam aos Municípios (art. 158). Por conseguinte, nenhum imposto municipal sofre repartição do tributo de sua arrecadação.

11.3.1. PARTILHA DIRETA EM FAVOR DOS ESTADOS E DO DISTRITO FEDERAL

O art. 157 da CF trata da participação direta dos Estados e do Distrito Federal na arrecadação da União.

Segundo o dispositivo referido, pertencem aos Estados e ao Distrito Federal:

- **100% (cem por cento)** do produto da arrecadação do imposto da União sobre renda e proventos de qualquer natureza **(IR), incidente na fonte**, sobre rendimentos pagos por eles, suas **autarquias**[16] e pelas **fundações** que instituírem e mantiverem (art. 157, inciso I, CF)[17];

---

[14] COELHO, Sacha Calmon Navarro. *Comentários à Constituição de 1988:* sistema tributário, p. 410; PETTER, Lafayete Josué. *Direito financeiro*, p. 29.

[15] A Emenda Constitucional n. 42, de 19.12.2003, acrescentou ao art. 159 da CF o inciso III (do *caput*) e o § 4.º, os quais, em nosso sentir, regulam hipóteses de partilha *direta* de receitas tributárias: o inciso III, em favor dos Estados e do Distrito Federal, e o § 4.º, em favor dos Municípios.

[16] Confira-se, a respeito, o seguinte julgado do STF: "A Constituição de 1967 não previa expressamente a partilha com os Estados-membros dos valores arrecadados com o Imposto sobre a Renda retido na fonte, incidente sobre os pagamentos efetuados a servidores de autarquia. A circunstância de as autarquias pertencerem à estrutura da Administração Indireta não afasta a distinção entre as personalidades jurídicas e os patrimônios das entidades periférica e central. O pagamento de remuneração pela autarquia não se confunde, em termos financeiro-orçamentários, ao pagamento de remuneração pelo próprio Estado-membro" (RE 248.447/RS, Rel. Min. Joaquim Barbosa, 2.ª Turma, j. em 24.11.2009, *DJe*-237 18.12.2009).

[17] Confira-se, a respeito, o teor da **Súmula 447 do STJ**: "Os Estados e o Distrito Federal são partes legítimas na ação de restituição de imposto de renda retido na fonte proposta por seus servidores". O

> **Observação:** A referida regra **não se aplica** às **empresas públicas** nem às **sociedades de economia mista.**

■ **20% (vinte por cento)** do produto da arrecadação dos **impostos residuais**, isto é, dos impostos instituídos pela União no exercício da sua competência residual (art. 157, inciso II, CF).

Pertencem também aos Estados, ao Distrito Federal ou ao Território, conforme a origem, **30% (trinta por cento)** do montante da arrecadação do **IOF** incidente sobre operações com **ouro**, quando definido em lei como **ativo financeiro ou instrumento cambial** (art. 153, § 5.º, inciso I, CF)[18].

De acordo com o inciso III do art. 159 da CF (com a redação dada pela Emenda Constitucional n. 44, de 30.06.2004), também cabem aos Estados e ao Distrito Federal **29% (vinte e nove por cento)** do produto da arrecadação da contribuição de intervenção no domínio econômico (CIDE), prevista no art. 177, § 4.º, da CF (parágrafo acrescentado pela Emenda Constitucional n. 33, de 11.12.2001), incidente sobre as atividades de importação ou comercialização de petróleo e seus derivados, gás natural e seus derivados e álcool combustível (**CIDE-combustíveis**).

> **Observação:** Conforme dispõe o inciso III do art. 159 (com a redação dada pela Emenda Constitucional n. 132/2023), deverão ser observadas as destinações a que se referem as alíneas *c* e *d* do inciso II do § 4.º do art. 177 da CF, o que significa que os Estados e o Distrito Federal deverão aplicar os recursos da CIDE-combustíveis recebidos da União no financiamento de **programas de infraestrutura de transportes** e no pagamento de **subsídios a tarifas de transporte público** coletivo de passageiros.

STJ também já decidiu que os Estados são partes legítimas para figurar no polo passivo das ações propostas por servidores públicos estaduais, que visam o reconhecimento do direito à isenção relativo ao IR retido na fonte: REsp 874.759/SE, Rel. Min. Teori Albino Zavascki, 1.ª Turma, j. em 07.11.2006, *DJ* 23.11.2006, p. 235; AgRg no Ag 430.959/PE, Rel. Min. Humberto Martins, 2.ª Turma, j. em 06.05.2008, *DJe* 15.05.2008; REsp 989.419/RS, Rel. Min. Luiz Fux, 1.ª Seção, j. em 25.11.2009, *DJe* 18.12.2009. O mesmo entendimento aplica-se às ações judiciais que buscam afastar a retenção na fonte do imposto de renda sob a alegação de hipótese de **não incidência** (STJ, REsp 1.197.975/MG, Rel. Min. Mauro Campbell Marques, 2.ª Turma, j. em 14.09.2010, *DJe* 06.10.2010). Confiram-se, por outro lado, os seguintes precedentes do STJ, no sentido da ilegitimidade *ad causam* da União para figurar no polo passivo das referidas ações judiciais: REsp 263.580/MG, Rel. Min. Franciulli Netto, 2.ª Turma, j. em 19.09.2000, *DJ* 05.03.2001, p. 147; REsp 874.759/SE, Rel. Min. Teori Albino Zavascki, 1.ª Turma, j. em 07.11.2006, *DJ* 23.11.2006, p. 235; AgRg no Ag 430.959/PE, Rel. Min. Humberto Martins, 2.ª Turma, j. em 06.05.2008, *DJe* 15.05.2008; AgRg no REsp 1.045.709/RS, Rel. Min. Mauro Campbell Marques, 2.ª Turma, j. em 03.09.2009, *DJe* 21.09.2009. "Consoante a jurisprudência desta Corte, com a qual o acórdão se harmoniza, os valores retidos a título de imposto de renda na fonte dos servidores estaduais pelos Estados, são do interesse destes porque são responsáveis por tais descontos e destinatários da verba retida, não havendo falar de interesse da União, por isso, a Justiça Estadual é competente para julgar as ações referentes a tais retenções" (STJ, REsp 258.699/MG, Rel. Min. Francisco Peçanha Martins, 2.ª Turma, j. em 15.10.2002, *DJ* 25.11.2002, p. 217).

[18] O ouro, quando não definido em lei como ativo financeiro ou instrumento cambial, sujeita-se à incidência do ICMS (art. 155, § 2.º, inciso X, alínea *c*, CF).

11 ■ Repartição das Receitas Tributárias 307

> **Observação:** O art. 1.º-A da Lei n. 10.336, de 19.12.2001 (nesta incluído pela Lei n. 10.866, de 04.05.2004), determinou, em sua parte final, a dedução da "parcela desvinculada nos termos do art. 76 do Ato das Disposições Constitucionais Transitórias" do montante a ser repartido com Estados e Distrito Federal na forma do art. 159, inciso III, da CF. O STF declarou a **inconstitucionalidade** da referida expressão, por afronta ao inciso III do art. 159 da CF, uma vez que restringe a parcela da arrecadação da CIDE-Combustível destinada aos Estados (**ADI 5.628/DF**, Rel. Min. Alexandre de Moraes, Pleno, j. em 24.08.2020, *DJe*-280 26.11.2020).

11.3.2. PARTILHA DIRETA EM FAVOR DOS MUNICÍPIOS

O art. 158 da CF trata da participação direta dos Municípios nas arrecadações da União e dos Estados.

> **Observação:** A União e o Estado não podem impor ao Município a destinação de recursos e rendas que a este pertencem por direito próprio, por configurar ingerência indevida em tema de exclusivo interesse municipal, afrontando, assim, o postulado da autonomia municipal (art. 30, inciso III, CF)[19].

Segundo o art. 158 da CF, pertencem aos Municípios:

■ **100% (cem por cento)** do produto da arrecadação do imposto da União sobre renda e proventos de qualquer natureza **(IR)**, **incidente na fonte**, sobre rendimentos pagos, a qualquer título, por eles, suas **autarquias** e pelas **fundações** que instituírem e mantiverem[20];

> **Observação:** A referida regra **não se aplica** às **empresas públicas** nem às **sociedades de economia mista**.

■ **50% (cinquenta por cento)** do produto da arrecadação do imposto da União sobre a propriedade territorial rural **(ITR)**, relativamente aos imóveis neles situados, na hipótese do ITR ser fiscalizado e cobrado pela própria União; ou **100% (cem por cento)**, na hipótese da opção a que se refere o art. 153, § 4.º, inciso III, da

---

[19] Por assim entender, o STF suspendeu a eficácia da Lei n. 12.690, de 18.10.1999, do Estado do Paraná, que determinava que os municípios aplicassem, diretamente, nas áreas indígenas localizadas em seus respectivos territórios, parcela (50%) do ICMS a eles distribuída (STF, ADI-MC 2.355/PR, Rel. Min. Celso de Mello, Pleno, j. em 19.06.2002, *DJ* 29.06.2007, p. 21). Nada impede, contudo, que o Município vincule, **por sua decisão**, parcela de tal receita a órgão, fundo ou despesa, pois o STF já decidiu que a vedação constante do inciso IV do art. 167 da CF somente se aplica a **tributos próprios**, não aos transferidos (RE 184.116/MS, Rel. Min. Marco Aurélio, 2.ª Turma, j. em 07.11.2000, *DJ* 16.02.2001, p. 139).

[20] Entendemos que, aplicando-se por analogia o enunciado da **Súmula 447 do STJ** ("Os Estados e o Distrito Federal são partes legítimas na ação de restituição de imposto de renda retido na fonte proposta por seus servidores"), é dos Municípios a legitimidade *ad causam* passiva em ação de restituição do IR retido na fonte proposta por seus servidores. Com base no mesmo entendimento, conclui-se que também é dos Municípios a legitimidade para figurar no polo passivo das ações propostas por servidores públicos municipais que visem o reconhecimento do direito à isenção relativa ao IR retido na fonte.

CF (o qual, com a redação dada pela Emenda Constitucional n. 42, de 19.12.2003, permite aos Municípios optarem, na forma da lei, por fiscalizar e cobrar o ITR)[21];

■ **50% (cinquenta por cento)** do produto da arrecadação do imposto do Estado sobre a propriedade de veículos automotores (**IPVA**) licenciados em seus territórios e, em relação a veículos aquáticos e aéreos, cujos proprietários sejam domiciliados em seus territórios;

> **Observação:** Os percentuais do produto da arrecadação do IPVA pertencentes a cada Município devem ser **imediatamente creditados** a este, através do próprio documento de arrecadação, no montante em que esta estiver sendo realizada, conforme estabelece o art. 2.º da Lei Complementar n. 63, de 11.01.1990[22].

■ **25% (vinte e cinco por cento):**

a) do produto da arrecadação do imposto do Estado sobre operações relativas à circulação de mercadorias e sobre prestações de serviços de transporte interestadual e intermunicipal e de comunicação (**ICMS**);

b) do produto da arrecadação do imposto sobre bens e serviços (**IBS**)[23] distribuída aos Estados.

As parcelas de receita do **ICMS** pertencentes aos Municípios (art. 158, inciso IV, alínea *a*, CF) são creditadas conforme os seguintes critérios (art. 158, § 1.º, CF):

■ **65% (sessenta e cinco por cento)**, no mínimo, na proporção do **valor adicionado fiscal (VAF)** nas operações relativas à circulação de mercadorias e nas prestações de serviços, realizadas em seus territórios[24];

---

[21] A opção a que se refere o art. 153, § 4.º, inciso III, da CF (com a redação dada pela EC n. 42/2003) somente será possível **se não implicar redução do imposto ou qualquer outra forma de renúncia fiscal**.

[22] A Lei Complementar n. 63/90 dispõe sobre critérios e prazos de crédito das parcelas do produto da arrecadação de impostos de competência dos Estados e de transferências por estes recebidas, pertencentes aos Municípios. A respeito do mencionado diploma legal, assim manifestou-se o STF: "1. Observa-se que a Lei Complementar n. 63/90 vem a lume para organizar a atividade financeira dos múltiplos níveis de governo, simplificar e dar uniformidade à legislação referente às finanças públicas, coordenar as competências administrativas comuns e legislativas concorrentes, assim como assegurar a normatividade do princípio da suficiência financeira, devendo dispor sobre os prazos de transferência de receitas compartilhadas. 2. A matéria de direito financeiro é competência legislativa concorrente da União, dos Estados e do Distrito Federal (art. 24, I, da Constituição Federal), de modo que é atribuição da União inovar a ordem jurídica, por meio de lei, que disponha sobre normas gerais financeiras, o que é o caso do prazo para liberação dos repasses das receitas tributárias, à luz da predominância do interesse nacional" (ADI 1.046/MA, Rel. Min. Edson Fachin, Pleno, j. em 18.12.2015, *DJe*-024 11.02.2016).

[23] Referido imposto, de competência compartilhada entre Estados, Distrito Federal e Municípios, é previsto no art. 156-A da CF, introduzido pela Emenda Constitucional n. 132, de 20.12.2023.

[24] O STF decidiu que dispositivos da Constituição do Estado de Rondônia, ao fixarem em quatro quintos e um quinto, respectivamente, os percentuais relativos ao critério de creditamento, aos Municípios, das parcelas que lhes cabem no produto do ICMS, na forma prevista no art. 158, inciso IV e paragrafo único, incisos I e II, da CF, ateve-se aos limites estabelecidos nos mencionados dispositivos, não incidindo, pois, em inconstitucionalidade (ADI 95/RO, Rel. Min. Ilmar Galvão, Pleno, j. em 18.10.1995, *DJ* 16.02.1996, p. 2996).

11 ◼ Repartição das Receitas Tributárias 309

◼ **até 35% (trinta e cinco por cento)**, de acordo com o que dispuser **lei estadual**[25], observada, obrigatoriamente, a distribuição de, no mínimo, 10 (dez) pontos percentuais com base em indicadores de melhoria nos resultados de aprendizagem e de aumento da equidade, considerado o nível socioeconômico dos educandos)[26].

> **Observação:** A **Lei Complementar n. 63, de 11.01.1990** — que dispõe sobre critérios e prazos de crédito das parcelas do produto da arrecadação de impostos de competência dos Estados e de transferências por estes recebidos, pertencentes aos Municípios —, reproduz, em seu art. 3.º, o teor do art. 158 da CF, **mas com a redação anterior à determinada pela Emenda Constitucional n. 108/2020**, estando, pois, neste particular, **em desacordo com a redação atual** do § 1.º daquele artigo da CF.

> **Observação:** É **inconstitucional**, por violação à autonomia financeira dos municípios, lei estadual que não estabeleça critérios objetivos de repasses aos municípios, bem como remeta ao Poder Executivo a competência para regulamentação dos repasses, consoante decidiu o STF, pois transferências constitucionais "devem ser pautadas por critérios objetivos, de caráter vinculado, que assegurem a regularidade e previsibilidade dos repasses" (**ADI 2.421/SP**, Rel. Min. Gilmar Mendes, Pleno, j. em 20.12.2019, *DJe*-035 19.02.2020).

De acordo com o inciso I do art. 161 da CF (com a redação dada pela EC n. 132/2023), cabe a lei complementar definir **valor adicionado** para fins do disposto no art. 158, § 1.º, inciso I[27]. A elaboração da referida lei complementar é de **competência da União**, não podendo o Estado dispor sobre o cálculo do valor adicionado, para fins de partilha da arrecadação do ICMS, sob pena de **inconstitucionalidade**[28].

---

[25] Os Estados têm o prazo **de 2 (dois) anos**, contado da data da promulgação da Emenda Constitucional n. 108, de 26.08.2020, para aprovar a referida lei estadual (art. 3.º, Emenda Constitucional n. 108/2020). Consoante decidiu o STF, a lei que estabelece os critérios de repasse previstos no art. 158, § 1.º, inciso II, da CF, por não versar sobre matéria orçamentária, **não é de iniciativa reservada** ao chefe do Poder Executivo (ADI 2.421/SP, Rel. Min. Gilmar Mendes, Pleno, j. em 20.12.2019, *DJe*-035 19.02.2020).

[26] "Os parâmetros da repartição de receitas tributárias do ICMS, no que diz respeito à parcela prevista no art. 158, parágrafo único, inciso II, da CF, não se inserem na reserva da lei complementar prevista no art. 161, inciso I, da CF" (STF, RE-ED 379.013/SP, Rel. Min. Ricardo Lewandowski, 2.ª Turma, j. em 29.11.2011, *DJe*-236 14.12.2011). O STF já decidiu que, com base no disposto no art. 3.º, inciso III, da CF, lei estadual disciplinadora do plano de alocação do produto gerado com a arrecadação do ICMS, nos termos do art. 158, parágrafo único, inciso II, da CF, pode tomar dados pertinentes à **situação social e econômica regional** como critério de cálculo. De acordo com o STF, não pode, contudo, a legislação estadual, sob o pretexto de resolver as desigualdades sociais e regionais, alijar por completo um Município da participação em tais recursos (RE 401.953/RJ, Rel. Min. Joaquim Barbosa, Pleno, j. em 16.05.2007, *DJ* 21.09.2007, p. 21).

[27] O STF decidiu que dispositivo da Constituição do Estado de Rondônia, ao estabelecer, de pronto, em cumprimento ao disposto no art. 160 da CF, o **momento de entrega** aos Municípios da parcela que lhes é devida na proporção do valor adicionado nos fatos geradores ocorridos em seus territórios, versou sobre matéria que não foi reservada a lei complementar pelo inciso I do art. 161 da CF, não incidindo, pois, em inconstitucionalidade (ADI 95/RO, Rel. Min. Ilmar Galvão, Pleno, j. em 18.10.1995, *DJ* 16.02.1996, p. 2996).

[28] São nesse sentido os seguintes julgados do STF: STF, ADI 2.728/AM, Rel. Min. Maurício Corrêa, Pleno, j. em 28.05.2003, *DJ* 20.02.2004, p. 16; ADI-MC 3.262/MT, Rel. Min. Carlos Britto, Pleno,

310 Direito Financeiro e Econômico Esquematizado   *Carlos Alberto de Moraes Ramos Filho*

A expressão **"valor adicionado"** foi definida pelo § 1.º do art. 3.º da Lei Complementar n. 63/90 como o valor das mercadorias saídas acrescido do valor das prestações de serviços **no seu território** (isto é, no território de cada Município), deduzido o valor das mercadorias entradas, em cada ano civil, ou seja, no local em que ocorre a operação ou prestação que constitui o fato gerador do imposto[29]. Adote-se, pois, o critério da **territorialidade** do valor adicionado para fins de distribuição do ICMS entre os Municípios, ou seja, cada Município fica com o valor adicionado produzido em seu próprio território[30].

> **Observação:** Na hipótese de pessoa jurídica promover saídas de mercadorias por estabelecimento diverso daquele no qual as transações comerciais são realizadas, excluídas as transações comerciais não presenciais, o valor adicionado deverá ser computado **em favor do Município onde ocorreu a transação comercial**, desde que ambos os estabelecimentos estejam localizados no **mesmo Estado ou no Distrito Federal**, caso em que deverá constar no correspondente documento fiscal a **identificação do estabelecimento** no qual a transação comercial foi realizada (art. 3.º, §§ 1.º-A e 1.º-B, da Lei Complementar n. 63/90, incluídos pela Lei Complementar n. 157, de 29.12.2016).

> **Observação:** O valor da produção de energia proveniente de **usina hidrelétrica**, para fins da apuração do valor adicionado, corresponderá à quantidade de energia produzida, multiplicada pelo preço médio da energia hidráulica comprada das geradoras pelas distribuidoras, calculado pela Agência Nacional de Energia Elétrica (Aneel) (art. 3.º, § 14, Lei Complementar n. 63/90, acrescentado pela Lei Complementar n. 158, de 23.02.2017)[31].

---

j. em 02.09.2004, *DJ* 04.03.2005, p. 10; RE 253.906/MG, Rel. Min. Ellen Gracie, Pleno, j. em 23.09.2004, *DJ* 18.02.2005, p. 6; ADI 1.423/SP, Rel. Min. Joaquim Barbosa, Pleno, j. em 16.05.2007, *DJ* 08.06.2007, p. 28. No mesmo sentido, mas sob a perspectiva da **legalidade**, são os seguintes julgados do STJ: REsp 347.477/MG, Rel. Min. Eliana Calmon, 2.ª Turma, j. em 02.10.2003, *DJ* 28.10.2003, p. 255; REsp 331.845/MG, Rel. Min. Francisco Peçanha Martins, 2.ª Turma, j. em 28.11.2006, *DJ* 28.02.2007, p. 208.

[29] Examinando demanda submetida ao sistema constitucional anterior — que tratava da matéria de modo similar à atual (art. 23, § 9.º, incisos I e II, da CF/69, com a redação dada pela Emenda Constitucional n. 17/80) —, assim manifestou-se o STF: "O alcance da expressão 'valor adicionado' é o vernacular, pressupondo modificação, resultado, adição, acréscimo. É apurado a partir dos correspondentes a entrada e a saída das mercadorias. Simples operação aritmética de subtração o revela" (RE 130.685/SP, Rel. Min. Marco Aurélio, 2.ª Turma, j. em 15.09.1992, *DJ* 02.10.1992, p. 16846). No mesmo sentido: RE 134.062/SP, Rel. Min. Marco Aurélio, 2.ª Turma, j. em 04.02.1994, *DJ* 09.09.1994, p. 23443; RE 120.941/SP, Rel. Min. Maurício Corrêa, 2.ª Turma, j. em 18.04.1995, *DJ* 08.09.1995, p. 28359; RE 131.742/SP, Rel. Min. Ilmar Galvão, 1.ª Turma, j. em 30.05.1995, *DJ* 06.10.1995, p. 33133; RE 130.198/SP, Rel. Min. Maurício Corrêa, 2.ª Turma, j. em 18.04.1995, *DJ* 27.10.1995, p. 36336.

[30] STJ, RMS 19.106/MG, Rel. Min. Denise Arruda, 1.ª Turma, j. em 21.08.2008, *DJe* 06.10.2008. No mesmo sentido: "Os Municípios que fazem jus ao recebimento de parte da receita obtida com a arrecadação do ICMS pelos Estados, decorrente do valor adicionado fiscal, são aqueles em cujos territórios foram realizadas as operações de entrada e saída de mercadorias que constituíram fato gerador do ICMS" (STJ, RMS 12.914/SC, Rel. Min. Denise Arruda, 1.ª Turma, j. em 03.05.2005, *DJ* 06.06.2005, p. 178).

[31] Confira-se, a respeito, o seguinte julgado do STF: "(...) 1. Hidrelétrica cujo reservatório de água se estende por diversos municípios. Ato do Secretário de Fazenda que dividiu a receita do ICMS de-

11 ◼ Repartição das Receitas Tributárias   311

Para efeito de cálculo do valor adicionado serão computadas (art. 3.º, § 2.º, Lei Complementar n. 63/90):

◼ as operações e prestações que constituam fato gerador do ICMS, mesmo quando o pagamento for **antecipado** ou **diferido**, ou quando o crédito tributário for diferido, reduzido ou excluído em virtude de **benefícios fiscais**[32];

◼ as operações **imunes** ao imposto, conforme o art. 150, inciso VI, alínea *d*, e o art. 155, § 2.º, inciso X, alíneas *a* e *b*, da CF.

> **Observação:** Não se tratando de operação imune, mas de hipótese fática que refoge da regra-matriz de incidência do ICMS sobre energia elétrica (**não incidência**) — como, por exemplo, a mera saída física da mercadoria do estabelecimento produtor para o estabelecimento distribuidor[33] —, **não** pode ser computada para o cálculo do Valor Adicionado Fiscal (VAF) de participação do Município na arrecadação da exação pelo Estado Membro[34].

---

vida aos municípios pelo 'valor adicionado' apurado de modo proporcional às áreas comprometidas dos municípios alagados. (...) 3. Estender a definição de apuração do adicional de valor, de modo a beneficiar os municípios em que se situam os reservatórios de água representa a modificação dos critérios de repartição das receitas previstos no art. 158 da Constituição. Inconstitucionalidade material. Precedentes. 4. Na forma do artigo 20, § 1.º, da Constituição Federal, a reparação dos prejuízos decorrentes do alagamento de áreas para a construção de hidrelétricas deve ser feita mediante participação ou compensação financeira. Recurso extraordinário conhecido e improvido (RE 253.906/MG, Rel. Min. Ellen Gracie, Pleno, j. em 23.09.2004, *DJ* 18.02.2005, p. 6). No mesmo sentido, reconhecendo a **inconstitucionalidade** de norma estadual que define valor adicionado e utiliza critérios de partilha do ICMS incidente sobre geração e venda de energia elétrica com base na **área inundada** pelo reservatório e demais instalações da usina hidrelétrica: STF, ADI 3.726/SC, Rel. Min. Joaquim Barbosa, Pleno, j. em 20.11.2013, *DJe*-251 19.12.2013. No mesmo sentido é a jurisprudência do STJ: REsp 38.344/PR, Rel. p/ acórdão Min. Milton Luiz Pereira, 1.ª Turma, j. em 28.09.1994, *DJ* 31.10.1994, p. 29476. Na hipótese, contudo, da usina hidrelétrica estar situada, concomitantemente, **em mais de um Município**, cada um deles deve receber **proporcionalmente** o valor concernente ao VAF. Nesse sentido decidiu o STJ: RMS 23.169/MG, Rel. Min. José Delgado, 1.ª Turma, j. em 12.06.2007, *DJ* 29.06.2007, p. 488; RMS 19.106/MG, Rel. Min. Denise Arruda, 1.ª Turma, j. em 21.08.2008, *DJe* 06.10.2008.

[32] A CF/88 estabelece que o IPI não integrará a base de cálculo do ICMS quando a operação, realizada entre contribuintes e relativa a produto destinado à industrialização ou à comercialização, **configure fato gerador dos dois impostos** (art. 155, § 2.º, inciso XI). Nesse caso, o crédito tributário relativo ao ICMS é reduzido, em razão da redução da própria base de cálculo. Não obstante isso, o STJ decidiu que a **parcela referente ao IPI** (quando a mercadoria ou insumo se destinar à comercialização, industrialização ou à prestação de serviço) **deve ser computada para efeito de valor adicionado**, por força do art. 3.º, § 2.º, inciso I, da Lei Complementar n. 63/90: "Cumpre ressaltar que o Valor Adicionado Fiscal não é tributo, e os critérios de repartição de receitas relativas ao ICMS não se confundem com a sistemática de instituição e cobrança desse imposto, não se podendo vincular a base de cálculo do ICMS ao modo de se calcular o valor adicionado (...)" (AR 2.183/MG, Rel. Min. Mauro Campbell Marques, 1.ª Seção, j. em 28.09.2011, *DJe* 05.10.2011).

[33] A jurisprudência cristalizada no âmbito do STJ é no sentido de que "não constitui fato gerador de ICMS o simples deslocamento de mercadoria de um para outro estabelecimento do mesmo contribuinte" (**Súmula 166**). O STF, na análise do Recurso Extraordinário com Agravo (ARE) 1.255.885/MS, firmou a seguinte tese de repercussão geral (**Tema 1099**): "Não incide ICMS no deslocamento de bens de um estabelecimento para outro do mesmo contribuinte localizados em estados distintos, visto não haver a transferência da titularidade ou a realização de ato de mercancia"

O valor adicionado tem, basicamente, a função de determinar como cada Estado distribuirá os recursos do ICMS pertencentes aos seus Municípios. O município que mais gera valor adicionado mais recebe de participação na arrecadação do ICMS.

Assim, **16,25%**[33] de todo o ICMS arrecadado no Estado são rateados da seguinte forma:

■ cada município tem calculado o seu valor adicionado (média apurada nos dois últimos anos, conforme § 4.º do art. 3.º da LC n. 63/90);

■ o valor adicionado de todos os municípios será somado para obter um total (valor adicionado total do Estado — média apurada nos dois últimos anos, conforme § 4.º do art. 3.º da LC n. 63/90);

■ o valor adicionado do Município é dividido do valor total sendo o resultado a proporção a que tem direito o Município (art. 3.º, § 3.º, LC n. 63/90).

> **Observação:** Nas hipóteses de tributação simplificada a que se refere o parágrafo único do art. 146 da CF, e, em outras situações, em que se dispensem os controles de entrada, considerar-se-á como valor adicionado o percentual de **32% (trinta e dois por cento) da receita bruta** (art. 3.º, § 1.º, inciso II, da LC n. 63/90, incluído pela LC n. 123, de 14.12.2006).

> **Observação:** O STJ firmou entendimento de que, tratando-se de controvérsia judicial relacionada ao denominado Valor Adicionado Fiscal (VAF) do ICMS a ser destinado aos municípios, subsiste **litisconsórcio necessário** entre os entes municipais de determinado Estado: **AgRg no AREsp 126.036/RS**, Rel. Min. Benedito Gonçalves, 1.ª Turma, j. em 04.12.2012, *DJe* 07.12.2012; **AgInt no RMS 34.930/MG**, Rel. Min. Og Fernandes, 2.ª Turma, j. em 08.06.2017, *DJe* 14.06.2017.

As parcelas de receita do **IBS** pertencentes aos Municípios (art. 158, inciso IV, alínea *b*, CF) são creditadas conforme os seguintes critérios (art. 158, § 2.º, CF):

■ **80% (oitenta por cento)** na proporção da população;

■ **10% (dez por cento)** com base em indicadores de melhoria nos resultados de aprendizagem e de aumento da equidade, considerado o nível socioeconômico dos educandos, de acordo com o que dispuser lei estadual;

■ **5% (cinco por cento)** com base em indicadores de preservação ambiental, de acordo com o que dispuser **lei estadual**;

■ **5% (cinco por cento)** em montantes iguais para todos os Municípios do Estado.

(ARE-RG 1.255.885/MS, Rel. Min. Dias Toffoli (Presidente), Pleno, j. em 14.08.2020, *DJe*-228 15.09.2020). Ao julgar a ADC 49/RN, o Plenário do STF, por unanimidade, reafirmou tal entendimento e declarou a inconstitucionalidade de dispositivos da Lei Complementar n. 87/96 (Lei Kandir) que previam a incidência do ICMS na transferência de mercadorias entre estabelecimentos de um mesmo contribuinte (ADC 49/RN, Rel. Min. Edson Fachin, Pleno, j. em 19.04.2021, *DJe*-084 04.05.2021).

[34] Nesse sentido: STJ, RMS 19.010/GO, Rel. Min. Luiz Fux, 1.ª Turma, j. em 03.10.2006, *DJ* 23.11.2006, p. 213. Precedente do STJ que versou sobre questão idêntica: RMS 9.704/GO, Rel. Min. Francisco Peçanha Martins, 2.ª Turma, j. em 20.06.2000, *DJ* 11.09.2000, p. 231.

[33] Percentual obtido pelo produto de 65% (art. 158, § 1.º, inciso I, CF) dos 25% do ICMS pertencentes aos Municípios (art. 158, inciso IV, CF).

11 ◼ Repartição das Receitas Tributárias   313

Pertencem também ao Município de origem **70% (setenta por cento)** do montante da arrecadação do **IOF** incidente sobre operações com **ouro**, quando definido em lei como **ativo financeiro ou instrumento cambial** (art. 153, § 5.º, inciso II, CF).

De acordo com o § 4.º do art. 159 da CF (acrescentado pela Emenda Constitucional n. 42, de 19.12.2003), cabem, ainda, aos Municípios **25% (vinte e cinco por cento)** do montante que cabe a cada Estado dos recursos da contribuição da União de intervenção no domínio econômico (CIDE) relativa às atividades de importação ou comercialização de petróleo e seus derivados, gás natural e seus derivados e álcool combustível (**CIDE-combustíveis**)[36].

Observação: Quanto aos recursos da CIDE-combustíveis recebidos da União, o Texto Constitucional não esclarece se os Municípios devem observar as **destinações** a que se referem as alíneas *c* e *d* do inciso II do § 4.º do art. 177 da CF (tal como determina o inciso III do art. 159 da CF, relativamente aos Estados e ao Distrito Federal). Apesar da omissão em que incorre a Carta Magna, a Lei n. 10.336/2001, no *caput* de seu art. 1.º-B (incluído pela Lei n. 10.866/2004), determina que os recursos recebidos pelos Municípios devem ser obrigatoriamente aplicados no **financiamento de programas de infraestrutura de transportes**.

11.3.2.1. Titularidade da receita do IR/Fonte incidente sobre valores pagos pelos Estados, pelo Distrito Federal, pelos Municípios, suas autarquias e fundações a pessoas físicas ou jurídicas contratadas para fornecimento de bens ou prestação de serviços

De acordo com a Constituição Federal, pertencem aos Estados e ao Distrito Federal (art. 157, inciso I) e aos Municípios (art. 158, inciso I) o produto da arrecadação do imposto da União sobre renda e proventos de qualquer natureza (art. 153, inciso III), **incidente na fonte**, sobre rendimentos pagos, a qualquer título, por eles, suas autarquias e pelas fundações que instituírem e mantiverem.

Questionou-se, durante certo tempo, a quem pertenceria o produto da arrecadação do IR/Fonte incidente sobre valores pagos pelas entidades mencionadas a pessoas físicas ou jurídicas por elas contratadas para **fornecimento de bens** ou **prestação de serviços**.

A Secretaria da Receita Federal do Brasil (RFB) entendia que somente pertenceria aos Estados, ao Distrito Federal e aos Municípios a receita do IR retido na fonte de seus **servidores** e **empregados**, ao passo que pertenceria à União o IR retido na fonte incidente sobre rendimentos por eles pagos, decorrentes de contratos de fornecimento de bens e/ou prestação de serviços[37]. Tal conclusão decorria, dentre outros fundamentos,

---

[36] Como visto anteriormente, o montante de recursos da CIDE prevista no art. 177, § 4.º, da CF, que cabe a cada Estado da Federação é de 29% (vinte e nove por cento) do produto da arrecadação do referido tributo federal (art. 159, inciso III, CF). Apesar de o Distrito Federal também fazer jus ao referido percentual, a disposição do § 4.º do art. 159 da CF (acrescentado pela Emenda Constitucional n. 42, de 19.12.2003) a ele não tem aplicação, porquanto o referido ente, como é sabido, não pode se dividir em Municípios, por expressa disposição constitucional (art. 32, *caput*, CF).

[37] Tal entendimento estava consubstanciado na Solução de Consulta n. 166, de 22.06.2015, da Coordenação-Geral de Tributação (COSIT) da RFB. Referida orientação foi mantida na Solução de

do disposto no inciso II do art. 85 do CTN, segundo o qual pertenceria aos Estados, ao Distrito Federal e aos Municípios o produto da arrecadação do IR/Fonte "incidente sobre a renda das obrigações de sua dívida pública e sobre os **proventos dos seus servidores** e dos de suas autarquias" (destaque nosso).

O STF — que, num primeiro momento, entendeu que a questão estaria situada no contexto normativo infraconstitucional, o que inviabilizaria o exame da matéria pela Corte[38] —, contudo, no julgamento do **Recurso Extraordinário 1.293.453/RS**, entendeu que a CF/1988 optou por não restringir expressamente o termo "rendimentos pagos", pois a expressão "a qualquer título" demonstra nitidamente a intenção de ampliar as hipóteses de abrangência do referido termo[39].

Desse modo, fixou a Corte a seguinte tese de repercussão geral (**Tema 1.130**): "Pertence ao Município, aos Estados e ao Distrito Federal a titularidade das receitas arrecadadas a título de imposto de renda retido na fonte incidente sobre valores pagos por eles, suas autarquias e fundações a pessoas físicas ou jurídicas contratadas para a prestação de bens ou serviços, conforme disposto nos arts. 158, I, e 157, I, da Constituição Federal".

11.3.3. PARTILHA INDIRETA EM FAVOR DOS ESTADOS, DO DISTRITO FEDERAL E DOS MUNICÍPIOS

A partilha indireta das receitas tributárias é realizada por meio dos seguintes fundos de participação:

■ **Fundo de Participação dos Estados e do Distrito Federal (FPE)**, formado por **21,5% (vinte e um inteiros e cinco décimos por cento)** do que for arrecadado a título dos impostos sobre a renda e proventos de qualquer natureza (**IR**) e sobre produtos industrializados (**IPI**) e do imposto previsto no art. 153, inciso VIII, da CF (art. 159, inciso I, alínea *a*, CF);

■ **Fundo de Participação dos Municípios (FPM)**, formado por[40]:

a) 22,5% (vinte e dois inteiros e cinco décimos por cento) da arrecadação dos impostos sobre a renda e proventos de qualquer natureza (**IR**) e sobre produtos industrializados (**IPI**) e do imposto previsto no art. 153, inciso VIII, da CF (art. 159, inciso I, alínea *b*, CF);

b) 1% (um por cento) da arrecadação dos referidos impostos federais, percentual este que será entregue até o dia 10 do mês de julho de cada ano (art. 159, inciso I, alínea *e*, CF[41]);

Consulta COSIT n. 28, de 29.03.2016, e na Solução de Consulta COSIT n. 139, de 20.09.2016. No mesmo sentido era o disposto no § 7.º do art. 6.º da Instrução Normativa da Receita Federal do Brasil (IN/RFB) n. 1.599, de 11.12.2015 (alterado pela IN/RFB n. 1.646, de 30.05.2016), e no § 7.º do art. 12 da IN/RFB n. 2005, de 29.01.2021.

[38] ADI 5.565/DF, Rel. Min. Luiz Fux, decisão monocrática, j. em 07.11.2017, *DJe*-256 10.11.2017; RE 1.041.133/PE, Rel. Min. Alexandre de Moraes, decisão monocrática, j. em 28.08.2018, *DJe*-180 31.08.2018.

[39] RE 1.293.453/RS, Rel. Min. Alexandre de Moraes, Pleno, j. em 11.10.2021, *DJe*-210 22.10.2021.

[40] A Lei Complementar n. 91, de 22.12.1997, dispõe sobre a fixação dos coeficientes do Fundo de Participação dos Municípios (FPM).

[41] Alínea acrescentada pela Emenda Constitucional n. 84, de 02.12.2014.

11 ■ Repartição das Receitas Tributárias

c) 1% (um por cento) da arrecadação dos referidos impostos federais, percentual este que será entregue até o dia 10 do mês de setembro de cada ano (art. 159, inciso I, alínea *f*, CF)[42].

d) 1% (um por cento) da arrecadação dos referidos impostos federais, percentual este que será entregue até o dia 10 do mês de dezembro de cada ano (art. 159, inciso I, alínea *d*, CF[43]);

■ **Fundo das Agências Regionais de Fomento (FARF)**, formado por **3% (três por cento)** da arrecadação dos impostos sobre a renda e proventos de qualquer natureza **(IR)** e sobre produtos industrializados **(IPI)** e do imposto previsto no art. 153, inciso VIII, da CF, destinando-se a programas de financiamento ao setor produtivo das Regiões Norte, Nordeste e Centro-Oeste, por intermédio de suas instituições financeiras de caráter regional (art. 159, inciso I, alínea *c*, CF)[44];

■ **Fundo compensatório** pela imunidade do ICMS nas exportações de produtos industrializados (art. 155, § 2.º, inciso X, alínea *a*, CF)[45], formado por **10% (dez por cento)** da arrecadação do **IPI**[46] e do imposto previsto no art. 153, inciso VIII, da CF, que serão distribuídos, proporcionalmente ao valor das exportações de produtos industrializados, aos **Estados e** ao **Distrito Federal** (art. 159, inciso II, CF)[47], os quais repassarão **25% (vinte e cinco por cento)** do que receberem aos **Municípios** localizados em seus territórios (art. 159, § 3.º, CF)[48], observados os critérios estabelecidos no art. 158, § 1.º, para a parcela relativa ao IPI, e no art. 158, § 2.º, para a parcela relativa ao imposto previsto no art. 153, inciso VIII, da CF.

---

[42] Alínea acrescentada pela Emenda Constitucional n. 112, de 27.10.2021. Nos termos do art. 2.º da Emenda Constitucional n. 112/2021, para fins do disposto no art. 159, inciso I, alínea *f*, da CF, a União entregará ao FPM, do produto da arrecadação do IR e do IPI, 0,25% (vinte e cinco centésimos por cento), 0,5% (cinco décimos por cento) e 1% (um por cento), respectivamente, em cada um dos 2 (dois) primeiros exercícios, no terceiro exercício e a partir do quarto exercício em que a referida Emenda Constitucional gerar efeitos financeiros.

[43] Alínea acrescentada pela Emenda Constitucional n. 55, de 20.09.2007.

[44] A Lei n. 7.827, de 27.09.1989, regulamentou a norma da alínea *c* do inciso I do art. 159 da CF.

[45] José Maurício Conti qualifica tal hipótese como espécie de **participação direta** (*Federalismo fiscal e fundos de participação*, p. 69). No mesmo sentido: MOREIRA NETO, Diogo de Figueiredo. Repartição das receitas tributárias, p. 351-352. Em sentido contrário, entendendo tratar-se de **participação indireta**: ROSA JÚNIOR, Luiz Emygdio F. da. *Manual de direito financeiro e direito tributário*, p. 263; TORRES, Ricardo Lobo. *Curso de direito financeiro e tributário*, p. 316.

[46] Esse percentual de 10%, consoante observa Roque Antonio Carrazza, "é sobre o total do IPI que vier a ser arrecadado pela União, inclusive sem se abater o que ela tiver que distribuir aos 'Fundos de Participação', em obediência ao art. 159, I, da Lei das Leis" (*Curso de direito constitucional tributário*, p. 446).

[47] A Lei Complementar n. 61, de 26.12.1989, dispõe sobre a participação dos Estados e do Distrito Federal no produto da arrecadação do IPI, relativamente a exportações. A Lei n. 8.016, de 08.04.1990, dispõe sobre a entrega das quotas de participação dos Estados e do Distrito Federal na arrecadação do IPI a que se refere o inciso II do art. 159 da CF.

[48] A Lei Complementar n. 63, de 11.01.1990, dispõe sobre critérios e prazos de crédito das parcelas do produto da arrecadação de impostos de competência dos Estados e de transferências por estes recebidas, pertencentes aos Municípios.

Conforme determina o § 1.º do art. 159 da CF, o cálculo dos valores do FPE e do FPM é feito **excluindo-se a parcela da arrecadação do IR** pertencente aos Estados, Distrito Federal e Municípios de acordo com o disposto nos arts. 157, inciso I, e 158, inciso I, da CF, ou seja, tais entes não poderão incluir no cálculo o valor que já tenham recebido do IR por meio da retenção na fonte relativamente aos rendimentos que tenham pago, aí incluídas as autarquias e fundações que tenham instituído ou que mantenham[49].

Ressalte-se que a Lei Complementar n. 87, de 13.09.1996 — que estabelece normas gerais sobre o ICMS, a fim de compensar as perdas dos Estados, do Distrito Federal e dos Municípios geradas pela desoneração completa das exportações, inclusive de bens primários e semielaborados ou serviços (art. 3.º, inciso II)[50] — instituiu, em seu art. 31, novo sistema de participação dos referidos entes no produto da arrecadação do citado imposto estadual, nos termos do Anexo que integra a mencionada lei complementar.

Já a Emenda Constitucional de Revisão n. 1, de 01.03.1994, criou o Fundo Social de Emergência em favor da União (arts. 71 a 73, ADCT). Inicialmente, esse fundo vigoraria apenas nos exercícios de 1994 e 1995. Sua vigência, contudo, tem sido alargada, tendo, inclusive, mudado de nome: atualmente, chama-se Fundo de Estabilização Fiscal (FEF)[51].

---

[49] A Lei Complementar n. 62, de 28.12.1989, dispõe sobre cálculo, entrega e controle de liberações dos recursos dos Fundos de Participação (FPE e FPM). Confira-se, a respeito, o seguinte julgado do STF: "A alteração do coeficiente de participação do município mediante decisão normativa editada pelo TCU na metade do exercício financeiro viola o princípio da anualidade extraído do art. 244 do Regimento Interno do Tribunal de Contas da União e do art. 91, § 3.º, c/c art. 92 do Código Tributário Nacional" (MS 24.151/DF, Rel. Min. Joaquim Barbosa, Pleno, j. em 28.09.2005, *DJ* 16.12.2005, p. 59). No mesmo sentido: "Não é lícito ao Tribunal de Contas da União promover revisão de índices referentes ao Fundo de Participação dos Municípios, que devem viger durante todo o exercício financeiro, para os reduzir no curso deste" (STF, MS 24.098/DF, Rel. Min. Cezar Peluso, Pleno, j. em 29.04.2004, *DJ* 21.05.2004, p. 33). No mesmo sentido: STF, MS 24.112/DF, Rel. Min. Sepúlveda Pertence, Pleno, j. em 09.06.2005, *DJ* 05.08.2005, p. 6. Também a jurisprudência do STJ firmou-se no sentido de que não é possível, por ofensa ao princípio da anualidade, a aplicação imediata, em meio ao exercício financeiro, de novos coeficientes individuais de participação no FPM: REsp 997.033/BA, Rel. Min. Castro Meira, 2.ª Turma, j. em 09.02.2010, *DJe* 24.02.2010; REsp 1.118.029/BA, Rel. Min. Humberto Martins, 2.ª Turma, j. em 06.12.2012, *DJe* 17.12.2012.

[50] Ressalte-se que a desoneração completa do ICMS nas operações de exportação, inclusive de bens primários e semielaborados e serviços, levada a efeito pela LC n. 87/96, com respaldo no art. 155, § 2.º, inciso XII, alínea *e*, da CF, atualmente é imunidade prevista no art. 155, § 2.º, inciso X, alínea *a*, da CF, que, com a redação dada pela Emenda Constitucional n. 42, de 19.12.2003, passou a vedar a incidência do imposto estadual "sobre operações que destinem mercadorias para o exterior" e "sobre serviços prestados a destinatários no exterior". Anteriormente à EC n. 42/2003, apenas as exportações de produtos industrializados eram constitucionalmente imunes.

[51] A Emenda Constitucional n. 10, de 04.03.1996, introduziu no art. 71 do ADCT o § 2.º, com a seguinte redação: "O Fundo criado por este artigo passa a ser denominado Fundo de Estabilização Fiscal a partir do início do exercício financeiro de 1996".

11 ▣ Repartição das Receitas Tributárias

317

> **Observação:** Após análise de cada um dos critérios constitucionais de repartição das receitas tributárias, verifica-se que **não entra na referida repartição** o produto da arrecadação dos seguintes impostos:
>
> ▣ da União: sobre importação de produtos estrangeiros (**II**), sobre exportação, para o exterior, de produtos nacionais ou nacionalizados (**IE**) e sobre grandes fortunas (**IGF**);
>
> ▣ dos Estados: sobre transmissão *causa mortis* e doação, de quaisquer bens ou direitos (**ITCMD**);
>
> ▣ dos Municípios: nenhum imposto municipal sofre repartição do tributo de sua arrecadação.

11.4. PROIBIÇÃO DE RETENÇÃO E RESTRIÇÕES QUANTO À REPARTIÇÃO CONSTITUCIONAL DE RECEITAS TRIBUTÁRIAS

É vedada a **retenção** ou **qualquer restrição** à entrega e ao emprego dos recursos atribuídos constitucionalmente (a título de repartição de receitas tributárias) aos Estados, ao Distrito Federal e aos Municípios, neles compreendidos adicionais e acréscimos relativos a impostos (art. 160, *caput*, CF)[52].

Ressalte-se, todavia, que tal regra **não é absoluta**, mas possui exceções.

Com efeito, o § 1.º do art. 160 da CF (com redação determinada pela Emenda Constitucional n. 29, de 13.09.2000) esclarece que a referida vedação constitucional não impede que a União e os Estados condicionem a entrega de recursos:

▣ ao **pagamento de seus créditos**, inclusive de suas autarquias; e

▣ ao cumprimento do disposto no art. 198, § 2.º, incisos II e III da CF, que impõe aos Estados, ao Distrito Federal e aos Municípios a **aplicação anual de percentuais da arrecadação de certos impostos** em ações e serviços públicos **de saúde**.

As hipóteses excepcionais do § 1.º do art. 160 da CF, que autoriza a União e os Estados a condicionarem a entrega de recursos, são elencadas em **listagem taxativa** (*numerus clausus*), consoante já reconheceu o STF no seguinte julgado:

Ementa: AÇÃO DIRETA DE INCONSTITUCIONALIDADE. CONSTITUIÇÃO DO ESTADO DE SERGIPE. ICMS. PARCELA DEVIDA AOS MUNICÍPIOS. BLOQUEIO DO REPASSE PELO ESTADO. POSSIBILIDADE. 1. É vedado ao Estado impor condições para entrega aos Municípios das parcelas que lhes compete na repartição das receitas tributárias, salvo como condição ao recebimento de seus créditos ou ao cumprimento dos limites de aplicação de recursos em serviços de saúde (CF, artigo 160, parágrafo único, I e II). 2. Município em débito com o recolhimento de contribuições previdenciárias descontadas de seus servidores. Retenção do repasse da parcela do ICMS até a regularização

---

[52] Por afronta ao art. 160 da CF (e por não se enquadrar nas exceções previstas nos incisos I e II do parágrafo único do referido artigo), o STF declarou a inconstitucionalidade de norma da Constituição do Estado do Ceará que vinculava ao Fundo Estadual de Atenção Secundária à Saúde 15% (quinze por cento) dos recursos a que se referem os incisos III e IV art. 158 da CF, pertencentes aos Municípios (ADI 4.597/CE, Rel. Min. Marco Aurélio, Pleno, j. em 21.12.2020, *DJe*-025 10.02.2021).

do débito. Legitimidade da medida, em consonância com as exceções admitidas pela Constituição Federal. 3. Restrição prevista também nos casos de constatação, pelo Tribunal de Contas do Estado, de graves irregularidades na administração municipal. Inconstitucionalidade da limitação, por contrariar a regra geral ditada pela Carta da República, não estando a hipótese amparada, *numerus clausus*, pelas situações excepcionais previstas. Declaração de inconstitucionalidade dos §§ 1.º e 2.º do artigo 20 da Constituição do Estado de Sergipe. Ação julgada procedente em parte (**ADI 1.106/SE**, Rel. Min. Maurício Corrêa, Pleno, j. em 05.09.2002, *DJ* 13.12.2002, p. 58).

Os contratos, os acordos, os ajustes, os convênios, os parcelamentos ou as renegociações de débitos de qualquer espécie, inclusive tributários, firmados pela União com os demais entes federativos deverão conter cláusulas para autorizar a **dedução** dos valores devidos dos montantes a serem repassados relacionados às respectivas cotas nos Fundos de Participação ou aos precatórios federais (art. 160, § 2.º, CF, incluído pela EC n. 113/2021).

11.5. REPARTIÇÃO DE RECEITAS TRIBUTÁRIAS E A CONCESSÃO DE BENEFÍCIOS FISCAIS

O presente tópico tem por objeto a análise da repercussão da concessão de benefícios fiscais no sistema constitucional de repartição de receitas tributárias. Dito de outro modo, a questão que ora se coloca é saber como fica o direito do "ente menor" ao repasse de sua parcela do produto da arrecadação do imposto na hipótese do "ente maior" ter concedido benefício fiscal relativo ao mesmo imposto.

O Plenário do STF, após reconhecer a existência de **repercussão geral** da questão constitucional, julgou o **Recurso Extraordinário n. 572.762/SC**, nele proferindo decisão consubstanciada em acórdão assim ementado:

> **Ementa:** CONSTITUCIONAL. ICMS. REPARTIÇÃO DE RENDAS TRIBUTÁRIAS. PRODEC. PROGRAMA DE INCENTIVO FISCAL DE SANTA CATARINA. RETENÇÃO, PELO ESTADO, DE PARTE DA PARCELA PERTENCENTE AOS MUNICÍPIOS. INCONSTITUCIONALIDADE. RE DESPROVIDO. I — A parcela do imposto estadual sobre operações relativas à circulação de mercadorias e sobre prestações de serviços de transporte interestadual e intermunicipal e de comunicação, a que se refere o art. 158, IV, da Carta Magna pertence de pleno direito aos Municípios. II — **O repasse da quota constitucionalmente devida aos Municípios não pode sujeitar-se à condição prevista em programa de benefício fiscal de âmbito estadual.** III — Limitação que configura indevida interferência do Estado no sistema constitucional de repartição de receitas tributárias. IV — Recurso extraordinário desprovido.
> (**RE 572.762/SC**, com repercussão geral reconhecida, Rel. Min. Ricardo Lewandowski, Pleno, j. em 18.06.2008, *DJe*-167 05.09.2008) (destaque nosso)

No mencionado julgado, foi fixada a seguinte tese de repercussão geral (**Tema 42**): "A retenção da parcela do ICMS constitucionalmente devida aos municípios, a pretexto de concessão de incentivos fiscais, configura indevida interferência do Estado no

11 ▣ Repartição das Receitas Tributárias   319

sistema constitucional de repartição de receitas tributárias". Referida orientação plenária foi observada em diversas outras decisões da Corte[53].

Ressalte-se que na hipótese do precedente com repercussão geral reconhecida (**RE 572.762/SC**) o Estado de Santa Catarina **efetivamente arrecadava o ICMS devido**, repassaria parte ao programa de incentivo estadual, e calcularia, **com base no que restou da operação**, os 25 % (vinte e cinco por cento) pertencentes aos municípios. No referido caso, o contribuinte **pagava o tributo**, mas o Estado ficava com parte do valor que pertencia ao município.

Situação diversa, contudo, ocorre no caso em que o Estado concede **benefício fiscal**, que se opera **antes do recolhimento** dos valores devidos a título de ICMS, tal como se dá, por exemplo, no caso da **isenção**.

---

[53] Nesse sentido, a título de exemplo: RE-AgR 495.576/SC, Rel. Min. Celso de Mello, 2.ª Turma, j. em 11.11.2008, *DJe*-241 19.12.2008; RE-ED 477.854/SC, Rel. Min. Ellen Gracie, 2.ª Turma, j. em 28.04.2009, *DJe*-094 22.05.2009; RE-AgR 477.811/SC, Rel. Min. Ricardo Lewandowski, 1.ª Turma, j. em 26.05.2009, *DJe*-113 19.06.2009; RE-AgR 531.566/SC, Rel. Min. Joaquim Barbosa, 2.ª Turma, j. em 09.06.2009, *DJe*-121 01.07.2009; AI-ED 665.186/SC, Rel. Min. Celso de Mello, 2.ª Turma, j. em 01.02.2011, *DJe*-039 28.02.2011; STA-AgR 451/PE, Rel. Min. Cezar Peluso (Presidente), Pleno, j. em 18.05.2011, *DJe*-105 02.06.2011; ARE-AgR 664.844/GO, Rel. Min. Cármen Lúcia, 1.ª Turma, j. em 14.02.2012, *DJe*-046 06.03.2012; RE-AgR 677.230/SE, Rel. Min. Cármen Lúcia, 1.ª Turma, j. em 22.05.2012, *DJe*-115 14.06.2012; RE-AgR 607.100/DF, Rel. Min. Luiz Fux, 1.ª Turma, j. em 18.09.2012, *DJe*-193 02.10.2012; RE-AgR 706.045/RN, Rel. Min. Luiz Fux, 1.ª Turma, j. em 26.02.2013, *DJe*-053 20.03.2013; RE-AgR-ED 607.100/DF, Rel. Min. Luiz Fux, 1.ª Turma, j. em 26.02.2013, *DJe*-084 07.05.2013; RE-AgR 695.421/AL, Rel. Min. Cármen Lúcia, 2.ª Turma, j. em 24.04.2013, *DJe*-090 15.05.2013; RE-AgR 664.305/AL, Rel. Min. Cármen Lúcia, 2.ª Turma, j. em 07.05.2013, *DJe*-106 06.06.2013; RE-AgR-segundo 664.305/AL, Rel. Min. Cármen Lúcia, 2.ª Turma, j. em 07.05.2013, *DJe*-106 06.06.2013; RE-AgR-ED 706.045/RN, Rel. Min. Luiz Fux, 1.ª Turma, j. em 14.05.2013, *DJe*-104 04.06.2013; RE-AgR 726.333/PB, Rel. Min. Cármen Lúcia, 2.ª Turma, j. em 10.12.2013, *DJe*-022 03.02.2014; RE-AgR 790.801/PB, Rel. Min. Cármen Lúcia, 2.ª Turma, j. em 25.03.2014, *DJe*-066 03.04.2014; RE-AgR 804.685/GO, Rel. Min. Ricardo Lewandowski, 2.ª Turma, j. em 26.08.2014, *DJe*-183 22.09.2014; ARE-AgR 904.572/PE, Rel. Min. Cármen Lúcia, 2.ª Turma, j. em 29.09.2015, *DJe*-204 13.10.2015; RE-AgR 1.173.239/PE, Rel. Min. Cármen Lúcia, 2.ª Turma, j. em 05.04.2019, *DJe*-091 03.05.2019. A mesma orientação foi adotada em caso envolvendo a participação dos Estados alusiva ao que arrecadado pela União a título de Imposto sobre a Renda (art. 159, inciso I, alínea *a*, CF) (ACO 758/SE, Rel. Min. Marco Aurélio, Pleno, j. em 19.12.2016, *DJe*-168 01.08.2017). Ressalte-se que o STF, já sob o regime constitucional anterior, decidiu, ainda que em perspectiva diversa, que a parcela de receita tributária (federal ou estadual), constitucionalmente devida aos Municípios, a estes pertence, integralmente, por direito próprio, qualificando-se como inconstitucional qualquer redução, supressão ou exclusão de valores pertinentes aos tributos submetidos, pela própria Constituição, ao sistema de partilha. São diversos, nesse sentido, os precedentes da Suprema Corte, podendo ser citados, a título de exemplo, os seguintes: AI-AgR 55.989/SP, Rel. Min. Oswaldo Trigueiro, 1.ª Turma, j. em 31.10.1972, *DJ* 24.11.1972, p. 7844; RE 75.042/SP, Rel. Min. Thompson Flores, Pleno, j. em 07.12.1972, *DJ* 04.05.1973, p. 2910; RE 97.316/MG, Rel. Min. Moreira Alves, Pleno, j. em 01.12.1982, *DJ* 13.05.1983, p. 6505; RE 97.395/SP, Rel. Min. Alfredo Buzaid, Pleno, j. em 09.12.1982, *DJ* 11.02.1983, p. 928. Tal entendimento restou consolidado na **Súmula 578** do STF: "Não podem os Estados, a título de ressarcimento de despesas, reduzir a parcela de 20% do produto da arrecadação do imposto de circulação de mercadorias, atribuída aos Municípios pelo art. 23, § 8.º, da Constituição Federal".

Tal distinção encontra guarida em entendimento iterativo da Presidência do STF, segundo o qual as especificidades do precedente formado no RE 572.762 **não permitem sua aplicação para casos gerais de concessão de benefícios fiscais.**

Confiram-se, a propósito, as seguintes decisões:

> (...)
>
> Ressalto que o Plenário desta Corte, no julgamento do referido RE n. 572.762, à unanimidade, entendeu que "o repasse da cota constitucionalmente devida aos Municípios não pode sujeitar-se à condição prevista em programa de benefício fiscal de âmbito estadual" [grifo nosso]. O Ministro Ricardo Lewandowski, ao relatar o caso, destacou que a condição estabelecida no Programa de Desenvolvimento da Empresa estadual controvertida era a postergação do recolhimento de ICMS, "cuja concessão leva ao adiamento do repasse, aos Municípios, da parcela deste imposto que lhes pertence".
>
> Assim, ficou esclarecido que a questão era específica, dado que "o tributo em tela já havia sido efetivamente arrecadado, sendo forçoso reconhecer que o Estado, ao reter a parcela pertencente aos Municípios, interferiu indevidamente no sistema constitucional de repartição de rendas".
>
> **No presente pedido de suspensão, entretanto, discute-se questão distinta relacionada ao Imposto de Renda e ao Imposto sobre Produtos Industrializados e não se demonstra, de plano, a concessão de benefícios, de incentivos ou de deduções que impliquem arrecadação postergada de tributo. Assim, o entendimento firmado no RE n. 572.762, em princípio, não coincide em termos fáticos e jurídicos com o presente caso.**
>
> Portanto, a determinação judicial liminar de desconsideração dos incentivos fiscais realizados pela União Federal para efeito de mensuração do produto de arrecadação do IR e do IPI causa grave lesão à ordem pública, na medida em que inibe a concessão de isenções fiscais pela União Federal e compromete a regular execução orçamentária e as metas fiscais estipuladas em lei. (...) (STA 350/AL, Rel. Min. Presidente Gilmar Mendes, decisão monocrática, j. em 28.10.2009, *DJe*-209 09.11.2009) (destaque nosso).

> (...) fundamenta-se a decisão em causa em acórdão deste Supremo Tribunal Federal que parece tratar de questões distintas da apresentada nos presentes autos. Vale dizer: no julgamento do RE 572.762, da relatoria do Ministro Ricardo Lewandowski, esta nossa Casa de Justiça entendeu que "a parcela do imposto estadual sobre operações relativas à circulação de mercadorias e sobre prestações de serviços de transporte interestadual e intermunicipal e de comunicação, a que se refere o art. 158, IV, da Carta Magna pertence de pleno direito aos Municípios". Contudo, é certo que a questão então submetida ao exame do Plenário deste Supremo Tribunal Federal era específica: no Estado de Santa Catarina, diante da instalação de Programa de Desenvolvimento da Empresa Estadual, **havia a efetiva arrecadação do ICMS**, ainda que postergada ou diferida. O que justifica, por si só, a conclusão de que "o repasse da quota constitucionalmente devida aos Municípios não pode sujeitar-se à condição prevista em programa de benefício fiscal de âmbito estadual". **Quadro fático que parece não se confundir com a situação dos autos, em que há óbice à própria constituição do crédito tributário, em razão da concessão de isenções e benefícios fiscais pelo Estado,** com fundamento no § 6.º do art. 150 da CF. (...) (STA 658/

11 ◼ Repartição das Receitas Tributárias 321

PB, Rel. Min. Presidente Ayres Britto, decisão monocrática, j. em 11.07.2012, *DJe*-152 03.08.2012) (destaques nossos)[54].

(...)
Para boa compreensão do precedente, é imprescindível ter em mente os diversos fenômenos normativos aglutinados na classe dos "benefícios fiscais". Se o "benefício fiscal" consistir em alteração da regra-matriz de incidência do tributo, de forma a reduzir seu critério quantitativo (base de cálculo ou alíquota) ou sua hipótese de incidência, a arrecadação efetiva também é diminuída.

Em princípio, essa diminuição é constitucional e legal, **pois os municípios não têm expectativa legítima à arrecadação potencial máxima, nem dispõem de meios para compelir os estados-membros e o Distrito Federal a absterem-se de conceder benefícios fiscais.**

Resumidamente, **a Constituição assegura ao município uma parcela do produto arrecadado com a cobrança do ICMS, e não uma parte do produto que poderia ter sido arrecadado se não houvesse benefícios fiscais.**

Complementarmente, se o benefício fiscal incide após a arrecadação, essa diminuição não pode prejudicar a expectativa dos municípios. Tal era a hipótese do Prodec, examinada no precedente indicado.

Para se aferir a importância dessa distinção entre os quadros (benefício incidente antes ou no momento da cobrança do tributo e benefício incidente após a arrecadação dos valores), lembro que a publicação do enunciado da Súmula Vinculante 30 ("é inconstitucional lei estadual que, a título de incentivo fiscal, retém parcela do ICMS pertencente aos Municípios") foi suspensa no dia imediatamente seguinte ao da respectiva aprovação (*DJe* de 18.02.2010) (...) (STA-MC 681/PB, Rel. Min. Presidente Joaquim Barbosa, decisão monocrática, j. em 30.11.2012, *DJe*-238 05.12.2012) (destaques nossos).

Ressalte-se que o próprio Ministro Ricardo Lewandowski, que foi o relator do emblemático RE 572.762, proferiu decisões monocráticas na Presidência da Corte, afastando a aplicação do citado precedente em situações nas quais, em razão do benefício fiscal concedido, **não chega a ocorrer o ingresso dos valores nos cofres públicos**[55].

Portanto, ao caso de concessão de benefícios fiscais não se aplica a jurisprudência firmada pelo STF no RE 572.762/SC, mas sim o entendimento consubstanciado no **RE 705.423/SE**, paradigma do **Tema 653** da repercussão geral, no qual se discutia o valor devido pela União ao Fundo de Participação dos Municípios (FPM), relativamente aos impostos sobre a renda (IR) e sobre produtos industrializados (IPI), em face de benefícios e incentivos fiscais concedidos em relação a esses mesmos impostos.

No referido julgamento, o STF, após reconhecer a existência de **repercussão geral** da questão constitucional, proferiu decisão consubstanciada em acórdão de cuja ementa extrai-se o seguinte trecho:

---

[54] No mesmo sentido: STA 657/PB, Rel. Min. Ayres Britto (Presidente), decisão monocrática, j. em 10.07.2012, *DJe*-152 03.08.2012.

[55] STA 699/PB, j. em 25.05.2015, *DJe*-101 29.05.2015; SL 938/PE, j. 15.12.2015, *DJe*-255 18.12.2015; STA 823/PB, j. 18.02.2016, *DJe*-033 23.02.2016.

Ementa: RECURSO EXTRAORDINÁRIO. REPERCUSSÃO GERAL. CONSTITU-CIONAL, TRIBUTÁRIO E FINANCEIRO. FEDERALISMO FISCAL. FUNDO DE PARTICIPAÇÃO DOS MUNICÍPIOS — FPM. TRANSFERÊNCIAS INTERGOVER-NAMENTAIS. REPARTIÇÃO DE RECEITAS TRIBUTÁRIAS. COMPETÊNCIA PELA FONTE OU PRODUTO. COMPETÊNCIA TRIBUTÁRIA. AUTONOMIA FI-NANCEIRA. PRODUTO DA ARRECADAÇÃO. CÁLCULO. DEDUÇÃO OU EXCLU-SÃO DAS RENÚNCIAS, INCENTIVOS E ISENÇÕES FISCAIS. IMPOSTO DE REN-DA — IR. IMPOSTO SOBRE PRODUTOS INDUSTRIALIZADOS — IPI. ART. 150, I, DA CONSTITUIÇÃO DA REPÚBLICA. 1. Não se haure da autonomia financeira dos Municípios direito subjetivo de índole constitucional com aptidão para infirmar o livre exercício da competência tributária da União, inclusive em relação aos incentivos e renúncias fiscais, desde que observados os parâmetros de controle constitucionais, legislativos e jurisprudenciais atinentes à desoneração. 2. A expressão "produto da arrecadação" prevista no art. 158, I, da Constituição da República, não permite interpretação constitucional de modo a incluir na base de cálculo do FPM os benefícios e incentivos fiscais devidamente realizados pela União em relação a tributos federais, à luz do conceito técnico de arrecadação e dos estágios da receita pública. 3. **A demanda distingue-se do Tema 42 da sistemática da repercussão geral, cujo recurso-paradigma é RE-RG 572.762, de relatoria do Ministro Ricardo Lewandowski, Tribunal Pleno, julgado em 18.06.2008, *DJe* 05.09.2008.** Isto porque no julgamento pretérito centrou-se na natureza compulsória ou voluntária das transferências intergovernamentais, ao passo que o cerne do debate neste Tema reside na diferenciação entre participação direta e indireta na arrecadação tributária do Estado Fiscal por parte de ente federativo. Precedentes. Doutrina. (...) (RE 705.423/SE, Rel. Min. Edson Fachin, Pleno, j. em 23.11.2016, *DJe*-020 05.02.2018) (destaques nossos).

No referido julgado, foi fixada a seguinte tese de repercussão geral (**Tema 653**): "É constitucional a concessão regular de incentivos, benefícios e isenções fiscais relativos ao Imposto de Renda e Imposto sobre Produtos Industrializados por parte da União em relação ao Fundo de Participação de Municípios e respectivas quotas devidas às Municipalidades".

O Relator, Ministro Edson Fachin, asseverou em seu voto:

"Verifica-se, a propósito, que a repartição de receitas correntes tributárias no Sistema Tributário Nacional conjuga duas espécies de financiamento dos governos locais: uma pelo critério da fonte (cobrança de tributos de competência própria) e outra pelo produto, o qual se traduz em **participação no bolo tributário** de competência do governo central. **Nessa segunda hipótese, não há direito a uma participação referente a uma arrecadação potencial máxima em que se incluiria os incentivos e as renúncias fiscais,** sob pena de subversão da decisão do Poder Constituinte em momento constitucional no que diz respeito ao modelo de federalismo fiscal" (destaques nossos).

Como se vê, o STF decidiu ser infundada a pretensão de que se tenha por base de cálculo do FPM a receita bruta da arrecadação do IR e do IPI, pois, do contrário, ficaria prejudicada a possibilidade de a União, dentro de sua competência tributária, renunciar a receitas com objetivos extrafiscais primordiais, tal qual a promoção do equilíbrio socioeconômico entre as diversas regiões do país.

O mesmo raciocínio, segundo nos parece, aplica-se aos demais tributos cujo produto de arrecadação seja objeto de repartição, sob pena de afronta ao art. 18 da CF, que consagra a **autonomia dos entes da Federação**, que abrange o poder de conceder benefícios fiscais de seus próprios tributos.

11.6. QUESTÕES

12

TEORIA GERAL DO ORÇAMENTO PÚBLICO

12.1. ORÇAMENTO PÚBLICO: DEFINIÇÃO

A questão do orçamento público é um dos aspectos fundamentais do Estado democrático de Direito[1]. Um Estado sem orçamento "não chega até aos administrados, seus programas sociais ficam no plano das intenções políticas, não se tornam prescritivos"[2].

Na clássica definição de Aliomar Baleeiro, orçamento é "o ato pelo qual o Poder Legislativo prevê e autoriza ao Poder Executivo, por certo período e em pormenor, as despesas destinadas ao funcionamento dos serviços públicos e outros fins adotados pela política econômica ou geral do país, assim como a arrecadação das receitas já criadas em lei"[3].

Segundo José Ribamar Gaspar Ferreira, o orçamento público consiste na "estimativa e autorização de desembolso de recurso financeiros, com indicação dos programas e projetos de um governo em que serão aplicados, dentro de um período, e a estimativa de obtenção dos recursos financeiros necessários, no mesmo período, pelos órgãos competentes, expressas em um documento, segundo normas estabelecidas"[4]. Tal conceito, apesar de se pretender completo, omite a natureza legislativa do orçamento público.

O orçamento público é, de fato, a lei de iniciativa do Poder Executivo e aprovada pelo Poder Legislativo que **prevê (estima) as receitas** e **fixa as despesas** para

---

[1] FEITOSA, Raymundo Juliano Rêgo. *Finanças públicas e tributação na constituinte:* 1987/1988, p. 13. Para Gabriel Ivo, o orçamento é fundamental para a própria concepção de Estado: "O orçamento é o meio jurídico, normativo, pelo qual o Estado torna-se Estado" (Lei orçamentária anual; não remessa para sanção, no prazo constitucional, do projeto de lei, p. 273). Noutra passagem, assevera o autor citado: "Não seria exagerado dizer, pois, que o Estado se constitui na própria lei orçamentária. Sem orçamento não há Estado" (Lei orçamentária anual; não remessa para sanção, no prazo constitucional, do projeto de lei, p. 275).

[2] IVO, Gabriel. Lei orçamentária anual; não remessa para sanção, no prazo constitucional, do projeto de lei, p. 273. O mesmo autor, noutra passagem, assevera: "O Estado realiza as necessidades públicas por meio do orçamento. Sem um orçamento o Estado fica impedido de realizar as necessidades públicas e desempenhar a razão de sua existência" (Lei orçamentária anual; não remessa para sanção, no prazo constitucional, do projeto de lei, p. 274).

[3] BALEEIRO, Aliomar. *Uma introdução à ciência das finanças*, p. 387.

[4] FERREIRA, José Ribamar Gaspar. *Curso de direito financeiro*, p. 33.

determinado período (**exercício financeiro**)[5]. É, no dizer de Oyama Cesar Ituassú, "o documento corporificador das finalidades pretendidas em um período determinado, sempre ânuo"[6].

Também é chamado de **Lei de Meios**, tendo em vista que possibilita os meios necessários para o desempenho dos programas da Administração Pública[7].

As transações financeiras que se representam no orçamento público dizem respeito aos dispêndios de recursos (despesas) e aos recursos a serem obtidos (receitas). O orçamento compõe-se, assim, de duas partes distintas: a referente às **despesas** e a relativa às **receitas**. O Poder Legislativo autoriza o plano das despesas que o Estado terá de efetuar no cumprimento de suas finalidades, bem como o percebimento dos recursos necessários à efetivação de tais despesas dentro de um período determinado de tempo[8].

Por ser a **expressão numérica** da atividade financeira do Estado[9], o orçamento público deverá "evidenciar a política econômico-financeira e o programa de trabalho do Governo" (art. 2.º, Lei n. 4.320/64)[10]. Como observa Fernando Leme Weiss, os orçamentos "devem deixar claro quais são os programas de governo, ou seja, quais são as propostas mais amplas que serão efetivadas através de um conjunto de dotações orçamentárias"[11]. O orçamento público pode, pois, ser considerado, no dizer de Alberto Deodato, "o espelho da vida do Estado e, pelas cifras, se conhecem os detalhes de seu progresso, da sua cultura e da sua civilização"[12].

No mesmo sentido é a lição de Marcelo Sampaio Siqueira, que assevera: "A importância do orçamento público está no fato de ser uma fiel radiografia do planejamento econômico proposto pelo governo, sendo, portanto, uma exteriorização desta"[13].

---

[5] CARVALHO, Deusvaldo. *Orçamento e contabilidade pública*, p. 5; MACHADO JÚNIOR, J. Teixeira. *Administração orçamentária comparada:* Brasil-Estados Unidos, p. 76; MASAGÃO, Mário. *Curso de direito administrativo*, p. 91.

[6] ITUASSÚ, Oyama Cesar. *Aspectos do direito*, p. 91.

[7] SILVA, Jair Cândido da; VASCONCELOS, Edilson Felipe. *Manual de execução orçamentária e contabilidade pública*, p. 322; DOMINGUES, José Marcos. Atividade financeira e direitos sociais, p. 104.

[8] FERREIRA FILHO, Manoel Gonçalves. *Comentários à Constituição brasileira de 1988*, v. 3, p. 141; FERREIRA, José Ribamar Gaspar. *Curso de direito financeiro*, p. 34; ROSA JÚNIOR, Luiz Emygdio F. da. *Manual de direito financeiro e direito tributário*, p. 74.

[9] SILVA, Sandoval Alves da. *Direitos sociais:* leis orçamentárias como instrumento de implementação, p. 113.

[10] Referida disposição legal, segundo Nagib Slaibi Filho, evidencia que o orçamento público, "mais que uma formulação técnica, é instrumento legitimante do Poder perante a sociedade" (*Anotações à Constituição de 1988:* aspectos fundamentais, p. 357).

[11] WEISS, Fernando Leme. *Princípios tributários e financeiros*, p. 240.

[12] DEODATO, Alberto. *Manual de ciência das finanças*, p. 359. No mesmo sentido: AFTALIÓN, Enrique R.; VILANOVA, José; RAFFO, Julio. *Introducción ao derecho*, p. 888.

[13] SIQUEIRA, Marcelo Sampaio. Orçamento público e a aplicação dos princípios constitucionais econômicos, p. 131. No mesmo sentido: "Por oferecerem informações bastante detalhadas sobre a expressão financeira dos compromissos do Estado e dos recursos que usarão para tais fins, os orçamentos públicos são peças extremamente úteis para que a sociedade possa conhecer o destino que o Estado pretende dar aos recursos que arrecadará, e para que avalie a justeza, ou não, dessa programação" (ZOTTMANN, Luiz. *Você, o Estado e a questão fiscal*, p. 45).

12 ■ Teoria Geral do Orçamento Público

12.2. PRINCÍPIOS ORÇAMENTÁRIOS

Funcionando o orçamento público como instrumento de controle das contas do governo[14], deve, por conseguinte, obedecer princípios estabelecidos, que atuam como premissas, linhas norteadoras de ação a serem observadas na elaboração da proposta orçamentária e do orçamento em si[15].

Os princípios orçamentários não têm merecido aprovação unânime da doutrina pátria. Aqui analisaremos apenas os de maior representatividade.

12.2.1. LEGALIDADE

O princípio da legalidade (ou reserva legal) significa que apenas a **lei em sentido formal** pode aprovar os orçamentos e autorizar os créditos suplementares e especiais[16].

Relativamente aos orçamentos, referido princípio é previsto no art. 165, *caput*, da CF, que assim dispõe:

> **Art. 165.** Leis de iniciativa do Poder Executivo estabelecerão:
>
> I — o plano plurianual;
>
> II — as diretrizes orçamentárias;
>
> III — os orçamentos anuais.

Quanto aos créditos suplementares e especiais, o princípio da legalidade encontra-se no inciso V do art. 167 da CF, segundo o qual a abertura das referidas modalidades de créditos adicionais depende de prévia **autorização legislativa**.

Ressalte-se que o art. 68, § 1.º, inciso III, da CF **proíbe o emprego de leis delegadas** para dispor sobre planos plurianuais, diretrizes orçamentárias e orçamentos.

Já o art. 62, § 1.º, inciso I, alínea *d*, da CF[17] **veda a edição de medidas provisórias** sobre matéria relativa a planos plurianuais, diretrizes orçamentárias, orçamento e créditos adicionais — ressalvados os créditos extraordinários, previstos no art. 167, § 3.º, da CF.

> **Observação:** Ao contrário do art. 62, § 1.º, inciso I, alínea *d*, da CF, o art. 68, § 1.º, inciso III, da CF **não proíbe expressamente** a delegação da legislação sobre créditos adicionais.

12.2.2. EXCLUSIVIDADE

Esse princípio determina que o orçamento, em regra, **não poderá conter dispositivo estranho à fixação da despesa e à previsão da receita** (art. 165, § 8.º, 1.ª parte, CF).

---

[14] HICKS, Ursula K. *Finanças públicas*, p. 386.

[15] PISCITELLI, Roberto Bocaccio et al. *Contabilidade pública:* uma abordagem da administração financeira pública, p. 50.

[16] JACINTHO, Jussara Maria Moreno. *A participação popular e o processo orçamentário*, p. 56.

[17] Parágrafo incluído pela Emenda Constitucional n. 32, de 11.09.2001.

A origem dessa vedação, como noticia Aurélio Pitanga Seixas Filho, foi "o mau hábito dos legisladores brasileiros, anteriores a 1926, de encartarem no texto orçamentário normas autorizativas de aumento do funcionalismo público e outras estranhas ao assunto, que mereceram a denominação de caudas orçamentárias"[18].

No mesmo sentido leciona Goffredo Telles Júnior, que relata "a lamentável prática parlamentar de introduzir, maliciosamente, em certos projetos de lei, disposições extravagantes, que nada tinham que ver com a matéria desses projetos, mas que visavam beneficiar grupos ou categorias de pessoas. Sem a possibilidade de constituir matéria de lei própria, disposições extravagantes costumavam ser colocadas **na garupa** de projetos importantes, para que tivessem a sorte destas proposições e, com elas, fossem sancionadas e promovidas a lei. Era o que acontecia, frequentemente, com os projetos das **leis orçamentárias...**"[19].

Assim, para que o orçamento fosse aprovado, acabavam as **caudas orçamentárias** também, por consequência, tendo de sê-lo[20], tendo em vista que, à época, não existia o veto parcial[21].

> **Observação:** No direito português, como leciona Eduardo Manuel Hintze da Paz Ferreira, as normas de natureza diversa incluídas no orçamento público são denominadas **cavaleiros orçamentais**. Esse autor exemplifica o fenômeno descrito com o caso da Faculdade de Direito de Lisboa, que deve sua existência ao recurso ao expediente em questão, "como forma de ultrapassar as inúmeras dificuldades com que se defrontou a sua criação"[22].

O princípio da exclusividade visa, pois, impedir a introdução espúria, na Lei Orçamentária Anual, de questões estranhas à sua precípua função, que é a de fixar as despesas públicas e orçar as receitas públicas para determinado exercício financeiro[23].

Além das matérias supramencionadas, o § 8.º do art. 165 da CF e o art. 7.º da Lei n. 4.320/64 admitem que a LOA também possa conter autorização ao Executivo para:

---

[18] SEIXAS FILHO, Aurélio Pitanga. *Limites orçamentários da administração pública*, p. 159. No mesmo sentido: SILVA, José Afonso da. *Orçamento-programa no Brasil*, p. 108.

[19] TELLES JÚNIOR, Goffredo. *Iniciação na ciência do direito*, p. 181.

[20] TAVARES, André Ramos. *Curso de direito constitucional*, p. 887.

[21] "Antes da instituição do veto parcial, ficava o Presidente da República na emergência de sancionar ou de vetar o projeto todo. Se sancionava, aprovava, com o projeto, os enxertos abusivos que lhe tenham sido feitos. Se vetava, impugnava esses enxertos, mas, com eles, rejeitava todo o projeto, e o devolvia, para reexame, ao Congresso Nacional. Este veto significava uma exagerada complicação do processo legislativo, acarretando atrasos na promulgação de leis urgentes" (TELLES JÚNIOR, Goffredo. *Iniciação na ciência do direito*, p. 182). Para resolver tal impasse, a Emenda Constitucional de 03.09.1926 alterou a redação do § 1.º do art. 37 da Constituição de 1891, passando a prever a possibilidade de **veto parcial**, com o qual "ficou o Presidente habilitado a expungir, do projeto de lei, as excrecências, os chamados *pingentes* ou *caudas*, que o Parlamento, cedente a pressões interesseiras, tenha encavaleirado no texto em elaboração. Concomitantemente, o Presidente se viu apto a sancionar, de pronto, o projeto expurgado" (TELLES JÚNIOR, Goffredo. Ob. cit., p. 182) (destaques do original).

[22] FERREIRA, Eduardo Manuel Hintze da Paz. *Ensinar finanças públicas numa faculdade de direito*, p. 149-150.

[23] SILVA, De Plácido e. *Noções de finanças e direito fiscal*, p. 51.

12 ◻ Teoria Geral do Orçamento Público 329

◻ abrir **créditos suplementares** até determinada importância;

◻ realizar, em qualquer mês do exercício financeiro, **operações de crédito, ainda que por antecipação de receita orçamentária.**

Tais permissões, para alguns, constituem exceções ao princípio orçamentário da exclusividade[24]. Nesse sentido, aliás, já decidiu o STF[25].

Ousamos, contudo, discordar de tal posicionamento, por entendermos que as referidas matérias **não constituem matéria estranha à previsão de receitas e à fixação de despesas**, tendo em vista que:

◻ os créditos suplementares, como espécie de créditos adicionais (art. 40, Lei n. 4.320/64), nada mais são do que **autorizações de despesa** insuficientemente dotadas na Lei de Orçamento. Nesse sentido é a lição de Ricardo Lobo Torres, para quem a autorização para a abertura de créditos suplementares "tem a mesma natureza dos da despesa respectiva, pelo que não constitui elemento estranho ao orçamento"[26];

◻ as operações de crédito, apesar de não acrescer o ativo do patrimônio público, categorizam-se como **receitas públicas** para o direito positivo brasileiro (arts. 3.º, *caput*, e 11, §§ 1.º a 4.º, Lei n. 4.320/64; art. 12, § 2.º, Lei Complementar n. 101/2000), não se apresentando, pois, como matéria estranha ao orçamento.

Observação: Apesar de o parágrafo único do art. 3.º da Lei n. 4.320/64 excluir da disposição do *caput* do mesmo artigo as **operações de créditos por antecipação de receita**, o art. 7.º da referida lei (reiterando a disposição do § 8.º do art. 165 da CF) permite à LOA conter autorização ao Executivo para realizar tal modalidade de operação.

Assim, o STF reconheceu a **constitucionalidade** de dispositivo da Lei n. 503, de 04.09.2005, do Estado de Roraima (que dispunha sobre as diretrizes orçamentárias para o exercício de 2006), que permitia a contratação de operação de crédito por antecipação da receita, por entender que tal dispositivo legal é **compatível** com a ressalva do § 8.º do art. 165 da CF[27].

Confira-se, a respeito, a seguinte decisão do STJ: "(...) 3. A lei do orçamento anual (ato-regra) pode autorizar, genericamente, as operações de crédito por antecipação de receita (art. 165, § 8.º), o que não afasta a necessidade de aprovação, em cada caso, por ato legislativo de inferior hierarquia (ato-condição). 4. Assim, para as operações de crédito por antecipação de receita não basta a autorização genérica contida na lei orçamentária, sendo indispensável autorização específica em cada operação. A inobservância de tal formalidade, ainda que não implique em enriquecimento ilícito do recorrente ou prejuízo para o erário municipal, caracteriza ato de improbidade, nos termos do art. 11 da Lei n. 8.429/92, à mingua de observância dos preceitos genéricos que informam a administração pública, inclusive a rigorosa observância do princípio da legalidade. 5. Recurso especial improvido" (**REsp 410.414/SP**, Rel. Min. Castro Meira, 2.ª Turma, j. em 19.08.2004, *DJ* 27.09.2004, p. 301).

---

[24] Nesse sentido: TOLEDO JR., Flávio C. de; ROSSI, Sérgio Ciquera. *A Lei 4.320 no contexto da lei de responsabilidade fiscal*, p. 27.

[25] STF, AI-AgR 366.317/MG, Rel. Min. Moreira Alves, 1.ª Turma, j. em 14.05.2002, *DJ* 14.06.2002, p. 138.

[26] TORRES, Ricardo Lobo. *O orçamento na constituição*, p. 206.

[27] STF, ADI 3.652/RR, Rel. Min. Sepúlveda Pertence, Pleno, j. em 19.12.2006, *DJ* 16.03.2007, p. 20.

12.2.3. UNIVERSALIDADE

O princípio da **universalidade** (ou da **totalidade**[28] ou, ainda, do **"orçamento bruto"**) determina que **todas as receitas** e **todas as despesas** governamentais devem ser incluídas na lei orçamentária por seus valores brutos, sem quaisquer deduções (art. 6.º, Lei n. 4.320/64)[29]. De acordo com esse princípio, o orçamento deve conter todas as receitas[30] e despesas referentes aos poderes do Estado, seus fundos, órgãos e Entidades da Administração Direta e Indireta, inclusive as fundações instituídas e mantidas pelo Poder Público (art. 165, § 5.º, CF).

Enquanto o princípio da exclusividade pretende evitar a inclusão no orçamento de matérias estranhas à sua função, o princípio da universalidade **visa evitar que as matérias que realmente interessam ao orçamento restem excluídas da referida lei**.

O orçamento, segundo a universalidade, deve reunir todos os elementos necessários à articulação do programa total de governo[31]. Na parte relativa à receita, devem ser incluídos todos os recursos que o Poder Público é autorizado a arrecadar e, na parte da despesa, todas as dotações necessárias ao custeio dos serviços públicos[32].

Na lição de Sebastião de Sant'Anna e Silva[33], o atendimento da universalidade é indispensável para o controle parlamentar sobre as finanças públicas, possibilitando ao Poder Legislativo:

- ◼ conhecer *a priori* todas as receitas e despesas do governo e dar prévia autorização para a respectiva arrecadação e realização;
- ◼ impedir o Executivo de realizar qualquer operação de receita e despesa sem a prévia autorização legislativa;
- ◼ conhecer o exato volume global das despesas projetadas pelo governo, a fim de autorizar a cobrança dos tributos estritamente necessários para atendê-las.

Pela Lei n. 4.320/64, o cumprimento da regra da universalidade é exigido no art. 2.º[34] e explicitado no art. 3.º, relativamente às **receitas**[35], e no art. 4.º, no que tange às

---

[28] Tal denominação é adotada por Deusvaldo Carvalho (*Orçamento e contabilidade pública*, p. 28).

[29] FONROUGE, Carlos M. Giuliani. *Derecho financiero*, t. I, p. 173; VILLEGAS, Héctor B. *Curso de finanzas, derecho financiero y tributario*, p. 129.

[30] "O princípio da universalidade em matéria orçamentária exige que todas as receitas sejam previstas na lei orçamentária, sem possibilidade de qualquer exclusão" (STF, ADI-MC 3.949/DF, Rel. Min. Gilmar Mendes, Pleno, j. em 14.08.2008, *DJe*-148 07.08.2009).

[31] FERREIRA, Pinto. *Comentários à Constituição brasileira*, v. 6, p. 51.

[32] DEODATO, Alberto. *Manual de ciência das finanças*, p. 387.

[33] SILVA, Sebastião de Sant'Anna e apud GIACOMONI, James. *Orçamento público*, p. 68.

[34] Lei n. 4.320/64, art. 2.º: "A lei de orçamento conterá a discriminação da receita e da despesa, de forma a evidenciar a política econômico-financeira e o programa de trabalho do governo, obedecidos os princípios da unidade, universalidade a anualidade".

[35] Lei n. 4.320/64, art. 3.º, *caput*: "A Lei de orçamento compreenderá todas as receitas inclusive as de operações de crédito autorizadas em lei".

12 ◼ Teoria Geral do Orçamento Público

despesas públicas[36], havendo, todavia, **exceções** ao referido princípio, em ambos os aspectos.

Com efeito, relativamente às receitas, podemos citar o caso dos **tributos**, cuja cobrança é legítima ainda que tenham sido criados após o orçamento, mas antes do início do respectivo exercício financeiro (Súmula 66 do STF).

No que tange aos dispêndios públicos, podemos mencionar as **despesas extraordinárias**, aquelas de caráter esporádico, provocadas por circunstâncias de caráter eventual, acidental, excepcional, e que, justamente por isso, costumam não figurar nos orçamentos.

12.2.4. ESPECIALIZAÇÃO

O princípio da **especialização** (ou da **especificação**[37]) manda que a discriminação das receitas e das despesas se faça por **unidade administrativa** (art. 13, Lei n. 4.320/64) ou, no mínimo, por **elementos** (art. 15, *caput*, Lei n. 4.320/64), de modo a se poder saber quanto poderá render ou despender cada unidade considerada[38].

> **Observação:** Entende-se por **elementos** "o desdobramento da despesa com pessoal, material, serviços, obras e outros meios de que se serve a administração pública para consecução dos seus fins" (art. 15, § 1.º, Lei n. 4.320/64).

De acordo com esse princípio, as receitas e as despesas são autorizadas pelo Poder Legislativo, não em bloco (de modo global), mas de modo **preciso** e **detalhado**, conferindo, em decorrência, clareza e compreensão ao orçamento público (art. 165, § 6.º, CF), contribuindo para melhor fiscalização do emprego de verbas públicas e dificultando, assim, o desvio delas[39].

12.2.5. PROGRAMAÇÃO

Segundo esse princípio, o orçamento deve ter o conteúdo e a forma de programação. Isto decorre da própria natureza do orçamento, que é a expressão quase completa do programa de cada um dos órgãos e entidades que constituem o setor público[40]. Como observa Celso Ribeiro Bastos, "modernamente a atividade planejadora vai adiante do orçamento clássico"[41].

O princípio da programação implica, segundo José Afonso da Silva, "em primeiro lugar, a formulação de objetivos e o estudo das alternativas da ação futura para alcançar

---

[36] Lei n. 4.320/64, art. 4.º: "A Lei de Orçamento compreenderá todas as despesas próprias dos órgãos do Governo e da Administração centralizada, ou que, por intermédio deles se devam realizar, observado o disposto no art. 2.º".

[37] Tal denominação é adotada por Geraldo de Camargo Vidigal (*Fundamentos do direito financeiro*, p. 248).

[38] VALÉRIO, Walter Paldes. *Programa de direito financeiro e finanças*, p. 165.

[39] PACIULLI, José. *Direito financeiro*, p. 155-156.

[40] KOHAMA, Heilio. *Contabilidade pública*: teoria e prática, p. 58.

[41] BASTOS, Celso Ribeiro. *Curso de direito financeiro e de direito tributário*, p. 80.

os fins da atividade governamental; importa, em segundo lugar, na redução dessas alternativas de um número muito amplo a um pequeno e, finalmente, na prossecução do curso da ação adotada através do programa de trabalho"[42].

Programar, consoante definição de Heilio Kohama, "é selecionar objetivos que se procuram alcançar, assim como determinar as ações que permitam atingir tais fins e calcular e consignar os recursos humanos materiais e financeiros, para a efetivação dessas ações"[43].

12.2.6. ANTERIORIDADE

O princípio da **anterioridade** (ou da **precedência**[44]) **orçamentária** recomenda que o orçamento seja aprovado antes do início do exercício financeiro a que servirá[45].

Tal princípio decorre do disposto no art. 35, § 2.º, inciso III, do ADCT da CF, segundo o qual o projeto da Lei Orçamentária Anual da União deve ser devolvido para a sanção presidencial até o encerramento da sessão legislativa (ou seja, até o dia 22 de dezembro de cada ano[46]), não sendo, pois, juridicamente possível elaborar orçamento para o mesmo exercício financeiro a que se refira[47].

> **Observação:** Na prática, contudo, não raro isso ocorre, sendo o orçamento promulgado e publicado no próprio exercício financeiro a que servirá. Com efeito, a LOA que estimou a receita e fixou a despesa da União para o exercício financeiro de 2024 (Lei n. 14.822, de 22.01.2024), por exemplo, foi promulgada e publicada no mesmo exercício financeiro a que se refere; o mesmo aconteceu com as leis orçamentárias anuais para os exercícios financeiros de 2018 (Lei n. 13.587, de 02.01.2018), 2019 (Lei n. 13.808, de 15.01.2019), 2020 (Lei n. 13.978, de 17.01.2020), 2021 (Lei n. 14.144, de 22.04.2021), 2022 (Lei n. 14.303, de 21.01.2022) e 2023 (Lei n. 14.535, de 17.01.2023), para citar somente os casos mais recentes.

O princípio da anterioridade orçamentária não se confunde com o princípio da **anterioridade tributária**, que proíbe que o tributo seja cobrado no mesmo exercício financeiro em que haja sido publicada a lei que o instituiu ou aumentou (art. 150, inciso III, alínea *b*, CF), ressalvadas as exceções constitucionalmente previstas (art. 150, § 1.º, 1.ª parte, CF).

---

[42] SILVA, José Afonso da. *Curso de direito constitucional positivo*, p. 714.

[43] KOHAMA, Heilio. *Contabilidade pública:* teoria e prática, p. 59.

[44] Adotam tal denominação: SILVA, Lino Martins da. *Contabilidade governamental:* um enfoque administrativo, p. 47; PASCOAL, Valdecir Fernandes. *Direito financeiro e controle externo*, p. 21. Há, ainda, quem prefira a denominação princípio da *antecedência*. Nesse sentido: PERES, Lázaro Borges et al. *Contabilidade pública*, p. 37. Outros falam em princípio da *antecipação*. Nesse sentido: D'AURIA, Francisco. *Ciência das finanças:* teoria e prática, p. 297.

[45] JARACH, Dino. *Finanzas públicas y derecho tributario*, p. 85.

[46] CF, art. 57, *caput*: "O Congresso Nacional reunir-se-á, anualmente, na Capital Federal, de 2 de fevereiro a 17 de julho e de 1.º de agosto a **22 de dezembro**" (destaque nosso) (artigo com redação dada pela Emenda Constitucional n. 50/2006).

[47] No âmbito dos Estados, do Distrito Federal e dos Municípios, caberá às Constituições Estaduais e às Leis Orgânicas, respectivamente, estabelecer tal prazo, ante a ausência da lei complementar prevista no inciso I do § 9.º do art. 165 da CF.

12 ◼ Teoria Geral do Orçamento Público   333

> **Observação:** Ressalte-se que, desde a promulgação da Emenda Constitucional n. 42, de 19.12.2003, exige-se não apenas que a publicação da lei instituidora ou majoradora do tributo seja anterior ao exercício em que se pretenda começar a exigir aquele tributo (princípio da **anterioridade tributária anual**), mas, **também**, que decorram 90 (noventa) dias da data de publicação da referida lei (**princípio da anterioridade nonagesimal** ou da **noventena**) (art. 150, inciso III, alínea *c*, CF), ressalvadas as exceções constitucionalmente estabelecidas (art. 150, § 1.º, 2.ª parte, CF)[48].

12.2.7. ANUALIDADE

As leis têm, em regra, caráter permanente, mantendo-se em vigor até serem revogadas por outras leis[49]. Em alguns casos, todavia, a lei pode ter **vigência temporária** e cessará, então, por **causas intrínsecas**, como no caso das leis orçamentárias, que, por sua natureza essencialmente transitória, são destinadas a vigorar apenas durante certo período[50], "autorrevogando-se" ao término dele[51].

O princípio da **anualidade** (ou da **periodicidade**[52]) **orçamentária** exige que o orçamento público seja elaborado e autorizado para determinado período, que denominamos **exercício financeiro**, assim entendido o período em que se executa o orçamento[53]. Também em virtude desse princípio, os créditos adicionais têm, em regra, vigência adstrita ao exercício financeiro em que forem abertos.

Assim, pelo princípio da anualidade orçamentária, as previsões das receitas e despesas públicas devem referir-se, sempre, a um período **limitado** de tempo.

A justificativa é que, por ser o orçamento um documento que consigna **previsões**, "estas serão tanto mais falhas ou irreais quanto maior for o período de sua vigência, sabido como é que a atividade de ordem econômica, seja privada, seja pública, é essencialmente mutável"[54]. Nesse sentido é a percepção de Cláudio Martins: "Conferir-lhe (ao orçamento) o caráter de permanência ou a continuidade peculiar às leis ordinárias seria dificultar-lhe a fiscalização e impossibilitar-lhe a revisão, que as

---

[48] Anteriormente à EC 42/2003, a noventena era aplicável tão somente às contribuições sociais para o financiamento da seguridade social (art. 195, § 6.º, CF).

[49] LINDB, art. 2.º: "Não se destinando à vigência temporária, a lei terá vigor até que outra a modifique ou revogue".

[50] STF, ADI-QO 612/RJ, Rel. Min. Celso de Mello, Pleno, j. em 03.06.1993, *DJ* 06.05.1994, p. 10484.

[51] STF, ADI 784/SC, Rel. Min. Moreira Alves, Pleno, j. 14.08.1997, *DJ* 26.09.1997, p. 47474. Nesses casos, como leciona Goffredo Telles Júnior, a vigência da lei termina por **autodeterminação** (*Iniciação na ciência do direito*, p. 204-205). Ressalte-se que é incabível ADI contra lei orçamentária que já exauriu sua eficácia jurídico-normativa (STF, ADI 885/DF, Rel. Min. Néri da Silveira, Pleno, j. em 17.06.1999, *DJ* 31.08.2001, p. 34).

[52] Adotam tal denominação: MACHADO JÚNIOR, J. Teixeira. *Administração orçamentária comparada:* Brasil-Estados Unidos, p. 63; PERES, Lázaro Borges et al. *Contabilidade pública*, p. 34. Há, ainda, quem prefira a denominação princípio da *anuidade*. Nesse sentido: FERREIRA, Pinto. *Comentários à Constituição brasileira*, v. 6, p. 49.

[53] VEIGA, Clóvis de Andrade. *Direito financeiro aplicado*, p. 192; PACIULLI, José. *Direito financeiro*, p. 156.

[54] VALÉRIO, Walter Paldes. *Programa de direito financeiro e finanças*, p. 164.

reiteradas mutações da vida financeira dos Estados exigem seja realizada em períodos não muito dilatados"[55].

Com efeito, como bem observa José Joaquim Teixeira Ribeiro, "o orçamento é sempre um mapa de previsão. As receitas e despesas que dele constam não são passadas, nem atuais, mas futuras. Ora, o futuro é incerto, e tanto mais incerto, geralmente, quanto mais distante. Torna-se ilusório, portanto, prever todo o futuro; daí que o orçamento tenha de confinar-se a determinado período: é a limitação no tempo"[56].

Por trás da ideia da periodicidade orçamentária — que decorre das **limitações humanas** de planejar e antever —, encontra-se, no dizer de Geraldo de Camargo Vidigal, "a intuição de que as normas financeiras não podem em regra assumir caráter estrutural, vinculando-se antes a situações de conjuntura"[57]. O mesmo autor aprofunda, noutra passagem, sua lição: "Os problemas de elaboração legislativa se tornam bastante mais agudos no campo do Direito Financeiro, dada a mobilidade extrema do meio que é seu objeto. À estruturalidade, que caracteriza em regra os institutos jurídicos, opõe-se em matéria financeira a presença nunca afastada de elementos conjunturais"[58].

Ademais, outra razão que fundamenta a fórmula da anualidade orçamentária consiste em que a prerrogativa de **controle** do orçamento por parte do Poder Legislativo deve ser realizada do modo mais **frequente** possível[59]. Pelo referido princípio, o Legislativo deve exercer o controle político sobre o Executivo pela **renovação anual** da permissão para a arrecadação das receitas e a realização dos gastos, sendo inconcebível a perpetuidade ou a permanência da autorização legislativa para a gestão financeira[60].

> **Observação:** O exercício financeiro pode ou não corresponder ao ano civil. De acordo com o art. 165, § 9.º, inciso I, da Constituição Federal, cabe à Lei complementar dispor sobre o exercício financeiro. No Brasil, por força do art. 34 da Lei n. 4.320/64, o exercício financeiro **coincide com o ano civil**, tendo em vista a necessidade de se repensar a cada ano as diversas prioridades sociais que o governo deverá atingir[61]. O período anual, como destaca Geraldo de Camargo Vidigal, "tem a seu favor coincidir com o ciclo das safras e tornar mais simples as comparações entre exercícios"[62].

> **Observação:** Apesar do princípio da anualidade, a LOA poderá conter **previsões de despesas para exercícios seguintes**, com a especificação dos investimentos plurianuais e daqueles em andamento (art. 165, § 14, CF)[63].

---

[55] MARTINS, Cláudio. *Compêndio de finanças públicas*, p. 216-217.

[56] RIBEIRO, José Joaquim Teixeira. *Lições de finanças públicas*, p. 49.

[57] VIDIGAL, Geraldo de Camargo. *Fundamentos do direito financeiro*, p. 246.

[58] VIDIGAL, Geraldo de Camargo. *Fundamentos do direito financeiro*, p. 270-271.

[59] FRANCO, António L. de Sousa. *Finanças públicas e direito financeiro*, v. I, p. 347; SILVA, Lino Martins da. *Contabilidade governamental:* um enfoque administrativo, p. 40.

[60] TORRES, Ricardo Lobo. *O orçamento na constituição*, p. 202.

[61] SEIXAS FILHO, Aurélio Pitanga. Limites orçamentários da administração pública, p. 158.

[62] VIDIGAL, Geraldo de Camargo. *Fundamentos do direito financeiro*, p. 246.

[63] Parágrafo incluído pela Emenda Constitucional n. 102, de 26.09.2019.

12 ∎ Teoria Geral do Orçamento Público

Ressalte-se que a circunstância de o Plano Plurianual coexistir com a Lei Orçamentária Anual — realidade trazida pela Constituição de 1988 — não retira da anualidade a condição de princípio orçamentário, tendo em vista que o primeiro, nos seus aspectos macros, diz respeito tão somente ao planejamento governamental, não tendo, pois, o caráter dinâmico-operativo próprio do orçamento anual: o plano plurianual não é operativo por si, e sim por meio deste último[64]. Com efeito, o orçamento anual é dito **operativo**, porque é executável, ao passo que o Plano Plurianual não é operativo, mas meramente **programático**[65]. Mesmo as despesas de capital constantes do Plano Plurianual são executadas ano a ano pelo Orçamento Anual[66].

Observação: O princípio da anualidade **orçamentária** (ou **financeira**) não se confunde com o da anualidade **tributária**. Com a ordem constitucional de 1988, a anualidade resumiu-se a impor ao Executivo a apresentação de projeto de lei contendo o programa governamental a ser executado em dado exercício (**anualidade financeira ou orçamentária**). Não mais subsiste, em nosso ordenamento, o princípio da **anualidade tributária**, que impedia a cobrança do tributo que não estivesse previsto na lei orçamentária, tendo sido substituído, desde a Emenda Constitucional n. 1, de 1969 (à Constituição de 1967), pelo princípio da **anterioridade tributária** (art. 150, inciso III, alínea *b*, CF), que, como visto, impõe unicamente a publicação da lei instituidora do tributo no exercício anterior àquele em que se pretenda exigi-lo[67].

12.2.8. UNIDADE

O princípio da **unidade orçamentária**, cuja observância é exigida pelo art. 2.º da Lei n. 4.320/64, preconizava, em sua **acepção original**, que o orçamento deveria ser **uno**, ou seja, que deveria existir somente **um documento** orçamentário, **uma peça orçamentária única** agrupando as receitas e despesas do Estado para determinado exercício financeiro[68].

A finalidade da regra seria evitar múltiplos orçamentos ("orçamentos paralelos") dentro da mesma pessoa política, visando, assim, facilitar o controle da atividade financeira estatal[69].

Atualmente, com a existência de três instrumentos normativos em matéria orçamentária (Plano Plurianual, Lei das Diretrizes Orçamentárias e Lei Orçamentária Anual; esta, por seu turno, compreendendo o orçamento fiscal, o orçamento de

---

[64] Nesse sentido: NASCIMENTO, Carlos Valder do. *Curso de direito financeiro*, p. 71; HARADA, Kiyoshi. *Direito financeiro e tributário*, p. 73.

[65] FERREIRA, José Ribamar Gaspar. *Curso de direito financeiro*, p. 37. O referido autor, contudo, na obra citada, atribui o caráter programático anteriormente referido ao *Orçamento Plurianual de Investimentos* (art. 23 da Lei n. 4.320/64), que, na ordem constitucional anterior, correspondia ao atual Plano Plurianual (PPA).

[66] FERREIRA, Pinto. *Comentários à Constituição brasileira*, v. 6, p. 50.

[67] ROSA JÚNIOR, Luiz Emygdio F. da. *Manual de direito financeiro e direito tributário*, p. 87.

[68] FONROUGE, Carlos M. Giuliani. *Derecho financiero*, t. I, p. 166; VILLEGAS, Héctor B. *Curso de finanzas, derecho financiero y tributario*, p. 128-129. Nesse sentido era o disposto no art. 73 da Constituição Brasileira de 1946.

[69] SILVA, José Afonso da. *Orçamento-programa no Brasil*, p. 140.

336 Direito Financeiro e Econômico Esquematizado   *Carlos Alberto de Moraes Ramos Filho*

investimento e o orçamento da seguridade social), o princípio da unidade não mais se preocupa com a unidade documental (formal), mas com a **unidade de orientação política**, passando a significar que os atos legislativos anteriormente referidos devem estar "integrados e harmonizados de acordo com os fins públicos propostos"[70]. Tais leis, dito de outro modo, devem obrigatoriamente seguir a **mesma diretriz**, convergindo para o mesmo ponto, sendo inadmissível que uma lei contrarie a outra, como se infere da leitura do inciso I do § 3.º do art. 166 da Constituição de 1988[71] e do § 4.º deste dispositivo constitucional[72]. Sem embargo de haver três orçamentos em nossa ordem jurídica, a unidade persiste, pois, como observa José Afonso da Silva, a unidade orçamentária não é documental (formal), mas **substancial**, de orientação política, de objetivos a serem atingidos dentro de uma estrutura integrada do sistema[73].

Também pelo princípio da unidade, ensina Heilio Kohama, os "orçamentos de todos os órgãos autônomos que constituem o setor público devem fundamentar-se em uma única política orçamentária estruturada uniformemente e que se ajuste a um método único"[74]. Isto contribuirá, segundo o autor, "para evitar a duplicação de funções ou superposição de entidades na realização de atividades correlatas, colaborando de maneira valiosa para a racionalização na utilização dos recursos"[75].

12.2.9. NÃO AFETAÇÃO

O princípio da **não afetação** (ou da **não vinculação**) objetiva que determinados recursos públicos não sejam direcionados para atender gastos determinados, isto é, que não tenham uma destinação especial, de modo a que ingressem, sem discriminação, a um "fundo comum" e sirvam para financiar todas as despesas públicas[76].

No Brasil, tal princípio significa que não pode ser criado **imposto** cuja receita seja vinculada a um fim específico, previamente estabelecido na lei que o instituiu

---

[70] BROLIANI, Jozélia Nogueira. Fundos, p. 31.

[71] CF, art. 166, § 3.º: "As emendas ao projeto de lei do orçamento anual ou aos projetos que o modifiquem somente podem ser aprovadas caso: I — sejam compatíveis com o plano plurianual e com a lei de diretrizes orçamentárias". Também merece destaque o § 7.º do art. 165 da CF, que exige que o orçamento fiscal e o orçamento de investimento das empresas estatais (art. 165, § 5.º, incisos I e II, CF) sejam compatíveis com o Plano Plurianual.

[72] CF, art. 166, § 4.º: "As emendas ao projeto de lei de diretrizes orçamentárias não poderão ser aprovadas quando incompatíveis com o plano plurianual".

[73] SILVA, José Afonso da. *Curso de direito constitucional positivo*, p. 717. No mesmo sentido: JARDIM, Eduardo Marcial Ferreira. *Manual de direito financeiro e tributário*, p. 31; ROSA JÚNIOR, Luiz Emygdio F. da. *Manual de direito financeiro e direito tributário*, p. 86; FERREIRA, Pinto. *Comentários à Constituição brasileira*, v. 6, p. 52; SLAIBI FILHO, Nagib. *Anotações à Constituição de 1988:* aspectos fundamentais, p. 380. Em sentido contrário é a lição de Régis Fernandes de Oliveira e Estevão Horvath, que, interpretando o § 5.º do art. 165 da CF, entendem a unidade orçamentária como princípio formal, isto é, "a peça orçamentária deve ser única e uma só, contendo todos os gastos e receitas" (*Manual de direito financeiro*, p. 94).

[74] KOHAMA, Heilio. *Contabilidade pública:* teoria e prática, p. 59.

[75] KOHAMA, Heilio. *Contabilidade pública:* teoria e prática, p. 59.

[76] FONROUGE, Carlos M. Giuliani. *Derecho financiero*, t. I, p. 174.

12 ◼ Teoria Geral do Orçamento Público   337

(art. 167, inciso IV, CF)[77]. Tal norma é de aplicação simétrica por **todos os entes da Federação**[78].

A proibição em questão não atinge as demais espécies tributárias, mas apenas os **impostos**[79]. É que o imposto, como visto anteriormente, é o tributo que o Estado percebe a fim de atender indiscriminadamente, de modo global, às **necessidades gerais** da administração pública. Nesse sentido é a jurisprudência do Supremo Tribunal Federal, reconhecendo que a "receita de impostos compõe a reserva necessária para fazer frente a toda e qualquer despesa *uti universi* (...)"[80]. Daí por que, observa Iso Chaitz Scherkerkewitz, "a receita de impostos não pode estar vinculada a qualquer item do orçamento, ou seja, não se pode cobrar imposto para melhorar o sistema educacional, ou consertar as estradas. Em casos como tais, por vias oblíquas, estar-se-á instituindo um tributo vinculado a uma atuação estatal, fato proibido pela nossa Constituição Federal"[81].

A finalidade dessa vedação é evitar o **"engessamento"** das verbas públicas, que impediria o administrador público de aplicá-las onde se mostrem necessárias, consoante leciona Régis Fernandes de Oliveira: "O Estado deve ter disponibilidade da massa de dinheiro arrecadado, destinando-o a quem quiser, dentro dos parâmetros que ele próprio elege como objetivos preferenciais. Não se pode colocar o Estado dentro de uma camisa de força, minguando seus recursos, para que os objetivos traçados não fiquem ou não venham a ser frustrados. Deve haver disponibilidade para agir"[82].

---

[77] STF, AI-AgR 488.016/SP, Rel. Min. Eros Grau, 1.ª Turma, j. em 16.12.2004, *DJ* 08.04.2005, p. 19.

[78] STF, ADI 5.897/SC, Rel. Min. Luiz Fux, Pleno, j. em 24.04.2019, *DJe*-168 02.08.2019.

[79] Consagrando tal entendimento, o STF já reconheceu a constitucionalidade da vinculação do produto da arrecadação de taxas: ADI-MC 1.926/PE, Rel. Min. Sepúlveda Pertence, Pleno, j. em 19.04.1999, *DJ* 10.09.1999; ADI 1.145/PB, Rel. Min. Carlos Velloso, Pleno, j. em 03.10.2002, *DJ* 08.11.2002, p. 20; ADI 3.643/RJ, Rel. Min. Carlos Britto, Pleno, j. em 08.11.2006, *DJ* 16.02.2007, p. 19; RE-AgR 570.513/GO, Rel. Min. Eros Grau, 2.ª Turma, j. em 16.12.2008, *DJe*-038 27.02.2009; p. 2; ADI 3.028/RN, Rel. p/ Acórdão Min. Ayres Britto, Pleno, j. em 26.05.2010, *DJe*-120 01.07.2010. No mesmo sentido é a jurisprudência do STJ: RMS 20.711/GO, Rel. Min. Teori Albino Zavascki, 1.ª Turma, j. em 13.02.2007, *DJ* 01.03.2007, p. 226. Ressalte-se que na Constituição pretérita o princípio da não afetação abrangia todos os tributos, ressalvadas as exceções estampadas no próprio Texto Constitucional revogado (art. 62, § 2.º, da CF/67, com redação da Emenda Constitucional n. 1, de 17.10.1969). Nesse sentido: STF, Rp 1.295/RS, Rel. Min. Moreira Alves, Pleno, j. em 09.09.1987, *DJ* 17.03.1989, p. 3604.

[80] STF, RE-AgR 800.282/SP, Rel. Min. Roberto Barroso, 1.ª Turma, j. em 10.02.2015, *DJe*-043 06.03.2015.

[81] SCHERKERKEWITZ, Iso Chaitz. *Sistema constitucional tributário*, p. 77.

[82] OLIVEIRA, Régis Fernandes de; HORVATH, Estevão. *Manual de direito financeiro*, p. 94. No mesmo sentido: CONTI, José Maurício. *Direito financeiro na Constituição de 1988*, p. 103. A jurisprudência do STF é firme no sentido de que são inconstitucionais as normas que estabelecem vinculação das receitas de impostos a órgãos, fundos ou despesas, seja porque desrespeitam a vedação contida no art. 167, inciso IV, da CF, seja porque restringem a competência constitucional do Poder Executivo para a elaboração das propostas de leis orçamentárias: "As restrições impostas ao exercício das competências constitucionais conferidas ao Poder Executivo, entre elas a fixação de políticas públicas, importam em contrariedade ao princípio da independência e harmonia entre os Poderes" (ADI-MC-REF 4.102/RJ, Rel. Min. Cármen Lúcia, Pleno, j. em 26.05.2010, *DJe*-179 24.09.2010).

Assim, com fundamento no princípio da não afetação, o STF, em diversas oportunidades, reconheceu a inconstitucionalidade de legislações que, direta ou indiretamente, vinculavam a receita de impostos a despesas específicas[83].

Excepcionando a regra da não afetação, o inciso IV do art. 167 da CF, permite a vinculação de receita de impostos nos seguintes casos:

- a repartição do produto da arrecadação dos impostos a que se referem os arts. 158 e 159 da CF;
- a destinação de recursos para as ações e serviços públicos de **saúde**, como determinado pelo art. 198, § 2.º, da CF;
- a destinação de recursos para manutenção e desenvolvimento do **ensino**, como determinado pelo art. 212 da CF[84];

---

[83] Nesse sentido: ADI 103/RO, Rel. Min. Sydney Sanches, Pleno, j. em 03.08.1995, *DJ* 08.09.1995, p. 28353; RE 183.906/SP, Rel. Min. Marco Aurélio, Pleno, j. em 18.09.1997, *DJ* 30.04.1998, p. 18; RE 172.153/SP, Rel. Min. Maurício Corrêa, 2.ª Turma, j. em 12.12.1997, *DJ* 27.02.1998, p. 17; RE 213.739/SP, Rel. Min. Marco Aurélio, Pleno, j. em 06.05.1998, *DJ* 02.10.1998, p. 12; RE 188.443/SP, Rel. Min. Marco Aurélio, Pleno, j. em 06.05.1998, *DJ* 11.09.1998, p. 22; RE 194.050/SP, Rel. Min. Moreira Alves, 1.ª Turma, j. em 07.12.1999, *DJ* 03.03.2000, p. 89; RE 199.119/SP, Rel. Min. Ilmar Galvão, 1.ª Turma, j. em 09.05.2000, *DJ* 04.08.2000, p. 33; RE 251.238/RS, Rel. p/ Acórdão Min. Nelson Jobim, Pleno, j. em 07.11.2001, *DJ* 23.08.2002, p. 71; ADI 1.848/RO, Rel. Min. Ilmar Galvão, Pleno, j. em 05.09.2002, *DJ* 25.10.2002, p. 24; RE-AgR 329.196/SP, Rel. Min. Carlos Velloso, 2.ª Turma, j. em 17.09.2002, *DJ* 11.10.2002, p. 42; ADI 2.529/PR, Rel. Min. Gilmar Mendes, Pleno, j. em 14.06.2007, *DJ* 06.09.2007, p. 36; RE-AgR 411.044/RS, Rel. Min. Eros Grau, 2.ª Turma, j. em 09.10.2007, *DJ* 30.11.2007, p. 109; RE 218.874/SC, Rel. Min. Eros Grau, Pleno, j. em 07.11.2007, *DJe*-018 01.02.2008; AI-AgR 463.587/RS, Rel. Min. Ricardo Lewandowski, 1.ª Turma, j. em 23.06.2009, *DJe*-152 14.08.2009; ADI 1.759/SC, Rel. Min. Gilmar Mendes, Pleno, j. em 14.04.2010, *DJe*-154 20.08.2010; ADI 4.102/RJ, Rel. Min. Cármen Lúcia, Pleno, j. em 30.10.2014, *DJe*-027 10.02.2015; ADI 4.511/DF, Rel. Min. Edson Fachin, Pleno, j. em 06.04.2016, *DJe*-076 20.04.2016; ADI 1.374/MA, Rel. Min. Celso de Mello, Pleno, j. em 17.10.2018, *DJe*-051 15.03.2019. Confira-se sobre o tema o seguinte julgado do STF: "1. É inconstitucional a lei complementar distrital que cria programa de incentivo às atividades esportivas mediante concessão de benefício fiscal às pessoas jurídicas, contribuintes do IPVA, que patrocinem, façam doações e investimentos em favor de atletas ou pessoas jurídicas. 2. O ato normativo atacado a faculta [*sic*] vinculação de receita de impostos, vedada pelo artigo 167, inciso IV, da CB/88. Irrelevante se a destinação ocorre antes ou depois da entrada da receita nos cofres públicos. 3. Ação Direta de Inconstitucionalidade julgada procedente para declarar a inconstitucionalidade da vinculação do imposto sobre propriedade de veículos automotores — IPVA, contida na LC n. 26/97 do Distrito Federal" (ADI 1.750/DF, Rel. Min. Eros Grau, Pleno, j. em 20.09.2006, *DJ* 13.10.2006, p. 43). Segundo decidiu o STF, o inciso IV do art. 167 da CF "não permite a vinculação da receita de impostos estaduais a programas de desenvolvimento regional" (ADI 422/ES, Rel. Min. Luiz Fux, Pleno, j. em 23.08.2019, *DJe*-195 09.09.2019).

[84] CF, art. 212, *caput*: "A União aplicará, anualmente, nunca menos de dezoito, e os Estados, o Distrito Federal e os Municípios vinte e cinco por cento, no mínimo, da receita resultante de impostos, compreendida a proveniente de transferências, na manutenção e desenvolvimento do ensino". O STF, com fundamento no princípio da não afetação, declarou a inconstitucionalidade do § 2.º do art. 202 da Constituição do Estado do Rio Grande do Sul, bem como da Lei gaúcha n. 9.723, de 16.09.1992, que determinou a aplicação mínima de 35% (trinta e cinco por cento) da receita resultante de impostos na educação e vinculou a destinação de 10% (dez por cento) desses recursos à

12 ◼ Teoria Geral do Orçamento Público   339

◼ a destinação de recursos para a realização de **atividades da administração tributária**, como determinado pelo art. 37, inciso XXII, da CF[85];

◼ a prestação de garantias às operações de crédito por antecipação de receita, previstas no art. 165, § 8.º, da CF.

É igualmente permitida a vinculação das receitas a que se referem os arts. 155, 156, 156-A, 157, 158 e as alíneas *a*, *b*, *d*, *e* e *f* do inciso I e o inciso II do *caput* do art. 159 da CF para (art. 167, § 4.º, CF[86]):

◼ pagamento de débitos com a União;

◼ prestação de garantia ou contragarantia à União[87].

Também não se aplica a vedação de vinculação de receita de impostos estabelecida no inciso IV do art. 167 da CF às hipóteses previstas no § 19 do art. 100 da CF (parágrafo acrescentado pela EC n. 94/2016) e no § 2.º do art. 101 do ADCT (artigo acrescentado pela EC n. 94/2016).

Ressalte-se que a regra da não afetação da receita de impostos é afastada **apenas** nas hipóteses **expressamente ressalvadas** pelo Texto Constitucional[88].

Não resta configurada ofensa ao princípio da não afetação na hipótese de ser vinculado a órgão, fundo ou despesa o produto da participação de um ente político na receita de tributo instituído por outro ente (por exemplo, nos casos dos arts. 157 a 162 da CF), pois a vinculação vedada pelo inciso IV do art. 167 da CF refere-se a tributos próprios[89].

"manutenção e conservação das escolas públicas estaduais" (ADI 820/RS, Rel. Min. Eros Grau, Pleno, j. em 15.03.2007, *DJe*-036 29.02.2008).

[85] CF, art. 37, inciso XXII: "as administrações tributárias da União, dos Estados, do Distrito Federal e dos Municípios, atividades essenciais ao funcionamento do Estado, exercidas por servidores de carreiras específicas, terão recursos prioritários para a realização de suas atividades e atuarão de forma integrada, inclusive com o compartilhamento de cadastros e de informações fiscais, na forma da lei ou convênio" (inciso acrescentado pela Emenda Constitucional n. 42, de 19.12.2003). As **cessões de direitos creditórios tributários** realizadas nos termos do art. 39-A da Lei n. 4.320/64 (acrescentado pela Lei Complementar n. 208/2024), de acordo com seu § 5.º, são consideradas **atividades da administração tributária**, não se aplicando a vedação constante do inciso IV do art. 167 da CF aos créditos originados de **impostos**.

[86] Parágrafo com redação dada pela Emenda Constitucional n. 132, de 20.12.2023.

[87] Ressalte-se que a CF, quanto aos institutos da garantia e da contragarantia, apenas o permite considerada a **União**. Assim, decidiu o STF que um município não pode firmar contrato de empréstimo por antecipação de receitas com instituição financeira, conferindo como garantia (de satisfação de débito) os recursos provenientes da antecipação de receita orçamentária oriundos de cotas do ICMS e do Fundo de Participação de Municípios (FPM): "RECEITA PÚBLICA — FUNDO DE PARTICIPAÇÃO DOS MUNICÍPIOS — ICMS. O que previsto no inciso IV do artigo 167 da Constituição Federal não autoriza o estabelecimento de cláusula contratual que implique, a um só tempo, vinculação e repasse direto de valores sem o aporte na contabilidade do município, sem o ingresso nesta última — inteligência do artigo 167, inciso IV e § 4.º, da Carta da República" (RE-AgR 397.458/MT, Rel. Min. Marco Aurélio, 1.ª Turma, j. em 19.02.2013, *DJe*-046 11.03.2013).

[88] STF, ADI 1.689/PE, Rel. Min. Sydney Sanches, Pleno, j. em 12.03.2003, *DJ* 02.05.2003, p. 25.

[89] STF, (RE 184.116/MS, Rel. Min. Marco Aurélio, 2.ª Turma, j. em 07.11.2000, *DJ* 16.02.2001, p. 139).

340 Direito Financeiro e Econômico Esquematizado — *Carlos Alberto de Moraes Ramos Filho*

Também não ofende o princípio da não afetação a norma que apenas imponha o dever de divulgação, pelo Chefe do Executivo, do emprego dos recursos provenientes do aumento da alíquota de imposto, desde que não haja a fixação de prévia destinação desses recursos[90].

12.2.10. TRANSPARÊNCIA

A LRF (LC n. 101/2000) elegeu a **ação transparente** como um dos pressupostos da responsabilidade na gestão fiscal (art. 1.º, § 1.º).

Os "planos, orçamentos e leis de diretrizes orçamentárias", por sua vez, foram indicados pela mesma legislação como "instrumentos de transparência da gestão fiscal" (art. 48, *caput*).

Pode-se dizer, por conseguinte, que a LRF consagrou o princípio da **transparência orçamentária**, ao determinar que seja dada ampla divulgação, inclusive em meios eletrônicos de acesso público[91], aos referidos documentos. Como bem observa António L. de Sousa Franco, "um orçamento não publicado não é orçamento"[92].

> **Observação:** É importante observar que a transparência orçamentária não consiste apenas na obrigatoriedade de divulgação *a posteriori* do conteúdo das leis orçamentárias (PPA, LDO e LOA), sendo assegurada também mediante incentivo à participação popular e realização de audiências públicas, durante os processos de elaboração e discussão das referidas leis (art. 48, § 1.º, inciso I, da LRF, com redação dada pela Lei Complementar n. 131, de 27.05.2009)[93].

> **Observação:** O STF declarou a **inconstitucionalidade** da Lei estadual n. 11.179, de 25.06.1998[94], e da Emenda Constitucional n. 30, de 06.03.2002[95], ambas do Rio Grande do Sul, que estabeleciam a realização de **consultas populares** como etapa obrigatória e preliminar da elaboração da proposta orçamentária anual e atribuíam aos resultados de tais consultas **caráter vinculante**, ou seja, deveriam necessariamente constar da proposta do Executivo. Entendeu o STF que, no caso, a vinculação da vontade popular contraria a iniciativa privativa do Chefe do Poder Executivo para a elaboração da proposta orçamentária anual[96].

---

[90] STF (RE 585.535/SP, Rel. Min. Ellen Gracie, Pleno, j. em 01.02.2010, *DJe*-091 21.05.2010). No referido julgado foi fixada a seguinte tese de repercussão geral (**Tema 92**): "Não viola o art. 167, IV, da Constituição Federal lei estadual que, ao prever o aumento da alíquota do Imposto sobre Circulação de Mercadorias e Serviços — ICMS, impõe ao Chefe do Executivo a divulgação da aplicação dos recursos provenientes desse aumento".

[91] Por "meio eletrônico que possibilite amplo acesso público", entende-se a Internet, sem exigências de cadastramento de usuários ou utilização de senhas para acesso (art. 2.º, § 2.º, inciso III, Decreto n. 7.185, de 27.05.2010).

[92] FRANCO, António L. de Sousa. *Finanças públicas e direito financeiro*, v. I, p. 355.

[93] A Lei Complementar n. 156, de 28.12.2016, renumerou o parágrafo único do art. 48 da LRF, que passou a ser o § 1.º.

[94] ADI 2.037/RS, Rel. Min. Nunes Marques, Pleno, j. em 02.10.2023, *DJe*-s/n 21.11.2023.

[95] ADI 2.680/RS, Rel. Min. Gilmar Mendes, Pleno, j. em 29.05.2020, *DJe*-149 16.06.2020.

[96] O STF também declarou a inconstitucionalidade de norma da Constituição do Estado de Santa Catarina que obrigava o Poder Executivo estadual a executar as prioridades do orçamento estabe-

> Entendemos que não contraria a CF a previsão legal de que a elaboração do orçamento público seja precedida de consulta pública à população, o que, aliás, encontra respaldo no art. 48, § 1.º, inciso I, da LRF, consoante bem destacou o Ministro Edson Fachin em seu voto na ADI 2.037/RS, que, todavia, restou vencido.
>
> Assim, em nosso entender, afigura-se constitucional a lei estadual que preveja a realização de consulta popular na elaboração da lei orçamentária anual, **desde que não seja atribuído caráter vinculante** às deliberações populares. Nesse sentido, aliás, foi a manifestação do Procurador-Geral da República em seu último parecer na ADI 2.037/RS: "Parecer pela parcial procedência do pedido, para conferir interpretação conforme a Constituição ao ato normativo impugnado, no sentido de que o resultado das consultas públicas preconizadas na Lei 11.179/1998 não sejam vinculantes em relação ao Poder Executivo ou Legislativo do Estado do Rio Grande do Sul". O Relator, contudo, observou que: "Consultas populares, mormente se de resultados não vinculantes, podem ser realizadas pelo poder público sem que para isso seja imprescindível a existência de lei".

Em verdade, a ideia de transparência orçamentária deriva do **princípio da publicidade** dos atos administrativos, expressamente previsto no *caput* do art. 37 da CF/88, que, por sua vez, decorre da constatação de que a razão de ser do Estado é externa, posto que os beneficiários de sua atuação são sempre os administrados. Com efeito, se no regime republicano todo o poder emana do povo (art. 1.º, parágrafo único, CF/88), este, como titular do poder, tem o direito de conhecer tudo o que concerne à Administração, bem como controlar passo a passo o exercício do poder[97].

Também em nome da transparência da gestão fiscal, o § 1.º do art. 48 da LRF exige a liberação ao pleno conhecimento e acompanhamento da sociedade, **em tempo real**[98], de informações pormenorizadas sobre a execução orçamentária e financeira, em meios eletrônicos de acesso público[99].

Para o atendimento da referida exigência legal, o art. 48-A da LRF (incluído pela LC n. 131/2009) determina aos entes da Federação que disponibilizem a

---

lecidas em audiências públicas regionais (ADI 5.274/SC, Rel. Min. Cármen Lúcia, Pleno, j. em 19.10.2021, *DJe*-236 30.11.2021).

[97] Conclui-se, por conseguinte, que não há, nos modelos políticos que consagram a democracia, espaço possível reservado ao mistério, consoante já decidiu o STF: "O novo estatuto político brasileiro — que rejeita o poder que oculta e não tolera o poder que se oculta — consagrou a publicidade dos atos e das atividades estatais como valor constitucionalmente assegurado, disciplinando-o, com expressa ressalva para as situações de interesse público, entre os direitos e garantias fundamentais. A Carta Federal, ao proclamar os direitos e deveres individuais e coletivos (art. 5.º), enunciou preceitos básicos, cuja compreensão é essencial à caracterização da ordem democrática como um regime do poder visível, ou, na lição expressiva de BOBBIO, como 'um modelo ideal do governo público em público'" (MI 284/DF, Rel. p/ Acórdão Min. Celso de Mello, Pleno, j. em 22.11.1992, *DJ* 26.06.1992, p. 10103).

[98] Por "disponibilização de informações em tempo real", entende-se a disponibilização das informações até o primeiro dia útil subsequente à data do registro contábil no Sistema Único e Integrado de Execução Orçamentária, Administração Financeira e Controle — Siafic, sem prejuízo do desempenho e da preservação das rotinas de segurança operacional necessários ao seu pleno funcionamento (art. 2.º, inciso IX, Decreto n. 10.540, de 05.11.2020).

[99] Meios eletrônicos de amplo acesso público são os "sistemas, painéis de visualização de dados e sítios eletrônicos que não exijam cadastramento de usuário ou utilização de senha para acesso" (art. 2.º, inciso X, Decreto n. 10.540, de 05.11.2020).

qualquer pessoa física ou jurídica o acesso a informações referentes às despesas e receitas públicas.

Quanto à despesa, o citado dispositivo exige a divulgação de todos os atos praticados pelas unidades gestoras[100] no decorrer da execução do gasto, no momento de sua realização. Regulamentando tal exigência, o art. 8.º do Decreto n. 10.540, de 05.11.2020, determina a disponibilização das seguintes informações:

- os dados referentes ao empenho, à liquidação e ao pagamento;
- o número do correspondente processo que instruir a execução orçamentária da despesa, quando for o caso;
- a classificação orçamentária, com a especificação da unidade orçamentária, da função, da subfunção, da natureza da despesa, do programa e da ação e da fonte dos recursos que financiou o gasto, conforme as normas gerais de consolidação das contas públicas de que trata § 2.º do art. 50 da LRF;
- os dados e as informações referentes aos desembolsos independentes da execução orçamentária;
- a pessoa física ou jurídica beneficiária do pagamento, com seu respectivo número de inscrição no Cadastro de Pessoas Físicas — CPF ou no Cadastro Nacional da Pessoa Jurídica — CNPJ, inclusive quanto aos desembolsos de operações independentes da execução orçamentária, exceto na hipótese de folha de pagamento de pessoal e de benefícios previdenciários;
- a relação dos convênios realizados, com o número do processo correspondente, o nome e identificação por CPF ou CNPJ do convenente, o objeto e o valor;
- o procedimento licitatório realizado, ou a sua dispensa ou inexigibilidade, quando for o caso, com o número do respectivo processo; e
- a descrição do bem ou do serviço adquirido, quando for o caso.

Quanto à receita, o art. 48-A da LRF e o art. 8.º do Decreto n. 10.540/2020 exigem a divulgação das seguintes informações:

- à previsão na Lei Orçamentária Anual (LOA);
- ao lançamento, observado o disposto no art. 142 do Código Tributário Nacional — CTN (Lei n. 5.172, de 25.10.1966), e nos arts. 52 e 53 da Lei n. 4.320/64, resguardado o sigilo fiscal na forma da legislação, quando for o caso;
- à arrecadação, inclusive referentes a recursos extraordinários; ao recolhimento; e
- à classificação orçamentária, com a especificação da natureza da receita e da fonte de recursos, observadas as normas gerais de consolidação das contas públicas de que trata o § 2.º do art. 50 da LRF.

---

[100] Por "unidade gestora ou executora", entende-se "a unidade orçamentária ou administrativa que realiza atos de gestão orçamentária, financeira ou patrimonial, cujo titular está sujeito à prestação de contas anual" (art. 2.º, inciso XI, Decreto n. 10.540, de 05.11.2020).

12 ▪ Teoria Geral do Orçamento Público   343

Ainda como corolário da ideia de transparência, o inciso III do § 1.º do art. 48 da LRF exige a adoção de **sistema integrado**[101] de administração financeira e controle, que atenda a padrão mínimo de qualidade estabelecido pelo Poder Executivo da União[102] e ao disposto no art. 48-A da LRF.

Também em nome da transparência, os entes federativos devem disponibilizar suas informações e dados contábeis, orçamentários e fiscais conforme periodicidade, formato e sistema estabelecidos pelo órgão central de contabilidade da União, de forma a garantir a rastreabilidade, a comparabilidade e a publicidade dos dados coletados, os quais deverão ser divulgados em meio eletrônico de amplo acesso público. Referida exigência, que já estava positivada no art. 48, § 2.º, da LRF (parágrafo incluído pela LC n. 156/2016), passou a constar do art. 163-A da CF (introduzido pela Emenda Constitucional n. 108, de 26.08.2020).

Atendendo tal determinação, os entes estarão cumprindo o dever de ampla divulgação a que se refere o *caput* do art. 48 da LRF, nos termos do § 5.º do mesmo artigo (parágrafo introduzido pela LC n. 156/2016).

A inobservância do § 2.º do art. 48 da LRF impedirá, até que a situação seja regularizada, que o ente da Federação (art. 48, § 4.º, c/c o art. 51, § 2.º, ambos da LRF):

■ receba transferências voluntárias; e

■ contrate operações de crédito, exceto as destinadas ao pagamento da dívida mobiliária.

Ainda como desdobramento do princípio da transparência, o art. 51 da LRF impõe ao Poder Executivo da União o dever de promover, até o dia 30 de junho, a **consolidação**, nacional e por esfera de governo, **das contas dos entes da Federação** relativas ao exercício anterior, e a sua **divulgação**, inclusive por meio eletrônico de acesso público.

Para tanto, devem os Estados e os Municípios encaminhar suas contas ao Poder Executivo da União até 30 de abril (art. 51, § 1.º, LRF).

O descumprimento dos mencionados prazos impede, até que a situação seja regularizada, que o Poder ou órgão (art. 51, § 2.º, LRF):

■ receba transferências voluntárias; e

■ contrate operações de crédito, exceto as destinadas ao pagamento da dívida mobiliária.

> **Observação:** O STF reconheceu a **constitucionalidade** do art. 51 da LRF, que "não veicula qualquer condicionamento material da autonomia financeira dos Entes federativos, mas de exigência de ordem formal, relacionada à prestação e posterior divulgação das contas públicas" (ADI 2.250/DF, Rel. Min. Alexandre de Moraes, Pleno, j. em 21.08.2019, *DJe*-223 09.09.2020).

---

[101] Por "sistema integrado" entende-se o "sistema informatizado que permite a integração ou a comunicação, sem intervenção humana, com outros sistemas estruturantes cujos dados possam afetar as informações orçamentárias, contábeis e fiscais, tais como controle patrimonial, arrecadação, contratações públicas, dentre outras" (art. 2.º, inciso II, Decreto n. 10.540, de 05.11.2020).

[102] O Decreto n. 10.540, de 05.11.2020, dispõe sobre o padrão mínimo de qualidade do Sistema Único e Integrado de Execução Orçamentária, Administração Financeira e Controle — Siafic, nos termos do art. 48, § 1.º, inciso III, e § 6.º, da LRF.

12.3. LEIS ORÇAMENTÁRIAS

O art. 165 da Constituição de 1988 indica como instrumentos normativos do sistema orçamentário:

- o **Plano Plurianual (PPA)**;
- a **Lei das Diretrizes Orçamentárias (LDO)**; e
- a **Lei Orçamentária Anual (LOA)**, que é o orçamento propriamente dito.

A LOA, por sua vez, subdivide-se em três peças (art. 165, § 5.º, CF):

- o **orçamento fiscal** referente aos Poderes da União, seus fundos, órgãos e entidades da administração direta e indireta;
- o **orçamento de investimento** das empresas em que a União, direta ou indiretamente, detenha a maioria do capital social com direito a voto; e
- o **orçamento da seguridade social**.

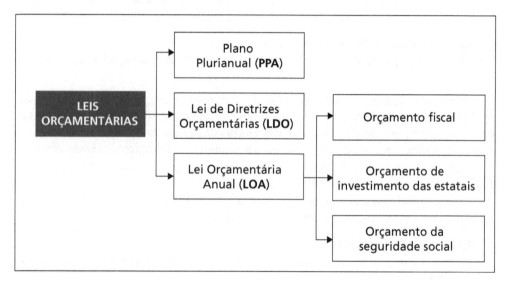

As três leis orçamentárias (PPA, LDO e LOA), que devem ser integradas entre si, são de iniciativa do Poder Executivo e são apreciadas pelo Congresso Nacional, na forma do seu Regimento Comum (Resolução n. 1, de 1970-CN) e nos termos da Resolução n. 1, de 2006-CN, de 22.12.2006.

Os fundamentos para a elaboração dos instrumentos normativos do sistema orçamentário brasileiro devem ser buscados na Lei n. 4.320/64 e na Lei Complementar n. 101/2000 (Lei de Responsabilidade Fiscal), que estabelecem normas gerais de direito financeiro. Caracterizam-se ambas por serem leis normativas permanentes, qualificando-se como **leis sobre as leis do sistema**, já que todas as outras (PPA, LDO e LOA), que são de caráter temporário, nelas deverão fundamentar-se[103].

---

[103] SILVA, José Afonso da. *Curso de direito constitucional positivo*, p. 710.

12 ◼ Teoria Geral do Orçamento Público

345

> **Observação:** De acordo com o § 16 do art. 165 da CF, introduzido pela Emenda Constitucional n. 109/2021, as leis orçamentárias (PPA, LDO e LOA) devem observar, **no que couber**, os resultados do monitoramento e da avaliação das políticas públicas previstos no § 16 do art. 37 da CF, que, também incluído pela Emenda Constitucional n. 109/2021, assim dispõe: "Os órgãos e entidades da administração pública, individual ou conjuntamente, devem realizar **avaliação das políticas públicas**, inclusive com divulgação do objeto a ser avaliado e dos resultados alcançados, na forma da lei" (destaque nosso).

12.3.1. PLANO PLURIANUAL

12.3.1.1. Noções gerais

O **Plano Plurianual (PPA)** é o instrumento legal no qual devem constar, de forma regionalizada, as diretrizes, os objetivos e as metas da Administração para as despesas de capital e outras delas decorrentes e para as relativas aos programas de duração continuada, conforme previsto no art. 165, § 1.º, da Constituição. Define o PPA, em outras palavras, o **planejamento** das atividades governamentais nos quatro anos seguintes, tendo substituído, com maior abrangência, o antigo Orçamento Plurianual de Investimentos (art. 23 da Lei n. 4.320/64), cujas previsões tinham duração mínima de três anos[104].

> **Observação:** Consoante decidiu o STJ, é possível juridicamente a propositura de ação popular contra lei de efeitos concretos, como sói ser a que dispõe sobre o PPA, que prevê dispêndios realizáveis com o dinheiro público (**REsp 501.854/SC**, Rel. Min. Luiz Fux, 1.ª Turma, j. em 04.11.2003, *DJ* 24.11.2003, p. 222).

Conforme a própria denominação indica, o PPA vigora por mais de um ano, embora não haja afirmação expressa de sua vigência temporal[105].

Aliás, o Texto Constitucional (art. 165, § 9.º, inciso I) diz caber a lei complementar dispor, dentre outros temas, sobre "**a vigência**, os prazos, a elaboração e a organização **do plano plurianual**" (destaques nossos).

Tal comando, contudo, não se encontra regulamentado, pois até a presente data não foi editada lei complementar dispondo sobre a vigência do PPA.

> **Observação:** O dispositivo da Lei Complementar n. 101/2000 (LRF) que disporia sobre o PPA foi vetado pelo Presidente da República.

Há, no entanto, no Ato das Disposições Constitucionais Transitórias (ADCT) da Constituição de 1988, preceito que permite concluir que o PPA tem vigência de **quatro anos**.

Com efeito, dispõe o art. 35, § 2.º, inciso I, do ADCT que o PPA vigora "até o final do primeiro exercício financeiro do mandato presidencial subsequente". Considerando

---

[104] CALAZANS, Ertúzio. *Leis orçamentárias brasileiras*, p. 19; CASTRO, Róbison de. *Administração e direito financeiro e orçamentário*, p. 66.

[105] NASCIMENTO, Tupinambá Miguel Castro do. *Da tributação e do orçamento e a nova Constituição*, p. 204.

ser de **quatro anos** o mandato do Presidente da República (art. 82 da CF, com redação determinada pela Emenda Constitucional n. 16/97), conclui-se, por conseguinte, ter o PPA a mesma duração[106], a contar do início do segundo ano do mandato presidencial, encerrando-se com o fim do primeiro ano do mandato da futura gestão, consoante dispõe o ADCT da Constituição de 1988[107].

É executado, pois, o PPA **nos últimos três anos do mandato presidencial em curso e no primeiro ano do mandato presidencial subsequente**, havendo, destarte, execução entrelaçada, com mandatos presidenciais diferentes, circunstância devidamente justificada por Tupinambá Miguel Castro do Nascimento: "As administrações dos governos que se sucedem, notadamente quando de coloração política partidária diversa, muitas vezes significam compartimentos estanques, iniciando-se novos investimentos e se abandonando os anteriores. Tal maneira de proceder, certamente, traz prejuízos à continuidade da administração e à própria orientação estatal. Com o plano plurianual, pelo menos no primeiro exercício financeiro do novo governo, há uma orientação de continuidade de investimento, não havendo aquela ruptura comum em todo início de um novo mandato presidencial. Além do mais, esta técnica impede que, ao iniciar um mandato presidencial, não haja um plano previsto de política governamental"[108].

Ressalte-se que, de acordo com o § 4.º do art. 165 da CF, os **planos e programas nacionais, regionais e setoriais** previstos no texto constitucional deverão ser elaborados em consonância com o PPA[109].

Vale destacar que nenhum investimento **cuja execução ultrapasse um exercício financeiro** poderá ser iniciado sem prévia inclusão no PPA, ou sem lei que autorize a inclusão, sob pena de crime de responsabilidade (art. 167, § 1.º, CF)[110]. Isso quer dizer que os planos aprovados no PPA devem ser cumpridos no decorrer dos

---

[106] Na hipótese de ser alterada, mediante emenda constitucional, a duração do mandato presidencial, restará alterado, por conseguinte, o período de vigência do PPA.

[107] Assim, por exemplo, o Presidente Jair Messias Bolsonaro foi empossado em janeiro de 2019 e, destarte, a Lei n. 13.971, de 27.12.2019 (publicada no *DOU* de 30.12.2019), dispôs sobre o PPA para o período 2020/2023.

[108] NASCIMENTO, Tupinambá Miguel Castro do. *Da tributação e do orçamento e a nova Constituição*, p. 19. Nesse sentido: LIMA, Edilberto Carlos Pontes; MIRANDA, Rogério Boueri. *O processo orçamentário federal brasileiro*, p. 323. Sobre o PPA vigorar até o final do primeiro ano do mandato do próximo Presidente, leciona Fernando Antônio Rezende da Silva que a "finalidade dessa vigência é a tentativa de assegurar continuidade administrativa entre uma gestão e outra" (*Finanças públicas*, p. 100). A respeito de tal circunstância, assevera Dirceu Galdino Cardin: "A ruptura da continuidade de bons projetos é catastrófica para a comunidade, mesmo porque, muitas vezes, fica revelada a incompetência: não podendo o novo governante executar melhores projetos do que aqueles implantados, os destrói. A imagem de quem demonstrou competência estampa superioridade, portanto é preciso aniquilá-la" (*A revolução da cidadania*, p. 190).

[109] Estão sob reserva de **lei** os planos e programas nacionais, regionais e setoriais, a que se refere o § 4.º do art. 165 da CF/88 (STF, ADI-QO 224/RJ, Rel. Min. Paulo Brossard, Pleno, j. em 20.10.1994, *DJ* 02.12.1994, p. 33196).

[110] No mesmo sentido é o disposto no art. 105 da Lei n. 14.133, de 01.04.2021. As leis orçamentárias e as leis de créditos adicionais devem **detalhar**, em seus anexos, os investimentos de que trata o § 1.º do art. 167 da CF, **para o ano de sua vigência**. Nesse sentido é o disposto no parágrafo único do art. 20 da Lei n. 13.971, de 27.12.2019 (PPA 2020-2023).

12 ▫ Teoria Geral do Orçamento Público   347

quatro anos de sua vigência e que os outros, porventura esquecidos ou não mencionados, serão obrigatoriamente submetidos à apreciação do Poder Legislativo, **para serem incluídos no PPA**[111].

Relativamente ao prazo no qual deve ser enviado o projeto do Plano Plurianual ao Legislativo, merece destaque o disposto no art. 166, § 6.º, da CF: "Os projetos de lei do plano plurianual, das diretrizes orçamentárias e do orçamento anual serão enviados pelo Presidente da República ao Congresso Nacional, nos termos da lei complementar a que se refere o art. 165, § 9.º". O § 9.º do art. 165 da CF, por seu turno, diz ser atribuição da lei complementar dispor, dentre outros temas, sobre "os prazos, a elaboração e a organização do plano plurianual, da lei de diretrizes orçamentárias e da lei orçamentária anual" (inciso I).

A Lei Complementar n. 101, de 04.05.2000 (Lei de Responsabilidade Fiscal), como adiante veremos, pretendia regulamentar ambos os dispositivos constitucionais transcritos, relativamente ao PPA.

Todavia, em razão do veto presidencial ao referido artigo, **continua a vigorar o disposto no art. 35, § 2.º, inciso I, do ADCT da CF**: na esfera federal, portanto, o projeto do PPA deve ser enviado pelo Presidente da República ao Congresso Nacional até quatro meses antes do encerramento do primeiro ano de seu mandato (ou seja, até o dia **31 de agosto** daquele ano). Quanto aos Estados, ao Distrito Federal e aos Municípios, caberá às Constituições Estaduais e às Leis Orgânicas, respectivamente, estabelecer tal prazo, ante a ausência da lei complementar prevista no inciso I do § 9.º do art. 165 da CF.

Relativamente ao prazo em que deve ser devolvido o projeto de lei do PPA para sanção presidencial, tendo em vista o veto ao art. 3.º da LRF, aplica-se, no âmbito federal, o disposto no art. 35, § 2.º, inciso I, do ADCT: o projeto do PPA deve ser devolvido para a sanção até o encerramento da sessão legislativa do primeiro ano do mandato presidencial (ou seja, até o dia **22 de dezembro** daquele ano)[112]. Quanto aos Estados, ao Distrito Federal e aos Municípios, caberá às Constituições Estaduais e às Leis Orgânicas, respectivamente, estabelecer tal prazo, ante a ausência da lei complementar prevista no inciso I do § 9.º do art. 165 da CF.

12.3.1.2. O PPA segundo a LRF

O dispositivo do projeto da LRF que dispunha sobre o PPA (art. 3.º) foi vetado pela Presidência da República.

Apesar do veto presidencial à norma supramencionada, continuam **obrigatórias** a elaboração e a aprovação do PPA, por força de exigência constitucional (art. 165, inciso I e § 1.º, CF)[113]. A exigência da elaboração do PPA, aliás, é confirmada pela própria LRF,

---

[111] CALAZANS, Ertúzio. *Leis orçamentárias brasileiras*, p. 22. O PPA 2020-2023 (Lei n. 13.971, de 27.12.2019), em seu art. 21, autoriza o **Poder Executivo** federal a promover, **em ato próprio**, alterações no PPA.

[112] CF, art. 57, *caput*: "O Congresso Nacional reunir-se-á, anualmente, na Capital Federal, de 2 de fevereiro a 17 de julho e de 1.º de agosto a **22 de dezembro**" (destaque nosso) (artigo com redação dada pela Emenda Constitucional n. 50, de 14.02.2006).

[113] MOTTA, Carlos Pinto Coelho et al. *Responsabilidade fiscal*, p. 321; WEISS, Fernando Leme. *Princípios tributários e financeiros*, p. 250.

que, reproduzindo a norma do § 1.º do art. 167 da CF, proíbe a LOA de consignar dotação para investimento com duração superior a um ano que não esteja incluído no PPA ou em lei que autorize a sua inclusão (art. 5.º, § 5.º).

12.3.2. LEI DE DIRETRIZES ORÇAMENTÁRIAS

12.3.2.1. Noções gerais

A Lei de Diretrizes Orçamentárias (LDO) foi a grande inovação introduzida pela Constituição Federal de 1988 no sistema orçamentário nacional. Referida lei, segundo o § 2.º do art. 165 do Texto Constitucional, tem as seguintes finalidades:

■ estabelecer as metas e prioridades da administração pública federal;

■ estabelecer as diretrizes de política fiscal e respectivas metas, em consonância com trajetória sustentável da dívida pública;

■ orientar a elaboração da lei orçamentária anual (LOA);

■ dispor sobre as alterações na legislação tributária[114];

■ estabelecer a política de aplicação das agências financeiras oficiais de fomento.

Cabe, ainda, à LDO:

■ estipular os **prazos** para envio e os **limites** das propostas orçamentárias dos poderes (art. 99, § 1.º, CF)[115], do Ministério Público (art. 127, § 3.º, CF) e das Defensorias Públicas da União e do Distrito Federal (art. 134, § 3.º, CF[116]) e dos Estados (art. 134, § 2.º, CF[117]);

■ autorizar a concessão de qualquer vantagem ou aumento de remuneração, a criação de cargos, empregos e funções ou alteração de estrutura de carreiras, bem

---

[114] De acordo com a definição estabelecida pelo Código Tributário Nacional — CTN (Lei n. 5.172, de 25.10.1966) em seu art. 96, a expressão **"legislação tributária"** compreende "as leis, os tratados e as convenções internacionais, os decretos e as normas complementares que versem, no todo ou em parte, sobre tributos e relações jurídicas a eles pertinentes". Sobre amplitude de tal conceito, no que diz respeito ao conteúdo da LDO, manifestou-se o STF: "A expressão 'legislação tributária', contida no § 2.º do art. 165, da Constituição Federal, tem sentido lato, abrangendo em seu conteúdo semântico não só a lei em sentido formal, mas qualquer ato normativo autorizado pelo princípio da legalidade a criar, majorar, alterar alíquota ou base de cálculo, extinguir tributo ou em relação a ele fixar isenções, anistia ou remissão" (ADI-MC 3.949/DF, Rel. Min. Gilmar Mendes, Pleno, j. em 14.08.2008, *DJe*-148 07.08.2009). De acordo com o julgado citado, a previsão na LDO das alterações na legislação tributária deve se basear nos **projetos em tramitação** no Poder Legislativo.

[115] Por entender ser necessária a participação do Poder Judiciário na fixação (pela LDO) do limite de sua proposta orçamentária, o STF, em algumas oportunidades, deferiu a suspensão cautelar da vigência de disposições legais que fixaram limite percentual de participação do Judiciário no Orçamento sem a intervenção desse Poder. Nesse sentido: ADI-MC 468/PR, Rel. Min. Carlos Velloso, Pleno, j em 27.02.1992, *DJ* 16.04.1993, p. 6430; ADI-MC 810/PR, Rel. Min. Francisco Rezek, Pleno, j. em 10.12.1992, *DJ* 19.02.1993, p. 2032; ADI-MC 848/RO, Rel. Min. Sepúlveda Pertence, Pleno, j. em 18.03.1993, *DJ* 16.04.1993, p. 6431; ADI-MC 1.911/PR, Rel. Min. Ilmar Galvão, Pleno, j. em 19.11.1998, *DJ* 12.03.1999, p. 2.

[116] Parágrafo acrescentado pela Emenda Constitucional n. 74, de 06.08.2013.

[117] Parágrafo acrescentado pela Emenda Constitucional n. 45, de 08.12.2004.

12 ◼ Teoria Geral do Orçamento Público

349

como a admissão ou contratação de pessoal, a qualquer título, pelos órgãos e entidades da administração direta ou indireta (inclusive fundações instituídas e mantidas pelo Poder Público), ressalvadas as empresas públicas e as sociedades de economia mista (art. 169, § 1.º, inciso II, CF).

> **Observação:** Segundo dispõe o art. 169, § 1.º, da CF, para a concessão de vantagens ou aumento de remuneração aos agentes públicos, exige-se o preenchimento de dois requisitos cumulativos: **autorização específica na LDO**[118] e **dotação na LOA**. Assim sendo, decidiu o STF que não há direito à revisão geral anual da remuneração dos servidores públicos (art. 37, inciso X, CF) quando se encontra prevista unicamente na LDO, pois é necessária, também, a dotação na LOA[119].

> **Observação:** É **dispensada** a observância do § 1.º do art. 169 da CF na contratação de pessoal por tempo determinado (art. 37, inciso IX, CF) com o propósito exclusivo de enfrentamento da **calamidade pública de âmbito nacional** (art. 167-C, CF, incluído pela EC n. 109/2021).

Percebe-se, numa leitura do § 2.º do art. 165 da CF, que a LDO, como o PPA, também indica as diretrizes, prioridades e objetivos da Administração Pública. Dele se distingue, no entanto, pois, enquanto a LDO, como meta, explicita o que o Poder Executivo pretende realizar **no exercício financeiro subsequente**, no PPA a pretensão é mais ampla, pois diz respeito a **mais de um exercício financeiro**[120]. No dizer de Estevão Horvath, o desígnio constitucional da LDO é dizer como o PPA "deverá de ser posto em execução nos vários exercícios financeiros que se seguirem, como se estivesse a desmembrar as diretrizes, objetivos e metas apontadas naquele plano em vários exercícios"[121].

A LDO liga os objetivos de médio prazo estabelecidos no PPA com a ação de curto prazo da lei orçamentária anual. Funciona, assim, a LDO como o **elo entre o PPA e a LOA**, compatibilizando as diretrizes daquele plano à estimativa das disponibilidades financeiras para determinado exercício[122].

---

[118] Segundo o STF, a inobservância, por determinada lei, da norma constitucional que condiciona o aumento das despesas com pessoal à existência de autorização específica na LDO (art. 169, § 1.º, inciso II, CF), "não induz à sua inconstitucionalidade, impedindo apenas a sua execução no exercício financeiro respectivo" (ADI 1.585/DF, Rel. Min. Sepúlveda Pertence, Pleno, j. em 19.12.1997, *DJ* 03.04.1998, p. 1). No mesmo sentido: ADI-MC 1.428/SC, Rel. Min. Maurício Corrêa, Pleno, j. em 01.04.1996, *DJ* 10.05.1996, p. 15131.

[119] Ao julgar o **Tema 864** da repercussão geral, o STF fixou a seguinte tese: "A revisão geral anual da remuneração dos servidores públicos depende, cumulativamente, de dotação na Lei Orçamentária Anual e de previsão na Lei de Diretrizes Orçamentárias" (RE 905.357/RR, Rel. Min. Alexandre de Moraes, Pleno, j. em 29.11.2019, *DJe*-282 18.12.2019).

[120] NASCIMENTO, Tupinambá Miguel Castro do. *Da tributação e do orçamento e a nova Constituição*, p. 206.

[121] HORVATH, Estevão. Orçamento público e planejamento, p. 131.

[122] Nesse sentido: LIMA, Edilberto Carlos Pontes; MIRANDA, Rogério Boueri. O processo orçamentário federal brasileiro, p. 324; NASCIMENTO, Edson Ronaldo. *Finanças públicas — União, Estados e Municípios*, p. 145; SILVA, Fernando Antônio Rezende da. *Finanças públicas*, p. 99.

Discute-se no meio doutrinário se a LDO é uma lei **ânua**. Entretanto, para a maioria dos autores, não existe tal dúvida, visto que a referida lei, dentre outras funções, serve para dispor sobre as despesas de capital **para o exercício financeiro subsequente e para orientar a elaboração da lei orçamentária anual**. Dessa forma, para cada ano, deverá ser elaborada uma LDO[123].

> **Observação:** De acordo com o § 12 do art. 165 da CF (introduzido pela Emenda Constitucional n. 102, de 26.09.2019), integrará a LDO, para o exercício a que se refere e, pelo menos, para os 2 (dois) exercícios subsequentes, **anexo** com previsão de agregados fiscais e a proporção dos recursos para investimentos que serão alocados na LOA para a continuidade daqueles em andamento. Tal disposição aplica-se exclusivamente aos orçamentos fiscal e da seguridade social da União (art. 165, § 13, CF)[124].

No âmbito da União, o projeto de LDO deve ser enviado pelo Presidente da República ao Congresso Nacional até oito meses e meio antes do encerramento do exercício financeiro (ou seja, até o dia **15 de abril**), conforme o art. 35, § 2.º, inciso II, do ADCT. Quanto aos Estados, ao Distrito Federal e aos Municípios, caberá às Constituições Estaduais e às Leis Orgânicas, respectivamente, estabelecer tal prazo, ante a ausência da lei complementar prevista no inciso I do § 9.º do art. 165 da CF.

Na esfera federal, o projeto da LDO deve ser devolvido para a sanção presidencial até o encerramento do primeiro período da sessão legislativa (ou seja, até o dia **17 de julho**[125] — art. 57, *caput*, CF), conforme o art. 35, § 2.º, inciso II, do ADCT da Carta de 1988, sem o que o Congresso Nacional estará impedido de iniciar o seu recesso de julho. Com efeito, consoante dispõe o art. 57, § 2.º, da CF, **a sessão legislativa não será interrompida sem a devida aprovação do projeto de Lei de LDO**. Quanto aos Estados, ao Distrito Federal e aos Municípios, caberá às Constituições Estaduais e às Leis Orgânicas, respectivamente, estabelecer tal prazo, ante a ausência da lei complementar prevista no inciso I do § 9.º do art. 165 da CF.

12.3.2.2. A LDO segundo a LRF

As funções da LDO, como vimos, são estabelecidas pelo § 2.º do art. 165 da CF. A LRF, regulamentando, nesse particular, o texto constitucional, define as funções da LDO com maior especificidade.

---

[123] Nesse sentido: CONTI, José Maurício. *Direito financeiro na Constituição de 1988*, p. 82; FERREIRA, Pinto. *Comentários à Constituição brasileira*, v. 6, p. 77; NASCIMENTO, Tupinambá Miguel Castro do. *Da tributação e do orçamento e a nova Constituição*, p. 206-207. No mesmo sentido já decidiu o STF: "A ordinária vinculação da Lei de Diretrizes Orçamentárias a um exercício financeiro determinado define-lhe a natureza essencialmente transitória, atribuindo-lhe, em consequência, eficácia temporal limitada" (ADI-QO 612/RJ, Rel. Min. Celso de Mello, Pleno, j. em 03.06.1993, *DJ* 06.05.1994, p. 10484).

[124] Parágrafo incluído pela Emenda Constitucional n. 102/2019.

[125] Na prática, contudo, tal prazo nem sempre é observado. Cite-se, como exemplo do afirmado, a Lei n. 13.080, de 02.01.2015 (que estabelece as diretrizes para a elaboração da LOA de 2015), que foi publicada no *DOU* da mesma data (Edição extra). De igual modo, cite-se a Lei n. 14.116, de 31.12.2020 (que dispõe sobre as diretrizes para a elaboração e execução da LOA de 2021), que foi publicada no *DOU* de 26.03.2021 (Edição extra).

12 ◼ Teoria Geral do Orçamento Público

Pelo art. 4.º da LRF são finalidades da LDO dispor sobre:

◼ equilíbrio entre receitas e despesas (art. 4.º, inciso I, alínea *a*);

◼ critérios e forma de limitação de empenho, a ser efetivada nas hipóteses previstas no art. 9.º[126] e no inciso II do § 1.º do art. 31, ambos da LRF (art. 4.º, inciso I, alínea *b*);

◼ o controle de custos e a avaliação dos resultados dos programas financiados com recursos dos orçamentos (art. 4.º, inciso I, alínea *e*);

◼ demais condições e exigências para transferências de recursos a entidades públicas (art. 4.º, inciso I, alínea *f*, c/c art. 25, § 1.º) e privadas (art. 4.º, inciso I, alínea *f*, c/c art. 26, *caput*).

Além dessas funções, outras tantas se encontram dispersas por todo o plexo normativo da LRF. Assim, ao lado do indicado no art. 4.º da LRF, a LDO também deverá:

◼ orientar a elaboração da lei orçamentária anual (art. 5.º, *caput*);

◼ estabelecer a forma de utilização e o montante da reserva de contingência que constará da LOA e que se destina ao atendimento de passivos contingentes e outros riscos e eventos fiscais imprevistos (art. 5.º, inciso III, alínea *b*)[127];

◼ definir o índice de variação de preços, o qual servirá como limite para a atualização monetária do principal da dívida mobiliária refinanciada (art. 5.º, § 3.º), sendo vedada, por conseguinte, a aplicação de qualquer outro índice (ressalvada a existência de norma prevista em legislação específica);

◼ no caso específico da União, dispor acerca da demonstração trimestral referente ao impacto e ao custo fiscal das operações realizadas pelo Banco Central do Brasil (art. 7.º, § 2.º);

◼ estabelecer parâmetros para a programação financeira e o cronograma mensal de desembolso do Poder Executivo (art. 8.º, *caput*);

◼ indicar as despesas que não serão objeto de limitação de empenho (art. 9.º, § 2.º, *in fine*);

◼ dispor sobre a concessão ou ampliação de incentivo ou benefício de natureza tributária da qual decorra renúncia de receita (art. 14, *caput*);

◼ definir o valor da despesa considerada irrelevante, a qual não precisará cumprir as determinações ao art. 16 (art. 16, § 3.º);

◼ definir os percentuais referentes a despesa total com pessoal de cada órgão se diferente dos estabelecidos no art. 20 (art. 20, § 5.º);

◼ dispor acerca dos casos em que poderá ser contratada hora extra, mesmo ocorrendo o excesso de 95% (noventa e cinco por cento) do limite com despesa de pessoal (art. 22, parágrafo único, inciso V);

---

[126] Ressalte-se que o § 3.º do art. 9.º da LRF foi declarado **inconstitucional** pelo STF na ADI 2.238/DF (Rel. Min. Alexandre de Moraes, Pleno, j. em 24.06.2020, *DJe*-228 15.09.2020).

[127] O veto presidencial à alínea *a* do inciso III do art. 5.º da LRF impede o uso da reserva de contingência para cobertura de restos a pagar excedentes às disponibilidades de caixa.

■ dispor sobre a inclusão de novos projetos na LOA e em créditos adicionais (art. 45);

■ estabelecer condições para o Município custear despesas de outros entes públicos (art. 62).

Antes da LRF, era a LDO, para a maioria dos Municípios brasileiros, um mero indicador de intenções genéricas do governo. Com a promulgação da LRF, como bem observa Amir Khair, "a LDO deverá ser um verdadeiro instrumento de planejamento e norteador da elaboração da Lei Orçamentária Anual"[128], como exigido pelo Texto Constitucional.

Importante inovação da LRF é que, anexos à LDO, estarão o **Anexo de Metas Fiscais** e o **Anexo de Riscos Fiscais**, que, desde 2001, devem ser elaborados pela União, Estados, DF e municípios com população superior a 50.000 (cinquenta mil) habitantes. Aos municípios com menos de 50.000 habitantes é **facultada** a elaboração dos referidos anexos desde 2005, nos termos do art. 63, inciso III, da LRF[129].

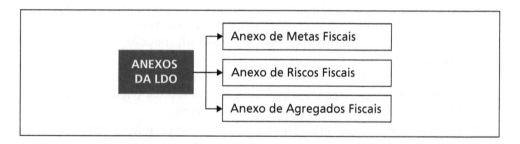

Cumpre ressaltar que, no caso da União, a mensagem presidencial que encaminhar o seu projeto de LDO apresentará, em **anexo específico** (art. 4.º, § 4.º, **LRF**)[130]:

■ os objetivos das políticas monetária, creditícia e cambial, bem como os parâmetros e as projeções para seus principais agregados e variáveis;

■ as metas de inflação, para o exercício subsequente.

12.3.2.2.1. Anexo de metas fiscais

O **Anexo de Metas Fiscais** da LDO deverá conter (art. 4.º, §§ 1.º e 2.º, LRF):

---

[128] KHAIR, Amir Antônio. *Lei de Responsabilidade Fiscal:* guia de orientação para as prefeituras, p. 21.

[129] "Art. 63. É facultado aos Municípios com população inferior a cinquenta mil habitantes optar por: (...) III — elaborar o Anexo de Política Fiscal do plano plurianual, o Anexo de Metas Fiscais e o Anexo de Riscos Fiscais da lei de diretrizes orçamentárias e o anexo de que trata o inciso I do art. 5.º a partir do quinto exercício seguinte ao da publicação desta Lei Complementar".

[130] O STF declarou a **constitucionalidade** do referido dispositivo legal: "O art. 4.º, § 4.º, da LRF estipula exigência adicional do processo legislativo orçamentário, não significando qualquer risco de descumprimento do art. 165, § 2.º, da CF" (ADI 2.238/DF, Rel. Min. Alexandre de Moraes, Pleno, j. em 24.06.2020, *DJe*-228 15.09.2020).

12 ◼ Teoria Geral do Orçamento Público   353

◼ as metas anuais, em valores correntes e constantes, relativas a receitas, despesas, resultados nominal[131] e primário[132] e montante da dívida pública, para o exercício a que se referirem e para os dois seguintes, sendo, na prática, metas trienais;

◼ a avaliação do cumprimento das metas do ano anterior;

◼ demonstrativo das metas anuais, instruído com memória e metodologia de cálculo que justifiquem os resultados pretendidos, comparando-as com as fixadas nos 3 exercícios anteriores, e evidenciando a consistência delas com as premissas e os objetivos da política econômica nacional[133];

◼ a evolução do patrimônio líquido nos últimos 3 exercícios, destacando a origem e a aplicação dos recursos obtidos com privatizações, se houver;

◼ a avaliação financeira e atuarial dos regimes geral de previdência social e próprio dos servidores públicos, do Fundo de Amparo ao Trabalhador (FAT)[134] e dos demais fundos públicos[135] e programas estatais de natureza atuarial;

◼ demonstrativo da estimativa e compensação da renúncia de receita e da margem de expansão das despesas obrigatórias de caráter continuado;

◼ quadro demonstrativo do cálculo da meta do resultado primário de que trata o § 1.º do art. 4.º da LRF, que evidencie os principais agregados de receitas e despesas, os resultados, comparando-os com os valores programados para o exercício em curso e os realizados nos 2 (dois) exercícios anteriores, e as estimativas para o exercício a que se refere a LDO e para os subsequentes.

No caso da **União**, o Anexo de Metas Fiscais do projeto de LDO conterá também (art. 4.º, § 5.º, LRF[136]):

◼ as metas anuais para o exercício a que se referir e para os 3 (três) seguintes, com o objetivo de garantir sustentabilidade à trajetória da dívida pública;

◼ o marco fiscal de médio prazo, com projeções para os principais agregados fiscais que compõem os cenários de referência, distinguindo-se as despesas primárias das financeiras e as obrigatórias daquelas discricionárias;

---

[131] *Resultado Nominal* é a diferença entre as receitas e as despesas públicas, incluindo receitas e despesas financeiras, os efeitos da inflação (correção monetária) e da variação cambial. Equivale ao aumento da dívida pública líquida em determinado período.

[132] *Resultado Primário* é a diferença entre as receitas e as despesas públicas não financeiras.

[133] O STF declarou a **constitucionalidade** do art. 4.º, § 2.º, inciso II, parte final, da LRF: "A exigibilidade (art. 4.º, § 2.º, II), em relação aos Entes subnacionais, de demonstração de sincronia entre diretrizes orçamentárias e metas e previsões fiscais macroeconômicas definidas pela União não esvazia a autonomia daqueles, exigindo que sejam estabelecidas de acordo com a realidade de indicadores econômicos" (ADI 2.238/DF, Rel. Min. Alexandre de Moraes, Pleno, j. em 24.06.2020, *DJe*-228 15.09.2020).

[134] O FAT é previsto na Lei n. 7.998, de 11.01.1990, alterada pela Lei n. 8.019, de 11.04.1990.

[135] Ver art. 167, inciso IX, da CF acerca da instituição de fundos. Sobre os fundos especiais, ver arts. 71 a 74 da Lei n. 4.320/64.

[136] Parágrafo acrescentado pela Lei Complementar n. 200, de 30.08.2023.

- o efeito esperado e a compatibilidade, no período de 10 (dez) anos, do cumprimento das metas de resultado primário sobre a trajetória de convergência da dívida pública, evidenciando o nível de resultados fiscais consistentes com a estabilização da Dívida Bruta do Governo Geral (DBGG) em relação ao Produto Interno Bruto (PIB);
- os intervalos de tolerância para verificação do cumprimento das metas anuais de resultado primário, convertido em valores correntes, de menos 0,25 p.p. (vinte e cinco centésimos ponto percentual) e de mais 0,25 p.p. (vinte e cinco centésimos ponto percentual) do PIB previsto no respectivo projeto de lei de diretrizes orçamentárias;
- os limites e os parâmetros orçamentários dos Poderes e órgãos autônomos compatíveis com as disposições estabelecidas na lei complementar prevista no inciso VIII do *caput* do art. 163 da CF e no art. 6.º da Emenda Constitucional n. 126/2022;
- a estimativa do impacto fiscal, quando couber, das recomendações resultantes da avaliação das políticas públicas previstas no § 16 do art. 37 da CF.

> **Observação:** Os Estados, o Distrito Federal e os Municípios **poderão** adotar, total ou parcialmente, no que couber, tal conteúdo do Anexo de Metas Fiscais do projeto de LDO da União (art. 4.º, § 6.º, LRF[137]).

Como se vê, a LDO e seu Anexo de Metas Fiscais representam o documento necessário para o planejamento, a avaliação e a publicidade da atuação financeira dos entes públicos.

> **Observação:** A apresentação de proposta de LDO que não contenha as metas fiscais configura **infração administrativa** contra as leis de finanças públicas (art. 5.º, inciso II, da Lei n. 10.028, de 19.10.2000), punida com multa de 35% (trinta por cento) dos vencimentos anuais do agente que lhe der causa, sendo o pagamento da multa de sua responsabilidade pessoal (art. 5.º, § 1.º, Lei n. 10.028/2000).

12.3.2.2.2. Anexo de riscos fiscais

O **Anexo de Riscos Fiscais** da LDO trará (art. 4.º, § 3.º, LRF):

- a avaliação dos passivos contingentes;
- a avaliação de outros riscos capazes de afetar as contas públicas;
- indicação das providências a serem tomadas, caso os riscos se concretizem.

Exemplo desses riscos seria o aumento das despesas de pessoal por força de eventual decisão desfavorável à Prefeitura em processo judicial movido por parcela do funcionalismo no qual se reivindicava reajuste salarial não concedido em desrespeito à lei salarial em vigor.

---

[137] Parágrafo acrescentado pela Lei Complementar n. 200, de 30.08.2023.

12 ■ Teoria Geral do Orçamento Público   355

> **Observação:** A apresentação de proposta de LDO que não contenha o Anexo de Riscos Fiscais configura infração político-administrativa dos Prefeitos Municipais, sujeita ao julgamento pela Câmara dos Vereadores e sancionada com a cassação do mandato (art. 4.º, inciso VII, DL 201/67).

12.3.2.3. Participação dos Poderes, do Ministério Público e da Defensoria Pública na elaboração do projeto de LDO

Consoante anteriormente exposto, cabe à LDO estabelecer **limites** para as propostas orçamentárias do Poder Legislativo, do Poder Judiciário, do Ministério Público e da Defensoria Pública e estipular os **prazos** para envio das referidas propostas ao Executivo.

Assim sendo, apesar de ser a LDO uma lei de iniciativa do Poder Executivo (art. 165, inciso II, CF), faz-se necessária a **participação** dos demais poderes, do Ministério Público e da Defensoria Pública no processo de elaboração do seu projeto, tendo em vista que a referida lei estabelecerá os limites das propostas orçamentárias daqueles.

Nesse sentido tem sido o entendimento do Supremo Tribunal Federal, que, por reconhecer a necessidade da participação do Poder Judiciário na fixação (pela LDO) do limite de sua proposta orçamentária, deferiu, em algumas oportunidades, a suspensão cautelar da vigência de disposições legais que fixaram limite percentual de participação do Judiciário no Orçamento sem a intervenção desse Poder[138].

Entendemos que tal raciocínio é plenamente aplicável, pelas mesmas razões, ao Poder Legislativo, ao Ministério Público e à Defensoria Pública.

Relativamente à Defensoria Pública, vale destacar que o STF já reconheceu a **necessidade de sua participação no processo de elaboração da LDO**, em decisão assim ementada:

> **Ementa:** DIREITO CONSTITUCIONAL. AÇÃO DIRETA DE INCONSTITUCIONALIDADE. LEI DE DIRETRIZES ORÇAMENTÁRIAS. PARTICIPAÇÃO DA DEFENSORIA PÚBLICA NA FIXAÇÃO DOS LIMITES PARA A PROPOSTA DE SEU PRÓPRIO ORÇAMENTO. MEDIDA CAUTELAR. PRECEDENTES. 1. A fixação de limite para a proposta de orçamento a ser enviado pela Defensoria Pública, na Lei de Diretrizes Orçamentárias, não pode ser feita sem participação desse órgão autônomo, conjuntamente com os demais Poderes, como exigido, por extensão, pelo art. 99, § 1.º, da Constituição Federal. 2. Medida cautelar deferida para o fim de suspender a eficácia do art. 7.º, § 2.º, da Lei n. 18.532/2015 (Lei de Diretrizes Orçamentárias) do Estado do Paraná, bem como o processo legislativo da lei orçamentária correspondente, e para determinar que a Defensoria Pública estadual envie, no prazo de dez dias, proposta de orçamento diretamente ao Poder Legislativo, em razão da situação excepcional. 3. Medida cautelar referendada (**ADI-MC-Ref 5.381/PR**, Rel. Min. Roberto Barroso, Pleno, j. em 18.05.2016, *DJe*-256 01.12.2016)[139].

---

[138] Nesse sentido: ADI-MC 468/PR, Rel. Min. Carlos Velloso, Pleno, j em 27.02.1992, *DJ* 16.04.1993, p. 6430; ADI-MC 810/PR, Rel. Min. Francisco Rezek, Pleno, j. em 10.12.1992, *DJ* 19.02.1993, p. 2032; ADI-MC 848/RO, Rel. Min. Sepúlveda Pertence, Pleno, j. em 18.03.1993, *DJ* 16.04.1993, p. 6431; ADI-MC 1911/PR, Rel. Min. Ilmar Galvão, Pleno, j. em 19.11.1998, *DJ* 12.03.1999, p. 2.

[139] Referida ADI foi extinta sem resolução de mérito, por ter sido ajuizada em face de lei eminentemente temporária, cuja eficácia se exauriu.

No citado processo, o STF determinou a suspensão da eficácia do art. 7.º, § 2.º, da Lei n. 18.532/2015 do Estado do Paraná, que estabeleceu as diretrizes orçamentárias daquela unidade da Federação para o exercício de 2016 à revelia da Defensoria Pública Estadual.

Para fazer cumprir o disposto na Constituição Federal (art. 134, § 2.º, c/c art. 99, § 1.º), o **ideal**, no caso, seria determinar a **rediscussão dos limites na LDO com a participação da Defensoria Pública**. Entretanto, considerando que, no caso apreciado, já existia projeto de Lei Orçamentária Anual enviado à Assembleia Legislativa, a liminar foi concedida para suspender o processo legislativo do projeto da LOA para 2016, de modo a que a Defensoria Pública daquele Estado pudesse enviar, no prazo de dez dias, **diretamente para o Poder Legislativo**, nova proposta de orçamento sem o limite estipulado pelo artigo da LDO que teve sua eficácia suspensa.

12.3.3. LEI ORÇAMENTÁRIA ANUAL

12.3.3.1. Noções gerais

A Lei Orçamentária Anual (LOA) é a norma que contém a **previsão da receita** e a **fixação da despesa** para um determinado exercício financeiro (art. 165, § 8.º, CF), de forma a evidenciar a política econômico-financeira e o programa de trabalho do Governo (art. 2.º da Lei n. 4.320/64). É com base nas autorizações da LOA que as despesas do exercício são executadas[140].

> **Observação:** Apesar da LOA, como seu nome indica, ser uma lei anual, poderá conter previsões de despesas para exercícios seguintes, com a especificação dos investimentos plurianuais e daqueles em andamento (art. 165, § 14, CF[141]).

De acordo com o § 5.º do art. 165 da Constituição, a LOA compreenderá:[142;143]

---

[140] Se durante o exercício financeiro houver a necessidade de realização de despesas acima do limite que está fixado na LOA, o Poder Executivo submete ao Congresso Nacional projeto de lei de crédito suplementar.

[141] Parágrafo incluído pela Emenda Constitucional n. 102, de 26.09.2019. A LDO para 2021 (Lei n. 14.116, de 31.12.2020), por exemplo, autorizava a LOA de 2021 a conter previsões de despesas para exercícios seguintes, com a identificação, em ações específicas, de projetos de investimento plurianuais cujo valor seja superior a R$ 50.000.000,00 (cinquenta milhões de reais) (art. 9.º, § 7.º).

[142] O STF já decidiu que o princípio da autonomia universitária (art. 207, CF) não é irrestrito, mesmo porque não cuida de soberania ou independência, de forma que as universidades se submetem à norma do art. 165, § 5.º, inciso I, da CF (ADI-MC 1.599/UF, Rel. Min. Maurício Corrêa, Pleno, j. em 26.02.1998, *DJ* 18.05.2001, p. 430).

[143] Confira-se, a respeito, o seguinte julgado do STF: "EMENTA: Programa de Integração Social e de Formação do Patrimônio do Servidor Público — PIS/PASEP. Medida Provisória. Superação, por sua conversão em lei, da contestação do preenchimento dos requisitos de urgência e relevância. Sendo a contribuição expressamente autorizada pelo art. 239 da Constituição, a ela não se opõem as restrições constantes dos artigos 154, I e 195, § 4.º, da mesma Carta. Não compromete a autonomia do orçamento da seguridade social (CF, art. 165, § 5.º, III) a atribuição, à Secretaria da Receita Federal de administração e fiscalização da contribuição em causa" (ADI 1.417/DF, Rel. Min. Octavio Gallotti, Pleno, j. em 02.08.1999, *DJ* 23.03.2001, p. 85).

12 ■ Teoria Geral do Orçamento Público   357

ORÇAMENTO FISCAL	■ Referente aos Poderes da União, seus fundos, órgãos e entidades da administração direta e indireta[139].
ORÇAMENTO DE INVESTIMENTO	■ Referente às empresas em que a União, direta ou indiretamente, detenha a maioria do capital social com direito a voto.
ORÇAMENTO DA SEGURIDADE SOCIAL	■ Abrangendo todas as entidades e órgãos a ela vinculados, da administração direta ou indireta, bem como os fundos e fundações instituídos e mantidos pelo Poder Público[140].

O orçamento fiscal e o de investimento, compatibilizados com o PPA, terão entre suas funções a de reduzir desigualdades inter-regionais, segundo critério populacional (art. 165, § 7.º, CF).

A proposta de orçamento da seguridade social será elaborada de forma integrada pelos órgãos responsáveis pela saúde, previdência social e assistência social, tendo em vista as metas e prioridades estabelecidas na LDO, assegurada a cada área a gestão de seus recursos (art. 195, § 2.º, CF). Tem-se, pois, que a **elaboração** do orçamento da seguridade social é **integrada**, mas sua **execução** é **descentralizada**.

As receitas dos Estados, do Distrito Federal e dos Municípios destinadas à seguridade social constarão dos respectivos orçamentos, não integrando o orçamento da União (art. 195, § 1.º, CF).

De acordo com o § 1.º do art. 2.º da Lei n. 4.320/64, a LOA deverá conter:

☐ o sumário geral da receita por fontes e da despesa por funções de Governo;
☐ quadro demonstrativo da receita e despesa segundo as categorias econômicas;
☐ quadro discriminativo da receita por fontes e respectiva legislação;
☐ quadro das dotações por órgãos do Governo e da Administração.

O orçamento deverá conter, ainda (art. 184, § 4.º, CF):

☐ a fixação anual do volume total de títulos da dívida agrária; e
☐ o montante de recursos para atender ao programa de reforma agrária no exercício.

O orçamento poderá conter, ainda, autorização para (art. 165, § 8.º, CF):

☐ abertura de **créditos suplementares** até determinada importância;
☐ contratação de **operações de crédito**, ainda que por antecipação de receita, nos termos da lei.

O § 7.º do art. 5.º da LRF assim estava redigido: "O projeto de lei orçamentária anual será encaminhado ao Poder Legislativo até o dia quinze de agosto de cada ano".

Todavia, tendo sido o referido parágrafo vetado pelo Presidente da República, aplica-se, na esfera federal, a regra do art. 35, § 2.º, inciso III, do ADCT da CF: deverá o projeto de LOA ser enviado pelo Presidente da República ao Congresso Nacional até quatro meses antes do encerramento de cada exercício financeiro (ou seja, até o dia **31 de agosto**). Quanto aos Estados, ao Distrito Federal e aos Municípios, caberá às Constituições Estaduais e às Leis Orgânicas, respectivamente, estabelecer tal prazo, ante a ausência da lei complementar prevista no inciso I do § 9.º do art. 165 da CF.

No âmbito da União, o projeto da LOA deve ser devolvido para a sanção presidencial até o encerramento da sessão legislativa (ou seja, até o dia **22 de dezembro** — art. 57, *caput*, CF), conforme o art. 35, § 2.º, inciso III, do ADCT da CF. Quanto aos Estados, ao Distrito Federal e aos Municípios, caberá às Constituições Estaduais e às Leis Orgânicas, respectivamente, estabelecer tal prazo, ante a ausência da lei complementar prevista no inciso I do § 9.º do art. 165 da CF.

12.3.3.2. A LOA segundo a LRF

Pelo art. 5.º da LRF, o projeto de LOA deverá:

◼ conter, em anexo, demonstrativo da compatibilidade do orçamento com os objetivos e metas definidos no Anexo de Metas Fiscais da LDO (art. 5.º, inciso I);

◼ ser acompanhada do documento a que se refere o § 6.º do art. 165 da CF — demonstrativo regionalizado do efeito, sobre as receitas e despesas, decorrente da concessão de incentivos de natureza financeira, tributária e creditícia (art. 5.º, inciso II);

◼ ser acompanhada das medidas de compensação a renúncias de receita[144] e ao aumento de despesas obrigatórias de caráter continuado[145] (art. 5.º, inciso II);

◼ conter a **reserva de contingência**, percentual da RCL destinado ao atendimento de passivos contingentes e outros gastos imprevistos (art. 5.º, inciso III, *b*)[146].

Vê-se que, de modo geral, representa a LOA o instrumento de compromisso dos governantes com a sociedade. É, no dizer, de Estevão Horvath, o **plano de governo juridicizado**[147].

Também em razão da LRF, deverá a LOA observar três regras:

---

[144] LRF, art. 14: "A concessão ou ampliação de incentivo ou benefício de natureza tributária da qual decorra renúncia de receita deverá estar acompanhada de estimativa do impacto orçamentário-financeiro no exercício em que deva iniciar sua vigência e nos dois seguintes, atender ao disposto na lei de diretrizes orçamentárias e a pelo menos uma das seguintes condições: (...) II — estar acompanhada de medidas de compensação, no período mencionado no *caput*, por meio do aumento de receita, proveniente da elevação de alíquotas, ampliação da base de cálculo, majoração ou criação de tributo ou contribuição".

[145] LRF, art. 17, *caput*: "Considera-se obrigatória de caráter continuado a despesa corrente derivada de lei, medida provisória ou ato administrativo normativo que fixem para o ente a obrigação legal de sua execução por um período superior a dois exercícios".

[146] O veto presidencial à alínea *a* do inciso III do art. 5.º da LRF impede o uso da reserva de contingência da LOA para cobertura de restos a pagar excedentes às disponibilidades de caixa. Impende que destaquemos o que dispõe o art. 91 do Decreto-Lei n. 200, de 25.02.1967, com a redação determinada pelo Decreto-Lei n. 900/69: "Sob a denominação de Reserva de Contingência, o orçamento anual poderá conter dotação global não especificamente destinada a determinado órgão, unidade orçamentária, programa ou categoria econômica, cujos recursos serão utilizados para abertura de créditos adicionais".

[147] HORVATH, Estevão. Orçamento público e planejamento, p. 131.

12 ■ Teoria Geral do Orçamento Público
359

■ todas as despesas relativas à dívida pública e as receitas que as atenderão deverão nela constar (art. 5.º, § 1.º), bem como, separadamente, na LOA e nas leis de crédito adicional, o refinanciamento da dívida pública (art. 5.º, § 2.º)[148];

■ a atualização monetária do principal da dívida mobiliária refinanciada não poderá superar a variação do índice de preços previstos na LDO, ou em legislação específica (art. 5.º, § 3.º);

■ é vedado conter crédito com finalidade imprecisa ou com dotação ilimitada (art. 5.º, § 4.º)[149].

A LRF também proíbe a LOA de consignar dotação para investimento com duração superior a um ano que não esteja incluído no PPA ou em lei que autorize a sua inclusão (art. 5.º, § 5.º), reforçando, destarte, a determinação constante do § 1.º do art. 167 da Constituição, que assim dispõe: "Nenhum investimento cuja execução ultrapasse um exercício financeiro poderá ser iniciado sem prévia inclusão no plano plurianual, ou sem lei que autorize a inclusão, sob pena de crime de responsabilidade".

As regras da LRF relativas à LOA pretendem conferir mais transparência ao processo de planejamento, o que facilitará o seu acompanhamento pelo Legislativo e pela sociedade civil, por meio dos novos anexos e principalmente maior controle das operações de crédito e serviço da dívida[150].

12.4. ORÇAMENTO PÚBLICO: AUTORIZATIVO OU IMPOSITIVO?

A doutrina do Direito Financeiro ocupou-se, durante muito tempo, de uma importante discussão sobre o orçamento público: tratava-se de definir se o referido documento legislativo teria caráter **impositivo** ou meramente **autorizativo**.

Os que sustentavam a tese do **"orçamento autorizativo" (ou "facultativo")** alegavam que a despesa pública fixada na LOA seria uma **"autorização para gastar"**, e não uma "obrigação de gastar", e que, por conseguinte, o Poder Executivo poderia **"contingenciar"** — isto é, não realizar — parte das despesas previstas no orçamento.

Por outro lado, os que defendiam a teoria do **"orçamento impositivo"** justificavam seu posicionamento com o argumento de que o orçamento, **por ser lei**, deveria ser obrigatoriamente cumprido.

Apesar da clareza do argumento utilizado por estes últimos, prevalecia na doutrina e na jurisprudência a tese do orçamento meramente **facultativo**[151].

No entanto, a LDO da União referente ao exercício de **2014 (Lei n. 12.919, de 24.12.2013)** trouxe em seu art. 52 uma disposição que reforçava a tese da **natureza impositiva** do orçamento, ao **impor** a execução orçamentária e financeira da programação de despesas incluídas no orçamento por emendas parlamentares individuais.

---

[148] LRF, art. 5.º, § 2.º: "O refinanciamento da dívida pública constará separadamente na lei orçamentária e nas de crédito adicional".

[149] CF, art. 167: "São vedados: (...) VII — a concessão ou utilização de créditos ilimitados".

[150] KHAIR, Amir Antônio. *Lei de Responsabilidade Fiscal:* guia de orientação para as prefeituras, p. 22.

[151] A jurisprudência do STF era no sentido do caráter meramente **autorizativo** da lei orçamentária: RE 17.184/RS, Rel. Min. Ribeiro da Costa, 1.ª Turma, j. em 03.07.1952, *DJ* 25.09.1952, p. 10408; RE 34.581/DF, Rel. Min. Cândido Motta, 1.ª Turma, j. em 10.10.1957, *DJ* 05.12.1957, p. 16045; AR 929/PR, Rel. Min. Rodrigues Alckmin, Pleno, j. em 25.02.1976, *DJ* 08.07.1976, p. 3086.

Na LDO da União referente ao exercício de 2015 **(Lei n. 13.080, de 02.01.2015)** também foram inseridos dispositivos com semelhante teor (arts. 56 a 60), mantendo, pois, a ideia da **natureza impositiva** do orçamento.

Apesar de tais dispositivos legais — tanto os da LDO/2014 como os da LDO/2015 — atribuírem um inegável **"caráter impositivo"** à LOA, havia dois inconvenientes: (i) referidos diplomas legais eram aplicáveis exclusivamente à União; (ii) por ser a LDO uma lei de vigência temporária, não havia a certeza de que tais enunciados seriam reproduzidos nas leis referentes aos exercícios financeiros subsequentes.

Desde a promulgação da **Emenda Constitucional n. 86, de 17.03.2015** — que acrescentou ao art. 166 da CF, dentre outros, os §§ 9.º, 10 e 11 —, os comandos previstos nas leis supracitadas passaram a integrar o texto da Constituição, estando atualmente redigidos nos seguintes termos:

Art. 166. (...)

§ 9.º As **emendas individuais** ao projeto de lei orçamentária serão aprovadas no limite de 2% (dois por cento) da receita corrente líquida do exercício anterior ao do encaminhamento do projeto, observado que a metade desse percentual será destinada a ações e serviços públicos de saúde[152].

§ 9.º-A. Do limite a que se refere o § 9.º deste artigo, 1,55% (um inteiro e cinquenta e cinco centésimos por cento) caberá às emendas de Deputados e 0,45% (quarenta e cinco centésimos por cento) às de Senadores[153].

§ 10. A execução do montante destinado a ações e serviços públicos de saúde previsto no § 9.º, inclusive custeio, será computada para fins do cumprimento do inciso I do § 2.º do art. 198, vedada a destinação para pagamento de pessoal ou encargos sociais.

§ 11. É **obrigatória** a execução orçamentária e financeira das programações oriundas de emendas individuais, em montante correspondente ao limite a que se refere o § 9.º deste artigo, conforme os critérios para a **execução equitativa**[154] da programação definidos na lei complementar prevista no § 9.º do art. 165 desta Constituição[155], observado o disposto no § 9.º-A deste artigo[156].

---

[152] Parágrafo com redação dada pela Emenda Constitucional n. 126, de 21.12.2022.

[153] Parágrafo acrescentado pela EC n. 126/2022.

[154] Considera-se equitativa a execução das programações de caráter obrigatório que observe critérios objetivos e imparciais e que atenda de forma igualitária e impessoal às emendas apresentadas, independentemente da autoria, observado o disposto no § 9.º-A do art. 166 da CF (art. 166, § 19, CF, com redação dada pela EC n. 126/2022).

[155] A partir do exercício financeiro de 2024, até o último exercício de vigência do Novo Regime Fiscal (arts. 106 a 114, ADCT), a aprovação e a execução previstas nos §§ 9.º e 11 do art. 166 da CF corresponderão ao montante de execução obrigatória para o exercício de 2023, corrigido na forma estabelecida no inciso II do § 1.º do art. 107 do ADCT (art. 111-A, ADCT, incluído pela EC n. 126/2022). Nos termos do art. 165, § 9.º, inciso III, da CF (com redação dada pela Emenda Constitucional n. 100/2019), cabe à lei complementar dispor sobre critérios para a execução equitativa, além de procedimentos que serão adotados quando houver impedimentos legais e técnicos, cumprimento de restos a pagar e limitação das programações de caráter obrigatório, para a realização do disposto no § 11 do art. 166 da CF.

[156] Parágrafo com redação dada pela EC n. 126/2022.

> **Observação:** As emendas individuais feitas ao Orçamento por parlamentar que não foi reeleito devem ter o seu trâmite liberatório assegurado em igualdade de condições com aquelas apresentadas por parlamentar que foi reconduzido ao seu posto na Casa Legislativa[157]. Dito de outro modo, a liberação de verbas para emenda parlamentar individual independe da circunstância do parlamentar ter sido reeleito ou não. Portanto, o congressista proponente de emendas individuais aprovadas, **ainda que não tenha sido reeleito**, tem o direito de direcionar a aplicação dos recursos decorrentes das referidas emendas[158].

A **Emenda Constitucional n. 100, de 26.06.2019**, por sua vez, tornou impositiva (obrigatória) a execução da programação orçamentária proveniente de **emendas de bancada** de parlamentares de Estado ou do Distrito Federal, ao modificar o § 12 do art. 166 da CF, que assim passou a dispor:

> **Art. 166.** (...)
> § 12. A garantia de execução de que trata o § 11 deste artigo aplica-se também às programações incluídas por todas as **emendas de iniciativa de bancada de parlamentares** de Estado ou do Distrito Federal, no montante de até 1% (um por cento) da receita corrente líquida realizada no exercício anterior (destaque nosso)[159].

Analisando os enunciados constitucionais transcritos, verifica-se que as Emendas Constitucionais ns. 86/2015 e 100/2019 **não** tornaram obrigatória a execução de **toda** a despesa do orçamento, mas apenas de **parte** das despesas incluídas no orçamento por **emendas individuais ou de bancada dos deputados federais e senadores**.

No caso das emendas individuais, é obrigatória a liberação dos recursos para pagar as tais despesas decorrentes de emendas até o limite de 1,2% da Receita Corrente Líquida (RCL) da União, realizada no exercício anterior (art. 166, §§ 9.º e 11, CF). No caso das emendas de bancada, é obrigatória a liberação de recursos até o limite de 1% da RCL realizada no exercício anterior. **Nestes pontos**, pode-se dizer que o orçamento público **tornou-se impositivo**[160].

---

[157] Nesse sentido foi a liminar concedida no seguinte processo: STJ, MS 21.879/DF, Rel. Min. Napoleão Nunes Maia Filho, decisão monocrática, j. em 01.07.2015, *DJe* 12.08.2015. Noutro processo, em que também se discutia a execução de emendas de ex-parlamentar, a União informou que foram editados atos normativos reconhecendo o direito a congressista não reeleito de direcionar a aplicação dos recursos decorrentes de emendas individuais apresentadas na proposta orçamentária, argumento que, acatado pelo STJ, culminou na perda de objeto da referida ação (MS 21.864/DF, Rel. Min. Herman Benjamin, 1.ª Seção, j. em 14.12.2016, *DJe* 17.04.2017).

[158] Sobre o tema, confira-se o Estudo Técnico n. 19/2018 (Orçamento Impositivo — Execução de Emendas de Ex-Parlamentar) da Consultoria de Orçamentos e Fiscalização Financeira da Câmara dos Deputados.

[159] A partir do exercício de 2022 até o último exercício de vigência do Novo Regime Fiscal (arts. 106 a 114, ADCT), a execução prevista no § 12 do art. 166 da CF corresponderá ao montante de execução obrigatória para o exercício anterior, corrigido na forma estabelecida no inciso II do § 1.º do art. 107 do ADCT (art. 3.º, Emenda Constitucional n. 100/2019). Nos termos do art. 165, § 9.º, inciso III, da CF (com redação dada pela Emenda Constitucional n. 100/2019), cabe à lei complementar dispor sobre critérios para a execução equitativa, além de procedimentos que serão adotados quando houver impedimentos legais e técnicos, cumprimento de restos a pagar e limitação das programações de caráter obrigatório, para a realização do disposto no § 12 do art. 166 da CF.

[160] São **inconstitucionais** as normas que estabeleçam limites para aprovação de emendas parlamentares impositivas em **patamar diferente** do imposto pelo art. 166 da CF, com a redação dada pelas

As modificações trazidas pelas Emendas Constitucionais n. 86/2015 e n. 100/2019, ao enumerarem percentuais específicos para as **emendas impositivas**, de execução obrigatória, "buscaram compatibilizar a discricionariedade do Executivo e a importância do Legislativo na elaboração do orçamento, harmonizando e reequilibrando a divisão entre os Poderes"[161].

Com tais mudanças, uma importante inovação é que os gastos decorrentes de emendas parlamentares, individuais ou de bancada, deixaram de ser considerados como "transferências voluntárias" da União a Estados e Municípios e passaram a ser **despesas obrigatórias**[162].

Só não haverá a obrigatoriedade da execução orçamentária nos casos de **impedimentos de ordem técnica** (art. 166, § 13, CF[163]) que não permitam a realização do empenho da despesa.

Observação: De acordo com a LDO/2021 (Lei n. 14.116, de 31.12.2020), entende-se como **impedimento de ordem técnica**, para fins do disposto no § 13 do art. 166 da CF, a situação ou o evento de ordem fática ou legal que obsta ou suspende a execução da programação orçamentária (art. 67, *caput*). São consideradas hipóteses de impedimentos de ordem técnica, sem prejuízo de outras posteriormente identificadas em ato do Poder Executivo federal, as enumeradas no § 2.º do art. 67 da Lei n. 14.116/2020, a saber:

■ a ausência de projeto de engenharia aprovado pelo órgão setorial responsável pela programação, nos casos em que for necessário;

■ a ausência de licença ambiental prévia, nos casos em que for necessária;

■ a não comprovação, por parte dos Estados, do Distrito Federal ou dos Municípios, quando a cargo do empreendimento após a sua conclusão, da capacidade de aportar recursos para sua operação e sua manutenção;

■ a não comprovação de que os recursos orçamentários e financeiros sejam suficientes para conclusão do projeto ou de etapa útil, com funcionalidade que permita o imediato usufruto dos benefícios pela sociedade;

■ a incompatibilidade com a política pública aprovada no âmbito do órgão setorial responsável pela programação;

■ a incompatibilidade do objeto da despesa com os atributos da ação orçamentária e do respectivo subtítulo; e

■ os impedimentos cujo prazo para superação inviabilize o empenho dentro do exercício financeiro.

Emendas Constitucionais n. 86/2015 e n. 100/2019 (STF, ADI 6.308/RR, Rel. Min. Roberto Barroso, Pleno, j. em 06.06.2022, *DJe*-116 15.06.2022).

[161] STF, ADI 5.274/SC, Rel. Min. Cármen Lúcia, Pleno, j. em 19.10.2021, *DJe*-236 30.11.2021. O STF declarou a **inconstitucionalidade** de dispositivos das legislações dos Estados de Santa Catarina (ADI 5.274/SC) e Roraima (ADI 6.308/RR, Rel. Min. Roberto Barroso, Pleno, j. em 06.06.2022, *DJe*-116 15.06.2022), que introduziram, naquelas unidades da Federação, a figura das emendas parlamentares impositivas em matéria de orçamento público, tanto individuais como coletivas, **antes de sua previsão no plano federal**, que só ocorreu com as ECs n. 86/2015 e 100/2019.

[162] Com tais alterações, as Emendas Constitucionais n. 86/2015 e 100/2019 acabaram por livrar os Estados e Municípios de terem os recursos das emendas parlamentares individuais e de bancada bloqueados nos casos de não cumprirem as condições legais para as transferências voluntárias (arts. 11, 25 e 51, da LRF).

[163] Parágrafo com redação dada pela Emenda Constitucional n. 100/2019.

12 ▪ Teoria Geral do Orçamento Público

Sobre as emendas impositivas, merecem destaque as seguintes disposições constitucionais:

▪ para fins de seu cumprimento, os órgãos de execução deverão observar, nos termos da LDO, cronograma para análise e verificação de eventuais impedimentos das programações e demais procedimentos necessários à viabilização da execução dos respectivos montantes (art. 166, § 14, CF)[164];

▪ quando a transferência obrigatória da União para a execução da programação for destinada a Estados, ao Distrito Federal e a Municípios, independerá da adimplência do ente federativo destinatário e não integrará a base de cálculo da receita corrente líquida (RCL) para fins de aplicação dos limites de despesa de pessoal de que trata o *caput* do art. 169 da CF (art. 166, § 16, CF)[165];

▪ os restos a pagar provenientes das programações orçamentárias poderão ser considerados para fins de cumprimento da execução financeira até o limite de **1% (um por cento) da RCL** do exercício anterior ao do encaminhamento do projeto de lei orçamentária, para as programações das **emendas individuais**, e até o limite de **0,5% (cinco décimos por cento)**, para as programações das emendas de bancada (art. 166, § 17, CF)[166];

▪ se for verificado que a reestimativa da receita e da despesa poderá resultar no não cumprimento da meta de resultado fiscal estabelecida na LDO, os montantes previstos nos §§ 11 e 12 do art. 166 da CF poderão ser reduzidos em até a mesma proporção da limitação incidente sobre o conjunto das demais despesas discricionárias (art. 166, § 18, CF)[167].

Observação: As programações das emendas de iniciativa de bancada de parlamentares de Estado ou do Distrito Federal, quando versarem sobre o início de investimentos com duração de mais de 1 (um) exercício financeiro ou cuja execução já tenha sido iniciada, deverão ser objeto de emenda pela mesma bancada, a cada exercício, até a conclusão da obra ou do empreendimento (art. 166, § 20, CF)[168].

12.5. CONTROLE DE CONSTITUCIONALIDADE DAS LEIS ORÇAMENTÁRIAS

A validade da norma jurídica, consoante leciona Hugo de Brito Machado, "pode ser identificada tendo-se em vista a observância das normas nas quais a lei tem fundamento"[169].

Considerando-se que o ordenamento jurídico é escalonado e que uma norma tem sempre o seu fundamento de validade em uma norma superior, conclui-se que as normas infraconstitucionais somente valem pela sua adequação com as normas estabelecidas na

---

[164] Parágrafo com redação dada pela Emenda Constitucional n. 100/2019.

[165] Parágrafo com redação dada pela Emenda Constitucional n. 100/2019.

[166] Parágrafo com redação dada pela Emenda Constitucional n. 126/2022.

[167] Parágrafo com redação dada pela Emenda Constitucional n. 100/2019.

[168] Parágrafo incluído pela Emenda Constitucional n. 100/2019.

[169] MACHADO, Hugo de Brito. *Uma introdução ao estudo do direito*, p. 76.

Constituição. A desconformidade das normas infraconstitucionais em relação ao disposto no Texto Constitucional provoca o fenômeno conhecido como **inconstitucionalidade**, condição esta decretada, via de regra, pelo Poder Judiciário.

A questão que se apresenta, então, é a seguinte: podem as leis orçamentárias ser objeto de controle de constitucionalidade?

A jurisprudência do Supremo Tribunal Federal (STF) havia firmado entendimento de que só seria admissível ação direta de inconstitucionalidade (ADI) contra ato dotado de **abstração, generalidade e impessoalidade.**

Com base em tal entendimento, o STF chegou a dar por inadmissível a propositura de ADI contra disposições insertas na **LDO**, porque reputadas normas individuais ou de efeitos concretos, que se esgotam com a propositura e a votação da LOA. O mesmo entendimento era adotado pelo STF em relação à **LOA**, que seria uma lei formal, mas de natureza e efeitos político-administrativos concretos. Dito de outro modo, por considerar que LDO e a LOA têm objetos determinados e destinatários certos, apresentando-se, pois, como leis de efeitos concretos, carentes da necessária generalidade e abstração, entendia o STF que não estariam sujeitas à fiscalização jurisdicional no controle concentrado de constitucionalidade como previsto no art. 102, inciso I, alínea *a*, da CF, pois ali se exige que se trate de ato normativo[170].

O STF, no entanto, já reconheceu expressamente a possibilidade de controle concentrado de constitucionalidade de leis orçamentárias **quando suas normas revelarem contornos gerais e abstratos,** em abandono ao campo da eficácia concreta[171].

---

[170] Nesse sentido: ADI-QO 1.640/UF, Rel. Min. Sydney Sanches, Pleno, j. em 12.02.1998, *DJ* 03.04.1998, p. 1; ADI-MC 2.057/AP, Rel. Min. Maurício Corrêa, Pleno, j. em 09.12.1999, *DJ* 31.03.2000, p. 50; ADI 2.100/RS, Rel. p/ Acórdão Min. Nelson Jobim, Pleno, j. em 17.12.1999, *DJ* 01.06.2001, p. 76; ADI-MC 2.484/DF, Rel. Min. Carlos Velloso, Pleno, j. em 19.12.2001, *DJ* 14.11.2003, p. 11; ADI 3.652/RR, Rel. Min. Sepúlveda Pertence, Pleno, j. em 19.12.2006, *DJ* 16.03.2007, p. 20. Confira-se, a respeito, o seguinte julgado do STF, no qual não admite o controle concentrado (abstrato) de constitucionalidade das normas que conformam originalmente o orçamento da despesa (**LOA**) ou viabilizam sua alteração no curso do exercício (**créditos adicionais**): "I. Medida provisória: limites materiais à sua utilização: autorizações legislativas reclamadas pela Constituição para a prática de atos políticos ou administrativos do Poder Executivo e, de modo especial, as que dizem com o orçamento da despesa e suas alterações no curso do exercício: considerações gerais. II. Ação direta de inconstitucionalidade, entretanto, inadmissível, não obstante a plausibilidade da arguição dirigida contra a Mprov 1.600/97, dado que, na jurisprudência do STF, só se consideram objeto idôneo do controle abstrato de constitucionalidade os atos normativos dotados de generalidade, o que exclui os que, malgrado sua forma de lei, veiculam atos de efeito concreto, como sucede com as normas individuais de autorização que conformam originalmente o orçamento da despesa ou viabilizam sua alteração no curso do exercício. III. Ação de inconstitucionalidade: normas gerais e normas individuais: caracterização" (ADI 1.716/DF, Rel. Min. Sepúlveda Pertence, Pleno, j. em 19.12.1997, *DJ* 27.03.1998, p. 2). O STF também não admitiu o controle concentrado de constitucionalidade de **emenda congressional**, consistente em mera transferência de recursos de uma dotação para outra, dentro da proposta orçamentária do Governo Federal (ADI-AgR 203/DF, Rel. Min. Celso de Mello, Pleno, j. em 22.03.1990, *DJ* 20.04.1990, p. 3048).

[171] Nesse sentido: STF, ADI 2.100/RS, Rel. p/ Acórdão Min. Nelson Jobim, Pleno, j. em 17.12.1999, *DJ* 01.06.2001, p. 76; ADI-MC 2.535/MT, Rel. Min. Sepúlveda Pertence, Pleno, j. em 19.12.2001, *DJ* 21.11.2003, p. 7; ADI 2.925/DF, Rel. p/ Acórdão Min. Marco Aurélio, Pleno, j. em 19.12.2003, *DJ* 04.03.2005, p. 10.

12 ◾ Teoria Geral do Orçamento Público

Posteriormente, o STF, revendo seu anterior entendimento, admitiu a possibilidade de controle concentrado de constitucionalidade das normas orçamentárias, **independentemente de seu caráter geral ou específico, concreto ou abstrato**, pois entendeu que aquele Tribunal "deve exercer sua função precípua de fiscalização da constitucionalidade das leis e dos atos normativos quando houver um tema ou uma controvérsia constitucional suscitada em abstrato, **independente do caráter geral ou específico, concreto ou abstrato de seu objeto**" (destaque nosso)[172].

Noutra decisão, contudo, o STF, apreciando a constitucionalidade de medida provisória que determinara a abertura de créditos extraordinários, assim se manifestou: "A lei não precisa de densidade normativa para se expor ao controle abstrato de constitucionalidade, devido a que se trata de ato de aplicação primária da Constituição. Para esse tipo de controle, exige-se densidade normativa apenas para o ato de natureza infralegal"[173].

Portanto, de acordo com o atual posicionamento do STF, as leis orçamentárias (PPA, LDO e LOA), por serem atos de natureza legal (atos de aplicação primária da Constituição), estão sujeitas ao controle abstrato de sua constitucionalidade, ainda que se entenda que os referidos instrumentos normativos são destituídos das características de abstração, generalidade e impessoalidade[174].

12.6. VEDAÇÕES CONSTITUCIONAIS EM MATÉRIA ORÇAMENTÁRIA

De acordo com o art. 167 da CF, são vedados:

◾ o início de programas ou projetos não incluídos na lei orçamentária anual;

---

[172] STF, ADI-MC 4.048/DF, Rel. Min. Gilmar Mendes, Pleno, j. em 14.05.2008, *DJe*-157 22.08.2008. No mesmo sentido: STF, ADI-MC 3.949/DF, Rel. Min. Gilmar Mendes, Pleno, j. em 14.08.2008, *DJe*-148 07.08.2009. Referidas ações foram julgadas **prejudicadas**, pela perda superveniente de seu objeto, tendo em vista que encerrada a vigência temporal das normas contestadas.

[173] STF, ADI-MC 4.049/DF, Rel. Min. Carlos Britto, Pleno, j. em 05.11.2008, *DJe*-084 08.05.2009. No mesmo sentido: ADI-MC-Ref 5.449/RR, Rel. Min. Teori Zavascki, Pleno, j. em 10.03.2016, *DJe*-077 22.04.2016. Referidas ações, contudo, foram julgadas **prejudicadas**, pela perda superveniente de seu objeto, tendo em vista que encerrada a vigência temporal das normas contestadas antes do julgamento final.

[174] Ressalte-se, todavia, que é incabível ADI contra lei orçamentária cuja eficácia jurídico-normativa tenha se exaurido. Nesse sentido é a jurisprudência do STF: ADI-QO 612/RJ, Rel. Min. Celso de Mello, Pleno, j. em 03.06.1993, *DJ* 06.05.1994, p. 10484; ADI 784/SC, Rel. Min. Moreira Alves, Pleno, j. 14.08.1997, *DJ* 26.09.1997, p. 47474; ADI 885/DF, Rel. Min. Néri da Silveira, Pleno, j. em 17.06.1999, *DJ* 31.08.2001, p. 34; ADI-MC-Ref 4.663/RO, Rel. Min. Luiz Fux, Pleno, j. em 15.10.2014, *DJe*-246 16.12.2014; ADI-AgR 5.120/CE, Rel. Min. Celso de Mello, Pleno, j. em 19.08.2015, *DJe*-025 12.02.2016. No mesmo sentido, mas não se referindo ao caso específico das leis orçamentárias: STF, ADI 786/DF, Rel. Min. Néri da Silveira, Pleno, j. em 15.08.1996, *DJ* 27.06.1997, p. 30224; ADI 352/SC, Rel. Min. Sepúlveda Pertence, Pleno, j. em 30.10.1997, *DJ* 12.12.1997, p. 65564; ADI-MC 1.599/UF, Rel. Min. Maurício Corrêa, Pleno, j. em 26.02.1998, *DJ* 18.05.2001, p. 430; ADI 425/TO, Pleno, Rel. Min. Maurício Corrêa, j. em 04.09.2002, *DJ* 19.12.2003, p. 19; ADI-MC 2.333/AL, Rel. Min. Marco Aurélio, Pleno, j. em 11.11.2004, *DJ* 06.05.2005, p. 6; ADI 1.770/DF, Rel. Min. Joaquim Barbosa, Pleno, j. em 11.10.2006, *DJ* 01.12.2006, p. 65; ADI 2.980/DF, Rel. p/ Acórdão Min. Cezar Peluso, Pleno, j. em 05.02.2009, *DJe*-148 07.08.2009.

■ a realização de despesas ou a assunção de obrigações diretas que excedam os créditos orçamentários ou adicionais[175];

> **Observação:** Semelhante vedação encontra-se no § 5.º do art. 99 da CF[176], aplicável ao Poder Judiciário: "Durante a execução orçamentária do exercício, não poderá haver a realização de despesas ou a assunção de obrigações que extrapolem os limites estabelecidos na lei de diretrizes orçamentárias, exceto se previamente autorizadas, mediante a abertura de créditos suplementares ou especiais". Idêntica é a redação do § 6.º do art. 127 da CF[177], dirigido ao Ministério Público.

■ a realização de operações de créditos que excedam o montante das despesas de capital (ressalvadas as autorizadas mediante créditos suplementares ou especiais com finalidade precisa, aprovados pelo Poder Legislativo por maioria absoluta);

> **Observação:** Para fins da apuração do cumprimento do referido limite, ao término do exercício financeiro, as receitas das operações de crédito efetuadas no contexto da gestão da dívida pública mobiliária federal somente serão consideradas **no exercício financeiro em que for realizada a respectiva despesa** (art. 167, § 6.º, CF, incluído pela Emenda Constitucional n. 109/2021).

> **Observação:** É **dispensada** a observância do inciso III do art. 167 da CF durante a integralidade do exercício financeiro em que vigore a **calamidade pública de âmbito nacional** (art. 167-E, CF[178]).

■ a vinculação de receita de impostos a órgão, fundo ou despesa, ressalvadas a repartição do produto da arrecadação dos impostos a que se referem os arts. 158 e 159 da CF, a destinação de recursos para manutenção e desenvolvimento do ensino,

---

[175] Lei n. 4.320/64, art. 59, *caput*: "O empenho da despesa não poderá exceder o limite dos créditos concedidos" (Redação dada pela Lei n. 6.397, de 10.12.1976). Nesse sentido: STF, ADI-MC 352/SC, Rel. Min. Celso de Mello, pleno, j. em 29.08.1990, *DJ* 08.03.1991, p. 2200. Confira-se, a respeito, o seguinte julgado do STJ: "Sendo a universidade um ente integrante da Administração Pública, está obrigatoriamente vinculada à observância dos princípios da legalidade, da impessoalidade, da moralidade, da publicidade, assim como ao disposto no art. 167, II, da Constituição Federal, que afirma a vedação da 'realização de despesas ou a assunção de obrigações diretas que excedam os créditos orçamentários ou adicionais'" (MS 3.129/DF, Rel. Min. Anselmo Santiago, 3.ª Seção, j. em 25.11.1998, *DJ* 01.02.1999, p. 100).

[176] Parágrafo incluído pela Emenda Constitucional n. 45/2004.

[177] Parágrafo incluído pela Emenda Constitucional n. 45/2004.

[178] Artigo incluído pela Emenda Constitucional n. 109/2021. Semelhante disposição já constava do art. 4.º da Emenda Constitucional n. 106/2020, que, nos termos de seu art. 11, ficou automaticamente revogada na data do encerramento do estado de calamidade pública reconhecido pelo Congresso Nacional, o que se deu em **31.12.2020**, conforme o art. 1.º do Decreto Legislativo n. 6, de 2020. É interessante observar que, não obstante a Emenda Constitucional n. 106/2020 aludisse a um "estado de calamidade pública nacional" (art. 1.º), foi a Emenda Constitucional n. 109/2021 que introduziu na CF a figura denominada "estado de calamidade pública de âmbito nacional".

12 ■ Teoria Geral do Orçamento Público 367

como determinado pelo art. 212 da CF, e a prestação de garantias às operações de crédito por antecipação de receita, previstas no art. 165, § 8.º, bem assim o disposto no § 4.º do art. 167 da CF;

■ a abertura de crédito suplementar ou especial sem prévia autorização legislativa e sem indicação dos recursos correspondentes;

■ a transposição, o remanejamento ou a transferência de recursos de uma categoria de programação para outra ou de um órgão para outro, sem prévia autorização legislativa;

> **Observação:** A vedação supra é conhecida como **"princípio da vedação do estorno"**[179]. Ressalte-se que a **Emenda Constitucional n. 85, de 26.02.2015** — que pretendeu incentivar as atividades de ciência, tecnologia e inovação —, **mitigou tal proibição** ao inserir o § 5.º no art. 167, com a seguinte redação: "A transposição, o remanejamento ou a transferência de recursos de uma categoria de programação para outra **poderão ser admitidos, no âmbito das atividades de ciência, tecnologia e inovação**, com o objetivo de viabilizar os resultados de projetos restritos a essas funções, mediante ato do Poder Executivo, **sem necessidade da prévia autorização legislativa prevista no inciso VI deste artigo**" (destaques nossos).

■ a concessão ou utilização de créditos ilimitados[180];

■ a utilização, sem autorização legislativa específica, de recursos dos orçamentos fiscal e da seguridade social para suprir necessidade ou cobrir déficit de empresas, fundações e fundos, inclusive dos mencionados no art. 165, § 5.º, da CF;

■ a instituição de fundos de qualquer natureza, sem prévia autorização legislativa[181];

■ a transferência voluntária de recursos e a concessão de empréstimos, inclusive por antecipação de receita, pelos Governos Federal e Estaduais e suas instituições

---

[179] O **estorno de verbas**, que era admitido anteriormente à Constituição de 1934, consistia na providência utilizada pela Administração para fazer face à insuficiência de recursos, mediante a transferência das sobras de determinadas verbas para suprir as dotações esgotadas ou insuficientemente dotadas. Atualmente, consoante exposto, é vedada a utilização de tal processo (art. 167, inciso VI, CF), podendo o Poder Executivo, na hipótese de insuficiência de verbas, recorrer ao **crédito suplementar**, depois de previamente autorizado pelo Poder Legislativo.

[180] Tal vedação, constante do inciso VII do art. 167 da CF, é denominada por Pinto Ferreira de **"princípio da quantificação dos créditos orçamentários"**, que é assim definido pelo citado doutrinador: "Deve ocorrer a quantificação da soma que o Poder Executivo está autorizado a gastar, para permitir a fiscalização e o controle pelo Poder Legislativo" (*Comentários à Constituição brasileira*, v. 6, p. 117). Ressalte-se que tal disposição constitucional não se dirige apenas aos créditos orçamentários, mas, de igual modo, aos créditos adicionais.

[181] Dispõe o art. 165, § 9.º, inciso II, da CF que cabe à **lei complementar** estabelecer condições para instituição e funcionamento de fundos. Por não ter sido editada, posteriormente à CF, a lei complementar a que se refere o dispositivo referido, aplica-se o que dispõe a Lei n. 4.320/64, que foi recepcionada pela Carta Constitucional vigente. Assim, poderá a lei constituir fundos, mediante destinação do produto de determinadas receitas que se vincularão a fins ou objetivos específicos (art. 71, Lei n. 4.320/64). Na Lei Orçamentária Anual ou nas leis de créditos adicionais, consignar-se-á dotação para a aplicação das receitas orçamentárias vinculadas ao fundo (art. 72, Lei n. 4.320/64). A lei que instituir o fundo poderá determinar normas peculiares de controle, prestação e tomada de contas (art. 74, Lei n. 4.320/64).

financeiras, para pagamento de despesas com pessoal ativo, inativo e pensionista, dos Estados, do Distrito Federal e dos Municípios[182];

■ a utilização dos recursos provenientes das contribuições sociais de que trata o art. 195, inciso I, alínea *a*, e inciso II, da CF para a realização de despesas distintas do pagamento de benefícios do regime geral de previdência social de que trata o art. 201 da CF[183];

■ na forma estabelecida na lei complementar de que trata o § 22 do art. 40 da CF, a utilização de recursos de regime próprio de previdência social (incluídos os valores integrantes dos fundos previstos no art. 249 da CF) para a realização de despesas distintas do pagamento dos benefícios previdenciários do respectivo fundo vinculado àquele regime e das despesas necessárias à sua organização e ao seu funcionamento[184];

■ a transferência voluntária de recursos, a concessão de avais, as garantias e as subvenções pela União e a concessão de empréstimos e de financiamentos por instituições financeiras federais aos Estados, ao Distrito Federal e aos Municípios na hipótese de descumprimento das regras gerais de organização e de funcionamento de regime próprio de previdência social[185];

■ a criação de fundo público, quando seus objetivos puderem ser alcançados mediante a vinculação de receitas orçamentárias específicas ou mediante a execução direta por programação orçamentária e financeira de órgão ou entidade da administração pública[186].

12.7 ESTADO DE CALAMIDADE PÚBLICA DE ÂMBITO NACIONAL: REGIME EXTRAORDINÁRIO FISCAL, FINANCEIRO E DE CONTRATAÇÕES

A Emenda Constitucional n. 109, de 15.03.2021, criou a figura denominada "**estado de calamidade pública de âmbito nacional**", que é disciplinada nos arts. 167-B a 167-G da CF, nesta inseridos pela anteriormente mencionada emenda.

> **Observação:** Anteriormente à EC n. 109/2021, havia o "**estado de calamidade pública**" previsto na Lei n. 12.608, de 10.04.2012, que, contudo, **não é de âmbito nacional**, pois sua declaração, de acordo com o referido diploma, compete aos Municípios (art. 8.º, inciso VI), ao Distrito Federal (art. 19) e, quando for o caso, aos Estados (art. 7.º, inciso VII).

---

[182] Vedação constante do inciso X, do art. 167, da CF, acrescentado pela Emenda Constitucional n. 19/98.

[183] Vedação constante do inciso XI do art. 167 da CF, acrescentado pela Emenda Constitucional n. 20/98.

[184] Vedação constante do inciso XII do art. 167 da CF, acrescentado pela Emenda Constitucional n. 103/2019.

[185] Vedação constante do inciso XIII do art. 167 da CF, acrescentado pela Emenda Constitucional n. 103/2019.

[186] Vedação constante do inciso XIV do art. 167 da CF, acrescentado pela Emenda Constitucional n. 109/2021.

12 ■ Teoria Geral do Orçamento Público 369

> **Observação:** Muitas das disposições introduzidas na CF pela EC n. 109/2021 já constavam da Emenda Constitucional n. 106/2020. Esta, contudo, nos termos de seu art. 11, ficou automaticamente **revogada** na data do encerramento do estado de calamidade pública reconhecido pelo Congresso Nacional, o que se deu em **31.12.2020**, conforme o art. 1.º do Decreto Legislativo n. 6, de 2020.

O estado de calamidade pública de âmbito nacional é decretado pelo Congresso Nacional (art. 49, inciso XVIII, CF[187]) por iniciativa privativa do Presidente da República (art. 84, inciso XXVIII, CF[188]).

Durante a vigência de estado de calamidade pública de âmbito nacional:

■ com o propósito exclusivo de enfrentamento da calamidade pública e de seus efeitos sociais e econômicos, o Poder Executivo federal pode adotar processos simplificados de contratação de pessoal, em caráter temporário e emergencial[189], e de obras, serviços e compras que assegurem, quando possível, competição e igualdade de condições a todos os concorrentes (art. 167-C, CF);

■ as proposições legislativas e os atos do Poder Executivo com propósito exclusivo de enfrentar a calamidade e suas consequências sociais e econômicas, com vigência e efeitos restritos à sua duração, desde que não impliquem despesa obrigatória de caráter continuado (art. 17, *caput*, LRF), ficam dispensados da observância das limitações legais quanto à criação, à expansão ou ao aperfeiçoamento de ação governamental que acarrete aumento de despesa (art. 16, LRF) e à concessão ou à ampliação de incentivo ou benefício de natureza tributária da qual decorra renúncia de receita (art. 14, LRF) (art. 167-D, *caput*, CF);

■ não se aplica o disposto no § 3.º do art. 195 da CF (art. 167-D, parágrafo único, CF);

■ o superávit financeiro apurado em 31 de dezembro do ano imediatamente anterior ao reconhecimento pode ser destinado à cobertura de despesas oriundas das medidas de combate à calamidade pública de âmbito nacional e ao pagamento da dívida pública (art. 167-F, inciso II, CF)[190];

■ aplicam-se à União as vedações previstas no art. 167-A da CF (art. 167-G, *caput*, CF), observando-se o seguinte:

---

[187] Inciso acrescentado pela EC n. 109/2021.

[188] Inciso acrescentado pela EC n. 109/2021.

[189] É **dispensada** a observância do § 1.º do art. 169 da CF na contratação de pessoal por tempo determinado (art. 37, inciso IX, CF) com o propósito exclusivo de enfrentamento da calamidade pública de âmbito nacional (art. 167-C, CF, incluído pela EC n. 109/2021).

[190] Tal disposição não se aplica às fontes de recursos: (i) decorrentes de repartição de receitas a Estados, ao Distrito Federal e a Municípios; (ii) decorrentes das vinculações estabelecidas pelos arts. 195, 198, 201, 212, 212-A e 239 da CF; (iii) destinadas ao registro de receitas oriundas da arrecadação de doações ou de empréstimos compulsórios, de transferências recebidas para o atendimento de finalidades determinadas ou das receitas de capital produto de operações de financiamento celebradas com finalidades contratualmente determinadas (art. 167-F, § 2.º, CF).

a) na hipótese de medidas de combate à calamidade pública cuja vigência e efeitos não ultrapassem a sua duração, não se aplicam as vedações referidas nos incisos II, IV, VII, IX e X do *caput* do art. 167-A da CF (art. 167-G, § 1.º, CF);

b) não se aplica a alínea *c* do inciso I do art. 159 da CF, devendo referida transferência ser efetuada nos mesmos montantes transferidos no exercício anterior à decretação da calamidade (art. 167-G, § 2.º, CF);

◼ é facultada aos Estados, ao Distrito Federal e aos Municípios a aplicação das vedações previstas no art. 167-A da CF, nos termos do art. 167-G da CF, e, até que as tenham adotado na integralidade, estarão submetidos às restrições do § 6.º do art. 167-A da CF, enquanto perdurarem seus efeitos para a União (art. 167-G, § 3.º, CF).

Durante a integralidade do exercício financeiro em que vigore a calamidade pública de âmbito nacional:

◼ fica dispensada a observância do inciso III do art. 167 da CF (art. 167-E, CF);

◼ são dispensados os limites, as condições e demais restrições aplicáveis à União para a contratação de operações de crédito, bem como sua verificação (art. 167-F, inciso I, CF).

Lei complementar pode definir outras suspensões, dispensas e afastamentos aplicáveis durante a vigência do estado de calamidade pública de âmbito nacional (art. 167-F, § 1.º, CF).

Observação: A **Lei Complementar n. 206, de 16.05.2024**, autorizou a União a postergar, parcial ou integralmente, os pagamentos devidos (incluídos o principal e o serviço da dívida) das parcelas vincendas com a União dos entes federativos afetados por estado de calamidade pública[191] decorrente de **eventos climáticos** extremos reconhecidos pelo Congresso Nacional, mediante proposta do Poder Executivo federal[192].

São afastadas as vedações e dispensados os requisitos legais exigidos para a contratação com a União e a verificação dos requisitos exigidos, inclusive os previstos na LRF, para a realização de operações de crédito e equiparadas e para a assinatura de termos aditivos aos contratos de refinanciamento de que trata a Lei Complementar n. 206/2024, nos termos de seu art. 3.º.

---

[191] Pelo fato do art. 2.º da citada lei referir-se a evento que ocorra "em parte ou na integralidade do território nacional", conclui-se que o disposto em tal diploma é aplicável não apenas ao estado de calamidade pública de âmbito nacional (arts. 167-B a 167-G, CF), mas também ao estado de calamidade pública previsto na Lei n. 12.608/2012, que não é de âmbito nacional.

[192] A Lei Complementar n. 206/2024 também autorizou a União a **reduzir a 0% (zero por cento)**, nos contratos de dívida dos referidos entes com a União (celebrados com fundamento na Lei n. 9.496, de 11.09.1997, no art. 23 da Lei Complementar n. 178, de 13.01.2021, na Lei Complementar n. 159, de 19.05.2017, e na Medida Provisória n. 2.185-35, de 24.08.2001), a **taxa de juros** de que trata o inciso I do *caput* do art. 2.º da Lei Complementar n. 148, de 25.11.2014, pelo período de até 36 (trinta e seis) meses, nos termos estabelecidos em ato do Poder Executivo federal.

12 ▪ Teoria Geral do Orçamento Público

12.8. ENTREGA DOS RECURSOS DOS PODERES LEGISLATIVO E JUDICIÁRIO, DO MINISTÉRIO PÚBLICO E DA DEFENSORIA PÚBLICA

De acordo com o art. 168 da CF (com a redação determinada pela Emenda Constitucional n. 45, de 08.12.2004), os recursos correspondentes às dotações orçamentárias (compreendidos os créditos suplementares e especiais) destinados aos Poderes Legislativo e Judiciário, ao Ministério Público e à Defensoria Pública ser-lhes-ão entregues **até o dia 20 de cada mês**, em **duodécimos**, na forma da lei complementar a que se refere o art. 165, § 9.º, da CF[193].

A prerrogativa deferida aos Poderes Legislativo e Judiciário, ao Ministério Público e à Defensoria Pública pela regra consubstanciada no art. 168 da CF objetiva assegurar-lhes, em grau necessário, o essencial coeficiente de **autonomia institucional**, consoante reconheceu o STF: "A *'ratio'* subjacente a essa norma de garantia radica-se no compromisso assumido pelo legislador constituinte de conferir as instituições destinatárias do *'favor constitutionis'* o efetivo exercício do poder de autogoverno que irrecusavelmente lhes compete"[194].

A norma inscrita no art. 168 da CF "reveste-se de caráter tutelar, concebida que foi para impedir o Executivo de causar, em desfavor do Judiciário, do Legislativo e do Ministério Público, um estado de subordinação financeira que comprometesse, pela gestão arbitrária do orçamento — ou, até mesmo, pela injusta recusa de liberar os recursos nele consignados —, a própria independência político-jurídica daquelas Instituições" (**MS-AgR-QO 21.291/DF**, Rel. Min. Celso de Mello, Pleno, j. em 12.04.1991, *DJ* 27.10.1995, p. 36331).

Conforme o art. 168 da CF, os Poderes Legislativo e Judiciário, o Ministério Público e a Defensoria Pública recebem seus vencimentos em momento anterior ao do término do mês trabalhado.

A liberação de tais recursos não é desordenada, pois obedece ao sistema de programação de despesa, efetivando-se em favor dos órgãos anteriormente referidos de forma parcelada em **duodécimos**, estabelecidos mensalmente.

O cálculo dos duodécimos a serem repassados deve operar-se considerando o montante da receita **efetivada**, e não sobre valor estimado (previsto) na lei orçamentária, pois nem sempre a previsão orçamentária se concretiza. Nesse sentido já se manifestou o Superior Tribunal de Justiça, ao decidir que os duodécimos são conformados à **receita concretizada realmente mês a mês**: "Esse critério permite o equilíbrio, de modo que não sejam repassados recursos superiores à arrecadação ou com o sacrifício das obrigatórias despesas da responsabilidade do executivo. A liberação ou

---

[193] Na decisão que julgou procedente a ADPF 339/PI, o STF fixou a seguinte tese: "É dever constitucional do Poder Executivo o repasse, sob a forma de duodécimos e até o dia 20 de cada mês (art. 168 da CRFB/88), da integralidade dos recursos orçamentários destinados a outros Poderes e órgãos constitucionalmente autônomos, como o Ministério Público e a Defensoria Pública, conforme previsão da respectiva Lei Orçamentária Anual" (ADPF 339/PI, Rel. Min. Luiz Fux, Pleno, j. em 18.05.2016, *DJe*-159 01.08.2016).

[194] STF, ADI-MC 732/RJ, Rel. Min. Celso de Mello, Pleno, j. em 22.05.1992, *DJ* 21.08.1992, p. 12782.

repasse não tem por base única a previsão orçamentária, **devendo ser considerada a receita real**" (destaque nosso)[195].

> **Observação:** É **vedada** a transferência a **fundos** de recursos financeiros oriundos de repasses duodecimais (art. 168, § 1.º, CF).

Ressalte-se que, para os fins previstos no art. 168 da CF, a entrega dos recursos financeiros correspondentes à despesa total com pessoal por Poder e órgão será a resultante da aplicação dos percentuais definidos no art. 20 da LRF ou aqueles fixados na LDO (art. 20, § 5.º, LRF).

Cabe destacar, ainda, que a entrega dos recursos de que trata o art. 168 da CF é atribuição **exclusiva** e **indisponível** dos agentes das entidades políticas responsáveis pela sua gestão. Assim decidiu o STF, ao declarar a **inconstitucionalidade** de dispositivos de Constituições Estaduais que conferiam a instituições financeiras, alheias à

---

[195] STJ, REsp 189.146/RN, Rel. Min. Milton Luiz Pereira, 1.ª Turma, j. em 06.08.2002, *DJ* 23.09.2002, p. 228. No mesmo sentido é a seguinte decisão do TJ-GO: Ap. Cív. em MS 110375-9/189 (200701488799), Rel. Des. Nelma Branco Ferreira Perilo, 3.ª Câmara Cível, j. em 07.08.2007, *DJE* 23.08.2007. Em decisão anterior, no entanto, o STJ já havia se manifestado no sentido de que o repasse dos duodécimos deveria corresponder à previsão de receita constante na Lei Orçamentária Anual: "1. Mandado de segurança impetrado contra v. Acórdão que denegou segurança objetivando a liberação de dotação orçamentária, ao entendimento de que o repasse do duodécimo do Poder Legislativo pelo Executivo deve ser proporcional à receita efetivamente arrecadada, não podendo ultrapassar esse limite, sob pena de comprometer a disponibilidade financeira do município. 2. O repasse das dotações orçamentárias pelo Poder Executivo aos demais Poderes, nos termos previstos no art. 168, da Carta Magna de 1988, não pode ficar à mercê da vontade do Chefe do Executivo, sob pena de se por em risco a independência desses Poderes, garantia inerente ao Estado de Direito. 3. Tal repasse, feito pelo Executivo, deve observar as previsões constantes na Lei Orçamentária Anual, a fim de garantir a independência entre os poderes, impedindo eventual abuso de poder por parte do Chefe do Executivo. 4. O *quantum* a ser efetivado deve ser proporcional à receita do ente público, até porque não se pode repassar mais do que concretamente foi arrecadado. 5. *In casu*, inexistem justificativas plausíveis por parte da autoridade coatora — Prefeito municipal, que motivem a insuficiente arrecadação municipal, não legitimando, desse modo, a diminuição do repasse dos duodécimos devidos à Casa Legislativa que deveriam corresponder, dessa forma, às previsões orçamentárias. 6. Decisão objurgada que configura ilegalidade ou abuso de poder a ferir direito líquido e certo da impetrante. 7. Recurso provido" (RMS 10.181/SE, Rel. Min. José Delgado, 1.ª Turma, j. em 14.11.2000, *DJ* 05.02.2001, p. 72). Confira-se, ainda, o seguinte julgado do STF: "Repasse duodecimal determinado no art. 168 da Constituição. Garantia de independência, que não está sujeita a programação financeira e ao fluxo da arrecadação. Configura, ao invés, uma ordem de distribuição prioritária (não somente equitativa) de satisfação das dotações orçamentárias, consignadas ao Poder Judiciário. Mandado de segurança deferido, para determinar a efetivação dos repasses, com exclusão dos atrasados relativos ao passado exercício de 1991 (Súmula 271)" (MS 21.450/MT, Rel. Min. Octavio Gallotti, Pleno, j. em 08.04.1992, *DJ* 05.06.1992, p. 8429). No mesmo sentido: STF, AO 311/AL, Rel. Min. Marco Aurélio, Pleno, j. em 26.06.1996, *DJ* 11.10.1996, p. 38498. De igual modo, também o TJ-GO já havia se manifestado no sentido de que a cota a ser repassada deveria corresponder à receita prevista na lei orçamentária e nos créditos suplementares e especiais, se houver, comprovada mediante a expedição de documentos oficiais (Remessa Oficial 3883-2/195, Rel. Des. Mauro Campos, 3.ª Câmara Cível, j. em 25.04.1996, *DJE* 31.05.1996).

12 ■ Teoria Geral do Orçamento Público   373

Administração Pública, competência para repassar os duodécimos mediante crédito bancário automático, nas contas dos órgãos deles destinatários. Confira-se, nesse sentido, o seguinte julgado:

> **Ementa:** INCONSTITUCIONALIDADE. Ação direta. Art. 137, § 2.º, da Constituição do Estado de Rondônia, com a redação da EC n. 8/98. Dotação orçamentária dos Poderes Legislativo, Judiciário, do Ministério Público e do Tribunal de Contas. Repasse dos recursos correspondentes. Atribuição à instituição financeira centralizadora da receita do Estado. Inadmissibilidade. Ofensa ao art. 84, II, da CF. Regra de observância obrigatória pelos Estados. Ação julgada procedente. Precedente. É inconstitucional a norma de Constituição estadual que atribua a instituição financeira o repasse dos recursos orçamentários destinados aos Poderes Legislativo, Judiciário, ao Ministério Público e ao Tribunal de Contas" (**ADI 1.914/RO**, Rel. Min. Cezar Peluso, Pleno, j. em 15.04.2009, *DJe*-148 07.08.2009).[196]

Entendeu o STF que o dispositivo atacado permitiria, em última análise, que a instituição bancária retirasse da conta do Erário a importância do duodécimo e procedesse ao crédito na conta do órgão correspondente, exercendo, assim, **função própria da chefia da Administração Pública**, razão pela qual entendeu ter se configurado violação ao inciso II do art. 84 da CF[197], de observância obrigatória pelas unidades federadas.

É importante salientar que o Executivo atua apenas como **órgão arrecadador dos recursos orçamentários,** os quais, todavia, a ele não pertencem[198].

Por conseguinte, a **retenção** pelo Chefe do Executivo do repasse dos duodécimos das verbas orçamentárias do Poder Legislativo, do Poder Judiciário, do Ministério Público e da Defensoria Pública constitui prática indevida em flagrante violação aos preceitos fundamentais esculpidos na CF[199].

> **Observação:** De acordo com a jurisprudência do STF, eventuais **dificuldades financeiras** enfrentadas por um ente político **não são justificativas** para que o Poder Executivo recuse ou embarace a entrega dos duodécimos destinados aos demais poderes, ao Ministério Público e à Defensoria Pública, conforme as rubricas previstas na Lei Orçamentária Anual[200].

O **atraso no repasse** dos duodécimos referentes às dotações orçamentárias dos Poderes Legislativo e Judiciário, do Ministério Público e da Defensoria Pública pode ensejar a impetração de **mandado de segurança**[201].

---

[196] No mesmo sentido: STF, ADI 1.901/MG, Rel. Min. Ilmar Galvão, Pleno, j. em 03.02.2003, *DJ* 09.05.2003, p. 43.

[197] CF: "Art. 84. Compete privativamente ao Presidente da República: (...) II — exercer, com o auxílio dos Ministros de Estado, a direção superior da administração federal".

[198] STF, ADPF 339/PI, Rel. Min. Luiz Fux, Pleno, j. em 18.05.2016, *DJe*-159 01.08.2016.

[199] Confira-se, a respeito, o seguinte julgado do STF: ADI-MC 37/DF, Rel. Min. Francisco Rezek, Pleno, j. em 12.04.1989, *DJ* 23.06.1989, p. 10999.

[200] Nesse sentido: AO 1.935/AP, Rel. Min. Marco Aurélio, j. em 29.08.2014, *DJe*-188 26.09.2014.

[201] STF, MS 21.273/SP, Rel. Min. Néri da Silveira, Pleno, j. em 22.02.1996, *DJ* 15.12.2000, p. 64; MS 23.267/SC, Rel. Min. Gilmar Mendes, Pleno, j. em 03.04.2003, *DJ* 16.05.2003, p. 92; AI-AgR 322.399/AP, Rel. Min. Dias Toffoli, 1.ª Turma, j. em 20.03.2012, *DJe*-081 26.04.2012.

374 Direito Financeiro e Econômico Esquematizado · *Carlos Alberto de Moraes Ramos Filho*

A **legitimidade ativa**, no caso, pertence, exclusivamente, ao Poder Legislativo, ao Poder Judiciário, ao Ministério Público e à Defensoria Pública, **não aos membros e servidores** integrantes dessas instituições.

Assim, esse direito não poderá ser exercido nem mesmo por entidades de direito privado — ainda que qualificadas como **entidades de classe** —, cujo âmbito de atuação não transcende a esfera dos direitos de seus próprios associados. Não pode, pois, uma simples entidade de classe, atuando substitutivamente, deduzir, em nome próprio, pretensão jurídica que nem a ela nem a seus associados pertence[202].

A **legitimidade passiva** é do Chefe do Executivo, pois é a autoridade responsável por tal providência[203].

> **Observação:** O **saldo financeiro** decorrente dos repasses duodecimais de que trata o art. 168 da CF deve ser **restituído** ao caixa único do Tesouro do ente federativo ou terá seu valor deduzido das primeiras parcelas duodecimais do exercício seguinte, nos termos do § 2.º do referido artigo.

12.9. O ORÇAMENTO PÚBLICO E A "RESERVA DO POSSÍVEL"

Não há como falar de orçamento público e deixar de mencionar a teoria que passou a ser denominada de **reserva do possível**, que condiciona a possibilidade da atuação do Estado na satisfação das necessidades públicas (atividade administrativa do Estado, sua "atividade-fim") à existência de recursos públicos disponíveis.

Tal conceito é fundamentado na ideia de que o Estado-Administração não pode cumprir suas finalidades se não dispuser de uma massa adequada de meios econômicos e, destarte, as necessidades públicas só podem ser satisfeitas quando houver **disponibilidade de recursos**, bem como autorização na lei orçamentária para gastá-los.

Confira-se, a respeito, o seguinte julgado do Superior Tribunal de Justiça:

> **Ementa:** (...) O art. 6.º da Constituição Federal, que preconiza a saúde como direito social, deve ser analisado à luz do princípio da reserva do possível, ou seja, os pleitos deduzidos em face do Estado devem ser logicamente razoáveis e, acima de tudo, é necessário que existam condições financeiras para o cumprimento de obrigação. De nada adianta uma ordem judicial que não pode ser cumprida pela Administração por falta de recursos (**RMS 28.962/MG**, Rel. Min. Benedito Gonçalves, 1.ª Turma, j. em 25.08.2009, *DJe* 03.09.2009).

---

[202] STF, MS-AgR-QO 21.291/DF, Rel. Min. Celso de Mello, Pleno, j. em 12.04.1991, *DJ* 20.10.1995, p. 36331; AO-QO 347/RO, Rel. Min. Moreira Alves, Pleno, j. em 01.04.1996, *DJ* 29.09.2000, p. 70; MS 21.282/DF, Rel. Min. Carlos Velloso, Pleno, j. em 22.02.1996, *DJ* 19.04.1996, p. 12213. No mesmo sentido: "A Associação Nacional dos Defensores Públicos, segundo a jurisprudência do Supremo Tribunal Federal, não detém legitimidade ativa para mandado de segurança quando a associação e seus substituídos não são os titulares do direito que pretende proteger" (STF, ADPF-MC-Ref 307/DF, Rel. Min. Dias Toffoli, Pleno, j. em 19.12.2013, *DJe*-060 27.03.2014).

[203] STF, MS 22.384/GO, Rel. Min. Sydney Sanches, Pleno, j. em 14.08.1997, *DJ* 26.09.1997, p. 47479.

12 ◼ Teoria Geral do Orçamento Público 375

Como se vê, a aplicabilidade do princípio da reserva do possível **requer análise da situação econômico-financeira** do ente público envolvido[204].

A respeito do tema, o STJ assim decidiu:

> **Ementa:** (...) O indivíduo não pode exigir do Estado prestações supérfluas, pois isto escaparia do limite do razoável, não sendo exigível que a sociedade arque com esse ônus. Eis a correta compreensão do princípio da reserva do possível, tal como foi formulado pela jurisprudência germânica. Por outro lado, qualquer pleito que vise a fomentar uma existência minimamente decente não pode ser encarado como sem motivos, pois garantir a dignidade humana é um dos objetivos principais do Estado Democrático de Direito. Por este motivo, o princípio da reserva do possível não pode ser oposto ao princípio do mínimo existencial. (...) Assegurar um mínimo de dignidade humana por meio de serviços públicos essenciais, dentre os quais a educação e a saúde, é escopo da República Federativa do Brasil que não pode ser condicionado à conveniência política do administrador público. A omissão injustificada da administração em efetivar as políticas públicas constitucionalmente definidas e essenciais para a promoção da dignidade humana não deve ser assistida passivamente pelo Poder Judiciário (**REsp 1.041.197/MS**, Rel. Min. Humberto Martins, 2.ª Turma, j. em 25.08.2009, *DJe* 16.09.2009).

O STJ decidiu pela **não oponibilidade da reserva do possível ao mínimo existencial**, ao julgar demanda que objetivava a garantia do acesso à medicação para pessoas desprovidas de recursos financeiros:

> **Ementa:** (...) 1. Não podem os direitos sociais ficar condicionados à boa vontade do Administrador, sendo de suma importância que o Judiciário atue como órgão controlador da atividade administrativa. Seria uma distorção pensar que o princípio da separação dos poderes, originalmente concebido com o escopo de garantia dos direitos fundamentais, pudesse ser utilizado justamente como óbice à realização dos direitos sociais, igualmente importantes.
>
> 2. Tratando-se de direito essencial, incluso no conceito de mínimo existencial, inexistirá empecilho jurídico para que o Judiciário estabeleça a inclusão de determinada política pública nos planos orçamentários do ente político, mormente quando não houver comprovação objetiva da incapacidade econômico-financeira da pessoa estatal (**AgRg no REsp 1.107.511/RS**, Rel. Min. Herman Benjamin, 2.ª Turma, j. em 21.11.2013, *DJe* 06.12.2013).

Assim, a cláusula da "reserva do possível" — **ressalvada a ocorrência de justo motivo objetivamente aferível** — não pode ser invocada, pelo Estado, com a finalidade de exonerar-se do cumprimento de suas obrigações constitucionais[205].

Como se vê, a reserva do possível não pode ser apresentada como alegação genérica, destituída de provas da inexistência de recursos financeiros[206], sendo necessário,

---

[204] Nesse sentido: STJ, AgRg no Ag 1.014.339/MS, Rel. Min. Mauro Campbell Marques, 2.ª Turma, j. em 21.08.2008, *DJe* 24.09.2008.

[205] Nesse sentido é a jurisprudência do STF: RE-AgR 410.715/SP, Rel. Min. Celso de Mello, 2.ª Turma, j. em 22.11.2005, *DJ* 03.02.2006, p. 76. No mesmo sentido é a jurisprudência do STJ: REsp 811.608/RS, Rel. Min. Luiz Fux, 1.ª Turma, j. em 15.05.2007, *DJ* 04.06.2007, p. 314.

[206] STJ, REsp 764.085/PR, Rel. Min. Humberto Martins, 2.ª Turma, j. em 01.12.2009, *DJe* 10.12.2009.

pois, que o ente público prove a suposta situação de fato por que passa em relação às suas finanças (insuficiência orçamentária). Confira-se, nesse sentido, o seguinte julgado do STJ:

> **Ementa:** (...) A consideração de superlotação nas creches e de descumprimento da Lei Orçamentária Municipal deve ser comprovada pelo Município para que seja possível ao órgão julgador proferir decisão equilibrada na busca da conciliação entre o dever de prestar do ente público, suas reais possibilidades e as necessidades, sempre crescentes, da população na demanda por vagas no ensino pré-escolar. (...) No caso específico dos autos, não obstante tenha a municipalidade alegado falta de vagas e aplicação *in totum* dos recursos orçamentários destinados ao ensino fundamental, nada provou; a questão manteve-se no campo das possibilidades (**REsp 510.598/SP**, Rel. Min. João Otávio de Noronha, 2.ª Turma, j. em 17.04.2007, *DJ* 13.02.2008, p. 148)[207].

O princípio da reserva do possível, quando invocado pelo ente público como justificativa para inadimplemento no pagamento de precatórios, e desde que devidamente demonstrada sua situação econômico-financeira:

> ◼ exclui, segundo o STJ, a antijuridicidade da conduta omissiva e, *a fortiori*, a improbidade administrativa: "O inadimplemento do pagamento de precatórios, por si só, não enseja ação de improbidade administrativa, salvo se houver desvirtuamento doloso do comando constitucional nesse sentido"[208];
>
> ◼ evita, segundo o STF, a intervenção federal pelo descumprimento do pagamento dos precatórios[209].

O STF, todavia, já decidiu que a regra da estrita legalidade orçamentária — da qual decorre a ideia da "reserva do possível" — **não pode ser manipulada para postergar,**

---

[207] No mesmo sentido: STJ, REsp 577.573/SP, Rel. Min. João Otávio de Noronha, 2.ª Turma, j. em 17.04.2007, *DJe* 06.11.2008; REsp 474.361/SP, Rel. Min. Herman Benjamin, 2.ª Turma, j. em 04.06.2009, *DJe* 21.08.2009.

[208] STJ, AgRg no Ag 1.122.211/SP, Rel. p/ Acórdão Min. Luiz Fux, 1.ª Turma, j. em 17.09.2009, *DJe* 15.10.2009.

[209] Confira-se, nesse sentido, o seguinte acórdão do STF: "EMENTA: INTERVENÇÃO FEDERAL. 2. Precatórios judiciais. 3. Não configuração de atuação dolosa e deliberada do Estado de São Paulo com finalidade de não pagamento. 4. Estado sujeito a quadro de múltiplas obrigações de idêntica hierarquia. Necessidade de garantir eficácia a outras normas constitucionais, como, por exemplo, a continuidade de prestação de serviços públicos. 5. A intervenção, como medida extrema, deve atender à máxima da proporcionalidade. 6. Adoção da chamada relação de precedência condicionada entre princípios constitucionais concorrentes. 7. Pedido de intervenção indeferido" (IF 470/SP, Rel. p/ Acórdão Min. Gilmar Mendes, Pleno, j. em 26.02.2003, *DJ* 20.06.2003, p. 58). No mesmo sentido: IF 2.915/SP, Rel. p/ Acórdão Min. Gilmar Mendes, Pleno, j. em 03.02.2003, *DJ* 28.11.2003, p. 11; IF 1.690/SP, Rel. p/ Acórdão Min. Gilmar Mendes, Pleno, j. em 26.02.2003, *DJ* 20.06.2003, p. 61; IF 139/SP, Rel. p/ Acórdão Min. Gilmar Mendes, Pleno, j. em 19.03.2003, *DJ* 23.05.2003, p. 33; IF 317/SP, Rel. p/ Acórdão Min. Gilmar Mendes, Pleno, j. em 26.03.2003, *DJ* 01.08.2003, p. 109; IF-AgR 2.117/DF, Rel. Min. Ellen Gracie, Pleno, j. em 09.08.2006, *DJ* 29.09.2006, p. 32; IF 31/RN, Rel. Min. Antonio Villas Boas, Pleno, j. em 07.12.1962, *DJ* 16.05.1963, p. 1356; IF 20/MG, Rel. Min. Nelson Hungria, Pleno, j. em 03.05.1954, *DJ* 15.07.1954, p. 9336.

12 ▣ Teoria Geral do Orçamento Público
377

indefinidamente, o pagamento dos valores devidos pelo Estado por força de senten-ças transitadas em julgado[210].

O STJ já decidiu que a reserva do possível não pode ser invocada pelo Estado nas situações previstas no art. 37, § 6.°, da CF[211]:

> **Ementa:** (...) O dever de ressarcir danos, inclusive morais, efetivamente causados por ato dos agentes estatais ou pela inadequação dos serviços públicos decorre diretamente do art. 37 § 6.° da Constituição, dispositivo autoaplicável, não sujeito a intermediação legislativa ou administrativa para assegurar o correspondente direito subjetivo à indenização. Não cabe invocar, para afastar tal responsabilidade, o princípio da reserva do possível ou a insuficiência de recursos. Ocorrendo o dano e estabelecido o seu nexo causal com a atuação da Administração ou dos seus agentes, nasce a responsabilidade civil do Estado, caso em que os recursos financeiros para a satisfação do dever de indenizar, objeto da condenação, serão providos na forma do art. 100 da Constituição (**REsp 1.051.023/RJ,** Rel. p/ Acórdão Min. Teori Albino Zavascki, 1.ª Turma, j. em 11.11.2008, *DJe* 01.12.2008)[212].

Ressalte-se que, a partir do momento em que o Estado optar pela inércia não justificada nem autorizada legalmente no tocante ao desempenho de sua atividade administrativa, **estará sujeito ao controle do Poder Judiciário.**

Com efeito, o STF fixou entendimento no sentido de que é função institucional do Poder Judiciário **determinar a implantação de políticas públicas** quando os órgãos estatais competentes, por descumprirem os encargos político-jurídicos que sobre eles incidem, vierem a comprometer, com tal comportamento, a eficácia e a integridade de direitos individuais e/ou coletivos impregnados de estatura constitucional, ainda que derivados de cláusulas revestidas de conteúdo programático[213].

Assim, partindo da premissa de que a ideia do Estado de Direito também imputa ao Poder Judiciário o papel de **garante dos direitos fundamentais**[214], admite-se a possibilidade de atuação daquele Poder para determinar a implementação pelo Estado, quando inadimplente, de políticas públicas constitucionalmente previstas, sem que haja ingerência em questão que envolve o poder discricionário do Poder Executivo[215].

---

[210] STF, RE-AgR 472.000/SP, Rel. Min. Joaquim Barbosa, 2.ª Turma, j. em 14.09.2010, *DJe*-190 08.10.2010.

[211] CF, art. 37, § 6.°: "As pessoas jurídicas de direito público e as de direito privado prestadoras de serviços públicos responderão pelos danos que seus agentes, nessa qualidade, causarem a terceiros, assegurado o direito de regresso contra o responsável nos casos de dolo ou culpa".

[212] No mesmo sentido: STJ, REsp 936.342/ES, Rel. p/ Acórdão Min. Luiz Fux, 1.ª Turma, j. em 11.11.2008, *DJe* 20.05.2009.

[213] STF, RE-AgR 367.432/PR, Rel. Min. Eros Grau, 2.ª Turma, j. em 20.04.2010, *DJe*-086 14.05.2010. No mesmo sentido é a jurisprudência do STJ: REsp 813.408/RS, Rel. Min. Mauro Campbell Marques, 2.ª Turma, j. em 02.06.2009, *DJe* 15.06.2009.

[214] STF, HC 91.386/BA, Rel. Min. Gilmar Mendes, 2.ª Turma, j. em 19.02.2008, *DJe*-088 16.05.2008.

[215] STF, AI-AgR 664.053/RO, Rel. Min. Ricardo Lewandowski, 1.ª Turma, j. em 03.03.2009, *DJe*-059 27.03.2009; RE-AgR 464.143/SP, Rel. Min. Ellen Gracie, 2.ª Turma, j. em 15.12.2009, *DJe*-030 19.02.2010; RE-AgR 559.646/PR, Rel. Min. Ellen Gracie, 2.ª Turma, j. em 07.06.2011, *DJe*-120 24.06.2011. Confira-se, no mesmo sentido, o seguinte acórdão do STF: "quando se trata de ação

Por assim entender, tem prevalecido no STJ o posicionamento de que é possível o **bloqueio de verbas públicas** para garantir o fornecimento de medicamentos pelo Estado[216].

12.10. QUESTÕES

QUESTÕES DE CONCURSOS
> http://uqr.to/1y4bj

---

popular contra a prática de atos administrativos que se reputam contrários à Carta Magna ou em fraude a ela, como ocorre no caso, não há que se pretender que o Poder Judiciário, chamado a julgá-la, se esteja imiscuindo, indevidamente, em assunto que envolve juízo de mérito ou político que é privativo de outro Poder" (RE 230.267/MG, Rel. Min. Moreira Alves, 1.ª Turma, j. em 24.10.2000, DJ 15.12.2000, p. 105).

[216] Nesse sentido: AgRg no REsp 878.441/RS, Rel. Min. Eliana Calmon, 2.ª Turma, j. em 10.04.2007, DJ 20.042007 p. 340; REsp 835.687/RS, Rel. Min. Eliana Calmon, 2.ª Turma, j. em 04.12.2007, DJ 17.12.2007 p. 160; REsp 784.241/RS, Rel. Min. Eliana Calmon, 2.ª Turma, j. em 08.04.2008, DJe 23.04.2008. No mesmo sentido: "2. A negativa de fornecimento de um medicamento de uso imprescindível, cuja ausência gera risco à vida ou grave risco à saúde, é ato que, *per si*, viola a Constituição Federal, pois a vida e a saúde são bens jurídicos constitucionalmente tutelados em primeiro plano. 3. Por isso, a decisão que determina o fornecimento de medicamento não está sujeita ao mérito administrativo, ou seja, conveniência e oportunidade de execução de gastos públicos, mas de verdadeira observância da legalidade" (STJ, REsp 857.502/RS, Rel. Min. Humberto Martins, 2.ª Turma, j. em 17.10.2006, DJ 30.10.2006, p. 284).

13

CICLO ORÇAMENTÁRIO

13.1. DEFINIÇÃO

O ciclo orçamentário é a **sequência lógica das etapas desenvolvidas pelo proces-so orçamentário**[1]. Dito de outro modo, corresponde ao período em que se processam as atividades peculiares do processo orçamentário[2]. Fala-se em **ciclo** para expressar a ideia de um conjunto de atividades peculiares ao processo orçamentário, que **se sucedem no tempo** e que se **repetem, periodicamente**, com as mesmas características e dentro dos mesmos prazos[3].

Referido ciclo apresenta diversas etapas, que se realizam de maneira sucessiva.

Tomada a expressão "ciclo orçamentário" em seu **sentido amplo**, este englobaria as atividades inerentes **às três leis que compõem o sistema orçamentário**: o Plano Plurianual (PPA), a Lei de Diretrizes Orçamentárias (LDO) e a Lei Orçamentária Anual (LOA).

Assim, nesta perspectiva (**concepção ampliada**), o ciclo orçamentário possuiria **8 (oito) fases**:

☐ **Elaboração do PPA:** elaboração do projeto do plano plurianual pelo Poder Executivo e sua submissão ao Poder Legislativo;

☐ **Aprovação do PPA:** apreciação e adequação do projeto do plano plurianual pelo Poder Legislativo;

☐ **Elaboração da LDO:** elaboração do projeto de lei de diretrizes orçamentárias (com a proposição de metas e prioridades para a administração pública e da política de alocação de recursos) pelo Poder Executivo e sua submissão ao Poder Legislativo;

☐ **Aprovação da LDO:** apreciação e adequação do projeto de lei de diretrizes orçamentárias pelo Poder Legislativo;

☐ **Elaboração da LOA:** elaboração do projeto de lei orçamentária anual pelo Poder Executivo e sua submissão ao Poder Legislativo;

☐ **Aprovação da LOA:** apreciação e adequação do projeto de lei orçamentária anual pelo Poder Legislativo;

---

[1] LEMES, Fábio Nogueira. *Orçamentos municipais e procedimentos legislativos:* orçamentos, procedimentos, legislação, p. 59.

[2] SILVA, Lino Martins da. *Contabilidade governamental:* um enfoque administrativo, p. 79.

[3] SILVA, José Afonso da. *Orçamento-programa no Brasil*, p. 230-231.

380 Direito Financeiro e Econômico Esquematizado — Carlos Alberto de Moraes Ramos Filho

- **Execução da LOA:** realização das despesas fixadas e das receitas previstas na lei orçamentária anual aprovada;
- **Controle da LOA:** avaliação da execução orçamentária e julgamento das contas.

Em **sentido estrito**, o ciclo orçamentário refere-se **apenas** às atividades inerentes à **Lei Orçamentária Anual (LOA)**.

Nesta perspectiva (concepção restrita), tal ciclo possuiria **4 (quatro) etapas**, todas relativas à LOA:

- **Elaboração** da proposta orçamentária (pelo Poder Executivo);
- **Aprovação** (pelo Poder Legislativo);
- **Execução**;
- **Controle**[4].

No presente capítulo serão abordadas as três primeiras etapas citadas do ciclo orçamentário básico (em sentido estrito). Já o controle da execução orçamentária será analisado em capítulo específico.

> **Observação:** O ciclo orçamentário não se confunde com o exercício financeiro, pois este corresponde a uma das fases do ciclo, ou seja, à **execução** do orçamento, tendo em vista que a fase de preparação da proposta orçamentária e sua conversão em lei (elaboração legislativa) **precedem** o exercício financeiro, ao passo que o controle da execução orçamentária ocorre **após** o exercício.

13.2. ELABORAÇÃO DA PROPOSTA ORÇAMENTÁRIA

Proposta orçamentária, no dizer de Hely Lopes Meirelles, "é o conjunto de documentos relativos aos planos governamentais, à previsão da receita e à fixação das

---

[4] Nesse sentido: NASCIMENTO, Edson Ronaldo. *Finanças públicas — União, Estados e Municípios*, p. 148; GIACOMONI, James. *Orçamento público*, p. 180; SILVA, José Afonso da. *Orçamento-programa no Brasil*, p. 233; PERES, Lázaro Borges et al. *Contabilidade pública*, p. 38. No mesmo sentido é o entendimento de José Maurício Conti (*Direito financeiro na constituição de 1988*, p. 93) e Valdecir Fernandes Pascoal (*Direito financeiro e controle externo*, p. 28), que identificam as seguintes fases do processo orçamentário: a) elaboração; b) exame e aprovação; c) execução; e d) controle e prestação de contas. No mesmo diapasão leciona Heilio Kohama, segundo o qual as etapas desenvolvidas pelo processo orçamentário são as seguintes: a) elaboração; b) estudo e aprovação; c) execução; e d) avaliação (*Contabilidade pública:* teoria e prática, p. 61). Ressalte-se que a fase denominada pelos três últimos autores citados de *elaboração* corresponde àquela que designamos neste livro como *proposta orçamentária*, ao passo que a fase por eles nomeada de *exame (ou apreciação ou estudo) e aprovação* equivale à que chamamos de *elaboração orçamentária*. Para José Ribamar Gaspar Ferreira, o ciclo orçamentário compõe-se das seguintes etapas: a) elaboração; b) execução; e c) controle (*Curso de direito financeiro*, p. 99). O referido autor, contudo, entende que a "elaboração do orçamento compreende a preparação de uma proposta orçamentária pelo Poder Executivo, a apresentação desta, pelo Poder Executivo ao Poder Legislativo, e a transformação da proposta em lei" (*Curso de direito financeiro*, p. 101).

13 ▪ Ciclo Orçamentário

381

despesas, que o Executivo deve enviar anualmente ao Legislativo, para sua apreciação e votação"[5].

Nessa fase, o Poder Executivo elabora seu **projeto de lei orçamentária**, com base no qual será elaborado o orçamento público. A proposta orçamentária é uma sugestão e, como tal, pode ser alterada; o orçamento, por sua vez, é a lei já pronta[6].

A elaboração da proposta orçamentária, como bem destaca José Afonso da Silva, há que ser realizada pelo **Poder Executivo** não apenas por ser o único que, em razão das próprias funções, tem condições e conhecimentos para tanto, mas também porque o orçamento público configura etapa do processo de planejamento, que se insere nas funções típicas do governo em sentido estrito, manifestando-se, pois, como uma das funções do Executivo[7].

13.2.1. ELABORAÇÃO DAS PROPOSTAS ORÇAMENTÁRIAS PARCIAIS

O cálculo da despesa e da receita é usualmente feito pelo órgão da Administração que tem a seu cargo os negócios da Fazenda Pública. Após receber as propostas parciais das demais unidades administrativas, o referido órgão, depois de analisá-las e, se for o caso, modificá-las, consolida-as em peça única, que constitui a proposta orçamentária do Governo a ser submetida à consideração do Poder Legislativo[8]. Ressalte-se que as propostas dos órgãos do Legislativo e do Judiciário têm o mesmo tratamento que as dos órgãos do Executivo e passam pelas mesmas análises e revisões, para, em seguida,

---

[5] MEIRELLES, Hely Lopes. *Finanças municipais*, p. 165.

[6] O STF não admite o controle concentrado (abstrato) de constitucionalidade de meras proposições normativas (projetos de lei): "O direito constitucional positivo brasileiro, ao longo de sua evolução histórica, jamais autorizou — como a nova Constituição promulgada em 1988 também não o admite — o sistema de controle jurisdicional preventivo de constitucionalidade, em abstrato. Inexiste, desse modo, em nosso sistema jurídico, a possibilidade de fiscalização abstrata preventiva da legitimidade constitucional de meras proposições normativas pelo Supremo Tribunal Federal. Atos normativos 'in fieri', ainda em fase de formação, com tramitação procedimental não concluída, não ensejam e nem dão margem ao controle concentrado ou em tese de constitucionalidade, que supõe — ressalvadas as situações configuradoras de omissão juridicamente relevante — a existência de espécies normativas definitivas, perfeitas e acabadas. Ao contrário do ato normativo — que existe e que pode dispor de eficácia jurídica imediata, constituindo, por isso mesmo, uma realidade inovadora da ordem positiva —, a mera proposição legislativa nada mais encerra do que simples proposta de direito novo, a ser submetida à apreciação do órgão competente, para que de sua eventual aprovação, possa derivar, então, a sua introdução formal no universo jurídico. A jurisprudência do Supremo Tribunal Federal tem refletido claramente essa posição em tema de controle normativo abstrato, exigindo, nos termos do que prescreve o próprio texto constitucional — e ressalvada a hipótese de inconstitucionalidade por omissão — que a ação direta tenha, e só possa ter, como objeto juridicamente idôneo, apenas leis e atos normativos, federais ou estaduais, já promulgados, editados e publicados" (ADI 466/DF, Rel. Min. Celso de Mello, Pleno, j. em 03.04.1991, *DJ* 10.05.1991, p. 5929).

[7] SILVA, José Afonso da. *Orçamento-programa no Brasil*, p. 235. Nesse sentido: SILVA, De Plácido e. *Noções de finanças e direito fiscal*, p. 63.

[8] MARTINS, Cláudio. *Compêndio de finanças públicas*, p. 222.

integrarem a proposta geral do Governo, que será submetida à apreciação do Poder Legislativo[9].

Dispondo especificamente sobre os órgãos do **Poder Judiciário**, o § 1.º do art. 99 da CF determina que os tribunais elaborem suas **propostas orçamentárias** dentro dos **limites** estipulados com os demais Poderes na LDO.

> **Observação:** Os limites estabelecidos no § 1.º do art. 99 da CF não poderão ser superiores aos estabelecidos no art. 3.º da Lei Complementar n. 200/2023, nos termos do § 3.º deste artigo.

O encaminhamento da proposta, ouvidos os outros tribunais interessados, compete (art. 99, § 2.º, CF):

- ■ **no âmbito da União:** aos Presidentes do Supremo Tribunal Federal e dos Tribunais Superiores, com a aprovação dos respectivos tribunais;
- ■ **no âmbito dos Estados e no do Distrito Federal e Territórios:** aos Presidentes dos Tribunais de Justiça, com a aprovação dos respectivos tribunais.

> **Observação:** A participação necessária do Poder Judiciário na construção do pertinente diploma orçamentário diretivo, em conjugação com os demais Poderes instituídos, é decorrência da **autonomia** e da **independência** que lhe são atribuídas no art. 2.º da CF[10].

O **Ministério Público**, de igual modo, deve elaborar sua proposta orçamentária dentro dos **limites** estabelecidos na LDO (art. 127, § 3.º, CF).

> **Observação:** Os limites estabelecidos no § 3.º do art. 127 da CF não poderão ser superiores aos estabelecidos no art. 3.º da Lei Complementar n. 200/2023, nos termos do § 3.º deste artigo.

> **Observação:** Apesar da autonomia institucional que foi conferida ao Ministério Público pela CF/88, permanece na esfera exclusiva do Poder Executivo a competência para instaurar o processo de formação das leis orçamentárias (art. 165, *caput*, CF). A Constituição autoriza, apenas, a elaboração, **na fase pré-legislativa**, de sua proposta orçamentária, a ser encaminhada ao Executivo, que a submeterá ao Poder Legislativo (STF, **ADI-MC 514/DF**, Rel. Min. Celso de Mello, Pleno, j. em 01.07.1991, *DJ* 18.03.1994, p. 5164)[11].

---

[9] SILVA, José Afonso da. *Orçamento-programa no Brasil*, p. 239.

[10] STF, ADI 4.426/CE, Rel. Min. Dias Toffoli, Pleno, j. em 09.02.2011, *DJe*-093 18.05.2011. Consoante reconheceu o STF no citado acórdão, "a autonomia financeira não se exaure na simples elaboração da proposta orçamentária, sendo consagrada, inclusive, na execução concreta do orçamento e na utilização das dotações postas em favor do Poder Judiciário". No mesmo sentido, mas referindo-se ao Ministério Público: STF, ADI 4.356/CE, Rel. Min. Dias Toffoli, Pleno, j. em 09.02.2011, *DJe*-088 12.05.2011.

[11] Referida ADI, contudo, foi extinta sem julgamento de mérito, ficando, em consequência, cassada a medida liminar anteriormente deferida. Sobre a autonomia financeira do Ministério Público, confira-se o seguinte julgado do STF: "A outorga constitucional de autonomia, ao Ministério Público, traduz um natural fator de limitação dos poderes dos demais órgãos do Estado, notadamen-

13 ◼ Ciclo Orçamentário

Ressalte-se que as propostas orçamentárias dos órgãos do Poder Judiciário[12] deverão ser objeto de **parecer do Conselho Nacional de Justiça (CNJ)** (art. 103-B, CF) a ser encaminhado à Comissão Mista a que se refere o § 1.º do art. 166 da CF, com cópia para a Secretaria de Orçamento Federal da Secretaria Especial de Fazenda do Ministério da Economia (art. 25, § 1.º, Lei n. 14.116, de 31.12.2020, LDO/2021)[13].

Também às **Defensorias Públicas Estaduais** aplica-se o comando que impõe a elaboração de suas propostas orçamentárias, consoante dispõe o § 2.º do art. 134 da CF, acrescentado pela Emenda Constitucional n. 45, de 08.12.2004, assim redigido: "Às Defensorias Públicas Estaduais são asseguradas autonomia funcional e administrativa e a iniciativa de sua proposta orçamentária dentro dos limites estabelecidos na lei de diretrizes orçamentárias e subordinação ao disposto no art. 99, § 2.º"". Confira-se, a respeito, o seguinte julgado do STF:

> **Ementa:** (...) 1. A EC n. 45/04 outorgou expressamente autonomia funcional e administrativa às defensorias públicas estaduais, além da iniciativa para a propositura de seus orçamentos (art. 134, § 2.º): donde, ser inconstitucional a norma local que estabelece a vinculação da Defensoria Pública a Secretaria de Estado. 2. A norma de autonomia inscrita no art. 134, § 2.º, da Constituição Federal pela EC n. 45/04 é de eficácia plena e aplicabilidade imediata, dado ser a Defensoria Pública um instrumento de efetivação dos direitos humanos (**ADI 3.569/PE**, Rel. Min. Sepúlveda Pertence, Pleno, j. em 02.04.2007, *DJ* 11.05.2007, p. 47).

A Emenda Constitucional n. 74, de 06.08.2013, outorgou expressamente autonomia funcional e administrativa às **Defensorias Públicas da União e do Distrito Federal**, além da iniciativa para a propositura de seus orçamentos, ao acrescentar ao art. 134 da

---

te daqueles que se situam no âmbito institucional do Poder Executivo. A dimensão financeira dessa autonomia constitucional — considerada a instrumentalidade de que se reveste — responde à necessidade de assegurar-se, ao Ministério Público, a plena realização dos fins eminentes para os quais foi ele concebido, instituído e organizado. (...) — Sem que disponha de capacidade para livremente gerir e aplicar os recursos orçamentários vinculados ao custeio e à execução de suas atividades, o Ministério Público nada poderá realizar, frustrando-se, desse modo, de maneira indevida, os elevados objetivos que refletem a destinação constitucional dessa importantíssima Instituição da República, incumbida de defender a ordem jurídica, de proteger o regime democrático e de velar pelos interesses sociais e individuais indisponíveis" (ADI-MC 2.513/RN, Rel. Min. Celso de Mello, Pleno, j. em 03.04.2002, *DJe*-048 15.03.2011).

[12] Exceto o Supremo Tribunal Federal (STF) e o Conselho Nacional de Justiça (CNJ) (art. 25, § 2.º, Lei n. 14.116/2020 — LDO/2021).

[13] A LDO/2020 (Lei n. 13.898, de 11.11.2019) exigia que as propostas orçamentárias dos órgãos do Ministério Público da União (exceto o Ministério Público Federal e o Conselho Nacional do Ministério Público — CNMP) fossem objeto de parecer do CNMP (art. 25, § 1.º). **Tal exigência —** que já constava nas LDO referentes aos exercícios de 2013 (Lei n. 12.708, de 17.08.2012, art. 22, § 1.º), 2014 (Lei n. 12.919, de 24.12.2013, art. 22, § 1.º), 2015 (Lei n. 13.080, de 02.01.2015, art. 22, § 1.º), 2016 (Lei n. 13.242, de 30.12.2015, art. 24, § 1.º), 2017 (Lei n. 13.408, de 26.12.2016, art. 26, § 1.º), 2018 (Lei n. 13.473, de 08.08.2017, art. 24, § 1.º) e 2019 (Lei n. 13.707, de 14.08.2018, art. 26, § 1.º) — **não foi reproduzida na LDO/2021** (Lei n. 14.116/2020, art. 25, § 1.º), que somente mencionou os órgãos do **Poder Judiciário**.

CF o § 3.º com a seguinte redação: "Aplica-se o disposto no § 2.º às Defensorias Públicas da União e do Distrito Federal".

> **Observação:** Os limites estabelecidos no § 3.º do art. 134 da CF não poderão ser superiores aos estabelecidos no art. 3.º da Lei Complementar n. 200/2023, nos termos do § 3.º deste artigo.

Também o **Poder Legislativo** deve elaborar sua proposta orçamentária, que será enviada ao Executivo. Apesar de não haver nenhum dispositivo constitucional expresso nesse sentido, a LDO referente ao exercício de 2021 (Lei n. 14.116, de 31.12.2020) deixa claro que tal obrigação existe, consoante estabelece seu art. 25, cujo *caput* ostenta a seguinte redação:

> **Art. 25. Os órgãos dos Poderes Legislativo e Judiciário, do Ministério Público da União e a Defensoria Pública da União** encaminharão à Secretaria de Orçamento Federal da Secretaria Especial de Fazenda do Ministério da Economia, por meio do Sistema Integrado de Planejamento e Orçamento — Siop, até 14 de agosto de 2020, suas propostas orçamentárias, para fins de consolidação do Projeto de Lei Orçamentária de 2021, observadas as disposições desta Lei. (destaque nosso)[14]

As propostas orçamentárias dos Poderes Legislativo e Judiciário, do Ministério Público e da Defensoria Pública devem ser encaminhadas ao Poder Executivo no **prazo** estabelecido na LDO[15].

Se tais propostas orçamentárias **não forem encaminhadas no prazo** estabelecido na LDO, o Poder Executivo considerará, para fins de consolidação da proposta orçamentária anual, os valores constantes da LOA vigente, ajustados de acordo com os limites estipulados na LDO (art. 99, § 3.º[16], e art. 127, § 4.º[17], ambos da CF).

Se as referidas propostas orçamentárias forem encaminhadas dentro do prazo previsto na LDO, **mas em desacordo com os limites** estipulados na referida lei, o Poder Executivo procederá aos **ajustes** necessários para fins de consolidação da proposta orçamentária anual, que será encaminhada ao Legislativo (art. 99, § 4.º[18], e art. 127, § 5.º[19], ambos da CF).

---

[14] Semelhante disposição já constava nas LDO referentes aos exercícios de 2013 (Lei n. 12.708/2012, art. 22), 2014 (Lei n. 12.919/2013, art. 22), 2015 (Lei n. 13.080/2015, art. 22), 2016 (Lei n. 13.242/2015, art. 24), 2017 (Lei n. 13.408/2016, art. 26), 2018 (Lei n. 13.473/2017, art. 24), 2019 (Lei n. 13.707/2018, art. 26) e 2020 (Lei n. 13.898/2019, art. 25), por exemplo.

[15] Considerando que a LDO é uma lei ânua, referido prazo pode variar para cada exercício. Com efeito, nas LDO para os exercícios de 2013 a 2020, por exemplo, o prazo era **15 de agosto**. Já na LDO/2021, o prazo foi definido como sendo **14 de agosto**.

[16] Parágrafo acrescentado pela Emenda Constitucional n. 45, de 08.12.2004.

[17] Parágrafo acrescentado pela Emenda Constitucional n. 45/2004.

[18] Parágrafo acrescentado pela Emenda Constitucional n. 45, de 08.12.2004. O mesmo vale, *mutatis mutandis*, para a proposta orçamentária do Poder Legislativo.

[19] Parágrafo acrescentado pela Emenda Constitucional n. 45, de 08.12.2004.

13 ◘ Ciclo Orçamentário

385

Somente no excepcional caso acima descrito poderá o Executivo modificar os valores constantes das propostas orçamentárias dos demais Poderes, do Ministério Público e da Defensoria Pública[20].

A respeito do tema, o STF, em sede cautelar na **ADPF 307**, suspendeu ato do Poder Executivo do Estado da Paraíba que reduzira, no Projeto de Lei Orçamentária de 2014 encaminhado pelo Governador do Estado da Paraíba à Assembleia Legislativa, a proposta orçamentária da Defensoria Pública do Estado. Da ementa do citado acórdão extrai-se o seguinte trecho:

> **Ementa:** (...) 2. A autonomia administrativa e financeira da Defensoria Pública qualifica-se como preceito fundamental, ensejando o cabimento de ADPF, pois constitui garantia densificadora do dever do Estado de prestar assistência jurídica aos necessitados e do próprio direito que a esses corresponde. Trata-se de norma estruturante do sistema de direitos e garantias fundamentais, sendo também pertinente à organização do Estado. 3. A arguição dirige-se contra ato do Chefe do Poder Executivo estadual praticado no exercício da atribuição conferida constitucionalmente a esse agente político de reunir as propostas orçamentárias dos órgãos dotados de autonomia para consolidação e de encaminhá-las para a análise do Poder Legislativo. Não se cuida de controle preventivo de constitucionalidade de ato do Poder Legislativo, mas sim, de controle repressivo de constitucionalidade de ato concreto do chefe do Poder Executivo. 4. (...) **Nos termos do art. 134, § 2.º, da Constituição Federal, não é dado ao chefe do Poder Executivo estadual, de forma unilateral, reduzir a proposta orçamentária da Defensoria Pública quando essa é compatível com a Lei de Diretrizes Orçamentárias.** Caberia ao Governador do Estado incorporar ao PLOA a proposta nos exatos termos definidos pela Defensoria, podendo, contudo, pleitear à Assembleia Legislativa a redução pretendida, visto ser o Poder Legislativo a seara adequada para o debate de possíveis alterações no PLOA. (...) 5. Medida cautelar referendada (ADPF-MC-Ref 307/DF, Rel. Min. Dias Toffoli, Pleno, j. em 19.12.2013, *DJe*-060 27.03.2014) (destaque nosso).

> **Observação:** Ainda sobre o tema, registre-se que o Procurador-Geral da República impetrou Mandado de Segurança (**MS 33.186**) no STF questionando os cortes promovidos pelo Poder Executivo nas propostas orçamentárias encaminhadas pelo Poder Judiciário e Ministério Público da União (MPU).
>
> Segundo alegou o impetrante, as propostas orçamentárias do Poder Judiciário da União e do MPU, incluídos o Conselho Nacional de Justiça (CNJ) e o Conselho Nacional do Ministério Público (CNMP), para o exercício de 2015 foram enviados à Presidência da República, que, ao consolidar as propostas e encaminhá-las ao Congresso Nacional por meio da Mensagem 251/2014, suprimiu substancialmente os valores referentes a gasto com pessoal previstos no texto original.
>
> Segundo o MS, caberia à Presidência apenas consolidar a proposta orçamentária enviada pelo Poder Judiciário e MPU e enviá-la ao Congresso Nacional, a quem compete realizar ajustes e reduções na proposta. Ao realizar unilateralmente os cortes, diz o procurador-geral, o Executivo federal violou a autonomia do Ministério Público e do Judiciário. Isso

---

[20] Para Nagib Slaibi Filho, "o caráter dialético da elaboração orçamentária não exclui a possibilidade, que se afigura mais acertada e democrática, de o Executivo encaminhar a proposta com as ressalvas e emendas que achar convenientes" (*Anotações à Constituição de 1988*: aspectos fundamentais, p. 373).

porque as propostas consolidadas enviadas ao Congresso Nacional devem reproduzir fielmente aquelas aprovadas pelos tribunais e pelo *parquet*.

Também a Defensoria Pública da União (DPU) impetrou Mandado de Segurança (**MS 33.193**) no STF questionando ato da Presidência da República que, ao consolidar a proposta orçamentária e encaminhá-la ao Congresso Nacional, suprimiu 95% (noventa e cinco por cento) dos valores relativos à despesa com pessoal definida originalmente pela DPU. Segundo a impetrante, o orçamento pretendido viabilizaria, já em 2015, a abertura de 25 novas unidades que já contam com orçamento de custeio previsto na norma orçamentária[21] e os cortes efetuados — assim como nos casos do Judiciário e do Ministério Público — são inconstitucionais por ferir o princípio da autonomia entre os Poderes.

A ministra Rosa Weber, em 31.10.2014, deferiu liminar nos MS 33.186 e 33.193[22] para impedir o corte nas propostas orçamentárias do Poder Judiciário, do MPU e da DPU para o ano de 2015. No entendimento da ministra, eventual adequação nos orçamentos de outros poderes e órgãos autônomos deve ser conduzida pelo Poder Legislativo ao analisar o projeto de Lei Orçamentária Anual e não previamente pelo Poder Executivo ao consolidar tais propostas.

Segundo a decisão da ministra, o Executivo somente está autorizado a promover ajustes nas propostas enviadas pelos demais poderes **quando as despesas estiverem em desacordo com os limites estipulados pela LDO**. Inexistindo incompatibilidade, não há amparo no ordenamento jurídico para a sua alteração, ainda que sob o pretexto de promover o equilíbrio orçamentário ou obtenção de superávit primário. Ainda segundo a ministra, concluída a fase de apreciação legislativa e submetido o projeto de LOA à Presidência da República há possibilidade de veto total ou parcial.

O deferimento da liminar garantiu que as propostas orçamentárias originais — encaminhadas ao Legislativo como anexo à Mensagem Presidencial n. 251/2014 — fossem apreciadas pelo Congresso Nacional como parte integrante do projeto de LOA de 2015. Tal medida, ressaltou a relatora, "assegura o devido processo legislativo orçamentário, reduz o risco de lacuna orçamentária quanto ao exercício financeiro de 2015 e preserva a autonomia" dos entes envolvidos. A ministra ressaltou ainda que "é do Congresso Nacional o papel de árbitro da cizânia, pois, ao examinar, em perspectiva global, as pretensões de despesas dos Poderes e órgãos autônomos da União, exercerá o protagonismo que lhe é inerente na definição das prioridades".

13.2.2. ESTRUTURA DA PROPOSTA ORÇAMENTÁRIA

A proposta orçamentária que o Poder Executivo encaminhará ao Poder Legislativo divide-se, basicamente, em três partes (art. 22, Lei n. 4.320/64):

■ **mensagem**, que conterá: exposição circunstanciada da situação econômico-financeira, documentada com demonstração da dívida fundada e flutuante, saldos de

---

[21] Tal avanço, segundo alegou a DPU no MS 33.193, ampliaria o atendimento da DPU de 64 subseções da Justiça Federal, atualmente atendidas, para 89 subseções, "uma ampliação de mais de um terço do número de órgãos jurisdicionais que contam com a atuação de defensor público federal", e atingiria cinco milhões de pessoas, garantindo-lhes pleno acesso à Justiça. A ampliação, conforme sustenta a DPU, visa dar cumprimento ao disposto no § 1.º do art. 98 do ADCT (acrescentado pela Emenda Constitucional n. 80, de 04.06.2014), que estabelece o prazo de 8 (oito) anos para que a União, os Estados e o Distrito Federal contem com defensores públicos em todas as unidades jurisdicionais.

[22] *DJe*-216 04.11.2014.

13 ◼ Ciclo Orçamentário

créditos especiais, restos a pagar e outros compromissos financeiros exigíveis; exposição e justificação da política econômico-financeira do Governo; justificação da receita e despesa, particularmente no tocante ao orçamento de capital;

◻ **projeto de lei;**

◻ **tabelas explicativas** (anexos).

Das referidas partes, a mais importante é o projeto de lei de orçamento, constituindo as demais justificativas e componentes daquele[23].

Ressalte-se que, por força do § 6.º do art. 165 da CF, o projeto de lei orçamentária será acompanhado de **demonstrativo regionalizado** do efeito, sobre as receitas e despesas, decorrente de isenções, anistias, remissões, subsídios e benefícios de natureza financeira, tributária e creditícia.

A proposta do orçamento da seguridade social (art. 165, § 5.º, inciso III, CF) será elaborada de forma integrada pelos órgãos responsáveis pela saúde, previdência social e assistência social, tendo em vista as metas e prioridades estabelecidas na LDO, assegurada a cada área a gestão de seus recursos (art. 195, § 2.º, CF).

13.3. ELABORAÇÃO DA LEI ORÇAMENTÁRIA: PROCESSO LEGISLATIVO ORÇAMENTÁRIO

A segunda etapa do processo orçamentário envolve a tramitação do projeto de lei do orçamento no âmbito do Poder Legislativo até sua aprovação. A elaboração orçamentária, no dizer de José Afonso da Silva, consiste no "conjunto de atos necessários à concretização da função legislativo-orçamentária do Estado"[24].

Elaborar um orçamento, noutro dizer, corresponde à tarefa de fazer a previsão da receita e a fixação da despesa, a fim de serem as verbas e os gastos públicos cotados e autorizados pelo Poder Legislativo antes de sua execução.

É com a elaboração que a lei orçamentária passa a existir juridicamente. A **existência** da norma jurídica é identificada por Hugo de Brito Machado "tendo em vista o aspecto formal da norma, e em especial a competência do órgão que a produziu"[25]. Assim, segundo o autor, em se tratando, por exemplo, de uma lei federal em nosso ordenamento, "podemos dizer que ela existe quando tenha sido produzida pelo Congresso Nacional, com observância do procedimento para esse fim estabelecido"[26].

Os principais aspectos envolvidos na elaboração orçamentária estão disciplinados na própria Constituição Federal, aplicando-se aos projetos de lei relativos ao PPA, à LDO, à LOA e aos créditos adicionais, no que não contrariar o disposto na seção II do Capítulo II do Título VI da CF, as demais normas constitucionais relativas ao processo legislativo comum (art. 166, § 7.º, CF).

---

[23] SILVA, José Afonso da. *Orçamento-programa no Brasil*, p. 237.

[24] SILVA, José Afonso da. *Orçamento-programa no Brasil*, p. 276. Na definição de José Cretella Júnior, a elaboração do texto legal "é o trabalho *in fieri, o processus*, seguido até a obtenção da norma" (*Elementos de direito constitucional*, p. 189).

[25] MACHADO, Hugo de Brito. *Uma introdução ao estudo do direito*, p. 76.

[26] MACHADO, Hugo de Brito. *Uma introdução ao estudo do direito*, p. 76.

> **Observação:** No âmbito da União, a elaboração do PPA, da LDO, da LOA e das leis de créditos adicionais é disciplinada, ainda, no Regimento Comum do Congresso Nacional (Resolução n. 1, de 1970-CN) e na Resolução n. 1, de 2006-CN, de 22.12.2006, a qual, nos termos de seu art. 1.º, é parte integrante do Regimento Comum do Congresso Nacional.

Saliente-se que as normas constitucionais, notadamente as que regulam o processo legislativo comum e o orçamentário, previstas para a União, estendem-se compulsoriamente aos Estados (art. 25, *caput*, CF), ao Distrito Federal (art. 32, *caput*, CF) e aos Municípios (art. 29, CF), por serem normas federais de reprodução compulsórias e tradutoras da aplicação do princípio da **simetria** com o centro, que informa nossa Federação[27].

13.3.1. INICIATIVA

A iniciativa é o ato que deflagra, desencadeia, inaugura, instaura o processo de elaboração das leis[28]. Dá-se pela apresentação, ao Poder Legislativo, de **projeto de lei**.

No caso das leis orçamentárias (PPA, LDO e LOA), a iniciativa é privativa do Chefe do Poder Executivo (arts. 165, *caput*, e 84, inciso XXIII[29], ambos da CF)[30]. Referidas

---

[27] Nesse sentido: CASTRO, José Nilo de. *Responsabilidade fiscal nos municípios*, p. 34-35. Assim já decidiu o STF: "As normas da CF/1988 sobre o processo legislativo das leis orçamentárias são de reprodução obrigatória pelo constituinte estadual. Aplicabilidade do princípio da simetria na espécie. Precedentes" (ADI 6.308/RR, Rel. Min. Roberto Barroso, Pleno, j. em 06.06.2022, *DJe*-116 15.06.2022).

[28] BASTOS, Celso Ribeiro. *Curso de direito constitucional*, p. 596; LENZA, Pedro. *Direito constitucional esquematizado*, p. 621. Na lição de José Cretella Júnior, a iniciativa da lei "não é fase do *processo legislativo*. É a sua pré-história" (destaque no original) (*Elementos de direito constitucional*, p. 189). Assim o autor define ato de iniciativa: "É ação de agente catalítico que, sem tomar parte no processo, integrando-o, tem a virtude de provocar-lhe o desencadeamento" (Ob. cit., p. 194).

[29] O inciso XXIII do art. 84 da CF contém impropriedade ao afirmar que o Presidente da República envia ao Congresso Nacional o Plano Plurianual; em verdade, o que o Chefe do Executivo encaminha ao Legislativo é o **projeto** (ou **proposta**) do PPA, tal como corretamente disposto no art. 35, § 2.º, inciso I, do ADCT.

[30] STF, ADI 103/RO, Rel. Min. Sydney Sanches, Pleno, j. em 03.08.1995, *DJ* 08.09.1995, p. 28353; ADI 1.689/PE, Rel. Min. Sydney Sanches, Pleno, j. em 12.03.2003, *DJ* 02.05.2003, p. 25; ADI 882/ MT, Rel. Min. Maurício Corrêa, Pleno, j. em 19.02.2004, *DJ* 23.04.2004, p. 6; ADI 2.808/RS, Rel. Min. Gilmar Mendes, Pleno, j. em 24.08.2006, *DJ* 17.11.2006, p. 47; ADI 1.759/SC, Rel. Min. Gilmar Mendes, Pleno, j. em 14.04.2010, *DJe*-154 20.08.2010. No caso das **leis tributárias**, a iniciativa para instauração do processo legislativo **não é privativa** do Chefe do Poder Executivo (ressalvada a hipótese do art. 61, § 1.º, inciso II, alínea *b*, da CF, cuja aplicação está circunscrita às iniciativas privativas do Chefe do Poder Executivo Federal na órbita exclusiva dos Territórios Federais), consoante já decidiu o STF: ADI-MC 724/RS, Rel. Min. Celso de Mello, Pleno, j. em 07.05.1992, *DJ* 27.04.2001, p. 56; AI-AgR 148.496/SP, Rel. Min. Ilmar Galvão, 1.ª Turma, j. em 10.10.1995, *DJ* 01.12.1995, p. 41687; ADI-MC 2.304/RS, Rel. Min. Sepúlveda Pertence, Pleno, j. em 04.10.2000, *DJ* 15.12.2000, p. 61; ADI 2.724/SC, Rel. Min. Gilmar Mendes, Pleno, j. em 24.09.2003, *DJ* 02.04.2004, p. 9; ADI 2.659/SC, Rel. Min. Nelson Jobim, Pleno, j. em 03.12.2003, *DJ* 06.02.2004, p. 22; ADI 2.464/AP, Rel. Min. Ellen Gracie, Pleno, j. em 11.04.2007, *DJ* 25.05.2007, p. 63; ADI 3.809/ES, Rel. Min. Eros Grau, Pleno, j. em 14.06.2007, *DJ* 14.09.2007, p. 30; RE-AgR 362.573/

13 ▪ Ciclo Orçamentário

389

normas constitucionais, em respeito à **separação de Poderes**, são de observância **obrigatória** por **todos os entes federados**[31].

> **Observação:** A CF/67 atribuía ao Presidente da República a iniciativa exclusiva das leis que dispusessem sobre **matéria financeira** (art. 60, inciso I). Tal preceito foi mantido com o advento da Emenda Constitucional n. 1/69 (art. 57, inciso I). A CF/88 não reproduziu tal disposição, tendo atribuído ao chefe do Poder Executivo a iniciativa privativa no caso específico das **leis orçamentárias** (arts. 165, *caput*, e 84, inciso XXIII), mas **não** em se tratando das **demais leis em matéria de Direito Financeiro**[32].

O processo de elaboração das leis orçamentárias instaura-se, pois, pela apresentação do projeto de lei pelo Poder Executivo ao Legislativo. A reserva da iniciativa ao Executivo é justificada, segundo Manoel Gonçalves Ferreira Filho, por duas razões: "Uma é a de que as matérias enunciadas abaixo [**o autor refere-se aos incisos do art. 165 da CF**] concernem à manutenção ou à execução de serviços e obras pelo Poder Executivo. Outra é a de que este Poder é que tem condições de assessoria para preparar os devidos projetos"[33].

O desrespeito às normas constitucionais de reserva de iniciativa legislativa "traduz vício jurídico de gravidade inquestionável, cuja ocorrência reflete típica hipótese de inconstitucionalidade formal, apta a infirmar, de modo irremissível, a própria integridade do ato legislativo eventualmente editado"[34]. Tal desrespeito, por envolver

---

MG, Rel. Min. Eros Grau, 2.ª Turma, j. em 26.06.2007, *DJ* 17.08.2007, p. 87; ADI 3.796/PR, Rel. Min. Gilmar Mendes, Pleno, j. em 08.03.2017, *DJe*-168 01.08.2017. Segundo o STF, a circunstância de as leis que versem sobre matéria tributária poderem repercutir no orçamento do ente federado não conduz à conclusão de que sua iniciativa é privativa do chefe do executivo (RE-ED 590.697/MG, Rel. Min. Ricardo Lewandowski, 2.ª Turma, j. em 23.08.2011, *DJe*-171 06.09.2011). No sentido de que a aplicação do art. 61, § 1.º, inciso II, alínea *b*, da CF é restrita à órbita dos Territórios Federais: STF, ADI-MC 2.392/ES, Rel. Min. Moreira Alves, Pleno, j. em 28.03.2001, *DJ* 01.08.2003, p. 100; ADI 286/RO, Rel. Min. Maurício Corrêa, Pleno, j. em 22.05.2002, *DJ* 30.08.2002, p. 60; ADI-MC 2.599/MT, Rel. Min. Moreira Alves, Pleno, j. em 07.11.2002, *DJ* 13.12.2002, p. 59; RE-AgR 309.425/SP, Rel. Min. Carlos Velloso, 2.ª Turma, j. em 26.11.2002, *DJ* 19.12.2002, p. 118; ADI 2.474/SC, Rel. Min. Ellen Gracie, Pleno, j. em 19.03.2003, *DJ* 25.04.2003, p. 32; ADI 2.447/MG, Rel. Min. Joaquim Barbosa, Pleno, j. em 04.03.2009, *DJe*-228 04.12.2009. O STF, contudo, já chegou a se manifestar no sentido de ser de iniciativa do Poder Executivo a proposta de lei estadual que trata de matéria tributária, tendo aplicado a um Estado-membro o disposto no art. 61, inciso II, alínea *b*, da CF (ADI-MC 2.345/SC, Rel. Min. Sydney Sanches, Pleno, j. em 01.08.2002, *DJ* 28.03.2003, p. 62), que, como visto, é aplicável apenas aos Territórios.

31 STF, ADI 5.897/SC, Rel. Min. Luiz Fux, Pleno, j. em 24.04.2019, *DJe*-168 02.08.2019.

32 Por assim entender, o STF decidiu que a lei que estabelece os critérios de repasse da parcela do produto da arrecadação do ICMS pertencente aos municípios, previstos no art. 158, § 1.º, inciso II, da CF, por não versar sobre matéria orçamentária, **não é de iniciativa reservada** ao chefe do Poder Executivo (ADI 2.421/SP, Rel. Min. Gilmar Mendes, Pleno, j. em 20.12.2019, *DJe*-035 19.02.2020). Em seu voto na mencionada ação, o Ministro Gilmar Mendes observou que "toda matéria atinente aos orçamentos públicos, às diretrizes orçamentárias ou ao plano plurianual também é matéria financeira, **mas a recíproca não é verdadeira**" (destaque nosso).

33 FERREIRA FILHO, Manoel Gonçalves. *Comentários à Constituição brasileira de 1988*, v. 3, p. 140.

34 STF, ADI-MC 1.391/SP, Rel. Min. Celso de Mello, Pleno, j. em 01.02.1996, *DJ* 28.11.1997, p. 62216.

usurpação de uma prerrogativa não compartilhada, configura defeito jurídico insaná-vel[35], que não se convalida juridicamente nem mesmo com a sanção manifestada pelo Chefe do Poder Executivo[36].

Assim, norma que cerceia a iniciativa para a elaboração da lei orçamentária colide com o disposto no art. 165, inciso III, da CF/88[37]. De acordo com o STF, viola "a reserva de iniciativa do Chefe do Executivo para propor lei orçamentária a norma que disponha, diretamente, sobre a vinculação ou a destinação específica de receitas orçamentárias (art. 165, III, da Constituição)"[38].

Diz-se **vinculada** a iniciativa das leis orçamentárias, pois a apresentação do projeto de lei pelo Poder Executivo ao Poder Legislativo é **exigida** em **data** ou em **prazo certo**[39]. As iniciativas vinculadas, consoante leciona Goffredo Telles Júnior, "são direitos que não podem deixar de ser exercidos por seus titulares. Tais iniciativas se acham vinculadas a seus titulares. São *direitos-função*, porque seus titulares têm,

---

[35] STF, ADI-MC 805/RS, Rel. Min. Celso de Mello, Pleno, j. em 26.11.1992, *DJ* 08.04.1994, p. 7225; ADI 3.930/RO, Rel. Min. Ricardo Lewandowski, Pleno, j. em 16.09.2009, *DJe*-200 23.10.2009.

[36] STF, ADI-MC 776/RS, Rel. Min. Celso de Mello, Pleno, j. em 23.10.1992, *DJ* 15.12.2006, p. 80.

[37] STF, ADI 1.144/RS, Rel. Min. Eros Grau, Pleno, j. em 16.08.2006, *DJ* 08.09.2006, p. 33. Por entender ter havido aparente violação ao disposto no art. 165, inciso III, da CF, quando atribui ao Poder Executivo a iniciativa da lei orçamentária anual, o STF suspendeu a eficácia da Lei n. 11.393, de 03.05.2000, do Estado de Santa Catarina, que trata do cancelamento de notificações fiscais, porque provocava repercussão no orçamento do Estado, diante da obrigação imposta ao Estado de restituir os valores recolhidos aos cofres públicos, decorrentes das notificações fiscais canceladas (ADI-MC 2.345/SC, Rel. Min. Sydney Sanches, Pleno, j. em 01.08.2002, *DJ* 28.03.2003, p. 62).

[38] STF, ADI 2.447/MG, Rel. Min. Joaquim Barbosa, Pleno, j. em 04.03.2009, *DJe*-228 04.12.2009. No mesmo sentido: STF, ADI-MC-REF 4.102/RJ, Rel. Min. Cármen Lúcia, Pleno, j. em 26.05.2010, *DJe*-179 24.09.2010. Segundo o STF, as normas de reserva da iniciativa legislativa são, por força do princípio da simetria, de observância compulsória pelos Estados-membros, **inclusive no exercício do poder constituinte decorrente** (ADI 3.644/RJ, Rel. Min. Gilmar Mendes, Pleno, j. em 04.03.2009, *DJe*-108 12.06.2009; ADI 250/RJ, Rel. Min. Ilmar Galvão, Pleno, j. em 15.08.2002, *DJ* 20.09.2002, p. 87; ADI 843/MS, Rel. Min. Ilmar Galvão, Pleno, j. em 08.08.2002, *DJ* 13.09.2002, p. 62; ADI 248/RJ, Rel. Min. Celso de Mello, Pleno, j. em 18.11.1993, *DJ* 08.04.1994, p. 7222; RE-AgR 554.536/RJ, Rel. Min. Eros Grau, 2.ª Turma, j. em 09.09.2008, *DJe*-192 10.10.2008). Por assim entender, decidiu o STF que normas de Constituição Estadual não poderiam dispor sobre matéria orçamentária, por ser esta restrita à iniciativa do Poder Executivo (ADI 1.689/PE, Rel. Min. Sydney Sanches, Pleno, j. em 12.03.2003, *DJ* 02.05.2003, p. 25; ADI 820/RS, Rel. Min. Eros Grau, Pleno, j. em 15.03.2007, *DJe*-036 29.02.2008; ADI 584/PR, Rel. Min. Dias Toffoli, Pleno, j. em 19.03.2014, *DJe*-070 09.04.2014). Este já era o entendimento do STF no sistema constitucional anterior: "Matéria orçamentária só pode ser regulada em lei de iniciativa exclusiva do Governador do Estado; assim, se disciplinada na Constituição Estadual, há cerceamento de prerrogativa do Chefe do Poder Executivo" (Rp 1.428/RO, Rel. Min. Moreira Alves, Pleno, j. em 29.06.1988, *DJ* 17.02.1989, p. 969). Sobre o tema: "A usurpação da iniciativa legislativa em matéria orçamentária por parlamentar ou mesmo pelo constituinte estadual ocorre tanto pela criação de rubricas quanto pelo estabelecimento de vinculações de receitas orçamentárias, quando não previstas ou autorizadas na Constituição Federal" (STF, ADI 5.897/SC, Rel. Min. Luiz Fux, Pleno, j. em 24.04.2019, *DJe*-168 02.08.2019).

[39] MORAES, Alexandre de. *Direito constitucional*, p. 555; MEIRELLES, Hely Lopes. *Finanças municipais*, p. 168; SILVA, Lino Martins da. *Contabilidade governamental:* um enfoque administrativo, p. 58.

13 ▣ Ciclo Orçamentário   391

simultaneamente, o *direito privativo* e a *obrigação* de apresentar, ao Poder Legislativo, os projetos de lei a que se referem. Ao *direito* de iniciativa, soma-se a *obrigação* de exercê-lo" (destaque no original)[40].

Consoante estabelece o § 6.º do art. 166 da CF, os projetos de lei do PPA, da LDO e da LOA serão enviados pelo Presidente da República ao Congresso Nacional, **nos termos da lei complementar a que se refere o art. 165, § 9.º**. Este, por sua vez, em seu inciso I, atribui à lei complementar a função de dispor, dentre outros assuntos, sobre os **prazos** e a **elaboração** das leis orçamentárias.

No entanto, pelo fato de não ter sido elaborado, até o presente momento, o diploma que regulamentaria os mencionados temas, aplica-se o disposto no art. 35, § 2.º, do ADCT, que estabelece os seguintes prazos para a Presidência da República enviar ao Congresso Nacional os projetos de leis orçamentárias[41]:

PROJETO DE LEI	PRAZO DE ENVIO DO PROJETO
▣ Projeto do Plano Plurianual (PPA)	▣ Até quatro meses antes do encerramento do primeiro exercício financeiro do mandato presidencial (**31 de agosto**).
▣ Projeto de Lei de Diretrizes Orçamentárias (LDO)	▣ Até oito meses e meio antes do encerramento de cada exercício financeiro (**15 de abril**).
▣ Projeto de Lei Orçamentária Anual (LOA)	▣ Até quatro meses antes do encerramento de cada exercício financeiro (**31 de agosto**).

Ressalte-se, no entanto, que, segundo o STF, tratando-se de projeto de lei de iniciativa privativa do Chefe do Poder Executivo, não pode o Poder Judiciário obrigá-lo ao exercício dessa prerrogativa sua[42]. Por conseguinte, mesmo se reconhecida mora do Chefe do Poder Executivo, não pode o Judiciário obrigá-lo a apresentar o projeto de lei orçamentária.

Assim, na hipótese de não receber a proposta orçamentária do Executivo no prazo fixado nas Constituições ou nas Leis Orgânicas dos Municípios, a solução é dada pelo art. 32 da Lei n. 4.320/64[43]: o Poder Legislativo, nesse caso, **considerará como proposta a Lei de Orçamento vigente**. Como proposta, será ela examinada e, por meio de emendas parlamentares, compatibilizada com a LDO[44].

Cabe destacar que, se o Presidente da República não exercer sua iniciativa no prazo constitucionalmente estabelecido, sua omissão será punida como crime de

---

[40] TELLES JÚNIOR, Goffredo. *Iniciação na ciência do direito*, p. 177.

[41] Tais prazos, previstos em norma de natureza transitória, serão os aplicáveis até a entrada em vigor da lei complementar a que se refere o art. 165, § 9.º, incisos I e II, da CF.

[42] ADI 2.061/DF, Rel. Min. Ilmar Galvão, Pleno, j. em 25.04.2001, *DJ* 29.06.2001, p. 33; RE-AgR 519.292/SP, Rel. Min. Carlos Britto, 1.ª Turma, j. em 15.05.2007, *DJ* 03.08.2007, p. 82; RE-AgR 527.622/SP, Rel. Min. Carlos Britto, 1.ª Turma, j. em 22.05.2007, *DJ* 24.08.2007, p. 67.

[43] Tal dispositivo, em nosso entender, foi recepcionado pela Constituição de 1988. Nesse sentido: NASCIMENTO, Tupinambá Miguel Castro do. *Da tributação e do orçamento e a nova Constituição*, p. 218.

[44] Ressalte-se que, mesmo neste caso, poderá o Presidente da República enviar mensagem ao Congresso Nacional para propor modificações na proposta de LOA enquanto não iniciada a votação, na Comissão mista, da parte cuja alteração é proposta (art. 166, § 5.º, CF).

392 Direito Financeiro e Econômico Esquematizado   *Carlos Alberto de Moraes Ramos Filho*

responsabilidade, conforme o permite o art. 85, inciso VI, da CF, segundo o art. 10 da Lei n. 1.079, de 10.04.1950[45].

Ressalte-se que, até a promulgação da Emenda Constitucional n. 1, de 1969 (à Constituição de 1967), a destinatária da iniciativa das leis orçamentárias (isto é, da proposta orçamentária) era a Câmara dos Deputados. Nesta, o projeto respectivo começava sua tramitação, de acordo com a tradição (que, consoante noticia José Afonso da Silva[46], vem do direito parlamentar inglês) segundo a qual a prioridade para a discussão de projetos de lei sobre matéria financeira pertence à câmara baixa[47]. A partir da Emenda Constitucional n. 1/69, o destinatário passou a ser o Congresso, que se apresenta como uma unidade, com suas casas em reunião conjunta para discussão e votação do orçamento[48], como veremos adiante.

13.3.2. EXAME PRÉVIO DOS PROJETOS

Uma vez recebido pelo Congresso Nacional, o projeto de lei orçamentária será enviado a uma Comissão mista permanente de Senadores e Deputados, à qual compete examinar e emitir parecer sobre os projetos de lei relativos ao PPA, à LDO, à LOA e aos créditos adicionais (art. 166, § 1.º, inciso I, CF).

A **Resolução n. 1, de 2006-CN**, de 22.12.2006, dispõe sobre a Comissão Mista Permanente a que se refere o § 1.º do art. 166 da CF, bem como sobre a tramitação das matérias a que se refere o mesmo artigo, isto é, dos projetos de leis orçamentárias (PPA, LDO e LOA).

> **Observação:** Ressalte-se que, nos termos de seu art. 1.º, a **Resolução n. 1, de 2006-CN**, é parte integrante do Regimento Comum do Congresso Nacional.

Por força do referido art. 1.º da Resolução n. 1, de 2006-CN, a comissão mista permanente prevista no § 1.º do art. 166 da CF passou a se denominar **Comissão Mista de Planos, Orçamentos Públicos e Fiscalização (CMO)**.

As mensagens do Presidente da República encaminhando os projetos de lei relativos ao PPA, à LDO e à LOA serão recebidas pelo Presidente do Senado Federal e encaminhadas à CMO até **48 (quarenta e oito) horas** após a comunicação de seu recebimento às Casas do Congresso Nacional (art. 149, Resolução n. 1, de 2006-CN).

---

[45] Nesse sentido: SILVA, José Afonso da. *Orçamento-programa no Brasil*, p. 279. O citado autor refere-se à Constituição de 1967, com a redação dada pela EC n. 1/69, na qual a matéria era regulada no art. 82, inciso VI.

[46] SILVA, José Afonso da. *Orçamento-programa no Brasil*, p. 279.

[47] A Constituição de 1967, em sua redação original, assim dispunha na primeira parte do *caput* do art. 68: "O projeto de lei orçamentária anual será enviado pelo Presidente da República à Câmara dos Deputados até cinco meses antes do início do exercício financeiro seguinte; (...)".

[48] A Constituição de 1967, com a redação dada pela EC n. 1/69, assim dispunha na primeira parte do *caput* do art. 66: "O projeto de lei orçamentária anual será enviado pelo Presidente da República ao Congresso Nacional, para votação conjunta das duas Casas, até quatro meses antes do início do exercício financeiro seguinte; (...)".

13 ■ Ciclo Orçamentário

> **Observação:** A CMO compõe-se de **40 (quarenta) membros titulares**, sendo **30 (trinta) Deputados e 10 (dez) Senadores**, com igual número de suplentes (art. 5.º, Resolução n. 1, de 2006-CN). A CMO tem 1 (um) Presidente e 3 (três) Vice-Presidentes, eleitos por seus pares, com mandato anual, encerrando-se na última terça-feira do mês de março do ano seguinte, vedada a reeleição (art. 12, Resolução n. 1, de 2006-CN). As funções de Presidente e Vice-Presidente serão exercidas, a cada ano, alternadamente, por representantes do Senado Federal e da Câmara dos Deputados (art. 13, *caput*, Resolução n. 1, de 2006-CN).

A CMO tem outras atribuições elencadas no próprio texto constitucional[49], mas, relativamente às leis acerca de matéria orçamentária, deve, num primeiro momento, examinar os projetos enviados pelo Poder Executivo, votando-os e, ao final, emitindo parecer para a sua remessa ao Plenário do Congresso Nacional. "A atribuição dessa Comissão, que funciona como um miniparlamento", como adverte Tupinambá Castro do Nascimento, "não dá a seus pronunciamentos um caráter de definitividade, ou decisório. Trata-se de um órgão mais opinativo, visto que a decisão final é das duas Casas do Congresso Nacional"[50].

Conforme o art. 3.º da Resolução n. 1, de 2006-CN, para o exercício da sua competência, a CMO poderá:

■ determinar ao Tribunal de Contas da União (TCU) a realização de fiscalizações, inspeções e auditorias, bem como requisitar informações sobre a fiscalização contábil, financeira, orçamentária, operacional e patrimonial e sobre resultados de fiscalizações, auditorias e inspeções realizadas;

■ requerer informações e documentos aos órgãos e entidades federais;

■ realizar audiências públicas com representantes de órgãos e entidades públicas e da sociedade civil;

■ realizar inspeções e diligências em órgãos da administração pública federal, das administrações estadual e municipal e em entidades privadas que recebam recursos ou administrem bens da União.

A CMO deve manter atualizadas as informações relativas a obras e serviços em que foram identificados indícios de irregularidades graves e relacionados em anexo à Lei Orçamentária Anual (art. 3.º, parágrafo único, Resolução n. 1, de 2006-CN).

Entre as atribuições da CMO, está a de realizar **audiências públicas** para o debate e o aprimoramento dos projetos de leis orçamentárias (PPA, LDO e LOA) e para o

---

[49] Cabe, ainda, à Comissão mista examinar e emitir parecer sobre as contas apresentadas anualmente pelo Presidente da República (art. 166, § 1.º, inciso I, CF) e sobre os planos e programas nacionais, regionais e setoriais previstos na CF, bem como exercer o acompanhamento e a fiscalização orçamentária, sem prejuízo da atuação das demais comissões do Congresso Nacional e de suas Casas, criadas de acordo com o art. 58 da CF (art. 166, § 1.º, inciso II, CF). O art. 72 da CF, por sua vez, assim dispõe: "Art. 72. A Comissão mista permanente a que se refere o art. 166, § 1.º, diante de indícios de despesas não autorizadas, ainda que sob a forma de investimentos não programados ou de subsídios não aprovados, poderá solicitar à autoridade governamental responsável que, no prazo de cinco dias, preste os esclarecimentos necessários".

[50] NASCIMENTO, Tupinambá Miguel Castro do. *Da tributação e do orçamento e a nova Constituição*, p. 217.

acompanhamento e a fiscalização da execução orçamentária e financeira (art. 4.º, Resolução n. 1, de 2006-CN).

Conforme estabelece o art. 18 da Resolução n. 1, de 2006-CN, no âmbito da CMO são constituídos os seguintes comitês permanentes:

- Comitê de Avaliação, Fiscalização e Controle da Execução Orçamentária;
- Comitê de Avaliação da Receita;
- Comitê de Avaliação das Informações sobre Obras e Serviços com Indícios de Irregularidades Graves;
- Comitê de Exame da Admissibilidade de Emendas.

Tais comitês permanentes possuem as seguintes competências:

COMITÊ	COMPETÊNCIAS DO COMITÊ
COMITÊ DE AVALIAÇÃO, FISCALIZAÇÃO E CONTROLE DA EXECUÇÃO ORÇAMENTÁRIA	▪ acompanhar, avaliar e fiscalizar a execução orçamentária e financeira, inclusive os decretos de limitação de empenho e pagamento, o cumprimento das metas fixadas na LDO e o desempenho dos programas governamentais; ▪ analisar a consistência fiscal dos projetos de lei do PPA e da LOA[47]; ▪ apreciar, após o recebimento das informações encaminhadas pelo TCU para o período respectivo, e em relatório único, os Relatórios de Gestão Fiscal previstos no art. 54 da Lei Complementar n. 101/2000; ▪ analisar as informações encaminhadas pelo TCU acerca da execução orçamentária e financeira, bem como do acompanhamento decorrente do disposto no inciso I do art. 59 da Lei Complementar n. 101/2000; ▪ analisar as demais informações encaminhadas pelo TCU, exceto as relativas a obras e serviços com indícios de irregularidades e as relativas à receita.
COMITÊ DE AVALIAÇÃO DA RECEITA	▪ acompanhar a evolução da arrecadação das receitas; ▪ analisar a estimativa das receitas constantes dos projetos de lei do PPA e da LOA; ▪ analisar as informações encaminhadas pelo TCU concernentes à arrecadação e à renúncia de receitas.
COMITÊ DE AVALIAÇÃO DAS INFORMAÇÕES SOBRE OBRAS E SERVIÇOS COM INDÍCIOS DE IRREGULARIDADES GRAVES	▪ propor a atualização das informações relativas a obras e serviços em que foram identificados indícios de irregularidades graves e relacionados em anexo à LOA; ▪ apresentar propostas para o aperfeiçoamento dos procedimentos e sistemáticas relacionadas com o controle externo das obras e serviços; ▪ apresentar relatório quadrimestral sobre as atividades realizadas pela CMO no período, referentes à fiscalização de obras e serviços suspensos e autorizados por determinação do Congresso Nacional, assim como das razões das medidas; ▪ exercer as demais atribuições de competência da CMO, no âmbito da fiscalização e controle da execução de obras e serviços; ▪ subsidiar os Relatores no aperfeiçoamento da sistemática de alocação de recursos, por ocasião da apreciação de projetos de lei de natureza orçamentária e suas alterações.
COMITÊ DE EXAME DA ADMISSIBILIDADE DE EMENDAS	▪ propor a inadmissibilidade das emendas apresentadas, inclusive as de Relator, aos projetos de lei relativos ao PPA, LDO e LOA.

13 ▣ Ciclo Orçamentário 395

Cada comitê permanente é constituído por no mínimo 5 (cinco) e no máximo 10 (dez) membros e conta com um coordenador, escolhido obrigatoriamente dentre seus membros (art. 18, §§ 1.º e 3.º, Resolução n. 1, de 2006-CN).[51]

A designação dos membros e coordenadores dos comitês permanentes obedecerá ao critério da proporcionalidade partidária e ao da proporcionalidade dos membros de cada Casa na CMO (art. 19, Resolução n. 1, de 2006-CN).

Os relatórios elaborados pelos comitês permanentes serão aprovados pela **maioria absoluta** dos seus membros, cabendo aos coordenadores o voto de desempate. Tais relatórios devem ser encaminhados para conhecimento e deliberação da CMO (art. 20, Resolução n. 1, de 2006-CN).

Os comitês permanentes darão à CMO e às Comissões Permanentes de ambas as Casas conhecimento das informações que obtiverem e das análises que procederem, por meio de **relatórios de atividades** (art. 21, Resolução n. 1, de 2006-CN).

13.3.3. MENSAGEM ADITIVA

O Presidente da República poderá encaminhar mensagem ao Congresso Nacional para propor modificações nos projetos de lei de PPA, LDO e LOA. Tal medida, contudo, somente se afigura possível enquanto **não iniciada** a votação, na Comissão mista, da parte cuja alteração é proposta (art. 166, § 5.º, CF).

> **Observação:** No sistema constitucional anterior, de acordo com a CF/67 (art. 67, § 3.º), o Presidente da República tinha competência para propor modificação no projeto de lei orçamentária, desde que não estivesse **concluída** a votação daquela parte que se buscava alterar.

Como se vê, o Chefe do Poder Executivo, que é o titular da iniciativa legislativa em matéria orçamentária (art. 165, *caput*, CF), goza também do poder de "emendabilidade" até certo momento, demarcado por aquele instante em que o Legislativo começa a exercer as suas atribuições[52].

Em razão de tal prerrogativa, pode o Executivo retirar do Legislativo o projeto de lei orçamentária, reencaminhando-o para apreciação já no exercício seguinte, ou seja, no próprio exercício de vigência e execução do orçamento.

Sobre a mensagem presidencial, dispõe o art. 28 da Resolução n. 1, de 2006-CN:

> **Art. 28.** A proposta de modificação do projeto de lei orçamentária anual enviada pelo Presidente da República ao Congresso Nacional, nos termos do art. 166, § 5.º, da Constituição, somente será apreciada se recebida até o início da votação do Relatório Preliminar na CMO.
>
> Parágrafo único. Os pedidos para correção da programação orçamentária constante do projeto, originários de órgãos do Poder Executivo, somente serão examinados pelos

---

[51] A análise da consistência fiscal dos projetos de lei do PPA e da LOA será feita em conjunto com o Comitê de Avaliação da Receita (art. 22, § 1.º, Resolução n. 1, de 2006-CN).

[52] FERREIRA, Pinto. *Comentários à Constituição brasileira*, v. 6, p. 111.

> Relatores se solicitados pelo Ministro de Estado da área correspondente, com a comprovação da ocorrência de erro ou omissão de ordem técnica ou legal, e encaminhados pelo Ministro do Planejamento, Orçamento e Gestão ao Presidente.

13.3.4. EMENDAS

No processo de elaboração das leis, emenda é a proposição legislativa apresentada como acessória de outra.

É importante salientar que nem todo titular de iniciativa goza do poder de emenda; tal faculdade é reservada **aos parlamentares**[53].

Assim, a cláusula constitucional que confere exclusividade ao Chefe do Executivo para instaurar o processo legislativo em matéria orçamentária (art. 165, *caput*, CF) não impede os parlamentares de oferecerem emendas ao correspondente projeto de lei. É que o poder de emendar — que não constitui derivação do poder de iniciar o processo de formação das leis —, é prerrogativa de ordem político-jurídica deferida aos membros do Legislativo, ainda que se cuide de proposições constitucionalmente sujeitas à cláusula de reserva de iniciativa[54].

Essa prerrogativa institucional, precisamente por não traduzir corolário do poder de iniciar o processo de formação das leis, pode ser legitimamente exercida pelos parlamentares, que se sujeitam, quanto ao seu exercício, apenas às restrições impostas, em *numerus clausus*, pela CF, isto é, desde que as emendas:

■ não importem em aumento da despesa prevista no projeto de lei de iniciativa exclusiva do Presidente da República (ressalvado o disposto no art. 166, §§ 3.º e 4.º, CF)[55];

---

[53] Em sentido diverso é o pensamento de Nagib Slaibi Filho, que entende que, em matéria orçamentária, o poder de emenda é "não só dos parlamentares, como, também, dos tribunais e do Ministério Público, no que diz respeito aos interesses específicos" (*Anotações à Constituição de 1988: aspectos fundamentais*, p. 367).

No processo de elaboração das leis orçamentárias, o Presidente da República não goza do poder de emenda, mas pode encaminhar *mensagem* ao Congresso Nacional para propor modificações nos projetos de lei de PPA, LDO e LOA, enquanto não iniciada a votação, na Comissão mista, da parte cuja alteração é proposta (art. 166, § 5.º, CF).

[54] STF, ADI-MC 865/MA, Rel. Min. Celso de Mello, Pleno, j. em 07.10.1993, *DJ* 08.04.1994, p. 7225.

[55] CF, art. 63, inciso I. Confira-se, a respeito, o seguinte julgado do STF: "Tratando-se de dispositivo que foi introduzido por emenda do Poder Legislativo em projeto de iniciativa exclusiva do Chefe do Poder Executivo, e dispositivo que aumenta a despesa, é, sem dúvida, relevante a arguição de sua inconstitucionalidade por violação do disposto no artigo 63, I, da Constituição Federal, uma vez que não se lhe aplica o disposto no art. 166, §§ 3.º e 4.º, da mesma Carta Magna" (ADI-MC 2.810/RS, Rel. Min. Moreira Alves, Pleno, j. em 26.02.2003, *DJ* 25.04.2003, p. 33). Noutro acórdão, assim restou decidido pelo STF: "Aumento de despesa vedado pelo art. 63, I, da Constituição Federal, apenas quando se trata de projeto da iniciativa exclusiva do Chefe do Poder Executivo. Invasão dessa iniciativa somente configurada, ao primeiro exame, quanto ao dispositivo que operou a transposição, de um para outro órgão de dotação orçamentária (CF, art. 165, III)" (ADI-MC 2.072/RS, Rel. Min. Octavio Gallotti, Pleno, j. em 17.11.1999, *DJ* 19.09.2003, p. 15). O STF já decidiu que a norma inscrita no art. 63, inciso I, da CF aplica-se ao processo legislativo instaurado no âmbito dos

13 ▪ Ciclo Orçamentário

■ guardem afinidade lógica (relação de pertinência) com a proposição original; e

■ tratando-se de projetos orçamentários (art. 165, incisos I, II e III, CF), observem as restrições fixadas no art. 166, §§ 3.º e 4.º, da CF[56].

As emendas aos projetos de lei de PPA, LDO e LOA serão apresentadas na Comissão mista, que sobre elas emitirá parecer, e apreciadas, na forma regimental, pelo Plenário das duas Casas do Congresso Nacional (art. 166, § 2.º, CF)[57].

A Constituição de 1988 ampliou o poder de emenda dos parlamentares. No sistema constitucional anterior, era permitido que o Legislativo apenas interviesse de maneira tênue e *pro forma* na elaboração do orçamento[58]. No sistema em vigor, os parlamentares poderão, por meio de emendas, alterar a destinação das despesas, devendo, todavia, indicar os recursos necessários (art. 166, § 3.º, inciso II, CF)[59].

O Texto Constitucional anterior (art. 66, § 2.º, da CF/67, com a redação dada pela Emenda Constitucional n. 1/69) preceituava que: "Somente na comissão mista poderão ser oferecidas emendas".

Apesar de o Texto Constitucional em vigor não mais trazer a expressão "somente" — presente na redação do dispositivo constitucional revogado —, entendemos que, ainda hoje, **somente** é possível a apresentação de emenda na Comissão Mista, e não no Plenário do Congresso, ao qual foi atribuída a função de **apreciar** tais emendas, e não de recebê-las[60].

Estados-membros, razão pela qual "não se reveste de legitimidade constitucional o preceito que, oriundo de emenda oferecida por parlamentar, importe em aumento da despesa prevista nos projetos de iniciativa exclusiva do Governador do Estado, ressalvadas as emendas parlamentares aos projetos orçamentários (CF, art. 166, §§ 3.º e 4.º)" (ADI-MC 1.254/RJ, Rel. Min. Celso de Mello, Pleno, j. em 14.06.1995, *DJ* 18.08.1995, p. 24894).

[56] STF, ADI-MC 1.050/SC, Rel. Min. Celso de Mello, Pleno, j. em 21.09.1994, *DJ* 23.04.2004, p. 6.

[57] Analisando a redação do § 2.º do art. 166 da CF, conclui Ives Gandra da Silva Martins que "pode o regimento determinar que o plano plurianual, as leis de diretrizes e a lei orçamentária sejam examinados ou pelo Plenário de ambas as Casas ou das duas Casas em separado, mas, em face de o Texto não explicitar a forma, caberá ao regimento dar sua conformação" (BASTOS, Celso Ribeiro; MARTINS, Ives Gandra da Silva. *Comentários à Constituição do Brasil*, v. 6, t. II, p. 275).

[58] MUKAI, Toshio. *Administração pública na Constituição de 1988*, p. 121.

[59] Confira-se, a respeito, o seguinte julgado do STF: "Constitui ato de natureza concreta a emenda parlamentar que encerra tão somente destinação de percentuais orçamentários, visto que destituída de qualquer carga de abstração e de enunciado normativo. 2. A jurisprudência desta Corte firmou entendimento de que só é admissível ação direta de inconstitucionalidade contra ato dotado de abstração, generalidade e impessoalidade. 3. A emenda parlamentar de reajuste de percentuais em projeto de lei de diretrizes orçamentárias, que implique transferência de recursos entre os Poderes do Estado, tipifica ato de efeito concreto a inviabilizar o controle abstrato. 4. Ação direta não conhecida" (ADI-MC 2.057/AP, Rel. Min. Maurício Corrêa, Pleno, j. em 09.12.1999, *DJ* 31.03.2000, p. 50).

[60] Em sentido contrário é o entender de Ives Gandra da Silva Martins, para quem a retirada da expressão "somente" tornou possível a apresentação de emendas também no Plenário de cada uma das Casas ou no Plenário do Congresso. Também sustenta seu posicionamento "pelo fato de não ser final nem conclusivo o parecer da Comissão", como no direito constitucional anterior (art. 67, § 3.º, da CF/67, com a redação da EC n. 1/69) (BASTOS, Celso Ribeiro; MARTINS, Ives Gandra da

13.3.4.1. Emendas ao projeto de lei do Plano Plurianual

Nos termos do art. 97 da Resolução n. 1, de 2006-CN, ao projeto de lei do PPA, ou ao projeto que o revise, poderão ser apresentadas emendas de **Comissão** e de **Bancada Estadual**, observados os seguintes limites:

- até **5 (cinco) emendas**, para as **Comissões Permanentes** do Senado Federal ou da Câmara dos Deputados;
- até **5 (cinco) emendas**, para as **Bancadas Estaduais** do Congresso Nacional.

Cada **parlamentar** poderá apresentar até **10 (dez) emendas** ao projeto de lei do PPA ou ao projeto que o revise (art. 98, Resolução n. 1, de 2006-CN).

As emendas ao projeto de lei do PPA não podem acarretar aumento da despesa prevista (art. 63, inciso I, CF)[61].

13.3.4.2. Emendas ao projeto de Lei de Diretrizes Orçamentárias

Ao Anexo de Metas e Prioridades do projeto de LDO, poderão ser apresentadas emendas de **Comissão** e de **Bancada Estadual**, observados os seguintes limites (art. 87, Resolução n. 1, de 2006-CN):

- até **5 (cinco) emendas**, para as **Comissões Permanentes** do Senado Federal e da Câmara dos Deputados;
- até **5 (cinco) emendas**, para as **Bancadas Estaduais** do Congresso Nacional.

Cada parlamentar poderá apresentar até **5 (cinco) emendas** (art. 88, Resolução n. 1, de 2006-CN).

Conforme esclarece o art. 89 da Resolução n. 1, de 2006-CN, a aprovação de emenda ao Anexo de Metas e Prioridades da LDO não dispensa a exigência de apresentação da emenda correspondente ao projeto de LOA.

As emendas ao projeto de LDO somente poderão ser aprovadas quando compatíveis com o PPA (art. 166, § 4.º, CF).

Serão inadmitidas as emendas ao projeto de LDO que proponham a inclusão de ações não constantes da lei do PPA (art. 90, Resolução n. 1, de 2006-CN).

13.3.4.3. Emendas ao projeto de Lei Orçamentária Anual

Considerando que, por força do princípio constitucional da exclusividade orçamentária, a LOA não pode conter dispositivo estranho à previsão da receita e à fixação da despesa (art. 165, § 8.º, CF), admitem-se duas modalidades de emendas ao projeto de LOA: as **emendas à receita** e as **emendas à despesa**.

São **emendas à receita** as que têm por finalidade alteração de sua estimativa (art. 31, Resolução n. 1, de 2006-CN).

Silva. *Comentários à Constituição do Brasil*, v. 6, t. II, p. 275). No mesmo sentido: FERREIRA, Pinto. *Comentários à Constituição brasileira*, v. 6, p. 98.

[61] CF, art. 63: "Não será admitido aumento da despesa prevista: I — nos projetos de iniciativa exclusiva do Presidente da República, ressalvado o disposto no art. 166, §§ 3.º e 4.º".

13 ▪ Ciclo Orçamentário

Já as **emendas à despesa** são classificadas como **de remanejamento, de apropriação** ou **de cancelamento** (art. 37, Resolução n. 1, de 2006-CN), conforme quadro a seguir:[62]

ESPÉCIE DE EMENDA À DESPESA	OBJETO DA EMENDA
EMENDA DE REMANEJAMENTO	▪ Propõe acréscimo ou inclusão de dotações e, simultaneamente, como fonte exclusiva de recursos, a anulação equivalente de dotações constantes do projeto, exceto as da Reserva de Contingência (art. 38, Resolução n. 1, de 2006-CN)[63].
EMENDA DE APROPRIAÇÃO	▪ Propõe acréscimo ou inclusão de dotações e, simultaneamente, como fonte de recursos, a anulação equivalente de (art. 39, Resolução n. 1, de 2006-CN): **a)** recursos integrantes da Reserva de Recursos (art. 56, Resolução n. 1, de 2006-CN); **b)** outras dotações, definidas no Parecer Preliminar.
EMENDA DE CANCELAMENTO	▪ Propõe, exclusivamente, a redução de dotações constantes do projeto (art. 40, Resolução n. 1, de 2006-CN).

Quanto aos proponentes, as emendas ao projeto de LOA classificam-se em:

▪ **individuais:** de autoria de cada deputado federal ou senador (arts. 49 e 50, Resolução n. 1, de 2006-CN);

▪ **de bancada:** emendas coletivas de autoria das bancadas estaduais (arts. 46 a 48, Resolução n. 1, de 2006-CN) ou regionais;

▪ **de comissão:** emendas coletivas de autoria das comissões permanentes do Senado Federal e da Câmara dos Deputados, das comissões mistas permanentes do Congresso Nacional (art. 43, *caput*, Resolução n. 1, de 2006-CN[63]) e das Mesas Diretoras das duas Casas (art. 44, § 2.º, Resolução n. 1, de 2006-CN);

▪ **da relatoria:** de autoria do deputado federal ou senador que tenha sido escolhido para atuar como Relator-Geral (art. 59, Resolução n. 1, de 2006-CN), cuja função é elaborar o parecer final (denominado "Relatório Geral") sobre o Orçamento[64].

> **Observação:** A **Lei Complementar n. 210, de 25.11.2024**, dispõe sobre a proposição e a execução de emendas parlamentares (de bancada, de comissão e individuais) à despesa, no âmbito da LOA da União.

As emendas ao projeto de LOA ou aos projetos que a modifiquem somente podem ser aprovadas caso (art. 166, § 3.º, CF[65]):

▪ sejam compatíveis com o PPA e com a LDO;

▪ indiquem os recursos necessários, admitidos apenas os provenientes de anulação de despesa, **excluídas** as que incidam sobre:

---

[62] A emenda de remanejamento somente poderá ser aprovada com a anulação das dotações indicadas na própria emenda, observada a compatibilidade das fontes de recursos (art. 38, § 1.º, Resolução n. 1, de 2006-CN).

[63] Com redação dada pela Resolução n. 3, de 2015-CN.

[64] Há ainda as emendas dos **relatores setoriais**, cuja função é elaborar parecer (denominado "relatório setorial") sobre 16 (dezesseis) áreas temáticas do orçamento (art. 26, Resolução n. 1, de 2006-CN, com redação dada pela Resolução n. 3, de 2015-CN).

[65] No mesmo sentido é o disposto no art. 41 da Resolução n. 1, de 2006-CN.

a) dotações para pessoal e seus encargos;
b) serviço da dívida;
c) transferências tributárias constitucionais para Estados, Municípios e Distrito Federal;

■ sejam relacionadas com a correção de erros ou omissões ou com os dispositivos do texto do projeto de lei.

Percebe-se, do exposto, que o Congresso Nacional não tem liberdade ampla de modificar o projeto inicial de orçamento anual. Isto porque, como justifica J. Teixeira Machado Júnior: "Por maior que seja a sabedoria dos congressistas, não dispõem eles de equipes de técnicos para uma análise mais profunda e tão minudente da proposta inicial, de modo a permitir-lhes uma reforma total dessa proposta"[66].

13.3.4.3.1. *Emendas individuais impositivas e transferências financeiras*

A **Emenda Constitucional n. 105, de 12.12.2019**, acrescentou o art. 166-A à CF, para autorizar a transferência de recursos federais a Estados, ao Distrito Federal e a Municípios mediante emendas ao projeto de LOA.

De acordo com o referido dispositivo, as emendas individuais impositivas apresentadas ao projeto de LOA da União poderão alocar recursos a Estados, ao Distrito Federal e a Municípios por meio de:

■ **transferência especial**; ou
■ **transferência com finalidade definida.**[67]

TRANSFERÊNCIA ESPECIAL	TRANSFERÊNCIA COM FINALIDADE DEFINIDA
Os recursos (art. 166-A, § 2.º, CF): ■ serão repassados diretamente ao ente federado beneficiado, independentemente de celebração de convênio ou de instrumento congênere; ■ pertencerão ao ente federado no ato da efetiva transferência financeira[66]; e ■ serão aplicados em programações finalísticas das áreas de competência do Poder Executivo do ente federado beneficiado, observando-se que (art. 166-A, § 5.º, CF): **a)** pelo menos 70% (setenta por cento) das transferências especiais deverão ser aplicadas em **despesas de capital**; **b)** é **vedada** a aplicação dos recursos recebidos no pagamento de encargos referentes ao **serviço da dívida** (art. 166-A, § 1.º, inciso II, CF).	Os recursos serão (art. 166-A, § 4.º, CF): ■ vinculados à programação estabelecida na emenda parlamentar; e ■ aplicados nas áreas de competência constitucional da União.

---

[66] MACHADO JÚNIOR, J. Teixeira. *Administração orçamentária comparada:* Brasil-Estados Unidos, p. 36-37. O referido autor noticia que, no Brasil, "casos houve em que o Congresso modificou de tal modo a proposta inicial do Executivo, aumentando as despesas e a estimativa da receita, que, na redação aprovada pelo Congresso, seria inteiramente impossível reconhecer o pensamento inicial do Poder Executivo" (*Administração orçamentária comparada:* Brasil-Estados Unidos, p. 36).

[67] O ente federado beneficiado da transferência especial poderá firmar contratos de cooperação técnica para fins de subsidiar o acompanhamento da execução orçamentária na aplicação dos recursos (art. 166-A, § 3.º, CF).

13 ▪ Ciclo Orçamentário   401

Os recursos transferidos não integrarão a receita do Estado, do Distrito Federal e dos Municípios para fins de repartição e para o cálculo dos limites da despesa com pessoal ativo e inativo, nos termos do § 16 do art. 166 da CF, e de endividamento do ente federado (art. 166-A, § 1.º, CF).

É vedada, em qualquer caso, a aplicação dos recursos transferidos no pagamento de (art. 166-A, § 1.º, CF):

▪ despesas com pessoal e encargos sociais relativas a ativos e inativos, e com pensionistas; e

▪ encargos referentes ao serviço da dívida.

13.3.4.3.2. *Emendas de Relator-Geral ("orçamento secreto")*

"Orçamento secreto" ou **"orçamento paralelo"** são as designações pelas quais ficou conhecido o uso ampliado das **emendas do Relator-Geral** do orçamento para efeito de inclusão de novas despesas públicas ou programações no projeto de lei orçamentária anual da União, identificadas pela sigla RP[68]-9 ("despesas discricionárias decorrentes de emenda de Relator-Geral").

Sobre o tema, as Mesas da Câmara dos Deputados e do Senado Federal elaboraram o **Ato Conjunto n. 1, de 2021**[69], dispondo sobre procedimentos para assegurar maior publicidade e transparência à execução orçamentária das despesas classificadas com indicador de RP-9.

Posteriormente, o Congresso Nacional promulgou a **Resolução n. 2, de 2021-CN, de 01.12.2021**, que alterou disposições da Resolução n. 1, de 2006-CN, para ampliar a transparência da sistemática de apresentação, aprovação e execução orçamentária referente às emendas de relator-geral.

O Plenário do STF, no julgamento conjunto das Arguições de Descumprimento de Preceito Fundamental 850, 851, 854 e 1.014, reconheceu a **inconstitucionalidade** do "orçamento secreto"[70].

Decidiu a Corte que, mesmo diante de resolução aprovada pelo Congresso Nacional no sentido de dar mais transparência ao instrumento, as emendas RP-9 violam os princípios constitucionais da transparência, da impessoalidade, da moralidade e da publicidade por serem anônimas, sem identificação do proponente e clareza sobre o destinatário.

No referido julgado, o STF declarou a inconstitucionalidade material do art. 4.º do Ato Conjunto das Mesas da Câmara dos Deputados e do Senado Federal n. 1/2021 e do inteiro teor da Resolução CN n. 2/2021.

---

[68] Resultado Primário.

[69] Disponível em: <https://www25.senado.leg.br/documents/59501/119895056/Ato+Conjunto+das+Mesas+1+de+2021/28e48918-667e-4d76-a9aa-43ab53f376a7>. Acesso em: 11.12.2021.

[70] ADPF 850/DF, Rel. Min. Rosa Weber, Pleno, j. em 19.12.2022, *DJe*-s/n 28.04.2023; ADPF 851/DF, Rel. Min. Rosa Weber, Pleno, j. em 19.12.2022, *DJe*-s/n 28.04.2023; ADPF 854/DF, Rel. Min. Rosa Weber, Pleno, j. em 19.12.2022, *DJe*-s/n 28.04.2023; ADPF 1.014/DF, Rel. Min. Rosa Weber, Pleno, j. em 19.12.2022, *DJe*-s/n 17.05.2023.

Assim, pela decisão majoritária da Corte, as emendas do relator-geral devem se destinar, exclusivamente, à **correção de erros e omissões**.

13.3.4.4. Apreciação pela Comissão Mista das emendas aos projetos de leis orçamentárias

Vimos que, por força do § 2.º do art. 166 da CF, as emendas aos projetos de lei orçamentária anual, de diretrizes orçamentárias e do plano plurianual devem ser apresentadas na Comissão Mista de Planos, Orçamentos Públicos e Fiscalização (CMO).

No âmbito da CMO, cabe ao **Comitê de Exame da Admissibilidade de Emendas** propor a inadmissibilidade das emendas apresentadas, inclusive as de Relator, aos projetos de leis orçamentárias (PPA, LDO e LOA), nos termos do art. 25 da Resolução n. 1, de 2006-CN.

Os relatórios das emendas não poderão ser votados pela CMO sem votação prévia do relatório do Comitê, salvo deliberação em contrário do Plenário da CMO (art. 25, parágrafo único, Resolução n. 1, de 2006-CN).

13.3.5. DISCUSSÃO E VOTAÇÃO

Tendo recebido o parecer da CMO, os projetos de leis orçamentárias (PPA, LDO e LOA) são enviados ao Plenário das duas Casas do Congresso Nacional, a quem compete apreciá-los, na forma do Regimento Comum (art. 48, inciso II, c/c art. 166, *caput*, ambos da CF).

O Texto Constitucional vigente determina que os projetos de leis orçamentárias sejam apreciados **pelas duas Casas do Congresso Nacional**, mas não esclarece se a discussão deve ser em conjunto ou separadamente, por cada uma das Casas. A referida omissão — inexistente no sistema constitucional anterior — alimenta divergências no meio doutrinário[71].

> **Observação:** Com a redação que lhe foi dada pela Emenda Constitucional n. 1/69, a CF/67 estabelecia que a discussão e a votação do projeto de lei orçamentária anual se dariam, em sessão conjunta, pelas duas Casas do Congresso Nacional, conforme dispunha o § 3.º do art. 29, assim redigido: "§ 3.º Além de reuniões para outros fins previstos nesta Constituição, reunir-se-ão, **em sessão conjunta**, funcionando como Mesa a do Senado Federal, este e a Câmara dos Deputados, para: (...) III — discutir e votar o orçamento" (destaque nosso). No mesmo sentido era o disposto no *caput* do art. 66: "O projeto de lei orçamentária anual será enviado pelo Presidente da República ao Congresso Nacional, para **votação conjunta** das duas Casas (...)" (destaque nosso).
>
> Em sua redação original, a CF/67, trilhando caminho diametralmente oposto, consagrava a votação **em separado** pelas duas Casas, consoante se infere da leitura do seguinte dispositivo: "Art. 68. O projeto de lei orçamentária anual será enviado pelo Presidente da República à Câmara dos Deputados (...). § 1.º A Câmara dos Deputados deverá concluir a votação do

---

[71] Ressalte-se que, relativamente aos projetos de leis não orçamentárias federais, a discussão e a votação são feitas primeiro por uma Casa do Congresso Nacional (Câmara ou Senado, dependendo de quem tenha sido a iniciativa do processo legislativo — art. 64, *caput*, CF), sendo, depois, os referidos projetos revistos pela outra Casa (art. 65, *caput*, CF).

13 ◘ Ciclo Orçamentário

> projeto de lei orçamentária dentro de sessenta dias. Findo esse prazo, se não concluída a votação, o projeto será imediatamente remetido ao Senado Federal, em sua redação primitiva e com as emendas aprovadas".

Analisando o *caput* do art. 166 da CF, pondera Ives Gandra da Silva Martins que, embora a redação "pelas duas Casas do Congresso Nacional" possa permitir a conclusão de que a discussão seja conjunta e, portanto, do Parlamento como um todo, visto que a Comissão Mista permanente é que preparará o relatório, "não se pode excluir interpretação distinta pela qual as duas Casas decidirão separadamente, a partir de um regimento comum". E conclui o citado autor: "Em outras palavras, o Texto Constitucional tanto pode permitir que o regimento comum determine votação conjunta das duas Casas ou votação em separado, a partir de um relatório conjunto"[72].

Em sentido contrário, é o entendimento de Luiz Emygdio F. da Rosa Júnior, para quem a votação deve necessariamente ser em conjunto[73].

Entendemos que a razão está com o último autor citado. Com efeito, se a Câmara dos Deputados e o Senado Federal dispõem cada qual do seu próprio Regimento Interno, assim como das suas próprias competências privativas, o Congresso Nacional também dispõe de suas próprias competências (art. 49, CF) e do seu próprio Regimento (o "Regimento Comum" a que se refere a CF — aprovado pela Resolução n. 1, de 1970-CN, com alterações posteriores), aplicável quando das reuniões conjuntas daquelas Casas. Ademais, considerando que as leis orçamentárias possuem prazo certo para sua aprovação pelo Legislativo (art. 35, § 2.º, ADCT), a apreciação conjunta do projeto de lei orçamentária pelas duas Casas do Congresso Nacional tem a vantagem de proporcionar maior celeridade ao processo legislativo orçamentário[74].

O Regimento Comum do Congresso Nacional estabelece que a Câmara dos Deputados e o Senado Federal, sob a direção da Mesa destes, reunir-se-ão em **sessão conjunta** para discutir e votar o orçamento (art. 1.º, inciso V)[75].

A discussão é "fase marcadamente oral, quando os argumentos pró e contra a proposição discutida são apresentados pelos parlamentares que se inscreverem para expô-los, de acordo com as disposições do regimento interno"[76].

---

[72] BASTOS, Celso Ribeiro; MARTINS, Ives Gandra da Silva. *Comentários à Constituição do Brasil*, v. 6, t. II, p. 257. No mesmo sentido: FERREIRA, Pinto. *Comentários à Constituição brasileira*, v. 6, p. 94.

[73] ROSA JÚNIOR, Luiz Emygdio F. da. *Manual de direito financeiro e direito tributário*, p. 96. No mesmo sentido: FURTADO, J. R. Caldas. *Elementos de direito financeiro*, p. 124; NÓBREGA, Livânia Tavares. *Direito financeiro*, p. 153; CARVALHO, José Carlos Oliveira de. *Orçamento público*, p. 88.

[74] FARIA, Sylvio Santos. *Iniciação financeira*, p. 108.

[75] Tramitou no Congresso Nacional a Proposta de Emenda à Constituição (PEC) 127/2007, que alterava o regime de tramitação dos projetos das leis orçamentárias, para passar a determinar que fossem analisados separadamente pela Câmara e pelo Senado. O texto estabelecia que a votação em cada Casa seria feita com base nos respectivos regimentos internos, que indicariam as comissões temáticas que dariam o parecer sobre as propostas. No referido sistema, as emendas parlamentares seriam apresentadas nas comissões. Referida PEC, contudo, foi **arquivada**.

[76] SOUZA, Hilda de. *Processo legislativo*: linhas jurídicas essenciais, p. 97.

Em tese, a aprovação se dará, quantitativamente, na forma disposta no regimento comum das duas Casas congressuais. No silêncio deste, exigirá esteja presente a maioria absoluta de seus membros — considerado, na opinião de Tupinambá Castro do Nascimento, o *quorum* por cada Casa congressual[77] — e, para aprovação, a maioria simples de votos, consoante dispõe o art. 47 da CF[78], que, por não contrariar qualquer das normas específicas sobre o processo legislativo orçamentário, tem aplicação a este[79].

Concluída a votação, e aprovado o projeto de lei orçamentária, deverá este ser enviado ao Executivo para sanção (art. 66, *caput*, CF).

De acordo com o art. 165, § 9.º, inciso I, da CF, cabe à lei complementar dispor, dentre outros assuntos, sobre os **prazos** e a **elaboração** das leis orçamentárias (PPA, LDO e LOA).

Entretanto, em razão de não ter sido elaborada, até o presente momento, a lei complementar que regulamentaria tais matérias, aplica-se o disposto no art. 35, § 2.º, do ADCT, que estabelece os seguintes prazos para o Congresso Nacional devolver os projetos de leis orçamentárias à Presidência da República[80]:[81]

PROJETO DE LEI	PRAZO DE DEVOLUÇÃO DO PROJETO
▣ Projeto do Plano Plurianual (PPA)	▣ Até o encerramento da sessão legislativa (**22 de dezembro**)[76] do primeiro exercício financeiro do mandato presidencial.
▣ Projeto de Lei de Diretrizes Orçamentárias (LDO)	▣ Até o encerramento do primeiro período da sessão legislativa (**17 de julho**) de cada exercício financeiro.
▣ Projeto de Lei Orçamentária Anual (LOA)	▣ Até o encerramento da sessão legislativa (**22 de dezembro**) de cada exercício financeiro.

---

[77] NASCIMENTO, Tupinambá Miguel Castro do. *Da tributação e do orçamento e a nova Constituição*, p. 217. Nesse sentido é a lição de Ives Gandra da Silva Martins, que assevera: "O que me parece importante é que a maioria de cada Casa aprove a tríplice peça, e não apenas a maioria do Parlamento, que poderia implicar, por exemplo, maioria na Câmara e minoria no Senado. Que a maioria seja obtida nas duas Casas, mesmo que em Plenário comum, é imposição da nova Carta" (BASTOS, Celso Ribeiro; MARTINS, Ives Gandra da Silva. *Comentários à Constituição do Brasil*, v. 6, t. II, p. 276).

[78] As leis orçamentárias (PPA, LDO e LOA) são **leis ordinárias**. Nesse sentido: PIRES, Antonio Fernando. *Direito constitucional*, p. 307.

[79] Nesse sentido: ABRAHAM, Marcus. *Curso de direito financeiro brasileiro*, p. 52; PASCOAL, Valdecir Fernandes. *Direito financeiro e controle externo*, p. 14; GAMA JÚNIOR, Fernando Lima. *Fundamentos de orçamento público e direito financeiro*, p. 9. Há quem defenda que as leis orçamentárias mencionadas no art. 165 da CF devam ser promulgadas como lei complementares. Nesse sentido: CALAZANS, Ertúzio. *Leis orçamentárias brasileiras*, p. 22, nota de rodapé n. 1. Para os que partilham dessa opinião, o *quorum* exigido para aprovação do projeto de lei seria, então, a maioria absoluta (art. 69, CF).

[80] Tais prazos, previstos em norma de natureza transitória, serão os aplicáveis até a entrada em vigor da lei complementar a que se refere o art. 165, § 9.º, incisos I e II, da CF.

[81] CF, art. 57, *caput*: "Art. 57. O Congresso Nacional reunir-se-á, anualmente, na Capital Federal, de 2 de fevereiro a 17 de julho e de 1.º de agosto a 22 de dezembro".

13 ▪ Ciclo Orçamentário

13.3.6. SANÇÃO OU VETO

A sanção é o ato pelo qual o Chefe do Executivo manifesta sua aquiescência ao projeto de lei aprovado pelo Poder Legislativo. Sanção, no processo legislativo, é o mesmo que **concordância, anuência, aceitação**[82].

Decorrido o prazo de 15 (quinze) dias, contados da data do recebimento do projeto, o silêncio do Presidente da República importará em sanção (art. 66, § 3.º, CF). Percebe-se, do exposto, que a Constituição Federal confere ao silêncio do Chefe do Executivo significado de uma declaração de vontade de índole positiva (**sanção tácita**).

Se, no entanto, o Presidente da República considerar o projeto aprovado, no todo ou em parte, inconstitucional ou contrário ao interesse público, poderá vetá-lo total ou parcialmente[83]. O veto é o ato pelo qual o Chefe do Poder Executivo nega sanção ao projeto de lei (veto total) ou a parte dele (veto parcial)[84], obstando à sua conversão em lei.

Havendo oposição de veto ao projeto de lei orçamentária, segue-se a tramitação estabelecida no art. 66 da CF, que, por não contrariar qualquer das normas específicas sobre o processo legislativo orçamentário, tem aplicação a este.

Assim, os motivos do veto ao projeto de lei orçamentária deverão ser comunicados ao Presidente do Senado Federal no prazo de 48 horas (art. 66, § 1.º, CF). Se o Chefe do executivo simplesmente vetar, sem indicar expressamente os motivos de seu ato, leciona Pedro Lenza que estaremos diante da **inexistência** do veto, o que produzirá os mesmos efeitos da sanção (tácita)[85].

O veto será apreciado em sessão conjunta da Câmara e do Senado (art. 57, § 3.º, inciso IV, CF), dentro de trinta dias a contar de seu recebimento, só podendo ser rejeitado pelo voto da maioria absoluta dos Deputados e Senadores, em escrutínio secreto (art. 66, § 4.º, CF).

A rejeição do veto pelo Legislativo significa **aprovação** definitiva do projeto. Equivale à sanção e consequente promoção do projeto à categoria de lei[86], devendo ser enviada, para promulgação, ao Presidente da República (art. 66, § 5.º, CF).

---

[82] LENZA, Pedro. *Direito constitucional esquematizado*, p. 648.

[83] Na terminologia adotada por Pedro Lenza, o veto por motivo de inconstitucionalidade é denominado "veto jurídico", ao passo que aquele que se dá por apresentar-se o projeto de lei contrário ao interesse público é chamado de "veto político" (*Direito constitucional esquematizado*, p. 649).

[84] O veto parcial somente pode abranger texto integral de artigo, de parágrafo, de inciso ou de alínea (art. 66, § 2.º, CF). O veto parcial, consoante leciona Goffredo Telles Júnior (*Iniciação na ciência do direito*, p. 181) tem dois objetivos: a) não atrasar o processamento da parte não vetada, parte esta que poderá ser promovida a lei, e ser posta em vigor, independentemente do processamento da parte vetada; b) submeter a reexame do Legislativo a parte vetada do projeto. Observe-se que, havendo veto parcial, a parte **não vetada** é tida como sancionada (sanção tácita), dispensando sanção expressa (art. 66, § 3.º, CF).

[85] LENZA, Pedro. *Direito constitucional esquematizado*, p. 649.

[86] TELLES JÚNIOR, Goffredo. *Iniciação na ciência do direito*, p. 180.

13.3.7. PROMULGAÇÃO E PUBLICAÇÃO

A promulgação é o ato que atesta a existência da lei, incorporando-a à ordem jurídica[87]. Produz dois efeitos básicos:

■ reconhece os fatos e atos geradores da lei; e
■ declara que a lei está incorporada à ordem jurídica, sendo presumivelmente válida.

Se o projeto aprovado pelo Legislativo é **expressamente sancionado** pelo Chefe do Executivo (art. 66, *caput*, CF), verificando-se a sua conversão em lei, a promulgação ocorre **concomitantemente à sanção**.

Na hipótese de o projeto ser convertido em lei mediante sanção tácita (art. 66, § 3.º, CF), compete ao Presidente da República proceder à promulgação **solene** da lei.

Se o projeto é vetado, mas o veto é rejeitado pelo Congresso Nacional, não há sanção, devendo a lei ser promulgada mediante ato **solene** do Presidente da República (art. 66, § 5.º, CF)[88].

Se a lei não for promulgada dentro de **48 (quarenta e oito) horas** pelo Presidente da República, nos casos dos §§ 3.º e 5.º do art. 66 da Constituição (isto é, nos casos de ter ocorrido a sanção tácita ou a rejeição congressual do veto), o Presidente do Senado a promulgará, e, se este não o fizer em igual prazo, caberá ao Vice-Presidente do Senado fazê-lo (art. 66, § 7.º, CF).

Depois de promulgada, a LOA é **publicada**, com o que se firma a presunção legal de ter ela chegado ao conhecimento de todos (art. 3.º, LINDB).

13.4. O PROBLEMA DA FALTA DE ORÇAMENTO

O tema relativo ao orçamento público comporta um aspecto tormentoso, que é o relativo à eventual **ausência de orçamento**[89], que pode decorrer da **rejeição da proposta** por parte do Poder Legislativo ou da **omissão** deste em apreciá-la no prazo[90].

Com o fim de evitar esse inconveniente, duas fórmulas têm sido adotadas em vários países latino-americanos: uns aplicam o sistema de prorrogação automática do orçamento em vigor; enquanto outros adotam a promulgação, como lei, do projeto de

---

[87] BOTTALLO, Eduardo Domingos. *Lições de direito público*, p. 110.

[88] A promulgação da lei, como se vê, não se confunde com a sanção, pois mesmo que não tenha havido sanção (expressa ou tácita) do projeto de lei, haverá o ato de promulgação. Equivocada é, pois, a definição formulada por Tercio Sampaio Ferraz Júnior: "A promulgação é o ato de sancionar a lei (...)" (*Introdução ao estudo do direito*: técnica, decisão, dominação, p. 234).

[89] Tal circunstância é denominada por Roberto Wagner Lima Nogueira de "**lacuna orçamentária**", sendo que o referido autor restringe tal conceito à hipótese de o orçamento não ser votado até o início do ano seguinte, isto é, do ano a que se refira a lei orçamentária em questão (*Direito financeiro e justiça tributária*, p. 49).

[90] Quanto à hipótese de não ter o Poder Executivo remetido os projetos oportunamente ao Legislativo, não resta dúvida acerca da solução aplicável: nesse caso, o Poder Legislativo considerará como proposta a lei de orçamento vigente, consoante determina o art. 32 da Lei n. 4.320/64.

13 ▪ Ciclo Orçamentário 407

orçamento que o Executivo submeteu oportunamente à consideração do Poder Legislativo e que este não chegou a votar[91].

No Brasil, a Constituição de 1891, em seu art. 34 (com a redação dada pela Emenda Constitucional de 03.09.1926), dispunha que deveria haver prorrogação do orçamento anterior, se até 15 de janeiro não estivesse o novo em vigor.

Já a Constituição de 1934 prescrevia: "Será prorrogado o orçamento vigente se até 3 de novembro o vindouro não houver sido enviado ao Presidente da República para sanção" (art. 50, § 5.°)[92].

A Constituição de 1937 não adotou o sistema da prorrogação do orçamento do exercício anterior, tendo preferido a seguinte sistemática: se o Conselho Federal[93], no prazo marcado, não deliberasse sobre ele, seria publicado o texto votado pela Câmara dos Deputados; se esta não deliberasse no prazo que lhe caberia, publicar-se-ia o texto votado pelo Conselho Federal; se ambas as Casas não houvessem terminado a votação no prazo prescrito, seria publicado o orçamento no texto da proposta apresentada pelo Governo, isto é, a proposta orçamentária do Executivo seria publicada como lei orçamentária do exercício (art. 72).

Defendendo a solução adotada pela Carta de 1937, De Plácido e Silva assevera: "Nesse particular, os princípios instituídos pela Constituição vigente [**refere-se à de 1937**] são mais salutares. Não impõe a prorrogação de um orçamento, por vezes deficiente à satisfação das necessidades administrativas, visto que, de ano por ano, essas se modificam e se alteram, consoantes o desenvolvimento dos negócios públicos e as alterações das naturais exigências que a própria civilização vai impondo. Cada novo ano, o orçamento apresenta novas possibilidades e novas imposições"[94].

A Constituição Federal de 1946 enfrentava o problema estabelecendo a prorrogação do orçamento, então em vigor, caso houvesse **omissão** ou **rejeição** da proposta por parte do Parlamento. Assim dispunha o art. 74 da CF/1946: "Se o orçamento não tiver sido enviado à sanção até 30 de novembro, prorrogar-se-á para o exercício seguinte o que estiver em vigor".

Já a Constituição de 1967, em sua redação primitiva, diante da hipótese de **omissão**, estipulava a promulgação automática do projeto como lei (art. 68, *caput, in fine*), deixando de normatizar expressamente o caso da **rejeição**. A norma permaneceu inalterada, nesse particular, na redação dada à CF/67 pela Emenda Constitucional n. 1/69 (art. 66, *caput, in fine*).

Buscando normatizar a hipótese de rejeição da proposta orçamentária, a Constituição do Estado de São Paulo (com a redação que lhe atribuiu a Emenda Constitucional n. 2, de 30.09.1969) dispôs que "rejeitado o projeto, subsistirá a lei orçamentária anterior" (art. 80). O dispositivo foi questionado perante o Supremo Tribunal Federal, que o

---

[91] BUCK, A. E. apud WILGES, Ilmo José. *Noções de direito financeiro:* o orçamento público, p. 26.

[92] Na Constituição vigente, o prazo para o Congresso Nacional enviar o orçamento ao Presidente para sanção ou veto é até 15 de dezembro de cada ano (art. 35, § 2.°, inciso III, ADCT, c/c art. 57, *caput*, CF).

[93] Na Constituição de 1937, o Poder Legislativo era exercido pelo Parlamento Nacional (art. 38, *caput*), o qual era composto de duas Câmaras: a *Câmara dos Deputados* e o *Conselho Federal* (art. 38, § 1.°).

[94] SILVA, De Plácido e. *Noções de finanças e direito fiscal*, p. 67-68.

entendeu inconstitucional[95]. Afirmou-se, naquela ocasião, que a solução para o caso seria a de se entender não devolvido o projeto enviado ao Congresso Nacional, hipótese em que, consoante determinação da CF/67, à qual deveria a Carta local ater-se, seria o projeto promulgado como lei.

Entendia-se, portanto, que a solução estabelecida pela Constituição Federal era aplicável tanto para a hipótese de não devolução (omissão) como para a de rejeição do projeto[96].

Na Constituição de 1988, ressalte-se, não se admite a rejeição do projeto de LDO, porque se declara, expressamente, que a sessão legislativa não será interrompida **sem a aprovação do projeto de LDO** (art. 57, § 2.º)[97].

Admite, por outro lado, a vigente Constituição a possibilidade de rejeição do projeto de LOA, quando, no art. 166, § 8.º, estatui que os recursos que, em decorrência de veto, emenda, **ou rejeição do projeto de LOA**, ficarem sem despesas correspondentes poderão ser utilizados, conforme o caso, mediante créditos especiais ou suplementares, com prévia e específica autorização legislativa[98].

É inegável a inconveniência da rejeição da proposta orçamentária: neste caso, ficará a Administração sem orçamento, pois não é juridicamente possível elaborar orçamento para o mesmo exercício financeiro a que se refere, até porque as matérias constantes de projetos rejeitados só poderão ser reapresentadas (constituindo um novo projeto) na mesma sessão legislativa se endossadas pela maioria absoluta dos membros da Casa parlamentar (art. 67, CF). A rejeição, portanto, só deve ser praticada em situação extrema de proposta distorcida, incongruente e impossível de ser consertada por via de emendas, dadas as limitações constitucionais para estas[99].

Partindo do pressuposto de que as despesas não podem efetivar-se senão devidamente autorizadas pelo Legislativo (art. 167, inciso II, CF), entendemos que, na hipótese de rejeição do projeto de LOA, a solução para contornar o problema da ausência de lei orçamentária seria o Poder Executivo **prorrogar o orçamento** do exercício financeiro recém-encerrado e solicitar autorização legislativa para a abertura de créditos

---

[95] STF, Rp 877/SP, Rel. Min. Thompson Flores, Pleno, j. em 30.08.1972, *DJ* 29.09.1972, p. 6511.

[96] MEIRELLES, Hely Lopes. *Finanças municipais*, p. 170; OLIVEIRA, Régis Fernandes de; HORVATH, Estevão. *Manual de direito financeiro*, p. 109.

[97] Nesse sentido: MORAES, Alexandre de. *Direito constitucional*, p. 556; SILVA, José Afonso da. *Curso de direito constitucional positivo*, p. 721.

[98] Em sentido contrário é o entender de José Nilo de Castro, que não vê na disposição do § 8.º do art. 166 da CF a possibilidade de se rejeitar integralmente o orçamento, mas apenas *parcialmente*. Consoante leciona o referido autor, quando o texto constitucional prescreve "os recursos que (...) ficarem sem despesas correspondentes", refere-se a recursos *orçamentários*, e havendo rejeição total do orçamento, "faltariam recursos que ficassem sem despesas correspondentes, pela inexistência da estimativa da própria receita" (*Responsabilidade fiscal nos municípios*, p. 36-37). E conclui: "Destarte, quando o § 8.º do art. 166, CR, admite abertura de créditos adicionais suplementares e especiais, de maneira sucessiva, está-se a dizer que tais créditos são orçamentários e, porque orçamentários, só podem ser abertos em um orçamento" (*Responsabilidade fiscal nos municípios*, p. 36-37).

[99] MORAES, Alexandre de. *Direito constitucional*, p. 557; SILVA, José Afonso da. *Curso de direito constitucional positivo*, p. 721-722.

13 ◼ Ciclo Orçamentário

409

suplementares e/ou especiais, conforme o caso[100]. Isso é o que se extrai da leitura do § 8.º do art. 166 da CF, supramencionado[101]. Apesar de tal solução ter o inconveniente de repetir um programa passado e talvez totalmente executado (e os projetos já executados esgotaram-se com essa execução)[102], tal transtorno não será totalmente irremovível, porquanto será possível, mediante créditos suplementares e/ou especiais, conforme o caso, recompor a programação, ajustando-a às peculiaridades do exercício financeiro em curso[103].

A mesma providência pode ser tomada na hipótese de **rejeição parcial** do projeto — resolvendo-se o problema como nas demais leis, mediante veto, com posterior promulgação[104] — e no caso de **não devolução** do projeto para sanção do Poder Executivo no prazo fixado nas Constituições ou nas Leis Orgânicas dos Municípios[105].

---

[100] Ressalte-se que são vedadas ao Poder Executivo a elaboração de lei delegada e a edição de medida provisória sobre matéria orçamentária (art. 68, § 1.º, inciso III, e art. 62, § 1.º, inciso I, alínea *d*, este último com a redação dada pela EC n. 32/2001).

[101] Nesse sentido: SILVA, José Afonso da. *Curso de direito constitucional positivo*, p. 721; ROSA JÚNIOR, Luiz Emygdio F. da. *Manual de direito financeiro e direito tributário*, p. 99. Leciona, no mesmo sentido, Jussara Maria Moreno Jacintho: "Quer nos parecer, todavia, que a solução mais interessante seria a prorrogação do orçamento anterior, até porque inviabiliza qualquer manobra do Executivo no sentido de dificultar a votação do projeto de orçamento, com o fim de aplicá-lo sem o controle do Poder Legislativo" (*A participação popular e o processo orçamentário*, p. 57). Em sentido contrário é a lição de Kiyoshi Harada: "Se o Congresso Nacional não devolver o projeto de lei orçamentária, até o dia 31 de dezembro, cabe ao chefe do Executivo promulgá-lo tal com o enviou ao Parlamento, ignorando eventuais emendas aprovadas ou em discussão. Se há um prazo para receber o projeto, deve haver um prazo para devolvê-lo. Prescreve o art. 32 da Lei n. 4.320/64 que *se não receber a proposta orçamentária no prazo fixado nas Constituições ou nas Leis Orgânicas dos Municípios, o Poder legislativo considerará como proposta a Lei do Orçamento vigente*. Logo, pela aplicação do princípio da simetria conclui-se que a não devolução do projeto até o final do exercício implicará promulgação, pelo executivo, do projeto de lei enviado" (destaque no original) (*Orçamento anual — processo legislativo*, p. 26). No mesmo sentido: IVO, Gabriel. Lei orçamentária anual; não remessa para sanção, no prazo constitucional, do projeto de lei, p. 296.

[102] SILVA, José Afonso da. *Orçamento-programa no Brasil*, p. 288 e 302.

[103] Confira-se, a respeito, o seguinte julgado do Tribunal de Justiça do Estado de Goiás: "EMENTA: MANDADO DE SEGURANÇA — REJEIÇÃO DO PROJETO DE ORÇAMENTO ANUAL PELA CÂMARA MUNICIPAL — DESPESAS CORRESPONDENTES — NECESSIDADE DE CRÉDITOS ESPECIAIS OU SUPLEMENTARES COM PRÉVIA E ESPECÍFICA AUTORIZAÇÃO LEGISLATIVA. Diante do nosso ordenamento Constitucional, rejeitado pela Câmara Municipal o projeto de lei orçamentária anual, não é possível a promulgação do texto rejeitado pelo Executivo, nem a aplicação da lei anterior, devidamente atualizada monetariamente, uma vez que isto contraria o disposto no § 8.º do artigo 166, que preceitua a necessidade de serem utilizados créditos especiais ou suplementares, que tenham prévia autorização legislativa. Segurança denegada" (TJ-GO, MS 9503-9/101, 2.ª Câmara Cível, Rel. Des. João Waldeck Felix de Sousa, j. em 17.10.2000, *DJE* 06.11.2000).

[104] OLIVEIRA, Régis Fernandes de; HORVATH, Estevão. *Manual de direito financeiro*, p. 110.

[105] Eduardo Marcial Ferreira Jardim concorda com a ideia exposta, advertindo, todavia, que, por condicionar a providência à aprovação legislativa, pode, por vezes, obstar a solução do assunto (*Manual de direito financeiro e tributário*, p. 73). Por essa razão, leciona que "a forma pela qual o Executivo poderia conviver com a ausência de um orçamento anual, sem deixar de realizar os seus desígnios,

No âmbito da União, contudo, o legislador vem adotando, nos últimos anos, solução diversa, tendo passado a permitir que, enquanto não aprovada a LOA pelo Poder Legislativo, o Poder Executivo realize execução provisória de 1/12 avos **do projeto** de lei orçamentária que está em tramitação no Congresso Nacional. São os chamados "duodécimos", que, ressalte-se, tomam por base para a realização das despesas públicas **o projeto de lei** que está em apreciação pelo Congresso Nacional, e **não a lei orçamentária do exercício financeiro recém-encerrado.**

Essa autorização tem sido introduzida nas sucessivas leis de diretrizes orçamentárias da União, embora a CF não indique, como um dos conteúdos da LDO, o de autorizar a execução provisória do projeto de LOA ainda não aprovado.

Na LDO referente ao exercício de 2023 (Lei n. 14.436, de 09.08.2022), por exemplo, o tema em questão é disciplinado no art. 70, assim redigido[106]:

> **Art. 70.** Na hipótese de a Lei Orçamentária de 2023 não ser publicada até 31 de dezembro de 2022, a programação constante do Projeto de Lei Orçamentária de 2023 poderá ser executada para o atendimento de:
>
> I — despesas com obrigações constitucionais ou legais da União relacionadas nas Seções I e II do Anexo III;
>
> II — ações de prevenção a desastres ou resposta a eventos críticos em situação de emergência ou estado de calamidade pública, classificadas na subfunção "Defesa Civil", ações relativas a operações de garantia da lei e da ordem, ações de acolhimento humanitário e interiorização de migrantes em situação de vulnerabilidade, ações de fortalecimento do controle de fronteiras e ações emergenciais de recuperação de ativos de infraestrutura na subfunção "Transporte Rodoviário" para garantia da segurança e trafegabilidade dos usuários nos eixos rodoviários;
>
> III — despesas decorrentes do disposto nos § 11 e § 21 do art. 100 da Constituição;
>
> IV — concessão de financiamento ao estudante e integralização de cotas nos fundos garantidores no âmbito do Fundo de Financiamento Estudantil — Fies;

---

seria recorrer aos créditos extraordinários em virtude da emergência manifestamente caracterizada. Tal conduta dispensa a autorização legislativa prévia, cabendo ao Parlamento verificar apenas a existência dos requisitos formais que permitem a utilização daqueles créditos" (*Manual de direito financeiro e tributário*, p. 73-74). Tramitou no Congresso Nacional a Proposta de Emenda à Constituição (PEC) 127/2007, que alterava o art. 166 da CF para passar a determinar que, caso o projeto da Lei Orçamentária Anual (LOA) não fosse enviado à sanção presidencial até o dia 15 de dezembro, o Orçamento em vigor seria automaticamente prorrogado. Referida PEC, contudo, foi **arquivada**.

[106] Semelhante disposição podia ser encontrada nas Leis de Diretrizes Orçamentárias para os exercícios de 2006 (Lei n. 11.178, de 20.09.2005, art. 74), 2007 (Lei n. 11.439, de 29.12.2006, art. 75), 2008 (Lei n. 11.514, de 13.08.2007, art. 72), 2009 (Lei n. 11.768, de 14.08.2008, art. 69), 2010 (Lei n. 12.017, de 12.08.2009, art. 68), 2011 (Lei n. 12.309, de 09.08.2010, art. 68), 2012 (Lei n. 12.465, de 12.08.2011, art. 65), 2013 (Lei n. 12.708, de 17.08.2012, art. 50), 2014 (Lei n. 12.919, de 24.12.2013, art. 53), 2015 (Lei n. 13.080, de 02.01.2015, art. 53), 2016 (Lei n. 13.242, de 30.12.2015, art. 56), 2017 (Lei n. 13.408, de 26.12.2016, art. 60), 2018 (Lei n. 13.473, de 08.08.2017, art. 57), 2019 (Lei n. 13.707, de 14.08.2018, art. 60), 2020 (Lei n. 13.898, de 11.11.2019, art. 61), 2021 (Lei n. 14.116, de 31.12.2020, art. 65) e 2022 (Lei n. 14.194, de 20.08.2021, art. 63).

13 ■ Ciclo Orçamentário   411

V — dotações destinadas à aplicação mínima em ações e serviços públicos de saúde classificadas com o identificador de uso 6 (IU 6);

VI — realização de eleições e continuidade da implementação do sistema de automação de identificação biométrica de eleitores pela Justiça Eleitoral;

VII — despesas custeadas com receitas próprias, de convênios e de doações;

VIII — formação de estoques públicos vinculados ao programa de garantia de preços mínimos;

IX — outras despesas de capital de projetos em andamento, cuja paralisação possa causar prejuízo ou aumento de custos para a administração pública, até o limite de um doze avos do valor previsto para cada órgão no Projeto de Lei Orçamentária de 2023, multiplicado pelo número de meses total ou parcialmente decorridos até a data de publicação da respectiva Lei; e

X — outras despesas correntes de caráter inadiável não autorizadas nos incisos I a IX, **até o limite de um doze avos do valor previsto para cada órgão no Projeto de Lei Orçamentária de 2023**, multiplicado pelo número de meses total ou parcialmente decorridos até a data de publicação da respectiva Lei.

§ 1.º Será considerada antecipação de crédito à conta da Lei Orçamentária de 2023 a utilização dos recursos autorizada por este artigo.

§ 2.º Os saldos negativos eventualmente apurados entre o Projeto de Lei Orçamentária de 2023 encaminhado ao Congresso Nacional e a respectiva Lei serão ajustados, considerada a execução prevista neste artigo, por ato do Poder Executivo federal, após a publicação da Lei Orçamentária de 2023, por intermédio da abertura de créditos suplementares ou especiais, por meio do cancelamento de dotações constantes da Lei Orçamentária de 2023, até o limite de vinte por cento do valor do subtítulo, sem prejuízo da realização do referido ajuste por meio de créditos suplementares autorizados na Lei Orçamentária de 2023 ou por meio das alterações orçamentárias autorizadas nesta Lei.

§ 3.º Ficam autorizadas, no que couber, as alterações orçamentárias previstas no art. 50 e as alterações de GND dos recursos liberados na forma prevista neste artigo.

§ 4.º O disposto no inciso I do *caput* aplica-se:

I — às alterações realizadas na forma estabelecida no art. 178; e

II — às obrigações constitucionais e legais que tenham sido criadas ou modificadas após o envio ao Congresso Nacional do Projeto de Lei de Diretrizes Orçamentárias para 2023 ou durante a execução provisória do Projeto de Lei Orçamentária de 2023, hipótese em que o Poder Executivo federal deverá proceder com a alteração de que trata o art. 178 antes da data de publicação da Lei Orçamentária de 2023.

§ 5.º A autorização de que trata o inciso I do *caput* não abrange as despesas a que se refere o inciso IV do *caput* do art. 116.

§ 6.º O disposto no *caput* aplica-se às propostas de modificação do Projeto de Lei Orçamentária de 2023 encaminhadas ao Congresso Nacional de acordo com o disposto no § 5.º do art. 166 da Constituição.

§ 7.º A programação de que trata o art. 23 poderá ser executada na forma prevista no *caput* por meio da substituição das operações de crédito por outras fontes de recursos, de acordo com o disposto no § 3.º do referido artigo.

> § 8.º Sem prejuízo das demais disposições aplicáveis, até a publicação do cronograma anual de desembolso mensal de que trata o art. 68 desta lei, o Poder Executivo Federal poderá, com vistas ao cumprimento da meta de resultado primário constante do art. 2.º desta Lei e dos limites estabelecidos no art. 107 do Ato das Disposições Constitucionais Transitórias, estabelecer programação orçamentária e financeira provisória que defina limites mensais para:
>
> I — o empenho das despesas de que trata este artigo; e
>
> II — o pagamento das despesas de que trata este artigo e dos restos a pagar, inclusive os relativos a emendas individuais (RP 6) e de bancada estadual (RP 7).
>
> § 9.º Será considerada antecipação de cronograma de pagamento a utilização dos recursos autorizada por este artigo, até que seja publicado o cronograma de execução mensal de desembolso de que trata o art. 8.º da Lei Complementar n. 101, de 2000 — Lei de Responsabilidade Fiscal. (destaque nosso)

Como resultado de tal prática, enfatiza Eduardo Bastos Furtado de Mendonça, "reduz-se ainda mais o senso de urgência que deveria nortear a questão, fazendo com que o Poder Executivo ganhe fôlego extra na disputa com o Poder Legislativo — que (...) já seria bastante desigual mesmo sem semelhante vantagem competitiva"[107].

Entendemos, ademais, que a execução provisória do projeto de lei orçamentária, ainda que autorizada pela LDO, constitui **afronta à Constituição**, pois se esta veda a elaboração do orçamento público por lei delegada (art. 68, § 1.º, inciso III) e medida provisória (art. 62, § 1.º, inciso I, alínea *d*), com muito mais razão não poderia o Executivo aplicar um mero projeto, que não é (ainda) lei nem tem força de lei.

13.5. EXECUÇÃO ORÇAMENTÁRIA

Publicada a Lei Orçamentária Anual (LOA), passa-se à fase de sua **execução**, que se inicia em **1.º de janeiro** e termina em **31 de dezembro** do exercício financeiro a que corresponda.

A execução do orçamento, consoante leciona Heilio Kohama, "constitui a concretização anual dos objetivos e metas determinados para o setor público, no processo de planejamento integrado, e implica a mobilização de recursos humanos, materiais e financeiros"[108]. A execução orçamentária envolve, assim, o conjunto de atividades destinadas à **efetivação do plano de governo** consubstanciado no orçamento para alcançar os objetivos propostos[109].

Segundo Carlos Roberto de Miranda Gomes, a execução orçamentária compreende os procedimentos efetivados pela Administração Pública, quanto ao orçamento

---

[107] MENDONÇA, Eduardo Bastos Furtado de. *A constitucionalização das finanças públicas no Brasil*: devido processo orçamentário e democracia, p. 18.

[108] KOHAMA, Heilio. *Contabilidade pública*: teoria e prática, p. 64. É a seguinte a definição de José Paciulli: "Executar a lei orçamentária é fazer substância do que nela se contém" (*Direito financeiro*, p. 163).

[109] VALÉRIO, Walter Paldes. *Programa de direito financeiro e finanças*, p. 176.

13 ▪ Ciclo Orçamentário

413

aprovado, tão logo iniciado o exercício financeiro, para dar-lhe o cumprimento devido, dentro dos limites e programação neles adotados, seja em relação à receita estimada ou à despesa fixada[110].

De modo mais objetivo, portanto, pode-se dizer que a execução do orçamento compreende os meios pelos quais se efetiva a realização das receitas e das despesas nele previamente autorizadas[111].

A execução do orçamento desenvolve-se, pois, em dois planos: a **realização das despesas** e a **realização das receitas**. A execução do orçamento deve ser feita com fiel atendimento do que ele dispõe, quer quanto à receita, quer quanto à despesa[112].

Sobre a execução orçamentária, interessante é a perspectiva de J. Teixeira Machado Júnior: "A execução do orçamento público está mais intimamente ligada ao homem do povo do que qualquer outra função em administração pública. De fato, é nessa fase que o governo coleta o dinheiro dos contribuintes, diminuindo, assim, o poder aquisitivo da massa. É também, por outro lado, nessa mesma fase, que a população é afetada pelo dinheiro gasto pelo governo — dinheiro que pode ser gasto em benefício do povo ou pode ser desviado para obras suntuárias, de fachada, e de mil outras maneiras evadido ao real interesse coletivo"[113].

13.5.1. PROGRAMAÇÃO FINANCEIRA E CRONOGRAMA DE DESEMBOLSO

Para executar o orçamento, cumprindo as metas fiscais estabelecidas na LDO, o Poder Executivo estabelecerá, dentro de 30 (trinta) dias após a publicação dos orçamentos, a programação financeira e um cronograma sobre o desembolso mensal para a execução orçamentária (art. 8.º, LRF)[114].

A **programação financeira** visa manter, durante o exercício financeiro, o equilíbrio entre as receitas arrecadadas e as despesas realizadas, além de assegurar às

---

[110] GOMES, Carlos Roberto de Miranda. *Manual de direito financeiro e finanças*, p. 269. No mesmo sentido: FRANCO, António L. de Sousa. *Finanças públicas e direito financeiro*, v. I, p. 429.

[111] LAPATZA, José Juan Ferreiro. *Curso de derecho financiero español*, p. 642. Segundo Eduardo Marcial Ferreira Jardim (*Manual de direito financeiro e tributário*, p. 74), a execução do orçamento compreende quatro estágios, a saber: *empenho, liquidação, ordenação* e *pagamento*. No mesmo sentido é a lição de Alexandre Barros Castro, que acrescenta, ainda, um último estágio, que seria o dos *precatórios* (*Manual de direito financeiro e tributário*, p. 161-162). Tais estágios, em verdade, referem-se a apenas **um** dos aspectos da execução orçamentária, ou seja, na parte relativa às despesas públicas. Relativamente às receitas públicas, como expusemos no capítulo dedicado ao tema, a execução do orçamento compreende três estágios: **lançamento, arrecadação** e **recolhimento**.

[112] MEIRELLES, Hely Lopes. *Finanças municipais*, p. 171.

[113] MACHADO JÚNIOR, J. Teixeira. *Administração orçamentária comparada:* Brasil-Estados Unidos, p. 44.

[114] Ressalte-se que o art. 8.º da LRF remete à alínea *c*, do inciso I, do art. 4.º da mesma lei, determinando, assim, que as disposições deste último artigo sejam observadas e aplicadas na programação financeira. Entretanto, tendo sido vetada pelo Presidente da República, a referida alínea do art. 4.º é, por conseguinte, inaplicável ao presente caso.

unidades orçamentárias, em tempo útil, a soma de recursos necessários e suficientes à melhor execução do seu programa de trabalho[115].

O **cronograma de desembolso** é o documento que explicita, em termos monetários, as necessidades de pagamentos das unidades orçamentárias. Significa o cronograma de liberações do órgão central para o órgão setorial de programação financeira, ou seja, as unidades gestoras[116].

A administração tem o dever de executar as programações orçamentárias, adotando os meios e as medidas necessários, com o propósito de garantir a efetiva entrega de bens e serviços à sociedade (art. 165, § 10, CF[117]). Tal dever, nos termos da LDO (art. 165, § 11, CF[118]):

◼ subordina-se ao cumprimento de dispositivos constitucionais e legais que estabeleçam metas fiscais ou limites de despesas e não impede o cancelamento necessário à abertura de créditos adicionais[119];

◼ não se aplica nos casos de **impedimentos de ordem técnica** devidamente justificados[120];

◼ aplica-se exclusivamente às despesas primárias discricionárias.

13.5.2. VERIFICAÇÃO DO CUMPRIMENTO DAS METAS E LIMITAÇÃO DE EMPENHO

O art. 9.º da LRF determina que, ao final de cada **bimestre**, seja avaliado o cumprimento das metas estabelecidas no Anexo de Metas Fiscais da LDO para aquele período.

Se verificado que a realização da receita não comportará o cumprimento das metas de resultado primário ou nominal estabelecidas, o Ministério Público e cada um dos três

---

[115] SILVA, Jair Cândido da; VASCONCELOS, Edilson Felipe. *Manual de execução orçamentária e contabilidade pública*, p. 328.

[116] SILVA, Jair Cândido da; VASCONCELOS, Edilson Felipe. *Manual de execução orçamentária e contabilidade pública*, p. 318.

[117] Parágrafo incluído pela Emenda Constitucional n. 100, de 26.06.2019. O disposto no § 10 do art. 165 da CF aplica-se exclusivamente aos orçamentos fiscal e da seguridade social da União (art. 165, § 13, CF, incluído pela Emenda Constitucional n. 102/2019).

[118] Parágrafo incluído pela Emenda Constitucional n. 102, de 26.09.2019. O disposto no § 11 do art. 165 da CF aplica-se exclusivamente aos orçamentos fiscal e da seguridade social da União (art. 165, § 13, CF, incluído pela Emenda Constitucional n. 102/2019).

[119] Para o cumprimento da referida disposição, o Poder Executivo poderá **reduzir ou limitar**, na elaboração e na execução das leis orçamentárias, as despesas com a concessão de **subsídios, subvenções** e **benefícios de natureza financeira**, inclusive os relativos a indenizações e restituições por perdas econômicas, observado o ato jurídico perfeito (art. 165, § 17, CF, acrescentado pela Emenda Constitucional n. 135, de 20.12.2024).

[120] De acordo com a LDO/2021 (Lei n. 14.116, de 31.12.2020), entende-se como impedimento de ordem técnica, para fins do disposto no inciso II do § 11 do art. 165 da CF, a situação ou o evento de ordem fática ou legal que obsta ou suspende a execução da programação orçamentária (art. 67, *caput*).

13 ▪ Ciclo Orçamentário

Poderes promoverão, por ato próprio e nos montantes necessários, nos 30 (trinta) dias subsequentes, limitação de empenho e movimentação financeira, segundo os critérios fixados pela LDO[121] (art. 9.º, *caput*).

> **Observação:** O art. 65-A da LRF (acrescentado pela Lei Complementar n. 195, de 08.07.2022) determina que **não sejam contabilizadas na meta de resultado primário**, para efeito do disposto no art. 9.º da LRF, as transferências federais aos demais entes da Federação, devidamente identificadas, para enfrentamento das consequências sociais e econômicas no **setor cultural** decorrentes de **calamidades públicas ou pandemias**, desde que sejam autorizadas em acréscimo aos valores inicialmente previstos pelo Congresso Nacional na LOA.

A limitação de empenho e movimentação financeira, caso ocorra o descumprimento das metas, é **obrigatória**, de modo a constituir um freio à execução orçamentária deficiente.

O retorno, ainda que parcial, aos objetivos previstos no Anexo de Metas Fiscais trará a recomposição das dotações cujos empenhos foram limitados, de forma proporcional às reduções efetivadas (art. 9.º, § 1.º, LRF).

Não serão objeto de limitação as despesas (art. 9.º, § 2.º, LRF[122]):

▪ referentes a obrigações constitucionais e legais do ente (saúde e educação), inclusive as destinadas ao pagamento do serviço da dívida;

▪ relativas à inovação e ao desenvolvimento científico e tecnológico custeadas por fundo criado para tal finalidade[123]; e as

▪ ressalvadas pela LDO.

O § 3.º do art. 9.º da LRF assim dispunha: "No caso de os Poderes Legislativo e Judiciário e o Ministério Público não promoverem a limitação no prazo estabelecido no *caput*, é o Poder Executivo autorizado a limitar os valores financeiros segundo os critérios fixados pela lei de diretrizes orçamentárias".

O STF, contudo, declarou a **inconstitucionalidade** do referido dispositivo:

---

[121] LRF, art. 4.º: "A lei de diretrizes orçamentárias atenderá o disposto no § 2.º do art. 165 da Constituição e: I — disporá também sobre: (...) b) critérios e forma de limitação de empenho, a ser efetivada nas hipóteses previstas na alínea *b* do inciso II deste artigo, no art. 9.º e no inciso II do § 1.º do art. 31".

[122] Com redação dada pela Lei Complementar n. 177, de 12.01.2021.

[123] O **Fundo Nacional de Desenvolvimento Científico e Tecnológico (FNDCT)**, instituído pelo Decreto-Lei n. 719, de 31.07.1969, e restabelecido pela Lei n. 8.172, de 18.01.1991, é um fundo especial de natureza contábil e financeira e tem o objetivo de financiar a inovação e o desenvolvimento científico e tecnológico com vistas a promover o desenvolvimento econômico e social do País (art. 1.º, *caput*, Lei n. 11.540, de 12.11.2007, com redação dada pela Lei Complementar n. 177, de 12.01.2021). Confira-se, a respeito, o disposto no § 1.º do art. 11 da Lei n. 11.540/2007 (introduzido pela Lei Complementar n. 177/2021), que, reproduzindo o teor do § 2.º do art. 9 da LRF, estabelece: "Os créditos orçamentários programados no FNDCT **não serão objeto da limitação de empenho** prevista no art. 9.º da Lei Complementar n. 101, de 4 de maio de 2000" (destaque nosso).

Ementa: (...) A norma estabelecida no § 3.º do referido art. 9.º da LRF, entretanto, não guardou pertinência com o modelo de freios e contrapesos estabelecido constitucionalmente para assegurar o exercício responsável da autonomia financeira por parte dos Poderes Legislativo, Judiciário e da Instituição do Ministério Público, ao estabelecer inconstitucional hierarquização subserviente em relação ao Executivo, permitindo que, unilateralmente, limitasse os valores financeiros segundo os critérios fixados pela lei de diretrizes orçamentárias no caso daqueles poderes e instituição não promoverem a limitação no prazo estabelecido no *caput.* A defesa de um Estado Democrático de Direito exige o afastamento de normas legais que repudiam o sistema de organização liberal, em especial na presente hipótese, o desrespeito à separação das funções do poder e suas autonomias constitucionais, em especial quando há expressa previsão constitucional de autonomia financeira. Doutrina (**ADI 2.238/DF**, Rel. Min. Alexandre de Moraes, Pleno, j. em 24.06.2020, *DJe-*228 15.09.2020)[124].

Assim, tendo sido declarada a inconstitucionalidade do § 3.º do art. 9.º da LRF, proibido está o Poder Executivo de limitar as despesas dos outros Poderes e do Ministério Público.

Insta salientar que a decisão proferida pelo STF na ADI 2.238 não impede a eficácia dos limites fixados pela LRF, na medida em que o cumprimento à programação financeira e ao cronograma de execução mensal de desembolso previsto no art. 8.º, *caput,* juntamente com a verificação bimestral da compatibilização entre a receita realizada e o cumprimento das metas de resultado primário ou nominal estabelecidas no Anexo de Metas Fiscais (art. 9.º), está sujeito à fiscalização do Tribunal de Contas, por atribuição expressamente determinada na LRF (art. 59, inciso I)[125].

Ressalte-se, pois, que a decisão do STF na ADI 2.238 não impede a eficácia do § 2.º do art. 9.º da LRF, o qual, por conseguinte, continua plenamente eficaz e obriga cada um dos Poderes e o Ministério Público a promover **por ato próprio** a limitação de empenho e movimentação financeira. A omissão em expedir ato determinando limitação de empenho e movimentação financeira configura infração administrativa contra as leis de finanças públicas (art. 5.º, inciso II, da Lei n. 10.028, de 19.10.2000), punida com multa de 35% (trinta por cento) dos vencimentos anuais do agente que lhe der causa, sendo o pagamento da multa de sua responsabilidade pessoal (art. 5.º, § 1.º, Lei n. 10.028/2000).

Percebe-se, do exposto, o quão importante é a elaboração do Anexo de Metas Fiscais da LDO de forma realista, consciente e planejada, calcada em dados seguros[126],

---

[124] Nesse sentido já lecionava Helio Saul Mileski, que vislumbrava no § 3.º do art. 9.º da LRF violação aos arts. 2.º e 99 da CF, "porque retira a autonomia financeira assegurada ao Judiciário, além de romper com a independência e a harmonia entre os Poderes, com o afastamento da autonomia administrativo-financeira destinada ao Legislativo e ao Judiciário" (Novas regras para a gestão e a transparência fiscal — Lei de Responsabilidade Fiscal, p. 50). No mesmo sentido: MARINHO, Josaphat. Problemas contemporâneos do orçamento público, p. 91-92.

[125] MILESKI, Helio Saul. Novas regras para a gestão e a transparência fiscal — Lei de Responsabilidade Fiscal, p. 50.

[126] KHAIR, Amir Antônio. *Lei de Responsabilidade Fiscal:* guia de orientação para as prefeituras, p. 25.

13 ▪ Ciclo Orçamentário

417

pois, do contrário, poderá surtir efeitos negativos, tanto ao ente público (tendo em vista que as dotações orçamentárias ficam limitadas) como ao agente que der causa à infração (tendo em vista as sanções pessoais aplicáveis ao caso).

13.5.3. DEMONSTRAÇÃO E AVALIAÇÃO DO CUMPRIMENTO DAS METAS FISCAIS E DA TRAJETÓRIA DA DÍVIDA

Até o final dos meses de **maio**, **setembro** e **fevereiro**, o Ministro ou Secretário de Estado da Fazenda demonstrará e avaliará o cumprimento das metas fiscais de cada quadrimestre e a trajetória da dívida, em audiência pública na Comissão Mista de Planos, Orçamentos Públicos e Fiscalização (CMO) do Congresso Nacional ou conjunta com as comissões temáticas do Congresso Nacional ou equivalente nas Casas Legislativas estaduais e municipais (art. 9.º, § 4.º, LRF[127]).

13.5.4. RELATÓRIO RESUMIDO DA EXECUÇÃO ORÇAMENTÁRIA (RREO)

O § 3.º do art. 165 da Constituição estabelece que: "O Poder Executivo publicará, até trinta dias após o encerramento de cada bimestre, relatório resumido da execução orçamentária".

Regulamentando o citado dispositivo constitucional[128], a Lei de Responsabilidade Fiscal determina que o Relatório Resumido da Execução Orçamentária (RREO) deve ser emitido não só pelo Executivo, mas por todos os Poderes e pelo Ministério Público, até **30 (trinta) dias após o encerramento de cada bimestre**.

> **Observação:** O descumprimento do referido prazo impede o recebimento de transferências voluntárias e a contratação de operações de crédito, exceto as destinadas ao pagamento da dívida mobiliária (art. 51, § 2.º, c/c o art. 52, § 2.º, ambos da LRF).

Segundo o art. 52 da LRF, deverá o RREO conter:

▪ **balanço orçamentário**, que especificará, por categoria econômica:

a) receitas, por fonte, informando as realizadas e a realizar, bem como a previsão atualizada; e
b) despesas, por grupo de natureza da despesa, discriminando a dotação para o exercício, a despesa liquidada e o saldo;

---

[127] Parágrafo com a redação dada pela Lei Complementar n. 200, de 30.08.2023.

[128] A lacuna legal, decorrente da ausência de regulamentação do referido dispositivo constitucional, como noticia o Senador Jefferson Péres, "vinha sendo preenchida por meio de preceitos determinativos constantes das diversas leis de diretrizes orçamentárias (LDO) publicadas no período pós-CF". No entanto, como destaca o ilustre Senador amazonense, as LDO têm caráter transitório, com vigência limitada no tempo, ao passo que a disciplina do RREO demandava "o estabelecimento de disposições duradouras, abrindo-se espaço nas leis de diretrizes orçamentárias para questões efêmeras relacionadas com o disposto no art. 165, § 2.º da Lei Maior" (*Produção legislativa:* pareceres — 1997/1.º semestre de 1998: trabalho, economia e finanças, p. 80).

418 Direito Financeiro e Econômico Esquematizado   *Carlos Alberto de Moraes Ramos Filho*

⬛ **demonstrativos da execução** das:

a) receitas, por categoria econômica e fonte, especificando a previsão inicial, a previsão atualizada para o exercício, a receita realizada no bimestre, a realizada no exercício e a previsão a realizar;

b) despesas, por categoria econômica e grupo de natureza da despesa, discriminando a dotação inicial, a dotação para o exercício, despesas empenhadas e liquidadas, no bimestre e no exercício; e

c) despesas, por função e subfunção.

Observação: Os valores referentes ao **refinanciamento da dívida mobiliária** devem constar destacadamente nas receitas de operações de crédito e nas despesas com amortização da dívida (art. 52, § 1.º, LRF).

Além disso, deverão acompanhar o RREO vários **demonstrativos** (art. 53, LRF), entre eles os relativos a:

⬛ apuração da receita corrente líquida (RCL), sua evolução, assim como a previsão de seu desempenho até o final do exercício;

⬛ receitas e despesas previdenciárias a que se refere o inciso IV do art. 50 da LRF[129];

⬛ resultados nominal e primário;

⬛ despesas com juros[130];

⬛ restos a pagar, detalhando, por Poder e órgão, os valores inscritos, os pagamentos realizados e o montante a pagar.

Segundo o § 1.º do art. 53 da LRF, o RREO referente ao **último bimestre do exercício** deverá, também, ser acompanhado de demonstrativos:

⬛ do atendimento da chamada "regra de ouro" — assim denominada a vedação constante do inciso III do art. 167 da Constituição[131] —, conforme o § 3.º do art. 32 da LRF;

⬛ das projeções atuariais dos regimes de previdência social, geral e próprio dos servidores públicos;

⬛ da variação patrimonial, evidenciando a alienação de ativos e a aplicação dos recursos dela decorrentes.

---

[129] LRF, art. 50: "Além de obedecer às demais normas de contabilidade pública, a escrituração das contas públicas observará as seguintes: IV — as receitas e despesas previdenciárias serão apresentadas em demonstrativos financeiros e orçamentários específicos".

[130] Relativamente a este demonstrativo, o inciso IV do art. 53 da LRF determina que seja elaborado "na forma do inciso II do art. 4.º". Ocorre que este último dispositivo foi vetado pelo Presidente da República, o que, todavia, segundo entendemos, não prejudica a exigência da providência constante do inciso IV do art. 53 da LRF.

[131] CF, art. 167: "São vedados: (...) III — a realização de operações de créditos que excedam o montante das despesas de capital, ressalvadas as autorizadas mediante créditos suplementares ou especiais com finalidade precisa, aprovados pelo Poder Legislativo por maioria absoluta".

13 ▪ Ciclo Orçamentário 419

Quando for o caso, deverão ser apresentadas na RREO justificativas da limitação de empenho e da frustração de receitas, especificando as medidas de combate à sonegação e à evasão fiscal, adotadas e a adotar, bem como as ações de fiscalização e cobrança (art. 53, § 2.º, LRF).

De acordo com o § 4.º do art. 55 da LRF, deverá o RREO ser elaborado de **forma padronizada**, segundo modelo que poderá ser atualizado pelo Conselho de Gestão Fiscal, mencionado no art. 67 da LRF.

13.5.5. RELATÓRIO DE GESTÃO FISCAL (RGF)

Ao final de cada quadrimestre, será emitido e assinado pelos titulares dos Poderes e órgãos[132] de todos os entes federados o Relatório de Gestão Fiscal (RGF), que deverá conter (art. 55, LRF):

▪ **comparativo com os limites da LRF** dos seguintes montantes:

a) despesa total com pessoal, destacando a despesa com inativos e pensionistas;
b) dívidas consolidada e mobiliária;
c) concessão de garantias;
d) operações de crédito, inclusive por antecipação de receita;

▪ indicação das **medidas corretivas** adotadas ou a adotar, se ultrapassado qualquer dos limites impostos na LRF.

O RGF relativo ao último quadrimestre do ano deverá, adicionalmente, conter demonstrativos (art. 55, inciso III, LRF):

▪ do montante das disponibilidades de caixa em 31 de dezembro;
▪ da inscrição em restos a pagar, das despesas: liquidadas; empenhadas e não liquidadas decorrentes de contratos administrativos ou de convênios em andamento; empenhadas e não liquidadas, inscritas até o limite do saldo da disponibilidade de caixa; e despesas não inscritas por falta de disponibilidade de caixa e cujos empenhos foram cancelados;
▪ do cumprimento do disposto no inciso II do art. 38 da LRF, que exige sejam as operações de crédito por antecipação de receita orçamentária liquidadas até o dia 10 de dezembro de cada ano;
▪ do cumprimento do disposto na alínea *b* do inciso IV do art. 38 da LRF, que proíbe a realização de operação de crédito por antecipação de receita orçamentária no último ano de mandato.

---

[132] De acordo com o § 2.º do art. 20 da LRF, deve-se entender como órgão: I — o Ministério Público; II — no Poder Legislativo: a) Federal, as respectivas Casas e o Tribunal de Contas da União; b) Estadual, a Assembleia Legislativa e os Tribunais de Contas; c) do Distrito Federal, a Câmara Legislativa e o Tribunal de Contas do Distrito Federal; d) Municipal, a Câmara de Vereadores e o Tribunal de Contas do Município, quando houver; III — no Poder Judiciário: a) Federal, os tribunais referidos no art. 92 da Constituição; b) Estadual, o Tribunal de Justiça e outros, quando houver.

De acordo com o § 4.º do art. 54 da LRF, deverá o RGF ser elaborado de forma padronizada, segundo modelo que poderá ser atualizado pelo Conselho de Gestão Fiscal, mencionado no art. 67 da LRF.

O RGF será publicado até **30 (trinta) dias após o encerramento do período** a que corresponder, com amplo acesso ao público, inclusive pela *internet* (art. 55, § 2.º, LRF), sob pena de não recebimento de transferências voluntárias e proibição de contratação de operações de crédito, salvo aquelas destinadas ao pagamento da dívida mobiliária (art. 51, § 2.º c/c art. 55, § 3.º, ambos da LRF).

A omissão em divulgar o RGF, nos prazos e condições estabelecidos em lei, configura infração administrativa contra as leis de finanças públicas (art. 5.º, inciso I, da Lei n. 10.028, de 19.10.2000), punida com multa de 30% (trinta por cento) dos vencimentos anuais do agente que lhe der causa, sendo o pagamento da multa de sua responsabilidade pessoal (art. 5.º, § 1.º, Lei n. 10.028/2000).

13.5.6. INVESTIMENTOS DO GOVERNO FEDERAL EM INFRAESTRUTURA

A Emenda Constitucional n. 102, de 26.09.2019, incluiu no art. 165 da CF o § 15, com os seguintes dizeres: "A União organizará e manterá **registro centralizado de projetos de investimento** contendo, por Estado ou Distrito Federal, pelo menos, análises de viabilidade, estimativas de custos e informações sobre a **execução física e financeira**" (destaques nossos).

Disciplinando a referida matéria foi editado o **Decreto n. 10.496, de 28.09.2020**, que instituiu o **Cadastro Integrado de Projetos de Investimento — CIPI** para o registro centralizado de informações[133] de projetos de investimento em infraestrutura[134], custeados com recursos dos Orçamentos Fiscal e da Seguridade Social, no âmbito dos órgãos e entidades do Poder Executivo federal[135] integrantes dos Orçamentos Fiscal e da Seguridade Social.

> **Observação:** O Decreto n. 10.496/2020, conforme dispõe o § 1.º de seu art. 1.º, **não se aplica** às empresas estatais federais **não dependentes**, não abrangidas pelo disposto no inciso III do *caput* do art. 2.º da LRF.

O CIPI objetiva, dentre outras finalidades, possibilitar o acesso aos atos, aos documen-tos e às informações associadas aos projetos de investimento em infraestrutura,

---

[133] Em ferramenta informatizada, disponibilizada pela Secretaria de Gestão da Secretaria Especial de Desburocratização, Gestão e Governo Digital do Ministério da Economia (art. 2.º, inciso I, Decreto n. 10.496/2020).

[134] **Projeto de investimento em infraestrutura** compreende "o estudo, o projeto ou a obra destinada à ampliação do estoque de ativos de infraestrutura custeados com recursos dos Orçamentos Fiscal e da Seguridade Social do Poder Executivo federal, com finalidade econômica, social, administrativa ou militar" (art. 2.º, inciso II, Decreto n. 10.496/2020, com redação dada pelo Decreto n. 11.272, de 05.12.2022).

[135] Os Estados, o Distrito Federal e os Municípios poderão utilizar o Cipi para o acompanhamento de projetos de investimento em infraestrutura financiados com recursos próprios (art. 1.º, § 2.º, Decreto n. 10.496/2020).

propiciando, assim, a **transparência**, o **controle social**, a **fiscalização** e a **gestão** dos referidos projetos (art. 3.º, incisos I e III, Decreto n. 10.496/2020).

Apesar de estarmos tratando do CIPI no tópico destinado à execução orçamentária, cabe ressaltar que o referido cadastro não se refere apenas às despesas com a realização de **obras de infraestrutura** (construção, reforma, fabricação, recuperação ou ampliação — art. 2.º, inciso IV, Decreto n. 10.496/2020[136]), mas também às despesas realizadas previamente ao investimento, como **estudos e projetos**, assim considerados "os documentos técnicos relacionados aos projetos de investimento em infraestrutura, tais como planos, anteprojetos, projetos básicos, projetos executivos e estudos de viabilidade" (art. 2.º, inciso III, Decreto n. 10.496/2020).

A **Portaria SEGES/ME n. 25.405, de 23.12.2020** (da Secretária de Gestão Substituta da Secretaria Especial de Desburocratização, Gestão e Governo Digital do Ministério da Economia), regulamenta o CIPI.

13.6. QUESTÕES

QUESTÕES DE CONCURSOS
> http://uqr.to/1y4bk

---

[136] Tal enunciado coaduna-se com a definição de obra constante do inciso I do art. 6.º da Lei n. 8.666/93. Na Lei n. 14.133/2021, a definição de obra encontra-se disposta no inciso XII de seu art. 6.º.

14

CRÉDITOS ADICIONAIS

14.1. AJUSTES ORÇAMENTÁRIOS

Como bem observa António L. de Sousa Franco, "o Orçamento, como previsão que é, pode não cobrir situações imprevistas que venham a ocorrer durante o ano e a que a Administração Pública tem de fazer frente"[1].

Assim, sob a denominação **ajustes orçamentários**, temos as alterações que se impõem à Lei Orçamentária, adequando-a, quantitativa e qualitativamente, à realidade constatada na sua execução, ao longo do exercício financeiro ao qual se refira.

Isto ocorre, como adverte Jair Cândido da Silva, "em razão da forma como os recursos são disponibilizados e da rapidez com que as políticas se alternam, principalmente por se tratar de um documento cujos dados são estimados, tanto para as receitas quanto para as despesas, o que torna as modificações imprescindíveis ao alcance dos propósitos deste documento"[2]. Ademais, como destaca Geraldo de Camargo Vidigal, as previsões humanas são invariavelmente imperfeitas e as surpresas conjunturais ampliam as margens de imperfeição[3].

Tais ajustes podem se dar:

- ■ pela correção de seus valores iniciais; ou
- ■ pela suplementação de autorizações de despesas insuficientemente dotadas ou inclusão de autorizações de despesas não computadas.

Na primeira hipótese, trata-se de mera atualização monetária; na segunda, de **créditos adicionais**, sobre os quais debruçaremos nossas atenções neste capítulo.

14.2. ACEPÇÕES DA PALAVRA "CRÉDITO"

A palavra **crédito** é empregada em dois sentidos diferentes na terminologia do Direito Financeiro.

---

[1] FRANCO, António L. de Sousa. *Finanças públicas e direito financeiro*, v. I, p. 435.

[2] SILVA, Jair Cândido da. *Lei n. 4.320/64 comentada:* uma contribuição para a elaboração da lei complementar (§ 9.º art. 165 da CF/88), p. 133.

[3] VIDIGAL, Geraldo de Camargo. *Fundamentos do direito financeiro*, p. 267.

Numa primeira acepção, crédito significa uma **autorização para gastar** e expressa o limite máximo dos recursos que poderão ser aplicados em determinado fim[4].

Isto porque cabe ao Poder Legislativo autorizar a realização de despesas, como expressão da vontade popular[5]. Geralmente, essas autorizações estão contidas no orçamento, sendo, por tal circunstância, denominadas **orçamentárias**. Créditos orçamentários são, assim, os especificados no orçamento anual, em dotações, para ocorrerem às despesas nele fixadas[6].

Mas há também os chamados créditos "adicionais"[7], que se dividem em: **a)** "suplementares" (no caso de insuficiência do crédito autorizado no orçamento); **b)** "especiais" (para um fim não previsto no orçamento); **c)** "extraordinários" (nos casos de guerra, comoção interna, calamidade pública).

O vocábulo "crédito", todavia, pode ser usado ainda para designar a faculdade do Estado de tomar dinheiro emprestado, ou o conjunto dos empréstimos, ou a técnica de recorrer a eles[8].

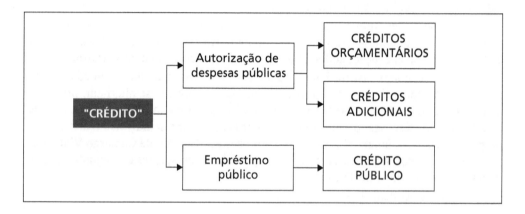

---

[4] ROCHA, Ariosto de Rezende. *Elementos de direito financeiro e finanças*, v. 1, p. 85. Leciona, a respeito, José Joaquim Teixeira Ribeiro: "o total das despesas é a soma das despesas de todos os serviços do Estado. (...) A cada um dos serviços são atribuídas verbas de despesas, que representam autorizações de gastar e que, por isso mesmo, se chamam *créditos*" (destaque no original) (*Lições de finanças públicas*, p. 57).

[5] STF, RE-AgR 414.249/MG, Rel. Min. Joaquim Barbosa, 2.ª Turma, j. em 31.08.2010, *DJe*-218 16.11.2010.

[6] SILVA, José Afonso da. *Orçamento-programa no Brasil*, p. 313-314.

[7] Na classificação adotada por Augustinho Vicente Paludo, os créditos orçamentários dividem-se em: a) *iniciais/ordinários*, contidos na LOA; e b) *adicionais*, aprovados no decorrer do exercício financeiro (*Orçamento público e administração financeira e orçamentária*, p. 211). Discordamos desse esquema classificatório por entendermos ser equivocado considerar os créditos adicionais como espécie de "créditos orçamentários", tendo em vista a própria definição legal de créditos adicionais, que os delineia como "as autorizações de despesa não computadas ou insuficientemente dotadas na Lei de Orçamento" (art. 40, Lei n. 4.320/64). Há quem designe os créditos adicionais como "extraorçamentários". Tal denominação, contudo, tem o inconveniente de não se mostrar adequada àqueles casos em que a autorização para a abertura dos créditos adicionais (no caso, os suplementares) constar da própria LOA, tal como permite o § 8.º do art. 165 da CF.

[8] BALEEIRO, Aliomar. *Cinco aulas de finanças e política fiscal*, p. 32.

Estudaremos, neste capítulo, o crédito em sua primeira acepção, deixando a segunda para o capítulo seguinte.

14.3. CRÉDITOS ADICIONAIS: DEFINIÇÃO

Conforme dito no início deste capítulo, são os créditos adicionais forma de ajuste do Orçamento disciplinada pela legislação pertinente.

Assim, além dos recursos consignados no orçamento (os chamados "créditos orçamentários"), pode o Estado dispor de **créditos adicionais**, como tais consideradas "as autorizações de despesa não computadas ou insuficientemente dotadas na Lei de Orçamento" (art. 40, Lei n. 4.320/64)[9].

Autorizados e abertos após a elaboração da Lei Orçamentária Anual (LOA), os créditos adicionais formam verdadeiros "orçamentos" anexos ao orçamento geral[10], tendo, consoante dispõe o art. 40 da Lei n. 4.320/64, os seguintes objetivos:

- reforçar dotações constantes do orçamento, mas que, no decorrer da execução orçamentária, mostraram-se insuficientes; ou
- atender a despesas não computadas na lei orçamentária.

Como notaremos no decorrer deste capítulo, quando o citado dispositivo fala em "despesas não computadas", refere-se ao crédito **especial** e ao **extraordinário**, ao passo que, falando em despesas "insuficientemente dotadas na Lei de Orçamento", faz menção ao crédito **suplementar**[11].

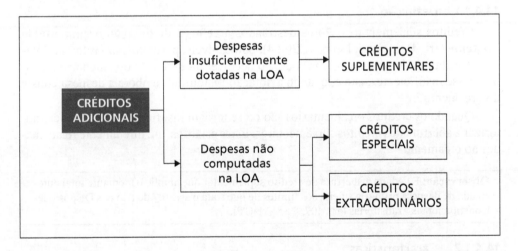

---

[9] Diz-se que a despesa pública é *dotada* quando em seu favor foi fixada uma verba (dotação), na lei orçamentária, para seu custeio.
[10] VALÉRIO, Walter Paldes. *Programa de direito financeiro e finanças*, p. 176.
[11] FERREIRA, Wolgran Junqueira. *Comentários à Lei 4.320*, p. 101-102.

14.4. ESPÉCIES

Segundo o art. 41 da Lei n. 4.320/64, os créditos adicionais classificam-se em três espécies:

- ▢ **suplementares**;
- ▢ **especiais**;
- ▢ **extraordinários**.

Constituem seus pressupostos, nos termos do inciso V do art. 167 da CF:

- ▢ a **autorização legislativa** (com a devida ressalva quanto aos créditos extraordinários, que dela prescindem); e
- ▢ a **indicação de recursos** (ressalvados também aqui os créditos extraordinários), entendida como tal a existência de recursos disponíveis, suficientes a suportarem a abertura dos créditos, que são, na realidade, autorizações de despesa.

A ausência de um dos requisitos apontados inquina de ilegalidade a autorização da despesa suplementada ou criada.

O ato que abrir crédito adicional deverá indicar expressamente a importância, a espécie e a classificação da despesa até onde for possível, para identificação desta (art. 46, Lei n. 4.320/64).

14.4.1. CRÉDITOS SUPLEMENTARES

14.4.1.1. Definição

Créditos suplementares são os destinados a **reforço de dotação orçamentária existente** (art. 41, inciso I, Lei n. 4.320/64). São cabíveis, portanto, para reforçar dotações constantes do orçamento, mas que, no decorrer da execução orçamentária, mostraram-se insuficientes, isto é, quando a dotação "estourou", embora a despesa conste do orçamento[12].

Quando os créditos orçamentários são ou se tornam insuficientes, a lei poderá autorizar a abertura dos créditos suplementares. Estes estão, assim, diretamente relacionados ao orçamento.

> **Observação:** É vedada a abertura de crédito suplementar que amplie o montante total autorizado de despesa primária sujeita aos limites de que trata o art. 107 do Ato das Disposições Constitucionais Transitórias (art. 107, § 5.º, ADCT).

14.4.1.2. Características

A abertura de créditos suplementares será autorizada por lei e efetivada por decreto executivo (art. 42, Lei n. 4.320/64). Os projetos de lei relativos aos créditos adicionais seguem as normas do processo legislativo comum no que não contrariar o disposto na seção II do Capítulo II do Título VI da vigente Constituição (art. 166, § 7.º, CF).

---

[12] DEODATO, Alberto. *Manual de ciência das finanças*, p. 377.

14 ◻ Créditos Adicionais

427

Além da **autorização legislativa**, a abertura de tais créditos (art. 43, *caput*, Lei n. 4.320/64):

◻ depende da existência de **recursos disponíveis** para ocorrer à despesa; e

◻ deve ser precedida de **exposição justificativa**.

Cabe ressaltar que a autorização legal necessária à abertura de créditos suplementares pode constar da LOA. Com efeito, para evitar que o Poder Executivo, ao iniciar a execução orçamentária, de imediato solicite abertura de tais créditos, pode **a própria LOA** conter autorização para a abertura, durante o exercício, de créditos suplementares até determinada importância (art. 165, § 8.º, CF; art. 7.º, inciso I, Lei n. 4.320/64), por exemplo até um dado percentual da despesa total fixada no orçamento.

Com tal providência, leciona Jair Cândido da Silva, o Poder Legislativo evita "os atropelos que, normalmente, ocorrem nos meses iniciais do exercício financeiro"[13].

> **Observação:** A abertura de créditos suplementares para utilização dos recursos que, em decorrência de **veto**, **emenda** ou **rejeição** do projeto de LOA, ficarem sem despesas correspondentes, depende de **autorização legislativa específica** (art. 166, § 8.º, CF).

Como bem observa Wolgran Junqueira Ferreira, quando a própria LOA autorizar a abertura de crédito suplementar dentro de determinado limite e este limite não estiver esgotado, **não há necessidade da exposição justificativa** a que alude a parte final do *caput* do art. 43 da Lei n. 4.320/64[14].

> **Observação:** Esgotado o limite autorizado na LOA, caso o Poder Executivo necessite abrir outros créditos suplementares, terá que submeter seu pedido ao Poder Legislativo, podendo, então, ser concedidas novas autorizações por meio de **leis específicas**[15].

Os créditos suplementares, consoante exposto, pressupõem a indicação de **recursos disponíveis**, suficientes para suportar a despesa (art. 43, Lei n. 4.320/64). Consideram-se recursos para abertura dos créditos suplementares, **desde que não comprometidos** (art. 43, § 1.º, Lei n. 4.320/64):

◻ o superávit financeiro[16] apurado em balanço patrimonial do exercício anterior;

◻ os provenientes de excesso de arrecadação[17];

◻ os resultantes de anulação parcial ou total de dotações orçamentárias ou de créditos adicionais, autorizados em lei;

---

[13] SILVA, Jair Cândido da. *Lei n. 4.320/64 comentada:* uma contribuição para a elaboração da lei complementar (§ 9.º art. 165 da CF/88), p. 34.

[14] FERREIRA, Wolgran Junqueira. *Comentários à Lei 4.320*, p. 103.

[15] SILVA, Jair Cândido da. *Lei n. 4.320/64 comentada:* uma contribuição para a elaboração da lei complementar (§ 9.º art. 165 da CF/88), p. 34.

[16] Entende-se por *superávit financeiro* a diferença positiva entre o ativo financeiro e o passivo financeiro, conjugando-se, ainda, os saldos dos créditos adicionais transferidos e as operações de crédito a eles vinculadas.

[17] Entende-se por *excesso de arrecadação* o saldo positivo das diferenças, acumuladas mês a mês, entre a arrecadação prevista e a realizada, considerando-se, ainda, a tendência do exercício.

■ o produto de operações de crédito autorizadas, em forma que juridicamente possibilite ao Poder Executivo realizá-las[18].

Também poderão ser utilizados mediante créditos suplementares, **com prévia e específica autorização legislativa**, os recursos que, em decorrência de veto, emenda ou rejeição do projeto de lei orçamentária anual, ficarem sem despesas correspondentes (art. 166, § 8.º, CF).

14.4.1.3. Vigência

Vigência, em matéria de autorização legislativa relativa a créditos adicionais, diz respeito ao período durante o qual dita autorização tem eficácia[19].

Relativamente aos créditos suplementares, em razão da sua natureza, as autorizações legislativas têm vigência igual à da dotação suplementada, ou seja, restrita ao exercício em que foram concedidas tais autorizações. Dito de outro modo, os créditos suplementares somente vigoram no exercício financeiro em que foram abertos (art. 45, Lei n. 4.320/64).

14.4.2. CRÉDITOS ESPECIAIS

14.4.2.1. Definição

Os créditos são denominados especiais quando destinados a despesas para as quais não haja dotação orçamentária específica (art. 41, inciso II, Lei n. 4.320/64), isto é, para atender à criação de programas, projetos e atividades eventuais ou especiais e, por isso mesmo, não contemplados pelo orçamento.

O crédito especial cria novo programa ou elemento de despesa, para atender a objetivo não previsto no orçamento. Com a criação desse novo serviço, leciona Heilio Kohama, "haverá necessidade de uma programação de gastos, através da criação de programas, subprogramas, projetos e atividades, e a eles ser consignadas dotações adequadas". Prossegue o citado autor: "Fica claro que no exercício seguinte, já devem ser tomadas as providências para que, caso esse serviço se prolongue, sejam alocadas as dotações necessárias, na lei orçamentária, ressalvados os casos em que os saldos ainda possam ser utilizados". E conclui: "Destarte, à medida que melhora o processo de planejamento e que seus resultados são expressos em programas no orçamento, os créditos adicionais seguramente terão caráter de exceção"[20].

> **Observação:** É vedada a abertura de crédito especial que amplie o montante total autorizado de despesa primária sujeita aos limites de que trata o art. 107 do Ato das Disposições Constitucionais Transitórias (art. 107, § 5.º, ADCT).

---

[18] Entre as operações de crédito referidas não se incluem, evidentemente, as operações por antecipação de receitas orçamentárias (ARO). Nesse sentido: AGUIAR, Afonso Gomes. *Direito financeiro: a Lei 4.320 comentada ao alcance de todos*, p. 168.

[19] KOHAMA, Heilio. *Contabilidade pública:* teoria e prática, p. 206.

[20] KOHAMA, Heilio. *Contabilidade pública:* teoria e prática, p. 203.

14 □ Créditos Adicionais

14.4.2.2. Características

O crédito especial é obrigatoriamente autorizado pelo Poder Legislativo e aberto por decreto do Executivo (art. 42, Lei n. 4.320/64). Ao contrário dos créditos suplementares, que podem ser autorizados na própria Lei Orçamentária Anual (art. 165, § 8.º, CF; art. 7.º, Lei n. 4.320/64), nos créditos especiais a autorização legislativa necessária à sua abertura (art. 167, inciso V, CF; art. 42, Lei n. 4.320/64) deverá constar de **leis próprias e específicas**, isto é, editadas exclusivamente para tal fim[21].

Os créditos especiais, como os suplementares, pressupõem a indicação de recursos disponíveis, suficientes para suportar a abertura dos créditos (art. 43, Lei n. 4.320/64). Consideram-se recursos para abertura dos créditos especiais, **desde que não comprometidos** (art. 43, § 1.º, Lei n. 4.320/64):

- □ o superávit financeiro apurado em balanço patrimonial do exercício anterior;
- □ os provenientes de excesso de arrecadação;
- □ os resultantes de anulação parcial ou total de dotações orçamentárias ou de créditos adicionais, autorizados em lei;
- □ o produto de operações de crédito autorizadas, em forma que juridicamente possibilite ao Poder Executivo realizá-las.

Também poderão ser utilizados mediante créditos especiais, **com prévia e específica autorização legislativa**, os recursos que, em decorrência de veto, emenda ou rejeição do projeto de lei orçamentária anual, ficarem sem despesas correspondentes (art. 166, § 8.º, CF).

14.4.2.3. Vigência

Terão os créditos especiais, em geral, a vigência do exercício financeiro em que foram autorizados, salvo se o ato de autorização for promulgado nos seus últimos quatro meses, hipótese em que poderão ser reabertos nos limites do seu saldo (isto é, do saldo deixado no exercício em que foram autorizados) e serão incorporados ao orçamento do exercício financeiro subsequente (art. 167, § 2.º, CF)[22].

Temos, pois, quanto à vigência de créditos especiais, duas situações distintas:

- □ quando as autorizações legislativas ocorrerem até o final do oitavo mês — ou seja, até 31 de agosto —, a vigência dos créditos especiais é adstrita ao exercício financeiro em que foram autorizados, assemelhando-se, neste particular, aos créditos suplementares;
- □ quando as leis que autorizarem os créditos especiais forem promulgadas nos últimos quatro meses do exercício — 1.º de setembro a 31 de dezembro —, terão vigência plurianual, pois os créditos serão estendidos até o término do exercício financeiro subsequente.

---

[21] STJ, APN n. 384-TO (2001/0111318-5), Decisão monocrática, Rel. Min. Felix Fischer, j. em 09.03.2005, *DJ* 17.03.2005.

[22] A reabertura do crédito especial no exercício seguinte, assim como sua abertura original, dá-se por decreto do Executivo.

14.4.3. CRÉDITOS EXTRAORDINÁRIOS

14.4.3.1. Definição

Os créditos extraordinários são os destinados a despesas **imprevisíveis** e **urgentes**, como as decorrentes de guerra, comoção interna ou calamidade pública (art. 167, § 3.º, CF; art. 41, inciso III, Lei n. 4.320/64)[23].

Como seu nome indica, os créditos extraordinários referem-se a despesas que decorrem de fatos que não permitem um planejamento prévio e que exigem procedimentos sumários para atendimento rápido e urgente por parte do Poder Executivo[24].

Ressalte-se que, apesar das expressas disposições constitucional (art. 167, § 3.º) e legal (art. 41, inciso III, Lei n. 4.320/64), o instituto do "crédito extraordinário" tem sido largamente utilizado pelo Executivo para o simples remanejamento e alocação de verbas, segundo conveniências do executor[25].

O STF, no entanto, já decidiu que a abertura de crédito extraordinário "para pagamento de despesas de simples custeio e investimentos triviais, que evidentemente não se caracterizam pela imprevisibilidade e urgência, viola o § 3.º do art. 167 da Constituição Federal". Tal violação, segundo aquela Corte, "alcança o inciso V do mesmo artigo, na medida em que o ato normativo adversado vem a categorizar como de natureza extraordinária crédito que, em verdade, não passa de especial, ou suplementar" (**ADI-MC 4.049/DF**, Rel. Min. Carlos Britto, Pleno, j. em 05.11.2008, *DJe*-084 08.05.2009)[26].

---

[23] Inexistindo "guerra, comoção intestina ou calamidade pública", não há que se falar em créditos extraordinários. Nesse sentido: STJ, APN 384/TO, Rel. Min. Felix Fischer, decisão monocrática, j. em 09.03.2005, *DJ* 17.03.2005.

[24] KOHAMA, Heilio. *Contabilidade pública:* teoria e prática, p. 204-205.

[25] SABBAG, César de Moraes. *Orçamento e desenvolvimento*, p. 161. Inconstitucional era, portanto, a Medida Provisória n. 286, de 08.03.2006 (publicada no *DOU* de 09.03.2006), que, dentre outras providências, abriu crédito extraordinário em favor do Ministério do Esporte para a realização dos Jogos Pan e ParaPan-Americanos de 2007 no Rio de Janeiro. Ora, se considerarmos que tais eventos são planejados com considerável antecedência, não restavam preenchidos os requisitos constitucionalmente exigidos para a abertura de créditos extraordinários, a saber, que as despesas a serem custeadas sejam imprevisíveis e urgentes (art. 167, § 3.º, CF). Igualmente inconstitucional, por não preencher os citados pressupostos constitucionais, apresentava-se a Medida Provisória n. 430, de 14.05.2008 (publicada no *DOU* de 14.5.2008 — Edição extra), a qual abriu crédito extraordinário em favor do Ministério do Planejamento, Orçamento e Gestão para melhoria salarial do Poder Executivo Federal. Na Exposição de Motivos da citada MP (EM 00064/2008-MP), a Presidência da República procura sustentar que a matéria se reveste de relevância e urgência (pressupostos de abertura de créditos extraordinários), dada a necessidade de atendimento de despesas decorrentes de reestruturações de remuneração de cargos e funções e carreiras no âmbito do Poder Executivo, inclusive militares das Forças Armadas. O Plenário da Câmara dos Deputados, no entanto, em sessão realizada no dia 09.07.2008, rejeitou, por inadmissibilidade, a MP 430/2008 e determinou o seu arquivamento, nos termos do disposto no parágrafo único do art. 8.º da Resolução n. 1, de 2002-CN, assim redigido: "Se o Plenário da Câmara dos Deputados ou do Senado Federal decidir no sentido do não atendimento dos pressupostos constitucionais ou da inadequação financeira ou orçamentária da Medida Provisória, esta será arquivada".

[26] Referida ação, contudo, foi extinta sem resolução de mérito, restando, pois, insubsistente a medida cautelar anteriormente deferida.

14 ◻ Créditos Adicionais   431

Noutro julgado, assim decidiu o STF:

Ementa: (...) Além dos requisitos de relevância e urgência (art. 62), a Constituição exige que a abertura do crédito extraordinário seja feita apenas para atender a despesas imprevisíveis e urgentes. Ao contrário do que ocorre em relação aos requisitos de relevância e urgência (art. 62), que se submetem a uma ampla margem de discricionariedade por parte do Presidente da República, os requisitos de imprevisibilidade e urgência (art. 167, § 3.º) recebem densificação normativa da Constituição. Os conteúdos semânticos das expressões "guerra", "comoção interna" e "calamidade pública" constituem vetores para a interpretação/aplicação do art. 167, § 3.º c/c o art. 62, § 1.º, inciso I, alínea "d", da Constituição. "Guerra", "comoção interna" e "calamidade pública" são conceitos que representam realidades ou situações fáticas de extrema gravidade e de consequências imprevisíveis para a ordem pública e a paz social, e que dessa forma requerem, com a devida urgência, a adoção de medidas singulares e extraordinárias. A leitura atenta e a análise interpretativa do texto e da exposição de motivos da MP n. 405/2007 demonstram que os créditos abertos são destinados a prover despesas correntes, que não estão qualificadas pela imprevisibilidade ou pela urgência. A edição da MP n. 405/2007 configurou um patente desvirtuamento dos parâmetros constitucionais que permitem a edição de medidas provisórias para a abertura de créditos extraordinários (**ADI-MC 4.048/DF**, Rel. Min. Gilmar Mendes, Pleno, j. em 14.05.2008, *DJe*-157 22.08.2008)[27].

14.4.3.2. Características

Caracteriza-se o crédito extraordinário:

◼ pela imprevisibilidade da situação, que requer ação urgente do Poder Público;
◼ por não decorrer de planejamento e, pois, de orçamento[28].

Os créditos extraordinários são abertos pelo Poder Executivo, ficando obrigado o Governo, entretanto, a encaminhar ao Poder Legislativo mensagem esclarecedora dos motivos que determinaram a providência, ou seja, a abertura do crédito.

De acordo com o art. 44 da Lei n. 4.320/64, os créditos extraordinários poderiam ser abertos por **decreto** do Poder Executivo, que deles daria imediato conhecimento ao Poder Legislativo. Entretanto, consoante inteligência da parte final do art. 167, § 3.º, da CF, conclui-se que, atualmente, os créditos extraordinários podem ser abertos por meio de **medida provisória**, aplicando-se o disposto no art. 62 da Carta Magna[29]. Essa

---

[27] Referida ação foi julgada **prejudicada**, pela perda superveniente de seu objeto, tendo em vista que encerrada, com o término do exercício financeiro para os quais foram autorizados, a vigência temporal dos créditos extraordinários que haviam sido abertos pela norma contestada, nos termos do art. 167, § 2.º, da CF (ADI 4.048/DF, Rel. Min. Ellen Gracie, decisão monocrática, j. em 14.02.2011, *DJe*-035 22.02.2011).

[28] LIMA, Diana Vaz de; CASTRO, Róbison Gonçalves de. *Contabilidade pública:* integrando União, Estados e Municípios (Siafi e Siafem), p. 22.

[29] O STF entendia ser inadmissível a propositura de ação direta de inconstitucionalidade contra medida provisória que determina abertura de créditos extraordinários por não configurar a medida provisória, nesse caso, "ato normativo, mas, sim, ato administrativo que tem objeto determinado e

432 Direito Financeiro e Econômico Esquematizado — Carlos Alberto de Moraes Ramos Filho

circunstância, a princípio, impediria a abertura de créditos extraordinários pelos Estados, pelo Distrito Federal e pelos Municípios, caso adotado o entendimento segundo o qual o referido instrumento é cabível exclusivamente na órbita federal, tendo em vista que o Texto Constitucional atribui somente ao Presidente da República a competência para editar medidas provisórias (art. 62). Como a medida provisória é exceção ao princípio segundo o qual legislar compete ao Poder Legislativo, a interpretação do art. 62 da CF haveria de ser restritiva.

O Supremo Tribunal Federal, no entanto, adota a tese de que não há indícios no Texto Constitucional que impeçam a adoção de medida provisória pelos demais entes[30]. Assim, aos Estados, ao Distrito Federal e aos Municípios, seria permitido, com fundamento na autonomia que lhes é própria, valerem-se dos instrumentos normativos que julguem apropriados, inclusive de medida provisória, moldando-se, todavia, ao desenho da CF[31]. De acordo com tal entendimento, será possível a abertura de créditos extraordinários por **medida provisória** no âmbito dos Estados, do Distrito Federal e dos Municípios, desde que haja previsão nas respectivas Constituições ou nas Leis Orgânicas[32].

Há, ainda, quem entenda que, no caso dos Estados, do Distrito Federal e dos Municípios, os créditos extraordinários poderiam ser abertos por **decreto** do Poder Executivo, aplicando-se o disposto no art. 44 da Lei n. 4.320/64, que continuaria em vigor para tais entes[33].

Quanto a essa questão, posicionamo-nos no sentido de que o art. 44 da Lei n. 4.320/64 permanece aplicável aos Estados e aos Municípios que não instituírem a figura

---

destinatário certo ainda que, por exigência constitucional, tenha de ser editado por medida provisória (art. 167, § 3.º, da Constituição Federal)" (ADI 1.496/DF, Rel. Min. Moreira Alves, Pleno, j. em 21.11.1996, *DJ* 18.05.2001, p. 430). O STF, revendo seu anterior entendimento, admitiu a possibilidade de controle concentrado de constitucionalidade contra medida provisória que determina abertura de créditos extraordinários, tendo deixado assentado, inclusive, que a conversão em lei da medida provisória, sem alteração substancial, não prejudica a análise quanto aos vícios apontados na ação direta de inconstitucionalidade, pois a lei de conversão não convalida os vícios existentes na medida provisória. Nesse sentido: ADI-MC 4.048/DF, Rel. Min. Gilmar Mendes, Pleno, j. em 14.05.2008, *DJe*-157 22.08.2008; ADI-MC 4.049/DF, Rel. Min. Carlos Britto, Pleno, j. em 05.11.2008, *DJe*-084 08.05.2009. A ADI 4.048/DF e a ADI 4.049/DF foram julgadas **prejudicadas**, pela perda superveniente de seu objeto, tendo em vista que encerrada, com o término do exercício financeiro para os quais foram autorizados, a vigência temporal dos créditos extraordinários que haviam sido abertos pelas normas contestadas, nos termos do art. 167, § 2.º, da CF. Em casos como tais, não pode a ADI ser recebida como ADPF, uma vez que não subsistem quaisquer efeitos jurídicos a serem regulados (ADI-AgR-AgR-AgR 4.041/DF, Rel. Min. Dias Toffoli, Pleno, j. em 24.03.2011, *DJe*-113 14.06.2011).

[30] STF, ADI-MC 812/TO, Rel. Min. Moreira Alves, Pleno, j. em 10.04.1993, *DJ* 14.05.1993, p. 9002; ADI 425/TO, Pleno, Rel. Min. Maurício Corrêa, j. em 04.09.2002, *DJ* 19.12.2003, p. 19.

[31] NIEBUHR, Joel de Menezes. *O novo regime constitucional da medida provisória*, p. 168.

[32] PASCOAL, Valdecir Fernandes. *Direito financeiro e controle externo*, p. 47.

[33] SILVA, Lino Martins da. *Contabilidade governamental:* um enfoque administrativo, p. 67; PASCOAL, Valdecir Fernandes. *Direito financeiro e controle externo*, p. 19 e 47.

14 ◼ Créditos Adicionais 433

da medida provisória em seus ordenamentos jurídicos[34]. Ressalte-se que, se a abertura do crédito extraordinário ocorrer por meio de **decreto**, este deverá ser enviado imediatamente ao Poder Legislativo (art. 44, Lei n. 4.320/64).

Percebe-se do exposto que, em qualquer hipótese — isto é, tenham sido abertos por decreto (art. 44, Lei n. 4.320/64) ou por medida provisória (art. 62, CF) —, os créditos extraordinários devem ser **ratificados pelo Poder Legislativo**. No caso de terem sido abertos por medida provisória, não havendo sua conversão em lei no prazo constitucionalmente previsto[35], os créditos extraordinários da União perderão a eficácia desde a edição da medida provisória que os houver aberto, devendo o Congresso Nacional disciplinar, por decreto legislativo, as relações jurídicas decorrentes da referida medida (art. 62, § 3.º, CF[36]).

Para a abertura de crédito extraordinário, **não é necessária a prévia existência de recursos disponíveis para atender às despesas**, conforme interpretação *a contrario sensu* do art. 167, inciso V, da CF, e do art. 43, da Lei n. 4.320/64. Nesse caso, a Constituição permite à União a obtenção de recursos pela cobrança de **impostos extraordinários** (art. 154, inciso II) e de **empréstimos compulsórios** (art. 148, inciso I). Admite-se, ainda, a contratação de **operação de crédito** para o atendimento da despesa a ser realizada com o crédito extraordinário[37].

> **Observação:** Em razão da pandemia da Covid-19 — que se configura como hipótese de calamidade pública, para o fim de aplicação do § 3.º do art. 167 da CF[38] —, foram editadas diversas medidas provisórias para a abertura de créditos extraordinários. Em alguns dos referidos casos, **mesmo sem ser necessário**, foram indicados os recursos correspondentes para ocorrer a despesa, tal como se deu, por exemplo, nos créditos extraordinários abertos pelas Medidas Provisórias n. 921, de 07.02.2020 (art. 2.º), n. 924, de 13.3.2020 (art. 2.º), e n. 1.007, de 02.10.2020 (art. 2.º)[39].

---

[34] Nesse sentido: GAMA JÚNIOR, Fernando Lima. *Fundamentos de orçamento público e direito financeiro*, p. 59; PALUDO, Augustinho Vicente. *Orçamento público e administração financeira e orçamentária*, p. 216. Em sentido contrário, entendendo que o art. 44 da Lei n. 4.320/64 não teria sido recepcionado pela CF: FURTADO, J. R. Caldas. *Elementos de direito financeiro*, p. 147.

[35] As medidas provisórias perdem a eficácia se não forem convertidas em lei no prazo de sessenta dias, contado de sua publicação, prorrogável uma vez por igual período (art. 62, §§ 3.º e 7.º, CF; parágrafos acrescentados pela Emenda Constitucional n. 32, de 11.09.2001).

[36] Parágrafo acrescentado pela Emenda Constitucional n. 32, de 11.09.2001. Não editando o Congresso Nacional o decreto legislativo anteriormente referido até sessenta dias após a rejeição ou perda da eficácia da medida provisória, as relações jurídicas constituídas e decorrentes de atos praticados durante sua vigência conservar-se-ão por ela regidas (art. 62, § 11, CF; parágrafo acrescentado pela Emenda Constitucional n. 32, de 11.09.2001).

[37] É o que se deu, por exemplo, nas Medidas Provisórias n. 997, de 31.08.2020 (art. 2.º), n. 999, de 02.09.2020 (art. 2.º), n. 1.001, de 15.09.2020 (art. 2.º), n. 1.002, de 23.09.2020 (art. 2.º) e n. 1.008, de 26.10.2020 (art. 2.º), n. 1.020, de 29.12.2020 (art. 2.º), e n. 1.037, de 18.03.2021 (art. 2.º). Também é o caso da Lei n. 14.107, de 03.12.2020 (art. 2.º), que resultou da conversão da MP n. 994, de 06.08.2020, e da Lei n. 14.122, de 03.03.2021 (art. 2.º), que resultou da conversão da MP n. 1.004, de 24.09.2020.

[38] Já o reconhecimento da existência de estado de calamidade pública pelo Decreto Legislativo n. 6/2020 foi somente com escopo dos fins fiscais expressos no art. 65 da LRF, consoante decidiu o STJ: MS 26.509/DF, Rel. Min. Herman Benjamin, 1.ª Seção, j. em 14.10.2020, *DJe* 14.12.2020.

[39] Outro exemplo de ato que abriu crédito extraordinário e indicou os recursos correspondentes para ocorrer a despesa: Medida Provisória n. 989, de 08.07.2020 (art. 2.º).

14.4.3.3. Vigência

Observa-se, para a vigência dos créditos extraordinários, a mesma orientação relativa aos créditos especiais: terão vigência no exercício financeiro em que forem autorizados, salvo se o ato de autorização for promulgado nos últimos quatro meses daquele exercício, caso em que terão seus saldos transferidos ao exercício financeiro subsequente (art. 167, § 2.º, CF). Decidiu, a respeito, o STF:

> **Ementa:** (...) Medida provisória que abre crédito extraordinário não se exaure no ato de sua primeira aplicação. Ela somente se exaure ao final do exercício financeiro para o qual foi aberto o crédito extraordinário nela referido. Hipótese em que a abertura do crédito se deu nos últimos quatro meses do exercício, projetando-se, nos limites de seus saldos, para o orçamento do exercício financeiro subsequente (§ 2.º do art. 167 da CF) (**ADI-MC 4.049/DF**, Rel. Min. Carlos Britto, Pleno, j. em 05.11.2008, *DJe*-084 08.05.2009)[40].

Procurando-se sintetizar as principais características de cada uma delas, as espécies de créditos adicionais podem ser assim esquematizadas:

CRÉDITOS SUPLEMENTARES	CRÉDITOS ESPECIAIS	CRÉDITOS EXTRAORDINÁRIOS
▪ Autorização de despesas insuficientemente dotadas na LOA.	▪ Autorização de despesas para as quais não haja dotação específica na LOA.	▪ Autorização de despesas imprevisíveis e urgentes, como as decorrentes de guerra, comoção interna ou calamidade pública.
▪ **Dependem** de autorização legislativa, podendo ser autorizados na própria **LOA**.	▪ **Dependem** de autorização legislativa **específica**.	▪ **Independem** de autorização legislativa.
▪ **Dependem** da existência de recursos disponíveis para ocorrer à despesa.	▪ **Dependem** da existência de recursos disponíveis para ocorrer à despesa.	▪ **Independem** da existência de recursos disponíveis para ocorrer à despesa.
▪ São abertos por **decreto** do Poder Executivo.	▪ São abertos por **decreto** do Poder Executivo.	▪ São abertos por **medida provisória** e, em certos casos, por **decreto** do Poder Executivo.
▪ Somente vigoram no exercício financeiro em que foram abertos.	▪ Somente vigoram no exercício financeiro em que foram autorizados, **salvo** se o ato de autorização for promulgado nos últimos quatro meses do exercício financeiro, hipótese em que poderão ser reabertos nos limites do seu saldo e serão incorporados ao orçamento do exercício financeiro subsequente.	▪ Somente vigoram no exercício financeiro em que foram autorizados, **salvo** se o ato de autorização for promulgado nos últimos quatro meses do exercício financeiro, hipótese em que poderão ser reabertos nos limites do seu saldo e serão incorporados ao orçamento do exercício financeiro subsequente.

14.5. PROCESSO LEGISLATIVO DOS CRÉDITOS ADICIONAIS

Vimos que a abertura de crédito suplementar ou especial é condicionada à prévia autorização legislativa (art. 167, inciso V, CF; art. 42, Lei n. 4.320/64).

---

[40] Referida ação, contudo, foi extinta sem resolução de mérito, restando, pois, insubsistente a medida cautelar anteriormente deferida.

14 ▪ Créditos Adicionais   435

Os projetos de lei que autorizam a abertura de tais espécies de créditos adicionais são apreciados no Congresso Nacional segundo o mesmo rito do processo legislativo orçamentário, consoante evidencia a leitura do *caput* do art. 166 da CF, assim redigido:

> **Art. 166.** Os projetos de lei relativos ao plano plurianual, às diretrizes orçamentárias, ao orçamento anual e aos créditos adicionais serão apreciados pelas duas Casas do Congresso Nacional, na forma do regimento comum. (...)

As mensagens do Presidente da República encaminhando os projetos de lei relativos aos créditos adicionais serão recebidas pelo Presidente do Senado Federal e encaminhadas à CMO até **48 (quarenta e oito) horas** após a comunicação de seu recebimento às Casas do Congresso Nacional (art. 149, Resolução n. 1, de 2006-CN).

14.5.1. APRECIAÇÃO PELA COMISSÃO MISTA DOS PROJETOS DE LEI DE CRÉDITOS ADICIONAIS

Antes de serem submetidos à apreciação do Plenário do Congresso Nacional (art. 166, *caput*, CF), os projetos de lei relativos aos créditos adicionais devem ser apreciados pela Comissão Mista de Planos, Orçamentos Públicos e Fiscalização (CMO) do Congresso Nacional, consoante estabelece o art. 166, § 1.º, inciso I, da CF, nestes termos:

> **Art. 166.** (...)
>
> § 1.º Caberá a uma Comissão mista permanente de Senadores e Deputados:
>
> I — examinar e emitir parecer sobre os projetos referidos neste artigo (...)[41];

Os projetos de lei de créditos adicionais somente serão apreciados pela CMO até o dia **20 de novembro** de cada ano, nos termos do art. 106 da Resolução n. 1, de 2006-CN.

Os projetos sobre os quais a CMO não emitir parecer no referido prazo serão apreciados pelo Plenário do Congresso Nacional (art. 107, Resolução n. 1, de 2006-CN).

14.5.2. EMENDAS AOS PROJETOS DE LEI DE CRÉDITOS ADICIONAIS

Cada parlamentar pode apresentar até **10 (dez) emendas** a crédito adicional (art. 108, Resolução n. 1, de 2006-CN).

Consoante estabelece o art. 109 da Resolução n. 1, de 2006-CN, as emendas não serão admitidas quando:

▪ contemplarem programação em unidade orçamentária não beneficiária do crédito;

▪ oferecerem como fonte de cancelamento compensatório, previsto no art. 166, § 3.º, inciso II, da Constituição, programação que:

---

[41] No mesmo sentido é o disposto no art. 2.º, inciso I, da Resolução n. 1, de 2006-CN: "Art. 2.º A CMO tem por competência emitir parecer e deliberar sobre: I — projetos de lei relativos ao plano plurianual, diretrizes orçamentárias, orçamento anual e créditos adicionais (...)".

a) não conste do projeto de lei ou conste somente como cancelamento proposto; ou

b) integre dotação à conta de recursos oriundos de operações de crédito internas ou externas e as respectivas contrapartidas, ressalvados os casos decorrentes de correção de erro ou de omissão de ordem técnica ou legal, devidamente comprovados;

■ propuserem:

a) em projetos de lei de crédito suplementar, programação nova;

b) em projetos de lei de crédito especial, a suplementação de dotações já existentes na lei orçamentária;

c) em projetos de lei de crédito adicional, a anulação de dotações orçamentárias constantes do anexo de cancelamento sem indicar, como compensação, a programação a ser cancelada no correspondente anexo de suplementação;

■ ocasionarem aumento no valor original do projeto, ressalvado o disposto no art. 144, inciso I.

O Relator, em seu relatório:

■ indicará as emendas que, no seu entender, deverão ser declaradas inadmitidas (art. 109, § 1.º, Resolução n. 1, de 2006-CN);

■ apresentará os critérios utilizados nos cancelamentos e acréscimos efetuados à programação constante do projeto (art. 109, § 2.º, Resolução n. 1, de 2006-CN).

14.5.3. APRECIAÇÃO DE MEDIDA PROVISÓRIA QUE ABRA CRÉDITO EXTRA-ORDINÁRIO

A CMO, no exame e emissão de parecer à medida provisória que abra crédito extraordinário (arts. 62 e 167, § 3.º, CF), observará, no que couber, o rito estabelecido em resolução específica do Congresso Nacional (art. 110, *caput*, Resolução n. 1, de 2006-CN).

A "resolução específica" em questão é a **Resolução n. 1, de 2002-CN**, de 08.05.2002, que dispõe sobre a apreciação, pelo Congresso Nacional, das medidas provisórias a que se refere o art. 62 da CF e dá outras providências.

> **Observação:** Ressalte-se que, nos termos do seu art. 1.º, a Resolução n. 1, de 2002-CN, é parte integrante do Regimento Comum do Congresso Nacional.

O § 6.º do art. 2.º da Resolução n. 1, de 2002-CN, assim dispõe:

> **Art. 2.º** Nas 48 (quarenta e oito) horas que se seguirem à publicação, no *Diário Oficial da União*, de Medida Provisória adotada pelo Presidente da República, a Presidência da Mesa do Congresso Nacional fará publicar e distribuir avulsos da matéria e designará Comissão Mista para emitir parecer sobre ela.
>
> (...)

> § 6.º Quando se tratar de Medida Provisória que abra crédito extraordinário à lei orçamentária anual, conforme os arts. 62 e 167, § 3.º, da Constituição Federal, o exame e o parecer serão realizados pela Comissão Mista prevista no art. 166, § 1.º, da Constituição, observando-se os prazos e o rito estabelecidos nesta Resolução.

A inclusão de relatório de medida provisória na ordem do dia da CMO será automática e sua apreciação terá **precedência** sobre as demais matérias em tramitação (art. 110, parágrafo único, Resolução n. 1, de 2006-CN).

Somente serão admitidas emendas que tenham como finalidade modificar o texto da medida provisória ou suprimir dotação, total ou parcialmente (art. 111, Resolução n. 1, de 2006-CN).

> **Observação:** Apesar de apreciados pela CMO, os créditos extraordinários são submetidos aos Plenários das duas Casas Congressuais em **sessões separadas**, por força do § 9.º do art. 62 da CF, que assim dispõe: "Caberá à comissão mista de Deputados e Senadores examinar as medidas provisórias e sobre elas emitir parecer, antes de serem apreciadas, em sessão separada, pelo plenário de cada uma das Casas do Congresso Nacional".

14.6. QUESTÕES

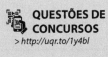

QUESTÕES DE CONCURSOS
> http://uqr.to/1y4bl

15

TEORIA GERAL DO CRÉDITO PÚBLICO

15.1. CRÉDITO PÚBLICO: DEFINIÇÃO

Denomina-se crédito público o procedimento de que o Estado lança mão para captar, por meio de empréstimo, recursos monetários de quem deles dispõe e aplicá-los aos gastos públicos, tanto para custear investimentos como para antecipar receita, assumindo, em contrapartida, a obrigação de restituí-los nos prazos e condições fixados[1]. Também é conhecido como **empréstimo público**.

Genericamente, empréstimo público é o contrato administrativo pelo qual o Estado recebe determinado valor, que se obriga a devolver, na forma por ele estipulada[2], via de regra, acrescido de juros e dentro de prazo preestabelecido.

O crédito, como ressalta J. Petrelli Gastaldi, é uma modalidade de troca, "pela qual um dos contratantes aceita ceder um bem por uma contraprestação correspondente ao seu valor no futuro"[3]. A configuração do crédito, segundo o autor citado, repousa em dois elementos:

- ◼ o fato ou elemento **confiança**, que representa a confiança depositada pela pessoa que solicita o crédito na pessoa que o concede, e vice-versa;
- ◼ o fato ou elemento **tempo**, pois o crédito sempre representa o diferimento de uma obrigação presente para um momento futuro[4].

Correspectiva à noção de crédito é a de **débito**, porquanto, ao adquirir crédito e obter o empréstimo público, o Estado torna-se devedor, pelo fato de ter necessariamente que reembolsar os valores recebidos. Por essa razão, prevalece na doutrina a noção de que os recursos obtidos pelo Estado em decorrência de operações de crédito não constituem receita (no sentido estrito do termo), mas simples entradas de caixa ou ingressos, tendo em vista que não criam novos valores positivos para o patrimônio público[5]. Ressaltamos, contudo, como o fizemos no capítulo dedicado ao estudo das

---

[1] SAMPAIO, Egas Rosa. *Instituições de ciência das finanças*: uma abordagem econômico-financeira, p. 249; ROSA JÚNIOR, Luiz Emygdio F. da. *Manual de direito financeiro e direito tributário*, p. 112.

[2] OLIVEIRA, Régis Fernandes de; HORVATH, Estevão. *Manual de direito financeiro*, p. 152.

[3] GASTALDI, J. Petrelli. *Elementos de economia política*, p. 275.

[4] GASTALDI, J. Petrelli. *Elementos de economia política*, p. 275.

[5] PEREIRA, José Matias. *Finanças públicas*: a política orçamentária no Brasil, p. 37.

440 Direito Financeiro e Econômico Esquematizado — *Carlos Alberto de Moraes Ramos Filho*

receitas públicas, que o direito positivo brasileiro recepcionou a **definição ampla** de receita pública. Assim, mesmo destituídos de caráter definitivo, os empréstimos públicos, que para a Ciência das Finanças são meras entradas de caixa ou ingressos, categorizam-se como receitas para o Direito Financeiro[6].

15.2. NATUREZA JURÍDICA

Várias são as correntes e as teorias no definir a natureza jurídica do empréstimo público, podendo ser assinaladas as seguintes:[789]

TEORIA DO ATO DE SOBERANIA	▫ Teoria sustentada por Sayagués Laso, Luiz María Drago[7], Sá Filho e Giuliani Founrouge, segundo a qual o empréstimo público expressaria manifestação de soberania, que, por definição, é insuscetível de restrições jurídicas. O crédito público, nesses termos, é concebido como **obrigação unilateral autônoma de direito público**, tendo o Estado, em decorrência, obrigação moral, mas não jurídica, de respeitar as cláusulas que condicionam os empréstimos públicos[8].
TEORIA CIVILISTA	▫ Teoria sustentada por Gabriel Franco e Henri Laufenburger, dentre outros, segundo a qual o empréstimo público seria um **contrato de direito privado**.
TEORIA DO CONTRATO DE DIREITO PÚBLICO	▫ Teoria sustentada por Lafarrière, Vellasco, Gabino Fraga e Carlos José Assis Ribeiro[9].

Apesar da apontada divergência doutrinária a respeito do tema, prevalece o entendimento que dá ao crédito público natureza tipicamente **contratual**[10].

Trata-se, mais precisamente, de **contrato de direito público**, consoante lecionam Régis Fernandes de Oliveira e Estevão Horvath, porque: "a) deve haver prévia previsão orçamentária; b) exige disposição legal específica; c) há obrigatoriedade de autorização e controle do Senado; d) necessária a finalidade pública; e) é possível alteração unilateral de determinadas cláusulas, se assim foi previsto na lei; f) há sujeição a prestação de contas; g) há inviabilidade de execução específica; e h) pode ocorrer possibilidade de rescisão unilateral (resgate antecipado)"[11].

---

[6] Nesse sentido é a lição de José Dalton Vitorino Leite, que aduz: "o conceito doutrinário de receita não se coaduna com o ordenamento jurídico pátrio, vez que a Lei n. 4.320/64 inclui como receita os empréstimos obtidos, deixando assente que a 'definitividade' é irrelevante para caracterizar o ingresso como receita" (*Temas de direito público*, p. 52-53). Ver, a respeito, o arts. 3.º e 11, §§ 1.º a 4.º, ambos da Lei n. 4.320/64, e o art. 12, § 2.º, da Lei Complementar n. 101/2000 (Lei de Responsabilidade Fiscal).

[7] Ministro argentino que, em 1902, sustentou em Washington a impossibilidade da execução forçada dos empréstimos públicos. Ver, a respeito: DEODATO, Alberto. *Manual de ciência das finanças*, p. 333; OLIVEIRA, Régis Fernandes de; HORVATH, Estevão. *Manual de direito financeiro*, p. 153.

[8] RIBEIRO, Carlos José de Assis. *O crédito público no Brasil*: teoria e prática, p. 23.

[9] RIBEIRO, Carlos José de Assis. *O crédito público no Brasil*: teoria e prática, p. 22 e 25-26.

[10] Nesse sentido: ALVES, Benedito Antônio; GOMES, Sebastião Edilson Rodrigues. *Curso de direito financeiro*, p. 111; FERREIRA, José Ribamar Gaspar. *Curso de direito financeiro*, p. 80; ROSA JÚNIOR, Luiz Emygdio F. da. *Manual de direito financeiro e direito tributário*, p. 117-118.

[11] OLIVEIRA, Régis Fernandes de; HORVATH, Estevão. *Manual de direito financeiro*, p. 157. No mesmo sentido: ASSONI FILHO, Sérgio. *Crédito público e responsabilidade fiscal*, p. 48.

15 ■ Teoria Geral do Crédito Público

Cumpre destacar que nem todo passivo do Estado pode ser incluído no conceito de "dívida pública". De fato, nem toda operação de que o Estado resulte devedor pode ser considerada crédito público: não se compreendem no tema outras relações jurídicas em que o Estado seja devedor, como é o caso dos pagamentos que deve a seus servidores, fornecedores etc. Se, por exemplo, o Estado foi condenado em ação de indenização, **deve**, tem **débito**, mas não firmou **empréstimo**; tornou-se devedor por outro título, qual seja, uma decisão judicial[12].

Para a caracterização do crédito público, a **vontade** do indivíduo em contratar com o Estado é fundamental para que se evitem discussões sobre o denominado "empréstimo compulsório" (art. 148, CF), que possui natureza tributária[13]. Nesse sentido é a lição de Kiyoshi Harada, que, procurando definir a natureza jurídica do crédito público, assevera: "O empréstimo voluntário ou crédito público próprio é aquele contraído sob a égide do princípio da autonomia da vontade. Resulta sempre de um contrato de mútuo ou da aquisição de títulos representativos da dívida pública. O elemento volitivo, a espontaneidade do prestamista, é essencial"[14].

15.3. TÉCNICAS DA CAPTAÇÃO DO EMPRÉSTIMO

Os empréstimos públicos, como assinala Carlos José de Assis Ribeiro[15], podem ser levantados de duas formas:

■ por meio de contratos, junto a estabelecimentos de crédito oficial ou de entidades financeiras, nacionais ou estrangeiras, sujeitas a controle estatal;

■ mediante emissão de títulos da dívida pública federal, estadual ou municipal, caso em que o Estado procura o investidor, interessado na aquisição deles[16]. Os investidores poderão ser pessoas físicas ou jurídicas de direito público ou privado, internas ou externas[17].

---

[12] BALEEIRO, Aliomar. *Uma introdução à ciência das finanças*, p. 476; ATALIBA, Geraldo. *Empréstimos públicos e seu regime jurídico*, p. 14. Apoiando-se nas lições de Louis Trotabas, Sérgio Assoni Filho observa que, "enquanto as outras dívidas do Estado aparecem nas contas públicas como despesas, a dívida pública propriamente dita (decorrente do recurso ao crédito público), ao contrário, é destinada a realizar imediatamente uma receita, pois surgirá como despesa somente mais tarde, como fruto do pagamento futuro do seu serviço, ou da sua futura amortização ou reembolso" (*Crédito público e responsabilidade fiscal*, p. 50).

[13] OLIVEIRA, Régis Fernandes de; HORVATH, Estevão. *Manual de direito financeiro*, p. 159.

[14] HARADA, Kiyoshi. *Direito financeiro e tributário*, p. 97.

[15] RIBEIRO, Carlos José de Assis. *O crédito público no Brasil:* teoria e prática, p. 8.

[16] Confira-se, a respeito, o seguinte julgado do STF: "O Estado, ao emitir títulos da dívida pública e colocá-los no mercado, visando a obter recursos para o Tesouro, não atua como instituição financeira" (AP 351/SC, Rel. Min. Marco Aurélio, Rev. Min. Ellen Gracie, 1.ª Turma, j. em 12.08.2004, *DJ* 17.09.2004, p. 52). No mesmo sentido: STF, Inq 1.690/PE, Rel. Min. Carlos Velloso, Pleno, j. em 04.12.2003, *DJ* 30.04.2004, p. 33. Assim, diante da impossibilidade de ser equiparado a uma instituição financeira, cujo conceito é definido no art. 1.º da Lei n. 7.492, de 16.06.1986, o Estado não responde pelos tipos penais nela estabelecidos, tendo em vista que na aplicação da lei penal vigora o princípio da reserva legal (art. 5.º, inciso XXXIX, CF).

[17] CASTRO, Róbison de. *Administração e direito financeiro e orçamentário*, p. 159.

15.4. CLASSIFICAÇÃO

A classificação do crédito público (ou da dívida pública) não é uniforme entre os doutrinadores, dada a diversidade de critérios que podem ser adotados para seu enquadramento em espécies ou categorias afins.

Sendo, pois, várias as possíveis classificações jurídicas do crédito público, serão aqui analisadas apenas aquelas mais frequentemente citadas pela doutrina pátria.

15.4.1. QUANTO À PESSOA JURÍDICA QUE OBTÉM O CRÉDITO

Em relação à **pessoa jurídica que obtém o crédito**, podemos classificá-lo em **federal, estadual, municipal** ou **distrital**, na medida em que pode ser obtido pela União, pelos Estados, pelos Municípios ou pelo Distrito Federal[18].

15.4.2. QUANTO À ORIGEM TERRITORIAL DA DÍVIDA

Quanto à **origem territorial**, a dívida pública pode ser:

- **interna:** "quando decorre de obrigação assumida no próprio território do Estado, inclusive mediante colocação de títulos no mercado de capitais através do Banco Central (art. 164, CF), pouco importando que os credores (investidores) sejam nacionais ou estrangeiros"[19]. O crédito interno é aquele que o Estado pode realizar no seu mercado interno, naquilo que se convencionou designar de praça financeira, que está dentro do próprio território do Estado[20];
- **externa:** quando decorre de obrigação assumida pelo Estado fora dos limites de seu território. O empréstimo externo é o subscrito por pessoas ou instituições que se encontram fora do território controlado pelo ente público que contrai a dívida[21]. No dizer de Ricardo Lobo Torres, externa "é a dívida contraída com Estados Estrangeiros, com instituições financeiras mantidas pela ONU e por outros organismos internacionais (Fundo Monetário Internacional, Banco Internacional para Reconstrução e o Desenvolvimento Econômico — BIRD), com bancos estrangeiros ou através de títulos colocados nos mercados internacionais de capitais"[22].

> **Observação:** Os créditos externos, por seu turno, podem ser classificados em créditos **estrangeiros** ou **internacionais**, consoante lecionam Benedito Antônio Alves e Sebastião Edilson Gomes[23].
>
> O **crédito estrangeiro** é o que se obtém de um governo de outro país ou de uma instituição financeira sediada em outro país.
>
> Já o chamado **crédito internacional** é o que se obtém de instituições plurinacionais, multinacionais ou internacionais, ou seja, que não estão vinculadas a nenhum país determinado.

---

[18] ROSA JÚNIOR, Luiz Emygdio F. da. *Manual de direito financeiro e direito tributário*, p. 120.

[19] ROSA JÚNIOR, Luiz Emygdio F. da. *Manual de direito financeiro e direito tributário*, p. 125.

[20] ATALIBA, Geraldo. *Empréstimos públicos e seu regime jurídico*, p. 75.

[21] DALTON, Hugh. *Principios de finanzas públicas*, p. 273; FERREIRA FILHO, Manoel Gonçalves. *Comentários à Constituição brasileira de 1988*, v. 3, p. 137.

[22] TORRES, Ricardo Lobo. *Curso de direito financeiro e tributário*, p. 186.

[23] ALVES, Benedito Antônio; GOMES, Sebastião Edilson Rodrigues. *Curso de direito financeiro*, p. 113.

15 ◼ Teoria Geral do Crédito Público 443

15.4.3. QUANTO AOS PRAZOS DE DURAÇÃO

Quanto aos **prazos de duração**, a dívida pública pode ser:

◼ **flutuante:** quando, sendo dívida de curto prazo, deva ser paga no mesmo exercício financeiro[24]. A dívida pública flutuante, também chamada **administrativa**[25], é aquela contraída para atender às momentâneas necessidades de caixa ou para a administração de bens de terceiros[26]. Por ser adquirida para suprir deficiência de caixa, deve ser resgatada em curto prazo[27].

De acordo com o art. 92 da Lei n. 4.320/64, a dívida flutuante compreende:

a) os restos a pagar, excluídos os serviços da dívida a pagar;

b) os serviços da dívida a pagar, que compreendem "as parcelas das amortizações e de juros da dívida fundada ou da dívida consolidada"[28];

c) os depósitos; e

d) os débitos de tesouraria, que são as "dívidas provenientes de operações de crédito para antecipação da receita orçamentária"[29].

Na Constituição vigente, há um exemplo, apenas, de dívida flutuante, a saber, aquela adquirida "por antecipação de receita orçamentária" (ARO), tal como previsto no § 8.º do art. 165[30];

◼ **fundada (ou consolidada):** quando inscrita nos livros da Fazenda Pública para pagamento em data previamente determinada (empréstimo amortizável) ou sem prazo fixado para a amortização (empréstimo perpétuo)[31]. A dívida pública consolidada é contraída pelo Estado para fazer face a gastos de grande volume[32].

De acordo com o art. 98 da Lei n. 4.320/64, a dívida fundada compreende "os compromissos de exigibilidade superior a 12 (doze) meses, contraídos para atender a desequilíbrio orçamentário ou a financeiro de obras e serviços públicos".

Ressalte-se que, para os efeitos da Lei de Responsabilidade Fiscal, é adotada a seguinte definição de dívida pública consolidada ou fundada: "montante total, apurado

---

[24] TORRES, Ricardo Lobo. *Curso de direito financeiro e tributário*, p. 187.

[25] KOHAMA, Heilio. *Contabilidade pública:* teoria e prática, p. 158.

[26] CAMPOS, Dejalma de. *Direito financeiro e orçamentário*, p. 56.

[27] MORSELLI, Manuel. *Compendio de ciencia de las finanzas*, p. 258.

[28] SILVA, Jair Cândido da; VASCONCELOS, Edilson Felipe. *Manual de execução orçamentária e contabilidade pública*, p. 329.

[29] SILVA, Jair Cândido da; VASCONCELOS, Edilson Felipe. *Manual de execução orçamentária e contabilidade pública*, p. 318.

[30] OLIVEIRA, Régis Fernandes de; HORVATH, Estevão. *Manual de direito financeiro*, p. 168.

[31] TORRES, Ricardo Lobo. *Curso de direito financeiro e tributário*, p. 187. Ressalte-se, como o faz Sérgio Assoni Filho, que, entendido o critério da perpetuidade como o da impossibilidade ou não obrigatoriedade de restituição ou reembolso do capital por parte da pessoa jurídica de direito público tomadora do empréstimo, deve ser refutada tal classificação, uma vez que o empréstimo traz implícito em seu bojo o seu caráter transitório (*Crédito público e responsabilidade fiscal*, p. 52-53).

[32] MORSELLI, Manuel. *Compendio de ciencia de las finanzas*, p. 263.

sem duplicidade, das obrigações financeiras do ente da Federação, assumidas em virtude de leis, contratos, convênios ou tratados e da realização de operações de crédito, para amortização em prazo superior a doze meses" (art. 29, inciso I, LRF)[33].

Caracteriza-se, assim, a dívida fundada por sua **estabilidade**[34], já que resulta de empréstimos a médio e longo prazo. A expressão "fundada", consoante leciona Pinto Ferreira, "surgiu de uma circunstância histórica na Inglaterra, pois, quando se emitia empréstimos de tal tipo, instituiu-se um *fundo*, abrangendo os juros e o resgate do principal, para enfrentar os ônus da dívida contraída"[35].

Em síntese:

DÍVIDA PÚBLICA FLUTUANTE	▣ Obrigações financeiras do ente da Federação para amortização em prazo **inferior** a doze meses.
DÍVIDA PÚBLICA FUNDADA (OU CONSOLIDADA)	▣ Obrigações financeiras do ente da Federação para amortização em prazo **superior** a doze meses.

15.4.4. CLASSIFICAÇÃO CONSTITUCIONAL

Alguns autores apontam uma divisão dos créditos públicos que qualificam como **constitucional**. É o caso de Geraldo Ataliba[36], que distingue, segundo tal classificação, as seguintes espécies:

■ operações de crédito por antecipação de receita; e
■ operações de crédito em geral.

As operações de crédito por Antecipação de Receita Orçamentária (ARO) são empréstimos de curto prazo, efetuados exclusivamente para suprir déficit momentâneo de caixa[37].

As operações de crédito em geral, por seu turno, seriam aquelas que não se compreendem como antecipação de receitas, tratando-se de empréstimos de longo prazo.

Essa classificação, de certa forma, assemelha-se àquela que divide o empréstimo público em dívida flutuante e dívida fundada[38].

15.5. PRINCÍPIOS DOS EMPRÉSTIMOS PÚBLICOS

Segundo Ricardo Lobo Torres[39], os empréstimos públicos subordinam-se aos seguintes princípios:

---

[33] O STF declarou a **constitucionalidade** do inciso I do art. 29 da LRF (ADI 2.238/DF, Rel. Min. Alexandre de Moraes, Pleno, j. em 24.06.2020, *DJe*-228 15.09.2020).

[34] BALEEIRO, Aliomar. *Uma introdução à ciência das finanças*, p. 484.

[35] FERREIRA, Pinto. *Comentários à Constituição brasileira*, v. 6, p. 11.

[36] ATALIBA, Geraldo. *Empréstimos públicos e seu regime jurídico*, p. 101. No mesmo sentido: ALVES, Benedito Antônio; GOMES, Sebastião Edilson Rodrigues. *Curso de direito financeiro*, p. 114. Estes últimos autores, contudo, denominam tal classificação de *legal*.

[37] Nesse sentido é o disposto no art. 7.º, inciso II, da Lei n. 4.320/64, e no art. 38, *caput*, da LRF.

[38] HARADA, Kiyoshi. *Direito financeiro e tributário*, p. 98.

[39] TORRES, Ricardo Lobo. *Curso de direito financeiro e tributário*, p. 185.

15 ◾ Teoria Geral do Crédito Público

445

◾ o da **legalidade**, segundo o qual há necessidade de lei para as operações de crédito, devendo ser respeitado o subprincípio da reserva da lei complementar no que diz respeito às normas gerais sobre a dívida pública externa e interna, sobre a concessão de garantias pelas entidades públicas e sobre a emissão e resgate de títulos da dívida pública (art. 163, incisos II, III e IV, CF);

◾ o do **equilíbrio orçamentário**, o qual depende da contenção dos empréstimos públicos. A vedação de operações de crédito que excedam o montante das despesas de capital (art. 167, inciso III, CF) tem por objetivo igualmente evitar o desequilíbrio orçamentário;

◾ o da **transparência**, que impõe a inclusão no orçamento de todos os empréstimos, até mesmo daqueles por antecipação de receita (art. 165, § 8.º, CF);

◾ o da **seriedade** (ou da **irretratabilidade**) da promessa de restituição do empréstimo, subprincípio da própria legalidade, importante para o equilíbrio das contas nacionais e sem o qual inexiste o crédito público, que é sinônimo de credibilidade e confiança;

◾ o da **equidade entre gerações**, que sinaliza no sentido de que a geração atual não deve exceder o limite da razoabilidade no endividamento, a fim de não sobrecarregar as gerações futuras, às quais caberá suportar o ônus do resgate.

15.6. REGIME CONSTITUCIONAL DO CRÉDITO PÚBLICO

São várias as normas existentes na Constituição Federal de 1988 acerca do crédito público. Dentre outras disposições, a CF estabelece que:

◾ lei complementar disporá sobre dívida pública interna e externa, incluída a das autarquias, fundações e demais entidades controladas pelo Poder Público (art. 163, inciso II), sobre a concessão de garantias pelas entidades públicas (art. 163, inciso III), bem como sobre a emissão e resgate de títulos da dívida pública (art. 163, inciso IV);

◾ cabe ao Congresso Nacional, com a sanção do Presidente da República, dispor sobre operações de crédito e dívida pública (art. 48, inciso II);

◾ compete privativamente à União legislar sobre política de crédito (art. 22, inciso VII)[40];

◾ compete à União fiscalizar as operações de crédito em geral (art. 21, inciso VIII);

◾ compete privativamente ao Senado Federal — não exigida a sanção do Presidente da República (art. 48, *caput*) — dispor sobre limites globais e condições para as operações de crédito externo e interno da União, dos Estados, do Distrito Federal e

---

[40] Lei complementar poderá autorizar os Estados a legislar sobre questões específicas das matérias relacionadas no art. 22 da CF, consoante dispõe o parágrafo único do referido dispositivo constitucional. O parágrafo único do art. 22 da CF não menciona o Distrito Federal. Todavia, levando-se em consideração o disposto no art. 32, § 1.º, da CF ("Ao Distrito Federal são atribuídas as competências legislativas reservadas aos Estados e Municípios"), há que se concluir que a lei complementar também poderá autorizar o Distrito Federal a legislar sobre questões específicas das matérias relacionadas no art. 22 da CF. A omissão no parágrafo do art. 22 deve-se à imprecisa técnica legislativa.

dos Municípios, de suas autarquias e demais entidades controladas pelo Poder Público federal (art. 52, inciso VII);

■ é vedado à União tributar a renda das obrigações da dívida pública dos Estados, do Distrito Federal e dos Municípios em níveis superiores aos que fixar para suas obrigações (art. 151, inciso II);

■ é vedado ao Banco Central conceder, direta ou indiretamente, empréstimos ao Tesouro Nacional e a qualquer órgão que não seja instituição financeira (art. 164, § 1.º), sendo-lhe ainda facultado realizar operações de compra e venda de títulos emitidos pelo Tesouro Nacional, com o objetivo de regular a oferta de moeda ou a taxa de juros (art. 164, § 2.º);

■ a Lei Orçamentária Anual poderá conter dispositivo que autorize a contratação de operações de crédito, ainda que por antecipação de receita (art. 165, § 8.º)[41];

■ autorizadas as operações de crédito, devem seus efeitos ser incluídos na Lei Orçamentária Anual (art. 165, § 6.º);

■ é vedada a realização de operações de créditos que excedam o montante das despesas de capital, ressalvadas as autorizadas mediante créditos suplementares ou especiais com finalidade precisa, aprovados pelo Poder Legislativo por maioria absoluta (art. 167, inciso III);

■ é possível intervenção pelo não pagamento da dívida pública fundada (arts. 34, inciso V, alínea *a*, e 35, inciso I).

15.7. O CRÉDITO PÚBLICO, A DÍVIDA PÚBLICA E A LEI DE RESPONSABILIDADE FISCAL

15.7.1. NOÇÕES GERAIS

Dentre os temas regulados pela LRF, aquele que mais destaque recebeu do legislador foi o relativo à dívida pública (aqui abrangido o crédito público): é sobre ela o capítulo mais longo de toda a lei (Capítulo VII), com 14 artigos (arts. 29 a 42).

A relação entre a dívida pública e a responsabilidade na gestão fiscal preconizada pela LRF é evidente, porquanto uma gestão responsável dos recursos públicos deve, necessariamente, enfatizar o controle não apenas sobre os gastos propriamente ditos (despesas públicas), mas também sobre o endividamento público.

Partindo dessa premissa, na LRF são definidos os conceitos de operação de crédito e de dívida pública e propostas regras bastante precisas para o controle da dívida, para a realização de operações de crédito destinadas ao giro da dívida mobiliária e para a prestação de garantias pelas entidades públicas.

---

[41] Tal disposição constitucional é reproduzida no art. 7.º da Lei n. 4.320/64, nestes termos: "A Lei de Orçamento poderá conter autorização ao Executivo para: (...) II — realizar, em qualquer mês do exercício financeiro, operações de crédito por antecipação da receita, para atender a insuficiências de caixa". Como se vê, a norma constitucional é mais abrangente que a da Lei n. 4.320/64, pois permite que a LOA contenha autorização para a contratação de operações de crédito em geral, *inclusive* por antecipação de receita, e não apenas esta última modalidade.

15 ▪ Teoria Geral do Crédito Público 447

15.7.2. DEFINIÇÕES LEGAIS

A LRF traz, no capítulo reservado à dívida pública, as seguintes definições (art. 29):

■ **dívida pública consolidada ou fundada:** montante total das obrigações financeiras do ente da Federação, assumidas em virtude de leis, contratos, convênios ou tratados e da realização de operações de crédito, para amortização em prazo superior a um ano (art. 29, inciso I) e aquelas de prazo inferior a um ano cujas receitas tenham constado do orçamento (art. 29, § 3.º)[42];

■ **dívida pública mobiliária:** dívida representada por títulos emitidos pelos entes da Federação (art. 29, inciso II)[43];

■ **operação de crédito:** compromisso financeiro assumido em razão de mútuo, abertura de crédito, emissão e aceite de título, aquisição financiada de bens, recebimento antecipado da venda a termo de bens e serviços, arrendamento mercantil e outros derivativos financeiros (art. 29, inciso III), além da assunção, reconhecimento ou confissão de dívidas pelo ente da Federação (art. 29, § 1.º)[44];

■ **concessão de garantia:** compromisso de adimplência de obrigação financeira ou contratual assumida por ente da federação ou entidade a ele vinculada (art. 29, inciso IV);

■ **refinanciamento de dívida mobiliária:** emissão de títulos para pagamento do principal acrescido da atualização monetária (art. 29, inciso V)[45].

> **Observação:** As **cessões de direitos creditórios** realizadas nos termos do art. 39-A da Lei n. 4.320/64 (acrescentado pela Lei Complementar n. 208/2024), de acordo com seu § 4.º, **não se enquadram** nas definições de "operação de crédito" e "concessão de garantia" constantes dos incisos III e IV do art. 29 da LRF.

15.7.3. LIMITES DA DÍVIDA PÚBLICA E DAS OPERAÇÕES DE CRÉDITO

Os limites ao montante (estoque) da dívida pública serão fixados tomando-se por base a dívida consolidada da União, Estados, Distrito Federal e Municípios, que

---

[42] No caso específico da União, será incluída na sua dívida pública consolidada a relativa à emissão de títulos de responsabilidade do Banco Central do Brasil (art. 29, § 2.º, LRF). O STF declarou a **constitucionalidade** do § 2.º do art. 29 da LRF (ADI 2.238/DF, Rel. Min. Alexandre de Moraes, Pleno, j. em 24.06.2020, *DJe*-228 15.09.2020).

[43] No caso específico da União, será incluída na sua dívida pública mobiliária a representada pelos títulos do Banco Central do Brasil (art. 29, inciso II, LRF).

[44] Nos casos de assunção, reconhecimento ou confissão de dívidas por ente da Federação, o § 1.º do art. 29 da LRF determina, ainda, o "cumprimento das exigências dos arts. 15 e 16".

[45] LRF, art. 29, § 4.º: "O refinanciamento do principal da dívida mobiliária não excederá, ao término de cada exercício financeiro, o montante do final do exercício anterior, somado ao das operações de crédito autorizadas no orçamento para este efeito e efetivamente realizadas, acrescido de atualização monetária".

compreende a dívida da administração direta, autarquias, fundações e empresas estatais dependentes — sempre em relação à Receita Corrente Líquida (RCL).

O inciso I do art. 30 da LRF determina que o Presidente da República, no prazo de **90 (noventa) dias** após a publicação dessa lei complementar, submeta ao Senado Federal uma proposta de **limites globais** para o montante da dívida consolidada da União, Estados e Municípios, cumprindo o que estabelece o inciso VI do art. 52 da Constituição[46]. Também determina que, no mesmo prazo, o Presidente encaminhe ao Senado proposta de limites e condições relativos aos incisos VII, VIII e IX do art. 52 da CF[47].

Adicionalmente, o inciso II do art. 30 da LRF determina que o Presidente da República apresente ao Congresso Nacional, no mesmo prazo, projeto de lei que estabeleça limites para o montante da dívida mobiliária federal[48], acompanhado da demonstração de sua adequação aos limites fixados para a dívida consolidada da União.

As propostas supramencionadas deverão conter (art. 30, § 1.º, LRF):

▣ demonstração de que os limites e condições guardam coerência com as normas estabelecidas na LRF e com os objetivos da política fiscal do governo;

▣ estimativas do impacto da aplicação dos limites a cada uma das três esferas de governo;

▣ razões de eventual proposição de limites diferenciados por esfera de governo;

▣ metodologia de apuração dos resultados primário e nominal.

Os limites do montante (estoque) da dívida pública (consolidada e mobiliária) serão fixados em percentual da Receita Corrente Líquida (RCL) para cada esfera de governo e aplicados igualmente a todos os entes da Federação que façam parte de seu cálculo, constituindo, para cada um deles, **limites máximos** (art. 30, § 3.º, LRF).

A apuração do montante da dívida consolidada, para fins de verificação do atendimento de seu limite, será efetuada **ao final de cada quadrimestre** (art. 30, § 4.º, LRF).

Ressalte-se que os limites e condições para o montante da dívida consolidada e mobiliária, a que se referem os incisos I e II do *caput* do art. 30 da LRF, não são definitivos e imutáveis. Com efeito, a mencionada lei complementar traz a possibilidade de o Presidente da República, ao apresentar o projeto do orçamento[49], enviar ao Senado

---

[46] CF, art. 52: "Compete privativamente ao Senado Federal: (...) VI — fixar, por proposta do Presidente da República, limites globais para o montante da dívida consolidada da União, dos Estados, do Distrito Federal e dos Municípios".

[47] CF, art. 52: "Compete privativamente ao Senado Federal: (...) VII — dispor sobre limites globais e condições para as operações de crédito externo e interno da União, dos Estados, do Distrito Federal e dos Municípios, de suas autarquias e demais entidades controladas pelo Poder Público federal; VIII — dispor sobre limites e condições para a concessão de garantia da União em operações de crédito externo e interno; IX — estabelecer limites globais e condições para o montante da dívida mobiliária dos Estados, do Distrito Federal e dos Municípios".

[48] CF, art. 48: "Cabe ao Congresso Nacional, com a sanção do Presidente da República, (...) dispor sobre todas as matérias de competência da União, especialmente sobre: (...) XIV — moeda, seus limites de emissão, *e* **montante da dívida mobiliária federal**" (destaque nosso).

[49] Essa é a interpretação que extraímos da expressão "No prazo previsto no art. 5.º", empregada no § 5.º do art. 30 da LRF.

15 ▫ Teoria Geral do Crédito Público 449

Federal ou ao Congresso Nacional, conforme o caso, proposta de **manutenção ou alteração** daqueles limites e condições (art. 30, § 5.º, LRF).

Ademais, sempre que alterados os fundamentos das propostas dos limites das dívidas consolidada e mobiliária, em razão de instabilidade econômica ou alterações nas políticas monetária ou cambial, o § 6.º do art. 30 autoriza o Presidente da República a encaminhar ao Senado ou ao Congresso Nacional, conforme o caso, solicitação de **revisão** desses limites (art. 30, § 6.º, LRF).

É importante observar que os **precatórios judiciais não pagos** durante a execução do orçamento em que tenham sido incluídos integram a **dívida consolidada**, para fins de aplicação dos limites (art. 30, § 7.º, LRF).

15.7.4. RECONDUÇÃO DA DÍVIDA AOS LIMITES

Como mencionado, a apuração do montante da dívida pública consolidada do ente da Federação, para fins de verificação do atendimento de seu limite, será efetuada ao final de cada quadrimestre (art. 30, § 4.º, LRF).

Uma vez excedido o limite máximo ao final de um quadrimestre, é dado prazo de 3 (três) quadrimestres subsequentes para a eliminação do excesso, que deve ser reduzido em pelo menos 25% (vinte e cinco por cento) no primeiro quadrimestre (art. 31, *caput*, LRF).

Enquanto se verificar o excesso, o ente que nele houver incorrido ficará (art. 31, § 1.º, LRF):

▪ proibido de realizar novas operações de crédito, internas ou externas, inclusive por antecipação de receita orçamentária[50];

▪ obrigado a obter resultado primário necessário à recondução da dívida ao limite[51].

Configura **crime** contra as finanças públicas, passível de pena de 1 (um) a 2 (dois) anos de reclusão, a ordenação, a autorização ou a realização de operação de crédito, interno ou externo, quando o montante da dívida consolidada ultrapassa o limite máximo autorizado por lei (art. 359-A, parágrafo único, inciso II, do Código Penal Brasileiro, acrescentado pela Lei n. 10.028, de 19.10.2000).

Decorrido o prazo para o retorno do montante da dívida ao limite, fica o ente também **impedido** de receber **transferências voluntárias** (art. 31, § 2.º, LRF).

Ressalte-se que as restrições do § 1.º do art. 31 da LRF se aplicam imediatamente se o montante da dívida exceder o limite nos primeiros quatro meses do último ano do mandato do Chefe do Poder Executivo (art. 31, § 3.º). Dito de outro modo, no último ano do mandato não será concedido o prazo de 12 meses (art. 31, *caput*) para o ente se ajustar aos limites da dívida consolidada, aplicando-se de imediato as sanções cabíveis.

---

[50] Ressalvadas as destinadas ao pagamento de dívidas mobiliárias (art. 31, § 1.º, inciso I, LRF, com redação dada pela Lei Complementar n. 178/2021).

[51] Para tanto, o inciso II do § 1.º do art. 31 da LRF autoriza o ente que houver incorrido no excesso a promover **limitação de empenho**, na forma do art. 9.º daquele diploma legal.

Também como forma de sanção, o § 4.º do art. 31 da LRF determina que o Ministério da Fazenda divulgue, mensalmente, a relação dos entes que tenham ultrapassado os limites das dívidas consolidada e mobiliária. Quanto à dívida pública consolidada, entendemos que a divulgação da referida relação não deva aguardar o prazo de 12 meses para o retorno da dívida ao limite (art. 31, § 2.º). Com efeito, considerando ser mensal a periodicidade da mencionada divulgação (art. 31, § 4.º, LRF), conclui-se que, na hipótese de a dívida consolidada do ente da Federação ultrapassar o respectivo limite ao final de um quadrimestre, já estará, desde então, sujeito a figurar na relação do Ministério da Fazenda de cada mês até que retorne ao limite.

Esses preceitos também são aplicáveis aos casos de descumprimento dos limites da dívida pública mobiliária e das operações de crédito internas e externas (art. 31, § 5.º, LRF).

> **Observação:** A Lei Complementar n. 159, de 19.05.2017 — que instituiu o Regime de Recuperação Fiscal dos Estados e do Distrito Federal —, **suspendeu a aplicação do art. 31** da LRF durante a vigência do referido regime (art. 10, inciso III, Lei Complementar n. 159/2017).

15.7.5. OPERAÇÕES DE CRÉDITO

15.7.5.1. Condições para efetivação

O ente da Federação que tiver interesse em realizar operação de crédito — cujo significado, como vimos, é obtido pela conjugação do inciso III do art. 29 da LRF com o § 1.º do mesmo artigo — formalizará seu pleito (art. 32, § 1.º, LRF), no qual deverá:

- ◼ fundamentar seu pedido em parecer de seus órgãos técnicos e jurídicos;
- ◼ demonstrar a relação custo-benefício da operação;
- ◼ provar o interesse econômico e social da operação.

Ao formalizar seu pleito, o interessado deverá, ainda, comprovar o atendimento das seguintes **condições:**

- ◼ existência de prévia e expressa autorização para a contratação, no texto da lei orçamentária, em créditos adicionais[52] ou lei específica[53];

---

[52] Referida autorização pode constar em medida provisória que abra créditos extraordinários, como se deu, por exemplo, nas Medidas Provisórias n. 978, de 04.06.2020 (art. 2.º), n. 1.020, de 29.12.2020 (art. 2.º) e n. 1.037, de 18.03.2021 (art. 2.º).

[53] Configura crime contra as finanças públicas, passível de pena de 1 (um) a 2 (dois) anos de reclusão, a ordenação, a autorização ou a realização de operação de crédito, interno ou externo, sem prévia autorização legislativa (art. 359-A, *caput*, Código Penal Brasileiro, acrescentado pela Lei n. 10.028, de 19 de outubro de 2000). Confira-se, a respeito, o seguinte julgado do STF: "EMENTA: Penal. Processo penal. Crime contra as finanças públicas. Crime de responsabilidade de prefeito. Programa RELUZ. Atipicidade da conduta. Precedentes da Corte. (...) 2. A Lei n. 11.131/05 alterou a Medida Provisória n. 2.185-31 para admitir que as operações de crédito relativas ao Programa RELUZ não se submetam aos limites ordinários de refinanciamento das dívidas dos municípios. 3. A disposição legal está a indicar que referidas operações são autorizadas por lei, afastando-se, assim, o elemento normativo do

15 ■ Teoria Geral do Crédito Público   451

■ inclusão no orçamento (LOA) ou em créditos adicionais dos recursos provenientes da operação, exceto no caso de operações por antecipação de receita;

■ observância dos limites e condições fixados pelo Senado Federal[54];

■ autorização específica do Senado Federal, quando se tratar de operação de crédito externo;

■ atendimento do disposto no inciso III do art. 167 da Constituição — a chamada **"regra de ouro"** —, que veda "a realização de operações de créditos que excedam o montante das despesas de capital, ressalvadas as autorizadas mediante créditos suplementares ou especiais com finalidade precisa, aprovados pelo Poder Legislativo por maioria absoluta"[55];

■ observância das demais restrições estabelecidas na LRF.

Tal procedimento é excepcionado pela própria LRF no que tange às operações relativas à **dívida mobiliária federal** autorizadas, no texto da lei orçamentária (LOA) ou em lei de créditos adicionais, as quais serão objeto de **processo simplificado** que atenda às suas especificidades (art. 32, § 2.º, LRF).

Sem prejuízo das atribuições próprias do Senado Federal e do Banco Central do Brasil, o Ministério da Fazenda efetuará o **registro eletrônico centralizado e atualizado** das dívidas públicas interna e externa, garantido o acesso público às informações, que incluirão (art. 32, § 4.º, LRF):

■ encargos e condições de contratação;

■ saldos atualizados e limites relativos às dívidas consolidada e mobiliária, operações de crédito e concessão de garantias[56].

---

tipo 'sem autorização legislativa' mencionado no *caput* do artigo 359 do Código Penal. 4. A previsão contida na Lei n. 11.131/05 autoriza descaracterizar qualquer violação em torno dos incisos VIII, XVII e XX do artigo 1.º da Lei de Responsabilidade Fiscal. 5. Inquérito arquivado" (Inq 2.591/SP, Rel. Min. Menezes Direito, Pleno, j. em 08.05.2008, *DJe*-107 13.06.2008).

[54] Configura crime contra as finanças públicas, passível de pena de 1 (um) a 2 (dois) anos de reclusão, a ordenação, a autorização ou a realização de operação de crédito, interno ou externo, com inobservância de limite, condição ou montante estabelecido em resolução do Senado Federal (art. 359-A, parágrafo único, inciso I, Código Penal Brasileiro, acrescentado pela Lei n. 10.028, de 19.10.2000).

[55] Para fins de verificação do atendimento do inciso III do art. 167 da CF, considerar-se-á, em cada exercício financeiro, o total dos recursos de operações de crédito nele ingressados e o das despesas de capital executadas. Não serão computadas nas despesas de capital as realizadas sob a forma de empréstimo ou financiamento a contribuinte, com o intuito de promover incentivo fiscal, tendo por base tributo de competência do ente da Federação, se resultar a diminuição, direta ou indireta, do ônus deste. Se o empréstimo ou financiamento for concedido por instituição financeira controlada pelo ente da Federação, o valor da operação será deduzido das despesas de capital (art. 32, § 3.º, LRF). Ressalte-se que as operações de crédito por antecipação de receita não serão computadas para efeito do que dispõe o inciso III do art. 167 da CF, desde que liquidadas, com juros e outros cargos incidentes, até o dia 10 de dezembro de cada ano (art. 38, § 1.º, LRF).

[56] Lei estadual ou municipal pode fixar **limites inferiores** àqueles previstos na LRF para as dívidas consolidada e mobiliária, operações de crédito e concessão de garantias (art. 60, LRF). Referido dispositivo teve sua **constitucionalidade** declarada pelo STF (ADI 2.238/DF, Rel. Min. Alexandre de Moraes, Pleno, j. em 24.06.2020, *DJe*-228 15.09.2020).

> **Observação:** Os Estados, o Distrito Federal e os Municípios devem encaminhar ao Ministério da Fazenda, nos termos e na periodicidade definidos em instrução específica deste órgão, as informações necessárias para a constituição do registro eletrônico de que trata o § 4.º do art. 32 da LRF (art. 48, § 3.º, LRF, incluído pela Lei Complementar n. 156/2016). A inobservância do referido dever impedirá, até que a situação seja regularizada, que o ente da Federação receba transferências voluntárias e contrate operações de crédito, exceto as destinadas ao pagamento da dívida mobiliária (art. 48, § 4.º, c/c o art. 51, § 2.º, ambos da LRF).

Em se tratando de contrato de operação de crédito externo, a LRF veda a inclusão de cláusula que importe na compensação automática de débitos e créditos (art. 32, § 5.º).

> **Observação:** O § 6.º do art. 1.º da Lei Complementar n. 156, de 28.12.2016, **dispensou os requisitos legais dispostos no art. 32 da Lei Complementar n. 101/2000** para a assinatura do aditivo de que trata o *caput* daquele artigo, assim redigido: "Art. 1.º A União poderá adotar, nos contratos de refinanciamento de dívidas celebrados com os Estados e o Distrito Federal com base na Lei n. 9.496, de 11 de setembro de 1997, e nos contratos de abertura de crédito firmados com os Estados ao amparo da Medida Provisória n. 2.192-70, de 24 de agosto de 2001, mediante celebração de termo aditivo, o prazo adicional de até duzentos e quarenta meses para o pagamento das dívidas refinanciadas".
>
> Já o art. 2.º da Lei Complementar n. 156/2016 **dispensou os requisitos legais para contratação de operação de crédito, exigidos no art. 32 da Lei Complementar n. 101/2000**, nas renegociações dos contratos de empréstimos e financiamentos celebrados até 31.12.2015 entre as instituições públicas federais e os Estados e o Distrito Federal, com recursos do Banco Nacional de Desenvolvimento Econômico e Social — BNDES.
>
> O § 3.º do art. 13 da Lei Complementar n. 156/2016 **dispensou a verificação dos requisitos exigidos pela LRF para a realização de operações de crédito e para a concessão de garantia pela União** para fins da repactuação de dívidas decorrentes de financiamentos obtidos com recursos do FGTS, prevista no *caput* do mencionado artigo.

O prazo de validade da verificação dos limites e das condições de que trata o art. 32 da LRF e da análise realizada para a concessão de garantia pela União será de, **no mínimo, 90 (noventa) dias** e, **no máximo, 270 (duzentos e setenta) dias**, a critério do Ministério da Fazenda (art. 32, § 6.º, LRF, incluído pela Lei Complementar n. 159, de 19.05.2017).

Poderá haver alteração da finalidade de operação de crédito de Estados, do Distrito Federal e de Municípios sem a necessidade de nova verificação pelo Ministério da Economia, desde que (art. 32, § 7.º, LRF, incluído pela Lei Complementar n. 178, de 13.01.2021):

- ▪ haja prévia e expressa autorização para tanto, no texto da LOA, em créditos adicionais ou em lei específica;
- ▪ seja demonstrada a relação custo-benefício e o interesse econômico e social da operação; e
- ▪ não configure infração a dispositivo da LRF.

A instituição financeira que contratar operação de crédito com ente da Federação, exceto quando relativa à dívida mobiliária ou à externa, deverá exigir comprovação de que a operação atende às condições e limites estabelecidos (art. 33, *caput*).

15 ◼ Teoria Geral do Crédito Público

453

A operação realizada com infração do disposto na LRF será considerada **nula**, procedendo-se ao seu cancelamento, mediante a devolução do principal, sendo vedado o pagamento de juros e demais encargos financeiros (art. 33, § 1.º). Se a devolução não for efetuada no mesmo ano em que se deu o ingresso dos recursos nos cofres públicos, deverá ser consignada **reserva específica** na LOA para o exercício seguinte (art. 33, § 2.º)[57].

Enquanto não efetuado o cancelamento, ou a amortização, ou constituída a reserva na LOA para devolução do empréstimo, o ente estará impossibilitado de receber transferências voluntárias, contratar operações de crédito[58] e obter garantia, direta ou indireta, de outro ente (art. 33, § 3.º[59], c/c art. 23, § 3.º, ambos da LRF).

O Ministério da Fazenda verificará o cumprimento dos limites e condições da realização de operações de crédito da União, dos Estados, do Distrito Federal e dos Municípios, inclusive das empresas por eles controladas, direta ou indiretamente (art. 32, *caput*, LRF).

De acordo com o art. 10 da **Lei Complementar n. 148, de 25.11.2014**[60], o Ministério da Fazenda, mediante ato normativo, estabelecerá critérios para a verificação prevista no art. 32 da LRF, **diretamente pelas instituições financeiras** de que trata o art. 33 deste diploma legal, levando em consideração o valor da operação de crédito e a situação econômico-financeira do ente da Federação, de maneira a atender aos princípios da eficiência e da economicidade. Nesse caso, deverá o Poder Executivo do ente da Federação formalizar o pleito à instituição financeira, acompanhado de demonstração da existência de margens da operação de crédito nos limites de endividamento e de certidão do Tribunal de Contas de sua jurisdição sobre o cumprimento das condições nos termos definidos pelo Senado Federal.

> **Observação:** A Lei Complementar n. 159, de 19.05.2017, que instituiu o **Regime de Recuperação Fiscal dos Estados e do Distrito Federal**: (i) dispensou a verificação dos requisitos exigidos pela Lei Complementar n. 101/2000 (LRF), para a realização de operações de crédito de que trata (art. 9.º, § 4.º); (ii) dispensou os requisitos legais exigidos para a contratação de operações de crédito e para a concessão de garantia, inclusive aqueles dispostos na LRF (art. 11, § 4.º).

---

[57] Também se constituirá reserva específica na LOA, no montante equivalente ao excesso, se não atendido o disposto no inciso III do art. 167 da Constituição (art. 33, § 4.º, LRF).

[58] Exceto para o pagamento da dívida mobiliária e as que visem redução de despesas com pessoal (art. 23, § 3.º, inciso III, LRF, com redação dada pela Lei Complementar n. 178/2021).

[59] Com redação dada pela Lei Complementar n. 178/2021.

[60] Ressalte-se que, apesar de constar na ementa da LC n. 148/2014 que o referido diploma modifica a LRF, tal providência, em verdade, não chegou a se operar, pois o art. 1.º daquela lei complementar, que procederia à mencionada alteração, foi vetado pela Presidência da República (Mensagem n. 407, de 25.11.2014). É interessante observar que o projeto de lei que originou a Lei Complementar n. 148/2014 teve origem na Presidência da República, o que significa, portanto, que esta acabou por "vetar a si mesma".

> **Observação:** A Lei Complementar n. 159/2017 acrescentou à Lei Complementar n. 156, de 28.12.2016, o art. 12-A, que autoriza a União a adotar nos contratos de refinanciamento de dívidas celebrados com os Estados e o Distrito Federal com base na Lei n. 8.727, de 05.11.1993, mediante celebração de **termo aditivo**, prazo adicional de até 240 (duzentos e quarenta) meses para o pagamento das dívidas refinanciadas cujos créditos sejam originalmente detidos pela União ou por ela adquiridos. O § 5.º do mencionado artigo **dispensou, para a assinatura do aditivo anteriormente referido, todos os requisitos legais exigidos para a contratação com a União, inclusive os dispostos no art. 32 da Lei Complementar n. 101/2000 (LRF).**

> **Observação:** O art. 17 da Lei Complementar n. 159/2017 dispôs que, durante a vigência do Regime de Recuperação Fiscal por esta instituído, na hipótese de inadimplência em operações de crédito com o sistema financeiro e instituições multilaterais, garantidas pela União e contratadas em data anterior à homologação do pedido de adesão ao Regime de Recuperação Fiscal, fica a União impedida de executar as contragarantias ofertadas. O § 3.º do mencionado artigo **dispensou os requisitos legais exigidos para a contratação de operações de crédito, inclusive aqueles dispostos na Lei Complementar n. 101/2000 (LRF).**

15.7.5.2. Vedações legais

Em matéria de operações de crédito, a LRF veda:

■ a emissão de títulos da dívida pública pelo Banco Central do Brasil a partir de dois anos após a publicação da LRF (art. 34);

■ a realização de operação de crédito entre um ente da Federação e outro, ainda que sob a forma de novação, refinanciamento ou postergação de dívida contraída anteriormente (art. 35, *caput*)[61], exceto operações entre instituição financeira estatal e outro ente da Federação que não se destinem ao financiamento de despesas correntes[62] ou refinanciamento de dívida não contraída com a própria instituição que conceda o crédito (art. 35, § 1.º);

■ a realização de operação de crédito entre uma instituição financeira estatal e o ente da Federação que a controle, na qualidade de beneficiário do empréstimo (art. 36, *caput*)[63];

---

[61] Isso não impede Estados e Municípios de comprar títulos da dívida da União como aplicação de suas disponibilidades (art. 35, § 2.º, LRF). O STF reconheceu a constitucionalidade do art. 35 da LRF, que "tem a missão de coibir o endividamento gerado a partir de operações internas entre entes da Federação, dados os riscos deste tipo de avença para o equilíbrio das contas públicas. A vedação por ele estabelecida, embora ampla, não é excessiva, uma vez que visa à contenção de quadro de endividamento crônico, cujos impactos sobre a harmonia federativa são sensivelmente relevantes" (ADI 2.250/DF, Rel. Min. Alexandre de Moraes, Pleno, j. em 21.08.2019, *DJe*-223 09.09.2020). As operações previstas na Lei Complementar n. 206/2024, nos termos do parágrafo único de seu art. 3.º, não estão sujeitas ao disposto no art. 35 da LRF.

[62] Ressalvadas as operações destinadas a financiar a estruturação de projetos ou a garantir contraprestações em contratos de parceria público-privada (PPP) ou de concessão para o ente da Federação afetado pelo **estado de calamidade pública** reconhecido pelo Congresso Nacional (art. 35, § 1.º, inciso I, LRF, com a redação dada pela Lei Complementar n. 206/2024).

[63] Isso não impede que uma instituição financeira controlada possa adquirir, no mercado, títulos da dívida pública para atender a investimento de seus clientes, ou títulos da dívida de emissão da União para aplicação de recursos próprios (art. 36, parágrafo único).

15 ▫ Teoria Geral do Crédito Público 455

▫ a captação de recursos na forma de antecipação de receita de tributo ou contribuição, cujo fato gerador ainda não tenha ocorrido (art. 37, inciso I)[64];

▫ recebimento antecipado de valores de empresa em que o Poder Público detenha, direta ou indiretamente, a maioria do capital social com direito a voto, salvo lucros e dividendos, na forma de legislação (art. 37, inciso II);

▫ a assunção direta de compromisso, confissão de dívida ou operação assemelhada, com fornecedor de bens, mercadorias ou serviços, mediante emissão, aceite ou aval de título de crédito, não se aplicando essa vedação a empresas estatais dependentes (art. 37, inciso III)[65];

▫ a assunção de obrigação, sem autorização orçamentária, com fornecedores para pagamento *a posteriori* de bens e serviços (art. 37, inciso IV).

> **Observação:** As **cessões de direitos creditórios** realizadas nos termos do art. 39-A da Lei n. 4.320/64 (acrescentado pela Lei Complementar n. 208/2024), de acordo com seu § 4.º, **não se enquadram** nas definições de que trata o art. 37 da LRF.

15.7.6. OPERAÇÕES DE CRÉDITO POR ANTECIPAÇÃO DE RECEITA ORÇAMENTÁRIA

15.7.6.1. Definição

As operações de crédito por Antecipação de Receita Orçamentária (ARO) são aquelas que se destinam exclusivamente a atender a insuficiência momentânea de caixa durante o exercício financeiro, consoante se infere da leitura do *caput* do art. 38 da LRF. Assim, havendo uma previsão orçamentária de receita que ainda não ingressou nos cofres públicos, poderá ser autorizado empréstimo para fazer face a despesas imediatas[66].

15.7.6.2. Condições para efetivação

As operações de crédito por ARO deverão cumprir as exigências impostas pela LRF para a contratação de operações de crédito e, adicionalmente, as seguintes, arroladas nos incisos do art. 38 da mesma lei:

▫ somente poderão ser realizadas a partir do dia 10 de janeiro de cada ano;

▫ deverão ser liquidadas, com juros e outros encargos incidentes, até o dia 10 de dezembro de cada ano[67];

---

[64] Sem prejuízo, contudo, do disposto no § 7.º do art. 150 da CF, assim redigido: "A lei poderá atribuir a sujeito passivo de obrigação tributária a condição de responsável pelo pagamento de imposto ou contribuição, cujo fato gerador deva ocorrer posteriormente, assegurada a imediata e preferencial restituição da quantia paga, caso não se realize o fato gerador presumido".

[65] Empresa estatal dependente, consoante define o inciso III do art. 2.º da LRF, é a "empresa controlada que receba do ente controlador recursos financeiros para pagamento de despesas com pessoal ou de custeio em geral ou de capital, excluídos, no último caso, aqueles provenientes de aumento de participação acionária".

[66] CONTI, José Maurício. *Direito financeiro na Constituição de 1988*, p. 87.

[67] Caso em que não serão computadas para efeito do que dispõe o inciso III do art. 167 da Constituição (art. 38, § 1.º, LRF).

■ não serão autorizadas se forem cobrados outros encargos que não a taxa de juros da operação, obrigatoriamente prefixada ou indexada à Taxa Básica Financeira (TBF), ou à que vier a esta substituir.

Tratando-se de operações de crédito por antecipação de receita realizadas por Estados ou Municípios, serão efetuadas mediante abertura de crédito junto à instituição financeira vencedora em processo competitivo eletrônico promovido pelo Banco Central do Brasil (art. 38, § 2.º), que manterá sistema de acompanhamento e controle do saldo do crédito aberto e, no caso de inobservância dos limites, aplicará as sanções cabíveis à instituição credora (art. 38, § 3.º).

Ressalte-se que o fato de a LOA poder autorizar, genericamente, as operações de crédito por antecipação de receita (art. 165, § 8.º, CF) não afasta a necessidade de **autorização específica**, em cada operação, por ato legislativo de inferior hierarquia (ato-condição), consoante decidiu o STJ:

> **Ementa:** (...) Assim, para as operações de crédito por antecipação de receita não basta a autorização genérica contida na lei orçamentária, sendo indispensável autorização específica em cada operação. A inobservância de tal formalidade, ainda que não implique em enriquecimento ilícito do recorrente ou prejuízo para o erário municipal, caracteriza ato de improbidade, nos termos do art. 11 da Lei n. 8.429/92, à mingua de observância dos preceitos genéricos que informam a administração pública, inclusive a rigorosa observância do princípio da legalidade (**REsp 410.414/SP**, Rel. Min. Castro Meira, 2.ª Turma, j. em 19.08.2004, *DJ* 27.09.2004, p. 301).

15.7.6.3. Vedações legais

Além das vedações dos arts. 35 a 37 da LRF, aplicáveis às operações de crédito por ARO dado o caráter geral daqueles dispositivos, ficam essas operações sujeitas às vedações específicas do inciso IV do art. 38 da LRF:

■ estão proibidas enquanto existir operação anterior da mesma natureza que não tenha sido integralmente resgatada;

■ não podem ser realizadas no último ano de mandato do Presidente, Governador ou Prefeito.

Deve-se ressaltar que a Constituição veda a prestação de garantias às operações de crédito por antecipação de receita (art. 167, inciso IV, CF).

15.7.7. CONCESSÃO DE GARANTIAS

Na lição de Egas Rosa Sampaio, para que uma operação de crédito possa se realizar, é necessária a presença de dois elementos essenciais: **tempo** e **confiança**. O primeiro elemento é **objetivo**, podendo ser designado de **prazo**, ao passo que o segundo é **subjetivo** e pode ser denominado de **garantias**[68].

---

[68] SAMPAIO, Egas Rosa. *Instituições de ciência das finanças:* uma abordagem econômico-financeira, p. 249-250.

15 ◼ Teoria Geral do Crédito Público

A União, os Estados, o Distrito Federal e os Municípios poderão conceder garantia em operações de crédito internas ou externas, desde que observem as regras dos arts. 32 e 40 da LRF. No caso da **União**, devem ser observados também (art. 40, *caput*, LRF):

◼ os limites e as condições estabelecidos pelo Senado Federal[69]; e

◼ as normas emitidas pelo Ministério da Economia acerca da classificação de capacidade de pagamento dos mutuários[70].

Adicionalmente, para a concessão de garantia devem ser observados os seguintes **requisitos**:

◼ a garantia estará condicionada à oferta de **contragarantia**, em valor igual ou superior ao da garantia a ser concedida (art. 40, § 1.º), a qual não será exigida de órgãos e entidades do próprio ente (art. 40, § 1.º, inciso I)[71];

> **Observação:** A prestação de garantia em operação de crédito sem que tenha sido constituída contragarantia em valor igual ou superior ao valor da garantia prestada caracteriza prática de crime contra as finanças públicas passível de pena de 3 (três) meses a 1 (um) ano de detenção (art. 359-E do Código Penal Brasileiro, acrescentado pela Lei n. 10.028, de 19.10.2000).

◼ está condicionada à **adimplência** da entidade que a pleitear relativamente a suas obrigações junto ao garantidor e às entidades por este controladas (art. 40, § 1.º);

◼ no caso de operação de crédito junto a organismo financeiro internacional, ou a instituição federal de crédito e fomento para o repasse de recursos externos, a União só prestará garantia a ente que atenda, além das condições supramencionadas, as exigências legais para o recebimento de transferências voluntárias (art. 40, § 2.º)[72];

---

[69] É **nula** a garantia concedida acima dos limites fixados pelo Senado Federal (art. 40, § 5.º, LRF).

[70] Exigência incluída pela Lei Complementar n. 178/2021.

[71] A contragarantia exigida pela União a Estado ou Município, ou pelos Estados aos Municípios, poderá consistir na vinculação de receitas tributárias diretamente arrecadadas e provenientes de transferências constitucionais, com outorga de poderes ao garantidor para retê-las e empregar o respectivo valor na liquidação da dívida vencida (art. 40, § 1.º, inciso II, LRF).

[72] As exigências para o recebimento de transferências voluntárias estão indicadas no inciso IV do § 1.º do art. 25 da LRF. Segundo tal dispositivo, o beneficiário (ente recebedor) da operação deverá comprovar: a) que se acha em dia com o ente transferidor no tocante ao pagamento de tributos ou empréstimos (ou seja, que nada deve ao concessor), bem como quanto à prestação de contas de recursos anteriormente dele recebidos; b) o cumprimento dos limites constitucionais relativos à educação (art. 212 da Constituição) e à saúde (art. 55 do ADCT); c) a observância dos limites das dívidas, operações de crédito, de inscrição em Restos a Pagar e da Despesa com Pessoal; d) a existência de previsão orçamentária de contrapartida.

- é vedado às entidades da administração indireta, inclusive suas empresas controladas e subsidiárias, conceder garantia, ainda que com recursos de fundos (art. 40, § 6.°)[73];
- é vedado ao Banco Central conceder garantias (art. 39, inciso III).

Consoante o § 8.° do art. 40 da LRF, excetua-se de tais exigências a garantia prestada:

- por instituições financeiras estatais, que se submeterão às normas aplicáveis às instituições financeiras privadas, de acordo com a legislação pertinente;
- pela União, na forma de lei federal, a empresas de natureza financeira por ela controladas, direta e indiretamente, quanto às operações de seguro de crédito à exportação.

> **Observação:** O art. 2.° da Lei Complementar n. 156, de 28.12.2016, **dispensou os requisitos legais para concessão de garantia em operações de crédito, exigidos nos arts. 32 e 40 da Lei Complementar n. 101/2000**, nas renegociações dos contratos de empréstimos e financiamentos celebrados até 31.12.2015 entre as instituições públicas federais e os Estados e o Distrito Federal, com recursos do Banco Nacional de Desenvolvimento Econômico e Social — BNDES.

Conforme dispõe o art. 61 da LRF, os títulos da dívida pública, desde que devidamente escriturados em sistema centralizado de liquidação e custódia, poderão ser oferecidos em caução para garantia de empréstimos, ou em outras transações previstas em lei, pelo seu valor econômico, conforme definido pelo Ministério da Fazenda.

> **Observação:** Pratica crime contra as finanças públicas, passível de pena de 1 (um) a 4 (quatro) anos de reclusão, quem ordena, autoriza ou promove a oferta pública ou a colocação no mercado financeiro de títulos da dívida pública sem que tenham sido criados por lei ou sem que estejam registrados em sistema centralizado de liquidação e custódia (art. 359-H, Código Penal Brasileiro, acrescentado pela Lei n. 10.028/2000).

Quando, em razão de garantia prestada em operação de crédito, a União e os Estados honrarem dívida de outro ente, poderão **condicionar** as transferências constitucionais ao **ressarcimento** daquele pagamento (art. 40, § 9.°). O ente da Federação cuja dívida tiver sido honrada pela União ou por Estado, em decorrência de garantia prestada em operação de crédito, terá **suspenso o acesso a novos créditos** ou financiamentos até a total liquidação da mencionada dívida (art. 40, § 10).

A **alteração da metodologia** utilizada para fins de classificação da capacidade de pagamento de Estados e Municípios deverá ser precedida de **consulta pública**, assegurada a manifestação dos entes (art. 40, § 11, LRF, incluído pela LC n. 178/2021).

---

[73] LRF, art. 40, § 7.°: "O disposto no § 6.° não se aplica à concessão de garantia por: I — empresa controlada a subsidiária ou controlada sua, nem à prestação de contragarantia nas mesmas condições; II — instituição financeira a empresa nacional, nos termos da lei".

15 ◼ Teoria Geral do Crédito Público

459

15.7.8. A LRF E OS "RESTOS A PAGAR"

Restos a pagar são as despesas legalmente empenhadas e não pagas até 31 de dezembro de cada exercício financeiro, distinguindo-se as processadas das não processadas (art. 36, Lei n. 4.320/64):

◼ **restos a pagar não processados** são aqueles em que houve o empenho, mas não a liquidação. São "empenhos de contratos, os que ainda se encontram em plena execução, não existindo ainda o direito líquido e certo do credor"[74];

◼ **restos a pagar processados** são "empenhos executados, liquidados e portanto prontos para o pagamento, ou seja, o direito do credor já foi verificado"[75].

Relativamente aos Restos a Pagar, a LRF (art. 42) veda ao governante, nos 8 (oito) últimos meses do último ano de mandato, contrair obrigação de despesa que não possa ser paga no mesmo exercício, ainda que se trate de projeto contemplado no plano plurianual. Decidiu, a respeito, o STJ:

> **Ementa:** (...) 3. A vedação prevista no art. 42 da Lei de Responsabilidade Fiscal — LC n. 101/2000 — é norma tão somente dirigida ao titular de Poder ou órgão referido no seu art. 20, dentre os quais inclui-se o Prefeito do Município, inclusive no que se refere às consequências de natureza penal e administrativa previstas no Código Penal (art. 359) e da Lei de Improbidade Administrativa (Lei 8.429/92). 4. Não traz, entretanto, qualquer previsão quanto à nulidade dos atos administrativos nesse contexto praticados pela gestão anterior de Município. 5. Ainda que irregular a despesa contratada com inobservância da LC n. 101/2000, o fato é que o ato praticado pela administração anterior gerou direito subjetivo de crédito a um terceiro, devidamente reconhecido pelas instâncias ordinárias, motivo pelo qual não há como não ser levado em consideração o princípio geral de direito que veda o enriquecimento ilícito de qualquer das partes contratantes. 6. Recurso especial parcialmente conhecido e, no mérito, improvido (**REsp 706.744/MG**, Rel. Min. Eliana Calmon, 2.ª Turma, j. em 07.02.2006, *DJ* 06.03.2006, p. 330).

Se, todavia, isso ocorrer, o governante deverá assegurar lastro financeiro (**disponibilidade de caixa**) para o exercício seguinte. No cálculo da projeção da disponibilidade de caixa, serão levados em consideração os encargos e as despesas compromissadas a pagar até o final do exercício (passivo financeiro), inclusive o estoque remanescente de Restos a Pagar (art. 42, parágrafo único, LRF)[76].

Questão interessante diz respeito ao conceito de **"contrair obrigação de despesa"**: tal expressão abrange somente a despesa contratada ou a contratada e empenhada?

Segundo entendemos, a despesa se considera contraída com a **celebração do contrato**. Assim, se o contrato prevê despesas a serem pagas após o mandato, a

---

[74] SILVA, Jair Cândido da; VASCONCELOS, Edilson Felipe. *Manual de execução orçamentária e contabilidade pública*, p. 329.

[75] SILVA, Jair Cândido da; VASCONCELOS, Edilson Felipe. *Manual de execução orçamentária e contabilidade pública*, p. 329.

[76] O veto presidencial à alínea *a* do inciso III do art. 5.º da LRF impede o uso da reserva de contingência da LOA para cobertura de restos a pagar excedentes às disponibilidades de caixa.

460 Direito Financeiro e Econômico Esquematizado   *Carlos Alberto de Moraes Ramos Filho*

disponibilidade de caixa ao final do mandato deve conter os recursos necessários ao pagamento do que restar do contrato após o final do mandato. Não é necessário o empenho para caracterizar a obrigação de despesa, que é caracterizada pela adesão ao contrato.

Outro aspecto que deve ser enfrentado é o relativo ao conceito de **"despesas compromissadas a pagar"** (art. 42, parágrafo único, LRF): abrange referida expressão somente a despesa empenhada ou a empenhada liquidada?

Referida expressão, segundo entendemos, abrange as despesas previstas no contrato mesmo sem terem sido empenhadas. Inclui, destarte, as despesas referentes ao último ano do mandato já contratadas ou empenhadas e não pagas e todas as demais já contratadas ou empenhadas e não pagas anteriores ao último ano do mandato.

A ordenação ou a autorização de assunção de obrigação, nos dois últimos quadrimestres do último ano do mandato ou legislatura, cuja despesa não possa ser paga no mesmo exercício financeiro ou, caso reste parcela a ser paga no ano seguinte, não tenha contrapartida suficiente de disponibilidade de caixa, configuram crime contra as finanças públicas, passível de pena de 1 (um) a 4 (quatro) anos de reclusão (art. 359-C, Código Penal Brasileiro, acrescentado pela Lei n. 10.028/2000).

Também pratica crime contra as finanças públicas aquele que ordenar ou autorizar a inscrição em restos a pagar de despesa que não tenha sido previamente empenhada ou que exceda limite estabelecido em lei, estando sujeito a uma pena de 6 (meses) a 2 (dois) anos de detenção (art. 359-B, Código Penal, acrescentado pela Lei n. 10.028/2000).

Cabe destacar que o não cancelamento do montante de restos a pagar inscrito em valor superior ao permitido em lei também caracteriza prática de crime contra as finanças públicas, passível de pena de 6 (seis) meses a 2 (dois) anos de detenção (art. 359-D, Código Penal, acrescentado pela Lei n. 10.028/2000).

15.8. CRÉDITO PÚBLICO SEM AUTORIZAÇÃO LEGISLATIVA

É inequívoca a ilegalidade do contrato de crédito público celebrado pelo Poder Executivo sem expressa autorização do Legislativo.

Suscita, porém, a doutrina o seguinte questionamento: quais os efeitos práticos da celebração de um contrato de crédito público **sem autorização legislativa**? Estaria o Estado subscritor obrigado a respeitar o contratado, ainda que tivesse sido firmado de forma ilegal?

A questão é objeto de controvérsia entre os estudiosos.

Pontes de Miranda sustenta que "o ato de empréstimo externo que se lançou sem autorização do senado inexiste e nenhuma responsabilidade por ele assumiu o Estado-membro, o Distrito Federal ou Município"[77].

Diversamente entende Aliomar Baleeiro, que leciona: "o Estado deve ser condenado a restituir o quanto recebeu, se o produto do empréstimo foi investido em sua utilidade. O princípio secular e universal de que a ninguém é lícito locupletar-se com alheia

---

[77] PONTES DE MIRANDA, F. C. apud OLIVEIRA, Régis Fernandes de; HORVATH, Estevão. *Manual de direito financeiro*, p. 164.

15 ▣ Teoria Geral do Crédito Público · 461

jactura aplica-se também à dívida pública oriunda de contrato defeituoso por falta de autorização legislativa"[78].

No mesmo sentido é a lição de Régis Fernandes de Oliveira: "Pode-se afirmar que prevalece o princípio da boa-fé (...) como, também, o princípio da aparência, a saber: se alguém contratou com o Estado, através de seu servidor, fê-lo crendo que era ele seu representante. Fê-lo de boa-fé. Logo, não pode sofrer qualquer prejuízo"[79].

15.9. CRÉDITO PÚBLICO ESTADUAL, DISTRITAL E MUNICIPAL

Os Estados, Municípios e o Distrito Federal podem, como a União, adquirir empréstimos, mediante emissão de títulos. Toda disciplina normativa consta de lei federal e os limites e condições são estabelecidos pelo Senado Federal, por meio de resolução (art. 52, inciso VII, CF).

Pode ocorrer, todavia, que, em consequência de má gestão administrativa, as entidades menores deixem de pagar a dívida fundada por mais de 2 (dois) anos consecutivos, o que enseja, em relação a Estados e Distrito Federal, a **intervenção da União** (art. 34, inciso V, CF), salvo comprovado motivo de força maior.

> **Observação:** O não pagamento da dívida fundada, conforme noticia Enrique Ricardo Lewandowski, "constitui pressuposto para a intervenção desde a Reforma de 1926 à Lei Maior de 1891. Todas as Constituições posteriores mantiveram a hipótese, sendo que a de 1946 restringiu a medida apenas ao caso de inadimplemento de dívida fundada exterior. Em 1967, eliminou-se a restrição, passando a ser a ação interventiva autorizada quer na hipótese do não pagamento da dívida fundada interna, quer na de inadimplemento da externa"[80]. A Constituição vigente também não faz qualquer distinção entre as duas situações.

Pode ocorrer a intervenção do Estado nos Municípios pelo mesmo motivo (art. 35, inciso I, CF), salvo comprovado motivo de força maior. Nesse caso, como observa Enrique Ricardo Lewandowski, "não basta simplesmente o Município alegar a excludente da força maior, cumprindo-lhe comprovar a sua ocorrência de forma objetiva para obstar a intervenção"[81].

Frise-se que o não pagamento da **dívida flutuante** não enseja a intervenção federal nos Estados nem desses nos Municípios.

15.10. LIMITES E CONDIÇÕES FIXADOS PELO SENADO PARA AS OPERAÇÕES DE CRÉDITO

Vimos que, de acordo com o art. 52, inciso VII, da CF, compete privativamente ao Senado Federal "dispor sobre limites globais e condições para as operações de crédito

---

[78] BALEEIRO, Aliomar. *Uma introdução à ciência das finanças*, p. 462.

[79] OLIVEIRA, Régis Fernandes de; HORVATH, Estevão. *Manual de direito financeiro*, p. 165.

[80] LEWANDOWSKI, Enrique Ricardo. *Pressupostos materiais e formais da intervenção federal no Brasil*, p. 97.

[81] LEWANDOWSKI, Enrique Ricardo. *Pressupostos materiais e formais da intervenção federal no Brasil*, p. 118. Nesse sentido: PASCOAL, Valdecir Fernandes. *A intervenção do estado no município: o papel do tribunal de contas*, p. 53.

externo e interno da União, dos Estados, do Distrito Federal e dos Municípios, de suas autarquias e demais entidades controladas pelo Poder Público federal".

Também vimos que, como forma de conferir efetividade ao comando constitucional transcrito, a Lei Complementar n. 101/2000 exigiu, como uma das condições para a contratação de operação de crédito, que o ente interessado formalize seu pleito fundamentando-o em parecer de seu órgão jurídico, demonstrando a observância dos limites e condições fixados pelo Senado Federal (art. 32, § 1.º, inciso III, LRF).

Tais limites e condições estão, atualmente, estabelecidos na **Resolução n. 48, de 21.12.2007**, e na **Resolução n. 43, de 21.12.2001**, ambas do Senado Federal.

A **Resolução n. 48/2007** dispõe sobre os limites globais para as operações de crédito externo e interno da União, de suas autarquias e demais entidades controladas pelo Poder Público federal e estabelece limites e condições para a concessão de garantia da União em operações de crédito externo e interno[82].

Nos termos do art. 7.º da citada Resolução do Senado, as operações de crédito interno e externo da União deverão observar os seguintes limites:

- ▪ o montante global das operações de crédito realizadas em um exercício financeiro não poderá ser superior a **60% (sessenta por cento)** da receita corrente líquida (RCL);
- ▪ o montante da dívida consolidada não poderá exceder o teto estabelecido pelo Senado Federal, conforme o disposto em **resolução específica**.

Já a **Resolução n. 43/2001** dispõe sobre as operações de crédito interno e externo dos Estados, do Distrito Federal e dos Municípios, inclusive concessão de garantias, seus limites e condições de autorização.

Nos termos do art. 7.º da referida Resolução do Senado, as operações de crédito interno e externo dos Estados, do Distrito Federal e dos Municípios deverão observar os seguintes limites:

- ▪ o montante global das operações realizadas em um exercício financeiro não poderá ser superior a **16% (dezesseis por cento)** da receita corrente líquida (RCL);
- ▪ o comprometimento anual com amortizações, juros e demais encargos da dívida consolidada, inclusive relativos a valores a desembolsar de operações de crédito já contratadas e a contratar, não poderá exceder a **11,5% (onze inteiros e cinco décimos por cento)** da RCL;
- ▪ o montante da dívida consolidada não poderá exceder o teto estabelecido pelo Senado Federal, conforme o disposto pela **Resolução** que fixa o limite global para o montante da dívida consolidada dos Estados, do Distrito Federal e dos Municípios.

---

[82] Nesse particular, a Resolução n. 48/2007 regulamentou o inciso VIII do art. 52 da CF, segundo o qual cabe privativamente ao Senado Federal "dispor sobre limites e condições para a concessão de garantia da União em operações de crédito externo e interno".

15 ▣ Teoria Geral do Crédito Público

15.11. LIMITES FIXADOS PELO SENADO PARA O MONTANTE DA DÍVIDA CONSOLIDADA E MOBILIÁRIA

De acordo com o art. 52, inciso VI, da CF, compete privativamente ao Senado Federal "fixar, por proposta do Presidente da República, limites globais para o montante da dívida consolidada da União, dos Estados, do Distrito Federal e dos Municípios".

Já o inciso IX do citado artigo diz competir privativamente ao Senado "estabelecer limites globais e condições para o montante da dívida mobiliária dos Estados, do Distrito Federal e dos Municípios".

O inciso I do art. 30 da LRF determinou que o Presidente da República submetesse ao Senado Federal proposta de limites globais para o montante da dívida consolidada da União, Estados e Municípios, e proposta de limites e condições para o montante da dívida mobiliária dos Estados, do Distrito Federal e dos Municípios.

Relativamente aos Estados, ao Distrito Federal e aos Municípios, tais limites e condições estão, atualmente, estabelecidos na **Resolução n. 40, de 20.12.2001**, do Senado Federal.

Nos termos do art. 3.º da citada Resolução, a dívida consolidada líquida dos Estados, do Distrito Federal e dos Municípios, ao final do décimo quinto exercício financeiro, contado a partir do encerramento do ano de publicação da mencionada Resolução, não poderá exceder, respectivamente, a:

▪ no caso dos Estados e do Distrito Federal: **2 (duas) vezes** a receita corrente líquida; e

▪ no caso dos Municípios: a **1,2 (um inteiro e dois décimos) vez** a receita corrente líquida.

15.12. SUSTENTABILIDADE DA DÍVIDA

A Emenda Constitucional n. 109, de 15.03.2021, introduziu na CF o art. 164-A, que impôs à União, aos Estados, ao Distrito Federal e aos Municípios o dever de conduzir suas políticas fiscais de forma a **manter a dívida pública em níveis sustentáveis**, na forma da **lei complementar** referida no inciso VIII do *caput* do art. 163 da CF (inciso também introduzido pela referida emenda), que disporá sobre a **sustentabilidade da dívida**, especificando:

▪ indicadores de sua apuração;

▪ níveis de compatibilidade dos resultados fiscais com a trajetória da dívida;

▪ trajetória de convergência do montante da dívida com os limites definidos em legislação;

▪ medidas de ajuste, suspensões e vedações;

▪ planejamento de alienação de ativos com vistas à redução do montante da dívida.

Referida lei complementar pode autorizar a aplicação das vedações previstas no art. 167-A da CF, conforme permite o parágrafo único do art. 163 da CF (acrescentado pela EC n. 109/2021).

A elaboração e a execução de planos e orçamentos devem refletir a compatibilidade dos indicadores fiscais com a sustentabilidade da dívida (art. 164-A, parágrafo único, CF).

A LDO deve estabelecer as diretrizes de política fiscal e respectivas metas, em consonância com **trajetória sustentável da dívida pública** (art. 165, § 2.º, CF, com a redação dada pela EC n. 109/2021).

De acordo com o § 16 do art. 165 da CF (incluído pela EC n. 109/2021), as leis orçamentárias (PPA, LDO e LOA) devem observar, no que couber, os resultados do monitoramento e da avaliação das políticas públicas previstos no § 16 do art. 37 da CF, que, acrescentado pela EC n. 109/2021, estabelece: "Os órgãos e entidades da administração pública, individual ou conjuntamente, devem realizar avaliação das políticas públicas, inclusive com divulgação do objeto a ser avaliado e dos resultados alcançados, na forma da lei".

15.13. QUESTÕES

QUESTÕES DE CONCURSOS
> http://uqr.to/1y4bm

16

FISCALIZAÇÃO E CONTROLE

16.1. NOÇÕES GERAIS

Para ser válido, todo ato do Poder Público deve ter fundamento em uma norma jurídica superior. Esta é a base do chamado **Estado de Direito**, consoante exposto no início desta obra.

O Estado, quando atua, dá cumprimento a algum dever imposto pelo Direito. Dessa forma, ele se coloca sob a ordem jurídica, e a submissão do Estado a essa ordem se expressa no princípio da **legalidade**. Léon Duguit ensina que: "Admitindo o Estado como pessoa, sujeito de direito, confirma-se, desse modo, sua sujeição à alçada do direito, e nesse sentido, além de titular dos direitos subjetivos, sujeito ao direito objetivo"[1].

Isso significa que a atividade administrativa deve ser desenvolvida **nos termos da lei**. Desatendendo tal recomendação, a conduta do agente administrativo ensejará **controles** diversos, praticados no âmbito de cada um dos Poderes, em maior ou menor intensidade e segundo instrumental típico, consoante leciona Afrânio de Sá: "Atuando submetido à Lei, o operador administrativo, se a infringe, deflagra o sistema de controle para correção do procedimento desviado e a consequente responsabilização, como integrantes, do ordenamento jurídico previamente posto e institucionalizado"[2].

Controle, em tema de administração pública, é, pois, a faculdade de **vigilância, orientação e correção** que um Poder, órgão ou autoridade exerce sobre seus atos (**controle interno**) ou sobre os atos praticados por outro (**controle externo**), de forma a verificar-lhes a legalidade e o mérito e assegurar a consecução dos interesses coletivos[3].

16.2. FUNDAMENTO CONSTITUCIONAL

O enunciado constitucional que fundamenta a atividade de controle é o art. 70 da CF, cujo *caput* assim está redigido:

---

[1] DUGUIT, Léon. *Fundamentos do direito*, p. 59.

[2] SÁ, Afrânio de. Breves linhas sobre controle e responsabilização, p. 120.

[3] MEIRELLES, Hely Lopes. *Direito administrativo brasileiro*, p. 568. O STF, a propósito, asseverou: "(...) o controle da elaboração e da execução do orçamento público é matéria indispensável em um Estado Democrático de Direito, haja vista que se trata de uma condição de possibilidade para a fruição empírica de todos os demais direitos fundamentais" (ACO 1.224/PE, Rel. Min. Edson Fachin, Pleno, j. em 20.09.2018, *DJe*-213 05.10.2018).

> **Art. 70.** A fiscalização contábil, financeira, orçamentária, operacional e patrimonial da União e das entidades da administração direta e indireta, quanto à legalidade, legitimidade, economicidade, aplicação das subvenções e renúncia de receitas, será exercida pelo Congresso Nacional, mediante controle externo, e pelo sistema de controle interno de cada Poder.

De acordo com o referido dispositivo — que, segundo, o STJ, visa efetivar o princípio da **transparência** na Administração Pública (**MS 9.642/DF**, Rel. Min. Luiz Fux, 1.ª Seção, j. em 23.02.2005, *DJ* 21.03.2005, p. 204)[4] —, são modalidades de fiscalização previstas na Constituição Federal:

- ☑ contábil;
- ☑ financeira;
- ☑ orçamentária;
- ☑ operacional;
- ☑ patrimonial.

Ainda de acordo com o referido dispositivo, tais controles envolvem os aspectos da **legalidade**, da **legitimidade** e da **economicidade**:

☑ o controle da **legalidade** abrange a análise da atividade administrativa à luz do plano normativo que lhe dá conformação;

☑ a **legitimidade** (que, como a legalidade, deriva de "*lex*", "*legis*"), além da própria legalidade (conformidade com a lei), contém elementos de ordem ética, identificando-se com a moralidade, os princípios e os fins aos quais se deve adequar a hipótese fática;

☑ quanto à **economicidade**, o controle examina as alternativas escolhidas pelo agente público relativamente ao binômio custo/benefício, isto é, para verificar se foram as melhores (com o mínimo de dispêndio) para a aplicação dos recursos públicos[5].

Também merece destaque o art. 163 da CF, que, com a redação dada pela Emenda Constitucional n. 40, de 29.05.2003, ao seu inciso V, assim passou a dispor:

---

[4] A transparência, por sua vez, "decorre do princípio da publicidade", consoante reconheceu o STF (ADI 2.361/CE, Rel. Min. Marco Aurélio, Pleno, j. em 24.09.2014, *DJe*-209 23.10.2014).

[5] MOTA, Emília Aguiar Fonseca da. O papel dos tribunais de contas, p. 94. Sobre o tema, discorre Nagib Slaibi Filho: "O controle da *legitimidade e da economicidade* outorga ao Poder Legislativo, necessariamente, a capacidade de adentrar no mérito do próprio ato administrativo, exigindo-se, assim, obliquamente, que os atos do administrador, em qualquer dos Poderes, devam ser fundamentados, pois só através da motivação é que se pode exercer o controle da sua legitimidade e economicidade" (*Anotações à Constituição de 1988:* aspectos fundamentais, p. 365) (destaques no original).

16 ▪ Fiscalização e Controle

> **Art. 163.** Lei complementar disporá sobre:
>
> (...)
>
> V — fiscalização financeira da administração pública direta e indireta; (...)

O controle da legalidade da execução orçamentária está a cargo do Poder Legislativo (diretamente ou com o auxílio dos Tribunais de Contas) e do Sistema de Controle Interno de cada Poder e do Ministério Público.

16.3. CONTROLE INTERNO

16.3.1. DEFINIÇÃO

O art. 74 da CF impõe aos Poderes Legislativo, Executivo e Judiciário que mantenham, de forma integrada, **sistema de controle interno**.

Controle interno (também conhecido como **controle primário**) é aquele que a administração de cada um dos Poderes exerce *interna corporis*, isto é, sobre seus próprios atos[6].

Diz-se controle interno porque feito no âmbito da própria Administração que tem a seu cargo a execução orçamentária. Consoante leciona José Nilo de Castro, trata-se de um "controle eminentemente *técnico*, que se contrapõe ao controle externo, de dosagem *política*" (destaque no original)[7].

A **Lei n. 10.180, de 06.02.2001**[8], organiza e disciplina o Sistema de Controle Interno do Poder Executivo Federal.

O **Decreto n. 3.591, de 06.09.2000**, dispõe sobre o Sistema de Controle Interno do Poder Executivo Federal.

16.3.2. FINALIDADES

O controle interno da execução orçamentária tem as seguintes finalidades, arroladas no art. 74 da CF[9]:

- ▪ avaliar o cumprimento das metas previstas no Plano Plurianual (PPA)[10], visando comprovar a conformidade da sua execução (art. 3.º, § 1.º, Decreto n. 3.591/2000);
- ▪ avaliar a execução dos programas de governo[11], visando comprovar o nível de execução das metas, o alcance dos objetivos e a adequação do gerenciamento (art. 3.º, § 2.º, Decreto n. 3.591/2000);

---

[6] GUALAZZI, Eduardo Lobo Botelho. *Regime jurídico dos tribunais de contas*, p. 34.

[7] CASTRO, José Nilo de. *Julgamento das contas municipais*, p. 15.

[8] A Lei n. 10.180/2001 decorreu da conversão da Medida Provisória n. 2.112-88, de 26.01.2001.

[9] Idêntica é a redação do art. 49 da Lei n. 8.443, de 16.06.1992, que dispõe sobre a Lei Orgânica do Tribunal de Contas da União.

[10] No mesmo sentido é o disposto no art. 20, inciso I, e no art. 24, incisos I a III, ambos da Lei n. 10.180/2001, e no art. 2.º, inciso I, do Decreto n. 3.591/2000.

[11] No mesmo sentido é o disposto no art. 20, inciso I, e no art. 24, incisos I a III, ambos da Lei n. 10.180/2001, e no art. 2.º, inciso I, do Decreto n. 3.591/2000.

468 Direito Financeiro e Econômico Esquematizado   *Carlos Alberto de Moraes Ramos Filho*

■ avaliar a execução dos orçamentos da União[12], visando comprovar a conformidade da execução com os limites e destinações estabelecidos na legislação pertinente (art. 3.º, § 3.º, Decreto n. 3.591/2000);

■ comprovar a legalidade e avaliar os resultados, quanto à eficácia e eficiência, da gestão orçamentária, financeira e patrimonial nos órgãos e entidades da administração federal, bem como da aplicação de recursos públicos por entidades de direito privado[13];

■ exercer o controle das operações de crédito, avais, garantias, direitos e haveres da União[14], visando aferir a sua consistência e a adequação dos controles internos (art. 3.º, § 5.º, Decreto n. 3.591/2000);

■ apoiar o controle externo no exercício de sua missão institucional[15].

O controle interno visa criar condições favoráveis para garantir a maior eficiência do controle externo, bem como para garantir a administração financeira, contabilidade e auditoria, o que é feito por meio da avaliação dos resultados obtidos pelos administradores[16].

Nenhum processo, documento ou informação pode ser sonegado aos servidores do Sistema de Controle Interno do Poder Executivo Federal, no exercício das atribuições inerentes às atividades dos órgãos daquele sistema (art. 26, *caput*, Lei n. 10.180/2001).

Aos dirigentes dos órgãos e das unidades do Sistema de Controle Interno do Poder Executivo Federal, no exercício de suas atribuições, é facultado **impugnar**, mediante **representação** ao responsável, quaisquer atos de gestão realizados sem a devida fundamentação legal (art. 28, Lei n. 10.180/2001).

16.3.3. FUNÇÃO DE APOIO AO CONTROLE EXTERNO

Como visto, uma das funções do Sistema de Controle Interno é a de prestar apoio ao órgão de controle externo no exercício de sua missão institucional (art. 74, inciso IV, CF).

Tal apoio **não constitui subordinação** do controle interno em relação ao controle externo, mas "consiste na realização de ações, por um e por outro, que possam viabilizar a interação entre ambos"[17].

---

[12] No mesmo sentido é o disposto no art. 20, inciso I, e no art. 24, incisos I a III, ambos da Lei n. 10.180/2001, e no art. 2.º, inciso I, do Decreto n. 3.591/2000. O inciso I do art. 74 da CF refere-se ao controle da União. Todavia, os Estados, o Distrito Federal e os Municípios estão adstritos às mesmas regras, conquanto em conformidade com leis que regulam seus quadros administrativos. Nesse sentido: MARTINS, Fernando Rodrigues. *Controle do patrimônio público*, p. 120.

[13] No mesmo sentido é o disposto no art. 20, inciso II, da Lei n. 10.180/2001, e no art. 2.º, inciso II, do Decreto n. 3.591/2000.

[14] No mesmo sentido é o disposto no art. 20, inciso III, e no art. 24, inciso IV, ambos da Lei n. 10.180/2001, e no art. 2.º, inciso III, do Decreto n. 3.591/2000.

[15] No mesmo sentido é o disposto no art. 19 e no art. 20, inciso IV, ambos da Lei n. 10.180/2001, e nos arts. 2.º, inciso IV, e 5.º, *caput*, do Decreto n. 3.591/2000.

[16] MARTINS, Cláudio. *Compêndio de finanças públicas*, p. 227; VEIGA, Clóvis de Andrade. *Direito financeiro aplicado*, p. 189.

[17] AGUIAR, Ubiratan et al. *A administração pública sob a perspectiva do controle externo*, p. 138.

16 ■ Fiscalização e Controle

Nos termos do parágrafo único do art. 5.º do Decreto n. 3.591/2000, o apoio ao controle externo, sem prejuízo do disposto em legislação específica, consiste no fornecimento de informações e dos resultados das ações do Sistema de Controle Interno do Poder Executivo Federal.

Na função de apoio ao controle externo, os órgãos integrantes do sistema deverão exercer, dentre outras, as seguintes atividades, previstas no art. 50 da Lei n. 8.443, de 16.06.1992:

■ realizar **auditorias** nas contas dos responsáveis sob seu controle, emitindo relatório, certificado de auditoria e parecer;

■ **alertar** formalmente a autoridade administrativa competente para que instaure tomada de contas especial, sempre que tiver conhecimento de qualquer das ocorrências referidas no *caput* do art. 8.º da Lei n. 8.443/92.

16.3.4. COMUNICAÇÃO AO TRIBUNAL DE CONTAS

Os responsáveis pelo controle interno, ao tomarem conhecimento de qualquer irregularidade ou ilegalidade, dela darão ciência ao Tribunal de Contas, sob pena de responsabilidade solidária (art. 74, § 1.º, CF[18]).

Na comunicação ao TCU, o dirigente do órgão competente indicará as **providências** adotadas para evitar ocorrências semelhantes (art. 51, § 1.º, Lei n. 8.443/92).

Verificada em inspeção ou auditoria, ou no julgamento de contas, irregularidade ou ilegalidade que não tenha sido comunicada tempestivamente ao TCU, e provada a omissão, o dirigente do órgão de controle interno, na qualidade de responsável solidário, ficará sujeito às sanções previstas para a espécie (art. 51, § 2.º, Lei n. 8.443/92).

16.3.5. PRONUNCIAMENTO SOBRE AS CONTAS E O PARECER DO CONTROLE INTERNO

O Ministro de Estado supervisor da área ou a autoridade de nível hierárquico equivalente emitirá, sobre as contas e o parecer do controle interno, expresso e indelegável pronunciamento, no qual atestará haver tomado conhecimento das conclusões nele contidas (art. 52, Lei n. 8.443/92).

16.3.6. CONTROLE INTERNO DO PODER EXECUTIVO

Atualmente, o sistema de controle interno do Poder Executivo Federal tem como órgão central, que exerce a coordenação e gestão do sistema, a **Controladoria-Geral da União (CGU)**, com *status* de Ministério (art. 17, inciso XXXI, Lei n. 14.600, de 19.06.2023).

A CGU pode fiscalizar a aplicação de dinheiro da União onde quer que ele seja aplicado, possuindo tal fiscalização **caráter interno**, porque exercida exclusivamente sobre verbas oriundas do orçamento do Executivo destinadas a repasse de entes federados.

---

[18] No mesmo sentido é o disposto no *caput* do art. 51 da Lei n. 8.443, de 16.06.1992.

Nesse sentido decidiu o STF: "A fiscalização exercida pela CGU é interna, pois feita exclusivamente sobre verbas provenientes do orçamento do Executivo" (**RMS 25.943/DF**, Rel. Min. Ricardo Lewandowski, Pleno, j. em 24.11.2010, *DJe*-041 02.03.2011)[19].

No referido julgado, o STF reconheceu que a CGU pode fiscalizar a aplicação de recursos públicos federais onde quer que eles estejam sendo aplicados, mesmo que em outro ente federado aos quais foram destinados[20].

A CGU administra o **Portal da Transparência** do Governo Federal (art. 13, Decreto n. 11.529, de 16.05.2023)[21], que visa assegurar a boa e correta aplicação dos recursos públicos, mediante o aumento da transparência da gestão pública, permitindo que o cidadão acompanhe como o dinheiro público está sendo utilizado e ajude a fiscalizar a aplicação dele[22].

O STJ entendeu que o procedimento adotado pela CGU em dar **publicidade**, em sua página na internet, após decorrido o prazo de cinco dias para manifestação do interessado, dos resultados das ações fiscais procedidas nos municípios brasileiros, em relação à aplicação dos recursos públicos federais, **não atinge o princípio do contraditório ou da ampla defesa**, porquanto tal proceder não decorre de processo administrativo, inexistindo qualquer consequência punitiva (**MS 9.794/DF**, Rel. Min. Francisco Falcão, 1.ª Seção, j. em 24.11.2004, *DJ* 01.02.2005, p. 389).

Confira-se, a respeito, o seguinte julgado do STJ:

> **Ementa:** MANDADO DE SEGURANÇA. CONTROLADORIA-GERAL DA UNIÃO — CGU. PROCEDIMENTO FISCALIZATÓRIO EM MUNICÍPIOS. DIVULGAÇÃO DE INFORMAÇÕES PRELIMINARES NA PÁGINA DA INTERNET. LEGALIDADE. INEXISTÊNCIA DE OFENSA AOS PRINCÍPIOS DA AMPLA DEFESA E DO CONTRADITÓRIO. PROPORCIONALIDADE NA APLICAÇÃO DAS REGRAS CONSTITUCIONAIS. PREVALÊNCIA DO PRINCÍPIO DA PUBLICIDADE. TUTELA DOS INTERESSES DA SOCIEDADE.
>
> 1. Trata-se de mandado de segurança preventivo, com pedido de liminar, impetrado pela UNIÃO DOS MUNICÍPIOS DA BAHIA, contra ato a ser praticado pelo Sr. Ministro de Estado do Controle e da Transparência, consubstanciado na publicação — no site de internet da Controladoria-Geral da União — de relatório preliminar que aponta irregularidades na utilização de verba federal destinada à utilização do impetrante.

---

[19] No mesmo sentido: STJ, MS 9.642/DF, Rel. Min. Luiz Fux, 1.ª Seção, j. em 23.02.2005, *DJ* 21.03.2005, p. 204.

[20] Consoante decidiu o STJ, tratando-se de repasse de verbas da União por intermédio da Caixa Econômica Federal sujeitas à fiscalização e exame de órgão federal (Controladoria-Geral da União), sobressai a competência da Justiça Federal para o processo e julgamento do feito nos termos da Súmula 208 daquela Corte, que assim dispõe: "Compete à Justiça Federal processar e julgar prefeito municipal por desvio de verba sujeita a prestação de contas perante órgão federal" (HC 182.874/PB, Rel. Min. Jorge Mussi, 5.ª Turma, j. em 18.08.2011, *DJe* 29.08.2011).

[21] Disponível em: <https://portaldatransparencia.gov.br/>. Acesso em: 23.10.2024.

[22] Consoante reconheceu o STJ, a CGU é parte legítima para figurar em mandado de segurança objetivando atacar a inclusão do nome de empresa no Portal da Transparência, por ela administrado (MS 19.657/DF, Rel. Min. Eliana Calmon, 1.ª Seção, j. em 14.08.2013, *DJe* 23.08.2013).

16 ▢ Fiscalização e Controle

2. Sustenta o impetrante que essa medida administrativa — publicação do relatório — caracteriza ato ilegal e abusivo, na medida em que antecipa juízo de valor que somente será alcançado pelo trabalho que vier a ser desenvolvido pelos órgãos competentes para o exame do mencionado relatório, uma vez que a Controladoria não detém competência para o julgamento das informações por ela colhidas, desiderato que é de responsabilidade do Tribunal de Contas da União, do Ministério Público ou ainda dos órgãos federais que autorizaram as verbas ao Município.

3. Inexistência, todavia, do direito vindicado, tampouco da sua liquidez e certeza, vez que o exercício de qualquer cargo ou função pública, notadamente o de chefe do Poder Executivo municipal, demanda a necessária submissão aos princípios constitucionais da legalidade, impessoalidade, moralidade, publicidade e eficiência, dentre outros requisitos.

4. Hipótese em que deve se aplicar a proporcionalidade entre as regras constitucionais e a hierarquização do bem a merecer a tutela da jurisdição. Na espécie, o objetivo colimado pelo impetrante não prevalece sobre o interesse social que a impetrada busca assegurar.

5. Segurança denegada (**MS 9.744/DF**, Rel. Min. José Delgado, 1.ª Seção, j. em 27.10.2004, *DJ* 04.04.2005, p. 158)[23].

À CGU, no exercício de suas competências, cabe (art. 49, § 2.º, Lei n. 14.600/2023):

▢ encaminhar à Advocacia-Geral da União (AGU) os casos que configurarem improbidade administrativa e aqueles que recomendarem a indisponibilidade de bens, o ressarcimento ao erário e outras providências a cargo da AGU;

▢ provocar, sempre que necessário, a atuação do Tribunal de Contas da União (TCU), da Secretaria Especial da Receita Federal do Brasil do Ministério da Fazenda e dos órgãos do Sistema de Gestão de Riscos e Controle Interno do Poder Executivo federal;

▢ provocar, quando houver indícios de responsabilidade penal, a atuação da Polícia Federal do Ministério da Justiça e Segurança Pública e do Ministério Público Federal, inclusive quanto a representações ou denúncias manifestamente caluniosas.

16.3.7. CONTROLE INTERNO DO PODER JUDICIÁRIO

O art. 74 da CF, como visto, impõe aos Poderes Legislativo, Executivo e Judiciário que mantenham, de forma integrada, **sistema de controle interno**.

Assim, visando regulamentar a citada disposição constitucional no âmbito do Poder Judiciário, o Conselho Nacional de Justiça — CNJ[24] editou a **Resolução n. 308, de 11.03.2020**, que, alterada pelas Resoluções n. 403/2021 e n. 422/2021, organiza as atividades de auditoria interna do Poder Judiciário, sob a forma de sistema (Sistema de Auditoria Interna do Poder Judiciário — **SIAUD-Jud**)[25].

---

[23] No mesmo sentido: STJ, 9.745/DF, Rel. Min. José Delgado, 1.ª Seção, j. em 27.10.2004, *DJ* 02.05.2005, p. 146.

[24] Compete ao CNJ "o controle da atuação administrativa e financeira do Poder Judiciário" (art. 103-B, § 4.º, CF).

[25] A Resolução n. 308/2020 revogou expressamente a Resolução n. 86, de 08.09.2009, que anteriormente dispunha sobre a organização e o funcionamento do controle interno dos Tribunais.

Tal resolução foi editada com o declarado intuito de uniformizar os procedimentos de auditoria interna no âmbito do Poder Judiciário, a fim de promover a efetividade do contido nos arts. 70 e 74 da CF, com padrões que permitam a sua integração, na forma preconizada nos mencionados dispositivos constitucionais.

Ao CNJ, como órgão central do SIAUD-Jud, incumbe a orientação técnica normativa e da avaliação da funcionalidade das unidades de auditoria interna que compõem o Sistema, sem prejuízo da sua subordinação ao órgão cuja estrutura administrativa estiver integrada (art. 10, inciso I, Resolução n. 308/2020).

A Resolução n. 308/2020 criou, ainda, a **Comissão Permanente de Auditoria**, composta por, no mínimo, três Conselheiros eleitos pelo Plenário do CNJ (art. 13), a quem compete, dentre outras atribuições, decidir sobre a realização de Ações Coordenadas de Auditoria (art. 14, inciso II).

16.4. CONTROLE EXTERNO

16.4.1. DEFINIÇÃO

O controle externo é aquele realizado *externa corporis*, isto é, efetuado "de fora para dentro", por Poder diverso do controlado, diretamente ou com o auxílio de órgão preposto, cujo objeto consiste na verificação de legitimidade e/ou supervisão político-administrativa[26].

Os órgãos responsáveis pelo controle externo da Administração Pública são de ordem **jurisdicional** e **parlamentar**[27].

No **controle externo jurisdicional**, tem-se exclusivamente a verificação de legitimidade (constitucionalidade e legalidade), ao passo que o **controle externo legislativo** (ou **parlamentar**) abrange tanto a legitimidade como a supervisão político-administrativa, com preponderância programático-orçamentária e realce para o controle de mérito e de resultados[28].

O controle externo parlamentar objetiva, fundamentalmente, a verificação pelo **Poder Legislativo** da probidade dos gastos por parte da Administração Pública em geral, e o cumprimento da Lei Orçamentária, e é exercido com o auxílio dos **Tribunais de Contas** (Tribunal de Contas da União, Tribunais de Contas dos Estados e, quando houver, Tribunal de Contas do Município e Tribunal de Contas dos Municípios)[29].

---

[26] GUALAZZI, Eduardo Lobo Botelho. *Regime jurídico dos tribunais de contas*, p. 34.

[27] MARTINS, Fernando Rodrigues. *Controle do patrimônio público*, p. 121.

[28] GUALAZZI, Eduardo Lobo Botelho. *Regime jurídico dos tribunais de contas*, p. 34. Nesse sentido, observa Fernando Rodrigues Martins: "O critério que permeia o controle externo político exercido pelo Poder Legislativo sobre a Administração Pública, senão o único, é o próprio, ou seja, o *político*. Com isso, averbe-se que o 'policiamento' encetado tem por vetores a *legalidade* dos atos emanados da Administração Pública e o *mérito* daqueles outros, também por ela expedidos, com base nos critérios de conveniência e discricionariedade" (destaque no original) (*Controle do patrimônio público*, p. 122).

[29] "Os arts. 70 a 75 da **Lex Legum** deixam ver que o controle externo — contábil, financeiro, orçamentário, operacional e patrimonial — da administração pública é tarefa atribuída ao Poder Legislativo e ao Tribunal de Contas. O primeiro, quando atua nesta seara, o faz com o auxílio do segundo que, por sua vez, detém competências que lhe são próprias e exclusivas e que para serem

16 ■ Fiscalização e Controle

16.4.2. TRIBUNAIS DE CONTAS

Os Tribunais de Contas são **órgãos auxiliares** do Poder Legislativo no mister de controle externo[30], possuindo a competência para a fiscalização contábil, financeira, orçamentária, operacional e patrimonial das entidades da administração direta e indireta, quanto à **legalidade**, à **legitimidade** e à **economicidade**.

A previsão constitucional do aparato orgânico-funcional de controle externo não tem outro objetivo imediato senão o de "evitar o desgoverno e a desadministração"[31].

Os Tribunais de Contas exercem duas espécies de controle:

■ o tradicional, feito *a posteriori*; e

■ o simultâneo (ou concomitante), de finalidade preventiva.

No controle concomitante (art. 59, § 1.º, LRF), os Tribunais de Contas acompanham *pari passu* a execução orçamentária dos Poderes ou órgãos dos entes da Federação, devendo alertá-los quando constatam:

■ que a realização da receita poderá não comportar o cumprimento das metas de resultado primário ou nominal estabelecidas no Anexo de Metas Fiscais da LDO, tal como previsto no art. 9.º da LRF;

■ que o montante da despesa total com pessoal ultrapassou 90% (noventa por cento) do limite legal de comprometimento;

■ que os montantes das dívidas consolidada e mobiliária, das operações de crédito e da concessão de garantia estão acima de 90% (noventa por cento) dos respectivos limites;

■ que os gastos com inativos e pensionistas estão acima do limite definido em lei[32];

■ fatos que comprometam os custos ou os resultados dos programas;

■ indícios de irregularidades na gestão orçamentária.

Compete, ainda, aos Tribunais de Contas verificar os cálculos dos limites da despesa total com pessoal de cada ente da Federação e de cada Poder (art. 59, § 2.º, LRF).

É pelo controle concomitante que são detectados eventuais desvios que ocorrem **durante** a execução orçamentária, possibilitando a adoção de medidas corretivas para que o processo **se reoriente** na direção dos objetivos traçados[33].

---

exercitadas independem da interveniência do Legislativo" (STJ, RMS 11.060/GO, Rel. p/ acórdão Min. Paulo Medina, 2.ª Turma, j. em 25.06.2002, *DJ* 16.09.2002, p. 159) (destaque no original).

[30] São nesse sentido os seguintes julgados do STF: MS-AgR 37.923/DF, Rel. Min. Dias Toffoli, 1.ª Turma, j. em 22.04.2022, *DJe*-086 05.05.2022; ADI 5.563/RR, Rel. Min. Edson Fachin, Pleno, j. em 06.06.2022, *DJe*-157 09.08.2022.

[31] STF, HC 103.725/DF, Rel. Min. Ayres Britto, 2.ª Turma, j. em 14.12.2010, *DJe*-022 01.02.2012.

[32] A Lei n. 9.717/98, em seu art. 2.º, dispõe sobre o limite de comprometimento aplicado às despesas com pessoal inativo.

[33] Entre as competências constitucionais atribuídas ao Tribunal de Contas da União (aplicáveis, no que couber, às cortes de contas das demais unidades federadas, nos termos do art. 75 da CF), tem-se a de determinar prazo para que o órgão ou entidade adote as providências necessárias ao exato cumprimento da lei, "se verificada ilegalidade" (art. 71, inciso IX).

474 Direito Financeiro e Econômico Esquematizado   *Carlos Alberto de Moraes Ramos Filho*

Tais ações preventivas (**"alertas"**) são desenvolvidas com base no exame periódico do Relatório Resumido da Execução Orçamentária e do Relatório de Gestão Fiscal.

No controle *a posteriori*, os Tribunais de Contas operam a partir do fato ocorrido. Por essa razão, a fiscalização, não raro, já vai encontrar situações cristalizadas, que somente se resolverão na reparação do dano e/ou sanção pecuniária.

Relativamente a tal modalidade de controle, a LRF em nada inovou, continuando ele a ser disciplinado pelos Regimentos Internos de cada um dos Tribunais de Contas.

Ressaltamos, apenas, que são da competência dos Tribunais de Contas o processo e o julgamento dos ilícitos qualificados pelo art. 5.º da Lei n. 10.028, de 19.10.2000, como infrações administrativas contra as leis de finanças públicas.

> **Observação:** A relação entre a esfera de contas e a esfera judicial-penal é de **independência**. Tais instâncias, consoante já reconheceu o STF, são **autônomas**, não ficando condicionadas a abertura do inquérito nem a propositura da denúncia à conclusão de um eventual processo de julgamentos de contas em qualquer Tribunal de Contas do País, inclusive o TCU[34].

O Tribunal de Contas é obrigado, por expressa determinação constitucional (art. 71, § 4.º, c/c art. 75, ambos da CF), a encaminhar, ao Poder Legislativo a que se acha institucionalmente vinculado, tanto relatórios trimestrais quanto anuais de suas próprias atividades. Tais relatórios, além de permitirem o exame parlamentar do desempenho, pela Corte de Contas, de suas atribuições fiscalizadoras, também se destinam a expor, ao Legislativo, a situação das finanças públicas administradas pelos órgãos e entidades governamentais, em ordem a conferir um grau de maior eficácia ao exercício, pela instituição parlamentar, do seu poder de controle externo[35].

No âmbito da União, o controle externo é exercido pelo **Congresso Nacional** (art. 70, *caput*, CF), com o auxílio do **Tribunal de Contas da União (TCU)** (art. 71, *caput*, CF)[36].

16.4.3. TRIBUNAIS DE CONTAS: AUTONOMIA ADMINISTRATIVA E FINANCEIRA

Os Tribunais de Contas, na qualidade de **órgãos autônomos**, não vinculados a qualquer um dos Poderes, detêm **autonomia administrativa e financeira** (STJ, **RMS 12.366/CE**, Rel. Min. José Arnaldo da Fonseca, 5.ª Turma, j. em 07.12.2000, *DJ* 05.03.2001, p. 188).

---

[34] STF, HC 103.725/DF, Rel. Min. Ayres Britto, 2.ª Turma, j. em 14.12.2010, *DJe*-022 01.02.2012. No referido julgado, o STF assim decidiu: "A investigação propriamente penal, tão própria da Polícia quanto do Ministério Público, pouco tem a ver com o 'Sistema Tribunais de Contas', porque os Tribunais de Contas, a partir do TCU, são órgãos de controle externo das unidades administrativas de qualquer dos três Poderes da República, e desempenham uma função que não é a jurisdicional".

[35] A prestação de contas dos Tribunais e Conselhos de Contas dos Municípios, que são órgãos estaduais (art. 31, § 1.º, CF), há de se fazer, por isso mesmo, "perante o Tribunal de Contas do próprio Estado, e não perante a Assembleia Legislativa do Estado-membro. Prevalência, na espécie, da competência genérica do Tribunal de Contas do Estado (CF, art. 71, II, c/c o art. 75)" (STF, ADI 687/PA, Rel. Min. Celso de Mello, Pleno, j. em 02.02.1995, *DJ* 10.02.2006, p. 5).

[36] O TCU tem sede no Distrito Federal (art. 73, *caput*, CF; art. 62, Lei n. 8.443, de 16.06.1992).

16 □ Fiscalização e Controle 475

Apresentam-se, pois, os Tribunais de Contas como órgãos independentes, com quadro de servidores próprios[37], podendo, portanto, regulamentar o regime jurídico de seus servidores públicos[38].

> **Observação:** Conforme reconhecido pela CF/88 e pelo STF, gozam as Cortes de Contas do País das prerrogativas da **autonomia** e do **autogoverno**, o que inclui, essencialmente, a iniciativa reservada para instaurar processo legislativo que pretenda alterar sua organização e seu funcionamento, como resulta da interpretação sistemática dos arts. 73, 75 e 96, inciso II, alínea *d*, da CF/88[39].

16.4.4. O TRIBUNAL DE CONTAS DA UNIÃO (TCU)

16.4.4.1. Natureza

Nos termos do *caput* do art. 71 da CF, pode-se dizer que o Tribunal de Contas da União é **órgão de controle externo auxiliar do Congresso Nacional**. Tal natureza é reafirmada no art. 1.º da **Lei n. 8.443, de 16.06.1992**, que dispõe sobre a **Lei Orgânica do TCU**.

Nesse sentido, assim decidiu o STJ: "O Tribunal de Contas é órgão auxiliar do Poder Legislativo no que se refere ao controle externo da Administração Pública" (**AgRg no REsp 1.283.915/SC**, Rel. Min. Ari Pargendler, 1.ª Turma, j. em 07.11.2013, *DJe* 03.12.2013).

Confira-se, no mesmo sentido, o seguinte julgado do STF:

> **Ementa:** (...) A atuação do Tribunal de Contas da União no exercício da fiscalização contábil, financeira, orçamentária, operacional e patrimonial das entidades administrativas não se confunde com aquela atividade fiscalizatória realizada pelo próprio órgão administrativo, uma vez que esta atribuição decorre da de controle interno ínsito a cada Poder e aquela, do controle externo a cargo do Congresso Nacional (CF, art. 70) (**Pet-AgR 3.606/DF**, Rel. Min. Sepúlveda Pertence, Pleno, j. em 21.09.2006, *DJ* 27.10.2006, p. 31).

16.4.4.2. Competências

A Lei n. 8.443/92, em seu art. 1.º, arrola as competências do TCU.

---

[37] STJ, RMS 12.243/CE, Rel. Min. Jorge Scartezzini, 5.ª Turma, j. em 13.03.2001, *DJ* 23.04.2001, p. 170; RMS 13.249/CE, Rel. Min. Jorge Scartezzini, 5.ª Turma, j. em 06.08.2002, *DJ* 28.10.2002, p. 330.

[38] STJ, RMS 12.196/CE, Rel. Min. Paulo Medina, 6.ª Turma, j. em 03.03.2005, *DJ* 18.04.2005, p. 392.

[39] Nesse sentido: ADI 789/DF, Rel. Min. Celso de Mello, j. em 26.05.1994, *DJ* 19.12.1994, p. 35180; ADI 1.994/ES, Rel. Min. Eros Grau, Pleno, j. em 24.05.2006, *DJ* 08.09.2006, p. 33. Por assim entender, o STF, em sede cautelar, suspendeu a eficácia (por inconstitucionalidade formal) de lei estadual, de origem parlamentar, que alterava e revogava diversos dispositivos da Lei Orgânica do Tribunal de Contas do Estado do Tocantins e dispôs sobre forma de atuação, competências, garantias, deveres e organização do Tribunal de Contas estadual: ADI-MC 4.421/TO, Rel. Min. Dias Toffoli, Pleno, j. em 06.10.2010, *DJe*-111 10.06.2011; ADI-MC 4.418/TO, Rel. Min. Dias Toffoli, Pleno, j. em 06.10.2010, *DJe*-114 15.06.2011.

Analisando o teor dos 17 (dezessete) incisos que compõem o referido artigo, verifica-se que algumas das atribuições neles indicadas dizem respeito ao desempenho da **"atividade-fim"** daquele órgão — isto é, ao exercício de sua função de controle externo —, ao passo que outras se referem à sua **"atividade-meio"**, isto é, ao seu funcionamento administrativo, que lhe permite o regular exercício de sua atividade-fim[40].

Pela sua inegável importância, serão indicadas a seguir apenas as competências de controle do TCU.

> **Observação:** A jurisprudência do STF firmou-se no sentido de ser insuscetível de conhecimento o mandado de segurança impetrado contra deliberação do TCU que consubstancie simples **recomendação**, porque configuradora, em tal hipótese, de **mera sugestão sem caráter impositivo**[41]. Nesse caso, se a autoridade administrativa atender a recomendação do Tribunal de Contas, será ela que responderá pela prática do ato administrativo, sendo dela a legitimidade passiva *ad causam* para figurar como coatora em mandado de segurança impetrado contra aquele ato.

Ao TCU compete, nos termos da Constituição Federal e na forma estabelecida em sua Lei Orgânica:

- ◼ julgar as contas dos administradores e demais responsáveis por dinheiros, bens e valores públicos da administração direta e indireta, incluídas as fundações e sociedades instituídas e mantidas pelo Poder Público federal, e as contas daqueles que derem causa a perda, extravio ou outra irregularidade de que resulte prejuízo ao erário (art. 71, inciso II, CF; art. 1.º, inciso I, Lei n. 8.443/92)[42];

---

[40] Inserem-se nestas últimas as previstas nos incisos X a XV do art. 1.º da Lei n. 8.443/92, a saber: a) elaborar e alterar seu regimento interno; b) eleger seu Presidente e seu Vice-Presidente, e dar-lhes posse; c) conceder licença, férias e outros afastamentos aos ministros, auditores e membros do Ministério Público junto ao Tribunal, e, dependendo de inspeção por junta médica, licença para tratamento de saúde por prazo superior a seis meses; d) propor ao Congresso Nacional a fixação de vencimentos dos ministros, auditores e membros do Ministério Público junto ao Tribunal; e) organizar sua Secretaria, na forma estabelecida no regimento interno, e prover-lhe os cargos e empregos, observada a legislação pertinente; f) propor ao Congresso Nacional a criação, transformação e extinção de cargos, empregos e funções de quadro de pessoal de sua secretaria, bem como a fixação da respectiva remuneração.

[41] Nesse sentido: MS 21.462/DF, Rel. p/ acórdão Min. Moreira Alves, Pleno, j. em 24.11.1993, *DJ* 29.04.1994, p. 9730; MS 21.683/RJ, Rel. Min. Moreira Alves, Pleno, j. em 11.03.1994, *DJ* 16.12.1994, p. 34886; MS 21.519/PR, Rel. Min. Moreira Alves, Pleno, j. em 06.09.1995, *DJ* 29.08.1997, p. 40220; MS 22.226/DF, Rel. Min. Moreira Alves, Pleno, j. em 22.08.1996, *DJ* 11.10.1996, p. 38502; MS 22.746/PE, Rel. p/ acórdão Min. Nelson Jobim, Pleno, j. em 19.03.1998, *DJ* 04.08.2000, p. 6; MS 26.503/DF, Rel. Min. Marco Aurélio, decisão monocrática, j. em 02.05.2007, *DJ* 16.05.2007, p. 35.

[42] "Em decorrência da amplitude das competências fiscalizadoras da Corte de Contas, tem-se que **não é a natureza do ente** envolvido na relação que permite, ou não, a incidência da fiscalização da Corte de Contas, mas sim a **origem dos recursos envolvidos**, conforme dispõe o art. 71, II, da Constituição Federal" (STF, MS 24.379/DF, Rel. Min. Dias Toffoli, 1.ª Turma, j. em 07.04.2015, *DJe*-108 08.06.2015) (destaques nossos). No mesmo sentido: RE-AgR 934.233/RS, Rel. Min. Edson Fachin, 1.ª Turma, j. em 14.10.2016, *DJe*-234 04.11.2016; MS-AgR 37.923/DF, Rel. Min. Dias Toffoli, 1.ª Turma, j. em 22.04.2022, *DJe*-086 05.05.2022.

16 ▪ Fiscalização e Controle

> **Observação:** No âmbito das competências institucionais do Tribunal de Contas, o STF tem reconhecido a clara distinção entre: 1) a competência para apreciar e emitir parecer prévio sobre as contas prestadas anualmente pelo **Chefe do Poder Executivo** (art. 71, inciso I, CF); 2) e a competência para julgar as contas dos **demais administradores e responsáveis** (art. 71, inciso II, CF). Na segunda hipótese, o exercício da competência de julgamento pelo Tribunal de Contas **não fica subordinado ao crivo posterior do Poder Legislativo**[43].

> **Observação:** O art. 71, inciso II, da CF emprega, impropriamente, a expressão "erário público". Ora, considerando que **erário** (termo oriundo do latim *aerarium*) significa **tesouro público**, conclui-se estarmos diante de um pleonasmo, pois o erário será sempre público, não sendo assim necessário adjetivá-lo. Tal impropriedade foi corrigida pela Lei n. 8.443/92, que no inciso I do seu art. 1.º refere-se a "erário".

■ proceder, por iniciativa própria ou por solicitação do Congresso Nacional, de suas Casas ou das respectivas comissões, à fiscalização contábil, financeira, orçamentária, operacional e patrimonial das unidades dos poderes da União e das entidades da administração direta e indireta, incluídas as fundações e sociedades instituídas e mantidas pelo Poder Público federal (art. 70, *caput*, c/c art. 71, *caput*, ambos da CF; art. 1.º, inciso II, Lei n. 8.443/92);

> **Observação:** No julgamento de contas e na fiscalização que lhe compete, o TCU decide sobre a legalidade, a legitimidade e a economicidade dos atos de gestão e das despesas deles decorrentes, bem como sobre a aplicação de subvenções e a renúncia de receitas (art. 1.º, § 1.º, Lei n. 8.443/92).

■ apreciar as contas prestadas anualmente pelo Presidente da República (art. 71, inciso I, CF; art. 1.º, inciso III, Lei n. 8.443/92);

■ acompanhar a arrecadação da receita a cargo da União e das entidades da administração direta e indireta, incluídas as fundações e sociedades instituídas e mantidas pelo Poder Público federal, mediante inspeções e auditorias, ou por meio de demonstrativos próprios, na forma estabelecida em seu regimento interno (art. 1.º, inciso IV, Lei n. 8.443/92);

■ apreciar, para fins de registro, a **legalidade** dos **atos de admissão de pessoal**, a qualquer título, na administração direta e indireta, incluídas as fundações instituídas e mantidas pelo Poder Público federal[44], excetuadas as nomeações para cargo de provimento em comissão, bem como a das concessões de **aposentadorias, reformas e pensões**, ressalvadas as melhorias posteriores que não alterem

---

[43] Nesse sentido: ADI 3.715/TO, Rel. Min. Gilmar Mendes, Pleno, j. em 21.08.2014, *DJe*-213 30.10.2014.

[44] Ao julgar o **Tema de Repercussão Geral 47**, o STF fixou a tese: "A competência técnica do Tribunal de Contas do Estado, ao negar registro de admissão de pessoal, não se subordina à revisão pelo Poder Legislativo respectivo" (RE 576.920/RS, Rel. Min. Edson Fachin, Pleno, j. em 20.04.2020, *DJe*-267 09.11.2020). No referido julgado, ao analisar o controle externo exercido pelos Tribunais de Contas em relação a atos administrativos dos municípios, assim decidiu o STF: "A Câmara Municipal não detém competência para rever o ato do Tribunal de Contas do Estado que nega o registro de admissão de pessoal".

o fundamento legal do ato concessório (art. 71, inciso III, CF; art. 1.º, inciso V, Lei n. 8.443/92);

> **Observação:** O Tribunal de Contas tem **5 (cinco anos)** para apreciar a legalidade do ato de aposentadoria do servidor público, a contar da chegada do processo à Corte, e o transcurso desse prazo incorre no registro definitivo do ato e na impossibilidade de o órgão de controle externo revisar o ato, aplicando-se, por analogia (art. 4.º, LINDB), o prazo previsto no art. 1.º do Decreto n. 20.910/32[45]. A Administração, por sua vez, tem o prazo decadencial de **5 (cinco anos)** para revisar o ato de aposentadoria a contar do registro definitivo da aposentadoria pelo Tribunal de Contas (art. 54, Lei n. 9.784/99)[46].

■ efetuar, observada a legislação pertinente, o cálculo das quotas referentes aos fundos de participação a que alude o parágrafo único do art. 161 da Constituição Federal, fiscalizando a entrega dos respectivos recursos (art. 1.º, inciso VI, Lei n. 8.443/92);

■ emitir **parecer prévio sobre as contas do Governo de Território Federal**, no prazo de 60 (sessenta) dias, a contar de seu recebimento, na forma estabelecida no regimento interno (art. 33, § 2.º, CF; art. 1.º, inciso VII, Lei n. 8.443/92);

■ representar ao poder competente sobre irregularidades ou abusos apurados (art. 71, inciso XI, CF), indicando o ato inquinado e definindo responsabilidades, inclusive as de Ministro de Estado ou autoridade de nível hierárquico equivalente (art. 1.º, inciso VIII, Lei n. 8.443/92);

■ aplicar aos responsáveis as **sanções** previstas nos arts. 57 a 61 de sua Lei Orgânica (art. 71, inciso VIII, CF; art. 1.º, inciso IX, Lei n. 8.443/92)[47];

■ decidir sobre denúncia que lhe seja encaminhada por qualquer cidadão, partido político, associação ou sindicato, na forma prevista nos arts. 53 a 55 de sua Lei Orgânica (art. 1.º, inciso XVI, Lei n. 8.443/92);

---

[45] Ao julgar o **Tema 445** de repercussão geral, o STF fixou a seguinte tese: "Em atenção aos princípios da segurança jurídica e da confiança legítima, os Tribunais de Contas estão sujeitos ao prazo de 5 anos para o julgamento da legalidade do ato de concessão inicial de aposentadoria, reforma ou pensão, a contar da chegada do processo à respectiva Corte de Contas" (RE 636.553/RS, Rel. Min. Gilmar Mendes, Pleno, j. em 19.02.2020, *DJe*-129 26.05.2020). No mesmo sentido: RE-ED 1.317.463/RS, Rel. Min. Alexandre de Moraes, 1.ª Turma, j. em 24.05.2021, *DJe*-105 02.06.2021. O STJ aderiu ao referido entendimento do STF: EDcl no AgInt no REsp 1.825.318/RS, Rel. Min. Herman Benjamin, 2.ª Turma, j. em 28.09.2020, *DJe* 14.10.2020; AgInt no RMS 63.830/RJ, Rel. Min. Mauro Campbell Marques, 2.ª Turma, j. em 16.11.2020, *DJe* 19.11.2020; EDcl no AREsp 1.658.592/RS, Rel. Min. Herman Benjamin, 2.ª Turma, j. em 15.12.2020, *DJe* 18.12.2020; AgRg no REsp 1.287.276/AM, Rel. Min. Gurgel de Faria, 1.ª Turma, j. em 15.12.2020, *DJe* 17.02.2021.

[46] STF, MS 25.963/DF, Rel. Min. Cezar Peluso, Pleno, j. em 23.10.2008, *DJe*-222 21.11.2008; STJ, AgInt no REsp 1.535.212/SC, Rel. Min. Regina Helena Costa, 1.ª Turma, j. em 20.10.2016, *DJe* 08.11.2016.

[47] "Compete à Corte de Contas da União aplicar aos responsáveis, em caso de ilegalidade de despesa ou irregularidade de contas, as sanções previstas em lei, que estabelece, entre outras cominações, multa proporcional ao dano causado ao Erário (art. 71, VIII, da Constituição Federal)" (STF, MS 24.379/DF, Rel. Min. Dias Toffoli, 1.ª Turma, j. em 07.04.2015, *DJe*-108 08.06.2015).

16 ▪ Fiscalização e Controle 479

> **Observação:** O § 2.º do art. 74 da CF assim dispõe: "Qualquer cidadão, partido político, associação ou sindicato é parte legítima para, na forma da lei, denunciar irregularidades ou ilegalidades perante o Tribunal de Contas da União".

▪ decidir sobre **consulta** que lhe seja formulada por autoridade competente, a respeito de dúvida suscitada na aplicação de dispositivos legais e regulamentares concernentes a matéria de sua competência, na forma estabelecida em seu regimento interno (art. 1.º, inciso XVII, Lei n. 8.443/92).

> **Observação:** A resposta à consulta tem **caráter normativo** e constitui prejulgamento da tese, mas não do fato ou caso concreto (art. 1.º, § 2.º, Lei n. 8.443/92)[48].

Ressalte-se que a **Súmula 347 do STF** permitia que o TCU exercesse **controle de constitucionalidade** de leis e atos normativos, estando assim redigida: "O Tribunal de Contas, no exercício de suas atribuições, pode apreciar a constitucionalidade das leis e dos atos do poder público".

De acordo com a citada súmula, tal competência do TCU era para reconhecer eventual inconstitucionalidade **incidentalmente** (pois a súmula mencionava que tal apreciação seria realizada pelo TCU "no exercício de suas atribuições")[49].

O STF, contudo, reviu seu entendimento em julgados de cujas ementas são extraídos os seguintes trechos:

> **Ementa:** (...) 1. O Tribunal de Contas da União, órgão sem função jurisdicional, não pode declarar a inconstitucionalidade de lei federal **com efeitos *erga omnes* e vinculantes no âmbito de toda a Administração Pública Federal.** 2. Decisão do TCU que acarretou o total afastamento da eficácia dos §§ 2.º e 3.º dos artigos 7.º e 17 da Medida Provisória 765/2016, convertida na Lei 13.464/2017, no âmbito da Administração Pública Federal. 3. Impossibilidade **de o controle difuso exercido administrativamente pelo Tribunal de Contas trazer consigo a transcendência dos efeitos, de maneira a afastar incidentalmente a aplicação de uma lei federal, não só para o caso concreto, mas para toda a Administração Pública Federal, extrapolando os efeitos concretos e interpartes e**

---

[48] Em razão de sua normatividade, as decisões do TCU proferidas em consultas podem ser apreciadas em sede de controle concentrado de constitucionalidade. Nesse sentido decidiu o STF: ADI-MC 1.691/DF, Rel. Min. Moreira Alves, Pleno, j. em 30.10.1997, *DJ* 12.12.1997, p. 65613; ADI 3.889/RO, Rel. Min. Roberto Barroso, Pleno, j. em 04.07.2023, *DJe* 12.07.2023. No mesmo sentido, mas apreciando solução de consulta pelo Tribunal de Contas do Estado do Rio de Janeiro, que ocorre mediante resoluções normativas: ADI-MC 828/RJ, Rel. Min. Marco Aurélio, Pleno, j. em 27.05.1993, *DJ* 01.07.1993, p. 13142.

[49] Do voto do Ministro Pedro Chaves, relator no RMS 8372, extrai-se o seguinte trecho: "Entendeu o julgado que o Tribunal de Contas não podia declarar a inconstitucionalidade da lei. Na realidade essa declaração escapa à competência específica dos Tribunais de Contas". E conclui: "Mas há que distinguir entre declaração de inconstitucionalidade e não aplicação de leis inconstitucionais, pois esta é obrigação de qualquer tribunal ou órgão de qualquer dos poderes do Estado" (RMS 8.372/CE, Rel. Min. Pedro Chaves, Pleno, j. em 11.12.1961, *DJ* 26.04.1962, p. 793).

tornando-os *erga omnes* e vinculantes. (...) (**MS 35.410/DF**, Rel. Min. Alexandre de Moraes, Pleno, j. em 13.04.2021, *DJe*-086 06.05.2021) (destaques nossos)[50].

Ementa: (...) 1. **A declaração incidental de inconstitucionalidade somente é permitida de maneira excepcional aos juízes e tribunais para o pleno exercício de suas funções jurisdicionais,** devendo o magistrado garantir a supremacia das normas constitucionais ao solucionar de forma definitiva o caso concreto posto em juízo. Trata-se, portanto, de excepcionalidade concedida somente aos órgãos exercentes de função jurisdicional, aceita pelos mecanismos de freios e contrapesos existentes na separação de poderes e **não extensível a qualquer outro órgão administrativo.** (...) (**MS 35.812/DF**, Rel. Min. Alexandre de Moraes, Pleno, j. em 13.04.2021, *DJe*-088 10.05.2021) (destaques nossos)[51].

Registre-se que, de acordo com o referido entendimento adotado pelo STF, a possibilidade de os Tribunais de Contas exercerem controle incidental de constitucionalidade representaria, "como via de regra, um alargamento indevido da competência fiscalizadora que lhe foi atribuída pela Constituição Federal, frente à ausência de função jurisdicional dos órgãos administrativos"[52].

Portanto, nos termos de tais julgados, o enunciado da Súmula 347 do STF estaria **superado,** não mais subsistindo em face da vigente ordem constitucional[53].

---

[50] No mesmo sentido: MS 35.836/DF, Rel. Min. Alexandre de Moraes, Pleno, j. em 13.04.2021, *DJe*-088 10.05.2021; MS 35.490/DF, Rel. Min. Alexandre de Moraes, Pleno, j. em 13.04.2021, *DJe*-086 06.05.2021; MS 35.494/DF, Rel. Min. Alexandre de Moraes, Pleno, j. em 13.04.2021, *DJe*-086 06.05.2021; MS 35.498/DF, Rel. Min. Alexandre de Moraes, Pleno, j. em 13.04.2021, *DJe*-086 06.05.2021; MS 35.500/DF, Rel. Min. Alexandre de Moraes, Pleno, j. em 13.04.2021, *DJe*-085 05.05.2021.

[51] No mesmo sentido: MS 35.824/DF, Rel. Min. Alexandre de Moraes, Pleno, j. em 13.04.2021, *DJe*-116 17.06.2021. Anteriormente aos mencionados julgamentos, alguns ministros, monocraticamente, já haviam se manifestado pela superação da Súmula 347, podendo ser citadas, como exemplos, as seguintes decisões: MS-MC 25.888/DF, Rel. Min. Gilmar Mendes, j. em 22.03.2006, *DJ* 29.03.2006, p. 11; MS 27.337/DF, Rel. Min. Eros Grau, j. em 21.05.2008, *DJe*-095 28.05.2008; MS-MC 35.410/DF, Rel. Min. Alexandre de Moraes, j. em 15.12.2017, *DJe*-018 01.02.2018; MS 34.482/DF, Rel. Min. Ricardo Lewandowski, j. em 18.05.2018, *DJe*-100 23.05.2018.

[52] STF, RE-AgR 1.336.854/RS, Rel. Min. Edson Fachin, 2.ª Turma, j. em 09.03.2022, *DJe*-071 12.04.2022. No mesmo sentido: RE-AgR 1.352.673/GO, Rel. Min. Roberto Barroso, 1.ª Turma, j. em 03.11.2022, *DJe*-237 23.11.2022.

[53] Ressalte-se que o relator, Min. Alexandre de Moraes, em seu voto no MS 35.410/DF, que foi seguido pela maioria dos membros do STF, manifestou-se no sentido da impossibilidade, **inclusive**, do exercício do **controle difuso** de constitucionalidade pelo TCU: "Em verdade, nas hipóteses de afastamento incidental da aplicação de lei específica no âmbito da administração pública federal, o Tribunal de Contas da União, por via reflexa, estaria automaticamente aplicando a transcendência dos efeitos do controle difuso e desrespeitando frontalmente a competência para o exercício do controle concentrado reservada com exclusividade ao SUPREMO TRIBUNAL FEDERAL pelo texto constitucional, pois estaria obrigando, a partir de um caso concreto, toda a administração pública federal a deixar de aplicar uma lei em todas as situações idênticas (efeitos vinculantes)". O Min. Luis Roberto Barroso acompanhou o Relator com ressalvas, tendo assim se manifestado em seu voto: "Ressalvo, contudo, minha discordância em relação ao primeiro dos dois fundamentos expostos no voto do relator, como tenho feito nas demais ações em que se discute a possibilidade

16 ▫ Fiscalização e Controle

No entanto, em julgado mais recente, o STF concluiu que a Súmula 347 mostra-se **compatível** com a Constituição de 1988, desde que o tratamento de questões constitucionais pelos Tribunais de Contas observe "a finalidade de reforçar a normatividade constitucional"[54].

Assim, decidiu o STF pela:

- ▪ **inviabilidade** de realização de controle **abstrato** de constitucionalidade por parte do Tribunal de Contas;
- ▪ **possibilidade** de os Tribunais de Contas, caso imprescindível para o exercício do controle externo, afastarem (*incidenter tantum*) normas cuja aplicação no caso concreto expressaria um resultado inconstitucional (seja por violação patente a dispositivo da Constituição ou por contrariedade à jurisprudência do STF sobre a matéria).

Para desempenho de suas competências, o TCU (art. 2.º, Lei n. 8.443/92):

- ▪ receberá, em cada exercício, o rol de responsáveis e suas alterações, na forma estabelecida em seu regimento interno;
- ▪ receberá outros documentos ou informações que considerar necessários, na forma estabelecida em seu regimento interno;
- ▪ poderá solicitar ao Ministro de Estado supervisor da área, ou à autoridade de nível hierárquico equivalente, outros elementos indispensáveis ao exercício de sua competência.

Ao TCU, no âmbito de sua competência, assiste o **poder regulamentar** (art. 3.º, Lei n. 8.443/92), podendo, em consequência, expedir **atos e instruções normativas** sobre:

- ▪ matéria de suas atribuições; e
- ▪ a organização dos processos que lhe devam ser submetidos.

Os atos e as instruções normativas expedidos pelo TCU no exercício de seu poder regulamentar **obrigam ao seu cumprimento**, sob pena de responsabilidade (art. 3.º, Lei n. 8.443/92).

Ressalte-se que o TCU não detém a prerrogativa de determinar **quebra de sigilo bancário**, consoante já decidiu o STF:

> **Ementa:** Mandado de Segurança. Tribunal de Contas da União. Banco Central do Brasil. Operações financeiras. Sigilo. 1. A Lei Complementar n. 105, de 10/1/01, não conferiu ao Tribunal de Contas da União poderes para determinar a quebra do sigilo bancário de dados constantes do Banco Central do Brasil. O legislador conferiu esses poderes ao Poder

---

de controle incidental de constitucionalidade por órgãos administrativos. **Toda autoridade administrativa de nível superior pode, a meu ver, incidentalmente declarar a inconstitucionalidade de lei, desde que limitada ao caso concreto.** No presente caso, considerando que tal restrição de efeitos não foi observada, voto igualmente pelo afastamento das determinações contidas no acórdão impugnado" (destaque nosso).

[54] MS-AgR 25.888/DF, Rel. Min. Gilmar Mendes, Pleno, j. em 22.08.2023, *DJe*-s/n 11.09.2023.

482 Direito Financeiro e Econômico Esquematizado — Carlos Alberto de Moraes Ramos Filho

Judiciário (art. 3.º), ao Poder Legislativo Federal (art. 4.º), bem como às Comissões Parlamentares de Inquérito, após prévia aprovação do pedido pelo Plenário da Câmara dos Deputados, do Senado Federal ou do plenário de suas respectivas comissões parlamentares de inquérito (§§ 1.º e 2.º do art. 4.º). 2. Embora as atividades do TCU, por sua natureza, verificação de contas e até mesmo o julgamento das contas das pessoas enumeradas no artigo 71, II, da Constituição Federal, justifiquem a eventual quebra de sigilo, não houve essa determinação na lei específica que tratou do tema, não cabendo a interpretação extensiva, mormente porque há princípio constitucional que protege a intimidade e a vida privada, art. 5.º, X, da Constituição Federal, no qual está inserida a garantia ao sigilo bancário. 3. Ordem concedida para afastar as determinações do acórdão n. 72/96 — TCU — 2.ª Câmara (fl. 31), bem como as penalidades impostas ao impetrante no Acórdão n. 54/97 — TCU — Plenário (**MS 22.801/DF**, Rel. Min. Menezes Direito, Pleno, j. em 17.12.2007, *DJe*-047 14.03.2008).

> **Observação:** "Não configura violação de sigilo bancário a intervenção dos Tribunais de Contas visando aferir a regularidade de contratos administrativos formalizados no âmbito das instituições financeiras exploradoras de atividade econômica" (STJ, **RMS 17.949/DF**, Rel. Min. João Otávio de Noronha, 2.ª Turma, j. em 09.08.2005, *DJ* 26.09.2005, p. 271).

16.4.4.3. Jurisdição

O *caput* do art. 73 da CF dispõe que o TCU tem **jurisdição** em todo o território nacional.

> **Observação:** O emprego do termo "jurisdição" no referido preceito constitucional afigura-se impróprio, pois os Tribunais de Contas, a partir do TCU, desempenham uma função que **não é a jurisdicional**[55]. Em verdade, o que o Texto Constitucional pretendeu estatuir é que o campo territorial dentro do qual o TCU exerce suas atribuições abrange **todo o território nacional**.

Segundo o art. 4.º da Lei n. 8.443/92, o TCU "tem jurisdição própria e privativa, em todo o território nacional, sobre as pessoas e matérias sujeitas à sua competência".

O campo de atuação do TCU abrange as pessoas arroladas no art. 5.º da Lei n. 8.443/92, a saber:

▪ qualquer pessoa física, órgão ou entidade a que se refere o inciso I do art. 1.º da Lei n. 8.443/92, que utilize, arrecade, guarde, gerencie ou administre dinheiros, bens e valores públicos ou pelos quais a União responda, ou que, em nome desta assuma obrigações de natureza pecuniária;

> **Observação:** O inciso I do art. 1.º da Lei n. 8.443/92 menciona as unidades dos poderes da União (administração direta) e as entidades da administração indireta, incluídas as fundações e sociedades instituídas e mantidas pelo poder público federal.
> Quanto às **empresas públicas** e **sociedades de economia mista**, o STF firmara inicialmente o entendimento de que, pelo fato de tais entidades estarem submetidas ao regime jurídico

---

[55] STF, HC 103.725/DF, Rel. Min. Ayres Britto, 2.ª Turma, j. em 14.12.2010, *DJe*-022 01.02.2012.

16 ◻ Fiscalização e Controle   483

das pessoas de direito privado, da mesma forma os administradores de bens e direitos das referidas entidades não se submeteriam às regras dos administradores de bens do Estado, não se sujeitando, por conseguinte, a prestar contas ao TCU (**MS 23.627/DF**, Rel. Min. Carlos Velloso, Pleno, j. em 07.03.2002, *DJ* 16.06.2006, p. 6; **MS 23.875/DF**, Rel. p/ Acórdão Min. Nelson Jobim, Pleno, j. em 07.03.2003, *DJ* 30.04.2004, p. 34).

Tal jurisprudência, contudo, restou superada, pois o STF passou a entender que ao TCU incumbe atuar relativamente à gestão de sociedades de economia mista (**MS 25.181/DF**, Rel. Min. Marco Aurélio, Pleno, j. em 10.11.2005, *DJ* 16.06.2006, p. 6), as quais estão sujeitas à fiscalização pelos Tribunais de Contas (**RE-AgR 356.209/GO**, Rel. Min. Ellen Gracie, 2.ª Turma, j. em 01.03.2011, *DJe*-056 25.03.2011). No mesmo sentido: "As empresas públicas e as sociedades de economia mista, integrantes da administração indireta, estão sujeitas à fiscalização do Tribunal de Contas, não obstante os seus servidores estarem sujeitos ao regime celetista" (STF, **MS 25.092/DF**, Rel. Min. Carlos Velloso, Pleno, j. em 10.11.2005, *DJ* 17.03.2006, p. 6).

Em se tratando de sociedades de economia mista ou de empresas públicas referidas no art. 173 da Constituição Federal (isto é, exploradoras de atividade econômica), "a fiscalização dos Tribunais de Contas não poderá abranger as atividades econômicas das instituições, ou seja, os atos realizados com vistas ao atingimento de seus objetivos comerciais" (STJ, **RMS 17.949/DF**, Rel. Min. João Otávio de Noronha, 2.ª Turma, j. em 09.08.2005, *DJ* 26.09.2005, p. 271). Ressalte-se que o STF já reconheceu a incompetência do TCU para fiscalizar sociedade de economia mista que esteja sob controle acionário de ente da federação distinto da União (**MS 24.423/DF**, Rel. Min. Gilmar Mendes, Pleno, j. em 10.09.2008, *DJe*-035 20.02.2009).

Observação: Conforme a jurisprudência do STF, as entidades fiscalizadoras do exercício profissional (os chamados **conselhos de fiscalização profissional**) têm natureza autárquica e submetem-se à obrigatoriedade de prestar contas ao TCU, de acordo com os arts. 70, parágrafo único, e 71, inciso II, da CF[56].

Contudo, a **Ordem dos Advogados do Brasil (OAB)**, cuja natureza jurídica é objeto de discussões[57], "diferencia-se das demais entidades que fiscalizam as profissões" (STJ, **REsp 497.871/SC**, Rel. Min. Eliana Calmon, 2.ª Turma, j. em 15.05.2003, *DJ*

---

[56] MS 10.272/DF, Rel. Min. Victor Nunes, Pleno, j. em 08.05.1963, *DJ* 11.07.1963, p. 2112; MS 22.643/SC, Rel. Min. Moreira Alves, Pleno, j. em 06.08.1998, *DJ* 04.12.1998, p. 13; MS 21.797/RJ, Rel. Min. Carlos Velloso, Pleno, j. em 09.03.2000, *DJ* 18.05.2001, p. 434.

[57] O STF possui decisões reconhecendo que a OAB possui natureza jurídica de **autarquia** (ADI-MC 1.707/MT, Rel. Min. Moreira Alves, Pleno, j. em 01.07.1998, *DJ* 16.10.1998, p. 6), mais precisamente uma "autarquia corporativista" (RE 595.332/PR, Rel. Min. Marco Aurélio, Pleno, j. em 31.08.2016, *DJe*-138 23.06.2017), mas também já proferiu decisão no sentido de que a "Ordem é um **serviço público independente**, categoria ímpar no elenco das personalidades jurídicas existentes no direito brasileiro" (destaque nosso) (ADI 3.026/DF, Rel. Min. Eros Grau, Pleno, j. em 08.06.2006, *DJ* 29.09.2006, p. 31). Para o STJ, a OAB é classificada como **autarquia *sui generis***: REsp 497.871/SC, Rel. Min. Eliana Calmon, 2.ª Turma, j. em 15.05.2003, *DJ* 02.06.2003, p. 292; EREsp 463.258/SC, Rel. Min. Eliana Calmon, 1.ª Seção, j. em 10.12.2003, *DJ* 29.03.2004, p. 167; REsp 462.823/SC, Rel. Min. Eliana Calmon, 2.ª Turma, j. em 11.05.2004, *DJ* 14.06.2004, p. 194; EREsp 503.252/SC, Rel. Min. Castro Meira, 1.ª Seção, j. em 25.08.2004, *DJ* 18.10.2004, p. 181; REsp 572.080/PR, Rel. Min. Castro Meira, 2.ª Turma, j. em 15.09.2005, *DJ* 03.10.2005, p. 173.

02.06.2003, p. 292)[58]. Em razão do exposto, apreciando o caso específico da OAB, decidiu o STJ que referida entidade não se subordina à fiscalização contábil, financeira, orçamentária, operacional e patrimonial, realizada pelo TCU[59].

> **Observação:** O STF já decidiu que o princípio da autonomia universitária (art. 207, CF) não é irrestrito, de forma que as **universidades públicas** se submetem às normas constitucionais que tratam do controle e da fiscalização[60].

- aqueles que derem causa a perda, extravio ou outra irregularidade de que resulte dano ao erário;
- os dirigentes ou liquidantes das empresas encampadas ou sob intervenção ou que de qualquer modo venham a integrar, provisória ou permanentemente, o patrimônio da União ou de outra entidade pública federal;
- os responsáveis pelas contas nacionais das empresas supranacionais de cujo capital social a União participe, de forma direta ou indireta, nos termos do tratado constitutivo;

> **Observação:** Na Ação Cível Originária (ACO) 1905/PR, que pretendia atribuir ao TCU poder de controle externo sobre contas nacionais da **ITAIPU BINACIONAL**, o STF, reafirmando o caráter supranacional da referida empresa[61], decidiu que eventual fiscalização pelo TCU só poderá ocorrer nos termos acordados com a República do Paraguai e materializados em instrumento diplomaticamente firmado entre os dois Estados soberanos[62].

- os responsáveis por entidades dotadas de personalidade jurídica de direito privado que recebam contribuições parafiscais e prestem serviço de interesse público ou social;
- todos aqueles que lhe devam prestar contas ou cujos atos estejam sujeitos à sua fiscalização por expressa disposição de lei;
- os responsáveis pela aplicação de quaisquer recursos repassados pela União, mediante convênio, acordo, ajuste ou outros instrumentos congêneres, a Estado, ao Distrito Federal ou a Município;
- os sucessores dos administradores e responsáveis a que se refere o art. 5.º da Lei n. 8.443/92, até o limite do valor do patrimônio transferido, nos termos do inciso XLV do art. 5.º da CF;

---

[58] No mesmo sentido: "A Ordem dos Advogados do Brasil, cujas características são autonomia e independência, não pode ser tida como congênere dos demais órgãos de fiscalização profissional" (STF, ADI 3.026/DF, Rel. Min. Eros Grau, Pleno, j. em 08.06.2006, *DJ* 29.09.2006, p. 31).

[59] EREsp 503.252/SC, Rel. Min. Castro Meira, 1.ª Seção, j. em 25.08.2004, *DJ* 18.10.2004, p. 181.

[60] ADI-MC 1.599/UF, Rel. Min. Maurício Corrêa, Pleno, j. em 26.02.1998, *DJ* 18.05.2001, p. 430; RMS-AgR 22.047/DF, Rel. Min. Eros Grau, 1.ª Turma, j. em 21.02.2006, *DJ* 31.03.2006, p. 14.

[61] Em 26.04.1973, Brasil e Paraguai firmaram um tratado para o aproveitamento hidroelétrico dos recursos hídricos do Rio Paraná, pertencentes, em condomínio, aos dois países. Surgiu, ali, a entidade binacional denominada ITAIPU, regida pelas normas estabelecidas no referido tratado, no estatuto e nos demais anexos. Tal tratado foi incorporado ao ordenamento jurídico brasileiro pelo Decreto Legislativo n. 23, de 30.05.1973, e promulgado pelo Decreto n. 72.707, de 28.08.1973.

[62] ACO 1.905/PR, Rel. Min. Marco Aurélio, Pleno, j. em 08.09.2020, *DJe*-235 24.09.2020.

16 ▪ Fiscalização e Controle — 485

> **Observação:** O inciso XLV do art. 5.º da CF estabelece que "nenhuma pena passará da pessoa do condenado, podendo a obrigação de reparar o dano e a decretação do perdimento de bens ser, nos termos da lei, estendidas aos sucessores e contra eles executadas, até o limite do valor do patrimônio transferido".

■ os representantes da União ou do Poder Público na assembleia geral das empresas estatais e sociedades anônimas de cujo capital a União ou o Poder Público participem, solidariamente, com os membros dos conselhos fiscal e de administração, pela prática de atos de gestão ruinosa ou liberalidade à custa das respectivas sociedades.

16.4.4.4. Ministros

O TCU compõe-se de **9 (nove) ministros** (art. 73, *caput*, CF; art. 62, Lei n. 8.443/92).

Os Ministros do TCU são nomeados dentre brasileiros que satisfaçam os seguintes requisitos (art. 73, § 1.º, CF; art. 71, Lei n. 8.443/92):

■ mais de 35 (trinta e cinco) e menos de 65 (sessenta e cinco) anos de idade;

■ idoneidade moral e reputação ilibada;

■ notórios conhecimentos jurídicos, contábeis, econômicos e financeiros ou de administração pública;

■ mais de 10 (dez) anos de exercício de função ou de efetiva atividade profissional que exija os conhecimentos anteriormente mencionados.

Os Ministros do TCU são escolhidos (art. 73, § 2.º, CF; art. 72, Lei n. 8.443/92):

■ 1/3 (um terço) — ou seja, 3 (três) Ministros — pelo Presidente da República, com aprovação do Senado Federal, sendo dois alternadamente dentre auditores e membros do Ministério Público junto ao Tribunal, indicados em **lista tríplice** pelo Tribunal, segundo os critérios de **antiguidade** e **merecimento**;

■ 2/3 (dois terços) — ou seja, 6 (seis) Ministros — pelo Congresso Nacional (art. 49, inciso XIII, CF).

Como se vê, dos três Ministros indicados pelo Presidente, um é escolhido dentre membros do Ministério Público, um dentre Auditores, e um de livre-escolha do Chefe do Poder Executivo.

A aprovação pelo Senado Federal dos Ministros indicados pelo Presidente da República é feita por **voto secreto**, após **arguição pública** (art. 52, inciso III, alínea *b*, CF)[63].

Assim, quanto aos Ministros do TCU escolhidos pelo Presidente da República dentre membros das carreiras técnicas (auditores e membros do Ministério Público junto ao Tribunal), o procedimento é o seguinte:

---

[63] "A submissão à arguição pública é essencial para a aprovação do futuro componente do Tribunal de Contas" (STJ, RMS 9.618/BA, Rel. Min. Garcia Vieira, 1.ª Turma, j. em 02.02.1999, *DJ* 29.03.1999, p. 76).

- o TCU elabora **lista tríplice** dentre auditores ou membros do Ministério Público, conforme o caso;
- o Presidente da República **escolhe** um dos nomes integrantes da lista tríplice e remete **mensagem** ao Senado Federal comunicando sua escolha;
- o Senado Federal submete o indicado pelo Presidente à **arguição pública**;
- tendo sido aprovado pelo Senado Federal, será o Ministro **nomeado** pelo Presidente da República.

Relativamente ao Ministro do TCU escolhido livremente pelo Presidente da República (isto é, sem que seja necessariamente auditor ou membro do Ministério Público junto ao Tribunal), o procedimento é basicamente o mesmo, excetuado o fato de não haver prévia elaboração de lista tríplice.

Compete privativamente ao Presidente da República **nomear** os Ministros do TCU (art. 84, inciso XV, CF).

Os Ministros do TCU têm as mesmas garantias, prerrogativas, impedimentos, vencimentos e vantagens dos **Ministros do Superior Tribunal de Justiça**, aplicando-se-lhes, quanto à aposentadoria e pensão, as normas constantes do art. 40 da CF (art. 73, § 3.º, CF, com redação dada pela Emenda Constitucional n. 20, de 15.12.1998).

> **Observação:** Os Ministros do TCU são equiparados aos magistrados por força da disposição contida no art. 73, § 3.º, da CF, sendo-lhes aplicada, por analogia, a Lei Orgânica da Magistratura Nacional — LOMAN (LC n. 35, de 14.03.1979), razão pela qual a natureza ou a gravidade do fato imputado a essas autoridades pode ensejar seu **afastamento cautelar** do cargo público por eles ocupado, nos termos do art. 29 da LOMAN[64]. A suspensão do exercício da função pública, prevista nos arts. 319, inciso VI, do CPP e 29 da LOMAN, tem natureza distinta da proibição temporária do exercício de cargo, função ou atividade pública do art. 47, inciso I, do CP, razão pela qual não há falar-se na imposição de pena antes do trânsito em julgado da condenação[65].

---

[64] O mesmo entendimento é aplicável aos conselheiros de Tribunais de Contas estaduais por força do princípio da simetria estabelecido no art. 75 da CF. Nesse sentido decidiu o STF: HC 128.853/AP, Rel. Min. Gilmar Mendes, 2.ª Turma, j. em 31.05.2016, *DJe*-225 21.10.2016; HC 134029/DF, Rel. Min. Gilmar Mendes, 2.ª Turma, j. em 18.10.2016, *DJe*-244 18.11.2016; HC 158.217/DF, Rel. p/ Acórdão Min. Alexandre de Moraes, 1.ª Turma, j. em 19.11.2019, *DJe*-028 12.02.2020; HC-AgR 165.204/DF, Rel. Min. Gilmar Mendes, 2.ª Turma, j. em 05.08.2020, *DJe*-221 04.09.2020; HC-AgR 189.058/DF, Rel. Min. Gilmar Mendes, 2.ª Turma, j. em 30.11.2020, *DJe*-290 11.12.2020. No mesmo sentido é a jurisprudência do STJ: APn 266/RO, Rel. Min. Eliana Calmon, Corte Especial, j. em 01.06.2005, *DJ* 12.09.2005, p. 193; APn 531/MT, Rel. Min. Francisco Falcão, Corte Especial, j. em 07.03.2012, *DJe* 14.05.2012; APn 702/AP, Rel. Min. João Otávio de Noronha, Corte Especial, j. em 03.06.2015, *DJe* 01.07.2015; APn 922/DF, Rel. Min. Nancy Andrighi, Corte Especial, j. em 05.06.2019, *DJe* 12.06.2019; APn 923/DF, Rel. Min. Nancy Andrighi, Corte Especial, j. em 23.09.2019, *DJe* 26.09.2019; APn 929/DF, Rel. Min. Francisco Falcão, Corte Especial, j. em 03.03.2021, *DJe* 24.03.2021.

[65] STJ, AgInt na APn 702/AP, Rel. Min. Nancy Andrighi, Corte Especial, j. em 06.12.2017, *DJe* 14.12.2017. O STF entende ser cabível a impetração de *habeas corpus* em face da coação ilegal decorrente da aplicação ou da execução de tais medidas, inclusive no caso de **excesso de prazo** do afastamento cautelar de Conselheiro de Tribunal de Contas: HC 121.089/AP, Rel. Min. Gilmar Mendes, 2.ª Turma, j. em 16.12.2014, *DJe*-051 17.03.2015; HC 147.303/AP, Rel. Min. Gilmar Men-

16 ◻ Fiscalização e Controle   487

> **Observação:** Compete ao STF processar e julgar, originariamente, nas **infrações penais comuns** e nos **crimes de responsabilidade**, os membros do TCU (art. 102, inciso I, alínea *c*, CF).

16.4.4.5. Auditores

O TCU compõe-se de **3 (três) Auditores** (art. 77, *caput*, Lei n. 8.443/92).

De acordo com o referido dispositivo legal, os Auditores são nomeados pelo Presidente da República, dentre os cidadãos aprovados em concurso público de provas e títulos, observada a ordem de classificação.

Ainda de acordo com o referido dispositivo legal, os requisitos exigidos para o cargo Auditor do TCU são os mesmos que se exige para o cargo de Ministro do TCU, a saber (art. 73, § 1.º, CF; art. 71, Lei n. 8.443/92):

- ◻ mais de 35 (trinta e cinco) e menos de 65 (sessenta e cinco) anos de idade;
- ◻ idoneidade moral e reputação ilibada;
- ◻ notórios conhecimentos jurídicos, contábeis, econômicos e financeiros ou de administração pública;
- ◻ mais de 10 (dez) anos de exercício de função ou de efetiva atividade profissional que exija os conhecimentos anteriormente mencionados.

> **Observação:** A comprovação do efetivo exercício por mais de 10 (dez) anos de cargo da carreira de controle externo do quadro de pessoal da Secretaria do TCU constitui título computável para efeito do concurso de Auditor (art. 77, parágrafo único, Lei n. 8.443/92).

> **Observação:** Não é possível a extinção do cargo de Auditor na Corte de Contas, previsto constitucionalmente, e a substituição por outro cuja forma de provimento igualmente divirja do modelo definido pela CF/88 (STF, ADI 1.994/ES, Rel. Min. Eros Grau, Pleno, j. em 24.05.2006, *DJ* 08.09.2006, p. 33)[66].

A principal função dos Auditores no TCU é **substituir os Ministros** nas seguintes situações:

- ◻ ausências e impedimentos dos Ministros por motivo de licença, férias ou outro afastamento legal (art. 63, *caput*, Lei n. 8.443/92);
- ◻ para efeito de *quorum*, sempre que os Ministros comunicarem a impossibilidade de comparecimento à sessão (art. 63, § 1.º, Lei n. 8.443/92);
- ◻ vacância do cargo de Ministro, até que haja novo provimento (art. 63, § 2.º, Lei n. 8.443/92).

---

des, 2.ª Turma, j. em 18.12.2017, *DJe*-037 27.02.2018; HC 147.426/AP, Rel. Min. Gilmar Mendes, 2.ª Turma, j. em 18.12.2017, *DJe*-071 13.04.2018; HC-AgR 173.998/MT, Rel. p/ Acórdão Min. Ricardo Lewandowski, 2.ª Turma, j. em 25.08.2020, *DJe*-224 10.09.2020.

[66] No mesmo sentido: STF, ADI 184/MT, Rel. Min. Marco Aurélio, Pleno, j. em 25.06.1993, *DJ* 27.08.1993, p. 17018.

Ressalte-se que a convocação dos Auditores para substituir os Ministros deve observar os seguintes **critérios** (art. 63, *caput* e § 2.º, Lei n. 8.443/92):

■ a ordem de antiguidade no cargo; ou
■ a maior idade, no caso de idêntica antiguidade.

O auditor, quando não convocado para substituir ministro, presidirá à instrução dos processos que lhe forem distribuídos, relatando-os com proposta de decisão a ser votada pelos integrantes do Plenário ou da Câmara para a qual estiver designado (art. 78, parágrafo único, Lei n. 8.443/92).

O auditor, quando em substituição a Ministro, tem as mesmas garantias e impedimentos **do titular** (art. 73, § 4.º, CF).

> **Observação:** De acordo com o § 3.º do art. 73 da CF, os Ministros do TCU têm as mesmas garantias, prerrogativas, impedimentos, vencimentos e vantagens dos Ministros do STJ. Por conseguinte, um auditor do TCU, quando em substituição a Ministro, terá as mesmas garantias e impedimentos de **Ministro do STJ**. O STJ decidiu que: "Embora o Auditor, no exercício da função de Conselheiro Substituto possua algumas das prerrogativas deferidas ao Conselheiro de Tribunal de Contas, não se lhe estende o foro por prerrogativa de função previsto no art. 105, I, *a*, da Constituição Federal" (AgRg na APn 945/DF, Rel. Min. Benedito Gonçalves, Corte Especial, j. em 13.04.2021, *DJe* 16.04.2021). Entendemos que o mesmo raciocínio se aplique aos auditores do TCU, aos quais, por conseguinte, não se estenderia o foro por prerrogativa de função previsto no art. 102, inciso I, alínea *c*, da CF.

Quando no exercício das demais atribuições da judicatura (isto é, não convocado para substituir ministro do TCU), o auditor tem as mesmas garantias e impedimentos de **juiz de Tribunal Regional Federal (TRF)** (art. 73, § 4.º, CF).

16.4.4.6. Ministério Público junto ao TCU

Nos termos do art. 62 da Lei n. 8.443/92, funciona junto ao TCU o Ministério Público, na forma estabelecida nos arts. 80 a 84 da referida lei.

O Ministério Público junto aos Tribunais de Contas encontra previsão constitucional no art. 130 da CF, assim redigido: "Aos membros do Ministério Público junto aos Tribunais de Contas aplicam-se as disposições desta seção pertinentes a direitos, vedações e forma de investidura".

Como se vê, a CF erigiu em **instituição constitucional** o Ministério Público especial junto aos Tribunais de Contas (arts. 73, § 2.º, inciso I, e 130).

Temos, assim, duas espécies de Ministério Público:

■ uma, **comum** — cuja estrutura é definida no art. 128 da CF —, a qual oficia perante o Poder Judiciário e abrange o Ministério Público da União (MPU) e os Ministérios Públicos dos Estados (MPEs); e
■ outra, de índole **especial**, a qual desempenha funções de cunho administrativo junto às Cortes de Contas.

16 □ Fiscalização e Controle

O Ministério Público especial, junto aos Tribunais de Contas, qualifica-se como órgão estatal dotado de **identidade própria**, que o torna inconfundível e inassimilável à instituição do Ministério Público comum da União e dos Estados-membros[67].

> **Observação:** A especificidade do Ministério Público que atua perante os Tribunais de Contas, e cuja existência se projeta num domínio institucional absolutamente diverso daquele em que se insere o Ministério Público comum, faz com que a regulação de sua organização, a discriminação de suas atribuições e a definição de seu estatuto sejam passíveis de veiculação mediante simples **lei ordinária**, "eis que a edição de lei complementar é reclamada, no que concerne ao *Parquet*, tão somente para a disciplinação normativa do Ministério Público comum (CF, art. 128, par. 5.)" (STF, **ADI 789/DF**, Rel. Min. Celso de Mello, Pleno, j. em 26.05.1994, *DJ* 19.12.1994, p. 35180).

O Ministério Público, junto ao TCU, **não dispõe de fisionomia institucional própria**[68], integrando, em termos estruturais, aquela Corte de Contas[69]. Portanto, é do TCU a **iniciativa** para instaurar o processo legislativo concernente à estruturação orgânica (organização, definição do quadro de pessoal e criação dos cargos respectivos) do Ministério Público que perante ele atua[70].

A carreira do Ministério Público junto ao TCU é constituída pelos cargos de **subprocurador-geral** e **procurador**, este inicial e aquele representando o último nível da carreira (art. 80, § 2.º, Lei n. 8.443/92).

De acordo com o *caput* do art. 80 da Lei n. 8.443/92, o Ministério Público junto ao TCU compõe-se de:

- □ 1 (um) procurador-geral;
- □ 3 (três) subprocuradores-gerais; e

---

[67] Nesse sentido é a jurisprudência do STF: ADI 2.884/RJ, Rel. Min. Celso de Mello, Pleno, j. em 02.12.2004, *DJ* 20.05.2005, p. 5; ADI 3.307/MT, Rel. Min. Cármen Lúcia, Pleno, j. em 02.02.2009, *DJe*-099 29.05.2009; ADI 3.160/CE, Rel. Min. Celso de Mello, Pleno, j. em 25.10.2007, *DJe*-053 20.03.2009; Rcl-AgR 24.159/DF, Rel. Min. Roberto Barroso, 1.ª Turma, j. em 08.11.2016, *DJe*-262 09.12.2016; Rcl-AgR 24.161/DF, Rel. Min. Roberto Barroso, 1.ª Turma, j. em 08.11.2016, *DJe*-262 09.12.2016

[68] Nesse sentido decidiu o STF: ADI 789/DF, Rel. Min. Celso de Mello, Pleno, j. em 26.05.1994, *DJ* 19.12.1994, p. 35180. Contudo, noutro julgamento, decidiu o STF: "O Ministério Público especial junto aos Tribunais de Contas (...) qualifica-se como órgão estatal dotado de identidade e de **fisionomia próprias**" (ADI 3.160/CE, Rel. Min. Celso de Mello, Pleno, j. em 25.10.2007, *DJe*-053 20.03.2009) (destaque nosso).

[69] STF, ADI 3.315/CE, Rel. Min. Ricardo Lewandowski, Pleno, j. em 06.03.2008, *DJe*-065 11.04.2008.

[70] STF, ADI 789/DF, Rel. Min. Celso de Mello, Pleno, j. em 26.05.1994, *DJ* 19.12.1994, p. 35180. Ainda sobre o tema: "1 — MINISTÉRIO PÚBLICO ESPECIAL JUNTO AOS TRIBUNAIS DE CONTAS. Não lhe confere, a Constituição Federal, autonomia administrativa. Precedente: ADI 789. Também em sua organização, ou estruturalmente, não é ele dotado de autonomia funcional (como sucede ao Ministério Público comum), pertencendo, individualmente, a seus membros, essa prerrogativa, nela compreendida a plena independência de atuação perante os poderes do Estado, a começar pela Corte junto à qual oficiam (Constituição, artigos 130 e 75). (...)" (ADI 160/TO, Rel. Min. Octavio Gallotti, Pleno, j. em 23.04.1998, *DJ* 20.11.1998, p. 2).

490 Direito Financeiro e Econômico Esquematizado   *Carlos Alberto de Moraes Ramos Filho*

- 4 (quatro) procuradores, nomeados pelo Presidente da República, dentre brasileiros, bacharéis em Direito.

Em sua missão de **guarda da lei e fiscal de sua execução**, competem ao procurador-geral junto ao TCU as seguintes atribuições, arroladas no art. 81 da Lei n. 8.443/92 (além de outras estabelecidas no regimento interno daquela Corte de Contas):

- promover a defesa da ordem jurídica, requerendo, perante o TCU, as medidas de interesse da justiça, da administração e do erário;
- comparecer às sessões do TCU e dizer de direito, verbalmente ou por escrito, em todos os assuntos sujeitos à decisão do Tribunal, sendo obrigatória sua audiência nos processos de tomada ou prestação de contas e nos concernentes aos atos de admissão de pessoal e de concessão de aposentadorias, reformas e pensões;
- promover junto à Advocacia-Geral da União (AGU) ou, conforme o caso, perante os dirigentes das entidades jurisdicionadas do TCU, as medidas previstas no inciso II do art. 28 e no art. 61 da Lei n. 8.443/92, remetendo-lhes a documentação e instruções necessárias;
- interpor os recursos permitidos em lei.

Aos subprocuradores-gerais e procuradores compete, por delegação do procurador-geral, exercer as funções deste último (art. 82, *caput*, Lei n. 8.443/92).

> **Observação:** Em caso de vacância e em suas ausências e impedimentos por motivo de licença, férias ou outro afastamento legal, o procurador-geral será substituído pelos subprocuradores-gerais e, na ausência destes, pelos procuradores, observada, em ambos os casos, a ordem de antiguidade no cargo, ou a maior idade, no caso de idêntica antiguidade (art. 82, parágrafo único, Lei n. 8.443/92).

Aos membros do Ministério Público junto aos Tribunais de Contas aplicam-se as disposições constitucionais pertinentes a direitos, vedações e forma de investidura relativas aos membros do Ministério Público comum (art. 130, CF). Tal cláusula de garantia, segundo o STF, "não se reveste de conteúdo orgânico-institucional. Acha-se vocacionada, no âmbito de sua destinação tutelar, a proteger os membros do Ministério Público especial no relevante desempenho de suas funções perante os Tribunais de Contas"[71].

Em razão do art. 130 da CF, é **vedada a participação do Ministério Público comum perante os Tribunais de Contas**, pois tal atuação foi constitucionalmente reservada ao Ministério Público especial, consoante decidiu o STF:

(...)

O preceito consubstanciado no art. 130 da Constituição reflete uma solução de compromisso adotada pelo legislador constituinte brasileiro, que preferiu não outorgar, ao Ministério Público comum, as funções de atuação perante os Tribunais de Contas, optando, ao contrário, por atribuir esse relevante encargo a agentes estatais qualificados,

---

[71] ADI 789/DF, Rel. Min. Celso de Mello, j. em 26.05.1994, *DJ* 19.12.1994, p. 35180.

16 ■ Fiscalização e Controle

deferindo-lhes um "*status*" jurídico especial e ensejando-lhes, com o reconhecimento das já mencionadas garantias de ordem subjetiva, a possibilidade de atuação funcional exclusiva e independente perante as Cortes de Contas (**ADI 3.160/CE**, Rel. Min. Celso de Mello, Pleno, j. em 25.10.2007, *DJe*-053 20.03.2009)[72].

> **Observação:** A atuação dos membros do Ministério Público Especial junto aos Tribunais de Contas é **restrita, unicamente, ao âmbito dos próprios Tribunais de Contas perante os quais oficiam**[73].

16.4.4.7. Atuação do TCU: julgamento de contas

16.4.4.7.1. Tomada e prestação de contas

De acordo com o parágrafo único do art. 70 da CF (com a redação dada pela Emenda Constitucional n. 19, de 04.06.1998), deve prestar contas **qualquer pessoa** que utilize, arrecade, guarde, gerencie ou administre dinheiros, bens e valores públicos, ou pelos quais a União responda, ou que, em nome desta, assuma obrigações de natureza pecuniária.

Prestar contas significa demonstrar, por meios idôneos, a correta e regular aplicação dos recursos públicos sob sua responsabilidade, na forma indicada pela legislação que rege a matéria[74].

Nos termos do citado dispositivo constitucional — que, segundo o STJ, visa efetivar o princípio da **transparência** na Administração Pública[75] —, o dever de prestar contas abrange:

- ■ **pessoas físicas;**
- ■ **pessoas jurídicas de direito público;**
- ■ **pessoas jurídicas de direito privado**[76].

---

[72] No mesmo sentido: ADI 2.884/RJ, Rel. Min. Celso de Mello, Pleno, j. em 02.12.2004, *DJ* 20.05.2005, p. 5.

[73] Nesse sentido é a jurisprudência do STF: ADI 3.307/MT, Rel. Min. Cármen Lúcia, Pleno, j. em 02.02.2009, *DJe*-099 29.05.2009; Rcl-AgR 24.454/GO, Rel. Min. Edson Fachin, 1.ª Turma, j. em 18.10.2016, *DJe*-237 08.11.2016; Rcl-AgR 24.160/DF, Rel. Min. Edson Fachin, 1.ª Turma, j. em 25.10.2016, *DJe*-242 16.11.2016; Rcl-AgR 24.159/DF, Rel. Min. Roberto Barroso, 1.ª Turma, j. em 08.11.2016, *DJe*-262 09.12.2016; Rcl-AgR 24.161/DF, Rel. Min. Roberto Barroso, 1.ª Turma, j. em 08.11.2016, *DJe*-262 09.12.2016; Rcl-AgR 24.162/DF, Rel. Min. Dias Toffoli, 2.ª Turma, j. em 22.11.2016, *DJe*-260 07.12.2016; Rcl-AgR 24.163/DF, Rel. Min. Dias Toffoli, 2.ª Turma, j. em 22.11.2016, *DJe*-260 07.12.2016; Rcl-AgR 24.453/GO, Rel. Min. Edson Fachin, 1.ª Turma, j. em 06.12.2016, *DJe*-268 19.12.2016; Rcl-AgR 24.452/GO, Rel. Min. Edson Fachin, 1.ª Turma, j. em 06.12.2016, *DJe*-268 19.12.2016; Rcl-AgR 24.156/DF, Rel. Min. Celso de Mello, 2.ª Turma, j. em 24.10.2017, *DJe*-262 20.11.2017; Rcl-AgR 24.158/DF, Rel. Min. Celso de Mello, 2.ª Turma, j. em 24.10.2017, *DJe*-262 20.11.2017.

[74] AGUIAR, Ubiratan et al. *Convênios e tomadas de contas especiais*: manual prático, p. 24.

[75] STJ, MS 9.642/DF, Rel. Min. Luiz Fux, 1.ª Seção, j. em 23.02.2005, *DJ* 21.03.2005, p. 204.

[76] "Embora a entidade seja de direito privado, sujeita-se à fiscalização do Estado, pois recebe recursos de origem estatal, e seus dirigentes hão de prestar contas dos valores recebidos; quem gere

De tal dever não está isento nem mesmo o **Presidente da República**[77], que deve prestar, anualmente, ao Congresso Nacional, dentro de **60 (sessenta) dias** após a abertura da sessão legislativa, as contas referentes ao exercício anterior (art. 84, inciso XXIV, CF)[78].

As contas consistirão (art. 36, parágrafo único, Lei n. 8.443/92):

- ☐ nos balanços gerais da União; e
- ☐ no relatório do órgão central do sistema de controle interno do Poder Executivo sobre a execução dos orçamentos de que trata o § 5.º do art. 165 da CF.

A prestação de contas da União conterá demonstrativos do Tesouro Nacional e das agências financeiras oficiais de fomento, incluído o Banco Nacional de Desenvolvimento Econômico e Social (BNDES), especificando (art. 49, parágrafo único, LRF):

- ☐ os empréstimos e financiamentos concedidos com recursos oriundos dos orçamentos fiscal e da seguridade social (art. 165, § 5.º, incisos I e III, CF); e
- ☐ no caso das agências financeiras, avaliação circunstanciada do impacto fiscal de suas atividades no exercício.

A prestação de contas deverá evidenciar o desempenho da arrecadação em relação à previsão da receita, destacando (art. 58, LRF):

- ☐ as providências adotadas no âmbito da fiscalização das receitas e combate à sonegação;
- ☐ as ações de recuperação de créditos nas instâncias administrativa e judicial;
- ☐ as demais medidas para incremento das receitas tributárias e de contribuições.

> **Observação:** O *caput* do art. 56 da LRF dispunha: "As contas prestadas pelos Chefes do Poder Executivo incluirão, além das suas próprias, as dos Presidentes dos órgãos dos Poderes Legislativo e Judiciário e do Chefe do Ministério Público, referidos no art. 20, as quais receberão parecer prévio, separadamente, do respectivo Tribunal de Contas". O STF, contudo, declarou a **inconstitucionalidade** da referida norma: "A emissão de diferentes pareceres prévios respectivamente às contas dos Poderes Legislativo, Judiciário e Ministério Público transmite ambiguidade a respeito de qual deveria ser o teor da análise a ser efetuada pelos Tribunais de Contas, se juízo opinativo, tal como o do art. 71, I, da CF, ou se conclusivo, com valor de julgamento" (**ADI 2.324/DF**, Rel. Min. Alexandre de Moraes, Pleno, j. em 22.08.2019, *DJe*-226 14.09.2020).

---

dinheiro público ou administra bens ou interesses da comunidade deve contas ao órgão competente para a fiscalização" (STF, MS 21.644/DF, Rel. Min. Néri da Silveira, Pleno, j. em 04.11.1993, *DJ* 08.11.1996, p. 43204).

[77] "Na República não há espaço para monarcas ou soberanos que se situem acima das leis, devendo aquele que lida com a *res publica* estar obrigado a comprovar a regularidade de sua gestão, por meio da devida prestação de contas" (ZYMLER, Benjamin. *Direito administrativo e controle*, p. 412).

[78] Nos termos do art. 24, inciso X, da Lei n. 10.180, de 06.02.2001, compete aos órgãos e às unidades do Sistema de Controle Interno do Poder Executivo Federal elaborar a Prestação de Contas Anual do Presidente da República a ser encaminhada ao Congresso Nacional.

16 ▫ Fiscalização e Controle

Ao TCU compete **apreciar** as contas prestadas anualmente pelo Presidente da República, mediante **parecer prévio** que deverá ser elaborado em 60 (sessenta) dias a contar de seu recebimento (art. 71, inciso I, CF; arts. 1.º, inciso III, e 36, *caput*, Lei n. 8.443/92).

> **Observação:** O *caput* do art. 57 da LRF assim dispunha: "Os Tribunais de Contas emitirão parecer prévio conclusivo sobre as contas no prazo de sessenta dias do recebimento, se outro não estiver estabelecido nas constituições estaduais ou nas leis orgânicas municipais". O STF, contudo, declarou a **inconstitucionalidade** da referida disposição, por sua leitura sugerir "que a emissão de parecer prévio por Tribunais de Contas poderia ter por objeto contas de outras autoridades que não a do Chefe do Poder Executivo" (**ADI 2.238/DF**, Rel. Min. Alexandre de Moraes, Pleno, j. em 24.06.2020, *DJe*-228 15.09.2020).

O parecer do Tribunal de Contas é emitido à vista de um processo administrativo, exigindo-se que nele se observem a **ampla defesa** e o **contraditório**[79].

O TCU não entrará em recesso enquanto existirem contas de Poder ou órgão pendentes de parecer prévio (art. 57, § 2.º, LRF)

Cabe a uma Comissão mista permanente de Senadores e Deputados examinar e emitir **parecer** sobre as contas apresentadas anualmente pelo Presidente da República (art. 166, § 1.º, inciso I, CF).

É da competência exclusiva do **Congresso Nacional julgar** anualmente as contas prestadas pelo Presidente da República e apreciar os relatórios sobre a execução dos planos de governo (art. 49, inciso IX, CF).

> **Observação:** Sendo **peça opinativa**, o parecer prévio do Tribunal de Contas, de natureza técnica, **não vincula** o pronunciamento posterior do Poder Legislativo, de natureza política[80].

Cabe destacar que o regime da prestação de contas da Presidência da República é diferenciado: enquanto o inciso I do art. 71 da CF atribui ao TCU a função de **apreciar e emitir parecer prévio** sobre as contas do Chefe do Poder Executivo, a serem julgadas pelo Congresso Nacional (art. 49, inciso IX, CF)[81], o inciso II do mesmo artigo confere àquela Corte a atribuição de **julgar** as contas dos demais administradores e responsáveis. Sobre tal questão, manifestou-se o STJ:

> **Ementa:** (...) O conteúdo das contas globais prestadas pelo Chefe do Executivo é diverso do conteúdo das contas dos administradores e gestores de recurso público. As primeiras demonstram o retrato da situação das finanças da unidade federativa (União, Estados, DF

---

[79] STJ, RMS 11.032/BA, Rel. Min. Eliana Calmon, 2.ª Turma, j. em 17.10.2000, *DJ* 20.05.2002, p. 115.

[80] STJ, RMS 2.622/BA, Rel. p/ Acórdão Min. Peçanha Martins, 2.ª Turma, j. em 15.02.1996, *DJ* 10.06.1996, p. 20302.

[81] Se o parecer do Tribunal de Contas for emitido sem observância do direito de defesa, tal defeito transmite-se ao ato do Poder Legislativo, causando-lhe deformação (STJ, RMS 11.032/BA, Rel. Min. Eliana Calmon, 2.ª Turma, j. em 17.10.2000, *DJ* 20.05.2002, p. 115).

494 Direito Financeiro e Econômico Esquematizado   *Carlos Alberto de Moraes Ramos Filho*

e Municípios). Revelam o cumprir do orçamento, dos planos de governo, dos programas governamentais, demonstram os níveis de endividamento, o atender aos limites de gasto mínimo e máximo previstos no ordenamento para saúde, educação, gastos com pessoal. Consubstanciam-se, enfim, nos Balanços Gerais prescritos pela Lei 4.320/64. Por isso, é que se submetem ao parecer prévio do Tribunal de Contas e ao julgamento pelo Parlamento (art. 71, I c./c. 49, IX da CF/88).

As segundas — contas de administradores e gestores públicos, dizem respeito ao dever de prestar (contas) de todos aqueles que lidam com recursos públicos, captam receitas, ordenam despesas (art. 70, parágrafo único da CF/88). Submetem-se a julgamento direto pelos Tribunais de Contas, podendo gerar imputação de débito e multa (art. 71, II e § 3.º da CF/88). (...) (**RMS 11.060/GO**, Rel. p/ Acórdão Min. Paulo Medina, 2.ª Turma, j. em 25.06.2002, *DJ* 16.09.2002, p. 159).[82]

A respeito da referida distinção entre as competências institucionais do TCU, previstas nos incisos I e II do art. 71 da CF, confira-se o seguinte julgado do STF:

Ementa: (...) A diversidade entre as duas competências, além de manifesta, é tradicional, sempre restrita a competência do Poder Legislativo para o julgamento às contas gerais da responsabilidade do Chefe do Poder Executivo, precedidas de parecer prévio do Tribunal de Contas: cuida-se de sistema especial adstrito às contas do Chefe do Governo, que não as presta unicamente como chefe de um dos Poderes, mas como responsável geral pela execução orçamentária: tanto assim que a aprovação política das contas presidenciais não libera do julgamento de suas contas específicas os responsáveis diretos pela gestão financeira das inúmeras unidades orçamentárias do próprio Poder Executivo, entregue a decisão definitiva ao Tribunal de Contas. (**ADI 849/MT**, Rel. Min. Sepúlveda Pertence, Pleno, j. em 11.02.1999, *DJ* 23.04.1999, p. 1).

As contas apresentadas pelo Chefe do Poder Executivo ficarão disponíveis, durante todo o exercício, no respectivo Poder Legislativo e no órgão técnico responsável pela sua elaboração, para consulta e apreciação pelos cidadãos e instituições da sociedade (art. 49, *caput*, LRF).

Se as contas da Presidência da República não forem apresentadas ao Congresso Nacional dentro do prazo anteriormente referido, caberá à **Câmara dos Deputados** proceder à **tomada de contas** do Presidente da República (art. 51, inciso II, CF).

Consoante exposto anteriormente, ressalvadas as contas do Presidente da República, que são julgadas pelo Congresso Nacional (art. 49, inciso IX, CF), as contas dos **demais administradores** de dinheiro público são julgadas pelo TCU (art. 71, inciso II, CF).

---

[82] No referido julgado, o STJ deixou assentado que "se o Prefeito Municipal assume a **dupla função**, política e administrativa, respectivamente, a tarefa de executar orçamento e o encargo de captar receitas e ordenar despesas, submete-se a **duplo julgamento**. Um político perante o Parlamento precedido de parecer prévio; o outro técnico a cargo da Corte de Contas" (destaques nossos).

16 ◘ Fiscalização e Controle 495

Dentre estes administradores, estão os dos órgãos do **Poder Judiciário**[83] e também do **Poder Legislativo**.

> **Observação:** O STF já decidiu que o Tribunal de Contas tem competência para julgar as contas da Mesa do Poder Legislativo, a qual estaria compreendida na previsão do inciso II do art. 71 da CF (**ADI 849/MT**, Rel. Min. Sepúlveda Pertence, Pleno, j. em 11.02.1999, *DJ* 23.04.1999, p. 1).

De acordo com o art. 6.º da Lei n. 8.443/92, estão sujeitas à tomada de contas as pessoas indicadas nos incisos I a VI do art. 5.º da referida lei, a saber:

■ qualquer pessoa física, órgão ou entidade que utilize, arrecade, guarde, gerencie ou administre dinheiros, bens e valores públicos ou pelos quais a União responda, ou que, em nome desta assuma obrigações de natureza pecuniária;

■ aqueles que derem causa a perda, extravio ou outra irregularidade de que resulte dano ao Erário;

■ os dirigentes ou liquidantes das empresas encampadas ou sob intervenção ou que de qualquer modo venham a integrar, provisória ou permanentemente, o patrimônio da União ou de outra entidade pública federal;

■ os responsáveis pelas contas nacionais das empresas supranacionais de cujo capital social a União participe, de forma direta ou indireta, nos termos do tratado constitutivo;

■ os responsáveis por entidades dotadas de personalidade jurídica de direito privado que recebam contribuições parafiscais e prestem serviço de interesse público ou social;

■ todos aqueles que devam prestar contas ao TCU ou cujos atos estejam sujeitos à sua fiscalização por expressa disposição legal.

As contas dos citados administradores e responsáveis devem ser anualmente submetidas a julgamento do TCU, sob forma de **tomada** ou **prestação de contas**, organizadas de acordo com normas estabelecidas em instrução normativa (art. 7.º, *caput*, Lei n. 8.443/92).

Nas tomadas ou prestações de contas devem ser incluídos todos os recursos, orçamentários e extraorçamentários, geridos ou não pela unidade ou entidade (art. 7.º, parágrafo único, Lei n. 8.443/92).

Deve ser dada **ampla divulgação** dos resultados da apreciação das contas, julgadas ou tomadas (art. 56, § 3.º, LRF).

---

[83] As contas do Poder Judiciário serão apresentadas no âmbito: (i) da União, pelos Presidentes do Supremo Tribunal Federal e dos Tribunais Superiores, consolidando as dos respectivos tribunais; (ii) dos Estados, pelos Presidentes dos Tribunais de Justiça, consolidando as dos demais tribunais (art. 56, § 1.º, LRF).

16.4.4.7.2. Tomada de Contas Especial

Diante da omissão no dever de prestar contas, a autoridade administrativa competente, sob pena de responsabilidade solidária, deverá imediatamente adotar providências com vistas à instauração da **tomada de contas especial** para apuração dos fatos, identificação dos responsáveis e quantificação do dano (art. 8.º, *caput*, Lei n. 8.443/92).

De acordo com o referido dispositivo legal, a tomada de contas especial também deve ser instaurada nos seguintes casos:

- ◼ não comprovação da aplicação dos recursos repassados pela União, na forma prevista no inciso VII do art. 5.º da Lei n. 8.443/92;
- ◼ ocorrência de desfalque ou desvio de dinheiros, bens ou valores públicos;
- ◼ prática de qualquer ato ilegal, ilegítimo ou antieconômico de que resulte dano ao erário.

A tomada de contas especial deve ser, desde logo, encaminhada ao TCU para julgamento se o dano causado ao erário for de **valor igual ou superior** à quantia para esse efeito fixada pelo Tribunal em cada ano civil, na forma estabelecida no seu regimento interno (art. 8.º, § 2.º, Lei n. 8.443/92).

Se, no entanto, o dano for de **valor inferior** à citada quantia, a tomada de contas especial será anexada ao processo da respectiva tomada ou prestação de contas anual do administrador ou ordenador de despesa, para julgamento em conjunto (art. 8.º, § 3.º, Lei n. 8.443/92).

Determinada a abertura do procedimento de tomada de contas especial, deverá ser expedida ordem de **citação** do interessado para apresentar sua defesa e exercer, adequadamente, seu direito ao contraditório e à ampla defesa.

> **Observação:** O ato de citação em processo de controle externo não configura, por si, ato ilegal ou abusivo passível de correção por meio de mandado de segurança, sendo vedado ao Poder Judiciário obstar o procedimento exercido nos limites da competência constitucional do TCU[84].

Integrarão a tomada ou prestação de contas, inclusive a tomada de contas especial, durante outros elementos estabelecidos no regimento interno do TCU, os arrolados no art. 9.º da Lei n. 8.443/92, a saber:

- ◼ relatório de gestão;
- ◼ relatório do tomador de contas, quando couber;
- ◼ relatório e certificado de auditoria, com o parecer do dirigente do órgão de controle interno, que consignará qualquer irregularidade ou ilegalidade constatada, indicando as medidas adotadas para corrigir as faltas encontradas;

---

[84] STF, MS-TP 35.754/DF, Rel. Min. Roberto Barroso, decisão monocrática, j. em 05.06.2018, *DJe*-113 08.06.2018; MS-AgR 37.923/DF, Rel. Min. Dias Toffoli, 1.ª Turma, j. em 22.04.2022, *DJe*-086 05.05.2022.

16 ◻ Fiscalização e Controle — 497

◻ pronunciamento do Ministro de Estado supervisor da área ou da autoridade de nível hierárquico equivalente, na forma do art. 52 da Lei n. 8.443/92.

16.4.4.7.3. Decisões em processo de tomada ou prestação de contas

As decisões do TCU cujo objeto seja o julgamento de contas **não têm natureza jurisdicional**. Isto porque os Tribunais de Contas exercem função **judicante**, mas **não jurisdicional**. Assim, por ser o TCU um tribunal administrativo, suas decisões têm igualmente **natureza administrativa**, não estando imunes a revisões judiciais.

A decisão do TCU em processo de tomada ou prestação de contas pode ser de três espécies:

◻ **preliminar;**
◻ **definitiva;** ou
◻ **terminativa.**

Tais decisões podem ser assim esquematizadas:

DECISÃO PRELIMINAR	É a decisão pela qual o Relator ou o Tribunal, **antes de pronunciar-se quanto ao mérito das contas**, resolve (art. 10, § 1.º, Lei n. 8.443/92): ◻ sobrestar o julgamento; ◻ ordenar a citação dos responsáveis; ◻ ordenar a audiência dos responsáveis; ou ◻ determinar outras diligências necessárias ao saneamento do processo[85]. **Observação:** A decisão preliminar poderá, **a critério do Relator**, ser publicada no *Diário Oficial da União* (art. 13, Lei n. 8.443/92).
DECISÃO DEFINITIVA	◻ É a decisão pela qual o Tribunal realiza o **julgamento de mérito** das contas, decidindo se são **regulares**, **regulares com ressalva** ou **irregulares** (art. 10, § 2.º, Lei n. 8.443/92).
DECISÃO TERMINATIVA	◻ É a decisão pela qual o Tribunal ordena o trancamento das contas que forem consideradas **iliquidáveis** (art. 10, § 3.º, Lei n. 8.443/92), nos termos dos arts. 20 e 21 da Lei n. 8.443/92[86].

O TCU deve julgar as tomadas ou prestações de contas até **o término do exercício seguinte** àquele em que estas lhes tiverem sido apresentadas (art. 14, Lei n. 8.443/92).

Ao julgar as contas, o TCU decidirá se estas são (art. 15, Lei n. 8.443/92):

◻ **regulares;**
◻ **regulares com ressalva;** ou
◻ **irregulares.**

Há, ainda, a possibilidade de as contas serem julgadas **iliquidáveis** (arts. 20 e 21, Lei n. 8.443/92).

---

[85] Neste caso, deve ser fixado prazo para o atendimento das diligências, após o que submeterá o feito ao Plenário ou à Câmara respectiva para decisão de mérito (art. 11, Lei n. 8.443/92).

[86] Lei n. 8.443/92: "Art. 29. A decisão terminativa, acompanhada de seus fundamentos, será publicada no *Diário Oficial da União*".

JULGAMENTO	HIPÓTESES	CONSEQUÊNCIA
CONTAS REGULARES	▣ Quando expressarem, de forma clara e objetiva, a exatidão dos demonstrativos contábeis, a legalidade, a legitimidade e a economicidade dos atos de gestão do responsável (art. 16, inciso I, Lei n. 8.443/92).	▣ O TCU dará quitação plena ao responsável (arts. 17 e 23, inciso I, Lei n. 8.443/92).
CONTAS REGULARES COM RESSALVA	▣ Quando evidenciarem impropriedade ou qualquer outra falta de natureza formal de que **não resulte** dano ao erário (art. 16, inciso II, Lei n. 8.443/92).	▣ O TCU dará quitação ao responsável e lhe determinará, ou a quem lhe haja sucedido, a adoção de medidas necessárias à correção das impropriedades ou faltas identificadas, de modo a prevenir a ocorrência de outras semelhantes (arts. 18 e 23, inciso II, Lei n. 8.443/92).
CONTAS IRREGULARES	Quando comprovada qualquer das seguintes ocorrências (art. 16, inciso III, Lei n. 8.443/92): ▣ omissão no dever de prestar contas; ▣ prática de ato de gestão ilegal, ilegítimo, antieconômico, ou infração à norma legal ou regulamentar de natureza contábil, financeira, orçamentária, operacional ou patrimonial; ▣ dano ao erário decorrente de ato de gestão ilegítimo ou antieconômico; ▣ desfalque ou desvio de dinheiros, bens ou valores públicos. ▣ Além das hipóteses citadas, o TCU poderá julgar irregulares as contas no caso de **reincidência** no descumprimento de determinação de que o responsável tenha tido ciência, feita em processo de tomada ou prestação de contas (art. 16, § 1.º, Lei n. 8.443/92).	▣ **Havendo débito:** o TCU condenará o responsável ao pagamento da dívida atualizada monetariamente, acrescida dos juros de mora devidos, podendo, ainda, aplicar-lhe a multa prevista no art. 57 da Lei n. 8.443/92, sendo o instrumento da decisão considerado **título executivo** para fundamentar a respectiva ação de execução (art. 71, § 3.º, CF[87]; arts. 19, *caput*; 23, inciso III, alíneas *a* e *b*; e 24, todos da Lei n. 8.443/92). ▣ **Não havendo débito,** mas comprovada qualquer das ocorrências previstas nas alíneas *a, b* e *c* do inciso III do art. 16 da Lei n. 8.443/92: o TCU aplicará ao responsável a multa prevista no inciso I do art. 58 da Lei n. 8.443/92 (arts. 19, parágrafo único, e 23, inciso III, alínea *b*, ambos da Lei n. 8.443/92). As decisões do TCU de que resulte imputação de multa têm eficácia de **título executivo** (art. 71, § 3.º, CF).
CONTAS ILIQUIDÁVEIS	▣ Quando caso fortuito ou de força maior, **comprovadamente alheio à vontade do responsável**, tornar materialmente impossível o julgamento de mérito a que se refere o art. 16 da Lei n. 8.443/92 (art. 20, Lei n. 8.443/92).	▣ O TCU ordenará o **trancamento** delas e o **arquivamento** do processo (art. 21, *caput*, Lei n. 8.443/92). ▣ Dentro do prazo de 5 (cinco) anos, contados da publicação da decisão terminativa no *Diário Oficial da União*, o TCU pode, à vista de novos elementos que considere suficientes, autorizar o **desarquivamento** do processo e determinar que se ultime a respectiva tomada ou prestação de contas (art. 21, § 1.º, Lei n. 8.443/92). ▣ Transcorrido o referido prazo sem que tenha havido nova decisão, as contas serão consideradas **encerradas**, com **baixa na responsabilidade** do administrador (art. 21, § 2.º, Lei n. 8.443/92).

---

[87] CF, art. 71: "§ 3.º As decisões do Tribunal de que resulte imputação de débito ou multa terão eficácia de título executivo".

16 □ Fiscalização e Controle 499

> **Observação:** O STF já decidiu que a controvérsia sobre a regularidade das contas não é passível de ser elucidada na via estreita do mandado de segurança (**RMS 29.912/DF**, Rel. Min. Marco Aurélio, 1.ª Turma, j. em 17.04.2012, *DJe*-090 09.05.2012).

Ressalte-se que, conforme decidido pelo STJ, a circunstância de terem sido eventualmente aprovadas tanto pelo TCU quanto pela CGU as contas analisadas em autos do processo disciplinar, não impede a atuação de comissão processante, que, no exercício da atividade de apurar a conduta ilícita praticada, tem ampla liberdade de agir, não estando adstrita a conclusões de órgãos de controle interno ou externo a respeito das contas impugnadas (**MS 14.050/DF**, Rel. Min. Arnaldo Esteves Lima, 3.ª Seção, j. em 14.04.2010, *DJe* 21.05.2010).

16.4.4.7.4. Recursos

Nos termos do art. 31 da Lei n. 8.443/92, em todas as etapas do processo de julgamento de contas é assegurado ao responsável ou interessado **ampla defesa**.

> **Observação:** Apesar de o mencionado art. 31 estar situado numa seção da Lei n. 8.443/92 dedicada a "recursos", vale destacar que, consoante decidido pelo STF, a oportunidade de defesa assegurada ao interessado há de ser **prévia à decisão**, não lhe suprindo a falta a admissibilidade de recurso (**MS 23.550/DF**, Rel. p/ Acórdão Min. Sepúlveda Pertence, Pleno, j. em 04.04.2001, *DJ* 31.10.2001, p. 6)[88].

De acordo com o art. 32 da Lei n. 8.443/92, da decisão proferida em processo de tomada ou prestação de contas, cabem recursos de:

□ **reconsideração;**

□ **embargos de declaração;**

□ **revisão.**

As principais características dos recursos citados podem ser assim resumidas:

RECURSO DE RECONSIDERAÇÃO	□ previsão legal: art. 33 da Lei n. 8.443/92; □ prazo: 15 (quinze) dias; □ pode ser interposto pelo responsável ou interessado, ou pelo Ministério Público junto ao Tribunal; □ pode ser formulado por escrito, uma só vez; □ tem efeito suspensivo; □ é apreciado por quem houver proferido a decisão recorrida.

---

[88] No referido julgado, o STF decidiu que aos procedimentos do TCU aplica-se subsidiariamente a lei geral de processo administrativo federal (Lei n. 9.784, de 29.01.1999), que assegura aos administrados, entre outros, o direito a "ter ciência da tramitação dos processos administrativos em que tenha a condição de interessado, ter vista dos autos" (art. 3.º, inciso II) e a "formular alegações e apresentar documentos antes da decisão, os quais serão objeto de consideração pelo órgão competente" (art. 3.º, inciso III). Da ementa do mencionado acórdão extrai-se o seguinte trecho: "se se impõe a garantia do devido processo legal aos procedimentos administrativos comuns, *a fortiori*, é irrecusável que a ela há de submeter-se o desempenho de todas as funções de controle do Tribunal de Contas, de colorido quase jurisdicional".

EMBARGOS DE DECLARAÇÃO	▣ previsão legal: art. 34 da Lei n. 8.443/92; ▣ prazo: 10 (dez) dias; ▣ destinam-se a corrigir obscuridade, omissão ou contradição da decisão recorrida; ▣ podem ser interpostos por escrito pelo responsável ou interessado, ou pelo Ministério Público junto ao Tribunal; ▣ suspendem os prazos para cumprimento da decisão embargada; ▣ suspendem os prazos para interposição dos recursos de reconsideração e de revisão.
RECURSO DE REVISÃO	▣ previsão legal: art. 35 da Lei n. 8.443/92; ▣ prazo: 5 (cinco) anos; ▣ cabível contra decisão definitiva; ▣ pode ser interposto pelo responsável, seus sucessores, ou pelo Ministério Público junto ao Tribunal; ▣ pode ser interposto por escrito, uma só vez; ▣ não tem efeito suspensivo; ▣ é apreciado pelo Plenário do TCU; ▣ deve fundamentar-se numa das seguintes hipóteses: **a)** erro de cálculo nas contas; **b)** falsidade ou insuficiência de documentos em que se tenha fundamentado a decisão recorrida; **c)** superveniência de documentos novos com eficácia sobre a prova produzida; ▣ a decisão que dá provimento ao recurso enseja a correção de todo e qualquer erro ou engano apurado.

> **Observação:** O TCU não conhecerá de recurso intempestivo, isto é, interposto fora do prazo, salvo em razão da superveniência de fatos novos (art. 32, parágrafo único, Lei n. 8.443/92).

16.4.4.7.5. Julgamento das contas relativas à Administração do Ministério Público

Nos termos da Resolução n. 49, de 17.11.2009, do Conselho Nacional do Ministério Público[89], o referido órgão deve **solicitar, anualmente**, ao TCU e aos Tribunais de Contas dos Estados, o **envio de relatórios de inspeção e das decisões proferidas** no âmbito daquelas Cortes por ocasião do julgamento das contas relativas à Administração do Ministério Público.

Recebidas as informações, a Secretaria do CNMP providenciará a autuação de Procedimentos de Controle Administrativo, um para cada Ministério Público, e a distribuição dos feitos entre os membros do Conselho Nacional (art. 1.º, parágrafo único, Resolução n. 49/2009).

16.4.4.8. Fiscalização a cargo do TCU

16.4.4.8.1. Fiscalização exercida por iniciativa do Congresso Nacional

Compete, ainda, ao Tribunal (art. 38, Lei n. 8.443/92):

▣ realizar por iniciativa da Câmara dos Deputados, do Senado Federal, de comissão técnica ou de inquérito, inspeções e auditorias de natureza contábil, financeira, orçamentária, operacional e patrimonial nas unidades administrativas dos Poderes Legis-

---

[89] Publicada no *Diário da Justiça*, de 16.12.2009, p. 1.

16 ◼ Fiscalização e Controle   501

lativo, Executivo e Judiciário e nas entidades da administração indireta, incluídas as fundações e sociedades instituídas e mantidas pelo Poder Público federal;

◼ prestar as informações solicitadas pelo Congresso Nacional, por qualquer de suas Casas, ou por suas comissões, sobre a fiscalização contábil, financeira, orçamentária, operacional e patrimonial e sobre resultados de inspeções e auditorias realizadas[90];

◼ emitir, no prazo de 30 (trinta) dias contados do recebimento da solicitação, pronunciamento conclusivo sobre matéria que seja submetida a sua apreciação pela comissão mista permanente de Senadores e Deputados, nos termos dos §§ 1.º e 2.º do art. 72 da CF;

◼ auditar, por solicitação da comissão mista a que se refere o art. 166, § 1.º, da CF, ou comissão técnica de qualquer das Casas do Congresso Nacional, projetos e programas autorizados na Lei Orçamentária Anual (LOA), avaliando os seus resultados quanto à eficácia, à eficiência e à economicidade.

16.4.4.8.2. Fiscalização de atos e contratos

Com o fim de assegurar a eficácia do controle e de instruir o julgamento das contas, o TCU pode efetuar a **fiscalização** dos atos de que resulte receita ou despesa, praticados pelos responsáveis sujeitos à sua jurisdição, competindo-lhe, para tanto, em especial (art. 41, Lei n. 8.443/92):

◼ acompanhar, pela publicação no *Diário Oficial da União*, ou por outro meio estabelecido no regimento interno:

a) a lei relativa ao plano plurianual, a lei de diretrizes orçamentárias, a lei orçamentária anual e a abertura de créditos adicionais;

b) os editais de licitação, os contratos, inclusive administrativos, e os convênios, acordos, ajustes ou outros instrumentos congêneres, bem como os atos referidos no art. 38 da Lei n. 8.443/92;

◼ realizar, por iniciativa própria, na forma estabelecida no regimento interno, inspeções e auditorias de mesma natureza que as previstas no inciso I do art. 38 da Lei n. 8.443/92;

◼ fiscalizar as contas nacionais das empresas supranacionais de cujo capital social a União participe, de forma direta ou indireta, nos termos do tratado constitutivo;

◼ fiscalizar a aplicação de quaisquer recursos repassados pela União mediante convênio, acordo, ajuste ou outros instrumentos congêneres, a Estado, ao Distrito Federal ou a Município.

As normas que impliquem obstáculo ao exercício da competência do Tribunal de Contas, em descompasso com a estrutura criada na Carta da República para o exercício

---

[90] Ressalte-se que a prerrogativa de requisitar as informações foi conferida pela Constituição Federal não ao parlamentar, enquanto tal, mas à própria Casa Legislativa ou a uma de suas comissões (art. 71, inciso VII, CF) (STF, MS 22.471/DF, Rel. Min. Gilmar Mendes, Pleno, j. em 19.05.2004, *DJ* 25.06.2004, p. 4).

do controle externo, surgem inconstitucionais, consoante decidiu o STF (**ADI 2.361/ CE**, Rel. Min. Marco Aurélio, Pleno, j. em 24.09.2014, *DJe*-209 23.10.2014).

Verificando-se a **ilegalidade de ato ou contrato**, o TCU deve assinar prazo para que o responsável adote as providências necessárias ao exato cumprimento da lei, fazendo indicação expressa dos dispositivos a serem observados (art. 45, *caput*, Lei n. 8.443/92).

No caso de **ato administrativo**, o TCU, se não atendido (art. 71, inciso X, CF; art. 45, § 1.º, Lei n. 8.443/92):

- ☐ sustará a execução do ato impugnado;
- ☐ comunicará a decisão à Câmara dos Deputados e ao Senado Federal;
- ☐ aplicará ao responsável a multa prevista no inciso II do art. 58 da Lei n. 8.443/92.

Tratando-se de **contrato administrativo**, o TCU, se não atendido, **comunicará o fato ao Congresso Nacional**, a quem compete adotar o ato de sustação e solicitar, de imediato, ao Poder Executivo, as medidas cabíveis (art. 71, § 1.º, CF; art. 45, § 2.º, Lei n. 8.443/92). Se o Congresso Nacional ou o Poder Executivo, no prazo de 90 (noventa dias), não efetivar as medidas mencionadas, o TCU decidirá a respeito da sustação do contrato (art. 45, § 3.º, Lei n. 8.443/92).

Assim, enquanto no caso de **atos administrativos** cabe ao próprio **TCU** a sustação deles (art. 71, inciso X, CF), no caso de **contratos administrativos** o ato de sustação cabe **ao Congresso Nacional** (art. 71, § 1.º, CF). Confira-se, a respeito, o seguinte julgado do STF:

> **Ementa:** (...) I. Tribunal de Contas: competência: contratos administrativos (CF, art. 71, IX e §§ 1.º e 2.º). O Tribunal de Contas da União — embora não tenha poder para anular ou sustar contratos administrativos — tem competência, conforme o art. 71, IX, para determinar à autoridade administrativa que promova a anulação do contrato e, se for o caso, da licitação de que se originou. (...) (**MS 23.550/DF**, Rel. p/ Acórdão Min. Sepúlveda Pertence, Pleno, j. em 04.04.2001, *DJ* 31.10.2001, p. 6)[91].

Ressalte-se que, no caso de **despesas públicas irregulares**, não é do TCU a competência para determinar a sustação delas, nem para sustá-las.

Com efeito, havendo indícios de **despesas não autorizadas** (ainda que sob a forma de investimentos não programados ou de subsídios não aprovados), a Comissão mista

---

[91] Confira-se, sobre o mesmo tema e no mesmo sentido, o seguinte julgado do STJ: "PROCESSUAL CIVIL. TRIBUNAL DE CONTAS. PODER ACAUTELATÓRIO. LEGALIDADE. 1. Hipótese em que o Tribunal *a quo* denegou a Segurança, tendo consignado que a autoridade impetrada não suspendeu diretamente a avença, apenas determinou que o próprio Município de Natal o fizesse, com base no poder de cautela. 2. A Segunda Turma do STJ se posicionou no sentido de que, a fim de assegurar a efetividade de suas decisões, os Tribunais de Contas podem determinar, em caráter acautelatório, que o ente público suspenda contrato administrativo com indícios de irregularidade e de dano ao Erário 3. Agravo Regimental não provido" (AgRg no RMS 34.639/RN, Rel. Min. Herman Benjamin, 2.ª Turma, j. em 27.08.2013, *DJe* 17.09.2013). No mesmo sentido: STJ, RMS 26.978/MT, Rel. Min. Eliana Calmon, 2.ª Turma, j. em 16.06.2009, *DJe* 29.06.2009.

16 ▢ Fiscalização e Controle   503

permanente a que se refere o art. 166, § 1.º, da CF poderá solicitar à autoridade governamental responsável que, no prazo de 5 (cinco) dias, **preste os esclarecimentos** necessários (art. 72, *caput*, CF).

Não prestados os esclarecimentos, ou considerados estes insuficientes, a Comissão solicitará ao TCU **pronunciamento conclusivo** sobre a matéria, no prazo de 30 (trinta) dias (art. 72, § 1.º, CF; art. 38, inciso III, Lei n. 8.443/92).

Entendendo o TCU irregular a despesa, a Comissão, se julgar que o gasto possa causar dano irreparável ou grave lesão à economia pública, **proporá ao Congresso Nacional sua sustação** (art. 72, § 2.º, CF).

Em síntese, **no caso de despesa pública**:

- ▣ a Comissão Mista solicita esclarecimentos da autoridade responsável pela despesa;
- ▣ não satisfeita com os esclarecimentos ou na falta deles, a Comissão Mista solicita do TCU pronunciamento conclusivo;
- ▣ o TCU pronuncia-se (somente se solicitado pela Comissão Mista Permanente);
- ▣ se o TCU pronunciar-se no sentido da irregularidade da despesa, a Comissão Mista pode propor ao Congresso Nacional a sustação dela;
- ▣ o Congresso Nacional decide se susta ou não a realização da despesa.

No que tange às **licitações públicas**, o TCU tem competência para fiscalizar tais procedimentos[92], determinar suspensão cautelar[93] e examinar editais de licitação publicados (STF, **MS 24.510/DF**, Rel. Min. Ellen Gracie, Pleno, j. em 19.11.2003, *DJ* 19.03.2004, p. 18).

Verificada a ocorrência de fraude comprovada a procedimento licitatório, o TCU deve declarar a **inidoneidade** do licitante fraudador para participar, por até 5 (cinco) anos, de licitação na Administração Pública Federal (art. 46, Lei n. 8.443/92).

> **Observação:** O poder outorgado pelo legislador ao TCU — de declarar, verificada a ocorrência de fraude comprovada à licitação, a inidoneidade do licitante fraudador para participar, por até cinco anos, de licitação na Administração Pública Federal (art. 46 da Lei n. 8.443/92) — não se confunde com o dispositivo da Lei das Licitações (art. 87), o qual, dirigido apenas aos altos cargos do Poder Executivo dos entes federativos (§ 3.º), é restrito ao controle interno da Administração Pública e de aplicação mais abrangente, consoante já reconheceu o STF (**Pet-AgR 3.606/DF**, Rel. Min. Sepúlveda Pertence, Pleno, j. em 21.09.2006, *DJ* 27.10.2006, p. 31).

Ao exercer a fiscalização, se configurada a ocorrência de **desfalque, desvio de bens ou outra irregularidade de que resulte dano ao erário**, o TCU ordenará, desde logo, a **conversão do processo em tomada de contas especial**, salvo na hipótese prevista no art. 93 da Lei n. 8.443/92 (art. 47, *caput*, Lei n. 8.443/92). O referido processo de tomada de contas especial tramitará em separado das respectivas contas anuais (art. 47, parágrafo único, Lei n. 8.443/92).

---

92 Nesse sentido é o disposto no § 4.º do art. 170 da Lei n. 14.133, de 01.04.2021.

93 Nesse sentido é o disposto no § 1.º do art. 171 da Lei n. 14.133/2021.

> **Observação:** Das decisões proferidas em processos de fiscalização pelo TCU de atos e contratos, cabe **pedido de reexame**, que terá efeito suspensivo (art. 48, *caput*, Lei n. 8.443/92). Tal recurso, por força do parágrafo único do art. 48 da Lei n. 8.443/92, reger-se-á pelo disposto no parágrafo único do art. 32 e no art. 33 da referida lei. Assim, pode-se dizer que o pedido de reexame possui as seguintes características:
> - pode ser formulado por escrito, uma só vez;
> - pode ser interposto pelo responsável ou interessado, ou pelo Ministério Público junto ao Tribunal;
> - tem como prazo para interposição: 15 (quinze) dias;
> - não será conhecido se interposto fora do prazo, salvo em razão da superveniência de fatos novos;
> - será apreciado por quem houver proferido a decisão recorrida.

16.4.4.9. Denúncia

Qualquer cidadão, partido político, associação ou sindicato é parte legítima para denunciar irregularidades ou ilegalidades na gestão fiscal perante o TCU (art. 74, § 2.º, CF; art. 53, *caput*, Lei n. 8.443/92).

> **Observação:** Vale destacar que, por força do art. 75 da CF, a disposição retrotranscrita se aplica aos Tribunais de Contas dos Estados e do Distrito Federal, bem como aos Tribunais e Conselhos de Contas do Município.

A denúncia será apurada em **caráter sigiloso**, até que se comprove a sua procedência, e somente poderá ser arquivada depois de efetuadas as diligências pertinentes, mediante despacho fundamentado do responsável (art. 53, § 3.º, Lei n. 8.443/92).

Reunidas as provas que indiquem a existência de irregularidade ou ilegalidade, serão públicos os demais atos do processo, assegurando-se aos acusados a oportunidade de **ampla defesa** (art. 53, § 4.º, Lei n. 8.443/92).

No resguardo dos direitos e garantias individuais, o Tribunal dará tratamento sigiloso às denúncias formuladas, até decisão definitiva sobre a matéria (art. 55, *caput*, Lei n. 8.443/92)[94].

O denunciante não se sujeitará a qualquer sanção administrativa, cível ou penal, em decorrência da denúncia, salvo se comprovada **má-fé** (art. 55, § 2.º, Lei n. 8.443/92).

16.4.4.10. Sanções

O TCU poderá aplicar aos administradores ou responsáveis as seguintes sanções:

- **multa** de até 100% (cem por cento) do valor atualizado do dano causado ao erário, quando o responsável for julgado em débito (art. 57, Lei n. 8.443/92);

---

[94] O § 1.º do art. 55 da Lei n. 8.443/92 assim dispunha: "Ao decidir, caberá ao Tribunal manter ou não o sigilo quanto ao objeto e à autoria da denúncia". O STF, contudo, decidiu por maioria (vencido o Min. Carlos Britto) em declarar *incidenter tantum* a inconstitucionalidade da expressão "manter ou não o sigilo quanto ao objeto e à autoria da denúncia". Entendeu o STF terem sido violados pela referida norma os incisos V, X, XXXIII e XXXV do art. 5.º da CF (MS 24.405/DF, Rel. Min. Carlos Velloso, Pleno, j. em 03.12.2003, *DJ* 23.04.2004, p. 9). A mencionada expressão foi suspensa pela Resolução SF n. 16, de 2006, do Senado Federal.

16 ▫ Fiscalização e Controle — 505

▪ **multa** prevista no art. 58 da Lei n. 8.443/92, aos responsáveis por:

a) contas julgadas irregulares de que não resulte débito, nos termos do parágrafo único do art. 19 da Lei n. 8.443/92;

b) ato praticado com grave infração a norma legal ou regulamentar de natureza contábil, financeira, orçamentária, operacional e patrimonial;

c) ato de gestão ilegítimo ou antieconômico de que resulte injustificado dano ao erário;

d) não atendimento, no prazo fixado, sem causa justificada, a diligência do Relator ou a decisão do Tribunal;

e) obstrução ao livre-exercício das inspeções e auditorias determinadas;

f) sonegação de processo, documento ou informação, em inspeções ou auditorias realizadas pelo Tribunal;

g) reincidência no descumprimento de determinação do Tribunal;

h) não cumprimento de decisão do Tribunal, salvo motivo justificado (art. 57, § 1.º, Lei n. 8.443/92);

▪ **inabilitação para o exercício de cargo em comissão ou função de confiança no âmbito da Administração Pública**, por um período de 5 (cinco) a 8 (oito) anos, do responsável por irregularidades constatadas pelo TCU, sempre que este, por maioria absoluta de seus membros, considerar **grave** a infração cometida (art. 60, Lei n. 8.443/92).

> **Observação:** Não podem os Tribunais de Contas, ainda que sob o pretexto de regulamentar suas leis orgânicas, criar novas hipóteses de incidência de multa, não previstas em lei, o que configura ofensa ao princípio constitucional da legalidade. Não se pode confundir o poder de **aplicar** multa — que os Tribunais de Contas inegavelmente possuem — com o poder de **instituir** multa, que depende de estrita observância ao princípio da legalidade[95].

16.4.4.11. Destinação das multas aplicadas pelo TCU

Questão interessante diz respeito à definição do **titular** da receita decorrente das **multas** aplicadas pelo TCU **a outros entes que não a própria União**: tais receitas pertenceriam à União — pessoa jurídica à qual está vinculado o TCU — ou à entidade fiscalizada?

O STJ, em alguns julgados, chegou a concluir que a legitimidade para executar multa imposta por Tribunal de Contas seria do próprio ente fiscalizado, e não da pessoa jurídica à qual está vinculada a Corte de Contas[96].

---

[95] Nesse sentido: STJ, RMS 15.578/PB, Rel. p/ Acórdão Min. Teori Albino Zavascki, 1.ª Turma, j. em 16.09.2003, *DJ* 09.12.2003, p. 210. No citado acórdão, é mencionado o inciso XXXIX do art. 5.º da CF ("não há crime sem lei anterior que o defina, nem pena sem prévia cominação legal"), que é voltado à seara **penal**.

[96] REsp 898.471/AC, Rel. Min. José Delgado, 1.ª Turma, j. em 03.05.2007, *DJ* 31.05.2007, p. 396; AgRg no REsp 1.065.785/RS, Rel. Min. Francisco Falcão, 1.ª Turma, j. em 14.10.2008, *DJe* 29.10.2008; AgRg no Ag 1.215.704/RS, Rel. Min. Benedito Gonçalves, 1.ª Turma, j. em 17.12.2009, *DJe* 02.02.2010.

506 Direito Financeiro e Econômico Esquematizado   *Carlos Alberto de Moraes Ramos Filho*

Tais decisões do STJ decorreram do resultado do julgamento do STF no **Recurso Extraordinário n. 223.037-1/SE**, de relatoria do Min. Maurício Corrêa, assim ementado:

> **Ementa:** RECURSO EXTRAORDINÁRIO. TRIBUNAL DE CONTAS DO ESTADO DE SERGIPE. COMPETÊNCIA PARA EXECUTAR SUAS PRÓPRIAS DECISÕES: IMPOSSIBILIDADE. NORMA PERMISSIVA CONTIDA NA CARTA ESTADUAL. INCONSTITUCIONALIDADE. 1. As decisões das Cortes de Contas que impõem condenação patrimonial aos responsáveis por irregularidades no uso de bens públicos têm eficácia de título executivo (CF, artigo 71, § 3.º). Não podem, contudo, ser executadas por iniciativa do próprio Tribunal de Contas, seja diretamente ou por meio do Ministério Público que atua perante ele. Ausência de titularidade, legitimidade e interesse imediato e concreto. 2. A ação de cobrança somente pode ser proposta pelo ente público beneficiário da condenação imposta pelo Tribunal de Contas, por intermédio de seus procuradores que atuam junto ao órgão jurisdicional competente. 3. Norma inserida na Constituição do Estado de Sergipe, que permite ao Tribunal de Contas local executar suas próprias decisões (CE, artigo 68, XI). Competência não contemplada no modelo federal. Declaração de inconstitucionalidade, *incidenter tantum*, por violação ao princípio da simetria (CF, artigo 75). Recurso extraordinário não conhecido (**RE 223.037/SE**, Rel. Min. Maurício Corrêa, Pleno, j. em 02.05.2002, *DJ* 02.08.2002, p. 61)[97].

O referido entendimento do STJ, contudo, decorria de interpretação equivocada do mencionado julgamento do STF, especificamente em razão da redação do item 2 de sua ementa.

Com fundamento no precedente da Corte Suprema, o STJ construiu a exegese de que, em qualquer modalidade de condenação — seja por imputação de débito, seja por multa —, seria sempre o ente estatal sob o qual atuasse o gestor autuado o legítimo para cobrar a reprimenda.

Todavia, após nova análise, o STJ concluiu que em momento algum a Suprema Corte atribuiu aos entes fiscalizados a qualidade de credor das multas cominadas pelos Tribunais de Contas. Em verdade, o STF deixou assentado que **nos casos de ressarcimento ao erário/imputação de débito** a pessoa jurídica que teve seu patrimônio lesado é quem detém a titularidade do crédito consolidado no acórdão do TCU.

No entanto, diversamente da imputação de débito/ressarcimento ao erário — em que se busca a recomposição do dano sofrido pelo ente público —, **no caso das multas** há uma sanção a um comportamento ilegal da pessoa fiscalizada, tendo por escopo fortalecer a fiscalização desincumbida pela própria Corte de Contas, que certamente perderia em sua efetividade caso não houvesse a previsão de tal instrumento sancionador.

Assim, em decorrência dessa distinção essencial entre as duas situações — **imputação de débito** e **multa** —, o STJ modificou seu anterior entendimento, tendo passado a conferir tratamento diferenciado para as referidas hipóteses.

---

[97] No mesmo sentido: STF, ARE-AgR 806.451/MA, Rel. Min. Cármen Lúcia, 2.ª Turma, j. em 25.06.2014, *DJe*-154 12.08.2014.

16 ▪ Fiscalização e Controle | 507

Com efeito, o STJ, em suas decisões, tem reconhecido **ao próprio ente estatal ao qual esteja vinculada a Corte de Contas** a titularidade do crédito decorrente da cominação da multa por ela aplicada no exercício de suas atribuições.

Portanto, as multas aplicadas pelo TCU são sempre **revertidas à União**, pessoa jurídica a qual está vinculada aquela Corte.

Tal entendimento se aplica, inclusive, nos casos em que o TCU fiscaliza outros entes que não a própria União, consoante já decidiu o STJ:

> **Ementa:** (...) 1. Mesmo nos casos em que a Corte de Contas da União fiscaliza outros entes que não a própria União, a multa eventualmente aplicada é revertida sempre à União — pessoa jurídica a qual está vinculada — e não à entidade objeto da fiscalização. (...) (**REsp 1.288.932/RS**, Rel. Min. Mauro Campbell Marques, 2.ª Turma, j. em 14.02.2012, *DJe* 24.02.2012)[98].

Dessarte, a legitimidade para ajuizar a ação de cobrança relativa ao crédito originado de multa aplicada pelo TCU é da União, que atuará por intermédio da Procuradoria-Geral da Fazenda Nacional (PGFN).

O mesmo raciocínio, segundo o STJ, deve ser aplicado em relação aos Tribunais de Contas Estaduais, de modo que as multas deverão ser revertidas ao ente público ao qual a Corte está vinculada, mesmo se aplicadas contra gestor municipal (**REsp 1.288.932/RS**, Rel. Min. Mauro Campbell Marques, 2.ª Turma, j. em 14.02.2012, *DJe* 24.02.2012)[99].

16.4.4.12. Controle do TCU pelo Congresso Nacional

O TCU, nos termos do art. 1.º de sua Lei Orgânica, é órgão de controle externo.

E quem realiza o controle das contas do TCU?

A resposta encontra-se no *caput* do art. 90 da Lei Orgânica do TCU, assim redigido: "A fiscalização contábil, financeira, orçamentária, operacional e patrimonial do Tribunal de Contas da União será exercida pelo Congresso Nacional, na forma definida no seu regimento comum".

Confira-se, a respeito, o seguinte julgado do STF:

---

[98] No mesmo sentido: AgRg no REsp 1.181.122/RS, Rel. p/ Acórdão Min. Mauro Campbell Marques, 2.ª Turma, j. em 06.05.2010, *DJe* 21.05.2010; AgRg no Ag 1.286.719/RS, Rel. Min. Mauro Campbell Marques, 2.ª Turma, j. em 21.09.2010, *DJe* 08.10.2010; EAg 1.138.822/RS, Rel. Min. Herman Benjamin, 1.ª Seção, j. em 13.12.2010, *DJe* 01.03.2011; REsp 1.229.609/RS, Rel. Min. Arnaldo Esteves Lima, 1.ª Turma, j. em 10.05.2011, *DJe* 13.05.2011; REsp 1.288.932/RS, Rel. Min. Mauro Campbell Marques, 2.ª Turma, j. em 14.02.2012, *DJe* 24.02.2012; AgRg no REsp 1.325.368/RJ, Rel. Min. Castro Meira, 2.ª Turma, j. em 21.08.2012, *DJe* 29.08.2012; REsp 1.300.411/RS, Rel. Min. Herman Benjamin, 2.ª Turma, j. em 06.09.2012, *DJe* 24.09.2012.

[99] No mesmo sentido: AgRg no Ag 1.333.402/RS, Rel. Min. Herman Benjamin, 2.ª Turma, j. em 16.11.2010, *DJe* 04.02.2011; REsp 1.229.609/RS, Rel. Min. Arnaldo Esteves Lima, 1.ª Turma, j. em 10.05.2011, *DJe* 13.05.2011; EAg 1.138.822/RS, Rel. Min. Herman Benjamin, 1.ª Seção, j. em 13.12.2010, *DJe* 01.03.2011; REsp 1.300.411/RS, Rel. Min. Herman Benjamin, 2.ª Turma, j. em 06.09.2012, *DJe* 24.09.2012; REsp 1.328.779/RS, Rel. Min. Eliana Calmon, 2.ª Turma, j. em 16.10.2012, *DJe* 22.10.2012.

Ementa: (...) Surge harmônico com a Constituição Federal diploma revelador do controle pelo Legislativo das contas dos órgãos que o auxiliam, ou seja, dos tribunais de contas (**ADI 1.175/DF**, Rel. p/ acórdão Min. Marco Aurélio, Pleno, j. em 04.08.2004, *DJ* 19.12.2006, p. 34).

O TCU deve encaminhar ao Congresso Nacional, **trimestral e anualmente**, relatório de suas atividades (art. 71, § 4.º, CF; art. 90, § 1.º, Lei n. 8.443/92).

No relatório anual, o TCU deve apresentar análise da evolução dos custos de controle e de sua eficiência, eficácia e economicidade (art. 90, § 2.º, Lei n. 8.443/92).

O **parecer** sobre as contas do TCU será proferido no prazo de **60 (sessenta dias)** do recebimento pela **comissão mista** permanente referida no § 1.º do art. 166 da CF (art. 56, § 2.º, LRF)[100].

16.4.5. OS TRIBUNAIS DE CONTAS DOS ESTADOS

De acordo com o *caput* do art. 75 da CF, as normas do modelo de **organização**, **composição** e **fiscalização** do TCU, fixadas pela Constituição Federal, são de observância compulsória pelos Estados, **no que couber**[101], ainda que não haja reprodução expressa nas Constituições estaduais[102].

Por conseguinte, ressalvadas as contas do **Governador do Estado**, que são julgadas pela **Assembleia Legislativa** (conforme aplicação, por simetria, do art. 49, inciso IX, CF), as contas dos **demais administradores** de dinheiro público estadual são julgadas pelo **Tribunal de Contas do Estado — TCE** (segundo aplicação, por simetria, do art. 71, inciso II, CF).

> **Observação:** No caso do Governador do Estado, o TCE aprecia as contas prestadas anualmente, mediante **parecer prévio** que deverá ser elaborado no prazo estabelecido na constituição estadual[103].

Dentre estes administradores, estão os dos órgãos do **Poder Judiciário** e também do **Poder Legislativo**. Quanto a este, o STF já reconheceu a inconstitucionalidade da subtração ao TCE da competência do julgamento das contas da Mesa da Assembleia Legislativa, a qual estaria compreendida na previsão do inciso II do art. 71 da CF:

---

[100] No caso dos Tribunais de Contas estaduais e municipais o parecer será proferido pelas comissões equivalentes das Casas Legislativas estaduais e municipais (art. 56, § 2.º, LRF). O STF reconheceu a **constitucionalidade** do § 2.º do art. 56 da LRF: "Inexistência de qualquer subtração à competência dos Tribunais de Contas de julgamento das próprias contas, mas previsão de atuação opinativa da Comissão Mista de Orçamento (art. 166, § 1.º, da CF) ou órgão equivalente" (ADI 2.324/DF, Rel. Min. Alexandre de Moraes, Pleno, j. em 22.08.2019, *DJe*-226 14.09.2020). O controle que os Tribunais de Contas realizam sobre as próprias contas é **interno**, cabendo o controle **externo**, no caso, ao **Poder Legislativo**.

[101] STF, ADI 3.715/TO, Rel. Min. Gilmar Mendes, Pleno, j. em 21.08.2014, *DJe*-213 30.10.2014.

[102] STF, ADI 374/DF, Rel. Min. Dias Toffoli, Pleno, j. em 22.03.2012, *DJe*-161 21.08.2014.

[103] O Tribunal de Contas não entrará em recesso enquanto existirem contas de Poder ou órgão pendentes de parecer prévio (art. 57, § 2.º, LRF).

16 ■ Fiscalização e Controle 509

Ementa: Tribunal de Contas dos Estados: competência: observância compulsória do modelo federal: inconstitucionalidade de subtração ao Tribunal de Contas da competência do julgamento das contas da Mesa da Assembleia Legislativa — compreendidas na previsão do art. 71, II, da Constituição Federal, para submetê-las ao regime do art. 71, c/c. art. 49, IX, que é exclusivo da prestação de contas do Chefe do Poder Executivo. I. O art. 75, da Constituição Federal, ao incluir as normas federais relativas à 'fiscalização' nas que se aplicariam aos Tribunais de Contas dos Estados, entre essas compreendeu as atinentes às competências institucionais do TCU, nas quais é clara a distinção entre a do art. 71, I — de apreciar e emitir parecer prévio sobre as contas do Chefe do Poder Executivo, a serem julgadas pelo Legislativo — e a do art. 71, II — de julgar as contas dos demais administradores e responsáveis, entre eles, os dos órgãos do Poder Legislativo e do Poder Judiciário. (...) (**ADI 849/MT**, Rel. Min. Sepúlveda Pertence, Pleno, j. em 11.02.1999, *DJ* 23.04.1999, p. 1).

> **Observação:** A competência da Assembleia Legislativa para julgar as contas dos demais administradores e responsáveis (art. 71, inciso II, c/c art. 75, CF) não fica subordinada ao crivo posterior do Poder Legislativo[104].

Também em razão da disposição do *caput* do art. 75 da CF, os Tribunais de Contas Estaduais devem necessariamente observar a estrutura constitucionalmente estabelecida para o TCU[105].

As Constituições estaduais disporão sobre os Tribunais de Contas respectivos, que serão integrados por **7 (sete)** Conselheiros (art. 75, parágrafo único, CF).

O Supremo Tribunal Federal, interpretando a expressão "no que couber", do art. 75 da CF, firmou jurisprudência no sentido de ser válida a escolha, por parte do governador — ante a impossibilidade aritmética de adoção do modelo federal da terça parte (como se dá no TCU) —, de um auditor e um membro do Ministério Público, alternadamente, e de um terceiro a seu critério, sendo os quatro outros conselheiros escolhidos pela Assembleia Legislativa[106].

---

[104] Por assim entender, o STF declarou a inconstitucionalidade do § 5.º do art. 33 da Constituição do Estado do Tocantins (alterado pela Emenda Constitucional n. 16/2006), que criou a possibilidade de recurso, dotado de efeito suspensivo, para o Plenário da Assembleia Legislativa, das decisões tomadas pelo Tribunal de Contas do Estado com base em sua competência de julgamento de contas (ADI 3.715/TO, Rel. Min. Gilmar Mendes, Pleno, j. em 21.08.2014, *DJe*-213 30.10.2014).

[105] Nesse sentido é a jurisprudência do STF: ADI 849/MT, Rel. Min. Sepúlveda Pertence, Pleno, j. em 11.02.1999, *DJ* 23.04.1999, p. 1; ADI 3.276/CE, Rel. Min. Eros Grau, Pleno, j. em 02.06.2005, *DJe*-018 01.02.2008; ADI 1.994/ES, Rel. Min. Eros Grau, Pleno, j. em 24.05.2006, *DJ* 08.09.2006, p. 33; ADI 3.307/MT, Rel. Min. Cármen Lúcia, Pleno, j. em 02.02.2009, *DJe*-099 29.05.2009; ADI 4.659/DF, Rel. Min. Luiz Fux, Pleno, j. em 30.08.2019, DJe-200 16.09.2019.

[106] ADI 219/PB, Rel. Min. Sepúlveda Pertence, Pleno, j. em 24.06.1993, *DJ* 23.09.1994, p. 25312; ADI 419/ES, Rel. Min. Francisco Rezek, Pleno, j. em 11.10.1995, *DJ* 24.11.1995, p. 40376; ADI 1.068/ES, Rel. Min. Francisco Rezek, Pleno, j. em 11.10.1995, *DJ* 24.11.1995, p. 40386; ADI 892/RS, Rel. Min. Sepúlveda Pertence, Pleno, j. em 18.03.2002, *DJ* 26.04.2002, p. 66; ADI 2.596/PA, Rel. Min. Sepúlveda Pertence, Pleno, j. em 19.03.2003, *DJ* 02.05.2003, p. 26; ADI 397/SP, Rel. Min. Eros Grau, Pleno, j. em 03.08.2005, *DJ* 09.12.2005, p. 4; ADI 3.255/PA, Rel. Min. Sepúlveda Pertence, Pleno, j. em 22.06.2006, *DJ* 07.12.2007, p. 18; ADI-MC 4.416/PA, Rel. Min. Ricardo Lewandowski,

Tal entendimento restou cristalizado na **Súmula 653** daquela Corte, assim redigida: "No Tribunal de Contas estadual, composto por sete conselheiros, quatro devem ser escolhidos pela Assembleia Legislativa e três pelo Chefe do Poder Executivo estadual, cabendo a este indicar um dentre auditores e outro dentre membros do Ministério Público, e um terceiro à sua livre-escolha"[107].

Os Tribunais de Contas dos Estados, no âmbito de sua atuação, detêm competência para imposição de multa a administradores públicos (STF, **RE-ED 590.655/MG**, Rel. Min. Dias Toffoli, 1.ª Turma, j. em 16.04.2013, *DJe*-155 09.08.2013).

Considerando que as decisões do TCU de que resulte imputação de débito ou multa têm eficácia de **título executivo** (art. 71, § 3.º, CF), o Plenário do STF firmou o entendimento de que, em razão do princípio da simetria, essa orientação também se aplica aos Tribunais de Contas dos estados federados (**RE 223.037/SE**, Rel. Min. Maurício Corrêa, Pleno, j. em 02.05.2002, *DJ* 02.08.2002, p. 61)[108].

As multas aplicadas pelos Tribunais de Contas Estaduais devem ser revertidas ao ente público com o qual a Corte tenha ligação, mesmo se impostas a gestor municipal.

Assim, a legitimidade para ajuizar a ação de cobrança relativa ao crédito oriundo de multa aplicada a gestor municipal por Tribunal de Contas Estadual é do ente público que mantém a referida Corte, que atuará por intermédio de sua Procuradoria (STJ, **REsp 1.288.932/RS**, Rel. Min. Mauro Campbell Marques, 2.ª Turma, j. em 14.02.2012, *DJe* 24.02.2012)[109].

É obrigatória a adoção, pelos Estados, do modelo federal de organização do **Ministério Público** que atua perante o TCU, em razão de aplicação do princípio da **simetria** (STF, **ADI 3.307/MT**, Rel. Min. Cármen Lúcia, Pleno, j. em 02.02.2009, *DJe*-099 29.05.2009).

Assim, deve funcionar junto ao Tribunal de Contas do Estado um Ministério Público especial[110], o que **impede a atuação, ainda que transitória, de membros do Ministério Público comum do Estado nos Tribunais de Contas**, consoante já decidiu o STF (**MS 27.339/DF**, Rel. Min. Menezes Direito, Pleno, j. em 02.02.2009, *DJe*-043 06.03.2009).

Pleno, j. em 06.10.2010, *DJe*-207 28.10.2010; ADI 3.160/CE, Rel. Min. Celso de Mello, Pleno, j. em 25.10.2007, *DJe*-053 20.03.2009; ADI 374/DF, Rel. Min. Dias Toffoli, Pleno, j. em 22.03.2012, *DJe*-161 21.08.2014.

[107] No mesmo sentido: STJ, RMS 14.824/PR, Rel. Min. Laurita Vaz, 2.ª Turma, j. em 01.10.2002, *DJ* 19.12.2002, p. 352.

[108] No mesmo sentido: STF, AI-AgR 764.355/SP, Rel. Min. Dias Toffoli, 1.ª Turma, j. em 06.05.2014, *DJe*-106 03.06.2014.

[109] No mesmo sentido: REsp 1.300.411/RS, Rel. Min. Herman Benjamin, 2.ª Turma, j. em 06.09.2012, *DJe* 24.09.2012; AgRg no Ag 1.333.402/RS, Rel. Min. Herman Benjamin, 2.ª Turma, j. em 16.11.2010, *DJe* 04.02.2011.

[110] Nesse sentido: "Conjugados os artigos 71, 73, § 2.º, I, e 75 da Constituição Federal, é de se concluir que sempre há de haver um Ministério Público, ainda que especial, atuando junto aos Tribunais de Contas dos Estados, constituído na forma prevista em seus artigos 128, parágrafo 3.º, 129, parágrafos 2.º e 3.º, e 130" (STF, ADI 1.791/PE, Rel. Min. Sydney Sanches, Pleno, j. em 23.11.2000, *DJ* 23.02.2001, p. 83).

16 ■ Fiscalização e Controle

511

Por assim entender, o STF declarou a inconstitucionalidade de norma da Constituição Estadual de Minas Gerais que atribuía a Procurador de Justiça, integrante do Ministério Público do Estado, o exercício de funções junto ao respectivo Tribunal de Contas, em substituição aos membros do Ministério Público especial. Tais funções, consoante destacou o STF, competem ao Ministério Público especial, que atua junto à Corte de Contas, nos termos dos arts. 25 e 130 da CF (**ADI 2.068/MG**, Rel. Min. Sydney Sanches, Pleno, j. em 03.04.2003, *DJ* 16.05.2003, p. 91)[111].

No mesmo sentido é a decisão do STF que declarou a inconstitucionalidade de lei do Estado do Espírito Santo que previa a possibilidade de Procuradores de Justiça suprirem a não existência do Ministério Público especial, de atuação específica no Tribunal de Contas estadual (**ADI 3.192/ES**, Rel. Min. Eros Grau, Pleno, j. em 24.05.2006, *DJ* 18.08.2006, p. 17).

Ressalte-se que a não prestação de contas da administração pública (direta e indireta) dos Estados e do Distrito Federal autoriza a intervenção da União naqueles entes (art. 34, inciso VII, alínea *d*, CF).

> **Observação:** Nos termos do art. 75 da CF, o preceito veiculado pelo art. 73 da Constituição do Brasil aplica-se, no que couber, à organização, composição e fiscalização dos Tribunais de Contas do Distrito Federal.

Se o TCE constatar a **ilegalidade de ato administrativo**, poderá **sustar sua execução**, comunicando sua decisão à Assembleia Legislativa (art. 71, inciso X, c/c art. 75, CF).

Se a ilegalidade for verificada em **contrato administrativo**, o TCE **comunicará a Assembleia Legislativa**, a quem compete adotar o ato de sustação (art. 71, § 1.º, c/c art. 75, CF).

> **Observação:** O STF declarou a inconstitucionalidade de dispositivos que atribuíam à Assembleia Legislativa a competência para sustar não apenas contratos, mas também **licitações** e eventuais casos de **dispensa e inexigibilidade de licitação** (**ADI 3.715/TO**, Rel. Min. Gilmar Mendes, Pleno, j. em 21.08.2014, *DJe*-213 30.10.2014).

16.4.6. TRIBUNAIS E CONSELHOS DE CONTAS DOS MUNICÍPIOS

A fiscalização do Município será exercida pelo **Poder Legislativo Municipal**, mediante controle externo, e pelos sistemas de controle interno do Poder Executivo Municipal, na forma da lei (art. 31, *caput*, CF).

---

[111] No mesmo sentido: "Não se reveste de legitimidade constitucional a participação do Ministério Público comum perante os Tribunais de Contas dos Estados, pois essa participação e atuação acham-se constitucionalmente reservadas aos membros integrantes do Ministério Público especial, a que se refere a própria Lei Fundamental da República (art. 130)" (ADI 3.160/CE, Rel. Min. Celso de Mello, Pleno, j. em 25.10.2007, *DJe*-053 20.03.2009). No mesmo sentido: ADI 2.884/RJ, Rel. Min. Celso de Mello, Pleno, j. em 02.12.2004, *DJ* 20.05.2005, p. 5.

512 Direito Financeiro e Econômico Esquematizado　　*Carlos Alberto de Moraes Ramos Filho*

O controle externo a cargo da Câmara Municipal será exercido com o auxílio dos Tribunais de Contas dos Estados ou do Município ou dos Conselhos ou Tribunais de Contas dos Municípios, onde houver (art. 31, § 1.º, CF).

Ressalvadas as contas do **Prefeito**, que são julgadas pela **Câmara Municipal**, as contas dos **demais administradores** de dinheiro público municipal são julgadas pelo **Tribunal de Contas do Estado ou do Município** ou do Conselho ou Tribunal de Contas dos Municípios, onde houver (art. 31, § 1.º, CF).

> **Observação:** No caso do Prefeito, a Corte de Contas aprecia as contas prestadas anualmente, mediante **parecer prévio** que deverá ser elaborado no prazo estabelecido na lei orgânica municipal. No caso de Municípios que não sejam capitais e que tenham menos de duzentos mil habitantes, o prazo será de **180 (cento e oitenta) dias** (art. 57, § 1.º, LRF)[112].

Assim, por exemplo, o julgamento das contas das **Mesas das Câmaras Municipais** compete às **Cortes de Contas**, pois estão aquelas compreendidas na previsão do art. 71, inciso II, da CF, e não na do art. 71, c/c art. 49, inciso IX, que é exclusivo da prestação de contas do Chefe do Poder Executivo local (art. 31, § 2.º, CF).

Consulte-se, a respeito, o seguinte julgado do STJ:

Ementa: RECURSO ORDINÁRIO EM MANDADO DE SEGURANÇA. PARECER PRÉVIO DO TRIBUNAL DE CONTAS DO ESTADO DE SANTA CATARINA. REJEIÇÃO DAS CONTAS DO EXERCÍCIO FINANCEIRO DE 1996 DO MUNICÍPIO DE XANXERÊ. IRREGULARIDADES DETECTADAS NA PREFEITURA. PEDIDO DE REEXAME ACATADO. NÃO OCORRÊNCIA DE ILEGALIDADE OU ABUSO DE PODER. DIREITO LÍQUIDO E CERTO DO IMPETRANTE NÃO ATINGIDO. SEGURANÇA DENEGADA.

O Tribunal de Contas, órgão auxiliar do Poder Legislativo, a propósito das contas do Executivo Municipal, exerce mera função opinativa, devendo prevalecer, *in casu*, a decisão política da Câmara Municipal, no sentido de acatar ou não o parecer prévio emitido por aquele órgão e, via de consequência, aceitar ou rejeitar as contas de determinado exercício financeiro.

Na hipótese dos autos, não há falar em violação de direito líquido e certo do impetrante, tampouco em cerceamento de seu direito constitucional à ampla defesa, posto que, além de ter acatado seu pedido de reexame das contas pelo corpo técnico do TCE/SC, o mesmo ainda não foi submetido ao crivo do Legislativo, isto é, a Câmara Municipal ainda não se pronunciou acerca das contas *sub quaestio*, a qual, na ocasião, recebido o parecer prévio e instituída a Comissão, dará ao impetrante nova oportunidade de defesa e manifestação.

Recurso ordinário improvido (**RMS 13.316/SC**, Rel. Min. Franciulli Netto, 2.ª Turma, j. em 14.09.2004, *DJ* 21.03.2005, p. 296).

---

[112] O Tribunal de Contas não entrará em recesso enquanto existirem contas de Poder ou órgão pendentes de parecer prévio (art. 57, § 2.º, LRF).

16 ◘ Fiscalização e Controle

Observação: A competência de controle externo exercida pelas câmaras municipais **não pode ser alargada** para alcançar, além do prefeito, outros agentes públicos, consoante já decidiu o STF: "A Constituição Federal foi assente em definir o papel específico do legislativo municipal para julgar, após parecer prévio do tribunal de contas, as contas anuais elaboradas pelo chefe do poder executivo local, sem abrir margem para a ampliação para outros agentes ou órgãos públicos" (ADI 1.964/ES, Rel. Min. Dias Toffoli, Pleno, j. em 04.09.2014, *DJe*-197 09.10.2014)[113].

O dever dos Municípios de prestar contas decorre do parágrafo único do art. 70 e, de modo particular, do inciso III do art. 30, ambos da CF, que estabelece:

Art. 30. Compete aos Municípios:

(...)

III — instituir e arrecadar os tributos de sua competência, bem como aplicar suas rendas, **sem prejuízo da obrigatoriedade de prestar contas** e publicar balancetes nos prazos fixados em lei;

(...) (destaque nosso).

Ressalte-se que a **não prestação de contas** pelos Municípios autoriza a **intervenção** do Estado em seus Municípios e da União nos Municípios localizados em Território Federal (art. 35, inciso II, CF).

O **parecer prévio**, emitido pelo órgão competente sobre as contas que o Prefeito deve anualmente prestar, só deixará de prevalecer por decisão de **2/3 (dois terços)** dos membros da Câmara Municipal (art. 31, § 2.º, CF).

As contas dos Municípios ficarão, durante 60 (sessenta) dias, anualmente, à disposição de qualquer contribuinte, para exame e apreciação, o qual poderá questionar-lhes a legitimidade, nos termos da lei (art. 31, § 3.º, CF).

É vedada a criação de Tribunais, Conselhos ou órgãos de Contas Municipais (art. 31, § 4.º, CF). Para a correta interpretação da citada vedação constitucional, e com o propósito de não sermos repetitivos, remetemos o leitor aos comentários feitos no **item 4.5.2**.

16.4.7. CONTROLE DAS CONTAS DO GOVERNO DE TERRITÓRIO FEDERAL

Os Territórios Federais integram a União, e sua criação, transformação em Estado ou reintegração ao Estado de origem devem ser reguladas em lei complementar (art. 18, § 2.º, CF).

Atualmente, não há Territórios no Brasil. Com a promulgação da Constituição de 1988, os últimos que existiam foram transformados em Estados (nos casos de Roraima e do Amapá — art. 14, ADCT) ou incorporado a outro Estado (no caso de Fernando de Noronha, cuja área foi reincorporada ao Estado de Pernambuco — art. 15, ADCT).

---

[113] No julgado citado, o STF declarou a inconstitucionalidade do § 2.º do art. 29 da Constituição do Estado do Espírito Santo, que, ao alargar a competência de controle externo exercida pelas câmaras municipais para alcançar, além do prefeito, o presidente da câmara municipal, alterou o modelo previsto na Constituição Federal.

514 Direito Financeiro e Econômico Esquematizado   *Carlos Alberto de Moraes Ramos Filho*

Na eventualidade de serem criados novos Territórios Federais no Brasil, as contas do Governo do Território serão submetidas **ao Congresso Nacional**, com **parecer prévio do TCU** (art. 33, § 2.º, CF).

16.5. FISCALIZAÇÃO DO CUMPRIMENTO DA LRF

De acordo com o *caput* do art. 59 da LRF, o Poder Legislativo, diretamente ou com o auxílio dos Tribunais de Contas, e o sistema de controle interno de cada Poder e do Ministério Público fiscalizarão o cumprimento do referido diploma legal[114].

Tal fiscalização, nos termos do citado dispositivo, deve considerar as normas de padronização metodológica editadas pelo Conselho de Gestão Fiscal[115] (art. 67, LRF) e dar ênfase aos seguintes aspectos:

- atingimento das metas estabelecidas na LDO;
- limites e condições para realização de operações de crédito e inscrição em Restos a Pagar;
- medidas adotadas para o retorno da despesa total com pessoal ao respectivo limite, nos termos dos arts. 22 e 23 da LRF;
- providências tomadas, conforme o disposto no art. 31 da LRF, para recondução dos montantes das dívidas consolidada e mobiliária aos respectivos limites;
- destinação de recursos obtidos com a alienação de ativos, tendo em vista as restrições constitucionais e as da LRF;
- cumprimento do limite de gastos totais dos legislativos municipais, quando houver.

Os Tribunais de Contas alertarão os Poderes ou órgãos referidos no art. 20 da LRF quando constatarem (art. 59, § 1.º, LRF):

- a possibilidade de ocorrência das situações previstas no inciso II do art. 4.º e no art. 9.º da LRF;
- que o montante da despesa total com pessoal ultrapassou 90% (noventa por cento) do limite;
- que os montantes das dívidas consolidada e mobiliária, das operações de crédito e da concessão de garantia se encontram acima de 90% (noventa por cento) dos respectivos limites;
- que os gastos com inativos e pensionistas se encontram acima do limite definido em lei[116];

---

[114] O STF reconheceu a **constitucionalidade** do *caput* do art. 59 da LRF: "Ao permitir a fiscalização dos padrões de gestão fiscal pela atuação concomitante do Legislativo e dos Tribunais de Contas, o dispositivo buscou melhor aproveitar as especializações institucionais, sem qualquer usurpação de competências privativas" (ADI 2.324/DF, Rel. Min. Alexandre de Moraes, Pleno, j. em 22.08.2019, *DJe*-226 14.09.2020).

[115] Referida exigência foi inserida na LRF pela Lei Complementar n. 178, de 13.01.2021.

[116] O STF declarou a **constitucionalidade** da referida disposição, que se encontra no inciso IV do § 1.º do art. 59 da LRF (ADI 2.238/DF, Rel. Min. Alexandre de Moraes, Pleno, j. em 24.06.2020, *DJe*-228 15.09.2020).

■ fatos que comprometam os custos ou os resultados dos programas ou indícios de irregularidades na gestão orçamentária.

Compete ainda aos Tribunais de Contas verificar os cálculos dos limites da despesa total com pessoal de cada Poder e órgão referido no art. 20 da LRF (art. 59, § 2.º, LRF).

O TCU deve acompanhar o cumprimento do disposto nos §§ 2.º, 3.º e 4.º do art. 39 da LRF (art. 59, § 3.º, LRF).

A Lei Complementar n. 178, de 13.01.2021, alterou a redação do *caput* do art. 59 da LRF, para nele incluir a menção de que a fiscalização do cumprimento das disposições da LRF deve considerar as **normas de padronização metodológica** editadas pelo Conselho de Gestão Fiscal.

16.6. QUESTÕES

SEGUNDA PARTE

DIREITO ECONÔMICO

1

INTERVENÇÃO DO ESTADO
NO DOMÍNIO ECONÔMICO

1.1. ACEPÇÕES DA PALAVRA "ECONOMIA"

Considerando que o Direito Econômico regula a **intervenção do Estado na economia**[1], conclui-se ser inadmissível iniciar seu estudo sem antes firmar noções sobre o conceito de **"economia"**.

A palavra "economia" vem do grego *oikos* (casa) e *nomos* (norma, lei), significando, pois, a "administração de uma casa"[2]. Referido vocábulo, consoante leciona Paul Singer[3], possui, pelo menos, três significados:

☐ o primeiro é a **qualidade** de ser estrito ou austero no uso de recursos ou valores. Nesta acepção, quando nos referimos a uma pessoa dizendo que ela é **econômica**, estamos querendo dizer que ela é parcimoniosa no gasto do dinheiro ou na utilização de materiais, ou seja, que ela é cuidadosa na administração dos seus recursos[4];

☐ o segundo é a característica comum de uma ampla gama de **atividades** que compõem a "economia" (o **domínio econômico**[5]) de um país, de uma região, de uma cidade etc. Como veremos adiante, não é fácil definir com precisão o que é "economia" nesse sentido; por enquanto, adotar-se-á a noção comum de que uma atividade

---

[1] "A intervenção no domínio econômico é instrumento medular do Direito Econômico" (FALCÃO, Raimundo Bezerra. *Direito econômico:* (teoria fundamental), p. 102).

[2] PASSOS, Carlos Roberto Martins; NOGAMI, Otto. *Princípios de economia*, p. 4.

[3] SINGER, Paul. *O que é economia*, p. 7.

[4] PASSOS, Carlos Roberto Martins; NOGAMI, Otto. *Princípios de economia*, p. 4.

[5] Roque Antonio Carrazza define domínio econômico como "o campo reservado à atuação do setor privado; ou, por outras palavras, ao desempenho da **atividade econômica em sentido estrito**" (*Curso de direito constitucional tributário*, p. 663) (destaque nosso). No mesmo sentido: MAZZA, Alexandre. *Manual de direito administrativo*, p. 990. Na definição de Lucia Valle Figueiredo, o domínio econômico "compreende o conjunto de atividades desenvolvidas pela livre-iniciativa. Portanto, constitui-se no centro onde gravita a possibilidade de se fazer riqueza, ou seja, **a atividade econômica**" (Reflexões sobre a intervenção do Estado no domínio econômico e as contribuições interventivas, p. 397) (destaque nosso). No mesmo sentido: BOTTALLO, Eduardo. Contribuições de intervenção no domínio econômico, p. 76.

é **"econômica"** quando visa **ganho pecuniário**, ou seja, quando proporciona a quem a exerce um rendimento em dinheiro[6];

> **Observação:** A expressão **"ordem econômica"** é ambígua. Pode ser empregada para se referir ao modo de "ser" de determinada economia (na segunda acepção apontada), caso em que é sinônima de **domínio econômico**. Se utilizada relativamente ao plano do "dever ser", designa uma **ordem jurídica da economia**, isto é, "o conjunto de todas as normas jurídicas relacionadas com a disciplina do comportamento dos sujeitos econômicos"[7].

■ o terceiro refere-se à **ciência** que tem por objeto a atividade que dá o segundo significado. A Economia (ciência) é a sistematização do conhecimento sobre a economia (atividade)[8], estudando, pois, como a sociedade decide o quê, como e para quem produzir[9].

Entendendo o funcionamento da economia (atividade), somos capazes de avaliar se o Estado deve intervir ou não no domínio econômico e de compreender os princípios que norteiam as decisões sobre políticas públicas[10].

---

[6] ROQUE, Sebastião José. *Direito econômico*, p. 123-126. Atividade econômica, no dizer de Ricardo Antônio Lucas Camargo, é "a que se volta à obtenção dos meios para a satisfação das necessidades" (*Regime jurídico geral e especial da atividade econômica no Brasil*, p. 14). Marcio Pestana define atividade econômica como "aquela que planeja, produz e circula riquezas sob a forma de produtos ou serviços, predominantemente sob remuneração, com vistas à satisfação de um determinado mercado, cujos indivíduos são considerados *consumidores*" (*Direito administrativo brasileiro*, p. 477) (destaque no original). No sentido de ser a finalidade lucrativa característica da atividade econômica em sentido estrito: FERREIRA, Sergio D'Ándréa. História e regime constitucional da atividade empresarial estatal, p. 13. No entender de Ricardo Marcondes Martins, a atividade econômica **não é necessariamente lucrativa**: "Como se trata de âmbito de atuação livre, o agente econômico não é obrigado a cobrar pela atividade que exerce. O lucro é uma faculdade e não uma imposição" (*Teoria jurídica da liberdade*, p. 176, nota de rodapé n. 1).

[7] BOTTALLO, Eduardo. *Lições de direito público*, p. 141. No mesmo sentido é a lição de Silvio Luís Ferreira da Rocha, que assevera: "A primeira ordem econômica — modo de ser — é suporte fático para a incidência da segunda ordem econômica — modo de dever-ser" (*Manual de direito administrativo*, p. 501). Alexandre Mazza define a ordem econômica na perspectiva do "dever ser", pois a concebe como "o complexo de princípios e regras jurídicas que disciplinam as atividades econômicas" (*Manual de direito administrativo*, p. 990).

[8] Como bem observam Antônio Maristrello Porto e Nuno Garoupa, tal confusão não ocorre nos países de língua inglesa, mas nos de língua portuguesa, em que a palavra "economia" é utilizada como ciência ou metodologia ("*economics*", em inglês) e enquanto organização da atividade econômica ("*economy*", em inglês) (*Curso de análise econômica do direito*, p. 1, nota de rodapé n. 1).

[9] DORNBUSCH, Rudiger; FISCHER, Stanley; BEGG, David. *Introdução à economia*, p. 2. A sociedade deve resolver o conflito entre os **desejos ilimitados** por bens e serviços e a **escassez dos recursos** (mão de obra, máquinas, matérias-primas) com os quais são feitos os bens e serviços. Nesse contexto, a Economia (ciência) estuda como os recursos escassos das sociedades são alocados tendo por base as decisões individuais de consumidores, trabalhadores, empresas etc. (GUIMARÃES, Bernardo; GONÇALVES, Carlos Eduardo do Nascimento. *Introdução à economia*, p. 1).

[10] GUIMARÃES, Bernardo; GONÇALVES, Carlos Eduardo do Nascimento. *Introdução à economia*, p. 1.

1 ■ Intervenção do Estado no Domínio Econômico   521

1.2. POLÍTICA ECONÔMICA

Considerando que o Direito Econômico, consoante será adiante exposto, regula a **política econômica** do governo[11], faz-se necessário firmar noção acerca de tal instituto[12], o que, por sua vez, exige prévia definição do que sejam **políticas públicas**, gênero no qual se insere aquela como espécie.

A expressão **"política"**, consoante leciona António L. de Souza Franco, pode ser tomada, pelo menos, em duas acepções. Num primeiro ângulo, refere-se a toda atividade humana centrada no poder, quer consista na luta pelo poder, no seu exercício ou na sua conservação. Noutra perspectiva, mais neutra, o vocábulo é utilizado para designar uma atividade, predominantemente racional, consistente: (i) na **formulação de objetivos** (que já tenham sido "politicamente" escolhidos, tomada aqui a expressão "política" no primeiro sentido apontado) de terminada natureza; (ii) na sua **hierarquização** segundo prioridades estabelecidas; (iii) na **escolha dos meios** mais adequados para satisfazê-los e sua combinação, "de acordo com a análise e prognóstico da situação real, em tácticas adequadas à produção dos efeitos pretendidos"[13].

As políticas, ensina Maria Paula Dallari Bucci, são **instrumentos de ação dos governos**[14].

Assim, a primeira ideia que se tem de uma política pública é a de "um conjunto de ações de organismos estatais com o objetivo de equacionar ou resolver problemas da coletividade"[15].

Como se vê, o conceito de política pública relaciona-se à ideia, exposta no primeiro capítulo desta obra, de que o Estado tem como fim o **bem comum** do povo situado em seu território.

As políticas públicas são consideradas por Wilson Donizeti Liberati "como um processo ou conjunto de processos que culmina na escolha racional e coletiva de prioridades, para a definição dos interesses públicos reconhecidos pelo Direito"[16].

Políticas públicas, no dizer de José Marcos Domingues, "são o conjunto de ações estatais dirigidas à consecução de um fim público"[17].

---

[11] "(...) el Derecho Económico tiene por sentido último a la Política Económica" (SMAYEVSKY, Miriam et al. *Derecho económico* I, p. 4).

[12] "(...) qualquer estudo sob a perspectiva do Direito Econômico não pode deixar de considerar a questão da implementação de 'políticas econômicas' pelo Estado" (CARVALHO, Carlos Eduardo Vieira de. *Regulação de serviços públicos*: na perspectiva da Constituição econômica brasileira, p. 34). Afinal, como observa Carlos Alberto de Brito, "Política Econômica e Direito Econômico guardam estreita relação, visto que o segundo normatiza a primeira" (*Controle de ato de concentração*: intervenção do Estado na criação da AMBEV, p. 45).

[13] FRANCO, António L. de Souza. *Finanças públicas e direito financeiro*, v. II, p. 217-218.

[14] BUCCI, Maria Paula Dallari. *Direito administrativo e políticas públicas*, p. 252.

[15] VIEIRA, Liszt; BREDARIOL, Celso. *Cidadania e política ambiental*, p. 77.

[16] LIBERATI, Wilson Donizeti. *Políticas públicas no Estado constitucional*, p. 85.

[17] DOMINGUES, José Marcos. Atividade financeira e direitos sociais, p. 100.

Na definição de Cristiane Derani, **políticas** "são atos oriundos das relações de força na sociedade" e são chamadas de **públicas** "quando estas ações são comandadas pelos agentes estatais e destinadas a alterar as relações sociais existentes"[18].

Segundo Eros Roberto Grau, a expressão **políticas públicas** "designa todas as atuações do Estado, cobrindo todas as formas de intervenção do poder público na vida social"[19].

Tais políticas, consoante esclarece o mesmo autor, não se reduzem à categoria das **políticas econômicas**, mas englobam, de modo mais amplo, todo o conjunto de atuações estatais no campo social (**políticas sociais**)[20].

Apresentando-se, pois, como uma espécie de política pública, a **política econômica** pode ser definida como o conjunto de ações de **intervenção do Estado nas relações econômicas** com a finalidade de equacionar ou resolver problemas em tal domínio, com vistas a atingir **objetivos** previamente fixados[21]. Observa Rosemiro Pereira Leal que: "A **intervenção ou não intervenção** é, portanto, um dado da **política econômica** sustentada pelas normas e instituições do Direito Econômico considerado na teoria da constitucionalidade democrática" (destaques nossos)[22].

Para Isabel Vaz, a política econômica, tomada em seu sentido amplo, "pode ser considerada como um conjunto de ações adequadas dirigidas racionalmente para a obtenção de determinados resultados de natureza econômica em uma comunidade". Quando o emissor dessas diretrizes é o Estado, prossegue a autora, temos uma **"política econômica estatal"**[23].

Segundo André Carvalho Nogueira, política econômica é "toda ação concertada do governo que vise, por meio da intervenção no domínio econômico e utilizando os instrumentos que o sistema lhe propõe, atingir um determinado objetivo econômico"[24].

---

[18] DERANI, Cristiane. *Privatização e serviços públicos:* as ações do Estado na produção econômica, p. 239. Segundo Maria Paula Dallari Bucci, o adjetivo "pública", justaposto ao substantivo "política", indica tanto os destinatários como os autores da política: "Uma política é pública quando comtempla os interesses públicos, isto é, da coletividade (...). Mas uma política pública também deve ser expressão de um processo público, no sentido de abertura à participação de todos os interessados, diretos e indiretos, para a manifestação clara e transparente das posições em jogo" (*Direito administrativo e políticas públicas*, p. 269).

[19] GRAU, Eros Roberto. *O direito posto e o direito pressuposto*, p. 22. No mesmo sentido: GRAU, Eros Roberto. O discurso neoliberal e a teoria da regulação, p. 61.

[20] No mesmo sentido: "(...) a política econômica se insere na política pública, sendo esta um conjunto mais amplo de ações estatais" (FABRI, Andréa Queiroz. *Responsabilidade do Estado*: planos econômicos e iniciativa privada, p. 19).

[21] Nesse sentido é a lição de Bruno Gomes de Assumpção, que define política econômica como "o conjunto de medidas postas em prática para atender a objetivos econômicos" (Alguns aspectos da intervenção do Estado no domínio econômico, p. 113). No mesmo sentido: TEIXEIRA, Alberto. *Planejamento público*: de Getúlio a JK (1930-1960), p. 24.

[22] LEAL, Rosemiro Pereira. *Direito econômico*: soberania e mercado mundial, p. 111.

[23] VAZ, Isabel. *Direito econômico das propriedades*, p. 195.

[24] NOGUEIRA, André Carvalho. *Regulação do poder econômico*: a liberdade revisitada, p. 308.

1 ▣ Intervenção do Estado no Domínio Econômico

523

Política econômica, na definição de Eugênio Rosa de Araújo, é o conjunto de medidas tomadas pelo Estado com o objetivo de **atuar e influir** sobre os mecanismos de produção, distribuição e consumo de bens e serviços[25].

O **Direito Econômico**, observa Maria Paula Dallari Bucci, "campo com o qual a abordagem das políticas públicas no direito tem evidentes afinidades, também evoluiu lentamente, a partir das transformações nas relações entre o direito e a economia que sucederam o fim da Primeira Guerra Mundial, a revelar a exaustão do paradigma institucional-econômico do século XIX. Mas encontrou base para seu desenvolvimento na sistematização da reflexão teórica sobre temas que, ao mesmo tempo, vinham sendo progressivamente objeto de tratamento pelo direito positivo, à medida que se intensificavam as formas de intervenção do Estado no e sobre o domínio econômico"[26].

1.3. ATIVIDADES DO ESTADO E ATIVIDADES DOS PARTICULARES

A análise do fenômeno da intervenção do Estado no domínio econômico — objeto do Direito Econômico — impõe prévia distinção entre o campo das atividades privadas e o campo das atividades estatais.

A vida social — assim considerado o conjunto de atividades desenvolvidas em uma sociedade — é formada pela união de dois setores, cujos contornos são delineados pela Constituição Federal: o campo estatal e o campo privado[27]. Ressalte-se que é **matéria constitucional** a definição do espaço público e do privado, cabendo **apenas residualmente** ao legislador infraconstitucional excepcionar essa ordem estabelecida[28].

O Estado desenvolve apenas as atividades que a ordem pública expressamente lhe atribui, estando proibido de fazer o que a Constituição ou as leis não autorizam de modo explícito. No Brasil, por exemplo, a Constituição atribui ao poder público a exploração da **navegação aérea** (art. 21, inciso XII, alínea *c*) e do serviço de **correio** (art. 21, inciso X)[29]. Também é o caso do serviço público de **transporte coletivo**, que é de competência

---

[25] ARAÚJO, Eugênio Rosa de. *Direito econômico*, p. 3 e 19. A política econômica, portanto, "no es outra cosa que la acción del Estado encaminada a la orientación y regulación de la actividad productiva, en orden al logro de un mejoramiento en la situación de bienestar de la población" (SMAYEVSKY, Miriam et al. *Derecho económico* I, p. 4).

[26] BUCCI, Maria Paula Dallari. *Fundamentos para uma teoria jurídica das políticas públicas*, p. 286.

[27] MELLO, Celso Antônio Bandeira de. *Curso de direito administrativo*, p. 596.

[28] Nesse sentido: AGUILLAR, Fernando Herren. *Controle social de serviços públicos*, p. 124.

[29] É a União, por força do art. 21, X da CF, o ente da Federação responsável pela manutenção do **serviço postal**. A normatização de tal serviço também compete à União (art. 22, inciso V, CF). Confira-se, a respeito, o seguinte julgado do STF: ADI 3.080/SC, Rel. Min. Ellen Gracie, Pleno, j. em 02.08.2004, *DJ* 27.08.2004, p. 52. Inclui-se no conceito de serviço postal a distribuição de **documentos bancários (boletos)**, consoante já decidiu o STF: AI-AgR 850.632/RS, Rel. Min. Luiz Fux, 1.ª Turma, j. em 18.12.2012, *DJe*-034 21.02.2013; ARE-ED 1.228.724/SP, Rel. Min. Cármen Lúcia, 2.ª Turma, j. em 06.12.2019, *DJe*-282 18.12.2019. De acordo com o STF, excepcionam-se do conceito de serviço postal tão somente as **encomendas** e **impressos**: ADPF 46/DF, Rel. p/ Acórdão Min. Eros Grau, Pleno, j. em 05.08.2009, *DJe*-035 26.02.2010; AI-AgR 857.537/MG, Rel. Min. Rosa Weber, 1.ª Turma, j. em 11.11.2019, *DJe*-256 25.11.2019; RE-AgR 882.938/PE, Rel. Min. Alexandre de Moraes, 1.ª Turma, j. em 09.02.2018, *DJe*-042 06.03.2018. Encontra-se pendente de julgamento

524 Direito Financeiro e Econômico Esquematizado — *Carlos Alberto de Moraes Ramos Filho*

do Município, que poderá prestá-lo diretamente ou sob regime de concessão ou permissão (art. 30, inciso V, CF).

Entretanto, nem todas as atividades conferidas pela Constituição ao poder público lhe são reservadas, ou seja, atribuídas a ele com exclusividade. É o caso, por exemplo, da **educação** e da **saúde**, que são deveres do Estado (arts. 196 e 205, CF), mas que são livres à iniciativa privada (arts. 199, *caput*, e 209, CF), sem que para tanto seja necessária a delegação pelo poder público[30].

> **Observação:** Analisando o caso específico das atividades de ensino (educação), assim manifestou-se o STF: "Os serviços de educação, seja os prestados pelo Estado, seja os prestados por particulares, configuram serviço público não privativo, podendo ser desenvolvidos pelo setor privado independentemente de concessão, permissão ou autorização" (**ADI 1.007/PE**, Rel. Min. Eros Grau, Pleno, j. em 31.08.2005, *DJ* 24.02.2006, p. 5). "Tratando-se de serviço público, incumbe às entidades educacionais particulares, na sua prestação, rigorosamente acatar as normas gerais de educação nacional e as dispostas pelo Estado-membro, no exercício de competência legislativa suplementar (§ 2.º do art. 24 da Constituição do Brasil)" (**ADI 1.266/BA**, Rel. Min. Eros Grau, Pleno, j. em 06.04.2005, *DJ* 23.09.2005, p. 6).

O campo privado, por sua vez, é constituído pelas atividades próprias dos particulares, as quais, por sua vez, dividem-se em duas categorias:

- ☐ as conferidas expressamente aos indivíduos pela Constituição como um direito subjetivo; e
- ☐ as que, não tendo sido atribuídas com exclusividade ao Estado, lhes são facultadas.

Como exemplos da primeira hipótese, isto é, de atividades cujo exercício é assegurado constitucionalmente aos indivíduos como direito subjetivo, podem ser citados o exercício de **trabalho, ofício ou profissão** (art. 5.º, inciso XIII, CF) e a exploração de **atividade econômica** (art. 170, parágrafo único, CF)[31].

Exemplo em que a atividade é privada, por não haver sido reservada ao Estado, é a da assistência social aos deficientes físicos, além dos já citados casos da educação e da saúde.

É possível concluir, pelo exposto, que só se excluem do campo privado as atividades que, segundo a Constituição Federal, são reservadas ao Estado, isto é, cujo exercício é a ele atribuído com exclusividade. É o caso, por exemplo, das hipóteses de **monopólio**

---

no STF o RE 667.958/MG, com repercussão geral reconhecida (**Tema 527**), em que se discute a possibilidade de os entes federativos, empresas e entidades públicas ou privadas entregarem diretamente suas guias ou boletos de cobranças aos contribuintes ou consumidores ou se é indispensável a utilização dos correios.

[30] STF, ADI 1.923/DF, Rel. p/ acórdão Min. Luiz Fux, Pleno, j. em 16.04.2015, *DJe*-254 17.12.2015. Nas áreas da saúde e educação ocorre o que Mario Engler Pinto Júnior denomina de **"regime de concorrência anômalo"**, no qual "o valor maior a ser preservado não é a isonomia concorrencial, mas permitir que a iniciativa privada possa suprir o déficit da oferta daqueles serviços públicos não exclusivos" (*Empresa estatal:* função econômica e dilemas societários, p. 162).

[31] SUNDFELD, Carlos Ari. *Fundamentos de direito público*, p. 75.

1 ▪ Intervenção do Estado no Domínio Econômico 525

da União (art. 177, CF). Também é o caso dos **serviços públicos** (art. 175, *caput*, CF), que, segundo o próprio Texto Constitucional, somente podem ser prestados por particulares mediante ato estatal de delegação (concessão ou permissão).

Pelo fato de o Estado ser criação do Direito, são as **normas jurídicas** que definem os contornos de suas atividades e, destarte, cada ordenamento jurídico é livre para decidir se o exercício de uma determinada atividade pertencerá ao Estado ou aos particulares. Dito de outro modo, o critério para diferenciar o setor estatal e o privado é eminentemente **jurídico-normativo**, consoante leciona Ricardo Antônio Lucas Camargo: "somente a partir da consulta ao ordenamento jurídico se pode saber se está diante de setor reservado ao Estado, de setor passível de ser explorado tanto pelo Estado quanto pelo particular ou de setor interdito ao Estado e somente passível de exploração pelo particular"[32].

É importante destacar o equívoco em que incorre o entendimento segundo o qual as atividades desenvolvidas pelo Estado são regidas pelo direito público, ao passo que as exercidas pelos particulares seriam regidas pelo direito privado. Como bem observa Carlos Ari Sundfeld, o que define a incidência de um ou outro ramo jurídico "é a atividade, não a pessoa envolvida"[33]. O direito público não é aplicável exclusivamente às relações das quais participem apenas as entidades governamentais, incidindo, de igual modo, por exemplo, nas prestações de serviços públicos por intermédio de concessionários e permissionários (art. 175, *caput*, CF). Por outro lado, o direito privado não incide apenas nos vínculos entre particulares, sendo igualmente aplicável, por exemplo, às estatais (empresas públicas e sociedades de economia mista) que explorem atividade econômica (art. 173, § 1.º, inciso II, CF)[34].

1.4. SERVIÇO PÚBLICO E ATIVIDADE ECONÔMICA

Consoante exposto no item anterior, a vida social é integrada pelo campo das atividades privadas e o campo das atividades estatais. Integram o primeiro, como visto, as **atividades econômicas** (art. 170, parágrafo único, CF); ao segundo, pertencem, por exemplo, os **serviços públicos** (art. 175, *caput*, CF).

> **Observação:** Confira-se, nesse sentido, o seguinte julgado do Superior Tribunal de Justiça: "Pode-se dizer, sem receios, que o serviço público está para o estado, assim como a atividade econômica em sentido estrito está para a iniciativa privada. A prestação de serviço público é atividade essencialmente estatal, motivo pelo qual, as empresas que a desempenham sujeitam-se a regramento só aplicáveis à Fazenda Pública" (**REsp 929.758/DF**, Rel. Min. Humberto Martins, 2.ª Turma, j. em 07.12.2010, *DJe* 14.12.2010).

Para alguns autores, é a partir da noção de "serviço público" que se separa o campo das atuações estatais do campo que concerne aos particulares, compondo este último o

---

[32] CAMARGO, Ricardo Antônio Lucas. *Regime jurídico geral e especial da atividade econômica no Brasil*, p. 33.

[33] SUNDFELD, Carlos Ari. *Fundamentos de direito público*, p. 74.

[34] DI PIETRO, Maria Sylvia Zanella. *Direito administrativo*, p. 64.

domínio da denominada "atividade econômica"[35], também conhecido, simplesmente, como "domínio econômico".

> **Observação:** Por entender que o campo das atividades econômicas é caracterizado pela sujeição ao regime de livre competição, Eduardo Bottallo exclui de tal área, além dos serviços públicos, os **monopólios estatais**, "que, por definição, não são compatíveis com o regime de livre-iniciativa"[36]. Não concordamos tal pensamento, pois, como será adiante exposto, tais monopólios são de **atividades econômicas em sentido estrito**, que *a priori* constituiriam segmento de manifestação da livre-iniciativa, mas que foram desta retirados[37].

Apesar da dificuldade de condensar os elementos que identifiquem o conteúdo da expressão "serviço público", transcreve-se a definição formulada por Celso Antônio Bandeira de Mello: "Serviço público é toda atividade de oferecimento de utilidade ou comodidade material fruível diretamente pelos administrados, prestado pelo Estado ou por quem lhe faça as vezes, sob um regime de Direito Público — portanto, consagrador de prerrogativas de supremacia e de restrições especiais —, instituído pelo Estado em favor dos interesses que houver definidos como próprios aos sistema normativo"[38].

Logo, consoante a lição doutrinária transcrita, os serviços públicos pertencem ao setor público. Isso não significa que não possam ser prestados por particulares, mas que o **titular** dos serviços é o **Estado** (por conseguinte, fica sempre sob o regime jurídico de direito público[39]). Não cabe, quanto a eles, a titularidade privada: o particular prestador dos serviços públicos deterá apenas a execução material dos mesmos, a ser efetuada nos termos e condições impostos unilateralmente pela autoridade estatal delegatária do seu desempenho[40].

---

[35] Nesse sentido: ROCHA, Silvio Luís Ferreira da. Breves considerações sobre a intervenção do Estado no domínio econômico e a distinção entre atividade econômica e serviço público, p. 22. Referido autor observa, contudo, que, ontologicamente, no âmbito do ser, não há distinção substancial — no plano da existência — entre atividade econômica e serviço público: "A distinção ocorre no âmbito **formal**, mais precisamente no âmbito da **competência**, isto é, no âmbito da pessoa legitimada pelo ordenamento a exercer a atividade. Portanto, a noção de 'atividade econômica' opõe-se à noção de 'serviço público' no campo da **titularidade**. Se 'atividade econômica' cabe preferencialmente aos sujeitos privados, o 'serviço público' cabe, com exclusividade, ao Poder Público, conforme dispõe o art. 175 da CF (...)" (*Manual de direito administrativo*, p. 504) (destaques nossos).

[36] BOTTALLO, Eduardo. *Lições de direito público*, p. 142.

[37] Nesse sentido: FALCÃO, Joaquim; GUERRA, Sérgio; ALMEIDA, Rafael (org.). *Ordem constitucional econômica*, p. 176; SCHIRATO, Vitor Rhein. *Livre-iniciativa nos serviços públicos*, p. 200.

[38] MELLO, Celso Antônio Bandeira de. *Curso de direito administrativo*, p. 575.

[39] SILVA, José Afonso da. *Curso de direito constitucional positivo*, p. 775.

[40] "Ainda que, por vezes, efetuados por pessoas jurídicas de direito privado, os serviços públicos são prestados em nome do Estado — que é seu titular (art. 175 CF/1988) — com a precípua finalidade de atendimento do interesse público. É por essa razão que os concessionários se sujeitam a um especial regime jurídico de direito público que estabelece deveres e sujeições não presentes nas relações exclusivamente privadas" (STJ, REsp 1.396.925/MG, Rel. Min. Herman Benjamin, Corte Especial, j. em 05.11.2014, *DJe* 26.02.2015).

1 ■ Intervenção do Estado no Domínio Econômico 527

Aos serviços públicos, campo da alçada do Estado, a Constituição Federal contrapõe o chamado **"domínio econômico"**, campo das atividades dos particulares, onde impera o regime da livre-iniciativa (art. 170, *caput*, CF)[41].

É importante ressaltar que todo e qualquer serviço é suscetível de gerar proveitos econômicos — aí incluídos os públicos (art. 175, CF), pois, se não o fossem, não haveria como outorgá-los em delegação (concessão ou permissão) — e, sendo assim, não há como apartar "atividade econômica" de "serviço público", tomando como base a aptidão (ou não) para a geração de lucros.

> **Observação:** Transcreve-se, a respeito, a lição de Régis Fernandes de Oliveira: "Embora não se possa negar que o serviço público também leva ao processo econômico, parece-nos mais técnica a separação entre serviço público e atividade econômica, porque nesta está sempre presente o intuito de lucro, que é irrelevante para o primeiro. Pode ele estar ou não presente na prestação de serviços públicos, não sendo seu componente necessário"[42].

Assim, como assevera Celso Antônio Bandeira de Mello, não há outro meio de reconhecer o que é "atividade econômica" e, consequentemente, o de identificar limites ao conceito de "serviço público", senão recorrendo à concepção geral da sociedade vigente em determinada época[43], sobre quais as atividades nela havidas como meramente econômicas, próprias então dos particulares, em oposição àquelas outras, tidas como típicas do Estado[44].

Pelo exposto, conclui-se podermos chegar à noção de atividade econômica por eliminação das atividades exclusivas do Estado: o que não for serviço público e estiver fora das demais preocupações estatais será atividade econômica[45].

---

[41] "Os transportes coletivos de passageiros consubstanciam serviço público, área na qual o princípio da livre-iniciativa (artigo 170, *caput*, da Constituição do Brasil) não se expressa como faculdade de criar e explorar atividade econômica a título privado. A prestação desses serviços pelo setor privado dá-se em regime de concessão ou permissão, observado o disposto no artigo 175 e seu parágrafo único da Constituição do Brasil" (STF, ADI 845/AP, Rel. Min. Eros Grau, Pleno, j. em 22.11.2007, *DJe*-041 07.03.2008).

[42] OLIVEIRA, Régis Fernandes de. *Receitas não tributárias:* taxas e preços públicos, p. 28.

[43] "Os serviços públicos variam no tempo, no espaço e atendem à legislação que designa quais são as atividades tidas como serviços públicos" (SILVA, Antonio Agostinho da. *As agências reguladoras e o direito da concorrência*, p. 18).

[44] MELLO, Celso Antônio Bandeira de. *Curso de direito administrativo*, p. 587. Sobre o conceito de serviço público: STF, RE 220.999/PE, Rel. p/ Acórdão Min. Nelson Jobim, 2.ª Turma, j. em 25.04.2000, *DJ* 24.11.2000, p. 104.

[45] NASCIMENTO, Tupinambá Miguel Castro do. *Comentários à Constituição Federal:* ordem econômica e financeira, p. 45; MAZZA, Alexandre. *Manual de direito administrativo*, p. 999. Em sentido contrário, entendendo que o conceito de serviço público não se afigura mais prestante como limite negativo do conceito de domínio econômico (para fins de desautorizar a União a instituir contribuições interventivas): SOUZA, Fátima Fernandes Rodrigues de; GARCIA, Patrícia Fernandes de Souza. Nova amplitude do conceito de "domínio econômico", p. 90.

Ressalte-se que o STF, amparado nas lições doutrinárias de Eros Roberto Grau[46], adota o entendimento de que a **atividade econômica em sentido amplo** é gênero que compreende duas espécies: o **serviço público** e a "atividade econômica em sentido estrito"[47].

1.5. DEFINIÇÃO DE INTERVENÇÃO ESTATAL NA ECONOMIA

Vimos no item anterior a distinção que separa o campo dos "serviços públicos", área de atuação estatal, do campo da chamada "atividade econômica, setor da iniciativa privada.

O domínio das atividades econômicas é regido pela ideia de livre-iniciativa (art. 170, *caput*, CF), sendo, por conseguinte, livre aos particulares e vedado, ressalvadas as hipóteses constitucionalmente previstas, ao Estado, que somente poderá nele intervir **em caráter excepcional**.

Nesse sentido é a lição de Fernando A. Albino de Oliveira, ao analisar o sentido do termo "intervenção": "Intervir, basicamente, significa agir de modo excepcional. Isto é, trata-se de uma ação que não é normal, comum, corriqueira"[48].

---

[46] GRAU, Eros Roberto. *A ordem econômica na Constituição de 1988:* interpretação e crítica, p. 134.

[47] ADPF 46/DF, Rel. p/ acórdão Min. Eros Grau, Pleno, j. em 05.08.2009, DJe-035 26.02.2010. A linha divisória entre atividade econômica em sentido estrito e serviço público apresenta-se cada vez menos nítida, consoante observa Márcia Haydée Porto de Carvalho, "desde que reformas constitucionais possibilitaram a exploração de serviços públicos, mediante autorização, em regime de direito privado, e que as novas leis reguladoras dessas atividades previram que mesmo em regime de direito público certas modalidades de serviços podem ser oferecidos em um ambiente de concorrência e até de liberdade de preços vigiada" (*O público e o privado no direito constitucional brasileiro*, p. 155).

[48] OLIVEIRA, Fernando A. Albino de. Limites e modalidades da intervenção do Estado no domínio econômico, p. 53. A expressão "intervenção", como ressalta Washington Peluso Albino de Souza, revela o caráter **excepcional** de que se reveste tal atuação estatal: "ao se falar em 'intervenção', conserva-se o princípio ideológico 'liberal' da abstenção do Estado em termos de ação econômica direta, admitindo-se a 'exceção' de que possa 'atuar', portanto 'intervir', em determinadas circunstâncias" (*Primeiras linhas de direito econômico*, p. 321). No mesmo sentido, ressaltando que a ação de "intervir" traz implícito o conceito de **excepcionalidade**: MARINHO, Rodrigo César de Oliveira. *Intervenção sobre o domínio econômico:* a contribuição e seu perfil constitucional, p. 86-87 e 91-92; MARSHALL, Carla. *Direito constitucional:* aspectos constitucionais do direito econômico, p. 155; NABAIS, José Casalta. *Direito fiscal*, p. 403; ROQUE, Sebastião José. *Direito econômico*, p. 197; SOUZA, Fátima Fernandes Rodrigues de; GARCIA, Patrícia Fernandes de Souza. Nova amplitude do conceito de "domínio econômico", p. 82.

1 ▪ Intervenção do Estado no Domínio Econômico

529

> **Observação:** Em sentido contrário é o seguinte acórdão do STF: "1. É certo que a ordem econômica na Constituição de 1988 define opção por um sistema no qual joga um papel primordial a livre-iniciativa. Essa circunstância não legitima, no entanto, a assertiva de que o Estado só intervirá na economia em situações excepcionais. 2. Mais do que simples instrumento de governo, a nossa Constituição enuncia diretrizes, programas e fins a serem realizados pelo Estado e pela sociedade. Postula um plano de ação global normativo para o Estado e para a sociedade, informado pelos preceitos veiculados pelos seus artigos 1.º, 3.º e 170. 3. A livre-iniciativa é expressão de liberdade titulada não apenas pela empresa, mas também pelo trabalho. Por isso a Constituição, ao contemplá-la, cogita também da 'iniciativa do Estado'; não a privilegia, portanto, como bem pertinente apenas à empresa (...)" (**ADI 1.950/SP**, Rel. Min. Eros Grau, Pleno, j. em 03.11.2005, *DJ* 02.06.2006, p. 4)[49].

Procurando definir a intervenção estatal na economia, assim manifesta-se Diogenes Gasparini: "pode-se conceituar a intervenção do Estado no domínio econômico como *todo ato ou medida legal que restringe, condiciona ou suprime a iniciativa privada em dada área econômica, em benefício do desenvolvimento nacional e da justiça social, assegurados os direitos e garantias individuais*" (destaques no original)[50].

O conceito formulado pelo autor citado, apesar de aparentar ser completo, tem o defeito, que será adiante explicado, de não abranger uma das modalidades de intervenção estatal na economia, a saber: à **intervenção direta por participação**, assim considerada a exploração pelo Estado de atividade econômica em concorrência com a iniciativa privada.

Preferimos, pois, conceituar a intervenção do Estado no domínio econômico como o **conjunto de atividades estatais sobre o segmento econômico, que é próprio da iniciativa privada**[51], **visando os fins traçados pela Constituição**[52] **e utilizando-se, legítima e razoavelmente, dos instrumentos e mecanismos postos à disposição estatal pelo Texto Constitucional**[53].

---

[49] No mesmo sentido: ADI 3.512/ES, Rel. Min. Eros Grau, Pleno, j. em 15.02.2006, *DJ* 23.06.2006, p. 3.

[50] GASPARINI, Diogenes. *Direito administrativo*, p. 596.

[51] FRIEDE, Reis. *Lições objetivas de direito administrativo*, p. 222.

[52] Tal trecho do conceito exposto busca evidenciar o caráter **instrumental** da intervenção do Estado no domínio econômico, pois tal atuação não é um fim em si mesmo, mas apenas meio para o alcance dos objetivos constitucionais. Nesse sentido: SOUZA, Horácio Augusto Mendes de. A intervenção do Estado no domínio econômico à luz da jurisprudência, p. 62 e 86. Consoante leciona Umberto Abreu Noce, a intervenção estatal sobre um âmbito essencialmente privado, como a economia, só se legitima quando realizada com vistas a atender ao **interesse público** (*O interesse público e a intervenção estatal na economia:* uma análise sob a ótica da nova racionalidade neoliberal, p. 56-59).

[53] "(...) qualquer medida imposta pelo Estado na tentativa de coibir, intervir ou prejudicar a livre-iniciativa, sem igual respaldo constitucional (...) certamente será inconstitucional, por violação aos preceitos constitucionais da ordem econômica e da livre concorrência, convolando-se em ingerência estatal desnecessária e indevida em setor caracterizado, como dito, pelo livre funcionamento das forças de mercado" (THAMAY, Rennan Faria Krüger; GARCIA JÚNIOR, Vanderley; TAMER, Maurício. *A Lei de liberdade econômica:* uma análise material e processual da Lei n. 13.874/2019, p. 48). Observa Horácio Augusto Mendes de Souza que "não basta o Estado se utilizar dos meios e instrumentos constitucionalmente postos à sua disposição, nos estritos limites da *lega-*

> **Observação:** Confira-se, a respeito, o seguinte julgado do STJ: "A intervenção do Estado no domínio econômico resulta de poder conferido pela Carta Constitucional que autoriza o poder público a intervir como agente que o regula e o normatiza, a fim de fiscalizar e incentivar as atividades do setor privado" (**RMS 30.777/BA**, Rel. Min. Luiz Fux, 1.ª Turma, j. em 16.11.2010, *DJe* 30.11.2010).

Para uma melhor compreensão do tema sob análise, faz-se necessário esclarecer o significado do vocábulo "intervenção".

As expressões "intervenção" e "atuação" (ou "ação") são, à primeira vista, sinônimas e, pois, intercambiáveis, pois **toda intervenção estatal é expressiva de uma atuação do Estado**[54]. No entanto, a recíproca não é verdadeira, pois **nem toda atuação estatal pode ser considerada intervenção**, na medida em que este último vocábulo expressa precisamente "atuação na esfera de outrem"[55]. Diz-se ocorrer intervenção "quando alguém ou algo invade espaço que, segundo determinada ordem, não lhe pertence, porquanto é ou está reservado a outrem"[56].

Daí se verifica, por exemplo, que o Estado, quando presta serviço público (art. 175, CF), não pratica ato de intervenção, pois atua, no caso, em área de sua própria titularidade. Não há que se falar em intervenção estatal no domínio próprio do Estado, em face do absoluto controle estatal sobre o referido segmento[57].

Portanto, pelo exposto, o vocábulo "intervenção" é, no contexto deste estudo, mais preciso do que a expressão "atuação estatal", pois **intervenção** expressa atuação estatal em área de titularidade do setor privado[58], ao passo que **atuação** estatal expressa

---

[54] *lidade*, devendo a implementação das técnicas de intervenção estatal no domínio econômico se dar de forma a atender o interesse público concretamente apresentado, portanto, *legitimamente*, e de forma *razoável*, onde os meios e as técnicas a serem utilizadas pelo Poder Público sejam realmente idôneos aos fins pretendidos pela Constituição e pelas Leis, pois só assim se estará dando real e efetivo cumprimento ao princípio referido" (A intervenção do Estado no domínio econômico à luz da jurisprudência, p. 49-50).

[54] SOUZA, Washington Peluso Albino de. *Primeiras linhas de direito econômico*, p. 321.

[55] GRAU, Eros Roberto. *A ordem econômica na Constituição de 1988:* interpretação e crítica, p. 158. No mesmo sentido: MARINHO, Rodrigo César de Oliveira. *Intervenção sobre o domínio econômico:* a contribuição e seu perfil constitucional, p. 84; NOCE, Umberto Abreu. *O interesse público e a intervenção estatal na economia:* uma análise sob a ótica da nova racionalidade neoliberal, p. 15.

[56] PONTES, Helenilson Cunha. Contribuições de intervenção no domínio econômico, p. 377.

[57] FRIEDE, Reis. *Lições objetivas de direito administrativo*, p. 223; GRECO, Marco Aurélio. Notas para uma sistematização da intervenção do Estado na ordem econômica, p. 281. No mesmo sentido é a lição de Fernando A. Albino de Oliveira, que assevera: "(...) quando o Estado presta serviço público o faz sob égide de um regime jurídico específico, diferente daquele que informa a ação estatal intervencionista" (Limites e modalidades da intervenção do Estado no domínio econômico, p. 63). Em sentido contrário, considerando a prestação de serviços públicos uma das formas pelas quais se dá a intervenção do Estado na economia: CASTELLANI, Fernando F. *Contribuições especiais e sua destinação*, p. 131-133; MARINHO, Rodrigo César de Oliveira. *Intervenção sobre o domínio econômico:* a contribuição e seu perfil constitucional, p. 95-97; SADDY, A. *Formas de atuação e intervenção do Estado brasileiro na economia*, p. 272.

[58] PESTANA, Marcio. *Direito administrativo brasileiro*, p. 480.

1 ◾ Intervenção do Estado no Domínio Econômico 531

significado mais amplo, pois, quando não qualificada, abrange ação do Estado tanto em área de sua titularidade (campo dos serviços públicos, por exemplo) quanto na esfera do setor privado (campo da atividade econômica)[59].

1.6. HISTÓRICO DO INTERVENCIONISMO ESTATAL NA ECONOMIA

1.6.1. ANTIGUIDADE

Na história da Antiguidade, notadamente no Egito, Grécia e Roma, é que vamos encontrar os primórdios da intervenção estatal na vida econômica dos povos.

Na Grécia Antiga, por exemplo, o filósofo Aristóteles (382-322 a.C.) formulou as primeiras teorizações econômicas, sendo partidário da intervenção do Estado na economia[60].

No Egito antigo, a ação do Estado se fazia sentir sobre a economia pela construção de gigantescos diques e obras hidráulicas para permitir a boa irrigação do solo. Os produtos da terra, caça e pesca eram depositados em armazéns distritais, administrados por funcionários do governo[61].

Nos Estados teocráticos das civilizações anteriores à era Cristã, a centralização dos poderes era corolário natural das economias ainda incipientes, baseadas em sistemas em que predominavam o trabalho escravo, o artesanato rudimentar e a economia rural[62]. As atividades econômicas agrícola, artesanal e comercial estavam sob o rigoroso controle estatal.

Esses sistemas prevaleceram até após a queda do Império Romano do Ocidente e o retorno gradativo à economia urbana.

1.6.2. ESTADO ABSOLUTISTA

A partir da Renascença, e após o século XVI, com as grandes navegações e as descobertas delas decorrentes, ampliaram-se os limites do mundo da era feudal e das economias até então insuladas dos burgos, ducados e baronatos.

Surgiram os chamados **"Estados Absolutistas"**, que, na Europa dos séculos XVII e XVIII, realizam a centralização administrativa, procuram firmar as fronteiras nacionais e, no plano econômico, empreenderam políticas mercantilistas e coloniais. Encontramos, nesse período, o Estado associado aos comerciantes para desenvolver o comércio e a própria exploração das colônias. O comércio, nessa época, tornou-se um ramo da administração pública[63].

---

[59] GRAU, Eros Roberto. *A ordem econômica na Constituição de 1988:* interpretação e crítica, p. 125 e 157-158.

[60] SANTANA, Cleuciliz Magalhães. *Como funciona a economia*, p. 16; PEREIRA, Affonso Insuela. *O direito econômico na ordem jurídica*, p. 150.

[61] GOMES, Luiz Souza. *O que devemos conhecer de economia política e das finanças*, p. 307.

[62] GASTALDI, J. Petrelli. *Elementos de economia política*, p. 438.

[63] GOMES, Luiz Souza. *O que devemos conhecer de economia política e das finanças*, p. 45.

O intervencionismo estatal na economia atingiu seu auge na chamada **"era mercantilista"**[64], que floresceu entre os anos de 1450 e 1750[65].

O **mercantilismo** — que recebeu seu nome da palavra latina *mercator* (mercador) por considerar o comércio como a base fundamental para o aumento das riquezas[66] — tinha preocupações explícitas sobre a **acumulação de riquezas** de uma nação, pois considerava que o governo de um país seria mais forte quanto maior fosse seu estoque de metais preciosos[67].

A produção, nesse período, era voltada para os interesses supremos do Estado Absoluto[68]. Também foi nessa época que surgiram os primeiros monopólios do Estado.

O descobrimento de novas terras, à época das grandes navegações, motivou o Estado a empreender um **controle sistemático sobre a atividade econômica**[69]. Com efeito, o mercantilismo exigia um **alto grau de administração governamental da economia** do Estado a fim de assegurar a entrega das matérias-primas das colônias à metrópole (colonizador) e a compra dos artigos nesta produzidos pelas colônias[70].

Escreve, a respeito, Lloyd Musolf: "Na colonização e desenvolvimento do Novo Mundo, os governos europeus foram agressivos quanto às táticas que empreenderam e que supunham contribuiriam para o crescimento e prosperidade de seus países. Encareceram o estrito controle do governo sobre a economia com o fito de acumular ouro, obter balança comercial favorável, desenvolver a agricultura e a manufatura e estabelecer monopólios de comércio no estrangeiro"[71].

O mercantilismo propiciou o **fortalecimento econômico do Estado**, o que lhe trouxe o poder absoluto, decorrente da centralização total dos poderes nas mãos dos soberanos[72].

Por outro lado, os principais defeitos da concepção mercantilista da economia "consistiram em exagerar o papel dos metais como elementos da riqueza e em ter considerado a produção apenas em função da prosperidade do Estado, sem nenhuma atenção ao bem-estar individual"[73].

---

[64] BASTOS, Wallace de Oliveira. *Direito econômico-constitucional:* a intervenção do Estado: (eficácia e efetividade das normas de controle), p. 35; PEREIRA, Affonso Insuela. *O direito econômico na ordem jurídica*, p. 152-153.

[65] GOMES, Luiz Souza. *O que devemos conhecer de economia política e das finanças*, p. 45.

[66] GASTALDI, J. Petrelli. *Elementos de economia política*, p. 47.

[67] VASCONCELLOS, Marco Antonio S.; GARCIA, Manuel E. *Fundamentos de economia*, p. 16; LOPES, Maristela Santos de Araújo. *A atuação do Estado sobre o domínio econômico e o princípio da livre-iniciativa como fundamento da República e da ordem econômica em um Estado democrático de direito*, p. 9.

[68] Francisco Vergara, por tal razão, denomina tal dirigismo estatal como sendo do tipo **despótico** (*Introdução aos fundamentos filosóficos do liberalismo*, p. 132).

[69] SIDOU, J. M. Othon. *A natureza social do tributo*, p. 15.

[70] MUSOLF, Lloyd D. *O Estado e a economia*, p. 22.

[71] MUSOLF, Lloyd D. *O Estado e a economia*, 30.

[72] VIEIRA, Gabriela Falcão. Intervenção do Estado no domínio econômico: modalidades e perspectivas, p. 137.

[73] GOMES, Luiz Souza. *O que devemos conhecer de economia política e das finanças*, p. 47. Segundo o referido autor, um ponto merecedor de críticas diz respeito ao comércio internacional da era

1 ◾ Intervenção do Estado no Domínio Econômico

O mercantilismo, consoante leciona Luiz Souza Gomes, amparado nas lições de Paul Hugon, foi um conjunto de práticas econômicas, sendo incorreto afirmar que tenha sido uma "doutrina" ou um "sistema" consciente com base mais ou menos científica: "O mercantilismo foi uma tendência geral dos espíritos, guiados por motivos materialistas e ambiciosos"[74].

1.6.3. ESTADO LIBERAL

Com a decadência do regime econômico mercantilista e o surgimento da burguesia, com a Revolução Francesa (1789), emergiu o **Estado Liberal**, que predominou durante o século XIX. Assevera, a respeito, Gabriela Falcão Vieira: "Muito embora o Liberalismo possa assumir diversas formas, o que sucedeu ao mercantilismo caracterizou-se pela defesa do princípio segundo o qual o desenvolvimento econômico deveria fazer-se em conformidade com as leis naturais do mercado (teoria do equilíbrio natural das trocas), sem os grilhões anteriormente postos pelo Estado"[75].

Com efeito, uma das questões que deve ser respondida por uma doutrina liberal, consoante destaca Francisco Vergara, "diz respeito aos limites do princípio de liberdade. Deve dizer em que área o indivíduo deve ter liberdade para agir e em que áreas não deve. Deve indicar em quais casos é bom o Estado intervir, seja para restringir certas liberdades, seja para corrigir os efeitos indesejáveis que podem resultar da liberdade; ela deve fornecer *um critério* que permita dizer: 'É bom que o Estado intervenha aqui, não é bom que ele intervenha ali'" (destaque no original)[76].

Adotou-se, então, a prática do *"laissez-faire"*, doutrina oposta à interferência governamental nos assuntos econômicos além do mínimo necessário para manter a paz e os direitos de propriedade[77]. Caberia ao Estado "tão somente o estabelecimento de salvaguardas seguras e fixas para que os indivíduos tivessem as condições necessárias à realização de seus próprios objetivos"[78].

Caracterizou-se, pois, o liberalismo por consagrar a restrição dos poderes estatais com a finalidade de proteger o indivíduo contra os abusos do poder. Sustentava-se que os indivíduos deveriam dispor da máxima liberdade de ação possível em todos os setores da vida, principalmente em relação às atividades econômicas[79].

No Estado Liberal, operou-se uma **dissociação** bem nítida entre a atividade econômica e a atividade política. Segundo o modelo adotado, as decisões econômicas

---

mercantilista: "concepção unilateral e impraticável, verdadeira aberração econômica que situa a prosperidade de um no prejuízo de outro" (Ob. cit., p. 47).

[74] GOMES, Luiz Souza. *O que devemos conhecer de economia política e das finanças*, p. 45.

[75] VIEIRA, Gabriela Falcão. Intervenção do Estado no domínio econômico: modalidades e perspectivas, p. 137.

[76] VERGARA, Francisco. *Introdução aos fundamentos filosóficos do liberalismo*, p. 19-20.

[77] MUSOLF, Lloyd D. *O Estado e a economia*, p. 22.

[78] ARAGÃO, Alexandre Santos de. *Agências reguladoras e a evolução do direito administrativo econômico*, p. 89.

[79] DIMOULIS, Dimitri. Fundamentação constitucional dos processos econômicos: reflexões sobre o papel econômico do direito, p. 83.

— assim entendidas as relativas aos fatores escassos — caberiam inteiramente aos membros da comunidade, sem qualquer interferência no plano político. A tomada de decisões econômicas se faria, destarte, com base num único parâmetro: os níveis de preços sinalizados a cada momento pelo próprio mercado[80].

Caracterizou-se o Estado Liberal pela **economia de mercado**, assim entendido, segundo Rogério Emílio de Andrade, "o sistema econômico em que as pessoas, as atividades e as empresas podem coordenar-se em função de um sistema de preços e mercados, na medida em que compradores e vendedores confrontam-se em um processo capaz de determinar o preço e a quantidade de um bem ou de um serviço"[81].

Nesse tipo de sistema econômico, baseado na propriedade privada e na livre-iniciativa, "os agentes econômicos (indivíduos e empresas) preocupam-se em resolver isoladamente seus próprios problemas tentando sobreviver na concorrência imposta pelos mercados" e, "agindo individualmente, interagem através dos mercados acabando por determinar o que, como e para quem produzir"[82].

A economia de mercado, no dizer de Octavio Bueno Magano, é "aquela em que não existe ninguém respondendo pela regularidade do sistema. Os bens são produzidos e as necessidades satisfeitas como quer por milagre: pela atuação misteriosa de uma **'mão invisível'**" (destaque nosso)[83].

> **Observação:** A expressão **"mão invisível"** foi empregada por Adam Smith para se referir ao sistema econômico no qual não houvesse intervenção estatal e que, por conseguinte, se "autorregularia", como se existisse uma "mão invisível", fazendo com que os preços dos produtos e serviços fossem ditados pelas regras do próprio mercado[84].

O perfil das Constituições elaboradas e vigentes nesse período histórico é traçado por Washington Peluso Albino de Souza: "As Constituições liberais clássicas consagravam ao poder econômico privado o privilégio de, praticamente, não receber regulamentação, nem lhe ser feita ao menos referência do texto magno. Simplesmente o ignoravam. Vedavam ao Estado imiscuir-se no domínio das atividades econômicas, que eram reservadas exclusivamente ao poder econômico privado"[85].

---

[80] NUSDEO, Fábio. *Fundamentos para uma codificação do direito econômico*, p. 8.

[81] ANDRADE, Rogério Emílio de. *O preço na ordem ético-jurídica*: análise da intervenção pública na formação de preços no mercado, p. 1.

[82] PASSOS, Carlos Roberto Martins; NOGAMI, Otto. *Princípios de economia*, p. 31.

[83] MAGANO, Octavio Bueno. *Introdução ao direito econômico*, p. 68.

[84] "Na tradicional concepção liberal a economia de mercado não carecia de regulação estadual, visto que a concorrência funcionava como "mão invisível" (Adam Smith) que regulava espontaneamente os mecanismos da economia" (MARQUES, Maria Manuel Leitão; MOREIRA, Vital. Economia de mercado e regulação, p. 13).

[85] SOUZA, Washington Peluso Albino de. *Teoria da constituição econômica*, p. 36. Era o chamado **"constitucionalismo político"**, consoante leciona Tupinambá Miguel Castro do Nascimento: "Em seu início, o constitucionalismo é informado por ideias liberais e pode se qualificar de constitucionalismo político. É o Estado estruturado em defesa do homem". Prossegue o autor citado: "Assim, historicamente, o constitucionalismo político veio para, organizando o Estado, garantir sua finalidade. Pondo fim ao arbítrio e ao direito da força, inadmitindo desrespeitos aos direitos das pessoas,

1 ▪ Intervenção do Estado no Domínio Econômico 535

> **Observação:** Tais constituições, que implicitamente consagravam tal ordem econômica[86], foram chamadas de **"constituições-garantia"**, pois, como leciona Fábio Nusdeo, eram "destinadas primordialmente a assegurar a liberdade dos cidadãos em todas as suas dimensões. São conhecidas também como **'constituições clássicas'**, por terem consolidado e afirmado concretamente o conceito e o ideal de constituição" (destaque nosso)[87].

O Estado Liberal, frente às liberdades em geral, e, em especial, às de indústria e comércio, assumia uma **função puramente negativa**, de vez que esta atitude era considerada a mais conveniente para alcançar o progresso individual. Ao Estado era negada a prerrogativa de modelar o indivíduo, pois se entendia que na "liberdade de expandir livremente as suas faculdades pessoais e de espontaneamente pensar e exprimir-se residia a efetiva contribuição do homem à sociedade"[88].

Sob esse prisma, a postura do Estado era essencialmente **abstencionista**, ficando o plano decisório político circunscrito àquelas funções elementares do Estado e, pois, indelegáveis[89]: a defesa externa, a ordem interna, o relacionamento com outros Estados (atividades diplomáticas), a elaboração das leis e a administração da Justiça. Tais funções, como se vê, eram apenas as indispensáveis para preservar o livre desenvolvimento da atividade dos particulares.

De tal comportamento estatal decorreu um contraste chocante: fortunas imensas se acumulavam nas mãos dos dirigentes do poder econômico; a ostentação e a ânsia irrefreada de ganhar cada vez mais criaram o conflito entre classes patronais e assalariadas; organizaram-se cartéis e todas as demais formas de abuso do poder econômico, acentuando-se cada vez mais os desníveis sociais[90]. E o Estado a tudo assistia de braços cruzados, limitando-se a policiar a ordem pública, daí ser chamado de **"Estado-Polícia"** (*L'État Gendarme*).

A atuação do Estado frente à economia nesse período é representada por Sahid Maluf através da seguinte alegoria: "Era como se o Estado reunisse num vasto anfiteatro

---

afirmou estruturalmente o Estado e propiciou, com a divisão de Poderes, os limites do governo" (*Comentários à Constituição Federal:* ordem econômica e financeira, p. 11-12).

[86] Leciona Fábio Nusdeo que, mesmo no liberalismo, havia uma ordem constitucional econômica, "porém implícita e não explícita, embutidos que estavam os seus princípios no conjunto dos Direito e Garantias Individuais que ao consagrarem a propriedade, virtualmente absoluta, a liberdade de contratar e de escolher uma profissão (iniciativa econômica) delinearam uma ordem constitucional econômica, implícita de cunho puramente liberal, na qual pouca guarida era dada às iniciativas estatais, aliás, sequer mencionadas na maioria dos textos" (A ordem econômica constitucional: algumas reflexões, p. 29).

[87] NUSDEO, Fábio. A ordem econômica constitucional: algumas reflexões, p. 29.

[88] CARVALHOSA, Modesto. *Direito econômico*, p. 60.

[89] RODRIGUES, João Gaspar. Esboço crítico sobre a transição do Estado Social para o Estado Regulador: contradições e desafios, p. 194.

[90] ZIPPELIUS, Reinhold. *Teoria geral do Estado*, p. 522; DALLARI, Dalmo de Abreu. *O futuro do Estado*, p. 59; SIDOU, J. M. Othon. *A natureza social do tributo*, p. 16; DIMOULIS, Dimitri. Fundamentação constitucional dos processos econômicos: reflexões sobre o papel econômico do direito, p. 99; FALCÃO, Raimundo Bezerra. *Direito econômico:* (teoria fundamental), p. 107; PIRES, Antonio Fernando. *Direito constitucional*, p. 307.

lobos e cordeiros, declarando-os livres e iguais perante a lei, e propondo-se a dirigir a luta como árbitro, completamente neutro. Perante o Estado não havia fortes ou fracos, poderosos ou humildes, ricos ou pobres. A todos, ele assegurava os mesmos direitos e as mesmas oportunidades (...)"[91].

Abstendo-se o Estado de intervir na ordem social e econômica, como observa Clóvis do Souto Goulart, sua autoridade "revelou-se fraca e impotente para acudir os mais justos reclamos dos grupos sociais e, evidentemente, do indivíduo"[92].

A **igualdade** defendida pelos teóricos do liberalismo era meramente **formal**, consoante destaca Francisca Rita Alencar Albuquerque: "A igualdade que o liberalismo defendia era a de oportunidade, de cada um disputar o ganho econômico e com ele ter acesso à propriedade privada, pressuposto para o ingresso na cidadania. Mas o desnível econômico entre os indivíduos não permitiu a livre e igualitária competição, pois antes como hoje vence sempre aquele que tem mais. E a igualdade jurídica não vicejou porque extrema era a desigualdade no plano social. Em contexto de liberdade absoluta, a paridade de direitos fatalmente descamba para uma diferença de fato"[93].

O liberalismo mostrou-se, pois, inadequado à solução dos problemas reais da sociedade, porquanto desconsiderou que os indivíduos eram (e ainda são) natural, social e economicamente desiguais e que necessitavam, por conseguinte, um tratamento desigual, na justa medida de suas desigualdades, que possibilitasse a redução destas no plano jurídico[94].

O modelo teórico do liberalismo econômico, na prática, jamais se realizou, pois, como bem observa Eros Roberto Grau, a intervenção estatal na economia não pode ser entendida em termos absolutos, tendo o Estado sempre atuado de alguma forma no campo econômico[95].

Com efeito, ressalta Ana Frazão que, "mesmo no Estado liberal, a intervenção estatal na economia foi maior do que normalmente se supõe, de forma que a atividade econômica não teria como prosperar se não fosse o arcabouço jurídico que lhe foi propiciado pelo Estado. A ideia de uma economia que se desenvolveu e progrediu sem qualquer participação do Estado é uma fantasia"[96].

---

[91] MALUF, Sahid. *Teoria geral do Estado*, p. 130-131.

[92] GOULART, Clóvis do Souto. Sociedade e Estado, p. 29.

[93] ALBUQUERQUE, Francisca Rita Alencar. *A justiça do trabalho na ordem judiciária brasileira*, p. 62.

[94] MALUF, Sahid. *Teoria geral do Estado*, p. 130-131. Apesar dos aspectos negativos, é importante ressaltar que se deve ao liberalismo a noção de **"Estado de Direito"** (GOMES, Orlando; VARELA, Antunes. *Direito econômico*, p. 156).

[95] GRAU, Eros Roberto. *Elementos de direito econômico*, p. 15. No mesmo sentido: MELLO, Célia Cunha. *O fomento da administração pública*, p. 19. Discorrendo sobre o tema, Silvio Luís Ferreira da Rocha observa que "o intervir do Estado no domínio econômico é fenômeno presente **em todo e qualquer sistema econômico** (planificado ou de mercado, de apropriação coletiva ou apropriação privada, capitalista ou socialista), mas o grau, a intensidade, o modo do intervir, depende do modelo de estado (Liberal ou Social) adotado" (*Manual de direito administrativo*, p. 498) (destaque nosso).

[96] FRAZÃO, Ana. *Empresa e propriedade*: função social e abuso de poder econômico, p. 73.

1 ◼ Intervenção do Estado no Domínio Econômico

No mesmo sentido é a lição de J. M. Othon Sidou, que, sustentando a tese de que a ideia de Estado pressupõe a ideia de direcionismo, assevera: "O intervencionismo não é, portanto, um fenômeno dessa ou daquela coletividade estatizada, nessa ou naquela época. Não decorre de tempo nem de sistemas políticos. A forma de que se revista o Estado representa tão só, nesse aspecto, um mero enroupamento, mais ou menos a rigor, mais ou menos sumário, porque, seja coletivista ou individualista — sistema em que exerce o papel de *gendarme* apenas — o Estado é direcionista, e nesse caráter sempre se mostrou através da história"[97].

1.6.4. A CRISE DO ESTADO LIBERAL: O ESTADO SOCIAL

Os problemas que se abateram sobre a sociedade em decorrência da postura de neutralidade do Estado Liberal e da incapacidade de solução pelos particulares[98] levaram o Estado a alargar seus deveres, para além da missão de garantir uma ordem jurídica para o exercício das liberdades individuais.

De fato, como observa Ana Frazão, "as necessidades inerentes ao convívio social impunham que o Estado tutelasse interesses outros que não apenas o do titular dos direitos subjetivos, sendo manifestamente inviável um sistema no qual estes fossem absolutos"[99].

Os limites da atuação estatal foram, então, ampliados e atividades anteriormente consideradas excepcionais passaram a constituir o exercício regular de competência, compreendida já agora na esfera própria do Estado[100]. Constatou-se, enfim, que na economia moderna não havia lugar para o Estado *gendarme*, como observa J. M. Othon Sidou: "O Estado que, no mundo hodierno, abrisse mão do direcionismo econômico e se

---

[97] SIDOU, J. M. Othon. *A natureza social do tributo*, p. 14-15. Observam Lenio Streck e Bolzan de Morais que "o Estado negativo — com um intervencionismo zero — nunca foi experimentado, pois, desde sua criação, a atividade estatal sempre se deu, em maior ou menor escala, voltada para fins distintos, porém, algum grau de intervencionismo sempre foi experimentado, até mesmo porque, em caso contrário, estaríamos diante da própria supressão do Estado como ente artificial que deve responder às características postas pelo Contrato Social" (*Ciência política e teoria do Estado*, p. 68).

[98] Para Machado Paupério, o Estado tornou-se intervencionista porque o ser humano "perdeu sua consciência ética; porque os homens se deixaram vencer pelos egoísmos": "Já que os homens perderam seus princípios éticos, é preciso obrigá-los, por força, a ter caridade para com o próximo" (*Teoria geral do Estado*: direito político, p. 191).

[99] FRAZÃO, Ana. *Empresa e propriedade*: função social e abuso de poder econômico, p. 81.

[100] BONAVIDES, Paulo. *Do Estado liberal ao Estado social*, p. 186. Nesse sentido, assevera Caio Tácito: "A moderna tendência intervencionista no domínio econômico e social atraiu para o terreno da atividade administrativa um elenco de serviços que não figuram nos modelos clássicos da Administração Pública" (*Direito administrativo*, p. 198). No mesmo sentido: SOUZA, Neomésio José de. *Intervencionismo e direito*: uma abordagem das repercussões, p. 38. O advento da II Guerra Mundial, consoante noticia o último dos autores citados, iria estimular ainda mais a atitude intervencionista do Estado, pois a necessidade de controlar os recursos sociais e obter o máximo de proveito com o mínimo desperdício (para fazer face às emergências da guerra) leva a ação estatal a todos os campos da vida social, não havendo qualquer área interdita à intervenção do Estado (Ob. cit., p. 41-42).

tornasse apático ante tôda uma vastidão de assuntos que mais a mais exigem a sua presentânea influência; que se fizesse ausente aos contínuos problemas decorrentes do binômio capital-trabalho, desertaria, com efeito, da sua precípua atividade, sintetizada no bem-estar social; condenar-se-ia, decerto, à marginalidade; seria um Estado caricato, amorfo, anacrônico, em meio à parada dos povos"[101].

Assim, com o declínio do Estado *gendarme* do capitalismo liberal, surgiu, no final do século XIX, o modelo de **Estado Social**, intervencionista, que dominaria o século XX.

O Estado intervencionista, como observa José Eduardo Faria, "está longe de ser aquela associação 'ordenadora' típica do Estado de Direito clássico, que tinha a legitimidade do exercício do monopólio da violência e do uso da coação jurídica (renunciando em contrapartida a intervir no campo econômico), tornando-se uma associação eminentemente 'reguladora', na perspectiva de um Estado *Social* de Direito" (destaque no original)[102].

O **Estado Social** — ou **do Bem-Estar Social (*Welfare State*)**[103] ou **Estado Providência** ou, ainda, **Estado Provedor** — caracterizou-se por buscar o **desenvolvimento econômico** para poder realizar o **bem-estar social**[104], tendo assumido a missão de libertar a sociedade da miséria, buscando superar "a contradição entre a igualdade política e a desigualdade social"[105] mediante a sistemática **intervenção estatal na economia**.

Como bem observa Maria João Estorninho, "se o Estado Liberal do século XIX, vocacionado apenas para a supervisão dos acontecimentos sociais, podia cumprir os seus fins administrativos praticamente através de uma intervenção pontual e esporádica da Administração, o Estado Social, empenhado na satisfação das necessidades sociais, viu-se necessariamente obrigado a alargar as relações entre a Administração e o cidadão"[106].

---

[101] SIDOU, J. M. Othon. *A natureza social do tributo*, p. 17-18.

[102] FARIA, José Eduardo. *O direito na economia globalizada*, p. 114.

[103] Como bem observa João Gaspar Rodrigues, outras características do Estado Social, "além de intervir fortemente na economia e em assuntos econômicos, é o fato de corrigir falhas de mercado, potenciar o crescimento e o desenvolvimento, estabilizar a economia e gerar um ambiente propício para que os cidadãos vivam dignamente (promoção social). Daí também ser designado como Estado de bem-estar social" (Esboço crítico sobre a transição do Estado Social para o Estado Regulador: contradições e desafios, p. 197).

[104] BRITO, Edvaldo. Aspectos da tutela da concorrência no Estado dualista do bem-estar e do desenvolvimento, p. 250.

[105] BONAVIDES, Paulo. *Do Estado liberal ao Estado social*, p. 185. Apesar de devermos ao liberalismo a noção de "Estado de Direito", cabe destacar, como o faz Antunes Varela, "que o *Estado de direito* não se confunde, nem é peculiaridade do *Estado liberal*, mas um modelo político que possui 'valor eterno e universal' quando, concebido 'essencialmente de modo formal', tenha, como apanágio, 'garantir a certeza das liberdades asseguradas na lei'" (destaques no original). Assim, conclui o autor citado: "Nenhuma incompatibilidade se manifesta, desse modo, entre o Estado de direito, com seus clássicos direitos fundamentais do homem, e o Estado social, que os acrescenta sob a forma de *direitos de participação*, ou preenche seu conteúdo diversamente, mas sem alteração da substância" (destaques no original) (GOMES, Orlando; VARELA, Antunes. *Direito econômico*, p. 157).

[106] ESTORNINHO, Maria João. *A fuga para o direito privado*: contributo para o estudo da actividade de direito privado da Administração Pública, p. 39.

1 ▪ Intervenção do Estado no Domínio Econômico 539

Assim, consoante explica a mencionada autora, uma das principais características do modelo de Estado Social é o **alargamento do elenco das funções da Administração Pública**: "Se a noção de Administração Pública pressupõe sempre a ideia de um acervo de necessidades colectivas cuja satisfação é levada a cabo pela própria colectividade, a questão de saber quais são exactamente as funções da Administração torna-se agora especialmente complexa, porque em bom rigor a Administração Pública tende a ocupar--se praticamente de tudo, desenvolvendo a sua actividade em todos os sectores da vida económica e social"[107].

O Estado Social, ao atualizar os postulados liberais do Estado de Direito, harmonizando-os com as exigências da justiça social[108], preocupou-se "com a efetivação dos então chamados 'novos direitos', vale dizer, os direitos econômicos e sociais, deixando para o passado a passividade do aparato estatal diante do fato econômico"[109].

Consoante ressalta Luiz Souza Gomes, a ideia principal da economia dirigida ou intervencionista é que o livre jogo das forças econômicas engendra **crises cíclicas**, isto é, que se manifestam por períodos[110].

1.6.5. A CONSTITUCIONALIZAÇÃO DA ORDEM ECONÔMICA: A "CONSTITUI-ÇÃO ECONÔMICA"

A intensificação da relação do Estado com a economia, como observa Egon Bockmann Moreira, não se limitou ao mundo do ser: "A integração entre ambos gerou uma abundante produção no mundo do dever-ser. As normas despiram-se de seus atributos passivos (típicos do liberal Estado de Polícia) e passaram a contemplar a interação ativa do Estado no cenário econômico"[111].

---

[107] Ob. cit., p. 37. Nesse modelo, observa Reinhold Zippelius, passa a ser tarefa do Estado "velar por um *controlo* e por um equilíbrio suficientes *entre as forças sociais*, opor-se aos processos de concentração, impedir abusos de posições dominantes, garantindo, desta maneira, pelo menos em termos gerais, uma conciliação adequada dos interesses conflituantes, e ainda a missão de proteger o sistema económico contra crises e danos, através de uma *política económica* conjuntural e da regulação e controle dos *sistemas monetário e de crédito*" (*Teoria geral do Estado*, p. 522-523) (destaques no original).

[108] VERDU, Pablo Lucas. *Curso de derecho político*, v. II, p. 239.

[109] RAMOS, Elival da Silva. O Estado na ordem econômica, p. 51. Sobre as peculiaridades dos **direitos sociais**, que caracterizam tal período, cabe destacar a lição de José Eduardo Faria: "Ao contrário dos direitos individuais, civis e políticos e das garantias fundamentais desenvolvidos pelo liberalismo burguês com base no positivismo normativista, cuja eficácia requer apenas que o Estado jamais permita sua violação, os 'direitos sociais' não podem simplesmente ser 'atribuídos' aos cidadãos. Como não são *self-executing* nem muito menos fruíveis ou exeqüíveis individualmente, esses direitos têm sua efetividade dependente de um *welfare commitment*. Em outras palavras, necessitam de uma ampla e complexa gama de programas governamentais e de políticas públicas dirigidas a segmentos específicos da sociedade; políticas e programas especialmente formulados, implementados e executados com o objetivo de concretizar esses direitos e atender às expectativas por eles geradas com sua positivação" (*O direito na economia globalizada*, p. 272-273) (destaques no original).

[110] GOMES, Luiz Souza. *O que devemos conhecer de economia política e das finanças*, p. 305.

[111] MOREIRA, Egon Bockmann. O direito administrativo da economia e a atividade interventiva do Estado brasileiro, p. 157.

Para disciplinar tal relação, contudo, já não eram suficientes as disposições liberais de um Direito Civil ou Comercial, sendo necessária uma normatividade de hierarquia superior.

Assim, sob o impacto da chamada "questão social", a **Constituição Mexicana**, de 31.01.1917, e a **Alemã**, de 11.08.1919 (a chamada **"Constituição de Weimar"**), foram as primeiras Constituições a disciplinarem a ordem econômica, que, a partir desse momento, adquiriu dimensão jurídica. Referidas Constituições "são expressões não apenas de rupturas políticas, porém de mudanças marcantes nas estruturas jurídico-institucionais do capitalismo"[112].

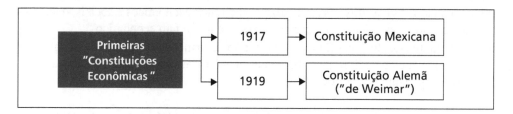

Até então, as Constituições regulavam unicamente o poder político, tradição rompida pelas Constituições Mexicana e Alemã, que introduziram em seus textos dispositivos que extrapolavam tais limites, notadamente os referentes aos direitos econômicos e sociais[113]. Estas, para utilizar a expressão de Washington Peluso Albino de Souza, puseram em foco o **poder econômico** ao lado do **poder político**[114]. No mesmo sentido leciona José Nabantino Ramos: "Foi o reconhecimento expresso de que a Economia ocupava, ao lado da Política, posição fundamental na organização do Estado"[115].

> **Observação:** As constituições modernas que, em oposição às clássicas, explicitaram uma Ordem Econômica, receberam a alcunha de **"constituições-programa"**, pois, como observa Fábio Nusdeo, "não se fixaram exclusivamente no mero asseguramento da liberdade formal do cidadão frente ao Estado, mas procuraram dar a essa liberdade um conteúdo mais concreto e mais substantivo e, sobretudo, mais consentâneo com o interesse social"[116].

Surge, assim, a chamada **"Constituição econômica"**, que, no dizer de J. J. Gomes Canotilho, é "o conjunto de disposições constitucionais — regras e princípios — que dizem respeito à conformação da ordem fundamental da economia"[117].

---

[112] GRAU, Eros Roberto; SILVA, Álvaro da. Ordem econômica e social: direito comparado, p. 7.

[113] GRAU, Eros Roberto; SILVA, Álvaro da. Ordem econômica e social: direito comparado, p. 8-16.

[114] SOUZA, Washington Peluso Albino de. *Teoria da constituição econômica*, p. 36.

[115] RAMOS, José Nabantino. *Sistema brasileiro de direito econômico*: história, doutrina, legislação, p. 90.

[116] NUSDEO, Fábio. A ordem econômica constitucional: algumas reflexões, p. 34.

[117] CANOTILHO, José Joaquim Gomes. *Direito constitucional e teoria da Constituição*, p. 345. Semelhante é a definição de Marco Aurélio Greco, que concebe a Constituição econômica como "o conjunto de normas formalmente constitucionais que disciplinam o exercício da atividade econômica em sua estrutura fundamental, abrangendo, inclusive, a intervenção do Estado na Economia" (Notas para uma sistematização da intervenção do Estado na ordem econômica, p. 276). Para Egon

1 ▣ Intervenção do Estado no Domínio Econômico 541

> **Observação:** Para Nelson Nazar, o conteúdo da chamada "Constituição econômica" não se restringe ao Texto Constitucional, daí formular o seguinte conceito: "Constituição econômica é o conjunto de preceitos jurídicos que, garantindo os elementos de um determinado sistema econômico, instituem uma determinada forma de organização da economia, constituindo uma determinada ordem econômica"[118].

Discorrendo sobre sua concepção de "Constituição econômica", Washington Peluso Albino de Souza defende não ser necessária a presença sistemática da mesma em forma de "Título" ou de grupos de artigos: "De nossa parte, seguimos a orientação de considerar a Constituição Econômica componente do conjunto da Constituição Geral. Apresenta-se na tessitura estrutural desta, não importa se na condição de Parte, Título, Capítulo ou em artigos esparsos. Sua caracterização baseia-se tão somente na presença do 'econômico' no texto constitucional. Por esse registro, integra-se na ideologia definida na Constituição em apreço e a partir desta são estabelecidas as bases para a política econômica a ser traduzida na legislação infraconstitucional"[119].

Leciona, a respeito, Dean Fabio Bueno de Almeida: "A Constituição Econômica está presente por todo o texto constitucional, que contém explícita e implicitamente princípios básicos conformadores da vida econômica, que decorrem dos direitos fundamentais, de direitos de tipo econômico e até da própria forma do funcionamento

---

Bockmann Moreira, a Constituição Econômica é a "disciplina jurídico-constitucional dos princípios que regem a vida econômica em determinado Estado" (O direito administrativo da economia e a atividade interventiva do Estado brasileiro, p. 159). No mesmo sentido é a lição de Paulo Peretti Torelly: "a constituição econômica contempla as normas jurídicas que, inseridas no contexto constitucional nacional, disciplinam a ordem econômica" (O direito e a síntese entre o público e o privado, p. 89). Semelhante é a concepção adotada por Monica Herman S. Caggiano, que traça os contornos conceituais da Constituição Econômica nos seguintes termos: "conjunto de normas, de natureza constitucional, que define os pontos fundamentais da organização econômica do Estado" (Direito público econômico fontes e princípios na Constituição brasileira de 1988, p. 10). Na definição de Elival da Silva Ramos, a Constituição Econômica compreende "os princípios e regras fundamentais da ordem econômica" (O Estado na ordem econômica, p. 49). Tal definição também é a adotada por Manoel Gonçalves Ferreira Filho, que a ela se refere como **"Constituição econômica material"** (A Constituição "econômica" de 1988, p. 87).

[118] NAZAR, Nelson. *Direito econômico*, p. 40. Tal definição corresponde ao que Rolf Stober denomina de **Constituição econômica em sentido amplo**, que, no dizer do referido autor, "é o conjunto das normas que, **independentemente do seu grau hierárquico**, determinam o decurso da vida econômica de forma fundamental e duradoura" (*Direito administrativo econômico geral*, p. 82-83) (destaque nosso).

[119] SOUZA, Washington Peluso Albino de. *Teoria da constituição econômica*, p. 23. No mesmo sentido: ALMEIDA, Roberto Moreira de. A Constituição econômica nas Cartas Políticas anteriores ao advento da Constituição Federal de 1988, p. 241-242 e 261. Destaca, com propriedade, Carmen Lúcia Antunes Rocha: "Mesmo nos sistemas constitucionais nos quais o cuidado com a matéria econômica não se tenha dado de maneira explícita, **terá havido uma opção econômica a direcionar o processo político e social dela resultante**. A não expressão sobre a ordem econômica representa, juridicamente, a eleição de um figurino. No direito constitucional, o silêncio muitas vezes é também uma forma de dizer uma matéria. No caso da ordem econômica, o que é dito e o que é silenciado representam, igualmente, **escolhas sobre os modelos a prevalecerem em dada sociedade**. Ausente do texto, presente no contexto constitucional" (destaques nossos) (Constituição e ordem econômica, p. 14).

do sistema político. O sentido fundamental da Constituição Econômica só pode ser apreendido a partir de uma atitude que permita situar-se no plano geral da Constituição como um todo"[120].

Como bem observa Marcos Peixoto Mello Gonçalves, "a chamada Constituição Econômica não diz respeito a uma constituição separada da Constituição Política, mas que, pelo contrário, é dela integrante, com a finalidade de indicar uma determinada opção política a respeito de determinado modo de produção socioeconômico"[121].

1.6.6. ESTADO NEOLIBERAL

Surgiu, então, o discurso da necessidade de o Estado se fazer cada vez mais **ausente do processo econômico**, pois seria, por sua própria natureza, um mau administrador. Nessa perspectiva, os grandes entraves ao desenvolvimento decorreriam do número excessivo de atividades que o Estado chamou a si e somente a **volta à economia de mercado** "seria hábil a trazer a realidade econômica aos rumos desejáveis"[122].

Assim, como resultado do processo de **retração da atuação direta** do Estado na economia deu-se o surgimento do chamado "Estado Neoliberal", cujo discurso postula o rompimento da concepção de Estado do bem-estar[123] e a adaptação das teses clássicas do liberalismo tradicional às condições econômicas do moderno capitalismo[124].

O "Neoliberalismo", contudo, diverge da política econômica do liberalismo clássico (*laissez-faire*), promovendo, em seu lugar, uma **economia de mercado**, mas sob a orientação de um Estado forte, modelo que é denominado por alguns de **"economia social de mercado"**[125].

Na perspectiva neoliberal, o Estado continua presente na economia[126], mas sua função **já não é propulsora do desenvolvimento econômico** (como no Estado Providência),

---

[120] ALMEIDA, Dean Fabio Bueno de. *Direito constitucional econômico*: elementos para um direito econômico brasileiro da alteridade, p. 102.

[121] GONÇALVES, Marcos Peixoto Mello. *Pluralismo organizado*: uma nova visão do direito econômico, p. 119. No mesmo sentido leciona Rogério Emílio de Andrade: "Logo, a correta compreensão da questão da Constituição econômica requer, inexoravelmente, a compreensão de toda a Constituição. Não podendo, por conseguinte, restringir-se a interpretação da Constituição política da economia aos preceitos expressamente identificados como pertencentes à ordem econômica" (*O preço na ordem ético-jurídica*: análise da intervenção pública na formação de preços no mercado, p. 45-46).

[122] CAMARGO, Ricardo Antônio Lucas. *Direito econômico, direito internacional e direitos humanos*, p. 17.

[123] GRAU, Eros Roberto. O discurso neoliberal e a teoria da regulação, p. 62; MORBIDELLI, Sidney. *A atuação do Estado na defesa da concorrência*: aspectos jurídicos relevantes, p. 37.

[124] CARVALHO, Carlos Eduardo Vieira de. *Regulação de serviços públicos*: na perspectiva da Constituição econômica brasileira, p. 24.

[125] Maria Manuel Leitão Marques e Vital Moreira preferem denominar tal modelo de **"nova economia de mercado"**, que se caracteriza por depender "essencialmente da regulação pública não somente para assegurar o funcionamento do próprio mercado mas também para fazer valer os **interesses públicos e sociais relevantes** que por si só o mercado não garante" (Economia de mercado e regulação, p. 15) (destaque nosso).

[126] "Apesar dos argumentos doutrinários do Neoliberalismo, a intervenção estatal na Economia permanece. A intervenção do Estado na vida econômica é, apesar dos tempos de Neoliberalismo, uma

mas a de "ditar certas regras de conduta, intervindo permanentemente para absorver tensões, resolver conflitos e garantir a manutenção de um equilíbrio"[127].

Leciona, a propósito, Marcia Carla Pereira Ribeiro: "Não se trata de um retrocesso. Não significa o retorno ao Estado espectador, chamado a intervir apenas de forma corretiva, como já se concebeu nos Estados liberais. Fala-se do Estado atuante, forte em seu poder de produzir leis, modificar sistemas, consagrar princípios"[128].

Caracteriza-se, pois, o Estado Neoliberal pela tendência de **desestatização** da ordem econômica[129] e pela preponderância do **Estado regulador** de mercado[130], que atua como um árbitro imparcial do jogo econômico[131], responsável por normatizar segmentos estratégicos da economia.

Sobre o tema, Francisco Régis Frota Araújo assim manifesta-se: "Analisando a conjuntura socioeconômica atual, podemos inferir que o Estado está mais ligado à regulação do mercado", razão pela qual referido autor conclui "que a atividade estatal de nossos dias situa-se em um meio-termo entre o intervencionismo e o liberalismo"[132].

realidade incontornável" (COELHO, Claudio Carneiro B. P. *Teoria do pêndulo econômico-hermenêutico*: uma releitura da relação entre Estado, direito e sociedade em tempos de (pós)crise, p. 92). Com efeito, como observa Ricardo Antônio Lucas Camargo, "é impossível passar abruptamente de um Estado intervencionista para um Estado — até certo ponto — abstenseísta" (*Direito econômico, direito internacional e direitos humanos*, p. 17).

[127] ROMAN, Flavio José. *Discricionariedade técnica na regulação econômica*, p. 141.

[128] RIBEIRO, Marcia Carla Pereira. *Sociedade de economia mista e empresa privada*: estrutura e função, p. 178.

[129] CARDOSO, Paulo Maurício Sales. *A natureza jurídica das empresas estatais e as repercussões no campo tributário*, p. 26; NOHARA, Irene Patrícia. *Direito administrativo*, p. 575. O papel do Estado, segundo o neoliberalismo, consoante leciona Antonio Fernando Pires, deve ser o de "regulador da atividade econômica, mas jamais de partícipe ou concorrente" (*Direito constitucional*, p. 367).

[130] "A desintervenção económica do Estado não quer significar o regresso ao 'laissez-faire' e ao antigo capitalismo liberal. Pelo contrário: o abandono da actividade empresarial do Estado e o fim dos exclusivos públicos provocou em geral um reforço da actividade reguladora do Estado" (MARQUES, Maria Manuel Leitão; MOREIRA, Vital. *Economia de mercado e regulação*, p. 13). J. J. Gomes Canotilho refere-se, nesse sentido, a um **Estado Social de regulação**, por entender não ter havido alteração do paradigma de um Estado socialmente prestacional (*Direito constitucional e teoria da Constituição*, p. 351-353).

[131] ROMAN, Flavio José. *Discricionariedade técnica na regulação econômica*, p. 141.

[132] ARAÚJO, Francisco Régis Frota. *Direito constitucional econômico e tributário*, p. 142.

1.7. ORDEM JURÍDICO-ECONÔMICA BRASILEIRA: EVOLUÇÃO HISTÓRICA

1.7.1. PRIMEIROS PASSOS

A Constituição do Império (de 25.03.1824) e a Constituição Republicana de 24.02.1891 adotavam clara linha de abstenção do Estado relativamente à atividade econômica.

Apesar do exposto, Steven Topik, professor de História da Universidade da Califórnia, demonstra que, mesmo anteriormente à Carta de 1934, o Estado brasileiro já era um dos mais intervencionistas dentre todos os países da América Latina[133].

Observa Francisco Rezek que a Constituição Imperial do Brasil foi "editada em contexto de valorização do desenvolvimento natural do ser humano em toda sua potencialidade", razão pela qual "não via como tarefa do Estado disciplinar a ordem econômica, que haveria de fluir naturalmente"[134].

Ressalte-se que apesar da CF/1824 não ter trazido normas que dispusessem sobre a disciplina da atividade econômica[135], encontra-se na Carta Imperial uma hipótese de intervenção do Estado na esfera privada: trata-se do art. 179, inciso XXII, segundo o qual "é garantido o direito de propriedade em toda a sua plenitude. Se o bem público legalmente verificado exigir o uso, e emprego da propriedade do cidadão, será elle previamente indemnisado do valor della. A Lei marcará os casos, em que terá logar esta única excepção, e dará as regras para se determinar a indemnisação"[136].

Essa exiguidade de dispositivos legais, como observa Fernando Netto Boiteux, "não reflete a ausência de interesse pela ordem econômica, mas simplesmente, o fato de que, na época, o regime de livre concorrência não merecia reparos e o legislador limitava-se a 'receber' a ordem econômica tal qual a encontrava"[137].

A primeira constituinte republicana, conforme anota Filomeno Moraes, teve o **liberalismo econômico** como ideologia, separando o Estado da Sociedade[138].

Relativamente à disciplina da ordem econômica na CF/1891, Pedro Calmon qualifica-a como "lacônica, objetiva e individualista como o seu paradigma

---

[133] TOPIK, Steven. *A presença do Estado na economia política do Brasil de 1889 a 1930*, p. 187-194.

[134] REZEK, Francisco. A ética da ordem econômica na Constituição do Brasil, p. 33, notade rodapé 1.

[135] Segundo Filomeno Moraes, pode-se dizer que José Bonifácio (de Andrada e Silva) foi quem pela primeira vez, pensou na "Constituição econômica" brasileira, ao apresentar (à Assembleia Constituinte de 1823) a "Representação à Assembleia Geral Constituinte e Legislativa do Império do Brasil sobre a escravatura", projeto de emancipação gradual da escravatura, em que, inclusive, as relações escravistas fossem mediadas pelo Estado durante tal processo gradual de emancipação (*Constituição econômica brasileira:* história e política, p. 49-50).

[136] Nesse sentido: BOITEUX, Fernando Netto. Intervenção do Estado no domínio econômico na Constituição Federal de 1988, p. 68; CARVALHO, Gabriela; BRAGA, Rogério. *O direito constitucional econômico e as constituições econômicas brasileiras*, p. 68-69; SILVA NETO, Manoel Jorge e. *Direito constitucional econômico*, p. 152; SUNDFELD, Carlos Ari. Direito público e regulação no Brasil, p. 118.

[137] BOITEUX, Fernando Netto. Intervenção do Estado no domínio econômico na Constituição Federal de 1988, p. 68.

[138] MORAES, Filomeno. *Constituição econômica brasileira:* história e política, p. 58.

1 ■ Intervenção do Estado no Domínio Econômico   545

norte-americano", pois ignorava quaisquer atitudes intervencionistas do governo, tendo preferido atribuir tais questões à legislação infraconstitucional[139].

Quanto à propriedade privada, a Constituição republicana manteve seu reconhecimento, admitindo, contudo, a intervenção mediante desapropriação por necessidade ou utilidade pública, mediante indenização prévia (art. 72, § 17).

No entender de Ivo Dantas, as raízes constitucionais do intervencionismo estatal na economia encontram-se na reforma sofrida pela Constituição de 1891 em decorrência da Emenda Constitucional de 03.09.1926, a qual passou a permitir ao Congresso nacional "legislar sobre Comércio exterior e interior, podendo autorizar as limitações exigidas pelo bem público"[140].

1.7.2. CONSTITUIÇÃO DE 1934

No Direito brasileiro, o primeiro Texto Constitucional a disciplinar a Ordem Econômica foi a de 13.07.1934, podendo, pois, ser considerada a **primeira "Constituição Econômica" do Brasil**[141].

A Constituinte de 1933/1934, no que dizia respeito à "Ordem Econômica e Social"[142], reconhecia o **papel ativo do Estado**, com a consequente intervenção nas órbitas da política econômica e social[143].

A Carta de 1934, sob a influência do modelo de Weimar[144], procurou fixar os princípios básicos a que a economia deveria ajustar-se (art. 115)[145]. A CF/1934 acomodava no mesmo texto "princípios de democracia social com os do liberalismo econômico, notadamente na ordem econômica e social"[146]: ao mesmo tempo em que consagrava o regime capitalista, também abria campo para a intervenção estatal no domínio econômico.

Com efeito, dispunha a CF/1934, em seu art. 116: "Por motivo de interesse público e autorizada em lei especial, a União poderá monopolizar determinada indústria ou

---

[139] CALMON, Pedro. *Curso de direito constitucional brasileiro*: Constituição de 1946, p. 319.

[140] DANTAS, Ivo. *Direito constitucional econômico*. Curitiba: Juruá, 1999, p. 58-59.

[141] BERCOVICI, Gilberto. *Constituição econômica e desenvolvimento*: uma leitura a partir da Constituição de 1988, p. 17.

[142] Na Constituição de 1934, a matéria era disciplinada no Título IV, denominado "Da Ordem Econômica e Social" (arts. 115 a 143).

[143] MORAES, Filomeno. *Constituição econômica brasileira*: história e política, p. 96.

[144] Observa Marco Aurelio Peri Guedes que a Constituição brasileira de 1934 também foi influenciada pela Constituição espanhola de 09.12.1931 (*Estado e ordem econômica e social*: a experiência constitucional da República de Weimar e a Constituição Brasileira de 1934, p. 118).

[145] Dispunha a CF/1934 em seu art. 115: "A ordem econômica deve ser organizada conforme os princípios da justiça e as necessidades da vida nacional, de modo que possibilite a todos **existência digna**. Dentro desses limites, é garantida a **liberdade econômica**" (destaques nossos). Gabriela Carvalho e Rogério Braga atentam para o sentido de "liberdade econômica", empregado no dispositivo constitucional em questão, "diferenciado do de 'liberdade' em geral, que nas Constituições liberais era assegurada sem restrições" (*O direito constitucional econômico e as constituições econômicas brasileiras*, p. 76-77).

[146] GUEDES, Marco Aurelio Peri. *Estado e ordem econômica e social*: a experiência constitucional da República de Weimar e a Constituição Brasileira de 1934, p. 121-122.

actividade econômica (...)". O referido dispositivo, como se vê, autorizava a exploração, pelo Poder Público (mais precisamente, pela **União**), de atividades econômicas, em regime de exclusividade (monopólio), não mencionando expressamente a possibilidade da exploração estatal de atividades econômicas em regime de concorrência com a iniciativa privada.

Já o art. 117 admitia a intervenção do Estado na economia como agente regulador, ao dispor que a "lei promoverá o fomento da economia popular".

1.7.3. CONSTITUIÇÃO DE 1937

A Constituição de 10.11.1937[147], rompendo com a sistemática inaugurada pela Carta anterior, omitiu qualquer referência aos princípios regentes da Ordem Econômica.

Por outro lado, em seu art. 135, a CF/1937 autorizava expressamente a intervenção do Estado no domínio econômico, mas destacava que só seria legítima se objetivasse "suprir as deficiências da iniciativa individual", já que o papel do Estado haveria de ser o de **coordenação** dos agentes econômicos[148], "de maneira a evitar ou resolver os seus conflitos e introduzir no jogo das competições individuais o pensamento dos interesses da Nação, representados pelo Estado".

O mesmo dispositivo esclarecia, didaticamente, que a intervenção estatal poderia ser "mediata e imediata, revestindo a forma do controle, do estímulo ou da gestão direta".

Ressalte-se que a CF/1937, diferentemente do que fez a de 1934, outorgava a competência interventiva genericamente ao **Estado** (tomada a expressão como sinônima de "Poder Público", abrangendo, pois, a União, os Estados e os Municípios), e não apenas à União.

1.7.4. CONSTITUIÇÃO DE 1946

A Constituição de 18.09.1946[149] aceitava, no que tange à economia, o regime capitalista, mas deixando aberto o terreno para o intervencionismo estatal[150], seja de maneira direta (pelas empresas estatais), seja de forma indireta (pelos controles impostos pelo Poder Público à atividade desenvolvida pela iniciativa privada). Como observa Paulo Henrique Rocha Scott, a ausência de um dispositivo que, nos moldes do art. 135 da CF/1937, fixasse a excepcionalidade da intervenção estatal na economia, "acabou por consolidar a responsabilidade estatal pela distribuição da riqueza material produzida no País"[151].

---

[147] Na Constituição de 1937, a matéria era disciplinada nos arts. 135 a 155 ("Da Ordem Econômica").

[148] SCOTT, Paulo Henrique Rocha. *Direito constitucional econômico:* Estado e normalização da economia, p. 73.

[149] Na Constituição de 1946, a matéria era disciplinada no Título V, denominado "Da Ordem Econômica e Social" (arts. 145 a 162).

[150] FERREIRA FILHO, Manoel Gonçalves. *Direito constitucional econômico*, p. 169.

[151] SCOTT, Paulo Henrique Rocha. *Direito constitucional econômico:* Estado e normalização da economia, p. 76-77.

1 ■ Intervenção do Estado no Domínio Econômico

547

Diferentemente da Constituição que lhe antecedeu, a CF/1946 **não classificou as modalidades interventivas** constitucionalmente admitidas, tendo preferido dispor sobre cada uma delas sem quaisquer preocupações classificatórias. Dispunha, a respeito, o art. 146 da CF/1946:

> **Art. 146.** A União poderá, mediante lei especial, intervir no domínio econômico e monopolizar determinada indústria ou atividade. A intervenção terá por base o interesse público e por limite os direitos fundamentais assegurados nesta Constituição.

Como se vê, não explicitava a Carta de 1946 as modalidades de intervenção; apenas condicionava as mesmas à edição de **"lei especial"** e a existência de **"interesse público"** e reservava a competência interventiva à **União**, somente[152].

> **Observação:** Exemplo importante do intervencionismo estatal na economia em nome do interesse público é a **Lei Delegada n. 4, de 26.09.1963**, cujo art. 1.º invoca expressamente o art. 146 da CF/1946 como fundamento. Dispõe o art. 1.º da referida lei delegada: "A União, na forma do art. 146 da Constituição, fica autorizada a intervir no domínio econômico para assegurar a livre distribuição de mercadorias e serviços essenciais ao consumo e uso do povo, nos limites fixados nesta Lei".

Interpretando o art. 146 da CF/1946, Francisco Campos defendia a ideia de que o monopólio seria a única fórmula possível de intervenção estatal no domínio econômico: "O que o artigo queria dizer é que a União *poderia intervir* para monopolizar" (destaque no original)[153]. Qualquer outra intervenção, segundo o autor, seria proibida.

Em sentido contrário era a lição de Alberto Venâncio Filho, que sustentava: "(...) baseando-se no princípio geral de direito de quem pode o mais, pode o menos, não seria crível supor que somente através de monopólio pudesse o Estado intervir no domínio econômico, sendo-lhe vedado os outros tipos de atividade regulamentar, controladora e estimuladora, como aliás já definido no artigo 135 da Constituição de 1937 (...)"[154].

O art. 148 da CF/1946, disciplinando a intervenção do Estado como agente regulador da economia, introduziu a expressão **"abuso do poder econômico"**, ao assim dispor:

> **Art. 148.** A lei reprimirá toda e qualquer forma de abuso do poder econômico, inclusive as uniões ou agrupamentos de empresas sociais, seja qual for a sua natureza, que tenham por fim dominar os mercados nacionais, eliminar a concorrência e aumentar arbitrariamente os lucros.

---

[152] CALMON, Pedro. *Curso de direito constitucional brasileiro*: Constituição de 1946, p. 328. Apesar da CF/1946, ao referir-se exclusivamente à União (art. 146), aparentemente excluir os demais entes federativos, observa Octavio Bueno Magano que não foi essa a orientação dominante à época (*Introdução ao direito econômico*, p. 25).

[153] CAMPOS, Francisco. *Direito constitucional*. v. II, p. 91.

[154] VENÂNCIO FILHO, Alberto. *A intervenção do Estado no domínio econômico:* o direito público econômico no Brasil, p. 55.

Regulamentando o dispositivo constitucional em questão, foi promulgada a **Lei n. 4.137, de 10.09.1962**, cujo art. 1.º invocava expressamente o art. 148 da CF/1946 como fundamento[155].

O enunciado do art. 148 da CF/1946 — cujo teor foi repetido nas Constituições seguintes — foi o mais característico daquela Carta, tendo se tornado um referencial dela[156].

1.7.5. CONSTITUIÇÃO DE 1967 E EMENDA CONSTITUCIONAL N. 1/69

A Constituição de 24.01.1967, tanto na sua redação original, quanto naquela estabelecida pela Emenda Constitucional n. 1, de 17.10.1969, não trouxe mudanças substanciais ao sistema da Carta anterior.

Na redação original da Constituição de 1967, a matéria era disciplinada no Título III, denominado "Da Ordem Econômica e Social" (arts. 157 a 166). Com o advento da Emenda Constitucional n. 1/69, a matéria passou a ser disciplinada nos arts. 160 a 174[157].

Em sua redação original, assim dispunha a CF/1967:

> **Art. 157.** (...)
>
> § 8.º São facultados a intervenção no domínio econômico e o monopólio de determinada indústria ou atividade, mediante lei da União, quando indispensável por motivos de segurança nacional, ou para organizar setor que não possa ser desenvolvido com eficiência no regime de competição e de liberdade de iniciativa, assegurados os direitos e garantias individuais[158].

Como se percebe, a CF/1967, como a que lhe antecedeu, não explicitava as modalidades de intervenção. A competência interventiva, no entanto, deixou de ser atribuída com exclusividade à União, apesar da disciplina normativa da intervenção ter sido reservada à **lei federal**[159].

---

[155] Dispunha o art. 1.º da referida lei: "A repressão ao abuso do poder econômico, a que se refere o art. 148 da Constituição Federal, regular-se-á pelas disposições desta Lei".

[156] SILVA NETO, Manoel Jorge e. *Direito constitucional econômico*, p. 153.

[157] A referida Emenda Constitucional procedeu a tantas alterações no Texto de 1967 que alguns doutrinadores preferem denominá-la de Constituição. É o caso de: CRETELLA JÚNIOR, José. *Elementos de direito constitucional*, p. 65

[158] Com o advento da Emenda Constitucional n. 1/69, a matéria passou a ser disciplinada no *caput* do art. 163. A CF/1967 autorizava à União, para atender à intervenção no domínio econômico, "instituir contribuições destinadas ao custeio dos respectivos serviços e encargos, na forma que a lei estabelecer" (art. 157, § 9.º — Com o advento da Emenda Constitucional n. 1/69, a matéria passou a ser disciplinada no art. 163, parágrafo único).

[159] Analisando o *caput* do art. 163 da CF/1967, com a redação determinada pela EC n. 1/69 (que correspondia ao § 8.º do art. 157 da CF/1967 em sua redação original), lecionava Celso Ribeiro Bastos que a competência para intervir no domínio econômico era da exclusiva alçada da **União**, pois isso, em seu entender, defluiria da expressão "mediante lei federal", utilizada pelo Texto Constitucional em questão. Para o autor citado, se era facultada a intervenção no domínio econômico, mas esta só podia se dar por meio de lei federal, infere-se que a Estados-Membros e Municípios não era dado intervir no domínio econômico. Para Celso Ribeiro Bastos, por repercutirem profundamente no mercado (que é uno em todo o país), as medidas de intervenção deveriam, também, brotar de um

1 ■ Intervenção do Estado no Domínio Econômico   549

> **Observação:** A exigência de "lei especial", constante da CF/1946 (art. 146), foi eliminada na CF/1967 (inclusive na redação que lhe foi dada pela EC n. 1/69), na qual a palavra "especial" foi suprimida, o que, no entender de Tércio Sampaio Ferraz Júnior, teria aumentado "o arbítrio sobre o entendimento do texto" e alargado "as chances de intervenção"[160].

Ademais, o fundamento a legitimar a intervenção deixou de ser o interesse público, como disposto na CF/1946 (art. 146), passando a ser a **segurança nacional**[161] ou a **ineficiência do setor privado**[162].

Enfatizando o caráter **excepcional** da intervenção estatal na economia, dispunha o art. 163 da CF/1967[163]:

> **Art. 163.** Às empresas privadas compete preferencialmente, com o estímulo e apoio do Estado, organizar e explorar as atividades econômicas.
>
> § 1.º Somente para suplementar a iniciativa privada, o Estado organizará e explorará diretamente atividade econômica.
>
> § 2.º Na exploração, pelo Estado, da atividade econômica, as empresas públicas, as autarquias[164] e sociedades de economia mista reger-se-ão pelas normas aplicáveis às empresas privadas, inclusive quanto ao direito do trabalho e das obrigações.

---

centro unificado, no caso a União, que seria o único ente capaz de abarcar o todo nacional e, portanto, de avaliar as reais condições do mercado (*Direito constitucional:* estudos e pareceres, p. 23-24). Para Octavio Bueno Magano, a alusão à "lei federal", pela CF/1967, mostrava que a participação da União era sempre necessária, ainda que fosse "só para autorizar intervenções dos Estados e dos Municípios" (*Introdução ao direito econômico*, p. 26).

[160] FERRAZ JÚNIOR, Tércio Sampaio. Fundamentos e limites constitucionais da intervenção do Estado no domínio econômico, p. 79.

[161] Discorrendo acerca da Doutrina da Segurança Nacional (DSN), que caracterizou o padrão de desenvolvimento econômico adotado pelo Estado brasileiro a partir do golpe de 1964, assinala Sonia Regina de Mendonça: "O conceito da Segurança Nacional delimitou um vastíssimo campo de atuação do Estado, ratificando sua intervenção tanto no sentido de maximizar a exploração do potencial econômico do país, quanto no de adequar a participação brasileira no bloco ocidental, garantindo a própria continuidade da sociedade capitalista. Na medida em que as corporações multinacionais se tornaram a nova estratégia da expansão do capitalismo, a DSN passou a ser o instrumento ideológico a justificar a adaptação de nossa economia à nova realidade" (*Estado e economia no Brasil:* opções de desenvolvimento, p. 95).

[162] Apesar de tal alteração, entende Manoel Gonçalves Ferreira Filho que a CF/1967 (inclusive na redação determinada pela EC n. 1/69) teria recepcionado a Lei Delegada n. 4, de 26.09.1962, que, com fundamento no art. 146 da Carta anterior, autorizava a União, "a intervir no domínio econômico para assegurar a livre distribuição de mercadorias e serviços essenciais ao consumo e uso do povo" (*Direito constitucional econômico*, p. 171).

[163] Com o advento da Emenda Constitucional n. 1/69, a matéria passou a ser disciplinada no art. 170.

[164] A Emenda Constitucional n. 1/69 suprimiu corretamente a referência às autarquias, constante do dispositivo transcrito, pois tais entidades, consoante o entendimento doutrinário, são instituídas para desenvolver atividades **tipicamente estatais**, o que não é o caso da exploração de atividade econômica. Nesse sentido é o disposto no Decreto-Lei n. 200, de 25.02.1967, que define autarquia como "o serviço autônomo, criado por lei, com personalidade jurídica, patrimônio e receita próprios, para executar **atividades típicas da Administração Pública**, que requeiram, para seu melhor funcionamento, gestão administrativa e financeira descentralizada" (destaque nosso) (art. 5.º, inciso I).

> § 3.º A empresa pública que explorar atividade não monopolizada ficará sujeita ao mesmo regime tributário aplicável às empresas privadas.

Apesar da previsão normativa do **princípio da subsidiariedade**[165], lembra Vitor Rhein Schirato que, à época, "a realidade mostrava o engajamento do Estado em atividades econômicas, independentemente da incapacidade do setor privado, sempre que a atividade em questão fosse considerada relevante para o desenvolvimento econômico, conforme entendimento nitidamente discricionário do Estado"[166].

Mantendo a orientação da Carta anterior, a CF/1967 também repudiava o "abuso do poder econômico, caracterizado pelo domínio dos mercados, a eliminação da concorrência e o aumento arbitrário dos lucros", cuja repressão foi alçada à categoria de princípio constitucional da ordem econômica (art. 157, inciso VI)[167].

1.7.6. CONSTITUIÇÃO DE 1988

Enquanto na Constituição de 1967 havia um Título comum à Ordem Econômica e Social, na vigente Constituição se procedeu à separação das duas ordens, a cada uma delas correspondendo Títulos próprios.

Na Constituição vigente temos um título (o de número VII) denominado "**Da Ordem Econômica e Financeira**", dividido em quatro capítulos: o primeiro, estabelecendo os "princípios gerais da atividade econômica" (arts. 170 a 181); o segundo, dispondo sobre a política urbana (arts. 182 a 183); o terceiro, versando sobre a política agrícola e fundiária e sobre a reforma agrária (arts. 184 a 191); e o último, constituído por apenas um artigo (o 192), disciplinando o sistema financeiro nacional[168].

A Constituição de 1988, seguindo o modelo inaugurado com a Carta de 1934 (e diferentemente do modelo adotado em 1937), procurou fixar os princípios básicos a que a economia deve ajustar-se (art. 170). Destaca Alysson Leandro Mascaro que "[a] ordem econômica da Constituição Federal do Brasil de 1988 institui uma orientação diretiva no

---

[165] Na redação original da CF/1967: art. 157, § 8.º c/c art. 163, § 1.º. Na redação dada pela EC n.1/69: art. 163, *caput* c/c art. 170, § 1.º.

[166] SCHIRATO, Vitor Rhein. *As empresas estatais no direito administrativo econômico atual*, p. 29-30.

[167] Com o advento da Emenda Constitucional n. 1/69, a matéria passou a ser disciplinada no art. 160, V. No entender de Manoel Gonçalves Ferreira Filho, a CF/1967 (inclusive na redação determinada pela EC n.1/69) teria recepcionado a Lei n. 4.137, de 10.09.1962, que dispunha, com fundamento no art. 148 da Carta anterior, sobre a repressão ao abuso do poder econômico (*Direito constitucional econômico*, p. 171).

[168] Considerando a alteração do art. 192 da CF levada a efeito pela Emenda Constitucional n. 40, de 29.05.2003, que revogou os incisos e parágrafos daquele artigo, entende Cristiane Derani que "[n]ão temos mais *da ordem econômica e financeira*, temos apenas *da ordem econômica*, porque o capítulo da ordem financeira foi simplesmente revogado. Sem ordem financeira" (Constituição de 1988 e a ordem econômica, p. 250) (destaques no original). É que, segundo a autora, o "sistema financeiro hoje é avesso à ordem, muito pior uma ordem democrática constituída no interior do sistema político estatal" (Ob. cit., p. 250).

1 ▪ Intervenção do Estado no Domínio Econômico

551

sentido de um Estado social. Pode-se dizer que a constituição econômica é constituição dirigente (...)"[169].

Assim como as Constituições de 1946 e de 1967 (tanto em sua redação original como naquela determinada pela EC n. 1/69), a CF/1988 não classificou as modalidades interventivas admitidas, tendo preferido dispor sobre cada modalidade sem quaisquer preocupações classificatórias[170].

Destarte, em seu art. 173, a CF/1988 permite que o Estado (tomada a expressão como sinônimo de "poder público") explore diretamente atividade econômica quando necessário "aos imperativos da segurança nacional ou a relevante interesse coletivo, conforme definidos em lei".

Também se preocupou a CF/1988 em enumerar as atividades econômicas que constituem monopólio da União (art. 177).

A CF/1988 também determinou que fosse elaborada lei para o fim de reprimir "o abuso do poder econômico que vise à dominação dos mercados, à eliminação da concorrência e ao aumento arbitrário dos lucros" (art. 173, § 4.º)[171].

Já o art. 174 da vigente Constituição admite a intervenção do Estado na economia como **agente normativo e regulador,** ao dispor que o poder público "exercerá, na forma da lei, as funções de **fiscalização, incentivo e planejamento**" (destaques nossos).

> **Observação:** O planejamento estatal é **determinante** para o setor **público** e **indicativo** para o setor **privado** (art. 174, *caput*, CF).

---

[169] MASCARO, Alysson Leandro. Estado, direito e dinheiro: técnicas de intervenção no domínio econômico, p. 177-178. Sobre os trabalhos da Assembleia Constituinte de 1987-1988, rememora Cristiane Derani: "Quando se formou a Assembleia Nacional Constituinte, tivemos uma eleição diferenciada, que trouxe representantes diferenciados entre os já tradicionais, e trouxe também todos os intelectuais, os pensadores que tinham sido de uma certa forma reprimidos, exilados pelo sistema político que vigia. Todos retornaram. **E quem eram eles na ordem econômica?** Eram os desenvolvimentistas, os nacionalistas; eram aqueles que pensavam a sociedade de maneira socializada; eram aqueles que pensavam a sociedade de maneira integradora; eram aqueles que pensavam o capital nacional; eram aqueles que pensavam um sistema de desenvolvimento desde adentro, como dizia a escola do desenvolvimentismo latino-americano; eram aqueles que pensavam em uma independência da América Latina. Esses todos estavam, ali, escrevendo a nova ordem econômica, e impregnaram a sua ideologia naquele título, naqueles capítulos, naqueles artigos" (*Constituição de 1988 e a ordem econômica*, p. 250-251) (destaque nosso). E conclui: "Assim, todos aqueles intelectuais que pensavam uma independência e autonomia na produção econômica brasileira voltaram e construíram a ordem econômica, e os princípios da ordem econômica vão refletir isso" (Ob. cit., p. 251-252).

[170] Como bem observa Gilberto Bercovici, o tema da intervenção do Estado no domínio econômico não está restrito, na CF/1988, ao capítulo da Ordem Econômica (*Constituição econômica e desenvolvimento:* uma leitura a partir da Constituição de 1988, p. 30). Cite-se, por exemplo, a concessão de incentivos fiscais, mecanismo utilizado pelo Estado para fomentar determinados segmentos empresariais e, por vezes, reduzir desigualdades regionais, que, nesse último caso, encontra fundamento no inciso I do art. 151 da CF/1988.

[171] O referido dispositivo constitucional encontra-se regulamentado pela Lei n. 12.529, de 30.11.2011.

1.8. MODALIDADES DE INTERVENÇÃO DO ESTADO NO DOMÍNIO ECONÔMICO

Não há unanimidade entre os doutrinadores quanto à classificação das modalidades de intervenção do Estado no domínio econômico.

Segundo Eros Roberto Grau, as políticas públicas econômicas se exprimem em três modalidades de intervenção:

- por **absorção** ou **participação**;
- por **direção**;
- por **indução**[172].

Na primeira, o Estado atua **no** processo econômico, isto é, como agente da atividade econômica, enquanto as outras duas consubstanciam atuação dele **sobre** o processo econômico, ressaltando a função ordenadora que o Poder Público desempenha sobre a vida econômica[173].

Outros autores[174], contudo, simplificando tal classificação, preferem dividir a intervenção estatal na economia em duas espécies:

- **direta**, onde se destaca a atuação do Estado empresário;
- **indireta**, que se realiza por meio da regulação da economia.

Confira-se, nesse sentido, o seguinte julgado do STF:

A atuação do poder público no domínio econômico e social pode ser viabilizada por intervenção **direta** ou **indireta**, disponibilizando utilidades materiais aos beneficiários, no primeiro caso, ou fazendo uso, no segundo caso, de seu instrumental jurídico

---

[172] GRAU, Eros Roberto. *A ordem econômica na Constituição de 1988:* interpretação e crítica, p. 123 e 158-159. No mesmo sentido: SOUZA, Neomésio José de. *Intervencionismo e direito:* uma abordagem das repercussões, p. 60; SCAFF, Fernando Facury. *Responsabilidade civil do Estado intervencionista*, p. 104-105.

[173] GRAU, Eros Roberto. *Elementos de direito econômico*, p. 65.

[174] Nesse sentido, na doutrina portuguesa: VAZ, Manuel Afonso. *Direito econômico:* a ordem econômica portuguesa, p. 172; MONCADA, Luis. S. Cabral de. *Direito econômico*, p. 36-38. Este último autor, contudo, faz referência a outras classificações (Ob. cit., p. 32-36). Entre os doutrinadores brasileiros que adotam tal esquema classificatório, podem ser citados os seguintes: FONSECA, João Bosco Leopoldino da. *Direito econômico*, p. 244; SOUZA, Washington Peluso Albino de. *Primeiras linhas de direito econômico*, p. 333; TAVARES, André Ramos. *Direito constitucional econômico*, p. 278; SILVA, Américo Luís Martins da. *Introdução ao direito econômico*, p. 119-120 e 173; JUSTEN FILHO, Marçal. *Curso de direito administrativo*, p. 456; FURTADO, Lucas Rocha. *Curso de direito administrativo*, p. 720; BACELLAR FILHO, Romeu. *Direito administrativo*, p. 173; MELLO, Célia Cunha. *O fomento da administração pública*, p. 12; NAZAR, Nelson. *Direito econômico*, p. 53; NOCE, Umberto Abreu. *O interesse público e a intervenção estatal na economia:* uma análise sob a ótica da nova racionalidade neoliberal, p. 60; ANDRADE, Roberta Ferreira de. Intervenção do Estado no domínio econômico — Tributação com finalidade extrafiscal, p. 74; VINHA, Thiago Degelo; RIBEIRO, Maria de Fátima. Efeitos socioeconômicos dos tributos e sua utilização como instrumento de políticas governamentais, p. 674.

1 ▪ Intervenção do Estado no Domínio Econômico

para induzir que os particulares executem atividades de interesses públicos através da regulação, com coercitividade, ou através do fomento, pelo uso de incentivos e estímulos a comportamentos voluntários (destaques nossos) (**ADI 1.923/DF**, Rel. p/ acórdão Min. Luiz Fux, Pleno, j. em 16.04.2015, *DJe*-254 17.12.2015).

Na lição de Luiz Alberto David Araújo e Vidal Serrano Nunes Júnior, no primeiro caso (em que o Estado assume a condição de agente da atividade econômica) a intervenção estatal se realiza de forma **atípica**, enquanto no segundo (regulação do mercado) se materializa em atividade **típica** do Poder Público[175].

> **Observação:** Há quem empregue o vocábulo "intervenção" em sentido estrito, para designar apenas a atuação estatal **indireta** na economia. É o caso, por exemplo, de José Afonso da Silva, que reconhece duas formas de ingerência do Estado na ordem econômica: a) **participação**, quando o Estado se reveste da condição de agente econômico; e b) **intervenção**, quando o Estado atua como agente disciplinador (normativo e regulador) da economia[176].

Considerando que a diversidade de classificações existentes na doutrina decorre de discordâncias terminológicas entre os autores — também acontecendo de, por vezes, estes mesmo doutrinadores englobarem em uma única categoria aspectos que em outros autores encontram-se desdobrados —, adota-se, nesta obra, a que divide a intervenção do Estado na economia em **direta** e **indireta**, sendo a primeira desdobrada em intervenção **por participação** e **por absorção** e a segunda, em intervenção **por direção** e **por indução**.

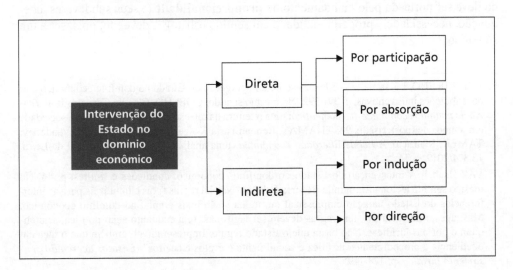

---

[175] ARAUJO, Luiz Alberto David; NUNES JÚNIOR, Vidal Serrano. *Curso de direito constitucional*, p. 336.
[176] SILVA, José Afonso da. *Curso de direito constitucional positivo*, p. 778 e 781.

1.9. LIMITES CONSTITUCIONAIS À INTERVENÇÃO ESTATAL NO DOMÍNIO ECONÔMICO

Toda e qualquer intervenção do Estado na ordem econômica, como bem observa Lucia Valle Figueiredo, "justifica-se *se e na medida* da consagração dos valores assinalados no texto constitucional e pertinentes, sobretudo, à ordem econômica" (destaques no original). A intervenção, ressalta a autora citada, "será devida ou indevida, dependendo do respeito ou desrespeito às balizas constitucionais"[177]. Nesse sentido já decidiu o STF:

> "A atuação do poder público no domínio econômico e social pode ser viabilizada por intervenção direta ou indireta (...). Em qualquer caso, o **cumprimento efetivo dos deveres constitucionais** de atuação estará, invariavelmente, submetido ao que a doutrina contemporânea denomina de controle da Administração Pública sob o ângulo do resultado (Diogo de Figueiredo Moreira Neto)" (**ADI 1.923/DF**, Rel. p/ acórdão Min. Luiz Fux, Pleno, j. em 16.04.2015, *DJe*-254 17.12.2015) (destaque nosso).

No mesmo sentido, assevera Isabel Vaz que, "seja qual for a denominação que se adote para classificar a intervenção estatal, o que realmente importa é verificar se, na execução de suas políticas econômicas e nas subsequentes formas de ação do Estado, ele cumpre os princípios e as regras constitucionais; se respeita os direitos e as garantias individuais e coletivos que regem o desempenho das atividades econômicas, definindo as atribuições de cada um dos participantes do mercado, quer se trate de agentes econômicos públicos ou privados"[178].

Assim, leciona André Cyrino[179] que a intervenção do Estado no domínio econômico deve ser norteada pelo mandamento de **proporcionalidade** (e seus subdeveres: adequação, necessidade e proporcionalidade em sentido estrito)[180], devendo, pois, ser a um só tempo:

---

[177] FIGUEIREDO, Lucia Valle. Reflexões sobre a intervenção do Estado no domínio econômico e as contribuições interventivas, p. 391-392. No mesmo sentido: COELHO, Claudio Carneiro B. P. *Teoria do pêndulo econômico-hermenêutico*: uma releitura da relação entre Estado, direito e sociedade em tempos de (pós)crise, p. 94; THAMAY, Rennan Faria Krüger; GARCIA JÚNIOR, Vanderley; TAMER, Maurício. *A Lei de liberdade econômica:* uma análise material e processual da Lei n. 13.874/2019, p. 44.

[178] VAZ, Isabel. A intervenção do Estado no domínio econômico: condições e limites, p. 46. No mesmo sentido leciona Raimundo Bezerra Falcão: "Não há regras fixas e imutáveis para as interferências do Estado na ação empresarial ou, numa visão mais ampla, no domínio econômico. Mas, apesar de variáveis, tais regras devem ser legítimas, seja enquanto ação política, seja enquanto normas jurídicas. Não basta que o Estado regule. Imprescindível também que o faça em obediência a procedimentos jurídica e socialmente corretos e aceitos" (*Ensaios acerca do pensamento jurídico*, p. 178-179).

[179] CYRINO, André. *Direito constitucional regulatório*: elementos para uma interpretação institucionalmente adequada da Constituição econômica brasileira, p. 61-62.

[180] O princípio da proporcionalidade, como destaca Rolf Stober, aplica-se a todas as medidas do Estado, inclusive as de direito administrativo econômico (*Direito administrativo econômico geral*, p.152-154). Lucas Rocha Furtado ressalta que é requisito constitucional à legitimidade da intervenção do Estado no domínio econômico a proporcionalidade dos instrumentos utilizados (*Curso de direito administrativo*, p. 724-725).

◻ **adequada** para atingir a finalidade constitucional[181];

◻ **necessária**, de modo que promova o menor sacrifício da liberdade ou de outros princípios de não intervenção[182]; e

◻ **proporcional em sentido estrito**, sendo que o custo da medida (em sentido amplo, o que inclui tanto perspectivas econômicas, quanto de realização de direitos) não deve superar os seus benefícios[183].

Confira-se, a respeito, o seguinte acórdão do STF, assim ementado:

Ementa: Agravo regimental em recurso extraordinário com agravo. 2. Direito Econômico. Impertinência entre o critério erigido para imposição da obrigação e o interesse que se busca tutelar. 3. Razões do agravo regimental dissociadas do acórdão recorrido. Súmula 287. 4. **Intervenção estatal no domínio econômico deve guardar pertinência com os princípios da razoabilidade e da proporcionalidade**. Precedentes. 5. Argumentos insuficientes para infirmar a decisão recorrida. 6. Agravo regimental a que se nega provimento (ARE-AgR 804.259/SP, Rel. Min. Gilmar Mendes, 2.ª Turma, j. em 16.12.2014, *DJe*-027 10.02.2015) (destaque nosso)[184].

1.10. QUESTÕES

---

[181] "A intervenção regulatória do Estado é inadequada, quando desproporcional, como, por exemplo, no estímulo injustificado de uma determinada parcela da economia. Outra intervenção regulatória inadequada ocorre quando o Estado coíbe o desenvolvimento de determinada atividade econômica sem que se apure o motivo socialmente justificável para tal repressão" (ZILVETI, Fernando Aurelio. *Princípios de direito tributário e a capacidade contributiva*, p. 344).

[182] "O Estado deve impor a menor restrição possível, de forma que, dentre as várias medidas aptas a realizar a finalidade pública, opte pela menos restritiva à liberdade de mercado" (ARAGÃO, Alexandre Santos de. *Agências reguladoras e a evolução do direito administrativo econômico*, p. 130).

[183] "A restrição imposta ao mercado deve ser equilibradamente compatível com o benefício social visado, isto é, mesmo que aquela seja o meio menos gravoso, deve, em uma relação decreto-legislação racional tendo em vista a finalidade pública almejada, 'valer a pena'" (ARAGÃO, Alexandre Santos de. *Agências reguladoras e a evolução do direito administrativo econômico*, p. 131).

[184] Sobre o tema, assevera Ramsés Maciel de Castro: "A razoabilidade na intervenção do Estado no mercado privado não estará sendo respeitada se for impedida a lucratividade ou até mesmo inviabilizada, sem justificativa, a atividade econômica empresarial" (*Controle dos atos de concentração de empresas no Brasil*, p. 50).

2

DIREITO ECONÔMICO

2.1. DEFINIÇÃO

No tocante à conceituação do Direito Econômico, podem ser observadas duas tendências: a inclinação à **concepção ampla** ou à **concepção restrita**.

Na **concepção ampla**, o Direito Econômico consistiria na disciplina jurídica de todas as relações humanas propriamente econômicas. Tal conceito vincula uma norma ao Direito Econômico quando rege relações humanas que, em maior ou menor grau, possuem **caráter econômico**.

No entender de Manoel Jorge e Silva Neto, a tendência materializada na concepção ampla do Direito Econômico mais confunde do que auxilia a compreensão deste ramo do Direito, pois tem o inconveniente de "trazer para a sua alçada um sem-número de regramentos atinentes, por exemplo, ao direito tributário, civil, comercial, do trabalho, o que provocará enorme perplexidade para todos aqueles que se virem diante da ideia da sua autonomia didático-científica"[1].

Já o **conceito restrito** de Direito Econômico está associado à ideia da disciplina jurídica das relações decorrentes da **intervenção do Estado no domínio econômico**[2].

Para a acepção restrita, não basta a existência de um conteúdo econômico na norma para transformá-la em norma de Direito Econômico: "Para isto, é necessário que se conteúdo esteja inserido no âmbito de uma política econômica regulamentada, mediante a legislação infraconstitucional sobre a matéria"[3].

---

[1] SILVA NETO, Manoel Jorge e. *Direito constitucional econômico*, p. 27.

[2] Aderem à referida concepção do Direito Econômico: SMAYEVSKY, Miriam et al. *Derecho económico I*, p. 1-3; ATHAYDE, Augusto de. *Estudos de direito econômico e de direito bancário*, p. 41; BRITO, Carlos Alberto de. *Controle de ato de concentração*: intervenção do Estado na criação da AMBEV, p. 45; JANSEN, Letácio. *Introdução à economia jurídica*, p. 3; NAZAR, Nelson. *Direito econômico*, p. 26; ROQUE, Sebastião José. *Direito econômico*, p. 197.

[3] BAPTISTA, Fernando José de O.; MACHADO, Jeanne. A evolução histórica da legislação antitruste sob a ótica da proteção do interesse social, p. 382.

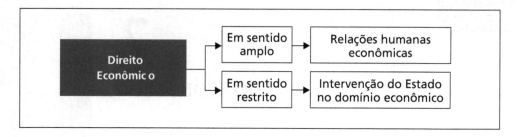

Ressalte-se que cada doutrinador tem um modo particular de definir o Direito Econômico. Apresentamos, aqui, algumas dessas definições para, em seguida, oferecer aquela que nos parece mais apropriada.

Leciona, a respeito, Gastão Alves de Toledo: "Com maior ou menor grau de eficácia, o direito econômico veio regrar a **presença do Poder Público na seara econômica**" (destaque nosso)[4]. "Nota-se, portanto, que a característica fundamental desse ramo do direito é a **ordenação das relações estabelecidas entre o Estado** (em sentido amplo) **e a atividade econômica**, desempenhada tanto pelo setor privado quanto pelo setor público, e que, para alguns, deve traduzir-se em uma determinada **Política Econômica**" (destaques nossos)[5].

Américo Luís Martins da Silva define o Direito Econômico como "o conjunto das técnicas jurídicas de que lança mão o Estado contemporâneo na realização de sua **política econômica**" (destaque nosso)[6]. E conclui: "O Direito Econômico terá, portanto, por objeto as regras jurídicas que disciplinam a **intervenção do Estado na economia**" (destaque nosso)[7].

O Direito Econômico é definido por Eros Grau como "*o sistema normativo voltado à ordenação do processo econômico, mediante a regulação, sob o ponto de vista macrojurídico, da atividade econômica, de sorte a definir uma disciplina destinada a possibilitar a efetivação da* **política econômica estatal**" (itálico no original; negrito nosso)[8].

Washington Peluso Albino de Souza propõe a seguinte definição: "*O Direito Econômico é um conjunto de normas de conteúdo econômico que, pelo princípio da economicidade, assegura a defesa e a harmonia dos interesses individuais e coletivos, bem como regulamenta a atividade dos respectivos sujeitos na efetivação da* **política econômica** *definida na ordem jurídica*" (itálico no original; negrito nosso)[9].

---

[4] TOLEDO, Gastão Alves de. *O direito constitucional econômico e sua eficácia*, p. 104.
[5] TOLEDO, Gastão Alves de. Ob. cit., p. 104-105.
[6] SILVA, Américo Luís Martins da. *Introdução ao direito econômico*, p. 76.
[7] Ob. cit., p. 73.
[8] GRAU, Eros Roberto. *Planejamento econômico e regra jurídica*, p. 218.
[9] SOUZA, Washington Peluso Albino de. O conceito e objeto do direito econômico, p. 19. Muito semelhante é a definição adotada por Ana Maria Ferraz Augusto: "Direito Econômico é o conjunto de normas que, pelo princípio da economicidade, regulamenta as atividades econômicas estatais e privadas, condicionando tanto os interesses públicos como os individuais à realização da **política econômica** definida pela ordem jurídico-econômica" (*Sistematização para consolidação das leis brasileiras de direito econômico*, v. 1, p. 3) (destaque nosso).

2 ▪ Direito Econômico   559

Para Ricardo Antônio Lucas Camargo, "Direito Econômico é o ramo do Direito que se caracteriza como conjunto de normas de conteúdo econômico, tendo por objeto a regulamentação das **medidas de política econômica** e por sujeito agente que desta participe, harmonizando interesses individuais e coletivos, dentro da ideologia constitucionalmente adotada" (destaque nosso)[10].

Segundo Paula Forgioni, *"o direito econômico é o conjunto das técnicas de que lança mão o Estado contemporâneo em sua função de implementar políticas públicas"* (itálico no original; negrito nosso)[11]. Referidas políticas são, evidentemente, as **econômicas**.

João Pacheco de Amorim define o Direito Econômico como *"o conjunto de princípios e regras administrativas relativas à **intervenção dos poderes públicos na vida econômica**, quer tal intervenção se efetive por intermédio da própria Administração, enquanto agente produtivo ou prestador de bens, ou através de interferências diretas nos circuitos de produção e distribuição de bens e de prestação de serviços (**intervenção direta**), quer se traduza ela numa atividade de infraestruturação, de planeamento, de fomento ou de regulação das atividades económicas privadas (**intervenção indireta ou regulatória** lato sensu)"* (itálico no original; negrito nosso)[12].

Na lição de Monica Herman S. Caggiano, o Direito Econômico corresponde ao **"segmento do direito público que aloja o conjunto de normas necessárias para nortear e disciplinar as políticas públicas aplicadas à economia, visando a atingir o interesse público"** (destaque no original)[13].

Manoel Jorge e Silva Neto concebe o Direito Econômico como o "conjunto das normas do sistema do Direito Positivo ou a própria ciência que se ocupa do seu estudo, que têm por objeto a juridicização da **política econômica do Estado**" (destaque nosso)[14].

Para José Nabantino Ramos, o Direito Econômico é o "conjunto sistemático de princípios e normas" que disciplinam a produção de bens e serviços, a partilha dos

---

[10] CAMARGO, Ricardo Antônio Lucas. *Curso elementar de direito econômico*, p. 21. Referido autor, noutra obra, assevera: "A atuação do Estado no domínio econômico não constitui problema de natureza metajurídica, pois seus pressupostos estão normativamente descritos, como é da essência do Estado Democrático de Direito" (*Direito econômico, direito internacional e direitos humanos*, p. 22). E explica: "O Estado não age no domínio econômico ou se abstém de nele agir, não se faz neste campo ausente ou presente em virtude de leis naturais, postas por algum poder supra-humano, nem em razão de seu puro arbítrio, mas sim em função da Constituição Econômica, das regras e princípios conformadores da ordem econômica. Assim sendo, quaisquer medidas que se pretenda tomar no sentido de se conferir determinado rumo à realidade econômica, sem embargo de deverem ser adequadas às peculiaridades de cada caso, dado do dinamismo da realidade sobre a qual incidem, devem estar na conformidade com a ideologia adotada na Constituição" (Ob. cit., p. 19).

[11] FORGIONI, Paula A. *Os fundamentos do antitruste*, p. 37.

[12] AMORIM, João Pacheco de. *Direito administrativo da economia*, v. I, p. 36. Referido autor, consoante evidencia o título de sua obra, prefere denominar a disciplina como **"Direito Administrativo da Economia"** (Ob. cit., p. 35).

[13] CAGGIANO, Monica Herman S. Direito público econômico fontes e princípios na Constituição brasileira de 1988, p. 8.

[14] SILVA NETO, Manoel Jorge e. *Direito constitucional econômico*, p. 26.

benefícios desse trabalho, o consumo das utilidades produzidas e os meios necessários à consecução desses objetivos, para realizar determinada **Política Econômica**[15].

O objeto do Direito Econômico é, pois, a condução da realidade econômica nos moldes da política econômica segundo a ideologia constitucionalmente adotada[16].

O Direito Econômico, enquanto ramo do **direito positivo**, pode ser definido como **o ramo didaticamente autônomo do direito, formado pelo conjunto harmônico das proposições jurídico-normativas que disciplinam as relações jurídicas decorrentes da intervenção do Estado no domínio econômico.**

Tomado como ramo da **Ciência Jurídica**, o Direito Econômico pode ser definido como o conjunto de proposições científicas que se voltam para a descrição das normas jurídicas que regulam as relações que surgem em consequência da intervenção estatal na economia[17].

> **Observação:** O Direito Econômico não se confunde com a chamada **Análise Econômica do Direito (AED)**. Enquanto o Direito Econômico — tomado como ramo da Ciência Jurídica — tem como objeto de estudo o sistema econômico a partir de uma perspectiva do sistema jurídico, a AED (também conhecida como *"Law and Economics"*) é uma metodologia que utiliza o instrumental do sistema econômico para compreender o sistema jurídico[18], permitindo conhecer e avaliar a incidência das normas jurídicas sobre a realidade social, em termos de custos e benefícios[19].

---

[15] RAMOS, José Nabantino. *Sistema brasileiro de direito econômico*: história, doutrina, legislação, p. 92. No mesmo sentido, considerando a **política econômica** como o objeto do Direito Econômico: NUSDEO, Ana Maria de Oliveira. *Defesa da concorrência e globalização econômica*: o controle da concentração de empresas, p. 59; ALMEIDA, Luiz Carlos Barnabé de. *Introdução ao direito econômico*, p. 105; ARAÚJO, Eugênio Rosa de. *Direito econômico*, p. 19 e 21; VAZ, Isabel. *Direito econômico das propriedades*, p. 171 e 194. Esta última autora, noutra obra, defende expressamente "a conveniência de se adotar um conceito de Direito Econômico vinculado à política econômica, pois esta é que define o grau e o tipo de intervenção a serem adotados em determinado Estado" (Direito econômico e direito da concorrência, p. 109).

[16] "A ideologia constitucionalmente adotada constitui um conjunto de princípios e valores que não têm necessidade de guardarem coerência entre si, já que representam uma opção do constituinte por uma determinada linha de maior vantagem" (CAMARGO, Ricardo Antônio Lucas. *Breve introdução ao direito econômico*, p. 58). Sobre o tema, leciona Rosemiro Pereira Leal: "Convém lembrar que a expressão **ideologia constitucionalmente adotada**, para que esteja ínsita na Constituição, reclama passagem pelo viés da juridicização. (...) A partir de sua juridicização, que há de supor necessariamente o **controle de legitimidade** das normas correspectivas, é que se estabelece o **nexo** de comprometimento da ideologia com o Direito" (*Direito econômico*: soberania e mercado mundial, p. 31-32) (destaques no original).

[17] Silvio Luís Ferreira da Rocha entende não ser necessário conceder real autonomia científica ao Direito Econômico, pois o objeto de estudo da disciplina "é a intervenção do Estado no domínio econômico, tema próprio do direito administrativo" (*Manual de direito administrativo*, p. 500).

[18] PORTO, Antônio Maristrello; GAROUPA, Nuno. *Curso de análise econômica do direito*, p. 1, nota de rodapé n. 1. Referidos autores destacam que "por muito tempo a confusão entre Direito Econômico e AED dificultou a clara compreensão das respectivas linhas distintas de análise que cada disciplina se propõe a seguir" (Ob. cit., p. 9).

[19] SMAYEVSKY, Miriam et al. *Derecho económico I*, p. 3. Como exemplos de utilização da AED pelo STF, podem ser citados, dentre outros, os seguintes julgados: ADPF 167/DF, Rel. Min. Luiz

2.2. DIVISÃO DO DIREITO ECONÔMICO

O Direito Econômico, na doutrina de Alberto Venâncio Filho, divide-se em dois grandes setores: o **Direito Regulamentar** e o **Direito Institucional**[20].

O **Direito Regulamentar Econômico**, segundo referido autor, trata das formas **indiretas** de intervenção do Estado no domínio econômico[21]. É aqui que se insere, por exemplo, o **Direito Concorrencial** ou **Antitruste**.

O **Direito Institucional Econômico**, por seu turno, trata das formas **diretas** de intervenção do Estado no domínio econômico, isto é, "não como agente normativo, impondo regras de conduta à vida econômica, mas como elemento de atuação no próprio processo econômico. Pode-se, assim, antepor ao Estado como norma, Direito Regulamentar Econômico, o Estado como agente, Direito Institucional Econômico"[22].

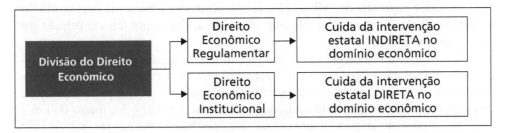

2.3. RELAÇÃO DO DIREITO ECONÔMICO COM OUTROS RAMOS DO DIREITO

O Direito Econômico possui **autonomia meramente didática**, pois, embora destacado para fins de estudo, mantém afinidades com as demais disciplinas jurídicas, com elas se relacionando.

Com o **Direito Constitucional** a relação é evidente, pois é no texto da Constituição que são encontrados os **princípios da ordem econômica** (art. 170) e os limites à intervenção estatal na economia (por exemplo: arts. 173, 174 e 177). Como bem observa Ana Maria Ferraz Augusto, "o conteúdo das constituições neoliberais tem apresentado novos instrumentos para que o Direito Econômico possa efetivar a ordem econômica, conciliando primordialmente o 'desenvolvimento nacional' e a 'justiça social'"[23].

Fux, Pleno, j. em 07.03.2018, *DJe*-248 14.10.2020; ADI 4.787/AP, Rel. Min. Luiz Fux, Pleno, j. em 01.08.2022, *DJe*-207 14.10.2022; ADI 5.941/DF, Rel. Min. Luiz Fux, Pleno, j. em 09.02.2023, *DJe*-s/n 28.04.2023; ADI 5.545/RJ, Rel. Min. Luiz Fux, Pleno, j. em 13.04.2023, *DJe*-s/n 16.06.2023; RE 860.631/SP, Rel. Min. Luiz Fux, Pleno, j. em 26.10.2023, *DJe*-s/n 14.02.2024. O Conselho Nacional de Justiça (CNJ), pela Resolução CNJ n. 432, de 05.10.2021, inseriu a AED no programa de matérias cobradas nos concursos para ingresso na magistratura.

[20] No mesmo sentido, adotando referida divisão: CAMARGO, Ricardo Antônio Lucas. *Regime jurídico geral e especial da atividade econômica no Brasil*, p. 71.

[21] VENÂNCIO FILHO, Alberto. *A intervenção do Estado no domínio econômico: o direito público econômico no Brasil*, p. 77.

[22] Ob. cit., p. 383.

[23] AUGUSTO, Ana Maria Ferraz. *Sistematização para consolidação das leis brasileiras de direito econômico*, v. 1, p. XIX.

562 Direito Financeiro e Econômico Esquematizado   *Carlos Alberto de Moraes Ramos Filho*

A relação com o **Direito Administrativo** reside no fato de algumas modalidades de intervenção estatal na economia utilizarem-se de institutos daquele ramo do direito, como, por exemplo, as **agências reguladoras** e o **poder de polícia**. Ressalte-se, ainda, que a intervenção direta do Estado na economia ocorre por meio de **empresas públicas**, de **sociedades de economia mista** e de suas **subsidiárias**, que integram a **Administração Pública indireta**.

Com o **Direito Tributário** a principal ligação reside na utilização **extrafiscal** de certos tributos, isto é, não como meros instrumentos arrecadatórios, mas como instrumentos de condução da política econômica do governo. Outro ponto de contato entre as disciplinas são as **contribuições de intervenção no domínio econômico** (art. 149, *caput*, e 177, § 4.º, CF). Cite-se, ainda, o disposto no art. 146-A da CF (incluído pela Emenda Constitucional n. 42, de 19.12.2003), que autoriza lei complementar a estabelecer **critérios especiais de tributação**, com o objetivo de **prevenir desequilíbrios da concorrência**, sem prejuízo da competência de a União, por lei, estabelecer normas de igual objetivo.

Com o **Direito Financeiro** a relação está no fato de a execução de certas modalidades de intervenção estatal no domínio econômico depender da existência de **receitas públicas** e implicar a realização de **despesas públicas**[24]. É o caso, por exemplo, das despesas classificadas como **subvenções econômicas** (art. 12, § 3.º, inciso II, Lei n. 4.320/64), espécie do gênero **"fomento"**[25], e que constituem uma das técnicas de intervenção **por indução**[26]. Por outro lado, como destaca José Nabantino Ramos, "a Receita Tributária e o Empréstimo Público, que alimentam o Orçamento, procedem da riqueza econômica, cuja produção, distribuição e consumo estão disciplinados pelo Direito Econômico"[27]. Outro ponto de contato é que os **planos e programas nacionais, regionais e setoriais** previstos na Constituição — matéria de Direito Econômico — devem ser elaborados em consonância com o **Plano Plurianual** (art. 165, § 4.º, CF) — instituto de Direito Financeiro. Ademais, no caso das **contribuições de intervenção no domínio econômico**, por se tratar de tributos finalísticos, faz-se necessário o controle da **efetiva destinação** do produto de sua arrecadação.

A relação do Direito Econômico com o **Direito Ambiental** é bem exposta por Cristiane Derani: "São indissociáveis os fundamentos econômicos de uma política ambiental consequente e exequível. E uma política econômica consequente não ignora a

---

[24] O Direito Financeiro, segundo Luiz Carlos Barnabé de Almeida, estabelece regras e procedimentos para a obtenção da **receita pública** para a realização das **despesas** necessárias à prática da **política econômica** adotada pelo Estado (*Introdução ao direito econômico*, p. 111).

[25] "Não se confundem, portanto, os conceitos de fomento e subvenção, sendo esta uma das formas de concretização, um dos mecanismos de efetivação daquele" (BARROS, Laura Mendes Amando de. *Participação democrática e fomento nos conselhos deliberativos*: o exemplo paradigmático da infância e adolescência, p. 69).

[26] OCTAVIANI, Alessandro. *Estudos, pareceres e votos de direito econômico*, p. 132-133. Diogo de Figueiredo Moreira Neto não considera o **fomento** como modalidade de intervenção do Estado no domínio econômico, pois distingue a intervenção estatal (nos processos econômicos) da atividade de fomento público (*Ordem econômica e desenvolvimento na Constituição de 1988*, p. 31).

[27] RAMOS, José Nabantino. *Sistema brasileiro de direito econômico*: história, doutrina, legislação, p. 116.

2 ◾ Direito Econômico

necessidade de uma política de proteção dos recursos naturais"[28]. Ressalte-se, ademais, que um dos princípios constitucionais da ordem econômica é justamente o da **defesa do meio ambiente** (art. 170, inciso VI).

Com o **Direito Processual**, uma das ligações do Direito Econômico está no fato de que no recurso extraordinário (art. 102, inciso III, CF) deve ser demonstrada a **repercussão geral** das questões constitucionais discutidas no caso (art. 102, § 3.º, CF[29]), sendo que, para tal efeito, será considerada, dentre outros aspectos, a existência ou não de questões relevantes **do ponto de vista econômico** (art. 1.035, § 1.º, CPC).

Com o **Direito Processual Civil** a relação reside na possibilidade de suspensão judicial da execução de liminar e de sentença em mandado de segurança para evitar grave lesão à **economia pública** (art. 15, *caput*, Lei n. 12.016, de 07.08.2009). Sob o mesmo fundamento, idêntica medida é cabível nas demais ações movidas contra o Poder Público ou seus agentes (art. 4.º, *caput* e § 1.º, Lei n. 8.437, de 30.06.1992).

Com o **Direito Penal** o ponto de contato do Direito Econômico está na tipificação dos crimes contra a ordem econômica (art. 4.º da Lei n. 8.137, de 27.12.1990; art. 1.º da Lei n. 8.176, de 08.02.1991).

Com o **Direito Processual Penal** a relação está no fato da **garantia da ordem econômica** ser um dos fundamentos para a decretação da **prisão preventiva**, nos termos do art. 312 do Código de Processo Penal — CPP (Decreto-Lei n. 3.689, de 03.10.1941)[30].

2.4. COMPETÊNCIA LEGISLATIVA EM MATÉRIA DE DIREITO ECONÔMICO

A competência para legislar sobre matérias de Direito Econômico é **concorrente** (art. 24, I, CF), isto é, sobre elas podem legislar a **União, os Estados, o Distrito Federal e os Municípios,** cada um no âmbito de sua atuação[31].

Sobre a estrutura e o funcionamento de tal competência, remetemos o leitor ao que foi exposto neste livro por ocasião do estudo da competência legislativa concorrente em matéria de Direito Financeiro.

Como bem observa Fernanda Gurgel Raposo, "outorgar autonomia ao Direito Econômico, ao atribuir-lhe a possibilidade de ser objeto de legislação que considera aspectos regionais num federalismo que é continental, incluindo-o no rol de competências

---

[28] DERANI, Cristiane. *Direito ambiental econômico*, p. 68.

[29] Parágrafo incluído pela Emenda Constitucional n. 45, de 30.12.2004.

[30] "A garantia da ordem econômica autoriza a custódia cautelar, se as atividades ilícitas do grupo criminoso a que, supostamente, pertence o paciente repercutem negativamente no comércio lícito e, portanto, alcançam um indeterminando contingente de trabalhadores e comerciantes honestos. Vulneração do princípio constitucional da livre concorrência" (STF, HC 91.285/SP, Rel. Min. Carlos Britto, 1.ª Turma, j. em 13.11.2007, *DJe*-074 25.04.2008). No mesmo sentido: HC 91.016/SP, Rel. Min. Carlos Britto, 1.ª Turma, j. em 13.11.2007, *DJe*-083 09.05.2008.

[31] "I — É concorrente a competência constitucional para legislar sobre direito econômico. II — Não havendo legislação federal sobre a matéria, cabe ao Estado-membro exercer de forma plena a competência legislativa sobre o tema. (...)" (STF, ADI 2.163/RJ, Rel. p/ Acórdão Min. Ricardo Lewandowski, Pleno, j. em 12.04.2018, *DJe*-167 01.08.2019).

564 Direito Financeiro e Econômico Esquematizado — Carlos Alberto de Moraes Ramos Filho

concorrentes, configurou decisão acertada e compatível como desejo [*sic*] cooperação federativa para a redução de desigualdades regionais e garantia do desenvolvimento nacional, metas republicanas elencadas entre os objetivos da República Federativa do Brasil, expressas no artigo 3.º, incisos II e III da Carta de 1988"[32].

Ressalte-se que a circunstância de o art. 24 da CF não mencionar os Municípios não retira o poder de a entidade política local dispor sobre matéria de Direito Econômico[33], quando se tratar de **assuntos de interesse local** (art. 30, inciso I, CF)[34].

Com efeito, o Supremo Tribunal Federal já firmou a orientação jurisprudencial no sentido da competência dos municípios para legislar sobre o **horário de funcionamento dos estabelecimentos comerciais** situados no âmbito de seus territórios, por se tratar de matéria de interesse local[35], conforme previsto no enunciado da **Súmula 645** daquela Corte, que assim dispõe: "É competente o município para fixar o horário de funcionamento de estabelecimento comercial".

> **Observação:** Ainda que seja considerado por alguns como ramo do Direito Econômico, o **Direito Monetário** — ramo do direito que regula as relações jurídicas referentes à moeda em circulação[36] — é de **competência legislativa privativa da União** (art. 22, inciso VI, CF), subtraindo-se, pois, do âmbito da autonomia dos Estados, do Distrito Federal e dos Municípios, consoante já decidiu o STF: "A regra que confia privativamente à União legislar sobre 'sistema monetário' (art. 22, VI) é norma especial e subtrai, portanto, o Direito Monetário, para esse efeito, da esfera material do Direito Econômico, que o art. 24, I, da Constituição da República inclui no campo da competência legislativa concorrente da União, dos Estados e do Distrito Federal" (**RE 291.188/RN**, Rel. Min. Sepúlveda Pertence, 1.ª Turma, j. em 08.10.2002, *DJ* 14.11.2002, p. 33)[37].

---

[32] RAPOSO, Fernanda Gurgel. *Constituições estaduais e a ordem econômica:* autonomia e limites dos Estados, p. 57-58.

[33] Nesse sentido é o entendimento de Giovani Clark, que leciona possuir o Município competência própria e originária para legislar sobre Direito Econômico e, consequentemente, intervir no domínio econômico (*O município em face do direito econômico*, p. 94-102 e 253-254).

[34] Ademais, o inciso II do art. 30 da CF confere aos Municípios o poder de "suplementar a legislação federal e estadual no que couber", e essa suplementação se dá justamente no campo da competência concorrente. Nesse sentido: BORGES, Alexandre Walmott. *Preâmbulo da Constituição e a ordem econômica*, p. 220, nota de rodapé n. 410.

[35] STF, AI-AgR 694.033/SP, Rel. Min. Dias Toffoli, 1.ª Turma, j. em 21.05.2013, *DJe*-155 09.08.2013.

[36] "Destacando-se do direito econômico e tendo vínculos com o direito administrativo e o direito constitucional e reflexos importantes no direito privado, o direito monetário representa o conjunto de normas aplicáveis à moeda (...)" (WALD, Arnold. Os depósitos bancários e o Plano Collor, p. 23).

[37] No mesmo sentido, reafirmando a competência privativa da União para legislar sobre direito monetário, são, dentre outros, os seguintes julgados do STF: AI-AgR 392.227/RN, Rel. Min. Sepúlveda Pertence, 1.ª Turma, j. em 18.03.2003, *DJ* 11.04.2003, p. 27; RE-AgR 455.335/AL, Rel. Min. Sepúlveda Pertence, 1.ª Turma, j. em 25.04.2006, *DJ* 19.05.2006, p. 16; RE-AgR 500.836/RN, Rel. Min. Ricardo Lewandowski, 1.ª Turma, j. em 25.06.2007, *DJ* 10.08.2007, p. 44; RE-AgR 506.537/RN, Rel. Min. Sepúlveda Pertence, 1.ª Turma, j. em 06.02.2007, *DJ* 02.03.2007, p. 36; RE 561.836/RN, Rel. Min. Luiz Fux, Pleno, j. em 26.09.2013, *DJe*-027 10.02.2014; ARE-ED 917.650/SP, Rel. Min. Edson Fachin, 1.ª Turma, j. em 31.05.2016, *DJe*-122 14.06.2016; RE-AgR 1.036.955/RJ, Rel. Min. Dias Toffoli, 2.ª Turma, j. em 06.10.2017, *DJe*-252 07.11.2017.

2 ▪ Direito Econômico

2.5. PRINCÍPIOS CONSTITUCIONAIS DA ORDEM ECONÔMICA

O art. 173 da Constituição Federal assim dispõe:

> **Art. 170.** A ordem econômica, fundada na valorização do trabalho humano e na livre-
> -iniciativa, tem por fim assegurar a todos existência digna, conforme os ditames da
> justiça social, observados os seguintes princípios:
>
> I — soberania nacional;
>
> II — propriedade privada;
>
> III — função social da propriedade;
>
> IV — livre concorrência;
>
> V — defesa do consumidor;
>
> VI — defesa do meio ambiente, inclusive mediante tratamento diferenciado conforme
> o impacto ambiental dos produtos e serviços e de seus processos de elaboração e pres-
> tação[38];
>
> VII — redução das desigualdades regionais e sociais;
>
> VIII — busca do pleno emprego;
>
> IX — tratamento favorecido para as empresas de pequeno porte constituídas sob as
> leis brasileiras e que tenham sua sede e administração no País[39].
>
> Parágrafo único. (...)

Como se vê, o dispositivo transcrito distingue os **fundamentos**, as **finalidades** e os **princípios** da ordem econômica[40].

Os **fundamentos da ordem econômica** encontram-se previstos no *caput* do art. 170 da CF e são (i) a valorização do trabalho humano e (ii) a livre-iniciativa[41].

---

[38] Redação dada pela Emenda Constitucional n. 42, de 19.12.2003.

[39] Redação dada pela Emenda Constitucional n. 6, de 15.08.1995.

[40] Observa Luiz Carlos Medeiros da Rocha Paes que a CF/1988, especialmente em relação à ordem econômica, enquadra-se na categoria das **Constituições diretivas**, que são as "estabelecedoras de diretrizes para o exercício do poder, visando conduzir os processos sociais a perseguir determina-dos objetivos considerados de valor superior" (*Liberdade e direito econômico*: interpretação de normas constitucionais "contraditórias" em decisões judiciais sobre relações econômicas, p. 27). No mesmo sentido leciona Paulo Peretti Torelly: "Os princípios constitucionais que regem a ordem econômica evidenciam que o Poder Constituinte originário levou em conta e foi fortemente influen-ciado pela concepção de Constituição dirigente (...)" (O direito e a síntese entre o público e o priva-do, p. 121-122).

[41] Consoante observa Tércio Sampaio Ferraz Júnior, a ideia de "fundamentos" (da ordem econômica) aponta "para uma espécie de lugar comum de essência, ao mesmo tempo *'causa per quam'* e *'con-ditio sine qua non'*. Ou seja, sem ambos (valorização do trabalho humano e livre-iniciativa) não há a ordem econômica prescrita (*'conditio'*) e onde quer que haja ordem econômica prescrita, ambos deverão estar presentes (*'causa'*)" (Valorização do trabalho humano — CF art. 170, p. 80). Para Carlos Airton Uchoa Sales Gomes, a enumeração da valorização do trabalho humano e da livre-
-iniciativa como fundamentos da ordem econômica deve ser compreendida "como eleição das ideias-chave, no Direito Econômico nacional, as quais devem presidir a elaboração, compreensão e

As **finalidades da ordem econômica** também estão estatuídas no *caput* do mesmo artigo e são (i) a existência digna de todos e (ii) a justiça social.

Já os **princípios da ordem econômica** encontram-se arrolados nos incisos do art. 170 da CF.

> **Observação:** Segundo José Afonso da Silva, dentre os princípios da ordem econômica positivados no art. 170 da CF (constituição econômica formal), há os chamados **"princípios econômicos de integração"**, como tais considerados aqueles dirigidos a **resolver os problemas da marginalização regional ou social**. Estariam compreendidos em tal categoria, na lição do mencionado autor, os princípios da defesa do consumidor, da defesa do meio ambiente, da redução das desigualdades sociais e regionais e da busca do pleno emprego[42].

Na presente obra não distinguiremos entre **fundamentos, finalidades** e **princípios** da ordem econômica: a todos será feita referência como se princípios fossem.

> **Observação:** Levando em conta a estrutura e o conteúdo das normas constitucionais, José Afonso da Silva classificou-as em diversas categorias, que denominou de **"elementos"**. Na mencionada classificação, os princípios constitucionais da ordem econômica (aqui incluídos, como anteriormente exposto, os fundamentos, as finalidades e os princípios propriamente ditos) são considerados **elementos sócio-ideológicos**, pois revelam o compromisso da Constituição entre o Estado individualista e o Estado Social, intervencionista[43].

2.5.1. VALORIZAÇÃO DO TRABALHO HUMANO

O trabalho, cujo valor social é um dos fundamentos da República Federativa do Brasil (art. 1.º, inciso IV, CF)[44], era visto, antigamente, como um **castigo** e, por isso, deveria ser desempenhado por **escravos**.

O Cristianismo trouxe a ideia da redenção pelo trabalho, isto é, a manifestação do trabalho como próprio da condição humana.

Nesse sentido, a Constituição de 1967, tanto em sua redação original (art. 157, inciso II) quanto na determinada pela EC n. 1/69 (art. 160, inciso II), indicava como princípio da ordem econômica e social[45] a "valorização do trabalho como condição da dignidade humana".

---

interpretação de todas as regras jurídicas próprias desse ramo do direito" (A juridicização do fenômeno econômico pela Constituição Federal de 1988, p. 112), o que "implica a admissão desses dois valores como pedra de toque de todo esse ramo da ciência jurídica" (Ob. cit., p. 113).

[42] SILVA, José Afonso da. *Curso de direito constitucional positivo*, p. 770.

[43] SILVA, José Afonso da. *Curso de direito constitucional positivo*, p. 46-47.

[44] "Os valores sociais do trabalho constituem: a) fundamento da República Federativa do Brasil (inciso IV do artigo 1.º da CF); b) alicerce da Ordem Econômica, que tem por finalidade assegurar a todos existência digna, conforme os ditames da justiça social, e, por um dos seus princípios, a busca do pleno emprego (artigo 170, *caput* e inciso VIII); c) base de toda a Ordem Social (artigo 193)" (STF, ADI 1.721/DF, Rel. Min. Carlos Britto, Pleno, j. em 11.10.2006, *DJ* 29.06.2007, p. 20).

[45] Na CF/1967 havia um Título comum à Ordem Econômica e Social.

2 ▣ Direito Econômico 567

A "valorização do trabalho humano" (art. 170, *caput*, CF) significa que não deve haver **preconceito** contra o trabalho[46], que deve, pois, receber a **dignificação** da sociedade. Nesse sentido é a lição de Paulo Henrique Tavares da Silva: "Em nosso texto constitucional podemos inferir, claramente, que a *valorização do trabalho humano* decorre do imperativo de emprestar *dignidade* ao homem" (destaques no original)[47].

Observa Tércio Sampaio Ferraz Júnior que "a ordem econômica, ao salientar o valor do trabalho *humano*, repudia a sua degradação, no processo econômico, a mero objeto: força de trabalho" (destaque no original)[48].

Segundo Celso Ribeiro Bastos, o Texto Constitucional refere-se à valorização do trabalho humano também no **sentido material** que a expressão possui: "É dizer, o trabalho deve fazer jus a uma **contrapartida monetária** que o torne materialmente digno. O trabalho prestado mediante pagamentos vis tangencia a servidão e não é compatível com o estágio socioeconômico dos dias atuais" (destaque nosso)[49].

Quanto ao referido aspecto, merece transcrição, por interessar ao tema, o inciso IV do art. 7.º da CF, que garante aos trabalhadores urbanos e rurais "**salário mínimo**, fixado em lei, nacionalmente unificado, capaz de atender a suas **necessidades vitais básicas** e às de sua família com moradia, alimentação, educação, saúde, lazer, vestuário, higiene, transporte e previdência social, com reajustes periódicos que lhe preservem o poder aquisitivo (...)" (destaques nossos).

2.5.2. LIVRE-INICIATIVA

A livre-iniciativa, cujo valor social é um dos fundamentos da República Federativa do Brasil (art. 1.º, inciso IV, CF), é a manifestação, no campo econômico, da ideia de **liberdade**, mencionada no preâmbulo e no inciso II do art. 5.º da CF, e que nasceu com o **liberalismo**, que assegurava o pleno desfrute das **liberdades individuais** frente ao Estado, tendo em vista que a concepção liberal do homem coloca como centro a **individualidade** de cada um.

---

[46] "Optou o constituinte no sentido de que se reconhecesse uma valorização ao trabalho humano o qual, em consequência, não deve ser encarado como um 'castigo', mas sim, como um *direito* e um *dever*" (DANTAS, Ivo. *Direito constitucional econômico*, p. 67) (destaques no original).

[47] SILVA, Paulo Henrique Tavares da. *A valorização do trabalho humano como princípio constitucional da ordem econômica brasileira*: interpretação crítica e possibilidades de efetivação, p. 141. Para o referido autor, a valorização do trabalho humano encontra realização na Constituição de 1988 em uma tríade de elementos: a) a busca do pleno emprego (art. 170, inciso VIII); b) a seguridade social (arts. 194 a 204); c) o estabelecimento de um amplo conjunto de normas protetivas do emprego (art. 7.º) (Ob. cit., p. 110).

[48] FERRAZ JÚNIOR, Tércio Sampaio. Valorização do trabalho humano — CF art. 170, p. 87. Ressalta, ainda, o mencionado autor, que a valorização do trabalho humano não se trata "apenas de direito a um bem subjetivo e individual, mas também de promoção do bem-estar coletivo" (Ob. cit., p. 87).

[49] BASTOS, Celso Ribeiro. *Curso de direito econômico*, p. 113-114.

Segundo José Inacio Ferraz de Almeida Prado Filho, a livre-iniciativa pode ser pensada como "a capacidade do agente econômico usar os seus direitos criativamente e transformar ou alterar a realidade do mercado"[50].

Em termos práticos, o princípio da livre-iniciativa (art. 170, *caput*, CF)[51] significa que, **ressalvados os casos especificados na Constituição ou em lei**, toda pessoa que deseje empreender dispõe de liberdade (autonomia) para exercer qualquer atividade econômica, independentemente de autorização concedida por órgãos públicos[52], nos termos do parágrafo único do art. 170 da CF, assim redigido: "É assegurado a todos o livre exercício de qualquer atividade econômica, independentemente de autorização de órgãos públicos, **salvo nos casos previstos em lei**" (destaque nosso)[53].

> **Observação:** Entendemos que a lei mencionada no dispositivo constitucional referido pode ser a **ordinária** (art. 59, inciso III, CF), tendo em vista que o Texto Constitucional não contém qualquer disposição afirmando o contrário (art. 47, CF)[54]. Comentando a ressalva constante da parte final do parágrafo único do art. 170 da CF, assevera Romeu Bacellar Filho: "Importante frisar que o dispositivo não está a restringir a liberdade de iniciativa, muito menos a autorizar tal atitude por norma infraconstitucional, pois esta liberdade, bem como a liberdade de concorrência, é suscetível de avaliação prévia da Administração Pública em relação a certas atividades, cujo desempenho requer obediência **a padrões mínimos que, se não observados, podem prejudicar o interesse público**" (destaque nosso)[55]. Seria o caso, por exemplo, de lei que exija autorização prévia para o exercício de certas atividades em razão do atendimento de requisitos relativos à segurança, higiene etc.

A livre-iniciativa engloba:

- ■ a **livre escolha do trabalho** (expressão fundamental da liberdade humana) (arts. 5.º e 170, parágrafo único, CF);

---

[50] PRADO FILHO, José Inacio Ferraz de Almeida. *Concorrência, ordem jurídica e a nova economia institucional*: uma análise custo-transacional da formação da política econômica antitruste, p. 89.

[51] O princípio da livre-iniciativa, segundo Werter R. Faria, não necessita de lei que lhe defina o conteúdo, sendo, pois, diretamente aplicável (*Constituição econômica*: liberdade de iniciativa e de concorrência, p. 103).

[52] Lei n. 13.874, de 20.09.2019 (Declaração de Direitos de Liberdade Econômica): "Art. 3.º São direitos de toda pessoa, natural ou jurídica, essenciais para o desenvolvimento e o crescimento econômicos do País, observado o disposto no parágrafo único do art. 170 da Constituição Federal: I — desenvolver atividade econômica de baixo risco, para a qual se valha exclusivamente de propriedade privada própria ou de terceiros consensuais, sem a necessidade de quaisquer atos públicos de liberação da atividade econômica;".

[53] A parte final do parágrafo único do art. 170 da CF, no entender de Luiz Carlos Medeiros da Rocha Paes, "deixa à legislação ordinária o que, em tese, seria da competência exclusiva da Constituição" (*Liberdade e direito econômico*: interpretação de normas constitucionais "contraditórias" em decisões judiciais sobre relações econômicas, p. 19). Tal enunciado, segundo Uadi Lammêgo Bulos, anula, de certa forma, o seu próprio objetivo, porque abre a possibilidade de a lei estipular certas restrições ao livre exercício da atividade econômica (*Constituição federal anotada*, p. 1225).

[54] Em sentido contrário, entendendo ser necessária a edição de lei complementar para regulamentar o dispositivo constitucional em questão: BACELLAR FILHO, Romeu. *Direito administrativo*, p. 173.

[55] BACELLAR FILHO, Romeu. *Direito administrativo*, p. 174.

2 ◼ Direito Econômico

◻ **a liberdade de empresa**, isto é, de escolha da forma societária a ser adotada;

◼ **a liberdade de mercado**, isto é, a proibição do Estado forçar a venda de produto em condições que não sejam as resultantes do mercado (ressalvados os casos de legítimo tabelamento de preços);

◻ **a liberdade de** (que, como, quanto) **produzir e por quanto vender**[56];

◼ **a liberdade contratual**, que, por sua vez, abrange: (i) a liberdade de contratar ou não (**liberdade de contratar**)[57]; (ii) a escolha da pessoa com quem contratar; (iii) a liberdade de **fixar o conteúdo** do contrato; (iv) o poder de acionar o Estado para que se faça cumprir o contrato.

Segundo Marcelo Bertoldi, o "direito à livre-iniciativa se traduz na possibilidade de se exercer uma atividade econômica privada, especialmente mediante a liberdade de criação e gestão de sociedades empresárias". Tal liberdade, contudo, como ressalta o autor citado, "admite restrições, as quais resultam da Constituição ou da lei, restrições estas justificadas ou pela necessidade de proteção do interesse público em geral, ou pela necessidade de proteção dos interesses de grupos que tenham relação específica com a atividade do empresário"[58].

A liberdade econômica, com efeito, não é absoluta, como enfatiza André de Laubadère: "O princípio da liberdade de comércio e indústria garante aos particulares a faculdade de exercer as actividades correspondentes a essas noções mas deixa à autoridade pública, **como para todas as liberdades**, o poder de submeter este exercício a **limitações**" (destaques nossos)[59].

Sobre a definição dos contornos da livre-iniciativa, assim manifestou-se o STF: "O princípio da livre-iniciativa, inserido no *caput* do art. 170 da Constituição nada mais é do que uma cláusula geral cujo conteúdo é preenchido pelos incisos do mesmo artigo. Esses princípios claramente definem a liberdade de iniciativa não como uma liberdade anárquica, mas social, e que pode, consequentemente, ser limitada"[60].

---

[56] Lei n. 13.874, de 20.09.2019 (Declaração de Direitos de Liberdade Econômica): "Art. 3.º São direitos de toda pessoa, natural ou jurídica, essenciais para o desenvolvimento e o crescimento econômicos do País, observado o disposto no parágrafo único do art. 170 da Constituição Federal: (...) III — definir livremente, em mercados não regulados, o preço de produtos e de serviços como consequência de alterações da oferta e da demanda;".

[57] "Como corolário do poder negocial, a decisão de contratar, ou não, e o preço a ser praticado constituem manifestações exercício da liberdade econômica constitucionalmente garantida, que, apenas em situações excepcionais, quando verificada ofensa à liberdade de concorrência, pode ser limitada" (STJ, REsp 1.317.536/MA, Rel. Min. Paulo de Tarso Sanseverino, 3.ª Turma, j. em 17.12.2015, *DJe* 03.02.2016).

[58] BERTOLDI, Marcelo M. *Curso avançado de direito comercial*, v. 1, p. 153.

[59] LAUBADÈRE, André de. *Direito público econômico*, p. 239. Os limites à livre-iniciativa, como bem observa Fernando A. Albino de Oliveira, não se constitui em especificidade de tal seara, mas característica geral a qualquer direito assegurado aos cidadãos: "O Direito nada mais encerra do que um conjunto de normas reguladoras de restrições. Quem fala regular, fala restringir, pois a regulação só adquire sentido quando haja necessidade de fixação de limites" (Limites e modalidades da intervenção do Estado no domínio econômico, p. 57-58).

[60] ARE-AgR 1.104.226/SP, Rel. Min. Roberto Barroso, 1.ª Turma, j. em 27.04.2018, *DJe*-102 25.05.2018.

Por conseguinte, o direito fundamental à liberdade de iniciativa (arts. 1.º, IV, e 170, *caput*, da CF) há de ser **compatibilizado**, por exemplo, com a preservação do meio ambiente e a proteção da saúde[61]. Relativamente a este último aspecto, deve o Estado "agir positivamente quanto à regulação da utilização, na indústria, de matérias-primas comprovadamente nocivas à saúde humana"[62].

O exercício de qualquer atividade econômica pressupõe o atendimento aos requisitos legais e às limitações impostas pela Administração no regular exercício de seu **poder de polícia**[63]. O princípio da livre-iniciativa não pode ser invocado para afastar **regras de regulamentação do mercado** e de **defesa do consumidor**[64].

Um caso interessante que chegou ao STF envolvendo a ideia de livre-iniciativa dizia respeito à operação de serviços remunerados de transporte de passageiros por aplicativos. Decidiu a Corte que a prestação de tais serviços é constitucionalmente garantida pelo inciso XIII do art. 5.º da CF e, na legislação infraconstitucional, pelo art. 3.º, inciso VIII, da Lei n. 12.965, de 23.04.2014 (Marco Civil da Internet)[65] e pela Lei n. 12.587, de 03.01.2012, alterada pela Lei n. 13.640, de 26.03.2018[66].

No RE 1054110/SP, que apreciava caso análogo, o Plenário do STF fixou a seguinte tese de repercussão geral: "I — A proibição ou restrição da atividade de transporte

---

[61] STF, AC-MC 1.657/RJ, Rel. p/ Acórdão Min. Cezar Peluso, Pleno, j. em 27.06.2007, *DJ* 31.08.2007, p. 28. Confira-se sobre o tema o seguinte julgado do STF: "(...) 5. O art. 220, § 4.º, CF, no sentido de que a propaganda do 'tabaco, bebidas alcoólicas, agrotóxicos, medicamentos e terapias' pode sofrer 'restrições legais' explicita a possibilidade e a importância das limitações publicitárias dos produtos notadamente nocivos. 6. A propaganda comercial pode sofrer restrição legal de variada intensidade e, de modo proporcional, ser afastada para a tutela de outros direitos fundamentais. A expressão 'restrição', no art. 220, § 4.º, CF, não traduz limitação apriorística à ponderação de valores resultante da aplicação do princípio da proporcionalidade no caso concreto. 7. Surgem constitucionais as restrições da publicidade dos produtos fumígenos, derivados ou não do tabaco, limitada à exposição dos produtos nos postos de venda, e a imposição de advertência sanitária acompanhada de imagem, por se mostraram adequadas, necessárias e proporcionais em sentido estrito, no contexto multifacetado das políticas públicas de combate ao fumo e de controle do tabaco. 8. Prevalência da tutela da saúde (art. 6.º, CF) e incidência da proteção prioritária da criança e do adolescente (art. 227, CF). Concretização dos objetivos fundamentais da República (art. 3.º, CF), mediante o estabelecimento de limites à atividade empresarial, no trato de problema de saúde pública de grande proporção. Limitada a livre-iniciativa, na dimensão expressiva e comunicativa, para a construção de uma sociedade mais livre, justa e solidária, o desenvolvimento nacional sustentável, a redução de desigualdades e a promoção do bem de todos. (...)" (ADI 3.311/DF, Rel. Min. Rosa Weber, Pleno, j. em 14.09.2022, *DJe*-195 29.09.2022).

[62] STF, ADI 4.066/DF, Rel. Min. Rosa Weber, Pleno, j. em 24.08.2017, *DJe*-043 07.03.2018.

[63] "A atividade empresarial, em todas as suas facetas, inclusive a publicitária, submete-se aos princípios da ordem econômica e há compatibilizar-se com a concretização dos demais direitos fundamentais" (STF, ADI 3.311/DF, Rel. Min. Rosa Weber, Pleno, j. em 14.09.2022, *DJe*-195 29.09.2022).

[64] Nesse sentido decidiu o STF: RE 349.686/PE, Rel. Min. Ellen Gracie, 2.ª Turma, j. em 14.06.2005, *DJ* 05.08.2005, p. 119; AI-AgR 636.883/RJ, Rel. Min. Cármen Lúcia, 1.ª Turma, j. em 08.02.2011, *DJe*-040 01.03.2011.

[65] Lei n. 12.965/2014: "Art. 3.º A disciplina do uso da internet no Brasil tem os seguintes princípios: (...) VIII — liberdade dos modelos de negócios promovidos na internet, desde que não conflitem com os demais princípios estabelecidos nesta Lei".

[66] ADPF 449/DF, Rel. Min. Luiz Fux, Pleno, j. em 08.05.2019, *DJe*-190 02.09.2019.

2 ▣ Direito Econômico

privado individual por motorista cadastrado em aplicativo é inconstitucional, por violação aos princípios da livre-iniciativa e da livre concorrência; II — No exercício de sua competência para regulamentação e fiscalização do transporte privado individual de passageiros, os Municípios e o Distrito Federal não podem contrariar os parâmetros fixados pelo legislador federal (CF/88, art. 22, XI)"[67].

Ressalte-se que a jurisprudência do STF é no sentido de que a **fixação de preços** pelo Estado em **valores abaixo da realidade** é obstáculo ao livre exercício da atividade econômica, com **desrespeito à livre-iniciativa**[68].

Ainda a respeito do tema, cabe ressaltar que, apesar dos Municípios possuírem competência para o zoneamento da cidade[69], não podem editar leis que proíbam a instalação de estabelecimentos empresariais da mesma natureza em determinada área, por redundar em **reserva de mercado**, ainda que relativa, e, consequentemente, em afronta aos princípios da livre concorrência, da defesa do consumidor e da liberdade do exercício das atividades econômicas, que informam o modelo de ordem econômica consagrado pela CF[70].

Tal entendimento encontra-se consolidado na **Súmula Vinculante 49** do STF, que tem o seguinte enunciado: "Ofende o princípio da livre concorrência lei municipal que impede a instalação de estabelecimentos comerciais do mesmo ramo em determinada área"[71].

---

[67] RE 1.054.110/SP, Rel. Min. Roberto Barroso, Pleno, j. em 09.05.2019, *DJe*-194 06.09.2019. No referido julgado ficou decidido que as normas que proíbam ou restrinjam de forma desproporcional o transporte privado individual de passageiros são inconstitucionais porque "(i) não há regra nem princípio constitucional que prescreva a exclusividade do modelo de táxi no mercado de transporte individual de passageiros; (ii) é contrário ao regime de livre-iniciativa e de livre concorrência a criação de reservas de mercado em favor de atores econômicos já estabelecidos, com o propósito de afastar o impacto gerado pela inovação no setor; (iii) a possibilidade de intervenção do Estado na ordem econômica para preservar o mercado concorrencial e proteger o consumidor não pode contrariar ou esvaziar a livre-iniciativa, a ponto de afetar seus elementos essenciais". Como se vê, o exercício de atividades econômicas e profissionais por particulares deve ser protegido da coerção arbitrária por parte do Estado, competindo ao Poder Judiciário, à luz do sistema de freios e contrapesos estabelecidos na CF, invalidar atos normativos que estabeleçam restrições desproporcionais à livre-iniciativa e à liberdade profissional. Nesse sentido é a jurisprudência do STF: RE 511.961/SP, Rel. Min. Gilmar Mendes, Pleno, j. em 17.06.2009, *DJe*-213 13.11.2009; RE 414.426/SC, Rel. Min. Ellen Gracie, Pleno, j. em 01.08.2011, *DJe*-194 10.10.2011.

[68] RE-AgR 583.992/DF, Rel. Min. Ellen Gracie, 2.ª Turma, j. em 26.05.2009, *DJe*-108 12.06.2009; RE-AgR 588.471/DF, Rel. Min. Ellen Gracie, 2.ª Turma, j. em 23.06.2009, *DJe*-148 07.08.2009; AI-AgR 758.912/DF, Rel. Min. Ellen Gracie, 2.ª Turma, j. em 02.03.2010, *DJe*-050 19.03.2010; AI-AgR 683.098/DF, Rel. Min. Ellen Gracie, 2.ª Turma, j. em 01.06.2010, *DJe*-116 25.06.2010; AI-AgR-ED 683.098/DF, Rel. Min. Ellen Gracie, 2.ª Turma, j. em 24.08.2010, *DJe*-173 17.09.2010.

[69] CF: "Art. 30. Compete aos Municípios: (...) VIII — promover, no que couber, adequado ordenamento territorial, mediante planejamento e controle do uso, do parcelamento e da ocupação do solo urbano;".

[70] Assim decidiu o STF: RE 203.909/SC, Rel. Min. Ilmar Galvão, 1.ª Turma, j. em 14.10.1997, *DJ* 06.02.1998, p. 38; RE 206.451/SC, Rel. Min. Ilmar Galvão, 1.ª Turma, j. em 14.10.1997, *DJ* 06.02.1998, p. 40; RE 193.749/SP, Rel. p/ Acórdão Min. Maurício Corrêa, Pleno, j. em 04.06.1998, *DJ* 04.05.2001, p. 35.

[71] A Súmula Vinculante 49 resultou da conversão da **Súmula 646** do STF.

> **Observação:** A aplicação da Súmula Vinculante 49 é **excepcionada** por motivo de **segurança** e de proteção à **saúde** e ao **meio ambiente**. Com efeito, o STF entende legítima a imposição de restrições à localização de determinados tipos de estabelecimentos comerciais, como, por exemplo, **postos de combustíveis**[72].

O STF já declarou a inconstitucionalidade, por violar o princípio da livre-iniciativa, de:

- ▣ lei estadual que impunha a prestação de serviço de segurança em estacionamento a toda pessoa física ou jurídica que disponibilizasse local para estacionamento[73];
- ▣ leis que obrigavam os supermercados ou similares à prestação de serviços de acondicionamento ou embalagem das compras[74].

> **Observação:** Os atos sob qualquer forma manifestados, que tenham por objeto ou possam limitar, falsear ou de qualquer forma prejudicar a **livre-iniciativa** (ainda que tais efeitos não sejam alcançados) constituem **infração da ordem econômica**, independentemente de culpa (art. 36, inciso I, Lei n. 12.529, de 30.11.2011).

Do princípio da livre-iniciativa decorre a **subsidiariedade** da atividade econômica pelo Estado (art. 173, *caput*, CF), que, ressalvados os casos de monopólios constitucionais, é secundária relativamente à iniciativa privada[75].

Também decorre da livre-iniciativa (e da livre concorrência) a vedação de instituição de novas hipóteses de monopólio por normas infraconstitucionais.

Ainda sobre a livre-iniciativa, cabe ressaltar que o STF reconheceu a constitucionalidade da pena de suspensão da habilitação para dirigir veículo automotor, prevista no art. 302 do Código de Trânsito Brasileiro (Lei n. 9.503, de 23.09.1997), aplicável ao

---

[72] Nesse sentido: RE 235.736/MG, Rel. Min. Ilmar Galvão, 1.ª Turma, j. em 21.03.2000, *DJ* 26.05.2000, p. 34; RE 204.187/MG, Rel. Min. Ellen Gracie, 2.ª Turma, j. em 16.12.2003, *DJ* 02.04.2004, p. 20; RE 199.101/SC, Rel. Min. Sepúlveda Pertence, 1.ª Turma, j. em 14.06.2005, *DJ* 30.092005, p. 24; RE-ED 566.836/RS, Rel. Min. Cármen Lúcia, 1.ª Turma, j. em 30.06.2009, *DJe*-152 14.08.2009.

[73] ADI 451/RJ, Rel. Min. Roberto Barroso, Pleno, j. em 01.08.2017, *DJe*-045 09.03.2018. No referido julgado, outro fundamento da declaração de inconstitucionalidade da lei em questão foi a violação à competência privativa da União para legislar sobre direito civil (art. 22, inciso I, CF)..

[74] Tese de repercussão geral (Tema 525) fixada no RE 839.950/RS, Rel. Min. Luiz Fux, Pleno, j. em 24.10.2018, *DJe*-081 02.04.2020. No referido julgado, o STF deixou assentado: "O princípio da livre-iniciativa, plasmado no art. 1.º, IV, da Constituição como fundamento da República e reiterado no art. 170 do texto constitucional, veda a adoção de medidas que, direta ou indiretamente, destinem-se à manutenção artificial de postos de trabalho, em detrimento das reconfigurações de mercado necessárias à inovação e ao desenvolvimento, mormente porque essa providência não é capaz de gerar riqueza para trabalhadores ou consumidores". No mesmo sentido: ADI 907/RJ, Rel. p/ acórdão Min. Roberto Barroso, Pleno, j. em 01.08.2017, *DJe*-266 24.11.2017. O Plenário do STF, ao julgar pedido de medida cautelar em caso análogo, suspendeu a eficácia de norma legal que obrigava supermercados a manter funcionários para o acondicionamento de compras: ADI-MC 669/RJ, Rel. Min. Octavio Gallotti, Pleno, j. em 20.03.1992, *DJ* 29.05.1992, p. 7834.

[75] ROCHA, Silvio Luís Ferreira da. Breves considerações sobre a intervenção do Estado no domínio econômico e a distinção entre atividade econômica e serviço público, p. 22.

2 ◼ Direito Econômico

condenado por homicídio culposo no trânsito. Entendeu a Corte que a medida respeita o princípio da **proporcionalidade**, pois não impossibilita o **motorista profissional** de auferir recursos para sobreviver, já que ele pode extrair seu sustento de qualquer **outra atividade econômica**. Ademais, levou em conta o STF que mais grave é a sanção principal, a pena privativa de liberdade, que obsta completamente as atividades laborais do condenado[76].

Ressalte-se, pela pertinência ao tema, que a jurisprudência do STF firmou-se no sentido de ser **inconstitucional** a utilização, pelo poder público, de meios gravosos e indiretos de coerção estatal destinados a compelir o contribuinte inadimplente a pagar tributos. Tal entendimento encontra-se consubstanciado nas seguintes Súmulas daquela Corte:

◼ **Súmula 70:** "É inadmissível a interdição de estabelecimento como meio coercitivo para cobrança de tributo";

◼ **Súmula 323:** "É inadmissível a apreensão de mercadorias como meio coercitivo para pagamento de tributos"[77];

◼ **Súmula 547:** "Não é lícito à autoridade proibir que o contribuinte em débito adquira estampilhas, despache mercadorias nas alfândegas e exerça suas atividades profissionais".

Segundo o STF, tais restrições estatais — que se denominam **sanções políticas**[78] —, fundadas em exigências que transgridem os postulados da razoabilidade e da proporcionalidade em sentido estrito, culminam por inviabilizar, sem justo fundamento, o exercício, pelo sujeito passivo da obrigação tributária, de atividade econômica ou profissional lícita[79].

São nesse sentido as seguintes decisões do STF, que reconheceram a **inconstitucionalidade:**

---

[76] Tese de repercussão geral (**Tema 486**) fixada no RE 607.107/MG, Rel. Min. Roberto Barroso, Pleno, j. em 12.02.2020, *DJe*-088 14.04.2020.

[77] O Plenário do STF já decidiu que o fato gerador do ICMS, incidente sobre mercadoria importada (art. 155, § 2.º, inciso IX, alínea *a*, CF), ocorre por ocasião do recebimento da mercadoria, no respectivo desembaraço aduaneiro (RE 193.817/RJ, Rel. Min. Ilmar Galvão, Pleno, j. em 23.10.1996, *DJ* 10.08.2001, p. 18; RE-AgR 615.916/RS, Rel. Min. Dias Toffoli, 1.ª Turma, j. em 09.09.2014, *DJe*-193 03.10.2014). Nessas condições, entendeu o STF que não fica constatada nenhuma coação indireta na exigência, fundada em Lei, do recolhimento dos tributos relativos ao desembaraço aduaneiro de bens importados (RE-AgR 810.035/CE, Rel. Min. Roberto Barroso, 1.ª Turma, j. em 07.04.2015, *DJe*-075 23.04.2015; RE-AgR 879.386/CE, Rel. Min. Roberto Barroso, 1.ª Turma, j. em 04.08.2015, *DJe*-184 17.09.2015).

[78] "Sanção política é a utilização abusiva do poder tributante do Estado, consistente na criação de restrições que inviabilizam o exercício de atividade econômica ou profissional a fim de induzir o pagamento de verbas tributárias, em violação aos princípios constitucionais da proporcionalidade, da razoabilidade e do devido processo legal substantivo" (STF, ADI-ED 7.020/DF, Rel. Min. Edson Fachin, Pleno, j. em 18.10.2023, *DJe*-s/n 14-11-2023).

[79] RE-AgR 1.145.279/SC, Rel. Min. Celso de Mello, 2.ª Turma, j. em 01.03.2019, *DJe*-061 28.03.2019.

574 Direito Financeiro e Econômico Esquematizado   *Carlos Alberto de Moraes Ramos Filho*

■ da "exigência, pela Administração Tributária, de fiança, garantia real ou fidejussória como condição para impressão de notas fiscais de contribuintes com débitos tributários"[80];

■ da "restrição ilegítima ao livre exercício de atividade econômica ou profissional, quando imposta como meio de cobrança indireta de tributos"[81].

■ de "legislação estadual que proíbe a impressão de notas fiscais em bloco, subordinando o contribuinte, quando este se encontra em débito para com o fisco, ao requerimento de expedição, negócio a negócio, de nota fiscal avulsa"[82].

Por outro lado, reconheceu o STF a **constitucionalidade**:

■ do inciso V do art. 17 da Lei Complementar n. 123, de 14.12.2006, que veda a adesão ao Simples Nacional à microempresa ou à empresa de pequeno porte que possua débito com o Instituto Nacional do Seguro Social — INSS ou com as Fazendas Públicas Federal, Estadual ou Municipal, cuja exigibilidade não esteja suspensa[83];

■ do protesto das Certidões de Dívida Ativa (CDA), por não restringir de forma desproporcional quaisquer direitos fundamentais garantidos aos contribuintes e, assim, não constituir sanção política[84];

■ do cancelamento do registro especial para fabricação de cigarros e da interdição do estabelecimento da empresa que não tenha cumprido obrigação tributária principal ou acessória (art. 2.º, inciso II, Decreto-Lei n. 1.593, de 21.12.1977)[85];

■ da retenção temporária de mercadoria, pela Administração Pública Fazendária, até a comprovação da posse legítima daquele que a transporta[86].

---

[80] Tese de repercussão geral (**Tema 31**) fixada no RE 565.048/RS, Rel. Min. Marco Aurélio, Pleno, j. em 29.05.2014, *DJe*-197 09.10.2014.

[81] Tese de repercussão geral (**Tema 856**) fixada no ARE-RG 914.045/MG, Rel. Min. Edson Fachin, Pleno — meio eletrônico, j. em 15.10.2015, *DJe*-232 19.11.2015.

[82] RE 413.782/SC, Rel. Min. Marco Aurélio, Pleno, j. em 17.03.2005, *DJ* 03.06.2005, p. 4.

[83] Tese de repercussão geral (**Tema 363**) fixada no RE 627.543/RS, Rel. Min. Dias Toffoli, Pleno, j. em 30.10.2013, *DJe*-212 29.10.2014. No referido julgado, reconheceu o STF que a hipótese nele discutida "não se confunde com aquelas fixadas nas Súmulas 70, 323 e 547 do STF, porquanto a espécie não se caracteriza como meio ilícito de coação a pagamento de tributo, nem como restrição desproporcional e desarrazoada ao exercício da atividade econômica. Não se trata, na espécie, de forma de cobrança indireta de tributo, mas de requisito para fins de fruição a regime tributário diferenciado e facultativo".

[84] Tese definida na ADI 5.135/DF, Rel. Min. Roberto Barroso, Pleno, j. em 09.11.2016, *DJe*-022 07.02.2018.

[85] RE 550.769/RJ, Rel. Min. Joaquim Barbosa, Pleno, j. em 22.05.2013, *DJe*-066 03.04.2014. Confira-se, a respeito, o seguinte julgado do STF: AC-MC 1.657/RJ, Rel. p/ acórdão Min. Cezar Peluso, Pleno, j. em 27.06.2007, *DJ* 31.08.2007, p. 28.

[86] ADI 395/SP, Rel. Min. Cármen Lúcia, Pleno, j. em 17.05.2007, *DJ* 17.08.2007, p. 22. A mencionada ação tinha por objeto o art. 163, § 7.º, da Constituição do Estado de São Paulo, que autoriza expressamente "a apreensão de mercadorias, quando desacompanhadas de documentação fiscal idônea, hipótese em que ficarão retidas até a comprovação da legitimidade de sua posse pelo proprietário". Entendeu o STF que tal providência "consubstancia exercício do poder de polícia da Administração

2 ◻ Direito Econômico 575

2.5.3. EXISTÊNCIA DIGNA

A existência digna, tomada como finalidade da ordem econômica (art. 170, *caput*, CF), relaciona-se à ideia de **dignidade da pessoa humana**, que é um dos **fundamentos** da República Federativa do Brasil (art. 1.º, inciso III, CF).

Significa que o fim da atividade econômica é satisfazer as **necessidades** da **coletividade**, o que redundará na erradicação da pobreza — que é um dos **objetivos** fundamentais da República Federativa do Brasil (art. 3.º, inciso III, CF) — e na melhoria da condição humana.

Observa, a respeito, Rodrigo de Camargo Cavalcanti: "Ao atrelar teleologicamente o conceito de dignidade à ordem econômica, a ordem jurídico-política brasileira deu um grande passo para a promoção da economia a serviço do homem e da coletividade. A orientação passa a ser outra, traduzindo o princípio da defesa da concorrência, encarada como essencial **também para a emancipação social** e não somente para o desenvolvimento econômico puro e simples" (destaque nosso)[87].

No mesmo sentido é a percepção de Dean Fabio Bueno de Almeida, para quem "a análise da ordem econômica estabelecida pela Constituição Federal de 1988, em decorrência de seu compromisso com o valor-guia do princípio da dignidade da pessoa humana, deve adotar a proximidade responsável frente ao outro como critério hermenêutico condutor da gestão econômica, o que significa a efetivação de um comportamento real orientado por uma racionalidade marcada pela **consciência ética**" (destaque nosso)[88].

2.5.4. JUSTIÇA SOCIAL

Apesar do *caput* do art. 170 da CF utilizar a palavra "fim" no singular, dando a entender ser a existência digna a única finalidade da ordem econômica, a **justiça social** também é determinada como um **fim** a ser perseguido[89].

A justiça social, cujos ditames devem ser observados pela ordem econômica (art. 170, *caput*, CF), decorre da circunstância de que um dos objetivos fundamentais da República Federativa do Brasil é o de construir uma **sociedade justa** (art. 3.º, inciso I, CF)[90].

A referência à justiça social, segundo Manoel Gonçalves Ferreira Filho, deve ser interpretada "como uma prescrição em prol de uma distribuição da riqueza, proporcional à contribuição de cada um"[91].

Pública Fazendária, estabelecida legalmente para os casos de ilícito tributário. Inexiste, por isso mesmo, a alegada coação indireta do contribuinte para satisfazer débitos com a Fazenda Pública".

[87] CAVALCANTI, Rodrigo de Camargo. *O oligopólio no Estado brasileiro de intervenção necessária*, p. 32.

[88] ALMEIDA, Dean Fabio Bueno de. *Direito constitucional econômico*: elementos para um direito econômico brasileiro da alteridade, p. 116.

[89] BASTOS, Juliana Cardoso Ribeiro. *Constituição econômica e a sociedade aberta dos intérpretes*, p. 187.

[90] A justiça social é, ainda, um dos objetivos da ordem social (193, CF).

[91] FERREIRA FILHO, Manoel Gonçalves. A Constituição "econômica" de 1988, p. 93.

Para Tércio Sampaio Ferraz Júnior, "justiça social é disciplina valorativa da sociedade, de modo que, na esfera da sociabilidade, o público e o provado tenham garantidos os seus traços próprios e não se reduzam um ao outro". E prossegue: "A justiça social significa, assim, um delineamento do público como uma esfera de demandas sociais comuns, conforme um princípio de participação e igualdade nas organizações sociais. Nesse âmbito das demandas comuns delineia-se a esfera do privado no espaço da sociabilidade"[92].

2.5.5. SOBERANIA NACIONAL

A soberania a que se refere o inciso I do art. 170 da CF deve ser tomada no **sentido econômico,** pois, sob o ângulo político, seu conteúdo foi fixado no inciso I do art. 1.º da CF[93].

Entende-se por **soberania econômica**, a capacidade de um Estado formular e pôr em execução as medidas de política econômica em seu território[94], sem ingerências externas[95].

Com bem observa Vicente Bagnoli, "para o Estado ser plenamente livre, autônomo, no exercício integral de sua soberania, deve também ser detentor de soberania econômica, caso contrário sua liberdade é limitada"[96].

Na perspectiva de soberania econômica, observa Ivo Dantas que a CF traz inúmeros dispositivos com ela relacionados, como os arts. 172, 176 e 177[97].

Sobre a soberania econômica, leciona Francisco Rezek: "O princípio da soberania, no que tange à ordem econômica, destaca o papel fundamental do Estado na defesa dos interesses da dimensão humana assentada sobre seu território, e na guarda da insubordinação de sua ordem jurídica doméstica a tudo quando extrapole o direito internacional econômico que se tenha forjado com seu soberano consentimento"[98].

Na ordem econômica, lecionam Alessandro Octaviani e Irene Patrícia Nohara, as dimensões da soberania (econômica e popular) encontram-se articuladas: "(...) nos termos dos comandos constitucionais, o País deve obedecer aos desígnios de seu povo — e não de parte dele ou aos desígnios de outros povos — e ter o poder sobre os recursos econômicos para que, na civilização tecnoindustrial, os fins plasmados na Constituição

---

[92] FERRAZ JÚNIOR, Tércio Sampaio. *Valorização do trabalho humano* — CF art. 170, p. 89.

[93] DANTAS, Ivo. *Direito constitucional econômico*, p. 69; BASTOS, Juliana Cardoso Ribeiro. *Constituição econômica e a sociedade aberta dos intérpretes*, p. 128.

[94] MUYLAERT, Sérgio Ribeiro. *Estado, empresa pública, mercado*: um estudo aproximativo para a efetivação da política econômica comum de integração no Cone Sul, p. 78.

[95] BULOS, Uadi Lammêgo. *Constituição federal anotada*, p. 1219.

[96] BAGNOLI, Vicente. *Direito e poder econômico*: os limites jurídicos do imperialismo frente aos limites econômicos da soberania, p. 230.

[97] DANTAS, Ivo. *Direito constitucional econômico*, p. 69.

[98] REZEK, Francisco. A ética da ordem econômica na Constituição do Brasil, p. 35.

2 ■ Direito Econômico

577

sejam alcançados"[99]. Tal articulação, complementam os autores, é voltada à concretização do objetivo do desenvolvimento nacional[100].

2.5.6. PROPRIEDADE PRIVADA

O regime da propriedade privada (art. 5.º, inciso XXII, CF) denota a índole do sistema econômico, que se funda na iniciativa privada[101].

Como bem observa Isabel Vaz, "o legislador constituinte assegurou, como corolário da livre-iniciativa, a propriedade privada sobre quase todos os bens, sejam eles detidos a título de direitos individuais, sejam eles classificados como fatores de produção"[102].

2.5.7. FUNÇÃO SOCIAL DA PROPRIEDADE

A função social da propriedade (art. 5.º, inciso XXIII, CF) é estabelecida em relação à propriedade urbana (art. 182, § 2.º, CF), à propriedade rural (art. 186, CF) e à propriedade empresarial (art. 173, § 4.º, CF).

A **função social da empresa**, consoante registra Calixto Salomão Filho, deriva da ideia de função social da propriedade, que, por sua vez, tem origem histórica na célebre fórmula do art. 153 da Constituição de Weimar — *Eigentum verpflichnet* ("a propriedade obriga")[103].

A teoria da **função social da empresa**, leciona Cristiano Chaves de Farias, instrumentaliza a utilização do capital **a favor da pessoa humana**: "é possível promover um paralelo entre a função social da empresa e a função social da propriedade. Assim como o proprietário tem de funcionalizar o exercício de seu direito de propriedade, para que possa dispor da proteção legal, o empresário assume o compromisso de emprestar função social ao seu empreendimento (seja ele de que natureza for), sob pena de contar com a proteção disponibilizada pelo ordenamento"[104].

Cabe ressaltar que a responsabilidade social é **transversal à empresa**, em termos sistêmicos: vai do fornecedor ao cliente, passando pelo trabalhador e pelos acionistas[105].

---

[99] OCTAVIANI, Alessandro; NOHARA, Irene Patrícia. *Estatais*, p. 60.

[100] Ob. cit., p. 62. Para Thiago Flores dos Santos, a soberania nacional, enquanto princípio constitucional da ordem econômica, configura um direcionamento no sentido de que o "modelo econômico a ser implementado pelo Estado, em contrapartida ao mero liberalismo, deverá possibilitar a melhoria das condições de vida da população e a plena fruição de direitos fundamentais" (*Licenciamento ambiental*: uma análise sob a ótica do direito constitucional contemporâneo, p. 83).

[101] BULOS, Uadi Lammêgo. *Constituição federal anotada*, p. 1219.

[102] VAZ, Isabel. *A intervenção do Estado no domínio econômico*: condições e limites, p. 64.

[103] SALOMÃO FILHO, Calixto. *Função social do contrato*: primeiras anotações, p. 60 e 63.

[104] FARIAS, Cristiano Chaves de. *Direito civil*: teoria geral, p. 229.

[105] DOMINGUES, Leonel Henrique. *Políticas sociais em mudança*: o Estado, as empresas e a intervenção social, p. 97. Referido autor destaca que as "políticas sociais de empresa dirigiram-se historicamente aos trabalhadores e, por vezes, à comunidade em que se inseriam. Agora, o leque de destinatários aumenta, pela incorporação de todos os considerados *stakeholders* (grupos de interesses). Estes são, em termos gerais: os proprietários das empresas, os trabalhadores, as comunidades locais, os clientes, os fornecedores, as autoridades públicas, os concorrentes e a sociedade em ge-

Assim, anota Luiz Antonio Ramalho Zanoti, a empresa cumpre sua função social, "a partir do momento que respeita plenamente a **dignidade da pessoa humana**, aqui representada pelos seus empregados, acionistas ou cotistas, consumidores, fornecedores, meio ambiente, comunidade e Estado, até o limite dos direitos que estão positivados no ordenamento jurídico do país" (destaque nosso)[106].

Não se trata de obstaculizar o lucro, mas impor **responsabilização social aos empresários**, servindo como barreira para impedir que o intuito lucrativo venha a violar direitos fundamentais da pessoa humana e interesses coletivos[107].

André Ramos Tavares assim se manifesta sobre a função social da empresa: "Além de garantir empregos, o bom funcionamento empresarial arrecada fundos para o Estado, por meio de tributos, presta serviços à comunidade, mobiliza a economia de mercado e contribui, em maior ou menor escala, para o desenvolvimento nacional (especialmente considerando que o mercado encontra-se fortemente interligado"[108].

Assim, o exercício da atividade econômica por parte dos entes privados estará condicionado, no dizer de Vinícius Daniel Moretti, a um comportamento ativo do empresário no sentido de buscar "a satisfação das necessidades básicas da sociedade como um todo, e não meramente a geração de rendimentos monetários para si, tendo em vista que a empresa, vista como atividade econômica, **transcende a pessoa do empresário**, gerando externalidades em toda a sociedade que a cerca" (destaque nosso)[109].

No caso das **empresas estatais**, sua função social é determinada pelo inciso I do § 1.º do art. 173 da CF e definida no *caput* do art. 27 da Lei n. 13.303, de 30.06.2016, como sendo a "realização do interesse coletivo ou de atendimento a imperativo da segurança nacional expressa no instrumento de autorização legal para a sua criação".

2.5.8. LIVRE CONCORRÊNCIA

Alguns autores destacam ser desnecessária a menção no texto constitucional à livre concorrência (art. 170, inciso IV)[110] e à livre-iniciativa, visto que a liberdade de iniciativa implica liberdade de concorrência e vice-versa[111].

---

ral" (Ob. cit., p. 94) (destaque no original). O mencionado autor, citando Davis Wheller e Maria Sillanpaa, destaca que *stakeholders* (ou "partes interessadas") são "indivíduos e entidades susceptíveis de ser afectados pelos negócios, podendo, também, influenciá-los" (Ob. cit., p. 94).

[106] ZANOTI, Luiz Antonio Ramalho. *Empresa na ordem econômica*: princípios e função social, p. 199. Referido autor enfatiza que a função social da propriedade (e aí se incluem as empresas) "tem como meta maior o respeito à dignidade da pessoa humana, o que é próprio de um Estado Democrático de Direito que também privilegia concepções sociais" (Ob. cit., p. 82).

[107] FARIAS, Cristiano Chaves de. *Direito civil*: teoria geral, p. 230.

[108] TAVARES, André Ramos. *Direito constitucional da empresa*, p. 105.

[109] MORETTI, Vinícius Daniel. O papel da iniciativa privada na ordem econômica constitucional, p. 269-270.

[110] A eficácia da norma constitucional que consagra o princípio da livre concorrência, segundo Werter R. Faria, independe de regulamentação, não reclamando, pois, desenvolvimento ou complementação mediante lei (*Constituição econômica*: liberdade de iniciativa e de concorrência, p. 103).

[111] Nesse sentido: GRAU, Eros Roberto; FORGIONI, Paula. *O Estado, a empresa e o contrato*, p. 193, nota de rodapé n. 13. No mesmo sentido é a lição de Manoel Gonçalves Ferreira Filho, para quem a

2 ▪ Direito Econômico

A livre concorrência, leciona Rodrigo de Camargo Cavalcanti, diz respeito "a uma situação de mercado que seja acessível a todos, ao ingresso de novos autores e à promoção do máximo equilíbrio possível nas condições de concorrer no ambiente competitivo, ao mesmo tempo evitando-se a todo custo sancionar aqueles que conseguem posição dominante não abusiva através da saudável eficiência econômica, sempre visando garantir a todos existência digna"[112].

Como bem observa Sérgio Varella Bruna, "o poder econômico, por ser espécie de *poder*, que se exerce sobre os demais indivíduos, há de ser exercido segundo os ditames da ordem jurídica, tendo em vista os interesses da comunidade" (destaque no original)[113].

É que, ressalta Luciano Sotero Santiago, na perspectiva constitucional, a livre concorrência não é um valor absoluto, um valor em si mesmo, mas "um importante meio de se alcançar os objetivos fundamentais da república e da ordem econômica, que pode, em determinadas situações, se relativizada, quando um outro princípio for o meio mais adequado de se efetivar aqueles objetivos", isto é, pode "ser sacrificada em homenagem a outros valores, desde que isto sirva para assegurar a todos existência digna, conforme os ditames da justiça social"[114].

Na ordem econômica brasileira, portanto, a concorrência é livre, mas **fiscalizada pelo Estado**, para que os agentes econômicos possam competir no mercado em igualdade de condições[115]. Assim, a legislação antitruste deve ser aplicada da forma a evitar "que agentes econômicos, seja através de ato unilateral, seja mediante a celebração de um contrato, impeçam que a livre concorrência exerça seu papel no mercado"[116].

Em outros termos: o direito reprime formas e meios de concorrência que não se pautam pela lealdade e moralidade[117].

---

menção à livre concorrência no inciso IV do art. 170 da CF é desnecessária, porque implícita na ideia de livre-iniciativa, já citada no *caput* do referido artigo (A Constituição "econômica" de 1988, p. 94). José Nabantino Ramos assevera: "A liberdade de iniciativa econômica assenta sobre o pressuposto da concorrência" (*Sistema brasileiro de direito econômico*: história, doutrina, legislação, p. 209). No sentido de que a livre concorrência é uma das manifestações da livre-iniciativa: SOUZA, Sérgio Augusto G. Pereira de. *Premissas de direito econômico*, p. 24; SLAIBI FILHO, Nagib. *Anotações à Constituição de 1988*: aspectos fundamentais, p. 327. Nesse sentido já decidiu o STF: RE 193.749/SP, Rel. p/ Acórdão Min. Maurício Corrêa, Pleno, j. em 04.06.1998, *DJ* 04.05.2001, p. 35.

[112] CAVALCANTI, Rodrigo de Camargo. *O oligopólio no Estado brasileiro de intervenção necessária*, p. 21.

[113] BRUNA, Sérgio Varella. *O poder econômico e a conceituação do abuso em seu exercício*, p. 13.

[114] SANTIAGO, Luciano Sotero. *Direito da concorrência*: doutrina e jurisprudência, p. 93-94. Nesse diapasão, o STF reconheceu a constitucionalidade de lei que instituiu sistema de rodízio entre as funerárias no Município de Curitiba, não restando caracterizada ofensa ao princípio da livre concorrência, pois não inviabilizou o exercício da referida atividade econômica, tratando-se de mera manifestação do poder de polícia da Administração Pública, com base na **supremacia do interesse público sobre o privado** (ARE-AgR 862.377/PR, Rel. Min. Dias Toffoli, 2.ª Turma, j. em 10.09.2018, *DJe*-257 03.12.2018).

[115] BAGNOLI, Vicente. *Direito e poder econômico*: os limites jurídicos do imperialismo frente aos limites econômicos da soberania, p. 266.

[116] GRAU, Eros Roberto; FORGIONI, Paula. *O Estado, a empresa e o contrato*, p. 193.

[117] BERTOLDI, Marcelo M. *Curso avançado de direito comercial*, v. 1, p. 154.

> **Observação:** Os atos sob qualquer forma manifestados, que tenham por objeto ou possam limitar, falsear ou de qualquer forma prejudicar a **livre concorrência** (ainda que tais efeitos não sejam alcançados) constituem infração da ordem econômica, independentemente de culpa (art. 36, inciso I, Lei n. 12.529/2011).

Observa Isabel Vaz que a circunstância da "repressão ao abuso do poder econômico", que figurava como princípio da Ordem Econômica e Social na Constituição revogada, ter sido deslocada, na Carta atual, para a condição de § 4.º do art. 173, significa que a preservação da livre concorrência é mais importante na hierarquia constitucional vigente do que a repressão aos abusos do poder econômico. As normas que reprimem tais abusos adquirem, segundo a autora citada, "o sentido de instrumentos jurídicos de defesa do princípio constitucional que, na estrutura da Lei Fundamental, apresenta-se hierarquicamente mais valioso"[118].

Ainda a respeito do tema, vale anotar que o inadimplemento sistemático e isolado da obrigação de pagar Imposto sobre Produtos Industrializados — IPI, com consequente redução do preço de venda da mercadoria, caracteriza ofensa à livre concorrência[119].

> **Observação:** Lei complementar poderá estabelecer **critérios especiais de tributação**, com o objetivo de **prevenir desequilíbrios da concorrência**, sem prejuízo da competência de a União, por lei, estabelecer normas de igual objetivo (art. 146-A, CF, incluído pela Emenda Constitucional n. 42, de 19.12.2003).

2.5.9. DEFESA DO CONSUMIDOR

O inciso XXXII do art. 5.º da CF atribui ao Estado o dever de promover, na forma da lei, a **defesa do consumidor**.

Visando à regulamentação do referido enunciado constitucional, o art. 48 do ADCT, por sua vez, impôs ao Congresso Nacional que, dentro de 120 (cento e vinte) dias da promulgação da Constituição, elaborasse **código de defesa do consumidor**, o que somente se deu com a promulgação da Lei n. 8.078, de 11.09.1990[120].

Ao inscrever a defesa do consumidor dentre os princípios da ordem econômica (art. 170, inciso V), o constituinte pretendeu explicitar que a liberdade de mercado não permite abusos aos direitos dos consumidores[121].

Desta forma, segundo Francisco Rezek, reconheceu a fragilidade do consumidor "diante da voracidade do mercado"[122].

---

[118] VAZ, Isabel. *Direito econômico da concorrência*, p. 101.

[119] STF, AC-MC 1.657/RJ, Rel. p/ acórdão Min. Cezar Peluso, Pleno, j. em 27.06.2007, *DJ* 31.08.2007, p. 28.

[120] Ressalte-se que, nos termos do inciso V do art. 24 da CF, compete à União, aos Estados e ao Distrito Federal legislar concorrentemente sobre consumo.

[121] BULOS, Uadi Lammêgo. *Constituição federal anotada*, p. 1221. Nesse sentido: "Aquele que anseia explorar atividade econômica e, portanto, figurar como agente econômico no mercado de consumo, deve zelar pela proteção do consumidor (...)" (STF, ADI 6.094/RJ, Rel. Min. Edson Fachin, Pleno, j. em 21.02.2020, *DJe*-065 20.03.2020).

[122] REZEK, Francisco. A ética da ordem econômica na Constituição do Brasil, p. 38.

2 ■ Direito Econômico 581

A Lei n. 12.529, de 30.11.2011, que estrutura o Sistema Brasileiro de Defesa da Concorrência — SBDC, estabelece em seu art. 1.º que a defesa dos consumidores é um de seus princípios orientadores. Sobre a convergência entre o direito do consumidor e o direito da concorrência, observa Mariana Porto Koch que "a livre concorrência é um princípio em diálogo constante com o princípio da defesa do consumidor e que tem a capacidade de assistir na recuperação do sentido da 'dignidade da pessoa humana' que o *status* de vulnerabilidade próprio do consumidor é capaz de comprometer e que o direito do consumidor tem o objetivo de assegurar"[123].

2.5.10. DEFESA DO MEIO AMBIENTE

A postura antropocêntrica — que eleva o ser humano à condição de espécie superior em relação à natureza, que existiria unicamente para servir aos desejos daquele — "tem feito a Terra dar sinais evidentes de que esse modelo econômico é insustentável, destrutivo e exige uma mudança visceral de conduta"[124].

Percebendo isto, a Constituição Brasileira de 1988 — uma das mais avançadas do planeta em matéria ambiental —, no Capítulo VI do seu Título VIII, dispôs sobre o direito das presentes e futuras gerações ao **meio ambiente ecologicamente equilibrado** (art. 225, *caput*).

Referido dispositivo constitucional incorporou os dois primeiros princípios jurídicos básicos recomendados pela comissão de peritos a serviço da Comissão Mundial sobre o Meio Ambiente e o Desenvolvimento (CMMAD) para orientar a tutela legal do meio ambiente:

■ o de que todos os seres humanos têm o direito fundamental a um meio ambiente adequado à sua saúde e bem-estar[125]; e

■ aquele segundo o qual os Estados devem conservar o meio ambiente não apenas para a presente, mas também para as futuras gerações[126].

Para assegurar a efetividade desse direito, o inciso VI do art. 170 da CF, já em sua redação original, estabelecia que a defesa do meio ambiente era um dos princípios da ordem econômica brasileira[127].

A Emenda Constitucional n. 42, de 19.12.2003, modificou a redação do referido enunciado, para complementar que a defesa do meio ambiente poderia ser efetivada

---

[123] KOCH, Mariana Porto. *Acordo de leniência em investigação de cartel*: acesso a documentos provenientes de investigações antitruste, p. 10.

[124] SOARES, Remi Aparecida de Araújo. *Proteção ambiental e desenvolvimento econômico*: conciliação, p. 27.

[125] Qualquer cidadão é parte legítima para propor **ação popular** que vise a anular ato lesivo ao meio ambiente (art. 5.º, inciso LXXIII, CF).

[126] É competência comum da União, dos Estados, do Distrito Federal e dos Municípios proteger o meio ambiente (art. 23, inciso VI, CF).

[127] "(...) la cuestión ambiental se ha constituido en una de las matérias más importantes entre las que recientemente han ocupado la atención del Derecho Económico" (SMAYEVSKY, Miriam et al. *Derecho económico I*, p. 14).

"inclusive mediante tratamento diferenciado conforme o impacto ambiental dos produtos e serviços e de seus processos de elaboração e prestação".

A preservação do meio ambiente vem inscrita como um dos princípios da ordem econômica pois "corrobora um limite ao exercício da livre-iniciativa e da livre concorrência"[128].

Tal princípio objetiva, no dizer de Vicente Kleber Oliveira, "que o desenvolvimento seja feito de **forma sustentável**, no sentido de que a exploração industrial ou comercial de bens ou serviços que tenham impacto no meio ambiente seja realizada sem que comprometa sua qualidade" (destaque nosso)[129].

O **desenvolvimento sustentável** é, assim, segundo Rolf Stober, "um desenvolvimento que satisfaz as necessidades fundamentais do presente, sem pôr em risco a satisfação das necessidades das gerações vindouras" e "cujo fim consiste em ligar entre si os fins econômicos, ecológicos e sociais"[130].

A propósito, Carlos Ayres Britto ressalta que, "focado pelo prisma dos interesses do todo social, o desenvolvimento tem que ser mais do que um mecânico ou linear crescimento econômico", devendo exibir outras dimensões, dentre as quais "a definitiva absorção da ideia de **equilíbrio ecológico** enquanto elemento de sua própria definição. É como está, por sinal, na própria Constituição brasileira de 1988 (...)" (destaque nosso)[131].

Note-se, como alerta Ricardo Carneiro, que "a orientação que deflui da matriz constitucional não consagra a regra da intocabilidade do meio ambiente, mas, ao contrário, a da **utilização equilibrada e racional**" (destaque nosso)[132].

---

[128] BULOS, Uadi Lammêgo. *Constituição federal anotada*, p. 1221-1222.

[129] OLIVEIRA, Vicente Kleber de Melo. A intervenção do Estado na economia, p. 85. No mesmo sentido: SANTOS, Thiago Flores dos. *Licenciamento ambiental*: uma análise sob a ótica do direito constitucional contemporâneo, p. 84-85.

[130] STOBER, Rolf. *Direito administrativo econômico geral*, p. 81 e 117. Remi Aparecida de Araújo Soares assevera que "meio ambiente e desenvolvimento econômico encerram o conceito de desenvolvimento sustentável, pedra de toque do 3.º milênio. Serão estes os conceitos que deverão estar em sintonia para que possamos finalmente diminuir — e quiçá erradicar — os bolsões de pobreza que assolam grande parte da humanidade, fazendo com que o homem, todos os homens, mulheres e crianças possam ter o direito de viver dignamente, e não apenas 'sobreviverem' junto a um ecossistema equilibrado e fraterno" (*Proteção ambiental e desenvolvimento econômico*: conciliação, p. 200).

[131] BRITTO, Carlos Ayres. *O humanismo como categoria constitucional*, p. 29. Referido autor assevera que a economia "já não restringe a sua noção de dinamismo à abertura para as inovações tecnológicas e aos ganhos de produtividade; tem que passar pelo atendimento às necessidades de preservação do meio ambiente e às posturas de segurança social e de uma decidida integração comunitária (logo, fraternal)" (Ob. cit., p. 28).

[132] CARNEIRO, Ricardo. *Direito ambiental*: uma abordagem econômica, p. 100. Sobre os contornos da ideia de **sustentabilidade** na ordem econômica, leciona Cristiane Derani: "Não se trata apenas da sustentabilidade econômica no sentido de continuidade do modo de produção dominante, mas também da manutenção da saúde física e psíquica dos indivíduos, com a introdução, no rol de benefícios a serem alcançados pela prática econômica, de outros elementos além daqueles proporcionados pelo consumo de bens no mercado. A possibilidade de se usufruir de riquezas sociais, externalidades, produzidas ou asseguradas na prática econômica, é um indicador de melhoria da

2 ▪ Direito Econômico 583

Também as ações de intervenção do Estado no domínio econômico "devem necessariamente ser realizadas pelo agente estatal de modo sustentável, pensando a longo prazo, tendo em mente o desenvolvimento sustentável"[133].

2.5.11. REDUÇÃO DAS DESIGUALDADES REGIONAIS E SOCIAIS

A redução das desigualdades regionais e sociais, além de princípio da ordem econômica (art. 170, inciso VII, CF), apresenta-se como um dos objetivos fundamentais da República Federativa do Brasil (art. 3.º, inciso III, CF).

Uma das características da condição de subdesenvolvimento de um país é a disparidade de condições de vida entre suas classes e setores sociais[134]. Assim, para o fim de reduzir as **desigualdades sociais**, a CF atribuiu competência comum à União, aos Estados, ao Distrito Federal e aos Municípios para combater as causas da pobreza e os fatores de marginalização, promovendo, assim, a integração social dos setores desfavorecidos (art. 23, inciso X).

No que se refere à redução das **desigualdades regionais**, devemos destacar que o Brasil é um país de extensa dimensão territorial, cujo processo de desenvolvimento econômico, como bem observa Gilberto Bercovici, amparado nas conclusões de Celso Furtado, acabou por transformar algumas de suas regiões em polos de desenvolvimento, mas deixando outras em nítida situação de estagnação econômica[135].

Tal situação de desequilíbrio — assim considerada por conservar dentro do mesmo território regiões com inúmeras disparidades — não passou despercebida pela Constituição Brasileira de 1988, que determinou o enfrentamento de tais

---

qualidade de vida. Trata-se de uma satisfação advinda do exercício da liberdade de fruir de bens de uso comum, como áreas verdes, paisagens, lugares de recreação adequados, tais como praias apropriadas ao banhista etc." (*Direito ambiental econômico*, p. 239).

[133] FRIEDRICH, Nelton Miguel; FRIEDRICH, Tatyana Scheila. A intervenção estatal diante da crise socioambiental: exigência de ações sustentáveis, p. 135. Referidos autores destacam que, não apenas a atuação do Estado perante o cenário econômico, mas "toda intervenção estatal deve dar-se de acordo com as várias dimensões da sustentabilidade (ambiental, social, cultural e ética) e sempre com vistas a atender às necessidades das gerações atuais e futuras" (Ob. cit., p. 135), pois a "ideia de intervenção estatal deve abarcar esse amplo conceito de sustentabilidade" (Ob. cit., p. 134). Segundo tais autores, "o Estado, ao fazer suas intervenções, deve desempenhar uma saudável articulação, uma soma de esforços e divisão de responsabilidades, com os demais atores políticos, econômicos, sociais, ambientais e culturais na área em que está intervindo, para o fim de implementação de programas estruturantes de inclusão social e de ações para a sustentabilidade, comparecendo também com parte dos recursos financiadores das atividades e ações projetadas" (Ob. cit., p. 131).

[134] OCTAVIANI, Alessandro. *Estudos, pareceres e votos de direito econômico*, p. 102. Referido autor observa que: "A disparidade de condições econômicas entre as classes e setores sociais do país subdesenvolvido é apreendida também por diversas manifestações, dentre as quais a detenção de propriedade de bens de produção, de bens de consumo, de emprego, de renda (advinda de salários diretos ou indiretos, garantidos por direitos sociais), de poder político, de acesso ao conhecimento e posições jurídicas" (Ob. cit., p. 103).

[135] BERCOVICI, Gilberto. *Constituição econômica e desenvolvimento*: uma leitura a partir da Constituição de 1988, p. 88.

desigualdades[136] ao tratar das **regiões** (art. 43)[137] e ao impor funções às **leis orçamentárias** (art. 165, §§ 1.º e 7.º)[138].

Ainda quanto às desigualdades regionais, cabe destacar que a CF, apesar de vedar, como **regra geral**, a instituição de tributo que não seja uniforme em todo o território nacional ou que implique distinção ou preferência em relação a Estado, ao Distrito Federal ou a Município, em detrimento de outro, admite expressamente a concessão de **benefícios fiscais** destinados a promover o equilíbrio do desenvolvimento socioeconômico entre as diferentes regiões do País (art. 151, inciso I).

Com efeito, os incentivos fiscais exercem a relevante função de mecanismo de redução das disparidades inter-regionais, ao atuar como instrumento de atração de investimentos para as regiões menos favorecidas, as quais não teriam, por si só, condições de atraí-los e, por conseguinte, de desenvolver-se no mesmo ritmo das regiões do País de maiores potencialidades. Consoante explana Daniela Ribeiro de Gusmão, "o favorecimento de uma região menos desenvolvida através do estímulo ao estabelecimento de novas empresas em seu território é uma atitude encorajada pelo ordenamento jurídico brasileiro, visto que dissemina o progresso tecnológico e fomenta o emprego nessas regiões, atenuando, em última análise, as disparidades regionais"[139].

Nesse contexto, a **Zona Franca de Manaus** — cujo perfil atual encontra-se traçado, em suas linhas gerais, pelo Decreto-Lei n. 288, de 28.02.1967, regulamentado pelo Decreto n. 61.244, de 28.08.1967 — apresenta-se como exemplo de tal política econômica, consoante ressaltam Geraldo Ataliba e Cléber Giardino: "Quem conheceu o clima político econômico brasileiro anterior a 1967, sabe a expectativa que cercou a criação da Zona Franca de Manaus, como polo de desenvolvimento, tendo por objetivo estimular a fixação do homem, atrair capitais, consumir matéria-prima local, criar um centro industrial e econômico-demográfico na região. Com isso, lançaram-se bases e meios propícios ao estabelecimento objetivo de condições concretas, de estável

---

[136] "(...) a Constituição de 1988 destaca-se por dar importância diferenciada às questões de desigualdades regionais, por meio da instituição definitiva do Federalismo Cooperativo, como forma de Federalismo brasileiro. Este modelo surge sob o fundamento básico de cooperação entre as unidades federadas, tendo como objetivo último o desenvolvimento equilibrado e isonômico" (LEMES, Narcilene Moreira Machado; MACHADO, Paulo Henrique Araújo Lemes. *Federalismo fiscal e aplicabilidade do princípio da redução das desigualdades regionais*, p. 50).

[137] CF: "Art. 43. Para efeitos administrativos, a União poderá articular sua ação em um mesmo complexo geoeconômico e social, visando a seu desenvolvimento e à **redução das desigualdades regionais**" (destaque nosso).

[138] A lei que instituir o Plano Plurianual (PPA) da União deve estabelecer as diretrizes, objetivos e metas da administração pública federal de forma regionalizada (art. 165, § 1.º, CF). Ademais, o orçamento fiscal (art. 165, § 5.º, inciso I, CF) e o orçamento das estatais (art. 165, § 5.º, inciso II, CF) devem ser compatibilizados com o PPA, tem entre suas funções a de reduzir desigualdades regionais, segundo critério populacional (art. 165, § 7.º, CF).

[139] GUSMÃO, Daniela Ribeiro de. *Incentivos fiscais, princípios da igualdade e da legalidade e efeitos no âmbito do ICMS*, p. 56.

2 ▣ Direito Econômico

585

ocupação do território, tendo em vista também a segurança nacional". E concluem: "Daí o espírito estimulante da vasta e ampla legislação que veio implantar tais objetivos, implicando sacrifícios à União e até a Estados alheios à região, a bem da realização daqueles desígnios. O desenvolvimento da Amazônia foi, nesse momento, qualificado, acertadamente, como 'de interesse nacional'"[140].

Além da Superintendência da Zona Franca de Manaus (SUFRAMA), também podem ser citadas como exemplos de instrumentos de redução das desigualdades regionais a **Superintendência do Desenvolvimento da Amazônia (SUDAM)**[141], a **Superintendência do Desenvolvimento do Nordeste (SUDENE)**[142] e a **Superintendência de Desenvolvimento do Centro-Oeste (SUDECO)**[143].

> **Observação:** Além das referidas entidades[144], havia, ainda, a **Superintendência do Desenvolvimento da Região Sul (SUDESUL)**, instituída como Superintendência do Desenvolvimento da Fronteira Sudoeste pelo Decreto-Lei n. 301, de 28.02.1967, com o objetivo planejar o desenvolvimento econômico e estrutural da região Sul do País. A Lei n. 8.029, de 12.04.1990, autorizou a extinção da SUDESUL, o que se efetivou pelo Decreto n. 99.240, de 07.05.1990.

2.5.12. BUSCA DO PLENO EMPREGO

A busca do "pleno emprego", que se opõe às políticas recessivas, é expressão que, na lição de José Afonso da Silva, significa a "utilização, ao grau máximo, de todos os recursos produtivos".

---

[140] ATALIBA, Geraldo; GIARDINO, Cléber. Isenção para vendas para a ZFM — Finsocial e imposto sobre transporte. *Revista de direito tributário*, n. 41. São Paulo: Ed. Revista dos Tribunais, julho--setembro/1987, p. 206-207.

[141] A SUDAM foi criada como autarquia pela Lei n. 5.173, de 27.10.1966, com o objetivo de promover o desenvolvimento da Região Amazônica. Foi extinta pela Medida Provisória n. 2.157-5, de 24.08.2001, que a substituiu pela Agência de Desenvolvimento da Amazônia (ADA). A ADA foi extinta pela Lei Complementar n. 124, de 03.01.2007, que reinstituiu a SUDAM.

[142] A SUDENE foi criada como autarquia pela Lei n. 3.692, de 15.12.1959, com o objetivo de promover o desenvolvimento da Região Nordeste do País. Foi extinta pela Medida Provisória n. 2.146-1, de 04.03.2001 (alterada pela Medida Provisória n. 2.156-5, de 24.08.2001), que a substituiu pela Agência de Desenvolvimento do Nordeste — ADENE. A ADENE foi extinta pela Lei Complementar n. 125, de 03.01.2007, que reinstituiu a SUDENE. A Lei Complementar n. 185, de 06.10.2021, alterou o art. 2.º da Lei Complementar n. 125/2007, para incluir Municípios dos Estados de Minas Gerais e do Espírito Santo na área de atuação da SUDENE.

[143] A SUDECO é uma autarquia federal criada pela Lei n. 5.365, de 01.12.1967, com o objetivo de promover o desenvolvimento da região Centro-Oeste. A Lei n. 8.029, de 12.04.1990, autorizou a extinção da SUDECO, o que se efetivou pelo Decreto n. 99.240, de 07.05.1990. Foi reinstituída pela Lei Complementar n. 129, de 08.01.2009.

[144] Sobre o modelo das entidades de desenvolvimento regional brasileiro: BERCOVICI, Gilberto. *Desigualdades regionais, Estado e Constituição*, p. 225-228. Sobre a SUDAM e a SUDENE: FARIA, Luiz Alberto Gurgel de. *A extrafiscalidade e a concretização do princípio da redução das desigualdades regionais*, p. 187-195.

No entanto, consoante observa o mencionado doutrinador, aparece no inciso VIII do art. 170 da CF "especialmente no sentido de propiciar trabalho a todos quantos estejam em condições de exercer uma atividade produtiva"[145].

2.5.13. TRATAMENTO FAVORECIDO PARA AS EMPRESAS DE PEQUENO PORTE CONSTITUÍDAS SOB AS LEIS BRASILEIRAS E QUE TENHAM SUA SEDE E ADMINISTRAÇÃO NO BRASIL

O inciso IX do art. 170 da CF, em sua redação original, dispunha que um dos princípios da ordem econômica brasileira era o "tratamento favorecido para as **empresas brasileiras de capital nacional** de pequeno porte" (destaque nosso).

Já o art. 171 — que se encontra atualmente revogado —, por sua vez, dispunha que seriam consideradas **empresas brasileiras** as constituídas sob as leis brasileiras e que tivessem sua sede e administração no País, sendo **empresas brasileiras de capital nacional** aquelas cujo controle efetivo estivesse em caráter permanente sob a titularidade direta ou indireta de pessoas físicas domiciliadas e residentes no País ou de entidades de direito público interno.

Em relação à **empresa brasileira de capital nacional**, o inciso I do § 1.º do revogado art. 171 da CF autorizava a concessão, por lei, de "proteção e benefícios especiais temporários para desenvolver atividades consideradas estratégicas para a defesa nacional ou imprescindíveis ao desenvolvimento do País".

A **Emenda Constitucional n. 6, de 15.08.1995**, alterou a redação do inciso IX do art. 170 da CF, que passou a indicar como princípio da ordem econômica o "tratamento favorecido para as empresas de pequeno porte constituídas sob as leis brasileiras e que tenham sua sede e administração no País". Além da citada modificação, a Emenda Constitucional n. 6/95 revogou o art. 171 da CF.

Com tais alterações, a CF **deixou de distinguir** entre "empresas brasileiras" e "empresas brasileiras de capital nacional", porque, como salienta Cristiane Derani, "essa diferenciação não interessava mais, pois, o que realmente interessava era que a empresa pudesse se constituir sob as leis brasileiras e ficar no país. Dessa forma, a origem do capital não teria nenhuma importância"[146]. Assim, para a concessão de tratamento favorecido não se exige que o capital seja nacional, mas, apenas, que a empresa:

- seja de pequeno porte;
- seja constituída sob as leis brasileiras; e
- tenha sede e administração no Brasil.

---

[145] SILVA, José Afonso da. *Curso de direito constitucional positivo*, p. 771.

[146] DERANI, Cristiane. *Constituição de 1988 e a ordem econômica*, p. 253. "Revogado que foi o artigo 171 da Constituição Federal, eventuais distinções em prol de empresas brasileiras deverão ser suficientemente justificadas para se evitar alegações de ofensa ao princípio da isonomia" (CAMARGO, Ricardo Antônio Lucas. *Regime jurídico geral e especial da atividade econômica no Brasil*, p. 25).

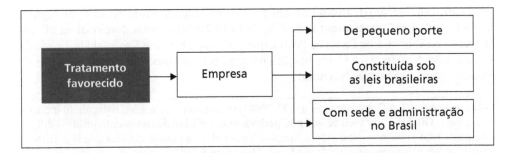

Por interessar ao tema, merece transcrição o art. 179 da CF, assim redigido: "A União, os Estados, o Distrito Federal e os Municípios dispensarão às **microempresas e às empresas de pequeno porte**, assim definidas em lei, **tratamento jurídico diferenciado**, visando a incentivá-las pela **simplificação** de suas obrigações administrativas, tributárias, previdenciárias e creditícias, ou pela eliminação ou redução destas por meio de lei" (destaques nossos)[147].

De acordo com a alínea *d* do inciso III do art. 146 da CF (com a redação dada pela Emenda Constitucional n. 132, de 20.12.2023), cabe à lei complementar estabelecer normas gerais sobre definição de **tratamento diferenciado e favorecido** para as microempresas e para as empresas de pequeno porte, inclusive **regimes especiais ou simplificados** no caso dos impostos previstos nos arts. 155, II, e 156-A, das contribuições sociais previstas no art. 195, I e V, e § 12 e da contribuição a que se refere o art. 239, todos da CF.

Observação: O STF reconheceu que a referida lista de tributos, prevista na norma que define o campo de reserva da lei complementar, é **exemplificativa** e não taxativa[148].

Nos termos do § 1.º do art. 146 da CF, a lei complementar referida no art. 146, inciso III, alínea *d*, da CF, também poderá instituir um **regime único de arrecadação dos impostos e contribuições** da União, dos Estados, do Distrito Federal e dos Municípios, observado que:

■ será opcional para o contribuinte;
■ poderão ser estabelecidas condições de enquadramento diferenciadas por Estado;
■ o recolhimento será unificado e centralizado e a distribuição da parcela de recursos pertencentes aos respectivos entes federados será imediata, vedada qualquer retenção ou condicionamento;
■ a arrecadação, a fiscalização e a cobrança poderão ser compartilhadas pelos entes federados, adotado cadastro nacional único de contribuintes.

---

[147] Nesse caso, "atua a regulação estatal por meio da regulamentação por normas com a finalidade de reduzir as obrigações impostas a certos agentes do setor privado. Determinadas normas regulamentadoras 'recortam' agentes privados específicos da incidência de normas gerais que impõem obrigações, com o intuito de reduzir as obrigações que devem ser obedecidas especificamente por estes agentes objeto da regulação" (TRAVASSOS, Marcelo Zenni. *Fundamentos do direito regulatório no instituto da extrafiscalidade*, p. 56).

[148] ADI 4.033/DF, Rel. Min. Joaquim Barbosa, Pleno, j. em 15.09.2010, *DJe*-024 07.02.2011.

O art. 146, inciso III, alínea *d*, e seu § 1.º, da CF encontram-se atualmente regulamentados pela **Lei Complementar n. 123, de 14.12.2006** (Estatuto Nacional da Microempresa e da Empresa de Pequeno Porte), que instituiu o Regime Especial Unificado de Arrecadação de Tributos e Contribuições devidos pelas Microempresas e Empresas de Pequeno Porte — **Simples Nacional**.

> **Observação:** A Lei Complementar n. 123/2006, em sintonia com a atual redação do inciso IX do art. 170 da CF, estabelece que **não poderá se beneficiar** do tratamento jurídico diferenciado nela previsto — incluído o Simples Nacional — a pessoa jurídica que seja filial, sucursal, agência ou representação, no Brasil, **de pessoa jurídica com sede no exterior** (art. 3.º, § 4.º, inciso II).

O art. 23 da Lei Complementar n. 123/2006 veda às microempresas e empresas de pequeno porte optantes pelo Simples Nacional a apropriação e a transferência de créditos relativos a impostos ou contribuições abrangidos pelo Simples Nacional.

O STF, levando em consideração o disposto no § 5º do art. 5.º da Lei n. 9.317, de 05.12.1996 — que continha vedação similar à do art. 23 da Lei Complementar n. 123/2006 —, decidiu que a vedação ao aproveitamento de créditos ocorre justamente para calibrar a brusca redução de encargos ficais que o regime diferenciado contempla: "O Simples Nacional é um regime favorecido que reduz o encargo fiscal das microempresas e das empresas de pequeno porte. A redução foi concebida prevendo a vedação ao aproveitamento de créditos escriturais".

Reconheceu, ainda, o STF, no referido julgado, que a **facultatividade** de adesão ao Simples Nacional (art. 146, § 1.º, inciso I, CF) demonstra não haver qualquer violação da não cumulatividade: "O Simples Nacional é opcional: caso o contribuinte pretenda prestigiar os créditos escriturais, basta desligar-se do regime. Não há qualquer ofensa à não cumulatividade em regimes opcionais em que o contribuinte pode exercer a faculdade de se abster do exercício de um direito para fruir de um beneplácito ainda maior"[149].

2.6. QUESTÕES

---

[149] RE-AgR 595.723/PR, Rel. Min. Dias Toffoli, 1.ª Turma, j. em 28.11.2017, *DJe*-153 01.08.2018. No mesmo sentido: RE-AgR 523.416/SC, Rel. Min. Joaquim Barbosa, 2.ª Turma, j. em 18.10.2011, *DJe*-210 04.11.2011; RE-AgR 595.450/PR, Rel. Min. Cármen Lúcia, 2.ª Turma, j. em 16.10.2012, *DJe*-221 09.11.2012; RE-AgR 474.121/PR, Rel. Min. Cármen Lúcia, 2.ª Turma, j. em 16.10.2012, *DJe*-222 12.11.2012; AI-AgR 764.201/PR, Rel. Min. Cármen Lúcia, 1.ª Turma, j. em 27.03.2012, *DJe*-078 23.04.2012; RE-AgR 595.921/RS, Rel. Min. Dias Toffoli, 1.ª Turma, j. em 21.10.2014, *DJe*-228 20.11.2014; RE-AgR 527.957/PR, Rel. Min. Dias Toffoli, 2.ª Turma, j. em 15.03.2016, *DJe*-083 29.04.2016; ARE-AgR 658.571/RS, Rel. Min. Teori Zavascki, 2.ª Turma, j. em 26.04.2016, *DJe*-092 09.05.2016.

3

INTERVENÇÃO DIRETA DO ESTADO NO DOMÍNIO ECONÔMICO

3.1. DEFINIÇÃO

Consoante anteriormente exposto, a intervenção do Estado na economia pode ocorrer de duas maneiras: direta e indireta.

Na **intervenção direta**, o Estado assume o papel de agente da atividade econômica[1], isto é, de **empresário**. A intervenção estatal, nesse caso, não é como agente normativo, impondo regras de conduta à vida econômica, mas como elemento de atuação no próprio processo econômico, materializando-se com o **desempenho pelo Estado de atividades de natureza econômica**.

> **Observação:** Na terminologia de Egon Bockmann Moreira, a exploração direta de atividade econômica pelo Estado (art. 173, CF) é chamada de **"intervenção em sentido estrito"**, em oposição àquela do art. 174 da CF, que é chamada de **"intervenção regulatória"**[2].

A intervenção direta do Estado na economia pode ocorrer em concorrência com a iniciativa privada ou em caráter monopolizador de determinadas atividades econômicas. No primeiro caso, temos a chamada intervenção **por participação** e, no segundo, a denominada intervenção **por absorção**.

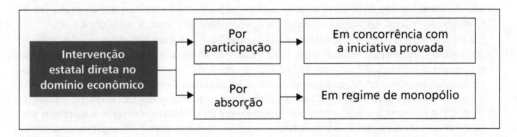

---

[1] MONCADA, Luis. S. Cabral de. *Direito econômico*, p. 36; VAZ, Manuel Afonso. *Direito econômico: a ordem econômica portuguesa*, p. 172.

[2] MOREIRA, Egon Bockmann. *O direito administrativo da economia, a ponderação de interesses e o paradigma da intervenção sensata*, p. 93.

Como bem observa Paulo Roberto Lyrio Pimenta, o que diferencia a intervenção monopolística da não monopolística "é o nível de restrição aos princípios que integram a base da ordem econômica"[3].

3.2. EMPRESAS ESTATAIS

Antes de analisar as modalidades de intervenção estatal direta na economia, faz-se necessário traçar os contornos das entidades pelas quais o Estado exerce tal atividade.

O § 1.º do art. 173 da CF, com a redação que lhe foi dada pela Emenda Constitucional n. 19, de 04.06.1998, assim dispõe:

> **Art. 173. (...)**
>
> § 1.º A lei estabelecerá o estatuto jurídico da **empresa pública, da sociedade de economia mista e de suas subsidiárias** que **explorem atividade econômica** de produção ou comercialização de bens ou de prestação de serviços[4], dispondo sobre:
>
> (...) (destaques nossos)

As formas que o Estado pode assumir, para fins de intervenção direta na economia, são aquelas indicadas no dispositivo constitucional transcrito, a saber:

- **empresas públicas;**
- **sociedades de economia mista;**
- **subsidiárias** das entidades anteriormente mencionadas[5].

Nesse sentido é o disposto no *caput* do art. 2.º da **Lei n. 13.303, de 30.06.2016**, que regulamentou o § 1.º do art. 173 da CF[6]:

---

[3] PIMENTA, Paulo Roberto Lyrio. *Contribuições de intervenção no domínio econômico*, p. 39.

[4] Observa Ives Gandra da Silva Martins que apesar do § 1.º do art. 173 da CF, ao se referir à "prestação de serviços", não empregar qualquer adjetivação, "a disciplina legal do art. 173 da Lei Maior não comporta a prestação de serviços públicos, apenas possível pelo regime jurídico do art. 175 da Constituição Federal" (A teoria da dominação e a dualidade da iniciativa econômica, p. 8).

[5] Em posição isolada na doutrina, José Edwaldo Tavares Borba sustenta que a "exploração direta de atividade econômica pelo Estado", a que se refere o *caput* do art. 173 da CF, é aquela exercida pela própria pessoa política (Administração Direta), em contraposição à "exploração indireta", que seria exercida através de empresas públicas e sociedades de economia mista (*Sociedade de economia mista e privatização*, p. 6). Referido autor buscava apoio na redação original do inciso XI do art. 21 da CF, que permitia à União "explorar, **diretamente ou mediante concessão a empresas sob controle acionário estatal,** os serviços telefônicos (...)" (destaque nosso). Tal argumento, contudo, não encontra suporte na redação atual do mencionado dispositivo, que, alterado pela Emenda Constitucional n. 8, de 15.08.1995, autoriza a União a "explorar, **diretamente ou mediante autorização, concessão ou permissão,** os serviços de telecomunicações (...)" (destaque nosso).

[6] A Lei n. 13.303/2016 dispõe sobre o estatuto jurídico da empresa pública, da sociedade de economia mista e de suas subsidiárias, no âmbito da União, dos Estados, do Distrito Federal e dos Municípios. Ressalte-se que referido diploma legal é, **em suas linhas gerais,** aplicável a **todas as empresas estatais** e não apenas às exploradoras de atividade econômica. Referida lei é regulamentada, no âmbito da União, pelo Decreto n. 8.945, de 27.12.2016.

3 ◼ Intervenção Direta do Estado no Domínio Econômico 591

Art. 2.º A exploração de atividade econômica pelo Estado será exercida por meio de **empresa pública, de sociedade de economia mista e de suas subsidiárias** (destaques nossos).

> **Observação:** A leitura do § 1.º do art. 173 da CF e do art. 2.º da Lei n. 13.303/2016 conduz ao entendimento de que as demais entidades estatais — **autarquias e fundações públicas** — não podem atuar no campo econômico, mas apenas na **prestação de serviços públicos**[7]. O STF, contudo, admite que as atividades de cunho econômico podem ser definidas como objetos de **fundações instituídas ou mantidas pelo Poder Público**, caso em que se submeterão ao regime jurídico de direito privado caso as respectivas fundações também tenham sido instituídas como entes privados (**RE 716.378/SP**, Rel. Min. Dias Toffoli, Pleno, j. em 07.08.2019, *DJe*-164 30.06.2020)[8].

Consoante já reconheceu o STF, a lei mencionada no § 1.º do art. 173 da CF é **federal**, não podendo os demais entes dispor sobre o tema, por não possuírem competência legislativa em matéria de direito comercial/empresarial (art. 22, inciso I, CF)[9].

A empresa pública, a sociedade de economia mista e suas subsidiárias são denominadas **"empresas estatais"** (ou, ainda, **"empresas governamentais"**), expressão que, tomada em **acepção ampla**, abrange todos os **agentes econômicos** do Estado (comerciais, industriais, financeiros), incluindo, pois, quaisquer entidades porventura instituídas como **"braços estatais"** no setor econômico.

> **Observação:** Em sentido mais **restrito**, a expressão "empresas estatais" designa apenas uma modalidade de agente econômico, constituído exclusivamente por capitais públicos: as **empresas públicas** propriamente ditas. Nesta obra, contudo, a expressão "empresas estatais" (ou simplesmente "estatais") será empregada em seu **sentido amplo**, anteriormente exposto.

---

[7] Nesse sentido, na doutrina: FARIA, Edimur Ferreira de. *Curso de direito administrativo positivo*, p. 523.

[8] No entender de Alexandre Santos de Aragão as fundações públicas de direito privado não devem ser cogitadas para a exploração de atividade econômica, mas "apenas para os serviços públicos sociais" (*Empresas estatais:* o regime jurídico das empresas públicas e sociedades de economia mista, p. 57, nota de rodapé n. 15), que, na definição do referido doutrinador, são atividades ligadas à dignidade da pessoa humana que o Constituinte determina que o Estado preste, às vezes gratuitamente, como a saúde (art. 199, CF) e a educação (art. 209, CF), podendo outras vezes cobrar por elas, como as atividades culturais e de lazer (ex.: museus e teatros públicos) (Ob. cit., p. 55). A obrigatoriedade do Estado prestar referidas atividades não impede que os particulares, independentemente de qualquer delegação estatal, também as prestem: "Os setores de saúde (CF, art. 199, *caput*), educação (CF, art. 209, *caput*), cultura (CF, art. 215), desporto e lazer (CF, art. 217), ciência e tecnologia (CF, art. 218) e meio ambiente (CF, art. 225) configuram **serviços públicos sociais**, em relação aos quais a Constituição, ao mencionar que 'são deveres do Estado e da Sociedade' e que são 'livres à iniciativa privada', permite a atuação, por direito próprio, dos particulares, sem que para tanto seja necessária a delegação pelo poder público, de forma que não incide, *in casu*, o art. 175, *caput*, da Constituição" (STF, ADI 1.923/DF, Rel. p/ Acórdão Min. Luiz Fux, Pleno, j. em 16.04.2015, *DJe*-254 17.12.2015) (destaque nosso).

[9] ADI 238/RJ, Rel. Min. Joaquim Barbosa, Pleno, j. em 24.02.2010, *DJe*-062 09.04.2010.

A **escolha** por uma ou outra forma de estatal é uma **decisão eminentemente política**, não jurídica, como alerta Igor Volpato Bedone: "Não há nada de essencial ou ontológico numa determinada atividade que obrigue o Estado a adotar a forma de empresa pública ou sociedade de economia mista. O ponto a ser considerado é a necessidade de aporte de capital privado"[10] — no caso das sociedades de economia mista.

O estudo das empresas estatais, como bem observa Washington Peluso Albino de Souza, é matéria **de Direito Administrativo e de Direito Econômico**: "A diferença de campo das duas disciplinas a respeito de tais empresas é bastante tranquila: Desde a decisão pela sua criação, até aos seus atos constitutivos, a incumbência cabe realmente ao Direito Administrativo. Mas, uma vez criadas e postas a atuar, estas entidades passam a exercer uma atividade tipicamente econômica, condicionada à realização da Política Econômica, e estarão cumprindo tarefas de intervenção, do âmbito do Direito Econômico"[11].

> **Observação:** Além das empresas públicas, sociedades de economia mista e suas subsidiárias, há, ainda, outra espécie do gênero das empresas estatais: as **"empresas estatais controladas"**, que, como sua designação evidencia, são as sociedades controladas pelo Estado, mas que foram constituídas **sem autorização legislativa**[12]. Tais sociedades, segundo Vitor Rhein Schirato, "em geral, nasceram na iniciativa privada e, em algum momento da história, tiveram seu controle acionário adquirido pelo Estado, como resultado dos mais diversos processos, desde declarados processos de estatização, até dação em pagamento de dívidas do setor privado perante o setor público"[13]. Apesar do exposto, o regime jurídico das referidas entidades é o mesmo das empresas públicas e das sociedades de economia mista[14].

3.2.1. EMPRESAS PÚBLICAS

As empresas públicas são definidas, no plano infraconstitucional, pelo inciso II do art. 5.º do **Decreto-lei n. 200, de 25.02.1967**, que, com a redação dada pelo Decreto-Lei n. 900, de 29.09.1969, assim dispõe:

---

[10] BEDONE, Igor Volpato. *Empresas estatais e seu regime jurídico*, p. 268.

[11] SOUZA, Washington Peluso Albino de. *Primeiras linhas de direito econômico*, p. 353. Sobre a atuação das estatais e seus reflexos no domínio econômico, assevera Irene Patrícia Nohara: "Apesar de todo o discurso neoliberal, que propugna a 'desestatização', não se pode negar que as empresas estatais também podem cumprir um significativo papel na dinamização da economia de um país, sendo frequentemente indutoras de desenvolvimento, a depender do tipo de atividade e da forma como é desempenhada" (*Direito administrativo*, p. 575).

[12] O direito positivo brasileiro reconhece a existência de tal categoria. A CF/1988, por exemplo, menciona, ao lado das empresas públicas, sociedades de economia mista e suas subsidiárias, as "sociedades controladas, direta ou indiretamente, pelo poder público" (art. 37, inciso XVII, com redação dada pela Emenda Constitucional n. 19/98). Também a Lei n. 14.133, de 01.04.2021, menciona "as demais entidades controladas direta ou indiretamente pela Administração Pública" (art. 1.º, inciso II).

[13] SCHIRATO, Vitor Rhein. *As empresas estatais no direito administrativo econômico atual*, p. 53-54.

[14] Nesse sentido: PINTO, Henrique Motta; PINTO JÚNIOR, Mario Engler. *Empresas estatais*, p. 39. As "empresas estatais controladas", no entender de Igor Volpato Bedone: "Não constituem um novo tipo de empresa estatal por demandarem aplicação do mesmo regime jurídico das empresas públicas e sociedades de economia mista" (*Empresas estatais e seu regime jurídico*, p. 268).

3 ▫ Intervenção Direta do Estado no Domínio Econômico 593

> **Art. 5.º.** Para os fins desta Lei, considera-se:
>
> (...)
>
> II — Empresa Pública — a entidade dotada de personalidade jurídica de direito privado, com patrimônio próprio e capital exclusivo da União, criada por lei **para a exploração de atividade econômica que o Governo seja levado a exercer por força de contingência administrativa**, podendo revestir-se de qualquer das formas admitidas em direito(...) (destaque nosso);

Entendemos que, à luz do que determina o Texto Constitucional vigente, a **"contingência administrativa"** a que se refere o inciso II do art. 5.º do Decreto-Lei n. 200/67 deve ser entendida como se referindo aos imperativos de **segurança nacional** ou o **relevante interesse coletivo** aludidos no *caput* do art. 173 da CF.

> **Observação:** Apesar do inciso II do art. 5.º do Decreto-Lei n. 200/67 estabelecer que as empresas públicas são criadas "para a exploração de atividade econômica", tais entidades **também** podem ser instituídas para a prestação de **serviços públicos**, consoante reconhece a pacífica jurisprudência do STF e do STJ. É o caso, por exemplo, da Empresa Brasileira de Correios e Telégrafos — ECT[15] e da Empresa Brasileira de Infraestrutura Aeroportuária — INFRAERO[16].

O inciso II do art. 5.º do Decreto-lei n. 200/67, ao estabelecer que a empresa pública deve ser "criada por lei", coadunava-se com a redação original do inciso XIX do art. 37 da CF, que dispunha: "somente por lei específica poderão ser criadas empresa pública, sociedade de economia mista, autarquia ou fundação pública".

No entanto, com a Emenda Constitucional n. 19, de 04.06.1998, o referido dispositivo constitucional passou a ter o seguinte texto: "**somente por lei específica poderá ser** criada autarquia e **autorizada a instituição de empresa pública**, de sociedade de economia mista e de fundação, cabendo à lei complementar, neste último caso, definir as áreas de sua atuação" (destaques nossos).

> **Observação:** A expressão "neste último caso" (empregada no inciso XIX do art. 37 da CF, alterado pela EC n. 19/98), no singular, refere-se ao antecedente "fundação". Assim, a lei específica autorizadora da criação das estatais é a **ordinária**, não sendo, quanto a estas, necessária a edição de lei complementar para a regulamentação das suas áreas de atuação[17].

---

[15] STF, RE 773.992/BA, com repercussão geral, Rel. Min. Dias Toffoli, Pleno, j. em 15.10.2014, *DJe*-032 19.02.2015; STJ, AgRg no REsp 1.400.238/RN, Rel. Min. Herman Benjamin, 2.ª Turma, j. em 05.05.2015, *DJe* 21.05.2015.

[16] STF, ACO 1.616/SE, Rel. Min. Marco Aurélio, Pleno, j. em 18.12.2019, *DJe*-169 06.07.2020; STJ, AgInt nos EDcl no AREsp 204.848/PR, Rel. Min. Gurgel de Faria, 1.ª Turma, j. em 22.06.2020, *DJe* 25.06.2020.

[17] Nesse sentido decidiu o STF: ADI 4.895/DF, Rel. Min. Cármen Lúcia, Pleno, j. em 07.12.2020, *DJe*-021 04.02.2021.

> **Observação:** A **especificidade** a que se refere o inciso XIX do art. 37 da CF não deve ser entendida como uma lei que verse, única e exclusivamente, sobre o surgimento de pessoas jurídicas a integrarem a Administração Pública. Dito de outro modo, não se exige, para a caracterização da especificidade de que trata o mencionado dispositivo constitucional, legislação com conteúdo limitado a criar uma nova pessoa jurídica ou a autorizar sua instituição[18].

A definição de empresa pública constante do art. 3.º da Lei n. 13.303/2016 já se encontra em consonância com a vigente redação do Texto Constitucional:

> **Art. 3.º** Empresa pública é a entidade dotada de personalidade jurídica de direito privado, **com criação autorizada por lei** e com patrimônio próprio, cujo capital social é integralmente detido pela União, pelos Estados, pelo Distrito Federal ou pelos Municípios (...) (destaque nosso).

Conclui-se, por conseguinte, não ser requisito para a constituição de empresa pública que ela seja criada por lei, mas que sua criação seja **antecedida de autorização legal**.

3.2.2. SOCIEDADES DE ECONOMIA MISTA

Referidas entidades estatais encontram-se definidas, no inciso III do art. 5.º do **Decreto-lei n. 200/67**, que, modificado pelo Decreto-lei n. 900/69, encontra-se nestes termos redigido:

> **Art. 5.º** Para os fins desta Lei, considera-se:
>
> (...)
>
> III — Sociedade de Economia Mista — a entidade dotada de personalidade jurídica de direito privado, criada por lei **para a exploração de atividade econômica**, sob a forma de sociedade anônima, cujas ações com direito a voto pertençam em sua maioria à União ou a entidade da Administração Indireta; (...) (destaque nosso)[19].

---

[18] Nesse sentido decidiu o STF: ADI 1.840/DF, Rel. Min. Nunes Marques, Pleno, j. em 16.08.2022, *DJe*-170 26.08.2022.

[19] O STF declarou a inconstitucionalidade do parágrafo único do art. 69 da Constituição do Estado do Rio de Janeiro, que estipulava que "as ações com direito a voto das sociedades de economia mista só poderão ser alienadas, desde que mantido o controle acionário, representado por 51% (cinquenta e um por cento) das ações" (ADI 234/RJ, Rel. Min. Néri da Silveira, Pleno, j. em 22.06.1995, *DJ* 15.09.1995, p. 29628). No referido julgamento, ao apreciar dispositivos da Constituição do Rio de Janeiro que vedavam a alienação de ações de sociedades de economia mista estaduais, o STF conferiu interpretação conforme a Constituição, no sentido de serem admitidas essas alienações, condicionando-as à autorização legislativa, por lei em sentido formal, tão somente quando importarem em perda do controle acionário por parte do Estado. No mesmo sentido: ADI 1.348/RJ, Rel. Min. Cármen Lúcia, Pleno, j. em 21.02.2008, *DJe*-041 07.03.2008; ADI 1.703/SC, Rel. Min. Alexandre de Moraes, Pleno, j. em 08.11.2017, *DJe*-292 19.12.2017.

3 ■ Intervenção Direta do Estado no Domínio Econômico

> **Observação:** Apesar do dispositivo transcrito estabelecer que as sociedades de economia mista são criadas "para a exploração de atividade econômica", tais entidades **também** podem ser instituídas para a prestação de **serviços públicos**, consoante reconhece a pacífica jurisprudência do STF[20] e do STJ[21].

Apesar do inciso III do art. 5.º do Decreto-Lei n. 200/67, com a redação que lhe emprestou o Decreto-lei n. 900/69, estabelecer que a sociedade de economia mista é "criada por lei", tal conceito recebeu ajuste vocabular pelo art. 236 da Lei n. 6.404, de 15.12.1976, no sentido de que "a constituição de companhia de economia mista depende de prévia **autorização legislativa**" (destaque nosso).

No mesmo sentido, aliás, é o disposto no inciso XIX do art. 37 da CF, com a redação determinada pela Emenda Constitucional n. 19/98: "**somente por lei específica poderá ser** criada autarquia e **autorizada a instituição** de empresa pública, **de sociedade de economia mista** e de fundação (...)" (destaques nossos).

Por essa razão o STJ já decidiu que "não se considera requisito para a constituição de sociedade de economia mista que a mesma seja criada por lei, mas que sua criação seja antecedida de prévia autorização legal"[22].

Tal orientação, como não poderia deixar de ser, foi seguida pelo *caput* do art. 4.º da Lei n. 13.303/2016:

> **Art. 4.º** Sociedade de economia mista é a entidade dotada de personalidade jurídica de direito privado, **com criação autorizada por lei**, sob a forma de sociedade anônima, cujas ações com direito a voto pertençam em sua maioria à União, aos Estados, ao Distrito Federal, aos Municípios ou a entidade da administração indireta (destaque nosso).

As diferenças básicas entre as empresas públicas e as sociedades de economia mista podem ser assim sintetizadas:

EMPRESAS PÚBLICAS	SOCIEDADES DE ECONOMIA MISTA
■ Podem revestir-se de **qualquer** das formas admitidas em direito.	■ Devem ser criadas necessariamente sob a forma de **sociedade anônima**.
■ Seu capital social é **integralmente** detido pela União[23], pelos Estados, pelo Distrito Federal ou pelos Municípios.	■ Suas ações com direito a voto devem pertencer em sua **maioria** à União, aos Estados, ao Distrito Federal, aos Municípios ou a entidade da administração indireta.

---

[20] Assim decidiu o STF, por exemplo, ao apreciar a situação da Companhia de Saneamento de Alagoas — CASAL (RE-AgR 852.302/AL, Rel. Min. Dias Toffoli, 2.ª Turma, j. em 15.12.2015, *DJe*-037 29.02.2016).

[21] Assim decidiu o STJ, por exemplo, ao apreciar a situação da Companhia de Saneamento Básico do Estado de São Paulo — Sabesp (REsp 1.804.796/SP, Rel. Min. Herman Benjamin, 2.ª Turma, j. em 16.05.2019, *DJe* 30.05.2019) e da Companhia de Eletricidade do Estado da Bahia — COELBA (AgInt no AREsp 977.317/BA, Rel. Min. Assusete Magalhães, 2.ª Turma, j. em 06.03.2018, *DJe* 12.03.2018).

[22] REsp 642.324/SC, Rel. Min. Luiz Fux, 1.ª Turma, j. em 12.09.2006, *DJ* 26.10.2006, p. 225.

[23] Compete à **Justiça Federal** o processamento e julgamento das causas em **empresa pública federal** for interessada na condição de autora, ré, assistente ou oponente, exceto as de falência, as de acidentes de trabalho e as sujeitas à Justiça Eleitoral e à Justiça do Trabalho (art. 109, inciso I, CF). Por

3.2.3. AS "SUBSIDIÁRIAS" DAS EMPRESAS ESTATAIS

As **empresas estatais subsidiárias**, também denominadas de **"empresas de segundo grau"**, são empresas instituídas por empresas públicas ou por sociedades de economia mista, sob o controle e gestão destas, para exploração de atividade econômica ou prestação de serviço público.

A subsidiária é uma empresa estatal cuja maioria das ações com direito a voto pertence direta ou indiretamente a empresa pública ou a sociedade de economia mista.

> **Observação:** As subsidiárias, como alerta Igor Volpato Bedone, não constituem um terceiro tipo de empresa estatal, pois também serão sociedades de economia mista ou empresas públicas[24].

Depende de **autorização legislativa** a criação de subsidiárias de empresa pública e de sociedade de economia mista (art. 37, inciso XX, CF).

Para a criação da subsidiária **não é necessária uma lei específica**, bastando uma previsão genérica na lei que institua a empresa estatal principal (matriz), consoante já decidiu o STF:

> "É dispensável a autorização legislativa para a criação de empresas subsidiárias, desde que haja previsão para esse fim na própria lei que instituiu a empresa de economia mista matriz, tendo em vista que a lei criadora é a própria medida autorizadora" (ADI 1.649/DF, Rel. Min. Maurício Corrêa, Pleno, j. em 24.03.2004, *DJ* 28.05.2004, p. 7)[25].

Note-se que a alienação do controle acionário de empresas públicas e sociedades de economia mista exige autorização legislativa e licitação pública. Por outro lado, a transferência do controle de subsidiárias e controladas **não exige a anuência do Poder Legislativo** e poderá ser operacionalizada **sem processo de licitação pública**, desde que garantida a competitividade entre os potenciais interessados e observados os princípios da administração pública constantes do art. 37 da CF[26].

---

outro lado, compete à **Justiça Estadual** processar e julgar as causas em que for parte **sociedade de economia mista**, ainda que suas ações com direito a voto pertençam em sua maioria à União. Nesse sentido é a **Súmula 556/STF**: "É competente a Justiça comum para julgar as causas em que é parte sociedade de economia mista". No mesmo sentido é o enunciado da **Súmula 508/STF**: "Compete à Justiça Estadual, em ambas as instâncias, processar e julgar as causas em que for parte o Banco do Brasil S. A.". As sociedades de economia mista só têm foro na Justiça Federal quando a **União** intervém como assistente ou opoente (**Súmula 517/STF**).

[24] BEDONE, Igor Volpato. *Empresas estatais e seu regime jurídico*, p. 268.

[25] Para Fábio Nusdeo a circunstância dos imperativos da segurança nacional e do relevante interesse coletivo precisarem ser "definidos em lei" (art. 173, *caput*, CF) "confirma a exigência legal **específica** para a criação e condução das empresas públicas e sociedades de economia mista, **inclusive das suas subsidiárias**" (A ordem econômica constitucional — origem — evolução — principiologia, p. 31) (destaques nossos).

[26] Nesse sentido são as seguintes decisões do STF, proferidas em sede cautelar: ADI-MC-Ref 5.624/DF, Rel. Min. Ricardo Lewandowski, Pleno, j. em 06.06.2019, *DJe*-261 29.11.2019; ADI-MC 6.029/DF, Rel. Min. Ricardo Lewandowski, Pleno, j. em 06.06.2019, *DJe*-261 29.11.2019; ADI-MC 5.924/MG, Rel. Min. Ricardo Lewandowski, Pleno, j. em 06.06.2019, *DJe*-261 29.11.2019; ADI-MC 5.846/DF, Rel. Min. Ricardo Lewandowski, Pleno, j. em 06.06.2019, *DJe*-261 29.11.2019.

3 ■ Intervenção Direta do Estado no Domínio Econômico

3.2.4. FORMA SOCIETÁRIA DAS EMPRESAS ESTATAIS

Consoante se infere da leitura do art. 5.º do Decreto-lei n. 200/67, enquanto a sociedade de economia mista deve ser constituída necessariamente sob a forma de **sociedade anônima**, sendo regida, portanto, pela **Lei n. 6.404, de 15.12.1976**[27], a empresa pública pode revestir-se, a princípio, **de qualquer forma societária admitida pelo direito**[28].

Ressalte-se que a União, por possuir competência para legislar sobre direito civil e comercial (art. 22, inciso I, CF), pode dar à empresa pública federal a **estrutura societária já disciplinada pelo direito privado**, ou ainda, **forma inédita prevista na lei singular que autorizou sua instituição**, consoante leciona Marçal Justen Filho: "As normas de direito civil e de direito comercial são veiculadas por leis ordinárias. E a autorização para a criação de uma empresa estatal também depende de lei ordinária. Portanto, a mesma lei que autoriza a instituição da empresa estatal pode introduzir regras específicas sobre sua forma societária"[29].

Admite-se, pois, no âmbito federal, a criação de empresas públicas **unipessoais**, quando o capital pertence exclusivamente à pessoa instituidora[30], ou **pluripessoais**, quando, além do capital dominante da pessoa criadora, se associam recursos de **outras pessoas administrativas**.

Esta última hipótese é prevista no parágrafo único do art. 3.º da Lei n. 13.303/2016:

> **Art. 3.º** (...)
>
> Parágrafo único. Desde que a maioria do capital votante permaneça em propriedade da União, do Estado, do Distrito Federal ou do Município, será admitida, no capital da empresa pública, **a participação de outras pessoas jurídicas de direito público interno**, bem como de **entidades da administração indireta** da União, dos Estados, do Distrito Federal e dos Municípios (destaques nossos).

---

[27] De acordo com o art. 1.089 do Código Civil (Lei n. 10.406, de 10.01.2002), a sociedade por ações rege-se por **lei especial**, e devem aplicar-se, nos casos omissos, as disposições do CC. A lei especial referida é a Lei n. 6.404/76 (Lei das Sociedades por Ações), com as alterações das Leis n. 9.457/97 e n. 10.303/2001.

[28] Podendo a empresa pública revestir-se de qualquer das formas admitidas em direito, seguirá a mesma o regime jurídico aplicável à espécie societária cuja forma vier a adotar.

[29] JUSTEN FILHO, Marçal. *Curso de direito administrativo*, p. 118-119. No mesmo sentido: DI PIETRO, Maria Sylvia Zanella. *Direito administrativo*, p. 374. Comentando o art. 5.º, II, do Decreto-Lei n. 200/67, assevera José dos Santos Carvalho Filho: "Embora a lei tenha sido permissiva, é preciso ter a sensibilidade de não se admitir a criação de empresas públicas sob formas anômalas, incompatíveis com o aspecto societário que deve caracterizá-las" (*Manual de direito administrativo*, p. 362, nota de rodapé n. 88).

[30] Nesse sentido: ARAÚJO, Edmir Netto de. *Curso de direito administrativo*, p. 229-230; CARVALHO FILHO, José dos Santos. *Manual de direito administrativo*, p. 362. Ressalte-se, no entanto, que este último autor não restringe expressamente a possibilidade de criação de empresas públicas unipessoais ao âmbito da Administração Pública federal.

> **Observação:** Note-se que **não é permitida a presença de pessoas da iniciativa privada no capital da empresa pública**, diversamente do que ocorre com as sociedades de economia mista, que, como o próprio nome indica, têm seu capital formado da conjugação de recursos oriundos das pessoas administrativas e de recursos da iniciativa privada.

Distinguindo as empresas públicas das sociedades de economia quanto à forma de organização, assevera Maria Sylvia Zanella Di Pietro:

> **A rigor, os conceitos do Decreto-lei n. 200 somente são aplicáveis na esfera federal**, já que ele se limita a estabelecer normas sobre a organização da Administração Federal; e realmente ele dispõe dessa forma. (...)
>
> No entanto, hoje a organização da sociedade de economia mista sob a forma de sociedade anônima é imposição que consta de lei de âmbito nacional, a saber, a Lei da S.A. (...). De modo que Estados e Municípios não têm liberdade de adotar outra forma de organização, já que não dispõem de competência para legislar sobre direito civil e comercial.
>
> Com relação à empresa pública, a expressão 'qualquer das formas admitidas em direito' é interpretada no sentido de que a ela se poderá dar a estrutura de sociedade civil ou de sociedade comercial já disciplinada pelo direito comercial, ou ainda, forma inédita prevista na lei singular que a instituiu.
>
> **Já os Estados e Municípios, não sendo alcançados pela norma do artigo 5.º, II, do Decreto-lei n. 200 e não havendo lei de âmbito nacional dispondo da mesma forma, terão que adotar uma das modalidades de sociedade já disciplinadas pela legislação comercial** (destaques nossos)[31].

Percebe-se, do trecho transcrito, que a ilustre administrativista sustenta que:

▪ as **sociedades de economia mista federais, estaduais ou municipais** têm de adotar necessariamente a forma de **sociedades anônimas** em razão de existir uma lei de âmbito nacional (no caso, a Lei das Sociedades por Ações) assim determinando;

▪ as **empresas públicas federais** podem adotar a estrutura de sociedade civil ou de sociedade comercial **já disciplinada** pelo direito comercial/empresarial, ou ainda, **forma inédita** prevista na lei singular que a instituiu, considerando o disposto no art. 5.º do Decreto-lei n. 200/67 (cujas disposições são aplicáveis apenas na esfera federal) e considerando que a União possui competência para legislar sobre direito comercial;

▪ as **empresas públicas estaduais ou municipais** devem adotar uma das modalidades de sociedade **já disciplinadas** pela legislação comercial, **não sendo, pois, admissível que adotem forma inédita**, considerando que o disposto no art. 5.º do Decreto-Lei n. 200/67 não se aplica nas esferas estaduais e que não há lei de âmbi-

---

[31] DI PIETRO, Maria Sylvia Zanella. *Direito administrativo*, p. 374.

3 ▣ Intervenção Direta do Estado no Domínio Econômico

to nacional dispondo da mesma forma, e considerando, ainda, que os Estados e Municípios não possuem competência para legislar sobre direito comercial[32].

Quando a doutrinadora citada leciona que as empresas públicas podem revestir--se de forma societária inédita prevista na lei singular que a instituiu, está se referindo, pois, **apenas às empresas públicas federais**, não às estaduais ou municipais, como aliás, faz questão de ressaltar: "Resta assinalar que, **nos âmbitos estadual e municipal, não é possível a instituição de empresas públicas com formas inéditas** (...), porque Estados e Municípios não têm competência para legislar sobre direito comercial ou direito civil, reservada exclusivamente à União (artigo 22, inciso I, da Constituição Federal)" (destaques nossos)[33].

No mesmo sentido é a lição de Marçal Justen Filho, que assevera: "O Decreto-lei n. 200 tratou apenas da Administração indireta vinculada à União. Isso não significa impossibilidade de os demais entes federais constituírem sua própria Administração indireta (...)". No entanto, prossegue o autor citado, "a configuração das Administrações indiretas de direito privado dos outros entes federais far-se-á pela legislação federal, Tal deriva de ser a União titular privativa da competência para legislar sobre direito civil e direito comercial (art. 22, I). Logo, as figuras dotadas de personalidade jurídica de direito privado terão de se enquadrar na legislação de competência federal". E conclui: "Isso significa a impossibilidade de uma lei estadual, por exemplo, pretender instituir nova espécie societária, distinta daquelas adotadas na legislação civil e comercial"[34].

Leciona, a respeito, Celso Antônio Bandeira de Mello[35]: "(...) empresas públicas podem adotar qualquer forma societária dentre as em Direito admitidas (**inclusive a forma de sociedade 'unipessoal', prevista apenas para elas**), ao passo que as sociedades de economia mista terão obrigatoriamente a forma de sociedade anônima (**art. 5.º do Decreto-lei 200**)" (destaques nossos).

A referência feita pelo autor citado ao Decreto-lei n. 200/67 deixa evidente que a possibilidade de adoção da forma de sociedade unipessoal somente é cabível **no âmbito federal**, porquanto as normas do referido ato normativo não se aplicam aos Estados, ao Distrito Federal nem aos Municípios, que, ademais, não possuem competência para legislar sobre direito comercial.

> **Observação:** A unipessoalidade societária originária, no caso de empresa pública dos Estados, Distrito Federal e Municípios, somente é possível se a entidade se revestir da condição

---

[32] No mesmo sentido: BORBA, José Edwaldo Tavares. *Sociedade de economia mista e privatização*, p. 30.

[33] DI PIETRO, Maria Sylvia Zanella. *Direito administrativo*, p. 376.

[34] JUSTEN FILHO, Marçal. *Curso de direito administrativo*, p. 118. No mesmo sentido: ARAÚJO, Edmir Netto de. *Curso de direito administrativo*, p. 228-230.

[35] MELLO, Celso Antônio Bandeira de. *Curso de direito administrativo*, p. 151.

de **sociedade anônima subsidiária integral** (art. 251, Lei n. 6.404/76)[36]. Esta é a única hipótese admitida pelo direito brasileiro de **unipessoalidade** *ab initio*, isto é, em que a sociedade já é constituída dessa forma[37]. Tal hipótese é admitida como forma de assegurar a exploração econômica particularizada, inconfundível, por um mesmo grupo empresarial[38]. Ressalvada tal hipótese, a unipessoalidade somente pode se dar **incidental e temporariamente** nas sociedades anônimas (art. 206, inciso I, alínea *d*, Lei n. 6.404/76) e nas demais sociedades (art. 1.033, inciso IV, Código Civil[39]) a fim de preservar a atividade que vinha sendo desenvolvida, evitando-se a extinção da empresa e, consequentemente, protegendo os diversos interesses envolvidos (trabalhadores, comunidade, fisco etc.)[40].

3.2.5. DIRIGENTES

A Constituição Federal submete ao crivo do Senado Federal a aprovação prévia dos indicados para ocupar determinados **cargos** definidos por lei (art. 52, inciso III, alínea *f*).

Tal dispositivo é aplicável à nomeação de dirigentes de **autarquias** ou **fundações públicas**.

Situação diversa, entretanto, ocorre em relação ao provimento das diretorias das **sociedades de economia mista e das empresas públicas, que, segundo decidiu o STF, não passa pelo crivo do Poder Legislativo:** "A intromissão do Poder Legislativo no processo de provimento das diretorias das empresas estatais colide com o princípio da harmonia e interdependência entre os poderes. A escolha dos dirigentes dessas empresas é matéria inserida no âmbito do regime estrutural de cada uma delas"[41].

---

[36] **Subsidiária integral** é uma sociedade anônima constituída mediante escritura pública, por iniciativa de sociedade brasileira, subscritora de todas as ações emitidas (DORIA, Dylson. *Curso de direito comercial*, v. 1, p. 157; TOMAZETE, Marlon. *Direito societário*, p. 44).

[37] COELHO, Fábio Ulhoa. *Curso de direito comercial*. v. 2, p. 388.

[38] HENTZ, Luiz Antonio Soares. *Direito de empresa no código civil de 2002*, p. 177. Discorrendo acerca da sociedade unipessoal na Lei das Sociedades por Ações, Calixto Salomão Filho observa que se trata apenas de uma *fattispecie*, não chegando a configurar uma disciplina: "Com efeito, no título 'subsidiária integral', existem apenas três artigos: um, prevendo sua existência e constituição (art. 251); outro, sua constituição através de incorporação de ações (art. 252) e o último prevendo os direitos dos antigos acionistas da sociedade incorporada caso essa resolva admitir novos acionistas (art. 253). Não existe qualquer regra de responsabilidade nem tampouco de organização ou publicidade específica para a sociedade unipessoal" (*A sociedade unipessoal*, p. 188).

[39] A sociedade, contratada entre dois sócios, que, posteriormente, por força de uma das causas de dissolução parcial — morte, expulsão ou retirada de sócio — tem a sua composição reduzida a um só membro, pode permanecer nessa condição por 180 (cento e oitenta) dias. Se, nesse prazo, não for restabelecida a pluralidade de sócios, opera-se a dissolução da sociedade.

[40] TOMAZETE, Marlon. *Direito societário*, p. 44.

[41] ADI 1.642/MG, Rel. Min. Eros Grau, Pleno, j. em 03.04.2008, *DJe*-177 19.09.2008. No mesmo sentido: ADI 2.225/SC, Rel. Min. Dias Toffoli, Pleno, j. em 21.08.2014, *DJe*-213 30.10.2014. O STF, em diversas outras oportunidades, suspendeu a eficácia de atos normativos que estabeleciam a participação do Poder Legislativo no processo de provimento de cargos de direção de empresas públicas e sociedades de economia mista: ADI-MC-QO 127/AL, Rel. Min. Celso de Mello, Pleno,

3 ◼ Intervenção Direta do Estado no Domínio Econômico

3.2.6. REGIME DE PESSOAL

As empresas estatais submetem-se ao **regime celetista**, isto é, têm seus empregados regidos pela Consolidação das Leis do Trabalho — CLT (Decreto-Lei n. 5.452, de 01.05.1943), com vínculo empregatício em relação contratual de emprego[42].

O acesso aos empregos públicos opera-se mediante prévia aprovação em **concurso público** de provas ou de provas e títulos (art. 37, inciso II, CF).

> **Observação:** Nas Constituições anteriores, o concurso público somente era exigido para o acesso a **cargos públicos**[43]. A CF/1988 ampliou o alcance da disposição, de modo a abranger também os **empregos públicos**.

A **proibição constitucional de acumulação remunerada** de cargos públicos (art. 37, inciso XVI, CF) **estende-se a empregos** e funções e abrange também **as empresas públicas, as sociedades de economia mista e suas subsidiárias** (art. 37, inciso XVII, CF).

Quanto ao limite remuneratório do funcionalismo público, previsto no inciso XI do art. 37 da CF, **não é ele, a princípio, aplicável aos empregados públicos das estatais**, pois a redação do referido dispositivo constitucional menciona os "ocupantes de cargos, funções e empregos públicos da **administração direta, autárquica e fundacional**" (destaque nosso).

Como se vê, no âmbito da chamada Administração Indireta, o teto remuneratório é aplicável apenas às autárquicas e às fundações instituídas e mantidas pelo Poder Público, **não havendo menção expressa quanto às empresas públicas e sociedades de economia mista**.

No entanto, o § 9.º do artigo citado (nele acrescentado pela Emenda Constitucional n. 19/98) dispõe que o limite remuneratório do funcionalismo público "aplica-se às empresas públicas e às sociedades de economia mista, e suas subsidiárias, que receberem recursos da União, dos Estados, do Distrito Federal ou dos Municípios para pagamento de despesas de pessoal ou de custeio em geral".

As entidades que se enquadram na situação descrita no parágrafo transcrito são consideradas "empresas estatais dependentes", na terminologia adotada pela Lei de Responsabilidade Fiscal (art. 2.º, inciso III, da Lei Complementar n. 101/2000).

---

j. em 20.11.1989, *DJ* 04.12.1992, p. 23057; ADI-MC 862/AP, Rel. Min. Moreira Alves, Pleno, j. em 04.08.1993, *DJ* 03.09.1993, p. 17742; ADI-MC 1.281/PA, Rel. Min. Maurício Corrêa, Pleno, j. em 25.05.1995, *DJ* 23.06.1995, p. 19493; ADI-MC 2.167/RR, Rel. Min. Marco Aurélio, Pleno, j. em 01.06.2000, *DJ* 01.09.2000, p. 105.

[42] Nesse sentido decidiu o STF: MS 25.092/DF, Rel. Min. Carlos Velloso, Pleno, j. em 10.11.2005, *DJ* 17.03.2006, p. 6; ADI 4.895/DF, Rel. Min. Cármen Lúcia, Pleno, j. em 07.12.2020, *DJe*-021 04.02.2021.

[43] Assim era nas Constituições de 1934 (arts. 168 e 169, *caput*), 1937 (art. 156, *b*), 1946 (art. 186) e 1967, esta última tanto em sua redação original (art. 95, § 1.º) quanto naquela determinada pela EC n.1/69 (art. 97, § 1.º).

Portanto, pelo exposto, conclui-se que, **em regra**, as empresas estatais **não se submetem** ao limite remuneratório constitucional de pagamento dos seus empregados, **salvo se forem consideradas dependentes**[44].

Ressalte-se, finalmente, que os empregados públicos **não fazem jus à estabilidade prevista no art. 41 da CF**[45], salvo aqueles admitidos em período anterior ao advento da EC n. 19/98[46].

---

[44] Nesse sentido: "Consoante dispõe o § 9.º do artigo 37 da Constituição Federal, o teto previsto no inciso XI do citado artigo alcança empregados de empresas públicas e sociedades de economia mista e subsidiárias que recebam recursos da União, dos Estados, do Distrito Federal ou dos Municípios para pagamento de despesas de pessoal e de custeio em geral" (STF, AI-AgR 563.842/RJ, Rel. Min. Marco Aurélio, 1.ª Turma, j. em 21.05.2013, *DJe*-148 01.08.2013). No mesmo sentido: RE-AgR 572.143/RJ, Rel. Min. Ricardo Lewandowski, 1.ª Turma, j. em 01.02.2011, *DJe*-038 25.02.2011. Vale destacar que o STF fixou entendimento no sentido de que os empregados das sociedades de economia mista estariam submetidos ao teto remuneratório previsto no inciso XI do art. 37 da CF mesmo antes da entrada em vigor da Emenda Constitucional n. 19/98: AI-AgR 581.311/RJ, Rel. Min. Cezar Peluso, 2.ª Turma, j. em 14.10.2008, *DJe*-222 21.11.2008; AI-AgR 840.503/RJ, Rel. Min. Gilmar Mendes, 2.ª Turma, j. em 10.05.2011, *DJe*-097 24.05.2011; ARE-AgR 647.637/RJ, Rel. Min. Luiz Fux, 1.ª Turma, j. em 26.06.2012, *DJe*-171 30.08.2012; AI-AgR 808.421/RJ, Rel. Min. Rosa Weber, 1.ª Turma, j. em 12.11.2013, *DJe*-232 26.11.2013.

[45] STF, ADI 4.977/RR, Rel. Min. Cármen Lúcia, Pleno, j. em 01.08.2018, *DJe*-138 26.06.2019. O STF também decidiu no sentido da impossibilidade de reconhecimento ao empregado público da estabilidade excepcional estabelecida no art. 19 do ADCT: ADI 112/BA, Rel. Min. Néri da Silveira, Pleno, j. em 24.08.1994, *DJ* 09.02.1996, p. 2102; ADI 2.689/RN, Rel. Min. Ellen Gracie, Pleno, j. em 09.10.2003, *DJ* 21.11.2003, p. 10; ADI 125/SC, Rel. Min. Sepúlveda Pertence, Pleno, j. em 09.02.2007, *DJ* 27.04.2007, p. 56.

[46] O STF chegou a proferir decisões no sentido de que o art. 41 e seus parágrafos da CF só se aplicariam aos servidores públicos da administração pública direta, das autarquias e das fundações públicas, não alcançando, portanto, os empregados das empresas estatais. Nesse sentido: AI-AgR 232.462/PE, Rel. Min. Moreira Alves, 1.ª Turma, j. em 15.06.1999, *DJ* 06.08.1999, p. 18; AI-AgR 245.235/PE, Rel. Min. Moreira Alves, 1.ª Turma, j. em 26.10.1999, *DJ* 12.11.1999, p. 101. Todavia, a Corte modificou seu posicionamento, tendo passado a reconhecer o direito à estabilidade prevista no art. 41 da CF, em sua redação original, ao empregado público admitido em concurso público antes da EC n. 19/98. Nesse sentido: AI-AgR 510.994/SP, Rel. Min. Cezar Peluso, 1.ª Turma, j. em 21.02.2006, *DJ* 24.03.2006, p. 27; AI-AgR 628.888/SP, Rel. Min. Ricardo Lewandowski, 1.ª Turma, j. em 20.11.2007, *DJ* 19.12.2007, p. 31; AI-AgR 472.685/BA, Rel. Min. Eros Grau, 2.ª Turma, j. em 16.09.2008, *DJe*-211 07.11.2008; AI-AgR 480.432/SP, Rel. Min. Ellen Gracie, 2.ª Turma, j. em 23.03.2010, *DJe*-067 16.04.2010; RE 589.998/PI, Rel. Min. Ricardo Lewandowski, Pleno, j. em 20.03.2013, *DJe*-179 12.09.2013; ARE-AgR 906.675/DF, Rel. Min. Roberto Barroso, 1.ª Turma, j. em 06.11.2018, *DJe*-244 19.11.2018. No RE 589.998/PI, acima mencionado, o STF decidiu que, em atenção aos princípios da impessoalidade e isonomia, que regem a admissão por concurso público, a dispensa do empregado de empresas públicas e sociedades de economia mista **que prestam serviços públicos** deve ser **motivada**, assegurando-se, assim, que tais princípios, observados no momento daquela admissão, sejam também respeitados por ocasião da dispensa, visando a resguardar o empregado de uma possível quebra do postulado da impessoalidade por parte do agente estatal investido do poder de demitir. Nos embargos de declaração interpostos no RE 589998/PI, o STF fixou a seguinte tese de repercussão geral (**Tema 131**): "A Empresa Brasileira de Correios e Telégrafos — ECT tem o dever jurídico de motivar, em ato formal, a demissão de seus empregados" (RE-ED 589.998/PI, Rel. Min. Roberto Barroso, Pleno, j. em 10.10.2018, *DJe*-261 05.12.2018).

3 ▪ Intervenção Direta do Estado no Domínio Econômico

3.2.7. PARTICIPAÇÃO MINORITÁRIA DO ESTADO EM SOCIEDADES PRIVADAS

Além das empresas públicas, das sociedades de economia mista e de suas subsidiárias, o Estado também pode atuar diretamente no domínio econômico mediante sua **participação minoritária em empresas privadas**.

Tal possibilidade é prevista na parte final do inciso XX do art. 37 da CF, segundo o qual "depende de autorização legislativa, em cada caso, a criação de subsidiárias das entidades mencionadas no inciso anterior[47], assim como a **participação de qualquer delas em empresa privada**" (destaque nosso).

Essa forma de intervenção pode ocorrer em duas situações[48]:

▪ quando o Estado adquire ações em uma sociedade privada previamente constituída; **ou**

▪ quando o Estado se associa com a iniciativa privada para a criação de uma sociedade na qual ele não possuirá ações e/ou direitos suficientes para o exercício de controle.

É importante ressaltar que, em qualquer dos casos descritos, as sociedades são essencialmente **empresas privadas**, ainda que possuam um ou mais entes do Estado em seu quadro acionário, não integrando, pois, a estrutura da Administração Pública.

Com efeito, como bem observa Maria João Estorninho, "quando uma entidade pública participa em termos minoritários no capital de uma sociedade comercial, esta empresa não só se organiza e actua segundo formas jurídico-privadas, como também continua a pertencer maioritariamente a entidades privadas. Desta forma, havendo titularidade e gestão privadas, estas empresas integram pacificamente o **sector privado**, apesar de, em maior ou menor medida, poder haver alguma participação pública no seu capital" (destaque nosso)[49].

A atuação do Estado como sócio de empresas privadas é considerada por Rafael Wallbach Schwind como uma técnica de intervenção estatal do domínio econômico — por ele denominada de **"técnica acionária"** — pela qual o Estado emprega o seu apoio institucional e econômico em parcerias público-privadas[50] de natureza societária, como

---

[47] As entidades referidas são a empresa pública e a sociedade de sociedade de economia mista.

[48] FIDALGO, Carolina Barros. *O Estado empresário*: das sociedades estatais às empresas privadas com participação minoritária do Estado, p. 359.

[49] ESTORNINHO, Maria João. *A fuga para o direito privado*: contributo para o estudo da actividade de direito privado da Administração Pública, p. 323-324.

[50] Tal fenômeno, segundo o mencionado autor, "não deixa de representar uma espécie de parceria público-privada" (*O Estado acionista*: empresas estatais e empresas privadas com participação estatal, p. 33). Apesar do exposto, tal autor recomenda não utilizar a expressão "empresa público-privada" para designar o fenômeno em questão: primeiro, porque tal denominação não é contemplada pelo direito brasileiro; segundo, porque tais sociedades são, na realidade, empresas privadas, que não integram a estrutura da Administração Pública (Ob. cit., p. 36). Pelas razões expostas, optou o mencionado autor por utilizar a expressão "empresa privada com participação estatal" (Ob. cit., p. 37-38). Nos casos em que a participação acionária minoritária do Estado é **qualificada** (integrando bloco de controle por meio de instrumentos societários), Mário Saadi denomina tais sociedades de **"empresas semiestatais"**, por ele definidas como as "*empresas privadas em que o Estado possui minoria do capital votante, concomitantemente ao exercício de influência significante em seus rumos sociais, por meios negociais, especialmente com celebração de acordos de*

mecanismo orientador de certas condutas consideradas desejáveis pelo Estado na ordem econômica[51].

Tais parcerias, como observa Filipe Machado Guedes, "são especialmente comuns no âmbito de atividades econômicas intensivas em capital e/ou de elevado risco, tais como investimentos em infraestrutura e a exploração e produção de petróleo"[52], "permitindo ao Poder Público garantir o exercício da empresa na qual vislumbra interesse público de forma mais eficiente e sem precisar suportar sozinho o ônus do empreendimento"[53].

A participação minoritária em empresas privadas, na lição de Carolina Barros Fidalgo, "tanto quanto uma forma de intervenção estatal da economia, é, em alguns casos, um instrumento de cooperação entre o Poder Público e setores privados, voltado à busca mais eficiente do interesse público"[54].

A participação de empresa pública, de sociedade de economia mista e de suas subsidiárias em empresa privada depende de **autorização legislativa** (art. 37, inciso XX, CF). Não é necessário que tal autorização legislativa seja específica, podendo constar apenas da lei que autorizou a criação da estatal investidora[55].

A Lei n. 13.303/2016 exige que o objeto social da empresa privada da qual o Estado participe seja relacionado ao objeto social da empresa estatal investidora (art. 2.º, § 2.º)[56].

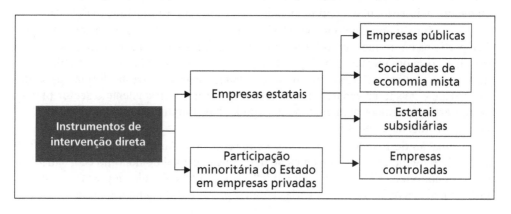

sócios que sejam aptos a assegurar compartilhamento de controle" (*Empresa semiestatal*, p. 27) (destaque no original).

[51] SCHWIND, Rafael Wallbach. *O Estado acionista*: empresas estatais e empresas privadas com participação estatal, p. 34.

[52] GUEDES, Filipe Machado. *A atuação do Estado na economia como acionista minoritário*: possibilidades e limites, p. 90.

[53] Ob. cit., p. 97.

[54] FIDALGO, Carolina Barros. *O Estado empresário*: das sociedades estatais às empresas privadas com participação minoritária do Estado, p. 361.

[55] No entanto, ressalta Fernando Vernalha Guimarães, "no caso da referida autorização ser genérica, será necessária autorização do respectivo conselho de administração da empresa estatal para participar de cada empresa privada" (Participação societária minoritária de empresas estatais, p. 72).

[56] O § 3.º do referido artigo assim dispõe: "A autorização para participação em empresa privada prevista no § 2.º não se aplica a operações de tesouraria, adjudicação de ações em garantia e participações autorizadas pelo Conselho de Administração em linha com o plano de negócios da empresa pública, da sociedade de economia mista e de suas respectivas subsidiárias".

3 ▣ Intervenção Direta do Estado no Domínio Econômico   605

3.3. INTERVENÇÃO DIRETA POR PARTICIPAÇÃO

Tendo sido analisadas as entidades pelas quais o Estado exerce a exploração de atividade econômica, passamos agora a estudar os modos como pode se dar a intervenção estatal direta na economia. Começaremos com a chamada "intervenção por participação".

3.3.1. DEFINIÇÃO

Na intervenção direta por participação — que pode ser designada, ainda, de intervenção **concorrencial**[57], **competitiva**[58] ou **não monopolística**[59] —, o Estado atua como agente da atividade econômica **em concorrência com a iniciativa privada**.

Sobre tal modalidade interventiva, dispõe o *caput* do art. 173 da Constituição Federal, assim redigido:

> **Art. 173.** Ressalvados os casos previstos nesta Constituição, a exploração direta de atividade econômica pelo Estado só será permitida quando necessária aos imperativos da segurança nacional ou a relevante interesse coletivo, conforme definidos em lei.

3.3.2. PRINCÍPIO DA SUBSIDIARIEDADE

O dispositivo constitucional transcrito evidencia o **caráter excepcional** (ou **residual**[60]) da intervenção direta do Estado na economia[61] e que, por conseguinte, a atividade econômica deve ser **preferencialmente desenvolvida pelos particulares**, consagrando a livre-iniciativa, fundamento da Ordem Econômica nacional (art. 170, *caput*, CF) e da República Federativa do Brasil (art. 1.º, inciso IV, CF).

Assim, embora a atividade econômica em sentido estrito seja tipicamente privada, permite o *caput* do art. 173 da CF/1988 que o Estado, em **situações especiais**, intervenha no domínio econômico, explorando tal atividade.

---

[57] BASTOS, Celso Ribeiro. *Direito público:* estudos e pareceres, p. 159 e 241; MOREIRA NETO, Diogo de Figueiredo. *Curso de direito administrativo*, p. 365-366.

[58] TOLEDO, Gastão Alves de. *O direito constitucional econômico e sua eficácia*, p. 249.

[59] FAGUNDES, Seabra *apud* SOUZA, Washington Peluso Albino de. *Primeiras linhas de direito econômico*, p. 333. Na terminologia de José Afonso da Silva, tal modalidade de exploração direta da atividade econômica pelo Estado é chamada de **"necessária"** (*Curso de direito constitucional positivo*, p. 778). Também adota tal designação: SOUZA, Sérgio Augusto G. Pereira de. *Premissas de direito econômico*, p. 72.

[60] PRADO FILHO, José Inacio Ferraz de Almeida. *Concorrência, ordem jurídica e a nova economia institucional:* uma análise custo-transacional da formação da política econômica antitruste, p. 90.

[61] ARAUJO, Luiz Alberto David; NUNES JÚNIOR, Vidal Serrano. *Curso de direito constitucional*, p. 336; BORBA, José Edwaldo Tavares. *Sociedade de economia mista e privatização*, p. 6; BRITO, Edvaldo. *Reflexos jurídicos da atuação do Estado no domínio econômico*, p. 108; CRUZ, Paulo Márcio. *Política, poder, ideologia e Estado contemporâneo*, p. 225; SCIORILLI, Marcelo. *A ordem econômica e o Ministério Público*, p. 55; TAVARES, André Ramos. A intervenção do Estado no domínio econômico, p. 210.

Na redação do referido dispositivo constitucional parte da doutrina encontra a consagração do princípio da **subsidiariedade**[62], na medida em que a exploração direta de atividade econômica pelo Estado é considerada uma **exceção** à regra geral[63], pois tende a colocar em risco a competitividade do mercado específico objeto de tal intervenção[64].

> **Observação:** André Ramos Tavares noticia que a subsidiariedade no âmbito econômico, relativamente ao Estado, já era integrante da doutrina da Igreja, declarando-a a Encíclica *Mater et Magistra* nestes termos: "A época moderna tende para a expansão da propriedade pública: do Estado e de outras coletividades. O fato explica-se pelas funções, cada vez mais extensas, que o bem comum exige dos Poderes Públicos. Mas, também nessa matéria, deve aplicar-se o **princípio da subsidiariedade**, acima enunciado. Assim, o Estado e, com ele, as outras entidades de direito público não devem aumentar o seu domínio senão **na medida em que verdadeiramente o exijam motivos evidentes do bem comum**, e não apenas com o fim de reduzir, e menos ainda eliminar, a propriedade privada" (destaques nossos)[65].

Discorrendo sobre a noção de subsidiariedade, assevera José Baracho: "A concretização jurídica do princípio está vinculada à enunciação de condições de ingerência estatal, fixando todos os limites diferentes, avaliados sob o critério do bem comum"[66].

---

[62] Edvaldo Brito emprega o termo **"supletividade"** (*Reflexos jurídicos da atuação do Estado no domínio econômico*, p. 108). Marcio Pestana refere-se a "**suplementariedade**" (*Direito administrativo brasileiro*, p. 486).

[63] Nesse sentido: TAVARES, André Ramos. *Direito constitucional econômico*, p. 280; CYRINO, André. *Direito constitucional regulatório*: elementos para uma interpretação institucionalmente adequada da Constituição econômica brasileira, p. 63-71; FURTADO, Lucas Rocha. *Curso de direito administrativo*, p. 721 e 724-725; MELLO, Célia Cunha. *O fomento da administração pública*, p. 11; ROMAN, Flavio José. *Discricionariedade técnica na regulação econômica*, p. 143-144; LOPES, Maristela Santos de Araújo. *A atuação do Estado sobre o domínio econômico e o princípio da livre-iniciativa como fundamento da República e da ordem econômica em um Estado democrático de direito*, p. 14 e 36-37; MARTINS, Ricardo Marcondes. Estatuto das empresas estatais à luz da Constituição Federal, p. 90-91; CUÉLLAR, Leila. Abuso de posição dominante no direito de concorrência brasileiro, p. 35; SAMPAIO, Gustavo José Marrone de Castro. *Fundamentos da regulação bancária e aplicação do princípio da subsidiariedade*, p. 104-105 e 128. Em sentido contrário, defendendo que o art. 173 da CF não consagraria o princípio da subsidiariedade: BERCOVICI, Gilberto. *Direito econômico do petróleo e dos recursos minerais*, p. 271-272; NOCE, Umberto Abreu. *O interesse público e a intervenção estatal na economia:* uma análise sob a ótica da nova racionalidade neoliberal, p. 62; MENDONÇA, José Vicente Santos de. *Direito constitucional econômico*: a intervenção do Estado na economia à luz da razão pública e do pragmatismo, p. 273-274. Analisando a regra do art. 173 da CF/1988, Sergio D'Ándréa Ferreira entende que nela "não há subsidiariedade ou suplementariedade, mas **vedação da gestão econômica direta estatal**. O que se abre é uma exceção, tão somente, para os casos constitucionalmente previstos; e as necessidades da segurança nacional e de relevante interesse coletivo, assim mesmo conforme definição legal" (História e regime constitucional da atividade empresarial estatal, p. 26) (destaque nosso).

[64] MAZZA, Alexandre. *Manual de direito administrativo*, p. 992.

[65] TAVARES, André Ramos. A intervenção do Estado no domínio econômico, p. 211.

[66] BARACHO, José Alfredo de Oliveira. *O princípio da subsidiariedade:* conceito e evolução, p. 85.

3 ◼ Intervenção Direta do Estado no Domínio Econômico 607

> **Observação:** Ressalte-se que a ideia de subsidiariedade não tem aplicação apenas no campo da exploração de atividade econômica pelo Estado, mas também nos casos de intervenção estatal indireta na economia, como ressalta Egon Bockmann Moreira: "Não será válida a intervenção econômica (em sentido estrito ou regulatória) que não se configure como absolutamente indispensável"[67]. Este também é o entendimento de Alexandre Santos de Aragão, para quem o princípio da subsidiariedade — que, segundo referido autor, está inserto no princípio da **proporcionalidade**, mais especificamente em seu elemento **necessidade** —, "na seara do Direito Econômico, impõe ao Estado que se abstenha de **intervir e regular** as atividades que possam ser satisfatoriamente exercidas ou autorreguladas pelos particulares em regime de liberdade. Ou seja, à medida que os valores sociais constitucionalmente assegurados não sejam prejudicados, o Estado **não deve restringir** a liberdade dos agentes econômicos, e, caso seja necessário, deve fazê-lo da maneira menos restritiva possível" (destaques nossos)[68].

A subsidiariedade, no contexto ora analisado, encontra-se positivada na **Lei n. 13.874, de 20.09.2019** (Declaração de Direitos de Liberdade Econômica)[69], que é norteada, dentre outros princípios, pelo da "intervenção subsidiária e excepcional do Estado sobre o exercício de atividades econômicas" (art. 2.º, inciso III). Na referida norma "é possível identificar a preocupação do legislador em assegurar que o poder público deixe ao particular o exercício da atividade econômica"[70].

> **Observação:** Destaca Pedro Jorge da Rocha Carvalho que, relativamente às **instituições financeiras públicas federais**, a exploração direta de atividade econômica pelo Estado não é marcada pelo traço de complementariedade/subsidiariedade, "já que, ainda que se tenha presente a participação do sistema capitalista na formação de um modelo de bem-estar social, o empresariado não está comprometido com pautas desenvolvimentistas formuladas pelo Governo Federal. Esclarecendo: ali, onde a preocupação de Estado é com o desenvolvimento em todas as suas dimensões (econômico, social, ambiental, científico, tecnológico etc.), inexiste interesse da iniciativa privada em planejá-lo e executá-lo. Afasta-se, com efeito, a ideia de complementariedade ou subsidiariedade, pois o

---

[67] MOREIRA, Egon Bockmann. *O direito administrativo da economia, a ponderação de interesses e o paradigma da intervenção sensata*, p. 93. No mesmo sentido, sustentando que também a atuação estatal reguladora da atividade econômica está sujeita ao princípio da subsidiariedade: LOPES, Maristela Santos de Araújo. *A atuação do Estado sobre o domínio econômico e o princípio da livre-iniciativa como fundamento da República e da ordem econômica em um Estado democrático de direito*, p. 15. Este também parecer ser o entendimento de Francisco Régis Frota Araújo, ao afirmar que: "Cabe ao Estado, quando muito, uma intervenção subsidiária, com o fito de evitar abusos ou o exercício absoluto da liberdade" (*Direito constitucional econômico e tributário*, p. 143).

[68] ARAGÃO, Alexandre Santos de. *Agências reguladoras e a evolução do direito administrativo econômico*, p. 132.

[69] A Lei n. 13.874/2019 resultou da conversão da Medida Provisória n. 881, de 30.04.2019, estando atualmente regulamentada — quanto a alguns de seus dispositivos — pelo Decreto n. 10.178, de 18.12.2019.

[70] STEINDORFER, Fabriccio. *Fundamentos da liberdade econômica*, p. 28. Referido autor observa, contudo, que, "a depender do viés ideológico de cada governo, a presença do Estado empresário é sentida em maior ou menor espectro" (Ob. cit., p. 29).

> desenvolvimento como ação estatal planejada e deliberada é concretizado por meio dos instrumentos de que dispõe o Estado brasileiro. Neste caso, o papel das instituições financeiras públicas federais é por demais determinante"[71].

3.3.3. SENTIDO E ALCANCE DO *CAPUT* DO ART. 173 DA CF

Antes de prosseguir na análise do art. 173 da CF, faz-se necessário interpretar o disposto na primeira parte do *caput* do dispositivo constitucional em questão, assim redigida: "Ressalvados os casos previstos nesta Constituição (...)".

Entendemos que a expressão em questão refere-se às hipóteses de exploração de atividade econômica em regime de **monopólio**, que estão expressamente previstas no Texto Constitucional (art. 177).

Assim, a interpretação do art. 173 da CF seria a seguinte: **ressalvados os casos de monopólio** (que, como dito, encontram-se expressamente indicados na Constituição), a exploração direta de atividade econômica pelo Estado só será admitida quando justificada pela **segurança nacional** ou por **relevante interesse coletivo**, conforme definidos em lei.

Dito de outro modo, tais fundamentos — segurança nacional e interesse coletivo — somente legitimam a intervenção direta **por participação**, assim entendida a exploração pelo Estado de atividade econômica em concorrência com a iniciativa privada[72], posto que as hipóteses de monopólio já estão expressamente enumeradas na Constituição, prescindindo, pois, da demonstração de qualquer dos requisitos do *caput* do art. 173. Sobre tal questão voltaremos a debruçar nossas atenções mais adiante, quando for analisada a intervenção estatal por absorção.

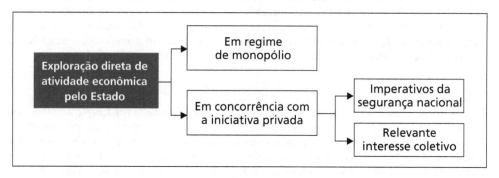

Registre-se, ainda, que a norma do *caput* do art. 173 da CF tem **função positiva ao Estado**, e não negativa ao particular, que pode, portanto, exercer atividade econômica pertinente à segurança nacional ou a relevante interesse coletivo. A iniciativa só não é livre em relação às atividades que constituam monopólio estatal[73].

---

[71] CARVALHO, Pedro Jorge da Rocha. *A intervenção do Estado na economia e a imunidade recíproca*, p. 335.
[72] Nesse sentido: MARTINS, Ricardo Marcondes. Estatuto das empresas estatais à luz da Constituição Federal, p. 82.
[73] MALARD, Neide Terezinha. A livre-iniciativa e a livre-concorrência, p. 192.

3 ■ Intervenção Direta do Estado no Domínio Econômico   **609**

3.3.4. FUNDAMENTOS DA INTERVENÇÃO DIRETA POR PARTICIPAÇÃO

Esclarecido o significado da primeira parte do *caput* do art. 173 da CF, tem-se, pelo exposto, que a exploração direta de atividade econômica pelo Estado em concorrência com a iniciativa privada só será admitida quando justificada pela **segurança nacional** (por exemplo, fabricação de armamentos, essenciais à defesa nacional) ou por **relevante interesse coletivo** (por exemplo, fabricação de remédios para combater epidemias).

É o próprio Estado que, **por lei**, definirá tais conceitos. Assim, por exemplo, poderá considerar como de relevante interesse coletivo qualquer setor da economia em que pretenda atuar[74].

Com efeito, como bem observa Fábio Nusdeo, "a Constituição não fixa os requisitos ou o campo de ação para as empresas públicas e sociedades de economia mista, relegando essa tarefa à **legislação ordinária**. Isso parece adequado pelo fato de tais empresas serem criadas em função de circunstâncias de cada momento histórico (...)" (destaque nosso)[75].

Também nesse sentido é o pensar de Neide Terezinha Malard: "A complexidade da atuação estatal na ordem econômica, os momentos históricos em que ocorre e as diversas circunstâncias que a ensejam não recomendariam ao legislador constituinte estabelecer hipóteses cerradas de exploração direta de atividade econômica pelo Estado"[76].

Apesar da decisão de criar estatais para intervenção no domínio econômico ser **política**, pois decorre do exercício de **competência discricionária** do Poder Público[77], o STF já decidiu que o "**juízo de conveniência**, quanto a permanecer o Estado na exploração de certa atividade econômica, com a utilização da forma da empresa pública ou da sociedade de economia mista, há de concretizar-se em cada tempo e a vista do relevante interesse coletivo ou de imperativos da segurança nacional" (destaque nosso)[78].

3.3.4.1. Segurança nacional

O primeiro pressuposto ("segurança nacional") é de **ordem política** e visa proteger um interesse ligado à soberania[79].

---

[74] ROQUE, Sebastião José. *Direito econômico*, p. 199.

[75] NUSDEO, Fábio. A ordem econômica constitucional — origem — evolução — principiologia, p. 32.

[76] MALARD, Neide Terezinha. A livre-iniciativa e a livre-concorrência, p. 192-193. Leciona, a respeito, Isabel Vaz: "Como a atividade econômica é dinâmica, precisando estar preparada para satisfazer necessidades cada vez mais sofisticadas, as regras que regem o seu desempenho também precisam ser caracterizadas pelo dinamismo, pela flexibilidade, pela maleabilidade e plasticidade dos conceitos" (Direito econômico e direito da concorrência, p. 117).

[77] SILVA, Alessandra Obara Soares da. Intervenção do Estado no domínio econômico: o Estado empresário, p. 193.

[78] STF, ADI 234/RJ, Rel. Min. Néri da Silveira, Pleno, j. em 22.06.1995, *DJ* 15.09.1995, p. 29628.

[79] FERRAZ JÚNIOR, Tércio Sampaio. *Direito constitucional*, p. 469; FIGUEIREDO, Leonardo Vizeu. *Lições de direito econômico*, p. 161. O "imperativo de segurança nacional", segundo Alessandro Octaviani e Irene Patrícia Nohara, trata-se "de instrumentalizar a economia como parte integrante da Nação" (*Estatais*, p. 66).

Na lição de Pinto Ferreira, a "segurança nacional diz respeito sobretudo à produção de bens e serviços indispensáveis ao funcionamento regular das Forças Armadas"[80].

No mesmo sentido é o entendimento de Fernando A. Albino de Oliveira, que, levando em consideração o art. 167 da CF/1967 (com a redação dada pela EC n. 1/69), lecionava que a expressão **segurança nacional** englobaria "apenas os perigos provenientes de uma ameaça externa fundada ou de uma conturbação interna que não possa, por nenhum meio jurídico oferecido pelo sistema, ser rapidamente evitada ou eliminada"[81].

Já Ricardo Marcondes Martins recorre à **Lei n. 7.170, de 14.12.1983**, que definia os "crimes contra a segurança nacional" e, em seu art. 1.º, estabelecia que os delitos nela definidos lesam ou expões a perigo de lesão (i) a integridade territorial e a soberania nacional; (ii) o regime representativo e democrático, a Federação e o Estado de Direito e (iii) a pessoa dos chefes dos Poderes da União. Assim, segundo o doutrinador citado, sempre que a exploração de atividade econômica pelo Estado atender à necessidade de "proteção" desses "bens jurídicos", poderá ser legalmente autorizada[82].

> **Observação:** *A Lei n. 7.170/1983 (Lei de Segurança Nacional) foi expressamente* **revogada** *pela Lei n. 14.197, de 01.09.2021 (art. 4.º).*

Sobre o conceito de segurança nacional, cabe transcrever o seguinte trecho de ementa de julgado do Supremo Tribunal Federal:

> "Segurança nacional" envolve toda a matéria pertinente a defesa da integridade do território, independência, sobrevivência e paz do País, suas instituições e valores materiais ou morais contra ameaças externas e internas, sejam elas atuais e imediatas ou ainda em estado potencial próximo ou remoto (**RE 62.739/SP**, Rel. Min. Aliomar Baleeiro, Pleno, j. em 23.08.1967, *DJ* 20.12.1967, p. 4408)[83].

A indicação constitucional da "segurança nacional" como requisito à atuação direta do Estado na economia recebe as críticas de Carla Marshall, pois tal expressão "já trouxe à sociedade brasileira inúmeros momentos de desconforto, pois se encontrava presente no modelo autoritário de Estado traçado na Carta de 1967, com a Emenda de 1969. Desta forma, a doutrina de segurança nacional teve o seu momento e as

---

[80] FERREIRA, Pinto. *Comentários à Constituição brasileira.* v. 6, p. 308.

[81] OLIVEIRA, Fernando A. Albino de. Limites e modalidades da intervenção do Estado no domínio econômico, p. 59. E conclui o autor citado: "Com tal conceituação, a intervenção do Estado no domínio econômico por 'indispensável motivo de segurança nacional' só poderia ocorrer nos casos de atividades ligadas ao domínio da tecnologia bélica (armamentos, minerais atômicos etc.), onde estaria se propiciando eventual ameaça externa caso o Estado não interviesse, ou nos casos onde uma insustentável crise econômica atingisse uma dada atividade de molde a colocar em perigo a coletividade e não pudesse ser contornada por outros meios (creditício, anistia de impostos, moratória etc.), quando se configuraria ameaça interna que afetaria a segurança nacional" (Ob. cit., p. 59).

[82] MARTINS, Ricardo Marcondes. Estatuto das empresas estatais à luz da Constituição Federal, p. 85-86.

[83] No mesmo sentido: RE 62.731/GB, Rel. Min. Aliomar Baleeiro, Pleno, j. em 23.08.1967, *DJ* 28.06.1968, p. 2460.

3 ▣ Intervenção Direta do Estado no Domínio Econômico   611

justificativas de sua existência, mas que não se coadunam com uma Carta eminentemente democrática, como é a Constituição de 1988"[84].

3.3.4.2. Relevante interesse coletivo

O segundo pressuposto ("relevante interesse coletivo") é de **ordem técnica**. A atuação do Estado, neste caso, é no sentido de suprir certas disfunções na mecânica operacional do mercado, que o impedem de operar a contento[85].

Procurando distinguir o interesse público presente no serviço público e aquele que justifica a atividade econômica do Estado, leciona Toshio Mukai: "Podemos dizer que, no caso do serviço público, há um *interesse público objetivo*, que a atividade tem por si mesma, enquanto na atividade econômica está presente um *interesse público subjetivo*, que depende da valoração que o administrador (e o legislador) faça daquilo que possa ser interesse público em dado momento, em determinadas circunstâncias. Embora no primeiro caso também haja um certo grau de subjetividade na valoração que se faça, ela encontra limites na 'natureza das coisas' e, portanto, a noção objetiva de interesse público não fica descaracterizada" (destaques no original)[86].

Ressalta o autor citado que, no caso da atividade econômica estatal, "o interesse público necessariamente deve ser considerado em sua vertente subjetiva, porque a política econômica do Estado necessita que suas intervenções sejam adaptáveis, de modo flexível, às contingências e mudanças econômicas; em consequência, o que possa ser hoje considerado como de interesse público pode não sê-lo amanhã. Já nos serviços públicos industriais ou comerciais, o interesse público, embora também contingente, por ser objetivo, é de maior estabilidade no tempo e no espaço; enquanto existir na atividade exercida o fundamento material (atendimento de necessidades essenciais ou próximas delas), haverá aí um interesse público"[87].

No entender de Paulo Maurício Sales Cardoso, não há como conceber a caracterização do "relevante interesse coletivo", de que trata o *caput* do art. 173 da CF, "sem a presença de determinados elementos, entre os quais é razoável citar a garantia do desenvolvimento nacional integrado, a redução dos níveis de desigualdades regionais e sociais e o oferecimento de serviços essenciais à população"[88].

3.3.4.3. Definição legal dos pressupostos da intervenção direta por participação

Vimos que, consoante o Texto Constitucional, os pressupostos que autorizam o Estado a assumir forma empresarial e intervir diretamente na economia por participação — "segurança nacional" e "relevante interesse coletivo" — devem ser **definidos em lei** (art. 173, *caput*, CF).

---

[84]   MARSHALL, Carla. *Direito constitucional:* aspectos constitucionais do direito econômico, p. 157-158.

[85]   NUSDEO, Fábio. *Fundamentos para uma codificação do direito econômico*, p. 22.

[86]   MUKAI, Toshio. *Direito administrativo sistematizado*, p. 74.

[87]   Ob. cit., p. 75.

[88]   CARDOSO, Paulo Maurício Sales. *A natureza jurídica das empresas estatais e as repercussões no campo tributário*, p. 31.

Consoante observa Marilene Talarico Martins Rodrigues, "as expressões *segurança nacional* e *relevante interesse coletivo* demandam uma legislação que lhes confira uma definição precisa, não podendo ser de forma arbitrária essa atuação, devendo observar pertinência com o sentido constitucional das expressões e os princípios que a lei maior estabeleceu como diretrizes para serem cumpridos pelo legislador" (destaques no original)[89].

No mesmo sentido, referindo-se ao conceito de "segurança nacional", é a lição de Leonardo Vizeu Figueiredo: "Cumpre ressaltar que o conceito de Segurança Nacional é eminentemente político, variando de acordo com a época, com o contexto social e com as necessidades do Estado, podendo ser classificado, portanto, no campo do Direito, como um conceito jurídico indeterminado, que depende do caso concreto para ser devidamente delineado. (...) Tal grau de abstração e indeterminação jurídica, contudo, não pode servir de pretexto para que o Poder Público atue de forma arbitrária, intervindo na economia de maneira leviana, perpetrando abusos e excessos em face do particular"[90].

A dificuldade de editar-se uma lei que identifique as situações que decorram de imperativos de segurança nacional ou de relevante interesse coletivo é destacada por Gastão Alves de Toledo, tendo em vista tratar-se "de fenômenos circunstanciais de complexa ou mesmo inviável descrição *a priori*"[91].

Entendemos que a lei a que se refere o *caput* do art. 173 da Constituição pode ser a **ordinária** (art. 59, inciso III, CF), tendo em vista que o Texto Constitucional não contém qualquer disposição afirmando o contrário (art. 47, CF)[92].

Discorrendo acerca da regulamentação do dispositivo constitucional em questão, leciona Diogo de Figueiredo Moreira Neto: "Partindo-se do princípio cardeal, já examinado, de que toda ingerência do Estado na economia passou a ser inconstitucional na nova ordem, *salvo* nas exceções expressamente contempladas na Carta, decorre que a

---

[89] RODRIGUES, Marilene Talarico Martins. Contribuições de intervenção no domínio econômico, p. 144.

[90] FIGUEIREDO, Leonardo Vizeu. *Lições de direito econômico*, p. 161.

[91] TOLEDO, Gastão Alves de. *O direito constitucional econômico e sua eficácia*, p. 251-252. Consoante observa Tércio Sampaio Ferraz Júnior, conceitos como o de "segurança nacional" são abertos a "valorações que só se delimitam em virtude da supervaloração ideológica. Aqui surge, entretanto, um problema. A questão da ideologia vigente só pode ser resolvida pela práxis política, que lhe dá os contornos. Ora, se a ideologia só é reconhecível definitivamente pela práxis (fora dela só temos indivíduos), é esta práxis que decide, em última instância" (Fundamentos e limites constitucionais da intervenção do Estado no domínio econômico, p. 82). Dessa forma, prossegue o autor, "os verdadeiros limites constitucionais à intervenção estatal no domínio econômico são deslocados para a própria práxis do Estado, no sentido de que somos obrigados a ver como ele age para, então, saber o que dele se pode exigir" (Ob. cit., p. 83).

[92] Nesse sentido: MARTINS, Ricardo Marcondes. Estatuto das empresas estatais à luz da Constituição Federal, p. 84; MENDONÇA, José Vicente Santos de. *Direito constitucional econômico*: a intervenção do Estado na economia à luz da razão pública e do pragmatismo, p. 283. Em sentido contrário, entendendo ser necessária a edição de lei complementar para regulamentar o dispositivo constitucional em questão: MELLO, Celso Antônio Bandeira de. *Curso de direito administrativo*, p. 593-594; SOUZA, Horácio Augusto Mendes de. A intervenção do Estado no domínio econômico à luz da jurisprudência, p. 83-84.

definição infraconstitucional das modalidades pendentes de regulamentação é matéria de exclusivo interesse do Estado, enquanto instituição política interventora, e não da sociedade, como agente natural da economia" (destaque no original). E conclui o autor citado: "É preciso, portanto, ter-se em mente que nem toda omissão em regulamentar a Constituição será uma omissão inconstitucional"[93].

> **Observação:** José Vicente Santos de Mendonça acredita que, como as hipóteses de interesse público e segurança nacional devem estar **definidas em lei** (art. 173, *caput*, CF), pode-se sustentar a existência de uma autorização implícita **na própria lei autorizativa da criação da estatal**, não sendo o caso de se exigir uma lei (que não a de autorização para a criação da estatal) para cada intervenção, tampouco uma "lei geral definidora"[94].

No entender de Diogenes Gasparini, **todos os entes políticos** podem atuar na economia mediante empresas governamentais desde que necessárias a atender **relevantes interesses coletivos,** ao passo que, se a medida for necessária aos imperativos de **segurança nacional**, só à **União** cabe intervir: "Assim é porque apenas à União dizem respeito os interesses de segurança nacional"[95].

No mesmo diapasão, discorrendo sobre a competência legislativa para edição da lei definidora do que seja segurança nacional e relevante interesse coletivo, lecionam Luiz Alberto David Araújo e Vidal Serrano Nunes Júnior que, versando sobre "relevante interesse coletivo", a competência é **concorrente da União, Estados, Distrito Federal e Municípios** (art. 24, incisos I e V, e art. 30, incisos I, II e V, ambos da CF), e que, caso o propósito da lei em comento seja a definição de "segurança nacional", a lei há de ser **federal**[96].

---

[93] MOREIRA NETO, Diogo de Figueiredo. *Ordem econômica e desenvolvimento na Constituição de 1988*, p. 79.
[94] MENDONÇA, José Vicente Santos de. *Direito constitucional econômico*: a intervenção do Estado na economia à luz da razão pública e do pragmatismo, p. 282-283.
[95] GASPARINI, Diogenes. *Direito administrativo*, p. 596. No mesmo sentido: ARAÚJO, Edmir Netto de. *Curso de direito administrativo*, p. 201-202, 227 e 232; MENDONÇA, José Vicente Santos de. *Direito constitucional econômico*: a intervenção do Estado na economia à luz da razão pública e do pragmatismo, p. 283.
[96] ARAÚJO, Luiz Alberto David; NUNES JÚNIOR, Vidal Serrano. *Curso de direito constitucional*, p. 336-337. No mesmo sentido: AGUILAR, Fernando Herren. *Direito econômico*: do direito nacional ao direito supranacional, p. 303; BERCOVICI, Gilberto. *Direito econômico do petróleo e dos recursos minerais*, p. 276; SCIORILLI, Marcelo. *A ordem econômica e o Ministério Público*, p. 55-56; SOUZA, Sérgio Augusto G. Pereira de. *Premissas de direito econômico*, p. 72.

3.3.5. LIMITES À INTERVENÇÃO DIRETA POR PARTICIPAÇÃO

É importante observar que a exploração estatal de atividade econômica em regime de concorrência (intervenção direta por participação) tem de sujeitar-se ao que Manuel Afonso Vaz denomina de "princípio de conformidade com o mercado", que obriga o Estado a **respeitar as regras de concorrência**[97].

Com efeito, se o Estado tem o dever de reprimir os abusos do poder econômico (art. 173, § 4.º, CF), também ele deve, ao explorar determinada atividade econômica em concorrência com a iniciativa privada, abster-se de práticas anticoncorrenciais. Afinal, como lembra Gesner Oliveira, "a concorrência deve valer para todos, especialmente para aqueles que têm o dever de defendê-la"[98].

Esta, aliás, pode ter sido a razão que levou o Constituinte a incluir no art. 173 da CF/1988 — que trata da intervenção **direta** do Estado da economia — a norma constante do § 4.º — que, indiscutivelmente, cuida de modalidade de intervenção estatal **indireta**[99]: esclarecer que o Estado-empresário também se sujeita às reprimendas do Estado regulador da economia[100].

Nesse sentido leciona Mario Engler Pinto Júnior: "É sintomático que a previsão sobre a repressão ao abuso do poder econômico esteja incluída justamente no artigo 173 da Lei Maior, que trata da exploração da atividade econômica pelo Estado. Essa constatação reforça a ideia de que o Estado deve sujeitar-se à legislação antitruste, notadamente quando assume a condição de agente empresarial"[101].

No mesmo sentido é a lição de Fernando Facury Scaff, que estende tal raciocínio a toda e qualquer forma que o Estado assuma para intervir diretamente no domínio

---

[97] VAZ, Manuel Afonso. *Direito económico:* a ordem econômica portuguesa, p. 178. A empresa estatal, lembra Sérgio Ribeiro Muylaert, "deve obediência às medidas de política econômica que, por definição, estão veiculadas pelas normas jurídicas de conteúdo econômico" (*Estado, empresa pública, mercado*: um estudo aproximativo para a efetivação da política econômica comum de integração no Cone Sul, p. 24).

[98] OLIVEIRA, Gesner. *Concorrência:* panorama no Brasil e no mundo, p. 8.

[99] SOUZA, Hamilton Dias de; FERRAZ JÚNIOR, Tércio Sampaio. Contribuições de intervenção no domínio econômico e a federação, p. 67.

[100] "Ainda que se trate de empresas públicas ou de economia mista, atuando como agente econômico, no entanto, o Estado receberá o mesmo tratamento pelas autoridades antitruste que as empresas particulares" (CARVALHO, Leonardo Arquimimo de; VERENHITACH, Gabriela Daou. *Manual de direito da concorrência*, p. 70). No entender de Ricardo Antônio Lucas Camargo, "o Texto do § 4.º do artigo 173 da Constituição Federal está referido à atuação do **poder econômico privado**, vez que para a atuação do poder econômico público tem os respectivos exercício e abuso verificados a partir de pressupostos distintos, justamente porque a atuação do Poder Público somente se pode dar a partir de autorização legislativa, no contexto de um Estado de Direito" (*Regime jurídico geral e especial da atividade econômica no Brasil*, p. 29) (destaque nosso).

[101] PINTO JÚNIOR, Mario Engler. *Empresa estatal:* função econômica e dilemas societários, p. 162. No mesmo sentido: VAZ, Isabel. Direito econômico e direito da concorrência, p. 122. De qualquer modo, a norma constante do § 4.º do art. 173 da CF estaria mais adequada no corpo do art. 174, que disciplina a intervenção indireta do Estado no domínio econômico. Nesse sentido: SILVA, José Afonso da. *Curso de direito constitucional positivo*, p. 781.

3 ◼ Intervenção Direta do Estado no Domínio Econômico · 615

econômico, seja por participação ou por absorção. Segundo o autor citado: "o *Estado, quando atua como agente econômico, tem que se sujeitar às normas estabelecidas pelo próprio Estado enquanto ordenamento.* (...) A legislação, entendida aí no sentido lato, obriga a todos, inclusive ao próprio Estado, quer esteja agindo de maneira monopolizada, quer não, sob qualquer roupagem jurídica" (destaques no original)[102].

A **Lei n. 12.529, de 30.11.2011**, que regula a repressão aos abusos do poder econômico e regulamenta, pois, o § 4.º do art. 173 da CF, esclarece, em seu art. 31, que seus comandos aplicam-se, inclusive, às **pessoas jurídicas de direito público**, mesmo que exerça atividade sob regime de **monopólio legal**, alcançando, pois, o Estado-empresário mesmo nos casos explore atividade econômica em caráter de exclusividade[103].

3.4. INTERVENÇÃO DIRETA POR ABSORÇÃO

3.4.1. DEFINIÇÃO

A intervenção direta por absorção — que pode ser chamada, ainda, de intervenção **monopolista**[104] ou **monopolística**[105] — ocorre quando o Estado assume o controle de determinada atividade econômica, **excluindo a participação da iniciativa privada no referido segmento**[106].

Dito de outro modo, tal modalidade interventiva se caracteriza pelo fato de o Estado desempenhar uma dada atividade econômica em caráter de **exclusividade**, isto é, sem concorrer com os particulares[107]. No monopólio — palavra derivada do grego *monopôlion*: *monos* (só) e *pôlein* (vender)[108] — é suprimida uma atividade do regime da livre-iniciativa, abolindo-se, de igual modo, a livre concorrência, consoante leciona Carlos Ari Sundfeld: "A Constituição, ao reservar certos setores econômicos para o Estado, exclui o dever constitucional de observância, em relação a eles, de dois dos princípios gerais da ordem econômica, previstos no art. 170: os da *livre-iniciativa*

---

[102] SCAFF, Fernando Facury. *Responsabilidade civil do Estado intervencionista*, p. 111-112.

[103] No mesmo sentido era o disposto no art. 15 da Lei n. 8.884, de 11.06.1994.

[104] BASTOS, Celso Ribeiro. *Direito público:* estudos e pareceres, p. 159 e 241; TOLEDO, Gastão Alves de. *O direito constitucional econômico e sua eficácia*, p. 253; MOREIRA NETO, Diogo de Figueiredo. *Curso de direito administrativo*, p. 365-366. O último autor citado, em outra obra, emprega a expressão "**intervenção monopolística**" (MOREIRA NETO, Diogo de Figueiredo. *Ordem econômica e desenvolvimento na Constituição de 1988*, p. 31).

[105] FAGUNDES, Seabra *apud* SOUZA, Washington Peluso Albino de. *Primeiras linhas de direito econômico*, p. 333.

[106] Como bem observa Cristiane Derani, excluir a concorrência ou restringi-la "é aceitável para realização de missão de interesse coletivo" (*Privatização e serviços públicos:* as ações do Estado na produção econômica, p. 213).

[107] No entender de José Artur Lima Gonçalves, a conotação técnica do instituto da intervenção não comporta a atuação da União em atividades a ela própria reservadas (p. ex., art. 177, CF), "ao menos enquanto não deferidas a particulares, por meio dos institutos próprios da concessão, autorização ou permissão" (Contribuições de intervenção, p. 293).

[108] BRUNA, Sérgio Varella. *O poder econômico e a conceituação do abuso em seu exercício*, p. 31.

616 Direito Financeiro e Econômico Esquematizado   *Carlos Alberto de Moraes Ramos Filho*

(correlato do direito individual de empreender livremente) e da *livre concorrência*" (destaques no original)[109].

Tradicionalmente, os monopólios estatais são instituídos sob a justificativa de propiciar ao Estado a obtenção de rendas extraordinárias decorrentes da exploração de recursos naturais. Todavia, "o objetivo financeiro pode combinar-se com outras preocupações de natureza estratégica, mormente quando o recurso explorado possui importância geopolítica (a exemplo da indústria do petróleo) ou é relevante para a segurança nacional (como é o caso da indústria nuclear)"[110].

Assim, enquanto a formação de monopólio privado não é estimulada[111], já que tem por fim o interesse privado — e o próprio Texto Constitucional repudia o abuso do poder econômico que vise à dominação dos mercados e a eliminação da concorrência (art. 173, § 4.º, CF)[112] —, o monopólio estatal é admitido constitucionalmente já que tem por objetivo a proteção do **interesse público**[113], "evitando-se o abuso do poder econômico em um mercado fundamental para a sociedade e o desenvolvimento do país"[114].

3.4.2. MONOPÓLIO PÚBLICO E SERVIÇO PÚBLICO

Os serviços públicos e os monopólios públicos têm em comum a característica de serem atividades titularizadas com exclusividade pelo Estado.

Não se confundem, todavia, tais institutos, consoante leciona Fábio Konder Comparato: "O monopólio tem por objeto uma **atividade empresarial** e não a realização de

---

[109] SUNDFELD, Carlos Ari. *Direito público e regulação no Brasil*, p. 119. No mesmo sentido: BACELLAR FILHO, Romeu. *Direito administrativo*, p. 177; JUSTEN FILHO, Marçal. *Curso de direito administrativo*, p. 560; ALMEIDA, Marcus Elidius Michelli de. *Abuso do direito e concorrência desleal*, p. 27. "O conceito de monopólio pressupõe apenas um agente apto a desenvolver as atividades econômicas a ele correspondentes" (STF, ADI 3.273/DF, Rel. p/ Acórdão Min. Eros Grau, Pleno, j. em 16.03.2005, *DJ* 02.03.2007, p. 25). No mesmo sentido: ADI 3.366/DF, Rel. p/ Acórdão Min. Eros Grau, Pleno, j. em 16.03.2005, *DJ* 02.03.2007, p. 26.

[110] PINTO, Henrique Motta; PINTO JÚNIOR, Mario Engler. *Empresas estatais*, p. 45-46. O monopólio público (estatal), como destaca Irene Patrícia Nohara, objetiva "proteger setores estratégicos ao desenvolvimento nacional da especulação privada" (*Direito administrativo*, p. 576).

[111] "(...) o monopolista muitas vezes possui incentivos para se comportar de forma ineficiente, pois se encontra numa situação na qual pode aumentar o custo unitário de seu produto e reduzir a oferta, auferindo lucro por unidade produzida maior do que seria possível numa realidade competitiva" (DIREITO RIO (org.). *Direito econômico regulatório*. v. 1, p. 52).

[112] SILVA, José Afonso da. *Curso de direito constitucional positivo*, p. 779; PACIULLI, José. *Direito financeiro*, p. 83. O monopólio privado, consoante leciona Cristiane Derani, pode ser: a) **"casual"** (também conhecido como "natural" ou "de fato"), quando não existe outro agente interessado em participar do mesmo segmento, por este não ser economicamente atrativo; b) **"provocado"**, quando resultante da ação do agente econômico, que abusa de seu poder econômico, barrando o exercício da liberdade de empresa por outros agentes (*Privatização e serviços públicos: as ações do Estado na produção econômica*, p. 206-207).

[113] TAVARES, André Ramos. *Direito constitucional econômico*, p. 285; SILVA, Américo Luís Martins da. *Introdução ao direito econômico*, p. 193; PACIULLI, José. *Direito financeiro*, p. 83. O monopólio estatal é denominado por José Cretella Júnior de **"monopólio de direito"** (*Elementos de direito constitucional*, p. 244).

[114] CARVALHO, Leonardo Arquimimo de; VERENHITACH, Gabriela Daou. *Manual de direito da concorrência*, p. 70.

3 ▣ Intervenção Direta do Estado no Domínio Econômico   617

um serviço considerado **essencial** à afirmação do Estado. Os Estados podem ser monopolistas ou não, mas não podem dispensar a tarefa de organizar e fazer funcionar os serviços públicos" (destaques nossos)[115].

Enquanto as prestações de serviços públicos com exclusividade se inserem no âmbito de atuação eminentemente estatal (art. 175, CF), os monopólios estatais referem-se a **atividades econômicas em sentido estrito**, que *a priori* constituiriam segmento de manifestação da livre-iniciativa, mas que foram desta retirados[116].

A distinção entre serviços públicos e monopólios públicos, no dizer de Alexandre Santos de Aragão, reside no **motivo** que leva o Estado a desempenhar referidas atividades: "nos serviços públicos, a razão é o atendimento imediato a necessidades das pessoas, da dignidade das pessoas"; já o motivo dos monopólios públicos "são interesses estratégicos e fiscais do Estado e da nação coletivamente considerada, como as atividades nucleares e de petróleo"[117].

Reconhecendo a distinção entre tais atividades, decidiu o STF que o monopólio estatal **não pode ter por objeto** uma atividade definida como **serviço público**:

> A atividade econômica em sentido amplo é gênero que compreende duas espécies, o serviço público e a atividade econômica em sentido estrito. Monopólio é de **atividade econômica em sentido estrito**, empreendida por agentes econômicos privados. A exclusividade da prestação dos serviços públicos é expressão de uma situação de **privilégio**. Monopólio e privilégio são distintos entre si; não se os deve confundir no âmbito da linguagem jurídica, qual ocorre no vocabulário vulgar. (...) É imprescindível distinguirmos o regime de privilégio, que diz com a prestação dos serviços públicos, do regime de monopólio sob o qual, algumas vezes, a exploração de atividade econômica em sentido estrito é empreendida pelo Estado. (...) Os regimes jurídicos sob os quais em regra são prestados os serviços públicos importam em que essa atividade seja desenvolvida sob privilégio, inclusive, em regra, o da exclusividade (**ADPF 46/DF**, Rel. p/ acórdão Min. Eros Grau, Pleno, j. em 05.08.2009, *DJe*-035 26.02.2010) (destaques nossos).

Como se vê, segundo o STF, a exclusividade da prestação dos serviços públicos não se configura caso de monopólio, mas situação de **privilégio**[118].

Também o Superior Tribunal de Justiça já reconheceu que as empresas estatais que desempenham serviço público atuam em região "onde a natureza das atividades exige que elas sejam desempenhadas sob o **regime de privilégios**" (destaque nosso)[119].

---

[115] COMPARATO, Fábio Konder. *Direito público:* estudos e pareceres, p. 148-149.

[116] FALCÃO, Joaquim; GUERRA, Sérgio; ALMEIDA, Rafael (org.). *Ordem constitucional econômica*, p. 176; SCHIRATO, Vitor Rhein. *Livre-iniciativa nos serviços públicos*, p. 200.

[117] ARAGÃO, Alexandre Santos de. *Empresas estatais:* o regime jurídico das empresas públicas e sociedades de economia mista, p. 52. No mesmo sentido: ARAGÃO, Alexandre Santos de. *Agências reguladoras e a evolução do direito administrativo econômico*, p. 146.

[118] Apesar do exposto, entende Vitor Rhein Schirato não ser possível extrair da jurisprudência do STF um conceito de serviço público nem tampouco uma uniformidade na definição de seu regime jurídico (*Livre-iniciativa nos serviços públicos*, p. 73).

[119] REsp 929.758/DF, Rel. Min. Humberto Martins, 2.ª Turma, j. em 07.12.2010, *DJe* 14.12.2010. Ressalte-se, contudo, que a jurisprudência do STJ firmou-se no sentido de possuir natureza eminente-

Apesar de todo exposto, o STF, em alguns julgados, emprega o termo "monopólio" para se referir a atividades que sua própria jurisprudência reconhece como serviços públicos, como é o caso do **serviço postal** (art. 21, inciso X, CF)[120], dos serviços de **administração de porto marítimo** (art. 21, inciso XII, alínea *f*, CF)[121] e dos serviços de **infraestrutura aeroportuária** (art. 21, inciso XII, alínea *c*, CF)[122].

O STJ também chegou a empregar o termo "monopólio" para se referir ao serviço postal (correios)[123] e aos serviços de infraestrutura aeroportuária[124].

---

mente constitucional a controvérsia acerca do regime de privilégio na prestação do serviço postal mantido pela União, conforme o inciso X do art. 21 da CF. Nesse sentido: REsp 1.243.349/SC, Rel. Min. Mauro Campbell Marques, 2.ª Turma, j. em 21.06.2011, *DJe* 29.06.2011; AgRg no REsp 1.478.996/PE, Rel. Min. Benedito Gonçalves, 1.ª Turma, j. em 05.03.2015, *DJe* 13.03.2015; REsp 1.375.080/ES, Rel. Min. Herman Benjamin, 2.ª Turma, j. em 09.08.2016, *DJe* 08.09.2016.

[120] ACO-TAR-QO 803/SP, Rel. Min. Celso de Mello, Pleno, j. em 14.04.2008, *DJe*-185 27.09.2011; AI-AgR 850.632/RS, Rel. Min. Luiz Fux, 1.ª Turma, j. em 18.12.2012, *DJe*-034 21.02.2013; RE-AgR-ED 603.799/ SC, Rel. Min. Teori Zavascki, 2.ª Turma, j. em 14.05.2013, *DJe*-101 29.05.2013; RE-AgR 882.938/PE, Rel. Min. Alexandre de Moraes, 1.ª Turma, j. em 09.02.2018, *DJe*-042 06.03.2018; ARE-ED 1.228.724/SP, Rel. Min. Cármen Lúcia, 2.ª Turma, j. em 06.12.2019, *DJe*-282 18.12.2019. No sistema constitucional anterior: RE 100.433/RJ, Rel. Min. Sydney Sanches, 1.ª Turma, j. em 17.12.1984, *DJ* 08.03.1985, p. 2602.

[121] AI-AgR 351.888/SP, Rel. Min. Celso de Mello, 2.ª Turma, j. em 21.06.2011, *DJe*-160 22.08.2011; RE-ED-ED 265.749/SP, Rel. Min. Celso de Mello, 2.ª Turma, j. em 28.06.2011, *DJe*-160 22.08.2011.

[122] RE-AgR 363.412/BA, Rel. Min. Celso de Mello, 2.ª Turma, j. em 07.08.2007, *DJe*-177 19.09.2008; RE-AgR 598.322/RJ, Rel. Min. Celso de Mello, 2.ª Turma, j. em 23.06.2009, *DJe*-148 07.08.2009.

[123] AgInt no AREsp 877.845/SP, Rel. Min. Herman Benjamin, 2.ª Turma, j. em 04.10.2016, *DJe* 14.10.2016; AgInt nos EDcl no REsp 1.422.051/PR, Rel. Min. Benedito Gonçalves, 1.ª Turma, j. em 13.12.2016, *DJe* 02.02.2017; AgInt no REsp 1.527.312/PE, Rel. Min. Mauro Campbell Marques, 2.ª Turma, j. em 17.08.2017, *DJe* 23.08.2017; REsp 1.680.737/SP, Rel. Min. Herman Benjamin, 2.ª Turma, j. em 03.10.2017, *DJe* 17.10.2017. Eduardo Molan Gaban classifica o serviço postal como atividade econômica (*Regulação do setor postal*, p. 282). Em sentido diverso é o entender de Ubirajara Costódio Filho, para quem não há no texto da CF definição sobre a natureza jurídica do serviço postal: "a CF/88 não define a classificação do serviço postal ou como serviço público, ou como atividade econômica". Assim, para o autor citado, "o serviço postal é atualmente disciplinado como serviço público por decisão legislativa" (*O serviço postal no direito brasileiro*, p. 185). Este último autor refere-se ao inciso VII do art. 1.º da Lei n. 9.074, de 07.07.1995, incluído pela Lei n. 9.648, de 27.05.1998.

[124] AgInt nos EDcl no AREsp 204.848/PR, Rel. Min. Gurgel de Faria, 1.ª Turma, j. em 22.06.2020, *DJe* 25.06.2020.

3 ◼ Intervenção Direta do Estado no Domínio Econômico — 619

> **Observação:** Apesar do entendimento adotado pela jurisprudência do STF, cabe ressaltar que o direito positivo brasileiro emprega o termo "monopólio" também para se referir a atividades reconhecidas como serviços públicos. É o caso, por exemplo, da Lei n. 6.538, de 22.06.1978, relativamente às atividades postais (art. 9.º), e da Lei n. 7.565, de 19.12.1986 (Código Brasileiro de Aeronáutica), relativamente à operação e exploração de aeroportos públicos (art. 36, § 2.º)[125].

Deixando de lado a questão meramente terminológica[126], a grande distinção entre o monopólio estatal e o serviço público, consoante leciona Marçal Justen Filho, reside no **regime jurídico** da exploração: "O **serviço público** é prestado sob regime de **direito público,** o que envolve competências anômalas destinadas a permitir a satisfação dos direitos fundamentais. A **atividade econômica monopolizada** é exercitada sob regime de **direito privado**" (destaques nossos)[127].

Com efeito, e como bem observa Eros Roberto Grau, ainda quando os serviços públicos "sejam prestados, sob concessão ou permissão, por mais de um concessionário ou permissionário — o que nos conduziria a supor a instalação de um *regime de competição* entre concessionários ou permissionários (...), ainda então o prestador do serviço o empreende em clima diverso daquele que caracteriza a competição, tal como praticada no campo da *atividade econômica em sentido estrito*" (destaques no original)[128].

3.4.3. HIPÓTESES CONSTITUCIONAIS DE MONOPÓLIOS ESTATAIS

As Constituições que antecederam a de 1988 (com exceção da de 1937) já admitiam, de modo expresso, a intervenção por absorção de determinadas atividades econômicas, mas não esclareciam, contudo, quais os segmentos que admitiam o monopólio estatal: cabia, então, ao legislador infraconstitucional definir os campos em que se daria o monopólio público[129].

Na Carta vigente, o próprio Constituinte já elencou os setores que, devido à sua relevância, não admitem a participação da iniciativa privada. Nesses casos, ressalta Alexandre Santos de Aragão, "o Legislador não têm margem de discricionariedade para, mesmo que supostamente atendendo ao Princípio da Proporcionalidade, desmonopolizar a atividade"[130].

---

[125] Vale observar que referidas legislações foram elaboradas sob a égide da CF/1967 (art. 157, § 2.º) e da EC n. 1/69 (art. 163), que, diferentemente da CF/1988, previam a possibilidade de instituição de monopólio estatal por lei (norma infraconstitucional).

[126] Apesar de reconhecer que a diferenciação entre "monopólio" e "privilégio" é útil para que não se comparem coisas distintas, Clarissa Ferreira de Melo Mesquita entende que a consequência de ambas as referidas figuras é "a mesma, qual seja a exclusividade na prestação de determinado serviço" (*Regime jurídico do setor postal*: desafios contemporâneos e perspectivas para o setor, p. 185).

[127] JUSTEN FILHO, Marçal. *Curso de direito administrativo*, p. 560.

[128] GRAU, Eros Roberto. *A ordem econômica na Constituição de 1988*: interpretação e crítica, p. 151.

[129] CF/34, art. 116; CF/1946, art. 146; CF/1967, art. 157, § 8.º (redação original) e art. 163, *caput* (na redação dada pela EC n. 1/69).

[130] ARAGÃO, Alexandre Santos de. *Agências reguladoras e a evolução do direito administrativo econômico*, p. 157.

3.4.3.1. Monopólios da União

3.4.3.1.1. Atividades em regime de monopólio

O art. 177 da Constituição Federal enumera as atividades que se encontram sob monopólio da União, estando assim redigido:

> **Art. 177.** Constituem monopólio da União:
>
> I — a pesquisa e a lavra das jazidas de petróleo e gás natural e outros hidrocarbonetos fluidos;
>
> II — a refinação do petróleo nacional ou estrangeiro[131];
>
> III — a importação e exportação dos produtos derivados básicos resultantes das atividades previstas nos incisos anteriores;
>
> IV — o transporte marítimo do petróleo bruto de origem nacional ou de derivados básicos de petróleo produzidos no País, bem assim o transporte, por meio de conduto, de petróleo bruto, seus derivados e gás natural de qualquer origem;
>
> V — a pesquisa, a lavra, o enriquecimento, o reprocessamento, a industrialização e o comércio de minérios e minerais nucleares e seus derivados, com exceção dos radioisótopos cuja produção, comercialização e utilização poderão ser autorizadas sob regime de permissão, conforme as alíneas *b* e *c* do inciso XXIII do *caput* do art. 21 desta Constituição Federal[132].

> **Observação:** É vedada a edição de medida provisória para a regulamentação da matéria prevista nos incisos I a IV do art. 177 da CF (art. 3.º, Emenda Constitucional n. 9, de 09.11.1995).

> **Observação:** Os monopólios mencionados nos incisos I, II e IV do art. 177 da CF foram instituídos pela **Lei n. 2.004, de 03.10.1953**, que também instituiu a Petrobras (Petróleo Brasileiro S.A.) para executar tais atividades[133].

Ressalte-se que a exploração, pela União, das atividades arroladas nos incisos do art. 177 da CF, em regime de monopólio, **não exige fundamentação em algum dos motivos citados no *caput* do art. 173 da CF**, a saber: a segurança nacional ou um relevante interesse coletivo.

Isso porque, nos casos de intervenção por absorção, o fundamento imediato para a exploração da atividade em regime de monopólio **é o próprio Texto Constitucional**.

---

[131] São excluídas do monopólio estabelecido pelo inciso II do art. 177 da CF as refinarias em funcionamento no País amparadas pelo art. 43 do ADCT e nas condições do art. 45 da Lei n. 2.004, de 03.10.1953 (art. 45, *caput*, ADCT).

[132] Inciso com redação dada pela Emenda Constitucional n. 49, de 08.02.2006. Na redação original do referido inciso não havia a ressalva que atualmente consta da segunda parte do enunciado em questão.

[133] Vale lembrar que referida legislação foi elaborada sob a égide da CF/1946, que autorizava a União, mediante lei especial, monopolizar indústria ou atividade (art. 146).

3 ■ Intervenção Direta do Estado no Domínio Econômico

Dito de outro modo, não há por que demonstrar a existência de motivo de segurança nacional ou de relevante interesse coletivo, tendo em vista que as razões que legitimam a exploração estatal de determinada atividade em regime de exclusividade **já foram levadas em consideração pelo Constituinte**, que, entendendo estarem as mesmas presentes, autorizou de modo expresso o monopólio quanto a determinados segmentos.

Nesse sentido é a lição de Fabíola Pedrosa Pontes, que, discorrendo sobre o *caput* do art. 173 da CF, assevera: "Podemos, ainda, observar que no início da cabeça do artigo o legislador utilizou-se da expressão '*ressalvados os casos previstos nesta Constituição*', o que nos conduz à ideia de que o Estado também pode explorar atividade econômica que não esteja composta dos dois requisitos já mencionados — atividade necessária aos imperativos da segurança nacional ou de relevante interesse coletivo —, desde que estas exceções estejam previstas na própria Constituição" (destaques no original)[134].

Em síntese, no caso da intervenção por absorção (monopólios) **a autorização específica para a exploração estatal da atividade econômica já consta da própria Constituição**, diferentemente do que se dá na intervenção por participação, relativamente à qual no Texto Constitucional somente consta autorização genérica (art. 173, *caput*), devendo ser complementada pela autorização legislativa específica constante da lei que, nos termos do dispositivo constitucional em questão, definirá o significado de "segurança nacional" e "relevante interesse coletivo".

> **Observação:** Na redação original da CF/1988, havia, ainda, o monopólio da atividade de **resseguro**, previsto na expressão "órgão oficial ressegurador", constante do inciso II do art. 192. A Emenda Constitucional n. 13, de 21.08.1996, ao suprimir referida expressão, **aboliu o citado monopólio**[135].

3.4.3.1.2. *Realização das atividades monopolizadas*

Na vigência da redação original do art. 177 da CF, a União não podia contratar com empresas, estatais ou privadas, a realização das mencionadas atividades.

A **Emenda Constitucional n. 9, de 09.11.1995**, contudo, alterou a redação do § 1.º do citado artigo, que assim passou a dispor:

> **Art. 177. (...)**
>
> § 1.º A União poderá contratar com empresas estatais ou privadas a realização das atividades previstas nos incisos I a IV deste artigo, observadas as condições estabelecidas em lei.[136]

---

[134] PONTES, Fabíola Pedrosa. Exploração da atividade econômica pelo Estado à luz do artigo 173 da Constituição Federal, p. 157-158.

[135] Nesse sentido: STF, ADI-MC 2.223/DF, Rel. Min. Maurício Corrêa, Pleno, j. em 10.10.2002, *DJ* 05.12.2003, p. 25. Ressalte-se que o art. 192 da CF, em sua redação atual, dada pela Emenda Constitucional n. 40, de 29.03.2003, não mais alude ao resseguro.

[136] O monopólio estatal a que se refere o inciso V do art. 177 da CF/1988 deverá atender os princípios e condições estabelecidos no inciso XXIII do art. 21 da CF/1988, a saber: a) toda atividade nuclear em territorial nacional somente será admitida para fins pacíficos e mediante aprovação do Congresso Nacional; b) sob regime de concessão ou permissão, é autorizada a utilização de radioisóto-

Com a promulgação da citada Emenda Constitucional, manteve-se a União como proprietária das reservas de petróleo e a exploração do petróleo como seu monopólio, porém **permitiu-se que outras empresas, estatais ou não estatais, façam a exploração mediante contrato com a União.**

Em razão da alteração constitucional descrita, alguns autores passaram a denominar o monopólio estatal em questão (art. 177, incisos I a IV, CF) de **"monopólio relativo"**[137]. O governo, por seu turno, como noticia Américo Luiz Martins da Silva, prefere chamar a medida de **"flexibilização do monopólio"**, pois a União manterá o controle do setor, a Petrobrás continuará numa posição extremamente privilegiada, mas permitirá a participação de empresas privadas[138].

> **Observação:** São ressalvados da vedação do art. 177, § 1.º, os contratos de risco feitos com a Petróleo Brasileiro S.A. (Petrobrás), para pesquisa de petróleo, que estavam em vigor na data da promulgação da Constituição (art. 45, parágrafo único, ADCT).

Nos termos do § 2.º do art. 177 da CF, introduzido pela EC n. 9/95, a lei a que se refere a parte final do § 1.º disporá sobre:

- ◼ a garantia do fornecimento dos derivados de petróleo em todo o território nacional;
- ◼ as condições de contratação; e
- ◼ a estrutura e atribuições do órgão regulador do monopólio da União.

> **Observação:** É vedada a edição de medida provisória para a regulamentação dos §§ 1.º e 2.º do art. 177 da CF (art. 3.º, Emenda Constitucional n. 9/95).

A **Lei n. 9.478, de 06.08.1997**, dispõe sobre as atividades relativas ao monopólio do **petróleo**, tendo revogado expressamente a Lei n. 2.004/53.

A **Lei n. 11.909, de 04.03.2009**[139], dispõe sobre as atividades relativas ao transporte de **gás natural**, de que trata o art. 177 da CF.

A **Lei n. 12.276, de 30.06.2010**, autorizou a União a ceder onerosamente à Petróleo Brasileiro S.A. — PETROBRAS o exercício das atividades de pesquisa e lavra de petróleo, de gás natural e de outros hidrocarbonetos fluidos de que trata o inciso I do art. 177 da CF, em áreas não concedidas localizadas no pré-sal[140].

---

pos para a pesquisa e usos medicinais, agrícolas, industriais e atividades análogas; c) a responsabilidade civil por danos nucleares independe da existência de culpa.

[137] BORGES, Alexandre Walmott. *A ordem econômica e financeira da Constituição e os monopólios*, p. 139; NOGUEIRA, André Carvalho. *Regulação do poder econômico*: a liberdade revisitada, p. 304-305. No mesmo diapasão é a doutrina de André Ramos Tavares, que fala em **"relativização do monopólio"** (*Direito constitucional econômico*, p. 287).

[138] SILVA, Américo Luís Martins da. *Introdução ao direito econômico*, p. 195.

[139] Regulamentada pelo Decreto n. 7.382, de 02.12.2010.

[140] Tal cessão deverá produzir efeitos até que a PETROBRAS extraia o número de barris equivalentes de petróleo definido em respectivo contrato de cessão, não podendo tal número exceder a 5.000.000.000 (cinco bilhões) de barris equivalentes de petróleo (art. 1.º, § 2.º, Lei n. 12.276/2010).

3 ▫ Intervenção Direta do Estado no Domínio Econômico 623

3.4.3.1.3. *Monopólio de minérios e minerais nucleares e seus derivados*

A redação original do inciso V do art. 177 da CF já estabelecia o monopólio da União sobre as atividades de pesquisa, lavra, enriquecimento, reprocessamento, industrialização e comércio de **minérios e minerais nucleares e seus derivados**.

Ressalte-se que, nos termos do § 1.º do art. 177 da CF, a União **não pode contratar com empresas estatais ou privadas** a realização das mencionadas atividades.

A Emenda Constitucional n. 49, de 08.02.2006, alterou a redação do inciso V do art. 177 da CF, para dele ressalvar os **radioisótopos** cuja produção, comercialização e utilização fossem autorizadas sob regime de **permissão**, conforme o art. 21, inciso XXIII, as alíneas *b* e *c* da CF[141], assim redigido:

> **Art. 21.** Compete à União:
>
> (...)
>
> XXIII — explorar os serviços e instalações nucleares de qualquer natureza e exercer **monopólio estatal sobre a pesquisa, a lavra, o enriquecimento e reprocessamento, a industrialização e o comércio de minérios nucleares e seus derivados**, atendidos os seguintes princípios e condições:
>
> (...)
>
> b) sob regime de **permissão**, são autorizadas a comercialização e a utilização de **radioisótopos** para a pesquisa e usos médicos, agrícolas e industriais;[142]
>
> c) sob regime de **permissão**, são autorizadas a produção, comercialização e utilização de **radioisótopos** de meia-vida igual ou inferior a duas horas;[143]
>
> (...)

A lei disporá sobre o transporte e a utilização de materiais radioativos no território nacional (art. 177, § 3.º, CF).

3.4.3.2. Monopólio dos Estados

Além do art. 177, também pode ser citado o art. 25, § 2.º, da CF, que consagra o monopólio **estadual** da distribuição de **gás canalizado**[144].

A Lei n. 13.885, de 17.10.2019, estabelece critérios de distribuição dos valores arrecadados com os leilões dos volumes excedentes ao limite a que se refere o § 2.º do art. 1.º da Lei n. 12.276/2010.

[141] Inciso com redação dada pela Emenda Constitucional n. 49, de 08.02.2006. Na redação original do referido inciso, anterior à EC n. 49/2006, não havia a ressalva que atualmente consta da segunda parte do enunciado em questão.

[142] Alínea com redação dada pela Emenda Constitucional n. 49/2006.

[143] Alínea com redação dada pela Emenda Constitucional n. 49/2006.

[144] Nesse sentido: BOITEUX, Fernando Netto. Intervenção do Estado no domínio econômico na Constituição Federal de 1988, p. 73; FERREIRA, Pinto. *Comentários à Constituição brasileira.* v. 6, p. 308; JUSTEN FILHO, Marçal. *Curso de direito administrativo,* p. 561; KOURY, Suzy Elizabeth Cavalcante; OLIVEIRA, Felipe Guimarães de. *Direito econômico e concorrência:* estudos e perspectivas, p. 178; PESTANA, Marcio. *Direito administrativo brasileiro,* p. 487; SILVA, Antonio Agostinho da. *As agências reguladoras e o direito da concorrência,* p. 94.

> **Observação:** Há, todavia, quem entenda que, no Brasil, somente a União pode monopolizar atividades econômicas[145].

O § 2.º do art. 25 da CF, em sua redação original, estabelecia: "Cabe aos Estados explorar diretamente, ou mediante concessão, a empresa estatal, com exclusividade de distribuição, os serviços locais de gás canalizado".

O serviço de "gás canalizado", mencionado no enunciado transcrito, compreende a movimentação de qualquer fluído em estado gasoso (gás natural, gás liquefeito de petróleo, nafta, biometano etc.) através de tubulações.

Referido dispositivo constitucional instituiu **monopólio** dos Estados para a atividade nele descrita, que foi, por conseguinte, vedada à iniciativa privada.

Na redação original do § 2.º do art. 25 da CF, os serviços locais de gás canalizado podiam ser explorados pelos Estados de dois modos:

- **diretamente**; ou
- mediante **concessão a empresa estatal** (no caso, estadual).

> **Observação:** Entendemos que a expressão "concessão, a empresa estatal", empregada na redação original do § 2.º do art. 25 da CF, não se afigurava correta, por confundir **duas modalidades diversas** de descentralização administrativa. Com efeito, quando o Estado cria uma pessoa jurídica de direito público ou privado e a ela atribui a titularidade e a execução de determinado serviço público, trata-se da chamada **descentralização por serviços, funcional ou técnica**[146], na qual não há transferência da prestação do serviço para órbita estranha à da Administração; a entidade que executa o serviço integra a própria Administração, apenas que **Administração indireta**[147]. Já a **descentralização por colaboração** é a que se verifica quando, por meio de contrato (no caso das concessões) ou de ato administrativo unilateral (no caso das permissões), se transfere a execução de determinado serviço público a pessoa jurídica de direito privado, previamente existente, conservando o poder público, *in totum*, a titularidade do serviço[148].

---

[145] Nesse sentido: CRETELLA JÚNIOR, José. *Elementos de direito constitucional*, p. 245; AGUILLAR, Fernando Herren. *Direito econômico:* do direito nacional ao direito supranacional, p. 302.

[146] DI PIETRO, Maria Sylvia Zanella. *Parcerias na administração pública:* concessão, permissão, franquia, terceirização e outras formas, p. 50. Tal modalidade de descentralização é denominada por Hely Lopes Meirelles de **descentralização por outorga** (*Direito administrativo brasileiro*, p. 305). José dos Santos Carvalho Filho prefere chamá-la de **descentralização por delegação legal**, "porque seu processo de descentralização foi formalizado através de lei" (*Manual de direito administrativo*, p. 249).

[147] JUSTEN FILHO, Marçal. *Concessões de serviços públicos*, p. 71.

[148] ALVES, Francisco de Assis. *Fundações, organizações sociais, agências executivas:* organizações da sociedade civil de interesse público e demais modalidades de prestação de serviços públicos, p. 107; DI PIETRO, Maria Sylvia Zanella. *Parcerias na administração pública*, p. 51; MUKAI, Toshio. *Direito administrativo sistematizado*, p. 22. Tal modalidade de descentralização é denominada por Hely Lopes Meirelles de **descentralização por delegação** (*Direito administrativo brasileiro*, p. 305). José dos Santos Carvalho Filho prefere chamá-la de **descentralização por delegação negocial**, "porque sua instituição se efetiva através de negócios jurídicos regrados basicamente pelo direito público" (*Manual de direito administrativo*, p. 249).

3 ◼ Intervenção Direta do Estado no Domínio Econômico

A **Emenda Constitucional n. 5, de 15.08.1995**, alterou a redação do mencionado enunciado, que assim passou a dispor: "Cabe aos Estados explorar diretamente, ou mediante concessão, os serviços locais de gás canalizado, na forma da lei, vedada a edição de medida provisória para a sua regulamentação".

A partir da referida Emenda — que eliminou a exclusividade de empresa estadual na exploração da distribuição de gás canalizado — passaram a existir duas categorias de prestadoras de serviços públicos de distribuição de gás canalizado:

◻ as **concessionárias**, regidas pela **Lei n. 8.987, de 13.02.1995**; e

◻ as **empresas públicas**, disciplinadas pela **Lei n. 13.303, de 30.06.2016**.

Marçal Justen Filho observa que a referência a "concessão", no dispositivo constitucional citado, induz à existência de um serviço público, entendimento que, todavia, é incorreto: "O fornecimento de gás é uma atividade econômica em sentido próprio. Ninguém tem um direito fundamental a ser satisfeito mediante o fornecimento de gás, muito menos de gás canalizado"[149].

> **Observação:** A competência para prestar os serviços públicos de interesse local é dos **Municípios** (art. 30, inciso V, CF), mas em se tratando de serviços locais de gás canalizado a competência é dos **Estados** (art. 25, § 2.º, CF). Já o transporte, por meio de conduto, de gás natural de qualquer origem constitui monopólio da **União** (art. 177, inciso IV, CF).

3.4.4. INSTITUIÇÃO INFRACONSTITUCIONAL DE MONOPÓLIOS ESTATAIS

Relativamente à intervenção estatal direta por absorção, questão interessante diz respeito à possibilidade — ou não — de serem instituídos outros monopólios além daqueles que constam no próprio Texto Constitucional.

Os que defendem a constitucionalidade da instituição de monopólios pelo legislador infraconstitucional sustentam que o art. 173 da CF, ao permitir a exploração direta de atividade econômica pelo Estado por motivo de segurança nacional ou relevante interesse coletivo, não teria restringido tal possibilidade à exploração em regime de competição (intervenção por participação), mas também à exploração em regime de exclusividade (intervenção por absorção)[150].

Nesse sentido é a lição de Tadeu Rabelo Pereira, que assevera:

> (...) não há como extrair do texto constitucional uma vedação à criação eventual de monopólios em favor do Poder Público.
>
> Com efeito, é inegável que o art. 173 trata genericamente da 'exploração direta de atividade econômica pelo Estado', sem discriminar ou restringir, ao menos a princípio, a forma pela qual pode se dar esta modalidade de intervenção.

---

[149] JUSTEN FILHO, Marçal. *Curso de direito administrativo*, p. 561.

[150] Nesse sentido: GRAU, Eros Roberto. *A ordem econômica na Constituição de 1988:* interpretação e crítica, p. 298-300. No mesmo sentido, admitindo a possibilidade da criação de monopólios públicos por lei ordinária: MENDONÇA, José Vicente Santos de. *Direito constitucional econômico:* a intervenção do Estado na economia à luz da razão pública e do pragmatismo, p. 295-299.

Em outros termos, utilizando a classificação proposta por Eros Grau, dúvida não há de que o conteúdo isolado do dispositivo em exame abrange tanto a intervenção por participação quanto aquela por absorção, eliminando a atual Constituição a distinção que os outros textos anteriores faziam entre estas duas modalidades de atuação do Estado na economia. Tanto assim que o artigo 173 ressalva os casos de exploração de atividade econômica previstos na própria Constituição, que são, como reconhece a doutrina, aqueles dos monopólios constitucionais.[151]

No mesmo sentido é o pensar de Alexandre Walmott Borges, para quem o *caput* do art. 173 autoriza o Estado a intervir diretamente na economia não só em regime de competição, mas também em regime de monopólio. São seus os seguintes dizeres:

A disciplina dos monopólios do art. 177 da Constituição não exclui a definição, por lei, doutros monopólios — *positio unius nos est exclusio alterius*. O art. 173 fala em exploração direta de atividade econômica quando imperiosa aos interesses coletivos e à segurança nacional. Configurada qualquer das situações (uma isoladamente, sem necessidade de apresentação das duas), pode ser instituído monopólio de setor do domínio econômico. A inclusão do monopólio do art. 177 dá maior relevo às duas atividades (petróleo e nucleares): presença no corpo da Constituição (levando a matéria à posição de rigidez da Constituição) e definição de setores-chave da economia. Outros monopólios poderão surgir, atendendo às necessidades de política econômica da ordem normativa constitucional.

(...)

Quanto a Constituição, no *caput* do art. 173, coloca '*Ressalvados os casos previstos na Constituição, a exploração direta de atividade econômica pelo Estado (...)*' está mencionando tanto as hipóteses de exploração em regime de monopólio como em regime de competição. Lícito, portanto, explorar, quando configurado o interesse coletivo ou a segurança nacional, nos dois regimes. (destaques no original)[152]

Concordamos com os autores citados de que a mera leitura do *caput* do art. 173 da CF não excluiria, *a priori*, a possibilidade de criação de monopólios, tendo em vista que tal enunciado refere-se, genericamente, à exploração direta de atividade econômica pelo Estado — que engloba, como é sabido, a exploração monopolística —, e não especificamente à exploração em regime de concorrência.

A razão, no entanto, que nos leva a entender ser inadmissível a instituição de outros monopólios, diversos daqueles que constam expressamente do Texto Constitucional, é a ideia de **livre-iniciativa**, que, enquanto fundamento da ordem econômica brasileira (art. 170, *caput*, CF) e fundamento da própria República Federativa do Brasil (art. 1.º, inciso

---

[151] PEREIRA, Tadeu Rabelo. *Regime(s) jurídico(s) das empresas estatais que exploram atividade econômica*, p. 60.

[152] BORGES, Alexandre Walmott. *A ordem econômica e financeira da Constituição e os monopólios*, p. 129-130.

3 ▣ Intervenção Direta do Estado no Domínio Econômico 627

IV, CF), pode ser traduzida, em linhas gerais, no direito que todos têm de se lançarem ao mercado de produção de bens e serviços por sua conta e risco[153].

Ora, se partirmos do pressuposto que a livre-iniciativa (art. 170, *caput* e parágrafo único, CF) tem como protagonista o **indivíduo**[154] e que corresponde, no plano econômico, a uma especificação da liberdade de trabalho, ofício ou profissão (art. 5.º, inciso XIII, CF)[155], restará induvidoso tratar-se de um **direito individual fundamental**[156] e, como tal, cláusula pétrea (art. 60, § 4.º, inciso IV, CF). Destarte, não se pode admitir proposta de emenda constitucional tendente a abolir tal direito.

Assim, considerando-se que sequer uma Emenda Constitucional poderá instituir novos monopólios — posto que isso representaria afronta a direito individual e, pois, ao art. 60, § 4.º, inciso IV, da CF —, muito menos o legislador infraconstitucional poderá utilizar o *caput* do art. 173 da Constituição como fundamento para instituição de novos monopólios[157].

Nesse sentido é a lição de José Afonso da Silva, que, analisando o art. 173 da Constituição Federal, delimita a abrangência do citado dispositivo: "Declara-se a

---

[153] BASTOS, Celso Ribeiro. *Direito econômico brasileiro*, p. 112; PETTER, Lafayete Josué. *Princípios constitucionais da ordem econômica:* o significado e o alcance do art. 170 da Constituição Federal, p. 161.

[154] Nesse sentido, ressaltando que a "livre-iniciativa" traduz-se como *iniciativa econômica privada* (isto é, deferida a sujeitos privados), leciona Modesto Carvalhosa: "Trata-se de iniciativa privada porque se contrapõe à noção de iniciativa pública, na medida em que nesta se prescinde do requisito de liberdade". E prossegue: "Com efeito, seria impróprio falar-se de liberdade estatal de iniciativa, sob pena de se perder a noção de liberdade enquanto o direito dos cidadãos de se contrapor ao arbítrio e ao poder do estado vedar ou restringir, fora dos limites constitucionais, essa mesma liberdade" (*A ordem econômica na Constituição de 1969*, p. 114).

[155] Nesse sentido: CAMARGO, Ricardo Antônio Lucas. *Regime jurídico geral e especial da atividade econômica no Brasil*, p. 16.

[156] Nesse sentido é a lição de Modesto Carvalhosa, que, discorrendo sobre a Carta de 1967 (com a redação dada pela EC n. 1/69), asseverou: "Enquanto direito, poder-se-ia mesmo considerar a livre-iniciativa econômica como uma das liberdades fundamentais atribuídas à personalidade, revestindo, portanto, o caráter de um direito fundamental" (*A ordem econômica na Constituição de 1969*, p. 112-113).

[157] Para Fernando Herren Aguillar, o legislador infraconstitucional não pode instituir novas hipóteses de monopólio, **mas o Poder Constituinte Derivado, sim**: "(...) se o Estado quiser, por exemplo, desempenhar a atividade de panificação (atividade econômica em sentido estrito), precisa proceder como previsto no art. 173. Mas assim fazendo concorrerá com as demais padarias, **a menos que a Constituição seja mudada para permitir o monopólio estatal da panificação**. Na vigência da Constituição da Emenda n. 1 de 1969, seu art. 163 permitia a monopolização de determinada atividade econômica pelo Estado mediante lei fundada em motivo de segurança nacional ou para organizar setor que não pudesse ser desenvolvido com eficácia no regime de competição. A Constituição de 1988, porém, retirou essa prerrogativa do Estado e **a monopolização de determinada atividade econômica atualmente depende de Emenda constitucional**" (destaque nosso) (*Controle social de serviços públicos*, p. 131). Discordamos de tal posicionamento doutrinário, pois, consoante exposto na presente obra, consideramos a livre-iniciativa como manifestação, no plano econômico, da liberdade de trabalho, ofício ou profissão (art. 5.º, inciso XIII, CF), qualificando-se, pois, como direito fundamental e, por conseguinte, como **cláusula pétrea** (art. 60, § 4.º, inciso IV, CF), sendo imodificável pelo Poder Constituinte Reformador.

possibilidade de exploração direta de atividade econômica quando necessária aos imperativos da segurança nacional ou a relevante interesse coletivo (art. 173). **Parece-nos que aí não entra o monopólio**, que é reservado só para as hipóteses estritamente indicadas no art. 177 (...)" (destaque nosso)[158].

No mesmo sentido é a percepção de André Ramos Tavares, que assim expõe o seu pensar:

> Na declaração da possibilidade de exploração direta de atividade econômica pelo Estado, constante do art. 173 da Constituição, não está compreendida qualquer exploração em regime de monopólio.
>
> (...)
>
> A Constituição, ao considerar principiológica a liberdade de iniciativa, vedou, automaticamente, ao Estado a assunção *exclusiva* de qualquer atividade econômica, vale dizer, seja por via legislativa, executiva, ou judiciária, é vedado ao Estado afastar a iniciativa (ampla) particular da exploração de algum dos segmentos econômicos existentes. Evidentemente, esta proibição, que se pode considerar como expressa (e não meramente implícita), sofre as ressalvas, como observado, quando, eventualmente, a Constituição as tenha incorporado, originariamente, ao seu texto (destaque no original)[159].

Este também é o entendimento de A. Saddy, que assevera: "As hipóteses de monopólio estatal devem se constituir de situações absolutamente excepcionais, pois importam em negativa da liberdade de empresa e de concorrência, afinal, em um regime em que a livre-iniciativa é um princípio constitucional fundamental, **só podem ser consideradas monopolizadas aquelas atividades que a próprio Constituição expressamente assim considera**" (destaque nosso)[160].

Discorrendo sobre o tema, leciona Celso Ribeiro Bastos: "Cumpre deixar claro que especialmente nos preceptivos que compõem o capítulo VII, a Constituição Federal de 1988 estabelece os parâmetros e rumos que devem presidir a atividade econômica: liberdade de iniciativa, livre concorrência, livre mercado... Por isso, é forçoso concluir que os monopólios previstos no art. 177, são elementos discrepantes do substrato teleológico predominante na tessitura normativo-constitucional, e, por isso, como toda exceção, constituem-se em preceitos jurídicos sujeitos a interpretação restritiva, tanto em sua abrangência, quanto nas formas pelas quais devem externar-se materialmente"[161].

---

[158] SILVA, José Afonso da. *Curso de direito constitucional positivo*, p. 779-780.

[159] TAVARES, André Ramos. *Direito constitucional econômico*, p. 284-285. No mesmo sentido: FIGUEIREDO, Leonardo Vizeu. *Lições de direito econômico*, p. 168.

[160] SADDY, A. *Formas de atuação e intervenção do Estado brasileiro na economia*, p. 261. Observa Clarissa Ferreira de Melo Mesquita que "a Carta de 1988 não prevê a possibilidade de instituição de monopólio por lei infraconstitucional, pelo que seria bastante discutível a possibilidade de o rol de monopólios constitucionais ser ampliado mediante lei, dado o caráter excepcional que qualquer regime monopolista tem no ordenamento jurídico vigente, que em grande medida preza por ambientes concorrenciais" (*Regime jurídico do setor postal*: desafios contemporâneos e perspectivas para o setor, p. 184).

[161] BASTOS, Celso Ribeiro. *Curso de direito econômico*, p. 343.

3 ◼ Intervenção Direta do Estado no Domínio Econômico   629

Portanto, como a vigente Constituição privilegia a iniciativa privada e a livre concorrência na exploração de atividade econômica, o monopólio estatal só é permitido nas hipóteses constitucionalmente enumeradas, não podendo o legislador infraconstitucional criar outros monopólios[162], concluindo-se, destarte, que o *caput* do art. 173 da CF tem aplicação restrita aos casos de intervenção direta por participação[163].

3.5. REGIME JURÍDICO DAS EMPRESAS ESTATAIS QUE EXPLORAM ATIVIDADE ECONÔMICA

De acordo com o Texto Constitucional, o Estado, ao explorar atividade econômica, sujeita-se ao **regime jurídico próprio das empresas privadas**[164], inclusive quanto aos direitos e obrigações civis, comerciais, trabalhistas[165] e tributários (art. 173, § 1.º, inciso II)[166].

---

[162] Nesse sentido: ARAGÃO, Alexandre Santos de. *Agências reguladoras e a evolução do direito administrativo econômico*, p. 146 e 157; ATHIAS, Jorge Alex Nunes. *A ordem econômica e a Constituição de 1988*, p. 19 e 93-94; BASTOS, Celso Ribeiro. *Direito público:* estudos e pareceres, p. 241; COMPARATO, Fábio Konder. *Direito público:* estudos e pareceres, p. 149; FERRAZ JÚNIOR, Tércio Sampaio. *Direito constitucional*, p. 470 e 472; FERREIRA, Pinto. *Comentários à Constituição brasileira*. v. 6, p. 308 e 388; MELLO, Celso Antônio Bandeira de. *Curso de direito administrativo*, p. 595; NOHARA, Irene Patrícia. *Direito administrativo*, p. 515; SILVA, Américo Luís Martins da. *Introdução ao direito econômico*, p. 193; PETTER, Lafayete Josué. *Direito econômico*, p. 102; BOITEUX, Fernando Netto. Intervenção do Estado no domínio econômico na Constituição Federal de 1988, p. 73-74; SCIORILLI, Marcelo. *A ordem econômica e o Ministério Público*, p. 56.

[163] Nesse sentido: FARIA, Edimur Ferreira de. *Curso de direito administrativo positivo*, p. 521; RAMIM, Áurea Regina Sócio de Queiroz. *Direito econômico*, p. 145-146.

[164] "As Empresas Estatais — Empresas Públicas e Sociedades de Economia Mista — são dotadas de personalidade jurídica de direito privado e possuem regime híbrido, isto é, predominará o público ou o privado a depender da finalidade da estatal — se prestadora de serviço público ou exploradora de atividade econômica" (STJ, REsp 894.730/RS, Rel. p/ Acórdão Min. Arnaldo Esteves Lima, 5.ª Turma, j. em 17.06.2010, *DJe* 02.08.2010).

[165] A competência para disciplinar as relações de trabalho no âmbito da Administração indireta (federal, estadual, municipal ou distrital) é da **União** (art. 22, inciso I, CF), "já quando se cuide de sociedades de economia mista e empresas públicas, sejam elas dedicadas a exploração de atividade econômica ou a prestação de serviço público —, já quando se trate de autarquia, destinada, no entanto, a exploração de atividade econômica" (STF, ADI 83/MG, Rel. Min. Sepúlveda Pertence, Pleno, j. em 24.04.1991, *DJ* 18.10.1991, p. 14547).

[166] "As empresas públicas que exercem a atividade econômica não podem receber tratamento privilegiado em relação às empresas do setor privado, pois o art. 173, § 1.º, II, da CF/88 determina que elas se sujeitem ao mesmo regime das empresas privadas" (STJ, REsp 1.422.811/DF, Rel. Min. Og Fernandes, 2.ª Turma, j. em 23.09.2014, *DJe* 18.11.2014). Sobre a disposição do § 2.º do art. 170 da CF/67, com a redação dada pela EC n. 1/69 — que corresponde ao inciso II do § 1.º do art. 173 da CF/88 —, observou o Ministro Célio Borja que "não se está em presença, apenas, de uma norma administrativa de conteúdo objetivo que estabelece regra de organização da atividade pública; é ela, também, asseguratória de uma franquia, de uma prerrogativa civil da cidadania que nem o Estado federal, por lei ordinária, nem os federados, por convênio entre eles, podem alterar ou subtrair aos seus jurisdicionados" (RE 115.062/RS, Rel. Min. Célio Borja, 2.ª Turma, j. em 03.03.1989, *DJ* 31.03.1989, p. 4333).

A razão de tal comando é que, num Estado de Direito, não seria justo que o poder público, exercendo uma atividade concorrente com a do setor privado, pudesse se valer de **privilégios** decorrentes de sua posição para obter melhores resultados, gerando uma verdadeira "concorrência desleal" com os empresários particulares[167]. Dito de outro modo, o objetivo de tal norma é garantir aos agentes econômicos privados de que o Estado, na hipótese de atuar diretamente na espacialidade econômica, não irá burlar as regras da ambiência do livre mercado a partir dos poderes financeiros e administrativos da Administração Pública[168].

A propósito, entendemos ser desnecessário o disposto no § 2.º do art. 173 da CF, assim redigido: "As empresas públicas e as sociedades de economia mista não poderão gozar de privilégios fiscais não extensivos às do setor privado"[169].

---

[167] MELLO, Celso Antônio Bandeira de. *Curso de direito administrativo*, p. 595. No mesmo sentido: BASTOS, Celso Ribeiro. *Direito econômico brasileiro*, 2000, p. 189; SCAFF, Fernando Facury. *Responsabilidade civil do Estado intervencionista*, p. 105-106; BACELLAR FILHO, Romeu. *Direito administrativo*, p. 176; MARTINS, Fernando Rodrigues. *Controle do patrimônio público*, p. 35.

[168] STF, RE 577.494/PR, com repercussão geral reconhecida, Rel. Min. Edson Fachin, Pleno, j. em 13.12.2018, *DJe*-043 01.03.2019. No referido julgado, o STF ficou a seguinte tese de repercussão geral (**Tema 64**): "Não ofende o art. 173, § 1.º, II, da Constituição Federal, a escolha legislativa de reputar não equivalentes a situação das empresas privadas com relação a das sociedades de economia mista, das empresas públicas e respectivas subsidiárias que exploram atividade econômica, para fins de submissão ao regime tributário das contribuições para o PIS e para o PASEP, à luz dos princípios da igualdade tributária e da seletividade no financiamento da Seguridade Social". No mesmo sentido, apreciando processo que versava sobre tratamento diferenciado conferido pelas Leis Complementares n. 07/70 (art. 12) e 08/70 (art. 3.º) às empresas públicas e privadas quanto ao recolhimento do PIS/PASEP: "As empresas públicas e privadas que atuam diretamente na economia estão sujeitas, em certos casos, a regras distintas, sem que isso importe em desrespeito ao art. 173, § 1.º, da Constituição" (STF, RE-AgR 369.252/PR, Rel. Min. Carlos Velloso, 2.ª Turma, j. em 17.05.2005, *DJ* 17.06.2005, p. 70). Na mesma linha, o STF julgou improcedente ADI ajuizada contra o art. 6.º da Lei n. 9.648, de 27.05.1998, que permite, nas hipóteses de incorporação, fusão ou cisão de empresas públicas e sociedades de economia mista incluídas em programas de privatização, que o balanço seja levantado em até 90 (noventa) dias antes do evento, enquanto para as empresas em geral o referido prazo é de até 30 (trinta) dias (art. 21, § 1.º, Lei n. 9.249, de 26.12.1995). Entendeu o STF que o dispositivo atacado não afronta o art. 173, § 1.º, inciso II, da CF, na medida em que não institui nenhum privilégio infame às estatais, mas apenas lhes concede prazo específico para o fim de desestatização, levando em conta a complexidade do processo a que se submeterão, e não propriamente em função de sua natureza jurídica em si mesma (ADI 1.998/DF, Rel. Min. Maurício Corrêa, Pleno, j. em 17.03.2004, *DJ* 07.05.2004, p. 7).

[169] Consoante noticia José Bernardo Cabral, Relator Geral da Assembleia Constituinte de 1987-1988, houve, à época, emenda que desejava permitir que as empresas públicas e as sociedades de economia mista tivessem tratamento fiscal privilegiado em relação às empresas privadas que exercessem a mesma atividade. No entanto, referida emenda foi rejeitada por entenderem os constituintes que tal proposta "constituía um retrocesso, um privilégio indevido e, caso fosse aprovada, levaria à estatização a economia brasileira, porque nenhuma empresa conseguiria exercer a sua atividade tendo, ao seu lado, outra idêntica gozando de todas as regalias fiscais, previdenciárias e trabalhistas" (A intervenção do Estado no domínio econômico (breve enfoque da época dos trabalhos da Assembleia Nacional Constituinte), p. 31).

3 ◼ Intervenção Direta do Estado no Domínio Econômico   631

Ora, se, a princípio, o regime jurídico dos empreendimentos privados é o aplicável às estatais exploradoras de atividade econômica — inclusive quanto aos aspectos tributários, como salienta o art. 173, § 1.º, inciso II, CF —, decorre daí a conclusão óbvia de que estas não poderão gozar de privilégios fiscais não extensivos àqueles.

Desse pensamento comunga Celso Ribeiro Bastos, que enxerga o § 2.º do art. 173 como uma "decorrência natural" do art. 173, § 1.º, inciso II, da CF: "Trata-se, portanto, de um reforço pelo qual se pretende tornar certo este princípio da igualdade, que deve reinar entre as empresas de controle governamental e as privadas"[170].

No mesmo sentido é a doutrina de Pinto Ferreira, que entende o preceito do § 2.º do art. 173 da CF como "uma decorrência lógica do texto antecedente"[171].

> **Observação:** O STF já decidiu que o § 1.º do artigo 173 da CF **não se aplica às empresas estatais que prestam serviço público**: "A submissão ao regime jurídico das empresas do setor privado, inclusive quanto aos direitos e obrigações tributárias, somente se justifica, como consectário natural do postulado da livre concorrência (CF, art. 170, IV), se e quando as empresas governamentais explorarem atividade econômica em sentido estrito, não se aplicando, por isso mesmo, a disciplina prevista no art. 173, § 1.º, da Constituição, às empresas públicas (caso da INFRAERO), às sociedades de economia mista e às suas subsidiárias que se qualifiquem como delegatárias de serviços públicos (**RE-AgR 363.412/BA**, Rel. Min. Celso de Mello, 2.ª Turma, j. em 07.08.2007, *DJe*-177 19.09.2008)[172].
>
> Na mesma linha já decidiu o STJ, mas se reportando ao § 2.º do artigo 173 da CF, que, como visto, é uma decorrência natural do inciso II do parágrafo antecedente: "Por outro lado, as empresas estatais que desempenham serviço público ou executam obras públicas recebem um influxo maior das normas de direito público. Quanto a elas, não incide a vedação constitucional do art. 173, § 2.º, justamente porque não atuam em região onde vige a livre concorrência, mas sim onde a natureza das atividades exige que elas sejam desempenhadas sob o regime de privilégios" (**REsp 929.758/DF**, Rel. Min. Humberto Martins, 2.ª Turma, j. em 07.12.2010, *DJe* 14.12.2010).

---

[170] BASTOS, Celso Ribeiro. *Curso de direito econômico*, p. 222.

[171] FERREIRA, Pinto. *Comentários à Constituição brasileira*. v. 6, p. 314.

[172] No mesmo sentido: ADI 1.642/MG, Rel. Min. Eros Grau, Pleno, j. em 03.04.2008, *DJe*-177 19.09.2008; RE-AgR 598.322/RJ, Rel. Min. Celso de Mello, 2.ª Turma, j. em 23.06.2009, *DJe*-148 07.08.2009. Confira-se, a respeito, o seguinte julgado do STF: "Não pode a Administração Pública pretender que incida um regime jurídico de direito privado sobre uma entidade da administração indireta que exerça atividade constitucionalmente estatal — ainda que formalmente o tenha feito —, mais especificamente, um **serviço público** (*lato sensu*) que parte da doutrina denomina de serviço público próprio, seja porque essa atividade está definida na Constituição Federal como uma obrigação a ser executada diretamente (como são as atividades públicas de saúde, higiene e educação, v.g.), seja porque ela deve ser exercida com supremacia de poder, como é o caso do exercício do poder de polícia e da gestão da coisa pública. Essas atividades são essenciais, não podem ser terceirizadas, não podem ser delegadas a particulares e, portanto, devem se submeter a **regras eminentemente publicísticas**, o que afasta a possibilidade da incidência de um regime jurídico de direito privado sobre elas" (RE 716.378/SP, Rel. Min. Dias Toffoli, Pleno, j. em 07.08.2019, *DJe*-164 30.06.2020) (destaques nossos).

3.5.1. INFLUXO DE NORMAS PUBLICÍSTICAS

A disposição do art. 173, § 1.º, inciso II, da CF — segundo a qual as entidades estatais exploradores de atividade econômica sujeitam-se ao regime de direito privado — não pode ser entendida em termos absolutos, isto é, de modo literal, pois como bem observa Celso Antônio Bandeira de Mello, se é fato que tais entidades submetem-se **basicamente** ao Direito Privado, não é menos verdade que sofrem o **influxo de normas publicísticas**, a começar por uma série delas radicadas na própria Constituição[173].

É que, consoante destaca Cristiane Derani, uma "atividade exercida pelo Estado será sempre distinta do exercício privado. O Estado não é um agente de mercado, mesmo quando participa no mercado, pois seu interesse, capital, e organização são distintos"[174]. E conclui: "Em suma, nenhuma das atividades do Estado é estritamente de mercado, basicamente porque o interesse que move a ação **não é o lucro, mas o interesse coletivo**" (destaque nosso)[175].

Assim, mesmo as estatais (empresas públicas, sociedades de economia mista e suas subsidiárias) que explorem atividades econômicas estão submetidas às regras constitucionais que exigem a realização de **concurso** para a investidura em cargos e empregos

---

[173] MELLO, Celso Antônio Bandeira de. Ob. cit., p. 594-595. Nesse sentido é a lição de Celso Ribeiro Bastos, que, analisando o regime jurídico aplicável às estatais exploradoras de atividade econômica, escreve: "A verdade segundo a qual se trata de entidades regidas pelo Direito Privado não deve obnubilar a verdadeira assertiva de que em muitos dos seus aspectos continuam a ser regidas pelo Direito Público" (*Direito econômico brasileiro*, p. 194).

[174] DERANI, Cristiane. *Privatização e serviços públicos:* as ações do Estado na produção econômica, p. 213.

[175] Ob. cit., p. 58. Nesse sentido: "Buscar o lucro em desvio aos demais valores presentes no ordenamento cogente às estatais é desviar-se da finalidade Constitucional e legal que legitima sua existência e atividade. É atuar em desconformidade com a Constituição" (OCTAVIANI, Alessandro; NOHARA, Irene Patrícia. *Estatais*, p. 94). No mesmo sentido: "o lucro, em uma sociedade de economia mista pode até ocorrer — sendo até salutar —, mas não é o objetivo principal da entidade, sua razão de existir. O atendimento do interesse público é o que justifica a criação e a manutenção da existência de uma sociedade de economia mista" (AGUIAR, Ubiratan et al. *A administração pública sob a perspectiva do controle externo*, p. 100). No mesmo sentido é a lição de Ricardo Marcondes Martins: "A atividade estatal, por definição, não pode ter por desiderato *principal* obter maior vantagem econômica. Trata-se de uma imposição constitucional implícita: o Estado não pode perseguir *fins privados*, não pode atuar visando, precipuamente, à obtenção de mais dinheiro. Nunca é demais rememorar esta velha lição: o Estado não é um fim em si mesmo, é um meio para realização do bem comum. Assim, a atividade estatal não pode perseguir o superávit econômico como sua finalidade principal" (Estatuto das empresas estatais à luz da Constituição Federal, p. 26-27) (destaques no original). Nesse sentido foi o voto do Ministro Massami Uyeda no Recurso Especial 745.739/RJ, do qual foi relator, no qual destaca o **papel estratégico** das empresas estatais: "Então, uma sociedade de economia mista tem, acima do lucro e dos interesses dos seus investidores privados, **o interesse do Estado**. O Estado pode, por razões estratégicas e com amparo legal, adotar decisões bem diferentes daquelas que um acionista privado faria, pois a existência desse tipo de companhia **não visa somente o lucro** e sim 'imperativos de segurança nacional ou a relevante interesse coletivo, conforme definidos em lei'" (REsp 745.739/RJ, Rel. Min. Massami Uyeda, 3.ª Turma, j. em 28.08.2012, *DJe* 21.09.2012) (destaques nossos).

3 ■ Intervenção Direta do Estado no Domínio Econômico

públicos (art. 37, inciso II, CF)[176] e de **licitação pública**, nos casos de obras, serviços, compras e alienações (art. 37, inciso XXI c/c art. 173, § 1.º, inciso III, ambos da CF).

Nesse sentido é a lição de Tadeu Rabelo Pereira, que, com propriedade, assevera que "as estatais que constituam instrumento de intervenção do Estado no domínio econômico submetem-se a normas de direito privado, condizentes com a atividade por elas desenvolvida, **ressalvadas modificações pontuais previstas na Constituição**, das quais merecem referência, por se apresentarem as mais importantes, a necessidade da realização de licitação e concurso público (...)" (destaque nosso)[177].

Conclui-se, pois, pelo exposto, que o comando do art. 173, § 1.º, II, da CF é, na verdade, voltado ao legislador infraconstitucional: não pode este estabelecer distinções entre as estatais exploradoras de atividade econômica e as empresas particulares **além daquelas que já se encontram dispostas no próprio Texto Constitucional**. Confira--se, a respeito, o seguinte julgado do STJ:

> (...) 3. As empresas estatais podem atuar basicamente na exploração da atividade econômica ou na prestação de serviços públicos, e coordenação de obras públicas. 4. Tais empresas que exploram a atividade econômica — ainda que se submetam aos princípios da administração pública e recebam a incidência de algumas normas de direito público, como a obrigatoriedade de realizar concurso público ou de submeter a sua atividade-meio ao procedimento licitatório — **não podem ser agraciadas com nenhum beneplácito que não seja, igualmente, estendido às demais empresas privadas**, nos termos do art. 173, § 2.º da CF, sob pena de inviabilizar a livre concorrência (REsp 929.758/DF, Rel. Min. Humberto Martins, 2.ª Turma, j. em 07.12.2010, *DJe* 14.12.2010) (destaque nosso).

---

[176] Confira-se, nesse sentido, o seguinte julgado do STF: "A regra constitucional que submete as empresas públicas e sociedades de economia mista ao regime jurídico próprio das empresas privadas — art. 173, §1.º, II da CB/88 — não elide a aplicação, a esses entes, do preceituado no art. 37, II, da CB/88, que se refere à investidura em cargo ou emprego público" (AI-AgR 680.939/RS, Rel. Min. Eros Grau, 2.ª Turma, j. em 27.11.2007, *DJe*-018 01.02.2008). No mesmo sentido: MS 21.322/DF, Rel. Min. Paulo Brossard, Pleno, j. em 03.12.1992, *DJ* 23.04.1993, p. 6921; MS-ED 21.322/DF, Rel. Min. Paulo Brossard, Pleno, j. em 02.06.1993, *DJ* 22.10.1993, p. 22253; AI-AgR 238.404/DF, Rel. Min. Ilmar Galvão, 1.ª Turma, j. em 11.05.1999, *DJ* 25.06.1999, p. 19; AI-AgR 753.568/RS, Rel. Min. Eros Grau, 2.ª Turma, j. em 08.09.2009, *DJe*-181 25.09.2009; MS-AgR 23.294/DF, Rel. Min. Rosa Weber, 1.ª Turma, j. em 23.08.2019, *DJe*-191 03.09.2019.

[177] PEREIRA, Tadeu Rabelo. *Regime(s) jurídico(s) das empresas estatais que exploram atividade econômica*, p. 164. No mesmo sentido é a lição de Romeu Bacellar Filho, que, discorrendo acerca do art. 173, § 1.º, inciso II, da CF/1988, expõe: "Estas estatais, embora efetivamente exerçam atividade econômica, como instrumento do Estado para intervenção do (*sic*) domínio econômico, não se desapegam, às inteiras, do regime jurídico-administrativo. Com efeito, não poderia ser de modo diverso, (...) pois a própria Constituição se encarrega de afirmar, nos incisos do art. 173 (*sic*: os incisos a que se refere o autor citado são do § 1.º do art. 173), a função social dessas entidades e formas de fiscalização pelo Estado e pela sociedade, além da submissão à licitação para contratação de obras, serviços, compras e alienações, observados os princípios da Administração Pública" (*Direito administrativo*, p. 175). E conclui o autor citado: "Ora, equiparar a Administração Pública aos particulares é ignorar o que a Constituição sobranceiramente expressa, ou seja, que por trás de uma atividade econômica explorada pelo Estado-Administração há, necessariamente, um interesse público que dela não se dissocia, não se separa" (Ob. cit., p. 176).

Assim, **salvo naquilo que foi expressamente derrogado pela Constituição**, é vedado "que, pela via interpretativa, se amplie a incidência das regras de Direito Público"[178].

A respeito do tema, merece ser analisado o disposto no inciso I do art. 2.º da **Lei n. 11.101, de 09.02.2005**, que declara não estarem sujeitas à falência as empresas públicas e as sociedades de economia mista[179].

Entendemos que tal dispositivo legal, diante de uma **interpretação conforme a Constituição**, deve ter sua aplicação limitada às empresas estatais que **não explorem atividade econômica em sentido estrito**, em nome do princípio da continuidade do serviço público[180].

3.5.2. INAPLICABILIDADE DO "REGIME JURÍDICO PRÓPRIO DAS EMPRESAS PRIVADAS" À INTERVENÇÃO POR ABSORÇÃO (MONOPÓLIOS PÚBLICOS)

Analisaremos, neste tópico, se o disposto no art. 173, § 1.º, inciso II, da CF — segundo o qual as entidades estatais exploradoras de atividade econômica sujeitam-se ao regime de direito privado — somente alcança a intervenção direta **por participação** ou se é igualmente aplicável à intervenção direta **por absorção**. Dito de outro modo, o que se pretende definir é se as estatais exploradoras de atividade econômica em regime de monopólio devem (ou não) submeter-se necessariamente ao regime de direito privado.

A Constituição de 1967, tanto em sua redação original (art. 163, § 3.º) como naquela determinada pela Emenda Constitucional n. 1/69 (art. 170, § 3.º), impunha tal tratamento paritário **apenas** às estatais que explorassem atividade **não monopolizada**, excluindo, pois, de tal sistemática as estatais que explorassem atividades monopolizadas.

A atual Constituição, no entanto, não fez tal ressalva (art. 173, § 1.º, inciso II, e § 2.º). Entretanto, há que se entender, numa interpretação teleológica, que tais dispositivos foram elaborados visando evitar uma verdadeira "concorrência desleal" entre o Estado e os empresários particulares, situação que se afigura impossível de ocorrer no caso dos monopólios, pela própria inexistência de concorrência. Nesse sentido, leciona Celso Antônio Bandeira de Mello: "Há de se entender que tal impedimento não ocorrerá fora de sua razão de ser, ou seja, quando não esteja em causa o tema de uma eventual

---

[178] GUIMARÃES, Bernardo Strobel et al. *Comentários à lei das estatais (Lei n. 13.303/2016)*, p. 45.

[179] A Lei n. 6.404, de 15.12.1976 (Lei das Sociedades por Ações), em seu art. 242, dispunha que as sociedades de economia mista não estavam sujeitas à falência. Referido dispositivo, contudo, foi revogado pela Lei n. 10.303, de 31.10.2001.

[180] Defendendo que as estatais que exploram atividade econômica se submetem ao regime da Lei n. 11.101/2005, não obstante o disposto no inciso I do art. 2.º do referido diploma legal: AGUIAR, Ubiratan et al. *A administração pública sob a perspectiva do controle externo*, p. 84 e 98. Em sentido contrário é a lição de Lucas Rocha Furtado, que sustenta a constitucionalidade do referido dispositivo legal. Para o mencionado autor, se a criação de uma empresa estatal precisa ser justificada em função de circunstâncias de elevada magnitude (imperativos de segurança nacional ou relevante interesse coletivo), não poderia um juiz, a fim de satisfazer direito de credor, declarar a falência daquela entidade: "Se a criação da empresa estatal decorre de lei específica, que lhe autoriza a instituição, somente outra lei poderá determinar a sua extinção" (*Curso de direito administrativo*, p. 226). Para o citado autor, caso o credor da estatal não obtenha a satisfação de seu crédito pelos meios convencionais de uma execução disciplinada pelo CPC, a solução mais adequada é a responsabilização subsidiária da entidade política a que a empresa estatal esteja vinculada (Ob. cit., p. 226).

3 ▣ Intervenção Direta do Estado no Domínio Econômico 635

'concorrência desleal' com a iniciativa privada; quer-se dizer: o impedimento em questão não existirá no caso de atividades monopolizadas" (destaques no original)[181].

Partilhando do mesmo pensar, Lafayete Josué Petter assevera: "Explorando atividade econômica em sentido estrito e atuando em regime de monopólio, essas empresas **não se submetem ao estatuto de que trata o § 1.º do art. 173 da Constituição**, uma vez que tal disciplina tem como objetivo conferir um tratamento similar entre as empresas estatais que exploram atividade econômica em sentido estrito e as demais empresas privadas, assegurando ou tentando assegurar igualdade de competitividade entre elas" (destaque nosso). E conclui o citado autor: "Por isso, caso a empresa pública ou a sociedade de economia mista explore uma atividade econômica em sentido estrito, mas faça em regime de monopólio, **a mesma não se encontra equiparada às empresas privadas**" (destaque nosso)[182].

Na mesma trilha segue o Supremo Tribunal Federal, que, por sua 1.ª Turma, já se manifestou no sentido de que o disposto no art. 173, § 1.º, inciso II, da CF somente se aplica às estatais que explorem atividade econômica **em regime de concorrência**, isto é, sem monopólio:

> A Administração dos Portos de Paranaguá e Antonina — APPA ostenta personalidade jurídica de direito privado, exerce atividade econômica **em regime concorrencial, sem monopólio** e com vista a auferir lucro (Lei n. 17.895/2013, do Estado do Paraná). Sujeita-se, pois, ao regime jurídico constitucional das empresas privadas — execução direta —, na forma do art. 173, §§ 1.º, II, e 2.º, da Constituição Federal (...) (RE-AgR-AgR 861.191/DF, Rel. Min. Rosa Weber, 1.ª Turma, j. em 30.11.2018, *DJe*-044 06.03.2019) (destaque nosso)[183].

No mesmo sentido já se manifestou o Plenário da Corte:

> As empresas públicas, as sociedades de economia mista e outras entidades que explorem atividade econômica em sentido estrito, **sem monopólio**, estão sujeitas ao regime próprio das empresas privadas, inclusive quanto às obrigações trabalhistas e tributárias. CF, art.

---

[181] MELLO, Celso Antônio Bandeira de. *Curso de direito administrativo*, p. 594, nota de rodapé n. 15. No mesmo sentido: "Para equalizar a competição com o setor privado, o texto constitucional veda a concessão de vantagens tributárias e privilégios fiscais às empresas estatais (...). Tais vedações somente fazem sentido quando há realmente possibilidade de concorrência" (PINTO JÚNIOR, Mario Engler. *Empresa estatal:* função econômica e dilemas societários, p. 161).

[182] PETTER, Lafayete Josué. *Direito econômico*, p. 123. No mesmo sentido, lecionando que o inciso II do § 1.º do art. 173 da CF somente é aplicável às estatais que operem sem monopólio: ARAGÃO, Alexandre Santos de. *Empresas estatais:* o regime jurídico das empresas públicas e sociedades de economia mista, p. 106; PONTES, Fabíola Pedrosa. Exploração da atividade econômica pelo Estado à luz do artigo 173 da Constituição Federal, p. 158-159; FURTADO, Lucas Rocha. *Curso de direito administrativo*, p. 722-723. Este último autor leciona que, em relação às atividades econômicas exploradas em regime de monopólio, "*o regime jurídico a ser adotado depende do que dispuser a lei,* sendo lícita a adoção do Direito Privado ou do Direito Público" (Ob. cit., p. 723) (destaque no original).

[183] No mesmo sentido: RE-AgR 892.727/DF, Rel. p/ Acórdão Min. Rosa Weber, 1.ª Turma, j. em 05.06.2018, *DJe*-242 16.11.2018.

173, § 1.º, II (ADI-MC 1.552/DF, Rel. Min. Carlos Velloso, Pleno, j. em 17.04.1998, *DJ* 17.04.1998, p. 2)[184] (destaque nosso)[185].

Noutro julgado, embora não tenha conhecido o Recurso, o STF reconheceu que:

A norma do art. 173, § 1.º, da Constituição aplica-se às entidades públicas que exercem atividade econômica **em regime de concorrência**, não tendo aplicação às sociedades de economia mista ou empresas públicas que, embora exercendo atividade econômica, gozam de exclusividade", pois o preceito, que se completa com o do § 2.º, "visa a assegurar a livre concorrência, de modo que as entidades públicas que exercem ou venham a exercer atividade econômica não se beneficiem de tratamento privilegiado em relação a entidades privadas que se dediquem à atividade econômica na mesma área ou em área semelhante" (RE 172.816/RJ, Rel. Min. Paulo Brossard, Pleno, j. em 09.02.1994, *DJ* 13.05.1994, p. 11365) (destaque nosso).

Também a **Lei n. 13.709, de 14.08.2018** (Lei Geral de Proteção de Dados Pessoais — LGPD), autoriza a mesma conclusão, ao assim dispor:

Art. 24. As empresas públicas e as sociedades de economia mista que **atuam em regime de concorrência**, sujeitas ao disposto no art. 173 da Constituição Federal, **terão o mesmo tratamento dispensado às pessoas jurídicas de direito privado particulares**, nos termos desta Lei.

Parágrafo único. As empresas públicas e as sociedades de economia mista, quando estiverem operacionalizando **políticas públicas** e no âmbito da execução delas, **terão o mesmo tratamento dispensado aos órgãos e às entidades do Poder Público**, nos termos deste Capítulo. (destaques nossos)

Portanto, tendo em vista que as disposições do art. 173, § 1.º, inciso II e § 2.º, da CF visam evitar a "concorrência desleal"[186], isto é, que o Estado seja um concorrente privilegiado na disputa pelo mercado com os empresários particulares[187], o que inexiste no caso de monopólio (já que o Estado é, na hipótese, o único a explorar a atividade econômica de que se trate), conclui-se que as normas constitucionais anteriormente referidas somente se aplicam à intervenção direta **por participação**, e não à intervenção direta por absorção[188].

---

[184] Referida ação, contudo, foi extinta sem resolução do mérito, cessando, em consequência, a eficácia da medida cautelar anteriormente deferida.

[185] A mesma conclusão pode ser obtida a partir da interpretação *a contrario sensu* da seguinte Tese de repercussão geral (**Tema 253**): "Sociedades de economia mista que desenvolvem **atividade econômica em regime concorrencial** não se beneficiam do regime de precatórios, previsto no art. 100 da Constituição da República" (destaque nosso). Referida tese foi fixada no julgamento do RE 599.628/DF, Rel. p/ Acórdão Min. Joaquim Barbosa, Pleno, j. em 25.05.2011, *DJe*-199 17.10.2011.

[186] MARTINS, Ricardo Marcondes. Estatuto das empresas estatais à luz da Constituição Federal, p. 83.

[187] Ressalte-se que esse foi o mesmo argumento utilizado pelo STJ para decidir pela inaplicabilidade do § 2.º do artigo 173 da CF às empresas estatais que desempenham serviço público, "justamente porque não atuam em região onde vige a livre concorrência" (REsp 929.758/DF, Rel. Min. Humberto Martins, 2.ª Turma, j. em 07.12.2010, *DJe* 14.12.2010).

[188] Em sentido contrário é o entendimento de Eros Roberto Grau, segundo o qual estão sujeitas ao preceito inscrito no § 1.º do art. 173 da CF/1988 mesmo as entidades que atuam em regime de monopó-

3 ▣ Intervenção Direta do Estado no Domínio Econômico   637

3.5.3. IMUNIDADE TRIBUTÁRIA RECÍPROCA: INAPLICABILIDADE ÀS ESTATAIS EXPLORADORAS DE ATIVIDADE ECONÔMICA

A chamada **"imunidade tributária recíproca"** encontra-se prevista no art. 150, inciso VI, alínea *a*, da CF:

> **Art. 150.** Sem prejuízo de outras garantias asseguradas ao contribuinte, **é vedado à** União, aos Estados, ao Distrito Federal e aos Municípios:
>
> (...)
>
> VI — **instituir impostos sobre:**
>
> a) **patrimônio, renda ou serviços, uns dos outros;**
>
> (...)
>
> § 2.º A vedação do inciso VI, *a*, **é extensiva às autarquias e às fundações instituídas e mantidas pelo poder público e à empresa pública prestadora de serviço postal**, no que se refere ao patrimônio, à renda e aos serviços vinculados a suas finalidades essenciais ou às delas decorrentes.

A garantia constitucional da imunidade tributária recíproca, consoante reconhece o STF, é uma decorrência pronta e imediata do postulado da **isonomia dos entes constitucionais**, sustentado pela estrutura federativa do Estado brasileiro e pela autonomia dos Municípios[189].

Segundo a jurisprudência do STF, a imunidade tributária recíproca traduz uma das projeções concretizadoras do **princípio da federação**[190], apresentando-se como um instrumento de calibração do pacto federativo, destinado a proteger os entes federados de

---

lio (*A ordem econômica na Constituição de 1988:* interpretação e crítica, p. 299). No mesmo sentido: "(...) faz-se necessário entender que as atividades submetidas a monopólio estatal constituem atividade econômica em sentido estrito, não serviço público, devendo, portanto, ser disciplinadas por regime de direito privado aplicável aos demais agentes econômicos da livre-iniciativa" (FALCÃO, Joaquim; GUERRA, Sérgio; ALMEIDA, Rafael (org.). *Ordem constitucional econômica*, p. 179). Seguindo tal linha de pensamento, o STF já decidiu que a imunidade tributária recíproca (art. 150, inciso VI, alínea *a*, CF) não se aplica à Petrobrás por explorar atividade econômica, sendo irrelevante a circunstância da atividade por ela desempenhada estar sujeita ao regime de monopólio (RE-AgR 285.716/SP, Rel. Min. Joaquim Barbosa, 2.ª Turma, j. em 02.03.2010, *DJe*-055 26.03.2010; RE-AgR 290.956/SP, Rel. Min. Joaquim Barbosa, 2.ª Turma, j. em 06.04.2010, *DJe*-081 07.05.2010; RE-AgR 246.796/SP, Rel. Min. Joaquim Barbosa, 2.ª Turma, j. em 20.04.2010, *DJe*-096 28.05.2010). Ressalte-se que a **Lei n. 13.303, de 30.06.2016**, ao dispor sobre o estatuto jurídico das estatais que explorem atividade econômica de produção ou comercialização de bens ou de prestação de serviços — regulamentando, assim, o § 1.º do art. 173 da CF —, estabelece que suas disposições são aplicáveis "ainda que a atividade econômica esteja sujeita ao regime de monopólio da União" (art. 1.º, *caput*).

[189] STF, AI-AgR 174.808/RS, Rel. Min. Maurício Corrêa, 2.ª Turma, j. em 11.03.1996, *DJ* 21.06.1996, p. 22298.

[190] ADI 939/DF, Rel. Min. Sydney Sanches, Pleno, j. em 15.12.1993, *DJ* 18.03.1994, p. 5165; ACO-QO 765/RJ, Rel. p/ Acórdão Min. Eros Grau, Pleno, j. em 01.06.2005, *DJe*-211 07.11.2008; RE-ED-ED 265.749/SP, Rel. Min. Celso de Mello, 2.ª Turma, j. em 28.06.2011, *DJe*-160 22.08.2011; AI-AgR 351.888/SP, Rel. Min. Celso de Mello, 2.ª Turma, j. em 21.06.2011, *DJe*-160 22.08.2011; RE-AgR 610.517/RJ, Rel. Min. Celso de Mello, 2.ª Turma, j. em 03.06.2014, *DJe*-120 23.06.2014.

638 Direito Financeiro e Econômico Esquematizado   *Carlos Alberto de Moraes Ramos Filho*

pressões econômicas projetadas para induzir escolhas políticas ou administrativas da preferência do ente tributante[191].

Apesar do Texto Constitucional, ao definir a abrangência da imunidade recíproca, somente referir-se expressamente às **pessoas políticas** — União, Estados, Distrito Federal e Municípios (art. 150, *caput*) —, às **autarquias** e **fundações instituídas e mantidas pelo Poder Público** e à **empresa pública prestadora de serviço postal** (art. 150, § 2.º), a jurisprudência do STF firmou-se no sentido de estender a referida garantia às **estatais** que **prestem serviço público**, sejam elas **empresas públicas**[192] ou **sociedades de economia mista**[193].

Ressalte-se que a imunidade tributária recíproca **não se aplica** às empresas estatais que **explorem atividade econômica**, sendo irrelevante a circunstância de a atividade desempenhada **estar ou não sujeita a monopólio estatal**, consoante já decidiu o STF:

> **Ementa:** CONSTITUCIONAL. TRIBUTÁRIO. IMUNIDADE TRIBUTÁRIA RECÍPROCA (ART. 150, VI, A DA CONSTITUIÇÃO). IMÓVEL UTILIZADO PARA SEDIAR CONDUTOS DE TRANSPORTE DE PETRÓLEO, COMBUSTÍVEIS OU DERIVADOS. OPERAÇÃO PELA PETRÓLEO BRASILEIRO S.A. — PETROBRÁS. MONOPÓLIO DA UNIÃO. INAPLICABILIDADE DA SALVAGUARDA CONSTITUCIONAL. 1. Recurso extraordinário interposto de acórdão que considerou tributável propriedade imóvel utilizada pela Petrobrás para a instalação e operação de condutos de transporte de seus produtos. Alegada imunidade tributária recíproca, na medida em que a empresa-agravante desempenha atividade sujeita a monopólio. 2. É irrelevante para definição da aplicabilidade da imunidade tributária recíproca a circunstância de a atividade desempenhada estar ou não sujeita a monopólio estatal. O alcance da salvaguarda constitucional pressupõe o exame (i) da caracterização econômica da atividade (lucrativa ou não), (ii) do risco à concorrência e à livre-iniciativa e (iii) de riscos ao pacto federativo

---

[191] RE 253.472/SP, Rel. p/ acórdão Min. Joaquim Barbosa, Pleno, j. em 25.08.2010, *DJe*-020 01.02.2011.

[192] RE 407.099/RS, Rel. Min. Carlos Velloso, 2.ª Turma, j. em 22.06.2004, *DJ* 06.08.2004, p. 62; RE 354.897/RS, Rel. Min. Carlos Velloso, 2.ª Turma, j. em 17.08.2004, *DJ* 03.09.2004, p. 14; RE 356.122/RS, Rel. Min. Carlos Velloso, 2.ª Turma, j. em 17.08.2004, *DJ* 03.09.2004, p. 34; RE 428.821/SP, Rel. Min. Carlos Velloso, 2.ª Turma, j. em 21.09.2004, *DJ* 08.10.2004, p. 22; RE 363.290/RS, Rel. Min. Carlos Velloso, 2.ª Turma, j. em 28.09.2004, *DJ* 22.10.2004, p. 38; RE 437.889/RS, Rel. Min. Carlos Velloso, 2.ª Turma, j. em 14.12.2004, *DJ* 18.02.2005, p. 46; RE-AgR 363.412/BA, Rel. Min. Celso de Mello, 2.ª Turma, j. em 07.08.2007, *DJe*-177 19.09.2008; ACO 959/RN, Rel. Min. Menezes Direito, Pleno, j. em 17.03.2008, *DJe*-088 16.05.2008; ACO 765/RJ, Rel. p/ acórdão Min. Menezes Direito, Pleno, j. em 13.05.2009, *DJe*-167 04.09.2009; RE-AgR 598.322/RJ, Rel. Min. Celso de Mello, 2.ª Turma, j. em 23.06.2009, *DJe*-148 07.08.2009; RE 601.392/PR, Rel. p/ acórdão Min. Gilmar Mendes, Pleno, j. em 28.02.2013, *DJe*-105 05.06.2013; AI-AgR 797.034/ SP, Rel. Min. Marco Aurélio, 1.ª Turma, j. em 21.05.2013, *DJe*-111 13.06.2013.

[193] RE 253.472/SP, Rel. p/ acórdão Min. Joaquim Barbosa, Pleno, j. em 25.08.2010, *DJe*-020 01.02.2011; RE 580.264/RS, Rel. p/ acórdão Min. Ayres Britto, Pleno, j. em 16.12.2010, *DJe*-192 06.10.2011; RE-ED-ED 265.749/SP, Rel. Min. Celso de Mello, 2.ª Turma, j. em 28.06.2011, *DJe*-160 22.08.2011; RE-AgR 647.881/RS, Rel. Min. Cármen Lúcia, 2.ª Turma, j. em 18.09.2012, *DJe*-196 05.10.2012; RE-AgR 639.696/PR, Rel. Min. Cármen Lúcia, 2.ª Turma, j. em 18.09.2012, *DJe*-212 29.10.2012; RE-AgR 749.006/RJ, Rel. Min. Luiz Fux, 1.ª Turma, j. em 08.10.2013, *DJe*-229 21.11.2013; RE-AgR 773.131/MG, Rel. Min. Cármen Lúcia, 2.ª Turma, j. em 17.12.2013, *DJe*-026 07.02.2014; ACO-AgR-segundo 2.243/DF, Rel. Min. Dias Toffoli, Pleno, j. em 17.03.2016, *DJe*-108 27.05.2016.

3 ■ Intervenção Direta do Estado no Domínio Econômico   639

pela pressão política ou econômica. 3. A imunidade tributária recíproca **não se aplica** à Petrobrás, pois: 3.1. Trata-se de sociedade de economia mista destinada à **exploração econômica** em benefício de seus acionistas, pessoas de direito público e privado, e a salvaguarda **não se presta a proteger aumento patrimonial dissociado de interesse público primário**; 3.2. A Petrobrás visa a distribuição de lucros, e, portanto, tem capacidade contributiva para participar do apoio econômico aos entes federados; 3.3. **A tributação de atividade econômica lucrativa não implica risco ao pacto federativo**. Agravo regimental conhecido, mas ao qual se nega provimento (RE-AgR 285.716/SP, Rel. Min. Joaquim Barbosa, 2.ª Turma, j. em 02.03.2010, *DJe*-055 26.03.2010) (destaques nossos)[194].

> **Observação:** O STF, apreciando caso envolvendo uma sociedade de economia mista **prestadora de serviço público**, decidiu que a ela não se aplicaria a imunidade tributária recíproca pelo fato de, **a despeito de prestar serviço público, desempenhar atividade econômica com persecução e distribuição de lucro**. Em tal caso, entendeu a Corte que a pretendida desoneração tributária "beneficiaria os agentes econômicos privados que participam de seu capital social, gerando risco de quebra do equilíbrio concorrencial e da livre-iniciativa, o que não se pode admitir, sob pena de desvirtuamento da finalidade da imunização constitucional"[195].

3.5.4. PRAZO PRESCRICIONAL APLICÁVEL ÀS ESTATAIS EXPLORADORAS DE ATIVIDADE ECONÔMICA

Durante certo tempo questionou-se acerca do **prazo prescricional** aplicável às empresas públicas e sociedades de economia mista.

O **Decreto n. 20.910, de 06.01.1932**, em seu art. 1.º, assim dispõe: "As dívidas passivas da União, dos Estados e dos Municípios, bem assim todo e qualquer direito ou ação contra a Fazenda federal, estadual ou municipal, seja qual for a sua natureza, **prescrevem em cinco anos** contados da data do ato ou fato do qual se originarem" (destaque nosso).

Note-se que o Decreto n. 20.910/32 não menciona expressamente as empresas estatais.

O **Decreto-Lei n. 4.597, de 19.08.1942**, em seu art. 2.º, estabeleceu: "O Decreto n. 20.910, de 6 de janeiro de 1932, que regula a prescrição quinquenal, abrange as dívidas passivas das **autarquias, ou entidades e órgãos paraestatais**, criados por lei e mantidos mediante impostos, taxas ou quaisquer contribuições, exigidas em virtude de lei federal, estadual ou municipal, bem como a todo e qualquer direito e ação contra os mesmos" (destaque nosso).

Algumas estatais sustentaram judicialmente que a elas seria aplicável o art. 2.º do Decreto-Lei n. 4.597/42, por se tratar de **entidades paraestatais**.

O STF, contudo, apreciando ação proposta contra sociedade de economia mista, rejeitou tal argumento por não satisfazer a ré aos pressupostos estabelecidos no

---

[194] No mesmo sentido: RE-AgR 290.956/SP, Rel. Min. Joaquim Barbosa, 2.ª Turma, j. em 06.04.2010, *DJe*-081 07.05.2010; RE-AgR 246.796/SP, Rel. Min. Joaquim Barbosa, 2.ª Turma, j. em 20.04.2010, *DJe*-096 28.05.2010.

[195] ACO-AgR 1.460/SC, Rel. Min. Dias Toffoli, Pleno, j. em 07.10.2015, *DJe*-249 11.12.2015.

640 Direito Financeiro e Econômico Esquematizado   *Carlos Alberto de Moraes Ramos Filho*

mencionado dispositivo, não se achando diretamente vinculados a ela os impostos, taxas ou contribuições cujo produto lhe estaria sendo transferido pelo Estado. Pelo exposto, entendeu a Corte ser aplicável ao caso a prescrição vintenária estabelecida no art. 177 do Código Civil vigente (Lei n. 3.071, de 01.01.1916), com a redação dada pela Lei n. 2.437, de 07.03.1955[196].

No mesmo sentido firmou-se a jurisprudência do STJ[197], tendo tal entendimento restado consolidado no enunciado da **Súmula 39 do STJ**, que estabelece: "Prescreve em vinte anos a ação para haver indenização, por responsabilidade civil, de sociedade de economia mista".

Ressalte-se, contudo, que o STJ tem restringido o alcance da referida Súmula para entender que, relativamente às empresas estatais, **somente se aplica às exploradoras de atividade econômica**, mas não às prestadoras de serviços públicos:

> DIREITO ADMINISTRATIVO. CODEVASF. EMPRESA ESTATAL PRESTADORA DE SERVIÇO PÚBLICO. ATUAÇÃO ESSENCIALMENTE ESTATAL. INFLUXO MAIOR DE NORMAS DE DIREITO PÚBLICO. PRESCRIÇÃO QUINQUENAL. DECRETO 20.910/32. **APLICABILIDADE DA SÚMULA 39/STJ RESTRITA A EMPRESAS QUE EXPLOREM A ATIVIDADE ECONÔMICA.**
>
> (...)
>
> 3. As empresas estatais podem atuar basicamente na exploração da atividade econômica ou na prestação de serviços públicos, e coordenação de obras públicas.
>
> 4. Tais empresas que exploram a atividade econômica — ainda que se submetam aos princípios da administração pública e recebam a incidência de algumas normas de direito público, como a obrigatoriedade de realizar concurso público ou de submeter a sua atividade-meio ao procedimento licitatório — não podem ser agraciadas com nenhum beneplácito que não seja, igualmente, estendido às demais empresas privadas, nos termos do art. 173, § 2.º da CF, sob pena de inviabilizar a livre concorrência.
>
> 5. Aplicando essa visão ao tema constante no recurso especial, chega-se à conclusão de que a **Súmula 39/STJ — que determina a não aplicabilidade do prazo prescricional reduzido às sociedades de economia mista — deve ter interpretação restrita, de modo a incidir apenas em relação às empresas estatais exploradoras da atividade econômica.**
>
> 6. Por outro lado, as empresas estatais que desempenham serviço público ou executam obras públicas recebem um influxo maior das normas de direito público. Quanto a elas, não incide a vedação constitucional do art. 173, § 2.º, justamente porque não atuam em região onde vige a livre concorrência, mas sim onde a natureza das atividades exige

---

[196] RE 112.292/SP, Rel. p/ Acórdão Min. Octavio Gallotti, 1.ª Turma, j. em 29.04.1988, *DJ* 01.07.1988, p. 16907. Antes do julgado citado, o STF, em processo no qual se discutia pretensão de funcionário de estatal a enquadramento, havia aplicado à hipótese o art. 1.º do Decreto n. 20.910/32, decorridos cinco anos do enquadramento, dando pela prescrição (RE 113.122/SP, Rel. Min. Moreira Alves, 1.ª Turma, j. em 21.04.1987, *DJ* 23.10.1987, p. 23158).

[197] REsp 2.647/SP, Rel. Min. Barros Monteiro, 4.ª Turma, j. em 05.06.1990, *DJ* 25.06.1990, p. 6041; REsp 6.643/SP, Rel. Min. Sálvio de Figueiredo Teixeira, 4.ª Turma, j. em 11.06.1991, *DJ* 05.08.1991, p. 10007; REsp 1.604/SP, Rel. Min. Athos Carneiro, 4.ª Turma, j. em 09.10.1991, *DJ* 11.11.1991, p. 16147; REsp 540/SP, Rel. Min. Bueno de Souza, 4.ª Turma, j. em 29.10.1991, *DJ* 09.12.1991, p. 18032.

que elas sejam desempenhadas sob o regime de privilégios.

7. Pode-se dizer, sem receios, que o serviço público está para o estado, assim como a atividade econômica em sentido estrito está para a iniciativa privada. A prestação de serviço público é atividade essencialmente estatal, motivo pelo qual, as empresas que a desempenham sujeitam-se a regramento só aplicáveis à Fazenda Pública. (...) Recurso especial conhecido em parte e improvido (REsp 929.758/DF, Rel. Min. Humberto Martins, 2.ª Turma, j. em 07.12.2010, *DJe* 14.12.2010) (destaques nossos)[198].

Por tais razões, a jurisprudência do STJ firmou-se no sentido de que, nas demandas propostas contra as **empresas estatais prestadoras de serviços públicos**, deve-se aplicar a **prescrição quinquenal** prevista no Decreto n. 20.910/32[199].

3.6. QUESTÕES

---

[198] Nesse sentido: "A prescrição quinquenal, prevista pelo Decreto n. 20.910/32, não beneficia empresa pública, sociedade de economia mista ou qualquer outra entidade estatal **que explore atividade econômica**" (REsp 431.355/MG, Rel. Min. Franciulli Netto, 2.ª Turma, j. em 25.05.2004, *DJ* 30.08.2004, p. 241) (destaque nosso). No mesmo sentido: REsp 78.716/SP, Rel. Min. Humberto Gomes de Barros, 1.ª Turma, j. em 15.12.1995, *DJ* 04.03.1996, p. 5388; REsp 925.404/SE, Rel. Min. Castro Meira, 2.ª Turma, j. em 24.04.2007, *DJ* 08.05.2007, p. 167; REsp 897.091/MG, Rel. Min. Eliana Calmon, 2.ª Turma, j. em 20.05.2008, *DJe* 10.06.2008. O STJ já decidiu que **autarquia exploradora de atividade econômica** sujeita-se ao mesmo regime de prescrição das pessoas jurídicas de direito privado, não se lhe aplicando, pois, a prescrição quinquenal, prevista pelo Decreto n. 20.910/1932 (REsp 1.058.825/MG, Rel. Min. Massami Uyeda, 3.ª Turma, j. em 18.11.2008, *DJe* 03.12.2008).

[199] Nesse sentido: AgRg no AgRg no REsp 1.075.264/RJ, Rel. Min. Francisco Falcão, 1.ª Turma, j. em 02.12.2008, *DJe* 10.12.2008; REsp 1.196.158/SE, Rel. Min. Eliana Calmon, 2.ª Turma, j. em 19.08.2010, *DJe* 30.08.2010; REsp 929.758/DF, Rel. Min. Humberto Martins, 2.ª Turma, j. em 07.12.2010, *DJe* 14.12.2010; REsp 863.380/AC, Rel. Min. Herman Benjamin, 1.ª Seção, j. em 29.02.2012, *DJe* 13.04.2012; AgRg no REsp 1.308.820/DF, Rel. Min. Mauro Campbell Marques, 2.ª Turma, j. em 04.06.2013, *DJe* 10.06.2013.

4

INTERVENÇÃO INDIRETA DO ESTADO
NO DOMÍNIO ECONÔMICO

4.1. DEFINIÇÃO

A intervenção indireta é a que se dá mediante a **regulação estatal da economia**, que, no dizer de Alexandre Santos de Aragão, "é o conjunto de medidas legislativas, administrativas e convencionais, abstratas ou concretas, pelas quais o Estado, de maneira **restritiva** da liberdade privada **ou** meramente **indutiva**, determina, controla ou influencia o comportamento dos agentes econômicos, evitando que lesem os interesses sociais definidos no marco da Constituição e orientando-os em direções socialmente desejáveis" (destaques nossos)[1].

> **Observação:** Sobre a definição de "**regulação**", destaca Carlos Ari Sundfeld: "Não há conceito jurídico exato de regulação pública, ideia de contornos relativamente incertos e flutuantes, inclusive na legislação. Mas, em geral, no âmbito jurídico essa expressão tem servido para designar o conjunto das intervenções estatais, **principalmente sobre os agentes econômicos**, e, portanto, o conjunto de condicionamentos jurídicos a que essas intervenções se sujeitam e de mecanismos jurídicos que essas intervenções geram" (destaque nosso)[2].

A intervenção do Estado, nesses casos, não se dá como agente econômico, mas como **agente normativo e regulador** da atividade econômica[3], adotando medidas de caráter fiscalizador ou de estímulo/desestímulo relativamente às atividades desenvolvidas pelas empresas privadas ou mesmo públicas[4].

---

[1] ARAGÃO, Alexandre Santos de. Regulação da economia: conceito e características contemporâneas, p. 1044. No mesmo sentido: ORTIZ, Gaspar Ariño. *Principios de derecho público económico*, p. 295; SANTOS, António Carlos dos; GONÇALVES, Maria Eduarda; MARQUES, Maria Manuel Leitão. *Direito econômico*, p. 225.

[2] SUNDFELD, Carlos Ari. Direito público e regulação no Brasil, p. 113. E prossegue o autor citado: "A carga significativa do termo regulação tem vindo menos dele mesmo e mais de sua associação ao adjetivo *econômica*. A regulação a que a Constituição e as leis recentes aludem é, para nós, uma regulação da economia (ou regulação econômica). Isso imediatamente vincula a regulação aos debates fundamentais da teoria econômica, especialmente os relativos à liberdade econômica, ao poder econômico e à eficiência econômica" (Ob. cit., p. 114) (destaque no original).

[3] Como bem observa Cabral de Moncada, "a intervenção indirecta do Estado limita-se a condicionar, a partir de fora, a actividade econômica privada, sem que o Estado assuma a posição de sujeito econômico activo" (*Direito econômico*, p. 37).

[4] MONCADA, Luis. S. Cabral de. *Direito econômico*, p. 37 e 184.

No Direito brasileiro, a intervenção indireta do Estado no domínio econômico encontra previsão genérica no *caput* do art. 174 da Constituição Federal, assim redigido:

> **Art. 174.** Como **agente normativo e regulador da atividade econômica**, o estado exercerá, na forma da lei, as funções de **fiscalização, incentivo e planejamento**, sendo este determinante para o setor público e indicativo para o setor privado (destaques nossos)[5].

Também o § 4.º do art. 173 da CF regula a intervenção indireta do Estado no domínio econômico ao estabelecer que:

> **Art. 173.** (...)
> § 4.º A lei **reprimirá o abuso do poder econômico** que vise à dominação dos mercados, à eliminação da concorrência e ao aumento arbitrário de lucros (destaque nosso)[6].

A intervenção indireta do Estado no domínio econômico divide-se em intervenção **por direção** ou **por indução**, conforme haja ou não coercibilidade nas regras de conduta postas pelo Estado.

Antes de procedermos à análise de cada uma das modalidades de intervenção estatal indireta na economia, cabe ressaltar, como o faz Romeu Bacellar Filho, que a tendência de retirar o Estado da exploração das atividades econômicas — consubstanciada no processo conhecido como **"privatização"** (ou **"desestatização"**) — demonstra o afastamento do meio interventivo direto com a consequente ampliação da intervenção indireta do Estado no domínio econômico, que se reflete na intensificação das atividades que materializam tal modalidade interventiva (fiscalização, regulação, fomento etc.)[7].

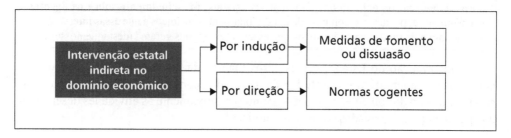

---

[5] Calixto Salomão Filho alerta para a circunstância de que: "A competência normativa e reguladora atribuída pelo constituinte ao Estado é ampla o suficiente para incluir intervenções bastante brandas ou bem extremadas na ordem econômica" (*Direito concorrencial*, p. 411).

[6] Andou mal o Constituinte de 1987/1988 ao incluir no art. 173 da CF (que trata da intervenção direta do Estado da economia) a norma constante do § 4.º, que trata da repressão ao abuso do poder econômico, que se apresenta como modalidade de intervenção estatal indireta. A razão para tal atitude pode ter sido a de advertir que também o Estado-empresário deva abster-se de práticas caracterizadoras de "concorrência desleal", sob pena de sofrer as reprimendas do Estado-regulador (art. 174, CF).

[7] BACELLAR FILHO, Romeu. *Direito administrativo*, p. 177. No mesmo sentido: ASSUMPÇÃO, Bruno Gomes de. Alguns aspectos da intervenção do Estado no domínio econômico, p. 112. Como bem observa Edilson Pereira Nobre Júnior, "subsidiariedade, indo além do Estado mínimo, não é traduzida como ausência total de intervenção estatal na economia" (Intervenção estatal sobre o domínio econômico, livre-iniciativa e proporcionalidade (céleres considerações), p. 710).

4 ◼ Intervenção Indireta do Estado no Domínio Econômico   645

4.2. INTERVENÇÃO INDIRETA POR INDUÇÃO

A intervenção indireta por indução dá-se através de atividades estatais indutoras de comportamento. Dito de outro modo, materializa-se tal modalidade interventiva quando o Estado edita normas **destituídas de compulsoriedade** através das quais impulsiona medidas de **fomento** ou de **dissuasão**, estimulando (incentivando, promovendo) determinadas atividades econômicas e/ou desestimulando (coibindo) outras[8].

> **Observação:** Enquanto na prestação de serviços públicos o Estado, direta ou indiretamente (art. 175, *caput*, CF), põe utilidades à disposição da sociedade, no fomento o Estado estimula os agentes privados a desenvolverem atividades cujos benefícios possam interessar à população[9].

Ao destinatário das normas indutoras resta aberta a alternativa de não se deixar por elas seduzir, deixando de aderir às prescrições nelas veiculadas[10].

O aspecto **voluntário** é, pois, a nota peculiar da intervenção por indução, que a distingue da intervenção por direção: enquanto esta é caracterizada pela restrição coercitiva da liberdade individual, aquela deixa os indivíduos livres para aderir ou não aos propósitos estatais, independentemente de qualquer ação coercitiva[11]. Por ser destituída de caráter coativo, não há, na intervenção por indução, sanção jurídica pela não adoção do comportamento pretendido pelo Estado[12].

Quando se afirma que na intervenção por indução não há sanção jurídica, o que se pretende dizer é que inexiste, em tal modalidade interventiva, a chamada **sanção punitiva** (ou **negativa**), porquanto a denominada **sanção premial** (ou **positiva**)[13] não apenas

---

[8] FONSECA, João Bosco Leopoldino da. *Direito econômico*, p. 242. Leciona Reinhold Zippelius: "Os preceitos de conduta dotados de coacção não são os únicos instrumentos da condução e influência estatal. (...) Além deste, pode servir-se de numerosas outras medidas de orientação: para certas acções oferece-se apenas um incentivo, p. ex. mediante benefícios fiscais, prémios do Estado ou a oferta de subvenções estatais" (*Teoria geral do Estado*, p. 111).

[9] FURTADO, Lucas Rocha. *Curso de direito administrativo*, p. 720. Referido autor observa que a atividade de fomento, apesar de normalmente associada à ideia de estímulo ao desenvolvimento econômico, não está relacionada apenas ao estímulo das atividades empresariais, mas da melhoria da qualidade de vida da população **em todos os seus aspectos**: "Adotada essa concepção ampla, resta difícil identificar área social que não possa ser afetada pela atividade de fomento: redução de desigualdades regionais, preservação do patrimônio artístico, histórico e cultural, criação de empregos, incentivo a atividades culturais e artísticas, desenvolvimento científico e tecnológico, planejamento urbanístico, preservação do meio ambiente, cumprimento da função social da propriedade etc." (Ob. cit., p. 758).

[10] RAMIM, Áurea Regina Sócio de Queiroz. *Direito econômico*, p. 144.

[11] MELLO, Célia Cunha. *O fomento da administração pública*, p. 29 e 43.

[12] SCAFF, Fernando Facury. *Responsabilidade civil do Estado intervencionista*, p. 107.

[13] Maurício Benevides Filho define a sanção jurídica como "uma reação ou retribuição prevista no ordenamento normativo, externando esta uma feição premial (**sanção premial**), quando o agente adota a conduta aprovada ou esperada, ou um caráter punitivo (**sanção negativa**), quando o ato praticado é indesejado ou dissonante" (*A sanção premial no direito*, p. 96) (destaques nossos). Referido autor destaca que "a **sanção positiva** objetiva **incentivar** os comportamentos conformes, compensando o esforço e o sacrifício particular requisitado ao cidadão" (Ob. cit., p. 95) (destaques nossos).

está presente, como é um dos principais instrumentos da citada modalidade interventiva, consoante leciona Rogério Emílio de Andrade:

> As intervenções indiretas assumem na atualidade crescente importância, principalmente com a utilização de técnicas de **sanções premiais**, em que o direito é utilizado não apenas para limitar o poder político ou regulamentar as liberdades individuais, mas sim como instrumento de políticas públicas, conformando a realidade ao induzir comportamentos. (...) Em lugar de um direito que prescreve, temos um direito que confere competências, subsídios, prêmios, poderes, fazendo com que o particular voluntariamente se submeta aos planos governamentais. (...) Por meio de **sanções premiais**, que induzem determinados comportamentos premiados por isso, consegue-se, em grande parte, orientar as condutas necessárias à consecução dos objetivos políticos, ao mesmo tempo em que se afasta o risco de macular a intangibilidade das garantias e liberdades individuais (...) (destaques nossos)[14].

Há doutrinadores que, pretendendo sistematizar a intervenção por indução, lecionam que tal modalidade interventiva pode se materializar, basicamente, de duas formas:

- ■ na concessão de **incentivos** (fiscais e financeiros-fiscais); e
- ■ no manejo dos **tributos extrafiscais** *"stricto sensu"*[15].

Os autores que adotam tal classificação, contudo, não apontam uma distinção conceitual entre as referidas classes de atos interventivos.

Ademais, tal classificação tem o inconveniente de não atentar para o fato de que **os incentivos fiscais são uma das formas de utilização extrafiscal dos tributos** — a outra forma é a **extrafiscalidade negativa**, que se dá mediante atos de **dissuasão** —, circunstância esta que não justifica a separação de tais institutos em classes distintas.

---

[14] ANDRADE, Rogério Emílio de. Tipologia da intervenção pública na economia, p. 82. A atividade de **fomento público** pode ser definida como a disciplina **não coercitiva** da conduta dos particulares, cujo desempenho de atividades de interesse público é estimulado por **sanções premiais** (STF, ADI 1.923/DF, Rel. p/ Acórdão Min. Luiz Fux, Pleno, j. em 16.04.2015, *DJe*-254 17.12.2015). Nesse sentido: CAMARGO, Ricardo Antônio Lucas. *Regime jurídico geral e especial da atividade econômica no Brasil*, p. 77. Sobre a localização da sanção premial na estrutura da norma jurídica: FALCÃO, Raimundo Bezerra. *Ensaios acerca do pensamento jurídico*, p. 216-217; VASCONCELOS, Arnaldo. *Teoria geral do direito*. v. 1: teoria da norma jurídica, p. 87-90 e 92.

[15] Nesse sentido: NABAIS, José Casalta. *Direito fiscal*, p. 401; LOBO, Rogério Leite. Os atos de tributação interventivos no domínio econômico: proposta de classificação e considerações sobre o seu regime jurídico, p. 40. Rogério Leite Lobo indica, ainda, uma terceira classe de atos de tributação interventivos, a saber: a imposição de contribuições de intervenção no domínio econômico — CIDE (Ob. cit., p. 41). Entendemos, contudo, que as contribuições interventivas **não podem ser consideradas uma terceira categoria** de atos de tributação interventivos do domínio econômico, pois elas, **conforme o caso**, enquadrar-se-ão em uma das duas categorias mencionadas: ou serão utilizadas com **fins extrafiscais** ou o produto de sua arrecadação será utilizado como **incentivo financeiro** indutor do desenvolvimento do segmento econômico a que se refira a contribuição em questão. As razões que nos levam a tais conclusões serão expostas no capítulo dedicado à teoria geral das CIDE.

Tal classificação peca, ainda, por admitir que existam tributos intrinsecamente extrafiscais: **nenhum tributo é ontologicamente extrafiscal**; o que pode haver é a utilização do tributo com fins extrafiscais. É certo que alguns tributos são mais aptos a permitirem sua utilização extrafiscal, mas isto não impede que os tributos, de modo geral, sejam empregados com finalidades indutoras de comportamento.

Preferimos, pois, afirmar que a intervenção estatal indireta por indução pode materializar-se por quatro modos:

- pela **utilização extrafiscal dos tributos**, que, por sua vez, pode efetivar-se mediante atos de **fomento** (extrafiscalidade **positiva**, hipótese na qual se enquadram os **incentivos fiscais**)[16] ou de **dissuasão** (extrafiscalidade **negativa**) de determinadas atividades econômicas; e
- pela concessão de **incentivos financeiros** (também chamados de **financeiros-fiscais**)[17];
- pelo **planejamento** estatal[18];
- pela utilização de **empresas estatais** para **fins regulatórios**.

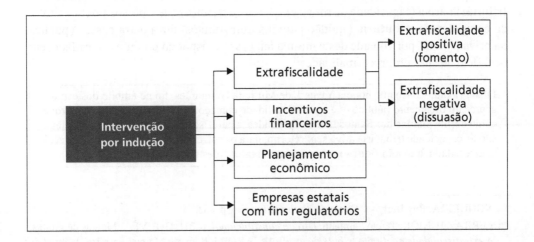

---

[16] O fomento está ligado à ideia de **"Estado promocional"**, que, no dizer de Egon Bockmann Moreira, é o que promove "estímulos para que os empresários privados adotem determinados comportamentos econômicos (a fim de gerar efeitos não espontâneos ao mercado, mas necessários à sociedade)" (O direito administrativo da economia e a atividade interventiva do Estado brasileiro, p. 169).

[17] A distinção entre incentivos fiscais e financeiros-fiscais teve seus contornos devidamente traçados no capítulo deste livro dedicado ao tema da renúncia de receita.

[18] Há quem considere que o planejamento seria a **racionalização da intervenção**, ou seja, a forma pela qual a intervenção (tanto a direta quanto a indireta) é intelectualmente formulada. Assim, nessa linha de pensamento, o planejamento estatal não seria uma modalidade de intervenção, mas um plano realizado **anteriormente à intervenção** propriamente dita. Nesse sentido: GRAU, Eros Roberto. *Planejamento econômico e regra jurídica*, p. 219-221; NOCE, Umberto Abreu. *O interesse público e a intervenção estatal na economia:* uma análise sob a ótica da nova racionalidade neoliberal, p. 68.

4.2.1. EXTRAFISCALIDADE

Para bem compreender a extrafiscalidade, faz-se necessária breve exposição do critério de classificação que divide os tributos segundo sua função em **fiscais, extrafiscais e parafiscais**. Trata-se, no dizer de Ruy Barbosa Nogueira, de "uma classificação *teleológica*, que separa os tributos pela sua finalidade jurídica" (destaque no original)[19].

Em verdade, a classificação em questão não deveria se referir aos tributos em si, mas aos seus **fins**. Isso porque nenhum tributo pode ser **estaticamente definido** como fiscal, parafiscal ou extrafiscal, mas **sua finalidade é que, conforme o caso, assumirá referidas características**.

Assim, fala-se em **fiscalidade** quando os objetivos que presidem a instituição ou a majoração do tributo são simplesmente aqueles de abastecer os cofres públicos, para que o Estado possa subsistir e, cumprindo seus encargos, realizar seus fins.

Caracteriza-se, pois, a fiscalidade pela preponderância do aspecto **arrecadatório**[20] e pela **neutralidade** do tributo, entendida esta, neste caso, como um impedimento a que o tributo se preste a finalidades outras, diversas das puramente arrecadatórias[21].

A **parafiscalidade**, por sua vez, significa a atribuição, mediante lei, da **capacidade tributária ativa** (capacidade de ser sujeito ativo de tributos) que a pessoa política titular da **competência tributária** (aptidão para instituir tributos) faz a outra pessoa (pública ou privada), que, por vontade desta mesma lei, passa a dispor do produto arrecadado, em benefício de suas próprias finalidades[22].

> **Observação:** Consoante noticia Ylves J. de Miranda Guimarães, foi no âmbito dos estudos acerca do orçamento público que a parafiscalidade começou a ser discutida[23]. Isso porque, como define Simone dos Santos Lemos Fernandes, a parafiscalidade "corresponde à delegação da capacidade tributária ativa sem retorno, para os cofres da pessoa tributante, da receita arrecadada, **que não figura no orçamento estatal**" (destaque nosso)[24].

---

[19] NOGUEIRA, Ruy Barbosa. *Curso de direito tributário*, p. 183.

[20] FERRAZ JÚNIOR, Tércio Sampaio. *Direito constitucional*, p. 311; GOUVÊA, Marcus de Freitas. *A extrafiscalidade no direito tributário*, p. 40-41; JARDIM, Eduardo Marcial Ferreira. *Manual de direito financeiro e tributário*, p. 214.

[21] "A neutralidade dos tributos é obtida quando eles não alteram os preços relativos, minimizando sua interferência nas decisões econômicas dos agentes de mercado" (VASCONCELLOS, Marco Antonio S.; GARCIA, Manuel E. *Fundamentos de economia*, p. 196). No entanto, como observa Marciano Seabra de Godoi, nenhum tributo é verdadeiramente neutro, ou seja, puramente arrecadatório, pois "es de la naturaleza *patrimonial* y *coactiva* de los tributos, por más neutrales que sean, incidir materialmente en el medio económico y social, no siendo más que una abstracción lógica la idea de impuestos *puramente* recaudatorios o fiscales" (destaques no original) (Extrafiscalidad y sus limites constitucionales, p. 222).

[22] ATALIBA, Geraldo. *Hipótese de incidência tributária*, p. 189; CARRAZZA, Roque Antonio. *Curso de direito constitucional tributário*, p. 260-261.

[23] GUIMARÃES, Ylves J. de Miranda. *A situação atual da parafiscalidade no direito tributário*, p. 67.

[24] FERNANDES, Simone dos Santos Lemos. Teoria da parafiscalidade brasileira, p. 133. Nesse diapasão é a lição de Aliomar Baleeiro, que defendia serem quatro os elementos característicos da parafiscalidade: a) delegação do poder tributário a um órgão oficial ou semioficial autônomo; b) afetação das re-

4 ◼ Intervenção Indireta do Estado no Domínio Econômico 649

Para se caracterizar a parafiscalidade não basta que o tributo seja cobrado por ente diverso daquele que o instituiu, sendo necessário o concurso de outro fator: que a **receita** assim percebida **reverta em proveito da própria entidade que a arrecada**[25].

É o que se dá, por exemplo, com o imposto sobre propriedade territorial rural — ITR, de competência da União (art. 153, inciso VI, CF), na hipótese de ser fiscalizado e cobrado por Município que assim optar (art. 153, § 4.º, inciso III, CF), caso em que pertencerá ao Município a totalidade do produto da arrecadação do imposto, relativamente aos imóveis nele situados (art. 158, inciso II, parte final, CF).

A **extrafiscalidade** ocorre quando o tributo é utilizado pelo Estado como **instrumento para intervenção** no domínio econômico ou social, disciplinando comportamentos com vistas à correção de situações sociais indesejadas e à condução da economia, sendo secundária a finalidade de simples arrecadação de recursos para o custeio dos encargos públicos.

A extrafiscalidade, no dizer de Geraldo Ataliba, é o emprego deliberado dos instrumentos tributários com objetivos não fiscais, mas ordinatórios, isto é, regulatórios "de comportamento sociais, em matéria econômica, social e política"[26].

---

ceitas a fins específicos; c) exclusão dessas receitas do orçamento geral; d) subtração de tais receitas à fiscalização do Tribunal de Contas ou órgão de controle da execução orçamentária (*Direito tributário brasileiro*, p. 641). No mesmo sentido, seguindo a lição de Baleeiro: MÉLEGA, Luiz. A parafiscalidade e a Constituição Federal de 1988, p. 68-69. Divergindo da lição de Baleeiro, sustenta Fernando Facury Scaff que os dois últimos requisitos apontados pelo autor anteriormente referido encontram-se derrogados pela CF/1988, tendo em vista o disposto no art. 165, § 5.º (princípio da unidade orçamentária) e no art. 70 (princípio da universalidade do controle das verbas públicas), ambos da Carta de 1988 (Contribuições de intervenção e direitos humanos de segunda dimensão, p. 406-407).

[25] ATALIBA, Geraldo. *Sistema constitucional tributário brasileiro*, p. 178-179; SPAGNOL, Werther Botelho. *Curso de direito tributário*, p. 193; TORRES, Heleno Taveira. Pressupostos constitucionais das contribuições de intervenção no domínio econômico. A Cide-Tecnologia, p. 123. Se o produto arrecadado volta para os cofres da pessoa política titular da competência tributária, ocorre o fenômeno jurídico denominado "sujeição ativa auxiliar". O agente arrecadador, neste caso, como enfatiza Roque Antonio Carrazza, não passa de um substituto *ex lege* do sujeito ativo, atuando em nome e por conta da pessoa tributante (*Curso de direito constitucional tributário*, p. 260). **Capacidade tributária ativa auxiliar**, no dizer de Valéria Furlan, "é a aptidão para arrecadar tributo e repassá-lo à entidade tributante" (*Apontamentos de direito tributário*, p. 97).

[26] ATALIBA, Geraldo. *Sistema constitucional tributário brasileiro*, p. 150-151. Segundo Diogo Leite de Campos e Mônica Horta Neves Leite de Campos, as normas, denominadas tributárias, que não têm em vista a obtenção de receitas, mas sim a prossecução de fins extrafiscais são **normas materialmente não tributárias** (ou **normas tributárias impropriamente ditas**), pertinentes antes ao Direito Econômico, da segurança social etc. (*Direito tributário*, p. 39-40). Em sentido contrário é o entender de Luís Eduardo Schoueri, que, justificando o emprego da denominação "normas tributárias indutoras", esclarece que tal designação "tem o firme propósito de não deixar escapar a evidência de, conquanto se tratando de instrumentos a serviço do Estado na intervenção por indução, **não perderem tais normas a característica de serem elas, ao mesmo tempo, relativas a tributos e portanto sujeitas a princípios e regras próprias do campo tributário**" (destaque nossos) (*Normas tributárias indutoras e intervenção econômica*, 2005).

Os tributos extrafiscais, como se vê, são os utilizados pelo Estado **sem o fim precípuo de obter recursos** para seu erário, mas com vistas a **ordenar ou reordenar a economia e as relações sociais**[27]. Também são conhecidos como "tributos regulatórios"[28].

> **Observação:** Sobre o tema, decidiu o STF que, em princípio, "não ofende a Constituição a utilização de impostos com função extrafiscal com o objetivo de compelir ou afastar o indivíduo de certos atos ou atitudes" (**RE-ED-ED 218.287/SC**, Rel. Min. Dias Toffoli, 2.ª Turma, j. em 30.06.2017, *DJe*-176 10.08.2017).

A extrafiscalidade, em nossa concepção, não se configura quando o **produto da arrecadação do tributo** seja destinado a custear as atividades do Estado de intervenção no domínio econômico[29], mas quando o **manejo da incidência (ou não) do próprio tributo** (não a sua receita) é utilizado como instrumento da intervenção estatal[30].

É o caso, por exemplo:

- ◼ da redução do Imposto de Exportação (I.E.) pelo Poder Executivo (art. 153, § 1.º, CF), com o fim de estimular as operações que destinem ao exterior determinada categoria de produtos[31];

---

[27] MARTUL-ORTEGA, Perfecto Yebra. Los fines extrafiscales del impuesto, p. 356; FALCÃO, Raimundo Bezerra. *Tributação e mudança social*, p. 48; VINHA, Thiago Degelo; RIBEIRO, Maria de Fátima. Efeitos socioeconômicos dos tributos e sua utilização como instrumento de políticas governamentais, p. 659 e 671.

[28] MELLO, Gustavo Miguez de. Política fiscal e reforma tributária, p. 125.

[29] Esse também é o pensamento de Diego Bomfim, que assevera: "A mera afetação dos recursos arrecadados, ainda que seja um elemento importantíssimo na configuração de determinados tributos, nada diz da caracterização da extrafiscalidade de uma norma tributária" (*Extrafiscalidade:* identificação, fundamentação, limitação e controle, p. 32). Em sentido contrário parece ser o entendimento de Martha Toribio Leão, que considera a contribuição de intervenção econômico — CIDE como um tributo cuja própria natureza é indutora (extrafiscal), por servir "para que a União disponha de recursos para a intervenção em determinado setor da economia" (*Controle da extrafiscalidade*, p. 58-59).

[30] Nesse sentido é a lição de Flávia Renata Vilela Caravelli: "é no momento da incidência ou não da norma tributária que se determina a sua aptidão para produzir efeitos indutores, que são a essência das normas extrafiscais" (*Extrafiscalidade:* (re)construção conceitual no contexto do Estado Democrático de Direito e aplicações no direito tributário, p. 85). Concepção diversa é a de Maria D'Iara Siqueira de Melo Borges, que considera extrafiscal "o tributo **cujo produto arrecadado**, seja utilizado pelo Estado para intervir na economia privada" (O Estado e o tributo como instrumento estatal de intervenção, p. 194) (destaque nosso). Na lição de Marcus de Freitas Gouvêa, a extrafiscalidade nos tributos tem dois vieses: "um pertinente à *arrecadação*, que reside no *fato gerador*, outro pertinente à *destinação do tributo arrecadado*, que corresponde ao *aspecto finalístico do tributo*, voltado à realização dos fins do Estado e dos direitos fundamentais do cidadão" (*A extrafiscalidade no direito tributário*, p. 176) (destaques no original). No primeiro caso, segundo o autor citado, a extrafiscalidade é "aquela relativa à indução de comportamentos **pela maior ou menor incidência tributária** sobre as atividades humanas que o legislador elege por fatos geradores de tributos" (Ob. cit., p. 144) (destaques nossos). Na segunda hipótese, "a extrafiscalidade quer, **mediante o financiamento de determinadas despesas**, a consecução dos fins que justificaram a criação de um tributo" (Ob. cit., p. 176) (destaques nossos).

[31] Analisando o § 1.º do art. 153 da CF/1988, Roberto Botelho Ferraz assevera que a faculdade conferida ao Poder Executivo pelo citado dispositivo "não configura simplesmente um *poder* da Admi-

4 ■ Intervenção Indireta do Estado no Domínio Econômico 651

■ da majoração do Imposto de Importação (I.I.) pelo Poder Executivo (art. 153, § 1.º, CF) com o fim de desencorajar a aquisição, por residentes no país, de bens importados[32], que visa satisfazer diretamente o interesse público de proteção à indústria nacional[33];

■ da cobrança progressiva do IPTU, com o fim de desestimular a manutenção de propriedades urbanas não edificadas, subutilizadas ou não utilizadas (art. 182, § 4.º, inciso II, CF);

■ da cobrança do ITR com o fim de desestimular a manutenção de propriedades rurais improdutivas (art. 153, § 4.º, inciso I, CF[34]), que, assim como o caso anterior, visa satisfazer diretamente o interesse público de que a propriedade atenda a sua função social (art. 5.º, inciso XXIII, CF)[35];

■ do Imposto sobre Produtos Industrializados (IPI), que, apesar de sua expressividade como fonte de obtenção de receitas, possui características tipicamente extrafiscais, sendo, por imposição constitucional, seletivo em função da essencialidade do produto (art. 153, § 3.º, inciso I, CF);

■ do ICMS, quando admite a utilização da técnica da seletividade de alíquotas, diferenciando-se, no entanto, do IPI, pelo fato de a adoção da referida técnica apresentar-se, para o imposto estadual, como mera faculdade (art. 155, § 2.º, inciso III, CF). A seletividade, como bem observa Maria Alessandra Brasileiro de Oliveira, "é um salutar mecanismo de viabilização de uma política *extrafiscal*, prestando-se principalmente, para a realização do *princípio da capacidade contributiva*" (destaque no original)[36];

■ do Imposto sobre produção, extração, comercialização ou importação de bens e serviços **prejudiciais à saúde ou ao meio ambiente** (art. 153, inciso VIII, CF[37]).

---

nistração, mas também e especialmente um *dever*. O dispositivo constitucional não refere apenas que o Executivo pode alterar alíquotas mas que *deve alterar alíquotas dos impostos de conjuntura sempre que se verificarem variações das condições definidas em lei*" (Intervenção do Estado na economia por meio da tributação — a necessária motivação dos textos legais, p. 247) (destaques no original). Por tal razão, leciona o autor citado que "os atos administrativos que modificam alíquotas do IPI, IOF e dos Impostos de Importação e Exportação somente poderão ser válidos quando expressamente motivados" (Ob. cit., p. 252).

[32] MELLO, Gustavo Miguez de. Política fiscal e reforma tributária, p. 125.

[33] COSTA, Ramón Valdés. *Curso de derecho tributário*, p. 9. É tão evidente o caráter extrafiscal do Imposto de Importação, que a referida exação (assim como o IPI, o I.E. e o IOF) escapa à aplicação dos postulados da anterioridade tributária (art. 150, § 1.º, CF/1988) e da legalidade tributária (art. 153, § 1.º, CF/1988), com o intuito de evitar que venha a perder parcela da flexibilidade que caracteriza um imposto extrafiscal. Nesse sentido: FALCÃO, Raimundo Bezerra. *Tributação e mudança social*, p. 269.

[34] Inciso I acrescentado ao § 4.º do art. 153 da CF/1988 pela Emenda Constitucional n. 42, de 19.12.2003. Ressalte-se, contudo, que relativamente ao ITR a CF/1988 não admitiu expressamente, como o fez com o IPTU, o emprego da progressividade.

[35] ANDRADE, Roberta Ferreira de. Intervenção do Estado no domínio econômico — Tributação com finalidade extrafiscal, p. 76.

[36] OLIVEIRA, Maria Alessandra Brasileiro de. A extrafiscalidade como instrumento de realização da justiça, p. 265.

[37] Inciso acrescentado pela Emenda Constitucional n. 132, de 20.12.2023.

> **Observação:** Os impostos são a espécie tributária mais apta à instrumentalização de objetivos extrafiscais[38]. Isso porque, como salienta Flávio de Azambuja Berti, "ao incidirem sobre situações, fatos ou estados de fato, indicativas da existência de capacidade econômico-contributiva dos sujeitos passivos, os impostos viabilizam a efetivação de inúmeras políticas públicas voltadas à realização de objetivos sociais e econômicos nas mais diferentes áreas da atuação das pessoas físicas e jurídicas"[39]. O referido autor destaca, contudo, que não devem ser desconsideradas "situações nas quais é possível também aferir objetivos extrafiscais por trás de normas específicas sobre outras espécies tributárias, tais como as contribuições especiais"[40].

Como se vê nos exemplos citados, o interesse que se manifesta com a extrafiscalidade é o da correção de situações sociais e econômicas anômalas, mediante a realização de outros valores (sociais, políticos ou econômicos) constitucionalmente assegurados, que prevalecem sobre finalidades meramente arrecadatórias de recursos monetários[41]. Dito de outro modo, a função arrecadatória, no caso dos tributos extrafiscais, fica relegada a um plano secundário[42].

Um caso interessante de extrafiscalidade deu-se com a promulgação da Lei n. 12.663, de 05.06.2012 ("Lei Geral da Copa"), que concedia **isenção** à Federação Internacional de Futebol — **FIFA** e a seus representantes de **custas e despesas processuais** devidas aos órgãos do Poder Judiciário da União.

Foi ajuizada ADI perante o STF contra tal disposição, sob alegação de afronta à isonomia tributária (art. 150, inciso II, CF). O STF, contudo, julgou improcedente referida ação, reconhecendo o caráter **extrafiscal** de tal isenção:

> É constitucional a isenção fiscal relativa a pagamento de custas judiciais, concedida por Estado soberano que, mediante política pública formulada pelo respectivo governo, buscou garantir a realização, em seu território, de eventos da maior expressão, quer nacional, quer internacional. Legitimidade dos **estímulos** destinados a atrair o principal e indispensável parceiro envolvido, qual seja, a FIFA, de modo a alcançar os benefícios econômicos e sociais pretendidos[43].

4.2.2. INCENTIVOS FINANCEIROS-FISCAIS

Incentivos financeiros (ou financeiros-fiscais) são os quem implicam saída de dinheiro dos cofres públicos em favor de alguém.

Tal categoria de benefícios costuma ser efetivada por **transferências correntes** (art. 12, § 2.º, Lei n. 4.320/64) do tipo **subvenções econômicas**, que são as transferências destinadas a empresas (art. 12, § 3.º, inciso II, Lei n. 4.320/64).

---

[38] GODOI, Marciano Seabra de. Extrafiscalidad y sus limites constitucionales, p. 222.

[39] BERTI, Flávio de Azambuja Berti. *Impostos:* extrafiscalidade e não-confisco, p. 43-44.

[40] Ob. cit., p. 45.

[41] CARVALHO, Paulo de Barros. *Curso de direito tributário*, p. 153.

[42] BORGES, Maria D'Iara Siqueira de Melo. O Estado e o tributo como instrumento estatal de intervenção, p. 195.

[43] STF, ADI 4.976/DF, Rel. Min. Ricardo Lewandowski, Pleno, j. em 07.05.2014, *DJe*-213 30.10.2014.

4 ◼ Intervenção Indireta do Estado no Domínio Econômico 653

Subvenção, na definição formulada por Rafael Valim, é uma relação jurídico-administrativa típica, caracterizada por uma prestação pecuniária do Estado em favor de um sujeito de direito privado, ao qual corresponde aplicar os valores percebidos, desinteressadamente e com a concorrência de recursos ou bens próprios, no desenvolvimento de uma atividade revestida de interesse público[44].

Um exemplo é o **Programa de Fomento às Atividades Produtivas Rurais**, instituído pela Lei n. 12.512, de 14.10.2011, e regulamentado pelo Decreto n. 9.221, de 06.12.2017, que é executado por meio da transferência direta de recursos financeiros não reembolsáveis (art. 9.º, § 3.º, Lei n. 12.512/2011)[45].

Outros exemplos são os chamados **bancos de desenvolvimento**, que, nos termos da Resolução CMN n. 5.047, de 25.11.2022, do Conselho Monetário Nacional (CMN), são **instituições financeiras públicas não federais**, criadas e controladas por unidade da Federação, que têm como objetivo precípuo proporcionar o suprimento oportuno e adequado dos recursos necessários ao financiamento, no médio e longo prazos, de programas e projetos que visem a promover o desenvolvimento econômico e social das respectivas unidades da Federação que detiverem seu controle acionário, cabendo-lhes apoiar prioritariamente o setor privado.

Os bancos de desenvolvimento possuem, ainda, as seguintes características (arts. 2.º e 3.º, Resolução CMN n. 5.047/2022):

◼ são constituídos sob a forma de **sociedade anônima**, nos termos da Lei n. 6.404, de 15.12.1976;

◼ devem ter sua **sede** na **Capital** da unidade da Federação que detiver seu controle acionário;

◼ adotam, obrigatória e privativamente, em sua **denominação**, a expressão "Banco de Desenvolvimento", seguida do nome da unidade da Federação que detiver seu controle acionário (art. 2.º, § 1.º, Resolução CMN n. 5.047/2022)[46];

◼ seu funcionamento depende de autorização do Banco Central do Brasil.

---

[44] VALIM, Rafael. *A subvenção no direito administrativo brasileiro*, p. 89. Para o referido autor, toda subvenção é **condicionada**, "na medida em que é conatural à subvenção a irrogação de um dever ao seu beneficiário" (Ob. cit., p. 101). No mesmo sentido é a entendimento de Laura Mendes Amando de Barros, que, por isso, defende que as subvenções não estão inseridas no campo das doações: "O beneficiário não tem livre disposição dos bens/valores, que ficam vinculados à causa subvencional" (*Participação democrática e fomento nos conselhos deliberativos*: o exemplo paradigmático da infância e adolescência, p. 72).

[45] Referido programa também envolve o acompanhamento social e produtivo das famílias beneficiárias, que é realizado, preferencialmente, por meio do serviço de assistência técnica e extensão rural ou, alternativamente, por meio do serviço de atendimento familiar para inclusão social e produtiva (art. 2.º, *caput* e § 1.º, Decreto n. 9.221/2017).

[46] É o caso do Banco de Desenvolvimento de Minas Gerais S/A (BDMG), com sede em Belo Horizonte-MG, e do Banco de Desenvolvimento do Espírito Santo S/A, com sede em Vitória-ES.

Os bancos de desenvolvimento têm como finalidade prover recursos para atividades parcamente amparadas pelos agentes financeiros privados, mas igualmente relevantes para o sucesso do programa estatal de desenvolvimento[47].

Também merecem ser citadas as **Agências de Fomento**, que, nos termos da Resolução n. 2.828, de 30.03.2001, do CMN, têm, dentre outras, as seguintes características:

- estão sob controle acionário de Unidade da Federação (Estados ou Distrito Federal);
- seu objeto social é o financiamento de capital fixo e de giro associado a empreendimentos que visem à ampliação ou à manutenção da capacidade produtiva de bens e serviços, previstos em programas de desenvolvimento econômico e social da Unidade da Federação onde tenham sede;
- sua constituição e seu funcionamento dependem de autorização do Banco Central do Brasil;
- o Banco Central do Brasil autorizará a constituição de uma única agência de fomento por Unidade da Federação;
- devem ser constituídas sob a forma de sociedade anônima de capital fechado, nos termos da Lei n. 6.404, de 15.12.1976;
- adotam, obrigatoriamente, em sua denominação social, a expressão "Agência de Fomento", acrescida da indicação da Unidade da Federação controladora[48].

Pode ser citado, ainda, como exemplo de instrumento de intervenção estatal por indução mediante incentivos financeiros-fiscais o **Banco Nacional de Desenvolvimento Econômico e Social — BNDES**[49], que tem como principal objetivo o financiamento de projetos de empreendedores, em seus planos de instalação, modernização e expansão de seus negócios.

> **Observação:** Ressalta Maria Herminia Moccia que não há um núcleo claro e preciso das atividades que poderão ser fomentadas pelo BNDES, que variam no tempo, procurando se adequar às políticas públicas do Governo Federal, que também oscilam, ora preponderando um viés mais liberal, ora mais intervencionista[50].

---

[47] SCHAPIRO, Mario Gomes. *Novos parâmetros para a intervenção do Estado na economia*, p. 93. Além da referida função — própria dos bancos estatais em geral —, o mencionado autor destaca que os bancos de desenvolvimento exercem, ainda, o papel econômico adicional de **"experimentadores institucionais"**, que lhes permite a formação de novas habilidades de transação financeira, estruturando "operações com novos setores, cujo funcionamento pode ser desconhecido dos demais agentes financeiros, habituados a tratar com os ramos tradicionais" (Ob. cit., p. 93-94).

[48] Exemplos: Agência de Fomento do Estado do Amazonas — AFEAM; Agência de Fomento do Amapá — AFAP.

[49] O BNDES foi criado como Banco Nacional de Desenvolvimento Econômico (BNDE), pela Lei n. 1.628, de 20.06.1952, com natureza de autarquia federal. A Lei n. 5.662, de 21.06.1971, alterou sua denominação para Banco Nacional do Desenvolvimento Econômico (BNDE), tendo sido enquadrado na categoria de **empresa pública**. A instituição passou a ter a sua atual denominação com o Decreto-Lei n. 1.940, de 25.05.1982 (art. 5.º).

[50] MOCCIA, Maria Herminia Pacheco e Silva. *Parâmetros para a utilização do fomento econômico*: empréstimos pelo BNDES em condições favoráveis, p. 170. Como bem observa Alberto Teixeira, a

4 ▣ Intervenção Indireta do Estado no Domínio Econômico   655

O BNDES, de acordo com o art. 8.º de seu Estatuto Social (aprovado pelo Decreto n. 4.418, de 11.10.2002), exerce, diretamente ou por intermédio de empresas subsidiárias, agentes financeiros ou outras entidades, **atividades bancárias** e realiza **operações financeiras** de qualquer gênero, relacionadas com suas finalidades[51].

Tal circunstância faz com que alguns entendam que a atividade do BNDES enquadrar-se-ia na modalidade de atuação do Estado no domínio econômico por participação[52]. Entendemos, todavia, que se trata de intervenção **por indução**, pois o BNDES, nos termos do art. 3.º de seu Estatuto Social, tem por objetivo primordial **apoiar** programas, projetos, obras e serviços que se relacionem com o desenvolvimento econômico e social do País[53]. Ademais, de acordo com o art. 4.º do seu Estatuto Social, o BNDES exercitará suas atividades, visando a **estimular** a iniciativa privada.

> **Observação:** A CF/1988 vincula expressamente receitas ao BNDES. Com efeito, da arrecadação decorrente das contribuições para o Programa de Integração Social, criado pela Lei Complementar n. 7, de 07.09.1970, e para o Programa de Formação do Patrimônio do Servidor Público, criado pela Lei Complementar n. 8, de 03.12.1970, no mínimo **28% (vinte e oito por cento)** devem ser destinados para o financiamento de programas de desenvolvimento econômico, por meio do BNDES, com critérios de remuneração que preservem o seu valor (art. 239, § 1.º, CF, com redação dada pela Emenda Constitucional n. 103, de 12.11.2019)[54].

4.2.3. PLANEJAMENTO

Planejamento é o ato de planejar, isto é, de **determinar objetivos** e **definir os meios** para alcançá-los. Consiste em "racionalizar meios em função de fins"[55]. Trata-se, pois, de uma atuação voltada essencialmente **para o futuro**[56].

---

elaboração e a aplicação da política econômica "dependem de variáveis não econômicas, como por exemplo do tipo de ideologia do governo vigente" (*Planejamento público*: de Getúlio a JK (1930-1960), p. 24).

[51] O BNDES integra o **Sistema Financeiro Nacional**, nos termos do art. 1.º, inciso IV, da Lei n. 4.595, de 31.12.1964.

[52] Nesse sentido: VIDIGAL, Lea. *BNDES:* um estudo de direito econômico, p. 204.

[53] "O ordenamento jurídico brasileiro agasalha a *função promocional do direito* e o BNDES, ao dar apoio financeiro à atividade econômica privada, por meio de empréstimos a juros favorecidos, exerce concretamente esta função" (MOCCIA, Maria Herminia Pacheco e Silva. *Parâmetros para a utilização do fomento econômico*: empréstimos pelo BNDES em condições favoráveis, p. 309) (destaque no original).

[54] Na redação original do dispositivo em questão, o percentual mínimo previsto era de 40% (quarenta por cento).

[55] OCTAVIANI, Alessandro. *Estudos, pareceres e votos de direito econômico*. v. II, p. 20.

[56] STOBER, Rolf. *Direito administrativo econômico geral*, p. 389. "Nesse sentido, o planejamento pode ser compreendido como um processo lógico que auxilia o comportamento racional na consecução de atividades intencionais voltadas para o futuro" (CATAPAN, Anderson; BERNARDONI, Doralice Lopes; CRUZ, Jane Alisson Westarb. *Planejamento e orçamento na administração pública*, p. 26).

656 Direito Financeiro e Econômico Esquematizado   *Carlos Alberto de Moraes Ramos Filho*

Relativamente ao planejamento estatal, o pioneirismo em seu tratamento como instituto jurídico deve ser atribuído ao Direito Econômico[57]. Apesar do exposto, o planejamento, enquanto matéria de normação jurídica, não se exaure no Direito Econômico[58].

A CF/1988, com efeito, concebe duas perspectivas de planejamento estatal. Uma delas é a da **atividade financeira do Estado**, que diz respeito apenas ao setor público e tem como instrumentos as **leis orçamentárias** (PPA, LDO e LOA), interessando, pois, ao **Direito Financeiro**.

A outra diz respeito aos **planos de desenvolvimento econômico e social**[59], acerca dos quais trazemos a definição formulada por Renata Porto Adri: "O planejamento do desenvolvimento econômico e social do país consiste no processo conjugado de atos políticos e jurídicos, que objetiva alcançar as finalidades e anseios da sociedade, conforme os princípios e escopos definidos no ordenamento jurídico"[60]. O planejamento é, pois, o meio apto a **dotar de racionalidade a política econômica estatal**, responsável pelo direcionamento da atividade interventiva do Estado[61].

Nesta segunda perspectiva, o planejamento estatal interessa ao **Direito Econômico**[62], estando previsto no art. 174 da CF e cujas etapas são assim delineadas por José Nabantino Ramos: "Colhem-se dados, fixa-se a Política Econômica, e fazem-se planos, que se implantam por meio de programas e projetos"[63]. Pelo planejamento, "o Estado realiza diagnósticos em relação às situações postas, estabelece prognósticos com vocação prospectiva, e assenta diretrizes e metas a serem atingidas"[64].

---

[57] VELOSO, Juliano Ribeiro Santos. *Direito ao planejamento*, p. 137-138.

[58] GRAU, Eros Roberto. *Planejamento econômico e regra jurídica*, p. 221-222.

[59] São os seguintes os dispositivos da CF/1988 que mencionam os planos e/ou programas (nacionais, regionais e/ou setoriais) de desenvolvimento econômico e social: art. 21, inciso IX; art. 43, § 1.º, inciso II; art. 48, inciso IV; art. 58, § 2.º, inciso VI; art. 159, inciso I, alínea *c*; art. 165, § 4.º; art. 166, § 1.º, inciso II; art. 174, § 1.º.

[60] ADRI, Renata Porto. *O planejamento da atividade econômica como dever do Estado*, p. 242. A função de planejar, relativa à atividade econômica, consoante leciona a autora referida, "pressupõe uma ação estatal de provisão, de projeção, de diretriz, de fixação de metas e de busca de finalidades referentes às relações de produção, comercialização, distribuição e consumo dos bens e serviços" (Da função estatal de planejar a atividade econômica: breves reflexões sobre o art. 174 da Constituição da República de 1988, p. 148).

[61] RIBEIRO, Marcia Carla Pereira. *Sociedade de economia mista e empresa privada*: estrutura e função, p. 101. No mesmo sentido: CAMARGO, Ricardo Antônio Lucas. *Regime jurídico geral e especial da atividade econômica no Brasil*, p. 79.

[62] "Enquanto no Brasil, planejamento é geralmente abordado no Direito Econômico, na Alemanha planejamento é assunto central no estudo do Direito Administrativo" (NOHARA, Irene Patrícia. *Direito administrativo*, p. 512).

[63] RAMOS, José Nabantino. *Sistema brasileiro de direito econômico*: história, doutrina, legislação, p. 138.

[64] PESTANA, Marcio. *Direito administrativo brasileiro*, p. 479.

4 ◼ Intervenção Indireta do Estado no Domínio Econômico   657

> **Observação:** Apesar da distinção apresentada, os dois planejamentos estatais são **conectados**[65], pois o § 4.º do art. 165 da CF determina que os planos e programas nacionais, regionais e setoriais previstos na Constituição devem ser elaborados em consonância com o PPA[66]. Esse, como observa Alessandro Octaviani, "é um dos elos de funcionalização do direito financeiro aos fins da Ordem Econômico-Social", pois as leis orçamentárias existem para **viabilizar formal e materialmente** os fins definidos nos planos de desenvolvimento econômico e social[67]. Também como sinal da ligação das duas modalidades de planejamento estatal destaca-se que cabe à Comissão Mista de Planos, Orçamentos Públicos e Fiscalização — CMO, do Congresso Nacional, não apenas examinar e emitir parecer sobre os projetos de leis orçamentárias (art. 166, § 1.º, inciso I, CF), mas também sobre os planos e programas nacionais, regionais e setoriais previstos na Constituição (art. 166, § 1.º, inciso II, CF)[68].

---

[65] "Existe uma nítida imbricação entre as atividades planejadoras e a elaboração orçamentária, nas suas diversas modalidades" (ADRI, Renata Porto. *O planejamento da atividade econômica como dever do Estado*, p. 243). "A ideia de planejamento, portanto, traz consigo a visão de racionalização da economia, pois o orçamento é utilizado para fins de manipulação da conjuntura para financiar as virtualidades esperadas no plano formalizado" (AZEVEDO, Eder Marques de. *O Estado administrativo em crise:* aspectos jurídicos do planejamento no direito administrativo econômico, p. 40-41). Também Andréa Queiroz Fabri ressalta a necessidade constante do planejamento econômico no sentido de **"planejamento dos gastos públicos** a partir da visualização de ações integradas de longo prazo com vistas ao desenvolvimento econômico" (Falhas de mercado: por uma nova visão do planejamento econômico, p. 63) (destaque nosso). Esta última autora, noutra obra, assevera: "Como a promoção, direta e indireta, do desenvolvimento do país pelo Estado depende de **recursos financeiros**, devem estes estar previstos no orçamento. Mais uma vez, Direito Econômico e Financeiro se interligam (...)" (*Responsabilidade do Estado*: planos econômicos e iniciativa privada, p. 50) (destaque nosso). No mesmo sentido: FABRI, Andréa Queiroz. *Planejamento econômico e mercado*: aproximação possível, p. 50 e 115-116.

[66] Observa Gilberto Bercovici que, no Brasil, a tendência notória em relação à integração do planejamento ao orçamento é a **redução do plano ao orçamento**, o que recebe as críticas do autor: "O planejamento não pode ser reduzido ao orçamento, e por um motivo muito simples: porque perde sua principal característica, a de fixar diretrizes para a atuação do Estado. Diretrizes essas que servem também de orientação para os investimentos do setor privado. O plano plurianual é uma simples previsão de gastos, que pode ocorrer ou não, sem qualquer órgão de controle da sua execução e garantia nenhuma de efetividade. A redução do plano ao orçamento é apenas uma forma de coordenar mais racionalmente os gastos públicos, não um verdadeiro planejamento, voltado ao desenvolvimento, ou seja, à transformação das estruturas socioeconômicas do país" (O planejamento do Estado não pode ser reduzido ao orçamento). No mesmo sentido: BERCOVICI, Gilberto. *Desigualdades regionais, Estado e Constituição*, p. 208.

[67] OCTAVIANI, Alessandro. *Estudos, pareceres e votos de direito econômico*, p. 106. Referido autor lembra que: "As metas da administração pública são constitucionalmente vinculadas à superação do subdesenvolvimento brasileiro e as despesas de capital e as corentes só guardarão legitimidade constitucional se estiverem adequadas a tal desiderato" (Ob. cit., p. 106).

[68] Como bem observa Marcos Juruena Villela Souto, as leis orçamentárias (PPA, LDO e LOA) "integram um sistema de planejamento que tem início na eleição de um determinado programa partidário de governo — CF, art. 1.º c/c 14, § 3.º, V — que deve ser traduzido após a investidura no cargo em um plano de desenvolvimento econômico — CF, art. 174 —, composto de um *diagnóstico* das carências e anseios da sociedade e de um *prognóstico*, através do qual se proporá o atendimento dessas necessidades e expectativas" (*Direito administrativo da economia*, p. 412-413) (destaques no original).

De acordo com o *caput* do art. 174 da CF, dentre as atividades que o Estado exerce, como agente normativo e regulador da atividade econômica, está a de **planejamento**. Trata-se, pois, de um instrumento de intervenção estatal no domínio econômico[69], apresentando-se, mais precisamente, como uma forma de intervenção **indireta**.

No que tange ao planejamento econômico, "o direito tem um papel de diretriz em relação à economia. Assim sendo, a intervenção do Estado na economia não se perfaz apenas no sentido reativo ou policial do direito, mas no sentido político, como propositor do futuro"[70].

Sobre a relevância do planejamento estatal econômico leciona Raimundo Bezerra Falcão: "Para que o intervencionismo seja proveitoso, é mister que não aja de maneira casuística e improvisada, ou, numa postura que seria certamente ainda mais infeliz, de forma aleatória. Face a isso, é que aflora óbvia a importância do planejamento, ao se cogitar da decisão interventiva"[71].

Atualmente, o Plano — a exteriorização legal do planejamento[72] — deixa de ser uma simples peça técnica e passa a ser, no dizer de Washington Peluso Albino de Souza, "um *diploma* definidor de direitos e de obrigações, ricamente comprometido com objetivos políticos, mas especialmente caracterizado como instrumento normativo de relações entre o Estado e os cidadãos" (destaque no original)[73].

O § 1.º do art. 174 da CF dispõe que a **lei** estabelecerá as diretrizes e bases do planejamento do desenvolvimento nacional equilibrado, o qual incorporará e compatibilizará os **planos nacionais e regionais de desenvolvimento**.

Tal lei é de competência da União, a quem foram constitucionalmente atribuídas as funções de elaborar e executar **planos nacionais e regionais** de desenvolvimento econômico e social (art. 21, inciso IX, CF).

Cabe ao Congresso Nacional, com a sanção do Presidente da República, dispor sobre planos e programas nacionais, regionais e setoriais de desenvolvimento (art. 48, inciso IV, CF).

---

[69] Nesse sentido: MORBIDELLI, Sidney. *A atuação do Estado na defesa da concorrência*: aspectos jurídicos relevantes, p. 121. Para Eros Roberto Grau, o planejamento econômico "não consubstancia uma modalidade de intervenção, mas qualifica a ação intervencionista do setor público, na medida em que se processe ela sistematicamente, tendo em vista fins predeterminados" (*Planejamento econômico e regra jurídica*, p. 219). No mesmo sentido é a percepção de Lucas Rocha Furtado, que assevera: "O *planejamento da ordem econômica* não pode ser considerado, em si, uma função estatal. Ou seja, não é por meio do planejamento que o Estado intervém na ordem econômica. O planejamento é inerente ao exercício de outra atividade, no sentido de que não é possível ao Estado utilizar qualquer instrumento de intervenção indireta ou exercer qualquer atividade sem que tenha havido o necessário planejamento" (*Curso de direito administrativo*, p. 723) (destaque no original). No mesmo sentido: NOGUEIRA, André Carvalho. *Regulação do poder econômico*: a liberdade revisitada, p. 309.

[70] MASCARO, Alysson Leandro. Estado, direito e dinheiro: técnicas de intervenção no domínio econômico, p. 178.

[71] FALCÃO, Raimundo Bezerra. *Direito econômico*: (teoria fundamental), p. 111.

[72] FABRI, Andréa Queiroz. *Planejamento econômico e mercado*: aproximação possível, p. 49.

[73] SOUZA, Washington Peluso Albino de. *Lições de direito econômico*, p. 174.

4 ◻ Intervenção Indireta do Estado no Domínio Econômico 659

Apesar do exposto, o único planejamento que se pratica no Brasil é o referente às finanças públicas[74]. Com efeito, observa Gilberto Bercovici que, desde 1979, com a revogação dos atos institucionais e complementares, o Brasil não possui nenhuma lei que regule adequadamente o planejamento nacional, descumprindo-se, pois, a determinação constitucional de estabelecimento de uma legislação sistemática sobre o tema (art. 174, § 1.º, CF)[75].

> **Observação:** Consoante leciona o autor citado, a **Lei n. 10.180, de 06.02.2001**, embora pretenda organizar "sob a forma de sistema" as atividades de planejamento, não institui verdadeiramente um sistema nacional de planejamento, nos termos exigidos pelo § 1.º do art. 174 da CF.

Os **planos regionais** de desenvolvimento econômico e social integram os planos nacionais e são aprovados juntamente com estes (art. 43, § 1.º, inciso II, CF).

Cabe às comissões do Congresso Nacional e de suas Casas, em razão da matéria de sua competência, apreciar os planos nacionais, regionais e setoriais de desenvolvimento e sobre eles emitir parecer (art. 58, § 2.º, inciso VI, CF).

Cabe à **lei complementar** dispor sobre a composição dos **organismos regionais** que executarão, na forma da lei, os planos regionais de desenvolvimento econômico e social (art. 43, § 1.º, inciso II, CF).

Nos termos do já citado art. 174 da CF, o planejamento é "**determinante** para o setor **público** e **indicativo** para o setor **privado**" (destaques nossos)[76]. Isso significa que, no Brasil, os planos econômicos estatais são **mistos**, pois "vinculam o Estado e as Administrações e empresas públicas e são indicativos para o setor privado"[77].

---

[74] CAMARGO, Ricardo Antônio Lucas. *Curso elementar de direito econômico*, p. 175.

[75] BERCOVICI, Gilberto. O planejamento do Estado não pode ser reduzido ao orçamento. No mesmo sentido: VIDIGAL, Lea. *BNDES:* um estudo de direito econômico, p. 208. A omissão estatal em dar efetivo cumprimento à mencionada disposição constitucional, conforme alerta Luiz Alberto Gurgel de Faria, "vem acarretando a permanência das desigualdades regionais, pois não há um planejamento sistemático para combater as causas do problema" (*A extrafiscalidade e a concretização do princípio da redução das desigualdades regionais*, p. 87).

[76] Da ementa de um julgado do STJ consta o seguinte trecho: "A **intervenção estatal no domínio econômico** é determinante para o setor público e indicativa para o setor privado, por força da livre-iniciativa e dos cânones constitucionais inseridos nos arts. 170 e 174, da CF" (REsp 549.873/SC, Rel. Min. Luiz Fux, 1.ª Turma, j. em 10.08.2004, *DJ* 25.10.2004, p. 224) (destaque nosso). A alusão não deveria ter sido à "intervenção do Estado no domínio econômico" como gênero, mas especificamente ao **planejamento econômico**. É que determinadas modalidades de intervenção estatal na economia são determinantes para o setor privado, como é o caso, p. ex., da repressão ao abuso do poder econômico, do controle de atos de concentração econômica e do tabelamento de preços.

[77] BRITO, Edvaldo. *Reflexos jurídicos da atuação do Estado no domínio econômico*, p. 98. Referido autor expressa sua posição no sentido de que o plano terá de ser "indicativo, enquanto puder orientar a economia privada sem perturbar o objetivo primordial do bem-estar e do desenvolvimento, mas imperativo quando estiver em jogo esta finalidade de atuação estatal" (Ob. cit., p. 99).

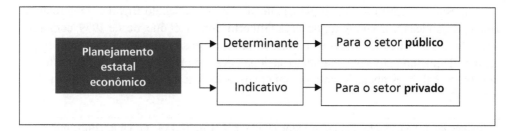

Ao definir que o planejamento é **determinante para o setor público**, a Constituição Federal pretendeu estabelecer, no dizer de Sérgio Guerra, que "as escolhas do administrador público devem, sempre, levar em conta que o Estado tem a missão, primeiramente, de planejar as ações que impactarão a sociedade como um todo, e, **compulsoriamente**, estará **vinculado** a esses mesmos planos" (destaques nossos)[78].

Pelo planejamento o Estado dá a conhecer à sociedade civil a sua concepção de desenvolvimento econômico "e assume perante ela responsabilidade para o caso de malogro ou mudança de orientação"[79].

Em razão do caráter **vinculante** do planejamento em face do **Poder Público**, a medida de política econômica que se colocar em dissintonia com o plano pode ter sua validade questionada[80].

Por outro lado, a circunstância do planejamento estatal ser **indicativo para o setor privado** evidencia que se trata de modalidade de intervenção indireta **por indução**[81].

O Estado, portanto, ao elaborar sua programação de desenvolvimento econômico, está cientificando os particulares a respeito dos setores e regiões que serão priorizados[82], permitindo, assim, que os agentes privados animem-se a empreender[83] e possam direcionar seus investimentos de maneira mais eficiente[84], evitando que sejam

---

[78] GUERRA, Sérgio. *Regulação estatal sob a ótica da organização administrativa brasileira*, p. 376.

[79] CAMARGO, Ricardo Antônio Lucas. *Direito econômico, direito internacional e direitos humanos*, p. 21.

[80] CAMARGO, Ricardo Antônio Lucas. *Curso elementar de direito econômico*, p. 174. Referido autor, noutra obra, assevera: "A lei do plano, nos termos do art. 174 da Constituição Federal brasileira de 1988, assume caráter condicionante da validade dos atos jurídicos veiculadores das medidas de política econômica. Assim, uma vez editada esta, os atos normativos que dela exorbitem devem ser sustados ou havidos por nulos" (*Direito econômico*: aplicação e eficácia, p. 262).

[81] A indicatividade do planejamento, como observa Andréa Queiroz Fabri, "diz respeito à observância, pelo Estado, das liberdades necessárias à promoção do desenvolvimento, evitando, assim, que o Poder Público imponha o que deve ser seguido pelo setor privado sem qualquer contrapartida em incentivos ou benefícios" (Falhas de mercado: por uma nova visão do planejamento econômico, p. 57). Entende Sérgio Ribeiro Muylaert que o planejamento econômico "é essencialmente categoria de intervenção por direção" (*Estado, empresa pública, mercado*: um estudo aproximativo para a efetivação da política econômica comum de integração no Cone Sul, p. 124).

[82] LOPES, Maristela Santos de Araújo. *A atuação do Estado sobre o domínio econômico e o princípio da livre-iniciativa como fundamento da República e da ordem econômica em um Estado democrático de direito*, p. 47.

[83] PESTANA, Marcio. *Direito administrativo brasileiro*, p. 479.

[84] VIDIGAL, Lea. *BNDES:* um estudo de direito econômico, p. 207. Nesse sentido: "O instrumental do planejamento público pode e deve ser utilizado para a orientação indicativa do empresário pri-

4 ◼ Intervenção Indireta do Estado no Domínio Econômico   661

surpreendidos por abruptas mudanças de orientação quanto à política econômica[85]. Nesse diapasão, observa Fábio Konder Comparato que "a adequada programação de políticas públicas, como a de investimento em infraestrutura, por exemplo, representa, por si só, o melhor dos estímulos à organização da atividade privada de acordo com os objetivos fixados pelo Estado"[86].

O caráter indicativo do planejamento estatal para o setor privado[87], segundo Marcia Carla Pereira Ribeiro, "encontra sua sustentação no receio de que o planejamento vinculante viesse a prejudicar ou impossibilitar o sistema de liberdade de iniciativa e de empresa"[88].

Com efeito, ressalta Irene Patrícia Nohara: "A opção pela economia de mercado, que compreende a valorização da livre-iniciativa, assegura às organizações particulares maior liberdade no planejamento de suas atividades econômicas, pois a chamada economia 'descentralizada' garante, em tese, uma maior liberdade de decisão e, consequentemente, de formação dos preços"[89].

> **Observação:** As **empresas estatais** (empresas públicas, sociedades de economia mista e suas subsidiárias), não obstante serem constituídas sob a forma de pessoas jurídicas de **direito privado**, aderem ao planejamento estatal, não por escolha, mas por integrarem a estrutura da **Administração Pública**[90].

---

vado" (VIDIGAL, Geraldo de Camargo. *Teoria geral do direito econômico*, p. 16). "O caráter indicativo da ação planejadora para o setor privado vem acompanhado dos corolários da conveniência e oportunidade deste em aderir aos planos estatais que veicularão todos os escopos do processo de planejamento" (ADRI, Renata Porto. Da função estatal de planejar a atividade econômica: breves reflexões sobre o art. 174 da Constituição da República de 1988, p. 148). Sobre a extensão dos efeitos do planejamento estatal ao setor privado, assevera Juliano Ribeiro Santos Veloso: "Na verdade, o planejamento governamental é um dos riscos a ser avaliado na estratégia das pessoas físicas e jurídicas quando da tomada de decisões e sempre afetará, de alguma forma, as decisões e os investimentos privados (...)" (*Direito ao planejamento*, p. 133).

[85] CAMARGO, Ricardo Antônio Lucas. *Direito econômico, direito internacional e direitos humanos*, p. 20-21.

[86] COMPARATO, Fábio Konder. A organização constitucional da função planejadora, p. 90.

[87] Para Geraldo Facó Vidigal, o planejamento, quando envolve especificamente o **setor monetário**, "é **imperativo** para o sistema financeiro, **ainda quando privado**, desde que estabelecido por lei. De consequência, traz em si uma carga da força constitucional à qual o sistema financeiro é inescapável" (destaques nossos). E conclui: "Por conseguinte, ao sistema financeiro não compete senão obedecer ao comando imperativo, às normas editadas pela União, em matéria de moeda" (Sistema financeiro nacional: atualidade e perspectivas, p. 9).

[88] RIBEIRO, Marcia Carla Pereira. *Sociedade de economia mista e empresa privada*: estrutura e função, p. 102. Tal enunciado constitucional, ressalta Calixto Salomão Filho, "elimina apenas a possibilidade de dirigismo econômico. Pouco ou nada esclarece, porém, com relação ao grau de intervencionismo. Para essa definição o art. 174 é de pouco auxílio" (*Direito concorrencial*, p. 411).

[89] NOHARA, Irene Patrícia. *Fundamentos de direito público*, p. 172. No mesmo sentido: NOHARA, Irene Patrícia. *Direito administrativo*, p. 512. Leciona Andréa Queiroz Fabri que, quando o planejamento estatal deixa de ser indicativo para o setor privado, passando a ser vinculante, os danos causados aos agentes econômicos devem ser reconhecidos e indenizados (*Responsabilidade do Estado*: planos econômicos e iniciativa privada, p. 117).

[90] Nesse sentido: CARVALHO, Pedro Jorge da Rocha. *A intervenção do Estado na economia e a imunidade recíproca*, p. 341.

4.2.4. "ENDORREGULAÇÃO": A UTILIZAÇÃO DE EMPRESAS ESTATAIS PARA FINS REGULATÓRIOS

Como visto no capítulo anterior, as empresas estatais (empresas públicas, sociedades de economia mista e suas subsidiárias) são criadas, precipuamente, para servir de instrumento estatal de exploração de atividade econômica, enquadrando-se, pois, no conceito de intervenção **direta** do domínio econômico.

No entanto, há quem admita que tais entidades possam ser utilizadas com **fins regulatórios**, hipótese que, por conseguinte, configuraria intervenção estatal **indireta** na economia.

É o caso de Mario Engler Pinto Júnior, que assim expõe seu pensar: "Nesse contexto, a atuação da empresa estatal é capaz de assumir **contornos regulatórios**, a partir da interação direta com os demais participantes do mercado, para **induzi-los** a adotar posturas socialmente desejáveis. Trata-se, em última análise, de **internalizar a regulação na empresa estatal**" (destaques nossos)[91].

É o que se dá, segundo Luiz Augusto da Silva, no caso dos bancos públicos — com destaque para os bancos comerciais federais — ao competir com os bancos privados, **induzindo** o comportamento destes de acordo com finalidades de políticas públicas, exercendo função tipicamente **regulatória** do mercado bancário.

Referido autor — que denomina tal modalidade de intervenção estatal de **"endorregulação"**, para diferenciá-la da regulação exógena, na qual o regulador é entidade externa ao mercado — cita como exemplo o caso da "guerra dos *spreads*" no setor bancário: "O Governo Federal, durante os anos de 2012 e 2013, se valendo de seu poder de controle sobre a Caixa Econômica Federal (empresa pública) e sobre o Banco do Brasil (sociedade de economia mista), fez com que reduzissem suas taxas de juros de maneira significativa *vis-à-vis* as médias até então praticadas no mercado. Com isso, esperava-se que os bancos privados, *induzidos pela concorrência*, seguiriam o mesmo caminho, produzindo o resultado da queda nas taxas reais de juros na economia brasileira e a consequente diminuição dos *spreads* bancários" (destaques no original)[92].

Tem-se, nesse caso, o que Mario Gomes Schapiro denomina de **"regulação institucional"**, como tal considerada, no dizer do autor, aquela na qual "o Estado disciplina a realidade econômica por meio de uma intervenção presencial e direta: são os próprios agentes públicos, como as empresas estatais, que atuam nos mercados e exercem algum controle sobre as variáveis econômicas"[93].

---

[91] PINTO JÚNIOR, Mario Engler. *Empresa estatal:* função econômica e dilemas societários, p. 5.

[92] SILVA, Luiz Augusto da. *Empresa estatal e regulação*: a atuação empresarial do Estado com objetivos regulatórios, p. 156. Para Renato Ferreira dos Santos, a única forma da empresas estatais "de induzir os players do mercado a 'adotar posturas socialmente desejáveis' que se pode conceber é por meio do estabelecimento de parâmetros elevados de concorrência, isto é, com o oferecimento de atividades e serviços de qualidade, que obriguem o competidor privado a igualar tal patamar" (A utilização de empresas estatais como meio de regulação: os limites e restrições para a criação e atribuições de competências às estatais sob a perspectiva regulatória, p. 254-255).

[93] SCHAPIRO, Mario Gomes. *Novos parâmetros para a intervenção do Estado na economia*, p. 92.

4.3. INTERVENÇÃO INDIRETA POR DIREÇÃO

A intervenção indireta por direção ocorre quando o Estado passa a exercer pressão sobre a economia, estabelecendo mecanismos e normas de **comportamento compulsório** para os sujeitos da atividade econômica, ao qualificar condutas como obrigatórias ou proibidas[94].

Caracteriza-se, portanto, a referida modalidade interventiva pela imposição estatal de **normas cogentes** para os agentes econômicos[95]. Nesse caso, o descumprimento das normas impostas pelo Estado acarretará uma sanção jurídica[96].

O fundamento da intervenção por direção é o fato da livre concorrência (art. 170, inciso IV, CF) não ser a "faculdade de cada um fazer o que quiser", consoante leciona Raimundo Bezerra Falcão, pois "o empresário pode e deve ser livre, **desde que seja capaz de utilizar essa liberdade no proveito social** (...)" (destaque nosso)[97].

A intervenção por direção, em razão de impor restrições à liberdade individual[98], pode ser considerada uma manifestação do **poder de polícia**[99].

Justamente em razão de impor restrições à liberdade individual, a legitimidade dessa modalidade de intervenção estatal, "dependerá sempre do criterioso respeito aos objetivos e princípios fundamentais fixados na Constituição"[100].

Nesse sentido já se manifestou o STF:

> **Ementa:** CONSTITUCIONAL. ECONÔMICO. INTERVENÇÃO ESTATAL NA ECONOMIA: REGULAMENTAÇÃO E REGULAÇÃO DE SETORES ECONÔMICOS: NORMAS DE INTERVENÇÃO. LIBERDADE DE INICIATIVA. CF, art. 1.º, IV; art. 170. CF, art. 37, § 6.º. I. — A intervenção estatal na economia, mediante regulamentação

---

[94] MARTINS, Ricardo Marcondes. *Teoria jurídica da liberdade*, p. 177. Tal modalidade interventiva é denominada por Diogo de Figueiredo Moreira Neto de "**intervenção regulatória**", pela qual "o Estado impõe uma ordenação coacta aos processos econômicos" (*Curso de direito administrativo*, p. 365-366). O mesmo autor, em outra obra, refere-se à intervenção regulatória como "**ordinatória**" (MOREIRA NETO, Diogo de Figueiredo. *Ordem econômica e desenvolvimento na Constituição de 1988*, p. 31).

[95] Por essa razão, Paulo Roberto Lyrio Pimenta denomina tal modalidade interventiva de "**intervenção-coação**" (*Contribuições de intervenção no domínio econômico*, p. 41).

[96] SCAFF, Fernando Facury. *Responsabilidade civil do Estado intervencionista*, p. 106.

[97] FALCÃO, Raimundo Bezerra. *Ensaios acerca do pensamento jurídico*, p. 180.

[98] "Ao exercer a regulação através de normas regulamentadoras que impõem obrigações a serem seguidas no desempenho de atividades pelo setor privado, o Poder Público muito claramente restringe a liberdade e a autonomia dos indivíduos destinatários da regulação. É muito fácil perceber que, já que tais indivíduos não mais poderão desempenhar suas atividades de forma complemente livre, há certa limitação de sua autonomia e sua liberdade" (TRAVASSOS, Marcelo Zenni. *Fundamentos do direito regulatório no instituto da extrafiscalidade*, p. 55).

[99] Nesse sentido: GILBERTO, André Marques. *O processo antitruste sancionador*: aspectos processuais na repressão das infrações à concorrência no Brasil, p. 25; FURTADO, Lucas Rocha. *Curso de direito administrativo*, p. 723; MAZZA, Alexandre. *Manual de direito administrativo*, p. 993; MUKAI, Toshio. *Direito administrativo sistematizado*, p. 115; OLIVEIRA, Fernando A. Albino de. Limites e modalidades da intervenção do Estado no domínio econômico, p. 63.

[100] COMPARATO, Fábio Konder. *Direito público*: estudos e pareceres, p. 101.

664 Direito Financeiro e Econômico Esquematizado *Carlos Alberto de Moraes Ramos Filho*

e regulação de setores econômicos, faz-se com **respeito aos princípios e fundamentos da Ordem Econômica**. CF, art. 170. (...) (RE 422.941/DF, Rel. Min. Carlos Velloso, 2.ª Turma, j. em 06.12.2005, *DJ* 24.03.2006, p. 55) (destaque nosso).

Ementa: (...) LEIS DE ORDEM PÚBLICA — RAZÕES DE ESTADO — MOTIVOS QUE NÃO JUSTIFICAM O DESRESPEITO ESTATAL À CONSTITUIÇÃO — PRE-VALÊNCIA DA NORMA INSCRITA NO ART. 5.º, XXXVI, DA CONSTITUIÇÃO. — **A possibilidade de intervenção do Estado no domínio econômico não exonera o Poder Público do dever jurídico de respeitar os postulados que emergem do ordenamento constitucional brasileiro.** Razões de Estado — que muitas vezes configuram fundamentos políticos destinados a justificar, pragmaticamente, *ex parte principis*, a inaceitável adoção de medidas de caráter normativo — não podem ser invocadas para viabilizar o descumprimento da própria Constituição. As normas de ordem pública (...) não podem frustrar a plena eficácia da ordem constitucional, comprometendo-a em sua integridade e desrespeitando-a em sua autoridade (RE 205.193/RS, Rel. Min. Celso de Mello, 1.ª Turma, j. em 25.02.1997, *DJ* 06.06.1997, p. 24891) (destaque nosso)[101].

Ementa: (...) 1. A intervenção estatal na economia como instrumento de regulação dos setores econômicos é consagrada pela Carta Magna de 1988. 2. Deveras, a intervenção deve ser exercida com **respeito aos princípios e fundamentos da ordem econômica**, cuja previsão resta plasmada no art. 170 da Constituição Federal, de modo a não malferir o princípio da livre-iniciativa, um dos pilares da república (art. 1.º da CF/1988) (...) (RE--AgR 648.622/DF, Rel. Min. Luiz Fux, 1.ª Turma, j. em 20.11.2012, *DJe*-035 22.02.2013) (destaque nosso)[102].

Ementa: (...) LEGITIMIDADE CONSTITUCIONAL DA ATUAÇÃO REGULATÓRIA DO ESTADO NO DOMÍNIO ECONÔMICO O estatuto constitucional das franquias individuais e liberdades públicas, ao delinear o regime jurídico a que estas estão sujeitas — e considerado o substrato ético que as informa —, permite que sobre elas incidam limitações de ordem jurídica (*RTJ* 173/807-808), destinadas, de um lado, a proteger a integridade do interesse social e, de outro, a assegurar a coexistência harmoniosa das liberdades, pois nenhum direito ou garantia pode ser exercido em detrimento da ordem pública ou com desrespeito aos direitos e garantias de terceiros. — A regulação estatal no domínio econômico, por isso mesmo, seja no plano normativo, seja no âmbito administrativo, traduz competência constitucionalmente assegurada ao Poder Público, cuja

---

[101] No mesmo sentido são os seguintes julgados, todos do STF: RE 201.525/RS, Rel. Min. Celso de Mello, 1.ª Turma, j. em 22.04.1997, *DJ* 22.08.1997, p. 38783; AI-AgR 233.689/SP, Rel. Min. Maurício Corrêa, 2.ª Turma, j. em 11.05.1999, *DJ* 25.06.1999, p. 12; AI-AgR 233.193/SP, Rel. Min. Maurício Corrêa, 2.ª Turma, j. em 11.05.1999, *DJ* 25.06.1999, p. 12; AI-AgR 236.071/SP, Rel. Min. Maurício Corrêa, 2.ª Turma, j. em 03.08.1999, *DJ* 10.09.1999, p. 7; AI-AgR 258.879/PR, Rel. Min. Ilmar Galvão, 1.ª Turma, j. em 25.04.2000, *DJ* 23.06.2000, p. 20; AI-ED 359.023/RJ, Rel. Min. Celso de Mello, 2.ª Turma, j. em 12.02.2003, *DJ* 21.03.2003, p. 65; AI-AgR 280.522/SP, Rel. Min. Celso de Mello, 2.ª Turma, j. em 12.12.2006, *DJ* 02.02.2007, p. 118.

[102] No mesmo sentido: RE-AgR 632.644/DF, Rel. Min. Luiz Fux, 1.ª Turma, j. em 10.04.2012, *DJe*-091 10.05.2012; RE-AgR 634.438/DF, Rel. Min. Luiz Fux, 1.ª Turma, j. em 10.04.2012, *DJe*-091 10.05.2012. Idêntica ementa consta do seguinte acórdão do STJ: REsp 926.140/DF, 1.ª Turma, Rel. Min. Luiz Fux, j. em 01.04.2008, *DJ* 12.05.2008, p. 1.

4 ◻ Intervenção Indireta do Estado no Domínio Econômico 665

atuação — destinada a fazer prevalecer os vetores condicionantes da atividade econômica (CF, art. 170) — é justificada e ditada por razões de interesse público, especialmente aquelas que visam a preservar a segurança da coletividade. — A obrigação do Estado, impregnada de qualificação constitucional, de proteger a integridade de valores fundados na preponderância do interesse social e na necessidade de defesa da incolumidade pública legitima medidas governamentais, no domínio econômico, decorrentes do exercício do poder de polícia, a significar que os princípios que regem a atividade empresarial autorizam, por efeito das diretrizes referidas no art. 170 da Carta Política, a incidência das limitações jurídicas que resultam do modelo constitucional que conforma a própria estruturação da ordem econômica em nosso sistema institucional. Magistério da doutrina. (...) (RE-AgR 597.165/DF, Rel. Min. Celso de Mello, 2.ª Turma, j. em 28.10.2014, *DJe*-240 09.12.2014).

Nesse sentido é a lição de Edilson Pereira Nobre Júnior, que assim se pronuncia: "a intervenção diretiva do Poder Público sobre a economia, manifestada no propósito de resguardar o interesse da coletividade, embora premissa irrefutável, mesmo sob a aura do denominado Estado mínimo, não assoma à ribalta irrestrita. Diversamente, haverá de pautar-se pela trilha do **princípio da proporcionalidade** (e suas elementares necessidade, adequação e proporcionalidade em sentido estrito), não podendo privar o empresário da obtenção de uma margem mínima de lucro, indispensável à subsistência de sua atividade. Com essa não suprimível cautela, resguarda-se a contento o substrato essencial do direito ou liberdade fundamental atingida" (destaque nosso)[103].

No mesmo sentido é a lição de Tércio Sampaio Ferraz Júnior, que assevera: "o sentido do papel do Estado como agente normativo e regulador está delimitado, negativamente, pela livre-iniciativa, que não pode ser suprimida. O Estado, ao agir, tem o dever de omitir a sua supressão. Positivamente, os limites das funções de fiscalização, estímulo e planejamento estão nos princípios da ordem, que são a sua condição de possibilidade"[104].

Temos como exemplos de intervenção estatal indireta por direção:

◻ a atuação das **agências reguladoras** (que será objeto de capítulo próprio);

◻ a **repressão ao abuso do poder econômico** e o **controle de atos de concentração econômica** (que serão abordados por ocasião do estudo do Sistema Brasileiro de Defesa da Concorrência);

◻ o **tabelamento de preços**[105];

◻ o **controle do abastecimento**;

◻ a **liquidação extrajudicial de instituições financeiras**.

---

[103] NOBRE JÚNIOR, Edilson Pereira. Intervenção estatal sobre o domínio econômico, livre-iniciativa e proporcionalidade (céleres considerações), p. 719.

[104] FERRAZ JÚNIOR, Tércio Sampaio. *Interpretação e estudos da Constituição de 1988*, p. 23.

[105] "(...) a política econômica de controle de preços (...) se exterioriza pela intervenção do Estado sobre o domínio econômico por meio de norma de direção" (NEVES, Rogério Telles Correia das. *A política estatal de controle de preços no setor sucroalcooleiro*, p. 29).

> **Observação:** Ainda que não se enquadrem em nenhum dos referidos exemplos, são consideradas como atos de intervenção por direção as imposições (compulsórias, pois) de comportamentos aos agentes econômicos. É o caso da chamada **"cota de tela"**, isto é, da obrigatoriedade de exibição de filmes brasileiros em salas de cinema, instituída pela Medida Provisória n. 2.228-1, de 06.09.2001, e que teve sua constitucionalidade reconhecida pelo STF[106].

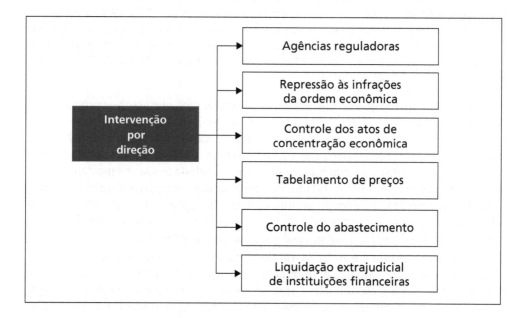

4.3.1. CONTROLE DE PREÇOS (TABELAMENTO)

Preço é a expressão monetária de um bem ou serviço, isto é, "a representação da quantidade de dinheiro necessária para adquirir-se um determinado bem ou retribuir-se o recebimento de um determinado serviço"[107].

Em uma economia de mercado, existe um mecanismo de **preços** automático e inconsciente que reflete as quantidades que os vendedores desejam oferecer e as quantidades que os compradores desejam comprar de cada bem, de maneira que tudo é realizado sem coação ou direção central de qualquer organismo consciente[108].

---

[106] Ao julgar o **Tema 704** da repercussão geral, firmou a seguinte Tese: "São constitucionais a cota de tela, consistente na obrigatoriedade de exibição de filmes nacionais nos cinemas brasileiros, e as sanções administrativas decorrentes de sua inobservância" (RE 627.432/RS, Rel. Min. Dias Toffoli, Pleno, j. em 18.03.2021, *DJe*-100 26.05.2021). Na ocasião, entendeu o STF que a Medida Provisória n. 2.228-1/2001 promoveu intervenção voltada a proporcionar a efetivação do direito à cultura, sem, por outro lado, atingir o núcleo dos direitos à livre-iniciativa, à livre concorrência e à propriedade privada, tendo apenas adequado as liberdades econômicas a sua função social.

[107] PESTANA, Marcio. *Direito administrativo brasileiro*, p. 485.

[108] PASSOS, Carlos Roberto Martins; NOGAMI, Otto. *Princípios de economia*, p. 31.

4 ■ Intervenção Indireta do Estado no Domínio Econômico 667

Os preços classificam-se em **privados** — quando originados das condições normais do próprio mercado — e **públicos** — quando estabelecidos unilateralmente pelo poder público, mediante a fixação de **tarifa**.

O tabelamento ou controle de preços dá-se em relação aos preços **privados**[109] e é a modalidade de intervenção do Estado no domínio econômico que consiste na **fixação de preços máximos e/ou mínimos** em relação a determinado produto ou serviço, na forma e nas condições estabelecidas em lei.

Observa Irene Patrícia Nohara que, "via de regra, a tendência é o respeito maior à liberdade de preços em momentos de estabilidade econômica", mas "nos momentos de crise econômica e financeira, em geral, cresce em importância a atividade interventiva do Estado no domínio econômico", por exemplo, para regular preços[110].

Consequentemente, consoante anotou a Ministra Nancy Andrighi, em seu voto no Recurso Especial REsp 79.937/DF, do qual foi relatora, "em casos **excepcionais**, quando a ocorrência de certas **anomalias** é capaz de pôr em risco o próprio fundamento da atividade econômica livre, pode o agente-Estado promover a imposição de restrições na espontaneidade contingente do mercado na formação dos preços justamente com o objetivo de salvaguardá-la" (destaques nossos)[111].

Portanto, a atuação do Estado mediante o tabelamento de preços faz-se necessária quando o preço formado no mercado, ante a lei da oferta e da procura, não atender ao interesse público.

O STF, na vigência da Constituição de 1946, reconhecia, com fundamento no art. 148 — segundo o qual a lei reprimiria toda e qualquer forma de abuso do poder econômico, inclusive a que tivesse por fim aumentar arbitrariamente os lucros —, a **constitucionalidade** da medida estatal de controle de preços.

Com efeito, no julgamento do HC 30.355/DF, em que se discutia a possibilidade de delegações legislativas (ao Poder Executivo) em matéria de fixação de preços, o Ministro Orosimbo Nonato, seguindo o entendimento do Relator, asseverava em seu voto:

---

[109] "Caracteriza-se, portanto, o tabelamento de preços como manifestação de intervenção do Estado no domínio econômico que **não recai**, portanto, nem sobre os chamados **preços públicos ou tarifas**, sendo estes últimos fixados pela Administração para bens ou serviços próprios ou delegados, nem sobre **preços semiprivados**, nos quais a Administração interfere na formação, que resulta da conjugação entre interesses públicos e privados" (NOHARA, Irene Patrícia. *Direito administrativo*, p. 517) (destaques nossos).

[110] NOHARA, Irene Patrícia. *Fundamentos de direito público*, p. 172. Como exemplo, cite-se o Decreto-Lei n. 2.284, de 10.03.1986, que instituiu o plano de estabilização econômica denominado **"Plano Cruzado"**. Referido ato, além de alterar a moeda corrente no País, estabeleceu o sistema de tabelamento e congelamento de preços a partir de fevereiro de 1986, tendo atribuído a diversos órgãos e entidades a competência de vigilância sobre a estabilidade de todos os preços (art. 36). Outro exemplo foi o Decreto-Lei n. 2.335, de 12.06.1987, que instituiu o chamado **"Plano Bresser"**, que também procedeu a congelamento de preços. Sobre o tema (controle estatal de preços), podem ser consultados, dentre outros, os seguintes julgados do STJ: REsp 24.863/PE, Rel. Min. Adhemar Maciel, 2.ª Turma, j. em 18.08.1997, *DJ* 22.09.1997, p. 46396; REsp 145.957/DF, Rel. Min. José Delgado, 1.ª Turma, j. em 03.11.1997, *DJ* 15.12.1997, p. 66300; REsp 81.974/GO, Rel. Min. Ari Pargendler, 2.ª Turma, j. em 19.03.1998, *DJ* 06.04.1998, p. 71; REsp 1.177.443/SP, Rel. Min. Benedito Gonçalves, 1.ª Turma, j. em 18.10.2012, *DJe* 23.10.2012.

[111] STJ, REsp 79.937/DF, Rel. Min. Nancy Andrighi, 2.ª Turma, j. em 06.02.2001, *DJ* 10.09.2001, p. 366.

"A Constituição vigente permite ampla intervenção do poder estatal na ordem econômica. Há nesse sentido, uma série de providências que marcam, inequivocamente, que ela não adotou — e nem podia adotar — o anacrônico *laissez faire, laissez passer*, em face da ordem econômica.

Se a Constituição manda que se reprima qualquer lucro ilícito, imodesto, exagerado, naturalmente não de pode compreender que, em seu mecanismo, um dos seus dispositivos torne inútil e ineficaz a proibição.

Se não é possível o lucro imodesto e se essa proibição consta da lei constitucional, em letra expressa e categórica, é preciso que tôdas as leis obedeçam, em sua estrutura, ao princípio capital da lei constitucional, a têrmos de possibilitar-lhe a repressão. E assim não pode a vedação das delegações impedir a repressão constitucional do lucro excessivo"[112].

Quanto ao atual sistema constitucional, o Superior Tribunal de Justiça entende que a ordem econômica brasileira admite o tabelamento de preços, consoante se infere do julgado abaixo, de cuja ementa foi extraído o seguinte trecho:

A Constituição Federal, no seu art. 170, preceitua que a ordem econômica é fundada na valorização do trabalho humano e na livre-iniciativa, tendo por finalidade assegurar a todos existência digna, conforme os ditames da justiça social, observados os princípios que indica. No seu art. 174 pontifica que, como agente normativo e regulador da atividade econômica, o Estado exercera, na forma da lei, as funções de fiscalização, incentivo e planejamento. Desses dispositivos resulta claro que o Estado pode atuar como agente regulador das atividades econômicas em geral, sobretudo nas de que cuidam as empresas que atuam em um setor absolutamente estratégico, **daí lhe ser lícito estipular os preços que devem ser por elas praticados** (MS 2.887/DF, Rel. Min. Cesar Asfor Rocha, 1.ª Seção, j. em 09.11.1993, *DJ* 13.12.1993, p. 27369).

Reconhece Fábio Konder Comparato que o sistema constitucional brasileiro "não retira ao Estado o poder de regulação dos mercados, especialmente por meio do controle de preços", mas adverte que, para que essa restrição ao princípio da liberdade empresarial possa legitimar-se em nome da justiça social, "é indispensável que sejam observadas as exigências inerentes ao sistema de um Estado de Direito democrático, vale dizer, a legalidade, a igualdade e a proporcionalidade"[113].

Referida modalidade de intervenção do Estado na economia é disciplinada pela **Lei Delegada n. 5, de 26.09.1962**, que atualmente rege a matéria[114], pois, segundo o STJ, **foi recepcionada** pela Constituição Federal de 1988[115].

---

[112] STF, HC 30.355/DF, Rel. Min. Castro Nunes, Pleno, j. em 21.07.1948. Disponível em: http://redir.stf.jus.br/paginadorpub/paginador.jsp?docTP=AC&docID=586505. Acesso em: 04.01.2021.

[113] COMPARATO, Fábio Konder. *Direito público*: estudos e pareceres, p. 115.

[114] Além da Lei Delegada n. 5/62, outras legislações específicas também dispunham sobre tal modalidade interventiva. Era o caso, p. ex., da Lei n. 4.870, de 01.12.1965, que autorizava o Instituto do Açúcar e do Álcool (IAA) a fixar os preços dos produtos do setor sucroalcooleiro.

[115] Nesse sentido: REsp 53.053/PE, Rel. Min. Garcia Vieira, 1.ª Turma, j. em 05.09.1994, *DJ* 10.10.1994, p. 27130; REsp 83.574/PE, Rel. Min. Humberto Gomes de Barros, 1.ª Turma, j. em 21.03.1996, *DJ* 06.05.1996, p. 14393; REsp 391.015/DF, Rel. Min. João Otávio de Noronha, 2.ª Turma, j. em 21.02.2006, *DJ* 29.03.2006, p. 134. Anteriormente à Lei Delegada n. 5/1962, o controle de preços era disciplinado pelo Decreto-Lei n. 9.125, de 04.04.1946.

4 ▣ Intervenção Indireta do Estado no Domínio Econômico 669

> **Observação:** Quando a União tiver que intervir no domínio econômico para regular preços é **dispensável a licitação** (art. 75, inciso X, Lei n. 14.133, de 01.04.2021)[116].

O tabelamento por **preços máximos** tem fundamento no art. 170, inciso V (segundo o qual a defesa do consumidor é princípio da ordem econômica), e no art. 173, § 4.º (quando prega a repressão ao abuso do poder econômico que vise aumento arbitrário de lucros), ambos da CF. Nesse sentido é a jurisprudência do STF:

> Em face da atual Constituição, para conciliar o fundamento da livre-iniciativa e do princípio da livre concorrência com os da defesa do consumidor e da redução das desigualdades sociais, em conformidade com os ditames da justiça social, pode o Estado, por via legislativa, regular a política de preços de bens e de serviços, abusivo que é o poder econômico que visa ao aumento arbitrário dos lucros (ADI-QO 319/DF, Rel. Min. Moreira Alves, Pleno, j. em 03.03.1993, *DJ* 30.04.1993, p. 7563)[117].

O tabelamento **por preços mínimos** encontra respaldo no § 4.º do art. 173 da CF (quando repudia o abuso do poder econômico que vise a dominação dos mercados e a eliminação da concorrência)[118].

A interferência do Estado na formação do preço, consoante a jurisprudência do STJ, somente pode ser admitida em **situações excepcionais** de total desordem de um setor de mercado e **por prazo limitado**, sob o risco de macular o modelo concebido pela CF/1988:

> **Ementa:** RECURSO ESPECIAL. ADMINISTRATIVO. ATIVIDADE DE PRATICAGEM[119]. LIMITES DA INTERVENÇÃO DO ESTADO NA ORDEM ECONÔMICA. FIXAÇÃO DE PREÇOS MÁXIMOS PELA AUTORIDADE MARÍTIMA. VIOLAÇÃO DO PRINCÍPIO DA RESERVA LEGAL. ALEGAÇÃO DE OFENSA AO ART. 535 DO CPC/1973. NÃO OCORRÊNCIA.
>
> (...)
>
> 2. Cinge-se a questão à possibilidade de intervenção da autoridade pública na atividade de praticagem, para promover, **de forma ordinária e permanente**, a fixação dos preços máximos a serem pagos na contratação dos serviços em cada zona portuária.

---

[116] No mesmo sentido já dispunha a Lei n. 8.666, de 21.06.1993 (art. 24, inciso VI).

[117] Referida decisão, consoante observa Edvaldo Brito, "considera que a livre-iniciativa como um valor que serve de alicerce à ordem econômica não poderia ser interpretada de modo a infirmar o objetivo dessa ordem, que é o de assegurar a todos existência digna, em conformidade com os ditames da justiça social, que é distributiva" (*Reflexos jurídicos da atuação do Estado no domínio econômico*, p. 215).

[118] Segundo Toshio Mukai, a competência para promover o tabelamento de preços é privativa da União (*Direito administrativo sistematizado*, p. 117). No mesmo sentido: NOHARA, Irene Patrícia. *Direito administrativo*, p. 517; GASPARINI, Diogenes. *Direito administrativo*, p. 597-598. Para Diogenes Gasparini, enquanto a União não regular o instituto do controle de preços, continua em vigor a Lei Delegada n. 5/62 e o Decreto n. 51.620/62 (Ob. cit., p. 98).

[119] Sobre a regulamentação do exercício do trabalho de praticagem: STJ, REsp 752.175/RJ, Rel. Min. Eliana Calmon, 2.ª Turma, j. em 28.06.2005, *DJ* 22.08.2005, p. 257.

3. Tomando de empréstimo a precisa definição entabulada pela eminente Ministra Eliana Calmon no julgamento do REsp 752.175/RJ, observa-se que o exercício do trabalho de praticagem é regulamentado pela Lei n. 9.537/1997, que, em seu art. 3.º, outorga à autoridade marítima a sua implantação e execução, com vista a assegurar a salvaguarda da vida humana e a segurança da navegação, no mar aberto e nas hidrovias, justificando, dessa forma, a intervenção estatal em todas as atividades que digam respeito à navegação.

4. Denota-se, da própria letra dos arts. 12, 13, 14, e 15 da Lei n. 9.537/1997, que se trata de serviço de natureza privada, confiada a particular que preencher os requisitos estabelecidos pela autoridade pública para sua seleção e habilitação, e entregue à livre-iniciativa e concorrência.

5. A partir do advento da Lei n. 9.537/1997, foi editado o Decreto n. 2.596/1998, que dispõe sobre a segurança do tráfego aquaviário em águas sob jurisdição nacional e **regulamenta a questão dos preços dos serviços de praticagem, salientando a livre concorrência para a sua formação, bem como o caráter excepcional da intervenção da autoridade marítima para os casos em que ameaçada a continuidade do serviço.**

6. Posteriormente, editou-se o Decreto n. 7.860/2012, que criou nova hipótese de intervenção da autoridade pública na formação dos preços dos serviços, **agora de forma permanente e ordinária.**

7. A interpretação sistemática dos dispositivos da Lei n. 9.537/1997, consoante entendimento desta relatoria, só pode conduzir à conclusão de que, **apenas na excepcionalidade, é dada à autoridade marítima a interferência na fixação dos preços dos serviços de praticagem, para que não se cesse ou interrompa o regular andamento das atividades, como bem definiu a lei.**

(...)

10. O limite de um decreto regulamentar é dar efetividade ou aplicabilidade a uma norma já existente, não lhe sendo possível a ampliação ou restrição de conteúdo, sob pena de ofensa à ordem constitucional.

11. Recurso especial a que se dá provimento, para restabelecer a ordem concedida na sentença de piso, a fim de determinar que a autoridade impetrada se abstenha de impor limites máximos aos preços do serviço de praticagem prestado por seus associados, ressalvada a hipótese legalmente estabelecida no parágrafo único do art. 14 da Lei n. 9.537/1997 (REsp 1.662.196/RJ, Rel. Min. Og Fernandes, 2.ª Turma, j. em 19.09.2017, *DJe* 25.09.2017) (destaques nossos)[120].

Conclui-se, pelo exposto, ser inconcebível, no modelo constitucional brasileiro, a intervenção do Estado no controle de preços de forma permanente, como política pública ordinária, em atividade manifestamente entregue à livre-iniciativa e concorrência, ainda que definida como essencial.

---

[120] No mesmo sentido: AgInt no REsp 1.701.900/RJ, Rel. Min. Og Fernandes, 2.ª Turma, j. em 21.06.2018, *DJe* 26.06.2018; AgInt no AREsp 1.408.939/RJ, Rel. Min. Assusete Magalhães, 2.ª Turma, j. em 21.05.2019, *DJe* 28.05.2019; REsp 1.696.081/RJ, Rel. Min. Mauro Campbell Marques, 2.ª Turma, j. em 25.06.2019, *DJe* 28.06.2019; AgInt no REsp 1.676.061/RJ, Rel. Min. Og Fernandes, 2.ª Turma, j. em 01.06.2020, *DJe* 08.06.2020; REsp 1.643.493/AM, Rel. Min. Nancy Andrighi, 3.ª Turma, j. em 22.09.2020, *DJe* 14.10.2020; REsp 1.538.162/AM, Rel. Min. Nancy Andrighi, 3.ª Turma, j. em 22.09.2020, *DJe* 15.10.2020.

4 ▪ Intervenção Indireta do Estado no Domínio Econômico   671

Ainda sobre o tema, cabe destacar que a jurisprudência do STF é no sentido de que o tabelamento estatal de preços **deve se pautar em valores condizentes com a realidade do setor**, sob pena de apresentar-se como obstáculo ao livre exercício da atividade econômica, configurando, por conseguinte, desrespeito ao princípio da livre-iniciativa[121].

4.3.1.1. Responsabilidade do Estado por danos decorrentes de tabelamento de preços

O STF, na vigência da Constituição de 1946, já havia decidido que o tabelamento de preços, sendo atividade legítima do Estado, somente em caso de **comprovado abuso** acarretaria a sua responsabilidade pelo prejuízo dos produtores ou distribuidores[122].

É que, tendo em vista um mínimo de segurança que deve o Estado oferecer aos nacionais, é certo que danos decorrentes das políticas econômicas empreendidas devem ser reconhecidos e indenizados[123].

Já na vigência do atual sistema constitucional, o STF teve nova oportunidade de julgar interessante caso envolvendo a responsabilidade extracontratual do Estado em razão de dano provocado por tabelamento de preços.

Para bem compreender referido julgado, faz-se necessário discorrer, ainda que sucintamente, sobre a situação que ensejou o processo no qual foi proferida a decisão.

A União, pelo Instituto do Açúcar e Álcool — IAA, com o escopo de harmonizar a distribuição de bens relevantes nacionalmente como o **açúcar** e o **álcool**, deveria fixar preços para o **setor sucroalcooleiro**, conforme as seguintes diretrizes da Lei n. 4.870, de 01.12.1965[124]:

---

[121] São nesse mesmo sentido os seguintes julgados do STF: RE-AgR 583.992/DF, Rel. Min. Ellen Gracie, 2.ª Turma, j. em 26.05.2009, *DJe*-108 12.06.2009; RE-AgR 588.471/DF, Rel. Min. Ellen Gracie, 2.ª Turma, j. em 23.06.2009, *DJe*-148 07.08.2009; AI-AgR 758.912/DF, Rel. Min. Ellen Gracie, 2.ª Turma, j. em 02.03.2010, *DJe*-050 19.03.2010; AI-AgR 683.098/DF, Rel. Min. Ellen Gracie, 2.ª Turma, j. em 01.06.2010, *DJe*-116 25.06.2010; AI-AgR 752.432/DF, Rel. Min. Cármen Lúcia, 1.ª Turma, j. em 24.08.2010, *DJe*-179 24.09.2010; AI-AgR-ED 683.098/DF, Rel. Min. Ellen Gracie, 2.ª Turma, j. em 24.08.2010, *DJe*-173 17.09.2010; RE-AgR 598.537/PE, Rel. Min. Dias Toffoli, 1.ª Turma, j. em 01.02.2011, *DJe*-058 29.03.2011; AI-AgR 832.292/PE, Rel. Min. Gilmar Mendes, 2.ª Turma, j. em 22.03.2011, *DJe*-065 06.04.2011; AI-AgR 813.180/DF, Rel. Min. Gilmar Mendes, 2.ª Turma, j. em 31.05.2011, *DJe*-113 14.06.2011; AI-AgR 785.110/DF, Rel. Min. Gilmar Mendes, 2.ª Turma, j. em 21.06.2011, *DJe*-125 01.07.2011; AI-AgR 753.872/DF, Rel. Min. Dias Toffoli, 1.ª Turma, j. em 13.09.2011, *DJe*-194 10.10.2011; RE-AgR 593.909/DF, Rel. Min. Dias Toffoli, 1.ª Turma, j. em 13.09.2011, *DJe*-194 10.10.2011.

[122] RE 52.010/SP, Rel. Min. Victor Nunes, Pleno, j. em 31.05.1965, *DJ* 05.08.1965, p. 1863.

[123] FABRI, Andréa Queiroz. *Responsabilidade do Estado*: planos econômicos e iniciativa privada, p. 116.

[124] A eficácia da Lei n. 4.870/65, que previa a sistemática de tabelamento de preços promovida pelo IAA, findou em 31.01.1991, em virtude da publicação, em 01.02.1991, da Medida Provisória n. 295, de 31.01.1991, posteriormente convertida na Lei n. 8.178, de 01.03.1991, que instituiu nova política nacional de congelamento de preços (STJ, EDcl no REsp 1.347.136/DF, Rel. Min. Assusete Magalhães, 1.ª Seção, j. em 11.06.2014, *DJe* 02.02.2015).

Art. 9.º O I.A.A., quando do levantamento dos custos de produção agrícola e industrial, apurará, em relação às usinas das regiões Centro-Sul e Norte-Nordeste, as funções custo dos respectivos fatôres de produção, para vigorarem no triênio posterior.

§ 1.º As funções custo a que se refere êste artigo serão valorizadas anualmente, através de pesquisas contábeis e de outras técnicas complementares, estimados, em cada caso, os fatôres que não possam ser objeto de mensuração física.

§ 2.º Após o levantamento dos custos estaduais, serão apurados o custo médio nacional ponderado e custos médios regionais ponderados, observados sempre que possível, índices mínimos de produtividade.

§ 3.º O I.A.A. promoverá, permanentemente, o levantamento de custos de produção, para o conhecimento de suas variações, ficando a cargo do seu órgão especializado a padronização obrigatória da contabilidade das usinas de açúcar.

Art. 10. O preço da tonelada de cana fornecida às usinas será fixado, para cada Estado, por ocasião do Plano de Safra, tendo-se em vista a apuração dos custos de produção referidos no artigo anterior.

Art. 11. Ao valor básico do pagamento da cana, fixado na forma do artigo anterior, será acrescida a parcela correspondente a percentagem da participação do fornecedor no rendimento industrial situado acima do rendimento médio do Estado, considerado, para êsse fim, o teor de sacarose e pureza da cana que fornecer.

§ 1.º A matéria-prima entregue pelo fornecedor com o teor de sacarose na cana e pureza no caldo, inferior ao que fôr fixado pela Comissão Executiva do I.A.A., sofrerá o desconto que êsse órgão estabelecer.

§ 2.º Para a fixação dos rendimentos industriais, o I.A.A. tomará em consideração os que forem apurados no triênio imediatamente anterior, tomando-se por base os primeiros cento e cinqüenta dias de moagem.

§ 3.º O teor de sacarose e pureza da cana, para os fins de pagamento, será apurado na usina recebedora, podendo os fornecedores ou os seus órgãos de representação manter fiscalização nos respectivos locais de inspeção.

§ 4.º A entrega da cana pelo fornecedor, em condições de moagem, far-se-á dentro de (48) quarenta e oito horas do respectivo corte.

§ 5.º No caso em que o retardamento da moagem, além do prazo referido no parágrafo anterior, ocorrer por culpa da usina recebedora, será considerado válido o teor máximo de sacarose e pureza da cana do fornecedor, apurado na usina até a data do fornecimento.

§ 6.º Não estando a usina habilitada à determinação dos índices de sacarose e pureza de que trata êste artigo, nenhuma dedução poderá ser feita, a êste título, dos fornecedores, até que seja apurada, pelo I.A.A., a existência de condições técnicas adequadas àquele fim.

§ 7.º Para os efeitos do § 3.º dêste artigo, fica o I.A.A. com podêres para fixar critérios e métodos de apuração do teor de sacarose e pureza contido na cana recebida pelas usinas.

De acordo com os dispositivos legais transcritos, a União estava vinculada aos critérios e determinações ali contidos, quanto ao levantamento dos custos da produção e fixação de preços da cana-de-açúcar e seus derivados.

4 ◼ Intervenção Indireta do Estado no Domínio Econômico   673

Para estabelecer os custos, observados os critérios fixados na lei, o IAA contratou a **Fundação Getúlio Vargas — FGV** para proceder aos levantamentos e apurar os custos de produção do setor sucroalcooleiro.

Ressalte-se que à FGV não cabia fixar o preço a ser praticado pelas usinas, mas apenas levantar os **custos de produção**. A fixação dos preços era atribuição do IAA, mas, evidentemente, tais preços **não poderiam ser fixados abaixo do levantamento de custos realizado**.

O governo federal, entretanto, inobservando os padrões legais, fixou os preços do setor em **valores insuficientes a cobrir o custo operacional** apurado pela FGV.

Em razão do exposto, algumas empresas ajuizaram ações contra a União, para responsabilizá-la pelos prejuízos decorrentes da fixação de preços em desacordo com os critérios previstos nos arts. 9.º, 10 e 11 da Lei n. 4.870/65.

A matéria foi discutida nos Tribunais, chegando inclusive à Suprema Corte, que assim posicionou-se, em *leading case* com a seguinte ementa:

> **Ementa:** CONSTITUCIONAL. ECONÔMICO. INTERVENÇÃO ESTATAL NA ECONOMIA: REGULAMENTAÇÃO E REGULAÇÃO DE SETORES ECONÔMICOS: NORMAS DE INTERVENÇÃO. LIBERDADE DE INICIATIVA. CF, art. 1.º, IV; art. 170. CF, art. 37, § 6.º. I. — A intervenção estatal na economia, mediante regulamentação e regulação de setores econômicos, faz-se com respeito aos princípios e fundamentos da Ordem Econômica. CF, art. 170. O princípio da livre-iniciativa é fundamento da República e da Ordem econômica: CF, art. 1.º, IV; art. 170. II. — Fixação de preços em valores abaixo da realidade e em desconformidade com a legislação aplicável ao setor: empecilho ao livre exercício da atividade econômica, com desrespeito ao princípio da livre-iniciativa. III. — Contrato celebrado com instituição privada para o estabelecimento de levantamentos que serviriam de embasamento para a fixação dos preços, nos termos da lei. Todavia, a fixação dos preços acabou realizada em valores inferiores. Essa conduta gerou danos patrimoniais ao agente econômico, vale dizer, à recorrente: obrigação de indenizar por parte do poder público. CF, art. 37, § 6.º. IV. — Prejuízos apurados na instância ordinária, inclusive mediante perícia técnica. V. — RE conhecido e provido (**RE 422.941/DF**, Rel. Min. Carlos Velloso, 2.ª Turma, j. em 06.12.2005, *DJ* 24.03.2006, p. 55) (destaques nossos).

O STJ, que chegou a decidir pela inexistência do direito à indenização[125], também acabou por firmar sua jurisprudência no sentido de que a União tem o dever de indenizar as usinas do setor sucroalcooleiro que obtiveram prejuízos decorrentes da fixação de preços pelo IAA em desacordo com os custos de produção apurados pela FGV[126].

---

[125] REsp 79.937/DF, Rel. Min. Nancy Andrighi, 2.ª Turma, j. em 06.02.2001, *DJ* 10.09.2001, p. 366. O referido julgado fundamentou-se na tese de que "o exercício da atividade estatal, na intervenção no domínio econômico, não está jungido, vinculado, ao levantamento de preços efetuado por órgão técnico de sua estrutura administrativa ou terceiro contratado para esse fim específico; isto porque há discricionariedade do Estado na adequação das necessidades públicas ao contexto econômico estatal, eis que, no caso em tela, era necessária a conjugação de critérios essencialmente técnicos com a valoração de outros elementos de economia pública" (trecho extraído do voto da Ministra relatora).

[126] São neste sentido os seguintes precedentes do STJ: REsp 746.301/DF, Rel. Min. Franciulli Netto, 2.ª Turma, j. em 21.03.2006, *DJ* 23.05.2006, p. 143; REsp 675.273/PR, Rel. Min. Eliana Calmon, 2.ª

Como se vê, o tabelamento de preços, enquanto modalidade de intervenção estatal indireta por direção no domínio econômico, é atividade legítima do Estado, desde que leve em conta a realidade e **respeite os princípios constitucionais da ordem econômica** (art. 170, CF), notadamente o da livre-iniciativa, que também é um os fundamentos da República Federativa do Brasil (art. 1.º, inciso IV, CF), sob pena de responsabilização estatal, nos termos do § 6.º do art. 37 da CF[127], que adotou a **teoria do risco administrativo**.

Para a responsabilidade objetiva do Estado de indenizar deve ser demonstrado o preenchimento dos seguintes requisitos:

- ▨ dano — efetivo prejuízo econômico;
- ▨ ação administrativa — de fixar os preços dos produtos comercializados em níveis abaixo do custo de produção;
- ▨ nexo de causalidade entre o dano e ação administrativa.

No julgamento do REsp 1.347.136/DF, submetido ao rito dos recursos repetitivos[128], prevaleceu o entendimento no sentido de que os precedentes do STF sobre a matéria, em especial o RE 422.941/DF, não teriam estabelecido, de forma expressa, o critério para apuração do *quantum debeatur*[129]. Na oportunidade, o STJ decidiu ser inadmissível "a

---

Turma, j. em 11.04.2006, *DJ* 02.08.2006, p. 254; REsp 711.961/DF, Rel. p/ Acórdão Min. Eliana Calmon, 2.ª Turma, j. em 18.05.2006, *DJ* 02.08.2006, p. 255; EDcl no REsp 675.273/PR, Rel. Min. Eliana Calmon, 2.ª Turma, j. em 05.10.2006, *DJ* 19.10.2006, p. 270; REsp 845.424/DF, Rel. Min. Denise Arruda, 1.ª Turma, j. em 19.10.2006, *DJ* 07.11.2006, p. 267; REsp 744.077/DF, Rel. Min. Luiz Fux, 1.ª Turma, j. em 10.10.2006, *DJ* 09.11.2006, p. 256; EDcl no REsp 845.424/DF, Rel. Min. Denise Arruda, 1.ª Turma, j. em 07.12.2006, *DJ* 01.02.2007, p. 432; AgRg no REsp 735.032/PE, Rel. Min. Francisco Falcão, 1.ª Turma, j. em 17.04.2007, *DJ* 10.05.2007, p. 346; REsp 926.140/DF, Rel. Min. Luiz Fux, 1.ª Turma, j. em 01.04.2008, *DJe* 12.05.2008; REsp 771.787/DF, Rel. Min. João Otávio de Noronha, 2.ª Turma, j. em 15.04.2008, *DJe* 27.11.2008; AgRg no REsp 944.916/PE, Rel. Min. Humberto Martins, 2.ª Turma, j. em 27.05.2008, *DJe* 05.06.2008; AgRg no REsp 1.095.285/DF, Rel. Min. Francisco Falcão, 1.ª Turma, j. em 17.02.2009, *DJe* 11.03.2009; AgRg no AgRg no REsp 753.163/DF, Rel. Min. Castro Meira, 2.ª Turma, j. em 02.04.2009, *DJe* 27.04.2009; AgRg no Ag 1.207.618/DF, Rel. Min. Mauro Campbell Marques, 2.ª Turma, j. em 10.08.2010, *DJe* 10.09.2010.

[127] Nesse sentido leciona Jackson Borges de Araújo: "Os prejuízos econômicos impostos aos agentes econômicos em decorrência de regulamentação normativa (lei, decreto, portaria) de suas atividades, desde que cabalmente provado o nexo de causalidade entre a norma jurídica nociva (causa) e a ocorrência de saldo negativo nos balanços da empresa lesada (resultado), devem ser ressarcidos pelo Estado, que é o causador desses danos (...)" (*A responsabilidade civil do Estado por danos causados aos agentes econômicos*, p. 40). Decidiu o STJ que "a intervenção do Estado no domínio econômico somente enseja responsabilização do Poder Estatal quando atenta contra a legalidade e desvia-se da normação engendrada" (REsp 642.718/PE, Rel. Min. Luiz Fux, 1.ª Turma, j. em 09.08.2005, *DJ* 05.09.2005, p. 229). Para uma análise aprofundada da tese da responsabilidade do Estado pelos danos ocasionados pela condução da política econômica: SCAFF, Fernando Facury. *Responsabilidade civil do Estado intervencionista*, 2001.

[128] No CPC/2015 o julgamento dos recursos extraordinário e especial repetitivos é disciplinado nos arts. 1.036 a 1.041.

[129] O STF também reconheceu: "No julgamento do RE n. 422.941, esta Corte não definiu os critérios para a qualificação jurídica do dano que daria ensejo à indenização" (ARE-ED 884.325/DF, Rel. Min. Edson Fachin, Pleno, j. em 22.02.2023, *DJe* 06.03.2023).

4 ◼ Intervenção Indireta do Estado no Domínio Econômico   675

utilização do simples cálculo da diferença entre o preço praticado pelas empresas e os valores estipulados pelo IAA/FGV, como único parâmetro de definição do *quantum debeatur*"[130].

O STF, no julgamento do ARE 884.325/DF, com repercussão geral reconhecida (**Tema 826**), decidiu que a indenizabilidade de eventual dano causado pela atuação estatal (fixação de preços dos produtos do setor sucroalcooleiro em valores inferiores ao custo de produção) atinge somente o efetivo prejuízo econômico, demonstrado por meio de perícia técnica. Referido acórdão assim restou ementado:

> **Ementa:** (...) 2. A atuação do Estado sobre o domínio econômico por meio de normas de direção pode, potencialmente, atingir a lucratividade dos agentes econômicos. A política de fixação de preços constitui, em si mesma, uma limitação de lucros, razão pela qual a indenizabilidade de eventual dano atinge somente o efetivo prejuízo econômico, apurado por meio de perícia técnica. 3. Hipótese em que não se demonstrou o efetivo prejuízo causado pela atuação estatal. 4. Recurso extraordinário com agravo e recurso extraordinário aos quais se nega provimento. Fixação de tese: "é imprescindível para o reconhecimento da responsabilidade civil do Estado em decorrência da fixação de preços no setor sucroalcooleiro a comprovação de efetivo prejuízo econômico, mediante perícia técnica em cada caso concreto" (ARE 884.325/DF, Rel. Min. Edson Fachin, Pleno, j. em 18.08.2020, *DJe*-221 04.09.2020).

Como se observa, o STF consignou a necessidade da **prova efetiva do dano experimentado**, que se configura pela imposição, pelo Estado, de preço abaixo do efetivo custo somado ao lucro e reinvestimento mínimos esperados do empreendimento concretamente considerado, e **não do custo médio do setor**, ainda que apurados por perícia técnica contratada pelo governo[131].

4.3.2. CONTROLE DO ABASTECIMENTO

Segundo Hely Lopes Meirelles, controle do abastecimento é "o conjunto de medidas destinadas a manter no mercado consumidor matéria-prima, produtos ou serviços em quantidade necessária às exigências de seu consumo"[132] e, como acrescenta Diogenes Gasparini, "a preços compatíveis"[133].

---

[130] REsp 1.347.136/DF, Rel. Min. Eliana Calmon, 1.ª Seção, j. em 11.12.2013, *DJe* 07.03.2014. O STJ acolheu Embargos de Declaração opostos ao referido julgado para "esclarecer que, nos casos em que já há sentença transitada em julgado, no processo de conhecimento, a forma de apuração do valor devido deve observar o respectivo título executivo" (EDcl no REsp 1.347.136/DF, Rel. Min. Assusete Magalhães, 1.ª Seção, j. em 11.06.2014, *DJe* 02.02.2015).

[131] São nesse sentido os seguintes julgados do STJ: AgInt no RE nos EDcl nos EDcl no AgRg no AREsp 20.930/DF, Rel. Min. Og Fernandes, Corte Especial, j. em 10.10.2023, *DJe* 17.10.2023; AgInt no RE no AgRg no REsp 1.395.823/DF, Rel. Min. Og Fernandes, Corte Especial, j. em 10.10.2023, *DJe* 17.10.2023; AgInt no RE no AgRg no REsp 1.463.690/DF, Rel. Min. Og Fernandes, Corte Especial, j. em 10.10.2023, *DJe* 17.10.2023; AgInt no RE nos EDcl no AgInt no REsp 1.568.815/DF, Rel. Min. Og Fernandes, Corte Especial, j. em 10.10.2023, *DJe* 17.10.2023; AgInt no RE nos EDcl no REsp 1.330.487/DF, Rel. Min. Og Fernandes, Corte Especial, j. em 24.10.2023, *DJe* 26.10.2023.

[132] MEIRELLES, Hely Lopes. *Direito administrativo brasileiro*, p. 550.

[133] GASPARINI, Diogenes. *Direito administrativo*, p. 598.

676 Direito Financeiro e Econômico Esquematizado · *Carlos Alberto de Moraes Ramos Filho*

Referida modalidade de intervenção do Estado na economia era disciplinada pela Lei n. 1.522, de 26.12.1951, até ser revogada pela **Lei Delegada n. 4, de 26.09.1962** (regulamentada pelo Decreto n. 51.644-A, de 26.11.1962), que até recentemente regulava a matéria[134], por ter sido, segundo o STF, recepcionada pela Constituição Federal de 1988[135].

Apesar de a Lei Delegada n. 4/62 ter sido expressamente **revogada** pela Lei n. 13.874, de 20.09.2019 (Declaração de Direitos de Liberdade Econômica), o controle do abastecimento **ainda subsiste** — pelo menos na esfera federal[136].

Com efeito, de acordo com a **Lei n. 8.171, de 17.01.1991** (Lei da Política Agrícola), um dos objetivos da política agrícola é o de assegurar a regularidade do abastecimento interno, especialmente alimentar (art. 3.º, inciso I).

Nos termos do mencionado diploma legal, o Poder Público deve formar, localizar adequadamente e manter **estoques reguladores e estratégicos**, visando garantir a compra do produtor, na forma da lei, assegurar o abastecimento e regular o preço do mercado interno (art. 31, *caput*).

Pela formação de tais estoques, busca-se garantir o preço e a renda do produtor, bem como sua administração e manutenção a fim de regular o abastecimento interno, comercializando os estoques na entressafra para atenuar as oscilações de preço.

Os estoques reguladores devem contemplar, prioritariamente, os **produtos básicos** e devem ser adquiridos preferencialmente de organizações associativas de pequenos e médios produtores (art. 31, §§ 1.º e 3.º, Lei n. 8.171/91).

A formação e a liberação dos estoques reguladores devem ser pautadas no princípio da **menor interferência** na livre comercialização privada, observando-se prazos e procedimentos preestabelecidos e de amplo conhecimento público, sem ferir a margem mínima do ganho real do produtor rural, assentada em custos de produção atualizados e produtividades médias históricas (art. 31, § 5.º, Lei n. 8.171/91).

---

[134] Além da Lei Delegada n. 4/62, outras legislações específicas também dispunham sobre tal modalidade interventiva. Era o caso, p. ex., da Lei n. 4.870, de 01.12.1965, que, em seu art. 5.º, autorizava o Instituto do Açúcar e do Álcool (IAA) a fixar uma quota de retenção de até 20% (vinte por cento) da produção nacional de açúcar, para a constituição de um estoque regulador do abastecimento dos centros consumidores.

[135] AI-AgR 268.857/RJ, Rel. Min. Marco Aurélio, 2.ª Turma, j. em 20.02.2001, *DJ* 04.05.2001, p. 11; RE-AgR 392.047/RJ, Rel. Min. Gilmar Mendes, 2.ª Turma, j. em 03.05.2005, *DJ* 27.05.2005, p. 28; AI-AgR 479.967/RJ, Rel. Min. Gilmar Mendes, 2.ª Turma, j. em 03.05.2005, *DJ* 27.05.2005, p. 23; AI-AgR 603.879/RJ, Rel. Min. Eros Grau, 2.ª Turma, j. em 08.08.2006, *DJ* 08.09.2006, p. 54. No mesmo sentido decidiu o STJ: REsp 53.053/PE, Rel. Min. Garcia Vieira, 1.ª Turma, j. em 05.09.1994, *DJ* 10.10.1994, p. 27130; REsp 83.574/PE, Rel. Min. Humberto Gomes de Barros, 1.ª Turma, j. em 21.03.1996, *DJ* 06.05.1996, p. 14393; REsp 391.015/DF, Rel. Min. João Otávio de Noronha, 2.ª Turma, j. em 21.02.2006, *DJ* 29.03.2006, p. 134.

[136] Apesar de Hely Lopes Meirelles sustentar que o controle do abastecimento é de competência da União (*Direito administrativo brasileiro*, p. 550), cabe ressaltar que, segundo a Constituição Federal, é **competência comum** da União, dos Estados, do Distrito Federal e dos Municípios "organizar o abastecimento alimentar" (art. 23, inciso VIII).

4 ■ Intervenção Indireta do Estado no Domínio Econômico 677

Compete à Companhia Nacional de Abastecimento — CONAB, dentre outras atribuições, "formar estoques reguladores e estratégicos objetivando absorver excedentes e corrigir desequilíbrios decorrentes de manobras especulativas" (art. 19, inciso II, alínea *d*, Lei n. 8.029, de 12.04.1990).

Há três modalidades de operações de aquisição de produtos realizadas pela CONAB:

■ a **Aquisição do Governo Federal (AGF)** é um instrumento da **Política de Garantia de Preços Mínimos (PGPM)** que proporciona a compra para garantia dos preços mínimos dos produtos agropecuários que fazem parte da pauta da PGPM — nos termos do art. 4.º do Decreto-lei n. 79, de 19.12.1966, e demais legislações correlatas —, especialmente em safras ou locais com excesso de produção e a consequente formação de estoques públicos, com vistas à recuperação dos preços de mercado, quando estiverem abaixo do preço mínimo em vigor;

■ a **Compra Direta da Agricultura Familiar (CDAF)** é um instrumento do **Programa da Aquisição de Alimentos (PAA)**, tendo por finalidade garantir, com base nos preços de referência, a compra de produtos agropecuários dos participantes agricultores enquadrados no **Programa Nacional de Fortalecimento da Agricultura Familiar (Pronaf)**, inclusive os Povos e Comunidades Tradicionais qualificados de acordo com o Decreto n. 6.040, de 07.02.2007;

■ o **Contrato de Opção** é uma modalidade de seguro de preços que assegura ao produtor rural e/ou sua cooperativa o direito — não a obrigação — de vender seu produto para o Governo, numa data futura, a um preço previamente fixado, o que protege o produtor rural e suas cooperativas contra riscos de queda nos preços.

As dotações destinadas a cobrir a diferença entre os preços de mercado e os preços de revenda, pelo Governo, de gêneros alimentícios ou outros materiais são classificadas como **subvenção econômica** (art. 18, parágrafo único, alínea *a*, Lei n. 4.320/64).

> **Observação:** Quando a União tiver que intervir no domínio econômico para normalizar o abastecimento, é **dispensável a licitação** (art. 75, inciso X, Lei n. 14.133, de 01.04.2021[137]).

4.3.3. LIQUIDAÇÃO EXTRAJUDICIAL DE INSTITUIÇÕES FINANCEIRAS

Outro exemplo de intervenção por direção é a atribuição conferida ao Banco Central do Brasil pela **Lei n. 6.024, de 13.03.1974**, para decretar a **liquidação extrajudicial de instituições financeiras**. Tal atribuição constitui efetivo instrumento de intervenção do Estado no domínio econômico, manifestação do **poder de polícia** exercido pela autarquia, consoante já reconheceu o STJ[138].

Com efeito, o Banco Central possui, dentre suas competências, a de exercer permanente vigilância nos mercados financeiros e de capitais sobre empresas que, direta ou

---

[137] No mesmo sentido já dispunha a Lei n. 8.666, de 21.06.1993 (art. 24, inciso VI).

[138] AgRg no REsp 615.436/DF, Rel. Min. Francisco Falcão, 1.ª Turma, j. em 04.11.2004, *DJ* 06.12.2004 p. 210.

678 Direito Financeiro e Econômico Esquematizado   *Carlos Alberto de Moraes Ramos Filho*

indiretamente, interfiram nesses mercados e em relação às modalidades ou processos operacionais que utilizem. O poder do Estado de impor a liquidação extrajudicial, consoante observa Xavier de Albuquerque, é inerente "ao seu poder-dever de controle e fiscalização, a benefício da **preservação do interesse público, de certas atividades econômicas**" (destaque nosso)[139].

Nesse contexto, o escopo da liquidação extrajudicial não é a punição das instituições financeiras ou seus administradores, mas sim o saneamento do mercado financeiro e a proteção adequada aos credores.

> **Observação:** Considerando que a decretação de liquidação configura verdadeiro instrumento de intervenção estatal no domínio econômico, **e não mera sanção**, o STJ decidiu que em tal caso não se aplica, sequer subsidiariamente, a disciplina veiculada no art. 4.º, § 1.º, da Lei n. 4.728, de 14.07.1965, que assim dispõe: "Nenhuma sanção será imposta pelo Banco Central, sem antes ter assinado prazo, não inferior a 30 (trinta) dias, ao interessado, para se manifestar, ressalvado o disposto no § 3.º do art. 16 desta Lei"[140].

Nos termos do art. 15 da Lei n. 6.024/74, a liquidação extrajudicial da instituição financeira pode ser decretada:

▪ **"ex-officio"** (isto é, por iniciativa do próprio Banco Central):
a) em razão de ocorrências que comprometam a situação econômica ou financeira da instituição, especialmente quando deixar de satisfazer, com pontualidade, seus compromissos ou quando se caracterizar qualquer dos motivos que autorizem a declaração de falência;
b) quando a administração violar gravemente as normas legais e estatutárias que disciplinam a atividade da instituição, bem como as determinações do Conselho Monetário Nacional ou do Banco Central do Brasil, no uso de suas atribuições legais;
c) quando a instituição sofrer prejuízo que sujeite a risco anormal seus credores quirografários;
d) quando, cassada a autorização para funcionar, a instituição não iniciar, nos 90 (noventa) dias seguintes, sua liquidação ordinária, ou quando, iniciada esta, verificar o Banco Central que a morosidade de sua administração pode acarretar prejuízos para os credores.

▪ a **requerimento dos administradores da instituição** — se o respectivo estatuto social lhes conferir esta competência — ou **por proposta do interventor**, expostos circunstanciadamente os motivos justificadores da medida.

A liquidação extrajudicial determina a **perda do mandato** dos administradores e membros do Conselho Fiscal e de quaisquer outros órgãos criados pelo estatuto (art. 50, Lei n. 6.024/74) e implica, consequentemente, sua **substituição por preposto** do Poder

---

[139] ALBUQUERQUE, Francisco Manoel Xavier de. *Textos de direito público*, p. 293.
[140] Nesse sentido: REsp 930.970/SP, Rel. Min. Luiz Fux, 1.ª Turma, j. em 14.10.2008, *DJe* 03.11.2008.

Público (liquidante nomeado pelo Banco Central do Brasil), com amplos poderes de administração, que a decreta e executa (art. 16, *caput*, Lei n. 6.024/74)[141].

Considerando as repercussões da liquidação sobre os interesses dos mercados financeiro e de capitais, o Banco Central pode, em vez de liquidação, efetuar **intervenção**, se julgar essa medida suficiente para a normalização dos negócios e para a preservação dos interesses da instituição (art. 15, § 1.º, Lei n. 6.024/74).

O ato do Banco Central que decretar a liquidação extrajudicial deverá indicar a data em que se tenha caracterizado o estado que a determinou, fixando o termo legal da liquidação que **não poderá ser superior a 60 (sessenta) dias** contados do primeiro protesto por falta de pagamento ou, na falta deste, do ato que haja decretado a intervenção ou a liquidação (art. 15, § 2.º, Lei n. 6.024/74).

4.4. QUESTÕES

---

[141] Os administradores naturais, desalojados pela decretação da liquidação extrajudicial, são designados pela Lei n. 6.024/74 como "**ex-administradores**" (arts. 23, parágrafo único; 41, § 3.º, alínea *e*, § 4.º; 42; 45, *caput*; 46, *caput*; 48 e 49, *caput*). Sobre eles, leciona Xavier de Albuquerque: "Os administradores naturais, estatutários ou contratuais, restam, por isso, despojados de qualquer poder de gestão e, no reverso da medalha, liberados de qualquer dever de guarda e conservação, poder e dever nos quais são substituídos por agentes do Poder Público" (*Textos de direito público*, p. 293).

5

AGÊNCIAS REGULADORAS

5.1. CONSIDERAÇÕES INICIAIS

A Constituição de 1988 autoriza a fixação de limites a que a livre concorrência deve se sujeitar, sendo este um dos fundamentos da criação das chamadas **"agências reguladoras"**, que foram introduzidas no ordenamento jurídico brasileiro pela denominada **"Reforma do Aparelho do Estado"**, levada a efeito na gestão do então Presidente da República Fernando Henrique Cardoso[1].

As diretrizes de tal reforma estatal estavam consubstanciadas no documento denominado **"Plano Diretor da Reforma do Estado" (PDRE)**, elaborado pelo então existente Ministério da Administração Federal e da Reforma do Estado (MARE) e posteriormente aprovado pela Câmara da Reforma do Estado (setembro de 1995) e pela Presidência da República (novembro de 1995).

Um dos objetivos de tal reforma era que o Estado assumisse uma **postura menos ativa no âmbito das atividades econômicas**, com um processo de privatização das empresas estatais, o que possibilitaria a modernização dos serviços oferecidos aos cidadãos, com base no pressuposto de que tais atividades seriam mais eficientes se controladas pela economia de mercado e administradas pela iniciativa privada, **cabendo ao Estado um papel de regulador**, ao invés de executor direto[2].

5.2. AUTARQUIAS

Considerando que, como adiante veremos, as agências reguladoras vêm sendo instituídas em nosso País como **autarquias** (de regime especial), faz-se necessário traçar, ainda que sucintamente, os contornos gerais do gênero do qual aquelas são espécie.

---

[1] Fernando Henrique Cardoso foi Presidente da República, por dois mandatos consecutivos, no período de 01.01.1995 a 01.01.2003. Registre-se que, anteriormente, o presidente Fernando Collor de Mello propôs uma reforma administrativa, implementada com a edição do Decreto n. 99.179, de 15.03.1990, que instituiu o **Programa Federal de Desregulamentação**, com a declarada finalidade de "fortalecer a iniciativa privada, em todos os seus campos de atuação, reduzir a interferência do Estado na vida e na atividade dos indivíduos, contribuir para a maior eficiência e o menor custo dos serviços prestados pela Administração Pública Federal e sejam satisfatoriamente atendidos os usuários desses serviços" (art. 1.º). O Decreto n. 99.179/90 foi expressamente revogado pelo Decreto s/n de 07.03.2017.

[2] ROMAN, Flavio José. *Discricionariedade técnica na regulação econômica*, p. 147.

5.2.1. DEFINIÇÃO

De acordo com o inciso I do art. 5.º do Decreto-Lei n. 200, de 25.02.1967, **autarquia** é "o serviço autônomo, criado por lei, com personalidade jurídica, patrimônio e receita próprios, para executar atividades típicas da Administração Pública, que requeiram, para seu melhor funcionamento, gestão administrativa e financeira descentralizada".

São exemplos de autarquias:

- Instituto Brasileiro do Meio Ambiente e dos Recursos Naturais Renováveis — IBAMA;
- Instituto Nacional de Colonização e Reforma Agrária — INCRA;
- Conselho Administrativo de Defesa Econômica — Cade;
- Banco Central do Brasil — BCB[3];
- Comissão de Valores Mobiliários — CVM;
- Superintendência da Zona Franca de Manaus — SUFRAMA.

5.2.2. NATUREZA JURÍDICA

As autarquias são **pessoas jurídicas de direito público interno** (art. 41, inciso IV, CC), que integram a Administração Pública Indireta (art. 4.º, inciso II, alínea *a*, Decreto-Lei n. 200/67).

5.2.3. CARACTERÍSTICAS

As autarquias possuem as seguintes características:

- somente podem ser criadas por **lei específica** (art. 37, inciso XIX);
- os bens a elas pertencentes são **bens públicos** (art. 98, CC) **de uso especial** (art. 99, inciso II, CC);
- são instituídas para executar **atividades típicas** da Administração Pública (art. 5.º, inciso I, Decreto-Lei n. 200/67);
- possuem **autonomia** administrativa, operacional e financeira (art. 26, inciso IV, Decreto-Lei n. 200/67);
- **não são subordinadas** a nenhum órgão da Administração Direta, não se submetendo, pois, ao controle hierárquico desta;
- **vinculam-se ao Ministério** em cuja área de competência estiver enquadrada sua principal atividade (art. 4.º, parágrafo único, Decreto-Lei n. 200/67);
- sujeitam-se à **supervisão** do Ministro de Estado a que estiverem vinculadas (arts. 19, 20, parágrafo único, e 26, todos do Decreto-Lei n. 200/67);
- tem o dever de **prestar contas** aos Tribunais de Contas[4];

---

[3] Há quem adote a sigla **BACEN** para se referir ao Banco Central.
[4] STF, MS 21797/RJ, Rel. Min. Carlos Velloso, Pleno, j. em 09.03.2000, *DJ* 18.05.2001, p. 436.

5 ◻ Agências Reguladoras   683

- ◼ são **imunes à incidência de impostos**, no que se refere ao patrimônio, à renda e aos serviços, vinculados a suas finalidades essenciais ou às delas decorrentes (art. 150, inciso VI, alínea *a* c/c § 2.º, CF);

- ◼ as autarquias federais são **isentas** do pagamento de **custas processuais** (art. 24-A, Lei n. 9.028, de 12.04.1995)[5];

- ◼ as autarquias federais são **isentas** do pagamento de **custas e emolumentos** aos Ofícios e Cartórios de Registro de Imóveis (art. 1.º, Decreto-Lei n. 1.537, de 13.04.1977)[6];

- ◼ as causas em que forem interessadas autarquias federais competem, em regra[7], à **Justiça Federal** (art. 109, inciso I, CF[8])[9];

- ◼ o regime jurídico de seus **servidores públicos** é o da Lei n. 8.112, de 11.12.1990[10];

- ◼ podem utilizar-se da **arbitragem** para dirimir conflitos relativos a direitos patrimoniais disponíveis (art. 1.º, § 1.º, Lei n. 9.307, de 23.09.1996)[11].

5.2.4. CLASSIFICAÇÃO

As autarquias, conforme o regime jurídico a que se encontrem submetidas, dividem-se em duas categorias: as de **regime comum** e as de **regime especial**.

Autarquias comuns (ou **de regime comum**) podem ser definidas como as que não possuem nenhuma peculiaridade que as diferencie das autarquias em geral.

Por outro lado, são consideradas **autarquias especiais** (ou **de regime especial**) aquelas cujas leis instituidoras confiram privilégios específicos para **aumentar sua autonomia**, comparativamente às demais autarquias.

As características próprias das autarquias em regime especial residem na sua **maior autonomia administrativa, técnica ou financeira**, se comparadas com as autarquias comuns.

---

5   Artigo incluído pela Medida Provisória n. 2.180-35, de 24.08.2001.

6   O art. 1.º do Decreto-Lei 1.537/77 isenta do pagamento de custas e emolumentos a prática de quaisquer atos, pelos Ofícios e Cartórios de Registro de Imóveis, relativos às solicitações feitas pela **União**. A jurisprudência do STJ firmou-se no sentido de que referida isenção é extensiva às **autarquias federais**: AgInt no RMS 49.361/CE, Rel. Min. Francisco Falcão, 2.ª Turma, j. em 16.02.2017, *DJe* 08.03.2017; AgInt no REsp 1511570/SC, Rel. Min. Napoleão Nunes Maia Filho, 1.ª Turma, j. em 16.08.2018, *DJe* 24.08.2018.

7   Ressalvadas as causas de falência, as de acidentes de trabalho e as sujeitas à Justiça Eleitoral e à Justiça do Trabalho.

8   **Súmula 150 do STJ**: "Compete à Justiça Federal decidir sobre a existência de interesse jurídico que justifique a presença, no processo, da União, suas autarquias ou empresas públicas".

9   "Proposta a ação em face da Agência Reguladora Federal, de natureza autárquica, é competente a Justiça Federal" (STJ, REsp 572.906/RS, Rel. Min. Luiz Fux, 1.ª Turma, j. em 08.06.2004, *DJ* 28.06.2004, p. 199).

10 Lei n. 8.112/90: "Art. 1.º Esta Lei institui o Regime Jurídico dos Servidores Públicos Civis da União, das **autarquias, inclusive as em regime especial**, e das fundações públicas federais" (destaque nosso). Confira-se, a respeito: STF, MS 21797/RJ, Rel. Min. Carlos Velloso, Pleno, j. em 09.03.2000, *DJ* 18.05.2001, p. 436.

11 Parágrafo incluído pela Lei n. 13.129, de 26.05.2015.

São exemplos de autarquias de regime especial:

- os conselhos de fiscalização de profissões regulamentadas[12] — nestes não estando compreendida a Ordem dos Advogados do Brasil[13];
- as universidades públicas[14];
- as agências reguladoras.

5.3. AGÊNCIAS REGULADORAS

5.3.1. DEFINIÇÃO

Como visto anteriormente, o Estado brasileiro, visando reordenar sua posição estratégica na economia, **transferiu à iniciativa privada** as atividades que por ela pudessem ser bem executadas, de modo a permitir que a Administração Pública se dedicasse essencialmente ao atendimento das necessidades fundamentais da coletividade.

Esta nova visão da atuação do Estado na economia impôs a necessidade de fortalecimento de sua função regulatória e fiscalizadora, determinando assim o surgimento das chamadas **"agências reguladoras"**.

> **Observação:** No Brasil, a criação das agências reguladoras deu-se, em muitos casos, simultaneamente às privatizações[15]. Em outros casos, somente veio a ocorrer após a venda das estatais em leilão, como bem observa Diogo R. Coutinho: "Algumas das privatizações brasileiras inverteram a lógica da reforma regulatória: primeiro alienaram as empresas estatais para, em seguida, definir regras e metas de regulação, momento em que isso se torna muito mais difícil. O exemplo mais claro dessa tendência é o setor elétrico (cujo processo de privatização

---

[12] STF, ADI 1717/DF, Rel. Min. Sydney Sanches, Pleno, j. em 07.11.2002, *DJ* 28.03.2003, p. 63. Referida ação foi ajuizada contra o art. 58 e seus parágrafos da Lei federal n. 9.649, de 27.05.1998, que dotava os conselhos de fiscalização de profissões regulamentadas de personalidade jurídica de **direito privado**. No julgado citado, o STF decidiu que "a interpretação conjugada dos artigos 5°, XIII, 22, XVI, 21, XXIV, 70, parágrafo único, 149 e 175 da Constituição Federal, leva à conclusão, no sentido da indelegabilidade, a uma entidade privada, de atividade típica de Estado, que abrange até poder de polícia, de tributar e de punir, no que concerne ao exercício de atividades profissionais regulamentadas, como ocorre com os dispositivos impugnados".

[13] O STF decidiu que a OAB não é uma entidade da Administração Indireta da União: "A Ordem dos Advogados do Brasil, cujas características são autonomia e independência, não pode ser tida como congênere dos demais órgãos de fiscalização profissional" (ADI 3026/DF, Rel. Min. Eros Grau, Pleno, j. em 08.06.2006, *DJ* 29.09.2006, p. 31).

[14] NOHARA, Irene Patrícia. *Direito administrativo*, p. 534-535. Referida autora ressalta que a Lei n. 5.540, de 28.11.1968, ao tratar da organização do ensino superior, determinou que as **universidades** e **estabelecimentos de ensino oficiais** seriam constituídos como autarquias de regime especial ou fundações de direito público (art. 4.°, *caput*).

[15] "Muitos países em desenvolvimento, o Brasil entre eles, definiram os termos de seus compromissos regulatórios no processo de alienação de suas estatais. As condições de aquisição e os investimentos requeridos como contrapartidas em geral constavam do edital de licitação (ou de documento equivalente) ou, na hipótese de haver alguma estrutura regulatória criada, da regulação editada pela agência (ou ministério) encarregada do setor" (COUTINHO, Diogo R. *Direito e economia política na regulação de serviços públicos*, p. 90).

5 ▣ Agências Reguladoras   685

> iniciou-se antes da criação da agência reguladora)"[16]. Lembra o referido autor, que somente no setor das telecomunicações, excepcionalmente, houve a preocupação em se criar a agência reguladora e a lei setorial (em 1997) antes da privatização (ocorrida em 1998).

Agências reguladoras são **autarquias especiais** responsáveis por regular e/ou fiscalizar a atividade de determinado setor da economia.

Confira-se, a respeito, o seguinte trecho de ementa de julgado do STJ:

> As Agências reguladoras consistem em mecanismos que ajustam o funcionamento da atividade econômica do País como um todo, principalmente da inserção no plano privado de serviços que eram antes atribuídos ao ente estatal. Elas foram criadas, portanto, com a finalidade de ajustar, disciplinar e promover o funcionamento dos serviços públicos, objeto de concessão, permissão e autorização, assegurando um funcionamento em condições de excelência tanto para o fornecedor/produtor como principalmente para o consumidor/usuário (**REsp 572.906/RS**, Rel. Min. Luiz Fux, 1.ª Turma, j. em 08.06.2004, *DJ* 28.06.2004, p. 199)[17].

Por se tratar de autarquias, a criação das agências reguladoras configura processo de **descentralização administrativa**, expressão que designa a instituição, pelos entes da federação (União, Distrito Federal, Estados e Municípios), de novas **pessoas jurídicas** (de direito público ou privado).

> **Observação:** Não se trata, pois, de **desconcentração administrativa**, que ocorre quando são criados **órgãos** — unidades de atuação integrantes da estrutura da Administração Pública desprovidas de personalidade jurídica (art. 1.º, § 2.º, inciso I, Lei n. 9.784, de 29.01.1999).

5.3.2. AGÊNCIAS REGULADORAS EXISTENTES

São as seguintes as agências reguladoras atualmente existentes no âmbito da Administração Pública Federal:

- ▣ **Agência Nacional de Energia Elétrica — ANEEL**, criada pela Lei n. 9.427, de 26.12.1996 (regulamentada pelo Decreto n. 2.335, de 06.10.1997);
- ▣ **Agência Nacional de Telecomunicações — ANATEL**, criada pela Lei n. 9.472, de 16.07.1997 (regulamentada pelo Decreto n. 2.338, de 07.10.1997);
- ▣ **Agência Nacional do Petróleo, Gás Natural e Biocombustíveis — ANP**, criada pela Lei n. 9.478, de 06.08.1997 (regulamentada pelo Decreto n. 2.455, de 14.01.1998)[18];

---

[16] COUTINHO, Diogo R. *Direito e economia política na regulação de serviços públicos*, p. 96.

[17] "Consoante precedentes do STJ, as agências reguladoras foram criadas no intuito de regular, em sentido amplo, os serviços públicos (...)" (STJ, REsp 1.635.889/RS, Rel. Min. Herman Benjamin, 2.ª Turma, j. em 06.12.2016, *DJe* 19.12.2016). No mesmo sentido: REsp 1.681.181/RS, Rel. Min. Herman Benjamin, 2.ª Turma, j. em 05.09.2017, *DJe* 09.10.2017.

[18] Na redação original da Lei n. 9.478/97, referida agência reguladora era denominada Agência Nacional do Petróleo — ANP. Com a modificação trazida pela Lei n. 11.097, de 13.01.2005 (que resultou da conversão da Medida Provisória n. 214, de 13.09.2004), passou a se chamar Agência Nacional do Pe-

■ **Agência Nacional de Vigilância Sanitária — ANVISA**, criada pela Lei n. 9.782, de 26.01.1999 (regulamentada pelo Decreto n. 3.029, de 16.04.1999);

■ **Agência Nacional de Saúde Suplementar — ANS**, criada pela Lei n. 9.961, de 28.01.2000 (regulamentada pelo Decreto n. 3.327, de 05.01.2000);

■ **Agência Nacional de Águas e Saneamento Básico — ANA**, criada pela Lei n. 9.984, de 17.07.2000 (regulamentada pelo Decreto n. 3.692, de 19.12.2000[19]);

■ **Agência Nacional de Transportes Terrestres — ANTT**, criada pela Lei n. 10.233, de 05.06.2001 (regulamentada pelo Decreto n. 4.130, de 13.02.2002);

■ **Agência Nacional de Transportes Aquaviários — ANTAQ**, criada pela Lei n. 10.233, de 05.06.2001 (regulamentada pelo Decreto n. 4.122, de 13.03.2002);

■ **Agência Nacional do Cinema — ANCINE**, criada pela Medida Provisória n. 2.228-1, de 06.09.2001 (regulamentada pelo Decreto n. 8.283, de 03.07.2014);

■ **Agência Nacional de Aviação Civil — ANAC**, criada pela Lei n. 11.182, de 27.09.2005 (regulamentada pelo Decreto n. 5.731, de 20.03.2006);

■ **Agência Nacional de Mineração — ANM**, criada pela Lei n. 13.575, de 26.12.2017 (regulamentada pelo Decreto n. 9.406, de 12.06.2018).

Os Estados, o Distrito Federal e os Municípios também podem instituir agências reguladoras[20] (art. 34 da Lei n. 13.848, de 25.06.2019).

> **Observação:** Diferentemente da União — que tem criado diversos entes reguladores, cada uma com competência limitada a determinado setor da atividade econômica em sentido amplo —, alguns Estados-membros têm preferido instituir uma ou poucas agências **multi-disciplinares**. É o caso, por exemplo, dos Estados do Amazonas (que instituiu a Agência Reguladora de Serviços Públicos Delegados e Contratados do Estado do Amazonas — Arsepam), do Ceará (que instituiu a Agência Reguladora dos Serviços Públicos Delegados do Estado do Ceará — ARCE) e do Paraná (que instituiu a Agência Reguladora de Serviços Públicos Delegados de Infraestrutura do Paraná — Agepar)[21].

---

tróleo, Gás Natural e Biocombustíveis, mantida a sigla ANP. A MP n. 214/2004, que regulamentou da introdução do biocombustível na matriz energética brasileira, teve a sua constitucionalidade questionada em sede de controle abstrato, tendo o STF, contudo, reconhecido a validade do referido ato normativo, por não vislumbrar afronta ao art. 3.º da Emenda Constitucional n. 9/95 e ao art. 246 da CF, em razão daquela medida provisória não regulamentar o monopólio da União sobre as atividades econômicas relacionadas a petróleo, gás natural, outros hidrocarbonetos fluidos e derivados (ADI 3.326/DF, Rel. Min. Cármen Lúcia, Pleno, j. em 27.03.2020, *DJe*-089 15.04.2020).

[19] A ANA foi criada como Agência Nacional de Águas pela Lei n. 9.984/2000. A atual denominação foi dada pela Lei n. 14.026, de 15.07.2020, que, mantendo a sigla, atribuiu àquela agência competência para editar normas de referência sobre o serviço de saneamento básico.

[20] Sobre a validade de criação da agência reguladora estadual: STF, ADI 2.095/RS, Rel. Min. Cármen Lúcia, Pleno, j. em 11.10.2019, *DJe*-257 26.11.2019.

[21] Tal modelo recebe a crítica de Leila Cuéllar: "As agências estaduais multidisciplinares desnaturam o próprio fundamento para instituição de agências reguladoras, vez que o que se visa com a criação de entes técnicos, especializados e independentes é uma maior eficiência no desempenho de suas atribuições. Ora, a previsão de uma agência única para tratar de áreas distintas da atividade econômica poderá eventualmente ser prejudicial à especialização das agências, bem como comprometer sua eficiência" (*As agências reguladoras e seu poder normativo*, p. 144).

5 ◼ Agências Reguladoras

687

As duas únicas agências reguladoras que têm **fundamento constitucional específico** são a ANATEL (art. 21, inciso XI, CF[22]) e a ANP (art. 177, § 2.º, inciso III, CF[23]), sendo previstas sob a expressão **"órgão regulador"**.

> **Observação:** A criação das demais agências reguladoras encontra fundamento genérico no art. 174, *caput*, da CF, quando menciona a função de fiscalização que o Estado exerce na condição de **agente regulador** da atividade econômica.

Destaca Maria Sylvia Zanella di Pietro que a Constituição, apegada à tradição do direito brasileiro, empregou o termo **"órgão"**; a legislação infraconstitucional é que utilizou o vocábulo **"agência"**, de origem norte-americana[24].

Ressalte-se que a circunstância do Texto Constitucional empregar a palavra **"órgão"** — unidade de atuação integrante da estrutura da Administração Pública **sem personalidade jurídica** — não constituía impedimento para que fosse criada uma **entidade reguladora**, isto é, uma unidade de atuação **dotada de personalidade jurídica**[25].

5.3.3. LEGISLAÇÃO

No período compreendido entre os anos de 1996 e 2000, não havia no Brasil leis disciplinando de modo geral as agências reguladoras: as únicas legislações que existiam eram as que, de forma esparsa, instituíram cada uma delas.

Atualmente, contudo, existem duas leis aplicáveis às agências reguladoras **federais** em geral:

◼ **Lei n. 9.986, de 18.07.2000**, que dispõe sobre a gestão de recursos humanos das agências reguladoras; e

◼ **Lei n. 13.848, de 25.06.2019**, que dispõe sobre a gestão, a organização, o processo decisório e o controle social das agências reguladoras[26].

5.3.4. NATUREZA JURÍDICA

As agências reguladoras são **autarquias especiais** (art. 1.º, *caput*, Lei n. 10.871/2004; art. 2.º, parágrafo único, Lei n. 13.848/2019) ou, como preferem alguns, **autarquias de regime especial**.

O **"regime especial"** significa que às agências reguladoras foram atribuídas **características especiais**, que as distinguem das autarquias comuns. A **natureza especial** conferida à agência reguladora é caracterizada (art. 3.º, *caput*, Lei n. 13.848/2019):

---

[22] Com redação dada pela Emenda Constitucional n. 8, de 15.08.1995.

[23] Inciso acrescentado pela Emenda Constitucional n. 9, de 09.11.1995.

[24] DI PIETRO, Maria Sylvia Zanella. *Direito administrativo*, p. 389.

[25] Lei n. 9.784, de 29.01.1999, art. 1.º, § 2.º: "Para os fins desta Lei, consideram-se: I — órgão — a unidade de atuação integrante da estrutura da Administração direta e da estrutura da Administração indireta; II — entidade — a unidade de atuação dotada de personalidade jurídica; (...)".

[26] Também merece ser mencionada a **Lei n. 10.871, de 20.05.2004** (resultante da conversão da Medida Provisória n. 155, de 23.12.2003), que dispõe sobre a criação de carreiras e organização de cargos efetivos das agências reguladoras.

- pela ausência de tutela ou de subordinação hierárquica;
- pela autonomia funcional, decisória, administrativa e financeira;
- pela investidura a termo de seus dirigentes e estabilidade durante os mandatos;
- pelas demais disposições constantes da Lei n. 13.848/2019 ou de leis específicas voltadas à sua implementação[27].

Por serem autarquias, as agências reguladoras possuem personalidade jurídica de **direito público** (art. 41, inciso IV, CC), integram a **Administração Indireta** (art. 4.º, inciso II, alínea *a*, Decreto-Lei n. 200/67) e são **vinculadas ao Ministério** competente para tratar da respectiva atividade[28].

Assim, por exemplo:

- a Agência Nacional de Energia Elétrica — ANEEL e a Agência Nacional do Petróleo, Gás Natural e Biocombustíveis — ANP são vinculadas ao **Ministério de Minas e Energia — MME**;
- a Agência Nacional de Telecomunicações — ANATEL é vinculada ao **Ministério da Ciência, Tecnologia, Inovações e Comunicações — MCTIC**;
- a Agência Nacional de Vigilância Sanitária — ANVISA e a Agência Nacional de Saúde Suplementar — ANS são vinculadas ao **Ministério da Saúde — MS**.

5.3.5. ATIVIDADES REGULADAS

As agências reguladoras, como dito anteriormente, são responsáveis por regular e/ou fiscalizar determinadas atividades econômicas (em sentido amplo).

Tais atividades podem ser:

- serviços públicos propriamente ditos, prestados por particulares mediante delegação (autorização, concessão ou permissão), como nas hipóteses dos incisos XI e XII, alínea *b*, do art. 21 da CF — áreas de atuação da ANATEL e da ANEEL, respectivamente;
- exploração de atividade econômica (em sentido estrito) monopolizada, como na hipótese do art. 177, § 1.º c/c § 2.º, inciso III, da CF — área de atuação da ANP;
- atividades desenvolvidas pela iniciativa privada simultaneamente com o Estado sem a necessidade de ato estatal de delegação, como a assistência à saúde (art. 199, *caput*, CF) — área de atuação da ANS;

---

[27] Sobre a expressão "sob regime especial", empregada pelas leis instituidoras de agências reguladoras como qualificadora de sua natureza autárquica, manifesta-se Pedro Henrique Poli de Figueiredo: "A nosso ver, esta expressão é dispensável, à medida que é natural ao regime autárquico a adoção de regime diferenciado de atuação, sendo em muitos casos o motivo de sua criação como ente da administração indireta. O fato de não haver a expressão 'sob regime especial' na lei criadora não a torna entidade sob regime comum, quando as competências, finalidades e poderes atribuídos por lei à entidade levem à consideração do regime especial" (*A regulamentação do serviço público concedido*, p. 59).

[28] MEDAUAR, Odete. *Direito administrativo moderno*, p. 84.

5 ■ Agências Reguladoras

■ atividades que são tipicamente da iniciativa privada, como a fabricação de produtos e a prestação de serviços que envolvam risco à saúde pública — área de atuação da ANVISA.

5.3.6. AUTONOMIA ADMINISTRATIVA

As agências reguladoras possuem **autonomia administrativa**, que, como visto, é um dos aspectos que caracteriza a natureza especial conferida a tais autarquias (art. 3.º, *caput*, Lei n. 13.848/2019).

A autonomia administrativa da agência reguladora é caracterizada pelas **competências** enumeradas no § 2.º do art. 3.º da Lei n. 13.848/2019:

■ solicitar diretamente ao Ministério da Economia:
a) autorização para a realização de concursos públicos;
b) provimento dos cargos autorizados em lei para seu quadro de pessoal, observada a disponibilidade orçamentária;
c) alterações no respectivo quadro de pessoal, fundamentadas em estudos de dimensionamento, bem como alterações nos planos de carreira de seus servidores;

■ conceder diárias e passagens em deslocamentos nacionais e internacionais e autorizar afastamentos do País a servidores da agência;
■ celebrar contratos administrativos e prorrogar contratos em vigor relativos a atividades de custeio, independentemente do valor.

5.3.7. DIRIGENTES

As agências reguladoras têm como órgão máximo o **Conselho Diretor** ou a **Diretoria Colegiada**, que será composto de (art. 4.º, *caput*, Lei n. 9.986/2000[29]):

■ **1 (um)** Presidente, Diretor-Presidente ou Diretor-Geral; e
■ **até 4 (quatro)** Conselheiros ou Diretores.

Cabe ao Presidente, Diretor-Presidente ou Diretor-Geral do Conselho Diretor ou da Diretoria Colegiada (art. 4.º, § 4.º, Lei n. 9.986/2000[30]):

■ a representação da agência;
■ o comando hierárquico sobre o pessoal e os serviços;
■ o exercício de todas as competências administrativas correspondentes;
■ a presidência das sessões do Conselho Diretor ou da Diretoria Colegiada e das deliberações colegiadas para matérias definidas no regimento interno da agência.

Conforme estabelece o art. 5.º da Lei n. 9.986/2000[31], o Presidente, Diretor-Presidente ou Diretor-Geral e os demais membros do Conselho Diretor ou da Diretoria

---

[29] Artigo com redação dada pela Lei n. 13.848/2019.
[30] Parágrafo incluído pela Lei n. 13.848/2019.
[31] Com redação dada pela Lei n. 13.848/2019.

Colegiada são escolhidos pelo Presidente da República dentre **brasileiros** de reputação ilibada e de notório conhecimento no campo de sua especialidade, e que atendam os demais requisitos estabelecidos no mencionado dispositivo legal.

> **Observação:** A Lei n. 9.986/2000 não estabelece limite mínimo ou máximo de idade para os cargos de membros do Conselho Diretor ou da Diretoria Colegiada das agências reguladoras.

O art. 8.º-A da Lei n. 9.986/2000[32] veda a indicação para o Conselho Diretor ou a Diretoria Colegiada:

- ▪ de Ministro de Estado, Secretário de Estado, Secretário Municipal, dirigente estatutário de partido político e titular de mandato no Poder Legislativo de qualquer ente da federação, ainda que licenciados dos cargos[33];
- ▪ de pessoa que tenha atuado, nos últimos 36 (trinta e seis) meses, como participante de estrutura decisória de partido político ou em trabalho vinculado a organização, estruturação e realização de campanha eleitoral;
- ▪ de pessoa que exerça cargo em organização sindical;
- ▪ de pessoa que tenha participação, direta ou indireta, em empresa ou entidade que atue no setor sujeito à regulação exercida pela agência reguladora em que atuaria, ou que tenha matéria ou ato submetido à apreciação dessa agência reguladora;
- ▪ de pessoa que se enquadre nas hipóteses de inelegibilidade previstas no inciso I do *caput* do art. 1.º da Lei Complementar n. 64, de 18.05.1990;
- ▪ de membro de conselho ou de diretoria de associação, regional ou nacional, representativa de interesses patronais ou trabalhistas ligados às atividades reguladas pela respectiva agência.

Os nomes indicados para os cargos de membros do Conselho Diretor ou da Diretoria Colegiada das agências reguladoras devem passar pelo crivo do **Senado Federal** (art. 52, inciso III, alínea *f*, CF c/c art. 5.º, *caput*, Lei n. 9.986/2000)[34].

A indicação, pelo Presidente da República, dos membros do Conselho Diretor ou da Diretoria Colegiada a serem submetidos à aprovação do Senado Federal deverá especificar, em cada caso, se a indicação é para Presidente, Diretor-Presidente, Diretor-Geral, Diretor ou Conselheiro (art. 5.º, § 5.º, Lei n. 9.986/2000).

---

[32] Incluído pela Lei n. 13.848/2019.

[33] Tal vedação estende-se também aos parentes consanguíneos ou afins até o terceiro grau das pessoas mencionadas (art. 8.º-A, parágrafo único, Lei n. 9.986/2000).

[34] Lei estadual pode determinar que a nomeação e a posse dos dirigentes da autarquia reguladora estadual somente ocorram após a aprovação da indicação pela Assembleia Legislativa do Estado, em simetria ao disposto no art. 52, inciso III, alínea *f*, da CF. Nesse sentido: STF, ADI 1.949/RS, Rel. Min. Dias Toffoli, Pleno, j. em 17.09.2014, *DJe*-224 14.11.2014. Confira, ainda, a respeito: ADI 132/RO, Rel. Min. Sepúlveda Pertence, Pleno, j. em 30.04.2003, *DJ* 30.05.2003, p. 28; ADI 1.281/PA, Rel. Min. Maurício Corrêa, Pleno, j. em 11.03.2004, *DJ* 23.04.2004, p. 6; ADI 2.225/SC, Rel. Min. Dias Toffoli, Pleno, j. em 21.08.2014, *DJe*-213 30.10.2014.

5 ■ Agências Reguladoras 691

> **Observação:** No Senado Federal, as pessoas escolhidas pelo Presidente da República para os cargos de membros do Conselho Diretor ou da Diretoria Colegiada das agências reguladoras terão seus nomes submetidos a **votação secreta** (art. 52, inciso III, alínea *f*, CF)[35]. Tal deliberação será tomada por maioria dos votos, presente a maioria absoluta dos membros do Senado Federal (art. 47, CF)[36].

Depois de aprovados pelo Senado Federal, o Presidente, Diretor-Presidente ou Diretor-Geral e os demais membros do Conselho Diretor ou da Diretoria Colegiada serão nomeados pelo Presidente da República (art. 5.º, *caput*, Lei n. 9.986/2000) para cumprir **mandato** de **5 (cinco) anos**, sendo **vedada a recondução** (art. 6.º, *caput*, Lei n. 9.986/2000[37]).

> **Observação:** A investidura a termo dos dirigentes das agências reguladoras e sua **estabilidade durante os mandatos** são alguns dos aspectos que caracterizam a natureza especial conferida a tais autarquias (art. 3.º, *caput*, Lei n. 13.848/2019).

Somente é **admitida a recondução** de membro do Conselho Diretor ou da Diretoria Colegiada na hipótese do § 7.º do art. 5.º da Lei n. 9.986/2000, segundo o qual, ocorrendo vacância no cargo de Presidente, Diretor-Presidente, Diretor-Geral, Diretor ou Conselheiro no curso do mandato, este será completado por sucessor investido na forma prevista no *caput* do referido artigo e exercido pelo prazo remanescente, **admitida a recondução se tal prazo for igual ou inferior a 2 (dois) anos**.

O início da fluência do prazo do mandato dá-se imediatamente após o término do mandato anterior, independentemente da data de indicação, aprovação ou posse do membro do colegiado (art. 5.º, § 8.º, Lei n. 9.986/2000[38]).

Os mandatos dos membros do Conselho Diretor ou da Diretoria Colegiada serão **não coincidentes**, de modo que, sempre que possível, a cada ano, ocorra o término de um mandato e uma consequente nova indicação (art. 4.º, § 1.º, Lei n. 9.986/2000).

De acordo com o art. 9.º da Lei n. 9.986/2000[39], o membro do Conselho Diretor ou da Diretoria Colegiada somente perderá o mandato nos casos de:

- ■ renúncia;
- ■ condenação judicial transitada em julgado;
- ■ condenação em processo administrativo disciplinar;
- ■ infringência de quaisquer das vedações previstas no art. 8.º-B da Lei n. 9.986/2000 (nesta incluído pela Lei n. 13.848/2019), que proíbe ao membro do Conselho Diretor ou da Diretoria Colegiada:

---

[35] CF: "Art. 52. Compete privativamente ao Senado Federal: (...) III — aprovar previamente, por voto secreto, após arguição pública, a escolha de: (...) f) titulares de outros cargos que a lei determinar;".

[36] CF: "Art. 47. Salvo disposição constitucional em contrário, as deliberações de cada Casa e de suas Comissões serão tomadas por maioria dos votos, presente a maioria absoluta de seus membros".

[37] Com redação dada pela Lei n. 13.848/2019.

[38] Parágrafo incluído pela Lei n. 13.848/2019.

[39] Com redação dada pela Lei n. 13.848/2019.

a) receber, a qualquer título e sob qualquer pretexto, honorários, percentagens ou custas;
b) exercer qualquer outra atividade profissional, ressalvado o exercício do magistério, havendo compatibilidade de horários;
c) participar de sociedade simples ou empresária ou de empresa de qualquer espécie, na forma de controlador, diretor, administrador, gerente, membro de conselho de administração ou conselho fiscal, preposto ou mandatário;
d) emitir parecer sobre matéria de sua especialização, ainda que em tese, ou atuar como consultor de qualquer tipo de empresa;
e) exercer atividade sindical;
f) exercer atividade político-partidária;
g) estar em situação de **conflito de interesse**, que, nos termos do art. 3.º, inciso I, da Lei n. 12.813, de 16.05.2013[40], é "a situação gerada pelo confronto entre interesses públicos e privados, que possa comprometer o interesse coletivo ou influenciar, de maneira imprópria, o desempenho da função pública".

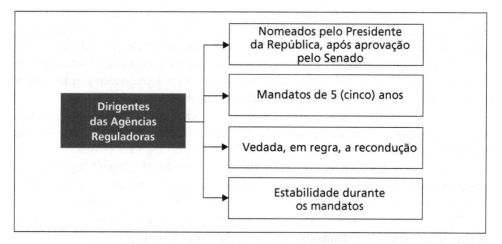

Os membros do Conselho Diretor ou da Diretoria Colegiada ficam **impedidos** de exercer atividade ou de prestar qualquer serviço no setor regulado pela respectiva agência, por período de **6 (seis) meses**, contados da exoneração ou do término de seu mandato (art. 8.º, *caput*, Lei n. 9.986/2000[41]). Durante tal período, o ex-dirigente ficará vinculado à agência, fazendo jus a **remuneração compensatória** equivalente à do cargo de direção que exerceu e aos benefícios a ele inerentes (art. 8.º, § 2.º, Lei n. 9.986/2000[42]).

---

[40] A Lei n. 12.813/2013 dispõe sobre o conflito de interesses no exercício de cargo ou emprego do Poder Executivo federal e impedimentos posteriores ao exercício do cargo ou emprego.
[41] Com redação dada pela Lei n. 13.848/2019. Tal disposição é aplicável ao ex-dirigente exonerado a pedido, se este já tiver cumprido pelo menos seis meses do seu mandato (art. 8.º, § 3.º, Lei n. 9.986/20000).
[42] Redação dada pela Medida Provisória n. 2.216-37, de 31.08.2001. Registre-se, a propósito, o disposto no art. 2.º da Emenda Constitucional n. 32, de 11.09.2001: "As medidas provisórias editadas em data anterior à da publicação desta emenda continuam em vigor até que medida provisória ulterior as revogue explicitamente ou até deliberação definitiva do Congresso Nacional".

> **Observação:** Lei que disponha sobre o preenchimento dos cargos de direção executiva nas agências reguladoras é de iniciativa privativa do Chefe do Poder Executivo (**ADI 3.156/SP**, Rel. Min. Celso de Mello, Pleno, j. em 01.08.2018, *DJe*-183 04.09.2018).

5.3.8. ESTRUTURA ORGANIZACIONAL

Além do Conselho Diretor ou da Diretoria Colegiada, integrarão a estrutura organizacional de cada agência reguladora (art. 4.º, § 3.º, Lei n. 9.986/2000[43]):

- uma **procuradoria**, que a representará em juízo;
- uma **ouvidoria** (art. 11, Lei n. 9.986/2000); e
- uma **auditoria**.

São atribuições do **ouvidor** (art. 22, § 1.º, Lei n. 13.848/2019):

- zelar pela qualidade e pela tempestividade dos serviços prestados pela agência;
- acompanhar o processo interno de apuração de denúncias e reclamações dos interessados contra a atuação da agência;
- elaborar relatório anual de ouvidoria sobre as atividades da agência.

As agências reguladoras podem requisitar servidores e empregados de órgãos e entidades integrantes da administração pública (art. 16, Lei n. 9.986/2000[44]).

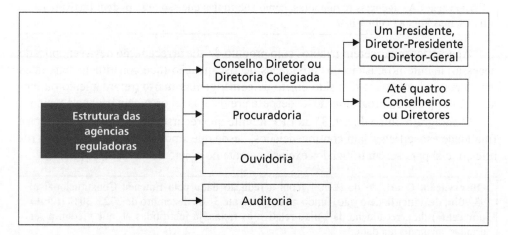

5.3.9. AUTONOMIA FINANCEIRA

Dentre as características que atribuem natureza especial às agências reguladoras está a **autonomia financeira** (art. 3.º, *caput*, Lei n. 13.848/2019), pois tais entidades possuem recursos próprios e tem liberdade na aplicação de suas rendas.

---

[43] Parágrafo incluído pela Lei n. 13.848/2019.
[44] Com redação dada pela Lei n. 11.292, de 26.04.2006.

Constituem receitas das agências reguladoras os **recursos ordinários do Tesouro Nacional** consignados no Orçamento Fiscal da União (art. 165, § 5.º, inciso I, CF) e em seus créditos adicionais, transferências e repasses que lhe forem conferidos.

Considerando, no entanto, que a dependência de recursos alocados pelo ente federativo, de acordo com a partilha orçamentária, propiciaria a redução da margem de autonomia das agências[45], estas também podem cobrar determinados **tributos**, nos termos de suas legislações de regência. "Os recursos das agências reguladoras advêm das denominadas **taxas de fiscalização ou regulação** pagas por aqueles que exercem as respectivas atividades econômicas reguladas, de modo que inexista dependência de recursos do orçamento do Tesouro" (destaque nosso)[46]. Assim, por exemplo:

- ☐ a ANEEL pode cobrar a **Taxa de Fiscalização de Serviços de Energia Elétrica** (art. 11, inciso I, 12 e 13, Lei n. 9.427/96);

- ☐ a ANATEL pode cobrar **Taxa de Fiscalização de Instalação** e **Taxa de Fiscalização de Funcionamento** (arts. 47 e 52, Lei n. 9.472/97);

- ☐ a ANTT e a ANTAQ podem cobrar **taxas de fiscalização da prestação de serviços e de exploração de infraestrutura** atribuídas a cada uma das referidas agências (art. 77, inciso III, Lei n. 10.233/2001);

- ☐ a ANAC pode cobrar **Taxa de Fiscalização da Aviação Civil — TFAC** (art. 29, Lei n. 11.182/2005).

> **Observação:** As agências reguladoras, como autarquias que são, **não podem instituir** tributos, mas **apenas cobrá-los**.

Apesar das taxas serem tributos cujo produto de sua arrecadação deva ser aplicado necessariamente no custeio das atividades de fiscalização (que constituem seus fatos geradores), tais recursos têm sido objeto de **contingenciamento** (retardamento ou inexecução de parte da programação de despesa prevista na lei orçamentária) pela União[47].

O parágrafo único do art. 8.º da LRF admite que recursos legalmente vinculados a finalidade específica sejam contingenciados, desde que, após liberados, retornem à rubrica inicial para serem utilizados exclusivamente no objeto de sua vinculação.

> **Observação:** O art. 76 do ADCT, com a redação dada pela Emenda Constitucional n. 93/2016, **desvincula** de órgão, fundo ou despesa, até 31 de dezembro de 2023, **30% (trinta por cento)** da arrecadação da União relativa às **taxas**, já instituídas ou que vierem a ser criadas até a referida data.

5.4. PODER NORMATIVO

A legislação atribui às agências reguladoras competência para a edição de normas e regulamentos no seu âmbito de atuação.

---

[45] JUSTEN FILHO, Marçal. *O direito das agências reguladoras independentes*, p. 476.

[46] GUERRA, Sérgio. *Regulação estatal sob a ótica da organização administrativa brasileira*, p. 385.

[47] JUNQUEIRA, Paula. *Agências reguladoras e orçamento*, p. 22; GUERRA, Sérgio. *Regulação estatal sob a ótica da organização administrativa brasileira*, p. 384.

5 ◼ Agências Reguladoras

Trata-se do chamado **"poder normativo"**, que é a aptidão das agências de editar atos normativos (isto é, gerais e abstratos) infralegais, disciplinando a atuação dos agentes econômicos do setor regulado[48].

A legitimidade da atuação normativa das agências decorre "da natureza das atividades que desempenham, dos objetivos traçados com sua instituição, assim como da forma como atuam (imparcial, técnica, especializada, participativa) e da forma pela qual foram instituídas (mediante lei aprovada pelo Parlamento)"[49].

A competência das agências para editar atos normativos visando à organização e à fiscalização das atividades reguladas insere-se no **poder geral de polícia** da Administração Pública, consoante decidiu o STF.

Por conseguinte, a função normativa das agências reguladoras não se confunde com a poder regulamentar da Administração (art. 84, inciso IV, CF), tampouco com a figura do "regulamento autônomo" (arts. 84, inciso VI, 103-B, § 4.º, inciso I, e 237, CF)[50].

Observação: A **busca e posterior apreensão** efetuada por agência reguladora sem ordem judicial, com base apenas no poder de polícia de que é investida a agência, mostra-se **inconstitucional** por afronta ao princípio da inviolabilidade de domicílio, à luz do art. 5.º, inciso XI, da CF (STF, **ADI 1.668/DF**, Rel. Min. Edson Fachin, Pleno, j. em 01.03.2021, *DJe*-055 23.03.2021)[51].

O STJ possui entendimento de que as sanções administrativas aplicadas pelas agências reguladoras, no exercício do seu **poder de polícia**, não ofendem o princípio da legalidade, visto que a lei assegura seu exercício de **poder normativo**, ao delegar a tais entidades a competência para editar normas e regulamentos no âmbito de sua atuação, inclusive tipificar as condutas passíveis de punição, principalmente acerca de atividades eminentemente técnicas[52].

---

[48] "Às agências reguladoras não compete legislar, e sim promover a normatização dos setores cuja regulação lhes foi legalmente incumbida" (STF, ADI 4.093/SP, Rel. Min. Rosa Weber, Pleno, j. em 24.09.2014, *DJe*-203 17.10.2014). "As agências reguladoras estão submetidas, como órgãos administrativos, ao princípio da legalidade" (STF, ADI 4.954/AC, Rel. Min. Marco Aurélio, Pleno, j. em 20.08.2014, *DJe*-213 30.10.2014).

[49] CUÉLLAR, Leila. *As agências reguladoras e seu poder normativo*, p. 145.

[50] STF, ADI 4.874/DF, Rel. Min. Rosa Weber, Pleno, j. em 01.02.2018, *DJe*-019 01.02.2019. O STF fixou o entendimento de que o poder normativo das agências reguladoras subordina-se aos preceitos legais e regulamentares que regem matéria (ADI 1.668/DF, Rel. Min. Edson Fachin, Pleno, j. em 01.03.2021, *DJe*-055 23.03.2021).

[51] No referido julgado, o STF declarou a inconstitucionalidade do inciso XV do art. 19 da Lei n. 9.472/97, que dispunha sobre a competência da ANATEL para "realizar busca e apreensão de bens. Entendemos que, pelas mesmas razões, apresenta-se inconstitucional o disposto no parágrafo único do art. 3.º da Lei n. 10.871/2004, que, com a redação dada pela Lei n. 11.292/2006, atribui aos ocupantes dos cargos de fiscal dos órgãos reguladores as prerrogativas de apreensão de bens e produtos.

[52] Nesse sentido: REsp 1.386.994/SC, Rel. Min. Eliana Calmon, 2.ª Turma, j. em 05.11.2013, *DJe* 13.11.2013; REsp 1.481.550/SC, Rel. Min. Humberto Martins, 2.ª Turma, j. em 04.11.2014, *DJe* 14.11.2014; AgRg no REsp 1.541.592/RS, Rel. Min. Regina Helena Costa, 1.ª Turma, j. em 15.09.2015, *DJe* 21.09.2015; AgInt no REsp 1.641.688/PB, Rel. Min. Francisco Falcão, 2.ª Turma, j. em 17.04.2018, *DJe* 23.04.2018; REsp 1.728.281/RS, Rel. Min. Herman Benjamin, 2.ª Turma, j.

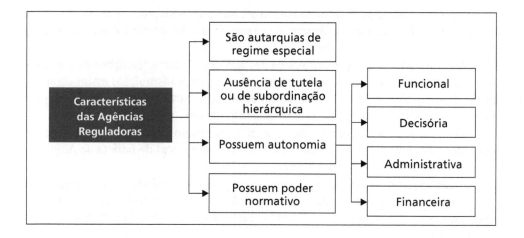

5.4.1. ANÁLISE DE IMPACTO REGULATÓRIO (AIR)

O art. 5.º da Lei n. 13.848/2019 estabelece que as propostas de **adoção e alteração de atos normativos de interesse geral** dos agentes econômicos, consumidores ou usuários dos serviços prestados devem ser precedidas da realização de **Análise de Impacto Regulatório (AIR)**, que conterá informações e dados sobre os possíveis efeitos do ato normativo. Tal norma, considerando o diploma que a prevê, é voltada ao processo decisório das **agências reguladoras**[53].

> **Observação:** Semelhante enunciado consta do art. 5.º da Lei n. 13.874/2019 (Declaração de Direitos de Liberdade Econômica), que, por sua vez, se dirige aos **órgãos ou entidades da administração pública federal**, incluídas as **autarquias** e as **fundações públicas**.

O **Decreto n. 10.411, de 30.06.2020**, regulamenta a AIR e assim a define: "procedimento, a partir da definição de problema regulatório, de avaliação prévia à edição dos atos normativos de que trata este Decreto, que conterá informações e dados sobre os seus prováveis efeitos, para verificar a razoabilidade do impacto e subsidiar a tomada de decisão" (art. 2.º, inciso I).

> **Observação:** A AIR poderá ser **dispensada**, desde que haja decisão fundamentada do órgão ou da entidade competente, nas hipóteses arroladas no art. 4.º do Decreto n. 10.411/2020, caso em que será elaborada **nota técnica** ou **documento equivalente** que fundamente a proposta de edição ou de alteração do ato normativo (art. 6.º, § 5.º, Lei n. 13.848/2019)[54].

---

em 17.05.2018, *DJe* 21.11.2018; AgInt no REsp 1.620.459/RS, Rel. Min. Benedito Gonçalves, 1.ª Turma, j. em 12.02.2019, *DJe* 15.02.2019; REsp 1.796.278/RS, Rel. Min. Herman Benjamin, 2.ª Turma, j. em 19.03.2019, *DJe* 22.04.2019.

[53] O regimento interno de cada agência deve dispor sobre a operacionalização da AIR em seu âmbito (art. 6.º, § 2.º, Lei n. 13.848/2019). Entende-se como operacionalização da AIR a definição das unidades organizacionais envolvidas em sua elaboração e do âmbito de suas competências (art. 16, Decreto n. 10.411/2020).

[54] Os atos normativos cuja AIR tenha sido dispensada em razão de **urgência** (art. 4.º, inciso I, Decreto n. 10.411/2020) serão objeto de **Avaliação de Resultado Regulatório (ARR)**, que consiste na

5 ▣ Agências Reguladoras 697

A AIR inicia-se após a avaliação pelo órgão ou pela entidade competente quanto à obrigatoriedade ou à conveniência e à oportunidade para a resolução do problema regulatório identificado (art. 5.º, Decreto n. 10.411/2020).

O procedimento da AIR encerra-se com o **relatório de AIR**, que deverá conter os elementos que subsidiaram a escolha da alternativa mais adequada ao enfrentamento do problema regulatório identificado e, se for o caso, a minuta do ato normativo a ser editado (art. 2.º, inciso V, Decreto n. 10.411/2020). O art. 6.º do Decreto n. 10.411/2020 detalha o conteúdo mínimo[55] do relatório de AIR.

O conselho diretor ou a diretoria colegiada da agência reguladora deverá manifestar-se, em relação ao relatório de AIR, sobre a adequação da proposta de ato normativo aos objetivos pretendidos, indicando se os impactos estimados recomendam sua adoção, e, quando for o caso, quais os complementos necessários (art. 6.º, § 3.º, Lei n. 13.848/2019)[56].

O procedimento da AIR — que, atualmente, tem aplicação restrita à esfera federal — tem grande potencial para contribuir para o desenvolvimento econômico do País, "uma vez que qualquer proposta de criação ou alteração de ato normativo será amplamente debatida, com possibilidade de avaliação dos interesses, tanto dos usuários de serviços prestados quanto dos agentes econômicos. Essa avaliação prévia trará mais racionalidade aos atos regulatórios"[57].

5.5. O "DEVER DE DEFERÊNCIA" DO PODER JUDICIÁRIO ÀS DECISÕES TÉCNICAS ADOTADAS PELAS AGÊNCIAS REGULADORAS

As decisões técnicas tomadas pelas Agências Reguladoras são, por vezes, objeto de questionamento perante o Poder Judiciário.

Surge, em tal contexto, o chamado **"princípio da deferência"**, segundo o qual os juízes e tribunais devem acatar a norma regulamentar, limitando-se a controlá-las em

---

"verificação dos efeitos decorrentes da edição de ato normativo, considerados o alcance dos objetivos originalmente pretendidos e os demais impactos observados sobre o mercado e a sociedade, em decorrência de sua implementação" (art. 2.º, inciso III, Decreto n. 10.411/2020). Nesse caso, a nota técnica ou o documento equivalente de que trata o § 1.º do art. 4.º do Decreto n. 10.411/2020 deverá, obrigatoriamente, identificar o problema regulatório que se pretende solucionar e os objetivos que se pretende alcançar, de modo a subsidiar a elaboração da ARR (art. 4.º, § 2.º, Decreto n. 10.411/2020), que deverá ser realizada no prazo de três anos, contado da data da entrada em vigor do ato normativo (art. 12, Decreto n. 10.411/2020).

55 O conteúdo do relatório de AIR deverá ser complementado com elementos adicionais específicos do caso concreto, de acordo com o seu grau de complexidade, a abrangência e a repercussão da matéria em análise (art. 6.º, § 1.º, Decreto n. 10.411/2020).

56 Tal manifestação integrará, juntamente com o relatório de AIR, a documentação a ser disponibilizada aos interessados para a realização de consulta pública (art. 9.º, Lei n. 13.848/2019) ou de audiência pública (art. 10, Lei n. 13.848/2019), caso o conselho diretor ou a diretoria colegiada decida pela continuidade do procedimento administrativo (art. 6.º, § 4.º, Lei n. 13.848/2019).

57 NOVO, Karla Brito. Diminuição do custo regulatório como mecanismo para impulsionar o desenvolvimento do Brasil, p. 163.

casos excepcionais[58]. Tal ideia relaciona-se ao dever de **autocontenção da atuação do Poder Judiciário** (*judicial self-restraint*)[59].

Tal postura adotada pelo Judiciário — pelo menos, nos Tribunais Superiores[60] — diante do Direito Regulatório pode ser denominada de **"formalismo deferencial"**[61].

O dever de deferência pode ser considerado um **subprincípio**, consectário que é do **princípio da separação dos poderes**[62]. É que, apesar de serem técnicos, os atos normativos editados pelas agências reguladoras também possuem um **aspecto político**, seara que, *a priori*, não deve ser objeto de apreciação judicial.

A aplicação do princípio (ou subprincípio) da deferência às decisões normativas das agências reguladoras decorre da conjugação de três fatores:

■ a natureza acentuadamente complexa das matérias discutidas na seara regulatória;

■ o fato de que os quadros de tais agências dispõem de corpo técnico **especializado**, isto é, dotado de *"expertise"* técnica; e

■ a circunstância de que a atuação do Poder Judiciário — e da Jurisdição Constitucional em particular — "encontra óbice nos limites da capacidade institucional dos seus juízes"[63].

---

[58] Daniel Almeida de Oliveira denomina a postura adotada pelo Judiciário (pelo menos, nos Tribunais Superiores) diante do Direito Regulatório como **"formalismo deferencial"** (*Direito regulatório & teoria da interpretação*: como interpretar e aplicar direitos complexos, p. 256 e 311).

[59] O STF, ao reconhecer que não é instância recursal das decisões administrativas tomadas pelo Conselho Nacional de Justiça — CNJ no regular exercício das atribuições constitucionalmente estabelecidas (art. 103-B, CF), decidiu que, "ressalvadas as hipóteses de flagrante ilegalidade ou teratologia, impõe-se ao Poder Judiciário a autocontenção (*judicial self-restraint*) e **deferência às valorações realizadas pelos órgãos especializados, dada sua maior capacidade institucional para o tratamento da matéria**" (destaque nosso) (MS-AgR 36.037/DF, Rel. Min. Luiz Fux, 1.ª Turma, j. em 28.05.2019, *DJe*-171 07.08.2019). No mesmo sentido: MS-AgR 36.062/DF, Rel. Min. Luiz Fux, 1.ª Turma, j. em 06.05.2019, *DJe*-102 16.05.2019. Acórdão semelhante foi proferido em relação às decisões tomadas pelo Conselho Nacional do Ministério Público — CNMP no regular exercício das atribuições constitucionalmente estabelecidas (art. 130-A, CF): MS-AgR 34.493/BA, Rel. Min. Luiz Fux, 1.ª Turma, j. em 06.05.2019, *DJe*-102 16.05.2019.

[60] A partir de pesquisa jurisprudencial, Daniel Wei Liang Wang, Juliana Bonacorsi de Palma e Daniel Gama e Colombo concluíram que, no Brasil, "a primeira instância parece ter maior propensão a rever os atos das agências reguladoras que os tribunais" (Revisão judicial dos atos das agências reguladoras: uma análise da jurisprudência brasileira, p. 317).

[61] OLIVEIRA, Daniel Almeida de. *Direito regulatório & teoria da interpretação*: como interpretar e aplicar direitos complexos, p. 256 e 311.

[62] O STF, em processo no qual reconheceu o dever de deferência do Poder Judiciário frente à atividade legislativa democrática, decidiu que "a intervenção judicial pressupõe uma cuidadosa ponderação entre os bens jurídicos em jogo" (MI-AgR 6.781/DF, Rel. Min. Luiz Fux, Pleno, j. em 20.09.2019, *DJe*-215 03.10.2019). Confira-se, ainda, a respeito: STF, ADC 42/DF, Rel. Min. Luiz Fux, Pleno, j. em 28.02.2018, *DJe*-175 13.08.2019.

[63] Sobre este segundo aspecto: STF, ADC 42/DF, Rel. Min. Luiz Fux, Pleno, j. em 28.02.2018, *DJe*-175 13.08.2019. Nesse sentido: "Carece o Poder Judiciário de mecanismos suficientemente apu-

5 ■ Agências Reguladoras 699

Com efeito, observa Daniel Almeida de Oliveira, "no Direito Regulatório, inclusive quando há incidência de normas constitucionais, fica também mais evidente a superioridade da Administração Pública em interpretá-las, quando comparada aos tribunais"[64].

Isto não significa que os atos praticados por estas autarquias de regime especial no exercício da regulação setorial não possam ser objeto de revisão judicial[65], mas sim que o Poder Judiciário deve atuar com **menor intensidade no controle dos atos das agências**, fazendo-o apenas **em caráter excepcional**, como bem observa Ana Carolina Lopes de Carvalho: "É lógico que o Poder Judiciário pode apreciar todo e qualquer tipo de decisão advinda da Administração, entretanto, a utilização de conceitos específicos e técnicos confere um caráter específico à decisão administrativa tomada no âmbito de órgãos equipados e preparados para este fim que, por sua vez, pode restringir a revisão de tais atos aos limites da validade da decisão exarada"[66].

Sobre o tema, cabe ressaltar que o STF, em uma ação direta na qual se discutia a constitucionalidade de uma Resolução da Diretoria Colegiada da ANVISA, reconheceu o dever de deferência às decisões técnicas daquela agência reguladora:

(...)
9. Definidos na legislação de regência as políticas a serem perseguidas, os objetivos a serem implementados e os objetos de tutela, ainda que ausente pronunciamento direto, preciso e não ambíguo do legislador sobre as medidas específicas a adotar, não cabe ao Poder Judiciário, no exercício do controle jurisdicional da exegese conferida por uma Agência ao seu próprio estatuto legal, simplesmente substituí-la pela sua própria interpretação da lei. Deferência da jurisdição constitucional à interpretação empreendida pelo ente administrativo acerca do diploma definidor das suas próprias competências e atribuições, desde que a solução a que chegou a agência seja devidamente fundamentada e tenha lastro em uma interpretação da lei razoável e compatível com a Constituição. Aplicação da doutrina da deferência administrativa (...)[67].

---

rados de confronto paritário às soluções identificadas pelos experts da Agência reguladora" (STJ, REsp 872.584/RS, Rel. Min. Humberto Martins, 2.ª Turma, j. em 20.11.2007, *DJ* 29.11.2007, p. 270).

[64] OLIVEIRA, Daniel Almeida de. *Direito regulatório & teoria da interpretação*: como interpretar e aplicar direitos complexos, p. 310.

[65] STJ, REsp 1.188.567/PR, Rel. Min. Mauro Campbell Marques, 2.ª Turma, j. em 09.10.2012, *DJe* 18.10.2012; REsp 1.334.843/DF, Rel. Min. Mauro Campbell Marques, 2.ª Turma, j. em 27.11.2012, *DJe* 05.12.2012; REsp 1.275.859/DF, Rel. Min. Mauro Campbell Marques, 2.ª Turma, j. em 27.11.2012, *DJe* 05.12.2012; EDcl no REsp 1.171.688/DF, Rel. Min. Mauro Campbell Marques, 2.ª Turma, j. em 27.11.2012, *DJe* 04.12.2012.

[66] CARVALHO, Ana Carolina Lopes de. O controle judicial das decisões do Cade, p. 72.

[67] ADI 4.874/DF, Rel. Min. Rosa Weber, Pleno, j. em 01.02.2018, *DJe*-019 01.02.2019. Sobre a deferência judicial às decisões de órgãos técnicos, confira-se, ainda, o seguinte julgado do STF: "Ante os princípios da separação dos poderes, da eficiência administrativa e da razoabilidade, cabe ao Supremo atuar com cautela e com deferência à capacidade institucional do administrador quanto às soluções encontradas pelos órgãos técnicos, tendo em vista a elaboração e implementação de política pública de alta complexidade e elevada repercussão socioeconômica" (ADPF 825/DF, Rel. p/ acórdão Min. Nunes Marques, Pleno, j. em 03.08.2021, *DJe*-234 26.11.2021). No mesmo sentido:

Também o STJ reconheceu o dever de deferência aos atos das agências no julgado abaixo, de cuja ementa extrai-se o seguinte trecho:

(...)

7. É importante dimensionar a relevância jurídica da função institucional exercida pela Anatel, pessoa de direito público, criada para auxiliar as atividades estatais da Administração Pública Direta, que, no atual modelo regulatório amparado pela Carta Magna, detém delegação constitucional e autorização legal para promover a regulação e fiscalização das atividades econômicas integrantes do sistema de telecomunicações.

8. Para preservação da autonomia e imparcialidade técnica das agências reguladoras, quatro pilares devem ser respeitados, segundo Valter Shuenquener de Araújo: a regra do mandato fixo, **o princípio da menor intensidade (deferência) no controle dos atos das agências**, a vedação de contingenciamento de seus recursos orçamentários e a impossibilidade de supressão de competências das agências por medida provisória.

9. **O intervencionismo judicial não pode ultrapassar o conhecimento técnico evidenciado nos devidos processos administrativos que, amparados pelos substratos fáticos específicos, detêm alta cognição técnica.** Os magistrados, apesar do vasto conhecimento na área jurídica, **nem sempre são dotados de conhecimentos que o especialista em regulação de telecomunicações domina** (...) (destaques nossos)[68].

Noutro processo, o STJ, traçando os contornos do princípio da deferência técnico-administrativa, deixou assentado que: "Em matéria eminentemente técnica, que envolve aspectos multidisciplinares (telecomunicações, concorrência, direito de usuários de serviços públicos), convém que o Judiciário atue com a maior cautela possível — cautela que não se confunde com insindicabilidade, covardia ou falta de arrojo (...)"[69].

"Em se tratando de tema de complexa e controvertida natureza técnico-científica, cabe ao Poder Judiciário atuar com ainda maior deferência em relação às decisões de natureza técnica tomadas pelos órgãos públicos com maior capacidade institucional para o tratamento e solução da questão" (STF, ADI 6.148/DF, Rel. p/ acórdão Min. André Mendonça, Pleno, j. em 05.05.2022, *DJe*-184 15.09.2022). Também no mesmo sentido: "O Poder Judiciário deve atuar, em princípio, com deferência em relação às decisões técnicas formuladas por órgãos governamentais, máxime em razão da maior capacidade institucional para o equacionamento da discussão" (STF, SL-AgR 1.425/DF, Rel. Min. Luiz Fux (Presidente), Pleno, j. em 24.05.2021, *DJe*-105 02.06.2021).

[68] STJ, AREsp 1.577.194/RJ, Rel. Min. Herman Benjamin, 2.ª Turma, j. em 26.11.2019, *DJe* 27.02.2020. No mesmo sentido: "(...) o Poder Judiciário, quando instado a se manifestar acerca de algum ato administrativo, deve agir com cautela, nos estreitos limites da legalidade, mormente em se tratando de questões concernentes a atos administrativos de agências reguladoras, cujo âmbito de atuação se dá com fulcro em legislação com ampla especificidade técnica sobre o mercado regulado" (STJ, AgRg na SS 2.727/DF, Rel. Min. Felix Fischer, Corte Especial, j. em 03.09.2014, *DJe* 16.10.2014). Confira-se, ainda, sobre o tema: REsp 572.070/PR, Rel. Min. João Otávio de Noronha, 2.ª Turma, j. em 16.03.2004, *DJ* 14.06.2004, p. 206; AgRg na MC 10.915/RN, Rel. Min. João Otávio de Noronha, 2.ª Turma, j. em 01.06.2006, *DJ* 14.08.2006, p. 258.

[69] REsp 1.171.688/DF, Rel. Min. Mauro Campbell Marques, 2.ª Turma, j. em 01.06.2010, *DJe* 23.06.2010. O STJ, em outro julgado, também reconheceu o dever de deferência às decisões do Instituto Nacional da Propriedade Industrial — INPI, que, apesar de ser uma autarquia (art. 1.º, Lei n. 5.648, de 11.12.1970), não se reveste da natureza de agência reguladora: "O Poder Judiciário não pode substituir o Instituto Nacional da Propriedade Industrial — INPI na sua função administrativa típica de avaliar o atendimento aos critérios normativos essenciais à caracterização do alto renome de uma marca, haja

Por tudo quando foi exposto, conclui-se que o princípio da deferência impõe a autocontenção do Poder Judiciário, que **não pode substituir as escolhas dos demais órgãos do Estado por suas próprias escolhas.**

5.6. ARTICULAÇÃO DAS AGÊNCIAS REGULADORAS COM OUTRAS ENTIDADES E ÓRGÃOS

De acordo com a Lei n. 13.848/2019, as agências reguladoras federais, poderão articular-se:

■ entre si[70], mediante a edição de **atos normativos conjuntos** dispondo sobre matéria cuja disciplina envolva agentes econômicos sujeitos a mais de uma regulação setorial (art. 29);

■ com os órgãos e as entidades integrantes do Sistema Nacional de Defesa do Consumidor — SNDC (art. 31)[71];

■ com os órgãos de defesa do meio ambiente (art. 33);

■ com as agências reguladoras ou órgãos de regulação dos Estados, do Distrito Federal e dos Municípios (art. 34)[72];

■ com os órgãos e as entidades do Sistema Brasileiro de Defesa da Concorrência — SBDC (arts. 25 a 28)[73].

Este último tema será abordado no próximo capítulo, em tópico próprio.

5.7. QUESTÕES

QUESTÕES DE CONCURSOS
> http://uqr.to/1y4bs

---

vista o princípio da separação dos poderes. Precedentes do STJ" (REsp 1.124.613/RJ, Rel. Min. Ricardo Villas Bôas Cueva, 3.ª Turma, j. em 01.09.2015, DJe 08.09.2015). No mesmo sentido: REsp 1.190.341/RJ, Rel. Min. Luis Felipe Salomão, 4.ª Turma, j. em 05.12.2013, DJe 28.02.2014. Confira-se, ainda, sobre o dever judicial de deferência aos atos emanados de órgãos técnicos: STJ, MC 13.103/SP, Rel. Min. Herman Benjamin, 2.ª Turma, j. em 07.08.2007, DJ 14.08.2007, p. 279.

[70] A Lei n. 9.427/96 já autorizava a ANEEL a articular-se com a ANP (art. 3.º, inciso VII).

[71] As agências reguladoras podem firmar convênios e acordos de cooperação com os órgãos e as entidades integrantes do SNDC para colaboração mútua, sendo **vedada a delegação de competências** que tenham sido a elas atribuídas por lei específica de proteção e defesa do consumidor no âmbito do setor regulado (art. 31, § 2.º, Lei n. 13.848/2019).

[72] No mesmo sentido é o disposto no art. 8.º, inciso XXVIII, da Lei n. 9.478/97 (incluído pela Lei n. 11.909, de 04.03.2009), relativamente à ANP.

[73] Nesse sentido é o disposto no art. 6.º, *caput*, da Lei n. 11.182/2005, relativamente à ANAC.

6

DEFESA DA CONCORRÊNCIA:
O SISTEMA BRASILEIRO

6.1. INTRODUÇÃO

A Constituição Federal de 1988 determinou que o legislador infraconstitucional editasse normas que reprimissem "o abuso do poder econômico que vise à dominação dos mercados, à eliminação da concorrência e ao aumento arbitrário dos lucros" (art. 173, § 4.°)[1]. Trata-se, no caso, de intervenção estatal **indireta** na economia **por direção**.

> **Observação:** A CF/1967, tanto em sua redação original (art. 157, inciso VI) quanto naquela determinada pela EC n. 1/69 (art. 160, inciso V), elevou à categoria de princípio da ordem econômica a repressão ao abuso do poder econômico. A CF/1988 promoveu a livre concorrência à categoria de princípio da ordem econômica (art. 170, inciso IV), tratando a repressão ao abuso do poder econômico como "mecanismo legal para se assegurar a realização do princípio"[2].

O **Direito da Concorrência** (ou **Direito Concorrencial**, ou, ainda, **Direito Antitruste**) é, pois, na definição de Gesner Oliveira e João Grandino Rodas, "o conjunto de regras jurídicas destinadas a apurar, reprimir e prevenir as várias modalidades de abuso do poder econômico, com o intuito de impedir a monopolização de mercados e favorecer a livre-iniciativa, em favor da coletividade"[3].

Na lição de Vicente Bagnoli, o Direito Concorrencial é definido como "o ramo do Direito Econômico cujo objeto é o tratamento jurídico da política de defesa da concorrência, com normas a assegurar a proteção dos interesses individuais e coletivos, em conformidade com a ideologia adotada no ordenamento jurídico"[4].

---

[1] A disposição do § 4.° do art. 173 da CF, consoante leciona Ana Frazão, "tem natureza meramente instrumental" e precisa ser compreendido em conformidade com o disposto no *caput* do art. 170 e em obediência aos demais princípios listados em seus incisos (*Direito da concorrência*: pressupostos e perspectivas, p. 46-47).

[2] MALARD, Neide Terezinha. Cartel, p. 61. Referida autora entende que, no particular, o Constituinte de 1988 adotou melhor técnica jurídica.

[3] OLIVEIRA, Gesner; RODAS, João Grandino. *Direito e economia da concorrência*, p. 44.

[4] BAGNOLI, Vicente. *Direito e poder econômico*: os limites jurídicos do imperialismo frente aos limites econômicos da soberania, p. 263. Para Carlos Alberto Bello, a política antitruste poderia ter um significado mais abrangente do que meramente defender a concorrência: "Ela poderia deixar de

O Direito Concorrencial não é uma disciplina autônoma[5], mas um **ramo do Direito Econômico**[6] e, como tal, corporifica, no dizer de Paula Forgioni, "*técnica de que lança mão o Estado contemporâneo para implementação de políticas públicas, mediante a repressão ao abuso do poder econômico e a tutela da livre-concorrência*" (destaque no original)[7].

A finalidade do Direito Concorrencial é colocada por Calixto Salomão Filho nos seguintes termos: "Garantindo a instituição (concorrência) e seu efetivo desenrolar

---

ser apenas reparadora das *imperfeições* do mercado para buscar limitar o poder econômico, autorizando-o apenas quando ele for necessário para alcançar objetivos públicos determinados democraticamente pela sociedade" (*Autonomia frustrada*: o CADE e o poder econômico, p. 48) (destaque no original). Pedro Aurélio de Queiroz, após ressaltar que não há consenso sobre quais seriam os fins de um sistema antitruste, formula os seguintes questionamentos: "A defesa da concorrência deve preocupar-se apenas com a eficiência econômica? Deve levar em consideração outras finalidades: defesa do consumidor, redução de desigualdades e, entre outros, tutela do pequeno e médio empresário?" (*Direito antitruste*: os fundamentos da promoção da concorrência, p. 92). Em resposta, trazemos a lição de Carlos Jacques Vieira Gomes, que sustenta que o controle, pelo Estado, do exercício abusivo de poder econômico "deve ser utilizado tanto para *garantir* os princípios liberais, como para *efetivar* (todos) os princípios intervencionistas reconhecidos pela Constituição de 1988" (destaques no original) e, portanto, "poderá ser realizado com vistas não somente à tutela da livre-iniciativa e da livre concorrência, mas também, por exemplo, à tutela da soberania (e, portanto, do interesse) nacional, à proteção da empresa de pequeno porte, à redução das desigualdades regionais e sociais, dentre outros princípios da ordem econômica (...)" (*Ordem econômica constitucional e direito antitruste*, p. 89-90).

[5] Nesse sentido: FRANCESCHINI, José Inácio Gonzaga; BAGNOLI, Vicente. *Direito concorrencial*, p. 43. No mesmo sentido: "Muito embora seja uma especialidade jurídica doutrinária, que estuda as condutas e as estruturas dos agentes econômicos em mercado (o que revela relevante proximidade com o objeto de estudo das ciências econômicas), não há qualquer razão metodológica para dizer que, do ponto de vista hermenêutico ou argumentativo, o direito concorrencial (doutrinário e em sua aplicação por tribunais) devesse ter técnicas próprias" (ANDRADE, José Maria Arruda de. Argumentação jurídica e teoria das provas no direito da concorrência, p. 197).

[6] Nesse sentido: BRITO, Edvaldo. Aspectos da tutela da concorrência no Estado dualista do bem-estar e do desenvolvimento, p. 249; CARPENA, Heloisa. *O consumidor no direito da concorrência*, p. 22; FORGIONI, Paula A. *Direito concorrencial e restrições verticais*, p. 17; SANTIAGO, Luciano Sotero. *Direito da concorrência*: doutrina e jurisprudência, p. 83-84; SOUZA, Washington Peluso Albino de. Achegas à Lei n. 8.884/94, p. 277; CARVALHO, Vinícius Marques de; CASTRO, Ricardo Medeiros de. Acordo em controle de concentração: possibilidades, conveniência e diálogo social, p. 101; CAVALCANTI, Rodrigo de Camargo. *O oligopólio no Estado brasileiro de intervenção necessária*, p. 13. Este último autor, noutro trecho de sua obra, assevera que "o Direito da Concorrência brasileiro deriva do Direito Econômico" (Ob. cit., p. 15). José Inácio Gonzaga Franceschini situa o Direito da Concorrência na seara do Direito Penal-Econômico (*Introdução ao direito da concorrência*, p. 7-16).

[7] FORGIONI, Paula A. *Os fundamentos do antitruste*, p. 37. Referida autora ressalta, noutra obra: "De acordo com a Constituição do Brasil, essa técnica é *instrumental*, devendo ser concebida como ferramenta para o alcance dos fins postos pelos arts. 1.º e 3.º da Constituição" (*Direito concorrencial e restrições verticais*, p. 17) (destaque no original).

6 ◼ Defesa da Concorrência: o Sistema Brasileiro

através de regras comportamentais, pretende assegurar que os agentes econômicos co-ordenam suas relações da forma mais justa"[8].

> **Observação:** A defesa da concorrência não se confunde com a **defesa comercial**, pois esta última aplica-se às práticas abusivas internacionais do comércio (envolvendo casos de *dumping* e subsídios), constituindo-se em meio utilizado pelo Estado para defender sua indústria nacional[9]. Trata-se, pois, de "uma lide travada entre Estados"[10].

A decisão de criar leis de concorrência, como ressalta Ivo Waisberg, "não é apenas uma questão política, mas sim uma necessidade sistêmica dentro da abordagem econômica liberal. Essas leis são necessárias para impedir que grupos privados, nacionais ou estrangeiros, possam agir de modo a distorcer a concorrência, com a criação de cartéis, abusando de posição dominante ou se utilizando de práticas anticompetitivas que venham a prejudicar a concorrência e os consumidores, por exemplo"[11].

Assim, apesar de ser um tipo de política econômica, a de defesa da concorrência não deve estar sujeita às orientações particulares de um determinado governo, consoante destaca Jorge Fagundes: "Embora tais orientações sempre gerem alguma influência sobre a execução das políticas antitruste, estas últimas devem ser vistas como políticas *de estado*, no sentido de serem voltadas para salvaguardar um interesse coletivo — ou bem difuso —, de caráter social, a saber: a concorrência (rivalidade entre empresas) e os benefícios sociais dela derivados" (destaque no original)[12].

---

[8] SALOMÃO FILHO, Calixto. *Regulação da atividade econômica*: princípios e fundamentos jurídicos, p. 126. "O controle objeto do direito concorrencial visa à proteção da concorrência e não coincide, necessariamente, com a salvaguarda tutelada por outros ramos do direito" (STJ, REsp 1.353.267/DF, Rel. p/ acórdão Min. Regina Helena Costa, 1.ª Turma, j. em 23.02.2021, *DJe* 25.03.2021). No mesmo sentido: REsp 1.353.274/DF, Rel. p/ acórdão Min. Regina Helena Costa, 1.ª Turma, j. em 23.02.2021, *DJe* 25.03.2021.

[9] CORDOVIL, Leonor; CARVALHO, Vinícius Marques de; BAGNOLI, Vicente; ANDERS, Eduardo Caminati. *Nova lei de defesa da concorrência comentada*: Lei 12.529, de 30 de novembro de 2011, p. 229.

[10] BAGNOLI, Vicente. *Introdução ao direito da concorrência*: Brasil, Globalização, União Europeia, Mercosul, ALCA, p. 129. Tal distinção resta evidenciada no art. 119 da Lei n. 12.529, de 30.11.2011, que dispõe sobre defesa da concorrência: "Art. 119. O disposto nesta Lei **não se aplica aos casos de *dumping* e subsídios** de que tratam os Acordos Relativos à Implementação do Artigo VI do Acordo Geral sobre Tarifas Aduaneiras e Comércio, promulgados pelos Decretos ns. 93.941 e 93.962, de 16 e 22 de janeiro de 1987, respectivamente" (destaque nosso).

[11] WAISBERG, Ivo. *Direito e política da concorrência para os países em desenvolvimento*, p. 20-21. Destaca o mencionado autor que as leis antitruste "não têm como única meta condutas que eliminem a concorrência, mas também a outras formas de manipulação e desvio de mercado. Mais do que isso, estão direcionadas para o bem-estar do consumidor" (Ob. cit., p. 18).

[12] FAGUNDES, Jorge. *Fundamentos econômicos das políticas de defesa da concorrência*: eficiência econômica e distribuição de renda em análises antitruste, p. 11, nota de rodapé n. 1.

6.2. HISTÓRICO DA LEGISLAÇÃO BRASILEIRA ANTITRUSTE

As primeiras normas brasileiras em prol da concorrência foram instituídas em torno da ideia de **"defesa da economia popular"**, visando, pois, coibir os distúrbios no mercado[13] que pudessem prejudicar consumidores e pequenos empresários[14].

Nessa linha, foi editado o **Decreto-Lei n. 869, de 18.11.1938**, o primeiro diploma brasileiro a conter dispositivos claramente antitruste[15]. Tal ato, com fundamento no art. 141 da CF/1937, dispunha sobre os **crimes contra a economia popular**[16].

O núcleo de preocupação do Decreto-Lei n. 869/38, como noticia Mário André Machado Cabral, "era o abuso praticado por agentes participantes de trustes, cartéis e detentores de poder monopolístico ou oligopolístico"[17]. Referida legislação, consoante registra Washington Peluso Albino de Souza, pretendia, em verdade, impedir a ação do jornalista Assis Chateaubriand na atuação de sua rede de jornais, que se expandia em todo o País, como combatente ostensivo do governo de Getúlio Vargas[18].

Coube ao Ministro Agamenon Magalhães — chamado em janeiro de 1945 por Getúlio Vargas para o Ministério da Justiça — mudar a diretriz da legislação, que deixaria de ser penal e passaria a ter orientação **político-econômica**. Editou-se, assim, o **Decreto-Lei n. 7.666, de 22.06.1945** — denominado "Lei Malaia", em alusão ao apelido do Ministro da Justiça —, que definiu como **ilícitos administrativos** determinadas condutas anticompetitivas, tendo estabelecido como órgão responsável por sua aplicação a Comissão Administrativa de Defesa Econômica.

---

[13] FERRAZ JÚNIOR, Tercio Sampaio. *Direito da concorrência: sua função social nos países desenvolvidos e em desenvolvimento*, p. 62.

[14] PEREIRA NETO, Caio Mário da Silva; CASAGRANDE, Paulo Leonardo. *Direito concorrencial*: doutrina, jurisprudência e legislação, p. 21; SALOMÃO FILHO, Calixto. *Regulação e concorrência*: (estudos e pareceres), p. 142. Tal tendência, como observa Gesner Oliveira, prevaleceu até a promulgação da CF/1988: "No período que coincide com os principais momentos da industrialização por substituição de importações no Brasil, entre a Carta de 1937 do Estado Novo e a de 1988 da redemocratização, prevaleceu a tendência de **proteção da economia popular**, típica de um país marcado pela intervenção direta do Estado na atividade econômica" (*Concorrência*: panorama no Brasil e no mundo, p. 2) (destaque nosso). No mesmo sentido: MUNHOZ, Carolina Pancotto Bohrer. *Direito, livre concorrência e desenvolvimento*, p. 178.

[15] CABRAL, Mário André Machado. *A construção do antitruste no Brasil*: 1930-1964, p. 78.

[16] O Decreto-Lei n. 1.716, de 28.10.1939, dispôs sobre a configuração e o julgamento dos crimes contra a economia popular.

[17] CABRAL, Mário André Machado. *A construção do antitruste no Brasil*: 1930-1964, p. 80.

[18] SOUZA, Washington Peluso Albino de. *Achegas à Lei n. 8.884/94*, p. 265-267. As disposições do Decreto-Lei n. 869/38 foram depois reproduzidas pela **Lei n. 1.521, de 26.12.1951**, que veio a disciplinar "os crimes e as contravenções contra a economia popular". Tais diplomas, que possuíam conotação **criminal**, tiveram pouca ou nenhuma efetividade. Nesse sentido: PEREIRA NETO, Caio Mário da Silva; CASAGRANDE, Paulo Leonardo. *Direito concorrencial*: doutrina, jurisprudência e legislação, p. 22; FRAZÃO, Ana. *Empresa e propriedade*: função social e abuso de poder econômico, p. 196.

6 ▣ Defesa da Concorrência: o Sistema Brasileiro 707

Observa Washington Peluso Albino de Souza que o Decreto-Lei n. 7.666/1945 se configurava em "lei sobre política econômica, não se dispensando, portanto, a sua feição de Direito Econômico, de que não se cogitava na cultura jurídica nacional"[19].

O Decreto-Lei n. 7.666/45 vigorou, porém, por um curto espaço de tempo, tendo em vista ter sido expressamente revogado pelo Decreto-Lei n. 8.167, de 09.11.1945, imediatamente após a deposição de Getúlio Vargas[20], pois aparentemente contrariava os interesses do período liberalizado que marcava o fim do Estado Novo[21].

Apesar da deposição de Vargas, Agamenon não abandonou a luta: conseguiu ser eleito como Deputado Federal e na Constituinte de 1946, tendo se alinhado aos defensores da intervenção estatal na economia, conseguiu introduzir no texto da Constituição enunciado dispondo sobre a repressão ao abuso do poder econômico (art. 148). Tratava-se, no entanto, no dizer de Neide Terezinha Malard, "de norma-programa, que necessitava de elaboração legislativa"[22].

Assim, em 1948, Agamenon Magalhães apresenta na Câmara dos Deputados o Projeto de Lei (PL) n. 122/1948, com o objetivo de regular a repressão ao abuso do poder econômico. Referido projeto, contudo, foi arquivado.

Paulo Germano de Magalhães, filho de Agamenon, elegeu-se Deputado Federal em 1954 e apresentou o PL n. 3/55 — reprodução *ipsis litteris* do PL n. 122, apresentado em 1948 por seu pai[23] — que resultou na **Lei n. 4.137, de 10.09.1962**[24], que, com fundamento no art. 148 da CF/46, passou a regular a repressão ao abuso do poder econômico[25].

---

[19] SOUZA, Washington Peluso Albino de. Achegas à Lei n. 8.884/94, p. 268.

[20] Sobre a legislação brasileira antitruste, noticia João Marcello de Araújo Júnior: "Nossa legislação ordinária, fruto de longa elaboração legislativa (de 1948 a 1962), parece ter buscado inspiração na famosa lei Sherman, dos Estados Unidos, de 1890, bem como em outras leis americanas: a que criou a Comissão Federal de Comércio (1914); a Lei Clayton, também de 1914 e a Lei Robinson--Patman, de 1936. Entretanto são reconhecíveis as influências da lei que organizou o Tribunal de Cartéis da Alemanha, da lei inglesa de 1948 e da argentina de 1923" (*Dos crimes contra a ordem econômica*, p. 92-93, nota de rodapé n. 166). Sobre a influência alemã na construção do Direito Concorrencial brasileiro: CARVALHO, Leonardo Arquimimo de; VERENHITACH, Gabriela Daou. *Manual de direito da concorrência*, p. 54-56.

[21] CARVALHO, Leonardo Arquimimo de; VERENHITACH, Gabriela Daou. *Manual de direito da concorrência*, p. 57.

[22] MALARD, Neide Terezinha. Cartel, p. 61.

[23] Sobre a tramitação do PL n. 122/48 e do PL n. 3/55: VENÂNCIO FILHO, Alberto. Abuso do poder econômico, p. 37-38.

[24] Regulamentada pelo Decreto n. 52.025, de 20.05.1963, e, posteriormente, pelo Decreto n. 92.323, de 23.01.1986.

[25] Áurea Regina Sócio de Queiroz Ramim atenta para a circunstância de que "a Lei n. 4.137/62 teve aplicação com caráter instrumental, ou seja, em nome de outros valores que não a concorrência, como meio para alcance de eficiência econômica. Tornou-se um dos mecanismos para implementação de interesses maiores do Estado intervencionista daqueles dias, cujos olhos estavam voltados, eminentemente, para o desenvolvimento da indústria nacional frente ao capital estrangeiro" (*As instituições brasileiras de defesa da concorrência*, p. 26-27). No mesmo sentido: BRITO, Carlos Alberto de. *Controle de ato de concentração*: intervenção do Estado na criação da AMBEV, p. 105-106.

708 Direito Financeiro e Econômico Esquematizado — *Carlos Alberto de Moraes Ramos Filho*

Editou-se, então, a **Lei n. 8.158, de 08.01.1991**[26], que instituiu a Secretaria Nacional de Direito Econômico (SNDE), do Ministério da Justiça, a quem foi atribuída a função de "apurar e propor as medidas cabíveis com o propósito de corrigir as anomalias de comportamento de setores econômicos, empresas ou estabelecimentos, bem como de seus administradores e controladores, capazes de perturbar ou afetar, direta ou indiretamente, os mecanismos de formação de preços, a livre concorrência, a liberdade de iniciativa ou os princípios constitucionais da ordem econômica" (art. 1.º, *caput*).

Como a Lei n. 4.137/62 não foi revogada, o CADE passou a funcionar junto à SNDE, que lhe dava suporte administrativo e de pessoal (art. 14, Lei n. 8.158/91)[27].

A Lei n. 4.137/62 e a Lei n. 8.158/91, em conjunto, regularam a defesa da concorrência até o advento da **Lei n. 8.884, de 11.06.1994**, que as revogou expressamente, tendo passado, então, a disciplinar referido tema[28].

A Lei n. 8.884/94 — que representou um marco na transição da vertente de defesa da economia popular para a defesa da concorrência[29] — foi expressamente revogada pela **Lei n. 12.529/2011**, que atualmente regula a matéria.

6.3. A ATUAL LEI BRASILEIRA DE DEFESA DA CONCORRÊNCIA

A **Lei n. 12.529, de 30.11.2011**, em obediência ao § 4.º do art. 173 da CF, estrutura atualmente o **Sistema Brasileiro de Defesa da Concorrência — SBDC**[30] e dispõe sobre a **prevenção** (controle de estruturas) e a **repressão** às infrações contra a ordem econômica (controle de condutas).

Além do controle de estruturas (análise de atos de concentração empresarial) e de condutas (repressão a infrações anticoncorrenciais), a atuação do SBDC faz-se, ainda, numa terceira vertente: a **educativa** (ou **pedagógica**), de **promoção ou "advocacia" da concorrência** (*competition advocacy*), expressão de raiz inglesa que "designa a

---

[26] Regulamentada pelo Decreto n. 36, de 14.02.1991.

[27] MUNHOZ, Carolina Pancotto Bohrer. *Direito, livre concorrência e desenvolvimento*, p. 177.

[28] A Lei n. 8.884/94, no entender de Neide Terezinha Malard, "ao revogar a Lei n. 4.137/62 e não contemplar as situações nela previstas, facilitou as concentrações econômicas, passando a não ser mais ilícitas *per se* as operações e transações concentracionistas que pudessem eliminar total ou parcialmente a concorrência" (Cartel, p. 62).

[29] OLIVEIRA, Gesner. *Concorrência:* panorama no Brasil e no mundo, p. 3. O desenvolvimento do direito concorrencial brasileiro, anota José Maria Arruda de Andrade, "foi marcado pela positivação de constituições econômicas e por uma **transição** da proteção da **economia popular** para a **concorrência** como um dos fundamentos e objetivos da ordem econômica" (*Economicização do direito concorrencial*, p. 225) (destaques nossos).

[30] Ressalta Marco Antonio Loschiavo Leme de Barros que, diferente de outros países, no Brasil a implementação do SBDC não resultou de uma mobilização da sociedade civil, tendo sido comandada exclusivamente pelo Estado (*Sociedade, direito e concorrência*: reflexões sociológicas sobre o Sistema Brasileiro de Defesa da Concorrência, p. 118-119). Observa o mencionado autor que, em nosso País, a defesa concorrencial não teve início como uma manutenção do exercício da liberdade econômica: "Diferentemente do caso estadunidense, com o *Sherman Act*, o antitruste brasileiro estruturou-se como uma medida protecionista, possuindo um forte viés nacionalista" (Ob. cit., p. 32) (destaque no original).

6 ◼ Defesa da Concorrência: o Sistema Brasileiro 709

atividade administrativa de informação, conscientização e educação pró-concorrencial direcionada a criar, ampliar e aprofundar o conhecimento do direito da concorrência tanto por agentes públicos em geral, quanto por agentes de mercado e consumidores"[31]. A expressão **"advogar"** "aí está por aconselhar, instruir sobre o sentido e o alcance da livre concorrência"[32].

Trata-se, pois, de atividade de natureza **persuasiva** e **dissuasiva** (não repressiva)[33] cujo objetivo central, como "meio de difusão da cultura concorrencial"[34], é enfatizar os benefícios da concorrência e aumentar a percepção pública da sua importância na sociedade[35].

É o caso, por exemplo, do art. 9.º, inciso XIV, da Lei n. 12.529/2011, que atribui ao Plenário do Tribunal Administrativo de Defesa Econômica do CADE a competência para "instruir o público sobre as formas de infração da ordem econômica".

Também é o caso do art. 13 do mesmo diploma, que atribui à Superintendência--Geral do CADE as competências para orientar os órgãos e entidades da administração pública quanto à adoção de medidas necessárias ao cumprimento da Lei n. 12.529/2011 (inciso XIII), "desenvolver estudos e pesquisas objetivando orientar a política de prevenção de infrações da ordem econômica" (inciso XIV) e "instruir o público sobre as diversas formas de infração da ordem econômica e os modos de sua prevenção e repressão" (inciso XV).

Pode ser citado, ainda, o art. 19, § 1.º, inciso II, da Lei n. 12.529/2011, que, combinado com o art. 54, inciso I, do Decreto n. 11.907/2024, permite à Subsecretaria de

---

[31] MARRARA, Thiago. *Sistema brasileiro de defesa da concorrência*: organização, processos e acordos administrativos, p. 56. No mesmo sentido: "Por advocacia da concorrência se entende todas as atividades conduzidas pela autoridade concorrencial relacionadas à promoção de um ambiente competitivo por meio de mecanismos de *non-enforcement*, sobretudo mediante relações com outros órgãos governamentais, e pela maior conscientização da sociedade para os benefícios da concorrência" (PEREIRA NETO, Caio Mário da Silva et al. *Advocacia da concorrência*: propostas com base nas experiências brasileira e internacional, p. 24).

[32] DUTRA, Pedro. Advocacia da concorrência, p. 32. Alerta Thiago Marrara que: "O termo 'advocacia', perigosamente traduzido do inglês *advocacy*, é empregado aqui como atividade de orientação e informação. Trata-se, em pouquíssimas palavras, de uma instrumentalização ampliada do princípio da publicidade, que se volta à prevenção genérica de conflitos e à conscientização de direitos e deveres, dando vida a uma efetiva função comunicativa da Administração Pública (...)" (*Sistema brasileiro de defesa da concorrência*: organização, processos e acordos administrativos, p. 56) (destaque no original).

[33] JORDÃO, Eduardo Ferreira. *Restrições regulatórias à concorrência*, p. 20 e 119.

[34] QUEIROZ, Pedro Aurélio de. *Direito antitruste*: os fundamentos da promoção da concorrência, p. 88.

[35] SILVEIRA, Paulo Burnier da. *Direito da concorrência*, p. 109. Leciona Eduardo Ferreira Jordão que a advocacia da concorrência objetiva, ainda, "persuadir entidades governamentais a atuarem de modo amigável aos princípios da concorrência e evitarem medidas que lhes sejam desnecessariamente lesivas" (*Restrições regulatórias à concorrência*, p. 120). Nesse sentido: "(...) a prática em advocacia da concorrência inclui convencer outras autoridades públicas a não adotar medidas anticompetitivas desnecessárias" (PEREIRA NETO, Caio Mário da Silva et al. *Advocacia da concorrência*: propostas com base nas experiências brasileira e internacional, p. 25).

Acompanhamento Econômico e Regulação "celebrar acordos e convênios com órgãos ou entidades públicas ou privadas, federais, estaduais, municipais, do Distrito Federal e dos Territórios para avaliar e/ou sugerir medidas relacionadas à promoção da concorrência"[36].

Os contornos da referida atividade educativa do SBDC[37] foram assim delineados pelo Superior Tribunal de Justiça:

(...) 5. A advocacia da concorrência refere-se às atividades desenvolvidas pela autoridade antitruste relacionadas com a promoção de um ambiente competitivo para atividades econômicas, por meio de mecanismos que não se enquadrem no controle preventivo ou na atuação repressiva, principalmente através de suas relações com outras entidades governamentais e pelo **aumento da sensibilização do público para os benefícios da concorrência** (REsp 1.390.875/RS, Rel. Min. Napoleão Nunes Maia Filho, 1.ª Turma, j. em 09.06.2015, *DJe* 19.06.2015) (destaque nosso)[38].

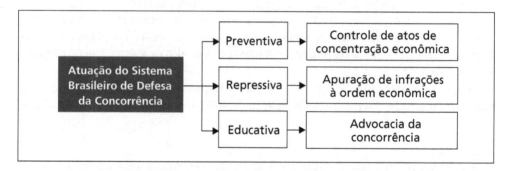

A Lei n. 12.529/2011, consoante dispõe seu art. 1.º, é orientada pelos ditames constitucionais de liberdade de iniciativa (art. 170, *caput*, CF), livre concorrência (art. 170,

---

[36] A Subsecretaria de Acompanhamento Econômico e Regulação deve divulgar anualmente relatório de suas ações voltadas para a promoção da concorrência (art. 19, § 2.º, Lei n. 12.529/2011). No mesmo sentido é o disposto no art. 52, § 4.º, do Decreto n. 11.907/2024, mas se referindo à Secretaria de Reformas Econômicas, da qual faz parte a Subsecretaria de Acompanhamento Econômico e Regulação.

[37] Para exemplos da experiência internacional de exercício da advocacia da concorrência: PEREIRA NETO, Caio Mário da Silva et al. *Advocacia da concorrência*: propostas com base nas experiências brasileira e internacional, p. 39-69.

[38] No entender de Marco Antonio Loschiavo Leme de Barros: "Em que pesem suas funções preventivas e repressivas, o papel mais significativo desempenhado pelo Cade é o de implementar uma estrutura de defesa da concorrência" (*Sociedade, direito e concorrência*: reflexões sociológicas sobre o Sistema Brasileiro de Defesa da Concorrência, p. 31). Ressaltando a importância da *competition advocacy*, observa Pedro Aurélio de Queiroz que: "Sem ela, um sistema legal de concorrência é uma ilha incapaz de influenciar a realidade a sua volta, isto é, um sistema que operaria apenas uma reduzida influência em seu entorno" (*Direito antitruste*: os fundamentos da promoção da concorrência, p. 97-98). Observam, contudo, Eduardo Molan Gaban e Juliana Oliveira Domingues, que: "Embora conceitualmente muito eficaz, a advocacia da concorrência ainda é incipiente no Brasil, se comparada aos controles de estruturas e condutas" (*Direito antitruste*, p. 85).

6 ▣ Defesa da Concorrência: o Sistema Brasileiro   711

inciso IV, CF), função social da propriedade (art. 170, inciso III, CF), defesa dos consumidores (art. 170, inciso V, CF) e repressão ao abuso do poder econômico (art. 173, § 4.º, CF). O SBDC deve, pois, pautar sua atuação pelos princípios constitucionais que regem a ordem econômica, pois são eles que direcionam a aplicação das demais normas da legislação antitruste[39].

Nos termos do parágrafo único do art. 1.º da Lei n. 12.529/2011, a **coletividade** é a **titular dos bens jurídicos** protegidos pelo citado diploma legal[40].

Observação: O Direito Concorrencial não abrange a disciplina legal da chamada **concorrência desleal**, que, no Brasil, é regulada no art. 195 da Lei n. 9.279, de 14.05.1996 (Código de Propriedade Industrial), que tipifica como crimes de concorrência desleal, por exemplo, as seguintes condutas: publicar informação falsa em detrimento de concorrente (inciso I); empregar meio fraudulento para desviar clientela de outrem (inciso III); usar ou imitar sinal de propaganda alheia de modo a criar confusão entre os produtos e estabelecimentos (inciso IV); dar dinheiro a empregado de concorrente para lhe proporcionar vantagem (inciso IX).

Como observa Nuno Carvalho, tanto os atos de abuso do poder econômico quanto os de concorrência desleal "pretendem exatamente o mesmo resultado: evitar que o consumidor exerça uma escolha livre e informada. Mas os meios utilizados são diferentes"[41]. E explica: "Em ambos os casos a prática leva os consumidores a perder a opção de escolha. Mas a concorrência desleal consiste numa **fraude** que lhes é dirigida para **enganá-los**. O abuso do poder econômico resulta na **destruição da concorrência**, de modo direto, **fraudulento ou não**" (destaques nossos)[42].

---

[39] DUQUE, Bruna Lyra. *O direito contratual e a intervenção do Estado*, p. 77. Ressalte-se que a Lei n. 12.529/2011, em seu art. 1.º, somente mencionou **alguns** dos princípios constitucionais norteadores da ordem econômica. Cabe transcrever, a respeito, a lição de Aline Crivelari, para quem "a atuação do Cade sem considerar princípios que norteiam a ordem econômica constitucional, como a defesa do meio ambiente, pode acarretar uma defesa da livre concorrência distorcida e desconectada de sua finalidade. Em outras palavras, significa chancelar a usurpação de direitos e interesses da coletividade, viabilizar o esvaziamento da função social da propriedade e da empresa, e negligenciar o dever constitucional do direito antitruste brasileiro de contribuir para o desenvolvimento sustentável". Pelas razões expostas, conclui a autora, "que afastar do controle antitruste a consideração da questão ambiental — assim como outras temáticas, como a busca do pleno emprego e o combate à desigualdade social — é um posicionamento ideológico contrário aos ditames constitucionais da ordem econômica" (*Antitruste e desenvolvimento sustentável: a questão ambiental*, p. 218-219).

[40] "(...) a finalidade e o propósito do Direito da Concorrência é a eficiência econômica, em benefício do consumidor, tutelando um bem jurídico da coletividade" (FRANCESCHINI, José Inácio Gonzaga. *Introdução ao direito da concorrência*, p. 47). Um aspecto peculiar do Direito Econômico, consoante destaca Alexandre Walmott Borges, "é a tutela e o tratamento de bens jurídicos de apropriação e fruição pela coletividade, não centrada exclusivamente na tutela de Direitos do sujeito individual e sim, no coletivo" (*Preâmbulo da Constituição e a ordem econômica*, p. 219). Merece destaque a lição de Luís Fernando Schwartz, lembrando que "o ponto de partida para responder à pergunta acerca das 'razões' do Direito da Concorrência está no artigo 170 da C.F., o qual estabelece como finalidade da Ordem Econômica o 'bem de todos' segundo critérios de justiça social" (O direito da concorrência e seus fundamentos: racionalidade e legitimidade na aplicação da Lei 8.884/94, p. 62).

[41] CARVALHO, Nuno T. P. *As concentrações de empresas no direito antitruste*, p. 24-25.

[42] Ob. cit., p. 28.

> Na concorrência desleal, consoante observa Vicente Bagnoli, "encontram-se aquelas práticas adotadas em prejuízo a determinada empresa concorrentes e que podem também trazer prejuízos ao consumidor. Ou seja, sua aplicação é na lide de **uma empresa contra a outra**, defendendo-se **os concorrentes**; enquanto no direito da concorrência o que se defende é a **concorrência**, o **mercado**" (destaques nossos)[43].

Da leitura do parágrafo único do art. 1.º da Lei n. 12.529/2011, resta evidenciado "que o **mercado** é um **bem coletivo**, ou seja, todas as pessoas são titulares do seu direito de proteção, tratando-se de um **direito difuso**, dada a sua **transindividualidade**, de natureza **indivisível**, sendo titulares pessoas **indeterminadas** e ligadas por circunstâncias de fato, sem relação jurídica-base no aspecto subjetivo" (destaques nossos)[44].

---

[43] BAGNOLI, Vicente. *Introdução ao direito da concorrência*: Brasil, Globalização, União Europeia, Mercosul, ALCA, p. 131. O abuso do poder econômico, ensina Aurélio Wander Bastos, não é "uma infração contra terceiros diretamente, mas um ato excessivo e prejudicial às condições básicas de mercado, pois afeta interesses de terceiros, os quais precisam, nele, desenvolver suas atividades" (Cartéis e concorrência — Estudo da evolução conceitual da legislação brasileira sobre abuso do poder econômico, p. 22). Leciona, a propósito, Simone Letícia de Souza Caixeta: "Enquanto a infração à Ordem Econômica constitui o plano **macrojurídico**, abrangendo milhares e milhares de interesses envolvidos, a concorrência desleal constitui o plano **microjurídico**, não comprometendo as estruturas da livre concorrência como interesse difuso, alcançando tão somente o empresário vitimado pela prática irregular" (*Regime jurídico da concorrência*: as diferenças entre concorrência desleal e infração à ordem econômica, p. 186). No mesmo sentido leciona Marcus Elidius Michelli de Almeida, que alerta que a concorrência desleal refere-se a "casos entre particulares não alcançando o mercado como um todo, papel esse da ordem econômica" (*Abuso do direito e concorrência desleal*, p. 187). Colocando tal distinção em termos coloquiais, Paulo Burnier da Silveira afirma que "a defesa da concorrência está preocupada com 'concorrência de menos' (um acordo entre concorrentes para dividir o mercado, por exemplo), enquanto a concorrência desleal está preocupada com 'concorrência demais' (meios ilícitos usados para prejudicar o concorrente e ganhar mercado)" (*Direito da concorrência*, p. 118).

[44] PROENÇA, José Marcelo Martins. *Concentração empresarial e o direito da concorrência*, p. 50. No mesmo sentido: MARTINEZ, Ana Paula. *Repressão a cartéis*: interface entre direito administrativo e direito penal, p. 72-73; BAPTISTA, Fernando José de O.; MACHADO, Jeanne. A evolução histórica da legislação antitruste sob a ótica da proteção do interesse social, p. 383; SAMPAIO, Patrícia Regina Pinheiro. Por que tutelar a livre concorrência? Notas sobre direito e economia na prevenção e repressão ao abuso do poder econômico, p. 198. A solução adotada pelo direito positivo de definir a coletividade como titular dos interesses protegidos pela legislação antitruste recebe as críticas de Fábio Ulhoa Coelho: "De fato, identificar-se na coletividade a titular dos bens jurídicos protegidos pela repressão às infrações contra a ordem econômica pressupõe a existência de um interesse geral, comum aos agentes econômicos de diferentes portes, aos consumidores, aos trabalhadores, à população do entorno dos estabelecimentos empresariais e, enfim, a toda a sociedade. A rigor, porém, na coletividade sobrepõem-se, entrecruzam-se e conflitam-se múltiplos interesses de diferentes classes sociais, segmentos de classes, estamentos profissionais, grupos de pressão etc. Falar-se na coletividade como titular de determinados interesses (bens jurídicos) significa ignorar a multiplicidade e relativa inconciliabilidade de posturas, projetos e objetivos, verificáveis em todos os recantos das estruturas sociais" (*Direito antitruste brasileiro*: comentários à Lei n. 8.884/94, p. 5-6). Ressalte-se que mencionado autor refere-se à Lei n. 8.884/94 (art. 1.º, parágrafo único), cuja redação, no particular, é idêntica à da Lei n. 12.529/2011 (art. 1.º, parágrafo único).

6 ◻ Defesa da Concorrência: o Sistema Brasileiro

713

> **Observação:** As normas de direito concorrencial, que formam a chamada "legislação anti-truste", são voltadas à regulação de condutas de agentes econômicos atuando no campo das **atividades econômicas em sentido estrito**, não incidindo, pois, sobre os serviços públicos, que não são prestados em "clima de livre concorrência ou de competição"[45].

6.4. VIGÊNCIA NO ESPAÇO: TERRITORIALIDADE

Sem prejuízo de convenções e tratados de que seja signatário o Brasil, a Lei n. 12.529/2011, nos termos de seu art. 2.°, é aplicável às práticas:

◻ cometidas no todo ou em parte **no território nacional; ou**

◻ que produzam ou possam produzir efeitos **no território nacional.**

Como se vê, restou consagrada em nosso País a chamada **teoria (ou doutrina) dos efeitos**, pois, independentemente do local onde o ato foi cometido, interessa apurar se os seus efeitos repercutiram ou irão repercutir no território brasileiro[46].

Considera-se domiciliada no território nacional a empresa estrangeira que (art. 2.°, § 1.°, Lei n. 12.529/2011):

◻ opere no Brasil; **ou**

◻ tenha no Brasil filial, agência, sucursal, escritório, estabelecimento, agente ou representante.

> **Observação:** A empresa estrangeira deve ser notificada e intimada de todos os atos proces-suais previstos na Lei n. 12.529/2011, independentemente de procuração ou de disposição contratual ou estatutária, na pessoa do **agente** ou **representante** ou **pessoa responsável** por sua filial, agência, sucursal, estabelecimento ou escritório instalado no Brasil (art. 2.°, § 2.°, Lei n. 12.529/2011).

6.5. SISTEMA BRASILEIRO DE DEFESA DA CONCORRÊNCIA

Somente criar leis de concorrência não garante que terão eficácia, conforme salienta Ivo Waisberg: "ter uma estrutura para que elas sejam cumpridas é condição *sine qua non* para torná-las úteis"[47].

---

[45] Nesse sentido, mas se referindo à Lei n. 8.884/94: GRAU, Eros Roberto; FORGIONI, Paula. *O Estado, a empresa e o contrato*, p. 150-153. Em sentido contrário é o entender de Antonio Agostinho da Silva, para quem "as empresas concessionárias de serviços públicos poderiam ser enquadradas na legislação de abuso do poder econômico" (*As agências reguladoras e o direito da concorrência*, p. 106), quando, p. ex., "extrapolem no valor devido pelo serviço prestado" (Ob. cit., p. 104). Entende Juliano Meneguzzi de Bernert que "a isenção em relação à aplicação da legislação antitruste há que se definida me-diante a análise de cada setor, não existindo um modelo preestabelecido para tanto" (Direito concor-rencial no cenário brasileiro: isenção de atividades econômicas à legislação antitruste, p. 39).

[46] ANDRADE, Maria Cecília. *Controle de concentração de empresas:* estudo da experiência comu-nitária e a aplicação do art. 54 da Lei n. 8.884/94, p. 300-301; WAISBERG, Ivo. *Direito e política da concorrência para os países em desenvolvimento*, p. 96. Nesse sentido: STJ, REsp 1.975.739/DF, Rel. Min. Regina Helena Costa, 1.ª Turma, j. em 15.12.2022, *DJe* 20.12.2022.

[47] WAISBERG, Ivo. *Direito e política da concorrência para os países em desenvolvimento*, p. 26-27.

Assim, o Sistema Brasileiro de Defesa da Concorrência — SBDC, responsável por aplicar a legislação antitruste, é formado:

- pelo **Conselho Administrativo de Defesa Econômica — CADE**, autarquia vinculada ao Ministério da Justiça e Segurança Pública[48]; e
- pela **Subsecretaria de Acompanhamento Econômico e Regulação**, órgão da Secretaria de Reformas Econômicas do Ministério da Fazenda[49].

> **Observação:** A **Secretaria de Acompanhamento Econômico — SEAE**, do Ministério da Fazenda, mencionada na Lei n. 12.529/2011, **foi extinta pelo Decreto n. 9.266, de 15.01.2018**, tendo sido sucedida pela Secretaria de Promoção da Produtividade e Advocacia da Concorrência — SEPRAC e pela Secretaria de Acompanhamento Fiscal, Energia e Loteria — SEFEL[50], ambas integrantes da estrutura organizacional do Ministério da Fazenda[51].
>
> O Decreto n. 9.679, de 02.01.2019, que substituiu o Ministério da Fazenda pelo **Ministério da Economia**[52], instituiu a **Secretaria de Advocacia da Concorrência e Competitividade**, integrante da estrutura organizacional do referido ministério, o que foi mantido no Decreto n. 9.745, de 08.04.2019, inclusive nas alterações levadas a efeito neste último pelos Decretos n. 10.072, de 18.10.2019, e 10.366, de 22.05.2020.
>
> O Decreto n. 11.907, de 30.01.2024, que, com fundamento na Lei n. 14.600, de 19.06.2023, aprova a estrutura do **Ministério da Fazenda**[53], instituiu a **Subsecretaria de Acompanhamento Econômico e Regulação** (art. 54), órgão da Secretaria de Reformas Econômicas (art. 52), que integra o referido ministério (art. 2.º, inciso II, alínea *f*, item 2). À referida Subsecretaria foram atribuídas as competências previstas no art. 19 da Lei n. 12.529/2011, que pertenciam à antiga SEAE. Portanto, as referências na Lei n. 12.529/2011 à Secretaria de Acompanhamento Econômico devem ser consideradas como feitas à atual Subsecretaria de Acompanhamento Econômico e Regulação.

Considerando que a palavra **"sistema"** designa um conjunto harmônico, ordenado e unitário de partes que se relacionam entre si e se reúnem em torno de um conceito

---

[48] Apesar do art. 3.º da Lei n. 12.529/2011 referir-se a Ministério da Justiça, cabe ressaltar que, por força da Medida Provisória n. 870, de 01.01.2019 (convertida na Lei n. 13.844, de 18.06.2019), que estabeleceu a organização básica dos órgãos da Presidência da República e dos Ministérios, a denominação passou a ser **Ministério da Justiça e Segurança Pública**.

[49] Na vigência da Lei n. 8.884/94, o Sistema Brasileiro de Defesa da Concorrência também era integrado pela **Secretaria de Direito Econômico — SDE**, órgão que, à época, integrava o Ministério da Justiça. Com a promulgação da Lei n. 12.529/2011, a SDE foi extinta e suas competências foram transferidas para o CADE.

[50] Decreto n. 9.266/2018, art. 5.º.

[51] Conforme art. 2.º do Anexo I do Decreto n. 9.003, de 13.03.2017, com a redação dada pelo Decreto n. 9.266/2018.

[52] A Medida Provisória n. 870/2019 (convertida na Lei n. 13.844/2019), que estabeleceu a organização básica dos órgãos da Presidência da República e dos Ministérios, mencionava o Ministério da Economia (art. 19, inciso VI).

[53] A Lei n. 14.600/2023 (resultante da conversão da Medida Provisória n. 1.154/2023), que estabelece a atual organização dos órgãos da Presidência da República e dos Ministérios, extinguiu o Ministério da Economia e criou, por desmembramento da citada pasta, dentre outros ministérios, o da Fazenda (art. 17, inciso XI, c/c art. 51, inciso IV, alínea *a*).

fundamental ou aglutinante, isto é, perante um denominador comum, um princípio unificador[54], conclui-se que a denominação "Sistema Brasileiro de Defesa da Concorrência" é bem apropriada, porquanto a Lei n. 12.529/2011 procurou promover uma **ação coordenada** entre o CADE e a Subsecretaria de Acompanhamento Econômico e Regulação[55].

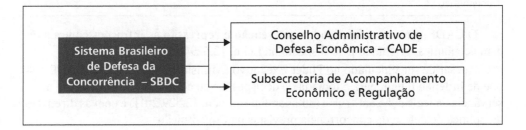

6.6. CONSELHO ADMINISTRATIVO DE DEFESA ECONÔMICA — CADE

6.6.1. NATUREZA E FUNÇÕES

O Conselho Administrativo de Defesa Econômica — CADE foi instituído pela Lei n. 4.137/62 como um **órgão** vinculado à Presidência da República. Essa falta de autonomia, como observa Fernando Smith Fabris, resultou no enfraquecimento do órgão, quadro que somente foi superado com a promulgação da CF/1988[56].

A Lei n. 8.884/94, que revogou a Lei n. 4.137/62, transformou o CADE em uma **autarquia federal** vinculada ao Ministério da Justiça, assim permanecendo sob a égide da Lei n. 12.529/2011, atualmente em vigor.

Portanto, o CADE é entidade judicante com jurisdição em todo o território nacional, que se constitui em **autarquia federal**, vinculada ao Ministério da Justiça, com sede e foro no Distrito Federal[57] (art. 4.º, Lei n. 12.529/2011).

---

[54] Nesse sentido é a lição de Luigi Ferrajoli: "El ordenamiento es un sistema de normas unidas por algún elemento ordenador y unificador" (*Principia iuris*: teoría del derecho y de la democracia. v. 1: teoría del derecho, p. 430). Também Marcelino Rodríguez Molinero destaca que "un sistema supone la existencia de un conjunto de elementos ordenados en un todo bajo un principio de unidad" (*Introducción a la ciência del derecho*, p. 193). Consoante leciona Lourival Vilanova, a existência de um sistema reside: (i) em haver partes de um todo (**elementos** do sistema); (ii) num vínculo que interliga as partes (**relações** entre os elementos do sistema) (*As estruturas lógicas e o sistema do direito positivo*, p. 173).

[55] Essa já era a visão de Rogério Emílio de Andrade, ainda na vigência da Lei n. 8.884/94 (A regulação da concorrência: uma visão panorâmica, p. 163).

[56] FABRIS, Fernando Smith. *Concentrações empresariais e o mercado relevante*, p. 84.

[57] Nos termos do art. 53, III, *a* e *b*, do CPC, as autarquias federais podem ser demandadas no **foro** da sua sede ou naquele da agência ou sucursal, em cujo âmbito de competência ocorreram os fatos da causa (STJ, CC 2.493/DF, Rel. Min. Humberto Gomes de Barros, 1.ª Seção, j. em 26.05.1992, *DJ* 03.08.1992, p. 11237), cabendo ao demandante fazer a **escolha** do foro competente (REsp 83.863/DF, Rel. Min. José Delgado, 1.ª Turma, j. em 07.03.1996, *DJ* 15.04.1996, p. 11503), desde que o litígio não envolva obrigação contratual (STJ, REsp 495.838/PR, Rel. Min. Luiz Fux, 1.ª Turma, j.

Observação: Destaca Sérgio Guerra que o CADE, com sua reestruturação pela Lei n. 12.529/2011, passou "a ter, praticamente, as mesmas características das agências reguladoras"[58]. Delas se distingue, contudo, consoante leciona Carlos Emmanuel Joppert Ragazzo: "Ao contrário das agências reguladoras, o Cade não regula setores específicos, mas sim determinados comportamentos comerciais de empresas. E o objetivo dessa intervenção (pontual e não regular, ao contrário das agências) é endereçar a formação e o abuso de poder econômico"[59].

O CADE tem como finalidade a **prevenção** e **repressão** às infrações contra a ordem econômica, orientado pelo disposto na Lei n. 12.529/2011.

Apesar de ser vinculado ao Poder Executivo (Ministério da Justiça), o CADE dispõe de **independência** para a tomada de decisões[60]. Seu comprometimento é com a observância da legislação antitruste (notadamente a Lei n. 12.529/2011) e com as diretrizes da política de defesa da concorrência previstas na Constituição[61].

Observação: É da Justiça Federal a competência para processar e julgar as causas em que a **União, entidade autárquica ou empresa pública federal** forem interessadas na condição de autoras, rés, assistentes ou oponentes, exceto as de falência, as de acidentes de trabalho e as sujeitas à Justiça Eleitoral e à Justiça do Trabalho (art. 109, inciso I, CF). De acordo com o § 2.º do mesmo artigo, as causas intentadas contra a **União** poderão ser aforadas (i) na seção judiciária em que for domiciliado o autor, (ii) naquela onde houver ocorrido o ato ou fato que deu origem à demanda ou onde esteja situada a coisa, ou, ainda, (iii) no Distrito Federal. Apesar do § 2.º do art. 109 da CF não mencionar as autarquias, a jurisprudência do STF tem decidido pela incidência da referida norma às **autarquias federais**, inclusive ao CADE (**RE 627.709/DF**, com repercussão geral reconhecida, Rel. Min. Ricardo Lewandowski, Pleno, j. em 20.08.2014, *DJe*-213 30.10.2014)[62].

---

em 28.10.2003, *DJ* 01.12.2003, p. 265). Não possuindo a autarquia demandada sucursal no Estado em que proposta a demanda, deve incidir à espécie o disposto no art. 53, IV, *a*, do CPC, de modo que deve a ação ser julgada na circunscrição judiciária em que se encontra localizada a respectiva sede (STJ, REsp 624.264/SC, Rel. Min. João Otávio de Noronha, 2.ª Turma, j. em 06.02.2007, *DJ* 27.02.2007, p. 242). Considerando que o CADE não possui filiais nem agências regionais, mas tão somente sua sede no Distrito Federal, a demanda deverá ser processada e julgada em uma das varas federais da Seção Judiciária do Distrito Federal (STJ, AgRg no REsp 1.321.642/RS, Rel. Min. Arnaldo Esteves Lima, 1.ª Turma, j. em 07.08.2012, *DJe* 17.08.2012).

[58] GUERRA, Sérgio. *Regulação estatal sob a ótica da organização administrativa brasileira*, p. 384.

[59] RAGAZZO, Carlos Emmanuel Joppert. *A regulação da concorrência*, p. 172-173.

[60] O Ministério Público não pode forçar a atuação do CADE em face de supostas práticas contra a ordem econômica, pois configuraria violação à "autonomia técnica do Conselho, como entidade reguladora da concorrência e da ordem econômica" (STJ, REsp 650.892/PR, Rel. Min. Mauro Campbell Marques, 2.ª Turma, j. em 03.11.2009, *DJe* 13.11.2009).

[61] ANDRADE, Maria Cecília. *Controle de concentração de empresas:* estudo da experiência comunitária e a aplicação do art. 54 da Lei n. 8.884/94, p. 308.

[62] No referido julgado, ao decidir o Tema 374 da repercussão geral ("Aplicação do art. 109, § 2.º, da Constituição Federal aos entes da Administração Indireta"), o STF fixou a seguinte Tese: "A regra prevista no § 2.º do art. 109 da Constituição Federal também se aplica às ações movidas em face de autarquias federais". No mesmo sentido: RE-AgR-segundo 499.093/PR, Rel. Min. Ricardo Lewandowski, 1.ª Turma, j. em 09.11.2010, *DJe*-226 25.11.2010; RE-AgR 650.836/DF, Rel. Min. Ricardo

6 ▪ Defesa da Concorrência: o Sistema Brasileiro 717

Nos processos judiciais em que se discuta a aplicação da Lei n. 12.529/2011, o CADE deverá ser intimado para, querendo, intervir no feito na qualidade de **assistente** (art. 118, Lei n. 12.529/2011)[63]. Dessa forma, não há que se falar em preclusão para requerer a intimação do CADE, visto que essa é decorrente de expressa imposição legal[64].

A participação do CADE como assistente na demanda se justifica "por deter elementos importantes para a solução da ação, auxiliando o Assistido com os seus conhecimentos técnicos sobre a matéria, bem como para tomar conhecimento da eventual existência de indícios de prática de infração contra a ordem econômica"[65].

> **Observação:** A intervenção do CADE como assistente é uma **faculdade**, e não uma obrigação[66].

6.6.2. ESTRUTURA ORGANIZACIONAL

Nos termos do art. 5.º da Lei n. 12.529/2011, o CADE é constituído pelos seguintes órgãos:

- ▪ Tribunal Administrativo de Defesa Econômica;
- ▪ Superintendência-Geral; e
- ▪ Departamento de Estudos Econômicos.

O **Decreto n. 11.222, de 05.10.2022**, aprova a estrutura regimental do CADE, na forma de seu Anexo I.

Lewandowski, 2.ª Turma, j. em 05.08.2014, *DJe*-157 15.08.2014; RE-AgR 757.839/RS, Rel. Min. Teori Zavascki, 2.ª Turma, j. em 01.09.2015, *DJe*-181 14.09.2015; RE-ED 627.709/DF, Rel. Min. Edson Fachin, Pleno, j. em 18.08.2016, *DJe*-244 18.11.2016. Ressalte-se que o STJ chegou a proferir decisão no sentido de competir à Justiça Estadual o processo e julgamento de feito que visasse à apuração de possível infração contra a ordem econômica, prevista na Lei n. 8.884/94 (CC 38.989/RJ, Rel. Min. Gilson Dipp, 3.ª Seção, j. em 25.06.2003, *DJ* 25.08.2003, p. 261). Criticando os fundamentos de tal decisão: MOSCOGLIATO, Marcelo. Evolução do direito antitruste no Brasil — alguns aspectos, p. 188-189.

[63] O STJ reconheceu que a intervenção do CADE em causas em que se discute a prevenção e a repressão às infrações da ordem econômica não se dá como *"amicus curiae"*, mas como **assistente** (REsp 737.073/RS, Rel. Min. Luiz Fux, 1.ª Turma, j. em 06.12.2005, *DJ* 13.02.2006, p. 700).

[64] Nesse sentido decidiu o STJ: AgInt no AREsp 1.211.001/DF, Rel. Min. Maria Isabel Gallotti, 4.ª Turma, j. em 26.02.2019, *DJe* 06.03.2019; AgInt no REsp 1.796.520/CE, Rel. Min. Maria Isabel Gallotti, 4.ª Turma, j. em 06.08.2019, *DJe* 13.08.2019.

[65] STJ, AgRg no REsp 1.125.981/RS, Rel. Min. Napoleão Nunes Maia Filho, 1.ª Turma, j. em 28.02.2012, *DJe* 05.03.2012. Fernando de Magalhães Furlan atenta para o fato de que: "É encargo dos representantes legais dos órgãos de defesa da concorrência estar em Juízo para realizar sua função de não somente defender as decisões administrativas, mas essencialmente de contribuir com a melhor exegese das normas, traduzida no reconhecimento da vontade dos legisladores constituinte e ordinário" (*Questões polêmicas em direito antitruste*, p. 125).

[66] STJ, REsp 650.892/PR, Rel. Min. Mauro Campbell Marques, 2.ª Turma, j. em 03.11.2009, *DJe* 13.11.2009.

O **Regimento Interno do CADE** foi aprovado pela **Resolução n. 22, de 19.06.2019**, da referida autarquia[67].

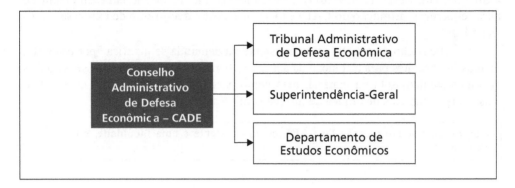

6.6.3. TRIBUNAL ADMINISTRATIVO DE DEFESA ECONÔMICA

6.6.3.1. Composição

O Tribunal Administrativo de Defesa Econômica é o **órgão judicante** do CADE (art. 6.º, Lei n. 12.529/2011).

O Tribunal Administrativo possui 7 (sete) membros, sendo:

- 1 (um) Presidente; e
- 6 (seis) Conselheiros.

Conforme estabelece o art. 6.º da Lei n. 12.529/2011, o Presidente e os Conselheiros do Tribunal Administrativo do CADE são escolhidos pelo **Presidente da República** dentre cidadãos que preencham os seguintes requisitos:

- mais de 30 (trinta) anos de idade[68];
- notório saber jurídico ou econômico[69]; e
- reputação ilibada.

Os nomes indicados para os cargos de Presidente e Conselheiros do CADE devem passar pelo crivo do **Senado Federal** (art. 6.º, *caput*, Lei n. 12.529/2011).

---

[67] Lei n. 12.529/2011: "Art. 9.º Compete ao Plenário do Tribunal, dentre outras atribuições previstas nesta Lei: (...) XV — elaborar e aprovar regimento interno do Cade, dispondo sobre seu funcionamento, forma das deliberações, normas de procedimento e organização de seus serviços internos".

[68] A Lei n. 12.529/2011 não estabelece limite máximo de idade para os cargos de Presidente e Conselheiros do CADE.

[69] Pedro Aurélio de Queiroz alerta que a formação do intérprete e aplicador do direito antitruste influencia no modelo teórico adotado: "Um economista, por exemplo, tenderia a ser, naturalmente, mais influenciado pelo pensamento econômico dominante ao passo que uma pessoa com formação jurídica estaria mais acostumada a realizar ponderações de valores prestigiados pelo ordenamento, mas não deixaria de lado um contexto jurídico e cultural mais amplo em que foi formado" (*Direito antitruste*: os fundamentos da promoção da concorrência, p. 67).

6 ■ Defesa da Concorrência: o Sistema Brasileiro 719

> **Observação:** No Senado Federal, as pessoas escolhidas pelo Presidente da República para os cargos de Presidente e Conselheiros do CADE, após **arguição pública**, terão seus nomes submetidos a **votação secreta** (art. 52, inciso III, alínea *f*, CF)[70]. Tal deliberação será tomada por maioria dos votos, presente a maioria absoluta dos membros do Senado Federal (art. 47, CF)[71].

Depois de aprovados pelo Senado Federal, o Presidente e os Conselheiros do CADE serão nomeados pelo Presidente da República (art. 6.º, *caput*, Lei n. 12.529/2011) para **mandato de 4 (quatro) anos**, não coincidentes, vedada a recondução (art. 6.º, § 1.º, Lei n. 12.529/2011).

Os cargos de Presidente e de Conselheiro são de **dedicação exclusiva**, não se admitindo qualquer acumulação, salvo as constitucionalmente permitidas (art. 6.º, § 2.º, Lei n. 12.529/2011).

No caso de renúncia, morte, impedimento, falta ou perda de mandato do **Presidente do Tribunal**, assumirá o Conselheiro **mais antigo no cargo ou o mais idoso, nessa ordem**, até nova nomeação, sem prejuízo de suas atribuições (art. 6.º, § 3.º, Lei n. 12.529/2011).

No caso de renúncia, morte ou perda de mandato de **Conselheiro**, proceder-se-á a nova nomeação, para completar o mandato do substituído (art. 6.º, § 4.º, Lei n. 12.529/2011).

Se, nas hipóteses de renúncia, morte ou perda de mandato de Conselheiro, ou no caso de encerramento de mandato dos Conselheiros, a composição do Tribunal ficar reduzida a número inferior a 4 (quatro) membros (art. 9.º, § 1.º, Lei n. 12.529/2011), ficam automaticamente suspensos os prazos previstos na Lei n. 12.529/2011, e suspensa a tramitação de processos, continuando-se a contagem imediatamente após a recomposição do *quorum* (art. 6.º, § 5.º, Lei n. 12.529/2011).

6.6.3.2. Perda do mandato

De acordo com o *caput* do art. 7.º da Lei n. 12.529/2011, a perda de mandato do Presidente ou dos Conselheiros do CADE só poderá ocorrer em virtude de decisão do Senado Federal, por provocação do Presidente da República, ou em razão de condenação penal irrecorrível por crime doloso, ou de processo disciplinar de conformidade com o que prevê a Lei n. 8.112, de 11.12.1990 e a Lei n. 8.429, de 02.06.1992, e por infringência de quaisquer das vedações previstas no art. 8.º da Lei n. 12.529/2011.

Também perderá o mandato, automaticamente, o membro do Tribunal que faltar a 3 (três) reuniões ordinárias consecutivas, ou 20 (vinte) intercaladas, ressalvados os afastamentos temporários autorizados pelo Plenário (art. 7.º, parágrafo único, Lei n. 12.529/2011).

---

[70] CF: "Art. 52. Compete privativamente ao Senado Federal: (...) III — aprovar previamente, por voto secreto, após arguição pública, a escolha de: (...) f) titulares de outros cargos que a lei determinar;".

[71] CF: "Art. 47. Salvo disposição constitucional em contrário, as deliberações de cada Casa e de suas Comissões serão tomadas por maioria dos votos, presente a maioria absoluta de seus membros".

6.6.3.3. Vedações

Ao Presidente e aos Conselheiros do CADE é vedado (art. 8.º, Lei n. 12.529/2011):

▪ receber, a qualquer título, e sob qualquer pretexto, honorários, percentagens ou custas;

▪ exercer profissão liberal;

▪ participar, na forma de controlador, diretor, administrador, gerente, preposto ou mandatário, de sociedade civil, comercial ou empresas de qualquer espécie;

▪ emitir parecer sobre matéria de sua especialização, ainda que em tese, ou funcionar como consultor de qualquer tipo de empresa;

▪ manifestar, por qualquer meio de comunicação, opinião sobre processo pendente de julgamento, ou juízo depreciativo sobre despachos, votos ou sentenças de órgãos judiciais, ressalvada a crítica nos autos, em obras técnicas ou no exercício do magistério; e

▪ exercer atividade político-partidária.

É **vedado** ao Presidente e aos Conselheiros do CADE, por um período de 120 (cento e vinte) dias, contado da data em que deixar o cargo, representar qualquer pessoa, física ou jurídica, ou interesse perante o SBDC[72], **ressalvada** a defesa de direito próprio (art. 8.º, § 1.º, Lei n. 12.529/2011). Durante tal período, o Presidente e os Conselheiros receberão a mesma remuneração do cargo que ocupavam (art. 8.º, § 2.º, Lei n. 12.529/2011).

É vedado, a qualquer tempo, ao Presidente e aos Conselheiros utilizar **informações privilegiadas** obtidas em decorrência do cargo exercido (art. 8.º, § 4.º, Lei n. 12.529/2011).

6.6.3.4. Competência do Plenário do Tribunal

Nos termos do art. 9.º da Lei n. 12.529/2011, compete ao Plenário do Tribunal Administrativo de Defesa Econômica, dentre outras atribuições previstas no citado diploma legal:

▪ decidir sobre a existência de infração à ordem econômica e aplicar as penalidades previstas em lei;

▪ decidir os processos administrativos para imposição de sanções administrativas por infrações à ordem econômica instaurados pela Superintendência-Geral;

▪ ordenar providências que conduzam à cessação de infração à ordem econômica, dentro do prazo que determinar;

▪ aprovar os termos do compromisso de cessação de prática e do acordo em controle de concentrações, bem como determinar à Superintendência-Geral que fiscalize seu cumprimento;

---

[72] O ex-presidente ou ex-conselheiro que violar o referido impedimento incorre na prática do crime de **advocacia administrativa**, sujeitando-se à pena prevista no art. 321 do Código Penal (art. 8.º, § 3.º, Lei n. 12.529/2011).

6 ▪ Defesa da Concorrência: o Sistema Brasileiro 721

■ apreciar, em grau de recurso, as medidas preventivas adotadas pelo Conselheiro--Relator ou pela Superintendência-Geral;

■ apreciar processos administrativos de atos de concentração econômica, fixando, quando entender conveniente e oportuno, acordos em controle de atos de concentração;

■ instruir o público sobre as formas de infração da ordem econômica[73];

■ decidir pelo cumprimento das decisões, compromissos e acordos.

As decisões do Tribunal serão tomadas por maioria, com a presença mínima de 4 (quatro) membros, sendo o *quorum* de deliberação mínimo de 3 (três) membros (art. 9.º, § 1.º, Lei n. 12.529/2011).

As decisões do Tribunal **não comportam revisão no âmbito do Poder Executivo** (art. 9.º, § 2.º, Lei n. 12.529/2011), não podendo, pois, ser revistas por outros órgãos administrativos[74].

Assim, deve ser promovida, de imediato, a execução das decisões do Tribunal Administrativo, comunicando-se, em seguida, ao Ministério Público, para as demais medidas legais cabíveis no âmbito de suas atribuições (art. 9.º, § 2.º, Lei n. 12.529/2011).

As autoridades federais, os diretores de autarquia, fundação, empresa pública e sociedade de economia mista federais e agências reguladoras são obrigados a prestar, sob pena de responsabilidade, toda a assistência e colaboração que lhes for solicitada pelo CADE, inclusive elaborando pareceres técnicos sobre as matérias de sua competência (art. 9.º, § 2.º, Lei n. 12.529/2011).

Além das competências listadas nos incisos do *caput* do art. 9.º da Lei n. 12.529/2011, o Tribunal também pode responder **consultas** sobre condutas em andamento, mediante pagamento de taxa e acompanhadas dos respectivos documentos (art. 9.º, § 4.º, Lei n. 12.529/2011)[75].

6.6.3.5. Competência do Presidente do Tribunal

Nos termos do art. 10 da Lei n. 12.529/2011, compete ao Presidente do Tribunal Administrativo de Defesa Econômica, dentre outras atribuições previstas no citado diploma legal:

■ presidir, com direito a voto, inclusive o de qualidade, as reuniões do Plenário;

■ solicitar, a seu critério, que a Superintendência-Geral auxilie o Tribunal na tomada de providências extrajudiciais para o cumprimento das decisões do Tribunal;

---

[73] Ressalte-se que a Superintendência-Geral do CADE também possui competência para instruir o público sobre as diversas formas de infração da ordem econômica (art. 13, inciso XV, Lei n. 12.529/2011).

[74] Assim decidiu o STJ, ao reconhecer o não cabimento de recurso hierárquico interposto pelo Ministério Público Federal ao Ministro da Justiça, contra decisão colegiada do CADE (MS 10.138/DF, Rel. Min. Eliana Calmon, 1.ª Seção, j. em 09.11.2005, *DJ* 28.11.2005, p. 172). Referido julgado levou em consideração o disposto no art. 50 da Lei n. 8.884/94, cuja redação era idêntica à do § 2.º do art. 9.º da Lei n. 12.529/2011.

[75] Cabe ao CADE definir, em resolução, normas complementares sobre o procedimento de consulta (art. 9.º, § 5.º, Lei n. 12.529/2011).

722 Direito Financeiro e Econômico Esquematizado — *Carlos Alberto de Moraes Ramos Filho*

■ fiscalizar a Superintendência-Geral na tomada de providências para execução das decisões e julgados do Tribunal;

■ determinar à Procuradoria Federal junto ao CADE as providências judiciais determinadas pelo Tribunal.

6.6.3.6. Competência dos Conselheiros do Tribunal

Nos termos do art. 11 da Lei n. 12.529/2011, compete aos Conselheiros do Tribunal Administrativo de Defesa Econômica, dentre outras atribuições previstas no citado diploma legal:

■ emitir voto nos processos e questões submetidas ao Tribunal;

■ proferir despachos e lavrar as decisões nos processos em que forem relatores;

■ requisitar informações e documentos de quaisquer pessoas, órgãos, autoridades e entidades públicas ou privadas, a serem mantidos sob sigilo legal, quando for o caso, bem como determinar as diligências que se fizerem necessárias;

■ adotar medidas preventivas, fixando o valor da multa diária pelo seu descumprimento;

■ solicitar, a seu critério, que a Superintendência-Geral realize as diligências e a produção das provas que entenderem pertinentes nos autos do processo administrativo;

■ requerer à Procuradoria Federal junto ao CADE emissão de parecer jurídico nos processos em que forem relatores, quando entenderem necessário e em despacho fundamentado;

■ determinar ao Economista-Chefe, quando necessário, a elaboração de pareceres nos processos em que forem relatores, sem prejuízo da tramitação normal do processo e sem que tal determinação implique a suspensão do prazo de análise ou prejuízo à tramitação normal do processo;

■ propor termo de compromisso de cessação e acordos para aprovação do Tribunal.

6.6.4. SUPERINTENDÊNCIA-GERAL

6.6.4.1. Composição

A Superintendência-Geral do CADE possui 3 (três) membros, sendo **1 (um) Superintendente-Geral** e **2 (dois) Superintendentes-Adjuntos**, cujas atribuições específicas devem ser definidas em Resolução (art. 12, *caput*, Lei n. 12.529/2011).

O Superintendente-Geral será escolhido pelo **Presidente da República** dentre cidadãos que preencham os seguintes requisitos (art. 12, § 1.º, Lei n. 12.529/2011):

■ mais de 30 (trinta) anos de idade[76];

■ notório saber jurídico ou econômico; e

■ reputação ilibada.

---

[76] A Lei n. 12.529/2011 não estabelece limite máximo de idade para o cargo de Superintendente-Geral.

6 ■ Defesa da Concorrência: o Sistema Brasileiro 723

O nome indicado para o cargo de Superintendente-Geral deve passar pelo crivo do **Senado Federal** (art. 12, § 1.º, Lei n. 12.529/2011).

> **Observação:** No Senado Federal, a pessoa escolhida pelo Presidente da República para o cargo de Superintendente-Geral do CADE, após **arguição pública**, terá seu nome submetido a **votação secreta** (art. 52, inciso III, alínea *f*, CF)[77]. Tal deliberação será tomada por maioria dos votos, presente a maioria absoluta dos membros do Senado Federal (art. 47, CF)[78].

Depois de aprovado pelo Senado Federal, o Superintendente-Geral será nomeado pelo Presidente da República (art. 12, § 1.º, Lei n. 12.529/2011) para **mandato de 2 (dois) anos**, permitida a recondução para um único período subsequente (art. 12, § 2.º, Lei n. 12.529/2011).

Aplicam-se ao Superintendente-Geral as mesmas normas de impedimentos, perda de mandato, substituição e as vedações do art. 8.º da Lei n. 12.529/2011 (incluído o disposto no § 2.º do art. 8.º), aplicáveis ao Presidente e aos Conselheiros do Tribunal (art. 12, § 3.º, Lei n. 12.529/2011).

Os Superintendentes-Adjuntos serão indicados pelo Superintendente-Geral (art. 12, § 7.º, Lei n. 12.529/2011).

> **Observação:** A Lei n. 12.529/2011 não estabelece requisitos para os cargos de Superintendentes-Adjuntos.

Os cargos de Superintendente-Geral e de Superintendentes-Adjuntos são de **dedicação exclusiva**, não se admitindo qualquer acumulação, salvo as constitucionalmente permitidas (art. 12, § 4.º, Lei n. 12.529/2011).

Durante o período de vacância que anteceder à nomeação de novo Superintendente-Geral, serão observadas as seguintes regras:

■ assumirá interinamente o cargo um dos Superintendentes-Adjuntos, indicado pelo Presidente do Tribunal, o qual permanecerá no cargo até a posse do novo Superintendente-Geral (art. 12, § 5.º, Lei n. 12.529/2011);

■ se não houver nenhum Superintendente-Adjunto nomeado, o Presidente do Tribunal indicará servidor em exercício no CADE, com conhecimento jurídico ou econômico na área de defesa da concorrência e reputação ilibada, para assumir interinamente o cargo, permanecendo neste até a posse do novo Superintendente-Geral (art. 12, § 6.º, Lei n. 12.529/2011).

6.6.4.2. Competência

Nos termos do art. 13 da Lei n. 12.529/2011, compete à Superintendência-Geral do CADE, dentre outras atribuições previstas no citado diploma legal:

---

[77] CF: "Art. 52. Compete privativamente ao Senado Federal: (...) III — aprovar previamente, por voto secreto, após arguição pública, a escolha de: (...) f) titulares de outros cargos que a lei determinar;".

[78] CF: "Art. 47. Salvo disposição constitucional em contrário, as deliberações de cada Casa e de suas Comissões serão tomadas por maioria dos votos, presente a maioria absoluta de seus membros".

- zelar pelo cumprimento da Lei n. 12.529/2011, monitorando e acompanhando as práticas de mercado;
- acompanhar, permanentemente, as atividades e práticas comerciais de pessoas físicas ou jurídicas que detiverem posição dominante em mercado relevante de bens ou serviços, para prevenir infrações da ordem econômica, podendo, para tanto, requisitar as informações e documentos necessários, mantendo o sigilo legal, quando for o caso;
- promover, em face de indícios de infração da ordem econômica, procedimento preparatório de inquérito administrativo e inquérito administrativo para apuração de infrações à ordem econômica;
- decidir pela insubsistência dos indícios, arquivando os autos do inquérito administrativo ou de seu procedimento preparatório;
- instaurar e instruir:

a) processo administrativo para imposição de sanções administrativas por infrações à ordem econômica;
b) procedimento para apuração de ato de concentração;
c) processo administrativo para análise de ato de concentração econômica;
d) processo administrativo para imposição de sanções processuais incidentais;

- recorrer de ofício ao Tribunal quando decidir pelo arquivamento de processo administrativo para imposição de sanções administrativas por infrações à ordem econômica;
- remeter ao Tribunal, para julgamento, os processos administrativos que instaurar, quando entender configurada infração da ordem econômica;
- propor termo de compromisso de cessação de prática por infração à ordem econômica, submetendo-o à aprovação do Tribunal, e fiscalizar o seu cumprimento;
- sugerir ao Tribunal condições para a celebração de acordo em controle de concentrações e fiscalizar o seu cumprimento;
- adotar medidas preventivas que conduzam à cessação de prática que constitua infração da ordem econômica, fixando prazo para seu cumprimento e o valor da multa diária a ser aplicada, no caso de descumprimento;
- receber, instruir e aprovar ou impugnar perante o Tribunal os processos administrativos para análise de ato de concentração econômica;
- orientar os órgãos e entidades da administração pública quanto à adoção de medidas necessárias ao cumprimento da Lei n. 12.529/2011;
- desenvolver estudos e pesquisas objetivando orientar a política de prevenção de infrações da ordem econômica;
- instruir o público sobre as diversas formas de infração da ordem econômica e os modos de sua prevenção e repressão;
- adotar as medidas administrativas necessárias à execução e ao cumprimento das decisões do Plenário.

6 ▫ Defesa da Concorrência: o Sistema Brasileiro 725

6.6.4.3. Competência do Superintendente-Geral

São atribuições do Superintendente-Geral (art. 14, Lei n. 12.529/2011):

▫ participar, quando entender necessário, **sem direito a voto**, das reuniões do Tribunal (art. 51, inciso III, Lei n. 12.529/2011);

▫ proferir sustentação oral nas sessões de julgamento do Tribunal, na forma do regimento interno (art. 51, inciso III, Lei n. 12.529/2011);

▫ cumprir e fazer cumprir as decisões do Tribunal na forma determinada pelo seu Presidente;

▫ requerer à Procuradoria Federal junto ao CADE as providências judiciais relativas ao exercício das competências da Superintendência-Geral;

▫ determinar ao Economista-Chefe a elaboração de estudos e pareceres;

▫ ordenar despesas referentes à unidade gestora da Superintendência-Geral; e

▫ exercer outras atribuições previstas em lei.

6.6.5. DEPARTAMENTO DE ESTUDOS ECONÔMICOS

O Departamento de Estudos Econômicos do CADE é dirigido por um Economista-Chefe, a quem incumbe elaborar **estudos e pareceres econômicos**, de ofício ou por solicitação do Plenário, do Presidente, do Conselheiro-Relator ou do Superintendente-Geral, zelando pelo rigor e atualização técnica e científica das decisões do órgão (art. 17, Lei n. 12.529/2011).

Sobre o Economista-Chefe do Departamento de Estudos Econômicos merecem destaque os seguintes pontos:

▫ é nomeado, conjuntamente, pelo Superintendente-Geral e pelo Presidente do Tribunal, dentre brasileiros de ilibada reputação e notório conhecimento econômico (art. 18, *caput*, Lei n. 12.529/2011);

> **Observação:** A Lei n. 12.529/2011 não estabelece limite mínimo ou máximo de idade para o cargo de Economista-Chefe.

▫ pode participar das reuniões do Tribunal (art. 51, inciso III, Lei n. 12.529/2011), mas **sem direito a voto** (art. 18, § 1.º, Lei n. 12.529/2011);

▫ sujeita-se às mesmas normas de **impedimento** aplicáveis aos Conselheiros do Tribunal, exceto quanto ao comparecimento às sessões (art. 18, § 2.º, Lei n. 12.529/2011).

6.6.6. PROCURADORIA FEDERAL ESPECIALIZADA JUNTO AO CADE

6.6.6.1. Competência

Junto ao CADE funciona uma **Procuradoria Federal Especializada**, a quem compete, dentre outras atribuições (art. 15, Lei n. 12.529/2011):

▫ prestar consultoria e assessoramento jurídico ao CADE;

726 Direito Financeiro e Econômico Esquematizado — Carlos Alberto de Moraes Ramos Filho

■ representar o CADE judicial e extrajudicialmente[79];

■ promover a execução judicial das decisões e julgados do CADE;

■ proceder à apuração da liquidez dos créditos do CADE, inscrevendo-os em dívida ativa para fins de cobrança administrativa ou judicial;

■ tomar as medidas judiciais solicitadas pelo Tribunal ou pela Superintendência-Geral, necessárias à cessação de infrações da ordem econômica ou à obtenção de documentos para a instrução de processos administrativos de qualquer natureza;

■ promover acordos judiciais nos processos relativos a infrações contra a ordem econômica, mediante autorização do Tribunal.

6.6.6.2. Chefia da Procuradoria Federal

O Procurador-Chefe da Procuradoria Federal junto ao CADE é escolhido pelo Presidente da República dentre cidadãos com mais de 30 (trinta) anos de idade, de notório conhecimento jurídico e reputação ilibada (art. 16, *caput*, 12.529/2011).

> **Observação:** A Lei n. 12.529/2011 não estabelece limite máximo de idade para o cargo de Procurador-Chefe da Procuradoria Federal junto ao CADE.

O nome indicado para o cargo de Procurador-Chefe deve passar pelo crivo do Senado Federal (art. 16, *caput*, Lei n. 12.529/2011).

> **Observação:** No Senado Federal, a pessoa escolhida pelo Presidente da República para o cargo de Procurador-Chefe, após **arguição pública**, terá seu nome submetido a **votação secreta** (art. 52, inciso III, alínea *f*, CF)[80]. Tal deliberação será tomada por maioria dos votos, presente a maioria absoluta dos membros do Senado Federal (art. 47, CF)[81].

Depois de aprovado pelo Senado Federal, o Procurador-Chefe será nomeado pelo Presidente da República (art. 16, *caput*, Lei n. 12.529/2011) para **mandato** de **2 (dois) anos**, permitida sua recondução para um único período (art. 16, § 1.º, Lei n. 12.529/2011).

O Procurador-Chefe poderá participar das reuniões do Tribunal (art. 51, inciso III, Lei n. 12.529/2011), **sem direito a voto**, prestando assistência e esclarecimentos, quando requisitado pelos Conselheiros, na forma do Regimento Interno do Tribunal (art. 16, § 2.º, Lei n. 12.529/2011).

Aplicam-se ao Procurador-Chefe as mesmas normas legais de impedimento aplicáveis aos Conselheiros do Tribunal, exceto quanto ao comparecimento às sessões (art. 16, § 3.º, Lei n. 12.529/2011).

---

[79] Compete ao Presidente do Tribunal Administrativo de Defesa Econômica **representar legalmente** o CADE no Brasil ou no exterior, **em juízo ou fora dele** (art. 10, inciso I, Lei n. 12.529/2011).

[80] CF: "Art. 52. Compete privativamente ao Senado Federal: (...) III — aprovar previamente, por voto secreto, após arguição pública, a escolha de: (...) f) titulares de outros cargos que a lei determinar;".

[81] CF: "Art. 47. Salvo disposição constitucional em contrário, as deliberações de cada Casa e de suas Comissões serão tomadas por maioria dos votos, presente a maioria absoluta de seus membros".

6 ■ Defesa da Concorrência: o Sistema Brasileiro   727

Nos casos de faltas, afastamento temporário ou impedimento do Procurador-Chefe, o Plenário indicará e o Presidente do Tribunal designará o **substituto eventual** dentre os integrantes da Procuradoria Federal Especializada (art. 16, § 4.º, Lei n. 12.529/2011).

6.6.7. MINISTÉRIO PÚBLICO FEDERAL PERANTE O CADE

A Lei Complementar n. 75, de 20.05.1993, que dispõe sobre a organização, as atribuições e o estatuto do Ministério Público da União (MPU), estabelece: "A lei assegurará a participação do Ministério Público da União nos órgãos colegiados estatais, federais ou do Distrito Federal, constituídos para defesa de direitos e interesses relacionados com as funções da Instituição" (art. 6.º, § 2.º).

Assim, considerando que a **coletividade** é a titular dos bens jurídicos protegidos pela legislação antitruste (art. 1.º, parágrafo único, Lei n. 12.529/2011) e que é função institucional do Ministério Público a **proteção de interesses difusos e coletivos** (art. 129, inciso III, CF)[82], o Procurador-Geral da República[83], ouvido o Conselho Superior[84], deve designar membro do Ministério Público Federal (MPF)[85] para, nesta qualidade, atuar perante o CADE.

A **Resolução Conjunta PGR/CADE n. 1, de 30.09.2016**, estabelece as condições para o exercício das funções do representante do MPF junto ao CADE.

De acordo com o art. 2.º da mencionada resolução conjunta, o representante do MPF junto ao CADE "exerce função essencial à política administrativa mantida pela União de defesa e proteção da concorrência".

A revogada Lei n. 8.884/94 (art. 12) dispunha, genericamente, que o membro do MPF era designado para "**oficiar** nos processos sujeitos à apreciação do CADE" (destaque nosso). A esse respeito, noticia André Marques Gilberto que a Organização para a Cooperação e Desenvolvimento Econômico (OCDE) apontou que a expressão "oficiar"

---

[82] Os interesses ou direitos difusos e coletivos encontram definição no art. 81, parágrafo único, incisos I e II, da Lei n. 8.078, de 11.09.1990 (Código de Defesa do Consumidor). Ressalte-se que a Lei n. 12.529/2011 (art. 47) permite, ainda, que os legitimados referidos no art. 82 da Lei n. 8.078/90 — dentre eles o Ministério Público — ingressem em juízo para defender **interesses individuais homogêneos** lesados por infração da ordem econômica. Os interesses ou direitos individuais homogêneos são definidos no art. 81, parágrafo único, inciso III, da Lei n. 8.078/90. A Lei n. 7.347, de 24.07.1985, admite a propositura de ação civil pública (ACP) no caso de danos causados por infração da ordem econômica (art. 1.º, inciso V, com redação dada pela Lei n. 12.529/2011). Como, por força do art. 21 da Lei da ACP (Lei n. 7.347/85), acrescentado pelo CDC, todo o Título III do referido Código passa a se aplicar às ações civis públicas, a definição de interesses difusos e coletivos do art. 81 do mencionado Código passa também a se aplicar à ACP movida para a proteção da ordem econômica. Nesse sentido: SALOMÃO FILHO, Calixto. Função social do contrato: primeiras anotações, nota de rodapé n. 23, p. 71.

[83] O Procurador-Geral da República é o chefe do Ministério Público da União (art. 128, § 1.º, CF).

[84] O Conselho Superior do Ministério Público Federal é disciplinado nos arts. 54 a 57 da Lei Complementar n. 75, de 20.05.1993, que dispõe sobre a organização, as atribuições e o estatuto do Ministério Público da União.

[85] O Ministério Público Federal (MPF) integra o Ministério Público da União (MPU) (art. 128, inciso I, CF).

era ambígua e não deixava claro qual seria a função do membro do MPF designado para atuar nos processos do CADE[86].

Tal ambiguidade não foi reproduzida na Lei n. 12.529/2011, que foi clara ao estabelecer que ao membro do Ministério Público Federal junto ao CADE compete **emitir parecer**, nos processos administrativos para imposição de sanções administrativas por **infrações à ordem econômica** (art. 20).

> **Observação:** Considerando a redação do art. 20, Lei n. 12.529/2011, conclui-se que o membro do MPF junto ao CADE **não atuaria**, *a priori*, nos processos administrativos para análise de **ato de concentração econômica**. Ressalte-se, no entanto, que a Resolução Conjunta PGR/CADE n. 1/2016 dispõe que a atuação do representante do MPF junto ao CADE dá-se "no controle das condutas anticoncorrenciais e na **prevenção da concentração de merca-do**" (destaque nosso). Ainda de acordo com o referido ato conjunto, o membro do MPF junto ao CADE tem a prerrogativa de manifestar-se, "a qualquer tempo, em todas as espécies de procedimentos, inquéritos e processos administrativos instaurados para prevenção, apuração e repressão de infrações à ordem econômica, **bem como nos atos de concentra-ção econômica**" (art. 3.º, inciso VI) (destaque nosso).

O parecer do MPF pode ser emitido de ofício ou a requerimento do Conselheiro--Relator (art. 20, Lei n. 12.529/2011)[87].

Referido parecer deve ser emitido no prazo de **até 30 (trinta) dias**, após a manifestação da Procuradoria Federal Especializada junto ao CADE (art. 3.º, inciso XIV, Resolução Conjunta PGR/CADE n. 1/2016).

6.7. SUBSECRETARIA DE ACOMPANHAMENTO ECONÔMICO E REGULAÇÃO

6.7.1. NATUREZA E FUNÇÕES

A Subsecretaria de Acompanhamento Econômico e Regulação (art. 54, Decreto n. 11.907/2024) é órgão da Secretaria de Reformas Econômicas (art. 52, Decreto n. 11.907/2024) do Ministério da Fazenda (art. 2.º, inciso II, alínea *f*, item 2, Decreto n. 11.907/2024) e integra, juntamente com o CADE, o SBDC.

---

[86] GILBERTO, André Marques. *O processo antitruste sancionador*: aspectos processuais na repressão das infrações à concorrência no Brasil, p. 31.

[87] A revogada Lei n. 8.884/94 dispunha que o CADE poderia requerer ao Ministério Público Federal (atuante naquela autarquia) que promovesse a execução de seus julgados ou do compromisso de cessação, bem como a adoção de medidas judiciais (art. 12, parágrafo único). Referida lei também atribuía à Procuradoria do CADE as mesmas competências (art. 10, incisos II e III). A Lei n. 12.529/2011 não mais atribuiu tais funções ao MPF, mas **apenas à Procuradoria Federal** junto ao CADE (art. 15), seguindo o entendimento de Marcelo Sciorilli, que, na vigência da Lei n. 8.884/94, asseverava a respeito: "(...) dispondo o Conselho Administrativo de Defesa Econômica de uma procuradoria (...), a ela compete promover a execução judicial das decisões do colegiado e também o aforamento de outras ações necessárias ao perfeito desempenho do CADE" (*A ordem econômica e o Ministério Público*, p. 135).

6 ◼ Defesa da Concorrência: o Sistema Brasileiro

A Subsecretaria de Acompanhamento Econômico e Regulação tem como finalidade promover a concorrência em órgãos de governo e perante a sociedade (art. 19, Lei n. 12.529/2011).

6.7.2. COMPETÊNCIA

De acordo com o art. 54 do Decreto n. 11.907/2024, compete à Subsecretaria de Acompanhamento Econômico exercer as atribuições previstas no art. 19 da Lei n. 12.529/2011, que são as seguintes:

◻ opinar, nos aspectos referentes à promoção da concorrência, sobre propostas de alterações de atos normativos de interesse geral dos agentes econômicos, de consumidores ou usuários dos serviços prestados submetidos a consulta pública pelas agências reguladoras e, quando entender pertinente, sobre os pedidos de revisão de tarifas e as minutas;

◻ opinar, quando considerar pertinente, sobre minutas de atos normativos elaborados por qualquer entidade pública ou privada submetidos à consulta pública, nos aspectos referentes à promoção da concorrência;

◻ opinar, quando considerar pertinente, sobre proposições legislativas em tramitação no Congresso Nacional, nos aspectos referentes à promoção da concorrência;

◻ elaborar estudos avaliando a situação concorrencial de setores específicos da atividade econômica nacional, de ofício ou quando solicitada pelo CADE, pela Câmara de Comércio Exterior ou pelo Departamento de Proteção e Defesa do Consumidor do Ministério da Justiça ou órgão que vier a sucedê-lo;

◻ elaborar estudos setoriais que sirvam de insumo para a participação do Ministério da Fazenda na formulação de políticas públicas setoriais nos fóruns em que este Ministério tem assento;

◻ propor a revisão de leis, regulamentos e outros atos normativos da administração pública federal, estadual, municipal e do Distrito Federal que afetem ou possam afetar a concorrência nos diversos setores econômicos do País;

◻ manifestar-se, de ofício ou quando solicitada, a respeito do impacto concorrencial de medidas em discussão no âmbito de fóruns negociadores relativos às atividades de alteração tarifária, ao acesso a mercados e à defesa comercial, ressalvadas as competências dos órgãos envolvidos;

◻ encaminhar ao órgão competente representação para que este, a seu critério, adote as medidas legais cabíveis, sempre que for identificado ato normativo que tenha caráter anticompetitivo.

> **Observação:** As competências previstas no art. 19 da Lei n. 12.529/2011, relativamente aos **mercados financeiro, de capitais, de seguros e de previdência privada e de capitalização**, não são exercidas pela **Subsecretaria de Acompanhamento Econômico**, mas pela Subsecretaria de Reformas Microeconômicas e Regulação Financeira (art. 53, inciso IX, c/c art. 54, inciso I, Decreto n. 11.907/2024), que, como aquela, também é órgão da Secretaria de Reformas Econômicas do Ministério da Fazenda (art. 2.º, inciso II, alínea *f*, item 1, Decreto n. 11.907/2024).

730 Direito Financeiro e Econômico Esquematizado   *Carlos Alberto de Moraes Ramos Filho*

6.7.3. PRERROGATIVAS

Para o cumprimento de suas atribuições/competências, a Subsecretaria de Acompanhamento Econômico e Regulação poderá (art. 19, § 1.º, Lei n. 12.529/2011):

■ **requisitar informações e documentos** de quaisquer pessoas, órgãos, autoridades e entidades, públicas ou privadas, mantendo o sigilo legal quando for o caso;

■ **celebrar acordos e convênios** com órgãos ou entidades públicas ou privadas, federais, estaduais, municipais, do Distrito Federal e dos Territórios para avaliar e/ou sugerir medidas relacionadas à promoção da concorrência.

6.8. O "DEVER DE DEFERÊNCIA" DO PODER JUDICIÁRIO ÀS DECISÕES DO CADE

No capítulo anterior foi analisado o princípio da deferência judicial às decisões técnicas das agências reguladoras.

De igual modo, o STF aplicou o mesmo princípio relativamente às decisões proferidas pelo CADE.

Com efeito, da ementa do acórdão proferido no julgamento do Agravo Regimental no Recurso Extraordinário n. 1.083.955/DF merecem destaque os seguintes trechos:

> (...)
> 1. A capacidade institucional na seara regulatória, a qual atrai controvérsias de natureza acentuadamente complexa, que demandam tratamento especializado e qualificado, revela a reduzida expertise do Judiciário para o controle jurisdicional das escolhas políticas e técnicas subjacentes à regulação econômica, bem como de seus efeitos sistêmicos. 2. O **dever de deferência do Judiciário às decisões técnicas adotadas por entidades reguladoras** repousa na (i) falta de expertise e capacidade institucional de tribunais para decidir sobre intervenções regulatórias, que envolvem questões policêntricas e prognósticos especializados e (ii) possibilidade de a revisão judicial ensejar efeitos sistêmicos nocivos à coerência e dinâmica regulatória administrativa.
> (...)
> 6. A expertise técnica e a capacidade institucional do CADE em questões de regulação econômica demanda uma **postura deferente do Poder Judiciário ao mérito das decisões proferidas pela Autarquia**. O controle jurisdicional deve cingir-se ao exame da legalidade ou abusividade dos atos administrativos, consoante a firme jurisprudência desta Suprema Corte. Precedentes: ARE 779.212-AgR, Rel. Min. Roberto Barroso, Primeira Turma, DJe de 21/8/2014; RE 636.686-AgR, Rel. Min. Gilmar Mendes, Segunda Turma, DJe de 16/8/2013; RMS 27.934 AgR, Rel. Min. Teori Zavascki, Segunda Turma, DJe de 3/8/2015; ARE 968.607 AgR, Rel. Min. Luiz Fux, Primeira Turma, DJe de 15/9/2016; RMS 24.256, Rel. Min. Ilmar Galvão, DJ de 18/10/2002; RMS 33.911, Rel. Min. Cármen Lúcia, Segunda Turma, DJe de 20/6/2016. (...) (destaques nossos)[88].

---

[88] RE-AgR 1.083.955/DF, Rel. Min. Luiz Fux, 1.ª Turma, j. em 28.05.2019, *DJe*-122 07.06.2019. No mesmo sentido decidiu o STJ: "A desconsideração dos contornos do mercado relevante delimitado pelo CADE exige elevada carga probatória e argumentativa para afastar a abrangência do setor

6 ◘ Defesa da Concorrência: o Sistema Brasileiro   731

Como se vê, reconheceu-se que:

◘ o Poder Judiciário pode realizar o controle das decisões do CADE, em atenção ao princípio de que nenhuma lesão ou ameaça a direito pode ser excluída da apreciação daquele Poder (art. 5.º, inciso XXXV, CF)[89];

◘ a atuação do Sistema Brasileiro de Defesa da Concorrência reclama expertise técnica, o que impõe ao Judiciário uma postura de **deferência quanto ao julgamento de mérito** realizado pelo CADE;

◘ o Judiciário deve, por conseguinte, atuar com **menor intensidade no controle dos atos daquela autarquia**, fazendo-o apenas **em caráter excepcional**, nos estreitos limites da legalidade.

Portanto, a circunstância das decisões proferidas pelo CADE versarem sobre questões que envolvem conhecimento técnico especializado **não impede seu controle judicial**[90], que, no entanto, como bem observa Ana Carolina Lopes de Carvalho, deve ser **adequado**: "Se ao Cade foi atribuída uma tarefa de suma importância para o desenvolvimento econômico do país, suas decisões não podem esquivar-se do controle judicial, entretanto, tal controle precisa ser **adequado** sob pena de se mitigar a implementação de uma política antitruste eficaz e efetiva no Brasil" (destaque nosso)[91].

Controle adequado, na definição formulada por Amanda Flávio de Oliveira, seria "aquele em que o juiz estivesse atento às peculiaridades da questão concorrencial, em

---

econômico potencialmente afetado pela prática concorrencial submetida a controle, notadamente em razão da presunção de legitimidade dos atos administrativos e da orientação jurisprudencial no sentido de atribuir aos juízes e tribunais o dever de emprestar deferência às decisões tomadas por autarquias dotadas de ampla expertise técnica. Precedentes" (REsp 1.975.739/DF, Rel. Min. Regina Helena Costa, 1.ª Turma, j. em 15.12.2022, *DJe* 20.12.2022).

[89] SAMPAIO, Patrícia Regina Pinheiro. Por que tutelar a livre concorrência? Notas sobre direito e economia na prevenção e repressão ao abuso do poder econômico, p. 197; SANTOS, Flávia Chiquito dos. *Aplicação de penas na repressão a cartéis*: uma análise da jurisprudência do CADE, p. 81; SOUZA, Ana Paula Marques de; PEREIRA, Fábio da Silva; LIMA, Renata Albuquerque. *Sistema brasileiro de defesa da concorrência*: implicações da Lei n. 12.529/2011 na defesa da concorrência, p. 92; VAZ, Isabel. Direito econômico e direito da concorrência, p. 127-128; CAVALCANTI, Rodrigo de Camargo. *O oligopólio no Estado brasileiro de intervenção necessária*, p. 137. José Inácio Gonzaga Franceschini entende que: "De qualquer modo, sujeita-se o CADE, sempre, ao império e autoridade do Poder Judiciário" (*Introdução ao direito da concorrência*, p. 25). E, noutro trabalho, complementa: "Todavia, deve-se notar que o Judiciário defronta-se com limitações para declarar a legalidade de uma decisão do Cade ou para declarar sua ilegalidade. Não pode alterar ou complementar uma decisão do Cade, uma vez que este tem a jurisdição exclusiva para, originalmente, declarar a ocorrência de uma prática anticompetitiva (...)" (A execução descentralizada no Brasil e o papel do Cade, p. 200).

[90] Sobre o tema, recomenda-se o seguinte trabalho de pesquisa, realizado pela Sociedade Brasileira de Direito Público (SBDP): ALMEIDA, Fabrício Antonio Cardim de (coord.). *Revisão judicial das decisões do Conselho Administrativo de Defesa Econômica (CADE)*: pesquisa empírica e aplicada sobre os casos julgados pelos Tribunais Regionais Federais (TRFs), Superior Tribunal de Justiça (STJ) e Supremo Tribunal Federal (STF).

[91] CARVALHO, Ana Carolina Lopes de. O controle judicial das decisões do Cade, p. 71.

que procurasse considerar as implicações econômicas de sua decisão, buscasse se informar sobre elas e as levasse em consideração para verificar quais seriam os possíveis reflexos de sua decisão no mercado".

E prossegue a autora citada: "Controle inadequado e, portanto, inconcebível, seria aquele em que o magistrado substituísse os diversos estudos, pareceres, dados econômicos constantes da decisão administrativa por uma decisão judicial sem uma fundamentação consistente, sem um exame minucioso das circunstâncias econômicas envolvidas ou presa a argumentos formais"[92].

Rodrigo Macias de Oliveira discorda expressamente do entendimento de Amanda Flávio, por entendê-lo incompleto, preferindo definir "como **controle adequado** aquele em que a autoridade judiciária, de forma primeira, examina os conceitos fluidos em que se pautou o administrador para fundamentar sua decisão, observando se este atuou dentro do 'campo significativo de sua aplicação ou se o reconheceu', respeitando a solução adotada pelo Cade quando comprovar não ter este excedido a margem de liberdade concedida para a aplicação dos conceitos indeterminados" (destaque nosso)[93].

Para Laércio Farina e Fernanda Farina, o Judiciário somente deve "ser chamado a avaliar se a legalidade dos atos foi observada, por exemplo, se não há nulidade processual ou eventual inconstitucionalidade", mas não para "rejulgar o mérito, revalorar as provas já analisadas pela Administração Pública de forma técnica, conforme seu *legalmente conferido* julgamento de valor, chamado doutrinariamente de *discricionariedade técnica*" (destaques no original)[94].

> **Observação:** A **discricionariedade técnica** na regulação da Ordem Econômica, consoante leciona Flavio José Roman, "está relacionada à indispensável previsão legal mediante recurso a conceitos flexíveis ou fluidos, notadamente da ciência econômica"[95].

---

[92] OLIVEIRA, Amanda Flávio de. *O direito da concorrência e o Poder Judiciário*, p. 114.

[93] OLIVEIRA, Rodrigo Macias de. Limites ao controle judicial das decisões do Cade, p. 567.

[94] FARINA, Laércio N.; FARINA, Fernanda Mercier Querido. Revisão judicial do mérito nas decisões do CADE, p. 374. Pedro Aurélio de Queiroz observa que "os órgãos responsáveis pela operacionalização do direito econômico necessitam de **amplos poderes discricionários**, ou seja, de reconhecida competência para manipular quer as normas quer os fatos conforme a situação concreta se lhes apresente e tendo em conta os diferentes campos sociais, em constante mutação e suas respectivas necessidades de regulação" (*Direito antitruste*: os fundamentos da promoção da concorrência, p. 53) (destaque nosso).

[95] ROMAN, Flavio José. *Discricionariedade técnica na regulação econômica*, p. 184. Bruno César Lorencini, que não aprofunda o tema da discricionariedade técnica, adota posição de que as decisões do Tribunal Administrativo do CADE "são atos administrativos vinculados, pelo fato de que devem atender critérios técnicos, ou seja, sustentáveis cientificamente. (...) A circunstância de que possam existir *diferenças interpretativas* conforme o julgador é algo que nada tem a ver com discricionariedade, mas, sim, com a própria natureza humana, que permite que, por vezes, um mesmo fato seja sopesado de forma diferente por pessoas diferentes" (A relação entre o Conselho Administrativo de Defesa Econômica e o Poder Judiciário, p. 172-173) (destaque no original).

6 ◻ Defesa da Concorrência: o Sistema Brasileiro   733

Luís Roberto Barroso entende que a revisão judicial das decisões do CADE "dificilmente abrangerá todo o mérito da questão concorrencial decidida pela autarquia". E explica seu posicionamento: "Salvo em hipóteses nas quais haja evidente descompasso lógico entre as realidades econômicas apuradas pelo Cade e a conclusão jurídica por ele implementada, é improvável que o Judiciário ingresse na revisão do mérito das decisões da autarquia. Até porque, para formar juízo diverso, o magistrado dependeria de perícias técnicas que, em última análise, substituiriam a avaliação técnica feita pelo Cade. Isto é: a não ser diante de situações extremas, a avaliação do Cade sobre o mérito da questão concorrencial frequentemente restara única e final"[96].

Qualquer que seja a concepção adotada, fazemos coro com José Matias-Pereira no sentido de que: "O esforço para aumentar a articulação entre os órgãos de defesa da concorrência com o Poder Judiciário é essencial para a consolidação da legislação e da legitimidade do Sistema Brasileiro de Defesa da Concorrência, o que irá contribuir, também, para a criação de uma sólida cultura de concorrência no Brasil"[97].

6.9. ANTITRUSTE EM SETORES REGULADOS: INTERAÇÃO OPERACIONAL ENTRE O SISTEMA BRASILEIRO DE DEFESA DA CONCORRÊNCIA E AS AGÊNCIAS REGULADORAS

6.9.1. REGULAÇÃO E CONCORRÊNCIA: A ATUAÇÃO DAS AGÊNCIAS REGULADORAS EM MATÉRIA CONCORRENCIAL

Determinados setores estão sujeitos, simultaneamente, a regimes de **regulação** e a regras de **concorrência**[98]. A convivência entre tais sistemas enseja **potencial conflito** no plano jurídico-institucional, que decorre, dentre outros fatores:

---

[96] BARROSO, Luís Roberto. Devido processo legal e direito administrativo sancionador: algumas notas sobre os limites à atuação da SDE e do CADE, p. 124-125.

[97] MATIAS-PEREIRA, José. *Manual de defesa da concorrência*: política, sistema e legislação antitruste brasileira, p. 118.

[98] Destaca Patrícia Regina Pinheiro Sampaio que "muitas são as situações em que não há uma separação estanque entre regulação e concorrência — no sentido de que ou o mercado é regulado, ou é competitivo. Na realidade, praticamente todo mercado é regulado e, ainda assim, à exceção dos monopólios naturais e legais, prestam-se à concorrência" (*Regulação e concorrência*: a atuação do CADE em setores de infraestrutura, p. 91). Para Juliano Meneguzzi de Bernert, "o que eminentemente determinará se a concorrência ou a regulação prevalecerá em cada momento histórico, será o grau de desenvolvimento da nação e as necessidades presentes dos cidadãos de que a prestação de serviços públicos essenciais seja feita pelo Estado, em maior ou menor escala" (Direito concorrencial no cenário brasileiro: isenção de atividades econômicas à legislação antitruste, p. 40). O STJ chegou a decidir que mercado regulado seria imune ao controle do órgão antitruste: "Aplicação, ao caso, da *state action doctrine* foi formulada nos EUA para definir os casos em que a regulação estatal afastaria o controle concorrencial feito pelo órgão antitruste, quando presentes determinados requisitos: (i) a regulação estatal deve servir a um fim de política pública; e (ii) o Estado deve efetivamente obrigar determinada conduta e supervisioná-la: lição do Professor CALIXTO SALOMÃO FILHO (Direito Concorrencial: As Estruturas, São Paulo, Malheiros, 2007, pp. 238-240)" (REsp 1.390.875/RS, Rel. Min. Napoleão Nunes Maia Filho, 1.ª Turma, j. em 09.06.2015, *DJe* 19.06.2015).

734 Direito Financeiro e Econômico Esquematizado — Carlos Alberto de Moraes Ramos Filho

▪ da **diversidade de objetivos** visados pelas legislações[99], que pode acarretar contradições entre as normas dos referidos sistemas jurídicos; e

▪ da circunstância das legislações serem aplicadas por **autoridades distintas, sem relação institucional nem hierarquia entre si**[100].

Traçados os contornos de tal cenário, vejamos como a legislação pátria tenta harmonizar tais sistemas normativos[101].

A Lei n. 9.427/96, ao dispor sobre a organização e o funcionamento da ANEEL, assim estabelece:

> **Art. 3.º** (...) compete à ANEEL:
>
> (...)
>
> VIII — estabelecer, com vistas a propiciar concorrência efetiva entre os agentes e a impedir a concentração econômica nos serviços e atividades de energia elétrica, restrições, limites ou condições para empresas, grupos empresariais e acionistas, quanto à obtenção e transferência de concessões, permissões e autorizações, à concentração societária e à realização de negócios entre si;[102]
>
> IX — zelar pelo cumprimento da legislação de defesa da concorrência, monitorando e acompanhando as práticas de mercado dos agentes do setor de energia elétrica;[103]
>
> (...)
>
> Parágrafo único. (...)[104]

Analisando o dispositivo transcrito, percebe-se que a legislação da ANEEL confere à agência reguladora em questão a competência de zelar pela livre concorrência no setor regulado (tanto quanto ao chamado "controle de condutas" — art. 3.º, inciso IX, Lei n. 9.427/96 —, como quanto ao chamado "controle de estruturas" — art. 3.º, inciso VIII, Lei n. 9.427/96)[105]. Referida legislação não esclarece, contudo, quais os limites entre a competência da ANEEL e dos órgãos de defesa da concorrência.

---

[99] Sobre tal distinção: SAMPAIO, Patrícia Regina Pinheiro. *Regulação e concorrência*: a atuação do CADE em setores de infraestrutura, p. 83-87.

[100] VALÉRIO, Marco Aurélio Gumieri. *Antitruste em setores regulados*, p. 238.

[101] "(...) o arranjo institucional — aqui entendido como o conjunto de normas consagradoras de competência das autoridades de defesa da concorrência e das autoridades reguladoras — depende do direito positivo de cada País, e as soluções também podem ter graus de efetividade distintos, em termos de bem-estar, a depender da realidade institucional de cada um" (SAMPAIO, Patrícia Regina Pinheiro. *Regulação e concorrência*: a atuação do CADE em setores de infraestrutura, p. 92).

[102] Inciso acrescentado pela Lei n. 9.648, de 27.05.1998.

[103] Inciso acrescentado pela Lei n. 9.648/98.

[104] O parágrafo único do art. 3.º da Lei n. 9.427/96 (com a redação dada pela Lei n. 13.360, de 17.11.2016) assim dispõe: "No exercício da competência prevista nos incisos VIII e IX, a ANEEL deverá articular-se com a Secretaria de Direito Econômico do Ministério da Justiça". A Secretaria de Direito Econômico — SDE, do Ministério da Justiça, integrava o Sistema Brasileiro de Defesa da Concorrência na vigência da Lei n. 8.884/94. Todavia, com a promulgação da Lei n. 12.529/2011, **a SDE foi extinta** e suas competências foram transferidas para o CADE.

[105] Confira-se, ainda, a respeito o art. 13 do Anexo I do Decreto n. 2.335, de 06.10.1997.

6 ▣ Defesa da Concorrência: o Sistema Brasileiro

A Lei n. 9.472/97, ao regular o funcionamento da ANATEL, dispõe:

> **Art. 7.º** As normas gerais de proteção à ordem econômica são aplicáveis ao setor de telecomunicações.[106]
>
> § 1.º Os atos envolvendo prestadora de serviço de telecomunicações, no regime público ou privado, que visem a qualquer forma de concentração econômica, inclusive mediante fusão ou incorporação de empresas, constituição de sociedade para exercer o controle de empresas ou qualquer forma de agrupamento societário, ficam submetidos aos controles, procedimentos e condicionamentos previstos nas normas gerais de proteção à ordem econômica.
>
> § 2.º Os atos de que trata o § 1.º serão submetidos à aprovação do Conselho Administrativo de Defesa Econômica (Cade).[107]
>
> § 3.º (...)

> **Art. 19.** À Agência compete adotar as medidas necessárias para o atendimento do interesse público e para o desenvolvimento das telecomunicações brasileiras, atuando com independência, imparcialidade, legalidade, impessoalidade e publicidade, e especialmente:
>
> (...)
>
> XIX — exercer, relativamente às telecomunicações, as competências legais em matéria de controle, prevenção e repressão das infrações da ordem econômica, ressalvadas as pertencentes ao Conselho Administrativo de Defesa Econômica — CADE;
>
> (...)

Referidos dispositivos, como se vê, conferem à ANATEL a competência de zelar pela livre concorrência no setor regulado (tanto quanto ao chamado "controle de condutas" — art. 19, inciso XIX, Lei n. 9.472/97 —, como quanto ao chamado "controle de estruturas" — art. 7.º, Lei n. 9.472/97)[108]. A legislação vigente não esclarece, contudo, quais os limites entre a competência da agência e dos órgãos de defesa da concorrência.

A Lei n. 9.478/97, ao dispor sobre a organização e o funcionamento da ANP, reza que:

> **Art. 10.** Quando, no exercício de suas atribuições, a ANP tomar conhecimento de fato que possa configurar indício de infração da ordem econômica, deverá comunicá-lo imediatamente ao Conselho Administrativo de Defesa Econômica — CADE e à Secretaria de Direito Econômico do Ministério da Justiça, para que estes adotem as providências cabíveis, no âmbito da legislação pertinente.[109]
>
> Parágrafo único. (...)

---

[106] Redação dada pela Lei n. 13.848/2019.

[107] Redação dada pela Lei n. 13.848/2019.

[108] Confira-se, ainda, a respeito o art. 18 do Anexo I do Decreto n. 2.338, de 07.10.1997.

[109] Redação dada pela Lei n. 10.202, de 20.02.2001. Com a promulgação da Lei n. 12.529/2011, **a Secretaria de Direito Econômico — SDE, do Ministério da Justiça, foi extinta** e suas competências foram transferidas para o CADE.

O Anexo I do Decreto n. 2.455, de 14.01.1998, que aprova a estrutura regimental da ANP, em seu art. 4.º, assim dispõe:

> **Art. 4.º** À ANP compete:
>
> (...)
>
> XVI — dar conhecimento ao Conselho Administrativo de Defesa Econômica — CADE de fatos, no âmbito da indústria do petróleo, que configurem infração da ordem econômica;
>
> (...)

A Lei n. 10.233/2001, ao dispor sobre a organização e o funcionamento da ANTT e da ANTAQ, estabelece:

> **Art. 31.** A Agência, ao tomar conhecimento de fato que configure ou possa configurar infração da ordem econômica, deverá comunicá-lo ao Conselho Administrativo de Defesa Econômica — CADE, à Secretaria de Direito Econômico do Ministério da Justiça[110] ou à Secretaria de Acompanhamento Econômico do Ministério da Fazenda[111], conforme o caso.

A Lei n. 11.182/2005, ao dispor sobre as competências da ANAC, estabelece:

> **Art. 6.º** (...)
>
> Parágrafo único. Quando, no exercício de suas atribuições, a ANAC tomar conhecimento de fato que configure ou possa configurar infração contra a ordem econômica, ou que comprometa a defesa e a promoção da concorrência, deverá comunicá-lo aos órgãos e entidades referidos no *caput* deste artigo, para que adotem as providências cabíveis.

A Lei n. 13.575/2017, ao dispor sobre os poderes da ANM, assim estabelece:

> **Art. 2.º** (...)
>
> § 1.º A ANM deverá, ao tomar conhecimento de fato que possa configurar indício de infração da ordem econômica, comunicá-lo imediatamente ao Conselho Administrativo de Defesa Econômica (Cade).

Nota-se que as legislações da ANP, da ANTT, da ANTAQ, da ANAC e da ANM — diferentemente das legislações da ANATEL e da ANEEL — não conferem àquelas agências reguladoras a competência de exercer efetivamente competência de repressão das infrações à ordem econômica: a competência a elas conferida, no caso, é a de **fiscalizar** e, tomando conhecimento de fato definido como infração, a de **comunicar** sua

---

[110] Com a promulgação da Lei n. 12.529/2011, **a Secretaria de Direito Econômico — SDE foi extinta** e suas competências foram transferidas para o CADE.

[111] Com a edição do Decreto n. 9.266, de 15.01.2018, **a Secretaria de Acompanhamento Econômico — SEAE foi extinta**. Suas competências, atualmente, são da **Subsecretaria de Acompanhamento Econômico e Regulação**, conforme o Decreto n. 11.907/2024.

6 ◼ Defesa da Concorrência: o Sistema Brasileiro

ocorrência às autoridades do SBDC que, estas sim, adotarão as providências estabelecidas na legislação brasileira de defesa da concorrência.

6.9.2. A LEI N. 13.848/2019

A Lei n. 13.848, de 25.06.2019, como visto no capítulo anterior, dispõe sobre a gestão, a organização, o processo decisório e o controle social das agências reguladoras.

Dentre os vários temas disciplinados no mencionado diploma legal, destaca-se o relativo à interação operacional entre tais agências e os órgãos de defesa da concorrência. A questão da convivência entre regulação e concorrência pode ser colocada nos seguintes termos: quais os limites entre a competência das agências reguladoras e dos órgãos de defesa da concorrência para apreciar práticas anticompetitivas ou atos de concentração envolvendo as empresas submetidas à fiscalização das agências independentes?

A Lei n. 13.848/2019, ao tratar da interação operacional entre as agências reguladoras e o sistema brasileiro de defesa da concorrência, assim dispõe:

> **Art. 25.** Com vistas à promoção da concorrência e à eficácia na implementação da legislação de defesa da concorrência nos mercados regulados, as agências reguladoras e os órgãos de defesa da concorrência devem **atuar em estreita cooperação**, privilegiando a troca de experiências (destaque nosso).
>
> **Art. 26.** No exercício de suas atribuições, incumbe às agências reguladoras monitorar e acompanhar as práticas de mercado dos agentes dos setores regulados, de forma a **auxiliar os órgãos de defesa da concorrência** na observância do cumprimento da legislação de defesa da concorrência, nos termos da Lei n. 12.529, de 30 de novembro de 2011 (Lei de Defesa da Concorrência).
>
> § 1.º **Os órgãos de defesa da concorrência são responsáveis pela aplicação da legislação de defesa da concorrência nos setores regulados**, incumbindo-lhes a análise de **atos de concentração**, bem como a instauração e a instrução de processos administrativos para apuração de **infrações contra a ordem econômica**.
>
> § 2.º Os órgãos de defesa da concorrência poderão solicitar às agências reguladoras pareceres técnicos relacionados a seus setores de atuação, os quais serão utilizados como subsídio à análise de atos de concentração e à instrução de processos administrativos (destaques nossos).

Analisando os dispositivos transcritos, percebe-se claramente a definição dos limites entre a competência das agências reguladoras e dos órgãos integrantes do Sistema Brasileiro da Defesa da Concorrência: tanto o "controle de condutas" quando o chamado "controle de estruturas" são atribuições dos órgãos de defesa da concorrência (CADE e Subsecretaria de Acompanhamento Econômico e Regulação) cabendo às agências reguladoras o papel de, quanto às referidas matérias, **auxiliar os órgãos anteriormente citados**.

Sobre a atuação cooperativa de entes reguladores e autoridades da concorrência, assevera Rodrigo Bernardes Braga que "a agência reguladora, através de sua rotina de fiscalização e supervisão de setores regulados, densifica o fluxo de informações sobre aquele mercado e sobre os atores econômicos que ali operam, estando em melhores condições de avaliar o grau de comprometimento à concorrência assim que essa afronta se verifica. Diferentemente do CADE que, em geral, entra em ação quando é acionado, passando a manipular as informações casuísticas que lhe são repassadas"[112].

Tal divisão de atribuições é confirmada pela leitura do art. 27 da Lei n. 13.848/2019, que assim dispõe:

> **Art. 27.** Quando a agência reguladora, no exercício de suas atribuições, tomar conhecimento de fato que possa configurar infração à ordem econômica, deverá comunicá-lo imediatamente aos órgãos de defesa da concorrência para que esses adotem as providências cabíveis.

O dispositivo transcrito, como se vê, segue a orientação adotada pelas legislações específicas da ANP, da ANTT, da ANTAQ, da ANAC e da ANM: à agência incumbe, tomando conhecimento do fato, notificar sua ocorrência aos órgãos de defesa da concorrência, pois, estes sim, é que, segundo a orientação adotada para todas as agências, possuem competência para apurar e reprimir condutas anticoncorrenciais, ainda que tais condutas digam respeito aos chamados "setores regulados".

> **Observação:** As agências reguladoras são obrigadas a prestar, sob pena de responsabilidade, toda a assistência e colaboração que lhes for solicitada pelo CADE, inclusive elaborando pareceres técnicos sobre as matérias de sua competência (art. 9.º, § 3.º, Lei n. 12.529/2011).

Ficam evidenciados, assim, os limites entre a competência das agências reguladoras e dos órgãos de defesa da concorrência: estes passarão a ter **exclusividade** na aplicação da legislação de defesa da concorrência nos setores regulados (incumbindo-lhes tanto o controle de condutas quanto o controle de estruturas), cabendo às agências a função de auxiliá-los no exercício de tais atribuições.

> **Observação:** Sem prejuízo de suas competências legais, o CADE **notificará** a agência reguladora do teor da decisão sobre condutas potencialmente anticompetitivas cometidas no exercício das atividades reguladas, bem como das decisões relativas a atos de concentração julgados por aquele órgão, no **prazo máximo de 48 (quarenta e oito) horas** após a publicação do respectivo acórdão, para que sejam adotadas as providências legais (art. 28, Lei n. 13.848/2019)[113].

Como forma de assegurar a harmonia entre as entidades, agências reguladoras optaram por firmar **acordos de cooperação técnica** como CADE.

---

[112] BRAGA, Rodrigo Bernardes. *Concorrência em mercados regulados*, p. 147.

[113] O art. 28 da Lei n. 13.848/2019 corresponde, com modificações, ao parágrafo único do art. 10 da Lei n. 9.478/97, que, acrescentado pela Lei n. 10.202/2001, assim dispõe: "Independentemente da comunicação prevista no *caput* deste artigo, o Conselho Administrativo de Defesa Econômica — CADE notificará a ANP do teor da decisão que aplicar sanção por infração da ordem econômica cometida por empresas ou pessoas físicas no exercício de atividades relacionadas com o abastecimento nacional de combustíveis, no prazo máximo de 24 horas após a publicação do respectivo acórdão, para que esta adote as providências legais de sua alçada".

6 ◼ Defesa da Concorrência: o Sistema Brasileiro

É o caso, por exemplo, do Acordo de Cooperação Técnica n. 07/2019 celebrado pela ANTAQ e o CADE (cujo extrato foi publicado no *D.O.U.* de 19.06.2019) para o aperfeiçoamento das ações voltadas à defesa, fomento e disseminação da concorrência no âmbito dos serviços de transportes aquaviários.

Outro exemplo é o acordo de cooperação técnica celebrado pela ANVISA e pelo CADE (ACT n. 2/2013, cujo extrato foi publicado no *D.O.U.* de 05.03.2013) com o objetivo de intensificar a relação entre tais entidades e aperfeiçoar a atuação de cada uma delas. Referido acordo foi objeto de Termo Aditivo celebrado em 24.01.2019 prorrogando a vigência daquele para 27.01.2023.

Tais acordos, como observa Rodrigo Bernardes Braga, "solidificam a cooperação entre reguladores e autoridades antitruste na promoção e defesa da concorrência. A proposta de diálogo interinstitucional aprimora o fluxo de informações e mitiga conflitos e sobreposições, aumentando a segurança jurídica para os atores envolvidos"[114].

A articulação do CADE com as agências reguladoras, consoante anota José Matias-Pereira, "se apresenta como uma medida essencial para aumentar a concorrência e a eliminar distorções que existem nesses setores. Isso exige uma crescente convergência na interface entre as autoridades de defesa da concorrência e das agências regulatórias"[115].

Com o intuito de fortalecer a articulação entre as referidas entidades, as agências reguladoras poderão constituir comitês para o **intercâmbio de experiências e informações com os órgãos integrantes do Sistema Brasileiro de Defesa da Concorrência (SBDC)**, visando a estabelecer orientações e procedimentos comuns para o exercício da regulação nas respectivas áreas e setores e a permitir a consulta recíproca quando da edição de normas que impliquem mudanças nas condições dos setores regulados (art. 30, Lei n. 13.848/2019).

6.10. ANTITRUSTE NO SISTEMA FINANCEIRO: INTERAÇÃO OPERACIONAL ENTRE O SISTEMA BRASILEIRO DE DEFESA DA CONCORRÊNCIA E O BANCO CENTRAL DO BRASIL

Durante muito tempo discutiu-se se a competência para apreciar ato de concentração, aquisição ou fusão de instituição integrante do Sistema Financeiro Nacional (SFN) seria do CADE ou do Banco Central do Brasil[116], este último com respaldo na **Lei n. 4.595, de 31.12.1964**.

---

[114] BRAGA, Rodrigo Bernardes. *Concorrência em mercados regulados*, p. 150.

[115] MATIAS-PEREIRA, José. *Manual de defesa da concorrência*: política, sistema e legislação antitruste brasileira, p. 119. No mesmo sentido: "(...) a comunicação entre as agências é fundamental para a criação e manutenção da concorrência em setores regulados" (SAITO, Carolina; CORDOVIL, Leonor; ROS, Luiz Guilherme. A competência do CADE sobre atos de agências reguladoras: análise de caso na revenda de combustíveis, p. 206).

[116] "O Banco Central do Brasil é uma autarquia de direito público, que exerce serviço público, desempenhando parcela do poder de polícia da União, no setor financeiro" (STF, ADI 449/DF, Rel. Min. Carlos Velloso, Pleno, j. em 29.08.1996, *DJ* 22.11.1996, p. 45683). As instituições do subsistema regulatório do SFN são o **Conselho Monetário Nacional (CMN)**, o **Banco Central do Brasil (BCB)** e a **Comissão de Valores Mobiliários (CVM)**. Para uma noção geral das competências de

O Parecer GM-20, da Advocacia Geral da União, aprovado pelo Presidente da República, reconheceu a competência do **Banco Central** para apreciar tais negócios, estando sua conclusão assim redigida: "(...) à luz da legislação vigente, a competência para analisar e aprovar os atos de concentração das instituições integrantes do sistema financeiro nacional, bem como de regular as condições de concorrência entre instituições financeiras, aplicando-lhes as penalidades cabíveis, é **privativa, ou seja, exclusiva do Banco Central do Brasil, com exclusão de qualquer outra autoridade, inclusive o CADE**" (destaque nosso)[117].

O STJ decidiu no mesmo sentido, em acórdão assim ementado:

ADMINISTRATIVO — ATO DE CONCENTRAÇÃO, AQUISIÇÃO OU FUSÃO DE INSTITUIÇÃO INTEGRANTE DO SISTEMA FINANCEIRO NACIONAL — CONTROLE ESTATAL PELO BACEN OU PELO CADE — CONFLITO DE ATRIBUI-ÇÕES — LEIS 4.594/64 E 8.884/94 — PARECER NORMATIVO GM-20 DA AGU.

1. Os atos de concentração, aquisição ou fusão de instituição relacionados ao Sistema Financeiro Nacional sempre foram de atribuição do BACEN, agência reguladora a quem compete normatizar e fiscalizar o sistema como um todo, nos termos da Lei 4.594/64.

2. Ao CADE cabe fiscalizar as operações de concentração ou desconcentração, nos termos da Lei 8.884/94.

3. Em havendo conflito de atribuições, soluciona-se pelo princípio da especialidade.

4. O Parecer GM-20, da Advocacia-Geral da União, adota solução hermenêutica e tem caráter vinculante para a administração.

5. Vinculação ao parecer, que se sobrepõe à Lei 8.884/94 (art. 50).

6. O Sistema Financeiro Nacional não pode subordinar-se a dois organismos regulatórios.

7. Recurso especial provido (REsp 1.094.218/DF, Rel. Min. Eliana Calmon, 1.ª Seção, j. em 25.08.2010, *DJe* 12.04.2011).

O principal fundamento da referida decisão é que, para o caso específico (controle de atos de concentração no âmbito do Sistema Financeiro Nacional), a **lei específica** (Lei n. 4.595/64) prevaleceria sobre a **lei geral** (Lei n. 8.884/94, vigente à época, mas atualmente revogada pela Lei n. 12.529/2011)[118].

Felipe Guimarães de Oliveira e Suzy Elizabeth Cavalcante Koury discordam da mencionada decisão do STJ, pois sustentam a inexistência de imunidade antitruste das

---

cada uma das referidas instituições: LIMA JÚNIOR, João Manoel de. Introdução às instituições financeiras e sua regulação.

[117] Ressalte-se que o § 1.º do art. 40 da Lei Complementar n. 73, de 10.02.1993 (Lei Orgânica da Advocacia-Geral da União), impõe à administração pública federal — na qual se insere o CADE — a observância aos pareceres normativos da AGU aprovados pelo Presidente da República.

[118] Portanto, não seria adequado falar-se, no caso, em "competências concorrentes" entre o CADE e o Banco Central. Nesse sentido: GRAU, Eros Roberto; FORGIONI, Paula A. CADE *v.* BACEN: conflitos de competência entre autarquias e a função da Advocacia-Geral da União, p. 116. Para alguns exemplos de casos concretos de concentração envolvendo instituições financeiras, após o advento da Lei n. 12.529/2011: CHAVES, Luiz Américo de Paula. *A concentração do mercado e as formas de intervenção do Estado no combate ao abuso de poder econômico no setor financeiro brasileiro*, p. 85-94.

6 ◻ Defesa da Concorrência: o Sistema Brasileiro 741

instituições financeiras, tendo em vista que "a Constituição de 1988 em nenhum momento criou imunidade antitruste para determinados agentes econômicos"[119].

No entanto, como bem observam Eros Roberto Grau e Paula Forgioni, as instituições financeiras não estão imunes à legislação antitruste, "mas sim sujeitas ao sistema concorrencial instaurado pela Lei n. 4.595, de 1964, bem como à autoridade do BACEN nessa matéria"[120].

Registre-se que o CADE e o Banco Central aprovaram o **Ato Normativo Conjunto n. 1, de 10.12.2018**[121], que estabelece procedimentos para harmonizar e tornar mais eficientes as ações das referidas instituições em atos de concentração e na defesa da concorrência no âmbito do Sistema Financeiro Nacional[122].

De acordo com o art. 2.º do referido ato normativo, os atos de concentração econômica de instituições financeiras deverão ser submetidos **tanto ao Banco Central quanto ao CADE**, que os examinarão de forma independente, em processos próprios, observados os prazos e condições previstos na legislação que disciplina a atuação de cada uma das autarquias.

O art. 6.º do mencionado ato normativo conjunto, autoriza o Banco Central a aprovar unilateralmente os atos de concentração envolvendo instituição financeira sempre que aspectos de **natureza prudencial** indiquem haver **riscos relevantes e iminentes** à solidez e à estabilidade do Sistema Financeiro Nacional.

Nos termos do § 1.º do artigo em questão, consideram-se operações com aspecto de natureza prudencial aquelas que, a juízo do Banco Central:

◻ envolvam risco à solidez de instituição financeira ou de segmento do Sistema Financeiro Nacional;

◻ comprometam a manutenção da estabilidade do Sistema Financeiro Nacional e a prevenção de crise sistêmica;

◻ prejudiquem a efetividade de regime de resolução aplicado em instituição financeira;

◻ prejudiquem a efetividade de medidas necessárias para mitigar a necessidade de aplicação de regime de resolução; e

◻ prejudiquem a efetividade de medidas necessárias para reverter trajetória de perda de solidez de instituição financeira ou de segmento do Sistema Financeiro Nacional, com modelo de negócio identificado como inconsistente, vulnerável ou inviável.

---

[119] KOURY, Suzy Elizabeth Cavalcante; OLIVEIRA, Felipe Guimarães de. *Direito econômico e concorrência*: estudos e perspectivas, p. 209.

[120] GRAU, Eros Roberto; FORGIONI, Paula A. CADE *v.* BACEN: conflitos de competência entre autarquias e a função da Advocacia-Geral da União, p. 116.

[121] O CADE aderiu ao referido ato normativo por meio da Resolução n. 22, de 07.12.2018.

[122] No que tange à defesa da concorrência no âmbito do SFN, Marcelo de Oliveira Milagres defende as competências complementares entre as mencionadas instituições, pois o referido conflito positivo de competência entre elas "configura autêntica disputa de poder que, em nada contribui, para o aprimoramento da ordem jurídico-econômica nacional" (*Direito econômico dos contratos*, p. 84). Sobre algumas experiências internacionais de relação entre autoridade antitruste e órgão regulador do setor financeiro: CHAVES, Luiz Américo de Paula. *A concentração do mercado e as formas de intervenção do Estado no combate ao abuso de poder econômico no setor financeiro brasileiro*, p. 99-107.

Verificadas as situações anteriormente citadas, o Banco Central notificará o CADE em 1 (um) dia útil, indicando os fundamentos de sua decisão e informando se os aspectos de natureza prudencial abrangem toda a operação ou apenas mercados relevantes específicos (art. 6.º, § 2.º, Ato Normativo Conjunto n. 1/2018).

Referida notificação não altera o rito de análise no CADE, que **aprovará a operação sem restrições** utilizando os fundamentos da decisão do Banco Central como base para o reconhecimento de eficiência e desenvolvimento econômico, nos termos da Lei n. 12.529/2011 (art. 6.º, § 3.º, Ato Normativo Conjunto n. 1/2018).

Os atos de concentração econômica nos termos da Lei n. 12.529/2011, que não sejam de notificação obrigatória ao Banco Central e que se enquadrem nas hipóteses previstas no § 1.º do art. 6.º do ato normativo conjunto em questão, conforme manifestação da referida entidade, serão **aprovados sem restrições** pelo CADE, com base no reconhecimento de eficiência e desenvolvimento econômico (art. 6.º, § 4.º, Ato Normativo Conjunto n. 1/2018).

Ressalte-se que, apesar do precedente do STJ (REsp 1.094.218/DF) referir-se especificamente aos casos de **controle de atos de concentração**[123], o Ato Normativo Conjunto n. 1/2018 também estabeleceu procedimentos para harmonizar as atuações do CADE e do Banco Central nos casos de **controle de condutas**.

Assim, nos termos do art. 5.º do mencionado ato normativo, nos processos administrativos para imposição de sanções administrativas por infrações à ordem econômica envolvendo instituições integrante do Sistema Financeiro Nacional (SFN), o CADE notificará o Banco Central:

■ na instauração do respectivo processo administrativo pela Superintendência Geral do CADE, com a indicação da infração imputada; e

■ na remessa dos autos pela Superintendência Geral ao Presidente do Tribunal do CADE, prevista no art. 74 da Lei n. 12.529/2011.

6.11. QUESTÕES

QUESTÕES DE CONCURSOS
> http://uqr.to/1y4bt

---

[123] Floriano de Azevedo Marques Neto atenta para o fato de que "este precedente se aplica especificamente aos casos de ato de concentração, pois esta foi a específica competência analisada no julgado e em torno da qual a *ratio decidendi* foi construída. Assim, o precedente não pode ser invocado para o exame da repressão de condutas, por exemplo" (Competição entre reguladores — Caso "BACEN V. CADE", p. 254).

7

DEFESA DA CONCORRÊNCIA: REPRESSÃO ÀS INFRAÇÕES DA ORDEM ECONÔMICA

7.1. DEFESA DA CONCORRÊNCIA MEDIANTE "CONTROLE DE CONDUTAS": DEFINIÇÃO

O Sistema Brasileiro de Defesa da Concorrência — SBDC atua, basicamente, de duas formas: mediante o **"controle de condutas"** (controle comportamental) e pelo **"controle de estruturas"** (controle de atos de concentração empresarial). A primeira será estudada neste capítulo; a segunda, no capítulo subsequente[1].

O chamado "controle de condutas" é o que visa **apurar a prática de infrações contra a ordem econômica**, com fulcro no § 4.º do art. 173 da CF, que estabelece: "A lei reprimirá o abuso do poder econômico que vise à dominação dos mercados, à eliminação da concorrência e ao aumento arbitrário dos lucros"[2].

Tal controle, como evidencia a redação do dispositivo constitucional transcrito, caracteriza-se por ser **repressivo**, pois visa punir os comportamentos dos agentes econômicos que sejam atentatórios ao regular funcionamento do mercado.

---

[1] Tais instrumentos de análise concorrencial, consoante anota Luiz Carlos Buchain, "podem ser empregados isoladamente, sem que deles se afaste sua natural correlação, a qual resta evidenciada quando percebemos que certos comportamentos só serão considerados abusivos se o agente econômico já for titular de dominação no mercado" (Os objetivos do direito da concorrência em face da ordem econômica nacional, p. 338). Jorge Fagundes ressalta que tanto os atos de concentração econômica quanto as condutas anticompetitivas (infrações da ordem econômica), quando avaliados seus **efeitos** potencialmente negativos para a sociedade à luz da teoria econômica, são **conceitualmente idênticos**: "trata-se, pelo menos potencialmente, de um lado, da redução da eficiência econômica total derivada do funcionamento dos mercados, e, de outro lado, da redistribuição de renda dos consumidores para os produtores; e, portanto, da diminuição potencial — fruto destes *dois* efeitos — do nível de bem estar social" (*Fundamentos econômicos das políticas de defesa da concorrência*: eficiência econômica e distribuição de renda em análises antitruste, p. 13) (destaque no original).

[2] A disposição do § 4.º do art. 173 da CF somente é aplicável aos entes que **explorem atividades econômicas**, consoante já decidiu o STF: "Ente que não se dedica à exploração de atividade econômica, não podendo, por isso, representar ameaça de dominação dos mercados, de eliminação da concorrência e de aumento arbitrário de lucros, práticas vedadas pelo último dispositivo constitucional sob enfoque" (ADI-MC 2.054/DF, Rel. Min. Ilmar Galvão, Pleno, j. em 17.11.1999, *DJ* 10.03.2000, p. 3).

744 Direito Financeiro e Econômico Esquematizado   *Carlos Alberto de Moraes Ramos Filho*

7.2. DEFINIÇÃO DE INFRAÇÃO DA ORDEM ECONÔMICA

As infrações contra a ordem econômica, no dizer de Fábio Ulhoa Coelho, são as "práticas empresariais, punidas administrativamente, lesivas à concorrência e aos demais elementos estruturais do livre mercado, em consonância com os valores prestigiados pela constituição econômica"[3].

Referidas infrações, alerta Rogério Emílio de Andrade, "somente podem ser caracterizadas como tais, quando as estratégias dos agentes econômicos, no escopo de implementar a função de acúmulo de capital e crescimento, vão de encontro aos valores tutelados pela ordem econômica"[4].

Assim, segundo o direito positivo brasileiro (art. 36, Lei n. 12.529/2011[5]), constituem infração da ordem econômica, **independentemente de culpa**, os atos **sob qualquer forma manifestados**, que tenham por objeto ou possam produzir os seguintes efeitos[6], ainda que não sejam alcançados:

- ◼ limitar, falsear ou de qualquer forma prejudicar a livre concorrência ou a livre-iniciativa;

- ◼ dominar **mercado relevante** de bens ou serviços[7] — excluída, evidentemente, a conquista de mercado que decorra de **processo natural** fundado na maior eficiência de agente econômico em relação a seus competidores (art. 36, § 1.º, Lei n. 12.529/2011)[8];

---

[3] COELHO, Fábio Ulhoa. *Direito antitruste brasileiro:* comentários à Lei n. 8.884/94, p. 4.

[4] ANDRADE, Rogério Emílio de. A regulação da concorrência: uma visão panorâmica, p. 158.

[5] O STF, em exame cautelar, não vislumbrou aparência de inconstitucionalidade no *caput* do art. 20 da Lei n. 8.884/94 — que possuía redação similar à do *caput* do art. 36 da Lei n. 12.529/2011 (ADI-MC 1.094/DF, Rel. Min. Carlos Velloso, Pleno, j. em 21.09.1995, *DJ* 20.04.2001, p. 104). Referida ADI, contudo, foi extinta sem resolução de mérito em razão da revogação superveniente da Lei n. 8.884/1994 pela Lei n. 12.529/2011.

[6] Segundo Roberto Domingos Taufick, para a configuração de ilícito concorrencial é necessário que dele decorra ou dele possa decorrer **vantagem de natureza concorrencial** para o infrator: "Se não houver benefício concorrencial possível ao infrator, o ilícito empresarial não terá natureza antitruste" (*Nova lei antitruste brasileira*: avaliação crítica, jurisprudência, doutrina e estudo comparado, p. 42).

[7] A Lei n. 12.529/2011 suprimiu o aspecto — previsto na Lei n. 8.884/94 (art. 54) — da dominação de mercado relevante como requisito para submissão ao CADE dos atos de concentração empresarial, tendo passado a estabelecer critérios objetivos (art. 88). No entanto, o ato de "dominar mercado relevante de bens ou serviços" permanece como **infração da ordem econômica** (art. 36, inciso II, Lei n. 12.529/2011).

[8] Leciona, a propósito, Luiz Carlos Buchain: "A eficiência econômica é, assim, acolhida pelo direito da concorrência como justificativa do crescimento da participação do agente econômico num dado mercado e mesmo da aquisição de *poder de mercado*" (Os objetivos do direito da concorrência em face da ordem econômica nacional, p. 326) (destaque no original). E conclui: "A dominação do mercado não é ilegal nem a lei de defesa da concorrência visa elidir formas de dominação de mercado. Ao contrário, em havendo **eficiência econômica** a dominação do mercado estará plenamente justificada" (Ob. cit., p. 340) (destaque nosso). Para tais casos de dominação natural de mercado, cabe a observação de Geraldo de Faria Martins da Costa, que, citando Yves Serra, observa que, "em um determinado mercado, todo o progresso de um agente econômico será realizado à custa de outro. Por isso, a noção de liberdade de concorrência deve ser completada por um princípio de exone-

7 ■ Defesa da Concorrência: Repressão às Infrações da Ordem Econômica   745

■ aumentar arbitrariamente os lucros[9]; e

■ exercer de forma abusiva **posição dominante**.

> **Observação:** A infração da ordem econômica é considerada um **"ilícito pelo objeto"**, por não ser necessário que produza no mercado os efeitos descritos nos incisos do *caput* do art. 36 da Lei n. 12.529/2011, sendo suficiente que tenha a potencialidade de produzir tais efeitos, ainda que não sejam alcançados.

Os três primeiros efeitos, anteriormente citados, estão previstos no § 4.º do art. 173 da CF, devendo ser observado que:

■ a CF emprega a expressão "eliminação da concorrência", ao passo que Lei n. 12.529/2011 refere-se à limitação, falseamento ou prejuízo à livre concorrência ou à livre-iniciativa;

■ enquanto a CF refere-se à "dominação dos mercados", a Lei n. 12.529/2011 somente considerou infração à ordem econômica se tal mercado for considerando **"relevante"**.

Mercado relevante é "o **espaço geográfico** onde **produtos** podem ser produzidos, vendidos e razoavelmente substituídos uns pelos outros, e no qual a atuação dos agentes econômicos possui aptidão para influir na conduta praticada pelos demais players do mercado" (STJ, **REsp 1.975.739/DF**, Rel. Min. Regina Helena Costa, 1.ª Turma, j. em 15.12.2022, *DJe* 20.12.2022) (destaques nossos).

> **Observação:** A definição de **"mercado relevante"**, para verificação do abuso de poder econômico, tem duas dimensões: **produto** e **geográfico**. Sobre elas, leciona Lucia Helena Salgado: "A **dimensão produto** reflete as características do bem em questão. As variáveis incluem tamanho, qualidade, função e etc. Em seguida é analisada a **área geográfica** em que o produto é vendido. O mercado geográfico inclui apenas as áreas em que o vendedor pode aumentar com sucesso o preço do produto (...)" (destaques nossos)[10].

---

ração de responsabilidade, isto é, pelo *princípio da licitude do dano concorrencial*" (Permanência e evolução do direito econômico, p. 17) (destaque no original). Sobre a disposição do § 1.º do art. 36 da Lei n. 12.529/2011, assevera José Inacio Ferraz de Almeida Prado Filho: "ainda que o empresário atue intencionalmente, se a conquista do mercado ocorreu por crescimento interno e via procedimentos lícitos, não há que se cogitar de infração da ordem econômica, mesmo que o resultado final seja um monopólio privado e preços superiores aos de competição perfeita" (*Concorrência, ordem jurídica e a nova economia institucional*: uma análise custo-transacional da formação da política econômica antitruste, p. 105). Em tais casos, ressalta o autor, as autoridades antitruste não poderão atuar diretamente sobre a estrutura do mercado (Ob. cit., 124), mas poderão atuar por indução para aumentar a competição, reprimir abusos de posição dominante pelo monopolista (art. 36, incisos III e IV, Lei n. 12.529/2011) e avaliar operações de concentração no setor (art. 88, Lei n. 12.529/2011) (Ob. cit., p. 105).

9   Para José Inacio Ferraz de Almeida Prado Filho, o aumento arbitrário dos lucros (art. 36, inciso III, Lei n. 12.529/2011) deve ser interpretado como um subcaso especial de abuso de posição dominante (art. 36, inciso III, Lei n. 12.529/2011), e não como um ilícito independente (*Concorrência, ordem jurídica e a nova economia institucional*: uma análise custo-transacional da formação da política econômica antitruste, p. 106).

10   SALGADO, Lucia Helena. *A economia política da ação antitruste*, p. 167.

746 Direito Financeiro e Econômico Esquematizado — Carlos Alberto de Moraes Ramos Filho

Às três hipóteses previstas no § 4.º do art. 173 da CF, a Lei n. 12.529/2011 acrescentou os atos que caracterizem exercício abusivo de **posição dominante**[11].

Sobre este último aspecto, observa Leila Cuéllar: "A detenção de posição dominante, legitimamente adquirida, é prestigiada pelo ordenamento jurídico nacional, mas não sua utilização abusiva. Logo, reprime-se tanto a conquista indevida quanto o uso abusivo da posição dominante"[12].

Observação: Presume-se posição dominante sempre que uma empresa ou grupo de empresas (art. 36, § 2.º, Lei n. 12.529/2011):

- ▢ for capaz de alterar unilateral ou coordenadamente as condições de mercado; **ou**
- ▢ quando controlar **20% (vinte por cento) ou mais do mercado relevante**, podendo este percentual ser alterado pelo CADE para setores específicos da economia.

Ressalte-se que o *caput* do art. 36 da Lei n. 12.529/2011, ao utilizar a expressão "independentemente de culpa", estabeleceu que a responsabilidade por infrações da ordem econômica é **objetiva**, pois **independe da presença do elemento subjetivo** (dolo ou culpa)[13].

Neste caso, como leciona Tércio Sampaio Ferraz Júnior, fala-se em infração "quando há ruptura do equilíbrio concorrencial ainda que se trate de ato praticado sem a intenção de lesar ou pôr em risco o específico direito de outrem"[14].

Responsabiliza-se, destarte, quem tenha praticado o ato ilícito (infração da ordem econômica), **desconsiderando-se a intenção do infrator**, interessando, tão somente, a conduta formal e a potencialidade de produzir os efeitos descritos na lei.

---

[11] Isto foi possível em razão da disposição do § 4.º do art. 173 da CF possuir natureza **exemplificativa**, determinando o **núcleo essencial** da lei disciplinadora do abuso de poder econômico, consoante leciona Leila Cuéllar: "Por conseguinte, pode o legislador descrever como abusivos outros comportamentos não previstos no mencionado artigo da Constituição, desde que consistam em abuso do poder econômico" (Abuso de posição dominante no direito de concorrência brasileiro, p. 41).

[12] CUÉLLAR, Leila. Abuso de posição dominante no direito de concorrência brasileiro, p. 51. **Posição dominante**, segundo José Matias-Pereira, é a "posição mediante a qual uma empresa ou grupos de empresas estariam em condições de atuar de forma efetiva, independentemente dos seus concorrentes, clientes e, em última instância, dos seus consumidores" (*Manual de defesa da concorrência*: política, sistema e legislação antitruste brasileira, p. 90).

[13] No entanto, para a punição, com multa, do administrador responsável pela infração é necessária a **comprovação de dolo ou culpa** (art. 37, inciso III, Lei n. 12.529/2011).

[14] FERRAZ JÚNIOR, Tércio Sampaio. Sanções por infração à ordem econômica na lei concorrencial, p. 407. Referido autor, noutro trabalho, lembra que a Constituição de 1988 "não está antes preocupada e exclusivamente com um ato individual, consciente e intencionalmente predisposto a ferir a ordem econômica e a livre concorrência, como se o agente deliberadamente atuasse naquela direção, mas com a repercussão desses atos no mercado-patrimônio nacional" (Direito da concorrência: sua função social nos países desenvolvidos e em desenvolvimento, p. 67).

7 ■ Defesa da Concorrência: Repressão às Infrações da Ordem Econômica

7.3. CONDUTAS QUE CONFIGURAM INFRAÇÕES DA ORDEM ECONÔMICA

As seguintes condutas, além de outras[15], na medida em que configurem hipótese prevista no *caput* e incisos do art. 36 da Lei n. 12.529/2011, caracterizam infração da ordem econômica (art. 36, § 3.º, Lei n. 12.529/2011):

■ acordar, combinar, manipular ou ajustar com concorrente, sob qualquer forma:
a) os preços de bens ou serviços ofertados individualmente;
b) a produção ou a comercialização de uma quantidade restrita ou limitada de bens ou a prestação de um número, volume ou frequência restrita ou limitada de serviços;
c) a divisão de partes ou segmentos de um mercado atual ou potencial de bens ou serviços, mediante, dentre outros, a distribuição de clientes, fornecedores, regiões ou períodos;
d) preços, condições, vantagens ou abstenção em licitação pública;

■ promover, obter ou influenciar a adoção de conduta comercial uniforme ou concertada entre concorrentes;

■ limitar ou impedir o acesso de novas empresas ao mercado[16];

■ criar dificuldades à constituição, ao funcionamento ou ao desenvolvimento de empresa concorrente ou de fornecedor, adquirente ou financiador de bens ou serviços;

■ impedir o acesso de concorrente às fontes de insumo, matérias-primas, equipamentos ou tecnologia, bem como aos canais de distribuição;

■ exigir ou conceder exclusividade para divulgação de publicidade nos meios de comunicação de massa;

■ utilizar meios enganosos para provocar a oscilação de preços de terceiros;

■ regular mercados de bens ou serviços, estabelecendo acordos para limitar ou controlar a pesquisa e o desenvolvimento tecnológico, a produção de bens ou prestação de serviços, ou para dificultar investimentos destinados à produção de bens ou serviços ou à sua distribuição;

---

[15] Trata-se, pois, de rol **meramente exemplificativo**. Com efeito, vale lembrar que o *caput* do art. 36 da Lei n. 12.529/2011, ao definir infração da ordem econômica, qualifica como tal "os atos **sob qualquer forma manifestados**" (destaque nosso). José Inacio Ferraz de Almeida Prado Filho, amparando-se em Marcel Medon Soares, entende ser "imperativa a utilização de conceitos indeterminados e abertos, justamente porque a disciplina jurídica virá aplicada sobre fatos insertos em uma situação dinâmica, a requerer uma análise do contexto econômico específico em que estão inseridos e alguma capacidade de previsão de situações futuras" (*Concorrência, ordem jurídica e a nova economia institucional*: uma análise custo-transacional da formação da política econômica antitruste, p. 98). No mesmo sentido, aprovando a fórmula adotada pelo direito positivo pátrio: SOUZA, Ana Paula Marques de; PEREIRA, Fábio da Silva; LIMA, Renata Albuquerque. *Sistema brasileiro de defesa da concorrência*: implicações da Lei n. 12.529/2011 na defesa da concorrência, p. 81-82.

[16] "(...) o maior prejudicado com a formação do Cartel e o alijamento da livre concorrência no mercado de consumo é o consumidor. Este fica impedido de procurar o melhor preço, tendo que se sujeitar ao valor imposto por aqueles que dominam o mercado (...)" (STJ, AgRg no REsp 1.436.903/DF, Rel. Min. Herman Benjamin, 2.ª Turma, j. em 01.12.2015, *DJe* 04.02.2016). O mencionado recurso referia-se a processo administrativo no qual o CADE autuou empresas que, valendo-se do seu poder econômico, não permitiam a entrada de novos distribuidores no mercado varejista de combustíveis.

748 Direito Financeiro e Econômico Esquematizado   *Carlos Alberto de Moraes Ramos Filho*

- impor, no comércio de bens ou serviços, a distribuidores, varejistas e representantes preços de revenda, descontos, condições de pagamento, quantidades mínimas ou máximas, margem de lucro ou quaisquer outras condições de comercialização relativos a negócios destes com terceiros;
- discriminar adquirentes ou fornecedores de bens ou serviços por meio da fixação diferenciada de preços[17], ou de condições operacionais de venda ou prestação de serviços;
- recusar a venda de bens ou a prestação de serviços, dentro das condições de pagamento normais aos usos e costumes comerciais;
- dificultar ou romper a continuidade ou desenvolvimento de relações comerciais de prazo indeterminado em razão de recusa da outra parte em submeter-se a cláusulas e condições comerciais injustificáveis ou anticoncorrenciais;
- destruir, inutilizar ou açambarcar matérias-primas, produtos intermediários ou acabados, assim como destruir, inutilizar ou dificultar a operação de equipamentos destinados a produzi-los, distribuí-los ou transportá-los;
- açambarcar ou impedir a exploração de direitos de propriedade industrial ou intelectual ou de tecnologia;
- vender mercadoria ou prestar serviços injustificadamente abaixo do preço de custo[18];
- reter bens de produção ou de consumo, exceto para garantir a cobertura dos custos de produção;
- cessar parcial ou totalmente as atividades da empresa sem justa causa comprovada;

---

[17] O STJ apreciou caso no qual uma empresa distribuidora de Gás Liquefeito de Petróleo (gás de cozinha) recusava-se a contratar com uma empresa revendedora do produto e, quando esta logrou concluir a negociação, aquela impôs preço mais elevado do que os praticados a outras revendedoras também operantes na mesma cidade. Entendeu a Corte que a recusa de contratar e a discriminação de preços, que não representam, *per se*, infrações à ordem econômica, pois a norma constante do art. 21 da Lei n. 8.884/94 — vigente à época dos fatos (e que atualmente corresponde ao § 3.º do art. 36 da Lei n. 12.529/2011) — deve ser necessariamente lida em consonância com aquela a que alude o art. 20 do mesmo diploma (e que atualmente corresponde ao *caput* e seus incisos do art. 36 da Lei n. 12.529/2011), de modo que as condutas especificadas apenas caracterizam infração à ordem econômica se tiverem por objetivo: (i) limitar, falsear ou de qualquer forma prejudicar a livre concorrência ou a livre-iniciativa; (ii) dominar mercado relevante de bens ou serviços; (iii) aumentar arbitrariamente os lucros; e (iv) exercer de forma abusiva posição dominante. Do voto do Ministro Relator extrai-se o seguinte trecho: "A decisão de contratar ou não e o preço a ser praticado pelas partes se inserem dentro de um contexto de liberdade próprio do ordenamento jurídico e do sistema econômico pátrios, devendo-se concluir que referidas condutas apenas em circunstâncias excepcionais podem ser caracterizadas como infração à ordem econômica" (REsp 1.317.536/MA, Rel. Min. Paulo de Tarso Sanseverino, 3.ª Turma, j. em 17.12.2015, *DJe* 03.02.2016).

[18] Tal conduta, tipificada no art. 36, § 3.º, inciso XV, da Lei n. 12.529/2011, configura prática de **preço predatório**. A **Portaria CADE n. 104, de 28.03.2022**, instituiu o "Guia para Análise Econômica da Prática de Preços Predatórios". O preço predatório não se confunde com o *dumping*, prática adotada no **comércio internacional**, que ocorre quando um produto é introduzido no mercado doméstico brasileiro a um preço de exportação inferior ao seu valor normal no mercado interno do país exportador (art. 7.º, Decreto n. 8.058, de 26.07.2013).

7 ■ Defesa da Concorrência: Repressão às Infrações da Ordem Econômica 749

■ subordinar a venda de um bem à aquisição de outro ou à utilização de um serviço, ou subordinar a prestação de um serviço à utilização de outro ou à aquisição de um bem; e

■ exercer ou explorar abusivamente direitos de propriedade industrial, intelectual, tecnologia ou marca.

Ressalte-se que alguns dos comportamentos descritos no art. 36 da Lei n. 12.529/2011 também são previstos no Código de Defesa do Consumidor — CDC (Lei n. 8.078, de 11.09.1990). Nesses casos, aplicar-se-á o CDC quando se tratar de relação entre **fornecedor** e **consumidor**, este último definido como toda pessoa, física ou jurídica, que adquire ou utiliza produto ou serviço **como destinatário final** (art. 2.º, CDC)[19]. Não sendo o caso de relação de consumo, a disposição aplicável será a da Lei n. 12.529/2011[20].

É o caso, por exemplo, do ato de subordinar a venda de um bem à aquisição de outro ou à utilização de um serviço, ou de subordinar a prestação de um serviço à utilização de outro ou à aquisição de um bem[21]: se tal conduta se der numa relação de consumo, aplica-se o art. 39, inciso I, do CDC; do contrário, aplicável será o art. 36, § 3.º, inciso XVIII, Lei n. 12.529/2011[22].

> **Observação:** O CDC (art. 2.º) adotou a chamada **teoria finalista** (ou **subjetivista**), segundo a qual consumidor é a pessoa que adquire produto ou serviço como **destinatário final econômico**, usufruindo-o em benefício próprio[23]. Nesse sentido também era a

---

[19] Destinatário final "é aquele que ultima a atividade econômica, ou seja, que retira de circulação do mercado o bem ou o serviço para consumi-lo, suprindo uma necessidade ou satisfação própria, não havendo, portanto, a reutilização ou o reingresso dele no processo produtivo" (STJ, REsp 1.599.042/SP, Rel. Min. Luis Felipe Salomão, 4.ª Turma, j. em 14.03.2017, *DJe* 09.05.2017).

[20] "(...) ainda que a política antitruste traga efeitos positivos ao consumidor, ela não atua sobre a própria relação de consumo, nem sobre direitos subjetivos do consumidor individual; a política concorrencial atua sobre a estrutura do mercado para garantir o bem-estar da coletividade dos consumidores (*i.e.*, protege o *consumidor em abstrato*)" (PRADO FILHO, José Inacio Ferraz de Almeida. *Concorrência, ordem jurídica e a nova economia institucional*: uma análise custo-transacional da formação da política econômica antitruste, p. 163) (destaque no original).

[21] Outro exemplo é a recusa de venda de bens ou de prestação de serviços, que é prevista na Lei n. 12.529/2011 (art. 36, § 3.º, inciso XI) e no CDC (art. 39, inciso IX).

[22] Nesse sentido: "Apesar de inexistir relação de consumo e de não incidirem as regras do CDC no presente caso, a procedência da ação deve ser mantida por fundamentos jurídicos diversos dos contidos no acórdão recorrido, tendo em vista que a prática da 'operação casada' vem sendo proibida há muito tempo na legislação pátria infraconstitucional, inclusive na época da contratação (outubro de 1993), tipificando-a ora como 'crime contra a ordem econômica', ora como mera 'infração da ordem econômica'. De fato, o interesse jurídico protegido extrapola o âmbito da relação contratual estabelecida entre particulares e nela interfere, sendo irrelevante, no caso concreto, incidir ou não o CDC. Busca-se, enfim, nas leis que vedam a 'operação casada' (arts. 2.º, IV, 'b', da Lei n. 4.137/1962, 5.º, II e III, da Lei n. 8.137/1990, 3.º, VII, da Lei n. 8.158/1991, 20, I, e 21, XXIII, da Lei n. 8.884/1994 e 36, I e § 3.º, XVIII, da Lei n. 12.529/2011), coibir atos que atentem contra a livre concorrência, um dos princípios basilares e essenciais à atividade econômica, conforme explicitado na Constituição Federal" (STJ, REsp 746.885/SP, Rel. Min. Antonio Carlos Ferreira, 4.ª Turma, j. em 18.12.2014, *DJe* 23.02.2015).

[23] "Para que o consumidor seja considerado destinatário econômico final, o produto ou serviço adquirido ou utilizado **não pode guardar qualquer conexão, direta ou indireta, com a ativi-**

jurisprudência do STJ, que entendia ser inaplicável o CDC nos casos em que o adquirente de bem ou serviço não fosse o seu destinatário final[24].

A Corte, contudo, tem mitigado a teoria finalista para autorizar a incidência do CDC nas hipóteses em que a parte (pessoa física ou jurídica), embora não seja tecnicamente a destinatária final do produto ou serviço, se apresenta em situação de vulnerabilidade técnica, jurídica ou econômica. O STJ passou, pois, a adotar a chamada **teoria finalista mitigada**, que considera consumidor tanto a pessoa que adquire o bem para o uso pessoal quanto os profissionais liberais e os pequenos empreendimentos que utilizam o bem adquirido para o desempenho de sua atividade econômica, devendo, neste último caso, ser demonstrada **vulnerabilidade** ou **hipossuficiência**[25].

7.4. RESPONSABILIDADE POR INFRAÇÕES À ORDEM ECONÔMICA

Podem ser responsabilizadas pela prática de infração à ordem econômica as pessoas físicas ou jurídicas de direito público[26] ou privado, bem como quaisquer associações de entidades ou pessoas, constituídas de fato ou de direito, ainda que temporariamente,

---

dade econômica por ele desenvolvida; o produto ou serviço deve ser utilizado para o atendimento de uma necessidade própria, pessoal do consumidor" (STJ, CC 92.519/SP, Rel. Min. Fernando Gonçalves, 2.ª Seção, j. em 16.02.2009, *DJe* 04.03.2009) (destaque nosso).

[24] Nesse sentido: REsp 218.505/MG, Rel. Min. Barros Monteiro, 4.ª Turma, j. em 16.09.1999, *DJ* 14.02.2000, p. 41; REsp 264.126/RS, Rel. Min. Barros Monteiro, 4.ª Turma, j. em 08.05.2001, *DJ* 27.08.2001, p. 344; REsp 541.867/BA, Rel. p/ Acórdão Min. Barros Monteiro, 2.ª Seção, j. em 10.11.2004, *DJ* 16.05.2005, p. 227.

[25] Nesse sentido: REsp 661.145/ES, Rel. Min. Jorge Scartezzini, 4.ª Turma, j. em 22.02.2005, DJ 28.03.2005, p. 286; REsp 476.428/SC, Rel. Min. Nancy Andrighi, 3.ª Turma, j. em 19.04.2005, *DJ* 09.05.2005, p. 390; REsp 684.613/SP, Rel. Min. Nancy Andrighi, 3.ª Turma, j. em 21.06.2005, *DJ* 01.07.2005, p. 530; REsp 716.877/SP, Rel. Min. Ari Pargendler, 3.ª Turma, j. em 22.03.2007, *DJ* 23.04.2007, p. 257; REsp 1.080.719/MG, Rel. Min. Nancy Andrighi, 3.ª Turma, j. em 10.02.2009, *DJe* 17.08/2009; REsp 1.027.165/ES, Rel. Min. Sidnei Beneti, 3.ª Turma, j. em 07.06.2011, *DJe* 14.06.2011; EDcl no AREsp 265.845/SP, Rel. Min. Marco Buzzi, 4.ª Turma, j. em 18.06.2013, *DJe* 01.08.2013; AgRg no REsp 1.149.195/PR, Rel. Min. Sidnei Beneti, 3.ª Turma, j. em 25.06.2013, *DJe* 01.08.2013; AgRg no AREsp 328.043/GO, Rel. Min. Sidnei Beneti, 3.ª Turma, j. em 27.08.2013, *DJe* 05.09.2013. Considerando que a **relação de consumo** (consumidor final) não pode ser confundida com **relação de insumo** (consumidor intermediário), o STJ, embora adote a teoria finalista mitigada, decidiu que o CDC não incide na hipótese em que a pessoa natural ou jurídica firma contrato de mútuo, ou similar, com o objetivo de financiar ações e estratégias empresariais, pois configura **insumo** à sua atividade. Nesse sentido: REsp 218.505/MG, Rel. Min. Barros Monteiro, 4.ª Turma, j. em 16.09.1999, *DJ* 14.02.2000, p. 41; AgRg no REsp 1.386.938/DF, Rel. Min. Sidnei Beneti, 3.ª Turma, j. em 17.10.2013, *DJe* 06.11.2013; REsp 1.599.042/SP, Rel. Min. Luis Felipe Salomão, 4.ª Turma, j. em 14.03.2017, *DJe* 09.05.2017; AgInt no AREsp 1.321.384/SP, Rel. Min. Marco Aurélio Bellizze, 3.ª Turma, j. em 13.05.2019, *DJe* 16.05.2019.

[26] "(...) é certo que a Administração [Pública] está sujeita às limitações da Lei Antitruste apenas na exploração, pelas entidades que a conformam como Administração Indireta, de *atividade econômica em sentido estrito*. Tais limitações não as alcançam quando no desempenho de função de serviço público" (GRAU, Eros Roberto; FORGIONI, Paula. *O Estado, a empresa e o contrato*, p. 152) (destaque no original). À atuação de órgãos públicos no exercício de funções tipicamente governamentais, lecionam Caio Mário da Silva Pereira Neto e Paulo Leonardo Casagrande, podem ser aplicáveis apenas ações de **advocacia da concorrência** (*Direito concorrencial*: doutrina, jurisprudência e legislação, p. 42).

7 ■ Defesa da Concorrência: Repressão às Infrações da Ordem Econômica 751

com ou sem personalidade jurídica, mesmo que exerçam atividade sob regime de monopólio legal (art. 31, Lei n. 12.529/2011).

A intenção do legislador, com a amplitude de tal enunciado, foi alcançar **qualquer pessoa ou organização** atuante no mercado, cujos atos possam distorcer a concorrência[27]. Com isso evita-se a consolidação de espaços de privilégios onde valha ordem diversa de regras[28].

As diversas formas de infração da ordem econômica implicam a responsabilidade da **empresa** e a responsabilidade individual de seus **dirigentes ou administradores, solidariamente** (art. 32, Lei n. 12.529/2011). Portanto, além da responsabilização da empresa, haverá a do ser humano, o fator individual, "que, no fundo, é quem decide, indicando o caminho a seguir"[29].

São **solidariamente responsáveis** as empresas ou entidades integrantes de **grupo econômico**, de fato ou de direito[30], quando **pelo menos uma delas** praticar infração à ordem econômica (art. 33, Lei n. 12.529/2011).

A personalidade jurídica do responsável por infração da ordem econômica poderá ser **desconsiderada** quando houver da parte deste (art. 34, Lei n. 12.529/2011):

- ■ abuso de direito;
- ■ excesso de poder;
- ■ infração da lei;
- ■ fato ou ato ilícito; ou
- ■ violação dos estatutos ou contrato social.

A desconsideração também será efetivada quando houver falência, estado de insolvência, encerramento ou inatividade da pessoa jurídica provocados por **má administração** (art. 34, parágrafo único, Lei n. 12.529/2011).

A repressão das infrações da ordem econômica **não exclui a punição de outros ilícitos** previstos em lei (art. 35, Lei n. 12.529/2011), como, por exemplo, se tais infrações também configurarem **crimes contra a ordem econômica**, nos termos do art. 4.º da Lei n. 8.137, de 27.12.1990, caso em que haverá dois tipos de sanções, uma para cada categoria de ilícito[31].

7.5. PROCEDIMENTOS ADMINISTRATIVOS INSTAURADOS PARA APURAÇÃO E REPRESSÃO DE INFRAÇÕES À ORDEM ECONÔMICA

Nos termos do art. 48 da Lei n. 12.529/2011, referido diploma regula os seguintes procedimentos administrativos instaurados para apuração e repressão de infrações à ordem econômica:

---

[27] PEREIRA NETO, Caio Mário da Silva; CASAGRANDE, Paulo Leonardo. *Direito concorrencial*: doutrina, jurisprudência e legislação, p. 40.

[28] SALGADO, Lucia Helena. *A economia política da ação antitruste*, p. 183.

[29] CRETELLA JÚNIOR, José. *Comentários à lei antitruste*: Lei n. 8.884 de 11.06.1994, p. 62.

[30] Sobre a caracterização de grupo econômico para fins de direito concorrencial: OCTAVIANI, Alessandro. *Estudos, pareceres e votos de direito econômico*. v. II, p. 67-71.

[31] CRETELLA JÚNIOR, José. *Comentários à lei antitruste*: Lei n. 8.884 de 11.06.1994, p. 62.

752 Direito Financeiro e Econômico Esquematizado *Carlos Alberto de Moraes Ramos Filho*

◻ procedimento preparatório de inquérito administrativo para apuração de infrações à ordem econômica;

◻ inquérito administrativo para apuração de infrações à ordem econômica;

◻ processo administrativo para imposição de sanções administrativas por infrações à ordem econômica.

Vejamos, separadamente, cada um deles[32].

7.5.1. PROCEDIMENTO PREPARATÓRIO DE INQUÉRITO ADMINISTRATIVO PARA APURAÇÃO DE INFRAÇÕES À ORDEM ECONÔMICA

O procedimento preparatório de inquérito administrativo para apuração de infrações à ordem econômica (art. 48, inciso I, Lei n. 12.529/2011) é instaurado pela Superintendência-Geral do CADE (art. 13, inciso III, Lei n. 12.529/2011) **para apurar se a conduta sob análise trata de matéria de competência do Sistema Brasileiro de Defesa da Concorrência** (art. 66, § 2.º, Lei n. 12.529/2011).

Sobre a utilidade do procedimento preparatório anota Vinícius Marques de Carvalho: "Esse procedimento supre uma lacuna do regime atual ao regulamentar a apuração de casos **em que não é clara a competência do CADE**. Resolve-se, assim, um problema de realidade de formas. Instada a se manifestar sobre determinada denúncia, a administração não mais precisará instaurar procedimento para apuração de infração à ordem econômica sem que esteja, de fato, estabelecido tratar-se o fato de matéria de sua competência" (destaque nosso)[33].

As diligências tomadas no âmbito do procedimento preparatório de inquérito administrativo para apuração de infrações à ordem econômica deverão ser realizadas no prazo máximo de **30 (trinta) dias** (art. 66, § 3.º, Lei n. 12.529/2011).

Caso a Superintendência-Geral conclua que a conduta sob análise não se trata de matéria de competência do SBDC, irá ordenar o **arquivamento** do procedimento preparatório. Do despacho que ordenar o arquivamento de procedimento preparatório cabe **recurso** de qualquer interessado ao **Superintendente-Geral**, na forma determinada em regulamento, que decidirá em **última instância** (art. 66, § 4.º, Lei n. 12.529/2011).

> **Observação:** O Tribunal Administrativo de Defesa Econômica poderá, mediante provocação de um Conselheiro e em decisão fundamentada, **avocar** o procedimento preparatório de inquérito administrativo arquivado pela Superintendência-Geral, ficando prevento o Conselheiro que encaminhou a provocação (art. 67, § 1.º, Lei n. 12.529/2011).

---

[32] Há, ainda, o "processo administrativo para imposição de sanções processuais incidentais" mencionado no inciso VI do art. 48 da Lei n. 12.529/2011, que se refere à aplicação das penas estabelecidas nos arts. 40 a 44 daquele diploma legal. Compete à Superintendência-Geral do CADE instaurar e instruir o processo administrativo para imposição de sanções processuais incidentais (art. 13, inciso V, Lei n. 12.529/2011).

[33] CARVALHO, Vinícius Marques de. O sistema brasileiro de defesa da concorrência, p. 382.

7 ▪ Defesa da Concorrência: Repressão às Infrações da Ordem Econômica   753

Se, ao contrário, a Superintendência-Geral concluir que a conduta analisada constitui matéria de competência do SBDC, irá instaurar o inquérito administrativo para **apuração** de tais infrações (art. 13, inciso III c/c art. 66, *caput*, Lei n. 12.529/2011).

Ao procedimento preparatório poderá ser dado **tratamento sigiloso**, no interesse das investigações, a critério da Superintendência-Geral (art. 66, § 10, Lei n. 12.529/2011).

> **Observação:** Aquele que prestar serviços ao CADE ou a Subsecretaria de Acompanhamento Econômico e Regulação, a qualquer título, e que der causa, mesmo que por **mera culpa**, à disseminação indevida de informação acerca de empresa, coberta por **sigilo**, será punível com penalidade pecuniária (multa) de R$ 1.000,00 (mil reais) a R$ 20.000,00 (vinte mil reais), sem prejuízo de abertura de outros procedimentos cabíveis (art. 44, Lei n. 12.529/2011).

A representação de Comissão do Congresso Nacional, ou de qualquer de suas Casas, bem como da Subsecretaria de Acompanhamento Econômico e Regulação, das agências reguladoras e da Procuradoria Federal junto ao CADE, **independe de procedimento preparatório**, instaurando-se desde logo o inquérito administrativo ou processo administrativo (art. 66, § 6.º, Lei n. 12.529/2011).

7.5.2. INQUÉRITO ADMINISTRATIVO PARA APURAÇÃO DE INFRAÇÕES À ORDEM ECONÔMICA

Diante de indícios de infração da ordem econômica que não sejam suficientes para a instauração de processo administrativo (art. 66, § 1.º, Lei n. 12.529/2011), a Superintendência-Geral do CADE deve promover **inquérito administrativo** para **apuração** de tais infrações (art. 13, inciso III c/c art. 66, *caput*, Lei n. 12.529/2011).

O inquérito administrativo é um procedimento investigatório de **natureza inquisitorial** (art. 66, *caput*, Lei n. 12.529/2011), o que significa que **não possui cunho contraditório**, não sendo aplicável, pois, o princípio da ampla defesa.

O inquérito administrativo pode ser instaurado **de ofício** ou em face de **representação** fundamentada de qualquer interessado[34], ou em decorrência de peças de informação (art. 66, § 1.º, Lei n. 12.529/2011).

Considera-se fundamentada a representação que seja "clara e precisa, articulada de forma lógica e inteligível, para que se possa perceber o nexo indispensável entre os fatos, devidamente articulados, e a norma supostamente violada"[35].

---

[34] Comentando o *caput* do art. 30 da Lei n. 8.884/94 — que corresponde, *mutatis mutandis*, ao § 1.º do art. 66 da Lei n. 12.529/2011 —, leciona Pedro Dutra que tal dispositivo, ao se referir a "qualquer interessado", "abre ao agente econômico — à empresa, a associações e ao indivíduo também — de menor porte a possibilidade de medir-se com o de maior porte, em nível de igualdade" (*Livre concorrência e regulação de mercados*: estudos e pareceres, p. 2).

[35] DUTRA, Pedro. *Livre concorrência e regulação de mercados*: estudos e pareceres, p. 10. Consoante observa o referido autor, a exigência legal da **fundamentação** como condição essencial à eficácia da representação não constitui limitação à postulação do representante junto ao sistema de defesa da concorrência ("acesso à justiça"), mas destina-se a permitir que o representado possa, conhecendo a denúncia contra ele formulada, prestar os esclarecimentos a ele solicitados: "Visa, apenas, cumprir outro princípio, também constitucional, o da ampla defesa, que assim se vê conciliado, na ordem constitucional, ao do amplo acesso à justiça, ambos descendo ao plano da disciplina do direito administrativo sancionador" (Ob. cit., p. 4).

Do despacho que indeferir o requerimento de abertura de inquérito administrativo cabe **recurso** de qualquer interessado ao **Superintendente-Geral**, na forma determinada em regulamento, que decidirá em **última instância** (art. 66, § 4.º, Lei n. 12.529/2011).

O representante e o indiciado poderão requerer qualquer **diligência**, que será realizada ou não, a juízo da Superintendência-Geral (art. 66, § 7.º, Lei n. 12.529/2011).

A Superintendência-Geral poderá solicitar o concurso da autoridade policial ou do Ministério Público nas investigações (art. 66, § 8.º, Lei n. 12.529/2011).

O inquérito administrativo deverá ser encerrado no prazo de **180 (cento e oitenta) dias**, contado da data de sua instauração, **prorrogáveis por até 60 (sessenta) dias**, por meio de despacho fundamentado e quando o fato for de difícil elucidação e o justificarem as circunstâncias do caso concreto (art. 66, § 9.º, Lei n. 12.529/2011).

Ao inquérito administrativo poderá ser dado **tratamento sigiloso**, no interesse das investigações, a critério da Superintendência-Geral (art. 66, § 10, Lei n. 12.529/2011).

A partir da data de encerramento do inquérito administrativo, a Superintendência-Geral terá até **10 (dez) dias úteis** para decidir pela instauração do processo administrativo ou pelo seu arquivamento (art. 67, *caput*, Lei n. 12.529/2011).

O Tribunal Administrativo de Defesa Econômica poderá, mediante provocação de um Conselheiro e em decisão fundamentada, **avocar** o inquérito administrativo arquivado pela Superintendência-Geral, ficando prevento o Conselheiro que encaminhou a provocação (art. 67, § 1.º, Lei n. 12.529/2011).

Avocado o inquérito administrativo, o Conselheiro-Relator terá o prazo de **30 (trinta) dias úteis** para (art. 67, § 2.º, Lei n. 12.529/2011).

▪ confirmar a decisão de arquivamento da Superintendência-Geral, podendo, se entender necessário, fundamentar sua decisão;

▪ transformar o inquérito administrativo em processo administrativo, determinando a realização de instrução complementar, podendo, a seu critério, solicitar que a Superintendência-Geral a realize, declarando os pontos controversos e especificando as diligências a serem produzidas.

Ao inquérito administrativo, na hipótese de avocação, poderá ser dado **tratamento sigiloso**, no interesse das investigações, a critério do Plenário do Tribunal (art. 67, § 3.º, Lei n. 12.529/2011).

O CADE disporá de forma complementar sobre o inquérito administrativo para apuração de infrações à ordem econômica (art. 83, Lei n. 12.529/2011).

7.5.3. PROCESSO ADMINISTRATIVO PARA IMPOSIÇÃO DE SANÇÕES ADMINISTRATIVAS POR INFRAÇÕES À ORDEM ECONÔMICA

O processo administrativo para imposição de sanções administrativas por infrações à ordem econômica tramita no CADE e tem duas fases: a primeira ocorre na Superintendência-Geral e a segunda, no Tribunal Administrativo de Defesa Econômica.

A atuação do CADE, no caso, consoante destaca Luís Roberto Barroso, "é exemplo típico do chamado *direito administrativo punitivo* ou *sancionador*" (destaques no

7 ◼ Defesa da Concorrência: Repressão às Infrações da Ordem Econômica 755

original" e "está vinculada às disposições constitucionais que asseguram aos litigantes em processos administrativos as garantias inerentes ao devido processo legal"[36].

7.5.3.1. Tramitação na Superintendência-Geral

Compete à Superintendência-Geral instaurar e instruir processo administrativo para imposição de sanções administrativas por infrações à ordem econômica (art. 13, inciso V, Lei n. 12.529/2011).

O processo administrativo, procedimento em contraditório, visa a garantir ao acusado a ampla defesa a respeito das conclusões do inquérito administrativo, cuja **nota técnica final**, aprovada nos termos das normas do CADE, constituirá **peça inaugural** (art. 69, Lei n. 12.529/2011).

Na decisão que instaurar o processo administrativo, será determinada a **notificação** do representado para, no prazo de **30 (trinta) dias**, apresentar **defesa** e especificar as provas que pretende sejam produzidas, declinando a qualificação completa de até 3 (três) testemunhas (art. 70, *caput*, Lei n. 12.529/2011).

> **Observação:** O prazo mencionado poderá ser dilatado por até 10 (dez) dias, improrrogáveis, mediante requisição do representado (art. 70, § 5.º, Lei n. 12.529/2011).

A notificação inicial conterá o inteiro teor da decisão de instauração do processo administrativo e da representação, se for o caso (art. 70, § 1.º, Lei n. 12.529/2011).

A notificação inicial do representado será feita (art. 70, § 2.º, Lei n. 12.529/2011):

- ◼ pelo correio, com aviso de recebimento (A.R.) em nome próprio; **ou**
- ◼ por outro meio que assegure a certeza da ciência do interessado.

Não tendo êxito a notificação postal, a notificação inicial do representado será feita **por edital** publicado (art. 70, § 2.º, Lei n. 12.529/2011):

- ◼ no Diário Oficial da União; **e**
- ◼ em jornal de grande circulação no Estado em que o interessado resida ou tenha sede.

O prazo para apresentação de defesa é contado da juntada do aviso de recebimento, ou da publicação do edital, conforme o caso (art. 70, § 2.º, Lei n. 12.529/2011).

A **intimação** dos **demais atos processuais** será feita mediante **publicação no Diário Oficial da União**, da qual deverá constar o nome do representado e de seu procurador, se houver (art. 70, § 3.º, Lei n. 12.529/2011).

O representado poderá acompanhar o processo administrativo por seu titular e seus diretores ou gerentes, ou por seu procurador, assegurando-se-lhes amplo acesso aos autos no Tribunal (art. 70, § 4.º, Lei n. 12.529/2011).

---

[36] BARROSO, Luís Roberto. Devido processo legal e direito administrativo sancionador: algumas notas sobre os limites à atuação da SDE e do CADE, p. 118.

Considerar-se-á **revel** o representado que, notificado, não apresentar defesa no prazo legal, incorrendo em confissão quanto à matéria de fato, contra ele correndo os demais prazos, independentemente de notificação (art. 71, *caput*, Lei n. 12.529/2011).

Qualquer que seja a fase do processo, nele poderá intervir o revel, sem direito à repetição de qualquer ato já praticado (art. 71, parágrafo único, Lei n. 12.529/2011).

Em até 30 (trinta) dias úteis após o decurso do prazo para apresentação de defesa, a Superintendência-Geral, em despacho fundamentado, determinará a **produção de provas** que julgar pertinentes, sendo-lhe facultado exercer os poderes de instrução previstos na Lei n. 12.529/2011, mantendo-se o **sigilo** legal, quando for o caso (art. 72, Lei n. 12.529/2011).

Admite-se no processo administrativo a **prova emprestada** do processo penal, quando houver conexão entre os feitos, **desde que produzida de forma legítima e regular**, com observância das regras inerentes ao devido processo legal[37].

> **Observação:** É **nulo** o processo administrativo no CADE quando fundamentado imprescindivelmente em **provas** declaradas **nulas** na esfera penal, quando não há elementos probatórios independentes e suficientes na esfera administrativa para a condenação por infração à ordem econômica[38].

Em até 5 (cinco) dias úteis da data de conclusão da instrução processual (determinada na forma do art. 72 da Lei n. 12.529/2011), a Superintendência-Geral **notificará** o representado para apresentar **novas alegações**, no prazo de 5 (cinco) dias úteis (art. 73, Lei n. 12.529/2011).

Em até 15 (quinze) dias úteis contados do decurso do prazo de apresentação das novas alegações do representado, a Superintendência-Geral remeterá os autos do processo ao Presidente do Tribunal, opinando, em relatório circunstanciado (art. 74, Lei n. 12.529/2011):

- ■ pelo arquivamento do processo administrativo; **ou**
- ■ pela configuração da infração.

Quando decidir pelo arquivamento de processo administrativo para imposição de sanções administrativas por infrações à ordem econômica, a Superintendência-Geral deve **recorrer de ofício** ao Tribunal (art. 13, inciso VII, Lei n. 12.529/2011).

---

[37] Nesse sentido é a jurisprudência do STF: ARE-AgR 825.878/DF, Rel. Min. Luiz Fux, 1.ª Turma, j. em 30.06.2015, *DJe*-158 13.08.2015; RE-AgR 810.906/DF, Rel. Min. Roberto Barroso, 1.ª Turma, j. em 04.08.2015, *DJe*-181 14.09.2015; RE-AgR 934.233/RS, Rel. Min. Edson Fachin, 1.ª Turma, j. em 14.10.2016, *DJe*-234 04.11.2016.

[38] Nesse sentido é a jurisprudência do STJ: AREsp 1.327.367/DF, Rel. Min. Benedito Gonçalves, 1.ª Turma, j. em 24.11.2020, *DJe* 01.12.2020; AREsp 1.364.579/DF, Rel. Min. Benedito Gonçalves, 1.ª Turma, j. em 24.11.2020, *DJe* 01.12.2020; AREsp 1.477.007/DF, Rel. Min. Benedito Gonçalves, 1.ª Turma, j. em 24.11.2020, *DJe* 01.12.2020. O STF, apreciando caso de condenação imposta pelo CADE que havia se baseado em provas declaradas ilícitas pelo STJ, reafirmou sua jurisprudência consolidada sobre o tema, tendo fixado a seguinte tese de repercussão geral (**Tema 1238**): "São inadmissíveis, em processos administrativos de qualquer espécie, provas consideradas ilícitas pelo Poder Judiciário" (ARE-RG 1.316.369/DF, Rel. p/ acórdão Min. Gilmar Mendes, Pleno, j. em 08.12.2022, *DJe*-062 22.03.2023).

7 ◼ Defesa da Concorrência: Repressão às Infrações da Ordem Econômica 757

7.5.3.2. Tramitação no Tribunal Administrativo de Defesa Econômica

Recebido o processo, o Presidente do Tribunal o distribuirá, por sorteio, ao Conselheiro-Relator (arts. 10, inciso III, e 75, Lei n. 12.529/2011).

O Conselheiro-Relator, caso entenda necessário, poderá solicitar à Procuradoria Federal junto ao CADE que se manifeste no prazo de 20 (vinte) dias (arts. 11, inciso VI, 15, inciso VII, e 75, Lei n. 12.529/2011).

O Conselheiro-Relator poderá determinar **diligências**, em despacho fundamentado, podendo, a seu critério, solicitar que a Superintendência-Geral as realize, no prazo assinado (arts. 11, inciso V, e 76, *caput*, Lei n. 12.529/2011).

Após a conclusão das diligências determinadas na forma deste artigo, o Conselheiro-Relator notificará o representado para, no prazo de 15 (quinze) dias úteis, apresentar **alegações finais** (art. 76, parágrafo único, Lei n. 12.529/2011).

> **Observação:** O STJ suspendeu decisões judiciais que asseguravam às partes representadas em processo administrativo no CADE o direito de somente apresentarem alegações finais após parecer do Ministério Público Federal. Entendeu o STJ que as referidas decisões tinham potencial para interferir, negativamente, nos procedimentos em curso no CADE, criando nova fase processual, não prevista no regulamento da entidade, com isso, burocratizando um ambiente que, em razão de suas naturais particularidades, há de pautar-se pela **celeridade** (AgInt na SS 3.099/DF, Rel. Min. Humberto Martins, Corte Especial, j. em 16.12.2020, *DJe* 01.02.2021).

No prazo de 15 (quinze) dias úteis contado da data de recebimento das alegações finais, o Conselheiro-Relator solicitará a inclusão do processo em pauta para julgamento (art. 77, Lei n. 12.529/2011).

A convite do Presidente, por indicação do Conselheiro-Relator, qualquer pessoa poderá apresentar esclarecimentos ao Tribunal, a propósito de assuntos que estejam em pauta (art. 78, Lei n. 12.529/2011)[39].

Nas sessões de julgamento do Plenário do Tribunal Administrativo de Defesa Econômica, após a manifestação das partes, o representante do MPF terá direito à sustentação oral antes do início da leitura do voto pelo Conselheiro Relator (art. 3.º, inciso II, Resolução Conjunta PGR/CADE n. 1, de 30.09.2016).

---

[39] Referida norma evidencia uma possibilidade de **democratização** do processo antitruste. A autonomia do CADE, leciona Carlos Alberto Bello, "descortina perspectivas de participação da sociedade civil e assim da institucionalização de procedimentos democráticos de regulação do poder econômico e também da difusão destas questões para públicos mais amplos, dificultando a imposição dos argumentos neoliberais no espaço público" (*Autonomia frustrada*: o CADE e o poder econômico, p. 272). O controle do poder econômico, observa Ana Frazão, é "discussão que diz respeito a todos os cidadãos e, exatamente por isso, precisa ser ampliada, compreendida e submetida ao amplo escrutínio social, já que os efeitos da política antitruste são sentidos diariamente na vida cotidiana de todos" (*Direito da concorrência*: pressupostos e perspectivas, p. 23). Apesar do exposto, Marco Antonio Loschiavo Leme de Barros destaca a "falta de transparência e de mecanismos de participação direta da sociedade civil no SBDC" (*Sociedade, direito e concorrência*: reflexões sociológicas sobre o Sistema Brasileiro de Defesa da Concorrência, p. 120).

758 Direito Financeiro e Econômico Esquematizado — Carlos Alberto de Moraes Ramos Filho

A decisão do Tribunal[40], que em qualquer hipótese será fundamentada[41], quando for pela existência de infração da ordem econômica, deverá conter (art. 79, Lei n. 12.529/2011):

■ especificação dos **fatos** que constituam a infração apurada e a indicação das **providências** a serem tomadas pelos responsáveis para fazê-la cessar;

■ **prazo** dentro do qual devam ser **iniciadas** e **concluídas** as providências anteriormente referidas;

■ multa estipulada;

■ multa diária em caso de continuidade da infração; e

■ multa em caso de descumprimento das providências estipuladas.

A decisão do Tribunal deve ser publicada dentro de 5 (cinco) dias úteis no Diário Oficial da União (art. 79, parágrafo único, Lei n. 12.529/2011).

O CADE disporá de forma complementar sobre o processo administrativo para imposição de sanções administrativas por infrações à ordem econômica (art. 83, Lei n. 12.529/2011).

7.5.4. MEDIDA PREVENTIVA

Em qualquer fase do inquérito administrativo para apuração de infrações ou do processo administrativo para imposição de sanções por infrações à ordem econômica, poderá ser adotada **medida preventiva** quando houver indício ou fundado receio de que o representado, direta ou indiretamente, cause ou possa causar ao mercado lesão irreparável ou de difícil reparação, ou torne ineficaz o resultado final do processo (art. 84, *caput*, Lei n. 12.529/2011).

A medida preventiva pode ser adotada pelo **Conselheiro-Relator** (art. 11, inciso IV, Lei n. 12.529/2011) ou pelo **Superintendente-Geral** (art. 13, inciso XI, Lei n. 12.529/2011), por iniciativa própria ou mediante provocação do Procurador-Chefe do CADE (art. 84, *caput*, Lei n. 12.529/2011).

Na medida preventiva (art. 84, § 1.º, Lei n. 12.529/2011):

■ determinar-se-á a imediata **cessação da prática**;

■ será ordenada, quando materialmente possível, a **reversão à situação anterior**;

■ será fixada **multa diária**, para a hipótese de descumprimento da medida, em valor de R$ 5.000,00 (cinco mil reais), podendo ser aumentada em até 50 (cinquenta) vezes, se assim recomendar a situação econômica do infrator e a gravidade da infração (art. 39, Lei n. 12.529/2011).

---

[40] As decisões proferidas pelo CADE, consoante destaca Amanda Flávio de Oliveira, são **atos administrativos** (*O direito da concorrência e o Poder Judiciário*, p. 58-59 e 79).

[41] Observa Alessandro Octaviani que, "entre outras razões por sucessivas reformas de suas decisões pelo Poder Judiciário, o CADE evoluiu para padrão de prova mais robusto, compatível com preocupações de higidez formal e aderência fática, afastando-se de decidir com base em modelos teóricos ou exemplos de outras jurisdições" (*Estudos, pareceres e votos de direito econômico*. v. II, p. 102).

7 ◼ Defesa da Concorrência: Repressão às Infrações da Ordem Econômica — 759

Da decisão que adotar medida preventiva caberá **recurso voluntário** ao Plenário do Tribunal, em 5 (cinco) dias, sem efeito suspensivo (arts. 9.º, inciso VI, e 84, § 2.º, Lei n. 12.529/2011).

7.5.5. COMPROMISSO DE CESSAÇÃO DE PRÁTICA

Durante o inquérito administrativo para apuração de infrações à ordem econômica ou seu procedimento preparatório, bem como no processo administrativo para imposição de sanções administrativas pela prática de tais infrações, o CADE **poderá** tomar do representado **compromisso de cessação** da prática sob investigação ou dos seus efeitos lesivos, sempre que, em juízo de **conveniência** e **oportunidade** (discricionariedade), devidamente fundamentado, entender que atende aos interesses protegidos por lei (art. 85, *caput*, Lei n. 12.529/2011)[42].

O **termo de compromisso de cessação de prática por infração à ordem econômica (TCC)** pode ser proposto:

- ◻ pelos **Conselheiros do Tribunal** (art. 11, inciso IX, Lei n. 12.529/2011); **ou**
- ◻ pela **Superintendência-Geral** (art. 13, inciso IX, Lei n. 12.529/2011).

O proponente deverá submeter o TCC à **aprovação** do Plenário do Tribunal (arts. 9.º, inciso V; e 13, inciso IX, Lei n. 12.529/2011)[43].

Do termo de compromisso deverão constar os seguintes **elementos** (art. 85, § 1.º, Lei n. 12.529/2011):

- ◼ a especificação das **obrigações** do representado no sentido de não praticar a conduta investigada ou seus efeitos lesivos, bem como obrigações que julgar cabíveis[44];
- ◼ a fixação do valor da **multa** para o caso de descumprimento, total ou parcial, das obrigações compromissadas;

---

[42] Fernando de Magalhães Furlan leciona que "a autoridade antitruste brasileira, ao examinar a oportunidade e a conveniência, para a coletividade, da celebração do compromisso de cessação, deverá considerar não somente a conduta em si mesma ou o interesse particular em cessar as práticas ilícitas já perpetradas, mas também, os efeitos que tais condutas já produziram e vêm produzindo no ambiente de consumo e de concorrência" (*Questões polêmicas em direito antitruste*, p. 127). Assim, exemplifica o autor, não é oportuna a celebração de tal compromisso ao tempo em que a prática lesiva já conta considerável tempo de permanência, pois os "benefícios advindos da celebração do compromisso, e consequente descontinuidade da conduta ilícita, somente serão percebidos e alcançados se considerados em proporção aos efeitos já produzidos no mercado e no ambiente onde se travam as relações de consumo e concorrência" (Ob. cit., p. 128).

[43] A Portaria Conjunta n. 1, de 04.04.2017, da Presidência e da Superintendência-Geral do CADE, disciplina o procedimento de encaminhamento pela Superintendência-Geral de termo de compromisso de cessação de prática por infração à ordem econômica para aprovação do Tribunal do CADE.

[44] Tratando-se da investigação da prática de infração relacionada ou decorrente das condutas previstas nos incisos I e II do § 3.º do art. 36 da Lei n. 12.529/2011, entre as obrigações figurará, necessariamente, a obrigação de recolher ao Fundo de Defesa de Direitos Difusos um valor pecuniário que não poderá ser inferior ao mínimo previsto no art. 37 do referido diploma legal (art. 85, § 2.º, Lei n. 12.529/2011).

760 Direito Financeiro e Econômico Esquematizado · *Carlos Alberto de Moraes Ramos Filho*

☐ a fixação do valor da **contribuição pecuniária** ao Fundo de Defesa de Direitos Difusos (FDD)[45] quando cabível.

> **Observação:** O CADE poderá considerar como circunstância **atenuante**, no momento do cálculo da contribuição pecuniária em sede de negociação de TCC, o **ressarcimento** extrajudicial ou judicial, devidamente comprovado, no âmbito das Ações Civis de Reparação por Danos Concorrenciais (ACRDC), de que trata o art. 47 da Lei n. 12.529/2011 (art. 12, Resolução n. 21, de 11.09.2018, do CADE).

A proposta de termo de compromisso de cessação de prática:

☐ somente poderá ser apresentada **uma única vez** (art. 85, § 4.º, Lei n. 12.529/2011);

☐ poderá ter caráter **confidencial** (art. 85, § 5.º, Lei n. 12.529/2011);

☐ não suspende o andamento do processo administrativo (art. 85, § 6.º, Lei n. 12.529/2011).

A proposta de celebração do compromisso de cessação de prática será **indeferida** quando a autoridade não chegar a um acordo com os representados quanto aos seus termos (art. 85, § 13, Lei n. 12.529/2011).

O CADE poderá admitir a intervenção na celebração do Compromisso de Cessação da Prática de (art. 85, § 15, Lei n. 12.529/2011):

☐ terceiros titulares de direitos ou interesses que possam ser afetados pelo compromisso de cessação; ou

☐ legitimados à propositura de ação civil pública pelos incisos III e IV do art. 82 da Lei n. 8.078, de 11.09.1990.

O termo de compromisso de cessação de prática terá **caráter público**, devendo o acordo ser publicado no sítio do CADE em 5 (cinco) dias após a sua celebração (art. 85, § 7.º, Lei n. 12.529/2011).

> **Observação:** A **proposta** de termo de compromisso de cessação de prática pode ser **confidencial**, mas o **termo** de compromisso de cessação de prática será **público**.

O termo de compromisso de cessação de prática constitui **título executivo extrajudicial** (art. 85, § 8.º, Lei n. 12.529/2011)[46].

---

[45] O **Fundo de Defesa de Direitos Difusos (FDD)**, criado pela Lei n. 7.347, de 24.07.1985 (que disciplina a ação civil pública), tem por finalidade a reparação dos danos causados ao meio ambiente, ao consumidor, a bens e direitos de valor artístico, estético, histórico, turístico, paisagístico, **por infração à ordem econômica** e a outros interesses difusos e coletivos. Os recursos arrecadados pelo FDD devem ser aplicados na recuperação de bens, na promoção de eventos educativos, científicos e na edição de material informativo especificamente relacionados com a natureza da infração ou do dano causado, bem como na modernização administrativa dos órgãos públicos responsáveis pela execução das políticas relativas às áreas anteriormente mencionadas (art. 1.º, § 3.º, Lei n. 9.008, de 21.03.1995).

[46] CPC: "Art. 784. São títulos executivos extrajudiciais: (...) XII — todos os demais títulos aos quais, por disposição expressa, a lei atribuir força executiva".

7 ■ Defesa da Concorrência: Repressão às Infrações da Ordem Econômica 761

O cumprimento do compromisso de cessação **poderá, a critério do Tribunal**, ser **fiscalizado** pela Superintendência-Geral, com o respectivo encaminhamento dos autos, após a decisão final do Tribunal (arts. 9.º, inciso V; 13, inciso IX; e 52, *caput*, Lei n. 12.529/2011).

Na fase de fiscalização do cumprimento do compromisso de cessação, poderá a Superintendência-Geral valer-se de todos os poderes instrutórios que lhe são assegurados na Lei n. 12.529/2011 (art. 52, § 1.º, Lei n. 12.529/2011).

O processo administrativo ficará **suspenso** enquanto estiver sendo cumprido o compromisso de cessação (art. 85, § 9.º, Lei n. 12.529/2011). Tal suspensão do processo administrativo dar-se-á somente em relação ao **representado que firmou o compromisso**, seguindo o processo seu curso regular para os demais representados (art. 85, § 10, Lei n. 12.529/2011).

> **Observação:** Durante a vigência do compromisso de cessação **suspende-se a prescrição** (art. 46, § 2.º, Lei n. 12.529/2011).

As **condições** do termo de compromisso poderão ser **alteradas** pelo CADE se comprovada sua **excessiva onerosidade** para o representado, desde que a alteração não acarrete prejuízo para terceiros ou para a coletividade (art. 85, § 12, Lei n. 12.529/2011).

Se, ao término do prazo fixado, tiver sido **cumprido** integralmente o compromisso de cessação, a Superintendência-Geral, de ofício ou por provocação do interessado, manifestar-se-á sobre seu cumprimento (art. 52, § 2.º, Lei n. 12.529/2011) e o processo administrativo será **arquivado** (art. 85, § 9.º, Lei n. 12.529/2011).

Declarado o **descumprimento** do compromisso, o CADE (art. 85, § 11, Lei n. 12.529/2011):

- ■ aplicará as sanções nele previstas; **e**
- ■ determinará o prosseguimento do processo administrativo e as demais medidas administrativas e judiciais cabíveis para sua execução.

> **Observação:** Pelo descumprimento do termo de compromisso de cessação, o responsável fica sujeito a **multa diária** fixada em valor de R$ 5.000,00 (cinco mil reais), podendo ser aumentada em até 50 (cinquenta) vezes, se assim recomendar a situação econômica do infrator e a gravidade da infração (art. 39, Lei n. 12.529/2011).

O CADE definirá, em resolução, normas complementares sobre o termo de compromisso de cessação (art. 85, § 14, Lei n. 12.529/2011).

7.5.6. ACORDO DE LENIÊNCIA

O CADE, por intermédio da Superintendência-Geral, poderá celebrar **acordo de leniência**[47] com pessoas físicas e jurídicas que forem autoras de infração à ordem

---

[47] Lívia Cardoso Viana Gonçalves sustenta que a tradução mais apropriada da palavra *leniency*, do inglês para o português, seria, para o caso, **indulgência**. O mais correto, no entanto, segundo a autora, seria falar em **acordo de imunidade** ou **de anistia**, como é feito em países de língua ingle-

econômica, desde que colaborem efetivamente com as investigações e o processo administrativo e que dessa colaboração resulte (art. 86, *caput*, Lei n. 12.529/2011)[48]:

■ a identificação dos demais envolvidos na infração; **e**
■ a obtenção de informações e documentos que comprovem a infração noticiada ou sob investigação.

Referido acordo se assemelha à figura denominada **"delação premiada"**: aqueles que praticaram uma infração contra a ordem econômica e queiram denunciá-la às autoridades de defesa da concorrência terão em contrapartida a redução da penalidade aplicável ou até mesmo a extinção da ação punitiva da administração pública[49].

O acordo de leniência somente poderá ser celebrado se preenchidos, cumulativamente, os seguintes **requisitos** (art. 86, §§ 1.º e 2.º, Lei n. 12.529/2011)[50]:

■ a pessoa cesse completamente seu envolvimento na infração noticiada ou sob investigação a partir da data de propositura do acordo;
■ a Superintendência-Geral não disponha de provas suficientes para assegurar a condenação da pessoa por ocasião da propositura do acordo; e
■ a pessoa **confesse** sua participação no ilícito e coopere plena e permanentemente com as investigações e o processo administrativo, comparecendo, sob suas expensas, sempre que solicitada, a todos os atos processuais, até seu encerramento.

Com relação à **pessoa jurídica**, ela poderá celebrar acordos de leniência desde que cumpridos os requisitos acima indicados e, adicionalmente, que seja a **primeira** a se

---

sa (O acordo de leniência na investigação antitruste: da legislação ao *leading case* brasileiro, p. 202, nota de rodapé n. 2).

[48] O instituto do acordo de leniência, em matéria antitruste, foi criado pela Medida Provisória n. 2.055-1, de 12.09.2000, convertida na Lei n. 10.149, de 21.12.2000, que introduziu o art. 35-B na Lei n. 8.884/94. Apesar de ter sido inserido no ordenamento jurídico brasileiro em dezembro de 2000, o primeiro acordo de leniência somente foi realizado em outubro de 2003 (AL n. 1/03) e ratificado integralmente pelo CADE em setembro de 2007. O ano de 2003, consoante registra Lívia Cardoso Viana Gonçalves, "é considerado pelos órgãos antitruste como marco temporal em que o Brasil priorizou o combate aos cartéis" (O acordo de leniência na investigação antitruste: da legislação ao *leading case* brasileiro, p. 224).

[49] O acordo de leniência, observa Flávia Chiquito dos Santos, "foi introduzido devido às dificuldades de detecção e persecução dos cartéis sem a cooperação de seus participantes, principalmente em vista do caráter sigiloso e fraudulento dessa conduta" (*Aplicação de penas na repressão a cartéis*: uma análise da jurisprudência do CADE, p. 66-67). Assim, no caso de cartéis, o acordo de leniência busca aumentar a instabilidade entre os agentes econômicos, "colocando um elemento endógeno de desconfiança na formação e na manutenção de acordos colusivos" (RAGAZZO, Carlos Emmanuel Joppert. *A regulação da concorrência*, p. 182).

[50] Sobre o tema, assevera Lívia Cardoso Viana Gonçalves: "A taxatividade dos requisitos elencados, à semelhança daquela existente nos Estados Unidos, é de crucial importância para garantir a efetividade do programa, na medida em que permitir melhor transparência e previsibilidade por parte do proponente do Acordo, bem como delimita a margem do arbítrio do representante da União" (O acordo de leniência na investigação antitruste: da legislação ao *leading case* brasileiro, p. 214). Apesar da autora referir-se à Lei n. 8.884/94, tal comentário é perfeitamente cabível à disciplina do acordo de leniência à luz da Lei n. 12.529/2011.

7 ■ Defesa da Concorrência: Repressão às Infrações da Ordem Econômica   763

qualificar com respeito à infração noticiada ou sob investigação (art. 86, § 1.°, inciso I, Lei n. 12.529/2011).

O acordo de leniência firmado com o CADE, por intermédio da Superintendência--Geral, estipulará as **condições** necessárias para assegurar a efetividade da colaboração e o resultado útil do processo (art. 86, § 3.°, Lei n. 12.529/2011).

> **Observação:** A legislação anterior dispunha que: "A celebração de acordo de leniência não se sujeita à aprovação do CADE"[51]. Apesar da Lei n. 12.529/2011 não conter dispositivo semelhante, entendemos, com Ana Paula Martinez[52], "que é vedado ao Tribunal do CADE questionar a conveniência e oportunidade da assinatura do acordo pela Superintendência--Geral, podendo apenas verificar seu cumprimento"[53].

Considera-se **sigilosa** a proposta de acordo de leniência, salvo no interesse das investigações e do processo administrativo (art. 86, § 9.°, Lei n. 12.529/2011).

Não importará confissão quanto à matéria de fato, nem reconhecimento de ilicitude da conduta analisada, a proposta de acordo de leniência **rejeitada**, da qual não se fará qualquer divulgação (art. 86, § 10, Lei n. 12.529/2011).

O acordo de leniência, **se cumprido**, produz um dos seguintes **efeitos** (art. 86, *caput*, Lei n. 12.529/2011) **na esfera administrativa**:

■ a extinção da ação punitiva da administração pública; **ou**

■ a redução de 1 (um) a 2/3 (dois terços) da penalidade aplicável.

Tais efeitos não decorrem da mera celebração do acordo de leniência, mas de seu **efetivo cumprimento**.

> **Observação:** Conforme esclarece o art. 87 da Lei n. 12.529/2011, o acordo de leniência também produz efeitos **no âmbito criminal**, que serão adiante mencionados, no tópico relativo aos crimes contra a ordem econômica.

Compete ao Plenário do Tribunal "decidir pelo cumprimento das decisões, compromissos e acordos" (art. 9.°, inciso XIX, Lei n. 12.529/2011). Assim, cabe ao Tribunal, por ocasião do julgamento do processo administrativo, verificado o cumprimento do acordo (art. 86, § 4.°, Lei n. 12.529/2011):

■ decretar a extinção da ação punitiva da administração pública em favor do infrator, nas hipóteses em que a proposta de acordo tiver sido apresentada à Superintendência-Geral sem que essa tivesse conhecimento prévio da infração noticiada; **ou**

---

[51] Art. 35-B, § 4.°, da Lei n. 8.884/94, incluído pela Lei n. 10.149, de 21.12.2000. Na vigência da mencionada legislação, o acordo de leniência era celebrado pela então Secretaria de Direito Econômico (SDE).

[52] MARTINEZ, Ana Paula. *Repressão a cartéis*: interface entre direito administrativo e direito penal, p. 268.

[53] Compete ao Tribunal Administrativo de Defesa Econômica, por ocasião do julgamento do processo administrativo, **verificar o cumprimento do acordo de leniência** (art. 86, § 4.°, Lei n. 12.529/2011).

- nas demais hipóteses, reduzir de 1 (um) a 2/3 (dois terços) as penas aplicáveis[54], devendo levar em consideração na gradação da pena:

a) o disposto no art. 45 da Lei n. 12.529/2011[55];
b) a efetividade da colaboração prestada; e
c) a boa-fé do infrator no cumprimento do acordo de leniência.

> **Observação:** São estendidos às empresas do mesmo grupo, de fato ou de direito, e aos seus dirigentes, administradores e empregados envolvidos na infração os efeitos do acordo de leniência, desde que o firmem em conjunto, respeitadas as condições impostas (art. 86, § 6.º, Lei n. 12.529/2011).

A realização do acordo de leniência proporciona, dentre outros, os seguintes efeitos positivos: a cessão imediata da prática, a desconstituição da colusão da prática do cartel e a responsabilização da maioria dos participantes pelos danos até então causados. A desvantagem que se apresenta é a "impunidade" de que passa a desfrutar o delator, embora seja um dos participantes da conduta coordenada[56].

A empresa ou pessoa física que não obtiver, no curso de inquérito ou processo administrativo, habilitação para a celebração do acordo de leniência, poderá celebrar com a Superintendência-Geral, **até a remessa do processo para julgamento**, acordo de leniência relacionado a **outra infração**, da qual o CADE não tenha conhecimento prévio (art. 86, § 7.º, Lei n. 12.529/2011)[57]. Nesse caso, o infrator se beneficiará da redução de 1/3 (um terço) da pena que lhe for aplicável naquele processo, sem prejuízo da extinção da ação punitiva da administração pública em relação à nova infração denunciada (art. 86, § 8.º, Lei n. 12.529/2011).

Em caso de **descumprimento** do acordo de leniência, o beneficiário ficará **impedido** de celebrar novo acordo de leniência pelo prazo de **3 (três) anos**, contado da data de seu julgamento (art. 86, § 12, Lei n. 12.529/2011).

O acordo de leniência deverá observar as normas a serem editadas pelo Tribunal (art. 86, § 11, Lei n. 12.529/2011).

> **Observação:** O STF admite o **compartilhamento de provas** obtidas por meio de acordo de leniência, desde que a utilização de tais provas observe os limites estabelecidos no acordo em relação aos aderentes[58].

---

[54] A pena sobre a qual incidirá o fator redutor não será superior à menor das penas aplicadas aos demais coautores da infração, relativamente aos percentuais fixados para a aplicação das multas de que trata o inciso I do art. 37 da Lei n. 12.529/2011 (art. 86, § 5.º, Lei n. 12.529/2011).

[55] De acordo com o art. 45 da Lei n. 12.529/2011, devem ser levados em consideração: (i) a gravidade da infração; (ii) a boa-fé do infrator; (iii) a vantagem auferida ou pretendida pelo infrator; (iv) a consumação ou não da infração; (v) o grau de lesão, ou perigo de lesão, à livre concorrência, à economia nacional, aos consumidores, ou a terceiros; (vi) os efeitos econômicos negativos produzidos no mercado; (vii) a situação econômica do infrator; e (viii) a reincidência.

[56] GONÇALVES, Lívia Cardoso Viana. *O acordo de leniência na investigação antitruste*: da legislação ao *leading case* brasileiro, p. 225.

[57] Esse instituto, segundo Flávia Chiquito dos Santos, é denominado **"leniência *plus*"** (ou, do inglês, "*amnesty plus*") (*Aplicação de penas na repressão a cartéis*: uma análise da jurisprudência do CADE, p. 68-69).

[58] AgR 4.420/DF, Rel. Min. Gilmar Mendes, 2.ª Turma, j. em 28.08.2018, *DJe*-192 13.09.2018; Inq-QO-ED 4.428/DF, Rel. Min. Gilmar Mendes, 2.ª Turma, j. em 12.02.2019, *DJe*-041 28.02.2019.

7 ■ Defesa da Concorrência: Repressão às Infrações da Ordem Econômica   765

7.6. PENAS

A prática de infração da ordem econômica sujeita os responsáveis às penas previstas nos arts. 37 e 38 da Lei n. 12.529/2011: o primeiro comina as penas de **multas** — que são a principal espécie de pena aplicável às infrações contra a ordem econômica —, ao passo que o segundo indica **outras espécies de penalidades**[59]. Vejamos, separadamente, cada uma delas.

7.6.1. PENA DE MULTA

Aos que praticarem infração da ordem econômica são aplicáveis as seguintes penalidades pecuniárias, previstas no art. 37 da Lei n. 12.529/2011, que variam conforme o **tipo de pessoa** que seja o infrator:

INFRATOR	PENALIDADE PECUNIÁRIA (MULTA)
No caso de empresa	Multa de 0,1% (um décimo por cento) a 20% (vinte por cento) do valor do **faturamento bruto**[60] da empresa, grupo ou conglomerado obtido, no último exercício anterior à instauração do processo administrativo, no ramo de atividade empresarial em que ocorreu a infração, a qual **nunca será inferior à vantagem auferida**[61], quando for possível sua estimação[62]. **Observação:** No cálculo do valor da multa citada, o CADE poderá considerar o **faturamento total** da empresa ou grupo de empresas, quando não dispuser do valor do faturamento no ramo de atividade empresarial em que ocorreu a infração, definido pelo CADE, ou quando este for apresentado de forma incompleta e/ou não demonstrado de forma inequívoca e idônea (art. 37, § 2.º, Lei n. 12.529/2011).

---

[59] Há quem considere as multas (penalidades pecuniárias) como **sanções ordinárias** e as demais espécies como **sanções extraordinárias**. Nesse sentido: SOUZA, Ana Paula Marques de; PEREIRA, Fábio da Silva; LIMA, Renata Albuquerque. *Sistema brasileiro de defesa da concorrência*: implicações da Lei n. 12.529/2011 na defesa da concorrência, p. 82.

[60] A Lei n. 8.884/94 estabelecia, no caso de empresa, "multa de um a trinta por cento do valor do faturamento bruto no seu último exercício, excluídos os impostos, a qual nunca será inferior à vantagem auferida, quando quantificável" (art. 23, inciso I). O STF, em exame cautelar, não vislumbrou aparência de inconstitucionalidade no mencionado dispositivo (ADI-MC 1.094/DF, Rel. Min. Carlos Velloso, Pleno, j. em 21.09.1995, *DJ* 20.04.2001, p. 104). Referida ADI, contudo, foi extinta sem resolução de mérito em razão da revogação superveniente da Lei n. 8.884/94 pela Lei n. 12.529/2011. Tércio Sampaio Ferraz Júnior entende que o que deve ser tomado como base de cálculo da multa é a **receita líquida**: "Afinal, fere o senso de justiça (razoabilidade amalgamada à proporcionalidade) que a base de cálculo da multa inclua valores que não representam ganhos próprios, mas que, ao contrário, destinam-se a compor a arrecadação do Estado" (Sanções por infração à ordem econômica na lei concorrencial, p. 411).

[61] Além do referido mandamento, que atua como limite sancionatório, a Lei n. 12.529/2011, ao dispor sobre os critérios de dosimetria da pena, determina que seja levada em consideração "a vantagem auferida ou pretendida pelo infrator" (art. 45, inciso III).

[62] Ressalta Flávia Chiquito dos Santos que, no caso de cartel, a maioria das jurisdições não costuma realizar o cálculo da vantagem auferida pelos infratores "devido à escassez de informações disponíveis sobre o *modus operandi* do cartel, notadamente por se tratar de uma conduta tipicamente secreta" (*Aplicação de penas na repressão a cartéis*: uma análise da jurisprudência do CADE, p. 169). Bruno Oliveira Maggi aponta, ainda, outras dificuldades para realizar o cálculo de tal vantagem no caso de

No caso das demais pessoas físicas ou jurídicas de direito público ou privado, bem como quaisquer associações de entidades ou pessoas constituídas de fato ou de direito, ainda que temporariamente, com ou sem personalidade jurídica, que não exerçam atividade empresarial	Multa nos mesmos percentuais aplicados à empresa (primeira linha desta tabela) sobre o valor do **faturamento bruto** da pessoa obtido, no último exercício anterior à instauração do processo administrativo, no ramo de atividade em que ocorreu a infração, a qual **nunca será inferior à vantagem auferida**, quando for possível sua estimação. Não sendo possível utilizar-se o critério do valor do faturamento bruto, a multa será entre R$ 50.000,00 (cinquenta mil reais) e R$ 2.000.000.000,00 (dois bilhões de reais).
No caso de administrador, direta ou indiretamente responsável pela infração cometida, **quando comprovada a sua culpa ou dolo**	Multa de 1% (um por cento) a 20% (vinte por cento) daquela aplicada à empresa (no caso da primeira linha desta tabela) ou às demais pessoas ou entidades (nos casos previstos na segunda linha desta tabela). **Observação:** Embora os atos de infração à ordem econômica independam de culpa (art. 36, *caput*, Lei n. 12.529/2011), é necessária a **comprovação de dolo ou culpa** para que ocorra apenação, com multa, do administrador responsável pela infração cometida (art. 37, inciso III, Lei n. 12.529/2011).

Em caso de **reincidência**, as multas cominadas serão aplicadas **em dobro** (art. 37, § 1.º, Lei n. 12.529/2011).

7.6.2. OUTRAS ESPÉCIES DE PENAS

Sem prejuízo das penas de multa cominadas no art. 37 da Lei n. 12.529/2011, o art. 38 do mesmo diploma autoriza — quando assim exigir a gravidade dos fatos **ou** o interesse público geral[63] — que sejam impostas as seguintes penas, **isolada ou cumulativamente**:

■ a publicação, em meia página e a expensas do infrator, em jornal indicado na decisão, de extrato da decisão condenatória, por 2 (dois) dias seguidos, de 1 (uma) a 3 (três) semanas consecutivas;

■ a proibição de contratar com instituições financeiras oficiais e participar de licitação tendo por objeto aquisições, alienações, realização de obras e serviços, concessão de serviços públicos, na administração pública federal, estadual, municipal e do Distrito Federal, bem como em entidades da administração indireta, por prazo não inferior a 5 (cinco) anos[64];

---

cartel: "Primeiro, é necessário definir se a vantagem auferida deve ser considerada: (i) a diferença de valor cobrado dos consumidores acima do preço normal de mercado (sobrepreço); ou (ii) o ganho efetivo da empresa participante do acordo de cartel, depois de computado os demais valores envolvidos (tais como a alteração da estrutura de custo da empresa e o custo operacional do cartel" (*Cartel*: responsabilidade civil concorrencial, p. 32). Em vista de tais dificuldades, conclui o referido autor que "o cumprimento estrito da primeira opção trazida pela norma contida no artigo 37, I, da legislação concorrencial, se torna impraticável e o cálculo da vantagem auferida pela empresa, quando realizado, é feito de maneira estimada" (Ob. cit., p. 32). Sobre as possibilidades interpretativas do inciso I do art. 37 da Lei n. 12.529/2011: D'ARCANCHY, Deborah. *Ramo de atividade empresarial, sua parametrização e vantagem auferida em multas e contribuições pecuniárias no CADE*: uma análise da jurisprudência mais divergente do órgão antitruste brasileiro.

[63] Leciona Carolina Matthes Dotto que tais requisitos são cumulativos (*Remédios estruturais em caso de infração à ordem econômica*, p. 77). Entendemos, contudo, que o emprego na lei da conjunção "ou" evidencia tratar-se de requisitos **alternativos**.

[64] O STF, em exame cautelar, não vislumbrou aparência de inconstitucionalidade no inciso II do art. 24 da Lei n. 8.884/94 — que possuía redação similar à do inciso II do art. 38 da Lei n. 12.529/2011

7 ◼ Defesa da Concorrência: Repressão às Infrações da Ordem Econômica 767

◼ a inscrição do infrator no Cadastro Nacional de Defesa do Consumidor;

◼ a recomendação aos órgãos públicos competentes para que[65]:

a) seja concedida licença compulsória de direito de propriedade intelectual de titularidade do infrator, quando a infração estiver relacionada ao uso desse direito;

b) não seja concedido ao infrator parcelamento de tributos federais por ele devidos;

c) sejam cancelados, no todo ou em parte, incentivos fiscais ou subsídios públicos;

◼ a cisão de sociedade, transferência de controle societário, venda de ativos ou cessação parcial de atividade;

◼ a proibição de exercer o comércio em nome próprio ou como representante de pessoa jurídica, pelo prazo de até 5 (cinco) anos; e

◼ qualquer outro ato ou providência necessários para a eliminação dos efeitos nocivos à ordem econômica.

As medidas impostas pela autoridade antitruste para tentar fazer cessar os efeitos de uma infração à ordem econômica denominam-se **remédios antitruste**[66].

O termo **"remédios jurídicos"**, como observa Bruno Braz de Castro, "refere-se aos meios, instrumentos, para a realização de objetivos delimitados pelo ordenamento jurídico". E prossegue: "O entendimento não é diferente quando se trata do direito concorrencial brasileiro. Neste ramo da ciência jurídica, entende-se serem 'remédios' os meios juridicamente estabelecidos com o escopo de garantir a efetividade do princípio constitucional da livre concorrência — art. 170, IV, da Constituição da República — ou, dito de maneira mais específica, de prevenir e reprimir 'o abuso do poder econômico que vise à dominação dos mercados, à eliminação da concorrência e ao aumento arbitrário de lucros' — art. 173, § 4.º, da Constituição da República"[67].

Os remédios antitruste, no dizer de Amanda Flávio de Oliveira, "*são medidas ou instrumentos previstos em lei para a conversão de ilicitudes antitruste em condutas ou atos lícitos, sando o dano à livre concorrência que se configura e/ou adequando o comportamento em desconformidade com a lei a esta*" (destaque no original)[68].

Tais remédios dividem-se em **comportamentais** e **estruturais**[69].

(ADI-MC 1.094/DF, Rel. Min. Carlos Velloso, Pleno, j. em 21.09.1995, *DJ* 20.04.2001, p. 104). Referida ADI, contudo, foi extinta sem resolução de mérito, por perda superveniente do objeto, tendo em vista a revogação da Lei n. 8.884/94 pela Lei n. 12.529/2011.

[65] O STF, em exame cautelar, não vislumbrou aparência de inconstitucionalidade no inciso IV do art. 24 da Lei n. 8.884/94 — que possuía redação similar à do inciso IV do art. 38 da Lei n. 12.529/2011 (ADI-MC 1.094/DF, Rel. Min. Carlos Velloso, Pleno, j. em 21.09.1995, *DJ* 20.04.2001, p. 104). Referida ação, entretanto, foi extinta em razão da revogação superveniente da Lei n. 8.884/94 pela Lei n. 12.529/2011.

[66] Referidos remédios também podem ser aplicados em sede de controle de atos de concentração (art. 61, §§ 1.º e 2.º, Lei n. 12.529/2011).

[67] CASTRO, Bruno Braz de. Remédios jurídicos no direito concorrencial brasileiro: um panorama, p. 32.

[68] OLIVEIRA, Amanda Flávio de. Remédios antitruste e ordenamento jurídico brasileiro: primeiras reflexões, p. 19.

[69] DOTTO, Carolina Matthes. *Remédios estruturais em caso de infração à ordem econômica*, p. 49 e 51.

Remédios comportamentais são representados por um comportamento a ser seguido pelo agente infrator, podendo ser comissivo ou omissivo, a depender do tipo de infração que foi cometida. Em tal categoria se enquadra, por exemplo, a proibição de exercer o comércio pelo prazo de até 5 (cinco) anos.

Remédios estruturais, por seu turno, são os que ensejam uma interferência ou alteração permanente na estrutura do agente infrator. Seria o caso, por exemplo, da determinação de cisão de sociedade ou da transferência de controle societário.

Sintetizando:

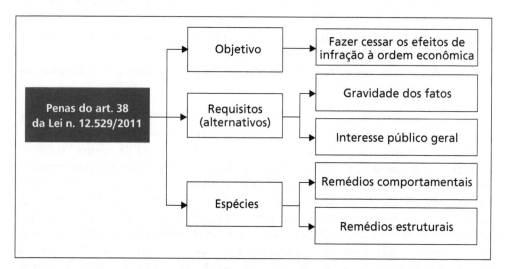

7.6.3. MULTA DIÁRIA

Pela **continuidade** de atos ou situações que configurem infração da ordem econômica, após decisão do Tribunal determinando sua cessação, bem como pelo **não cumprimento** de obrigações de fazer ou não fazer impostas, o responsável fica sujeito a **multa diária** fixada em valor de R$ 5.000,00 (cinco mil reais), podendo ser aumentada em até 50 (cinquenta) vezes, se assim recomendar a situação econômica do infrator e a gravidade da infração (art. 39, Lei n. 12.529/2011).

7.6.4. APLICAÇÃO DAS PENAS

Na aplicação das penas estabelecidas na Lei n. 12.529/2011, levar-se-ão em consideração os aspectos dispostos no art. 45 do referido diploma, a saber:

- a gravidade da infração;
- a boa-fé do infrator;
- a vantagem auferida ou pretendida pelo infrator;
- a consumação ou não da infração[70];

---

[70] Embora a responsabilização por infrações à ordem econômica independa de que sejam alcançados os efeitos previstos nos incisos do *caput* do art. 36 da Lei n. 12.529/2011, na aplicação das penas é relevante o aspecto da consumação ou não da infração (art. 45, inciso IV, Lei n. 12.529/2011).

7 ◘ Defesa da Concorrência: Repressão às Infrações da Ordem Econômica 769

◼ o grau de lesão, ou perigo de lesão, à livre concorrência, à economia nacional, aos consumidores, ou a terceiros;

◼ os efeitos econômicos negativos produzidos no mercado;

◼ a situação econômica do infrator; e

◼ a reincidência.

> **Observação:** O CADE poderá considerar como circunstância **atenuante**, no momento da aplicação das penas previstas nos arts. 37 e 38 da Lei n. 12.529/2011, o **ressarcimento** extrajudicial ou judicial, devidamente comprovado, no âmbito das Ações Civis de Reparação por Danos Concorrenciais (ACRDC), de que trata o art. 47 da Lei n. 12.529/2011 (art. 12, Resolução n. 21, de 11.09.2018, do CADE).

Para que sejam aplicadas circunstâncias agravantes ou atenuantes da pena, alerta Flávia Chiquito dos Santos, é imprescindível que o CADE individualize, motivadamente, "a responsabilidade de cada representado ao proferir a decisão de mérito condenatória"[71].

A pena administrativa imposta, anota Bruno Oliveira Maggi, "deve cumprir com suas **funções retributiva e preventiva**, analogamente ao que é exigido de uma condenação no âmbito do direito penal" (destaque nosso)[72].

7.7. PRESCRIÇÃO

A Lei n. 12.529/2011, ao dispor sobre o instituto da **prescrição**, cuidou apenas das modalidades de prescrição da **pretensão punitiva** — relativa ao direito do Estado de impor penalidade ao infrator da ordem econômica —, não tendo disciplinado a prescrição da **pretensão executória** — relativa ao direito do Estado de executar a pena administrativamente imposta.

> **Observação:** Com as alterações trazidas pela Lei n. 14.470, de 16.11.2022, a Lei n. 12.529/2011 também passou a dispor sobre a **prescrição** da pretensão à **reparação pelos danos** causados pelas infrações à ordem econômica (art. 46-A), que será mencionada no item 7.9 deste capítulo.

São duas as modalidades de prescrição da pretensão punitiva da Administração Pública estabelecidas na Lei n. 12.529/2011:

◼ a **prescrição geral**, prevista no *caput* e no § 4.º do art. 46; e

◼ a **prescrição intercorrente**, estabelecida no § 3.º do mesmo artigo.

A **prescrição geral**, no dizer de Daniela Silva Borges, é "aquela incidente entre a data da prática do ilícito e o primeiro marco interruptivo da contagem do prazo

---

[71] SANTOS, Flávia Chiquito dos. *Aplicação de penas na repressão a cartéis*: uma análise da jurisprudência do CADE, p. 172.

[72] MAGGI, Bruno Oliveira. *Cartel*: responsabilidade civil concorrencial, p. 31.

770 Direito Financeiro e Econômico Esquematizado   *Carlos Alberto de Moraes Ramos Filho*

prescricional. Corresponde ela ao prazo que a Administração tem para **iniciar a apuração** das infrações contra a ordem econômica"[73].

Tal prazo é, em princípio, de **5 (cinco) anos** (art. 46, *caput*, Lei n. 12.529/2011).

> **Observação:** Entendemos que referido prazo não é prescricional, mas **decadencial** do direito de aplicar a pena[74].

Se, no entanto, o fato objeto da ação punitiva da administração também constituir **crime**, a prescrição reger-se-á pelo prazo previsto na **lei penal** (art. 46, § 4.º, Lei n. 12.529/2011). Isso significa que o prazo prescricional no **processo administrativo** tomará por base a **legislação penal**.

O prazo de prescrição geral tem como **termo inicial** (art. 46, *caput*, Lei n. 12.529/2011):

- ☐ no caso de infração instantânea (aquela que se consuma em um único instante), a data da prática do ilícito; ou
- ☐ no caso de infração permanente ou continuada, o dia em que tiver cessada a prática do ilícito.

A prescrição se **interrompe** (art. 46, § 1.º, Lei n. 12.529/2011):

- ☐ por qualquer ato administrativo ou judicial que tenha por objeto a apuração da infração contra a ordem econômica;
- ☐ pela notificação ou intimação da investigada.

Suspende-se a prescrição durante a vigência (art. 46, § 2.º, Lei n. 12.529/2011):

- ☐ do compromisso de cessação; ou
- ☐ do acordo em controle de concentrações.

A **prescrição intercorrente**, por seu turno, é a que incide no curso do processo administrativo de apuração de infrações contra a ordem econômica e "tem por objetivo instigar a continuidade da investigação ou persecução administrativas, até a prolação da decisão definitiva sobre o caso"[75].

Incide a prescrição intercorrente no procedimento administrativo paralisado por mais de **3 (três) anos**, pendente de julgamento ou despacho, cujos autos serão

---

[73] BORGES, Daniela Silva. A prescrição na Lei n. 12.529/2011, p. 130.

[74] Nesse sentido é o voto do Min. Castro Meira, relator do REsp 436.960/SC, ao analisar o prazo previsto no art. 1.º da Lei n. 9.873/99, cujo teor é idêntico ao do *caput* do art. 46 da Lei n. 12.529/2011: "De início, cumpre observar a inaplicabilidade do art. 1.º da Lei n. 9.873/99, uma vez que tal dispositivo se refere ao prazo para a Administração Pública impor uma sanção ao administrado. Na realidade, como salientado no aresto recorrido, o dispositivo em referência cuida de prazo decadencial. Esgotado o prazo, perece o direito de punir. No presente caso, a multa já foi imposta. O que se questiona é o lapso temporal à disposição da Fazenda Nacional para cobrá-la" (REsp 436.960/SC, Rel. Min. Castro Meira, 2.ª Turma, j. em 02.02.2006, *DJ* 20.02.2006, p. 265).

[75] BORGES, Daniela Silva. A prescrição na Lei n. 12.529/2011, p. 130-131.

arquivados de ofício ou mediante requerimento da parte interessada, sem prejuízo da apuração da responsabilidade funcional decorrente da paralisação, se for o caso (art. 46, § 3.º, Lei n. 12.529/2011).

No que tange à prescrição da pretensão executória, considerando que a Lei n. 12.529/2011 não a disciplinou, há quem defenda a aplicação do prazo de 5 (cinco) anos previsto na Lei n. 9.873, de 23.11.1999, que estabelece prazo de prescrição para o exercício de ação punitiva pela Administração Pública Federal, direta e indireta[76].

Ocorre que o art. 1.º da Lei n. 9.873/99 tem idêntica redação à do *caput* do art. 46 da Lei n. 12.529/2011 e, portanto, também se refere à pretensão punitiva da Administração Pública.

Assim, entendemos que o prazo prescricional da **pretensão executória** das multas aplicadas pelo CADE, como receitas públicas não tributárias que são, é de **5 (cinco) anos**, mas por aplicação analógica do art. 1.º do Decreto n. 20.910, de 06.01.1932.

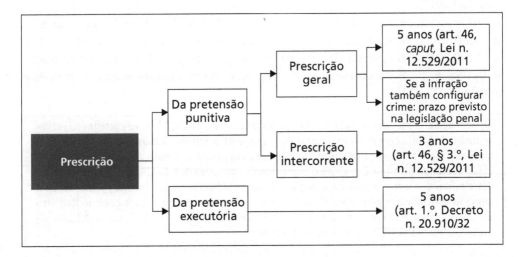

7.8. EXECUÇÃO JUDICIAL DAS DECISÕES DO CADE

A decisão do Plenário do Tribunal Administrativo de Defesa Econômica, do CADE, cominando multa ou impondo obrigação de fazer ou não fazer, constitui **título executivo extrajudicial** (art. 93, Lei n. 12.529/2011)[77].

Descumprida a decisão, no todo ou em parte, será o fato comunicado ao Presidente do Tribunal, que determinará à **Procuradoria Federal Especializada** junto ao CADE que providencie sua **execução judicial** (art. 15, inciso III c/c art. 81, Lei n. 12.529/2011)[78].

---

[76] Nesse sentido: BORGES, Daniela Silva. A prescrição na Lei n. 12.529/2011, p. 131.

[77] CPC: "Art. 784. São títulos executivos extrajudiciais: (...) XII — todos os demais títulos aos quais, por disposição expressa, a lei atribuir força executiva".

[78] A Procuradoria Federal junto ao CADE, ao dar execução judicial às decisões da Superintendência-Geral e do Tribunal, deve manter o Presidente do Tribunal, os Conselheiros e o Superinten-

A execução que tenha por objeto exclusivamente a cobrança de **multa** é feita de acordo com o disposto na Lei n. 6.830/80 — Lei de Execuções Fiscais (art. 94, Lei n. 12.529/2011)[79].

A execução que tenha por objeto, além da cobrança de multa, o cumprimento de **obrigação de fazer ou não fazer**, será feita de acordo com o disposto no art. 95 da Lei n. 12.529/2011.

A execução será feita por todos os meios, inclusive mediante **intervenção na empresa**, quando necessária (art. 96, Lei n. 12.529/2011), que deverá obedecer às disposições dos arts. 102 a 111 da Lei n. 12.529/2011.

O oferecimento de embargos ou o ajuizamento de qualquer outra ação que vise à desconstituição do título executivo não suspenderá a execução, se não for **garantido o juízo** no valor das multas aplicadas, para que se garanta o cumprimento da decisão final proferida nos autos, inclusive no que tange a multas diárias (art. 98, *caput*, Lei n. 12.529/2011).

O processo de execução judicial das decisões do CADE tem **preferência** sobre as demais espécies de ação, exceto *habeas corpus* e mandado de segurança (art. 101, Lei n. 12.529/2011). Tal urgência decorre do fato dos julgados do CADE serem diretamente ligados a questões econômicas e visa, pois, evitar maiores prejuízos à ordem econômica[80].

> **Observação:** A Procuradoria Federal Especializada junto ao CADE deve entregar ao representante do Ministério Público Federal que atua junto à referida autarquia, ordinariamente ao fim de cada semestre e extraordinariamente sempre que solicitado, relatório circunstanciado contendo informações sobre o cumprimento das decisões do CADE, que deverão ser discriminadas sobre o objeto e a situação das ações judiciais eventualmente ajuizadas, bem como as providências administrativas para sua execução, tais como inscrições no Registro de Dívida Ativa (RDA) e no Cadastro de Inadimplentes (CADIN) (art. 3.º, inciso XII, Resolução Conjunta PGR/CADE n. 1, de 30.09.2016).

7.9. DIREITO DE AÇÃO

O agente que praticou uma infração contra a ordem econômica deve reparar os danos decorrentes de sua conduta ilícita, conforme estabelece o art. 927 do CC:

---

dente-Geral informados sobre o andamento das ações e medidas judiciais (art. 15, parágrafo único, Lei n. 12.529/2011).

[79] Ressalte-se que a Lei n. 6.830/80 dispõe sobre a cobrança judicial da Dívida Ativa da Fazenda Pública, que tem como título executivo a "**certidão de dívida ativa** da Fazenda Pública da União, dos Estados, do Distrito Federal e dos Municípios, correspondente aos **créditos inscritos** na forma da lei" (art. 784, inciso IX, CPC) (destaques nossos). Apesar do exposto, não é necessária a inscrição em dívida ativa do crédito relativo à multa aplicada pelo CADE, pois a própria decisão que comida penalidade pecuniária constitui, por si só, título executivo.

[80] SOUZA, Ana Paula Marques de; PEREIRA, Fábio da Silva; LIMA, Renata Albuquerque. *Sistema brasileiro de defesa da concorrência*: implicações da Lei n. 12.529/2011 na defesa da concorrência, p. 91.

7 ▪ Defesa da Concorrência: Repressão às Infrações da Ordem Econômica   773

> **Art. 927.** Aquele que, por **ato ilícito** (arts. 186 e 187), causar dano a outrem, fica obrigado a repará-lo.
>
> Parágrafo único. Haverá obrigação de reparar o dano, **independentemente de culpa**, nos **casos especificados em lei**, ou quando a atividade normalmente desenvolvida pelo autor do dano implicar, por sua natureza, risco para os direitos de outrem (destaques nossos)[81].

O art. 47 da Lei n. 12.529/2011[82] permite que os **prejudicados** por práticas que constituam infração da ordem econômica, ingressem em juízo para, em defesa de seus interesses **individuais** ou **individuais homogêneos**, obter:

- ▪ a **cessação** das referidas práticas; **e**
- ▪ o recebimento de **indenização** por perdas e danos sofridos.

> **Observação:** A Lei n. 12.529/2011, como se vê, **vai além do Código Civil**[83], pois enquanto este estabelece a responsabilidade de indenizar, aquela também admite a propositura de ação para o fim de fazer cessar as práticas ilegais.

A disposição do art. 47 da Lei n. 12.529/2011, como bem observa Marcela Ali Tarif Roque, "evidencia a intenção do legislador de conferir especial proteção do equilíbrio de mercado interno, na medida em que, além do Estado, a preservação de um ambiente sadio passa a ser fiscalizada também pelos agentes econômicos diretamente relacionados"[84].

Trata-se, no caso, de **persecução privada a condutas anticompetitivas**[85], o que se dá por meio do ajuizamento de **Ações Civis de Reparação por Danos Concorrenciais (ACRDC)**.

---

[81] Observa Roberto Augusto Castellanos Pfeiffer que: "No caso de infrações contra a ordem econômica não há dúvidas de que incide o parágrafo único do art. 927 do CC, uma vez que a responsabilidade estabelecida pelo art. 36 da Lei 12.529/2011 é de natureza objetiva, já que utiliza a expressão 'independentemente de culpa' ao tipificar as infrações contra a ordem econômica" (*Defesa da concorrência e bem-estar do consumidor*, p. 248).

[82] No mesmo sentido era o disposto no art. 29 da Lei n. 8.884/94.

[83] Essa era a percepção de José Inácio Gonzaga Franceschini, em comentário ao art. 29 da Lei n. 8.884/94, que corresponde ao art. 47 da Lei n. 12.529/2011 (A execução descentralizada no Brasil e o papel do Cade, p. 201).

[84] ROQUE, Marcela Ali Tarif. A nova lei do CADE e a ação de indenização civil contida em seu artigo 47, p. 237. A autora emprega a expressão **"mercado interno"** na acepção constitucional a ela conferida. O art. 219 da CF assim dispõe: "O mercado interno integra o patrimônio nacional e será incentivado de modo a viabilizar o desenvolvimento cultural e sócio-econômico, o bem-estar da população e a autonomia tecnológica do País, nos termos de lei federal".

[85] Comentando sobre o art. 29 da Lei n. 8.884/94 — que corresponde ao art. 47 da Lei n. 12.529/2011 —, Gilberto de Abreu Sodré Carvalho observa que tal regra dirige-se às **repercussões privadas** do descumprimento da legislação antitruste (*Responsabilidade civil concorrencial*: introdução ao direito concorrencial privado, p. 24). Em seu voto no REsp 1.317.536/MA, o Ministro Paulo de Tarso

774 Direito Financeiro e Econômico Esquematizado — *Carlos Alberto de Moraes Ramos Filho*

De acordo com o dispositivo legal em questão, os prejudicados[86] podem ajuizar tais ações:

- por si; **ou**
- pelos legitimados referidos no art. 82 da Lei n. 8.078, de 11.09.1990 (Código de Defesa do Consumidor).

Para a configuração do dever de indenizar deve haver[87]:

- a demonstração de que a conduta foi **ilícita**, configurando uma infração contra a ordem econômica tipificada no art. 36 da Lei n. 12.529/2011;
- a demonstração de que ocorreu um **dano (lesão)**, sendo, assim, imprescindível a sua quantificação;
- a comprovação de um **nexo de causalidade** entre o dano e a conduta ilícita (no caso, a infração contra a ordem econômica).

> **Observação:** Na esfera administrativa, para a caracterização de uma infração contra a ordem econômica, basta que a conduta tenha o **potencial** de produzir os efeitos mencionados no art. 36 da Lei n. 12.529/2011, **ainda que não sejam alcançados**. Por outro lado, para a configuração do dever de indenizar, previsto no art. 47 do citado diploma legal, faz-se necessária a demonstração de que tal conduta tenha efetivamente gerado **prejuízos**.

O direito de ação previsto no art. 47 da Lei n. 12.529/2011 pode ser exercido, nos termos do referido dispositivo, **independentemente do inquérito ou processo**

Sanseverino (Relator), referindo-se ao art. 29 da Lei n. 8.884/94, manifestou-se no sentido de que referida disposição não trataria de direito concorrencial público — pois, no caso, não havia nem mesmo notícia de qualquer processo administrativo interposto junto ao CADE acerca da questão —, mas de **direito concorrencial privado**, "uma vez que a ação foi proposta pelo prejudicado, em defesa de seu direito individual, com a finalidade de obter a cessação de práticas que constituem suposta infração da ordem econômica". Tal alegação foi com o intuito de justificar a competência da 3.ª Turma do STJ para julgamento do recurso, pois ao referido órgão fracionário cabe decidir as questões de **direito privado** (STJ, REsp 1.317.536/MA, Rel. Min. Paulo de Tarso Sanseverino, 3.ª Turma, j. em 17.12.2015, *DJe* 03.02.2016).

[86] Apesar do art. 47 da Lei n. 12.529/2011 não definir quem sejam os tais "interessados", há quem entenda que tal expressão, no caso, abrangeria apenas os **consumidores**, mas não outras empresas. É o caso de Gilberto de Abreu Sodré Carvalho, que, comentando sobre o art. 29 da Lei n. 8.884/94 — que corresponde ao art. 47 da Lei n. 12.529/2011 —, leciona que tal regra é apenas uma lembrança da possibilidade da iniciativa individual ou coletiva na defesa de direito **do consumidor**, "vez que não trata das pessoas empresárias" (*Responsabilidade civil concorrencial*: introdução ao direito concorrencial privado, p. 24). Em sentido contrário é a lição de Heloisa Carpena, que entende que, além dos consumidores, também os **concorrentes** podem propor ações para ressarcimento de danos sofridos em razão de atos anticoncorrenciais ou infrações à ordem econômica (*O consumidor no direito da concorrência*, p. 233). No mesmo sentido: MARRARA, Thiago. *Sistema brasileiro de defesa da concorrência*: organização, processos e acordos administrativos, p. 69.

[87] FRANCESCHINI, José Inácio Gonzaga. A execução descentralizada no Brasil e o papel do Cade, p. 200; PFEIFFER, Roberto Augusto Castellanos. *Defesa da concorrência e bem-estar do consumidor*, p. 248; SANTOS, Flávia Chiquito dos. *Aplicação de penas na repressão a cartéis*: uma análise da jurisprudência do CADE, p. 76-77.

7 ◾ Defesa da Concorrência: Repressão às Infrações da Ordem Econômica — 775

administrativo, que **não será suspenso** em virtude do ajuizamento de ação. Resta evidenciado, pois, que as instâncias civil e administrativa são absolutamente **independentes**[88].

> **Observação:** Além das Ações Civis de Reparação por Danos Concorrenciais (ACRDC), também é possível o ajuizamento de **Ação Civil Pública (ACP)** de responsabilidade por danos causados por infração da ordem econômica (art. 1.º, inciso V, da Lei n. 7.347, de 24.07.1985, com redação dada pela Lei n. 12.529/2011)[89]. O Poder Judiciário é competente para examinar ACP visando à proteção da ordem econômica, **independentemente de prévia manifestação do CADE** ou de qualquer outro órgão da Administração Pública[90].

A competência para apreciar tanto as Além das Ações Civis de Reparação por Danos Concorrenciais (ACRDC) quanto as Ações Civis Públicas (ACP) de responsabilidade por danos causados por infração da ordem econômica é da **Justiça Comum Estadual**. Somente se o CADE efetivamente participar do processo é que a competência será deslocada para a Justiça Federal[91].

A propositura de tais ações de indenização possui **dupla função:**

- ◾ recompor a esfera patrimonial das pessoas que tiveram os seus interesses econômicos lesados (função reparatória ou compensatória); **e**
- ◾ desestimular a reincidência da prática de infrações contra a ordem econômica (função dissuasória ou preventiva)[92].

Os aspectos positivos das referidas ações de indenização são sintetizados por Vinícius Marques de Carvalho, que cita como tais o fato de a recuperação de danos ser um avanço em termos de justiça distributiva; de poder aumentar o número de

---

[88] ROQUE, Marcela Ali Tarif. A nova lei do CADE e a ação de indenização civil contida em seu artigo 47, p. 236.

[89] Por força do art. 21 da Lei da ACP (Lei n. 7.347/85), o Título III do Código de Defesa do Consumidor (CDC) aplica-se às ações civis públicas, inclusive às movidas em defesa da ordem econômica.

[90] STJ, REsp 1.181.643/RS, Rel. Min. Herman Benjamin, 2.ª Turma, j. em 01.03.2011, *DJe* 20.05.2011.

[91] SANTIAGO, Luciano Sotero. *Direito da concorrência*: doutrina e jurisprudência, p. 76-77. Lembra Marcela Ali Tarif Roque que nas ações de responsabilidade civil por danos concorrenciais "não é obrigatória a manifestação do CADE ou de qualquer órgão administrativo sobre o pedido do requerente" (A nova lei do CADE e a ação de indenização civil contida em seu artigo 47, p. 236).

[92] PFEIFFER, Roberto Augusto Castellanos. *Defesa da concorrência e bem-estar do consumidor*, p. 247. Bruno Oliveira Maggi aponta, ainda, uma terceira função da indenização: a **punitiva**, que não se confundiria com a sanção criminal, prevista na Lei n. 8.137/90, nem com a punição administrativa, aplicada nos termos da Lei n. 12.529/2011 (*Cartel*: responsabilidade civil concorrencial, p. 34 e 261-269). Referido autor, contudo, admite que a discussão sobre a existência de tal função "tem mais sentido nos casos em que o ato ilícito não é punível em outras esferas" (Ob. cit., p. 267). E conclui: "Portanto, a função punitiva da indenização apesar de ainda não acolhida pelo ordenamento jurídico pátrio não criaria qualquer situação de aplicação dúplice da lei, que poderia resultar no *bis in idem*. Essa função visa dar efetividade à reparação e evitar que novas infrações ocorram em desrespeito às normas civis. Ressalte-se, entretanto, que se defende a utilização com parcimônia, principalmente nos casos em que o ilícito civil é punido também por outras esferas do Direito, inclusive na criminal, como é o caso dos cartéis" (Ob. cit., p. 269).

casos de ilícitos detectados e de tratar-se de mais uma forma de promoção da cultura da concorrência[93].

Outro ponto positivo, destacado por Bruno Oliveira Maggi, é que a indenização **reforça o papel dissuasório da multa administrativa**, que, por si só, nem sempre consegue desestimular novas infrações[94]. Com efeito, como bem observa o referido autor, os valores das indenizações são muito mais elevados do que os das multas e, diferentemente destas — cujo patamar já é fixado na própria legislação antitruste —, não há como se estimar previamente qual será o valor pago no momento da eventual condenação dos infratores[95].

Nos termos do § 1.º do art. 47 da Lei n. 12.529/2011[96], os prejudicados terão direito a **ressarcimento em dobro** pelos prejuízos sofridos em razão de infrações à ordem econômica previstas nos incisos I e II do § 3.º do art. 36 do referido diploma legal[97], sem prejuízo das sanções aplicadas nas esferas administrativa e penal.

> **Observação:** Não ocorrerá ressarcimento em dobro nos casos em que houver **acordo de leniência** ou **termo de compromisso de cessação de prática** cujo cumprimento tenha sido declarado pelo CADE. Nesses casos, os infratores responderão **somente pelos prejuízos** causados aos prejudicados, **não incidindo** sobre eles **responsabilidade solidária** pelos danos causados pelos demais autores da infração à ordem econômica (art. 47, §§ 2.º e 3.º, Lei n. 12.529/2011[98]).

A decisão do Plenário do Tribunal Administrativo do CADE, cominando multa ou impondo obrigação de fazer ou não fazer (art. 93, Lei n. 12.529/2011), é apta a fundamentar a concessão de **tutela da evidência** (art. 311, CPC), permitindo ao juiz decidir **liminarmente** nas ACRDC, conforme dispõe o art. 47-A do mesmo diploma (acrescentado pela Lei n. 14.470/2022).

Prescreve em **5 (cinco) anos** a pretensão à reparação pelos danos causados pelas infrações à ordem econômica, iniciando-se sua contagem a partir da **ciência inequívoca do ilícito** (art. 46-A, § 1.º, Lei n. 12.529/2011, acrescentado pela Lei n. 14.470/2022).

> **Observação:** Considera-se ocorrida a ciência inequívoca do ilícito por ocasião da **publicação do julgamento final** do processo administrativo pelo CADE (art. 46-A, § 2.º, Lei n. 12.529/2011, acrescentado pela Lei n. 14.470/2022).

Quando a ação de indenização por perdas e danos originar-se do direito previsto no art. 47 da Lei n. 12.529/2011, **não correrá a prescrição** durante o curso do **inquérito** ou do **processo administrativo** no âmbito do CADE, nos termos do art. 46-A do mesmo diploma (acrescentado pela Lei n. 14.470/2022).

---

[93] CARVALHO, Vinícius Marques de. O sistema brasileiro de defesa da concorrência, p. 387.

[94] MAGGI, Bruno Oliveira. *Cartel*: responsabilidade civil concorrencial, p. 32-33 e 250-251.

[95] Ob. cit., p. 34.

[96] Parágrafo acrescentado pela Lei n. 14.470, de 16.11.2022.

[97] De acordo com o § 1.º do art. 47 da Lei n. 12.529/2011 (acrescentado pela Lei n. 14.470/2022), **não se presume** o repasse de sobrepreço nos casos das infrações à ordem econômica previstas nos incisos I e II do § 3.º do art. 36 do mencionado diploma, **cabendo a prova ao réu que o alegar**.

[98] Parágrafos acrescentados pela Lei n. 14.470/2022.

7 ■ Defesa da Concorrência: Repressão às Infrações da Ordem Econômica

7.10. DIREITO PENAL ECONÔMICO: OS CRIMES CONTRA A ORDEM ECONÔMICA

7.10.1. A CONCORRÊNCIA COMO BEM JURÍDICO-PENAL

Considerando que a concorrência visa assegurar, na lição de Flávia Noversa Loureiro, "o equilíbrio entre os diversos grupos de interesses, as empresas e os consumidores, de modo a permitir o exercício da liberdade de empresa e comércio, como manifestação que é do princípio da liberdade de desenvolvimento da pessoa"[99], conclui referida autora que "não se pode, por isso, sem mais, afastar sua dignidade penal, afirmando que de nenhum modo corresponde ela a um bem, valor ou interesse fundamental da comunidade"[100].

7.10.2. TIPOS PENAIS

Os crimes contra a ordem econômica encontram-se tipificados no art. 4.º da **Lei n. 8.137, de 27.12.1990**[101], que, com a redação dada pela Lei n. 12.529/2011, assim dispõe:

> **Art. 4.º** Constitui crime contra a ordem econômica:
>
> I — abusar do poder econômico, dominando o mercado ou eliminando, total ou parcialmente, a concorrência mediante qualquer forma de ajuste ou acordo de empresas;
>
> II — formar acordo, convênio, ajuste ou aliança entre ofertantes, visando:
>
> a) à fixação artificial de preços ou quantidades vendidas ou produzidas;
>
> b) ao controle regionalizado do mercado por empresa ou grupo de empresas;
>
> c) ao controle, em detrimento da concorrência, de rede de distribuição ou de fornecedores.

> **Observação:** O STJ reconheceu que os delitos do art. 4.º, inciso II, alíneas *a*, *b* e *c*, da Lei n. 8.137/90 são **crimes instantâneos** (aqueles cujo momento consumativo aperfeiçoa-se em um único instante) e **formais** (por se considerarem consumados independentemente do resultado)[102].

O bem jurídico-penal "ordem econômica" é um **bem coletivo**. Assim, o ilícito penal econômico caracteriza-se por se dirigir, principalmente, contra **interesses supraindividuais** da vida econômica[103].

---

[99] LOUREIRO, Flávia Noversa. *Direito penal da concorrência*: a tutela da liberdade concorrencial e a criminalização do cartel, p. 247.

[100] Ob. cit., p. 248.

[101] Além do referido diploma, outras normas também disciplinam o tema. É o caso, por exemplo, da **Lei n. 8.176, de 08.02.1991**, cujo art. 1.º qualifica como crimes contra a ordem econômica as seguintes condutas: I — adquirir, distribuir e revender derivados de petróleo, gás natural e suas frações recuperáveis, álcool etílico, hidratado carburante e demais combustíveis líquidos carburantes, em desacordo com as normas estabelecidas na forma da lei; II — usar gás liquefeito de petróleo em motores de qualquer espécie, saunas, caldeiras e aquecimento de piscinas, ou para fins automotivos, em desacordo com as normas estabelecidas na forma da lei.

[102] RHC 93.148/SP, Rel. Min. Reynaldo Soares da Fonseca, 5.ª Turma, j. em 03.05.2018, *DJe* 09.05.2018.

[103] ABADE, Denise Neves. Competência federal nos crimes contra a livre concorrência, p. 43-45.

7.10.3. PENA

A pena cominada para os crimes acima mencionados é de **reclusão**, de 2 (dois) a 5 (cinco) anos e **multa** (art. 4.º da Lei n. 8.137/90, com redação dada pela Lei n. 12.529/2011).

> **Observação:** Não é cabível a aplicação do instituto da **transação penal** (art. 76, Lei n. 9.099, de 26.09.1995) aos crimes contra a ordem econômica previstos no art. 4.º da Lei n. 8.137/90, porquanto tais delitos não se enquadram na definição de infração de menor potencial ofensivo, pois a pena máxima a eles cominada é de cinco anos, sendo irrelevante a cominação de multa alternativamente à pena de reclusão[104].

7.10.4. CONCURSO DE PESSOAS

Quem, de qualquer modo, inclusive por meio de pessoa jurídica, concorre para os crimes contra a ordem econômica incide nas penas a estes cominadas, na medida de sua culpabilidade (art. 11, *caput*, Lei n. 8.137/90)[105].

7.10.5. AÇÃO PENAL

Os crimes contra a ordem econômica são de **ação penal pública** (art. 15, Lei n. 8.137/90), podendo qualquer pessoa provocar a iniciativa do Ministério Público, fornecendo-lhe por escrito informações sobre o fato e a autoria, bem como indicando o tempo, o lugar e os elementos de convicção (art. 16, Lei n. 8.137/90).

O oferecimento da denúncia nos crimes contra a ordem econômica **não depende** de prévia instauração de inquérito policial **nem de prévia apuração junto ao CADE**. Assim, constatando-se a tipicidade penal, a materialidade e os indícios de autoria, tem-se a justa causa necessária para a ação penal[106].

Ressalte-se que, diante da **independência entre as esferas administrativa e criminal**[107], a eventual circunstância do CADE concluir pela inocorrência de infração da ordem econômica não impede que o Ministério Público, com base nas provas produzidas no curso do procedimento investigatório, entenda que houve a prática de crime contra a ordem econômica[108].

---

[104] STF, HC 84.719/RS, Rel. Min. Joaquim Barbosa, 2.ª Turma, j. em 05.10.2004, *DJ* 11.02.2005, p. 17.

[105] O *caput* do art. 11 da Lei 8.137/90 corresponde ao *caput* do art. 29 do Código Penal brasileiro (com a redação determinada pela Lei n. 7.209, de 11.07.1984), assim redigido: "Quem, de qualquer modo, concorre para o crime incide nas penas a este cominadas, na medida de sua culpabilidade".

[106] STJ, RHC 93.148/SP, Rel. Min. Reynaldo Soares da Fonseca, 5.ª Turma, j. em 03.05.2018, *DJe* 09.05.2018.

[107] "A absolvição em processo administrativo não acarreta o trancamento da ação penal, em razão da independência das instâncias" (STJ, AgRg nos EDcl no REsp 1.601.425/RJ, Rel. Min. Joel Ilan Paciornik, 5.ª Turma, j. em 21.02.2019, *DJe* 06.03.2019). No mesmo sentido: HC 306.865/AM, Rel. Min. Ribeiro Dantas, 5.ª Turma, j. em 10.10.2017, *DJe* 18.10.2017; AgRg no HC 509.346/RN, Rel. Min. Nefi Cordeiro, 6.ª Turma, j. em 12.05.2020, *DJe* 18.05.2020; AgRg no HC 548.869/RS, Rel. Min. Joel Ilan Paciornik, 5.ª Turma, j. em 12.05.2020, *DJe* 25.05.2020.

[108] MAIA, Rodolfo Tigre. *Tutela penal da ordem econômica*: o crime de formação de cartel, p. 111-112. Nesse sentido decidiu o STJ: HC 20.555/MG, Rel. Min. José Arnaldo da Fonseca, 5.ª Turma, j. em 18.02.2003, *DJ* 24.03.2003, p. 245; RHC 97.036/PR, Rel. Min. Jorge Mussi, 5.ª Turma, j. em

7 ■ Defesa da Concorrência: Repressão às Infrações da Ordem Econômica   779

Por conseguinte, o Ministério Público "pode (e deve), sempre que entender cabível, acionar o Judiciário para combater estas espécies de condutas lesivas à ordem econômica, independentemente da atuação administrativa do Cade. Isto em razão do que dispõe o próprio art. 5.º, inc. XXXV, da Constituição da República"[109].

7.10.6. COMPETÊNCIA

Regra geral os crimes contra a ordem econômica são da competência da **Justiça Estadual**[110].

Serão, contudo, da competência da **Justiça Federal** se houver **expressa disposição legal** em tal sentido, nos termos do inciso VI do art. 109 da CF, que estabelece:

> **Art. 109.** Aos juízes federais compete processar e julgar:
>
> (...)
>
> VI — os crimes contra a organização do trabalho e, **nos casos determinados por lei**, contra o sistema financeiro e a **ordem econômico-financeira**;
>
> (...) (destaques nossos)

Nesse sentido já decidiu o STJ: "Nos termos do art. 109, VI, da CF, os crimes contra o sistema financeiro e a **ordem econômico-financeira** são da competência da Justiça Federal **apenas nos casos determinados em lei**. Contudo, a Lei n. 8.137/90, que trata dos crimes contra a ordem econômica, não contém dispositivo legal expresso que fixe a competência da Justiça Federal, motivo pelo qual, em regra, nesses casos, a competência será da **Justiça estadual**" (destaques nossos)[111].

Ressalte-se, contudo, que os crimes contra a ordem econômica devem ser julgados pela Justiça Federal — **ainda que ausente na legislação infraconstitucional nesse**

07.05.2019, *DJe* 14.05.2019; RHC 102.125/PR, Rel. Min. Jorge Mussi, 5.ª Turma, j. em 07.05.2019, *DJe* 14.05.2019.

[109] STJ, REsp 650.892/PR, Rel. Min. Mauro Campbell Marques, 2.ª Turma, j. em 03.11.2009, *DJe* 13.11.2009.

[110] Nesse sentido são os seguintes julgados do STF: RE 502.915/SP, Rel. Min. Sepúlveda Pertence, 1.ª Turma, j. em 13.02.2007, *DJ* 27.04.2007, p. 69; RE 454.737/SP, Rel. Min. Cezar Peluso, Pleno, j. em 18.09.2008, *DJe*-222 21.11.2008.

[111] CC 148.159/SP, Rel. Min. Antonio Saldanha Palheiro, 3.ª Seção, j. em 26.06.2019, *DJe* 01.07.2019. No mesmo sentido: "Não tendo as Leis ns. 8.137/90 e 8.176/91 disposto expressamente sobre a competência da Justiça Federal para o processo e o julgamento dos crimes nelas previstos, nos termos do inciso VI do art. 109 da CF, não há que se falar na incompetência do Juízo singular estadual para conduzir o feito instaurado contra os pacientes" (STJ, HC 38.580/SP, Rel. Min. Gilson Dipp, 5.ª Turma, j. em 04.08.2005, *DJ* 29.08.2005, p. 376). São, ainda, no mesmo sentido os seguintes julgados do STJ: CC 15.465/MG, Rel. Min. Anselmo Santiago, 3.ª Seção, j. em 12.06.1996, *DJ* 05.08.1996, p. 26309; CC 15.206/RJ, Rel. Min. Fernando Gonçalves, 3.ª Seção, j. em 28.05.1997, *DJ* 23.06.1997, p. 29042; CC 40.165/PR, Rel. Min. José Arnaldo da Fonseca, 3.ª Seção, j. em 10.12.2003, *DJ* 02.02.2004, p. 269; CC 42.957/PR, Rel. Min. Laurita Vaz, 3.ª Seção, j. em 09.06.2004, *DJ* 02.08.2004, p. 299; CC 56.193/RS, Rel. Min. Og Fernandes, 3.ª Seção, j. em 11.02.2009, *DJe* 05.03.2009.

780 Direito Financeiro e Econômico Esquematizado — *Carlos Alberto de Moraes Ramos Filho*

sentido — quando se enquadrem os fatos em alguma das hipóteses previstas no inciso IV do art. 109 da CF[112]:

> **Art. 109.** Aos juízes federais compete processar e julgar:
>
> (...)
>
> IV — os crimes políticos e as infrações penais praticadas em detrimento de bens, serviços ou interesse da União ou de suas entidades autárquicas ou empresas públicas, excluídas as contravenções e ressalvada a competência da Justiça Militar e da Justiça Eleitoral;
>
> (...)[113]

7.10.7. PRESCRIÇÃO

Considerando que o máximo da pena privativa de liberdade cominada aos crimes contra a ordem econômica é 5 (cinco) anos, o prazo de prescrição é de **12 (doze) anos**, nos termos do inciso III do art. 109 do Código Penal[114].

7.10.8. EFEITOS PENAIS DO ACORDO DE LENIÊNCIA

Nos crimes contra a ordem econômica, tipificados na Lei n. 8.137/90, e nos demais crimes diretamente relacionados à prática de cartel, tais como os tipificados na Lei n. 14.133/2021, e os tipificados no art. 288 do Código Penal, a **celebração** de acordo de leniência produz os seguintes efeitos (art. 87, *caput*, Lei n. 12.529/2011)[115]:

- ■ determina a **suspensão do curso do prazo prescricional**; e
- ■ **impede o oferecimento da denúncia** com relação ao agente beneficiário da leniência.

---

[112] STF, RE 502.915/SP, Rel. Min. Sepúlveda Pertence, 1.ª Turma, j. em 13.02.2007, *DJ* 27.04.2007, p. 69.

[113] "Esta Corte de Justiça possui entendimento no sentido de que os crimes contra a ordem econômica, previstos na Lei n. 8.137/90, são, em regra, de competência da Justiça Estadual, salvo se comprovada a efetiva lesão a bens, interesses ou serviços da União, a teor do artigo 109, inciso IV, da Constituição Federal" (STJ, AgRg no HC 166.909/RS, Rel. Min. Haroldo Rodrigues — Desembargador Convocado do TJ/CE, 6.ª Turma, j. em 19.05.2011, *DJe* 08.06.2011). No sentido de que todas as hipóteses do inciso IV do art. 109 da CF são satisfeitas no caso de crimes contra a concorrência: ABADE, Denise Neves. Competência federal nos crimes contra a livre concorrência, p. 60.

[114] Código Penal: "Art. 109. A prescrição, antes de transitar em julgado a sentença final, salvo o disposto no § 1.º do art. 110 deste Código, regula-se pelo máximo da pena privativa de liberdade cominada ao crime, verificando-se: (...) III — em doze anos, se o máximo da pena é superior a quatro anos e não excede a oito;".

[115] Reconhecendo que, na seara penal, os benefícios decorrentes da celebração do acordo de leniência previsto na Lei n. 12.529/2011 são restritos aos crimes mencionados no art. 14 do citado diploma: STJ, REsp 1.464.287/DF, Rel. Min. Mauro Campbell Marques, 2.ª Turma, j. em 10.03.2020, *DJe* 26.06.2020.

Cumprido o acordo de leniência pelo agente, **extingue-se automaticamente a punibilidade** dos crimes referidos (art. 87, parágrafo único, Lei n. 12.529/2011).

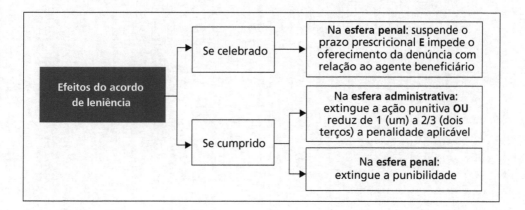

7.11. QUESTÕES

8

DEFESA DA CONCORRÊNCIA: O CONTROLE DE ATOS DE CONCENTRAÇÃO ECONÔMICA

8.1. DEFESA DA CONCORRÊNCIA MEDIANTE "CONTROLE DE ESTRUTURAS": DEFINIÇÃO

A livre-iniciativa, consoante anteriormente exposto, abrange a **liberdade de empresa**, que, por sua vez, corresponde ao direto de escolher a forma societária a ser adotada para o desempenho de atividade econômica.

Assim, leciona Heloisa Carpena: "Garantido o acesso aos mercados pela consagração do princípio da liberdade de iniciativa, os agentes econômicos se viram na contingência de crescer para enfrentar seus concorrentes, para se manter no mercado, surgindo daí o fenômeno da **concentração**" (destaque nosso)[1].

O chamado "controle de estruturas" é o que visa submeter à apreciação do CADE os atos de **concentração econômica**, que, por sua vez, são assim caracterizados por Ana Maria de Oliveira Nusdeo: "Um determinado ato ou contrato pode ser considerado uma operação de **concentração de empresas** quando as partes envolvidas, **antes centros autônomos de decisão**, passam a atuar como **um único agente**, do ponto de vista econômico, em todo o conjunto de suas atividades, e de forma permanente" (destaques nossos)[2].

O ato de concentração, como observa Pedro Dutra, caracteriza-se por ser celebrado entre "duas ou mais empresas que detêm, cada uma à sua vez, poder que, mediante aquele ato, concentra-se, ou seja, **desloca-se para um mesmo centro**. O Poder de duas ou mais empresas passa a estar em uma só, **passa a estar em um único centro**" (destaques nossos)[3].

---

[1] CARPENA, Heloisa. *O consumidor no direito da concorrência*, p. 43. No mesmo sentido: CARVALHO, Leonardo Arquimimo de; VERENHITACH, Gabriela Daou. *Manual de direito da concorrência*, p. 44-46. João Bosco Leopoldino da Fonseca aponta três fatores que podem ser considerados justificativas e objetivos do fenômeno de concentração empresarial: "o desejo de aumentar os lucros, a necessidade de imprimir maior segurança ao empreendimento e a inserção da empresa no contexto internacional" (*Lei de proteção da concorrência*: comentários à legislação antitruste, p. 8).

[2] NUSDEO, Ana Maria de Oliveira. *Defesa da concorrência e globalização econômica*: o controle da concentração de empresas, p. 21-22.

[3] DUTRA, Pedro. A concentração do poder econômico — Aspectos jurídicos do art. 54, da Lei n. 8.884/94, p. 83.

Os atos de concentração, como as fusões e aquisições, "geram aumento de poder de mercado, facilitam o comportamento colusivo e criam condições para o abuso do poder econômico"[4].

Assim, o controle de tais atos justifica-se pela possibilidade de produzirem **efeitos negativos**, como o comprometimento do normal funcionamento do mercado e a concentração do poder econômico nas mãos de poucos agentes[5]. Tais efeitos, denominados **"falhas de mercado"**[6], nas quais se incluem as **"externalidades negativas"**, prejudicam o bem-estar do consumidor e a eficiência do mercado, acarretando prejuízo para toda a sociedade[7], o que constitui uma justificativa para a intervenção estatal no domínio econômico[8].

Não se trata, pois, de reprimir o exercício abusivo de poder econômico, mas de controlar a própria **gênese** de tal poder[9], constituindo-se em análise **preventiva**[10] visando **evitar** a prática de atos de **reorganização societária** que possam limitar ou de qualquer forma prejudicar a livre concorrência, ou resultar na dominação de mercados relevantes de bens ou serviços[11].

---

[4] SALGADO, Lucia Helena. *A economia política da ação antitruste*, p. 164.

[5] ANDRADE, Maria Cecília. *Controle de concentração de empresas*: estudo da experiência comunitária e a aplicação do art. 54 da Lei n. 8.884/94, p. 36. A concentração, ademais, observa Heloisa Carpena, "implica, necessariamente, a redução do número de agentes econômicos" no setor (*O consumidor no direito da concorrência*, p. 43-44). Para Antonio Agostinho da Silva, seriam duas as razões que levam a legislação antitruste a se ocupar do controle dos atos de concentração: a eliminação dos monopólios e a preservação da atuação oligopolizada (*As agências reguladoras e o direito da concorrência*, p. 98, 113 e 117).

[6] Falhas de mercado, na definição proposta por Marcelo Zenni Travassos, são "as situações em que o atuar livre dos agentes econômicos, mesmo que racional (portanto, ainda dentro do paradigma econômico clássico da racionalidade), em decorrência de peculiaridades fáticas do mercado (que apresenta falhas, rompido o paradigma econômico clássico da infalibilidade do mercado), acaba por violar os resultados-premissas consubstanciados nos valores morais da autonomia privada, das condições igualitárias de liberdade ou da dignidade humana (valores morais fundamentais inerentes a um pilar liberal-igualitário do liberalismo-republicano adotado)" (*Fundamentos do direito regulatório no instituto da extrafiscalidade*, p. 69-70).

[7] CAVALCANTI, Rodrigo de Camargo. *O oligopólio no Estado brasileiro de intervenção necessária*, p. 114.

[8] NUSDEO, Ana Maria de Oliveira. *Defesa da concorrência e globalização econômica*: o controle da concentração de empresas, p. 56 e 59. Egon Bockmann Moreira afirma que "a constatação da existência de falhas de mercado (naturais ou não) gera a compreensão de que elas devem ser corrigidas através da intervenção do poder público na economia", pois "há determinados vícios da economia que não são defeitos sanáveis em curto prazo de forma autônoma (a não ser em casos extremos) nem tampouco pela concorrência (pois muitas vezes ela não existe ou tem sérias dificuldades para surgir)" (O direito administrativo da economia e a atividade interventiva do Estado brasileiro, p. 162).

[9] GOMES, Carlos Jacques Vieira. *Ordem econômica constitucional e direito antitruste*, p. 92.

[10] PROENÇA, José Marcelo Martins. *Concentração empresarial e o direito da concorrência*, p. 46-47 e 105-106.

[11] Na redação original da Lei n. 4.137/62, os atos de concentração econômica não se sujeitavam ao controle do CADE. A Lei n. 8.158/90 alterou a redação do art. 74 da Lei n. 4.137/62, que passou a prever tal controle, que fora mantido na Lei n. 8.884/94 e é atualmente previsto na Lei n. 12.529/2011.

8 ◼ Defesa da Concorrência: o Controle de Atos de Concentração Econômica   785

Percebe-se, portanto, que, apesar da Constituição Federal ter mencionado a **repressão** às infrações contra a ordem econômica (art. 173, § 4.º), o CADE também tem como finalidade, mediante o controle de atos de concentração econômica, a **prevenção** de situações que possam ensejar abuso de poder econômico[12].

O controle de atos de concentração econômica visa, em síntese, conciliar os interesses do **direito antitruste** com os do **direito societário**: enquanto este se dedica a encontrar a melhor solução para o ajuste dos diversos interesses conflitantes no interior da sociedade empresarial, aquele se volta à defesa da **coletividade** (art. 1.º, parágrafo único, Lei n. 12.529/2011)[13].

Alertam, contudo, Eduardo Molan Gaban e Juliana Oliveira Domingues que o "exagero no controle das estruturas pode gerar consequências negativas, uma vez que é capaz de inviabilizar a formação de unidades eficientes para o mercado que poderiam ser benéficas ao consumidor"[14].

É por isso que o papel das autoridades concorrenciais, no controle de estruturas, "é justamente diferenciar as concentrações razoáveis (que trazem benefícios partilháveis, a despeito da mitigação da concorrência) das concentrações desarrazoadas (aquelas que só frustram uma estrutura competitiva e não trazem benefícios partilháveis na mesma proporção)"[15].

8.2. ATOS DE CONCENTRAÇÃO

Não são todos os atos de concentração econômica que devem ser submetidos à apreciação do CADE.

Com efeito, em princípio, as companhias são livres para realizar transações, devendo as autoridades intervir apenas nas situações que possam gerar problemas concorrenciais, isto é, que possam afetar a estrutura e as condições de competição em um determinado mercado[16].

---

[12] "Mais do que agente de repressão, o Cade é órgão de prevenção de abusos anticoncorrenciais. Na selva do mercado, como na vida em geral, prevenir danos à concorrência e ao consumidor é melhor, mais barato e eficiente do que remediar" (STJ, REsp 615.628/DF, Rel. Min. Herman Benjamin, 2.ª Turma, j. em 08.06.2010, *DJe* 04.05.2011).

[13] LIMA, Ticiana Nogueira da Cruz. *O Cade e as reestruturações societárias*, p. 38.

[14] GABAN, Eduardo Molan; DOMINGUES, Juliana Oliveira. *Direito antitruste*, p. 86. Observa, a propósito, João Bosco Leopoldino da Fonseca: "Se a concentração pode apresentar até mesmo perigos numa sociedade econômica e socialmente desenvolvida, o mesmo não se poderá dizer no âmbito de uma sociedade em desenvolvimento, quando a concentração de empresas poderá surgir como uma conveniência, quando não como uma necessidade" (*Lei de proteção da concorrência:* comentários à legislação antitruste, p. 8).

[15] SCHAPIRO, Mario Gomes; BACCHI, Fabiana Mesquita. Análise dos atos de concentração no Brasil: forma, função e o incrementalismo reformista do CADE, p. 58.

[16] OLIVEIRA, Gesner; RODAS, João Grandino. *Direito e economia da concorrência*, p. 110; SALOMÃO FILHO, Calixto. *Regulação e concorrência*: (estudos e pareceres), p. 88 e 90; DUTRA, Pedro. A concentração do poder econômico — Aspectos jurídicos do art. 54, da Lei n. 8.884/94, p. 84. Nesse diapasão, leciona Roberto Domingos Taufick que "os atos de concentração que não possam

Assim, de acordo com o art. 88 da Lei n. 12.529/2011, somente devem ser submetidos à apreciação do CADE os atos de concentração econômica em que, **cumulativamente**:

■ pelo menos um dos grupos envolvidos na operação tenha registrado, no último balanço, **faturamento bruto anual** ou **volume de negócios total no País**, no ano anterior à operação, equivalente ou superior a **R$ 400.000.000,00 (quatrocentos milhões de reais); e**

■ pelo menos um outro grupo envolvido na operação tenha registrado, no último balanço, **faturamento bruto anual** ou **volume de negócios total no País**, no ano anterior à operação, equivalente ou superior a **R$ 30.000.000,00 (trinta milhões de reais)**[17].

Referidos valores podem ser **adequados**, simultânea ou independentemente, por indicação do Plenário do CADE, por **portaria interministerial** dos Ministros de Estado da Fazenda e da Justiça (art. 88, § 1.º, Lei n. 12.529/2011).

> **Observação:** Com fundamento no disposto no § 1.º do art. 88 da Lei n. 12.529/2011, a **Portaria Interministerial n. 994, de 30.05.2012**, assinada pelo Ministro da Fazenda e Ministro da Justiça, adequou, após indicação do Plenário do CADE, os valores constantes dos incisos I e II do art. 88 da Lei n. 12.529/2011, os valores mínimos de faturamento bruto anual ou volume de negócios no País. Assim, os valores de submissão dos atos de concentração foram elevados:

■ de R$ 400 milhões para **R$ 750.000.000,00 (setecentos e cinquenta milhões de reais); e**

■ de R$ 30 milhões para **R$ 75.000.000,00 (setenta e cinco milhões de reais)**.

Os atos de concentração econômica acima caracterizados[18] **não podem ser consumados antes de apreciados pelo CADE**, sob pena de (art. 88, § 3.º, Lei n. 12.529/2011):

■ **nulidade** do ato de concentração; e

---

provocar efeitos competitivos, mesmo que indiretos, sobre a ordem econômica do Brasil sequer devem ser submetidos a apreciação" (*Nova lei antitruste brasileira*: avaliação crítica, jurisprudência, doutrina e estudo comparado, p. 45).

[17] Pela legislação anterior, para que os atos de concentração tivessem de ser analisados pelo CADE, bastava que uma das empresas envolvidas tivesse apresentado um faturamento mínimo de R$ 400.000.000,00 (quatrocentos milhões de reais) no ano anterior ao da realização da operação (art. 54, § 3.º, Lei n. 8.884/94).

[18] É facultado ao CADE, no prazo de 1 (um) ano a contar da respectiva data de consumação, requerer a submissão dos atos de concentração que não se enquadrem nos critérios de notificação (art. 88, § 7.º, Lei n. 12.529/2011). Nesse caso, o CADE apresenta **discricionariedade** para solicitar a submissão de tais atos de concentração *a posteriori*, "caso entenda que, mesmo em patamares inferiores de faturamento, uma dada operação poderá acarretar danos a um dado mercado relevante" (SCHAPIRO, Mario Gomes; BACCHI, Fabiana Mesquita. Análise dos atos de concentração no Brasil: forma, função e o incrementalismo reformista do CADE, p. 59).

8 ◨ Defesa da Concorrência: o Controle de Atos de Concentração Econômica   **787**

◨ aplicação de **multa**, de valor não inferior a R$ 60.000,00 (sessenta mil reais) nem superior a R$ 60.000.000,00 (sessenta milhões de reais), a ser aplicada nos termos da regulamentação, sem prejuízo da abertura de processo administrativo, nos termos do art. 69 da Lei n. 12.529/2011.

Até a decisão final sobre a operação, deverão ser **preservadas as condições de concorrência** entre as empresas envolvidas, sob pena de aplicação das sanções acima mencionadas (art. 88, § 4.º, Lei n. 12.529/2011).

> **Observação:** Apesar da Lei n. 12.529/2011 exigir apenas que sejam preservadas "as condições de concorrência entre as empresas" (art. 88, § 4.º), o Regimento Interno do CADE também exige que as partes mantenham as **estruturas físicas inalteradas** até a apreciação final da operação (art. 106, § 2.º).

São proibidos, **em regra**, os atos de concentração que (art. 88, § 5.º, Lei n. 12.529/2011):

◨ impliquem eliminação da concorrência em parte substancial de mercado relevante;

◨ possam criar ou reforçar uma posição dominante[19]; **ou**

◨ possam resultar na dominação de mercado relevante de bens ou serviços[20].

Os atos de concentração que produzam os efeitos acima citados podem ser autorizados, **excepcionalmente**, desde que sejam observados os limites estritamente necessários para atingir os seguintes objetivos (art. 88, § 6.º, Lei n. 12.529/2011):

◨ cumulada ou alternativamente:

a) aumentar a produtividade ou a competitividade;

b) melhorar a qualidade de bens ou serviços; **ou**

c) propiciar a eficiência e o desenvolvimento tecnológico ou econômico; **e**

◨ sejam repassados aos consumidores parte relevante dos benefícios decorrentes[21].

---

[19] Presume-se posição dominante sempre que uma empresa ou grupo de empresas for capaz de alterar unilateral ou coordenadamente as condições de mercado ou quando controlar 20% (vinte por cento) ou mais do mercado relevante, podendo esse percentual ser alterado pelo CADE para setores específicos da economia (art. 36, § 2.º, Lei n. 12.529/2011).

[20] Observa Fernando Smith Fabris que "a identificação do mercado relevante, no controle prévio das concentrações, assume contornos de tarefa complexa, pois a análise é perspectivada, futura, exigindo uma análise detalhada das variáveis inerentes ao negócio em desenvolvimento" (*Concentrações empresariais e o mercado relevante*, p. 104).

[21] Ao excluir a hipótese de aprovação de atos de concentração por motivos preponderantes da economia nacional e do bem comum (art. 54, § 2.º, da revogada Lei n. 8.884/94), a Lei n. 12.529/2011 colocou em evidência que sempre são necessárias eficiências compensatórias a serem repassadas aos consumidores (PRADO FILHO, José Inacio Ferraz de Almeida. *Concorrência, ordem jurídica e a nova economia institucional*: uma análise custo-transacional da formação da política econômica antitruste, p. 129). A norma do § 2.º do art. 54 da Lei n. 8.884/94 era, no dizer de Isabel Vaz, um exemplo de "politização da livre concorrência" (Direito econômico e direito da concorrência, p. 118).

> **Observação:** Este último requisito de aprovação de atos de concentração, segundo Ana Frazão, não é atendido com a mera circunstância de o consumidor não ser lesado pera operação: "Mais do que isso, a lei exige que o consumidor seja beneficiado com o ato de concentração, cabendo à autoridade antitruste não apenas tomar as medidas que assegurem a neutralização dos efeitos anticoncorrenciais da operação, como também assegurar que haja melhoria para os consumidores por meio do repasse de parte relevante de seus benefícios"[22].

A norma do § 6.º do art. 88 da Lei n. 12.529/2011, como se vê, permite, em caráter **excepcional**, a aprovação de ato de concentração que, embora provoque efeitos negativos sobre a concorrência, possa causar **ganhos de eficiência compensatórios**. A rejeição do ato, nessahipótese, geraria ineficiências, indo contra o interesse coletivo[23].

Como observa Lucia Helena Salgado, uma cuidadosa aplicação do **critério da razoabilidade** costuma ser necessária para que potenciais ganhos de eficiência sejam contrabalanceados diante dos efeitos negativos dos atos de concentração[24].

Tais incrementos de eficiência compensatórios (de efeitos anticompetitivos), no entanto, são difíceis de verificar e quantificar, pois dizem respeito a **eventos futuros**. De qualquer modo, leciona Marco Aurélio Gumieri Valério que, para justificar a aprovação do ato de concentração pelas autoridades antitruste, deve ser demonstrado que os ganhos de eficiência:

- ◼ são decorrência necessária do ato de concentração; **e**
- ◼ não seriam alcançados de outra forma menos lesiva ao processo competitivo[25].

Sobre tais hipóteses excepcionais de aprovação de operações de concentração econômica, anota José Maria Arruda de Andrade: "Os principais esforços argumentativos (jurídicos e econômicos) das análises mais complexas de concentrações econômicas direcionam-se para esses dispositivos, isso porque uma operação que envolve ameaças à concorrência, e que tenderia à desaprovação, para se justificar (proponentes da operação) deve valer-se desses argumentos em parte econômicos e em parte jurídicos"[26].

---

[22] FRAZÃO, Ana. *Direito da concorrência*: pressupostos e perspectivas, p. 57.

[23] VALÉRIO, Marco Aurélio Gumieri. *Antitruste em setores regulados*, p. 110. Referido autor observa: "Como uma mesma conduta ou ato de concentração pode apresentar efeitos ambíguos sobre a competição, a avaliação deve ponderá-los no intuito de se verificar qual deles prevalece. Deve-se proibir somente aqueles que apresentem efeitos anticompetitivos líquidos" (Ob. cit., p. 110). Para Jorge Fagundes, "a principal missão de qualquer órgão antitruste é, *ainda que não exclusivamente*, a de proceder um *balanço* entre os diversos tipos *eficiências* e *ineficiências*, decorrentes de estratégias das firmas, não baseadas em sua maior eficiência relativa frente aos rivais em termos de preços/qualidade e/ou custos de produção ou ainda de inovações, que reduzam o grau de concorrência nos mercados onde elas atuam" (*Fundamentos econômicos das políticas de defesa da concorrência*: eficiência econômica e distribuição de renda em análises antitruste, p. 162) (destaques no original).

[24] SALGADO, Lucia Helena. *A economia política da ação antitruste*, p. 164.

[25] VALÉRIO, Marco Aurélio Gumieri. *Antitruste em setores regulados*, p. 146.

[26] ANDRADE, José Maria Arruda de. *Economicização do direito concorrencial*, p. 195. E conclui o referido autor: "A análise das eficiências econômicas como forma de excepcionar a reprovação de uma concentração econômica é um bom objeto de estudo de como operam os argumentos econômicos e os argumentos jurídicos" (Ob. cit., p. 225).

8 ◻ Defesa da Concorrência: o Controle de Atos de Concentração Econômica 789

> **Observação:** As mudanças de controle acionário de companhias abertas e os registros de fusão, sem prejuízo da obrigação das partes envolvidas, devem ser **comunicados ao CADE** pela Comissão de Valores Mobiliários — CVM e pelo Departamento Nacional do Registro do Comércio do Ministério do Desenvolvimento, Indústria e Comércio Exterior, respectivamente, no prazo de **5 (cinco) dias úteis** para, se for o caso, ser examinados (art. 88, § 8.º, Lei n. 12.529/2011).

Nos termos do art. 90 da Lei n. 12.529/2011, para os efeitos do art. 88 do mesmo diploma, realiza-se um ato de concentração quando:

◻ 2 (duas) ou mais empresas anteriormente independentes se fundem;

◻ 1 (uma) ou mais empresas adquirem, direta ou indiretamente, por compra ou permuta de ações, quotas, títulos ou valores mobiliários conversíveis em ações, ou ativos, tangíveis ou intangíveis, por via contratual ou por qualquer outro meio ou forma, o controle ou partes de uma ou outras empresas;

◻ 1 (uma) ou mais empresas incorporam outra ou outras empresas; ou

◻ 2 (duas) ou mais empresas celebram contrato associativo, consórcio[27] ou *joint venture*[28], **salvo** quando destinados (i) às **licitações** promovidas pela administração pública direta e indireta e (ii) aos **contrato**s delas decorrentes (art. 90, parágrafo único, Lei n. 12.529/2011).

> **Observação:** O CADE regulamentará, por meio de **Resolução**, a análise prévia de atos de concentração realizados com o **propósito específico** de participação em (art. 89, parágrafo único, Lei n. 12.529/2011):

◻ leilões;

◻ licitações; e

◻ operações de aquisição de ações por meio de oferta pública.

Ressalte-se que os **acordos puros entre concorrentes** saem do âmbito do controle de estruturas, passando a caracterizar **infração contra a ordem econômica**, sujeitando--se, pois, ao **controle de condutas**[29].

---

[27] "O consórcio, no ordenamento jurídico brasileiro, é definido como aquele arranjo societário concentracionista, com fulcro na colaboração interempresarial de agentes econômicos que objetiva a execução de determinado empreendimento, sendo o acordo estabelecido por meio de contrato escrito, definidor de competências e responsabilidades das empresas envolvidas, podendo constituir--se na forma operacional, instrumental e fechado ou aberto" (KOURY, Suzy Elizabeth Cavalcante; OLIVEIRA, Felipe Guimarães de. *Direito econômico e concorrência*: estudos e perspectivas, p. 231). No direito positivo brasileiro, o consórcio societário encontra-se disciplinado nos arts. 278 e 279 da Lei das Sociedades Anônimas (Lei n. 6.404, de 15.12.1976).

[28] "Uma *joint venture* pode ser entendida como um acordo entre concorrentes que incluem alguma forma de coordenação de pesquisa, promoção ou distribuição. Trata-se de um empreendimento conjunto entre duas ou mais firmas objetivando prover uma determinada atividade, que poderia ser empreendida, separadamente, por cada firma" (VILELA, Juliana Girardelli. *Joint ventures* sob o prisma concorrencial, p. 325).

[29] SALOMÃO FILHO, Calixto. *Direito concorrencial*, p. 137.

8.3. PROCESSO ADMINISTRATIVO PARA ANÁLISE DE ATO DE CONCENTRAÇÃO ECONÔMICA

A Lei n. 12.529/2011 regula o processo administrativo para análise de ato de concentração econômica (art. 48, inciso IV), instaurado para prevenção de infrações à ordem econômica, em seus arts. 53 a 65[30].

Vale lembrar que o controle dos atos de concentração é **prévio** (art. 88, § 2.º, Lei n. 12.529/2011), o que significa dizer que tais atos devem ser submetidos ao CADE, para exame, **anteriormente à operação**[31]. Sobre o tema, decidiu o STJ:

> **Ementa:** (...) A produção de efeitos não é pressuposto para a submissão do ato de concentração; diversamente, preza-se pela atuação do Sistema Brasileiro de Defesa da Concorrência a tempo de evitar que eventual operação traga mais danos do que benefícios ao mercado relevante, em nome do princípio da precaução (**REsp 1.353.267/DF**, Rel. p/ acórdão Min. Regina Helena Costa, 1.ª Turma, j. em 23.02.2021, *DJe* 25.03.2021)[32].

O processo administrativo para análise de ato de concentração econômica tramita no CADE e tem duas fases: a primeira ocorre na Superintendência-Geral e a segunda, no Tribunal Administrativo de Defesa Econômica.

> **Observação:** Na tramitação dos processos no CADE, os atos de concentração têm **prioridade** sobre o julgamento de outras matérias (art. 51, inciso I, Lei n. 12.529/2011).

8.3.1. PROCESSO ADMINISTRATIVO NA SUPERINTENDÊNCIA-GERAL

O **pedido** de aprovação dos atos de concentração econômica deve ser elaborado pelas partes envolvidas na operação (art. 88, *caput*, Lei n. 12.529/2011) e será **endereçado ao CADE** (art. 53, *caput*, c/c art. 88, *caput*, ambos da Lei n. 12.529/2011).

Tal pedido deve ser instruído com (art. 53, *caput*, Lei n. 12.529/2011):

- as informações e documentos indispensáveis à instauração do processo administrativo, definidos em resolução do CADE;
- o comprovante de recolhimento da taxa respectiva.

---

[30] Os prazos no processo administrativo no controle de atos de concentração econômica **não se suspendem ou interrompem por qualquer motivo**, ressalvado o disposto no § 5.º do art. 6.º da Lei n. 12.529/2011, quando for o caso (art. 63, Lei n. 12.529/2011).

[31] As legislações anteriores permitiam que as operações de concentração econômica fossem comunicadas ao CADE depois de serem consumadas (art. 74 da Lei n. 4.137/62, com a redação dada pela Lei n. 8.158/90; art. 54, § 4.º, Lei n. 8.884/94), o que fazia do Brasil um dos poucos países a adotar um controle de estrutura *a posteriori*, ao lado do Paquistão e do Egito (SOUZA, Ana Paula Marques de; PEREIRA, Fábio da Silva; LIMA, Renata Albuquerque. *Sistema brasileiro de defesa da concorrência*: implicações da Lei n. 12.529/2011 na defesa da concorrência, p. 94). Tal possibilidade não foi prevista na Lei n. 12.529/2011, o que é compreensível, pois, afinal, como bem José Júlio Borges da Fonseca, o "processo de controle de concentração não é fácil e mais difícil ainda é o desfazimento de operações já consumadas" (*Direito antitruste e regime das concentrações empresariais*, p. 78).

[32] No mesmo sentido: REsp 1.353.274/DF, Rel. p/ acórdão Min. Regina Helena Costa, 1.ª Turma, j. em 23.02.2021, *DJe* 25.03.2021.

8 ◪ Defesa da Concorrência: o Controle de Atos de Concentração Econômica 791

Compete à Superintendência-Geral instaurar e instruir processo administrativo para análise de ato de concentração econômica (art. 13, incisos V e XII, Lei n. 12.529/2011).

Se a Superintendência-Geral verificar que a petição não preenche tais requisitos ou que apresenta defeitos e irregularidades capazes de dificultar o julgamento de mérito, determinará, **uma única vez**, que os requerentes a **emendem**, sob pena de arquivamento (art. 53, § 1.º, Lei n. 12.529/2011).

Observação: O controle dos atos de concentração deve ser realizado em, **no máximo, 240 (duzentos e quarenta) dias**, a contar do protocolo de petição ou de sua emenda (art. 88, § 2.º, Lei n. 12.529/2011)[33].

Tal prazo somente poderá ser dilatado (art. 88, § 9.º, Lei n. 12.529/2011).

- ▣ por até **60 (sessenta) dias**, improrrogáveis, mediante requisição das partes envolvidas na operação; ou

- ▣ por até **90 (noventa) dias**, mediante decisão fundamentada do Tribunal, em que sejam especificados as razões para a extensão, o prazo da prorrogação, que será não renovável, e as providências cuja realização seja necessária para o julgamento do processo[34].

Após o protocolo da apresentação do ato de concentração, ou de sua emenda, a Superintendência-Geral fará publicar **edital**, indicando (art. 53, § 2.º, Lei n. 12.529/2011):

- ▣ o nome dos requerentes;
- ▣ a natureza da operação; **e**
- ▣ os setores econômicos envolvidos.

Após a publicação do edital anteriormente referido, a Superintendência-Geral (art. 54, Lei n. 12.529/2011):

- ▣ conhecerá diretamente do pedido, proferindo decisão terminativa, quando o processo dispensar novas diligências ou nos casos de menor potencial ofensivo à concorrência, assim definidos em resolução do CADE; **ou**
- ▣ determinará a realização da **instrução complementar**, especificando as diligências a serem produzidas.

---

[33] Tal prazo, no entender de Ramsés Maciel de Castro, "é longo demais para uma empresa ficar esperando a resposta estatal. Com a obrigatoriedade de autorização prévia para que se implemente o ato de concentração, muitas empresas desistirão do interesse de se agrupar a outras, o que certamente trará muitos prejuízos ao mercado" (*Controle dos atos de concentração de empresas no Brasil*, p. 174).

[34] O art. 64 da Lei n. 12.529/2011 estabeleceria a **aprovação tácita** de atos de concentração como consequência automática do descumprimento de quaisquer dos prazos estabelecidos pelo referido diploma. Tal dispositivo, contudo, foi **vetado** pela Presidência da República por resultar "em medida desproporcional e com o potencial de acarretar graves prejuízos à sociedade" (Mensagem n. 536, de 30.11.2011).

Neste último caso, concluída a instrução complementar, a Superintendência-Geral deverá manifestar-se sobre seu satisfatório cumprimento, recebendo-a como adequada ao exame de mérito ou determinando que seja refeita, por estar incompleta (art. 55, Lei n. 12.529/2011).

> **Observação:** A Superintendência-Geral poderá, por meio de decisão fundamentada, declarar a operação como **complexa** e determinar a realização de **nova instrução complementar**, especificando as diligências a serem produzidas. Neste caso, poderá a Superintendência--Geral requerer ao Tribunal a **prorrogação do prazo** de que trata o § 2.º do art. 88 da Lei n. 12.529/2011 para análise do ato de concentração (art. 56, Lei n. 12.529/2011).

Concluídas as instruções complementares, a Superintendência-Geral (art. 57, Lei n. 12.529/2011):

- ☐ proferirá decisão **aprovando** o ato sem restrições; **ou**
- ☐ oferecerá **impugnação** perante o Tribunal (art. 13, inciso XII, Lei n. 12.529/2011), caso entenda que:

a) o ato deva ser **rejeitado**;
b) o ato deva ser **aprovado com restrições**; ou
c) não existam elementos conclusivos quanto aos seus efeitos no mercado.

Na impugnação do ato perante o Tribunal, deverão ser demonstrados, de forma circunstanciada (art. 57, parágrafo único, Lei n. 12.529/2011):

- ☐ o potencial lesivo do ato à concorrência; **e**
- ☐ as razões pelas quais não deve ser aprovado integralmente ou rejeitado.

8.3.2. RECURSO CONTRA DECISÃO DE APROVAÇÃO DO ATO PELA SUPERINTENDÊNCIA-GERAL

No prazo de 15 (quinze) dias, contado a partir da publicação da decisão da Superintendência-Geral que aprovar o ato de concentração, caberá **recurso** da decisão ao Tribunal, que poderá ser interposto (art. 65, inciso I, Lei n. 12.529/2011).

- ☐ por terceiros interessados[35]; **ou**
- ☐ em se tratando de mercado regulado, pela respectiva agência reguladora.

> **Observação:** A interposição do recurso suspende a execução do ato de concentração econômica até decisão final do Tribunal (art. 65, § 4.º, Lei n. 12.529/2011).

Na hipótese de ter havido interposição de recurso, o processo será distribuído, por sorteio, a um Conselheiro-Relator (art. 58, parágrafo único, Lei n. 12.529/2011).

---

[35] Dentre os "terceiros interessados" está o representante do Ministério Público Federal junto ao CADE, nos termos do art. 3.º, inciso VIII, da Resolução Conjunta PGR/CADE n. 1, de 30.09.2016.

8 ◘ Defesa da Concorrência: o Controle de Atos de Concentração Econômica 793

Em até 5 (cinco) dias úteis a partir do recebimento do recurso, o Conselheiro-Relator (art. 65, § 1.º, Lei n. 12.529/2011):

◘ conhecerá do recurso e determinará a sua inclusão em pauta para julgamento;

◘ conhecerá do recurso e determinará a realização de instrução complementar, podendo, a seu critério, solicitar que a Superintendência-Geral a realize, declarando os pontos controversos e especificando as diligências a serem produzidas[36]; **ou**

◘ não conhecerá do recurso, determinando o seu arquivamento.

As requerentes poderão manifestar-se acerca do recurso interposto, em até 5 (cinco) dias úteis do conhecimento do recurso no Tribunal ou da data do recebimento do relatório com a conclusão da instrução complementar elaborada pela Superintendência-Geral, o que ocorrer por último (art. 65, § 2.º, Lei n. 12.529/2011).

8.3.3. ATO AVOCATÓRIO

No prazo de 15 (quinze) dias, contado a partir da publicação da decisão da Superintendência-Geral que aprovar o ato de concentração, o Tribunal poderá, mediante provocação de um de seus Conselheiros e em decisão fundamentada, **avocar o processo** para julgamento, ficando prevento o Conselheiro que encaminhou a provocação (art. 65, inciso II, Lei n. 12.529/2011).

> **Observação:** A decisão de avocar o processo suspende a execução do ato de concentração econômica até decisão final do Tribunal (art. 65, § 4.º, Lei n. 12.529/2011).

Assim, consoante ressalta Alessandro Octaviani, **não há direito adquirido** das empresas à aprovação do ato de concentração antes de finalizado o prazo previsto no art. 65 da Lei n. 12.529/2011, isto é, antes de decorridos os 15 (quinze) dias da publicação da decisão da Superintendência-Geral[37].

8.3.4. PROCESSO ADMINISTRATIVO NO TRIBUNAL

Compete ao Plenário do Tribunal apreciar processos administrativos de atos de concentração econômica (art. 9.º, inciso X, Lei n. 12.529/2011).

Em até 48 (quarenta e oito) horas da decisão de que trata a impugnação pela Superintendência-Geral (art. 57, inciso II, Lei n. 12.529/2011), o processo será distribuído, por sorteio, a um Conselheiro-Relator (art. 58, parágrafo único, Lei n. 12.529/2011).

No prazo de 30 (trinta) dias contado da data de impugnação da Superintendência-Geral, o requerente poderá oferecer, em petição escrita, dirigida ao Presidente do

---

[36] O Conselheiro-Relator pode acompanhar a realização de tais diligências (art. 65, § 5.º, Lei n. 12.529/2011).

[37] OCTAVIANI, Alessandro. *Estudos, pareceres e votos de direito econômico.* v. II, p. 137. Referido autor observa que "a toda avocação corresponde o ônus, pelo administrado, de espera mais longa por uma decisão definitiva do SBDC". No entanto, conclui: "Uma vez que o interesse público maior é, sem dúvida, pela solução dos problemas concorrenciais antes mesmo de o contrato passar a ter vigência, verifica-se que a decisão pela avocação privilegia o interesse público, ainda que em detrimento de interesses particulares (...)" (Ob. cit., p. 138-139).

Tribunal, **manifestação** expondo as razões de fato e de direito com que se opõe à impugnação do ato de concentração da Superintendência-Geral e juntando todas as provas, estudos e pareceres que corroboram seu pedido (art. 58, *caput*, Lei n. 12.529/2011).

Após a manifestação do requerente, o Conselheiro-Relator (art. 59, Lei n. 12.529/2011):

■ proferirá decisão determinando a inclusão do processo em pauta para julgamento, caso entenda que se encontre suficientemente instruído; **ou**

■ determinará a realização de **instrução complementar**, se necessário, podendo, a seu critério, solicitar que a Superintendência-Geral a realize[38], declarando os pontos controversos e especificando as **diligências** a serem produzidas, que poderão ser acompanhadas pelo Conselheiro-Relator (art. 59, § 2.º, Lei n. 12.529/2011).

> **Observação:** Em caso de recusa, omissão, enganosidade, falsidade ou retardamento injustificado, por parte dos requerentes, de informações ou documentos cuja apresentação for determinada pelo CADE, sem prejuízo das demais sanções cabíveis, poderá o pedido de aprovação do ato de concentração ser **rejeitado por falta de provas** (art. 62, Lei n. 12.529/2011). Neste caso, o requerente somente poderá realizar o ato mediante apresentação de **novo pedido**, nos termos do art. 53 da Lei n. 12.529/2011.

O Conselheiro-Relator poderá autorizar, conforme o caso, **precária e liminarmente**, a realização do ato de concentração econômica, impondo as condições que visem à preservação da reversibilidade da operação, quando assim recomendarem as condições do caso concreto (art. 59, § 1.º, Lei n. 12.529/2011).

Após a conclusão da instrução, o Conselheiro-Relator determinará a inclusão do processo em pauta para julgamento (art. 60, Lei n. 12.529/2011).

No julgamento do pedido de aprovação do ato de concentração econômica, o Tribunal poderá (art. 61, *caput*, Lei n. 12.529/2011):

■ aprová-lo integralmente,

■ rejeitá-lo; **ou**

■ aprová-lo parcialmente, caso em que determinará as **restrições** que deverão ser observadas como condição para a validade e eficácia do ato.

As **restrições** cabíveis, no caso de aprovação parcial do ato de concentração econômica, são denominadas de **remédios** e têm por objetivo mitigar os eventuais efeitos

---

[38] Art. 13, inciso V, Lei n. 12.529/2011.

8 ◼ Defesa da Concorrência: o Controle de Atos de Concentração Econômica 795

nocivos do ato de concentração sobre os mercados relevantes afetados (art. 61, § 1.º, Lei n. 12.529/2011). Tais restrições incluem (art. 61, § 2.º, Lei n. 12.529/2011):

- ◼ a venda de ativos ou de um conjunto de ativos que constitua uma atividade empresarial;
- ◼ a cisão de sociedade;
- ◼ a alienação de controle societário;
- ◼ a separação contábil ou jurídica de atividades;
- ◼ o licenciamento compulsório de direitos de propriedade intelectual; e
- ◼ qualquer outro ato ou providência necessários para a eliminação dos efeitos nocivos à ordem econômica.

Como se vê, no controle de atos de concentração, há uma preferência pelos chamados **remédios estruturais** — assim considerados os que ensejam modificação na estrutura da empresa e, pois, do mercado —, em oposição aos remédios ditos **comportamentais** — representados por um comportamento a ser seguido pela empresa —, que são utilizados, na maioria dos casos, para reforçar os remédios principais, de natureza estrutural[39].

Julgado o processo no mérito, o ato não poderá ser novamente apresentado nem revisto no âmbito do Poder Executivo (art. 61, § 3.º, Lei n. 12.529/2011).

> **Observação:** Na sistemática da Lei n. 12.529/2011, **não há aprovação tácita** de atos de concentração. Com efeito, o art. 64 do referido diploma, que iria dispor sobre tal possibilidade[40], foi vetado pela Presidência da República[41] (tendo sido o veto mantido pelo Congresso Nacional) sob o fundamento de que resultaria "em medida desproporcional e com o potencial de acarretar graves prejuízos à sociedade".

8.3.5. ACORDO EM CONTROLE DE CONCENTRAÇÕES

No processo administrativo de análise de ato de concentração econômica não é cabível o compromisso de cessação[42], mas sim o **acordo em controle de concentrações (ACC)**.

O ACC é um procedimento administrativo cuja função mais proeminente é "assegurar a obtenção de eficiências suficientes para a aprovação de um ato de concentração"[43].

---

[39] SILVEIRA, Paulo Burnier da. *Direito da concorrência*, p. 43-44.

[40] A redação do *caput* do dispositivo vetado seria a seguinte: "O descumprimento dos prazos previstos nesta Lei implica a aprovação tácita do ato de concentração econômica".

[41] Mensagem n. 536, de 30.11.2011.

[42] De acordo com o art. 85 da Lei n. 12.529/2011, o compromisso de cessação é possível nos procedimentos administrativos mencionados nos incisos I, II e III do art. 48 da mesma lei, que se referem à apuração de infrações à ordem econômica e à imposição de sanções pela prática de tais infrações. O processo administrativo de análise de ato de concentração econômica é previsto no inciso IV do art. 48 da Lei n. 12.529/2011.

[43] CARVALHO, Vinícius Marques de; CASTRO, Ricardo Medeiros de. Acordo em controle de concentração: possibilidades, conveniência e diálogo social, p. 103. De acordo com os referidos auto-

Assim, mesmo que um ato de concentração limite a concorrência, o CADE poderá celebrar tal modalidade de acordo se forem asseguradas as condições estabelecidas no § 6.º do art. 88 da Lei n. 12.529/2011.

O art. 92 da Lei n. 12.529/2011 iria dispor sobre o acordo em controle de concentrações, mas referido dispositivo foi vetado pela Presidência da República[44], tendo sido o veto mantido pelo Congresso Nacional.

A redação do dispositivo vetado seria a seguinte:

> **Art. 92.** A Superintendência-Geral poderá, na forma previamente fixada pelo Tribunal, antes de impugnar a operação, negociar acordo com os interessados que submetam atos a exame, na forma do art. 88 desta Lei, de modo a assegurar o cumprimento das condições legais para a respectiva aprovação.
>
> § 1.º Uma vez negociado o acordo, minuta de seu inteiro teor deverá ser disponibilizada para consulta pública por prazo não inferior a 10 (dez) dias, devendo as respectivas manifestações merecer apreciação motivada.
>
> § 2.º Constarão dos acordos de que trata o *caput* deste artigo as cláusulas necessárias à eliminação dos efeitos nocivos à ordem econômica, devendo ser estabelecidos prazos pré-definidos para o seu cumprimento, que será fiscalizado pela Superintendência-Geral.
>
> § 3.º O descumprimento do acordo referido neste artigo implicará a revisão da respectiva aprovação pelo Cade e a abertura de processo administrativo para a adoção das demais medidas cabíveis.
>
> § 4.º O Conselheiro-Relator do processo, escolhido na forma do inciso III do art. 10, participará do processo de negociação do acordo.
>
> § 5.º O acordo negociado pela Superintendência-Geral deverá ser submetido à aprovação do Tribunal, que deliberará no prazo de 30 (trinta) dias úteis.

A Presidência da República assim expôs as razões do veto ao dispositivo transcrito: "Os dispositivos restringem a possibilidade de celebração de acordos à etapa de instrução dos processos, limitando indevidamente um instrumento relevante para atuação do Tribunal na prevenção e na repressão às infrações contra a ordem econômica".

Note-se que o veto ao art. 92 da Lei n. 12.529/2011 **não implicou a impossibilidade de celebração de acordo em controle de concentrações**, até porque a finalidade do veto não era inviabilizar tal instrumento — reconhecido, aliás, como relevante para a atuação do Sistema Brasileiro de Defesa da Concorrência —, mas, em verdade, ampliar a possibilidade de celebração para além da etapa de instrução dos processos administrativos de análise de atos de concentração econômica.

Considerando o veto ao mencionado dispositivo, temos, então, as seguintes normas na Lei n. 12.529/2011 sobre o procedimento de acordo em controle de concentrações:

■ a Superintendência-Geral sugere ao Tribunal condições para a celebração de acordo (art. 13, inciso X, Lei n. 12.529/2011);

---

res, "o ACC possui natureza jurídica *sui generis*, sendo discricionário, comportando características mistas de ato-condição bilateral com contrato administrativo e podendo ter seus termos discutidos em diversas fases processuais" (Ob. cit., p. 117).

[44] Mensagem n. 536, de 30.11.2011.

8 ⬛ Defesa da Concorrência: o Controle de Atos de Concentração Econômica — 797

⬛ o Plenário do Tribunal aprova os termos do acordo (art. 9.º, inciso V, Lei n. 12.529/2011);

⬛ o Plenário do Tribunal, quando entender conveniente e oportuno, pode fixar acordos em controle de atos de concentração (art. 9.º, inciso X, Lei n. 12.529/2011);

⬛ o Plenário do Tribunal pode determinar à Superintendência-Geral que fiscalize o cumprimento do acordo (arts. 9.º, inciso V; 13, inciso X; e 52, *caput*, Lei n. 12.529/2011);

⬛ na fase de fiscalização do cumprimento do acordo, poderá a Superintendência-Geral valer-se de todos os poderes instrutórios que lhe são assegurados na Lei n. 12.529/2011 (art. 52, § 1.º, Lei n. 12.529/2011);

⬛ durante a vigência do acordo em controle de concentrações está suspensa a prescrição (art. 46, § 2.º, Lei n. 12.529/2011);

⬛ cumprido integralmente o acordo em controle de concentrações, a Superintendência-Geral, de ofício ou por provocação do interessado, manifestar-se-á sobre seu cumprimento (art. 52, § 2.º, Lei n. 12.529/2011).

8.4. REVISÃO DA APROVAÇÃO DO ATO DE CONCENTRAÇÃO ECONÔMICA

A aprovação pelo CADE do ato de concentração econômica **não gera direito adquirido** aos grupos econômicos envolvidos na operação[45].

Com efeito, o art. 91 da Lei n. 12.529/2011 admite a **revisão da aprovação** de atos de concentração econômica de que cuida o art. 88 do mesmo diploma legal nas seguintes hipóteses:

⬛ se a decisão for baseada em informações falsas ou enganosas prestadas pelo interessado[46];

⬛ se ocorrer o descumprimento de quaisquer das obrigações assumidas; ou

⬛ não forem alcançados os benefícios visados[47].

A revisão pode ser feita pelo Tribunal:

⬛ de ofício; ou

⬛ mediante provocação da Superintendência-Geral.

---

[45] FONSECA, José Júlio Borges da. *Direito antitruste e regime das concentrações empresariais*, p. 78.

[46] A falsidade ou enganosidade será punida com multa pecuniária, de valor não inferior a R$ 60.000,00 (sessenta mil reais) nem superior a R$ 6.000.000,00 (seis milhões de reais), a ser aplicada na forma das normas do Cade, sem prejuízo da abertura de processo administrativo, nos termos do art. 67 da Lei n. 12.529/2011, e da adoção das demais medidas cabíveis (art. 91, parágrafo único, Lei n. 12.529/2011).

[47] O STF, em exame cautelar, não vislumbrou aparência de inconstitucionalidade na expressão "ou não forem alcançados os benefícios visados", constante do art. 55 da Lei n. 8.884/94 — que possuía redação similar à do *caput* do art. 91 da Lei n. 12.529/2011 (ADI-MC 1.094/DF, Rel. Min. Carlos Velloso, Pleno, j. em 21.09.1995, *DJ* 20.04.2001, p. 104). Referida ADI, contudo, foi extinta sem resolução de mérito, por perda superveniente do objeto, tendo em vista a revogação da Lei n. 8.884/94 pela Lei n. 12.529/2011.

8.5. PROCEDIMENTO ADMINISTRATIVO PARA APURAÇÃO DE ATO DE CONCENTRAÇÃO ECONÔMICA (APAC)

A Lei n. 12.529/2011 menciona um "procedimento administrativo para apuração de ato de concentração econômica" (art. 48, inciso V), instaurado e instruído pela Superintendência-Geral (art. 13, inciso V).

O CADE disciplinou o **procedimento administrativo para apuração de ato de concentração (APAC)** na **Resolução n. 24, de 08.07.2019**.

Tal procedimento, ressalte-se, não é para análise dos atos de concentração que tenham sido previamente submetidos ao CADE, mas, nos termos do art. 1.º da mencionada resolução, para **apuração** dos atos de concentração:

■ **notificados e consumados antes de apreciados pelo CADE**, nos termos do § 3.º do art. 88 da Lei n. 12.529/2011 (arts. 7.º a 9.º, Resolução n. 24/2019);

> **Observação:** A consumação de atos de concentração econômica antes da autorização prévia do CADE, quando exigida, é denominada *"gun jumping"* — em inglês: "queimar a largada", em alusão às competições esportivas, quando um atleta inicia a prova antes do tiro que representa o sinal de largada[48].

■ **não notificados e consumados antes de apreciados pelo CADE**, nos termos do § 3.º do art. 88 da Lei n. 12.529/2011 (arts. 10 a 13, Resolução n. 24/2019);

■ **não notificados**, mas cuja submissão pode ser requerida pelo CADE, nos termos do § 7.º do art. 88 da Lei n. 12.529/2011 (arts. 14 a 17, Resolução n. 24/2019).

O APAC é instaurado pelo Superintendente-Geral, que poderá fazê-lo (art. 2.º, Resolução n. 24/2019):

■ *ex officio*;
■ por determinação de quaisquer dos membros do Tribunal Administrativo do Cade; ou
■ em face de denúncia ou representação fundamentada de qualquer interessado.

8.6. QUESTÕES

QUESTÕES DE CONCURSOS
> http://uqr.to/1y4bv

---

[48] SILVEIRA, Paulo Burnier da. *Direito da concorrência*, p. 50-51.

9

TEORIA GERAL DAS CONTRIBUIÇÕES DE INTERVENÇÃO NO DOMÍNIO ECONÔMICO

9.1. INTRODUÇÃO

Neste capítulo serão analisadas as **contribuições de intervenção no domínio econômico — CIDE**, também conhecidas como **contribuições interventivas**.

Por se tratar de exação de natureza tributária, tais contribuições interessam ao Direito Tributário. No entanto, como revela sua designação, referidos tributos relacionam--se à atividade estatal de intervenção no domínio econômico, que é objeto do Direito Econômico, o que justifica seu estudo nesta obra.

Apesar de estarem previstas na CF/1967, com a redação dada pela Emenda Constitucional n. 1/69, somente nos últimos tempos é que as CIDE passaram a atrair a atenção da doutrina, tendo em vista o número cada vez maior de tais categorias de tributos.

O emprego das contribuições como instrumento eficaz no exercício do poder impositivo decorreu da expansão do Estado no domínio das múltiplas atividades socioeconômicas[1]. Ademais, um dos motivos que pode ter ensejado a proliferação da instituição de tais contribuições pela União é a circunstância de, **em regra**, o produto de sua arrecadação **não precisar ser dividido** com os Estados e Municípios, diversamente do que se dá no caso dos impostos[2].

> **Observação:** Constitui **exceção** a tal regra o caso da chamada **"CIDE-combustíveis"**, prevista no art. 177, § 4.º, da CF: da referida contribuição interventiva, a União entregará **29% (vinte e nove por cento)** do produto de sua arrecadação para os Estados e o Distrito Federal, distribuídos na forma da lei, devendo ser observada a destinação a que se refere o inciso II, alínea *c*, do referido parágrafo (art. 159, inciso III, da CF, com redação determinada pela Emenda Constitucional n. 44, de 30.06.2004).

Neste capítulo, após serem traçados os contornos gerais das CIDE, verificar-se-á a relação existente entre elas e os atos estatais interventivos no domínio econômico. No próximo capítulo serão analisadas as diversas legislações instituidoras de tais contribuições no Brasil.

---

[1] CARVALHO, Paulo de Barros. *Direito tributário, linguagem e método*, p. 705.

[2] Nesse sentido: ÁVILA, Humberto. *Sistema constitucional tributário*, p. 248; BRITO FILHO, Washington Juarez de; CARDOSO, Renata Schmidt. Contribuições de intervenção no domínio econômico, p. 286.

800 Direito Financeiro e Econômico Esquematizado · Carlos Alberto de Moraes Ramos Filho

9.2. PREVISÃO CONSTITUCIONAL DAS CONTRIBUIÇÕES INTERVENTIVAS

As CIDE encontram-se reguladas na Constituição vigente no art. 149, assim redigido:

> **Art. 149.** Compete exclusivamente à União instituir **contribuições** sociais, **de intervenção no domínio econômico** e de interesse das categorias profissionais ou econômicas, como instrumento de sua atuação nas respectivas áreas, observado o disposto nos arts. 146, III, e 150, I e III, e sem prejuízo o previsto no art. 195, § 6.º, relativamente às contribuições a que alude o dispositivo.
>
> (...)
>
> § 2.º As **contribuições** sociais e **de intervenção no domínio econômico** de que trata o *caput* deste artigo:[3]
>
> I — não incidirão sobre as receitas decorrentes de exportação;
>
> II — incidirão também sobre a importação de produtos estrangeiros ou serviços; (inciso II com redação determinada pela Emenda Constitucional n. 42, de 19.12.2003)
>
> III — poderão ter alíquotas:
>
> a) *ad valorem*, tendo por base o faturamento, a receita bruta ou o valor da operação e, no caso, de importação, o valor aduaneiro;
>
> b) específica, tendo por base a unidade de medida adotada.
>
> § 3.º A pessoa natural destinatária das operações de importação poderá ser equiparada a pessoa jurídica, na forma da lei[4].
>
> § 4.º A lei definirá as hipóteses em que as contribuições incidirão uma única vez[5] (destaques nossos).

Até o advento da Emenda Constitucional n. 33, de 11.12.2001, que introduziu no art. 149 da CF/1988 os §§ 2.º ao 4.º, o *caput* do mencionado artigo era a única referência constitucional sobre as contribuições de intervenção no domínio econômico.

A referida Emenda Constitucional, além de acrescentar as disposições anteriormente citadas no art. 149, também introduziu o § 4.º no art. 177 da CF/1988, que, dispondo sobre a chamada **"CIDE-combustíveis"**, assim encontra-se redigido:

> **Art. 177.** (...)
>
> (...)
>
> § 4.º A lei que instituir contribuição de intervenção no domínio econômico relativa às atividades de importação ou comercialização de petróleo e seus derivados, gás natural e seus derivados e álcool combustível deverá atender aos seguintes requisitos:
>
> I — a alíquota da contribuição poderá ser:
>
> a) diferenciada por produto ou uso;

---

[3] Parágrafo acrescentado pela Emenda Constitucional n. 33, de 11.12.2001.

[4] Parágrafo acrescentado pela Emenda Constitucional n. 33, de 11.12.2001.

[5] Parágrafo acrescentado pela Emenda Constitucional n. 33, de 11.12.2001.

9 ▣ Teoria Geral das Contribuições de Intervenção no Domínio Econômico 801

> b) reduzida e restabelecida por ato do Poder Executivo, não se lhe aplicando o disposto no art. 150, III, *b*;
>
> II — os recursos arrecadados serão destinados:
>
> a) ao pagamento de subsídios a preços ou transporte de álcool combustível, gás natural e seus derivados de petróleo;
>
> b) ao financiamento de projetos ambientais relacionados com a indústria do petróleo e do gás;
>
> c) ao financiamento de programas de infraestrutura de transportes;
>
> d) ao pagamento de subsídios a tarifas de transporte público coletivo de passageiros[6].

Como se vê, são dois os **fundamentos constitucionais** para a instituição de contribuições interventivas: o art. 149, para as CIDE em geral, e o art. 177, § 4.º, especificamente para a "CIDE-combustíveis".

9.3. NATUREZA JURÍDICA DAS CIDE

O primeiro passo na análise das contribuições de intervenção no domínio econômico é definir sua **natureza jurídica**.

Falar de natureza jurídica é buscar as **características definitórias** de uma categoria[7], o que repercute no **regime jurídico** aplicável ao instituto analisado.

Assim, no presente tópico investigar-se-á se as contribuições interventivas são tributos ou não e, sendo afirmativa a resposta, qual a categoria tributária específica em que se enquadram as exações em questão.

9.3.1. CIDE: ESPÉCIE TRIBUTÁRIA

Quanto ao primeiro aspecto, pode-se afirmar que as CIDE possuem inegável **natureza tributária**, já que se subsumem ao conceito legal de tributo (art. 3.º, CTN): são, com efeito, prestações pecuniárias compulsórias que não decorrem de atos ilícitos.

Ressalte-se que o simples fato do art. 149 da CF, que regula as contribuições interventivas, estar localizado no capítulo do Sistema Tributário Nacional (critério topográfico) não tem, por si só, força para atribuir a tais exações a natureza tributária[8].

A circunstância das contribuições de intervenção no domínio econômico submeterem-se ao **regime jurídico tributário** — consoante inteligência do *caput* do art. 149 da CF, que impõe a observância, por tais exações, do disposto nos arts. 146, inciso III (que exige a edição de lei complementar para estabelecer normas gerais em matéria de legislação **tributária**), e 150, incisos I (que consagra o princípio da **legalidade tributária**) e

---

6   Alínea incluída pela Emenda Constitucional n. 132, de 20.12.2023.

7   GAMA, Tácio Lacerda. Contribuições especiais. Natureza e regime jurídico, p. 1144-1145.

8   Nesse sentido: FERREIRA NETO, Arthur M. *Classificação constitucional de tributos:* pela perspectiva da justiça, p. 41.

III (que, em suas três alíneas, indica, sucessivamente, os princípios da **irretroatividade da lei tributária**, da **anterioridade anual tributária**[9] e da **anterioridade nonagesimal tributária**) da CF — não é o que as torna espécie de tributo, pois é justamente o oposto: é a circunstância de serem tributos — o que, como dito, decorre da subsunção das referidas contribuições ao conceito legal de tributo (art. 3.º, CTN) — que faz com que tais exações submetam-se ao regime jurídico aplicável aos tributos em geral[10]. Como bem observa Eurico Marcos Diniz de Santi, o regime jurídico tributário é **efeito**, não **causa** de um determinado instituto pertencer à categoria dos tributos[11].

9.3.2. AS CIDE NO QUADRO GERAL DAS ESPÉCIES TRIBUTÁRIAS: DETERMINAÇÃO DE SUA NATUREZA JURÍDICA ESPECÍFICA

Tendo sido definida a natureza jurídica tributária das contribuições de intervenção no domínio econômico, resta identificar a **categoria tributária específica** em que se enquadram ditas contribuições, isto é, de que **espécie tributária** se trata.

Considerando que o traço peculiar das contribuições interventivas é a **vinculação da respectiva receita a finalidades predeterminadas**, ou seja, a circunstância do produto de sua arrecadação ser constitucionalmente destinado para emprego em fins específicos (art. 149, *caput*, e 177, § 4.º, inciso II, CF), e considerando, ainda, que tais exações não são restituíveis — como o são os empréstimos compulsórios —, conclui-se que as contribuições de intervenção no domínio econômico integram a categoria das **contribuições especiais**, ao lado das sociais (gerais e da seguridade social), das corporativas (de interesse das categorias profissionais ou econômicas) e da contribuição para o custeio, a expansão e a melhoria do serviço de iluminação pública e de sistemas de monitoramento para segurança e preservação de logradouros públicos, esta última prevista no art. 149-A da CF.

---

[9] No caso da CIDE-combustíveis, a alíquota poderá ser reduzida ou restabelecida pelo Poder Executivo, não se lhe aplicando o disposto no art. 150, inciso III, alínea *b*, da CF/1988 (art. 177, § 4.º, inciso I, alínea *b*, CF).

[10] Leciona, a respeito, Tácio Lacerda Gama: "Contribuições de intervenção no domínio econômico são tributos, pois preenchem os critérios prescritos pelo artigo 3.º do Código Tributário Nacional. Qualquer outro argumento formulado pró ou contra a natureza das contribuições, seja em função da localização do tema no Sistema Tributário Nacional, seja pela aplicação dos princípios prescritos pelo art. 149 da Constituição, tem caráter acidental, não servindo de critério conclusivo para a definição de sua natureza" (*Contribuição de intervenção no domínio econômico*, p. 125). No mesmo sentido é a lição de Paulo Roberto Lyrio Pimenta, que assevera: "a natureza jurídica de determinada figura jurídica **não pode ser identificada pelo seu regime jurídico**, que é o conjunto de normas e princípios que regem determinada categoria do direito positivo, mas **não é a essência da figura. É algo que vem depois**. Ou seja, trata-se do revestimento normativo de determinada entidade, que **não é um dado essencial para identificar a sua natureza**. Assim sendo, dois institutos podem ter naturezas distintas, embora se submetam ao mesmo regime" (destaques nossos) (*Contribuições de intervenção no domínio econômico*, p. 13).

[11] SANTI, Eurico Marcos Diniz de. As classificações no sistema tributário brasileiro, p. 144-145.

9 ◘ Teoria Geral das Contribuições de Intervenção no Domínio Econômico   803

As contribuições interventivas, ressalte-se, são espécies de **contribuições especiais**[12], e não de contribuições sociais, como sustenta uma parte da doutrina[13]. A fim de evitar repetições desnecessárias, reportamo-nos ao capítulo desta obra, na parte de Direito Financeiro, dedicado às **receitas tributárias**, onde a questão foi analisada com a atenção devida.

9.4. COMPETÊNCIA PARA INSTITUIR CONTRIBUIÇÕES INTERVENTIVAS

A Constituição Federal não cria tributos, mas apenas estabelece **competências** para que as pessoas políticas, **querendo**, possam instituí-los[14].

Consoante leciona Roque Antonio Carrazza, **competência tributária** "é a possibilidade de criar, *in abstracto*, tributos, descrevendo, legislativamente, suas hipóteses de incidência, seus sujeitos ativos, seus sujeitos passivos, suas bases de cálculo e suas alíquotas"[15].

No caso das CIDE, a competência para sua instituição é privativa da **União**, consoante esclarece o *caput* do art. 149 da CF.

Percebe-se, do exposto, que a competência **para instituir contribuições** de intervenção no domínio econômico não se confunde com a competência **para intervir** no domínio econômico: enquanto esta última é conferida às pessoas políticas em geral (conforme a modalidade interventiva de que se trate), aquela é atribuída com exclusividade à União.

Portanto, os dispositivos da CF que autorizam o Poder Público em geral a intervir no domínio econômico (como, por exemplo, os arts. 173 e 174) não podem ser considerados autorizações constitucionais para que os Estados, o Distrito Federal e os Municípios instituam contribuições interventivas[16].

9.5. AS CONTRIBUIÇÕES INTERVENTIVAS E A LEI COMPLEMENTAR DE NORMAS GERAIS EM MATÉRIA TRIBUTÁRIA

O art. 149 da Constituição Federal, ao estabelecer o regime jurídico das CIDE (e das demais modalidades de contribuições especiais), dispôs que as referidas exações

---

[12] Nesse sentido: GAMA, Tácio Lacerda. *Contribuição de intervenção no domínio econômico*, p. 125; SPAGNOL, Werther Botelho. *Curso de direito tributário*, p. 67.

[13] Nesse sentido, lecionando serem as contribuições interventivas espécies de contribuições sociais: MACHADO, Hugo de Brito. *Curso de direito tributário*, p. 64 e 363-364; MARTINS, Sergio Pinto. *Manual de direito tributário*, p. 122; XEREZ, Rafael Marcílio. As contribuições sociais no sistema tributário brasileiro, p. 290. Na ementa do RE-AgR 451.915/PR (Rel. Min. Gilmar Mendes, 2.ª Turma, j. em 17.10.2006, *DJ* 01.12.2006, p. 93), consta referência à contribuição instituída pela Lei n. 10.168, de 29.12.2000, como sendo "Contribuição social de intervenção no domínio econômico". Tal expressão também foi empregada na ementa do seguinte acórdão, para referir-se à contribuição em favor do SEBRAE: RE-AgR 389.016/SC, Rel. Min. Sepúlveda Pertence, 1.ª Turma, j. em 30.06.2004, *DJ* 13.08.2004, p. 280.

[14] JARDIM, Eduardo Marcial Ferreira. *Manual de direito financeiro e tributário*, p. 181-182; AMARO, Luciano. *Direito tributário brasileiro*, p. 168; CASSONE, Vittorio. *Direito tributário*, p. 47.

[15] CARRAZZA, Roque Antonio. *Curso de direito constitucional tributário*, p. 567.

[16] BORGHOLM, Danielle Soares. Contribuição de intervenção no domínio econômico — CIDE, p. 141.

804 Direito Financeiro e Econômico Esquematizado   *Carlos Alberto de Moraes Ramos Filho*

devem observar, dentre outras disposições constitucionais, a norma do inciso III do art. 146, segundo a qual cabe à lei complementar "estabelecer normas gerais em matéria de legislação tributária".

É indiscutível, portanto, que, existindo uma lei complementar de normas gerais editada pela União[17], deverão as contribuições interventivas observar as extremas estabelecidas pela referida lei nacional. A polêmica, no entanto, reside na situação inversa: inexistindo lei complementar estabelecendo as normas gerais para as contribuições de intervenção no domínio econômico (apontando principalmente a sua hipótese de incidência, base de cálculo e contribuintes), as referidas exações poderiam ser instituídas ou não?

Muitos doutrinadores sustentam ser indispensável a existência de lei complementar estabelecendo normas gerais sobre as contribuições interventivas, tendo em vista que a Constituição Federal não definiu as linhas estruturais das referidas exações[18].

Por outro lado, há quem entenda ser desnecessária, para a válida instituição das contribuições interventivas, a prévia existência de lei complementar de normas gerais. É o caso de Tácio Lacerda Gama, que defende sua opinião com base em três argumentos:

---

[17] A competência para "estabelecer normas gerais em matéria de legislação tributária" (art. 146, inciso III, CF) é da **União**, consoante se infere da leitura do art. 24, inciso I e § 1.º, da CF.

[18] Nesse sentido: ALMEIDA JÚNIOR, Fernando Osório de. Contribuição de intervenção no domínio econômico, p. 152; HACK, Érico. *CIDE — Contribuição de intervenção no domínio econômico: destinação do produto arrecadado e finalidade como requisitos de validade*, p. 94-95; MARTINS, Marcelo Guerra. *Impostos e contribuições federais*, p. 64; MARTINS, Natanael. As contribuições ao FUST e ao FUNTTEL, p. 353; MELLO, Gustavo Miguez de. Contribuições de intervenção no domínio econômico: um convite ao legislador constituinte derivado para reduzir o direito do contribuinte estabelecido pela Assembleia Constituinte, p. 184 e 189; PONTES, Helenilson Cunha. Contribuições de intervenção no domínio econômico, p. 385 e 392; RODRIGUES, Marilene Talarico Martins. Contribuições de intervenção no domínio econômico, p. 152; SCHOUERI, Luís Eduardo. Algumas considerações sobre a contribuição de intervenção no domínio econômico no sistema constitucional brasileiro. A contribuição ao Programa Universidade-Empresa, p. 366-367; SOUZA, Andrei Mininel de. *Contribuições de intervenção no domínio econômico: da incidência ao controle de constitucionalidade*, p. 83. Para Fernando Osório de Almeida Júnior, "não se trata aqui de impedir o pleno exercício da competência da União. O art. 24, § 3.º, da CF/1988, reza: 'Inexistindo lei federal sobre normais gerais, os Estados exercerão a competência legislativa plena, para atender as suas peculiaridades'. Com efeito, esse dispositivo — que por sinal, fora aplicado pelo STF para afastar a suposta inconstitucionalidade das leis estaduais sobre o IPVA, cujas 'normas gerais' respectivas nunca foram editadas (RE n. 167.777-5/SP) — não é extensivo à União, pois se a ela cabe editar as normas gerais, não poderia alegar a sua própria inércia para legitimar a instituição de contribuições interventivas via lei ordinária" (Ob. cit., p. 153-154). Andrei Mininel de Souza entende ser dispensável a lei complementar para a definição das normas gerais aplicáveis às contribuições interventivas "quando tais normas são identificadas no corpo da própria Constituição Federal, tal como ocorre na hipótese de contribuição interventiva a incidir sobre a atividade de importação de petróleo (e seus derivados), gás natural (e seus derivados) e álcool combustível" (Ob. cit., p. 83). Mais radical é a lição de Ives Gandra da Silva Martins, que sustenta a impossibilidade de instituir **qualquer tributo** sem lei complementar prévia (*Sistema tributário na Constituição de 1988*, p. 79).

9 ▣ Teoria Geral das Contribuições de Intervenção no Domínio Econômico — 805

i. a referência do art. 146, III, 'a', segunda parte, é dirigida especificamente para os **impostos;**

ii. as contribuições interventivas estão submetidas ao regime jurídico próprio das contribuições, **que não se confunde com o dos impostos;**

iii. mesmo em relação aos impostos, a lei complementar não é colocada como pré-requisito para o exercício da competência tributária (destaques nossos)[19].

Nesse sentido, aliás, já decidiu o STF, ao apreciar, em sede cautelar, a constitucionalidade de contribuições previdenciárias incidentes sobre os servidores públicos em atividade:

As contribuições de seguridade social — inclusive aquelas que incidem sobre os servidores públicos federais em atividade —, embora sujeitas, como qualquer tributo, às normas gerais estabelecidas na lei complementar a que se refere o art. 146, III, da Constituição, não dependem, para o específico efeito de sua instituição, da edição de nova lei complementar, eis que, precisamente por não se qualificarem como impostos, torna-se inexigível, quanto a elas, a utilização dessa espécie normativa para os fins a que alude o art. 146, III, a, segunda parte, da Carta Política, vale dizer, para a definição dos respectivos fatos geradores, bases de cálculo e contribuintes (**ADI-MC 2.010/DF**, Rel. Min. Celso de Mello, Pleno, j. em 30.09.1999, *DJ* 12.04.2002, p. 51)[20].

No mesmo sentido decidiu o STF ao reconhecer que a prévia existência de lei complementar de normas gerais não era necessária para a instituição da contribuição social sobre o lucro das pessoas jurídicas, destinada ao financiamento da seguridade social[21]:

Assim sendo, **por não haver necessidade para instituição** da contribuição social destinada ao financiamento da seguridade social com base no inciso I do artigo 195 — já devidamente definida em suas linhas estruturais na própria Constituição — **da lei complementar tributária de normas gerais**, não será necessária, por via de consequência, que essa instituição se faça por lei complementar que supriria aquela, se indispensável (**RE 146.733/SP**, Rel. Min. Moreira Alves, Pleno, j. em 29.06.1992, *DJ* 06.11.1992, p. 20110)[22].

No mesmo sentido decidiu o STF ao julgar processo envolvendo a contribuição ao SEBRAE — que, segundo o Tribunal, tem natureza de contribuição interventiva:

As contribuições do art. 149, C.F. — contribuições sociais, **de intervenção no domínio econômico** e de interesse de categorias profissionais ou econômicas — posto **estarem sujeitas à lei complementar do art. 146, III, C.F.**, isto não quer dizer que deverão ser

---

[19] GAMA, Tácio Lacerda. *Contribuição de intervenção no domínio econômico*, p. 194.

[20] Referida ação, contudo, foi extinta sem resolução do mérito, restando, pois, insubsistente a medida cautelar anteriormente deferida.

[21] Referida contribuição foi instituída pela Lei n. 7.689, de 15.12.1988.

[22] No caso referido, o STF afastou a exigência de lei complementar tendo em vista a previsão, no próprio Texto Constitucional, das fontes das contribuições, entendendo, por conseguinte, que seria desnecessária a lei complementar de normas gerais. No mesmo sentido: STF, RE 138.284/CE, Rel. Min. Carlos Velloso, Pleno, j. em 01.07.1992, *DJ* 28.08.1992, p. 13456. Ressalte-se que, apesar do mencionado entendimento, o governo federal fez veicular a contribuição para financiamento da Seguridade Social — COFINS por lei complementar (LC n. 70, de 30.12.1991).

806 Direito Financeiro e Econômico Esquematizado — *Carlos Alberto de Moraes Ramos Filho*

instituídas por lei complementar. (...) A contribuição não é imposto. Por isso, **não se exige que a lei complementar defina a sua hipótese de incidência, a base imponível e contribuintes: C.F., art. 146, III,** *a*. Precedentes: RE 138.284/CE, Ministro Carlos Velloso, RTJ 143/313; RE 146.733/SP, Ministro Moreira Alves, RTJ 143/684 (**RE 396.266/SC**, Rel. Min. Carlos Velloso, Pleno, j. em 26.11.2003, *DJ* 27.02.2004, p. 22) (destaques nossos)[23].

Portanto, apesar de estarem sujeitas à lei complementar de que trata o inciso III do art. 146 da CF, as CIDE podem ser validamente instituídas sem que seu perfil (hipótese de incidência, base imponível e contribuintes) esteja previamente traçado em lei complementar de normas gerais, pois tal exigência é dirigida especificamente para os **impostos**, mas não para as demais espécies tributárias.

9.6. INSTRUMENTO NORMATIVO HÁBIL PARA O EXERCÍCIO DA COMPETÊNCIA TRIBUTÁRIA RELATIVA ÀS CONTRIBUIÇÕES INTERVENTIVAS

No Brasil, em razão do princípio constitucional da legalidade tributária (art. 150, inciso I, CF), os tributos devem ser criados por **lei**.

Assim, a competência tributária deflui da Constituição, mas é exercida **por lei**[24], nesta esgotando-se[25]. O exercício da competência tributária exaure-se com a edição da lei veiculadora da norma jurídica tributária.

Relativamente às contribuições de intervenção no domínio econômico, o art. 149 da CF, ao estabelecer o regime jurídico das referidas contribuições (e das demais modalidades de contribuições especiais), dispôs que tais exações devem observar, dentre outras disposições constitucionais, a norma do inciso I do art. 150, segundo a qual é vedado "exigir ou aumentar tributo sem lei que o estabeleça"[26].

Evidencia-se, com tal disposição, que as contribuições interventivas devem ser instituídas ou majoradas **por lei**. Não esclarecem, contudo, os dispositivos constitucionais anteriormente referidos qual a espécie de lei exigida para o exercício da competência tributária relativamente às contribuições de intervenção no domínio econômico.

---

[23] No mesmo sentido: RE-AgR 415.188/PR, Rel. Min. Carlos Velloso, 2.ª Turma, j. em 23.03.2004, *DJ* 23.04.2004, p. 28; AI-ED 518.082/SC, Rel. Min. Carlos Velloso, 2.ª Turma, j. em 17.05.2005, *DJ* 17.06.2005, p. 73.

[24] Admite-se, excepcionalmente, o emprego de **medida provisória** para o exercício da competência tributária, consoante inteligência do art. 62, §§ 1.º e 2.º, da CF (com a redação determinada pela Emenda Constitucional n. 32, de 11.09.2001), desde que atendidos os requisitos exigidos pelo *caput* do dispositivo constitucional em questão, a saber: **relevância e urgência**.

[25] Leciona, a respeito, Roque Antonio Carrazza: "A competência tributária esgota-se na lei. Depois que esta for editada, não há falar mais em competência tributária (direito de criar o tributo), mas, somente em capacidade tributária ativa (direito de arrecadá-lo, após a ocorrência do fato imponível). Temos, pois, que a competência tributária, uma vez exercitada, cede passo à capacidade tributária ativa. De conseguinte, a competência tributária não sai da esfera do Poder Legislativo; pelo contrário, exaure-se com a edição da lei veiculadora da norma jurídica tributária" (*Curso de direito constitucional tributário*, p. 571).

[26] Tal exigência, em relação aos tributos em geral (mas não em relação às contribuições interventivas, de modo expresso), também consta do art. 97, incisos I e II, do CTN.

9 ▪ Teoria Geral das Contribuições de Intervenção no Domínio Econômico 807

Existem, no ordenamento jurídico brasileiro, três espécies de leis: as **ordinárias** (art. 59, inciso III, c/c art. 47, ambos da CF), as **complementares** (art. 59, inciso II, c/c art. 69, ambos da CF) e as **delegadas** (art. 59, inciso IV, c/c art. 68, ambos da CF), que já foram analisadas nesta obra[27].

A **lei complementar** é a que versa sobre matérias indicadas expressamente pela própria Constituição e, pois, subtraídas ao campo de atuação das demais espécies normativas do nosso direito positivo.

A **lei ordinária**, por sua vez, é cabível nos casos em que não houver no Texto Constitucional exigência expressa de lei complementar.

Já a **lei delegada** pode versar sobre qualquer matéria, exceto as mencionadas no § 1.º do art. 68 da CF, dentre elas as reservadas constitucionalmente à lei complementar.

Retomando a análise da competência tributária, cabe ressaltar que, pelo fato de o inciso I do art. 150 da CF não esclarecer qual a espécie normativa exigida para a instituição (e majoração) dos tributos (em geral), é a **lei ordinária**, em regra, o veículo legislativo que cria tais exações, traduzindo, pois, o instrumento formal mediante o qual se exercita a competência tributária[28]. Tal instrumento, contudo, será a lei complementar nos casos específicos em que a Constituição expressamente exigir tal espécie normativa — como nos casos dos empréstimos compulsórios (art. 148, CF), do imposto sobre grandes fortunas (153, inciso VII, CF), dos impostos residuais (154, inciso I, CF) e das contribuições residuais para a seguridade social (art. 195, § 4.º, CF).

No caso das CIDE, apesar de alguns doutrinadores sustentarem que devam ser criadas por lei complementar[29], entendemos, com outra parte da doutrina, que **não há necessidade de instituição das referidas contribuições por lei complementar**[30].

Nesse sentido é a jurisprudência do STF, que fixou entendimento de que **é dispensável a forma da lei complementar para a criação das contribuições de intervenção**

---

[27] No capítulo referente às fontes do Direito Financeiro.

[28] Nesse sentido: AMARO, Luciano. *Direito tributário brasileiro*, p. 168.

[29] Nesse sentido: MARTINS, Ives Gandra da Silva. *Sistema tributário na Constituição de 1988*, p. 103. O referido autor, contudo, não se refere especificamente às contribuições interventivas, mas genericamente às contribuições do art. 149 da CF. Leciona Roque Antonio Carrazza que as contribuições interventivas, "se tiverem hipótese de incidência de imposto da 'competência explícita' da União (art. 153, I a VII, da CF), deverão ser criadas por lei ordinária", mas se "tiverem hipótese de incidência de algum imposto da chamada 'competência residual' da União (art. 154, I, da CF), deverão ser instituídas por lei complementar" (*Curso de direito constitucional tributário*, p. 671).

[30] Nesse sentido: CARVALHO, Paulo de Barros. *Direito tributário, linguagem e método*, p. 711; SOUZA, Hamilton Dias de; FERRAZ JÚNIOR, Tércio Sampaio. Contribuições de intervenção no domínio econômico e a federação, p. 69; MELLO, Gustavo Miguez de. Contribuições de intervenção no domínio econômico: um convite ao legislador constituinte derivado para reduzir o direito do contribuinte estabelecido pela Assembleia Constituinte, p. 184; ICHIHARA, Yoshiaki. Contribuições de intervenção no domínio econômico, p. 279 e 282; MACHADO SEGUNDO, Hugo de Brito. Contribuições de intervenção no domínio econômico, p. 302; HACK, Érico. *CIDE — Contribuição de intervenção no domínio econômico:* destinação do produto arrecadado e finalidade como requisitos de validade, p. 101.

808 Direito Financeiro e Econômico Esquematizado   *Carlos Alberto de Moraes Ramos Filho*

no domínio econômico[31], pois a CF, em matéria de contribuições, apenas exige a lei complementar no caso das previdenciárias residuais (art. 195, § 4.º, CF)[32].

Com efeito, a edição de lei ordinária é cabível nos casos em que não há no Texto Constitucional exigência expressa de lei complementar[33], tal como se dá no caso da instituição dos tributos em geral (art. 150, inciso I, CF — ressalvadas as hipóteses expressamente previstas no Texto Constitucional) e, de modo particular, no caso das CIDE (art. 149, *caput*, e 177, § 4.º, ambos da CF).

As contribuições interventivas, por não constituírem matéria reservada à lei complementar, podem, ainda, ser instituídas por **lei delegada** (art. 68, CF) ou por **medida provisória**, desde que, quanto a esta última espécie normativa, restem configurados os pressupostos constitucionais de **relevância** e **urgência** da matéria (art. 62, CF)[34].

> **Observação:** Como exemplo desta segunda hipótese temos a Contribuição para o Desenvolvimento da Indústria Cinematográfica Nacional (CONDECINE), que foi instituída pela Medida Provisória n. 2.228-1, de 06.09.2001.

9.7. FINALIDADE DAS CONTRIBUIÇÕES INTERVENTIVAS: RELAÇÃO DAS CIDE COM A INTERVENÇÃO NO DOMÍNIO ECONÔMICO

As CIDE, como espécies de contribuição especial (art. 149, CF), são consideradas tributos **finalísticos**. Isso porque o traço característico das contribuições em pauta é a sua finalidade: **intervenção no domínio econômico**[35].

---

[31] O STF, por ocasião do julgamento do RE 635.682/RJ (Rel. Min. Gilmar Mendes, Pleno, j. em 25.04.2013, *DJe*-098 24.05.2013), fixou a seguinte tese de repercussão geral (**Tema 227**): "A contribuição destinada ao Serviço Brasileiro de Apoio às Micro e Pequenas Empresas — Sebrae possui natureza de contribuição de intervenção no domínio econômico e **não necessita de edição de lei complementar para ser instituída**" (destaque nosso). No mesmo sentido: ADI 4.697/DF, Rel. Min. Edson Fachin, Pleno, j. em 06.10.2016, *DJe*-063 30.03.2017; RE-ED 635.682/RJ, Rel. Min. Gilmar Mendes, Pleno, j. em 31.03.2017, *DJe*-090 03.05.2017; ARE-AgR-segundo 1.160.511/RJ, Rel. Min. Celso de Mello, 2.ª Turma, j. em 27.09.2019, *DJe*-219 09.10.2019.

[32] Nesse sentido: RE 396.266/SC, Rel. Min. Carlos Velloso, Pleno, j. em 26.11.2003, *DJ* 27.02.2004, p. 22; ADI 5.794/DF, Rel. p/ acórdão Min. Luiz Fux, Pleno, j. em 29.06.2018, *DJe*-083 23.04.2019.

[33] O entendimento do STF é o de que a lei complementar somente será exigida se a Constituição, **expressamente**, assim determinar: RE 225.602/CE, Rel. Min. Carlos Velloso, Pleno, j. em 25.11.1998, *DJ* 06.04.2001, p. 101.

[34] Nesse sentido, referindo-se à possibilidade de instituição de contribuição interventiva por medida provisória: SOUZA, Andrei Mininel de. *Contribuições de intervenção no domínio econômico*: da incidência ao controle de constitucionalidade, p. 84.

[35] PIMENTA, Paulo Roberto Lyrio. *Contribuições de intervenção no domínio econômico*, p. 48. A intervenção que embasará a cobrança da contribuição interventiva, como ressalta Marco Aurélio Greco, deve "ter por finalidade buscar os objetivos constitucionalmente consagrados na Constituição como um todo, e particularmente, na Ordem Econômica, de acordo com o conjunto de princípios nela consagrados" (Contribuição de intervenção no domínio econômico — Parâmetros para sua criação, p. 18).

9 ■ Teoria Geral das Contribuições de Intervenção no Domínio Econômico   809

Nesse sentido é a lição de Flávia Sousa Dantas Pinto, que distingue as contribuições especiais — gênero ao qual pertencem as contribuições interventivas —, às quais se aplica a técnica de **validação finalística**, dos tributos a que se aplica a técnica da **validação causal**[36] (impostos, taxas e contribuição de melhoria):

> (...) observa-se, por um lado, que o legislador constituinte teve a preocupação quase que excessiva em fixar as hipóteses de incidência dos impostos, taxas e contribuições de melhoria, ou seja, em identificar a 'causa' das relações jurídicas que envolvam essas espécies tributárias. Por outro lado, surgiram no texto constitucional de 1988 as figuras das contribuições especiais, com as quais o legislador se preocupou, exclusivamente, em fixar suas **finalidades**. (...). Portanto, nos impostos, taxas e contribuições de melhoria, podemos visualizar a utilização da técnica causalista, em que o legislador constituinte se preocupou em determinar quais os fatos jurídicos imponíveis (causas, meios), sem fazer menção expressa à destinação a ser dada ao *quantum* arrecadado. **Enquanto isso, nas contribuições, vislumbra-se o oposto: fixou-se a finalidade a ser atingida com a sua instituição, sem prever as causas** (destaques nossos)[37].

Questiona-se, no entanto, sobre a **forma pela qual deve manifestar-se a finalidade interventiva** da contribuição de intervenção no domínio econômico, isto é, se a espécie tributária em questão deve, **em si mesma**, possuir essencialmente uma função extrafiscal interventiva[38] (caso em que a contribuição se apresentaria, **ela própria**, como instrumento da intervenção estatal no domínio econômico) ou se é o **produto de sua arrecadação** que deve ser aplicado na consecução de atividades vinculadas a essa mesma finalidade (caso em que a contribuição apenas **financiaria** a intervenção estatal no domínio econômico).

Na vigência do ordenamento constitucional anterior, a questão não comportava polêmica, já que a CF/1967 autorizava à União, para atender à intervenção no domínio econômico, "instituir contribuições **destinadas ao custeio** dos respectivos serviços e

---

[36] Na terminologia adotada por Nelson Trombini Júnior, tal técnica de validação é chamada de **"condicional"** (*As espécies tributárias na Constituição Federal de 1988*, p. 94), pois "os tributos sujeito a este modelo estão, em última análise, *condicionados* à ocorrência do fato, ou evento, qualificado nas normas de estrutura que outorgam competência impositiva" (destaque no original) (Ob. cit., p. 96).

[37] PINTO, Flávia Sousa Dantas. Regra-matriz das contribuições: uma proposta, p. 220.

[38] O fenômeno da extrafiscalidade ocorre, em nossa percepção, não quando o produto da arrecadação do tributo (sua receita) seja destinado a custear as atividades do Estado de intervenção no domínio econômico, mas quando o **manejo da incidência (ou não) do próprio tributo** (não a sua receita) é utilizado como instrumento da intervenção estatal. O caráter extrafiscal das contribuições de intervenção no domínio econômico é sustentado por Sergio Pinto Martins, que, no entanto, não esclarece o que entende por extrafiscalidade (*Manual de direito tributário*, p. 122). Segundo Eduardo Domingos Bottallo, a contribuição de intervenção no domínio econômico é "instrumento de extrafiscalidade", servindo "para direcionar os contribuintes a certos comportamentos, comissivos ou omissivos, úteis ao interesse coletivo" (Contribuições de intervenção no domínio econômico, p. 77). Diferentemente pensa Marco Aurélio Greco, para quem a extrafiscalidade não é conceito que seja pertinente quando se examinam as contribuições interventivas (Contribuição de intervenção no domínio econômico — Parâmetros para sua criação, p. 25).

810 Direito Financeiro e Econômico Esquematizado *Carlos Alberto de Moraes Ramos Filho*

encargos, na forma que a lei estabelecer" (destaque nosso) (art. 157, § 9.º)[39]. Restava evidenciado, pela leitura do dispositivo constitucional transcrito, que a intervenção estatal na economia não era feita pela própria contribuição, mas pelas atividades que eram **financiadas** pelos recursos obtidos com a cobrança de tais exações. A ideia de **despesa pública** era essencial para justificar a contribuição.

Ocorre que a CF/1988 (art. 149), ao dispor sobre as contribuições interventivas, não repetiu o dispositivo da Carta anterior, não mais fazendo menção ao custeio de serviços e encargos.

Para uma parte da doutrina, o novo Texto Constitucional teria ampliado o campo de atuação das contribuições interventivas para admitir não apenas a contribuição para **custear despesas públicas** relacionadas à intervenção, mas também **para utilização da própria contribuição como instrumento de intervenção**[40].

Nesse sentido é a lição de Marco Aurélio Greco, que assevera poder a contribuição de intervenção no domínio econômico ser **ela própria** o instrumento de intervenção estatal bem como servir para a obtenção de recursos para custear os atos interventivos:

> (...) a atuação material pode ensejar a instituição de uma contribuição em função da despesa pública necessária ao funcionamento da entidade responsável pela respectiva atividade econômica no setor. É a hipótese clássica, à qual parte relevante da doutrina nacional procura circunscrever a figura da contribuição.
>
> (...) a imposição de ônus financeiros como instrumento de recomposição de desigualdades e diferenças internas ao conjunto, também pode ensejar a criação de contribuições.
>
> Ou seja, no campo econômico, a 'atuação' da União pode consistir numa atuação material ou numa atuação de oneração financeira. Se a atuação for material, a contribuição servirá para fornecer recursos para o exercício das atividades pertinentes e para suportar as despesas respectivas; se a atuação for no sentido de equilíbrio ou equalização financeira, a contribuição será *o próprio instrumento da intervenção*.
>
> Neste ponto, nota-se importante modificação na Constituição, comparando o texto de 1988 e o anterior. O anterior, em seu artigo 163, parágrafo único era claro ao prever que a União podia instituir contribuições 'destinadas ao custeio dos respectivos serviços e encargos', ou seja, a ideia de despesa pública (= custeio) era essencial para justificar a contribuição. A CF-88 não repete o dispositivo, não faz menção a custeio de serviços e encargos, limita-se a autorizar a criação de contribuição de intervenção no domínio econômico como instrumento de atuação da União na respectiva área. Ampliou-se o cabimento das contribuições para admitir, não apenas a contribuição para enfrentar despesas públicas, mas também, a utilização da própria contribuição como instrumen-

---

[39] Com o advento da Emenda Constitucional n. 1/69, a matéria passou a ser disciplinada no art. 163, parágrafo único. Na CF/1967 havia, ainda, o art. 21, § 2.º, inciso I, que, com a redação dada pela Emenda Constitucional n. 8, de 14.04.1977, conferia competência à União para instituir contribuições "tendo em vista intervenção no domínio econômico". Tal possibilidade já existia na redação dada ao referido dispositivo pela EC n. 1/69.

[40] Tais hipóteses, na terminologia de Washington Juarez de Brito Filho e Renata Schmidt Cardoso, corresponderiam, respectivamente, à **"CIDE-destinação"** e a **"CIDE-incidência"** (Contribuições de intervenção no domínio econômico, p. 300-301).

9 ■ Teoria Geral das Contribuições de Intervenção no Domínio Econômico   811

to de intervenção (equalizações financeiras, de custos dos agentes econômicos etc.), na estrita medida do que for admissível como intervenção constitucionalmente válida.

Assim como a contribuição de intervenção no domínio econômico pode ser criada para gerar recursos para financiar integrantes do grupo, poderá sê-lo para onerá-los mediante a exigência de dispêndios no pagamento da contribuição.

Esta conclusão, por exemplo, conduz à aceitação da possibilidade de a União, desde que a formule adequadamente, instituir uma contribuição de intervenção no domínio econômico com a finalidade de equalizar, entre produtos nacionais e importados, a carga gerada pelas contribuições de seguridade social (destaques no original)[41].

Na mesma direção são os ensinamentos de Hugo de Brito Machado, para quem a contribuição interventiva deve, **ela própria**, possuir uma função extrafiscal, além de observar a circunstância do produto de sua arrecadação ter que ser necessariamente aplicado nas atividades de intervenção:

> A finalidade interventiva dessas contribuições, como característica essencial dessa espécie tributária, deve manifestar-se de duas formas, a saber: (a) na função **da própria contribuição**, que há de ser um instrumento da intervenção estatal no domínio econômico, e ainda, (b) **na destinação dos recursos com a mesma arrecadados**, que só podem ser aplicados no financiamento da intervenção que justificou sua instituição (destaques nossos)[42].

No mesmo sentido é o entender de Hugo de Brito Machado Segundo, que assim justifica seu posicionamento:

> (...) seja remunerando um órgão, seja servindo a própria contribuição, diretamente, como instrumento de intervenção, o certo é que só finalidades previstas na Constituição Federal autorizam a instituição do tributo de que se cuida.
>
> (...) pensamos que as contribuições em exame devem realizar a intervenção diretamente, por meio da sua incidência, tal como os impostos sobre o comércio exterior. Mas não apenas isso. O produto de sua arrecadação há, *também*, de ter aplicação relacionada com a finalidade que o justifica.

---

[41] GRECO, Marco Aurélio. *Contribuições (uma figura "sui generis")*, p. 235-236. No mesmo sentido, e com base nos mesmos argumentos: RODRIGUES, Marilene Talarico Martins. Contribuições de intervenção no domínio econômico, p. 145-146; BRITO FILHO, Washington Juarez de; CARDOSO, Renata Schmidt. Contribuições de intervenção no domínio econômico, p. 299-301; TORRES, Silvia Faber. A ponderação nas contribuições de intervenção no domínio econômico, p. 591, nota de rodapé n. 29; CAMARGOS, Luciano Dias Bicalho. *Da natureza jurídica das contribuições para o Instituto Nacional de Colonização e Reforma Agrária — INCRA*, p. 205. Este último autor, contudo, ressalta que "a utilização das contribuições de intervenção no domínio econômico com fins extrafiscais, para compelir o contribuinte a adotar determinada postura perante a realidade, não pode prescindir de sua utilização como instrumento fiscal, visando, concomitantemente e precipuamente, arrecadar recursos para custear a intervenção do Estado no domínio econômico" (Ob. cit., p. 205, nota de rodapé n. 274).

[42] MACHADO, Hugo de Brito. *Curso de direito tributário*, p. 364.

812 Direito Financeiro e Econômico Esquematizado   *Carlos Alberto de Moraes Ramos Filho*

A mera utilização da contribuição como fonte de custeio de um órgão interventor não é possível em face do disposto no artigo 149 da Constituição, que assevera serem as contribuições nela referidas o próprio instrumento de atuação da União Federal nas respectivas áreas (destaque no original)[43].

Outro adepto de tal corrente doutrinária é Paulo Roberto Lyrio Pimenta, para quem o produto da cobrança das contribuições interventivas pode ser destinado a custear a intervenção estatal direta na economia bem como poderá o Estado, na chamada "intervenção indireta", utilizar a contribuição interventiva como instrumento de intervenção, no exercício da sua função de incentivo, visando induzir a prática de determinado comportamento[44].

Registre-se, ainda, no mesmo diapasão, a lição de Silvana Bussab Endres, que assevera: "A intervenção no domínio econômico é a finalidade constitucionalmente prevista que justifica a instituição da contribuição. Desse modo, poderá ela, seja fiscalizadora, seja incentivadora, ser instituída por lei, **para atender à atuação interventiva da União Federal no domínio econômico ou como próprio instrumento de atuação do Estado**, quando, por exemplo, utilizada para equilibrar diferenças econômicas de um determinado setor produtivo" (destaque nosso)[45].

Por outro lado, há, no entanto, aqueles que sustentam que as contribuições interventivas não servem, elas próprias, como instrumento de intervenção estatal no domínio econômico, admitindo apenas a instituição de tais contribuições para **custear despesas públicas** relacionadas à intervenção.

É o caso, por exemplo, de Érico Hack, que entende que "a efetiva destinação do produto arrecadado é requisito essencial para a validade da contribuição"[46]. Assim leciona o autor referido:

> (...) a CIDE só pode ser utilizada para financiar a atividade de intervenção do Estado. É discutível a possibilidade de a CIDE ser a própria intervenção no domínio econômico, através da oneração de comportamentos menos desejáveis. (...) No caso da cobrança da CIDE ser a própria intervenção, **a finalidade seria exaurida no momento da sua cobrança**, já que a intervenção estaria concluída. **A destinação do produto arrecadado deixaria de ter relevância**, já que a contribuição não é para financiar a intervenção, ficando o Fisco livre para destinar o produto arrecadado para onde quiser (destaque nosso)[47].

No mesmo sentido parece ser o entendimento de Tácio Lacerda Gama, que define as contribuições de intervenção no domínio econômico como tributos instituídos "com

---

[43] MACHADO SEGUNDO, Hugo de Brito. Perfil constitucional das contribuições de intervenção no domínio econômico, p. 115-116.

[44] PIMENTA, Paulo Roberto Lyrio. *Contribuições de intervenção no domínio econômico*, p. 49-50.

[45] ENDRES, Silvana Bussab. Contribuições de intervenção no domínio econômico, p. 241.

[46] HACK, Érico. *CIDE — Contribuição de intervenção no domínio econômico:* destinação do produto arrecadado e finalidade como requisitos de validade, p. 82.

[47] Ob. cit., p. 74.

9 ▪ Teoria Geral das Contribuições de Intervenção no Domínio Econômico ‎813

a finalidade de **custear** a intervenção da União no domínio econômico" (destaque nosso)[48].

Esse é também o pensamento de Luciano Amaro, que, inclusive, para reforçar seu posicionamento, denomina tais exações de contribuições **para intervenção** no domínio econômico, tendo em vista que as mesmas "só podem destinar-se a instrumentar a atuação da União no domínio econômico, **financiando os custos e encargos pertinentes**" (destaque nosso)[49].

No mesmo sentido é a lição de Fernando Facury Scaff, que concebe a finalidade das contribuições interventivas como sendo a de "**financiar a intervenção** do Estado no domínio econômico" (destaque nosso)[50]. Leciona, a respeito, o autor citado: "As contribuições de intervenção no domínio econômico (...) visam a atuação do Estado em certa área da economia, permitindo que sua **arrecadação** seja estabelecida em favor de certo órgão, **para o desenvolvimento de finalidades específicas**, vinculadas ao motivo ensejador daquela fonte de arrecadação (...)" (destaques nossos)[51].

Na mesma linha é o pensamento de Ricardo Conceição Souza, que expõe:

> (...) a contribuição **não é o próprio instrumento de atuação da União**. Vale dizer, a própria exação não pode constituir no instrumento de atuação estatal sobre o domínio econômico.
>
> A exação **é apenas o meio para financiar o fim**, que é a intervenção da União sobre o domínio econômico. A forma de atuação pode se dar por intermédio da definição de regras de mercado, fiscalização ou prestação de serviços materiais.
>
> Com efeito, se a União pretende, por exemplo, proteger determinada atividade econômica da concorrência de bens importados, pode aumentar a alíquota do imposto de importação, nos limites fixados em lei, ou simplesmente não mais permitir a entrada dos mesmos no País. Não pode, contudo, querer corrigir essa distorção de mercado mediante a cobrança de uma contribuição sem qualquer tipo de atuação concreta e direta no segmento (destaques nossos)[52].

Cite-se, ainda, no mesmo sentido, a lição de Márcio Severo Marques:

> A contribuição de intervenção no domínio econômico é instrumento legal para **gerar recursos destinados a cobrir despesas** incorridas, ou a serem incorridas, pelo Estado em virtude de sua ingerência na economia (essa é a razão de sua instituição). Daí a necessidade de previsão legal de destinação específica para o **produto de sua arreca-**

---

[48] GAMA, Tácio Lacerda. *Contribuição de intervenção no domínio econômico*, p. 125. Também nesse sentido é a doutrina de Martha Toribio Leão, para quem a CIDE serve "para que a União disponha de **recursos para a intervenção** em determinado setor da economia" (*Controle da extrafiscalidade*, p. 58-59) (destaques nossos).

[49] AMARO, Luciano. *Direito tributário brasileiro*, p. 54.

[50] SCAFF, Fernando Facury. Contribuições de intervenção e direitos humanos de segunda dimensão, p. 412.

[51] Ob. cit., p. 401.

[52] SOUZA, Ricardo Conceição. Perfil constitucional das contribuições de intervenção no domínio econômico, p. 208-209.

814 Direito Financeiro e Econômico Esquematizado — *Carlos Alberto de Moraes Ramos Filho*

dação, que deve ser aplicado no custeio dessa atividade, concernente à sua intervenção na economia, para implementação e efetivação de **gastos** e/ou **investimentos** pertinentes a setores específicos do mercado.

Em outras palavras, a contribuição interventiva visa **prover o Estado de recursos necessários ao custeio de sua atuação em determinada atividade econômica**, para efeito de discipliná-la e adequá-la à situação político-econômica-social do país (destaques nossos)[53].

Registre-se, também no mesmo diapasão, o entendimento de Helenilson Cunha Pontes, que assevera:

A necessidade de **aplicação do recurso** em cada parcela do domínio econômico submetida à intervenção, embora seja uma exigência de raiz doutrinária, parece razoável e justificável diante do laconismo da disciplina constitucional no trato da espécie tributária. Se o produto da arrecadação estiver servindo para aplicação em outras atuações estatais, que não aquela que justificou a instituição da contribuição, parece-me que o tributo perde o seu fundamento de validade, qual seja, de **constituir um meio para financiar a atuação da União em determinada área do mercado** (destaques nossos)[54].

Entendemos, a respeito, de tal questionamento, que as contribuições interventivas são instituídas com a finalidade de **custear despesas públicas** relacionadas à intervenção[55].

Com efeito, o traço peculiar das contribuições de intervenção no domínio econômico (bem como das demais espécies de contribuições especiais) é a **destinação específica da respectiva receita**, ou seja, a circunstância do produto obtido com sua arrecadação ser destinado para emprego em fins específicos e não para qualquer objetivo[56].

Assim, se o critério que permite identificar as contribuições de intervenção no domínio econômico é a finalidade especial prescrita **para o produto de sua arrecadação**[57], conclui-se que as contribuições interventivas visam a financiar a atividade

---

[53] MARQUES, Márcio Severo. *Classificação constitucional dos tributos*, p. 193-194.

[54] PONTES, Helenilson Cunha. Contribuições de intervenção no domínio econômico, p. 392-393.

[55] Nesse sentido é a lição de Aldo de Paula Júnior, que concebe a CIDE como *"instrumento de custeio de atuação efetiva do Estado que implique intervenção sobre o domínio econômico"* (*O fundamento fático de validade das CIDEs e o controle concentrado de sua constitucionalidade*, p. 85) (destaques no original). No mesmo sentido: BRITO, Edvaldo. *Reflexos jurídicos da atuação do Estado no domínio econômico*, p. 107. Em sentido contrário é o entender de Susy Gomes Hoffmann, para quem a contribuição de intervenção no domínio econômico "não pode ser para financiar a despesa que o ente público terá para realizar tal tarefa, visto que, então estaríamos diante de uma taxa". Segundo a autora citada, "para que o referido tributo se revista da natureza tributária de contribuição, ele deverá ser cobrado em razão da causa da atividade estatal, ou seja, em razão do fato provocado pelo círculo de pessoas que participam da atividade econômica que desencadeou a necessidade da atividade estatal para intervenção no domínio econômico" (*As contribuições no sistema constitucional tributário*, p. 164).

[56] Nesse sentido: JARDIM, Eduardo Marcial Ferreira. *Manual de direito financeiro e tributário*, p. 96; MARQUES, Márcio Severo. *Classificação constitucional dos tributos*, p. 247.

[57] GAMA, Tácio Lacerda. *Contribuição de intervenção no domínio econômico*, p. 130.

9 ▫ Teoria Geral das Contribuições de Intervenção no Domínio Econômico   815

estatal de intervenção na economia, apresentando-se, pois, a priori, como tributos instituídos com finalidade fiscal[58].

Apesar do exposto, **nada impede que a própria contribuição** (e não a atividade estatal custeada com o produto de sua arrecadação) **sirva como instrumento da intervenção estatal**, visando induzir comportamentos.

Nesses casos, seria a **criação, a majoração ou a redução** da espécie tributária em exame que constitui o próprio ato interventivo, tal como se dá no caso dos impostos **extrafiscais** (I.I., I.E., IPI, IOF etc.).

Isso é mais nítido no caso da "CIDE-combustíveis", cuja alíquota pode ser reduzida e restabelecida por ato do Poder Executivo, não se sujeitando, nesse caso, ao princípio da anterioridade anual tributária (art. 177, § 4.º, inciso I, alínea *b*, CF), o que evidencia a possibilidade de sua **utilização extrafiscal**. Nessa hipótese, o Estado deseja **não é a percepção do tributo**, mas aquele específico reflexo econômico-social que resulta da circunstância dos indivíduos realizarem ou se absterem de realizar determinado comportamento.

Para as demais contribuições interventivas, a circunstância de estarem subordinadas aos princípios tributários da legalidade[59], da anterioridade anual[60] e da anterioridade nonagesimal (conforme explicita o art. 149, *caput*, CF) dificulta — **mas não impede** — seu emprego extrafiscal.

Conclui-se, por conseguinte, que as contribuições interventivas **podem ou não** ser utilizadas com fins extrafiscais. Em qualquer caso, contudo, eventual receita arrecadada deve ser destinada a **custear as despesas públicas relacionadas às atividades estatais de intervenção no domínio econômico**[61].

---

[58] Nesse sentido é a lição de Diego Bomfim: "(...) a criação de uma **contribuição de intervenção no domínio econômico**, voltada à obtenção de recursos para posterior aplicação em área específica, tem de respeitar, dentro de um grupo de contribuintes eleitos, um critério consentâneo com a mera distribuição igualitária de encargos. Trata-se, ali, **apesar de sua alcunha, de tributo instituído com finalidade fiscal**" (*Extrafiscalidade:* identificação, fundamentação, limitação e controle, p. 33) (destaques nossos). O autor desenvolve tal entendimento nas páginas 289-294 da referida obra.

[59] "Conforme previsto no art. 150, I, da Constituição, somente lei em sentido estrito é instrumento hábil para a criação e majoração de tributos. A Legalidade Tributária é, portanto, verdadeiro direito fundamental dos contribuintes, que não admite flexibilização em hipóteses que não estejam constitucionalmente previstas" (STF, RE-AgR 959.274/SC, Rel. p/ acórdão Min. Roberto Barroso, 1.ª Turma, j. em 29.08.2017, *DJe*-234 13.10.2017).

[60] Vale destacar que o STF já reconheceu que o princípio da anterioridade anual tributária (art. 150, inciso III, alínea *b*, CF) é **cláusula pétrea** (ADI 939/DF, Rel. Min. Sydney Sanches, Pleno, j. em 15.12.1993, *DJ* 18.03.1994, p. 5165).

[61] Nesse sentido: CARRAZZA, Roque Antonio. *Curso de direito constitucional tributário*, p. 666. No entender de Danielle Soares Borgholm, as contribuições interventivas podem ser instrumento para custear as despesas para viabilização da intervenção ou podem ser instrumento da própria intervenção e, mesmo na primeira hipótese, assumem caráter **extrafiscal**: "No que tange a CIDE, seja vista como um instrumento de recursos para o custeio da atividade interventiva, seja como o próprio instrumento de intervenção, atua ela em função de extrafiscalidade, no sentido de estimular, fomentar e facilitar o domínio econômico" (Contribuição de intervenção no domínio econômico — CIDE, p. 142). A finalidade extrafiscal, segundo Marcelo Guerra Martins, é da essência da contribuição de intervenção no domínio econômico (*Impostos e contribuições federais*, p. 70 e 73).

816 Direito Financeiro e Econômico Esquematizado   *Carlos Alberto de Moraes Ramos Filho*

9.8. AFETAÇÃO DO PRODUTO DA ARRECADAÇÃO DAS CONTRIBUIÇÕES IN-TERVENTIVAS: MODALIDADES DE INTERVENÇÃO ESTATAL QUE JUSTIFI-CAM A INSTITUIÇÃO DAS CONTRIBUIÇÕES

Tendo sido definido, no tópico anterior, que as CIDE, mesmo quando eventualmente utilizadas com fins extrafiscais — isto é, quando se apresentem, **elas próprias**, como instrumento da intervenção estatal no domínio econômico —, devem ter o **produto de sua arrecadação necessariamente aplicado na consecução de atividades vinculadas a essa mesma finalidade**, resta definir quais as modalidades de intervenção estatal na economia que podem ser financiadas com os recursos obtidos com a cobrança das contribuições interventivas.

É que, como bem observa Nelson Trombini Júnior, apesar de a CF/1988 outorgar à União competência para instituir as CIDE, não menciona expressamente as hipóteses de intervenção que legitimariam tal exação[62].

Portanto, a questão que se coloca é a seguinte: quais são as atuações da União no domínio econômico que podem justificar a criação e cobrança de uma contribuição interventiva?

Relativamente ao questionamento formulado, temos, de um lado, aqueles doutrinadores que lecionam que tais exações somente podem custear (financiar) a intervenção **direta** da União no domínio econômico. Nesse sentido é o pensar de Gabriel Lacerda Troianelli:

> (...) no atual contexto constitucional, a União pode instituir contribuição de intervenção no domínio econômico relativo aos setores de: telecomunicações (artigo 21, XI), radiodifusão sonora e de sons e imagens (art. 21, XI, *a*), energia elétrica (artigo 21, XI, *b*), navegação aérea, aeroespacial e a infra-estrutura portuária (artigo 21, XI, *c*), transporte ferroviário e aquaviário entre portos brasileiros e fronteiras nacionais, ou que transponham limites de Estado (artigo 21, XI, *d*), transporte rodoviário interestadual e internacional de passageiros (artigo 21, XI, *e*), portos marítimos, fluviais e lacustres (artigo 21, XI, *f*), atividades atinentes à energia nuclear (artigo 21, XXIII).
>
> **Fora desse âmbito, há que se negar ao legislador infraconstitucional competência para instituir contribuição de intervenção no domínio econômico** (...) (destaque nosso)[63].

No mesmo sentido é a lição de Adriano Pinto, que expõe:

> (...) quando o estado *realiza atividade econômica*, é que se tem a autorização impositiva do art. 149, enquanto no outro, por exercer poder regulatório da atividade econômica tendo em vista interesses nacionais, a imposição tributária seria taxa.
>
> Pensamos nós que, quando a intervenção estatal tem a expressão operacional prevista no art. 174 da CF/88, o *tributo interventivo será taxa*, como expressamente autorizado do seu art. 145, II, ou, por outras palavras, *a intervenção estatal no domínio econômico*

---

[62] TROMBINI JÚNIOR, Nelson. *As espécies tributárias na Constituição Federal de 1988*, p. 92.

[63] TROIANELLI, Gabriel Lacerda. O perfil constitucional da contribuição de intervenção no domínio econômico, p. 225-226.

9 ◘ Teoria Geral das Contribuições de Intervenção no Domínio Econômico 817

realizada diretamente pelo tributo, nada tem a ver com aquela prevista no art. 149 que autoriza a contribuição especial.

Em resumo, *a contribuição autorizada no art. 149 destina-se a dar sustentação à atividade que o Estado realiza como agente econômico através da empresa pública ou da sociedade de economia mista* (...) (destaques no original)[64].

Há, no entanto, aqueles que sustentam que as contribuições interventivas somente podem custear (financiar) a intervenção **indireta** da União no domínio econômico. Nesse sentido é o entender de Helenilson Cunha Pontes, que leciona: "a intervenção que constitucionalmente autoriza a instituição de contribuição é aquela que se realiza 'sobre' o domínio econômico e não aquela que se concretiza como intervenção estatal 'no' domínio econômico, não obstante a literalidade do art. 149 da CF albergue a expressão 'intervenção *no* domínio econômico'" (destaque no original)[65].

No mesmo sentido, é o pensar de Silvana Bussab Endres, que assevera:

(...) é no artigo 174 da Carta Constitucional que a finalidade prevista no artigo 149 — autorizadora da instituição de contribuição interventiva — a intervenção no domínio econômico — encontra seus parâmetros, sua forma de atuação.

(...) a contribuição de intervenção no domínio econômico só pode ser instituída na hipótese de atuação indireta do Estado, tal qual descrita no *caput* do artigo 174 da Carta Magna[66].

E prossegue argumentando a autora citada:

(...) não nos parece que possa ser instituída a contribuição interventiva na hipótese de atuação estatal direta ou participativa. A atuação direta do Estado, por força do disposto no artigo 173 da Carta Constitucional, se esgota com a própria intervenção e sua regulação. O Estado atua em nome próprio e sua atuação, por si só, implica a necessidade da regulamentação, não sendo cabível a instituição de uma contribuição de intervenção para tal regulamentação. A cobrança de uma contribuição para que a União Federal exerça regulação de sua própria atividade não atende aos requisitos da necessidade e pertinência, ínsitos ao princípio da razoabilidade na instituição da contribuição (art. 149, CF). Já no monopólio não há que se falar em domínio econômico — atividade do particular — o domínio é público não podendo ensejar a contribuição.[67]

---

[64] PINTO, Adriano. Parâmetros constitucionais da contribuição de intervenção no domínio econômico, p. 18. No mesmo sentido é a lição de Fernando Netto Boiteux, que assevera: "a instituição de contribuições com a finalidade de intervenção no domínio econômico só pode ser exercida de forma legítima para o apoio **às atividades econômicas em sentido estrito cuja exploração é deferida à União**" (Intervenção do Estado no domínio econômico na Constituição Federal de 1988, p. 78) (destaque nosso).

[65] PONTES, Helenilson Cunha. Contribuições de intervenção no domínio econômico, p. 381. No mesmo sentido: BARRETO, Paulo Ayres. *Contribuições:* regime jurídico, destinação e controle, p. 116; BRITO, Edvaldo. *Reflexos jurídicos da atuação do Estado no domínio econômico*, p. 107; COSTA, Alexandre Freitas. *Contribuições de intervenção do Estado sobre o domínio econômico*, p. 40.

[66] ENDRES, Silvana Bussab. Contribuições de intervenção no domínio econômico, p. 237-238.

[67] ENDRES, Silvana Bussab. Contribuições de intervenção no domínio econômico, p. 238-239. No mesmo sentido é a lição de Paulo Henrique do Amaral: "Analisando os dispositivos constitucionais da Ordem Econômica se constataram as diversas formas que o Estado poderá intervir na economia

818 Direito Financeiro e Econômico Esquematizado · Carlos Alberto de Moraes Ramos Filho

Temos, ainda, no mesmo sentido, a lição de Ricardo Conceição Souza, que assim expõe seu posicionamento:

> (...) é a atuação da União *sobre* o domínio econômico que enseja a instituição de contribuição, nos moldes do art. 149 da Constituição.
>
> A atuação da União *no* domínio econômico não apenas impede a instituição de qualquer contribuição, como também exige que aquela atuação estatal específica se submeta às regras da livre-iniciativa, ou seja, sofra o ônus das mesmas obrigações trabalhistas e tributárias previstas para as empresas privadas do setor (destaques no original)[68].

Entendemos, a respeito, de tal polêmica, que a razão está com os que sustentam que as contribuições interventivas somente podem custear a intervenção **indireta** da União no domínio econômico.

Com efeito, no caso da intervenção direta **por absorção**, a instituição de CIDE não tem como atender um dos pressupostos da referida espécie tributária, a saber: delimitação do grupo de contribuintes da exação aos participantes de determinado grupo ou setor específico objeto da intervenção estatal.

Ora, em tal modalidade interventiva, o Estado desempenha atividade econômica em regime de monopólio, sem concorrer, pois, com os particulares, o que implica a inexistência de um grupo ou setor específico que seja beneficiado pela instituição da exação. Suprimindo-se, no caso do monopólio estatal, uma atividade do regime da livre-iniciativa, suprime-se, de igual modo, a possibilidade de existência de um grupo de contribuintes para a referida exação.

Observação: Érico Hack também entende não ser cabível a exigência de CIDE em atividade monopolizada pela União, mas por motivo diverso, a saber, pelo fato de "intervenção" pressupor a ideia de interferência no campo de outrem, o que, no entender do autor citado, não ocorreria no caso de monopólio: "Não seria correto falar em intervenção no próprio campo de atuação, pois se determinada atividade é monopólio do Estado, pode este alterar o próprio exercício de tal campo. Não seria racional a cobrança de CIDE sobre atividade monopolizada pelo Estado, pelo simples fato de que é incabível a intervenção naquilo que já é inteiramente seu"[69].

---

como, por exemplo, exploração direta de atividades econômicas, como agente normativo e regulador de determinadas atividades econômicas e outros. Todavia, **a Cide só será utilizada quando o Estado intervir nas atividades econômicas, na qualidade de agente normativo e regulador** (art. 173, CF/88)" (Contribuição de intervenção no domínio econômico de natureza ambiental, p. 251) (destaque nosso). O autor citado, no entanto, equivoca-se ao mencionar o art. 173 da CF/1988, pois este disciplina à intervenção do Estado na economia **como agente econômico**, isto é, como explorador de atividades econômicas; o dispositivo constitucional que se refere à intervenção estatal na condição de agente normativo e regulador da economia é o art. 174.

[68] SOUZA, Ricardo Conceição. Perfil constitucional das contribuições de intervenção no domínio econômico, p. 208.

[69] HACK, Érico. *CIDE — Contribuição de intervenção no domínio econômico:* destinação do produto arrecadado e finalidade como requisitos de validade, p. 73.

9 ▣ Teoria Geral das Contribuições de Intervenção no Domínio Econômico · 819

Relativamente à intervenção direta **por participação**, o problema que inviabiliza a instituição de CIDE não reside na inexistência de contribuintes para a exação, já que a exploração estatal da atividade econômica não se dá em regime de exclusividade, mas em concorrência com a iniciativa privada.

O que impede a instituição de contribuição de intervenção no domínio econômico para custear a modalidade interventiva em questão é a norma constitucional que sujeita o ente estatal, quando explore atividade econômica, **ao regime jurídico aplicável aos empreendimentos privados, inclusive quanto aos aspectos tributários** (art. 173, § 1.º, inciso II).

Considerando que os empresários particulares não possuem competência para instituir nem capacidade para cobrar um tributo para custear suas atividades econômicas, conclui-se ser negada tal prerrogativa ao ente estatal que exerça uma atividade concorrente com a do setor privado, pois não seria justo que o poder público pudesse se valer de privilégios decorrentes de sua posição para obter melhores resultados, o que configuraria uma verdadeira "concorrência desleal" com os empresários particulares.

Assim, conclui-se que o Estado, ao atuar empresarialmente (isto é, intervir diretamente na economia), não será remunerado por uma contribuição de intervenção no domínio econômico.

Também se afigura inviável a instituição e cobrança de contribuição interventiva para custear a intervenção indireta **por direção**[70], pois, nesse caso, os contribuintes da exação estariam, com o pagamento das contribuições, financiando atuação estatal que lhes impõe restrições à liberdade individual, isto é, atividade estatal que não é exercida **em benefício dos contribuintes da exação**, mas que constitui restrição a direito seu, em nome do bem-estar **da coletividade**[71]. Ademais, a intervenção estatal no domínio econômico por direção configura, em sua essência, manifestação do poder de polícia, e o exercício deste poder, consoante expressa disposição constitucional (art. 145, inciso II), constitui fato gerador de **taxas** (não de contribuições interventivas)[72], o que corrobora a conclusão acima exposta.

---

[70] Em sentido contrário é a lição de Alexandre Freitas Costa, que sustenta que tanto a intervenção **por direção** quanto a que se dá **por indução** legitimam a criação de contribuições interventivas (*Contribuições de intervenção do Estado sobre o domínio econômico*, p. 40-41).

[71] Leciona Paulo Ayres Barreto que as contribuições interventivas não se relacionam com a intervenção estatal repressora de práticas coibidas pela legislação concorrencial: "Contribuição interventiva, espécie do gênero tributo, não se presta a sancionar ilicitudes. Para tanto, há os mecanismos positivados pela legislação dessa natureza" (*Contribuições*: regime jurídico, destinação e controle, p. 114).

[72] Nesse sentido: BARRETO, Paulo Ayres. *Contribuições*: regime jurídico, destinação e controle, p. 116; CARRAZZA, Roque Antonio. *Curso de direito constitucional tributário*, p. 666; CASTELLANI, Fernando F. *Contribuições especiais e sua destinação*, p. 135; SOUZA, Andrei Mininel de. *Contribuições de intervenção no domínio econômico*: da incidência ao controle de constitucionalidade, p. 70 e 115. Em sentido contrário parece ser o entendimento de Érico Hack, pois defende que a finalidade da CIDE "seria financiar o órgão estatal responsável por regulamentar o setor objeto de intervenção (por exemplo, agências reguladoras). O Estado não participa diretamente da atividade, apenas emite normas que regulamentam os serviços prestados por estes setores através de entidade pública responsável pela regulamentação do setor. A CIDE é cobrada dos

Relativamente à intervenção indireta **por indução**, cabe ressaltar que a instituição de CIDE somente pode custear a intervenção **estimuladora (positiva)**, isto é, a que se materializa através de medidas de **fomento**, mas não a desestimuladora (negativa), que se efetiva por medidas de dissuasão. Isso porque, neste último caso, se admitida a instituição e cobrança de contribuição interventiva, os sujeitos passivos estariam, com o pagamento da exação, financiando atuação estatal exercida em seu desfavor.

Este também parece ser o entendimento de Ricardo Lobo Torres, que assevera: "Um dos fundamentos da CIDE é a intervenção do Estado no domínio reservado pelos cidadãos, no pacto constitucional, para o exercício das atividades econômicas. A intervenção **opera em favor** do grupo do qual o contribuinte faz parte e tem por finalidade a regulação de certas atividades econômicas específicas" (destaque nosso)[73].

No mesmo sentido é a lição de Danielle Soares Borgholm, que define o papel das contribuições interventivas como sendo o de "**estimular, fomentar e facilitar** o domínio econômico", isto é, "visa a atingir **positivamente** um determinado setor de atividade econômica" (destaques nossos)[74].

Conclui-se, pelo exposto, que o produto da arrecadação das contribuições interventivas custeia a intervenção **indireta por indução**, mas apenas quando esta se efetive por meio de medidas de **fomento** (não de desestímulo)[75].

Como se trata de **custear** a intervenção estatal no domínio econômico, tais medidas de fomento, para legitimar a instituição e cobrança de contribuições interventivas, devem consistir na concessão de **incentivos financeiros**, e não de incentivos fiscais (tributários), já que estes não operam na vertente das despesas (pressuposto das

---

participantes de tal setor para o financiamento do órgão, que tem como fundamento a correta prestação do serviço ao usuário, assim como evitar que os integrantes do setor provoquem danos uns aos outros" (*CIDE — Contribuição de intervenção no domínio econômico*: destinação do produto arrecadado e finalidade como requisitos de validade, p. 75-76).

[73] TORRES, Ricardo Lobo. Aspectos fundamentais e finalísticos do tributo, p. 47-48.

[74] BORGHOLM, Danielle Soares. Contribuição de intervenção no domínio econômico — CIDE, p. 142. No entender de Andrei Mininel de Souza, a intervenção estatal, como fundamento das contribuições interventivas, "não tem como pressuposto trazer benefício direto ao contribuinte em si, como há de ocorrer com as contribuições de interesse das categorias profissionais. O escopo nuclear da contribuição interventiva é viabilizar a preservação do modelo econômico institucionalizado pela Ordem Jurídica, trazendo benefícios ao mercado e não propriamente ao contribuinte" (*Contribuições de intervenção no domínio econômico*: da incidência ao controle de constitucionalidade, p. 72).

[75] Nesse sentido: BARRETO, Paulo Ayres. *Contribuições*: regime jurídico, destinação e controle, p. 116-117. No mesmo é a lição de Fernando Castellani, que assim delimita o campo da competência tributária federal para a instituição das contribuições de intervenção no domínio econômico: "a atividade interventiva indireta de **fomento** pelo **incentivo**, materializado em **condutas positivas** relacionadas ao setor econômico específico" (destaques nossos) (*Contribuições especiais e sua destinação*, p. 139). Noutra passagem de sua obra, o autor citado reafirma seu posicionamento: "Concluindo, as contribuições de intervenção no domínio econômico (...) somente serão permitidas quando o Estado propicie atividade interventiva consistente em **incentivo** para a iniciativa privada" (destaque nosso) (Ob. cit., p. 141). Em sentido contrário é o entender de Marcelo Guerra Martins, que leciona possuir a contribuição de intervenção no domínio econômico "função nitidamente extrafiscal (**estimular** ou **desestimular** condutas)" (destaques nossos) (*Impostos e contribuições federais*, p. 70).

9 ▣ Teoria Geral das Contribuições de Intervenção no Domínio Econômico   821

contribuições interventivas, cuja característica essencial é **vinculação do produto de sua arrecadação** a finalidades predeterminadas), ao passo que aqueles respondem a uma aplicação de **receita já consolidada no patrimônio público**[76], o que se coaduna com a espécie tributária em estudo, já que seu traço peculiar é a **destinação específica da respectiva receita**, ou seja, a circunstância do produto obtido com sua arrecadação ser destinado para emprego em fins específicos e não para qualquer objetivo.

Conclui-se, pelo exposto, que as contribuições interventivas somente podem custear a **intervenção indireta por indução**, mas apenas quando esta se efetive por meio de medidas de **fomento** (intervenção positiva) e desde que tais medidas consistam na concessão de **incentivos financeiros**.

Ressalte-se que, por caracterizar-se a intervenção estatal no domínio econômico — pressuposto da instituição e cobrança da contribuição interventiva — como atividade com **duração limitada, transitória**[77], a exação em questão é também de caráter provisório, devendo ser cobrada somente enquanto perdurar a situação justificadora da intervenção no domínio econômico.

Nesse sentido é a lição de Helenilson Cunha Pontes, que sustenta serem inconstitucionais as contribuições interventivas cujas finalidades que justificarem a sua instituição não mais subsistam: "A permanência (no tempo) da contribuição sobre o domínio econômico submete-se a um 'critério dinâmico de aferição da sua validade'. Vale dizer, se o alcance de uma determinada finalidade no domínio econômico através da atuação da União sobre esta parcela do mercado é o fato que justifica constitucionalmente a instituição de uma determinada contribuição de intervenção, **desaparecida tal finalidade** (seja pelo seu completo atingimento, seja por deixar de ser contemplada no planejamento econômico como algo a ser alcançado) **desaparece a causa constitucional para a exigência do tributo respectivo**" (destaques nossos)[78].

Portanto, com o desaparecimento dos fatores que autorizavam a União a intervir sobre o domínio econômico, desaparece, consequentemente, a legitimidade para continuar tributando, via contribuições interventivas, aquele círculo especial de contribuinte, que, em razão das suas atividades, provocavam ou eram beneficiários da atuação estatal. Dito de outro modo: cessadas as causas de tais contribuições, também deverá cessar sua arrecadação[79].

---

[76] Incentivos financeiros são os que, numa **relação financeira** entre o contribuinte e o fisco, implicam **saída** de dinheiro dos cofres públicos. Incentivos tributários (ou fiscais *stricto sensu*), por seu turno, são os que, **antes do pagamento do tributo**, numa **relação tributária** entre o contribuinte e o fisco, implicam não prestação do tributo, no todo ou em parte, isto é, acarretam **supressão** ou **redução** da exação. Para uma distinção entre tais instrumentos de intervenção estatal no domínio econômico, consulte-se o Capítulo dedicado ao tema das renúncia de receita, onde a questão foi analisada com a atenção devida.

[77] TOLEDO, Gastão Alves de. Contribuição incidente sobre "royalties" — Lei federal 10.168, de 29.12.2000, e Medida Provisória 2.062-63/2001, p. 274.

[78] PONTES, Helenilson Cunha. Contribuições de intervenção no domínio econômico, p. 393.

[79] Nesse sentido: BOTTALLO, Eduardo. Contribuições de intervenção no domínio econômico, p. 83; MARTINS, Marcelo Guerra. *Impostos e contribuições federais*, p. 70; PIMENTA, Paulo Roberto Lyrio. Do caráter provisório das contribuições de intervenção no domínio econômico, p. 339;

9.9. MATERIALIDADE DAS CONTRIBUIÇÕES INTERVENTIVAS

O aspecto material da hipótese de incidência tributária — considerado o seu "núcleo" —, consoante observa Geraldo Ataliba, "é a própria consistência material do fato ou estado de fato descrito pela h.i.; é a descrição dos dados substanciais que servem de suporte à h.i."[80].

O critério material da regra-matriz de incidência tributária descreve abstratamente uma atuação estatal ou um fato do particular (conforme se trate de tributo vinculado ou não-vinculado, respectivamente)[81].

Apesar de alguns doutrinadores sustentarem que as contribuições (especiais) — dentre elas, as interventivas — são tributos vinculados[82], entendemos que, no regime da CF/1988, as referidas exações não podem ser definidas como tributo cujo fato gerador seja necessariamente uma atividade estatal[83].

Com efeito, ao contrário de como procedeu em relação aos impostos, a CF/1988 não delimitou objetivamente o campo de incidência das contribuições[84]. Inexiste, pois, exigência constitucional de vinculação da materialidade do antecedente normativo (hipótese de incidência tributária) ao exercício de uma atividade por parte do Estado referida ao contribuinte[85].

Assim, pelo exposto, as contribuições interventivas **podem ter materialidade de tributo vinculado ou não vinculado**[86], isto é, qualquer fato com conteúdo econômico

---

SOUZA, Ricardo Conceição. Perfil constitucional das contribuições de intervenção no domínio econômico, p. 208; TORRES, Heleno Taveira. Pressupostos constitucionais das contribuições de intervenção no domínio econômico. A Cide-Tecnologia, p. 127 e 132; SOUZA, Andrei Mininel de. *Contribuições de intervenção no domínio econômico*: da incidência ao controle de constitucionalidade, p. 117; BORGHOLM, Danielle Soares. Contribuição de intervenção no domínio econômico — CIDE, p. 141.

[80] ATALIBA, Geraldo. *Hipótese de incidência tributária*, p. 106.

[81] CARVALHO, Paulo de Barros. *Direito tributário, linguagem e método*, p. 546.

[82] Nesse sentido: ATALIBA, Geraldo. *Hipótese de incidência tributária*, p. 182-187; GUIMARÃES, Ylves J. de Miranda. *A situação atual da parafiscalidade no direito tributário*, p. 65. Também é o caso de Paulo Henrique do Amaral, que considera as contribuições interventivas como **tributos vinculados de referibilidade indireta**: "**O fato-jurídico tributário da contribuição é uma atuação estatal indiretamente referida ao obrigado**, ao contrário do que ocorre com as taxas, nas quais a atuação estatal se dá de modo direto. Entretanto, não basta apenas a atuação estatal para configurar a exigência de contribuição. Necessário se faz que entre a atuação estatal e o obrigado a lei coloque um termo intermediário **que estabeleça a referibilidade entre a própria atuação e o obrigado**, ou seja, é exigível que haja relação entre o sujeito passivo e a atuação estatal desempenhada. A contribuição só se justifica, então, em face de uma vantagem proporcionada pelo Estado ao contribuinte, ainda que aparentemente inexistente" (Contribuição de intervenção no domínio econômico de natureza ambiental, p. 251-252) (destaques nossos).

[83] GRECO, Marco Aurélio. *Contribuições (uma figura "sui generis")*, p. 237.

[84] PONTES, Helenilson Cunha. *Ensaios de direito tributário*, p. 121.

[85] MARQUES, Márcio Severo. *Classificação constitucional dos tributos*, p. 212.

[86] TORRES, Heleno Taveira. Pressupostos constitucionais das contribuições de intervenção no domínio econômico. A Cide-Tecnologia, p. 116-117. No mesmo sentido: HACK, Érico. *CIDE — Contribuição de intervenção no domínio econômico:* destinação do produto arrecadado e finalidade como requisitos de validade, p. 87.

9 ◼ Teoria Geral das Contribuições de Intervenção no Domínio Econômico   823

poderá ser utilizado para integrar o critério material da regra-matriz de incidência das referidas contribuições[87], inclusive hipóteses de incidência (aspecto material) e bases de cálculos de impostos e contribuições sociais já previstos na Constituição, consoante leciona Marcelo Guerra Martins:

> Não há que se falar nas restrições ao exercício da competência residual da União Federal para criar contribuições de intervenção no domínio econômico, não se lhes aplicando as regras do art. 154, I da CF, eis que aquele dispositivo diz respeito aos impostos (arts. 153 até 156) e o § 4.º do art. 195 da CF se aplica apenas às contribuições sociais. A conclusão mais importante disto é que as contribuições de intervenção no domínio econômico podem repetir hipóteses de incidência (aspecto material) e bases de cálculos de impostos e contribuições sociais já previstos na Constituição (por exemplo: IR, IPI, COFINS, etc.). Contudo, esta possibilidade diz respeito apenas aos tributos de competência da União, não se estendendo àqueles pertencentes aos Estados, Distrito Federal e Municípios, sob pena de ferimento ao princípio federativo (art. 1.º, *caput*, da CF), que inclusive é cláusula pétrea (art. 60, § 4.º, I da CF)[88].

Conclui-se, por conseguinte, que as contribuições interventivas (como, de resto, as demais contribuições especiais) não podem ser classificadas, *a priori*, como tributos vinculados ou não vinculados, pois o fato gerador das mesmas **pode ou não estar vinculado a alguma atividade estatal**. É no exame da materialidade da hipótese de incidência da contribuição **em cada caso** que se definirá se tal exação se apresenta como tributo vinculado ou não vinculado.

A regra-matriz de incidência das contribuições interventivas pode ter como critério material "a importação de produtos estrangeiros ou serviços" (art. 149, § 2.º, inciso II, CF)[89] ou o faturamento e a receita bruta (art. 149, § 2.º, inciso III, alínea *a*, CF)[90]. No caso específico da "CIDE-combustíveis", o critério material da regra-matriz de incidência é a "importação ou comercialização de petróleo e seus derivados, gás natural e seus derivados e álcool combustível" (art. 177, § 4.º, CF).

---

[87] DANTAS, Marcelo Barreto. As contribuições de intervenção no domínio econômico em face da Emenda Constitucional n. 42/2003, p. 506. No entender de Flávia Sousa Dantas Pinto, a finalidade das contribuições integra o critério material da regra-matriz das referidas exações (Regra-matriz das contribuições: uma proposta, p. 225-226).

[88] MARTINS, Marcelo Guerra. *Impostos e contribuições federais*, p. 71. Apesar de reconhecer que o próprio STF admite a sobreposição de tributos sobre uma mesma base de incidência (fato econômico), por entender que a vedação do inciso I do art. 154 da CF limita-se apenas aos impostos e não às contribuições, Helenilson Cunha Pontes critica tal posicionamento, que ignora "a circunstância de que as contribuições (economicamente) não passam de impostos cuja arrecadação tem destinação específica" (*Ensaios de direito tributário*, p. 121). No mesmo sentido é a lição de Paulo Ayres Barreto, que entende ser constitucionalmente vedada a instituição de contribuição interventiva cuja materialidade (critério material) seja de imposto conferido à competência privativa dos Estados, Distrito Federal e Municípios (*Contribuições*: regime jurídico, destinação e controle, p. 117-118). No mesmo sentido: CARVALHO, Paulo de Barros. *Direito tributário, linguagem e método*, p. 710-711.

[89] Inciso II com redação determinada pela Emenda Constitucional n. 42/2003.

[90] Parágrafo acrescentado pela Emenda Constitucional n. 33/2001.

Nos exemplos citados, a contribuição interventiva será tributo **não vinculado**, pois seu fato gerador consistirá em uma situação independente de qualquer atividade estatal específica, relativa ao contribuinte.

> **Observação:** As contribuições interventivas, por outro lado, **não podem incidir** sobre as **receitas decorrentes de exportação** (art. 149, § 2.º, inciso I, CF)[91].
>
> Trata-se de **imunidade tributária** que visa a desonerar transações comerciais de venda de mercadorias para o exterior, de modo a tornar mais competitivos os produtos nacionais, contribuindo para geração de divisas, o fortalecimento da economia, a diminuição das desigualdades e o desenvolvimento nacional[92].
>
> De acordo com o STF, referida imunidade abarca **não apenas as exportações diretas** — em que o produtor ou o fabricante nacional vende o seu produto, sem intermediação, para o comprador situado no exterior —, **mas também as exportações indiretas** — em que aquisições domésticas de mercadorias são realizadas por sociedades comerciais com a finalidade específica de destiná-las à exportação, cenário em que se qualificam como operações--meio, integrando, em sua essência, a própria exportação[93].

9.10. SUJEITO ATIVO

Sujeito ativo da relação jurídica tributária é a pessoa titular da capacidade para exigir o seu cumprimento.

Pode ser o próprio ente instituidor do tributo, ou outro, ao qual seja delegada tal atribuição. A delegação do poder de exigir o tributo (denominado **capacidade tributária ativa**) pode ser feita a pessoa jurídica de direito público ou de direito privado.

Nada obsta que seja atribuída capacidade tributária a ente distinto da União, criado para atender às finalidades estabelecidas pela lei que instituiu as contribuições interventivas[94]. A contribuição interventiva **poderá** ter cunho parafiscal, mas essa peculiaridade não pode ser considerada elemento caracterizador da referida espécie tributária[95].

9.11. SUJEITO PASSIVO

Sujeito passivo da relação jurídica tributária é a pessoa que tem o dever de cumprir a prestação que constitua o objeto da obrigação.

---

[91] Parágrafo acrescentado pela Emenda Constitucional n. 33/2001.

[92] O STF já decidiu que referida imunidade **não** alcança o **lucro** das empresas exportadoras: RE 564.413/SC, Rel. Min. Marco Aurélio, Pleno, j. em 12.08.2010, *DJe*-235 06.12.2010; RE-AgR 474.126/RS, Rel. Min. Marco Aurélio, 1.ª Turma, j. em 27.11.2012, *DJe*-022 01.02.2013; RE-AgR 546.888/PR, Rel. Min. Marco Aurélio, 1.ª Turma, j. em 27.11.2012, *DJe*-022 01.02.2013.

[93] Nesse sentido: RE 627.815/PR, Rel. Min. Rosa Weber, Pleno, j. em 23.05.2013, *DJe*-192 01.10.2013; RE-AgR-ED 645.392/RS, Rel. Min. Celso de Mello, 2.ª Turma, j. em 27.09.2019, *DJe*-219 09.10.2019; RE 759.244/SP, Rel. Min. Edson Fachin, Pleno, j. em 12.02.2020, *DJe*-071 25.03.2020; ADI 4.735/DF, Rel. Min. Alexandre de Moraes, Pleno, j. em 12.02.2020, *DJe*-071 25.03.2020.

[94] SCAFF, Fernando Facury. Contribuições de intervenção e direitos humanos de segunda dimensão, p. 419.

[95] TORRES, Heleno Taveira. Pressupostos constitucionais das contribuições de intervenção no domínio econômico. A Cide-Tecnologia, p. 127.

9 ▣ Teoria Geral das Contribuições de Intervenção no Domínio Econômico   825

Relativamente às contribuições de intervenção no domínio econômico, a doutrina majoritária sustenta que o legislador federal somente poderá eleger o sujeito passivo de tais exações dentre os que estiverem **vinculados** ao grupo sujeito à intervenção[96], sendo inadmissível a existência de "contribuições interventivas gerais", que atinjam a todos, mesmo que, mediatamente, se beneficiem da atividade econômica[97].

Para alguns, as contribuições interventivas devem ser arrecadadas daqueles que, **direta ou indiretamente**, venham a obter alguma vantagem econômica com a intervenção realizada[98].

Para outros, como Luís Eduardo Schoueri, "o universo de contribuintes da contribuição de intervenção no domínio econômico há de corresponder àqueles **imediatamente** atingidos pela intervenção" (destaque nosso)[99]. No mesmo sentido é a percepção de Marco Aurélio Greco, que, no entanto, ressalta que "nem todos os integrantes do grupo devem, necessariamente, ser contribuintes"[100].

Ressalte-se, contudo, que o STF, apreciando processo no qual se discutia a cobrança da contribuição para o Serviço Brasileiro de Apoio às Micro e Pequenas Empresas — SEBRAE, decidiu que referida exação **alcança mesmo empresas que não se qualifiquem como micro ou pequena empresa (e que estão, portanto, fora do seu âmbito de atuação), ainda que vinculadas a outro serviço social**, dado o caráter de intervenção no domínio econômico de que goza:

Ementa: AGRAVO REGIMENTAL. RECURSO EXTRAORDINÁRIO. CONTRIBUIÇÃO PARA O SEBRAE. CONTRIBUIÇÃO DE INTERVENÇÃO NO DOMÍNIO ECONÔMICO. EMPRESA PRESTADORA DE SERVIÇOS DE TRANSPORTE. SEST/SENAT. MICRO E PEQUENA EMPRESA. Esta colenda Corte, no julgamento do RE 396.266, Rel. Min. Carlos Velloso, consignou o entendimento de que a contribuição para o SEBRAE configura contribuição de intervenção no domínio econômico. Logo, **são insubsistentes as alegações da agravante no sentido de que empresa fora do âmbito de atuação do SEBRAE, por estar vinculada a outro serviço social (SEST/SENAT) ou mesmo por não estar enquadrada como pequena ou microempresa, não pode ser sujeito passivo da referida contribuição**. Precedente: RE 396.266, Rel. Min. Carlos Velloso. Agravo regimental a que se nega provimento (RE-AgR 401.823/SC, Rel. Min. Carlos Britto, 1.ª Turma, j. em 28.09.2004, *DJ* 11.02.2005, p. 9) (destaques nossos).

---

[96] CARRAZZA, Roque Antonio. *Curso de direito constitucional tributário*, p. 666-667; ENDRES, Silvana Bussab. Contribuições de intervenção no domínio econômico, p. 244; FERRAZ, Roberto Botelho. Contribuições de intervenção no domínio econômico, p. 366; XEREZ, Rafael Marcílio. As contribuições sociais no sistema tributário brasileiro, p. 290.

[97] FIGUEIREDO, Lucia Valle. Reflexões sobre a intervenção do Estado no domínio econômico e as contribuições interventivas, p. 398.

[98] Nesse sentido: SCAFF, Fernando Facury. Contribuições de intervenção e direitos humanos de segunda dimensão, p. 419.

[99] SCHOUERI, Luís Eduardo. Algumas considerações sobre a contribuição de intervenção no domínio econômico no sistema constitucional brasileiro. A contribuição ao Programa Universidade-Empresa, p. 363. No mesmo sentido: SOUZA, Ricardo Conceição. Perfil constitucional das contribuições de intervenção no domínio econômico, p. 215.

[100] GRECO, Marco Aurélio. Contribuição de intervenção no domínio econômico — Parâmetros para sua criação, p. 23.

No precedente citado (RE 396.266/SC) no acórdão cuja ementa foi transcrita, o Relator, Ministro Carlos Mário da Silva Velloso, em seu voto, destacou que a contribuição em questão "tem como sujeito passivo empresa comercial ou industrial, partícipes, pois, das atividades econômicas que a Constituição disciplina (C.F., art. 170 e seguintes)"[101].

Na ocasião, tendo em vista tratar-se de contribuição de intervenção no domínio econômico, "entendeu-se ser **inexigível** a vinculação direta do contribuinte ou a possibilidade de **que ele se beneficie com a aplicação dos recursos por ela arrecadados**, mas sim a observância dos princípios gerais da atividade econômica" (destaques nossos)[102].

Tal entendimento foi confirmado em diversas ocasiões[103], inclusive no julgamento do RE 635.682/RJ, com repercussão geral[104], no qual o STF ratificou sua jurisprudência no sentido da validade da cobrança de contribuição de intervenção no domínio econômico **independentemente de contraprestação direta em favor do contribuinte**[105].

No julgamento do RE-AgR 595.670/RS, que também dizia respeito à contribuição ao SEBRAE, o STF decidiu que "a sujeição passiva deve ser atribuída aos **agentes que atuem no segmento econômico alcançado pela intervenção estatal**. Não há na hipótese referibilidade estrita que restrinja o alcance da exação ao âmbito de atuação do Sebrae"[106]. O Relator, Ministro Luís Roberto Barroso, em seu voto, enfatizou: "Não se observa na hipótese uma referibilidade estrita entre os contribuintes e os beneficiários

---

[101] RE 396.266/SC, Rel. Min. Carlos Velloso, Pleno, j. em 26.11.2003, *DJ* 27.02.2004, p. 22.

[102] RE-AgR 389.016/SC, Rel. Min. Sepúlveda Pertence, 1.ª Turma, j. em 30.06.2004, *DJ* 13.08.2004, p. 280. No mesmo sentido: RE-AgR 461.669/PR, Rel. Min. Sepúlveda Pertence, 1.ª Turma, j. em 21.03.2006, *DJ* 20.04.2006, p. 13.

[103] É o caso, por exemplo, dos seguintes julgados, todos relativos a processos envolvendo a contribuição ao SEBRAE: RE-AgR 389.020/PR, Rel. Min. Ellen Gracie, 2.ª Turma, j. em 23.11.2004, *DJ* 10.12.2004, p. 66; RE-AgR 367.973/PR, Rel. Min. Joaquim Barbosa, 2.ª Turma, j. em 29.03.2005, *DJ* 10.06.2005, p. 57; RE-AgR 437.839/SC, Rel. Min. Carlos Britto, 1.ª Turma, j. em 05.04.2005, *DJ* 18.11.2005, p. 8; RE-AgR 399.649/PR, Rel. Min. Gilmar Mendes, 2.ª Turma, j. em 26.10.2004, *DJ* 19.11.2004, p. 29; RE-AgR 419.691/SC, Rel. Min. Joaquim Barbosa, 2.ª Turma, j. em 29.03.2005, *DJ* 10.06.2005, p. 58; RE-AgR 429.608/PR, Rel. Min. Joaquim Barbosa, 2.ª Turma, j. em 29.03.2005, *DJ* 10.06.2005, p. 58; RE-AgR 575.128/SP, Rel. Min. Ellen Gracie, 2.ª Turma, j. em 10.03.2009, *DJe*-064 03.04.2009; RE-AgR 588.050/RS, Rel. Min. Ellen Gracie, 2.ª Turma, j. em 17.03.2009, *DJe*-084 08.05.2009; RE-ED 576.659/PE, Rel. Min. Ellen Gracie, 2.ª Turma, j. em 24.03.2009, *DJe*-071 17.04.2009; RE-AgR 405.241/GO, Rel. Min. Ellen Gracie, 2.ª Turma, j. em 24.03.2009, *DJe*-071 17.04.2009; AI-AgR 604.712/SP, Rel. Min. Ricardo Lewandowski, 1.ª Turma, j. em 26.05.2009, *DJe*-113 19.06.2009; RE-ED 595.622/PE, Rel. Min. Cármen Lúcia, 1.ª Turma, j. em 09.06.2009, *DJe*-148 07.08.2009; AI-AgR 713.780/RS, Rel. Min. Ellen Gracie, 2.ª Turma, j. em 08.06.2010, *DJe*-116 25.06.2010.

[104] Repercussão geral reconhecida no AI-RG 762.202/RJ, Rel. Min. Cezar Peluso, Pleno, j. em 29.10.2009, *DJe*-022 05.02.2010.

[105] RE 635.682/RJ, Rel. Min. Gilmar Mendes, Pleno, j. em 25.04.2013, *DJe*-098 24.05.2013.

[106] RE-AgR 595.670/RS, Rel. Min. Roberto Barroso, 1.ª Turma, j. em 27.05.2014, *DJe*-118 20.06.2014. No mesmo sentido: RE-AgR 633.584/RS, Rel. Min. Roberto Barroso, 1.ª Turma, j. em 27.05.2014, *DJe*-125 01.07.2014; RE-ED 716.104/RS, Rel. Min. Roberto Barroso, 1.ª Turma, j. em 01.03.2016, *DJe*-078 25.04.2016.

9 ■ Teoria Geral das Contribuições de Intervenção no Domínio Econômico   827

da atuação do Sebrae, pois nesse caso teríamos uma taxa e não uma contribuição. Deve suportar o tributo em questão todo aquele que integra o setor que demanda do Estado uma atuação mais efetiva no segmento sujeito à intervenção".

O STF também reafirmou referido entendimento ao julgar processos envolvendo outras contribuições interventivas, como a Contribuição para o Desenvolvimento da Indústria Cinematográfica Nacional — CONDECINE[107], a Contribuição para o financiamento do Programa de Estímulo à Interação Universidade-Empresa para Apoio à Inovação[108] e a Contribuição destinada ao Instituto Nacional de Colonização e Reforma Agrária — INCRA[109].

O STJ, por sua vez, seguiu tal orientação ao apreciar a exigibilidade da contribuição para o INCRA, tendo firmado entendimento no sentido de que as contribuições de intervenção no domínio econômico são constitucionalmente destinadas a finalidades não diretamente referidas ao sujeito passivo, o qual não necessariamente é beneficiado com a atuação estatal e nem a ela dá causa (referibilidade)[110]. Por essa razão, apesar da referida contribuição de intervenção no domínio econômico financiar os programas e projetos vinculados à reforma agrária e suas atividades complementares, decidiu o STJ não existir óbice a que seja cobrada de **empresa urbana**[111].

Em síntese: a contribuição interventiva deve ser cobrada apenas das categorias empresariais do segmento econômico objeto da intervenção estatal, mas **não se exige que haja vinculação direta** entre o contribuinte e a aplicação (destinação) dos recursos arrecadados.

9.12. BASE DE CÁLCULO E ALÍQUOTA

Base de cálculo é a grandeza escolhida pelo legislador para dimensionar monetariamente o fato gerador do tributo e sobre a qual se aplica a alíquota, para a determinação do valor do tributo.

Alíquota, por sua vez, é "o fator que se aplica à base de cálculo, para se quantificar o montante do tributo"[112].

---

[107] RE-AgR 581.375/RJ, Rel. Min. Celso de Mello, 2.ª Turma, j. em 04.12.2012, *DJe*-022 01.02.2013; RE-AgR 700.160/RJ, Rel. Min. Rosa Weber, 1.ª Turma, j. em 09.04.2014, *DJe*-081 30.04.2014.

[108] RE-AgR 451.915/PR, Rel. Min. Gilmar Mendes, 2.ª Turma, j. em 17.10.2006, *DJ* 01.12.2006, p. 93; RE-AgR 564.901/RJ, Rel. Min. Cármen Lúcia, 1.ª Turma, j. em 01.02.2011, *DJe*-034 21.02.2011; RE-AgR 449.233/RS, Rel. Min. Ricardo Lewandowski, 1.ª Turma, j. em 08.02.2011, *DJe*-045 10.03.2011; RE-AgR 492.353/RS, Rel. Min. Ellen Gracie, 2.ª Turma, j. em 22.02.2011, *DJe*-048 15.03.2011; RE-ED 602.047/SP, Rel. Min. Ricardo Lewandowski, 2.ª Turma, j. em 22.11.2011, *DJe*-231 06.12.2011; AI-ED-AgR 737.858/SP, Rel. Min. Dias Toffoli, 1.ª Turma, j. em 06.11.2012, *DJe*-240 07.12.2012.

[109] RE 630.898/RS, Rel. Min. Dias Toffoli, Pleno, j. em 08.04.2021, *DJe*-089 11.05.2021.

[110] EREsp 724.789/RS, Rel. Min. Eliana Calmon, 1.ª Seção, j. em 09.05.2007, *DJ* 28.05.2007, p. 281; AgRg nos EREsp 660.002/PR, Rel. Min. Eliana Calmon, 1.ª Seção, j. em 10.10.2007, *DJ* 22.10.2007, p. 186.

[111] AgRg nos EAg 673.061/SC, Min. Eliana Calmon, 1.ª Seção, j. em 24.06.2009, *DJe* 03.08.2009.

[112] ROCHA, Valdir de Oliveira. *Determinação do montante do tributo:* quantificação, fixação e avaliação, p. 119.

Alíquota e base de cálculo isoladamente consideradas nada representam, pois uma depende da outra para efetiva atuação, conjugando-se para o único fim que justifica sua existência, e que é a determinação do *quantum debeatur* da obrigação tributária[113].

A base de cálculo e a alíquota das contribuições interventivas devem respeitar a proporcionalidade, a razoabilidade, serem dispostas em lei[114] e estarem atreladas diretamente aos limites da intervenção estatal, como destaca Lucia Valle Figueiredo: "Em outro falar, o Estado não pode e nem deve criar contribuições excedentes ao que aportou e ao que deverá *efetivamente* aportar" (destaque no original)[115]. Com efeito, consoante leciona Paulo Ayres Barreto, "tem que existir uma necessária correlação entre o custo da atividade estatal e o montante a ser arrecadado"[116].

O quantum da contribuição interventiva "deverá guardar sintonia com os *princípios da proporcionalidade* e da *razoabilidade*, sob pena de ofensa ao disposto no art. 150, IV, da Constituição Federal que veda a utilização do tributo com efeito de confisco" (destaques no original)[117].

A base de cálculo das contribuições interventivas "deve corresponder a um critério de dimensionamento ligado a uma qualidade atinentes à participação do contexto do grupo"[118].

As contribuições de intervenção no domínio econômico poderão ter **alíquotas** (art. 149, § 2.º, inciso III, CF[119]):

- *ad valorem*, tendo por base o faturamento, a receita bruta ou o valor da operação e, no caso de importação, o valor aduaneiro;
- **específica**, tendo por base a unidade de medida adotada.

---

[113] OLIVEIRA, Ricardo Mariz de. Base de cálculo, p. 210-211.

[114] No regime constitucional de 1967, com as alterações decorrentes da Emenda Constitucional n. 1/69, era facultado ao Poder Executivo federal alterar alíquotas e bases de cálculo das contribuições de intervenção no domínio econômico (art. 21, I, c/c § 2.º). No regime constitucional vigente, apenas a chamada "CIDE-combustíveis" poderá ter suas alíquotas alteradas pelo Poder Executivo (art. 177, § 4.º, inciso I, alínea *b*).

[115] FIGUEIREDO, Lucia Valle. Reflexões sobre a intervenção do Estado no domínio econômico e as contribuições interventivas, p. 398.

[116] BARRETO, Paulo Ayres. *Contribuições:* regime jurídico, destinação e controle, p. 124. No mesmo sentido: HACK, Érico. *CIDE — Contribuição de intervenção no domínio econômico:* destinação do produto arrecadado e finalidade como requisitos de validade, p. 90.

[117] BOTTALLO, Eduardo. Contribuições de intervenção no domínio econômico, p. 77.

[118] RODRIGUES, Marilene Talarico Martins. Contribuições de intervenção no domínio econômico, p. 147. No entender de Flávia Sousa Dantas Pinto, a destinação do produto da arrecadação das contribuições integra o critério quantitativo da regra-matriz das referidas exações (Regra-matriz das contribuições: uma proposta, p. 227).

[119] Parágrafo introduzido pela Emenda Constitucional n. 33, de 11.12.2001.

De acordo com o inciso I do § 4.º ao art. 177 da CF[120], a alíquota da chamada "CIDE--combustíveis" poderá ser:

- diferenciada por produto ou uso;
- reduzida e restabelecida por ato do Poder Executivo, não se lhe aplicando o disposto no art. 150, inciso III, alínea *b*, da CF[121].

9.13. QUESTÕES

QUESTÕES DE CONCURSOS
> http://uqr.to/1y4bw

---

[120] Parágrafo introduzido pela Emenda Constitucional n. 33, de 11.12.2001.
[121] A "CIDE-combustíveis" deverá, no entanto, observar o disposto no art. 150, inciso III, alínea *c*, da CF/1988 (alínea introduzida pela Emenda Constitucional n. 42, de 19.12.2003), segundo o qual os tributos somente podem ser cobrados após decorridos noventa dias da data em que haja sido publicada a lei que os instituiu ou aumentou. Nesse sentido: DANTAS, Marcelo Barreto. As contribuições de intervenção no domínio econômico em face da Emenda Constitucional n. 42/2003, p. 506.

10

CONTRIBUIÇÕES INTERVENTIVAS EM ESPÉCIE

10.1. CONSIDERAÇÕES INICIAIS

Tendo sido traçadas no capítulo anterior as linhas gerais das contribuições de intervenção no domínio econômico — CIDE, serão analisadas no presente capítulo algumas das referidas contribuições **atualmente existentes** no ordenamento jurídico brasileiro[1].

Não serão analisadas, pois, as contribuições interventivas que **deixaram de existir**, como, por exemplo, a contribuição ao Instituto do Açúcar e do Álcool — IAA[2], a contribuição ao Instituto Brasileiro do Café — IBC[3], o Adicional de Tarifa Portuária — ATP[4] e a "CIDE-Lei Pelé"[5].

---

[1] Na percepção de Fernando Facury Scaff, ressalvado eventual desvio na destinação das verbas arrecadadas, não há, entre as contribuições interventivas atualmente exigidas no Brasil, alguma cuja instituição não atenda aos requisitos constitucionais aplicáveis à tal exação (Contribuições de intervenção e direitos humanos de segunda dimensão, p. 421).

[2] O **IAA** foi instituído pelo Decreto n. 22.789, de 01.06.1933, com a finalidade de realizar a política econômica da União na economia canavieira nacional. A **contribuição ao IAA** foi instituída pelo Decreto-Lei n. 308, de 28.02.1967 (com as alterações do Decreto-Lei n. 1.712, de 14.11.1979, e do Decreto-Lei n. 1.952, de 15.07.1982), tendo sido recepcionada pela CF/1988, consoante decidiu o STF (RE 214.206/AL, Rel. p/ Acórdão Min. Nelson Jobim, Pleno, j. em 15.10.1997, *DJ* 29.05.1998, p. 16; RE 214.209/AL, Rel. p/ Acórdão Min. Nelson Jobim, Pleno, j. em 15.10.1997, *DJ* 22.03.2002, p. 47; RE-AgR-segundo 546.759/SP, Rel. Min. Roberto Barroso, 1.ª Turma, j. em 27.05.2014, *DJe* 125 01.07.2014). Com a extinção do IAA (pelo Decreto n. 99.240, de 07.05.1990), a União passou a ser o sujeito ativo da contribuição anteriormente titularizada por aquela autarquia (STJ, REsp 655.800/AL, Rel. Min. Herman Benjamin, 2.ª Turma, j. em 06.12.2007, *DJe* 31.10.2008). A contribuição ao IAA foi extinta pela Lei n. 8.522, de 11.12.1992.

[3] O **IBC** foi instituído pela Lei n. 1.779, de 22.12.1952, com a finalidade de realizar "a política econômica do café brasileiro no país e no estrangeiro" (art. 1.º). A **contribuição ao IBC** foi instituída originariamente pela Instrução n. 205, de 12.05.1961, da antiga Superintendência da Moeda e do Crédito — SUMOC (que era a autoridade monetária anterior à criação do Banco Central do Brasil) e restabelecida pelo Decreto-Lei n. 2.295, de 21.11.1986. O STF considerou que tal contribuição não foi recepcionada pela CF/1988 (RE 408.830/ES, Rel. Min. Carlos Velloso, Pleno, j. em 15.04.2004, *DJ* 04.06.2004, p. 30), tendo o Senado Federal, pela Resolução n. 28, de 2005, suspendido a execução dos arts. 2.º e 4.º do citado decreto-lei. O IBC foi extinto pelo Decreto n. 99.240, de 07.05.1990.

[4] O **ATP** foi instituído pela Lei n. 7.700, de 21.12.1988, sendo o produto de sua arrecadação destinado à aplicação em investimentos para melhoramento, reaparelhamento, reforma e expansão de instalações portuárias. De acordo com a jurisprudência do STF, a natureza jurídica do ATP era de

832 Direito Financeiro e Econômico Esquematizado   *Carlos Alberto de Moraes Ramos Filho*

10.2. CONTRIBUIÇÃO DE INTERVENÇÃO NO DOMÍNIO ECONÔMICO INCIDENTE SOBRE IMPORTAÇÃO/COMERCIALIZAÇÃO DE PETRÓLEO E SEUS DERIVADOS, GÁS NATURAL E SEUS DERIVADOS E ÁLCOOL ETÍLICO COMBUSTÍVEL — "CIDE-COMBUSTÍVEIS"

Com o fim de regulamentar o § 4.º do art. 177 da CF, introduzido pela Emenda Constitucional n. 33/2001, foi editada a **Lei n. 10.336, de 19.12.2001**, que instituiu a CIDE incidente sobre a importação e a comercialização de petróleo e seus derivados, gás natural e seus derivados e álcool etílico combustível (art. 1.º, *caput*) — a chamada **"CIDE-combustíveis"**.

A contribuição em questão tem como **fatos geradores** as operações de importação e de comercialização no mercado interno dos combustíveis líquidos arrolados no art. 3.º da Lei 10.336/2001.

> **Observação:** A CF permite que a União institua CIDE "relativa às atividades de importação ou comercialização de petróleo e seus derivados, **gás natural e seus derivados** e álcool combustível" (art. 177, § 4.º) (destaque nosso). A Lei n. 10.336/2001, ao instituir o tributo previsto no referido enunciado constitucional, mencionou "a importação e a comercialização de petróleo e seus derivados, **gás natural e seus derivados**, e álcool etílico combustível" (art. 1.º, *caput*) (destaque nosso). No entanto, o art. 3.º da referida lei, ao descrever os fatos geradores da contribuição interventiva em questão, **não menciona o gás natural** (faz referência, no inciso V, ao **gás liquefeito de petróleo**, inclusive o **derivado de gás natural**).

---

contribuição de intervenção no domínio econômico, segundo o entendimento da maioria, a partir dos votos dos Ministros Ilmar Galvão e Nelson Jobim. Nesse sentido: RE 218.061/SP, Rel. Min. Carlos Velloso, Pleno, j. em 04.03.1999, *DJ* 08.09.2000, p. 22; RE 209.365/SP, Rel. Min. Carlos Velloso, Pleno, j. em 04.03.1999, *DJ* 07.12.2000, p. 50. Nos julgados referidos, o voto do Relator, vencido no fundamento, era de que a natureza jurídica do ATP seria de **taxa**, pois remuneraria serviço público (art. 21, inciso XII, alíneas *d* e *f*, c/c art. 175, ambos da CF; Decreto n. 25.408, 29.06.1934). Já o STJ entendia que o ATP ostentava natureza de **preço público (ou tarifa)**, e não de taxa, em face do regime facultativo que caracteriza os serviços custeados pela exação (REsp 835.692/PB, Rel. Min. Castro Meira, 2.ª Turma, j. em 04.12.2007, *DJ* 17.12.2007, p. 160; AgRg no REsp 952.483/SP, Rel. Min. Mauro Campbell Marques, 2.ª Turma, j. em 10.02.2009, *DJe* 11.03.2009). O ATP foi extinto pela Lei n. 9.309, de 02.10.1996.

[5] A **"CIDE-Lei Pelé"** foi instituída pelo art. 57 da Lei n. 9.615, de 24.03.1998 ("Lei Pelé"). Ambas as Turmas do STF entendiam que se tratava de contribuição de intervenção no domínio econômico, tendo sido firmada jurisprudência no sentido da constitucionalidade da aludida exação: ARE-AgR 710.133/PR, Rel. Min. Rosa Weber, 1.ª Turma, j. em 25.06.2014, *DJe*-155 13.08.2014; ARE-AgR 806.707/RJ, Rel. Min. Celso de Mello, 2.ª Turma, j. em 15.03.2016, *DJe*-070 15.04.2016; RE-ED-AgR 1.247.561/RJ, Rel. Min. Celso de Mello, 2.ª Turma, j. em 10.10.2020, *DJe*-250 16.10.2020; RE-AgR 1.288.995/RJ, Rel. Min. Edson Fachin, 2.ª Turma, j. em 21.12.2020, *DJe*-042 08.03.2021; ARE-AgR 1.241.924/RS, Rel. Min. Rosa Weber, 1.ª Turma, j. em 30.08.2021, *DJe*-187 20.09.2021; RE-AgR 1.270.832/RJ, Rel. Min. Nunes Marques, 2.ª Turma, j. em 04.10.2021, *DJe*-238 02.12.2021; ARE-AgR 1425248/MG, Rel. Min. Edson Fachin, 2.ª Turma, j. em 30.10.2023, *DJe*-s/n 13.11.2023. O STJ também reconheceu a natureza de contribuição interventiva do citado tributo: AgInt no REsp 1.872.826/PR, Rel. Min. Mauro Campbell Marques, 2.ª Turma, j. em 14.02.2022, *DJe* 17.02.2022; AgInt no AREsp 1.970.374/SP, Rel. Min. Mauro Campbell Marques, 2.ª Turma, j. em 30.05.2022, *DJe* 07.06.2022. O art. 57 da Lei n. 9.615/1998 foi expressamente revogado pela Lei n. 14.117, de 08.01.2021.

10 ▪ Contribuições Interventivas em Espécie 833

> Ademais, a Lei n. 10.833, de 29.12.2003, dispõe que a incidência da CIDE, nos termos do art. 3.º, inciso V, da Lei n. 10.336/2001, sobre os gases liquefeito de petróleo, classificados na subposição 2711.1 da NCM (nomenclatura comum do Mercosul), **não alcança** os produtos classificados no código 2711.11.00, que diz respeito justamente ao **gás natural**.

Contribuintes da referida exação são o produtor, o formulador e o importador, pessoa física ou jurídica, dos combustíveis líquidos anteriormente referidos (art. 2.º, Lei 10.336/2001).

> **Observação:** O STJ firmou o entendimento de que o consumidor final não tem legitimidade ativa *ad causam* para pleitear a restituição da CIDE-combustíveis (**REsp 1.269.721/RS**, Rel. Min. Eliana Calmon, 2.ª Turma, j. em 27.08.2013, *DJe* 06.09.2013)[6].

A **base de cálculo** da CIDE-combustível é a unidade de medida adotada na Lei 10.336/2001 para os produtos de que trata o art. 3.º do referido diploma, na importação e na comercialização no mercado interno.

Quanto à **alíquota** da CIDE-combustíveis, a CF autoriza que seja **diferenciada por produto ou uso** (art. 177, § 4.º, inciso I, alínea *a*).

Assim, considerando o exposto e, ainda, o art. 149, § 2.º, inciso III, alínea *b*, CF — que autoriza as contribuições de intervenção no domínio econômico a terem **alíquotas específicas**, tendo por base a unidade de medida adotada —, a Lei n. 10.336/2001, em seu art. 5.º, estabeleceu as seguintes alíquotas específicas para a CIDE-combustíveis:

ESPÉCIE DE COMBUSTÍVEL	ALÍQUOTA
Gasolina	R$ 860,00 por m³
Diesel	R$ 390,00 por m³
Querosene de aviação	R$ 92,10 por m³
Outros querosenes	R$ 92,10 por m³
Óleos combustíveis com alto teor de enxofre	R$ 40,90 por t
Óleos combustíveis com baixo teor de enxofre	R$ 40,90 por t
Gás liquefeito de petróleo, inclusive o derivado de gás natural e da nafta	R$ 250,00 por t
Álcool etílico combustível	R$ 37,20 por m³

Ainda quanto à alíquota da CIDE-combustíveis, a CF autoriza que seja "reduzida e restabelecida por ato do Poder Executivo, não se lhe aplicando o disposto no art. 150, III, b" (art. 177, § 4.º, inciso I, alínea *b*).

Segundo referido enunciado, introduzido pela Emenda Constitucional n. 33/2001, a CIDE-combustíveis seria uma **exceção** aos princípios da **legalidade tributária** (art. 150, inciso I, CF) e da **anterioridade tributária** (art. 150, inciso III, alínea *b*, CF).

---

[6] No mesmo sentido: AgRg no REsp 1.307.660/RS, Rel. Min. Ari Pargendler, 1.ª Turma, j. em 17.09.2013, *DJe* 25.09.2013.

> **Observação:** Ressalte-se que, nos termos do *caput* do art. 149 da CF, as contribuições de intervenção no domínio econômico **devem observar**, dentre outras disposições, os incisos I e III do art. 150 da CF.

Entendemos, neste particular, que a Emenda Constitucional n. 33/2001 apresenta-se **inconstitucional**, pois não poderia "criar" novas exceções aos referidos princípios, que, por constituírem **direitos fundamentais** do cidadão-contribuinte configuram verdadeiras cláusulas pétreas (art. 60, § 4.º, inciso IV, CF), imodificáveis por vontade do Poder Constituinte Reformador[7].

> **Observação:** Assim já decidiu o STF, ao julgar ADI na qual foi questionada a Emenda Constitucional n. 3, de 17.03.1993, que, em seu art. 2.º, permitia a União instituir imposto provisório sobre movimentação ou transmissão de valores e de créditos e direitos de natureza financeira, ao qual, nos termos do § 2.º do referido artigo, não se aplicaria o princípio da anterioridade tributária. O STF declarou a inconstitucionalidade de tal disposição, por entender que tal princípio seria uma "garantia individual do contribuinte" (**ADI 939/DF**, Rel. Min. Sydney Sanches, Pleno, j. em 15.12.1993, *DJ* 18.03.1994, p. 5165).

10.2.1. DESTINAÇÃO DO PRODUTO DA ARRECADAÇÃO

De acordo com o art. 177, § 4.º, inciso II, da CF, o produto da arrecadação da CIDE-combustíveis deverá ser **destinado**, na forma da lei orçamentária, ao:

- ◼ pagamento de subsídios a preços ou transporte de álcool combustível, gás natural e seus derivados e derivados de petróleo;
- ◼ financiamento de projetos ambientais relacionados com a indústria do petróleo e do gás;
- ◼ financiamento de programas de infraestrutura de transportes;
- ◼ pagamento de subsídios a tarifas de transporte público coletivo de passageiros[8].

> **Observação:** O STF já decidiu ser **taxativa** a natureza das alíneas do inciso II do § 4.º do art. 177 da CF/1988 (**ADI 2.925/DF**, Rel. p/ Acórdão Min. Marco Aurélio, Pleno, j. em 19.12.2003, *DJ* 04.03.2005, p. 10). Assim, seria inconstitucional o inciso IV do § 1.º do art. 1.º da Lei n. 10.336/2001, que, introduzido pela Lei n. 14.237, de 19.12.2021, trouxe uma nova destinação à CIDE-combustíveis: o financiamento do auxílio "**Gás dos Brasileiros**", destinado a mitigar o efeito do preço do gás liquefeito de petróleo (GLP) sobre o orçamento das famílias de baixa renda.

A CIDE-combustíveis, consoante leciona André Luiz Fonseca Fernandes[9], tem dupla função:

---

[7] Nesse sentido: BOTTALLO, Eduardo. Contribuições de intervenção no domínio econômico, p. 82-83.

[8] Destinação inserida pela Emenda Constitucional n. 132, de 20.12.2023.

[9] FERNANDES, André Luiz Fonseca. Contribuições de intervenção no domínio econômico, p. 361.

10 □ Contribuições Interventivas em Espécie 835

□ é **equalizadora de custos fiscais**, pois objetiva tornar equivalentes os custos fiscais embutidos na importação e na venda no mercado interno dos produtos anteriormente mencionados;

□ é **incentivadora** da indústria petrolífera, de gás natural e de álcool combustível.

O § 2.º do art. 1.º da Lei n. 10.336/2001 determinou que os **critérios e diretrizes** para aplicação dos recursos arrecadados por meio da CIDE-combustíveis fossem **previstos em lei específica**.

Em atendimento ao referido comando, foi promulgada a **Lei n. 10.636, de 30.12.2002**.

10.2.1.1. Projetos ambientais relacionados com a indústria do petróleo e do gás

De acordo com o art. 4.º da Lei n. 10.636/2002, os **projetos ambientais** relacionados com a indústria do petróleo e do gás a serem contemplados com recursos da CIDE (art. 177, § 4.º, inciso II, alínea *b*, CF), serão administrados pelo Ministério do Meio Ambiente e abrangerão:

□ o monitoramento, controle e fiscalização de atividades efetiva ou potencialmente poluidoras;

□ o desenvolvimento de planos de contingência locais e regionais para situações de emergência;

□ o desenvolvimento de estudos de avaliação e diagnóstico e de ações de educação ambiental em áreas ecologicamente sensíveis ou passíveis de impacto ambiental;

□ o apoio ao desenvolvimento de instrumentos de planejamento e proteção de unidades de conservação costeiras, marinhas e de águas interiores;

□ o fomento a projetos voltados para a preservação, revitalização e recuperação ambiental em áreas degradadas pelas atividades relacionadas à indústria de petróleo e de seus derivados e do gás e seus derivados;

□ o fomento a projetos voltados à gestão, preservação e recuperação das florestas e dos recursos genéticos em áreas de influência de atividades relacionadas à indústria de petróleo e de seus derivados e do gás e seus derivados;

□ o fomento a projetos voltados à produção de biocombustíveis, com foco na redução dos poluentes relacionados com a indústria de petróleo, gás natural e seus derivados[10].

Observação: Os recursos da CIDE-combustíveis **não poderão ser aplicados** em projetos e ações definidos como de **responsabilidade dos concessionários** nos respectivos contratos de concessão, firmados com a Agência Nacional de Petróleo — ANP (art. 4.º, § 1.º, Lei n. 10.636/2002).

---

[10] Tal destinação encontra-se prevista no inciso VII do art. 4.º da Lei n. 10.636/2002, incluído pela Lei n. 11.097, de 13.01.2005.

10.2.1.2. Programas de infraestrutura de transportes

De acordo com o art. 6.º da Lei n. 10.636/2002 (com a redação dada pela Lei n. 13.724, de 04.10.2018), a aplicação dos recursos da CIDE-combustíveis nos programas de infraestrutura de transportes (art. 177, § 4.º, inciso II, alínea *c*, CF) terá como objetivos essenciais:

- ☐ a redução do consumo de combustíveis automotivos;
- ☐ o atendimento mais econômico da demanda de transporte de pessoas e bens;
- ☐ o desenvolvimento de projetos de infraestrutura cicloviária;
- ☐ a implantação de ciclovias e ciclofaixas;
- ☐ a segurança e o conforto dos usuários do transporte público coletivo;
- ☐ a diminuição do tempo de deslocamento dos usuários do transporte público coletivo;
- ☐ a melhoria da qualidade de vida da população;
- ☐ a redução das deseconomias dos centros urbanos; e
- ☐ a menor participação dos fretes e dos custos portuários e de outros terminais na composição final dos preços dos produtos de consumo interno e de exportação.

> **Observação:** Os recursos da CIDE-combustíveis **não poderão ser aplicados** em investimentos definidos como de **responsabilidade dos concessionários** nos contratos de concessão e de arrendamento de ativos da União, dos Estados, do Distrito Federal e dos Municípios (art. 8.º, *caput*, Lei n. 10.636/2002), **salvo** se destinados a **complementar obrigações de concessionários**, desde que previstos nos respectivos contratos de concessão (art. 8.º, parágrafo único, Lei n. 10.636/2002).

10.2.2. REPARTIÇÃO DA RECEITA

O inciso III do art. 159 da CF, com a redação dada pela Emenda Constitucional n. 132, de 20.12.2023, obriga a União a entregar aos Estados e ao Distrito Federal **29% (vinte e nove por cento)** do produto da arrecadação da CIDE-combustíveis, distribuídos **na forma da lei**, observadas as destinações a que se referem as alíneas *c* e *d* do inciso II do referido parágrafo, o que significa que os Estados e o DF devem aplicar, obrigatoriamente, os recursos recebidos no financiamento de **programas de infraestrutura de transportes** e no pagamento de **subsídios a tarifas de transporte público** coletivo de passageiros.

A Lei n. 10.866, de 04.05.2004, incluiu na Lei n. 10.336/2001, o art. 1.º-A, cujo § 2.º estabelece que os recursos da CIDE-combustíveis devidos aos Estados e ao Distrito Federal serão distribuídos pela União com a observância dos seguintes critérios:

- ☐ **40% (quarenta por cento)** proporcionalmente à extensão da malha viária federal e estadual pavimentada existente em cada Estado e no Distrito Federal, conforme estatísticas elaboradas pelo Departamento Nacional de Infra-Estrutura de Transportes — DNIT;
- ☐ **30% (trinta por cento)** proporcionalmente ao consumo, em cada Estado e no Distrito Federal, dos combustíveis a que a CIDE se aplica, conforme estatísticas elaboradas pela Agência Nacional do Petróleo — ANP;

10 ▪ Contribuições Interventivas em Espécie   837

▪ **20% (vinte por cento)** proporcionalmente à população, conforme apurada pela Fundação Instituto Brasileiro de Geografia e Estatística — IBGE;

▪ **10% (dez por cento)** distribuídos em parcelas iguais entre os Estados e o Distrito Federal.

Do montante de recursos da CIDE-combustíveis que cabe a cada Estado, **25% (vinte e cinco por cento)** serão destinados aos seus **Municípios**, na forma da **lei** anteriormente mencionada (art. 159, § 4.º, CF, incluído pela Emenda Constitucional n. 42, de 19.12.2003).

Enquanto não for promulgada a lei federal a que se refere o art. 159, § 4.º, da CF, os recursos da CIDE-combustíveis devidos aos Municípios serão distribuídos pelos Estados com a observância dos seguintes critérios (art. 1.º-B, § 1.º, Lei n. 10.336/2001, incluído pela Lei n. 10.866/2004):

▪ **50% (cinquenta por cento)** proporcionalmente aos mesmos critérios previstos na regulamentação da distribuição dos recursos do Fundo de que tratam os arts. 159, inciso I, alínea *b*, e 161, inciso II, da CF; e

▪ **50% (cinquenta por cento)** proporcionalmente à população, conforme apurada pela Fundação Instituto Brasileiro de Geografia e Estatística — IBGE.

Os recursos recebidos pelos Municípios devem ser obrigatoriamente aplicados no **financiamento de programas de infraestrutura de transportes** (art. 1.º-B, *caput*, Lei n. 10.336/2001, incluído pela Lei n. 10.866/2004).

10.3. ADICIONAL AO FRETE PARA RENOVAÇÃO DA MARINHA MERCANTE — AFRMM

O Adicional ao Frete para Renovação da Marinha Mercante — AFRMM foi instituído pelo **Decreto-Lei n. 2.404, de 23.12.1987**, sendo atualmente disciplinado pela **Lei n. 10.893, de 13.07.2004**[11].

O AFRMM foi instituído para atender aos encargos da **intervenção da União** nas atividades de navegação mercante (art. 1.º, *caput*, Decreto-Lei n. 2.404/1987).

Tal intervenção consiste no **apoio ao desenvolvimento** da marinha mercante e da indústria de construção e reparação naval brasileiras (art. 1.º, parágrafo único, Decreto-Lei n. 2.404/1987[12]; art. 3.º, Lei n. 10.893/2004).

> **Observação:** O STF reconhece que o AFRMM tem natureza de contribuição de intervenção no domínio econômico[13]. No mesmo sentido é a jurisprudência do STJ[14].

---

[11] A Lei n. 10.893/2004, que resultou da conversão da Medida Provisória n. 177, de 25.03.2004, é regulamentada pelos Decretos n. 5.543, de 20.09.2005, e n. 8.257, de 29.05.2014.

[12] Com redação dada pelo Decreto-Lei n. 2.414, de 12.2.1988.

[13] RE 177.137/RS, Rel. Min. Carlos Velloso, Pleno, j. em 24.05.1995, *DJ* 18.04.1997, p. 13788.

[14] REsp n. 199.622/SP, 1.ª Turma, Rel. Min. Humberto Gomes de Barros, j. em 16.09.1999, *DJ* 03.11.1999, p. 87; REsp n. 123.485/SP, 1.ª Turma, Rel. Min. Humberto Gomes de Barros, j. em 02.06.1997, *DJ* 06.10.1997, p. 49889.

838 Direito Financeiro e Econômico Esquematizado — *Carlos Alberto de Moraes Ramos Filho*

O **fato gerador** do AFRMM é o início efetivo da operação de descarregamento da embarcação em porto brasileiro (art. 4.º, Lei n. 10.893/2004).

A **base de cálculo** é o **frete**, que é a remuneração do transporte aquaviário da carga de qualquer natureza descarregada em porto brasileiro (art. 5.º, Lei n. 10.893/2004).

As **alíquotas** do AFRMM são as estabelecidas no art. 6.º da Lei n. 10.893/2004, a saber:

ESPÉCIE DE TRANSPORTE AQUAVIÁRIO	ALÍQUOTA
Navegação de longo curso (aquela realizada entre portos brasileiros e portos estrangeiros, sejam marítimos, fluviais ou lacustres — art. 2.º, inciso II, Lei n. 10.893/2004)	25% (vinte e cinco por cento)
Navegação de cabotagem (aquela realizada entre portos brasileiros, utilizando exclusivamente a via marítima ou a via marítima e as interiores — art. 2.º, inciso III, Lei n. 10.893/2004)	10% (dez por cento)
Navegação fluvial e lacustre (aquela realizada entre portos brasileiros, utilizando exclusivamente as vias interiores — art. 2.º, inciso IV, Lei n. 10.893/2004), quando do transporte de granéis líquidos nas regiões Norte e Nordeste	40% (quarenta por cento)

O produto da arrecadação do AFRMM será **destinado** aos fins indicados no art. 17 da Lei n. 10.893/2004, sendo parte dos referidos recursos destinada ao **Fundo da Marinha Mercante — FMM**, fundo de natureza contábil destinado a prover recursos para o desenvolvimento da marinha mercante e da indústria de construção e reparação naval brasileiras (art. 22, Lei n. 10.893/2004).

A Lei n. 10.893/2004, em seu art. 23, criou o **Conselho Diretor do Fundo da Marinha Mercante — CDFMM**, a quem compete, dentre outras atribuições, supervisionar a arrecadação do AFRMM e a partilha e destinação de seu produto (art. 2.º, inciso V, Decreto n. 5.269, de 10.11.2004).

10.4. CONTRIBUIÇÃO DESTINADA AO INSTITUTO NACIONAL DE COLONIZAÇÃO E REFORMA AGRÁRIA — INCRA

10.4.1. HISTÓRICO

Durante certo período, a proteção em face das chamadas "contingências sociais" era adstrita aos trabalhadores urbanos.

A primeira proteção legislativa ao homem do campo, no que se refere às "contingências sociais" deu-se com a Lei n. 2.613, de 23.09.1955, que criou o **Serviço Social Rural (SSR)**, regulamentado pelo Decreto n. 39.319, de 05.06.1956, que aprovou o Regulamento do SSR.

A Lei n. 2.613/55, no art. 6.º, § 4.º, instituiu um adicional à contribuição do empregador urbano — independentemente de desenvolver atividades rurais — aos institutos e caixas de aposentadorias e pensões, no valor de **0,3% (três décimos por cento)** sobre o total dos salários pagos, destinando os valores arrecadados ao SSR, fundação que tinha por escopo administrar a Previdência Social Rural[15].

---

[15] Ressalte-se que o legislador optou por impor à empresa urbana a parte do ônus que seria cabível ao trabalhador rural, segurado-beneficiado pelo sistema, que foi liberado de seu custeio em razão dos baixos níveis de remuneração do camponês.

10 ▫ Contribuições Interventivas em Espécie 839

Com o advento da Lei n. 4.863, de 29.11.1965 (art. 35, § 2.º), a alíquota do referido adicional foi aumentada para **0,4% (quatro décimos por cento)**, sendo os recursos arrecadados destinados não mais ao SSR, e sim ao **Instituto Nacional de Desenvolvimento Agrário (INDA)**[16].

Posteriormente, com o Decreto-Lei n. 582, de 15.05.1969, a destinação dos valores passou a ser direcionada ao **Instituto Brasileiro de Reforma Agrária (IBRA)**[17], ao **Fundo de Assistência ao Trabalhador Rural (FUNRURAL)** e ao **INDA**, nas proporções estabelecidas pelo art. 6.º do referido ato, assim redigido:

> **Art. 6.º** As contribuições criadas pela Lei n. 2.613, de 23 de setembro de 1955, com as modificações introduzidas pela Lei n. 4.863, de 29 de novembro de 1965, serão devidas ao IBRA, ao FUNRURAL e ao INDA nas seguintes proporções:
>
> I — Ao Instituto Brasileiro de Reforma Agrária (IBRA);
>
> 1) as contribuições a que se refere a Lei n. 2.613, de 23 de setembro de 1955 no *caput* de seus artigos 6.º e 7.º, cuja arrecadação será feita pelo próprio IBRA;
>
> 2) 25% (vinte e cinco por cento) da receita resultante da arrecadação, pelo INPS, da contribuição fixada na Lei n. 4.863, de 29 de novembro de 1965, em seu artigo 35, § 2.º, item VIII.
>
> II — Ao Fundo de Assistência ao Trabalhador Rural (FUNRURAL); 50% (cinquenta por cento) da receita resultante da arrecadação, pelo INPS, da contribuição fixada no artigo 35, § 2.º, item VIII da Lei n. 4.863, de 29 de novembro de 1965;
>
> III — ao Instituto Nacional de Desenvolvimento Agrário (INDA) caberão 25% (vinte e cinco por cento) da receita resultante da arrecadação, pelo INPS, da contribuição estipulada na Lei n. 4.863, de 29 de novembro de 1965, em seu artigo 35, § 2.º, item VIII.

O Decreto-Lei n. 1.110, de 09.07.1970, criou o **Instituto Nacional de Colonização e Reforma Agrária (INCRA)**, uma autarquia federal, idealizada com a missão prioritária de realizar a reforma agrária, manter o cadastro nacional de imóveis rurais e administrar as terras públicas da União. Referido Decreto-Lei extinguiu o IBRA e o INDA, **tendo transferido ao INCRA a parte do adicional a eles destinada**[18].

O Decreto-Lei n. 1.146, de 31.12.1970, manteve o adicional de **0,4%** e determinou que **50% da receita caberia ao INCRA**:

---

[16] O INDA foi criado pela Lei n. 4.504, de 30.11.1964 (Estatuto da Terra), art. 74, com regulamento aprovado pelo Decreto n. 55.890, de 31.03.1965.

[17] O IBRA foi criado pela Lei n. 4.504/64, art. 37, inciso II, com regulamento aprovado pelo Decreto n. 55.890/65.

[18] Decreto-Lei n. 1.110/70: "Art. 2.º Passam ao INCRA todos os direitos, competência, atribuições e responsabilidades do Instituto Brasileiro de Reforma Agrária (IBRA), do Instituto Nacional de Desenvolvimento Agrário (INDA) e do Grupo Executivo da Reforma Agrária (GERA), que ficam extintos a partir da posse do Presidente do nôvo Instituto".

840 Direito Financeiro e Econômico Esquematizado   *Carlos Alberto de Moraes Ramos Filho*

Art. 1.º As contribuições criadas pela Lei n. 2.613, de 23 de setembro 1955, mantidas nos têrmos dêste Decreto-Lei, são devidas de acôrdo com o artigo 6.º do Decreto-Lei n. 582, de 15 de maio de 1969, e com o artigo 2.º do Decreto-Lei n. 1.110, de 9 julho de 1970:

I — Ao Instituto Nacional de Colonização e Reforma Agrária — INCRA:

(...)

2 — 50% (cinquenta por cento) da receita resultante da contribuição de que trata o art. 3.º deste Decreto-lei.

II — Ao Fundo de Assistência do Trabalhador Rural — FUNRURAL, 50% (cinquenta por cento) da receita resultante da contribuição de que trata o artigo 3.º deste Decreto-lei.

Art. 3.º É mantido o adicional de 0,4% (quatro décimos por cento) a contribuição previdenciária das emprêsas, instituído no § 4.º do artigo 6.º da Lei n. 2.613, de 23 de setembro de 1955, com a modificação do artigo 35, § 2.º, item VIII, da Lei número 4.863, de 29 de novembro de 1965[19].

A efetiva implementação da proteção previdenciária ao trabalhador rural veio com a edição da **Lei Complementar n. 11, de 25.05.1971**, criadora do **Programa de Assistência ao Trabalhador Rural (PRORURAL).**

Referida lei, em seu art. 15, assim dispôs:

Art. 15. Os recursos para o custeio do Programa de Assistência ao Trabalhador Rural provirão das seguintes fontes:

I — da contribuição de 2% (dois por cento) devida pelo produtor sobre o valor comercial dos produtos rurais, e recolhida:

(...)

II — da contribuição de que trata o art. 3.º do Decreto-lei n. 1.146, de 31 de dezembro de 1970, a qual fica elevada para 2,6% (dois e seis décimos por cento), cabendo 2,4% (dois e quatro décimos por cento) ao FUNRURAL.

A contribuição de que trata o inciso II do dispositivo transcrito era a contribuição obrigatória da empresa **urbana**, existente desde a época do SSR, e que incidia sobre a folha de pagamento dos empregados.

Tal contribuição passou a 2,6% (dois e seis décimos por cento), cabendo 2,4% ao FUNRURAL, a **título de contribuição previdenciária**. Como a norma silenciou quanto à diferença (0,2%), conclui-se que foi mantida a destinação de tal percentual ao INCRA, **como contribuição de intervenção no domínio econômico**, pois voltada para os fins de reforma agrária e colonização[20]. Ressalte-se que a Previdência Rural ficou a cargo do FUNRURAL, e não do INCRA.

---

[19] Ressalte-se que o Decreto-Lei n. 1.146/70, em seu art. 11, revogou expressamente o art. 6.º da Lei n. 2.613/55, que previa tais contribuições, as quais, no entanto, foram mantidas nos termos do referido decreto-lei.

[20] Este é o entendimento do STF no vigente sistema constitucional: "A contribuição ao INCRA tem contornos próprios de **contribuição de intervenção no domínio econômico (CIDE)**. Trata-se de tributo especialmente destinado a concretizar objetivos de atuação positiva do Estado consistentes

10 ◼ Contribuições Interventivas em Espécie   841

10.4.2. A CONTRIBUIÇÃO AO INCRA NO VIGENTE SISTEMA CONSTITUCIONAL

Com a promulgação da Constituição de 1988 houve a **unificação dos regimes previdenciários rural e urbano** no Regime Geral de Previdência Social (RGPS), estatuído pela Lei n. 8.212, de 24.07.1991 (Plano de Custeio), e pela Lei n. 8.213, de 24.07.1991 (Plano de Benefícios).

A Lei n. 7.787, de 30.06.1989, **extinguiu a contribuição devida ao FUNRURAL**, como se extrai do texto do § 1.º do seu art. 3.º, em razão da unificação do sistema previdenciário:

> **Art. 3.º** (...)
>
> § 1.º A alíquota de que trata o inciso I abrange as **contribuições** para o salário-família, para o salário-maternidade, para o abono anual e **para o PRORURAL**, que ficam **suprimidas a partir de 1.º de setembro**, assim como a contribuição básica para a Previdência Social.
>
> (...) (destaques nossos)[21]

Note-se que o referido diploma, no dispositivo transcrito, extinguiu expressamente a contribuição ao FUNRURAL, **mas não extinguiu a contribuição ao INCRA**.

No entanto, como a contribuição para o FUNRURAL era prevista no mesmo artigo que a contribuição destinada ao INCRA (art. 15 da Lei Complementar n. 11/1971), muitos defenderam a tese de que a Lei n. 7.787/89 teria revogado também a contribuição destinada ao INCRA, substituindo-a pelas contribuições previdenciárias que instituiu.

Os que sustentavam tal pensamento entendiam que a contribuição destinada ao INCRA seria era uma espécie de "contribuição para o financiamento da seguridade social" e, considerando que as contribuições para a seguridade social foram unificadas (para os trabalhadores urbanos e rurais), ela teria sido revogada, sendo substituída pelas demais contribuições previdenciárias arrecadadas pelo INSS.

A questão referente à extinção da contribuição ao INCRA era controvertida no âmbito da Primeira Seção do Superior Tribunal de Justiça.

Somente por ocasião do julgamento dos Embargos de Divergência no Recurso Especial n. 770.451/SC, na sessão de 27.09.2006, a controvérsia foi definitivamente dirimida por aquela Corte Superior, adotando-se o entendimento de que a referida exação **não teria sido extinta** pelas Leis n. 7.787/1989 e 8.212/1991, permanecendo íntegra até os dias atuais como contribuição de intervenção no domínio econômico[22].

---

na promoção da **reforma agrária** e da **colonização**, com vistas a assegurar o exercício da função social da propriedade e a diminuir as desigualdades regionais e sociais (arts. 170, III e VII; e 184 da CF/88)" (RE 630.898/RS, Rel. Min. Dias Toffoli, Pleno, j. em 08.04.2021, *DJe*-089 11.05.2021) (destaques nossos).

[21] "CONTRIBUIÇÃO PARA O PRORURAL. O artigo 3.º da Lei n. 7.787, de 1988, extinguiu a contribuição instituída para o custeio do Programa de Assistência ao Trabalhador Rural — Prorural, e não apenas a parte destinada ao Fundo de Assistência ao Trabalhador Rural — Funrural" (STJ, REsp 173.380/DF, Rel. Min. Ari Pargendler, 2.ª Turma, j. em 23.02.1999, *DJ* 03.05.1999, p. 134).

[22] EREsp 770.451/SC, Rel. p/ Acórdão Min. Castro Meira, 1.ª Seção, j. em 27.09.2006, *DJ* 11.06.2007, p. 258. Ressalte-se que a ementa do citado acórdão é a adotada nos Embargos de Declaração inter-

A Primeira Seção do STJ, no Recurso Especial n. 977.058/RS, submetido ao rito dos recursos repetitivos (art. 543-C do CPC/1973)[23], firmou entendimento no sentido de que a contribuição destinada ao INCRA, que tem natureza de **contribuição de intervenção no domínio econômico**[24], não foi extinta pelas Leis ns. 7.787/89, 8.212/91 e 8.213/91, sendo devida, **inclusive, por empresas urbanas**[25], porquanto prescindível a referibilidade nas contribuições interventivas.

Em síntese, decidiu o STJ que as Leis ns. 7.787/89, 8.212/91 e 8.213/91, quando unificaram a Previdência dos trabalhadores rurais e urbanos e o tratamento legislativo das contribuições previdenciárias, **não revogaram a contribuição destinada ao IN-CRA**, pois esta autarquia nunca foi responsável pela prestação de serviços previdenciários para os trabalhadores do campo, tendo em vista que sua finalidade sempre esteve ligada à **reforma agrária**.

Tal entendimento encontra-se consolidado no enunciado da **Súmula 516 do STJ**, aprovada em 22.02.2015: "A contribuição de intervenção no domínio econômico para o Incra (Decreto-Lei n. 1.110/1970), devida por empregadores rurais e urbanos, não foi extinta pelas Leis ns. 7.787/1989, 8.212/1991 e 8.213/1991, não podendo ser compensada com a contribuição ao INSS".

Já o Supremo Tribunal Federal, no exame do RE 578.635-RG/RS, apreciando o Tema 108 concluiu pela **ausência da repercussão geral** da controvérsia referente à constitucionalidade da exigência de contribuição social de 0,2% sobre a folha de salários das empresas urbanas destinada ao INCRA[26].

Na ocasião, entendeu o Plenário do STF que a matéria estaria restrita ao interesse das empresas urbanas eventualmente contribuintes da mencionada exação, não alcançando, portanto, a sociedade como um todo.

---

postos em face do mesmo: EDcl nos EREsp 770.451/SC, Rel. Min. Castro Meira, 1.ª Seção, j. em 08.08.2007, *DJ* 27.08.2007, p. 182. No mesmo sentido: AgRg no Ag 981.536/SP, Rel. Min. Eliana Calmon, 2.ª Turma, j. em 20.05.2008, *DJe* 11.06.2008.

[23] No CPC/2015 o julgamento dos recursos extraordinário e especial repetitivos é disciplinado nos arts. 1.036 a 1.041.

[24] "A Política Agrária encarta-se na Ordem Econômica (art. 184 da CF/1988) por isso que a exação que lhe custeia tem inequívoca natureza de Contribuição de Intervenção Estatal no Domínio Econômico (...)" (STJ, REsp 977.058/RS, Rel. Min. Luiz Fux, 1.ª Seção, j. em 22.10.2008, *DJe* 10.11.2008, submetido ao rito dos recursos repetitivos).

[25] AgRg no Ag 966.551/MG, Rel. Min. Herman Benjamin, 2.ª Turma, j. em 24.03.2009, *DJe* 20.04.2009; EDcl no REsp 650.102/PE, Rel. Min. Mauro Campbell Marques, 2.ª Turma, j. em 13.04.2010, *DJe* 29.04.2010; AgRg no Ag 1.290.398/GO, Rel. Min. Castro Meira, 2.ª Turma, j. em 20.05.2010, *DJe* 02.06.2010; AgRg no AREsp 433.203/SP, Rel. Min. Herman Benjamin, 2.ª Turma, j. em 20.02.2014, *DJe* 07.03.2014; AgRg no REsp 1.527.783/PR, Rel. Min. Mauro Campbell Marques, 2.ª Turma, j. em 16.06.2015, *DJe* 23.06.2015; REsp 1.584.761/SP, Rel. Min. Humberto Martins, 2.ª Turma, j. em 07.04.2016, *DJe* 15.04.2016; Ag 674.289/PR, Rel. Min. Mauro Campbell Marques, 2.ª Turma, j. em 16.08.2022, *DJe* 31.08.2022.

[26] RE-RG 578.635/RS, Rel. Min. Menezes Direito, j. em 25.09.2008, *DJe*-197 17.10.2008.

10 ■ Contribuições Interventivas em Espécie 843

> **Observação:** A despeito do exposto, o STF fixou entendimento no sentido de que a contribuição destinada ao INCRA[27] é devida por **empresa urbana**, pois se destina a cobrir os riscos aos quais está sujeita toda a coletividade de trabalhadores[28].

Ressalte-se, ainda, que o STF havia se posicionado no sentido de que a questão referente à exigibilidade da contribuição destinada ao INCRA após a edição das Leis ns. 7.787/89 e 8.212/91 é de **cunho infraconstitucional**, uma vez que a alegada ofensa à Constituição, acaso existente, seria indireta ou reflexa[29].

No entanto, o STF, após reconhecer a existência de **repercussão geral** da questão constitucional suscitada no Recurso Extraordinário 630.898/RS, no qual se discutia a natureza jurídica da contribuição destinada ao INCRA e a sua recepção pela CF/1988, fixou a seguinte tese (**Tema 495**): "É constitucional a contribuição de intervenção no domínio econômico destinada ao INCRA devida pelas empresas urbanas e rurais, inclusive após o advento da EC n. 33/2001"[30].

Entendemos, acompanhando a jurisprudência do STJ, que a Lei Complementar n. 11/71, que dá suporte à cobrança da contribuição ao INCRA, foi revogada pela Lei n. 8.212/91 **tão somente em relação às contribuições previdenciárias** devidas pelos segurados especiais (art. 25 da Lei n. 8.212/91). Conclui-se, portanto, que, quanto à contribuição ao INCRA, que possui natureza de contribuição interventiva, **houve recepção da Lei n. 2.613/55, do Decreto-lei n. 1.146/70 e da Lei Complementar n. 11/71 pelo art. 149 da CF/1988**.

10.4.3. A CONTRIBUIÇÃO AO INCRA E A FOLHA DE SALÁRIOS

Questiona-se se a contribuição devida ao INCRA pode incidir sobre a folha de salários.

---

[27] E também a destinada ao FUNRURAL.

[28] Nesse sentido: AI-AgR 548.733/DF, Rel. Min. Ayres Britto, 1.ª Turma, j. em 28.03.2006, *DJ* 10.08.2006, p. 22; AI-AgR 633.391/PR, Rel. Min. Eros Grau, 2.ª Turma, j. em 09.10.2007, *DJ* 23.11.2007, p. 101; AI-AgR 663.176/MG, Rel. Min. Eros Grau, 2.ª Turma, j. em 16.10.2007, *DJ* 14.11.2007, p. 54; AI-AgR-ED 663.176/MG, Rel. Min. Eros Grau, 2.ª Turma, j. em 12.02.2008, *DJe*-047 14.03.2008; RE-AgR 395.884/RS, Rel. Min. Eros Grau, 2.ª Turma, j. em 01.04.2008, *DJe*-074 25.04.2008; AI-AgR 701.881/SC, Rel. Min. Eros Grau, 2.ª Turma, j. em 20.05.2008, *DJe*-102 06.06.2008; RE-AgR 406.175/RS, Rel. Min. Ayres Britto, 1.ª Turma, j. em 09.06.2009, *DJe*-152 14.08.2009; AI-AgR 752.485/DF, Rel. Min. Eros Grau, 2.ª Turma, j. em 15.09.2009, *DJe*-191 09.10.2009; AI-AgR 720.153/PR, Rel. Min. Ayres Britto, 2.ª Turma, j. em 17.08.2010, *DJe*-173 17.09.2010; AI-AgR 719.195/RS, Rel. Min. Ayres Britto, 2.ª Turma, j. em 17.08.2010, *DJe*-173 17.09.2010; AI-AgR 720.057/PR, Rel. Min. Ayres Britto, 2.ª Turma, j. em 17.08.2010, *DJe*-173 17.09.2010; AI-AgR 708.889/RS, Rel. Min. Ayres Britto, 2.ª Turma, j. em 17.08.2010, *DJe*-173 17.09.2010; AI-AgR 481.251/SP, Rel. Min. Ayres Britto, 2.ª Turma, j. em 17.08.2010, *DJe*-173 17.09.2010; AI-ED-ED 557.826/AL, Rel. Min. Dias Toffoli, 1.ª Turma, j. em 02.12.2010, *DJe*-053 22.03.2011; AI-AgR-segundo 598.502/RS, Rel. Min. Ayres Britto, 2.ª Turma, j. em 14.06.2011, *DJe*-183 23.09.2011.

[29] AI-AgR-ED 712.575/SC, Rel. Min. Joaquim Barbosa, 2.ª Turma, j. em 28.08.2012, *DJe*-197 08.10.2012.

[30] RE 630.898/RS, Rel. Min. Dias Toffoli, Pleno, j. em 08.04.2021, *DJe*-089 11.05.2021.

844 Direito Financeiro e Econômico Esquematizado   *Carlos Alberto de Moraes Ramos Filho*

O art. 195, inciso I, alínea *a*, da CF, com a redação dada pela Emenda Constitucional n. 20, de 15.12.1998, dispõe que as **contribuições previdenciárias** devidas pelo empregador, pela empresa e pela entidade a ela equiparada **podem incidir sobre a folha de salários**.

Ocorre que a contribuição devida ao INCRA, como visto, não é uma contribuição previdenciária, mas uma **contribuição de intervenção no domínio econômico**, o que torna inaplicável a ela o disposto no referido enunciado constitucional.

Quanto às contribuições interventivas, a restrição que há é a constante do inciso I do § 2.º do art. 149 da CF, incluído pela EC 33/2001, segundo o qual não podem tais tributos incidir sobre as receitas decorrentes de exportação.

Como se vê, não há vedação constitucional expressa a que uma CIDE — como a contribuição devida ao INCRA — possa incidir sobre a folha de salários.

Ressalte-se que o STF fixou a **constitucionalidade** da contribuição devida ao SEBRAE, qualificada como **contribuição de intervenção no domínio econômico**[31], e da contribuição criada pela Lei Complementar n. 110, de 29.06.2001, qualificada com contribuição social geral[32], **ambas incidentes sobre a folha de salário das empresas**, já sob a égide da EC n. 33/2001.

Segundo interpretação adotada pelo STF, o § 2.º, inciso III, alínea *a*, do art. 149 da CF, introduzido pela EC n. 33/2001, ao especificar que as contribuições sociais e de intervenção no domínio econômico "poderão ter alíquotas" que incidam sobre o faturamento, a receita bruta (ou o valor da operação) ou o valor aduaneiro, não impede que o legislador adote outras bases econômicas para os referidos tributos, como a folha de salários, pois esse rol é meramente **exemplificativo** ou enunciativo.

Por assim entender, decidiu o STF pela **constitucionalidade** da incidência da contribuição ao INCRA sobre a folha de salários[33].

10.4.4. FISCALIZAÇÃO, ARRECADAÇÃO, COBRANÇA E RECOLHIMENTO

A Lei n. 11.457, de 16.03.2007, em seu art. 3.º, atribuiu à **Secretaria da Receita Federal do Brasil** as competências de planejar, executar, acompanhar e avaliar as atividades relativas à tributação, fiscalização, arrecadação, cobrança e recolhimento das **contribuições devidas a terceiros**, assim entendidas outras entidades e fundos.

O § 6.º do citado artigo **equiparou** a contribuições de terceiros, para fins da referida lei, a destinada ao INCRA.

Portanto, com o advento da Lei n. 11.457/2007, que centralizou a arrecadação tributária a um único órgão, o INCRA deixou de ter legitimidade passiva *ad causam* para ações que visem à cobrança de contribuições tributárias ou sua restituição[34].

---

[31] RE 396.266/SC, Rel. Min. Carlos Velloso, Pleno, j. em 26.11.2003, *DJ* 27.02.2004, p. 22.

[32] ADI 2.556/DF, Rel. Min. Joaquim Barbosa, Pleno, j. em 13.06.2012, *DJe*-185 20.09.2012; ADI 2.568/DF, Rel. Min. Joaquim Barbosa, Pleno, j. em 13.06.2012, *DJe*-185 20.09.2012.

[33] RE 630.898/RS, Rel. Min. Dias Toffoli, Pleno, j. em 08.04.2021, *DJe*-089 11.05.2021.

[34] Nesse sentido é a jurisprudência do STJ: REsp 1.583.458/SC, Rel. Min. Humberto Martins, 2.ª Turma, j. em 07.04.2016, *DJe* 15.04.2016; AgInt no REsp 1.605.531/SC, Rel. Min. Herman Benjamin, 2.ª Turma, j. em 06.12.2016, *DJe* 19.12.2016; REsp 1.698.012/PR, Rel. Min. Og Fernandes, 2.ª

10 ◼ Contribuições Interventivas em Espécie

10.5. CONTRIBUIÇÃO PARA A PESQUISA E DESENVOLVIMENTO DO SETOR ELÉTRICO E PARA PROGRAMAS DE EFICIÊNCIA ENERGÉTICA NO USO FINAL

A **Lei n. 9.991, de 24.07.2000**[35], determinou que as concessionárias e permissionárias de serviços públicos de distribuição de energia elétrica aplicassem, anualmente, uma parte de sua receita operacional líquida — no mínimo 0,75% (setenta e cinco centésimos) — em pesquisa e desenvolvimento do setor elétrico e outra parte — no mínimo, 0,25% (vinte e cinco centésimos) — em programas de eficiência energética no uso final (art. 1.°).

Também determinou que as concessionárias de geração, as empresas autorizadas à produção independente de energia elétrica e as concessionárias de serviços públicos de transmissão de energia elétrica aplicassem, anualmente, o montante de, no mínimo, 1% (um por cento) de sua receita operacional líquida em pesquisa e desenvolvimento do setor elétrico (arts. 2.° e 3.°).

Tal "aplicação obrigatória" de recursos pelas concessionárias, permissionárias e autorizadas do setor de energia elétrica configura nítida **contribuição interventiva**[36], apesar de não ser expressamente denominada como tal pela lei instituidora, encontrando fundamento nos arts. 170, inciso VII, e 218, da CF[37].

Referidos recursos devem ser **aplicados** na forma dos arts. 4.°, 4.°-A e 5.° da Lei n. 9.991/2000.

10.6. CONTRIBUIÇÃO PARA O FUNDO DE UNIVERSALIZAÇÃO DOS SERVIÇOS DE TELECOMUNICAÇÕES — FUST

A **Lei 9.472, de 16.07.1997** (Lei Geral das Telecomunicações), que dispõe sobre a organização dos serviços de telecomunicações, estabeleceu a progressiva **universalização** de tais serviços, como tal entendida a obrigação de "possibilitar o acesso de qualquer pessoa ou instituição de interesse público a serviço de telecomunicações, independentemente de sua localização e condição sócio-econômica" bem como de "permitir a utilização das telecomunicações em serviços essenciais de interesse público" (art. 79, § 1.°).

Referido diploma estabeleceu que os recursos complementares destinados a cobrir a parcela do custo exclusivamente atribuível ao cumprimento das obrigações de universalização de prestadora de serviço de telecomunicações, que não pudesse ser recuperada com a exploração eficiente do serviço, poderiam ser oriundos do Orçamento Geral da

---

Turma, j. em 07.12.2017, *DJe* 18.12.2017; REsp 1.762.952/PR, Rel. Min. Herman Benjamin, 2.ª Turma, j. em 12.02.2019, *DJe* 11.03.2019.

[35] Regulamentada pelo Decreto n. 3.867, de 16.07.2001.

[36] OLIVEIRA, Ricardo Mariz de. Contribuições de intervenção no domínio econômico — Concessionárias, permissionárias e autorizadas de energia elétrica — "Aplicação" obrigatória de recursos (Lei n. 9.991), p. 429.

[37] PIMENTA, Paulo Roberto Lyrio. *Contribuições de intervenção no domínio econômico*, p. 129. O autor citado entende que a referida contribuição é compatível com os parâmetros gizados pela Constituição Federal, sendo, pois, constitucional (Ob. cit., p. 129).

846 Direito Financeiro e Econômico Esquematizado   *Carlos Alberto de Moraes Ramos Filho*

União, dos Estados, do Distrito Federal e dos Municípios e de "**fundo especificamente constituído para essa finalidade**, para o qual contribuirão prestadoras de serviço de telecomunicações nos regimes público e privado, nos termos da lei (...)" (art. 81, inciso II) (destaque nosso).

Tal fundo foi instituído pela **Lei n. 9.998, de 17.08.2000**, que o denominou **Fundo de Universalização dos Serviços de Telecomunicações — FUST** (art. 1.º)[38].

Dentre as receitas destinadas ao FUST, a Lei n. 9.998/2000 instituiu **contribuição** de 1% (um por cento) sobre a **receita operacional bruta**, decorrente de prestação de serviços de telecomunicações nos regimes público e privado, a que se refere o inciso XI do art. 21 da CF[39], excluindo-se, para determinação da base de cálculo, o ICMS, a contribuição para o PIS e a COFINS (art. 6.º, inciso IV[40]).

> **Observação:** O STJ reconhece que a contribuição ao FUST tem natureza de contribuição de intervenção no domínio econômico[41].

Referida contribuição destina-se a assegurar o cumprimento pelas empresas prestadoras dos serviços de telecomunicações, nos regimes público e privado, das obrigações de universalização, previstas na Lei Geral das Telecomunicações (Lei n. 9.472/1997)[42].

10.7. CONTRIBUIÇÃO PARA O FUNDO PARA O DESENVOLVIMENTO TECNOLÓGICO DAS TELECOMUNICAÇÕES — FUNTTEL

A **Lei 9.472, de 16.07.1997** (Lei Geral das Telecomunicações), em seu art. 77, determinou que o Poder Executivo encaminhasse ao Congresso Nacional mensagem de criação de um **fundo** para o desenvolvimento tecnológico das telecomunicações brasileiras, com o objetivo de estimular a pesquisa e o desenvolvimento de novas tecnologias, incentivar a capacitação dos recursos humanos, fomentar a geração de empregos e promover o acesso de pequenas e médias empresas a recursos de capital, de modo a ampliar a competição na indústria de telecomunicações.

---

[38] O Decreto n. 3.624, de 05.10.2000, dispõe sobre a regulamentação do FUST.

[39] CF: "Art. 21. Compete à União: (...) XI — explorar, diretamente ou mediante autorização, concessão ou permissão, os serviços de telecomunicações, nos termos da lei, que disporá sobre a organização dos serviços, a criação de um órgão regulador e outros aspectos institucionais;" (inciso com redação dada pela Emenda Constitucional n. 8, de 15.08.1995).

[40] Inciso com redação dada pela Lei n. 13.879, de 03.10.2019.

[41] Nesse sentido: REsp 894.129/RS, Rel. Min. Eliana Calmon, 2.ª Turma, j. em 08.09.2009, *DJe* 22.09.2009.

[42] Entendendo que tal contribuição interventiva, por atender aos pressupostos jurídicos da referida espécie tributária, é constitucional: PIMENTA, Paulo Roberto Lyrio. *Contribuições de intervenção no domínio econômico*, p. 130; MARTINS, Natanael. As contribuições ao FUST e ao FUNTTEL, p. 356.

10 ▪ Contribuições Interventivas em Espécie   847

Tal fundo foi instituído pela **Lei n. 10.052, de 28.11.2000**, que o denominou **Fundo para o Desenvolvimento Tecnológico das Telecomunicações — FUNTTEL** (art. 1.º)[43].

Dentre as receitas destinadas ao referido Fundo — que será administrado por um Conselho Gestor[44] —, a Lei n. 10.052/2000 instituiu **contribuição** de 0,5% (meio por cento) sobre a **receita bruta** das empresas prestadoras de serviços de telecomunicações, nos regimes público e privado, excluindo-se, para determinação da base de cálculo, as vendas canceladas, os descontos concedidos, o ICMS, a contribuição ao PIS e a COFINS (art. 4.º, inciso III)[45].

> **Observação:** O STJ reconhece que a contribuição ao FUNTTEL tem natureza de contribuição de intervenção no domínio econômico[46].

Os recursos do FUNTTEL devem ser aplicados exclusivamente no interesse do setor de telecomunicações (art. 6.º, *caput*, Lei n. 10.052/2000).

> **Observação:** As contas dos usuários de serviços de telecomunicações devem indicar, em separado, o valor da contribuição ao FUNTTEL referente aos serviços faturados (art. 6.º, § 6.º, Lei n. 10.052/2000)[47].

10.8. CONTRIBUIÇÃO PARA O FINANCIAMENTO DO PROGRAMA DE ESTÍMULO À INTERAÇÃO UNIVERSIDADE-EMPRESA PARA APOIO À INOVAÇÃO

A **Lei n. 10.168, de 29.12.2000**[48], instituiu o **Programa de Estímulo à Interação Universidade-Empresa para Apoio à Inovação**, visando estimular o desenvolvimento

---

[43] O Decreto n. 3.737, de 30.01.2001, dispõe sobre a regulamentação do FUNTTEL.

[44] O Conselho Gestor do FUNTTEL é constituído pelos membros indicados no § 1.º do art. 2.º da Lei n. 10.052/2000 e será presidido pelo representante do Ministério das Comunicações (art. 2.º, § 3.º). O FUNTTEL tem como **agentes financeiros** o Banco Nacional de Desenvolvimento Econômico e Social — BNDES e a Empresa Financiadora de Estudos e Projetos — Finep (art. 2.º, *caput*, Lei n. 10.052/2000).

[45] Entendendo que tal contribuição é adequada aos parâmetros gizados pela Constituição Federal, sendo, pois, constitucional: PIMENTA, Paulo Roberto Lyrio. *Contribuições de intervenção no domínio econômico*, p. 130; MARTINS, Natanael. As contribuições ao FUST e ao FUNTTEL, p. 356.

[46] Nesse sentido: REsp 894.129/RS, Rel. Min. Eliana Calmon, 2.ª Turma, j. em 08.09.2009, *DJe* 22.09.2009.

[47] O § 5.º do art. 150 da CF assim dispõe: "A lei determinará medidas para que os **consumidores** sejam esclarecidos acerca dos **impostos** que incidam sobre mercadorias e **serviços**" (destaques nossos). Apesar da CF, como visto, referir-se apenas a impostos, a Lei n. 10.052/2000 estendeu tal obrigatoriedade à contribuição para o FUNTTEL. Ressalte-se que a Lei n. 12.741, de 08.12.2012, que dispõe sobre as medidas de esclarecimento ao consumidor de mercadorias e serviços, de que trata o § 5.º do art. 150 da CF, estendeu o dever de transparência "à **totalidade dos tributos** federais, estaduais e municipais, cuja incidência influi na formação dos respectivos preços de venda" (destaque nosso).

[48] Regulamentada pelo Decreto n. 4.195, de 11.04.2002.

848 Direito Financeiro e Econômico Esquematizado *Carlos Alberto de Moraes Ramos Filho*

tecnológico brasileiro, mediante programas de pesquisa científica e tecnológica cooperativa entre universidades, centros de pesquisa e o setor produtivo (art. 1.º).

Para fins de atendimento ao Programa referido, a mesma lei federal instituiu **contribuição de intervenção no domínio econômico**, devida pela pessoa jurídica detentora de licença de uso ou adquirente de conhecimentos tecnológicos, bem como aquela signatária de contratos que impliquem transferência de tecnologia[49], firmados com residentes ou domiciliados no exterior (art. 2.º, *caput*).

Observação: Referida contribuição **não incide** sobre a remuneração pela licença de uso ou de direitos de comercialização ou distribuição de programa de computador, **salvo** quando envolverem a transferência da correspondente tecnologia (art. 2.º, § 1.º-A, Lei n. 10.168/2000, incluído pela Lei n. 11.452, de 27.02.2007).

A partir de 1.º de janeiro de 2002, tal contribuição passou a ser devida também (art. 2.º, § 2.º, Lei n. 10.168/2000, com redação dada pela Lei n. 10.332, de 19.12.2001):

- pelas pessoas jurídicas signatárias de contratos que tenham por objeto serviços técnicos e de assistência administrativa e semelhantes a serem prestados por residentes ou domiciliados no exterior[50]; e
- pelas pessoas jurídicas que pagarem, creditarem, entregarem, empregarem ou remeterem *royalties*, a qualquer título, a beneficiários residentes ou domiciliados no exterior.

O objetivo principal da contribuição interventiva em questão — que vem sendo conhecida como **"CIDE-tecnologia", "CIDE-*royalties*"** ou **"CIDE-remessas"**[51] — é **desestimular a importação de tecnologias**, criando incentivos para a demanda tecnológica nacional[52]. Nesse sentido manifestou-se o STJ:

(...) 2. A Cide da Lei n. 10.168/2000 tem nítido intuito de fomentar o desenvolvimento tecnológico nacional por meio da intervenção em determinado setor da economia, a partir da tributação da remessa de divisas ao exterior, propiciando o **fortalecimento do mercado interno** de produção e consumo dos referidos serviços, bens e tecnologia.

(...) (**REsp 1.186.160/SP**, Rel. Min. Mauro Campbell Marques, 2.ª Turma, j. em 26.08.2010, *DJe* 30.09.2010) (destaque nosso).

---

[49] Consideram-se contratos de transferência de tecnologia, para fins da lei referida, os relativos à exploração de patentes ou de uso de marcas e os de fornecimento de tecnologia e prestação de assistência técnica (art. 2.º, § 1.º, Lei n. 10.168/2000).

[50] Observe-se que o § 2.º do art. 2.º da Lei n. 10.168/2000 não exige que a prestação de serviços técnicos seja realizada no estrangeiro, mas que o **prestador** de tais serviços seja residente ou domiciliado no exterior. A expressão "no exterior", contida no mencionado dispositivo legal, refere-se a "residentes ou domiciliados" e não a "serviços técnicos e de assistência administrativa e semelhantes a serem prestados". Nesse sentido decidiu o STJ: REsp 1.121.302/RS, Rel. Min. Benedito Gonçalves, 1.ª Turma, j. em 20.04.2010, *DJe* 03.05.2010.

[51] Esta segunda denominação foi empregada nos seguintes acórdãos do STJ: REsp 1.642.246/SP, Rel. Min. Mauro Campbell Marques, 2.ª Turma, j. em 13.06.2017, *DJe* 21.06.2017; REsp 1.642.249/SP, Rel. Min. Mauro Campbell Marques, 2.ª Turma, j. em 15.08.2017, *DJe* 23.10.2017.

[52] LEÃO, Martha Toribio. *Controle da extrafiscalidade*, p. 22.

10 ▪ Contribuições Interventivas em Espécie   849

A **base de cálculo** da referida contribuição são os valores pagos, creditados, entregues, empregados ou remetidos, a cada mês, a residentes ou domiciliados no exterior, a título de remuneração decorrente das obrigações anteriormente indicadas (art. 2.º, § 3.º, Lei n. 10.168/2000, com redação dada pela Lei n. 10.332/2001).

A **alíquota** da contribuição é de 10% (dez por cento) (art. 2.º, § 4.º, Lei n. 10.168/2000, com redação dada pela Lei n. 10.332/2001).

A doutrina tem entendido que tal contribuição interventiva não atende aos pressupostos gizados pela Constituição Federal para tal espécie tributária, tendo em vista que **não há, no caso, nenhuma intervenção da União no domínio econômico**, tanto que, como bem observa Márcio Severo Marques, o produto de sua arrecadação destina-se ao custeio de programas de pesquisa científica e tecnológica, que é **atividade social**, nos termos da Constituição[53].

No mesmo sentido é a lição de José Artur Lima Gonçalves, que assevera: "Breve consulta aos artigos 173 e 174 da Constituição permitem concluir que o fim desejado pela União não atende ao condicionamento necessário para instituição de contribuição de intervenção no domínio econômico, justamente porque não se cogita de intervenção (mas sim de meras referências programáticas relacionadas a programas de pesquisa científica e tecnológica). Trata-se de genuíno imposto, criado em burla ao princípio da Federação, com o evidente intuito de evitar o repasse do produto da arrecadação aos demais entes federados. Deveras, o que se pretendeu foi evitar denominar esta espécie tributária de imposto sobre a renda na fonte, comprometendo o direito constitucionalmente assegurado dos entes federados ao respectivo repasse"[54].

> **Observação:** O STJ reconhece que a contribuição ao Programa de Estímulo à Interação Universidade-Empresa para Apoio à Inovação tem natureza de contribuição de intervenção no domínio econômico[55].

Destaca, ainda, José Artur Lima Gonçalves que a CIDE em questão é devida somente pelos particulares que remetem *royalties* ou pagam serviços técnicos ao exterior, em evidente burla ao preceito da **isonomia**, pois não poderia o referido tributo alcançar somente um grupo de entidades (as que pagam *royalties* e/ou serviços técnicos ao exterior), liberando outras que estejam na mesma situação (as que pagam *royalties* e/ou serviços técnicos para residentes no país). Trata-se, no entender do autor citado, de discriminação de tratamento tributário não autorizada pelo nosso ordenamento jurídico[56].

---

[53] MARQUES, Márcio Severo. As contribuições no sistema tributário nacional e a CIDE criada pela Lei n. 10.168/2000, p. 451.

[54] GONÇALVES, José Artur Lima. Contribuições de intervenção, p. 300-301.

[55] Nesse sentido: REsp 894.129/RS, Rel. Min. Eliana Calmon, 2.ª Turma, j. em 08.09.2009, *DJe* 22.09.2009. No referido julgado, o STJ reconheceu, ainda, que a "CIDE-royalties" não se confunde com as contribuições ao FUST e ao FUNTTEL, não ocorrendo, pois, *bis in idem*.

[56] GONÇALVES, José Artur Lima. Contribuições de intervenção, p. 301. No mesmo sentido: MARQUES, Márcio Severo. As contribuições no sistema tributário nacional e a CIDE criada pela Lei n. 10.168/2000, p. 453-454.

> **Observação:** Em sentido diverso é a lição de Luís Eduardo Schoueri, que defende a atitude do legislador ao excluir do rol de contribuinte as empresas que firmam contratos com pesquisadores nacionais, "já que uma exação por certo desestimularia a pesquisa científica nacional, que a contribuição visa incentivar"[57].

Outro defeito da CIDE-*royalties*, no entender de Douglas Yamashita, é o fato do campo de incidência da referida exação alcançar serviços técnicos e de assistência administrativa **sem transferência de tecnologia**, o que "contamina a contribuição interventiva em questão com **finalidade estranha ao desenvolvimento tecnológico** e, portanto, estranha à intervenção normativa da modalidade de planejamento" (destaque nosso)[58].

Tal contribuição, segundo Paulo Roberto Lyrio Pimenta, gerou um ônus financeiro para um grupo de sujeitos (contribuintes), embora vários setores sejam beneficiados com a atividade interventiva relacionada à pesquisa científica, sendo, por tal motivo, inconstitucional[59].

Ressalte-se, contudo, que, apesar das mencionadas críticas doutrinárias, a jurisprudência do STF firmou-se no sentido da **constitucionalidade** da CIDE instituída pela Lei n. 10.168/2000[60].

10.9. CONTRIBUIÇÃO PARA O DESENVOLVIMENTO DA INDÚSTRIA CINEMATOGRÁFICA NACIONAL — CONDECINE

A **Medida Provisória n. 2.228-1, de 06.09.2001**, instituiu a Agência Nacional do Cinema — ANCINE (art. 5.º).

> **Observação:** Referida MP permanece em vigor, por força do art. 2.º da Emenda Constitucional n. 32, de 11.09.2001, que assim dispõe: "As medidas provisórias editadas em data anterior à da publicação desta emenda continuam em vigor até que medida provisória ulterior as revogue explicitamente ou até deliberação definitiva do Congresso Nacional".

---

[57] SCHOUERI, Luís Eduardo. Algumas considerações sobre a contribuição de intervenção no domínio econômico no sistema constitucional brasileiro. A contribuição ao Programa Universidade-Empresa, p. 371.

[58] YAMASHITA, Douglas. Contribuições de intervenção no domínio econômico, p. 346. No mesmo sentido é o entender de Heleno Taveira Torres, que sustenta que, nesse caso, estaríamos diante de "um típico adicional do Imposto sobre a Renda", desvirtuando, assim, a finalidade interventiva de estimular o desenvolvimento tecnológico brasileiro (Pressupostos constitucionais das contribuições de intervenção no domínio econômico. A Cide-Tecnologia, p. 148).

[59] PIMENTA, Paulo Roberto Lyrio. *Contribuições de intervenção no domínio econômico*, p. 130.

[60] Nesse sentido: RE-AgR 451.915/PR, Rel. Min. Gilmar Mendes, 2.ª Turma, j. em 17.10.2006, *DJ* 01.12.2006, p. 93; RE-AgR 492.353/RS, Rel. Min. Ellen Gracie, 2.ª Turma, j. em 22.02.2011, *DJe*-048 15.03.2011; AI-ED-AgR 737.858/SP, Rel. Min. Dias Toffoli, 1.ª Turma, j. em 06.11.2012, *DJe*-240 07.12.2012; RE-AgR 632.832/RS, Rel. Min. Rosa Weber, 1.ª Turma, j. em 12.08.2014, *DJe*-167 29.08.2014; RE-AgR-ED 632.832/RS, Rel. Min. Rosa Weber, 1.ª Turma, j. em 25.11.2016, *DJe*-265 14.12.2016.

10 □ Contribuições Interventivas em Espécie 851

Referida medida provisória instituiu também a **Contribuição para o Desenvolvimento da Indústria Cinematográfica Nacional — CONDECINE**[61], que tem como **fato gerador** (art. 32, Medida Provisória n. 2.228-1/2001):

□ a veiculação, a produção, o licenciamento e a distribuição de obras cinematográficas e videofonográficas com fins comerciais, por segmento de mercado a que forem destinadas;

□ a prestação de serviços que se utilizem de meios que possam, efetiva ou potencialmente, distribuir conteúdos audiovisuais nos termos da lei que dispõe sobre a comunicação audiovisual de acesso condicionado, listados no Anexo I da Medida Provisória n. 2.228-1/2001;

□ a veiculação ou distribuição de obra audiovisual publicitária incluída em programação internacional, nos termos do inciso XIV do art. 1.º da Medida Provisória n. 2.228-1/2001, nos casos em que existir participação direta de agência de publicidade nacional, sendo tributada nos mesmos valores atribuídos quando da veiculação incluída em programação nacional;

□ o pagamento, o crédito, o emprego, a remessa ou a entrega, aos produtores, distribuidores ou intermediários no exterior, de importâncias relativas a rendimento decorrente da exploração de obras cinematográficas e videofonográficas ou por sua aquisição ou importação, a preço fixo.

Na redação original da Medida Provisória n. 2.228-1/2001, parte do produto da arrecadação da CONDECINE constituía receita da ANCINE (art. 11, inciso I), destinando-se, pois, ao custeio de suas atividades (art. 34, inciso I).

A **Lei n. 11.437, de 28.12.2006**, alterou a destinação das receitas decorrentes da CONDECINE, cuja totalidade da arrecadação passou a ser destinada ao Fundo Nacional da Cultura — FNC[62], alocada na categoria de programação específica denominada Fundo Setorial do Audiovisual, e utilizada no financiamento de programas e projetos voltados para o desenvolvimento das atividades audiovisuais.

Com a CONDECINE, ressalta Paulo Roberto Lyrio Pimenta, a União buscou cumprir um dever que lhe é imposto pelo art. 215 da CF, intervindo em determinado setor para fomentar o seu desenvolvimento, por meio de uma agência reguladora — a ANCINE[63].

A jurisprudência do STF consolidou-se no sentido da **constitucionalidade** da instituição da CONDECINE[64].

---

[61] Anteriormente à Medida Provisória n. 2.228-1/2001, a contribuição para o desenvolvimento da indústria cinematográfica nacional já era prevista no Decreto-lei n. 43, de 18.11.1966 (art. 11, inciso II), na Lei n. 6.281, de 09.12.1975 (art. 9.º, inciso II) e no Decreto-lei n. 1.900, de 21.12.1981.

[62] A Lei n. 7.505, de 02.07.1986, criou o Fundo de Promoção Cultural, que foi restabelecido pela Lei n. 8.313, de 23.12.1991, passando a denominar-se Fundo Nacional da Cultura — FNC.

[63] PIMENTA, Paulo Roberto Lyrio. *Contribuições de intervenção no domínio econômico*, p. 130. Referido autor entende que a CONDECINE obedece ao perfil constitucional das contribuições interventivas (Ob cit., p. 130). Em sentido contrário é o entender de Douglas Yamashita, que destaca o fato de os sujeitos passivos da contribuição em exame não formarem um **grupo homogêneo**, além de não vislumbrar como este grupo teria uma **responsabilidade especial** sobre a fiscalização e o desenvolvimento do mercado (Contribuições de intervenção no domínio econômico, p. 346).

[64] RE-AgR 581.375/RJ, Rel. Min. Celso de Mello, 2.ª Turma, j. em 04.12.2012, *DJe*-022 01.02.2013; RE-AgR 700.160/RJ, Rel. Min. Rosa Weber, 1.ª Turma, j. em 09.04.2014, *DJe*-081 30.04.2014.

852 Direito Financeiro e Econômico Esquematizado   *Carlos Alberto de Moraes Ramos Filho*

10.10. CONTRIBUIÇÃO AO SERVIÇO BRASILEIRO DE APOIO ÀS MICRO E PE-QUENAS EMPRESAS — SEBRAE

Em 1972 foi criado o Centro Brasileiro de Apoio à Pequena e Média Empresa — CEBRAE, entidade vinculada ao Governo Federal.

Autorizado pelo art. 8.º da Lei n. 8.029, de 12.04.1990, o Decreto n. 99.570, de 09.10.1990, desvinculou da Administração Pública Federal o CEBRAE, que foi transformado em **serviço social autônomo**, passando a denominar-se **Serviço Brasileiro de Apoio às Micro e Pequenas Empresas (SEBRAE)**.

Para manter o SEBRAE — que é uma instituição privada, sem fins lucrativos — a Lei n. 8.029/90 instituiu a contribuição prevista nos §§ 3.º e 4.º de seu art. 8.º:

> **Art. 8.º** (...)
>
> **§ 3.º Para atender à execução das políticas de apoio às micro e às pequenas empresas**, de promoção de exportações e de desenvolvimento industrial, **é instituído adicional às alíquotas das contribuições sociais** relativas às entidades de que trata o art. 1.º do Decreto-Lei n. 2.318, de 30 de dezembro de 1986, de[65]:
>
> (...)
>
> c) três décimos por cento a partir de 1993[66].
>
> **§ 4.º** O adicional de contribuição a que se refere o § 3.º deste artigo será arrecadado e repassado mensalmente pelo órgão ou entidade da Administração Pública Federal **ao Cebrae**, ao Serviço Social Autônomo Agência de Promoção de Exportações do Brasil — Apex-Brasil e ao Serviço Social Autônomo Agência Brasileira de Desenvolvimento Industrial — ABDI, na proporção de **85,75% (oitenta e cinco inteiros e setenta e cinco centésimos por cento) ao Cebrae**, 12,25% (doze inteiros e vinte e cinco centésimos por cento) à Apex-Brasil e 2% (dois inteiros por cento) à ABDI[67] (destaques nossos).

O STF decidiu que a cobrança da contribuição destinada ao SEBRAE é **constitucional** e que sua natureza jurídica é de **contribuição de intervenção no domínio econômico**, não obstante a lei a ela se referir como adicional às alíquotas das contribuições sociais gerais relativas às entidades de que trata o artigo 1.º do Decreto-Lei n. 2.318/86, a saber: o Serviço Nacional de Aprendizagem Industrial (SENAI), o Serviço Nacional de Aprendizagem Comercial (SENAC), o Serviço Social da Indústria (SESI) e o Serviço Social do Comércio (SESC)[68].

---

[65] Redação dada pela Lei n. 11.080, de 30.12.2004. Referido dispositivo teve sua redação alterada pela Medida Provisória n. 850, de 10.09.2018, que, no entanto, foi rejeitada pelo Plenário da Câmara dos Deputados.

[66] Incluída pela Lei n. 8.154, de 28.12.1990.

[67] Redação dada pela Lei n. 11.080, de 30.12.2004. Referido dispositivo teve sua redação alterada pela Medida Provisória n. 850/2018, que, no entanto, foi rejeitada pelo Plenário da Câmara dos Deputados. Note-se que, mesmo com a redação dada em 2004, o dispositivo transcrito ainda se refere ao "Cebrae" e não ao "Sebrae".

[68] Nesse sentido: RE 396.266/SC, Rel. Min. Carlos Velloso, Pleno, j. em 26.11.2003, *DJ* 27.02.2004, p. 22; RE-AgR 401.823/SC, Rel. Min. Carlos Britto, 1.ª Turma, j. em 28.09.2004, *DJ* 11.02.2005,

10 ▪ Contribuições Interventivas em Espécie 853

Não se inclui, portanto, a contribuição ao SEBRAE na disposição do art. 240 da CF, que se refere às contribuições destinadas às entidades privadas de serviço social e de formação profissional vinculadas ao sistema sindical ("Sistema S").

10.10.1. FISCALIZAÇÃO, ARRECADAÇÃO, COBRANÇA E RECOLHIMENTO

A Lei n. 11.457, de 16.03.2007, em seu art. 3.º, atribuiu à **Secretaria da Receita Federal do Brasil** as competências de planejar, executar, acompanhar e avaliar as atividades relativas à tributação, fiscalização, arrecadação, cobrança e recolhimento das **contribuições devidas a terceiros**, assim entendidas outras entidades e fundos.

Portanto, com o advento da Lei n. 11.457/2007, que centralizou a arrecadação tributária a um único órgão, o SEBRAE **deixou de ter legitimidade passiva** *ad causam* para ações que visem à cobrança de contribuições tributárias ou sua restituição[69], pois não é detentor da competência tributária nem possui capacidade tributária ativa, apresentando-se como **mero destinatário de subvenção econômica**[70].

10.10.2. INAPLICABILIDADE DA IMUNIDADE

Decidiu o STF que a imunidade prevista no § 7.º do art. 195 da CF, conferida às entidades beneficentes de assistência social em relação às contribuições devidas à seguridade social, não abrange a contribuição destinada ao SEBRAE[71].

10.11. CONTRIBUIÇÃO À AGÊNCIA DE PROMOÇÃO DE EXPORTAÇÕES DO BRASIL — APEX-BRASIL

A Lei n. 10.668, de 14.05.2003 — que resultou da conversão da Medida Provisória n. 106, de 22.01.2003 —, autorizou o Poder Executivo federal a instituir serviço social autônomo denominado **Agência de Promoção de Exportações do Brasil — Apex-Brasil** com o objetivo de promover a execução de políticas de **promoção de**

---

p. 9; AI-ED 518.082/SC, Rel. Min. Carlos Velloso, 2.ª Turma, j. em 17.05.2005, *DJ* 17.06.2005, p. 73; AI-AgR 622.981/SP, Rel. Min. Eros Grau, 2.ª Turma, j. em 22.05.2007, *DJ* 15.06.2007, p. 37; RE-AgR 452.493/SC, Rel. Min. Eros Grau, 2.ª Turma, j. em 01.04.2008, *DJe*-074 25.04.2008; RE-AgR 520.815/RJ, Rel. Min. Eros Grau, 2.ª Turma, j. em 01.04.2008, *DJe*-083 09.05.2008; RE-AgR 589.191/ES, Rel. Min. Eros Grau, 2.ª Turma, j. em 30.09.2008, *DJe*-211 07.11.2008; AI-AgR 708.772/SP, Rel. Min. Eros Grau, 2.ª Turma, j. em 10.02.2009, *DJe*-048 13.03.2009; AI-AgR 764.508/MG, Rel. Min. Eros Grau, 2.ª Turma, j. em 24.11.2009, *DJe*-232 11.12.2009; RE 635.682/RJ, com repercussão geral reconhecida, Rel. Min. Gilmar Mendes, Pleno, j. em 25.04.2013, *DJe*-098 24.05.2013; RE-ED 635.682/RJ, Rel. Min. Gilmar Mendes, Pleno, j. em 31.03.2017, *DJe*-090 03.05.2017.

[69] Nesse sentido é a jurisprudência do STJ: REsp 1.583.458/SC, Rel. Min. Humberto Martins, 2.ª Turma, j. em 07.04.2016, *DJe* 15.04.2016; REsp 1.698.012/PR, Rel. Min. Og Fernandes, 2.ª Turma, j. em 07.12.2017, *DJe* 18.12.2017; REsp 1.762.952/PR, Rel. Min. Herman Benjamin, 2.ª Turma, j. em 12.02.2019, *DJe* 11.03.2019; AgInt no REsp 1.797.347/SP, Rel. Min. Og Fernandes, 2.ª Turma, j. em 10.12.2019, *DJe* 13.12.2019.

[70] STJ, EREsp 1.619.954/SC, Rel. Min. Gurgel de Faria, 1.ª Seção, j. em 10.04.2019, *DJe* 16.04.2019.

[71] STF, RE-AgR 849.126/PR, Rel. Min. Luiz Fux, 1.ª Turma, j. em 18.08.2015, *DJe*-174 04.09.2015.

854 Direito Financeiro e Econômico Esquematizado · *Carlos Alberto de Moraes Ramos Filho*

exportações, em cooperação com o Poder Público, especialmente as que favoreçam as empresas de pequeno porte e a geração de empregos[72].

A Apex-Brasil, instituída pelo Decreto n. 4.584, de 05.02.2003, é uma pessoa jurídica de direito privado sem fins lucrativos, de interesse coletivo e de utilidade pública (art. 1.º, Lei n. 10.668/2003), mantida pelo pagamento da contribuição prevista no art. 8.º, §§ 3.º e 4.º, da Lei n. 8.029/90:

> **Art. 8.º** (...)
>
> § 3.º **Para atender à execução das políticas** de apoio às micro e às pequenas empresas, **de promoção de exportações** e de desenvolvimento industrial, **é instituído adicional às alíquotas das contribuições sociais** relativas às entidades de que trata o art. 1.º do Decreto-Lei n. 2.318, de 30 de dezembro de 1986, de:[73]
>
> (...)
>
> c) três décimos por cento a partir de 1993.[74]
>
> § 4.º O adicional de contribuição a que se refere o § 3.º deste artigo será arrecadado e repassado mensalmente pelo órgão ou entidade da Administração Pública Federal ao Cebrae, **ao Serviço Social Autônomo Agência de Promoção de Exportações do Brasil — Apex-Brasil** e ao Serviço Social Autônomo Agência Brasileira de Desenvolvimento Industrial — ABDI, na proporção de 85,75% (oitenta e cinco inteiros e setenta e cinco centésimos por cento) ao Cebrae, **12,25% (doze inteiros e vinte e cinco centésimos por cento) à Apex-Brasil** e 2% (dois inteiros por cento) à ABDI[75] (destaques nossos).

Os §§ 3.º e 4.º do art. 8.º da Lei n. 8.029/90 referem-se à contribuição devida à Apex-Brasil como **"adicional"** das contribuições sociais gerais relativas às entidades de que trata o artigo 1.º do Decreto-Lei n. 2.318/86 (SENAI, SENAC, SESI e SESC).

Já o art. 13 da Lei n. 10.668/2003 qualifica a contribuição à Apex-Brasil como uma **contribuição social**:

> **Art. 13.** Além dos recursos oriundos das **contribuições sociais** a que se refere o § 4.º do art. 8.º da Lei n. 8.029, de 12 de abril de 1990, constituem receitas da Apex-Brasil os recursos que lhe forem transferidos em decorrência de dotações consignadas no Orçamento-Geral da União, créditos especiais, créditos adicionais, transferências ou repasses, e mais:
>
> (...) (destaque nosso)

---

[72] Anteriormente à Lei n. 10.668/2003, havia uma unidade administrativa do Sebrae denominada **Agência de Promoção de Exportações — Apex**, instituída pelo Decreto n. 2.398, de 21.11.1997.

[73] Redação dada pela Lei n. 11.080, de 30.12.2004. Referido dispositivo teve sua redação alterada pela Medida Provisória n. 850, de 10.09.2018, que, no entanto, foi rejeitada pelo Plenário da Câmara dos Deputados.

[74] Incluída pela Lei n. 8.154, de 28.12.1990.

[75] Redação dada pela Lei n. 11.080, de 30.12.2004. Referido dispositivo teve sua redação alterada pela Medida Provisória n. 850/2018, que, no entanto, foi rejeitada pelo Plenário da Câmara dos Deputados.

10 ▣ Contribuições Interventivas em Espécie 855

Apesar do exposto, entendemos que a contribuição devida à Apex-Brasil tem natureza jurídica de **contribuição de intervenção no domínio econômico**, pois visa atender à execução das políticas de promoção de exportações.

10.11.1. FISCALIZAÇÃO, ARRECADAÇÃO, COBRANÇA E RECOLHIMENTO

A Lei n. 11.457/2007, em seu art. 3.º, atribuiu à **Secretaria da Receita Federal do Brasil** as funções de planejar, executar, acompanhar e avaliar as atividades relativas à tributação, fiscalização, arrecadação, cobrança e recolhimento das **contribuições devidas a terceiros**, assim entendidas outras entidades e fundos.

Portanto, com o advento da Lei n. 11.457/2007, que centralizou a arrecadação tributária a um único órgão, a Apex-Brasil **deixou de ter legitimidade passiva** *ad causam* para ações que visem à cobrança de contribuições tributárias ou sua restituição[76], pois não é detentora da competência tributária nem possui capacidade tributária ativa, apresentando-se como **mera destinatária de subvenção econômica**[77].

10.11.2. INAPLICABILIDADE DA IMUNIDADE

Decidiu o STF que a imunidade prevista no § 7.º do art. 195 da CF, conferida às entidades beneficentes de assistência social em relação às contribuições devidas à seguridade social, não abrange a contribuição destinada Apex-Brasil[78].

10.12. CONTRIBUIÇÃO À AGÊNCIA BRASILEIRA DE DESENVOLVIMENTO INDUSTRIAL — ABDI

A Lei n. 11.080, de 30.12.2004, autorizou o Poder Executivo federal a instituir serviço social autônomo denominado **Agência Brasileira de Desenvolvimento Industrial — ABDI**, com a finalidade de promover a execução de políticas de **desenvolvimento industrial**, especialmente as que contribuam para a geração de empregos, em consonância com as políticas de comércio exterior e de ciência e tecnologia.

A ABDI, instituída pelo Decreto n. 5.352, de 24.01.2005, é uma pessoa jurídica de direito privado sem fins lucrativos, de interesse coletivo e de utilidade pública (art. 1.º, § 1.º, Lei n. 11.080/2004), mantida pelo pagamento da contribuição prevista no art. 8.º, §§ 3.º e 4.º, da Lei n. 8.029/90:

---

[76] Nesse sentido é a jurisprudência do STJ: REsp 1.583.458/SC, Rel. Min. Humberto Martins, 2.ª Turma, j. em 07.04.2016, *DJe* 15.04.2016; REsp 1.698.012/PR, Rel. Min. Og Fernandes, 2.ª Turma, j. em 07.12.2017, *DJe* 18.12.2017; REsp 1.762.952/PR, Rel. Min. Herman Benjamin, 2.ª Turma, j. em 12.02.2019, *DJe* 11.03.2019; AgInt no REsp 1.797.347/SP, Rel. Min. Og Fernandes, 2.ª Turma, j. em 10.12.2019, *DJe* 13.12.2019.

[77] STJ, EREsp 1.619.954/SC, Rel. Min. Gurgel de Faria, 1.ª Seção, j. em 10.04.2019, *DJe* 16.04.2019.

[78] STF, RE-AgR 849.126/PR, Rel. Min. Luiz Fux, 1.ª Turma, j. em 18.08.2015, *DJe*-174 04.09.2015.

856 Direito Financeiro e Econômico Esquematizado — *Carlos Alberto de Moraes Ramos Filho*

> **Art. 8.º** (...)
>
> **§ 3.º Para atender à execução das políticas** de apoio às micro e às pequenas empresas, de promoção de exportações e **de desenvolvimento industrial, é instituído adicional às alíquotas das contribuições sociais** relativas às entidades de que trata o art. 1.º do Decreto-Lei n. 2.318, de 30 de dezembro de 1986, de:[79]
>
> (...)
>
> c) três décimos por cento a partir de 1993.[80]
>
> **§ 4.º** O adicional de contribuição a que se refere o § 3.º deste artigo será arrecadado e repassado mensalmente pelo órgão ou entidade da Administração Pública Federal ao Cebrae, ao Serviço Social Autônomo Agência de Promoção de Exportações do Brasil — Apex-Brasil e **ao Serviço Social Autônomo Agência Brasileira de Desenvolvimento Industrial — ABDI**, na proporção de 85,75% (oitenta e cinco inteiros e setenta e cinco centésimos por cento) ao Cebrae, 12,25% (doze inteiros e vinte e cinco centésimos por cento) à Apex-Brasil e **2% (dois inteiros por cento) à ABDI**[81] (destaques nossos).

Os §§ 3.º e 4.º do art. 8.º da Lei n. 8.029/90 referem-se à contribuição devida à ABDI como **"adicional"** das contribuições sociais gerais relativas às entidades de que trata o art, 1.º do Decreto-Lei n. 2.318/86 (SENAI, SENAC, SESI e SESC).

Apesar do exposto, entendemos que a contribuição à ABDI tem natureza jurídica de **contribuição de intervenção no domínio econômico**, pois visa atender à execução das políticas de desenvolvimento industrial.

10.12.1. FISCALIZAÇÃO, ARRECADAÇÃO, COBRANÇA E RECOLHIMENTO

A Lei n. 11.457/2007, em seu art. 3.º, atribuiu à **Secretaria da Receita Federal do Brasil** as funções de planejar, executar, acompanhar e avaliar as atividades relativas à tributação, fiscalização, arrecadação, cobrança e recolhimento das **contribuições devidas a terceiros**, assim entendidas outras entidades e fundos.

Portanto, com o advento da Lei n. 11.457/2007, que centralizou a arrecadação tributária a um único órgão, a ABDI **deixou de ter legitimidade passiva *ad causam*** para ações que visem à cobrança de contribuições tributárias ou sua restituição[82], pois não é

---

[79] Redação dada pela Lei n. 11.080, de 30.12.2004. Referido dispositivo teve sua redação alterada pela Medida Provisória n. 850, de 10.09.2018, que, no entanto, foi rejeitada pelo Plenário da Câmara dos Deputados.

[80] Incluída pela Lei n. 8.154, de 28.12.1990.

[81] Redação dada pela Lei n. 11.080, de 30.12.2004. Referido dispositivo teve sua redação alterada pela Medida Provisória n. 850/2018, que, no entanto, foi rejeitada pelo Plenário da Câmara dos Deputados.

[82] Nesse sentido é a jurisprudência do STJ: REsp 1.583.458/SC, Rel. Min. Humberto Martins, 2.ª Turma, j. em 07.04.2016, *DJe* 15.04.2016; REsp 1.698.012/PR, Rel. Min. Og Fernandes, 2.ª Turma, j. em 07.12.2017, *DJe* 18.12.2017; REsp 1.762.952/PR, Rel. Min. Herman Benjamin, 2.ª Turma, j. em 12.02.2019, *DJe* 11.03.2019; AgInt no REsp 1.797.347/SP, Rel. Min. Og Fernandes, 2.ª Turma, j. em 10.12.2019, *DJe* 13.12.2019.

10 ▫ Contribuições Interventivas em Espécie

detentora da competência tributária nem possui capacidade tributária ativa, apresentando-se como **mera destinatária de subvenção econômica**[83].

10.12.2. INAPLICABILIDADE DA IMUNIDADE

Decidiu o STF que a imunidade prevista no § 7.º do art. 195 da CF, conferida às entidades beneficentes de assistência social em relação às contribuições devidas à seguridade social, não abrange a contribuição destinada à ABDI[84].

10.13. CONTRIBUIÇÃO PARA O FOMENTO DA RADIODIFUSÃO PÚBLICA

A **Lei n. 11.652, de 07.04.2008**, disciplina os serviços de **radiodifusão pública** explorados pelo Poder Executivo ou mediante outorga a entidades de sua administração indireta, no âmbito federal.

Referido diploma legal, em seu art. 32, instituiu a chamada **Contribuição para o Fomento da Radiodifusão Pública**, com o objetivo de propiciar meios para a melhoria dos serviços de radiodifusão pública e para a ampliação de sua penetração mediante a utilização de serviços de telecomunicações.

Tal contribuição é devida pelas prestadoras dos serviços constantes do Anexo da Lei n. 11.652/2008, e o seu **fato gerador** é a prestação deles.

São **isentos** do pagamento da Contribuição (art. 32, § 4.º, Lei n. 11.652/2008):

- ▣ o órgão regulador das telecomunicações — a ANATEL;
- ▣ as Forças Armadas;
- ▣ a Polícia Federal;
- ▣ as Polícias Militares;
- ▣ a Polícia Rodoviária Federal;
- ▣ as Polícias Civis; e
- ▣ os Corpos de Bombeiros Militares.

A Medida Provisória n. 460, de 30.03.2009, convertida na **Lei n. 12.024, de 27.08.2009**, acrescentou ao art. 32 da Lei n. 11.652/2008 o § 7.º, que atribuiu à ANATEL as funções de apurar, constituir, fiscalizar e arrecadar a Contribuição para o Fomento da Radiodifusão Pública.

Os recursos arrecadados com a cobrança da Contribuição para o Fomento da Radiodifusão Pública são repassados à empresa pública denominada Empresa Brasil de Comunicação S.A. — EBC, vinculada à Casa Civil da Presidência da República (art. 5.º c/c art. 11, inciso III, da Lei n. 11.652/2008), ficando a ANATEL com parte da arrecadação a título de retribuição pelos serviços mencionados no § 7.º do art. 32 da Lei n. 11.652/2008, nos termos dos §§ 8.º e 9.º do mesmo artigo.

---

[83] STJ, EREsp 1.619.954/SC, Rel. Min. Gurgel de Faria, 1.ª Seção, j. em 10.04.2019, *DJe* 16.04.2019.

[84] STF, RE-AgR 849.126/PR, Rel. Min. Luiz Fux, 1.ª Turma, j. em 18.08.2015, *DJe*-174 04.09.2015.

10.14. QUESTÕES

REFERÊNCIAS

ABADE, Denise Neves. Competência federal nos crimes contra a livre concorrência. In: ROCHA, João Carlos de Carvalho; MOURA JÚNIOR, Flávio Paixão de; DOBROWOLSKI, Samantha Chantal; SOUZA, Zani Tobias de (coord.). *Lei antitruste:* 10 anos de combate ao abuso de poder econômico. Belo Horizonte: Del Rey, 2005. p. 37-63.

ABRAHAM, Marcus. *Curso de direito financeiro brasileiro.* Rio de Janeiro: Elsevier, 2010.

_____. A nova dimensão do direito financeiro para as finanças públicas no Brasil. In: MORAES, Carlos Eduardo Guerra de; RIBEIRO, Ricardo Lodi (coord.); QUEIROZ, Luís Cesar Souza de; GOMES, Marcus Lívio (org.). *Finanças públicas, tributação e desenvolvimento.* Rio de Janeiro: Freitas Bastos, 2015. p. 263-282.

ABRÃO, Carlos Henrique. Anistia fiscal. *Revista Dialética de Direito Tributário,* n. 43, São Paulo: Dialética, p. 17-21, abr. 1999.

_____. Remissão tributária. *Revista Dialética de Direito Tributário,* n. 45, São Paulo: Dialética, p. 18-22, jun. 1999.

ADEODATO, João Maurício. *Ética e retórica:* para uma teoria da dogmática jurídica. São Paulo: Saraiva, 2002.

ADRI, Renata Porto. *O planejamento da atividade econômica como dever do Estado.* Belo Horizonte: Fórum, 2010.

_____. Da função estatal de planejar a atividade econômica: breves reflexões sobre o art. 174 da Constituição da República de 1988. In: SPARAPANI, Priscilia; ADRI, Renata Porto (coord.). *Intervenção do Estado no domínio econômico e no domínio social:* homenagem ao professor Celso Antônio Bandeira de Mello. Belo Horizonte: Fórum, 2010. p. 145-158.

AFTALIÓN, Enrique R.; VILANOVA, José; RAFFO, Julio. *Introducción ao derecho.* 4. ed. Buenos Aires: Abeledo Perrot, 2004.

AGUIAR, Afonso Gomes. *Direito financeiro:* a Lei 4.320 comentada ao alcance de todos. 2. ed. Fortaleza: Casa de José de Alencar (Universidade Federal do Ceará — UFC), 1999.

AGUIAR, Ubiratan; ALBUQUERQUE, Márcio André Santos de; MEDEIROS, Paulo Henrique Ramos. *A administração pública sob a perspectiva do controle externo.* Belo Horizonte: Fórum, 2011.

_____; MARTINS, Ana Cláudia Messias de Lima; MARTINS, Paulo Roberto Wiechers; SILVA, Pedro Tadeu Oliveira da. *Convênios e tomadas de contas especiais*: manual prático. 3. ed. 1. reimp. Belo Horizonte: Fórum, 2010.

AGUILLAR, Fernando Herren. *Controle social de serviços públicos.* São Paulo: Max Limonad, 1999.

_____. *Direito econômico:* do direito nacional ao direito supranacional. São Paulo: Atlas, 2006.

ALBUQUERQUE, Francisca Rita Alencar. *A justiça do trabalho na ordem judiciária brasileira.* São Paulo: LTr, 1993.

ALBUQUERQUE, Francisco Manoel Xavier de. *Textos de direito público.* Brasília: Brasília Jurídica, 1999.

ALMEIDA, Dean Fabio Bueno de. *Direito constitucional econômico:* elementos para um direito econômico brasileiro da alteridade. Curitiba: Juruá, 2004.

ALMEIDA, Fabrício Antonio Cardim de (coord.). *Revisão judicial das decisões do Conselho Administrativo de Defesa Econômica (CADE):* pesquisa empírica e aplicada sobre os casos julgados pelos Tribunais Regionais Federais (TRFs), Superior Tribunal de Justiça (STJ) e Supremo Tribunal Federal (STF). Belo Horizonte: Fórum, 2011.

ALMEIDA, Fernanda Dias Menezes de. *Competências na Constituição de 1988.* 2. ed. São Paulo: Atlas, 2000.

ALMEIDA, Luiz Carlos Barnabé de. *Introdução ao direito econômico.* 4. ed. São Paulo: Saraiva, 2012.

ALMEIDA, Marcus Elidius Michelli de. *Abuso do direito e concorrência desleal.* São Paulo: Quartier Latin, 2004.

ALMEIDA, Roberto Moreira de. A Constituição econômica nas Cartas Políticas anteriores ao advento da Constituição Federal de 1988. In: ROCHA, João Carlos de Carvalho; MOURA JÚNIOR, Flávio Paixão de; DOBROWOLSKI, Samantha Chantal; SOUZA, Zani Tobias de (coord.). *Lei antitruste:* 10 anos de combate ao abuso de poder econômico. Belo Horizonte: Del Rey, 2005. p. 239-264.

ALMEIDA JÚNIOR, Fernando Osório de. Contribuição de intervenção no domínio econômico. In: GRECO, Marco Aurélio (coord.). *Contribuições de intervenção no domínio econômico e figuras afins.* São Paulo: Dialética, 2001. p. 131-154.

ALVES, Benedito Antônio; GOMES, Sebastião Edilson Rodrigues. *Curso de direito financeiro.* São Paulo: Juarez de Oliveira, 2001.

_____; _____; AFFONSO, Antônio Geraldo. *Lei de Responsabilidade Fiscal comentada e anotada.* 2. ed. São Paulo: Juarez de Oliveira, 2001.

ALVES, Francisco de Assis. *Fundações, organizações sociais, agências executivas:* organizações da sociedade civil de interesse público e demais modalidades de prestação de serviços públicos. São Paulo: LTr, 2000.

ALVIM, Tatiana Araújo. *Contribuições sociais:* desvio de finalidade e seus reflexos no direito financeiro e no direito tributário. Porto Alegre: Livraria do Advogado, 2008.

AMARAL, Diogo Freitas do. *Curso de direito administrativo.* 2. ed. Coimbra: Almedina, 2013. v. II.

AMARAL, Paulo Henrique do. Contribuição de intervenção no domínio econômico de natureza ambiental. *Direito tributário atual,* n. 19. São Paulo: Dialética: Instituto Brasileiro de Direito Tributário, p. 250-255, 2005.

AMARO, Luciano. *Direito tributário brasileiro.* 9. ed. São Paulo: Saraiva, 2003.

AMORIM, João Pacheco de. *Direito administrativo da economia.* Introdução e Constituição econômica. Coimbra: Almedina, 2014. v. I.

ANDRADE, Benedicto de. *Contabilidade pública.* 7. ed. São Paulo: Atlas, 1977.

ANDRADE, José Maria Arruda de. *Economicização do direito concorrencial.* São Paulo: Quartier Latin, 2014.

_____. Argumentação jurídica e teoria das provas no direito da concorrência. In: COUTINHO, Diogo R.; ROCHA, Jean-Paul Veiga da; SCHAPIRO, Mario G. (coord.). *Direito econômico atual.* Rio de Janeiro: Forense; São Paulo: Método, 2015. p. 177-202.

◘ Referências 861

ANDRADE, Maria Cecília. *Controle de concentração de empresas:* estudo da experiência comunitária e a aplicação do art. 54 da Lei n. 8.884/94. São Paulo: Singular, 2002.

ANDRADE, Roberta Ferreira de. Intervenção do Estado no domínio econômico — tributação com finalidade extrafiscal. *Revista Jurídica Amazonense.* n. 2, Manaus: PGE/AM-IPAAM, p. 68-81, nov. 1998/jan. 1999.

ANDRADE, Rogério Emílio de. *O preço na ordem ético-jurídica:* análise da intervenção pública na formação de preços no mercado. Campinas, SP: Edicamp, 2003.

_____. A regulação da concorrência: uma visão panorâmica. In: ANDRADE, Rogério Emílio de (coord.). *Regulação pública da economia no Brasil.* Campinas, SP: Edicamp, 2003. p. 153-171.

_____. Tipologia da intervenção pública na economia. *Revista de Doutrina e Jurisprudência do Tribunal de Justiça do Estado do Amazonas,* n. 2, Manaus: Tribunal de Justiça do Estado do Amazonas. p. 79-91, 2003.

ANDRADE, Sudá de. *Apontamentos de ciência das finanças.* 2. ed. Rio de Janeiro: José Konfino, 1966.

ANGÉLICO, João. *Contabilidade pública.* 8. ed. São Paulo: Atlas, 1994.

ARAGÃO, Alexandre Santos de. *Agências reguladoras e a evolução do direito administrativo econômico.* Rio de Janeiro: Forense, 2002.

_____. *Empresas estatais:* o regime jurídico das empresas públicas e sociedades de economia mista. São Paulo: Forense, 2017.

_____. Regulação da economia: conceito e características contemporâneas. In: CARDOZO, José Eduardo Martins; QUEIROZ, João Eduardo Lopes; SANTOS, Márcia Walquiria Batista dos (coord.). *Direito administrativo econômico.* São Paulo: Atlas, 2011. p. 1032-1067

ARAÚJO, Edmir Netto de. *Curso de direito administrativo.* São Paulo: Saraiva, 2005.

ARAÚJO, Eugênio Rosa de. *Direito econômico.* 4. ed. Niterói, RJ: Impetus, 2010.

ARAÚJO, Francisco Régis Frota. *Direito constitucional econômico e tributário.* Fortaleza: ABC, 2007.

ARAUJO, Luiz Alberto David; NUNES JÚNIOR, Vidal Serrano. *Curso de direito constitucional.* São Paulo: Saraiva, 1998.

ARAÚJO JÚNIOR, João Marcello de. *Dos crimes contra a ordem econômica.* São Paulo, 1995.

ARAÚJO, Jackson Borges de. *A responsabilidade civil do Estado por danos causados aos agentes econômicos.* Recife: Bagaço, 1999.

ARZUA, Heron. A questão da legitimidade dos convênios no ICMS. *Revista Dialética de Direito Tributário,* n. 47, São Paulo: Dialética, p. 129-132, ago. 1999.

ASSONI FILHO, Sérgio. *Crédito público e responsabilidade fiscal.* Porto Alegre: Núria Fabris, 2007.

ASSUMPÇÃO, Bruno Gomes de. Alguns aspectos da intervenção do Estado no domínio econômico. *Revista do Curso de Direito* (da Associação de Ensino Unificado do Distrito Federal — AEUDF; Instituto de Ciências Sociais — ICS). v. 2, n. 1, jan./jun. 2001, Brasília: AEUDF, p. 111-114.

ATALIBA, Geraldo. *Apontamentos de ciência das finanças, direito financeiro e tributário.* São Paulo: Ed. Revista dos Tribunais, 1969.

_____. Convênios interestaduais. *Revista de Direito Público.* v. 67. São Paulo: Ed. Revista dos Tribunais, p. 47-63, jul./set. 1983.

_____. Efeitos da nova Constituição: critério prático para reconhecer, em cada caso, se uma norma continua válida. *Revista Forense,* n. 304, Rio de Janeiro: Forense, p. 85-86, out./dez. 1988.

_____. Eficácia dos convênios para isenção do ICM. *Revista de Direito Tributário,* n. 11/12, São Paulo: Ed. Revista dos Tribunais, p. 99-123, jan./jun. 1980.

_____. *Empréstimos públicos e seu regime jurídico.* São Paulo: Ed. Revista dos Tribunais, 1973.

_____. *Estudos e pareceres de direito tributário.* São Paulo: Ed. Revista dos Tribunais, 1978. v. 2.

_____. *Hipótese de incidência tributária.* 6. ed. São Paulo: Malheiros, 2001.

_____. Regime constitucional e leis nacionais e federais. *Revista de Direito Público,* n. 53/54, São Paulo: Ed. Revista dos Tribunais, p. 58-76, jan./jun. 1980.

_____. *Sistema constitucional tributário brasileiro.* São Paulo: Ed. Revista dos Tribunais, 1968.

_____; GIARDINO, Cleber. ICM — ZFM — Remessa de produtos *in natura* para a Zona Franca de Manaus — Equiparação a exportação. *Revista de Direito Tributário,* n. 43. São Paulo: Ed. Revista dos Tribunais, p. 83-92, jan./mar. 1988.

ATHAYDE, Augusto de. *Estudos de direito econômico e de direito bancário.* Rio de Janeiro: Liber Juris, 1983.

ATHIAS, Jorge Alex Nunes. *A ordem econômica e a Constituição de 1988.* Belém: CEJUP, 1997.

AUGUSTO, Ana Maria Ferraz. *Sistematização para consolidação das leis brasileiras de direito econômico.* v. 1. Belo Horizonte: Fundação Brasileira de Direito Econômico: Imprensa Oficial do Estado de Minas Gerais, 1975.

ÁVILA, Humberto. *Sistema constitucional tributário.* São Paulo: Saraiva, 2004.

AZAMBUJA, Darcy. *Teoria geral do Estado.* 39. ed. São Paulo: Globo, 1998.

AZEVEDO, Eder Marques de. *O Estado administrativo em crise:* aspectos jurídicos do planejamento no direito administrativo econômico. Belo Horizonte: Editora D'Plácido, 2018.

BACELLAR FILHO, Romeu. *Direito administrativo.* São Paulo: Saraiva, 2005. Coleção: Curso & Concurso.

BAGNOLI, Vicente. *Direito e poder econômico:* os limites jurídicos do imperialismo frente aos limites econômicos da soberania. Rio de Janeiro: Elsevier, 2009.

_____. *Introdução ao direito da concorrência:* Brasil, Globalização, União Europeia, Mercosul, ALCA. São Paulo: Singular, 2005.

BALEEIRO, Aliomar. *Cinco aulas de finanças e política fiscal.* Salvador: Progresso, 1959.

_____. *Direito tributário brasileiro.* 10. ed. Atualização por Flávio Bauer Novelli. Rio de Janeiro: Forense, 1996.

_____. *Uma introdução à ciência das finanças.* 14. ed. Atualização por Flávio Bauer Novelli. Rio de Janeiro: Forense, 1996.

BALTHAZAR, Ubaldo Cesar. *Manual de direito tributário.* Florianópolis: Diploma Legal, 1999. livro 1.

_____. Federalismo fiscal e suas assimetrias no sistema tributário brasileiro. In: CRISTÓVAM, José Sérgio da Silva; MOTA, Sergio Ricardo Ferreira; MATTOS, Samuel da Silva (Org.). *Direito constitucional – 30 anos da Constituição de 1988.* Em defesa do estado republicano e democrático de direito. Florianópolis: Insular, 2019. p. 25-32.

BAPTISTA, Fernando José de O.; MACHADO, Jeanne. A evolução histórica da legislação antitruste sob a ótica da proteção do interesse social. In: MENDONÇA, Elvino de Carvalho; GOMES, Fábio Luiz; MENDONÇA, Rachel Pinheiro de Andrade (org.). *Compêndio de direito da concorrência:* temas de fronteira. São Paulo: Migalhas, 2015. p. 377-406.

BARACHO, José Alfredo de Oliveira. *O princípio da subsidiariedade:* conceito e evolução. Rio de Janeiro: Forense, 2000.

BARRETO, Paulo Ayres. *Contribuições:* regime jurídico, destinação e controle. São Paulo: Noeses, 2006.

Referências

BARROS, Laura Mendes Amando de. *Participação democrática e fomento nos conselhos deliberativos*: o exemplo paradigmático da infância e adolescência. São Paulo: Saraiva, 2016

BARROS, Luiz Celso de. *Ciência das finanças*. 5. ed. Bauru, SP: Edipro, 1999.

BARROS, Marco Antonio Loschiavo Leme de. *Sociedade, direito e concorrência*: reflexões sociológicas sobre o Sistema Brasileiro de Defesa da Concorrência. Curitiba: Juruá, 2018 (Biblioteca de Filosofia, Sociologia e Teoria do Direito).

BARROSO, Luís Roberto. Devido processo legal e direito administrativo sancionador: algumas notas sobre os limites à atuação da SDE e do CADE. In: RODAS, João Grandino (coord.). *Direito econômico e social:* atualidades e reflexões sobre direito concorrencial, do consumidor, do trabalho e tributário. São Paulo: Ed. Revista dos Tribunais, 2012, p. 111-125.

BASTOS, Aurélio Wander. Cartéis e concorrência — Estudo da evolução conceitual da legislação brasileira sobre abuso do poder econômico. In: BASTOS, Aurélio Wander (coord.). *Estudos introdutórios de direito econômico*. Brasília: Brasília Jurídica, 1996. p. 15-34.

BASTOS, Celso Ribeiro. *Curso de direito constitucional*. São Paulo: Celso Bastos Editora, 2002.

_____. *Curso de direito financeiro e de direito tributário*. 4. ed. São Paulo: Saraiva, 1995.

_____. *Direito constitucional:* estudos e pareceres. Belém: CEJUP, 1988.

_____. *Curso de direito econômico*. São Paulo: Celso Bastos Editora, 2003.

_____. *Direito econômico brasileiro*. São Paulo: Celso Bastos Editor: Instituto Brasileiro de Direito Constitucional, 2000.

_____. *Direito público:* estudos e pareceres. São Paulo: Saraiva, 1997.

_____; MARTINS, Ives Gandra da Silva. *Comentários à Constituição do Brasil:* promulgada em 5 de outubro de 1988. São Paulo: Saraiva, 1991. v. 6. t. II.

_____; _____. *Comentários à Constituição do Brasil:* promulgada em 5 de outubro de 1988. São Paulo: Saraiva, 1990. v. 7.

BASTOS, Juliana Cardoso Ribeiro. *Constituição econômica e a sociedade aberta dos intérpretes*. São Paulo: Verbatim, 2013.

BASTOS, Wallace de Oliveira. *Direito econômico-constitucional:* a intervenção do Estado: (eficácia e efetividade das normas de controle). Brasília: Projeto Editorial, 2002.

BECKER, Alfredo Augusto. *Teoria geral do direito tributário*. 3. ed. São Paulo: Lejus, 1998.

BEDONE, Igor Volpato. *Empresas estatais e seu regime jurídico*. Salvador: JusPodivm, 2019.

BELLO, Carlos Alberto. *Autonomia frustrada:* o CADE e o poder econômico. São Paulo: Boitempo, 2005.

BENEMANN, Saul Nichele. *Compêndio de direito tributário e ciência das finanças*. Porto Alegre: Livraria do Advogado, 1997.

BENEVIDES FILHO, Maurício. *A sanção premial no direito*. Brasília: Brasília Jurídica, 1999.

BERCOVICI, Gilberto. *Constituição econômica e desenvolvimento:* uma leitura a partir da Constituição de 1988. São Paulo: Malheiros, 2005.

_____. *Direito econômico do petróleo e dos recursos minerais*. São Paulo: Quartier Latin, 2011.

_____. *Desigualdades regionais, Estado e Constituição*. São Paulo: Max Limonad, 2003.

_____. O planejamento do Estado não pode ser reduzido ao orçamento. *Revista Consultor Jurídico*, 31.01.2016. Disponível em: <https://www.conjur.com.br/2016-jan-31/estado-economia-planejamento-estado-nao-reduzido-orcamento> Acesso em: 20 set. 2019.

BERNARDES, C. de Alvarenga; ALMEIDA FILHO, J. Barbosa de. *Direito financeiro e finanças*. 2. ed. São Paulo: Atlas, 1967.

BERNERT, Juliano Meneguzzi de. Direito concorrencial no cenário brasileiro: isenção de atividades econômicas à legislação antitruste. In: MOREIRA, Egon Bockmann; MATTO, Paulo Todescan Lessa (coord.). *Direito concorrencial e regulação econômica.* Belo Horizonte: Fórum, 2010, p. 29-40.

BERTI, Flávio de Azambuja. *Impostos:* extrafiscalidade e não-confisco. 2. ed. Curitiba: Juruá, 2006.

BERTOLDI, Marcelo M. *Curso avançado de direito comercial.* v. 1.: teoria geral do direito comercial, direito societário. São Paulo: Ed. Revista dos Tribunais, 2001.

BITENCOURT, Cezar Roberto. *Crimes contra as finanças públicas e crimes de responsabilidade de prefeitos:* anotações à Lei n. 10.028, de 19.10.2000. São Paulo: Saraiva, 2002.

BOITEUX, Fernando Netto. Intervenção do Estado no domínio econômico na Constituição Federal de 1988. In: GRECO, Marco Aurélio (coord.). *Contribuições de intervenção no domínio econômico e figuras afins.* São Paulo: Dialética, 2001. p. 61-78.

BOMFIM, Diego. *Extrafiscalidade:* identificação, fundamentação, limitação e controle. São Paulo: Noeses, 2015.

BONAVIDES, Paulo. *Do Estado liberal ao Estado social.* 7. ed. São Paulo: Malheiros, 2001.

BORBA, José Edwaldo Tavares. *Sociedade de economia mista e privatização.* Rio de Janeiro: Lumen Juris, 1997.

BORGES, Alexandre Walmott. *A ordem econômica e financeira da Constituição e os monopólios.* Curitiba: Juruá, 2000.

_____. *Preâmbulo da Constituição e a ordem econômica.* Curitiba: Juruá, 2003.

BORGES NETTO, André Luiz. *Competências legislativas dos Estados-membros.* São Paulo: Ed. Revista dos Tribunais, 1999.

BORGES, Daniela Silva. A prescrição na Lei n. 12.529/2011. *Publicações da Escola da AGU:* a nova lei do CADE. n. 19. Brasília: EAGU (Escola da Advocacia-Geral da União), jul./2012, p. 107-133.

BORGES, José Souto Maior. A Lei de Responsabilidade Fiscal (LRF) e sua inaplicabilidade a incentivos financeiros estaduais. *Revista Dialética de Direito Tributário,* n. 63, São Paulo: Dialética, dezembro/2000, p. 81-99.

_____. *Introdução ao direito financeiro.* 2. ed. São Paulo: Max Limonad, 1998.

_____. Isenções de ICM por convênio e o art. 23, § 6.º, da Emenda Constitucional n. 1, de 1969. *Revista de Direito Público.* v. 17. São Paulo: Ed. Revista dos Tribunais, p. 352-374, jul./set. 1971.

_____. Sobre as isenções, incentivos e benefícios fiscais relativos ao ICMS. *Revista Dialética de Direito Tributário,* n. 6, São Paulo: Dialética, março/1996, p. 69-73.

BORGES, Maria D'Iara Siqueira de Melo. O Estado e o tributo como instrumento estatal de intervenção. *Revista da Faculdade de Direito de Olinda.* v. 4. n. 6-7. Olinda: AESO, 2000. p. 181-204.

BORGHOLM, Danielle Soares. Contribuição de intervenção no domínio econômico — CIDE. In: MAIA, Alexandre Aguiar (org.). *Conhecendo nossos tributos.* Fortaleza: LCR, 2005. p. 137-153.

BOTTALLO, Eduardo Domingos. *Lições de direito público.* São Paulo: Dialética, 2003.

_____. Contribuições de intervenção no domínio econômico. In: ROCHA, Valdir de Oliveira (coord.). *Grandes questões atuais do direito tributário.* São Paulo: Dialética, 2003. v. 7, p. 75-83.

BRAGA, Rodrigo Bernardes. *Concorrência em mercados regulados.* Belo Horizonte, São Paulo: D'Plácido, 2020.

BRASIL. Câmara dos Deputados. Consultoria de Orçamentos e Fiscalização Financeira. Estudo Técnico n. 19/2018: Orçamento Impositivo — Execução de Emendas de Ex-Parlamentar. Disponível em: <https://www2.camara.leg.br/orcamento-da-uniao/estudos/2018/et19-2018-orcamento-impositivo-2013-execucao-de-emendas-de-ex-parlamentar>. Acesso em: 30 abr. 2021.

■ Referências 865

_____. Presidência da República. *Mensagem ao Congresso Nacional:* abertura da 2.ª sessão legislativa ordinária da 51.ª legislatura. Brasília, 2000.

BRITO, Carlos Alberto de. *Controle de ato de concentração:* intervenção do Estado na criação da AMBEV. João Pessoa: Autor Associado / Editora Universitária — UFPB, 2002.

BRITO, Daniel Leite. Princípio da anualidade tributária. *Revista Jurídica Amazonense*, n. 6, Manaus: PGE/AM-IPAAM, janeiro-março/2000. p. 59-87.

BRITO, Edvaldo. *Reflexos jurídicos da atuação do Estado no domínio econômico.* 2. ed. São Paulo: Saraiva, 2016.

_____. Lei de Responsabilidade Fiscal: competência tributária, arrecadação de tributos e renúncia de receita. In: ROCHA, Valdir de Oliveira (coord.). *Aspectos relevantes da Lei de Responsabilidade Fiscal.* São Paulo: Dialética, 2001. p. 105-126.

_____. Aspectos da tutela da concorrência no Estado dualista do bem-estar e do desenvolvimento. In: MARTINS, Ives Gandra; NALINI, José Renato (coord.). *Dimensões do direito contemporâneo:* estudos em homenagem a Geraldo de Camargo Vidigal. São Paulo: IOB, 2001. p. 241-252.

BRITO FILHO, Washington Juarez de; CARDOSO, Renata Schmidt. Contribuições de intervenção no domínio econômico. In: GOMES, Marcus Lívio; ANTONELLI, Leonardo Pietro (coord.). *Curso de direito tributário brasileiro.* v. 2. São Paulo: Quartier Latin, 2005. p. 285-322.

BRITTO, Carlos Ayres. *O humanismo como categoria constitucional.* 1. ed. 4. tir. Belo Horizonte: Fórum, 2020.

BRITTO, Márcio Maia de. Contribuição para o custeio do serviço de iluminação pública — natureza jurídica. *Revista Dialética de Direito Tributário*, n. 113, São Paulo: Dialética, p. 72-80, fev. 2005.

BROLIANI, Jozélia Nogueira. Fundos. *Revista de Direito e Política.* v. 1. São Paulo: Instituto Brasileiro de Advocacia Pública (IBAP), p. 31-41, jan./abr. 2004.

_____. Receitas públicas e receitas tributárias. *Revista de Direito e Política.* v. 7. São Paulo: Instituto Brasileiro de Advocacia Pública (IBAP), p. 69-91, out. /dez. 2005.

_____. Renúncia de receita e a Lei de Responsabilidade Fiscal. *XXVIII Congresso Nacional de Procuradores do Estado:* Caderno de Teses. v. 2. Porto Alegre: Metrópole Indústria Gráfica, 2002. p. 183-209.

BRUNA, Sérgio Varella. *O poder econômico e a conceituação do abuso em seu exercício.* São Paulo: Ed. Revista dos Tribunais, 1997.

BUCCI, Maria Paula Dallari. *Direito administrativo e políticas públicas.* São Paulo: Saraiva, 2002.

_____. *Fundamentos para uma teoria jurídica das políticas públicas.* São Paulo: Saraiva, 2013.

BUCHAIN, Luiz Carlos. Os objetivos do direito da concorrência em face da ordem econômica nacional. In: NUSDEO, Fábio (coord.). *O direito econômico na atualidade.* São Paulo: Ed. Revista dos Tribunais, 2015. p. 321-345.

BULOS, Uadi Lammêgo. *Constituição federal anotada.* 5. ed. São Paulo: Saraiva, 2003.

CABRAL, J. Bernardo. A intervenção do Estado no domínio econômico (breve enfoque da época dos trabalhos da Assembleia Nacional Constituinte). In: MARTINS FILHO, Ives Gandra da Silva; MEYER-PFLUG, Samantha Ribeiro (coord.). *A intervenção do Estado no domínio econômico:* condições e limites — Homenagem ao Prof. Ney Prado. São Paulo: LTr, 2011. p. 25-32.

CABRAL, Mário André Machado. *A construção do antitruste no Brasil:* 1930-1964. São Paulo: Singular, 2020.

CAETANO, Marcello. *Manual de ciência política e direito constitucional.* 6. ed. rev. e ampl. por Miguel Galvão Teles. Coimbra: Almedina, 1995. t. I.

866 Direito Financeiro e Econômico Esquematizado   *Carlos Alberto de Moraes Ramos Filho*

CAGGIANO, Monica Herman S. Direito público econômico fontes e princípios na Constituição brasileira de 1988. In: LEMBO, Cláudio; CAGGIANO, Monica Herman S. (coord.). *Direito constitucional econômico:* uma releitura da Constituição econômica brasileira de 1988. Barueri, SP: Minha Editora, 2007. p. 1-25 (Série Culturalismo Jurídico).

CAIXETA, Simone Letícia de Souza. *Regime jurídico da concorrência:* as diferenças entre concorrência desleal e infração à ordem econômica. 1. ed. (2004), 2. tiragem. Curitiba: Juruá, 2005.

CALAZANS, Ertúzio. *Leis orçamentárias brasileiras.* Belo Horizonte: Armazém de Ideias, 1997.

CALMON, Pedro. *Curso de direito constitucional brasileiro:* Constituição de 1946. 2. ed. Rio de Janeiro: Freitas Bastos, 1951.

CAMARGO, Ricardo Antônio Lucas. *Breve introdução ao direito econômico.* Porto Alegre: Sergio Antonio Fabris Editor, 1993.

_____. *Direito econômico:* aplicação e eficácia. Porto Alegre: Sergio Antonio Fabris Editor, 2001.

_____. *Curso elementar de direito econômico.* Porto Alegre: Núria Fabris Ed., 2014.

_____. *Regime jurídico geral e especial da atividade econômica no Brasil.* Porto Alegre: Sergio Antonio Fabris Editor, 2015.

_____. *Direito econômico, direito internacional e direitos humanos.* Porto Alegre: Sergio Antonio Fabris Editor, 2006.

CAMARGOS, Luciano Dias Bicalho. *Da natureza jurídica das contribuições para o Instituto Nacional de Colonização e Reforma Agrária — INCRA.* São Paulo: MP Editora, 2006.

CAMPOS, Dejalma de. *Direito financeiro e orçamentário.* São Paulo: Atlas, 1995.

CAMPOS, Diogo Leite de; CAMPOS, Mônica Horta Neves Leite de. *Direito tributário.* 2. ed. Coimbra: Almedina, 2000.

CAMPOS, Francisco. *Direito constitucional.* Rio de Janeiro/São Paulo: Freitas Bastos, 1956. v. I e II.

CAMPOS, Patrícia Macedo de. Anotações sobre o princípio constitucional da anterioridade tributária. *Revista Via Legis,* n. 28, Manaus: Caminha, Assessoria e Consultoria Fiscal S/C, p. 12-13, fev. 2002.

CANOTILHO, José Joaquim Gomes. *Direito constitucional e teoria da Constituição.* 7. ed. Coimbra: Almedina, s.d.

CARAVELLI, Flávia Renata Vilela. *Extrafiscalidade:* (re)construção conceitual no contexto do Estado Democrático de Direito e aplicações no direito tributário. Belo Horizonte: Arraes, 2015.

CARDIN, Dirceu Galdino. *A revolução da cidadania.* Brasília: OAB Editora, 2006.

CARDOSO, Paulo Maurício Sales. *A natureza jurídica das empresas estatais e as repercussões no campo tributário.* Rio de Janeiro: Lumen Juris, 2017.

CARNEIRO, Ricardo. *Direito ambiental:* uma abordagem econômica. Rio de Janeiro: Forense, 2001.

CARPENA, Heloisa. *O consumidor no direito da concorrência.* Rio de Janeiro: Renovar, 2005.

CARRAZZA, Roque Antonio. *Curso de direito constitucional tributário.* 28. ed. São Paulo: Malheiros, 2012.

CARVALHO, Ana Carolina Lopes de. O controle judicial das decisões do Cade. In: GICO JÚNIOR, Ivo Teixeira; BORGES, Antônio de Moura (coord.). *Intervenção do Estado no domínio econômico:* temas atuais. São Paulo: Lex Editora, 2006. p. 31-73.

CARVALHO, Carlos Eduardo Vieira de. *Regulação de serviços públicos:* na perspectiva da Constituição econômica brasileira. Belo Horizonte: Del Rey, 2007.

CARVALHO, Deusvaldo. *Orçamento e contabilidade pública.* Rio de Janeiro: Elsevier, 2005.

CARVALHO, Gabriela; BRAGA, Rogério. *O direito constitucional econômico e as constituições econômicas brasileiras.* Belo Horizonte: Fórum, 2019.

Referências

CARVALHO, Gilberto de Abreu Sodré. *Responsabilidade civil concorrencial:* introdução ao direito concorrencial privado. Rio de Janeiro: Lumen Juris, 2002.

CARVALHO, José Carlos Oliveira de. *Orçamento público*. Rio de Janeiro: Elsevier, 2006.

CARVALHO FILHO, José dos Santos. *Manual de direito administrativo*. 6. ed. Rio de Janeiro: Lumen Juris, 2000.

CARVALHO, Leonardo Arquimimo de; VERENHITACH, Gabriela Daou. *Manual de direito da concorrência*. São Paulo: IOB Thomson, 2005.

CARVALHO, Márcia Haydée Porto de. *O público e o privado no direito constitucional brasileiro*. São Luís: EDUFMA, 2017.

CARVALHO, Nuno T. P. *As concentrações de empresas no direito antitruste*. São Paulo: Resenha Tributária, 1995.

CARVALHO, Paulo de Barros. *Curso de direito tributário*. 8. ed. São Paulo: Saraiva, 1996.

_____. *Direito tributário, linguagem e método*. 4. ed. São Paulo: Noeses, 2011.

_____. *Direito tributário:* fundamentos jurídicos da incidência. São Paulo: Saraiva, 1998.

_____. ICMS — Incentivos — Conflitos entre Estados — Interpretação. *Revista de Direito Tributário*, n. 66, São Paulo: Malheiros, [s./d.], p. 91-110.

CARVALHO, Pedro Jorge da Rocha. A intervenção do Estado na economia e a imunidade recíproca. In: POMPEU, Gina Marcílio (org.). *Estado, constituição e economia*. Fortaleza: Fundação Edson Queiroz: Universidade de Fortaleza, 2008.

CARVALHO, Vinícius Marques de. O sistema brasileiro de defesa da concorrência. In: COELHO, Fábio Ulhoa (coord.). *Tratado de direito comercial*. v. 6: estabelecimento empresarial, propriedade industrial e direito da concorrência. São Paulo: Saraiva, 2015. p. 363-388.

_____; CASTRO, Ricardo Medeiros de. Acordo em controle de concentração: possibilidades, conveniência e diálogo social. In: SCHAPIRO, Mario Gomes; CARVALHO, Vinícius Marques de; CORDOVIL, Leonor (coord.). *Direito econômico concorrencial*. São Paulo: Saraiva, 2013. p. 97-145. Série GVLaw: Direito econômico.

CARVALHOSA, Modesto. *A ordem econômica na Constituição de 1969*. São Paulo: Ed. Revista dos Tribunais, 1972.

_____. *Direito econômico*. São Paulo: Ed. Revista dos Tribunais, 1973.

CASSONE, Vittorio. *Direito tributário*. 12. ed. São Paulo: Atlas, 2000.

CASTELLANI, Fernando F. *Contribuições especiais e sua destinação*. São Paulo: Noeses, 2009.

CASTRO, Alexandre Barros. *Manual de direito financeiro e tributário*. Rio de Janeiro: Forense, 2004.

CASTRO, Bruno Braz de. Remédios jurídicos no direito concorrencial brasileiro: um panorama. In: OLIVEIRA, Amanda Flávio de; RUIZ, Ricardo Machado (org.). *Remédios antitruste*. São Paulo: Singular, 2011. p. 31-59.

CASTRO, Flávio Régis Xavier de Moura e. Lei de Responsabilidade Fiscal. In: CASTRO, Flávio Régis Xavier de Moura e (coord.). *Lei de Responsabilidade Fiscal*: abordagens pontuais: doutrina e legislação. Belo Horizonte: Del Rey, 2000. p. 11-41.

CASTRO, José Nilo de. *Julgamento das contas municipais*. Belo Horizonte: Del Rey, 1995.

_____. *Responsabilidade fiscal nos municípios*. Belo Horizonte: Del Rey, 2001.

CASTRO, Ramsés Maciel de. *Controle dos atos de concentração de empresas no Brasil*. São Paulo: Letras Jurídicas, 2014.

CASTRO, Róbison de. *Administração e direito financeiro e orçamentário*. 3. ed. Brasília: Vestcon, 1996.

CATÃO, Marcos André Vinhas. *Regime jurídico dos incentivos fiscais.* Rio de Janeiro: Renovar, 2004.

CATAPAN, Anderson; BERNARDONI, Doralice Lopes; CRUZ, Jane Alisson Westarb. *Planejamento e orçamento na administração* pública. 2. ed. Curitiba: Intersaberes, 2013. Série Gestão Pública.

CAVALCANTI, Márcio Novaes. *Fundamentos da Lei de Responsabilidade Fiscal.* São Paulo: Dialética, 2001.

CAVALCANTI, Rodrigo de Camargo. *O oligopólio no Estado brasileiro de intervenção necessária.* Rio de Janeiro: Lumen Juris, 2015.

CAVALCANTI, Themistocles Brandão. *Princípios gerais de direito público.* Rio de Janeiro: Borsoi, 1958.

CHAVES, Luiz Américo de Paula. *A concentração do mercado e as formas de intervenção do Estado no combate ao abuso de poder econômico no setor financeiro brasileiro.* Rio de Janeiro: Lumen Juris, 2019.

CLARK, Giovani. *O município em face do direito econômico.* Belo Horizonte: Del Rey, 2001.

COELHO, Claudio Carneiro B. P. *Teoria do pêndulo econômico-hermenêutico:* uma releitura da relação entre Estado, direito e sociedade em tempos de (pós)crise. Rio de Janeiro: University Institute Editora, 2021.

COELHO, Fábio Ulhoa. *Direito antitruste brasileiro:* comentários à Lei n. 8.884/94. São Paulo: Saraiva, 1995.

_____. *Curso de direito comercial.* v. 2. 6. ed. São Paulo: Saraiva, 2003.

COELHO, Sacha Calmon Navarro. *Comentários à Constituição de 1988:* sistema tributário. 6. ed. Rio de Janeiro: Forense, 1996.

_____. Contribuições especiais. In: *Justiça tributária:* direitos do fisco e garantias dos contribuintes nos atos da administração e no processo tributário. São Paulo: Max Limonad, 1998. p. 773-792.

_____. *Curso de direito tributário brasileiro.* Rio de Janeiro: Forense, 1999.

_____. *ICM:* competência exonerativa. São Paulo: Ed. Revista dos Tribunais, 1982.

_____. *Teoria geral do tributo e da exoneração tributária.* 2. ed. Belo Horizonte: Del Rey, 1999.

COELHO, Werner Nabiça. Classificação dos tipos tributários. *Revista Tributária e de Finanças Públicas,* n. 54, São Paulo: Ed. Revista dos Tribunais, p. 101-107, jan./fev. 2004.

COMPARATO, Fábio Konder. *Direito público:* estudos e pareceres. São Paulo: Saraiva, 1996.

_____. A organização constitucional da função planejadora. In: CAMARGO, Ricardo Antônio Lucas (org.). *Desenvolvimento econômico e intervenção do Estado na ordem constitucional:* estudos jurídicos em homenagem ao Professor Washington Peluso Albino de Souza. Porto Alegre: Sergio Antonio Fabris Editor, 1995. p. 77-93.

CONTI, José Maurício. *Direito financeiro na Constituição de 1988.* São Paulo: Oliveira Mendes, 1998.

_____. *Federalismo fiscal e fundos de participação.* São Paulo: Juarez de Oliveira, 2001.

CORDOVIL, Leonor; CARVALHO, Vinícius Marques de; BAGNOLI, Vicente; ANDERS, Eduardo Caminati. *Nova lei de defesa da concorrência comentada:* Lei 12.529, de 30 de novembro de 2011. São Paulo: Ed. Revista dos Tribunais, 2011.

COSTA, Alexandre Freitas. *Contribuições de intervenção do Estado sobre o domínio econômico.* Belo Horizonte: Editora Educação e Cultura, 2008.

Referências

COSTA, Geraldo de Faria Martins da. Permanência e evolução do direito econômico. In: OLIVEIRA, Amanda Flávio de (coord.). *Direito econômico:* evolução e institutos: obra em homenagem ao professor João Bosco Leopoldino da Fonseca. Rio de Janeiro: Forense, 2009. p. 3-31.

COSTA, Ramón Valdés. *Curso de derecho tributário*. 3. ed. Bogotá: Temis, 2001.

COSTA, Regina Helena. *Curso de direito tributário*: Constituição e Código Tributário Nacional. São Paulo: Saraiva, 2009.

COSTÓDIO FILHO, Ubirajara. *O serviço postal no direito brasileiro*. Curitiba: JM Editora, 2006.

COUTINHO, Diogo R. *Direito e economia política na regulação de serviços públicos*. São Paulo: Saraiva, 2014.

CRETELLA JÚNIOR, José. *Curso de direito tributário constitucional*. Rio de Janeiro: Forense Universitária, 1993.

_____. *Elementos de direito constitucional*. 4. ed. São Paulo: Ed. Revista dos Tribunais, 2000.

_____. *Comentários à lei antitruste:* Lei n. 8.884 de 11.06.1994. Rio de Janeiro: Forense, 1995.

CRIVELARI, Aline. *Antitruste e desenvolvimento sustentável:* a questão ambiental. Rio de Janeiro: Lumen Juris, 2018.

CRUZ, Flávio da (coord.) et al. *Comentários à Lei n. 4.320*. 2. ed. São Paulo: Atlas, 2001.

_____. (coord.) et al. *Lei de Responsabilidade Fiscal comentada*: Lei Complementar n. 101, de 4 de maio de 2000. São Paulo: Atlas, 2000.

CRUZ, Paulo Márcio. *Política, poder, ideologia e Estado contemporâneo*. 3. ed. Curitiba: Juruá, 2003.

CUÉLLAR, Leila. *As agências reguladoras e seu poder normativo*. São Paulo: Dialética, 2001.

_____. Abuso de posição dominante no direito de concorrência brasileiro. In: CUÉLLAR, Leila; MOREIRA, Egon Bockmann. *Estudos de direito econômico*. Belo Horizonte: Fórum, 2004. p. 29-52.

_____. A Lei de Responsabilidade Fiscal e convênios entre entes da federação. In: ROCHA, Valdir de Oliveira (coord.). *Aspectos relevantes da Lei de Responsabilidade Fiscal*. São Paulo: Dialética, 2001. p. 177-193.

CYRINO, André. *Direito constitucional regulatório:* elementos para uma interpretação institucionalmente adequada da Constituição econômica brasileira. 2. ed. Rio de Janeiro: Processo, 2018.

DALLARI, Dalmo de Abreu. *Elementos de teoria geral do Estado*. 16. ed. São Paulo: Saraiva, 1991.

_____. *O futuro do Estado. São Paulo: Saraiva, 2001.*

DALTON, Hugh. *Principios de finanzas públicas*. Buenos Aires: Depalma, 1948.

DANTAS, Ivo. *Direito constitucional econômico*. Curitiba: Juruá, 1999.

DANTAS, Marcelo Barreto. As contribuições de intervenção no domínio econômico em face da Emenda Constitucional n. 42/03. In: MOREIRA FILHO, Aristóteles; LÔBO, Marcelo Jatobá (coord.). *Questões controvertidas em matéria tributária:* uma homenagem ao professor Paulo de Barros Carvalho. Belo Horizonte: Fórum, 2004. p. 501-516.

D'ARCANCHY, Deborah. *Ramo de atividade empresarial, sua parametrização e vantagem auferida em multas e contribuições pecuniárias no CADE:* uma análise da jurisprudência mais divergente do órgão antitruste brasileiro. Rio de Janeiro: Lumen Juris, 2020.

D'AURIA, Francisco. *Ciência das finanças:* teoria e prática. São Paulo: Companhia Editora Nacional, 1947.

DECOMAIN, Pedro Roberto. *Anotações ao Código Tributário Nacional*. São Paulo: Saraiva, 2000.

DENARI, Zelmo. *Curso de direito tributário*. 6. ed. Rio de Janeiro: Forense, 1996.

DEODATO, Alberto. *Manual de ciência das finanças*. 9. ed. São Paulo: Saraiva, 1965.

870 Direito Financeiro e Econômico Esquematizado — Carlos Alberto de Moraes Ramos Filho

DERANI, Cristiane. *Direito ambiental econômico*. São Paulo: Max Limonad, 1997.

_____. *Privatização e serviços públicos:* as ações do Estado na produção econômica. São Paulo: Max Limonad, 2002.

_____. Constituição de 1988 e a ordem econômica. In: CRISTÓVAM, José Sérgio da Silva; MOTA, Sergio Ricardo Ferreira; MATTOS, Samuel da Silva (org.). *Direito constitucional – 30 anos da Constituição de 1988*. Em defesa do estado republicano e democrático de direito. Florianópolis: Insular, 2019. p. 247-258.

DERZI, Misabel Abreu Machado. O PIS, as medidas provisórias e o princípio da não surpresa. In: ROCHA, Valdir de Oliveira (coord.). *PIS:* problemas jurídicos relevantes. São Paulo: Dialética, 1996, p. 197-218.

DI PIETRO, Maria Sylvia Zanella. *Direito administrativo*. 12. ed. São Paulo: Atlas, 2000.

_____. *Parcerias na administração pública:* concessão, permissão, franquia, terceirização e outras formas. 3. ed. São Paulo: Atlas, 1999.

DIFINI, Luiz Felipe Silveira. *Manual de direito tributário*. São Paulo: Saraiva, 2003.

DIREITO RIO (org.). *Direito econômico regulatório*. v. 1. Rio de Janeiro: Editora FGV, 2008 (Série direito empresarial).

DOMINGUES, José Marcos. Atividade financeira e direitos sociais. In: MORAES, Carlos Eduardo Guerra de; RIBEIRO, Ricardo Lodi (coord.); QUEIROZ, Luís Cesar Souza de; GOMES, Marcus Lívio (org.). *Finanças públicas, tributação e desenvolvimento*. Rio de Janeiro: Freitas Bastos, 2015. p. 99-128.

DOMINGUES, Leonel Henrique. *Políticas sociais em mudança:* o Estado, as empresas e a intervenção social. Lisboa: Instituto Superior de Ciências Sociais e Políticas, 2005.

DORIA, Dylson. *Curso de direito comercial*. 13. ed. São Paulo: Saraiva, 1998. v. 1.

DORNBUSCH, Rudiger; FISCHER, Stanley; BEGG, David. *Introdução à economia*. Tradução por Helga Hoffmann. Rio de Janeiro: Elsevier, 2003.

DOTTO, Carolina Matthes. *Remédios estruturais em caso de infração à ordem econômica*. São Paulo: Singular, 2019.

DUGUIT, Léon. *Fundamentos do direito*. Tradução por Márcio Pugliese. São Paulo: Ícone, 1996.

DUQUE, Bruna Lyra. *O direito contratual e a intervenção do Estado*. São Paulo: Ed. Revista dos Tribunais, 2007 (Coleção Temas Fundamentais de Direito; v. 6 / coordenação José Roberto dos Santos Bedaque; José Rogério Cruz e Tucci).

DUTRA, Pedro. *Livre concorrência e regulação de mercados*: estudos e pareceres. Rio de Janeiro: Renovar, 2003.

_____. Advocacia da concorrência. In: CARVALHO, Vinícius Marques de (org.). *A Lei 12.529/2011 e a nova política de defesa da concorrência*. São Paulo: Singular, 2015. p. 31-38.

_____. A concentração do poder econômico — aspectos jurídicos do art. 54, da Lei n. 8.884/94. In: BASTOS, Aurélio Wander (coord.). *Estudos introdutórios de direito econômico*. Brasília: Brasília Jurídica, 1996. p. 83-99.

ENDRES, Silvana Bussab. Contribuições de intervenção no domínio econômico. In: GRECO, Marco Aurélio (coord.). *Contribuições de intervenção no domínio econômico e figuras afins*. São Paulo: Dialética, 2001. p. 231-253.

ESTORNINHO, Maria João. *A fuga para o direito privado*: contributo para o estudo da actividade de direito privado da Administração Pública. Coimbra: Almedina, 2009.

FABRI, Andréa Queiroz. *Responsabilidade do Estado:* planos econômicos e iniciativa privada. Belo Horizonte: Fórum, 2005.

Referências

_____. *Planejamento econômico e mercado: aproximação possível*. Belo Horizonte: Fórum, 2010.

_____. Falhas de mercado: por uma nova visão do planejamento econômico. In: OLIVEIRA, Amanda Flávio de (coord.). *Direito econômico:* evolução e institutos: obra em homenagem ao professor João Bosco Leopoldino da Fonseca. Rio de Janeiro: Forense, 2009. p. 53-64.

FABRIS, Fernando Smith. *Concentrações empresariais e o mercado relevante.* Porto Alegre: Sérgio Antonio Fabris Editor, 2002.

FAGUNDES, Jorge. *Fundamentos econômicos das políticas de defesa da concorrência:* eficiência econômica e distribuição de renda em análises antitruste. São Paulo: Singular, 2003.

FALCÃO, Amílcar de Araújo. *Fato gerador da obrigação tributária.* 6. ed. Atualização por Flávio Bauer Novelli. Rio de Janeiro: Forense, 1997.

_____. *Introdução ao direito tributário.* 5. ed. Atualização por Flávio Bauer Novelli. Rio de Janeiro: Forense, 1994.

FALCÃO, Joaquim; GUERRA, Sérgio; ALMEIDA, Rafael (org.). *Ordem constitucional econômica.* Rio de Janeiro: Editora FGV, 2013. Série Direito do Estado e da regulação.

FALCÃO, Raimundo Bezerra. *Ensaios acerca do pensamento jurídico.* São Paulo: Malheiros, 2008.

_____. *Tributação e mudança social.* Rio de Janeiro: Forense, 1981.

_____. *Direito econômico:* (teoria fundamental). São Paulo: Malheiros, 2013.

FANUCCHI, Fábio. *Curso de direito tributário brasileiro.* São Paulo: Resenha Tributária, 1971. v. 1.

FARIA, Edimur Ferreira de. *Curso de direito administrativo positivo.* 3. ed. Belo Horizonte: Del Rey, 2000.

FARIA, José Eduardo. *O direito na economia globalizada.* 1. ed. (1999). 3. tiragem. São Paulo: Malheiros, 2002.

FARIA, Luiz Alberto Gurgel de. *A extrafiscalidade e a concretização do princípio da redução das desigualdades regionais.* São Paulo: Quartier Latin, 2010.

FARIA, Sylvio Santos. *Iniciação financeira.* São Paulo: Bushatsky, 1979.

FARIA, Werter R. *Constituição econômica:* liberdade de iniciativa e de concorrência. Porto Alegre: Sérgio Antonio Fabris Editor, 1990.

FARIAS, Cristiano Chaves de. *Direito civil:* teoria geral. 3. ed. Rio de Janeiro: Lumen Juris, 2005.

FARINA, Laércio N.; FARINA, Fernanda Mercier Querido. Revisão judicial do mérito nas decisões do CADE. In: MENDONÇA, Elvino de Carvalho; GOMES, Fábio Luiz; MENDONÇA, Rachel Pinheiro de Andrade (org.). *Compêndio de direito da concorrência:* temas de fronteira. São Paulo: Migalhas, 2015. p. 353-375.

FEITOSA, Raymundo Juliano Rêgo. A constituição financeira como questão crucial do direito constitucional. *Revista de Direito Tributário,* n. 80, São Paulo: Malheiros, [s./d.], p. 122-132.

_____. A ordenação da atividade financeira e tributária do Estado. *Diké — Revista Jurídica do Curso de Direito da Universidade Estadual de Santa Cruz,* n. 2, Ilhéus, BA: UESC, 2000, p. 209-242.

_____. *Finanças públicas e tributação na constituinte:* 1987/1988. Rio de Janeiro: América Jurídica, 2003.

FERNANDES, André Luiz Fonseca. Contribuições de intervenção no domínio econômico. In: MARTINS, Ives Gandra da Silva (coord.). *Contribuições de intervenção no domínio econômico.* São Paulo: Ed. Revista dos Tribunais: Centro de Extensão Universitária, 2002. p. 347-363.

FERNANDES, Jorge Ulisses Jacoby. *Responsabilidade fiscal:* na função do ordenador de despesa; na terceirização da mão de obra; na função do controle administrativo. Brasília: Brasília Jurídica, 2001.

_____. *Manual do ordenador de despesas:* à luz do novo regime fiscal. Belo Horizonte: Fórum, 2020.

FERNANDES, Simone dos Santos Lemos. Teoria da parafiscalidade brasileira. *Revista Dialética de Direito Tributário,* n. 112, São Paulo: Dialética, p. 127-133, jan. 2005.

FERRAJOLI, Luigi. *Principia iuris:* teoría del derecho y de la democracia. v. 1: teoría del derecho. Tradução por Perfecto Andrés Ibáñez, Carlos Bayón, Marina Gascón, Luis Prieto Sanchís e Alfonso Ruiz Miguel. Madrid: Trotta, 2011.

FERRARI, Sérgio. *Constituição estadual e federação.* Rio de Janeiro: Lumen Juris, 2003.

FERRAZ, Roberto Botelho. Contribuições de intervenção no domínio econômico. In: MARTINS, Ives Gandra da Silva (coord.). *Contribuições de intervenção no domínio econômico.* São Paulo: Ed. Revista dos Tribunais: Centro de Extensão Universitária, 2002. p. 364-376.

_____. Intervenção do Estado na economia por meio da tributação — a necessária motivação dos textos legais. *Revista Direito tributário atual.* n. 20. São Paulo: Dialética: Instituto Brasileiro de Direito Tributário, 2006. p. 238-252.

FERRAZ JÚNIOR, Tercio Sampaio. *Interpretação e estudos da Constituição de 1988.* São Paulo: Atlas, 1990.

_____. *Introdução ao estudo do direito:* técnica, decisão, dominação. 4. ed. São Paulo: Atlas, 2003.

_____. *Direito constitucional.* Barueri, SP: Manole, 2007.

_____. Valorização do trabalho humano — CF art. 170. In: NUSDEO, Fábio (coord.); PINTO, Alexandre Evaristo (org.). *A ordem constitucional econômica:* estudos em celebração ao 1.º centenário da Constituição de Weimar. São Paulo: Thomson Reuters Brasil, 2019. p. 79-89.

_____. Sanções por infração à ordem econômica na lei concorrencial. In: COELHO, Fábio Ulhoa (coord.). *Tratado de direito comercial.* v. 6: estabelecimento empresarial, propriedade industrial e direito da concorrência. São Paulo: Saraiva, 2015. p. 404-428.

_____. Direito da concorrência: sua função social nos países desenvolvidos e em desenvolvimento. In: RODAS, João Grandino (coord.). *Direito econômico e social:* atualidades e reflexões sobre direito concorrencial, do consumidor, do trabalho e tributário. São Paulo: Ed. Revista dos Tribunais, 2012. p. 61-68.

_____. Fundamentos e limites constitucionais da intervenção do Estado no domínio econômico. In: *A intervenção do Estado na economia:* o caso café. Brasília: Editora Universidade de Brasília, 1985, p. 67-83. Cadernos da UNB.

FERREIRA, Aurélio Buarque de Holanda. *Novo dicionário Aurélio da língua portuguesa.* 4. ed. Curitiba: Positivo, 2009.

FERREIRA, Eduardo Manuel Hintze da Paz. *Ensinar finanças públicas numa faculdade de direito.* Coimbra: Almedina, 2005.

FERREIRA, José Ribamar Gaspar. *Curso de direito financeiro.* São Paulo: Saraiva, 1979.

FERREIRA, Pinto. *Comentários à Constituição brasileira.* v. 6. São Paulo: Saraiva, 1994.

FERREIRA, Sergio D'Ándréa. História e regime constitucional da atividade empresarial estatal. In: FERRAZ, Sergio (org.). *Comentários sobre a lei das estatais*: Lei n. 13.303, de 30.6.2016. São Paulo: Malheiros, 2019. p. 13-40.

FERREIRA, Wolgran Junqueira. *Comentários à Lei 4.320.* Campinas, SP: Julex, 1987.

FERREIRA FILHO, Manoel Gonçalves. *Comentários à Constituição brasileira de 1988.* São Paulo: Saraiva, 1994. v. 3.

_____. *Curso de direito constitucional.* 23. ed. São Paulo: Saraiva, 1996.

_____. *Estado de direito e constituição.* 2. ed. São Paulo: Saraiva, 1999.

_____. *Direito constitucional econômico.* São Paulo: Saraiva, 1990.

Referências

_____. *Direitos humanos fundamentais.* 10. ed. São Paulo: Saraiva, 2008.

_____. A Constituição "econômica" de 1988. In: MARTINS FILHO, Ives Gandra da Silva; MEYER-PFLUG, Samantha Ribeiro (coord.). *A intervenção do Estado no domínio econômico:* condições e limites — Homenagem ao Prof. Ney Prado. São Paulo: LTr, 2011. p. 83-99.

FERREIRA NETO, Arthur M. *Classificação constitucional de tributos:* pela perspectiva da justiça. Porto Alegre: Livraria do Advogado, 2006.

FIDALGO, Carolina Barros. *O Estado empresário:* das sociedades estatais às empresas privadas com participação minoritária do Estado. São Paulo: Almedina, 2017.

FIGUEIREDO, Carlos Maurício Cabral et al. *Comentários à Lei de Responsabilidade Fiscal.* Recife: Nossa Livraria, 2001.

FIGUEIREDO, Leonardo Vizeu. *Lições de direito econômico.* Rio de Janeiro: Forense, 2006.

FIGUEIREDO, Lucia Valle. Reflexões sobre a intervenção do Estado no domínio econômico e as contribuições interventivas. In: MACHADO, Hugo de Brito (coord.). *As contribuições no sistema tributário brasileiro.* São Paulo: Dialética / Fortaleza: Instituto Cearense de Estudos Tributários, 2003. p. 391-401.

FIGUEIREDO, Marcelo. A Lei de Responsabilidade Fiscal — Notas essenciais e alguns aspectos da improbidade administrativa. *Interesse Público,* n. 12, Sapucaia do Sul, RS: Notadez, outubro-dezembro/2001, p. 108-121.

_____. *Probidade administrativa:* comentários à Lei 8.429/92 e legislação complementar. 4. ed. São Paulo: Malheiros, 2000.

_____. *O controle da moralidade na Constituição.* 1. ed. 2. tir. São Paulo: Malheiros, 2003.

FIGUEIREDO, Pedro Henrique Poli de. *A regulamentação do serviço público concedido.* Porto Alegre: Síntese, 1999.

FILOMENO, José Geraldo Brito. *Manual de teoria geral do Estado e ciência política.* 2. ed. Rio de Janeiro: Forense Universitária, 1997.

FLÓRIDO, Luiz Augusto Irineu. *Direito financeiro resumido.* Rio de Janeiro: Rio, [s./d.]

FONROUGE, Carlos M. Giuliani. *Derecho financiero.* 9. ed. Atualização por Susana Camila Navarrine e Rubén Oscar Asorey. Buenos Aires: La Ley, 2004. t. I.

FONSECA, João Bosco Leopoldino da. *Direito econômico.* 4. ed. Rio de Janeiro: Forense, 2001.

_____. *Lei de proteção da concorrência:* comentários à legislação antitruste. 2. ed. Rio de Janeiro: Forense, 2001.

FONSECA, José Júlio Borges da. *Direito antitruste e regime das concentrações empresariais.* São Paulo: Atlas, 1997.

FORGIONI, Paula A. *Os fundamentos do antitruste.* 10. ed. São Paulo: Ed. Revista dos Tribunais, 2018.

_____. *Direito concorrencial e restrições verticais.* São Paulo: Ed. Revista dos Tribunais, 2007.

FRADE, Elzamir Muniz. *Manual sobre licitações e contratos administrativos.* Manaus: Procuradoria-Geral do Estado do Amazonas, 1992.

FRANCESCHINI, José Inácio Gonzaga. *Introdução ao direito da concorrência.* São Paulo: Malheiros, 1996.

_____. A execução descentralizada no Brasil e o papel do Cade. In: GABAN, Eduardo Molan; DOMINGUES, Juliana Oliveira (coord.). *Estudos de direito econômico e economia da concorrência:* em homenagem ao Prof. Dr. Fabio Nusdeo. 1. ed. (2009). 2.ª reimpressão. Curitiba: Juruá, 2012. p. 193-210.

874 Direito Financeiro e Econômico Esquematizado · *Carlos Alberto de Moraes Ramos Filho*

_____; BAGNOLI, Vicente. *Direito concorrencial.* 2. ed. São Paulo: Thomson Reuters Brasil, 2018. Coleção tratado de direito empresarial; v. 7 / coordenação Modesto Carvalhosa.

FRANCO, António L. de Sousa. *Finanças públicas e direito financeiro.* 4. ed. 14. Reimp. Coimbra: Almedina, 2012. v. I e II.

FRAZÃO, Ana. *Direito da concorrência:* pressupostos e perspectivas. São Paulo: Saraiva, 2017.

_____. *Empresa e propriedade:* função social e abuso de poder econômico. São Paulo: Quartier Latin, 2006.

FRIEDE, Reis. *Lições objetivas de direito administrativo.* 2. ed. São Paulo: Saraiva, 2000.

FRIEDRICH, Nelton Miguel; FRIEDRICH, Tatyana Scheila. A intervenção estatal diante da crise socioambiental: exigência de ações sustentáveis. In: BACELLAR FILHO, Romeu Felipe; HACHEM Daniel Wunder (Coord.). *Direito público no Mercosul:* intervenção estatal, direitos fundamentais e sustentabilidade: anais do VI Congresso da Associação de Direito Público do Mercosul: homenagem ao Professor Jorge Luis Salomoni. Belo Horizonte: Fórum, 2013. p. 131-136.

FURLAN, Fernando de Magalhães. *Questões polêmicas em direito antitruste.* São Paulo: Lex Editora, 2004.

FURLAN, Valéria. *Apontamentos de direito tributário.* 3. ed. São Paulo: Malheiros, 2009.

FURTADO, J. R. Caldas. *Elementos de direito financeiro.* Belo Horizonte: Fórum, 2009.

FURTADO, Lucas Rocha. A Lei de Responsabilidade Fiscal e as licitações. *Revista do Tribunal de Contas da União,* n. 87, Brasília, janeiro-março/2001, p. 35-38.

_____. *Curso de licitações e contratos administrativos:* teoria, prática e jurisprudência. São Paulo: Atlas, 2001.

_____. *Curso de direito administrativo.* 2. ed. Belo Horizonte: Fórum, 2010.

GABAN, Eduardo Molan. *Regulação do setor postal.* São Paulo: Saraiva, 2012.

_____. DOMINGUES, Juliana Oliveira. *Direito antitruste.* 4. ed. São Paulo: Saraiva, 2016

GAMA JÚNIOR, Fernando Lima. *Fundamentos de orçamento público e direito financeiro.* Rio de Janeiro: Elsevier, 2009.

GAMA, Tácio Lacerda. Atributos da competência tributária. In: SANTI, Eurico Marcos Diniz de. (coord.). *Tributação e desenvolvimento:* homenagem ao Prof. Aires Barreto. São Paulo: Quartier Latin, 2011, p. 759-770. Coleção: Tributação e Desenvolvimento.

_____. *Contribuição de intervenção no domínio econômico.* São Paulo: Quartier Latin, 2003.

_____. Contribuições especiais. Natureza e regime jurídico. In: SANTI, Eurico Marcos Diniz de (coord.). *Curso de especialização em direito tributário:* estudos analíticos em homenagem a Paulo de Barros Carvalho. Rio de Janeiro: Forense, 2005. p. 1143-1166.

GASPARINI, Diogenes. *Direito administrativo.* 5. ed. São Paulo: Saraiva, 2000.

GASTALDI, J. Petrelli. *Elementos de economia política.* 16. ed. São Paulo: Saraiva, 1995.

GIACOMONI, James. *Orçamento público.* 7. ed. São Paulo: Atlas, 1997.

GIACOMUZZI, José Guilherme. *A moralidade administrativa e a boa-fé da administração pública:* o conteúdo dogmático da moralidade administrativa. São Paulo: Malheiros, 2002.

GIAMBIAGI, Fabio; ALÉM, Ana Cláudia. *Finanças públicas:* teoria e prática no Brasil. 2. ed. Rio de Janeiro: Campus, 2000.

GILBERTO, André Marques. *O processo antitruste sancionador:* aspectos processuais na repressão das infrações à concorrência no Brasil. São Paulo: Lex Editora, 2010.

GODOI, Marciano Seabra de. Extrafiscalidad y sus limites constitucionales. *Revista Internacional de Direito Tributário.* v. 1. n. 1. Belo Horizonte: Del Rey, p. 219-262 , jan./jun. 2004.

Referências

GOMES, Carlos Airton Uchoa Sales. A juridicização do fenômeno econômico pela Constituição Federal de 1988. In: ARAÚJO, Francisco Régis Frota (coord.). *Direito constitucional econômico:* reflexões e debates. Fortaleza: ABC Editora, 2001. p. 109-127.

GOMES, Carlos Jacques Vieira. *Ordem econômica constitucional e direito antitruste.* Porto Alegre: Sergio Antonio Fabris Editor, 2004.

GOMES, Carlos Roberto de Miranda. *Manual de direito financeiro e finanças.* 2. ed. Brasília: Brasília Jurídica, 2000.

_____; CASTRO, Adilson Gurgel de. *Curso de direito tributário:* parte geral e especial. 6. ed. Brasília: Brasília Jurídica, 2000.

GOMES, Luiz Flávio; BIANCHINI, Alice. *Crimes de responsabilidade fiscal:* Lei n. 10.028/00. São Paulo: Revista dos Tribunais, 2001.

GOMES, Luiz Souza. *O que devemos conhecer de economia política e das finanças.* 7. ed. Rio de Janeiro: Civilização Brasileira, 1964.

GOMES, Orlando; VARELA, Antunes. *Direito econômico.* São Paulo: 1977.

GONÇALVES, José Artur Lima. Contribuições de intervenção. In: ROCHA, Valdir de Oliveira (coord.). *Grandes questões atuais do direito tributário.* São Paulo: Dialética, 2003. v. 7, p. 291-302.

GONÇALVES, Lívia Cardoso Viana. O acordo de leniência na investigação antitruste: da legislação ao *leading case* brasileiro. *Publicações da Escola da AGU*: pós-graduação em direito público – UnB: coletânea de artigos. Brasília: Advocacia-Geral da União, 2010.

GONÇALVES, Marcos Peixoto Mello. *Pluralismo organizado:* uma nova visão do direito econômico. São Paulo: Quartier Latin, 2002.

GOULART, Clóvis do Souto. Sociedade e Estado. In: ROCHA, Leonel Severo (coord.). *Teoria do direito e do Estado.* Porto Alegre: Sergio Antonio Fabris, 1994. p. 25-38.

GOUVÊA, Marcus de Freitas. *A extrafiscalidade no direito tributário.* Belo Horizonte: Del Rey, 2006.

GRAU, Eros Roberto. *A ordem econômica na Constituição de 1988:* interpretação e crítica. 5. ed. São Paulo: Malheiros, 2000.

_____. *Conceito de tributo e fontes do direito tributário.* São Paulo: Resenha Tributária (Instituto Brasileiro de Estudos Tributários), 1975.

_____. *O direito posto e o direito pressuposto.* 2. ed. São Paulo: Malheiros, 1998.

_____. *Elementos de direito econômico.* São Paulo: Ed. Revista dos Tribunais, 1981.

_____. *Planejamento econômico e regra jurídica.* São Paulo: Ed. Revista dos Tribunais, 1978.

_____. O discurso neoliberal e a teoria da regulação. In: CAMARGO, Ricardo Antônio Lucas (org.). *Desenvolvimento econômico e intervenção do Estado na ordem constitucional:* estudos jurídicos em homenagem ao professor Washington Peluso Albino de Souza. Porto Alegre: Sergio Antonio Fabris Editor, 1995. p. 59-75.

_____; FORGIONI, Paula. *O Estado, a empresa e o contrato.* São Paulo: Malheiros, 2005.

_____; FORGIONI, Paula A. CADE v. BACEN: conflitos de competência entre autarquias e a função da Advocacia-Geral da União. In: ROCHA, João Carlos de Carvalho; MOURA JÚNIOR, Flávio Paixão de; DOBROWOLSKI, Samantha Chantal; SOUZA, Zani Tobias de (coord.). *Lei antitruste:* 10 anos de combate ao abuso de poder econômico. Belo Horizonte: Del Rey, 2005. p. 85-118.

_____; SILVA, Álvaro da. Ordem econômica e social: direito comparado. In: *Processo constituinte:* a ordem econômica e social. São Paulo: Fundação do Desenvolvimento Administrativo (FUNDAP), 1987. p. 7-29.

GRECO, Marco Aurélio. *Contribuições (uma figura "sui generis").* São Paulo: Dialética, 2000.

876 Direito Financeiro e Econômico Esquematizado   *Carlos Alberto de Moraes Ramos Filho*

_____. Contribuição de intervenção no domínio econômico — Parâmetros para sua criação. In: GRECO, Marco Aurélio (coord.). *Contribuições de intervenção no domínio econômico e figuras afins.* São Paulo: Dialética, 2001. p. 9-31.

_____. Notas para uma sistematização da intervenção do Estado na ordem econômica. *Revista de Direito Público*, n. 49/50. São Paulo: Ed. Revista dos Tribunais, p. 272-283, jan./jun. 1979.

GRIZIOTTI, Benvenuto. *Principios de ciencia de las finanzas.* Tradução por Dino Jarach. Buenos Aires: Depalma, 1949.

GRUPENMACHER, Betina Treiger. Lei de Responsabilidade Fiscal, competência tributária, arrecadação e renúncia. In: ROCHA, Valdir de Oliveira (coord.). *Aspectos relevantes da Lei de Responsabilidade Fiscal.* São Paulo: Dialética, 2001. p. 7-24.

GUALAZZI, Eduardo Lobo Botelho. *Regime jurídico dos tribunais de contas.* São Paulo: Revista dos Tribunais, 1992.

GUEDES, Filipe Machado. *A atuação do Estado na economia como acionista minoritário:* possibilidades e limites. São Paulo: Almedina, 2015.

GUEDES, Marco Aurelio Peri. *Estado e ordem econômica e social:* a experiência constitucional da República de Weimar e a Constituição Brasileira de 1934. 2. ed. Rio de Janeiro: Processo, 2019.

GUERRA, Sérgio. Regulação estatal sob a ótica da organização administrativa brasileira. In: GUERRA, Sérgio (Org.). *Regulação no Brasil*: uma visão multidisciplinar. Rio de Janeiro: Editora FGV, 2014. p. 373-396.

GUIMARÃES, Bernardo; GONÇALVES, Carlos Eduardo do Nascimento. *Introdução à economia.* Rio de Janeiro: Elsevier, 2010.

GUIMARÃES, Bernardo Strobel; RIBEIRO, Leonardo Coelho; RIBEIRO, Carlos Vinícius Alves; GIUBLIN, Isabella Bittencourt Mäder Gonçalves; PALMA, Juliana Bonacorsi de. *Comentários à Lei das Estatais (Lei n. 13.303/2016).* Belo Horizonte: Fórum, 2019.

GUIMARÃES, Fernando Vernalha. Participação societária minoritária de empresas estatais. In: FERRAZ, Sergio (org.). *Comentários sobre a lei das estatais:* Lei n. 13.303, de 30.6.2016. São Paulo: Malheiros, 2019. p. 68-83.

GUIMARÃES, Ylves J. de Miranda. *A situação atual da parafiscalidade no direito tributário.* São Paulo: Bushatsky, 1977.

GUSMÃO, Daniela Ribeiro de. *Incentivos fiscais, princípios da igualdade e da legalidade e efeitos no âmbito do ICMS.* Rio de Janeiro: Lumen Juris, 2005.

HACK, Érico. *CIDE — Contribuição de intervenção no domínio econômico:* destinação do produto arrecadado e finalidade como requisitos de validade. Curitiba: Juruá, 2008.

HARADA, Kiyoshi. *Direito financeiro e tributário.* 3. ed. São Paulo: Atlas, 1998.

_____. Orçamento anual — processo legislativo. *Revista Jurídica Consulex*, n. 118, Brasília: Consulex, p. 24-26, dez. 2001.

_____. *Prática do direito tributário e financeiro:* artigos e pareceres. São Paulo: Juarez de Oliveira: Centro de Pesquisas e Estudos Jurídicos, 2004.

HENTZ, Luiz Antonio Soares. *Direito de empresa no código civil de 2002.* 2. ed. São Paulo: Juarez de Oliveira, 2003.

HICKS, Ursula K. *Finanças públicas.* Tradução por Leopoldo C. Fontenele. Rio de Janeiro: Zahar, 1961.

HOFFMANN, Susy Gomes. *As contribuições no sistema constitucional tributário.* Campinas, SP: Copola, 1996.

Referências

HORVATH, Estevão. A Constituição e a Lei Complementar n. 101/2000 ("Lei de Responsabilidade Fiscal"). Algumas questões. In: ROCHA, Valdir de Oliveira (coord.). *Aspectos relevantes da Lei de Responsabilidade Fiscal.* São Paulo: Dialética, 2001. p. 147-162.

_____. Orçamento público e planejamento. In: MELLO, Celso Antônio B. de (coord.) *Estudos em homenagem a Geraldo Ataliba.* São Paulo: Malheiros, 1997. p. 119-134. v. 1 — Direito tributário.

ICHIHARA, Yoshiaki. Contribuições de intervenção no domínio econômico. In: MARTINS, Ives Gandra da Silva (coord.). *Contribuições de intervenção no domínio econômico.* São Paulo: Ed. Revista dos Tribunais: Centro de Extensão Universitária, 2002. p. 275-287.

ITUASSÚ, Oyama Cesar. *Aspectos do direito.* Manaus: Sergio Cardoso, 1964.

IVO, Gabriel. Lei orçamentária anual; não remessa para sanção, no prazo constitucional, do projeto de lei. In: MOREIRA FILHO, Aristóteles; LÔBO, Marcelo Jatobá (coord.). *Questões controvertidas em matéria tributária:* uma homenagem ao professor Paulo de Barros Carvalho. Belo Horizonte: Fórum, 2004. p. 273-296.

JACINTHO, Jussara Maria Moreno. *A participação popular e o processo orçamentário.* Leme, SP: LED, 2000.

JANSEN, Letácio. *Introdução à economia jurídica.* Rio de Janeiro: Lumen Juris, 2003.

JARACH, Dino. *Finanzas públicas y derecho tributario.* 2. ed. Buenos Aires: Abeledo-Perrot, 1996.

JARDIM, Afranio Silva. *Da publicização do processo civil.* Rio de Janeiro: Liber Juris, 1982.

JARDIM, Eduardo Marcial Ferreira. *Manual de direito financeiro e tributário.* 4. ed. São Paulo: Saraiva, 1999.

JORDÃO, Eduardo Ferreira. *Restrições regulatórias à concorrência.* Belo Horizonte: Fórum, 2009.

JUND, Sergio. *Direito financeiro e orçamento público.* Rio de Janeiro: Elsevier, 2007.

JUSTEN FILHO, Marçal. *Comentários à lei de licitações e contratos administrativos.* 9. ed. São Paulo: Dialética, 2002.

_____. *Curso de direito administrativo.* São Paulo: Saraiva, 2005.

_____. *O direito das agências reguladoras independentes.* São Paulo: Dialética, 2002.

_____. *Concessões de serviços públicos.* São Paulo: Dialética, 1997.

JUNQUEIRA, Paula. Agências reguladoras e orçamento. In: GUERRA, Sérgio; SAMPAIO, Patrícia (org.). *Autonomia financeira das agências reguladoras.* Curitiba: Juruá, 2016. p. 11-28.

KHAIR, Amir Antônio. *Lei de Responsabilidade Fiscal:* guia de orientação para as prefeituras. Brasília: Ministério do Planejamento, Orçamento e Gestão; BNDES, 2000.

KOCH, Mariana Porto. *Acordo de leniência em investigação de cartel*: acesso a documentos provenientes de investigações antitruste. Rio de Janeiro: Lumen Juris, 2019.

KOHAMA, Heilio. *Contabilidade pública:* teoria e prática. 3. ed. São Paulo: Atlas, 1991.

KOURY, Suzy Elizabeth Cavalcante; OLIVEIRA, Felipe Guimarães de. *Direito econômico e concorrência:* estudos e perspectivas. Belo Horizonte: Fórum, 2021.

LAPATZA, José Juan Ferreiro. *Curso de derecho financiero español.* 19. ed. Madrid: Marcial Pons, 1997.

LARA, José de Mesquita. As normas gerais de direito financeiro e de direito tributário, sua natureza e função. *Revista de Direito Tributário,* n. 76, São Paulo: Malheiros, [s./d.], p. 137-146.

LASTRA, Arturo Pellet. *Teoría del Estado.* Buenos Aires: Abeledo-Perrot, 1999.

LAUBADÈRE, André de. *Direito público económico.* Tradução por Maria Teresa Costa. Coimbra: Almedina, 1985.

LEAL, Rosemiro Pereira. *Direito econômico:* soberania e mercado mundial. 3. ed. Belo Horizonte: Del Rey, 2005.

LEÃO, Martha Toribio. *Controle da extrafiscalidade.* São Paulo: Quartier Latin, 2015 (Série Doutrina Tributária v. XVI).

LEITE, José Dalton Vitorino. *Temas de direito público.* Fortaleza: Universidade de Fortaleza, 1999.

LEMES, Fábio Nogueira. *Orçamentos municipais e procedimentos legislativos:* orçamentos, procedimentos, legislação. 2. ed. Bauru, SP: Edipro, 1995.

LEMES, Narcilene Moreira Machado; MACHADO, Paulo Henrique Araújo Lemes. *Federalismo fiscal e aplicabilidade do princípio da redução das desigualdades regionais.* Curitiba: CRV, 2019.

LENZA, Pedro. *Direito constitucional esquematizado.* 18. ed. São Paulo: Saraiva, 2014.

LEONARDO, Marcelo. *Crimes de responsabilidade fiscal:* crimes contra as finanças públicas; crimes nas licitações; crimes de responsabilidade de prefeitos. Belo Horizonte: Del Rey, 2001.

LEWANDOWSKI, Enrique Ricardo. *Pressupostos materiais e formais da intervenção federal no Brasil.* São Paulo: Ed. Revista dos Tribunais, 1994.

LIBERATI, Wilson Donizeti. *Políticas públicas no Estado constitucional.* São Paulo: Atlas, 2013.

LIMA, Antônio Sebastião de. *Teoria do Estado e da Constituição:* fundamentos do direito positivo. Rio de Janeiro: Freitas Bastos, 1998.

LIMA, Diana Vaz de; CASTRO, Róbison Gonçalves de. *Contabilidade pública:* integrando União, Estados e Municípios (Siafi e Siafem). São Paulo: Atlas, 2000.

LIMA, Edilberto Carlos Pontes; MIRANDA, Rogério Boueri. O processo orçamentário federal brasileiro. In: MENDES, Marcos (org.). *Gasto público eficiente:* 91 propostas para o desenvolvimento do Brasil. São Paulo: Instituto Braudel: Topbooks, 2006. p. 319-373.

LIMA, Ticiana Nogueira da Cruz. *O Cade e as reestruturações societárias.* São Paulo: Singular, 2006.

LIMA JÚNIOR, João Manoel de. Introdução às instituições financeiras e sua regulação. In: PINHEIRO, Armando Castelar; PORTO, Antônio J. Maristrello; SAMPAIO, Patrícia Regina Pinheiro (coord.). *Direito e economia:* diálogos. Rio de Janeiro: FGV Editora, 2019. p. 253-285.

LINO, Pedro. *Comentários à Lei de Responsabilidade Fiscal:* Lei Complementar n. 101/2000. São Paulo: Atlas, 2001.

LINS, Robson Maia. A revogação de isenção de ICMS e a desnecessidade de Convênio/Confaz. *Revista Dialética de Direito Tributário,* n. 106, São Paulo: Dialética, julho/2004, p. 81-90.

_____. Reforma fiscal: como equacionar o sistema político e o sistema tributário nacional. In: SANTI, Eurico Marcos Diniz de. (coord.). *Tributação e desenvolvimento:* homenagem ao Prof. Aires Barreto. São Paulo: Quartier Latin, 2011, p. 617-630. Coleção: Tributação e Desenvolvimento.

LLAGUNO, Elaine Guadanucci. *Direito financeiro.* São Paulo: MP, 2005.

LOBO, Rogério Leite. Os atos de tributação interventivos no domínio econômico: proposta de classificação e considerações sobre o seu regime jurídico. *Revista de Direito Administrativo.* n. 232, Rio de Janeiro: Renovar, p. 29-52, abr./jun. 2003.

LONDE, Carlos Rogério de Oliveira. *O protesto extrajudicial de certidões de dívida ativa prévio à execução fiscal.* Salvador: JusPodivm, 2017.

LOPES, Maristela Santos de Araújo. *A atuação do Estado sobre o domínio econômico e o princípio da livre iniciativa como fundamento da República e da ordem econômica em um Estado democrático de direito.* Rio de Janeiro: Lumen Juris, 2015.

Referências

LORENCINI, Bruno César. A relação entre o Conselho Administrativo de Defesa Econômica e o Poder Judiciário. In: PINTO, Felipe Chiarello de Souza; MENEZES, Daniel Francisco Nagao (org.). *O CADE e a efetividade de suas decisões.* Belo Horizonte: Arraes Editores, 2014. p. 171-185.

LOUREIRO, Flávia Noversa. *Direito penal da concorrência*: a tutela da liberdade concorrencial e a criminalização do cartel. Coimbra: Almedina, 2017.

MACHADO JÚNIOR, J. Teixeira. *Administração orçamentária comparada:* Brasil-Estados Unidos. Rio de Janeiro: Fundação Getúlio Vargas, 1960.

_____; REIS, Heraldo da Costa. *A Lei 4.320 comentada.* 31. ed. Rio de Janeiro: IBAM, 2002/2003.

MACHADO, Hugo de Brito. *Curso de direito tributário.* 21. ed. São Paulo: Malheiros, 2002.

_____. *Uma introdução ao estudo do direito.* São Paulo: Dialética, 2000.

MACHADO SEGUNDO, Hugo de Brito. Perfil constitucional das contribuições de intervenção no domínio econômico. In: GRECO, Marco Aurélio (coord.). *Contribuições de intervenção no domínio econômico e figuras afins.* São Paulo: Dialética, 2001. p. 109-130.

_____. Contribuições de intervenção no domínio econômico. In: MARTINS, Ives Gandra da Silva (coord.). *Contribuições de intervenção no domínio econômico.* São Paulo: Ed. Revista dos Tribunais: Centro de Extensão Universitária, 2002. p. 299-321.

MACHADO, Rubens Approbato. *O Brasil cidadão.* Brasília: Consulex, 1999.

MAGANO, Octavio Bueno. *Introdução ao direito econômico.* São Paulo: Juriscrédi, [s./d.].

MAGGI, Bruno Oliveira. *Cartel:* responsabilidade civil concorrencial. São Paulo: Thomson Reuters Brasil, 2018.

MAIA, Rodolfo Tigre. *Tutela penal da ordem econômica:* o crime de formação de cartel. São Paulo: Malheiros, 2008.

MALARD, Neide Terezinha. Cartel. In: BASTOS, Aurélio Wander (coord.). *Estudos introdutórios de direito econômico.* Brasília: Brasília Jurídica, 1996. p. 57-75.

_____. A livre-iniciativa e a livre-concorrência. In: CORDOVIL, Leonor; ATHIAS, Daniel (org.). *Direito concorrencial em transformação:* uma homenagem a Mauro Grinberg. São Paulo: Singular, 2020. p. 185-218.

MALUF, Sahid. *Teoria geral do Estado.* 23. ed. São Paulo: Saraiva, 1995.

MANSUR, Débora Ottoni Uébe. *A desvinculação das receitas da União:* elementos e (in)constitucionalidades. Rio de Janeiro: Lumen Juris, 2018.

MARINHO, Josaphat. Problemas contemporâneos do orçamento público. In: MODESTO, Paulo; MENDONÇA, Oscar (coord.). *Direito do Estado:* novos rumos. São Paulo: Max Limonad, 2001. p. 85-92. t. 1 — Direito constitucional.

MARINHO, Rodrigo César de Oliveira. *Intervenção sobre o domínio econômico:* a contribuição e seu perfil constitucional. Belo Horizonte: Fórum, 2011.

MARQUES, Márcio Severo. *Classificação constitucional dos tributos.* São Paulo: Max Limonad, 2000.

_____. As contribuições no sistema tributário nacional e a CIDE criada pela Lei n. 10.168/00. In: MACHADO, Hugo de Brito (coord.). *As contribuições no sistema tributário brasileiro.* São Paulo: Dialética / Fortaleza: Instituto Cearense de Estudos Tributários, 2003. p. 436-455.

MARQUES, Maria Manuel Leitão; MOREIRA, Vital. Economia de mercado e regulação. In: MARQUES, Maria Manuel Leitão; MOREIRA, Vital. *A mão visível:* mercado e regulação. Coimbra: Almedina, 2003. p. 13-15.

MARQUES NETO, Floriano de Azevedo. Competição entre reguladores — Caso "BACEN V. CADE". In: MARQUES NETO, Floriano de Azevedo; MOREIRA, Egon Bockmann; GUERRA,

Sérgio. *Dinâmica da regulação:* estudo de casos da jurisprudência brasileira — a convivência dos tribunais e órgãos de controle com agências reguladoras, autoridade da concorrência e livre iniciativa. Belo Horizonte: Fórum, 2020. p. 245-256.

MARRARA, Thiago. *Sistema brasileiro de defesa da concorrência:* organização, processos e acordos administrativos. São Paulo: Atlas, 2015.

MARSHALL, Carla. *Direito constitucional:* aspectos constitucionais do direito econômico. Rio de Janeiro: Forense Universitária, 2007.

MARTINEZ, Ana Paula. *Repressão a cartéis:* interface entre direito administrativo e direito penal. São Paulo: Singular, 2013.

MARTINS, Cláudio. *Compêndio de finanças públicas.* 3. ed. Rio de Janeiro: Forense, 1988.

MARTINS, Fernando Rodrigues. *Controle do patrimônio público.* São Paulo: Ed. Revista dos Tribunais, 2000.

MARTINS, Ives Gandra da Silva. Os fundamentos constitucionais da Lei de Responsabilidade Fiscal n. 101/2000. In: ROCHA, Valdir de Oliveira (coord.). *Aspectos relevantes da Lei de Responsabilidade Fiscal.* São Paulo: Dialética, 2001. p. 163-175.

_____. *Sistema tributário na Constituição de 1988.* 5. ed. São Paulo: Saraiva, 1998.

_____. A teoria da dominação e a dualidade da iniciativa econômica. In: MARTINS, Ives Gandra da Silva; NALINI, José Renato (coord.). *Dimensões do direito contemporâneo:* estudos em homenagem a Geraldo de Camargo Vidigal. São Paulo: IOB, 2001. p. 1-8.

_____; NASCIMENTO, Carlos Valder do (coord.) et al. *Comentários à Lei de Responsabilidade Fiscal.* São Paulo: Saraiva, 2001.

MARTINS, Marcelo Guerra. *Impostos e contribuições federais.* Rio de Janeiro: Renovar, 2004.

MARTINS, Natanael. As contribuições ao FUST e ao FUNTTEL. In: GRECO, Marco Aurélio (coord.). *Contribuições de intervenção no domínio econômico e figuras afins.* São Paulo: Dialética, 2001. p. 345-356.

MARTINS, Ricardo Marcondes. *Teoria jurídica da liberdade.* São Paulo: Editora Contracorrente, 2015.

_____. Estatuto das empresas estatais à luz da Constituição Federal. In: DAL POZZO, Augusto Neves; MARTINS, Ricardo Marcondes (coord.). *Estatuto jurídico das empresas estatais.* São Paulo: Editora Contracorrente, 2018. p. 17-112.

MARTINS, Sergio Pinto. *Manual de direito tributário.* São Paulo: Atlas, 2002.

MARTUL-ORTEGA, Perfecto Yebra. Los fines extrafiscales del impuesto. In: AMATUCCI, Andrea (coord.). *Tratado de derecho tributario.* t. 1: el derecho tributário y sus fuentes. Bogotá: Temis, 2001. p. 355-387.

MASAGÃO, Mário. *Curso de direito administrativo.* 4. ed. São Paulo: Ed. Revista dos Tribunais, 1968.

MASCARO, Alysson Leandro. Estado, direito e dinheiro: técnicas de intervenção no domínio econômico. In: ADEODATO, João Maurício; BITTAR, Eduardo C. B. (org.). *Filosofia e teoria geral do direito:* estudos em homenagem a Tercio Sampaio Ferraz Junior por seu septuagésimo aniversário. São Paulo: Quartier Latin, 2011. p. 169-178.

MATIAS-PEREIRA, José. *Manual de defesa da concorrência*: política, sistema e legislação antitruste brasileira. São Paulo: Atlas, 2014.

MAZZA, Alexandre. *Manual de direito administrativo.* 12. ed. São Paulo: Saraiva, 2022.

MEDAUAR, Odete. *Direito administrativo moderno.* 4. ed. São Paulo: Ed. Revista dos Tribunais, 2000.

MEDEIROS, Sérgio Monteiro. *Lei de improbidade administrativa*: comentários e anotações jurisprudenciais. São Paulo: Juarez de Oliveira, 2003.

Referências

MEIRELLES, Hely Lopes. *Direito administrativo brasileiro*. 18. ed. Atualização por Eurico de Andrade Azevedo, Décio Balestero Aleixo e José Emmanuel Burle Filho. São Paulo: Malheiros, 1993.

_____. *Finanças municipais*. São Paulo: Ed. Revista dos Tribunais, 1979.

MÉLEGA, Luiz. A parafiscalidade e a Constituição Federal de 1988. *Direito tributário atual*. n. 15. São Paulo: Dialética: Instituto Brasileiro de Direito Tributário, 1998. p. 60-78.

MELLO, Célia Cunha. *O fomento da administração pública*. Belo Horizonte: Del Rey, 2003.

MELLO, Celso Antônio Bandeira de. *Curso de direito administrativo*. 12. ed. São Paulo: Malheiros, 2000.

MELLO, Gustavo Miguez de. Contribuições de intervenção no domínio econômico: um convite ao legislador constituinte derivado para reduzir o direito do contribuinte estabelecido pela Assembléia Constituinte. In: MARTINS, Ives Gandra da Silva (coord.). *Contribuições de intervenção no domínio econômico*. São Paulo: Ed. Revista dos Tribunais: Centro de Extensão Universitária, 2002. p. 173-189.

_____. Política fiscal e reforma tributária. In: MARTINS, Ives Gandra da Silva (coord.) *Direito tributário e reforma do sistema*. São Paulo: Ed. Revista dos Tribunais: Centro de Extensão Universitária, 2003. p. 123-131.

MELLO, José Luiz de Anhaia. *Da separação de poderes à guarda da Constituição*: as côrtes constitucionais. São Paulo: Ed. Revista dos Tribunais, 1968.

MELO, José Eduardo Soares de. *Contribuições sociais no sistema tributário*. 3. ed. São Paulo: Malheiros, 2000.

_____. *Curso de direito tributário*. São Paulo: Dialética, 1997.

MENDONÇA, Eduardo Bastos Furtado de. *A constitucionalização das finanças públicas no Brasil*: devido processo orçamentário e democracia. Rio de Janeiro: Renovar, 2010.

MENDONÇA, José Vicente Santos de. *Direito constitucional econômico:* a intervenção do Estado na economia à luz da razão pública e do pragmatismo. Belo Horizonte: Fórum, 2014.

MENDONÇA, Sonia Regina de. *Estado e economia no Brasil:* opções de desenvolvimento. Rio de Janeiro: Graal, 1986.

MENEZES, Aderson de. *Teoria geral do Estado*. 2. ed. Rio de Janeiro: Forense, 1967.

MENEZES, Elissandra Monteiro Freire de. Garantia de não surpresa tributária: anualidade e anterioridade. *Revista Jurídica Amazonense*, n. 1, Manaus: PGE/AM-IPAAM, p. 36-45, ago./out. 1998.

MERSÁN, Carlos. *Direito tributário*. Tradução por Dejalma de Campos. 2. ed. São Paulo: Ed. Revista dos Tribunais, 1988.

MESQUITA, Clarissa Ferreira de Melo. *Regime jurídico do setor postal:* desafios contemporâneos e perspectivas para o setor. São Paulo: Saraiva, 2014.

MICHELI, Gian Antonio. *Curso de direito tributário*. Tradução por Marco Aurélio Greco e Pedro Luciano Marrey Jr. São Paulo: Ed. Revista dos Tribunais, 1978.

MILAGRES, Marcelo de Oliveira. *Direito econômico dos contratos*. Niterói, RJ: Impetus, 2006.

MILESKI, Helio Saul. Novas regras para a gestão e a transparência fiscal — Lei de Responsabilidade Fiscal. *Interesse Público*, n. 7, São Paulo: Notadez, julho-setembro/2000, p. 44-55.

MIRANDA, Jorge. *Teoria do Estado e da Constituição*. 5. ed. Rio de Janeiro: Forense, 2019.

MOCCIA, Maria Herminia Pacheco e Silva. *Parâmetros para a utilização do fomento econômico:* empréstimos pelo BNDES em condições favoráveis. Rio de Janeiro: Lumen Juris, 2015.

MOLINERO, Marcelino Rodríguez. *Introducción a la ciencia del derecho*. 2. ed. Salamanca: Libreria Cervantes, 1993.

MONCADA, Luis S. Cabral de. *Direito econômico*. 2. ed. Coimbra: Coimbra, 1988.

MONTEIRO, Yara Darcy Police. Breves anotações sobre disposições da Lei Complementar n. 101, de 4.5.00. In: QUADROS, Cerdônio (coord.). *Responsabilidade fiscal:* estudos e orientações: uma primeira abordagem. São Paulo: NDJ, 2001, p. 307-327.

MORAES, Alexandre de. *Direito constitucional.* 9. ed. São Paulo: Atlas, 2001.

MORAES, Bernardo Ribeiro de. *Compêndio de direito tributário.* 5. ed. Rio de Janeiro: Forense, 1996. v. 1.

_____. *Dívida ativa.* São Paulo: Quartier Latin, 2004.

MORAES, Filomeno. *Constituição econômica brasileira:* história e política. Curitiba: Juruá, 2011. Biblioteca de História do Direito.

MORBIDELLI, Sidney. *A atuação do Estado na defesa da concorrência:* aspectos jurídicos relevantes. Curitiba: CRV, 2014.

MOREIRA NETO, Diogo de Figueiredo. *Considerações sobre a Lei de Responsabilidade Fiscal:* finanças públicas democráticas. Rio de Janeiro: Renovar, 2001.

_____. Repartição das receitas tributárias. In: MARTINS, Ives Gandra da Silva (coord.). *A Constituição brasileira de 1988:* interpretações. 2. ed. Rio de Janeiro: Forense Universitária, 1988. p. 343-359.

_____. *Curso de direito administrativo.* 11. ed. Rio de Janeiro: Forense, 1997.

_____. *Ordem econômica e desenvolvimento na Constituição de 1988.* Rio de Janeiro: APEC, 1989.

MOREIRA, Egon Bockmann. O princípio da transparência e a responsabilidade fiscal. In: ROCHA, Valdir de Oliveira (coord.). *Aspectos relevantes da Lei de Responsabilidade Fiscal.* São Paulo: Dialética, 2001. p. 127-146.

_____. O direito administrativo da economia, a ponderação de interesses e o paradigma da intervenção sensata. In: CUÉLLAR, Leila; MOREIRA, Egon Bockmann. *Estudos de direito econômico.* Belo Horizonte: Fórum, 2004. p. 53-98.

_____. O direito administrativo da economia e a atividade interventiva do Estado brasileiro. In: CUÉLLAR, Leila; MOREIRA, Egon Bockmann. *Estudos de direito econômico.* v. 2. Belo Horizonte: Fórum, 2010. p. 153-179.

MORETTI, Vinícius Daniel. O papel da iniciativa privada na ordem econômica constitucional. In: WINTER, Luís Alexandre Carta; ALTHAUS, Ingrid Giachini; ALBERTO, Tiago Gagliano Pinto (org.). *Direito econômico e desenvolvimento.* Curitiba: Juruá, 2012. p. 259-270.

MORSELLI, Manuel. *Compendio de ciencia de las finanzas.* Tradução por Diego Abad de Santillan. Buenos Aires: Editorial Atalaya, 1947.

MOSCOGLIATO, Marcelo. Evolução do direito antitruste no Brasil — alguns aspectos. In: ROCHA, João Carlos de Carvalho; MOURA JÚNIOR, Flávio Paixão de; DOBROWOLSKI, Samantha Chantal; SOUZA, Zani Tobias de (coord.). *Lei antitruste:* 10 anos de combate ao abuso de poder econômico. Belo Horizonte: Del Rey, 2005. p. 167-200.

MOTA, Emília Aguiar Fonseca da. O papel dos tribunais de contas. In: COSTA, Ana Edite Olinda Norões (org.). *Estudos em direito e processo administrativos.* Fortaleza: Universidade de Fortaleza, 2006, p. 89-105.

MOTTA, Carlos Pinto Coelho et al. *Responsabilidade fiscal.* Belo Horizonte: Del Rey, 2000.

MOURA, Frederico Araújo Seabra de. Funções primária e secundária das normas gerais em matéria tributária. In: *Derivação e positivação no direito tributário.* São Paulo: Noeses, 2011. p. 503-527.

MUKAI, Toshio. *Administração pública na Constituição de 1988.* 2. ed. São Paulo: Saraiva, 1989.

Referências

_____. *Direito administrativo sistematizado.* São Paulo: Saraiva, 1999.

MUNHOZ, Carolina Pancotto Bohrer. *Direito, livre concorrência e desenvolvimento.* São Paulo: Lex Editora, 2006.

MUSOLF, Lloyd D. *O Estado e a economia.* Tradução por Luiz Aparecido Caruso. São Paulo: Atlas, 1968.

MUYLAERT, Sérgio Ribeiro. *Estado, empresa pública, mercado:* um estudo aproximativo para a efetivação da política econômica comum de integração no Cone Sul. Porto Alegre: Sergio Antonio Fabris Editor, 1999.

NABAIS, José Casalta. *Direito fiscal.* 2. ed. Coimbra: Almedina, 2005.

NADER, Paulo. *Introdução ao estudo do direito.* 14. ed. Rio de Janeiro: Forense, 1997.

NAPOLEONI, Claudio. *Curso de economia política.* 2. ed. Tradução por Alberto Di Sabbato. Rio de Janeiro: Graal, 1979.

NASCIMENTO, Carlos Valder do. *Curso de direito financeiro.* Rio de Janeiro: Forense, 1999.

NASCIMENTO, Edson Ronaldo. *Finanças públicas — União, Estados e Municípios.* Brasília: Vestcon, 2002.

_____. *Princípios de finanças públicas.* Rio de Janeiro: Ferreira, 2010.

_____; DEBUS, Ilvo. *Gestão fiscal responsável:* teoria e prática da Lei Complementar n. 101 — Lei de Responsabilidade Fiscal. Curitiba: JM, 2001.

NASCIMENTO, Tupinambá Miguel Castro do. *Da tributação e do orçamento e a nova Constituição.* Rio de Janeiro: Aide, 1989.

_____. *Comentários à Constituição Federal:* ordem econômica e financeira. Porto Alegre: Livraria do Advogado, 1997.

NAZAR, Nelson. *Direito econômico.* 2. ed. Bauru, SP: Edipro, 2009.

NEVES, Rogério Telles Correia das. *A política estatal de controle de preços no setor sucroalcooleiro.* Porto Alegre: Núria Fabris Ed., 2010.

NIEBUHR, Joel de Menezes. *O novo regime constitucional da medida provisória.* São Paulo: Dialética, 2001.

NOBRE JÚNIOR, Edilson Pereira. Intervenção estatal sobre o domínio econômico, livre-iniciativa e proporcionalidade (céleres considerações). *Boletim de Direito Administrativo.* ano XVIII, n. 9, São Paulo: NDJ, p. 709-719, set. 2002.

NÓBREGA, Livânia Tavares. *Direito financeiro.* Brasília, DF: Fortium, 2005.

NOCE, Umberto Abreu. *O interesse público e a intervenção estatal na economia:* uma análise sob a ótica da nova racionalidade neoliberal. Belo Horizonte: Editora Dialética, 2020.

NOGUEIRA, André Carvalho. *Regulação do poder econômico:* a liberdade revisitada. São Paulo: Quartier Latin, 2011.

NOGUEIRA, Roberto Wagner Lima. *Direito financeiro e justiça tributária.* Rio de Janeiro: Lumen Juris, 2004.

NOGUEIRA, Rubem. *Curso de introdução ao estudo do direito.* 4. ed. São Paulo: Noeses, 2007.

NOGUEIRA, Ruy Barbosa. *Curso de direito tributário.* 14. ed. São Paulo: Saraiva, 1995.

NOHARA, Irene Patrícia. *Direito administrativo.* São Paulo: Atlas, 2011.

_____. *Fundamentos de direito público.* São Paulo: Atlas, 2016.

NOVO, Karla Brito. Diminuição do custo regulatório como mecanismo para impulsionar o desenvolvimento do Brasil. *Revista da Procuradoria-Geral do Estado do Amazonas.* n. 42. Manaus: Imprensa Oficial do Estado do Amazonas, 2022, p. 159-166.

NUSDEO, Ana Maria de Oliveira. *Defesa da concorrência e globalização econômica:* o controle da concentração de empresas. São Paulo: Malheiros, 2002.

_____. Agências reguladoras e concorrência. In: SUNDFELD, Carlos Ari (coord.). *Direito administrativo econômico.* São Paulo: Malheiros, 2000. p. 159-189.

NUSDEO, Fabio. *Fundamentos para uma codificação do direito econômico.* São Paulo: Ed. Revista dos Tribunais, 1995.

_____. *Curso de economia:* introdução ao direito econômico. 3. ed. São Paulo: Ed. Revista dos Tribunais, 2001.

_____. A ordem econômica constitucional: algumas reflexões. In: NUSDEO, Fábio (coord.). *O direito econômico na atualidade.* São Paulo: Ed. Revista dos Tribunais, 2015. p. 25-45.

_____. A ordem econômica constitucional — origem — evolução — principiologia. In: NUSDEO, Fábio (coord.); PINTO, Alexandre Evaristo (org.). *A ordem constitucional econômica:* estudos em celebração ao 1.º centenário da Constituição de Weimar. São Paulo: Thomson Reuters Brasil, 2019. p. 17-34.

OCTAVIANI, Alessandro. *Estudos, pareceres e votos de direito econômico.* São Paulo: Singular, 2014.

_____. *Estudos, pareceres e votos de direito econômico.* São Paulo: LiberArs, 2017. v. II.

_____; NOHARA, Irene Patrícia. *Estatais.* São Paulo: Thomson Reuters Brasil, 2019.

OLIVEIRA, Amanda Flávio de. *O direito da concorrência e o Poder Judiciário.* Rio de Janeiro: Forense, 2002.

_____. Remédios antitruste e ordenamento jurídico brasileiro: primeiras reflexões. In: OLIVEIRA, Amanda Flávio de; RUIZ, Ricardo Machado (org.). *Remédios antitruste.* São Paulo: Singular, 2011. p. 17-30.

OLIVEIRA, Daniel Almeida de. *Direito regulatório & teoria da interpretação:* como interpretar e aplicar direitos complexos. Rio de Janeiro: Synergia Editora, 2015.

OLIVEIRA, Fábio Leopoldo de. *Curso expositivo de direito tributário.* São Paulo: Resenha Tributária, 1976.

OLIVEIRA, Fernando A. Albino de. Limites e modalidades da intervenção do Estado no domínio econômico. *Revista de Direito Público*, n. 37-38. São Paulo: Ed. Revista dos Tribunais, p. 52-64, jan./jun. 1976.

OLIVEIRA, Gesner. *Concorrência: panorama no Brasil e no mundo.* São Paulo: Saraiva. 2001.

_____; RODAS, João Grandino. *Direito e economia da concorrência.* 2. ed. São Paulo: Ed. Revista dos Tribunais, 2013.

OLIVEIRA, José Jayme de Macêdo. *Código Tributário Nacional:* comentários, doutrina e jurisprudência. São Paulo: Saraiva, 1998.

OLIVEIRA, Marcio Berto Alexandrino de; MALTA, Allan Dias Toledo; PEREIRA, Layon Nicolas Dias. *A defesa do agente público na ação de improbidade administrativa.* 4. ed. Rio de Janeiro: Lumen Juris, 2021.

OLIVEIRA, Maria Alessandra Brasileiro de. A extrafiscalidade como instrumento de realização da justiça. Tributo — *Revista do Instituto Cearense de Estudos Tributários.* n. 2. Fortaleza: ABC Editora, p. 253-270, jan./jul. 2001.

OLIVEIRA, Régis Fernandes de. *Receitas públicas originárias.* São Paulo: Malheiros, 1994.

_____. *Receitas não tributárias:* taxas e preços públicos. 2. ed. São Paulo: Malheiros, 2003.

_____; HORVATH, Estevão. *Manual de direito financeiro.* 4. ed. São Paulo: Ed. Revista dos Tribunais, 2001.

Referências

OLIVEIRA, Ricardo Mariz de. Contribuições de intervenção no domínio econômico — Concessionárias, permissionárias e autorizadas de energia elétrica — "Aplicação" obrigatória de recursos (Lei n. 9.991). In: GRECO, Marco Aurélio (coord.). *Contribuições de intervenção no domínio econômico e figuras afins.* São Paulo: Dialética, 2001. p. 375-431.

_____. Base de cálculo. In: MARTINS, Ives Gandra da Silva (coord.). *Base de cálculo.* 1. ed. 2. tir. São Paulo: Resenha Tributária / Centro de Estudos de Extensão Universitária, 1991. p. 209-246.

OLIVEIRA, Rodrigo Macias de. Limites ao controle judicial das decisões do Cade. In: GICO JÚNIOR, Ivo Teixeira; BORGES, Antônio de Moura (coord.). *Intervenção do Estado no domínio econômico:* temas atuais. São Paulo: Lex Editora, 2006. p. 543-571.

OLIVEIRA, Vicente Kleber de Melo. A intervenção do Estado na economia. In: POMPEU, Gina Marcílio (org.). *Estado, constituição e economia.* Fortaleza: Fundação Edson Queiroz: Universidade de Fortaleza, 2008. p. 62-90.

ORTIZ, Gaspar Ariño. *Principios de derecho público económico.* Bogotá: Universidad Externado de Colombia, 2003.

PACIULLI, José. *Direito financeiro.* 2. ed. São Paulo: Saraiva, 1973.

PAES, Luiz Carlos Medeiros da Rocha. *Liberdade e direito econômico:* interpretação de normas constitucionais "contraditórias" em decisões judiciais sobre relações econômicas. São Paulo: LTr, 2009.

PAES, P. R. Tavares. *Comentários ao Código Tributário Nacional.* 5. ed. São Paulo: Ed. Revista dos Tribunais, 1996.

PALUDO, Augustinho Vicente. *Orçamento público e administração financeira e orçamentária.* Rio de Janeiro: Elsevier, 2010.

PASCOAL, Valdecir Fernandes. *A intervenção do estado no município:* o papel do tribunal de contas. Recife: Nossa Livraria, 2000.

_____. *Direito financeiro e controle externo.* Rio de Janeiro: Impetus, 2002.

PASSOS, Carlos Roberto Martins; NOGAMI, Otto. *Princípios de economia.* 2. ed. São Paulo: Pioneira, 1999.

PAULA JÚNIOR, Aldo de. *O fundamento fático de validade das CIDEs e o controle concentrado de sua constitucionalidade.* São Paulo: Noeses, 2014.

PAUPÉRIO, A. Machado. *Teoria geral do Estado:* direito político. 7. ed. Rio de Janeiro: Forense, 1978.

PAZZAGLINI FILHO, Marino. *Crimes de responsabilidade fiscal:* atos de improbidade administrativa por violação da LRF. São Paulo: Atlas, 2001.

PELICIOLI, Ângela Cristina; MOURA, Cláudio Zoch de. *Comentários aos tipos penais previstos na Lei 10.028, de 19 de outubro de 2000.* Florianópolis: Imprensa Oficial do Estado de Santa Catarina, 2000.

PEREIRA, Affonso Insuela. *O direito econômico na ordem jurídica.* 2. ed. São Paulo: Bushatsky, 1980.

PEREIRA, Cesar A. Guimarães. O endividamento público na Lei de Responsabilidade Fiscal. In: ROCHA, Valdir de Oliveira (coord.). *Aspectos relevantes da Lei de Responsabilidade Fiscal.* São Paulo: Dialética, 2001, p. 43-104.

PEREIRA, José Matias. *Finanças públicas:* a política orçamentária no Brasil. São Paulo: Atlas, 1999.

PEREIRA, Tadeu Rabelo. *Regime(s) jurídico(s) das empresas estatais que exploram atividade econômica.* Porto Alegre: Síntese, 2001.

PEREIRA NETO, Caio Mário da Silva; CASAGRANDE, Paulo Leonardo. *Direito concorrencial:* doutrina, jurisprudência e legislação. São Paulo: Saraiva, 2016. Coleção Direito Econômico.

_____; et al. *Advocacia da concorrência:* propostas com base nas experiências brasileira e internacional. São Paulo: Singular, 2016.

PÉRES, Jefferson. *Produção legislativa:* pareceres — 1997/1.º semestre de 1998: trabalho, economia e finanças. Brasília: Secretaria Especial de Editoração e Publicações do Senado Federal, 1998.

_____. *Responsabilidade fiscal:* o governo a serviço do cidadão. Brasília: Secretaria Especial de Editoração e Publicações do Senado Federal, 2000.

PERES, Lázaro Borges et al. *Contabilidade pública.* 3. ed. Goiânia: Conselho Regional de Contabilidade de Goiás, 1996.

PESSOA, Robertônio. *Curso de direito administrativo moderno.* Brasília: Consulex, 2000.

PESTANA, Marcio. *Direito administrativo brasileiro.* Rio de Janeiro: Elsevier, 2008.

PETTER, Lafayete Josué. *Direito financeiro.* Porto Alegre: Verbo Jurídico, 2006.

_____. *Princípios constitucionais da ordem econômica:* o significado e o alcance do art. 170 da Constituição Federal. São Paulo: Ed. Revista dos Tribunais, 2005.

_____. *Direito econômico.* Porto Alegre: Verbo Jurídico, 2006.

PFEIFFER, Roberto Augusto Castellanos. *Defesa da concorrência e bem-estar do consumidor.* São Paulo: Ed. Revista dos Tribunais, 2015.

PIMENTA, Paulo Roberto Lyrio. Contribuição para o custeio do serviço de iluminação pública. *Revista Dialética de Direito Tributário,* n. 95, São Paulo: Dialética, p. 100-108, ago. 2003.

_____. *Contribuições de intervenção no domínio econômico.* São Paulo: Dialética, 2002.

_____. Do caráter provisório das contribuições de intervenção no domínio econômico. In: ROCHA, Valdir de Oliveira (coord.). *Grandes questões atuais do direito tributário.* São Paulo: Dialética, 2003. v. 7, p. 331-341.

PINHEIRO JÚNIOR, Gilberto José. *Crimes econômicos:* as limitações do direito penal. Campinas: Edicamp, 2003.

PINTO, Adriano. Parâmetros constitucionais da contribuição de intervenção no domínio econômico. Tributo — *Revista do Instituto Cearense de Estudos Tributários,* n. 3. Fortaleza: ABC Editora, p. 9-21, jul. 2001/jul. 2002.

PINTO, Flávia Sousa Dantas. Regra-matriz das contribuições: uma proposta. In: MARTINS, Ives Gandra da Silva; ELALI, André (coord.) *Elementos atuais de direito tributário:* estudos e conferências. Curitiba: Juruá, 2005. p. 211-232.

PINTO, Henrique Motta; PINTO JÚNIOR, Mario Engler. *Empresas estatais.* São Paulo: Saraiva, 2013. Coleção Direito Econômico.

PINTO JÚNIOR, Mario Engler. *Empresa estatal:* função econômica e dilemas societários. 2. ed. São Paulo: Atlas, 2013.

PIRES, Antonio Fernando. *Direito constitucional.* Rio de Janeiro: Elsevier, 2013. (Série Universitária)

PISCITELLI, Roberto Bocaccio et al. *Contabilidade pública:* uma abordagem da administração financeira pública. 3. ed. São Paulo: Atlas, 1992.

POLETTI, Ronaldo. *Introdução ao direito.* 3. ed. São Paulo: Saraiva, 1996.

PONTES, Fabíola Pedrosa. Exploração da atividade econômica pelo Estado à luz do artigo 173 da Constituição Federal. In: ARAÚJO, Francisco Régis Frota (coord.). *Direito constitucional econômico:* reflexões e debates. Fortaleza: ABC, 2001. p. 155-165.

PONTES, Helenilson Cunha. *Ensaios de direito tributário.* São Paulo: MP Editora, 2005.

Referências

_____. Contribuições de intervenção no domínio econômico. In: MARTINS, Ives Gandra da Silva (coord.). *Contribuições de intervenção no domínio econômico*. São Paulo: Ed. Revista dos Tribunais: Centro de Extensão Universitária, 2002. p. 377-393.

PORTO, Antônio Maristrello; GAROUPA, Nuno. *Curso de análise econômica do direito*. São Paulo: Atlas, 2020.

PRADO FILHO, José Inacio Ferraz de Almeida. *Concorrência, ordem jurídica e a nova economia institucional:* uma análise custo-transacional da formação da política econômica antitruste. Rio de Janeiro: Lumen Juris, 2018.

PROENÇA, José Marcelo Martins. *Concentração empresarial e o direito da concorrência*. São Paulo: Saraiva, 2001.

PYRRHO Sérgio. *Soberania, ICMS e isenções*: os convênios e os tratados internacionais. Rio de Janeiro: Lumen Juris, 2008.

QUEIROZ, Pedro Aurélio de. *Direito antitruste:* os fundamentos da promoção da concorrência. São Paulo: Singular, 2018.

RADBRUCH, Gustav. *Introdução à ciência do direito*. Tradução por Vera Barkow. São Paulo: Martins Fontes, 1999.

RAGAZZO, Carlos Emmanuel Joppert. A regulação da concorrência. In: GUERRA, Sérgio (Org.). *Regulação no Brasil*: uma visão multidisciplinar. Rio de Janeiro: Editora FGV, 2014. p. 171-202.

RAMIM, Áurea Regina Sócio de Queiroz. *Direito econômico*. Brasília: Fortium, 2005.

_____. *As instituições brasileiras de defesa da concorrência*. Brasília: Fortium, 2005.

RAMOS FILHO, Carlos Alberto de Moraes. *Curso de direito financeiro*. São Paulo: Saraiva, 2012.

_____. A atividade financeira do Estado contemporâneo. *Revista do Ministério Público do Estado do Amazonas*. v. 6. Manaus: Procuradoria-Geral de Justiça / Centro de Estudos e Aperfeiçoamento Funcional, p. 19-42, jan./dez. 2005.

_____. Aspectos gerais do crédito público no direito brasileiro. *Revista da Procuradoria-Geral do Estado do Amazonas*, n. 31, Manaus: PGE / Centro de Estudos Jurídicos, 2008. p. 302-334.

_____. Conteúdo e alcance da expressão "renúncia de receita" para fins de aplicação do art. 14 da Lei de Responsabilidade Fiscal (LC n. 101/2000). *Revista da Procuradoria-Geral do Estado do Amazonas*, n. 25, Manaus: PGE / Centro de Estudos Jurídicos, 2002. p. 384-405.

_____. O planejamento das políticas públicas segundo a Lei de Responsabilidade Fiscal (Lei Complementar 101, de 04.05.2000). *Revista Jurídica Amazonense*, n. 10, Manaus: PGE/AM-IPAAM, p. 73-94, jan./mar. 2001.

_____. O processo legislativo orçamentário e a Constituição de 1988. *Revista Tributária e de Finanças Públicas*, n. 61, São Paulo: Ed. Revista dos Tribunais, p. 228-242, mar./abr. 2005.

_____. Os créditos adicionais e o direito financeiro brasileiro. *Revista Tributária e de Finanças Públicas*, n. 65, São Paulo: Ed. Revista dos Tribunais, p. 234-242, nov./dez. 2005.

_____. A intervenção do Estado no domínio econômico: limites e modalidades à luz do direito brasileiro. *Revista Tributária e de Finanças Públicas*, n. 88, São Paulo: Ed. Revista dos Tribunais, p. 60-90, set./out. 2009.

_____. O Estado como sujeito ativo da atividade econômica. In: FURLAN, Valéria (org.). *Sujeito no direito:* história e perspectivas para o século XXI. Curitiba: CRV, 2012. p. 183-200.

_____. O regime jurídico das empresas estatais exploradoras de atividades econômicas. In: FERREIRA, Jussara Suzi Assis Borges Nasser; RIBEIRO, Maria de Fátima (org.). *Atividade empresarial e mudança social*. São Paulo: Arte & Ciência, 2009. p. 33-50.

_____. O constitucionalismo econômico no Brasil. In: GUNTHER, Luiz Eduardo; FISCHER, Octavio Campos (coord.). *Constitucionalismo e direitos fundamentais*. Curitiba: Instituto Memória. Centro de Estudos da Contemporaneidade, 2019. p. 32-51.

_____. Dano decorrente de intervenção estatal no domínio econômico: a responsabilidade do Estado em caso de tabelamento de preços. In: BORGES, Gustavo; MAIA, Maurílio Casas (org.). *Novos danos na pós-modernidade*. Belo Horizonte: D'Plácido, 2020. p. 427-454.

RAMOS, Elival da Silva. O Estado na ordem econômica. *Revista de Direito Constitucional e Internacional*. n. 43. São Paulo: Ed. Revista dos Tribunais, p. 49-56, abr./jun. 2003.

RAMOS, José Nabantino. *Sistema brasileiro de direito econômico:* história, doutrina, legislação. São Paulo: Ed. Resenha Tributária, Instituto Brasileiro de Direito Tributário, 1977.

RANGEL JÚNIOR, Hamilton. *Princípio da modalidade institucional:* conceito, aplicabilidade e controle na Constituição de 1988. São Paulo: Juarez de Oliveira, 2001.

RAPOSO, Fernanda Gurgel. *Constituições estaduais e a ordem econômica:* autonomia e limites dos Estados. Jundiaí, SP: Paco, 2018.

REZEK, Francisco. A ética da ordem econômica na Constituição do Brasil. In: MARTINS FILHO, Ives Gandra da Silva; MEYER-PFLUG, Samantha Ribeiro (coord.). *A intervenção do Estado no domínio econômico:* condições e limites — Homenagem ao Prof. Ney Prado. São Paulo: LTr, 2011. p. 33-44.

RIBEIRO, Carlos José de Assis. *O crédito público no Brasil:* teoria e prática. Rio de Janeiro: Fundação Getúlio Vargas, 1972.

RIBEIRO, José Joaquim Teixeira. *Lições de finanças públicas.* 5. ed. Coimbra: Coimbra, 1997.

RIBEIRO, Marcia Carla Pereira. *Sociedade de economia mista e empresa privada:* estrutura e função. Curitiba: Juruá, 1999.

RIVERA, Reinaldo Chaves. Tributos e renúncia fiscal — Lei Complementar 101 — a lei da gestão fiscal responsável. *Revista Dialética de Direito Tributário*, n. 77, São Paulo: Dialética, p. 109-116, fev. 2002.

ROCHA, Ariosto de Rezende. *Elementos de direito financeiro e finanças.* Manaus: Governo do Estado do Amazonas, 1966. v. 1.

ROCHA, Carmen Lúcia Antunes. Constituição e ordem econômica. In: FIOCCA, Demian; GRAU, Eros Roberto (coord.). *Debate sobre a Constituição de 1988.* São Paulo: Paz e Terra, 2001. p. 9-34.

ROCHA, Silvio Luís Ferreira da. *Manual de direito administrativo.* São Paulo: Malheiros, 2013.

_____. Breves considerações sobre a intervenção do Estado no domínio econômico e a distinção entre atividade econômica e serviço público. In: SPARAPANI, Priscilia; ADRI, Renata Porto (coord.). *Intervenção do Estado no domínio econômico e no domínio social:* homenagem ao professor Celso Antônio Bandeira de Mello. Belo Horizonte: Fórum, 2010. p. 13-27.

ROCHA, Valdir de Oliveira. *Determinação do montante do tributo:* quantificação, fixação e avaliação. 2. ed. São Paulo: Dialética, 1995.

RODRIGUES, João Gaspar. Esboço crítico sobre a transição do Estado Social para o Estado Regulador: contradições e desafios. *Revista Jurídica do Ministério Público do Estado do Amazonas.* v. 9. n. 1/2. Manaus: PGJ/CEAF, p. 191-235, jan./dez. 2008.

RODRIGUES, Marilene Talarico Martins. Contribuições de intervenção no domínio econômico. In: MARTINS, Ives Gandra da Silva (coord.). *Contribuições de intervenção no domínio econômico.* São Paulo: Ed. Revista dos Tribunais: Centro de Extensão Universitária, 2002. p. 139-172.

ROMAN, Flavio José. *Discricionariedade técnica na regulação econômica.* São Paulo: Saraiva, 2013.

■ Referências   **889**

ROQUE, Marcela Ali Tarif. A nova lei do CADE e a ação de indenização civil contida em seu artigo 47. *Publicações da Escola da AGU:* a nova lei do CADE. n. 19. Brasília: EAGU (Escola da Advocacia-Geral da União), p. 233-251, jul. 2012.

ROQUE, Sebastião José. *Direito econômico.* São Paulo: Ícone, 2012 (Coleção Elementos de Direito).

ROSA JÚNIOR, Luiz Emygdio F. da. *Manual de direito financeiro e direito tributário.* 12. ed. Rio de Janeiro: Renovar, 1998.

ROSS, Alf. *Direito e justiça.* Tradução por Edson Bini. Bauru, SP: Edipro, 2000.

ROTHMANN, Gerd Willi. A guerra fiscal dos Estados na (des)ordem tributária e econômica da Federação. In: TORRES, Heleno Taveira (coord.) *Direito tributário e ordem econômica*: homenagem aos 60 anos da ABDF. São Paulo: Quartier Latin, 2010, p. 471-494.

ROYO, Fernando Pérez. *Derecho financiero y tributário:* parte general. 13. ed. Madrid: Thomson Civitas, 2003.

SÁ, Afrânio de. Breves linhas sobre controle e responsabilização. *Revista da Faculdade de Direito da Universidade do Amazonas.* v. 10. Manaus, 1998, p. 119-122.

SAADI, Mário. *Empresa semiestatal.* Belo Horizonte: Fórum, 2019.

SABBAG, César de Moraes. *Orçamento e desenvolvimento.* São Paulo: Millenium, 2006.

SADDY, A. *Formas de atuação e intervenção do Estado brasileiro na economia.* Rio de Janeiro: Lumen Juris, 2011.

SAITO, Carolina; CORDOVIL, Leonor; ROS, Luiz Guilherme. A competência do CADE sobre atos de agências reguladoras: análise de caso na revenda de combustíveis. In: MENDONÇA, Elvino de Carvalho; SOUZA, Luciano Inácio de; MENDONÇA, Rachel Pinheiro de Andrade (org.). *A interface entre regulação e concorrência na cadeia produtiva do petróleo:* análises de julgados do CADE. São Paulo: Migalhas, 2017. p. 195-213.

SALGADO, Lucia Helena. *A economia política da ação antitruste.* São Paulo: Singular, 1997.

SALOMÃO FILHO, Calixto. *Direito concorrencial.* São Paulo: Malheiros, 2013.

_____. *Regulação da atividade econômica:* princípios e fundamentos jurídicos. São Paulo: Malheiros, 2001.

_____. *Regulação e concorrência:* (estudos e pareceres). São Paulo: Malheiros, 2002.

_____. *A sociedade unipessoal.* São Paulo: Malheiros, 1995.

_____. Função social do contrato: primeiras anotações. In: LUCON, Paulo Henrique dos Santos (coord.). *Tutela coletiva*: 20 anos da Lei da ação civil pública e do Fundo de Defesa de Direitos Difuso, 15 anos do Código de Defesa do Consumidor. São Paulo: Atlas, 2006. p. 60-82.

SAMPAIO, Egas Rosa. *Instituições de ciência das finanças:* uma abordagem econômico-financeira. Rio de Janeiro: Forense, 1991.

SAMPAIO, Gustavo José Marrone de Castro. *Fundamentos da regulação bancária e aplicação do princípio da subsidiariedade.* São Paulo: Almedina, 2015.

SAMPAIO, Patrícia Regina Pinheiro. *Regulação e concorrência:* a atuação do CADE em setores de infraestrutura. São Paulo: Saraiva, 2013.

_____. Por que tutelar a livre concorrência? Notas sobre direito e economia na prevenção e repressão ao abuso do poder econômico. In: PINHEIRO, Armando Castelar; PORTO, Antônio J. Maristrello; SAMPAIO, Patrícia Regina Pinheiro (coord.). *Direito e economia:* diálogos. Rio de Janeiro: FGV Editora, 2019. p. 177-200.

SANTANA, Cleuciliz Magalhães. *Como funciona a economia.* Manaus: Valer, 1998.

SANTANA, Jair Eduardo. *Os crimes de responsabilidade fiscal tipificados pela Lei 10.028/00 e a responsabilidade pessoal do administrador público.* São Paulo: NDJ, 2001.

SANTI, Eurico Marcos Diniz de. As classificações no sistema tributário brasileiro. In: *Justiça tributária:* direitos do fisco e garantias dos contribuintes nos atos da administração e no processo tributário. São Paulo: Max Limonad, 1998. p. 125-147.

SANTIAGO, Luciano Sotero. *Direito da concorrência:* doutrina e jurisprudência. Salvador: JusPodivm, 2008.

SANTOS, António Carlos dos; GONÇALVES, Maria Eduarda; MARQUES, Maria Manuel Leitão. *Direito económico.* 3. ed. Coimbra: Almedina, 1998.

SANTOS, Flávia Chiquito dos. *Aplicação de penas na repressão a cartéis:* uma análise da jurisprudência do CADE. Rio de Janeiro: Lumen Juris, 2016.

SANTOS, Renato Ferreira dos. A utilização de empresas estatais como meio de regulação: os limites e restrições para a criação e atribuições de competências às estatais sob a perspectiva regulatória. In: GUERRA, Sérgio (org.). *Teoria do Estado regulador.* Curitiba: Juruá, 2016 v. II, p. 245-263.

SANTOS, Thiago Flores dos. *Licenciamento ambiental*: uma análise sob a ótica do direito constitucional contemporâneo. Rio de Janeiro: Lumen Juris, 2020.

SANTOS JÚNIOR, Francisco Alves dos. *Curso de direito financeiro.* Campinas, SP: Bookseller, 2006.

SCAFF, Fernando Facury. O jardim e a praça ou a dignidade da pessoa humana e o direito tributário e financeiro. In: TORRES, Heleno Taveira (coord.). *Direito e poder:* nas instituições e nos valores do público e do privado contemporâneos. Barueri, SP: Manole, 2005. p. 543-557.

_____. *Responsabilidade civil do Estado intervencionista.* 2. ed. Rio de Janeiro: Renovar, 2001.

_____. Contribuições de intervenção e direitos humanos de segunda dimensão. In: MARTINS, Ives Gandra da Silva (coord.). *Contribuições de intervenção no domínio econômico.* São Paulo: Ed. Revista dos Tribunais: Centro de Extensão Universitária, 2002. p. 394-422.

SCHAPIRO, Mario Gomes. *Novos parâmetros para a intervenção do Estado na economia.* São Paulo: Saraiva, 2010. Coleção direito, desenvolvimento e justiça. Série Produção científica.

_____; BACCHI, Fabiana Mesquita. Análise dos atos de concentração no Brasil: forma, função e o incrementalismo reformista do CADE. In: SCHAPIRO, Mario Gomes; CARVALHO, Vinícius Marques de; CORDOVIL, Leonor (coord.). *Direito econômico concorrencial.* São Paulo: Saraiva, 2013. p. 47-96. Série GVLaw: Direito econômico.

SCHERKERKEWITZ, Iso Chaitz. *Sistema constitucional tributário.* Rio de Janeiro: Forense, 1996.

SCHIRATO, Vitor Rhein. *As empresas estatais no direito administrativo econômico atual.* São Paulo: Saraiva, 2016.

_____. *Livre iniciativa nos serviços públicos.* Belo Horizonte: Fórum, 2012.

SCHOUERI, Luís Eduardo. *Normas tributárias indutoras e intervenção econômica.* Rio de Janeiro: Forense, 2005.

_____. Algumas considerações sobre a contribuição de intervenção no domínio econômico no sistema constitucional brasileiro. A contribuição ao Programa Universidade-Empresa. In: GRECO, Marco Aurélio (coord.). *Contribuições de intervenção no domínio econômico e figuras afins.* São Paulo: Dialética, 2001. p. 357-373.

SCHWARTZ, Luís Fernando. O direito da concorrência e seus fundamentos: racionalidade e legitimidade na aplicação da Lei 8.884/94. In: POSSAS, Mario Luiz (coord.). *Ensaios sobre economia e direito da concorrência.* São Paulo: Singular, 2002. p. 33-74.

SCHWIND, Rafael Wallbach. *O Estado acionista: empresas estatais e empresas privadas com participação estatal.* São Paulo: Almedina, 2017.

SCIORILLI, Marcelo. *A ordem econômica e o Ministério Público.* São Paulo: Editora Juarez de Oliveira, 2004.

Referências

SCOTT, Paulo Henrique Rocha. *Direito constitucional econômico:* Estado e normalização da economia. Porto Alegre: Sérgio Antonio Fabris Editor, 2000.

SEIXAS FILHO, Aurélio Pitanga. Dimensão jurídica do tributo vinculado. In: BRITO, Edvaldo; ROSAS, Roberto (coord.). *Dimensão jurídica do tributo:* homenagem ao professor Dejalma de Campos. São Paulo: Meio Jurídico, 2003. p. 151-170.

_____. Limites orçamentários da administração pública. *Cadernos de Direito Tributário e Finanças Públicas*, n. 4, São Paulo: Ed. Revista dos Tribunais, p. 156-160, jul./set. 1993.

SICHES, Luis Recaséns. *Introducción al estudio del derecho.* 14. ed. México: Editorial Porrúa, 2003.

SILVA, Alessandra Obara Soares da. Intervenção do Estado no domínio econômico: o Estado empresário. In: FAIM FILHO, Eurípedes Gomes; SERRANO, Mônica de Almeida Magalhães. *Direito financeiro e direito econômico:* à luz da jurisprudência e da administração dos tribunais. São Paulo: Instituto Paulista de Magistrados — IPAM, 2020. p. 180-203.

SILVA, Américo Luís Martins da. *A ordem constitucional econômica.* Rio de Janeiro: Lumen Juris, 1996.

_____. *Introdução ao direito econômico.* Rio de Janeiro: Forense, 2002.

SILVA, Antonio Agostinho da. *As agências reguladoras e o direito da concorrência.* São Paulo: Ed. Nelpa, 2016.

SILVA, César Augusto Silva da. *O direito econômico na perspectiva da globalização:* análise das reformas constitucionais e da legislação ordinária pertinente. Rio de Janeiro: Renovar, 2000.

SILVA, De Plácido e. *Noções de finanças e direito fiscal.* 2. ed. Curitiba: Guaíra, [s./d.]

SILVA, Edson Jacinto da. *O município na Lei de Responsabilidade Fiscal.* Leme: LED, 2000.

SILVA, Fernando Antônio Rezende da. *Finanças públicas.* 2. ed. São Paulo: Atlas, 2001.

SILVA, Ivan Luiz da. Da inconstitucionalidade dos decretos concessivos de incentivos fiscais em ICMS. *Revista Tributária e de Finanças Públicas*, n. 51, São Paulo: Ed. Revista dos Tribunais, p. 225-232, jul./ago. 2003.

SILVA, Jair Cândido da. *Lei n. 4.320/64 comentada:* uma contribuição para a elaboração da lei complementar (§ 9.º art. 165 da CF/88). Brasília: Thesaurus, 2007.

_____; VASCONCELOS, Edilson Felipe. *Manual de execução orçamentária e contabilidade pública.* Brasília: Brasília Jurídica, 1997.

SILVA, José Afonso da. *Curso de direito constitucional positivo.* 17. ed. São Paulo: Malheiros, 2000.

_____. *Orçamento-programa no Brasil.* São Paulo: Ed. Revista dos Tribunais, 1973.

SILVA, Lino Martins da. *Contabilidade governamental:* um enfoque administrativo. 3. ed. São Paulo: Atlas, 1996.

SILVA, Luiz Augusto da. *Empresa estatal e regulação:* a atuação empresarial do Estado com objetivos regulatórios. Curitiba: CRV, 2019.

SILVA, Paulo Henrique Tavares da. *A valorização do trabalho humano como princípio constitucional da ordem econômica brasileira:* interpretação crítica e possibilidades de efetivação. Curitiba: Juruá, 2003.

SILVA, Paulo Napoleão Nogueira da. *Curso de direito constitucional.* 2. ed. São Paulo: Ed. Revista dos Tribunais, 1999.

SILVA, Sandoval Alves da. *Direitos sociais:* leis orçamentárias como instrumento de implementação. Curitiba: Juruá, 2007.

SILVA NETO, Manoel Jorge e. *Direito constitucional econômico.* São Paulo: LTr, 2001.

SILVEIRA, Paulo Burnier da. *Direito da concorrência.* Rio de Janeiro: Forense, 2021.

SINGER, Paul. *O que é economia.* 2. ed. São Paulo: Contexto, 1998.

SIQUEIRA, Marcelo Sampaio. Orçamento público e a aplicação dos princípios constitucionais econômicos. *Revista da Procuradoria-Geral do Município de Fortaleza.* ano 9. v. 10. Fortaleza: Centro de Estudos e Treinamento (CETREI), 2002, p. 127-147.

SLAIBI FILHO, Nagib. *Anotações à Constituição de 1988:* aspectos fundamentais. 4. ed. Rio de Janeiro: Forense, 1993.

SMAYEVSKY, Miriam et al. *Derecho económico I.* Buenos Aires: La Ley, 2005.

SOARES, Remi Aparecida de Araújo. *Proteção ambiental e desenvolvimento econômico:* conciliação. Curitiba: Juruá, 2004.

SOUSA, Rubens Gomes de. *Compêndio de legislação tributária.* Edição póstuma. São Paulo: Resenha Tributária, 1981.

_____; ATALIBA, Geraldo; CARVALHO, Paulo de Barros. *Comentários ao código tributário nacional:* (parte geral). São Paulo: Ed. Revista dos Tribunais / EDUC, 1975.

SOUTO, Marcos Juruena Villela. *Direito administrativo da economia.* Rio de Janeiro: Lumen Juris, 2003.

SOUZA, Ana Paula Marques de; PEREIRA, Fábio da Silva; LIMA, Renata Albuquerque. *Sistema brasileiro de defesa da concorrência:* implicações da Lei n. 12.529/2011 na defesa da concorrência. Rio de Janeiro: Lumen Juris, 2018.

SOUZA, Andrei Mininel de. *Contribuições de intervenção no domínio econômico:* da incidência ao controle de constitucionalidade. São Paulo: Scortecci, 2008.

SOUZA, Fátima Fernandes Rodrigues de; GARCIA, Patrícia Fernandes de Souza. Nova amplitude do conceito de "domínio econômico". In: GRECO, Marco Aurélio (coord.). *Contribuições de intervenção no domínio econômico e figuras afins.* São Paulo: Dialética, 2001. p. 79-90.

SOUZA, Hamilton Dias de. Conceito e conteúdo do direito tributário e sistema tributário nacional. In: LACOMBE, Américo Masset; MARTINS, Ives Gandra da Silva (coord.). *Noções de direito tributário.* São Paulo: LTr, 1975. p. 11-20.

_____; FERRAZ JÚNIOR, Tércio Sampaio. Contribuições de intervenção no domínio econômico e a federação. In: MARTINS, Ives Gandra da Silva (coord.). *Contribuições de intervenção no domínio econômico.* São Paulo: Ed. Revista dos Tribunais: Centro de Extensão Universitária, 2002. p. 58-106.

SOUZA, Hilda de. *Processo legislativo:* linhas jurídicas essenciais. Porto Alegre: Sulina, 1998.

SOUZA, Horácio Augusto Mendes de. A intervenção do Estado no domínio econômico à luz da jurisprudência. In: SOUTO, Marcos Juruena Villela; MARSHALL, Carla C. (coord.). *Direito empresarial público.* Rio de Janeiro: Lumen Juris, 2002. p. 45-88.

SOUZA, Neomésio José de. *Intervencionismo e direito:* uma abordagem das repercussões. Rio de Janeiro: Aide, 1984.

SOUZA, Ricardo Conceição. Perfil constitucional das contribuições de intervenção no domínio econômico. In: GRECO, Marco Aurélio (coord.). *Contribuições de intervenção no domínio econômico e figuras afins.* São Paulo: Dialética, 2001. p. 185-216.

SOUZA, Sérgio Augusto G. Pereira de. *Premissas de direito econômico.* Belo Horizonte: Fórum, 2009.

SOUZA, Ruy de. *Ciência das finanças:* parte geral. Belo Horizonte: Tipografia da Faculdade de Direito da Universidade de Minas Gerais, 1953. t. I.

SOUZA, Washington Peluso Albino de. *Primeiras linhas de direito econômico.* 4. ed. São Paulo: LTr, 1999.

_____. *Teoria da constituição econômica.* Belo Horizonte: Del Rey, 2002.

Referências

893

_____. *Lições de direito econômico*. Porto Alegre: Sergio Antonio Fabris Editor, 2002.

_____. O conceito e objeto do direito econômico. In: SOUZA, Washington Peluso Albino de; CLARK, Giovani (coord.). *Direito econômico e a ação estatal na pós-modernidade*. São Paulo: LTr, 2011. p. 17-26.

_____. Achegas à Lei n. 8.884/94. In: ROCHA, João Carlos de Carvalho; MOURA JÚNIOR, Flávio Paixão de; DOBROWOLSKI, Samantha Chantal; SOUZA, Zani Tobias de (coord.). *Lei antitruste:* 10 anos de combate ao abuso de poder econômico. Belo Horizonte: Del Rey, 2005. p. 265-278.

SPAGNOL, Werther Botelho. *Curso de direito tributário*. Belo Horizonte: Del Rey, 2004.

STEINDORFER, Fabriccio. *Fundamentos da liberdade econômica*. Leme, SP: Mizuno, 2021.

STOBER, Rolf. *Direito administrativo econômico geral*. Tradução por António Francisco de Souza. São Paulo: Saraiva, 2012 (Série IDP).

STRECK, Lenio Luiz; MORAIS, Jose Luis Bolzan de. *Ciência política e teoria do Estado*. 8. ed. Porto Alegre: Livraria do Advogado, 2014.

SUNDFELD, Carlos Ari. *Fundamentos de direito público*. 3. ed. São Paulo: Malheiros, 1997.

_____. Direito público e regulação no Brasil. In: GUERRA, Sérgio (Org.). *Regulação no Brasil*: uma visão multidisciplinar. Rio de Janeiro: Editora FGV, 2014. p. 111-142.

TÁCITO, Caio. *Direito administrativo*. São Paulo: Saraiva, 1975.

TÁMEZ, Carlos André Silva; MORAES JÚNIOR, José Jayme. *Finanças públicas*. Rio de Janeiro: Elsevier, 2007.

TAUFICK, Roberto Domingos. *Nova lei antitruste brasileira:* avaliação crítica, jurisprudência, doutrina e estudo comparado. 2. ed. São Paulo: Almedina, 2017.

TAVARES, André Ramos. *Curso de direito constitucional*. São Paulo: Saraiva, 2002.

_____. *Direito constitucional econômico*. São Paulo: Método, 2003.

_____. *Direito constitucional da empresa*. Rio de Janeiro: Forense; São Paulo: Método, 2013.

_____. A intervenção do Estado no domínio econômico. In: CARDOZO, José Eduardo Martins; QUEIROZ, João Eduardo Lopes; SANTOS, Márcia Walquíria Batista dos (org.). *Curso de direito administrativo econômico*. São Paulo: Malheiros, 2006. v. II, p. 173-218.

TEIXEIRA, Alberto. *Planejamento público:* de Getúlio a JK (1930-1960). Fortaleza: IPLANCE, 1997.

TELLES JÚNIOR, Goffredo. *Iniciação na ciência do direito*. São Paulo: Saraiva, 2001.

THAMAY, Rennan Faria Krüger; GARCIA JÚNIOR, Vanderley; TAMER, Maurício. *A Lei de liberdade econômica:* uma análise material e processual da Lei n. 13.874/2019. São Paulo: Ed. Revista dos Tribunais, 2020.

TOLEDO, Gastão Alves de. *O direito constitucional econômico e sua eficácia*. Rio de Janeiro: Renovar, 2004.

_____. Contribuição incidente sobre "royalties" — Lei federal 10.168, de 29.12.2000, e Medida Provisória 2.062-63/2001. In: GRECO, Marco Aurélio (coord.). *Contribuições de intervenção no domínio econômico e figuras afins*. São Paulo: Dialética, 2001. p. 255-274.

TOLEDO JR., Flávio C. de; ROSSI, Sérgio Ciquera. *A Lei 4.320 no contexto da Lei de Responsabilidade Fiscal*. São Paulo: NDJ, 2005.

_____; _____. *Lei de Responsabilidade Fiscal*: comentada artigo por artigo. São Paulo: NDJ, 2001.

TOMAZETE, Marlon. *Direito societário*. São Paulo: Juarez de Oliveira, 2003.

TOMÉ, Fabiana Del Padre. A jurisprudência do STF sobre guerra fiscal. In: MARTINS, Ives Gandra da Silva; ELALI, André; PEIXOTO, Marcelo Magalhães (coord.). *Incentivos fiscais*:

questões pontuais nas esferas federal, estadual e municipal. São Paulo: MP, 2007. p. 125-136.

TORELLY, Paulo Peretti. O direito e a síntese entre o público e o privado. In: SOUZA, Washington Peluso Albino de; CAMARGO, Ricardo Antônio Lucas; TORELY, Paulo Peretti. *Constituição econômica e pacto federativo.* Porto Alegre: Núria Fabris Ed., 2015. p. 79-144.

TORRES, Heleno Taveira. *Direito constitucional financeiro*: teoria da constituição financeira. São Paulo: Ed. Revista dos Tribunais, 2014.

_____. Isenções no ICMS — limites formais e materiais. Aplicação da LC n. 24/75. Constitucionalidade dos chamados "convênios autorizativos". *Revista Dialética de Direito Tributário*, n. 72, São Paulo: Dialética, setembro/2001, p. 88-93.

_____. Pressupostos constitucionais das contribuições de intervenção no domínio econômico. A Cide-Tecnologia. In: ROCHA, Valdir de Oliveira (coord.). *Grandes questões atuais do direito tributário.* São Paulo: Dialética, 2003. v. 7, p. 107-172.

TORRES, Ricardo Lobo. *Curso de direito financeiro e tributário.* 4. ed. Rio de Janeiro: Renovar, 1997.

_____. *O orçamento na constituição.* Rio de Janeiro: Renovar, 1995.

_____. Aspectos fundamentais e finalísticos do tributo. In: MARTINS, Ives Gandra da Silva (coord.). *O tributo:* reflexão multidisciplinar sobre sua natureza. Rio de Janeiro: Forense, 2007. p. 35-54.

TORRES, Silvia Faber. A ponderação nas contribuições de intervenção no domínio econômico. In: PIRES, Adilson Rodrigues; TORRES, Heleno Taveira (coord.). *Princípios de direito financeiro e tributário:* estudos em homenagem ao Professor Ricardo Lobo Torres. Rio de Janeiro: Renovar, 2006. p. 583-609.

TRAVASSOS, Marcelo Zenni. *Fundamentos do direito regulatório no instituto da extrafiscalidade.* Brasília: Penélope Editora, 2014.

TRIBUNAL DE CONTAS DO ESTADO DO RIO GRANDE DO SUL. *Manual de procedimentos para a aplicação da Lei de Responsabilidade Fiscal.* Brasília: BNDES, 2000.

TROIANELLI, Gabriel Lacerda. O perfil constitucional da contribuição de intervenção no domínio econômico. In: GRECO, Marco Aurélio (coord.). *Contribuições de intervenção no domínio econômico e figuras afins.* São Paulo: Dialética, 2001. p. 217-230.

TROMBINI JÚNIOR, Nelson. *As espécies tributárias na Constituição Federal de 1988.* São Paulo: MP, 2006.

VALÉRIO, Marco Aurélio Gumieri. *Antitruste em setores regulados.* São Paulo: Lemos e Cruz, 2006

VALÉRIO, Walter Paldes. *Programa de direito financeiro e finanças.* 6. ed. Porto Alegre: Sulina, 1996.

VALIM, Rafael. *A subvenção no direito administrativo brasileiro.* São Paulo: Editora Contracorrente, 2015.

VASCONCELLOS, Marco Antonio S.; GARCIA, Manuel E. *Fundamentos de economia.* 2. ed. São Paulo: Saraiva, 2004.

VASCONCELOS, Arnaldo. *Teoria geral do direito.* v. 1: teoria da norma jurídica. 3. ed. São Paulo: Malheiros, 1993.

VAZ, Isabel. *Direito econômico da concorrência.* Rio de Janeiro: Forense, 1993.

_____. *Direito econômico das propriedades.* 2. ed. Rio de Janeiro: Forense, 1993.

_____. A intervenção do Estado no domínio econômico: condições e limites. In: MARTINS FILHO, Ives Gandra da Silva; MEYER-PFLUG, Samantha Ribeiro (coord.). *A intervenção do*

Referências

Estado no domínio econômico: condições e limites — Homenagem ao Prof. Ney Prado. São Paulo: LTr, 2011. p. 45-82.

_____. Direito econômico e direito da concorrência. In: CORDOVIL, Leonor; ATHIAS, Daniel (org.). *Direito concorrencial em transformação:* uma homenagem a Mauro Grinberg. São Paulo: Singular, 2020. p. 109-129.

VAZ, Manuel Afonso. *Direito económico:* a ordem econômica portuguesa. 4. ed. Coimbra: Coimbra, 1998.

VEIGA, Clóvis de Andrade. *Direito financeiro aplicado.* São Paulo: Ed. Revista dos Tribunais, 1975.

VELOSO, Juliano Ribeiro Santos. *Direito ao planejamento.* Belo Horizonte: Editora D'Plácido, 2014.

VENÂNCIO FILHO, Alberto. *A intervenção do Estado no domínio econômico:* o direito público econômico no Brasil. Rio de Janeiro: Renovar, 1998 (ed. fac-similar da de 1968).

_____. Abuso do poder econômico. Disponível em: <file:///C:/Users/Carlos/Downloads/59506--Texto%20do%20Artigo-126067-1-10-20160303.pdf>. Acesso em: 8 mar. 2021.

VERDU, Pablo Lucas. *Curso de derecho político.* 2. ed. Madrid: Editorial Tecnos, 1977. v. II.

VERGARA, Francisco. *Introdução aos fundamentos filosóficos do liberalismo.* Tradução por Catherine M. Mathieu. São Paulo: Nobel, 1995.

VIDAL, Tereza Cristina. As exonerações fiscais à luz da Lei Complementar n. 101/2000, art. 14. *XXVI Congresso Nacional de Procuradores do Estado: Caderno de Teses.* Goiás, 2000. p. 541-556.

VIDIGAL, Geraldo de Camargo. *Fundamentos do direito financeiro.* São Paulo: Ed. Revista dos Tribunais, 1973.

_____. *Teoria geral do direito econômico.* São Paulo: Ed. Revista dos Tribunais, 1977.

_____. A ordem econômica. In: MARTINS, Ives Gandra da Silva (coord.). *A Constituição brasileira de 1988:* interpretações. 2. ed. Rio de Janeiro: Forense Universitária, 1988. p. 373-387.

VIDIGAL, Geraldo Facó. Sistema financeiro nacional: atualidade e perspectivas. *I Ciclo de Estudos de Direito Econômico.* São Paulo: Instituto Brasileiro de Ciência Bancária – IBCB, 1993, p. 7-12.

VIDIGAL, Lea. *BNDES:* um estudo de direito econômico. São Paulo: Liber Arts, 2019.

VIEIRA, Gabriela Falcão. Intervenção do Estado no domínio econômico: modalidades e perspectivas. In: SOUTO, Marcos Juruena Villela; MARSHALL, Carla C. (coord.). *Direito empresarial público.* Rio de Janeiro: Lumen Juris, 2002. p. 133-153.

VIEIRA, Liszt; BREDARIOL, Celso. *Cidadania e política ambiental.* Rio de Janeiro: Record, 1998.

VILANOVA, Lourival. *As estruturas lógicas e o sistema do direito positivo.* São Paulo: Max Limonad, 1997.

VILELA, Juliana Girardelli. *Joint ventures* sob o prisma concorrencial. In: GILBERTO, André Marques; CAMPILONGO, Celso Fernandes; VILELA, Juliana Girardelli (org.). *Concentração de empresas no direito antitruste brasileiro:* teoria e prática dos atos de concentração. São Paulo: Singular, 2011. p. 321-333.

VILLEGAS, Héctor B. *Curso de finanzas, derecho financiero y tributario.* 8. ed. Buenos Aires: Astrea, 2003.

VINHA, Thiago Degelo; RIBEIRO, Maria de Fátima. Efeitos socioeconômicos dos tributos e sua utilização como instrumento de políticas governamentais. In: PEIXOTO, Marcelo Magalhães; FERNANDES, Edison Carlos (coord.). *Tributação, justiça e liberdade:* homenagem a Ives Gandra da Silva Martins. Curitiba: Juruá, 2005. p. 657-684.

WAISBERG, Ivo. *Direito e política da concorrência para os países em desenvolvimento.* São Paulo: Lex Editora, 2006.

WALD, Arnold. Os depósitos bancários e o Plano Collor. *I Ciclo de Estudos de Direito Econômico.* São Paulo: Instituto Brasileiro de Ciência Bancária – IBCB, 1993, p. 23-36.

WANG, Daniel Wei Liang; PALMA, Juliana Bonacorsi de; COLOMBO, Daniel Gama e. Revisão judicial dos atos das agências reguladoras: uma análise da jurisprudência brasileira. In: SCHA-PIRO, Mario Gomes (coord.). *Direito econômico:* direito econômico regulatório. 1. ed. (2010). 3. tiragem. São Paulo: Saraiva, 2016. p. 267-328. Série GVLaw.

WEISS, Fernando Leme. *A inflação constitucional brasileira*: estudo sobre a exagerada dimensão dos sistemas tributário e orçamentário na Constituição de 1988. Rio de Janeiro: Freitas Bastos, 2008.

_____. *Princípios tributários e financeiros.* Rio de Janeiro: Lumen Juris, 2006.

WILGES, Ilmo José. *Noções de direito financeiro:* o orçamento público. Porto Alegre: Sagra-DC Luzzatto, 1995.

XEREZ, Rafael Marcílio. As contribuições sociais no sistema tributário brasileiro. In: FALCÃO, Raimundo Bezerra; OLIVEIRA, Maria Alessandra Brasileiro de (coord.). *Direito tributário:* estudos em homenagem a Hugo de Brito Machado (Edição comemorativa do centenário da Faculdade de Direito da Universidade Federal do Ceará). Fortaleza: Imprensa Universitária da UFC, 2003. p. 277-306.

YAMASHITA, Douglas. Contribuições de intervenção no domínio econômico. In: MARTINS, Ives Gandra da Silva (coord.). *Contribuições de intervenção no domínio econômico.* São Paulo: Ed. Revista dos Tribunais: Centro de Extensão Universitária, 2002. p. 322-346.

ZANOTI, Luiz Antonio Ramalho. *Empresa na ordem econômica:* princípios e função social. Curitiba: Juruá, 2009.

ZILVETI, Fernando Aurelio. *Princípios de direito tributário e a capacidade contributiva.* São Paulo: Quartier Latin, 2004.

ZIPPELIUS, Reinhold. *Teoria geral do Estado.* Tradução de António Francisco de Souza e António Franco. São Paulo: Saraiva, 2016 (Série IDP — Linha Direito Comparado).

ZOTTMANN, Luiz. *Você, o Estado e a questão fiscal.* Rio de Janeiro: Documenta Histórica, 2008.

ZYMLER, Benjamin. *Direito administrativo e controle.* Belo Horizonte: Fórum, 2005.